はじめに

本書は「春秋」新研究と銘打ち、筆者のこの十数年来の研究の成果を一応まとめて世に出すこととしたものである。概要は、目次をご覧いただくとほぼご了解いただけるように、「原左氏伝」から「春秋左氏経」「左氏伝」及び「春秋経」テキストが成立したとの見解を体系的に展開している。いわば、春秋学における従来の〈経→伝〉という視点から〈原「伝」→経〉という視点へのコペルニクス的転換による新説の提示ということになろう。

だが、よく考えてみればこれもさほど驚嘆すべきことではないように思われる。

筆者は平成二十六年三月末日を以て秋田大学を定年退職したが、その際に地元日刊紙新聞社の取材が有り、その担当記者氏が当方の研究室に来訪し、「先生の「春秋」についてのご研究をわかりやすく言うとどうなりますか?」との質問であった。私は次のように答えた。「例えば御社の新聞の記事というものが有りますね。あれはいきなり記事ができるのではなく、まず取材・メモ・草稿となり、その上でデスクに原稿を出して色々チェックがあり、そしていわば品行方正な記事になるようですね。このメモ・草稿と記事との関係が概略的には「原左氏伝」と「春秋経（左氏経）」という関係になると考えています。」と言うと、妙に納得したような表情をしていたのが印象的であった。

この例で言えば、メモ・草稿（原「伝」）はそこから記事（経）が制作され、記事が出来てしまうと次にはメモ・草稿が記事の脚注（伝）となるわけである。これは我々の日常に於いて実は体験している問題と言えよう。

ことが「春秋」となると、たちまち「春秋経」が不磨の経典として権威化され、二千年来の経学によってこの思惟が固定化されてきたものと言えよう。

「春秋」テキストをめぐる問題は多岐にわたる。本書が中国文明の思考法の根源に解明のメスを入れる一助ともなれば、幸いである。もとより本研究も今後の検討に待つべき課題は多く残されている。大方の御批正を請う次第である。

筆者識之

平成二十九年（二〇一七）三月十日

「春秋」新研究

―「原左氏傳」からの「春秋經」「左氏傳」の成立と全左氏經・傳文の分析―

吉永慎二郎　著

汲古書院

目次

凡　例

一、本書は、本文・引用文献及び漢籍原典の漢字は原則として旧字体を用いる。
二、但し、「凡例」「はじめに」「後記」の漢字は新字体（常用字等）を用いる。
三、第一部の註は各章ごとに通し番号を付し、一括して章末に記す。また第一部第一章の末に【参考】を付す。
四、第二部のはじめに例言を付す。
五、巻末に英文・中文の要旨を付す。中文は原則として繁体字を用いる。
六、また、巻末に索引（事項・人名）を付す。
七、本書は、平成二十五・六・七・八・九及び三十年度に亙る科研費研究25370041の研究成果によるものである。

「春秋」新研究

―「原左氏傳」からの「春秋經」「左氏傳」の成立と全左氏經・傳文の分析―

第一部　『原左氏傳』からの『春秋左氏經（春秋經）』『左氏傳』の成立メカニズム

第一章

（一）先秦の「春秋」テキストと「春秋」學――「春秋」テキストの六段階――

周知のように現在我々が手にし得る「春秋」テキストは、『春秋左氏傳（左傳）』とその所載の『春秋經（左氏經）』であり、『春秋公羊傳』とその所載の『春秋經（公羊經）』であり、『春秋穀梁傳』とその所載の『春秋經（穀梁經）』である。

このうち漢代通行の今文のテキストとして公羊經・傳は漢初の景帝期に世に出て武帝期に博士官に立てられ、同じく穀梁經・傳はそれよりやや遅れて世に出て宣帝期に博士官に立てられた。(1) 一方、古文（戰國期の文字）のテキストであった春秋左氏經・傳は祕府に藏せられていたが劉歆の表章により世に出て前漢末の平帝期に學官に立てられた。(2)

このような經學史の經緯から、春秋經は今文テキストとしての公羊・穀梁傳所載の哀公十四年「春。西狩獲麟。」を以て終わる『春秋經』が正統的な經典とされて來た。

しかし、これはあくまでも經學史的觀點からの評價であり、歴史實證的な「春秋」テキストの議論からすると、大いに様相は異なる。春秋經としてのテキストの歴史的先行性からすれば『春秋左氏傳（左傳）』所載の哀公十六年「夏。四月。己丑。孔丘卒。」を以て終わる『春秋左氏經』に資料的優位性があることは既に定論と言ってよいであろう。(3)

本節では、近年の出土資料や傳世文獻及び先行研究を踏まえて、先秦の「春秋」テキストと「春秋」學の在り様について考察し、本書の提示する〈『原左氏傳』からの『春秋左氏經（春秋經）』及び『左氏傳』の成立と、その後の穀梁・公羊型の『春秋經』の成立〉という假説が、先秦の「春秋」テキストと「春秋」學の歴史的展開の問題を、いかに整理し解明し得るかを明らかにしてゆきたい。

一　今本『國語』『左傳』に先行する「春秋」テキスト

近年の出土資料である清華簡『繫年』の注目される點の一つは、次の①に記されるように第一章の「乃ち厲王を彘に歸す。共伯和立つ。」との共伯和による周の王權簒奪の記事である。

①（繫年・第一章）昔周武王…。至于厲王、厲王大虐于周、卿士・諸正・萬民弗忍于厥心、乃歸厲王于彘。共伯和立。十又四年。厲王生宣王。宣王即位。共伯和歸于宗。(4)

この「共伯和」による王權簒奪の事は傳世文獻には明記がない。例えば、『國語』周語上には「厲王虐なり。…。王を彘に流す(5)」とし、『左傳』昭公二十六年には「厲王は心戾虐なり。萬民忍びず。王を彘に居らしむ。諸侯位を釋てて以て王政に閒《たづさ》はる。宣王志有りて、而る後に官を效す(6)」とする。（なお、本書では今本テキストとしての『左氏傳』を指す際には『左傳』と書す。）

これらはいずれも「共伯和」の簒奪（自立）には言及していない。また『春秋左氏經』や、『公羊傳』(7)『穀梁傳』(8)及びその所收の「春秋經」には周の厲王のことは記されていない。

一方、次の②の『史記』十二諸侯年表（周の共和元年より孔子の沒年に至る）の序の冒頭はこの「共和」に言及する。

②（史記・十二諸侯年表序）太史公讀春秋・曆譜諜、至周厲王、未嘗不廢書而歎也。曰、「嗚呼、師摯見之矣。」紂爲象箸、而箕子唏。周道缺、詩人本之衽席、關雎作。仁義陵遲、鹿鳴刺焉。及至厲王、以惡聞其過、公卿懼誅而禍作、厲王遂奔于彘。亂自京師始、而共和行政焉。是後或力政、彊乘弱、興師不請天子。然挾王室之義、以討伐爲會盟主、政由五伯、諸侯恣行、淫侈不軌、賊臣簒子滋起矣。(9)

即ち「太史公春秋・曆譜諜を讀み、周の厲王に至りて、未だ嘗て書を廢して歎ぜずんば非ざるなり。曰はく、『嗚呼、師摯之を見たり』と。…。厲王に至るに及び、其の過を聞くを惡むを以て、公卿誅を懼れて禍作り、厲王遂に彘に奔る。亂は京師より始まり、而して共和政を行ふ。是の後…、賊臣簒子滋《ますます》起こる」と云う。(10)この「共和」について、『史記』魯周公世家では「周の厲王無道にして、彘に出奔し、共和して政を行ふ」とし、『史記』周本紀は「厲王彘に出奔す。…。召公・周公、二相政を行ふ。號して共和と曰ふ」と記して、「共和」を「共に和す」の意味に解している。

これら傳世文獻（『國語』『左傳』『史記』）の記事からすれば、厲王の不德は理解し得るが、「太史公」がかくも歎じた理由（卽ち厲王の事が「賊臣簒子滋す起こる」の起點となった理由）は必ずしも腑に落ちるものではない。

だが、次の③の西晉の咸寧五年（二七九年）汲郡出土とされる『竹書紀年』（所謂『汲冢紀年』卽ち『古本竹書紀年』）には、[11]「共伯和、王位を干《おか》す」「伯和　位を簒ひ、立つ」と傳世文獻には無い記事が記載されている。

③（竹書紀年）淮夷入寇。王命虢仲征之。不克。共伯和干王位。共和十四年。火焚其屋。伯和簒位、立。秋。又大旱。其年周厲王死。宣王立。[12]

從來『竹書紀年』は孤證とされてきたが、冒頭のこの清華簡『繫年』の出現により「共伯和による王位の簒奪」が史實である可能性が高くなったと言えよう。

されば、「太史公」が常に歎じていたのはこの共伯和による王權の簒奪であるという理解に到達し、これによりその趣意は疑念無く腑に落ちるものとなる。

したがって、司馬遷は「共伯和」の簒奪の記事を讀んではいたが、『史記』の執筆では先の周本紀のように「共和」の意味を變換したものと考えられる。これは『史記』の記事（司馬遷の筆法）を「いかに讀むか」という參考例ともなろう。

そこで問題となるのは、十二諸侯年表序の「太史公」の讀んだ「春秋」、卽ち「共伯和の簒奪」を記していたと考えられる「春秋」とはいかなるテキストかということである。

それは傳世文獻ではないことは既に明らかであるから、『國語』や『左傳』に先行するか、或はそれ以外の「春秋」テキストと考えられる。

鎌田正氏は、『史記』における、『國語』『左傳』からの引用と見られる史傳文の存在の樣相を考證し、『國語』→『左傳』→『史記』という時系列的關係を確認し、そのうえで、司馬遷の利用した資料には今本の『國語』『左傳』以外のテキストが存在したことは明らかであるとしている。[13]

例えば、④の『國語』晉語には、「對へて曰はく、『羊舌肸は春秋を習へり』と。乃ち叔嚮（羊舌肸）を召して、太子彪に傅たらしむ」

とし、⑤の同楚語には「王卒に之を傳たらしめ、申叔時に問ふ。叔時曰はく、『之に春秋を教へ、而して之が爲に善を聳《すす》めて惡を抑へ、以て其の心を戒勸せん』と。云々」と記す。

④（國語・晉語第十三）公曰、「何謂德義。」對曰、「諸侯之爲、日在君側、以其善行、以其惡戒。可謂德義。」公曰、「孰能。」對曰、「羊舌肸習於春秋。」乃召叔嚮、使傅太子彪。〔韋昭註云、春秋紀人事之善惡而目以天時、謂之春秋。周史之法也。時孔子未作春秋。〕

⑤（國語・楚語上第十七）王卒使傅之、問於申叔時。叔時曰、「教之春秋、而爲之聳善而抑惡焉、以戒勸其心。」云々。〔韋昭註云、聳、獎也。〕

晉語に云う「春秋」は周もしくは晉の春秋であろうから、これは『孟子』に云う「晉の乘」に當たり、楚語に云う「春秋」は、同じく『孟子』の云う「楚の檮杌」に當たる可能性が考えられよう(14)。

この『國語』について貝塚茂樹氏は次のように述べている。

「『國語』の「語」とはこの対話の形式を指すものであり、『國語』とは春秋列国に傳わったこの對話形式の說話、即ち「語」を各國篇別に編集したものである。…。孔門の學習機關と方法とは、西周末期の王侯貴族の封建貴族的教養の習得の場である宮廷における饗宴の儀禮を饗食射禮の形式で踏襲したものであり、原始儒教はこの封建貴族的教養をば知識人の人間としての教養に變形せしめたものに外ならない(15)。」

この觀點からすれば『國語』に言及の「春秋」は、『國語』の編集・成立以前に列國の「封建貴族的教養」として編集された「春秋」テキストを指すものであると解されよう。

また次の⑥の『墨子』明鬼下篇には「周の春秋」「燕の春秋」「宋の春秋」「齊の春秋」についてその具體的な記事が引用されている。

⑥（墨子・明鬼下篇）周宣王殺其臣杜伯而不辜。杜伯曰、「吾君殺我而不辜、若以死者爲無知、則止矣。若死而有知、不出三年、必使吾君知之。」其三年。周宣王合諸侯而田於圃。田車數百乘、從數千、人滿野。日中、杜伯乘白馬素車、朱衣冠、執朱弓挾朱矢、追周宣王、射之車上、中心折脊殪車中、伏弢而死。當是之時、周人從者莫不見、遠者莫不聞。著在周之春秋。

昔者、燕簡公殺其臣莊子儀而不辜。莊子儀曰、「吾君王殺我而不辜、死人毋知、亦已。死人有知、不出三年、必使吾君知之。」期年。燕將馳祖、燕之有祖、當齊之社稷、宋之有桑林、楚之有雲夢也。此男女之所屬而觀也。日中。燕簡公方將馳於祖塗。莊子儀荷朱杖而撃之、殪之車上。當是時、燕人從者莫不見、遠者莫不聞。著在燕之春秋。

昔者、宋文君鮑之時、有臣曰祏觀辜、固嘗從事於厲。袾子杖楫出與言曰、「觀辜、是何珪璧之不滿度量、酒醴粢盛之不淨潔也。犧牲之不全肥、春秋冬夏選失時、豈女爲之與。意鮑爲之與。」觀辜曰、「鮑幼弱在荷繈之中。鮑何與識焉。官臣觀辜特爲之。」袾子擧楫而槀之、殪之壇上。當是時、宋人從者莫不見、遠者莫不聞。著在宋之春秋。

昔者、齊莊君之臣有所謂王里國・中里徼者。此二子者、訟三年而獄不斷。齊君由謙殺之、恐不辜。猶謙釋之、恐失有罪。乃使二人共一羊、盟齊之神社。二子許諾。於是泏洫、摝羊而漉其血。讀王里國之辭、既已終矣。讀中里徼之辭、未半也。羊起而觸之、折其脚、祧神之而槀之、殪之盟所。當是時、齊人從者莫不見、遠者莫不聞。著在齊之春秋。[16]

この『墨子』明鬼下篇の成立は、墨家の最盛期を戰國末期とする渡邊卓氏の説では、戰國末期に比定されてきたが[17]、渡邊説を體系的に檢討・批判し墨家の最盛期を孟子の活躍に先だつ戰國中期とする卑見では、該テキストは戰國中期の成書と比定される[18]。

『墨子』の言及する「春秋」は右の文に見られるように行事（具體的事實）に卽しての善惡是非を明らかにする史傳文（史記）と推定される。

この樣相は、次の⑦の近年の出土資料『郭店楚墓竹簡』[19]の「語叢」に云う「春秋は古今の事を會《あつ》むる所以なり」との「春秋」テキストの樣相とほぼ對應する。該墓の墓葬年代は戰國中期をやや過ぐる頃とされ、したがってその竹簡の成書時期はこれより溯る時代と推定される[20]。

⑦（出土資料『郭店楚墓竹簡』「語叢一」）天生百物、人為貴。人之道也、或由中出、或由外入。由中出者、仁、忠、信也。由…。仁生於人、義生於道。或生於內、或生於外。…生德。德生禮、禮生樂、由樂知型。知己而後知人。知人而後知禮、知禮而後知行。其知博、然後知命。禮、因人之情而爲之。善里而後樂生。…。易、所以會天道人道也。詩、所以古今之恃也者。春秋、所以會古今之事也。禮、交之行述也。樂、或生或教者也。

この「語叢」の定義にしたがえば「春秋」は廣く史記一般を指す名稱と解されよう。

次に『左傳』においては「君子曰」の評言において、二種の「春秋」テキストの存在が看取しうる。一つは、⑧の『左傳』成公十四年に「春秋の稱は、微にして顯なり。志《しる》せども晦なり。婉にして章を成す。盡くせども汙ならず。惡を懲らして善を勸む。聖人に非ずんば、誰か能く之を脩めん」と記す所の「春秋」は、「微にして顯」なる一方で「婉にして章を成す。盡くせども汙ならず」と云うように記事を詳細に記述するテキストでもあることを窺わせ、『左氏春秋』或は『左傳』のテキストとの對應を想定せしめる。これは、「語叢」や『墨子』の「春秋」テキストの様相に通じるものと言えよう。

二つには、⑨の昭公三十一年の「春秋」が「微にして顯、婉にして辨なり」とするもので、その行論によればこれは明らかに『春秋經』を指しているものと知られる。

『左傳』にはこの『左氏春秋』型と『春秋經』型の二種のテキストを指して「春秋」と稱していることが知られるのである。

⑧（左傳・成公十四年）故君子曰、「春秋之稱、微而顯。志而晦。婉而成章。盡而不汙。懲惡而勸善。非聖人、誰能脩之。」

⑨（左傳・昭公三十一年）君子曰、「名之不可不愼也、如是。夫有所有名而不如其已。以地叛、雖賤必書地、以名其人。終爲不義、弗可滅已。是故、君子動則思禮、行則思義。不爲利回、不爲義疚。或求名而不得、或欲蓋而名章。懲不義也。齊豹爲衛司寇、守嗣大夫。作而不義、其書爲「盜」。邾庶其、莒牟夷、邾黑肱、以土地出、求食而已、不求其名。賤而必書。此二物者所以懲肆而去貪也。若艱難其身、以險危大人、有名章徹、攻難之士將奔走之。若竊邑、叛君、以徼大利而無名、貪冒之民將寘力焉。是以春秋、書齊豹曰「盜」、三叛人名以懲不義、數惡逆無禮。其善志也。故曰、『春秋之稱、微而顯、婉而辨。上之人能使昭明、善人勸焉。淫人懼焉』是以君子貴之。」

そして今一つの「春秋」として『左傳』には「魯の春秋」についての言及が見られる。

⑩（左傳・昭公二年）（昭公二年）晉侯使韓宣子來聘。且告爲政而來見。禮也。觀書於大史氏。見易象與魯春秋。曰、「周禮盡在魯矣。吾乃今知周公之德與周之所以王也。」

この「魯の春秋」は、先の二種の「春秋」テキストが「君子曰」の評言に於いて語られ傳や經のテキストを指す含みを持っているのに對して、晉の韓宣子の事として記されており列國としての魯の史記である「魯の春秋」を指している。卽ち『孟子』が晉・楚のそれと並列して云う「魯の春秋」に相當するものと推定される。されば、この「魯の春秋」は先の二者よりも先行する「春秋」テキストである可能性が想定されよう。

さらに『史記』では、太史公が「春秋古文」なるテキストを讀んだことを述べている。

⑪（史記・巻三十一・呉世家）呉太伯、太伯弟仲雍、皆周太王之子、而王季歴之兄也。季歴賢、而有聖子昌。太王欲立季歴以及昌。於是太伯・仲雍二人乃犇荊蠻、文身斷髮、示不可用、以避季歴。季歴果立、是爲王季、而昌爲文王。太伯之犇荊蠻、自號句呉。荊蠻義之、從而歸之千餘家、立爲呉太伯。…。太史公曰、「孔子言、『太伯可謂至德矣。三以天下讓、民無得而稱焉。』余讀春秋古文、乃知中國之虞與荊蠻句呉兄弟也。延陵季子之仁心、慕義無窮、見微而知清濁。嗚呼、又何其閎覽博物君子也。」

ここでは、傍線部のような呉世家の故事を記したうえで、司馬遷は傳贊において「太史公曰はく」として「孔子言へらく、太伯其れ至德と謂ふべし。三たび天下を以て讓り、民得てこれを稱する無し」（今本『論語』泰伯第八には「子曰、泰伯其可謂至德也已矣。三以天下讓、民無得而稱焉。」と云う）[21]との孔子の言を引用し、その上で、「余　春秋古文を讀み、乃ち中國の虞と荊蠻句呉とは兄弟なるを知りぬ」と、自らはこの事態を「春秋古文」を讀んではじめて知ったとしている（波線部）。

司馬遷の讀んだ「春秋古文」とは、文字通り「古文」としての「春秋」テキストと理解される。されば、もとより今文の『公羊傳』『穀梁傳』ではあり得ず、また古文に由來する今本『左傳』の經・傳についても「太伯（泰伯）」の記事は皆無であるから、傳世文獻としての三傳及び經の「春秋」テキストとは別のもので或はそれらに先行するものとしなければならない。

呉世家の記事は司馬遷がこの「春秋古文」という「春秋」テキスト等を資料として執筆したことが推測され、かつ司馬遷はその「春秋古文」を「孔子」も讀んでいたものと想定していた可能性が考えられると言えよう。

以上の考察からすれば、『史記』十二諸侯年表序に記す所の「太史公」の讀んだ「春秋」とは、今本の『國語』『左氏傳』『春秋經』『公羊傳』『穀梁傳』という傳世文獻以外のもので、『國語』に云う晉・楚の「春秋」、或は『墨子』に云う「周の春秋」、或は『語叢』に云う「古今の事を會《あつ》むる所以」としての「春秋」、或は『左傳』に示唆される『左氏春秋』型の「春秋」、もしくはそれに先行すると見られる「魯の春秋」、或は『史記』に云う「春秋古文」などであり、さらには冒頭の出土資料「繫年」のような「春秋（史記）」等の類に相當する所の「春秋」テキストであった可能性が想定されることになろう。

即ちこれらは基本的には列國の史記としての性格、更には「古今の事を會《あつ》むる所以」としての性格を持つ「春秋」であると理解され、それらの多くは『國語』『左傳』に先行する可能性を想定し得るものと言えよう。

ここに先秦における『國語』『左傳』以前の「春秋」テキストの廣汎な存在が推定されるのである。

二　『孟子』所說及び所引の「春秋」テキスト

次に、以下に於いては先秦の主要な傳世文獻として『孟子』(22)『荀子』(23)『韓非子』(24)について、その所說及び所引の「春秋」テキストについて檢討して行こう。

『孟子』では、「春秋」についての所說卽ち論評に當たるものが、以下に記す①②⑥の三條であり、所引卽ち引用と見られるものが、③④⑤の三條である。

まず次の①に見るように、孟子は「世衰へ道微にして、邪說暴行作《おこ》るあり。臣にして其の君を弑する者これ有り、子にして其の父を弑する者これ有り。孔子懼れて、春秋を作る。…。孔子　春秋を成して、而《すなは》ち亂臣賊子懼る」と「孔子」の「春秋」制作を述べ、昔の禹の治水の功績、周公の夷狄を兼併し猛獸を驅逐した功績に比肩し得るものとして「孔子」の「春秋」制作による亂臣賊子を畏懼せしめる懲惡の功績を擧げている。

①（孟子・滕文公下）孟子曰、「世衰道微、邪說暴行有作。臣弑其君者有之、子弑其父者有之。孔子懼、作春秋。春秋、天子之事也。是故、孔子曰、『知我、其惟春秋乎。罪我者、其惟春秋乎。』聖王不作、諸侯放恣、處士橫議。揚朱・墨翟之言、盈天下。天下之言、不歸揚、則歸墨。…。揚・墨之道不息、孔子之道不著。…。昔者禹抑洪水、而天下平。周公兼夷狄驅猛獸、而百姓寧。孔子成春秋、而亂臣賊子懼。…。我亦云々。」

また、②の文では、「孔子の春秋制作」の在り樣がより具體的に語られている。

②（孟子・離婁下）孟子曰、「王者之迹熄而詩亡。詩亡、然後春秋作。晉之乘、楚之檮杌、魯之春秋、一也。其事則齊桓・晉文、其文則史。孔子曰、『其義則丘竊取之矣。』」

孟子は「王者の迹熄みて詩亡ぶ。詩亡びて、然る後春秋作《おこ》る。晉の乘、楚の檮杌、魯の春秋は、一なり。其の事は則ち齊桓・晉文、其の文は則ち史。孔子曰はく、『其の義は則ち丘竊かに之を取れり』と。」と曰う。卽ち「孔子の制作の春秋」とは、王者の事迹を謳う「詩」が衰亡し、列國の史官の「春秋」（春秋Ⅰ）が作興した時代に、さらに「晉の乘」、「楚の檮杌」、「魯の春秋」などの列國の史記

（春秋）が「その一部分を爲して一つの全體を構成し」たテキストで、かつその文としては齊桓・晉文の霸者の事績を史官が記録したものである「春秋」（春秋Ⅱ）が登場し、そこで孔子はそこから義を取り出して「春秋」（春秋Ⅲ）としたものがそれである、と云う。
なお、ここに云う「晉の乘、楚の檮杌、魯の春秋は、一なり」は、『左傳』襄公二十七年に「崔・慶、一也（崔・慶は、一なり）」と同じ用法で、「その一部分を爲して一つの全體を構成する」の意と解されるものである。[25]
したがって、ここには三段階の春秋テキストの存在が看取され、その概要は次のようになる。

春秋Ⅰ：列國の史官の記録としての「春秋」（列國の史記、諸侯の策）及びその傳承された記録。

春秋Ⅱ：晉の乘・楚の檮杌・魯の春秋等の列國史記がその一部分を爲して一つの全體を構成する所の天下の霸者の事績としての「春秋」（天下の史記）

春秋Ⅲ：春秋Ⅱから〈孔子〉が義を取り出して制作した「春秋」（春秋經）

今日現存の傳世文獻において、春秋Ⅰの段階に比定し得るテキストは、今本『國語』所載の各列國の「語」としての史記（周語・魯語・齊語・晉語・鄭語・楚語・吳語・越語の各テキスト）が最も近いものとなろう。また今日現存せぬがその名稱として推定し得るのは、先述のように『國語』の晉語や楚語に言及される「春秋」や、『孟子』所説の「晉の乘」（晉語に云う「春秋」に相當か）、「楚の檮杌」（楚語に云う「春秋」に相當か）及び「魯の春秋」、或は『墨子』所説の「周の春秋」「燕の春秋」「宋の春秋」「齊の春秋」或は『左傳』に云う「魯の春秋」等の書が擧げられよう。

春秋Ⅱの段階に比定し得るのは列國の史記を「一なり（その一部分を爲して一つの全體を構成したもの）」として集成した『左氏春秋』（もしくは『春秋左氏傳』）がこれに相當するものとみなし得よう。但し該テキストは、當時はやはり『孟子』に説くように「春秋」と稱せられたものと理解される。これらを『左氏春秋』と呼稱するのは『史記』十二諸侯年表序に見られる言及に於いて始めて確認され、『春秋左氏傳（左氏傳、左傳）』との呼稱は『漢書』等に確認される（**【參考】**八、九）。

春秋Ⅲの段階に比定し得るのは、『春秋左氏經』及び『春秋經』で、孟子はこの段階の「春秋」テキストを孔子が制作した「春秋」と表明（假託）している（孔子春秋制作説の提起）ということになる。

卑見では、このⅡ→Ⅲというテキストの展開の段階について、次のような假説を提起している。

Ⅱの「春秋」を『原左氏傳』テキスト（今本『左傳』から杜預の「變例」と稱する解經文や附加傳文を除いた史傳文で、『左氏春秋』に比定し得る）と想定し、この『原左氏傳』（『左氏春秋』）から『春秋左氏經』（哀公十六年「孔丘卒」で終わる）が抽出・編作を基本とする手法により制作され、同時に『原左氏傳』に解經文等を附した註釋書としての『左氏傳』（今本『左傳』の祖型テキスト）が成書した、と（以上がⅡ→Ⅲの展開のメカニズムについての假說(26)）。この『原左氏傳』（『左氏春秋』）も、また『春秋左氏經』と『左氏傳』も、當時はやはり「春秋」と稱せられたものと推定される。

ついでこの『春秋左氏經』から哀公十四年「西狩獲麟」で經を閉じてそれ以降を削除した謂わばⅣの段階の『春秋經』が作られた（Ⅲ→Ⅳの展開のメカニズム）と見られる(27)。更にこの新たな『春秋經』についての傳指を口授し、かつそれをテキストとしたものが、Ⅴの段階の『原公羊傳』『原穀梁傳』（次に述べる荀子學派の見ていたのはこのようなテキストであろうと考えられる）と位置づけられる。これらⅣ・Ⅴの段階のテキストも先秦では「春秋」を以て稱せられていたことが窺えるのである。

そして、先述のように今本『公羊傳』は漢の景帝期に、今本『穀梁傳』はそれに遲れて成書したものと見られ、これがⅥの段階と位置づけられる。なお、Ⅴの段階の『原公羊傳』と『原穀梁傳』における先後については、襄公二十一年の孔子の生年月日の記述や哀公十四年「春。西狩獲麟」の論評の樣相等から見ると『原穀梁傳』に先行性が認められる(28)。

次に『孟子』で注目されるのは、『左傳』に相當するテキストからの引用と見られる文が確認されることである。

③（孟子・滕文公下）孟子曰、「昔齊景公田、招虞人以旌。不至。將殺之。志士不忘在溝壑、勇士不忘喪其元。孔子奚取焉。取非其招不往也。如不待其招而往何哉。云々。」

④（孟子・萬章下）萬章曰、「敢問、不見諸侯、何義也。」孟子曰、「在國曰市井之臣、在野曰草莽之臣、皆謂庶人。庶人不傳質爲臣、不敢見於諸侯、禮也。」…。曰、「爲其多聞也、則天子不召師、而況諸侯乎。爲其賢也、則吾未聞欲見賢而召之也。…。齊景公田、招虞人以旌。不至。將殺之。志士不忘在溝壑、勇士不忘喪其元。孔子奚取焉哉。取非招不往也。」曰、「敢問、招虞人何以。」曰、「以皮冠。庶人以旃。士以旂、大夫以旌。以大夫之招、招虞人。虞人死、不敢往。以士之招、招庶人。庶人豈敢往哉。況乎以不賢人之招、招賢人乎。」

これら③と④の二文には傍線部に共通の記述が見られるが、これらの文は、一部の文字の出入は存在するが、『左傳』昭公二十年の次の記事と密接に對應する。

（左傳・昭公二十年）十二月。齊侯田于沛。招虞人以弓。不進。公使執之。辭曰、「昔我先君之田也、旃以招大夫、弓以招士、皮冠以招虞人。臣不見皮冠。故不敢進。」乃舍之。仲尼曰、「守道、不如守官。」

ここでは、㈠『左傳』も『孟子』も虞人はその招かれる際に用いる皮冠を以て招かれなかった故に景公のもとに行かなかったことを記し、㈡これについて『左傳』の仲尼は「道を守るは官を守るにしかず」と評價し、『孟子』滕文公下では「孔子なんぞこれを取るや」と問い、「其の招に非ざれば往かざるを取れり」とその官を守ったことを評價して「取」ったものである、とする。この「取」とは、先の②の「其の義は則ち丘竊かにこれを取る」の「取」の意味と通ずるものと解せられる。

『左傳』と『孟子』の記事の密接な對應は明らかであり、また『公羊傳』『穀梁傳』には該當する記事の無いことから、孟子が『左傳』に相當する「春秋」テキストを讀んでいたことがここに確認し得るものと言えよう。

更に、孟子の謂う「孔子」の「取義」とは春秋テキストにおけるこのような「仲尼」の評言、そしてそれを踏まえての『春秋經（左氏經）』の制作という趣旨を意味するものと理解される。

次の⑤の葵丘の會の傍線部の記事も『左傳』の傍線部の記事と符合する。

⑤（孟子・告子下）孟子曰、「五霸者三王之罪人也。今之諸侯、五霸之罪人也。今之大夫、今之諸侯之罪人也。…。五霸、桓公爲盛。葵丘之會、諸侯束牲載書而不歃血。初命曰、『誅不孝、無易樹子、無以妾爲妻。』再命曰、『尊賢育才、以彰有德。』三命曰、『敬老慈幼、無忘賓旅。』四命曰、『士無世官、官事無攝、取士必得、無專殺大夫。』五命曰、『無曲防、無遏糴、無有封而不告。』曰、『凡我同盟之人、既盟之後、言歸于好。』今之諸侯皆犯此五禁。故曰、『今之諸侯、五霸之罪人也。』長君之惡、其罪小。逢君之惡、其罪大。今之大夫皆逢君之惡。故曰、『今之大夫、今之諸侯之罪人也。』」

（左傳・僖公九年）秋。齊侯盟諸侯于葵丘。曰、「凡我同盟之人、既盟之後、言歸于好。」

葵丘の盟を締めくくる齊の桓公の辭、「凡そ我が同盟の人、既に盟ふの後は、言《ここ》に好《よしみ》に歸せん」を『孟子』はそのまま引用している。

なお、『穀梁傳』は同年の條に「葵丘之會、陳牲而不殺、讀書加于牲上。壹明天子之禁。曰、『毋雍泉、毋訖糴、毋易樹子、毋以妾爲妻、毋使婦人與國事。』」と記し、波線部は『孟子』の五禁の內容と一致しない。また『公羊傳』は未だ葵丘の會盟の爲されていない六年前の僖公三年の經「秋。齊侯・宋公・江人・黃人、會于陽穀。」の條に「桓公曰、『無障谷。無貯粟、無易樹子、無以妾爲妻。』」とあり、波線部は『孟子』の五禁の内容と一致しない。また兩傳とも桓公による締めくくりの辭の記述は無い。したがって、『孟子』が二傳を引用したとは想定し難いと言えよう。

次に、⑥の孟子の「春秋に義戰無し。彼　此れより善きは、則ちこれ有り。征とは上　下を伐つなり。敵國は相征せざるなり。」との論評についてである。これは、『左傳』莊公二十三年に曹劌《けい》が魯の莊公を諫めて「征伐は以て其の然らざるを討つなり。」（杜註「然らずとは命を用ひざるなり。」）と云い、同二十七年に「天子　義を展ぶるに非ずんば、巡狩せず。」と記すような王命（天子の義）に從はざるを討つという禮に則る「征伐」、卽ち義戰は、實は「春秋」に收載されている戰役には見當たらず「敵國相征す」が實態であるという批判と解される。したがってこの「春秋」とは戰役を具體的に記述するテキストであり、『左傳』もしくは『左氏春秋』に相當する史傳文としての「春秋」テキストを指しているものと理解されるのである。

⑥（孟子・盡心下）孟子曰、「春秋無義戰。彼善於此、則有之矣。征者上伐下也。敵國不相征也。」

（左傳・莊公二十三年）征伐、以討其不然。王有巡狩。以大習之。非是、君不擧矣。

（左傳・莊公二十七年）天子非展義、不巡狩。諸侯非民事、不擧。卿非君命、不越境。

以上の例證から、孟子が『左氏春秋』及び『左傳』に相當するテキストを讀んでいた可能性は十分に想定し得ると言えよう。

このことからも、先の「春秋」テキストの展開過程のⅡ→Ⅲの段階について、孟子が言及している〈孔子制作〉の「春秋」は『春秋左氏經』にまず比定し得るものと考えられるのである。

三　『荀子』所説及び所引の「春秋」テキスト

『荀子』では、「春秋」についての所説卽ち論評に當たるものが、以下に記す①②③の三條であり、所引卽ち引用と見られるものが、④⑤の二條である（以上の五例は「春秋」を明示）。そして要約的或は閒接的な引用と見られるのが⑥⑦である。

①（荀子・勸學篇第一）「學惡乎始、惡乎終。」曰、「其數則始乎誦經、終乎讀禮。其義則始乎爲士、終乎爲聖人。眞積力久則入、學至

乎没而後止也。故學、數有終、若其義則不可須臾舍也。爲之、人也。舍之、禽獸也。故書者政事之紀也。詩者中聲之所止也。禮者法之大分、群類之綱紀也。故學、至乎禮而止矣。夫是之謂道德之極。禮之敬文也、樂之中和也、詩・書之博也、春秋之微也、在天地之閒者畢矣。」

ここでは、「禮の敬しみ文なるや、樂の中にして和なるや、詩・書の博なるや、春秋の微なるや、天地の閒に在るもの畢《つ》くせり」と「春秋」の特質を「微なる」ものとする。

②（荀子・勸學篇第一）學莫便乎近其人。禮・樂、法而不說。詩・書、故而不切。春秋、約而不速。方其人之習君子之說、則尊以徧矣、周於世矣。故曰、「學莫便乎近其人。」

ここでは、「禮・樂は、法にして說かず。詩・書は、故にして切ならず。春秋は、約にして速かならず」とし、この「約にして速かならず」について楊倞註は「文義隱約にして、褒貶明かにし難く、人をして速かに其の意を曉《さと》らしむる能はず」とする。

③（荀子・儒效篇第八）聖人也者、道之管也。天下之道、管是矣。百王之道、一是矣。故詩・書・禮・樂之歸是矣。詩、言是其志也。書、言是其事也。禮、言是其行也。樂、言是其和也。春秋、言是其微也。

ここでは、「聖人なる者は、道の管なり。天下の道、これに管す。百王の道、これに一なり。故に詩・書・禮・樂は之れこれに歸するなり。詩は、かかる其の志を言ふなり。書は、かかる其の事を言ふなり。禮は、かかる其の行を言ふなり。樂は、かかる其の和を言ふなり。春秋は、かかる其の微なるを言ふなり」とし、「春秋」は聖人の道の「微なる」を表示するものであるとする。

したがって、これら①②の勸學篇、③の儒效篇の言及は、「微」にして「約」なる「春秋」の特質を說くもので、主に春秋經（左傳型の『春秋左氏經』及び公羊・穀梁傳型の『春秋經』）の書法と筆法に對應する論評と解される。しかしてその「誦經」の前提として「傳」のテキストが廣く讀まれていたことは、以下の例において確認される所である。

その具體的な春秋の經・傳文との對應が推定されるのは、次の大略篇の④及び⑤である。

④（荀子・大略篇二十七）易曰、「復自道、何其咎。」春秋賢穆公、以爲能變也。

夙に日原利國氏によって指摘されているように[29]、この「春秋　穆公を賢とするは、能く變ずと爲すを以てなり」に對應するのは、『公羊傳』の次の文である。

（公羊傳・文公十二年）〔經〕晉伯使遂來聘。　〔傳〕「遂者何。」「秦大夫也。」「秦無大夫、此何以書。」「賢穆公。」「何賢乎穆公。」「以爲能變也。」

また次の⑤には三傳の文が對應するが、やはり緊密に對應するのは『公羊傳』及び『穀梁傳』の次の文である。

⑤（荀子・大略篇二十七）倍畔之人、明君不内朝。士大夫遇諸塗、不與言。不足於行者說過。不足於信者誠言。故春秋善胥命、詩非屢盟、其心一也。

（左傳・桓公三年）〔經〕夏。齊侯・衞侯、胥命于蒲。　〔傳〕夏。齊侯・衞侯、胥命于蒲。不盟也。（これより春秋經・傳文の引用では原則として四時は□で圍んで四時記載法を明示する。以下同じ。）

（公羊傳・桓公三年）〔傳〕「胥命者何。」「相命也。」「何言乎相命。」「近正也。」「此其爲近正、奈何。」「古者不盟、結言而退。」

（穀梁傳・桓公三年）〔傳〕「胥之爲言、猶相也。相命而信諭、謹言而退。以是爲近古也。」「是必一人先。其以相言之、何也。」「不以齊侯命衞侯。」

「春秋　胥《あい》命ずるを善しとす」との『荀子』大略篇の文は『公羊傳』と『穀梁傳』がその趣旨に符合する文となっている。『左傳』はこれらに先行する段階の直敍の記述と見られる。

卽ち『公羊傳』は經の「齊侯・衞侯、胥命于蒲。」について「胥《あい》命ずとは何ぞ。」「相命ずるなり。」「何ぞ相命ずと言ふや。」「正に近きなり。」「此れ其の正に近しと爲すは、奈何ぞや。」「古は盟《ちか》はず、言を結びて退く」とする。一方『穀梁傳』は「胥の言たるや、猶ほ相のごときなり。相命じて信諭《さと》り、言を謹しみて退く。是れを以て古に近しと爲すなり」とする。公羊は「相命ず」を「正に近し」としその根據を「古」に求めている。『穀梁は「相命じて信諭り、言を謹しみて退く」ことを「古に近し」と評價する。公羊が穀梁の論理を援用して言い換えているものと推定される。公羊の「言を結びて退く」は穀梁の「言を謹しみて退く」に比べると、穀梁は古樸で公羊はやや卽物的な表現と言えよう。[30]

したがって、『荀子』大略篇の作者は『公羊傳』系もしくは『穀梁傳』系に相當する「春秋」テキストに據ったものと見られよう。

また、夙に近人・章炳麟は、「荀子も亦兼ねて穀梁を治む、『盟詛は三王に及ばず』等の語を引くが如し」として、『荀子』大略篇における穀梁傳の引用を指摘している。

(『章氏左傳讀敍錄』) 荀子亦兼治穀梁、如引「盟詛不及三王」等語[31]。

これは『荀子』と『穀梁傳』との次のような對應關係を指摘するものである。(『左傳』の傳文は對應關係は無く、『公羊傳』には傳文が無い。)

(荀子・大略篇) 君子能爲可貴、不能使人必貴己。能爲可用、不能使人必用己。誥誓不及五帝、盟詛不及三王、交質子不及五伯。

(穀梁傳・隱公八年)〔經〕秋。七月。庚午。宋公・齊侯・衞侯盟于瓦屋。〔傳〕「外盟不日、此其日、何也。」「諸侯之參盟於是始、故謹而日之也。誥誓不及五帝、盟詛不及三王、交質子不及二伯。(范甯集解) 二伯謂齊桓晉文。

(左傳・隱公八年)〔經〕同右。〔傳〕秋。會于溫。盟于瓦屋。以釋東門之役。禮也。

したがって荀子學派の「春秋」テキストには『原穀梁傳』に相當するものが含まれていたことがここに確認されるのである。

更に『左傳』の故事を踏まえてこれを成語的に言及するのは次の⑥の堯問篇の例である。

⑥(荀子・堯問篇第三十二) 孔子曰、「…。昔虞不用宮之奇而晉幷之、萊不用子馬而齊幷之。」

この「孔子曰」として語られる言のうち「虞は宮之奇を用いずして晉これを幷し〔併呑し〕」の故事は僖公二年及び五年の『左傳』、僖公二年の『公羊傳』『穀梁傳』に次のように見える。

(左傳・僖公二年)〔經〕二年。春。王。正月。城楚丘。〔傳〕二年。春。諸侯城楚丘、而封衞焉。…。晉荀息請以屈產之乘與垂棘之璧、假道於虞、以伐虢。公曰、「是吾寶也。」對曰、「若得道於虞、猶外府也。」公曰、「宮之奇存焉。」對曰、「宮之奇之爲人也、懦而不能强諫。且少長於君。君暱之。雖諫、將不聽。」乃使荀息假道於虞、曰、「冀爲不道、入自顚軨、伐鄍三門。冀之既病、則亦唯君故。今虢爲不道、保於逆旅、以侵敝邑之南鄙。敢請假道、以請罪于虢。」虞公許之。且請先伐虢。宮之奇諫。不聽。遂起師。

(同右)〔經〕夏。五月。辛巳。葬我小君哀姜。虞師・晉師、滅下陽。〔傳〕夏。晉里克・荀息帥師、會虞師、伐虢。滅下陽。〈先書虞、賄故也。〉(〈 〉は解經文、以下同じ。)

(左傳・僖公五年)〔經〕秋。八月。諸侯盟于首止。鄭伯逃歸、不盟。楚人滅弦、弦子奔黃。九月。戊申。朔。日有食之。〔傳〕秋。…。晉侯復假道於虞。以伐虢。宮之奇諫、曰、「虢、虞之表也。虢亡虞必從之。晉不可啓。寇不可翫。一之謂甚、其可再乎。諺所謂『輔車相依、脣亡齒寒。』者、其虞・虢之謂也。」公曰、「晉吾宗也。豈害我哉。」對曰、「大伯・虞仲、大王之昭也。大伯不從。是以不嗣。虢仲・虢叔、王季之穆也。爲文王卿士、勳在王室、藏於盟府。將虢是滅。何愛於虞。且虞能親於桓・莊乎。其愛之也。桓・莊之族、何罪而以爲戮、不唯偪乎。親以寵偪、猶尚害之。況以國乎。」公曰、「吾享祀豐絜。神必據我。」對曰、「臣聞之、鬼神非人實親、惟德是依。故周書曰『皇天無親。惟德是輔。』又曰『黍稷非馨。明德惟馨。』又曰『民不易物。惟德緊物。』如是則非德、民不和、神不享矣。神所馮依、將在德矣。若晉取虞、而明德以薦馨香、神其吐之乎。」弗聽。許晉使。宮之奇以其族、行。曰、「虞不臘矣。在此行也、晉不更舉矣。」…。

（同右）〔經〕冬。晉人執虞公。　〔傳〕冬。十二月。丙子。朔。晉滅虢。虢公醜奔京師。師還、館于虞。遂襲虞。滅之。執虞公及其大夫井伯。以媵秦穆姫。而脩虞祀、且歸其職貢於王。〈故書、曰「晉人執虞公。」罪虞、且言易也。〉（醜は虢公の名）

（公羊傳・僖公二年）〔經〕…。夏。五月。辛巳。葬我小君哀姜。虞師・晉師、滅夏陽。　〔傳〕…。虞公見寶、許諾。宮之奇果諫、「記曰『脣亡則齒寒。』」虞・郭之相救、非相爲賜、則晉今日取郭而明日虞從而亡爾。君請勿許也。」虞公不從其言。終假之道以取郭。還。四年、反取虞。

（穀梁傳・僖公二年）〔經〕…。夏。五月。辛巳。葬我小君哀姜。虞師・晉師、滅夏陽。　〔傳〕…。公遂借道而伐虢。宮之奇諫曰、「晉國之使者其辭卑而幣重、必不便於虞。」虞公弗聽。遂受其幣而借之道。宮之奇諫曰、「語曰『脣亡則齒寒。』其斯之謂與。」挈其妻子以奔曹。獻公亡虢。五年、而後舉虞。

『左傳』の記述が事を時系列的に記して詳細であるのに對して、『公羊傳』『穀梁傳』の記述は襄公二年と五年の出來事を話柄として一括して襄公二年に記すもので、兩傳は『左傳』に相當する「春秋」テキストを參照した可能性が想定される。また『春秋經』には「宮之奇」についての言及は皆無である。

次に、「萊は子馬を用ひずして齊これを幷す（併呑す）」の故事は『左傳』襄公二年及び六年にこれに對應すると見られる記事が記されている。今本『左傳』には直接に「子馬」なる人物の明記は無いが、會箋がこの『荀子』堯問篇の文を引用しその楊倞註を踏まえて説く（波線部）ように萊の大夫の「正輿子」を指すものと考えられる。また『春秋經』『公羊傳』『穀梁傳』にはこの事の言及はない。

（左傳・襄公二年）春。…。齊侯伐萊。萊人使正輿子賂夙沙衞以索馬牛、皆百匹。齊師乃還。

（左傳・襄公六年）〔經〕十有二月。齊侯滅萊。　〔左〕十一月。齊侯滅萊。萊恃謀也。於鄭子國之來聘也。四月。晏弱城東陽而遂圍莱。甲寅。堙之。環城。傅於堞。及杞桓公卒之月。乙未。王湫帥師、及正輿子・棠人、軍齊師。齊師大敗之。丁未。入莱。莱共公俘柔奔棠。正輿子・王湫、奔莒。莒人殺之。四月。陳無宇獻莱宗器于襄宮（杜註「襄宮、齊襄公廟」）。晏弱圍棠。十一月。丙辰。而滅之。（會箋「…。荀子曰、「莱不用子馬而齊幷。」楊倞曰、「或曰正輿字子馬。」據此則、正輿子、蓋姓正、名輿。古人名字相配。楊倞以子馬爲正輿子字。是也。二年。莱人使正輿子賂夙沙衞。蓋其謀也。此時黜在下邑。故率師與王湫救莱。正與荀卿子所説合。」）

したがって、「虞は宮之奇の言を用いずして晉これを幷し、莱は子馬を用ひずして齊これを幷す」との『荀子』堯問篇作者の言及は、『左傳』に相當するテキストに習熟している作者が、この故事を對句的に活用したものと言えよう。

また次の⑦の『荀子』致士篇の文の修辭は『左傳』襄公二十六年の文と對應しそれを踏まえたものと推定される。

⑦（荀子・致士篇第十四）賞不欲僭、刑不欲濫。賞僭則利及小人、刑濫則害及君子。若不幸而過、寧僭無濫。與其害善、不若利淫。

（左傳・襄公二十六年）（蔡の聲子歸生の言）歸生聞之、「善爲國者、賞不僭、而刑不濫。賞僭則懼及淫人。刑濫則懼及善人。若不幸而過、寧僭無濫。與其失善、寧其利淫。」

これについて、先述の章炳麟も次のようにその對應關係を指摘し、『荀子』の語は『左傳』に本づくものとしている。

（『章氏左傳讀敍錄』）荀子書中載「賞不僭、刑不濫」等語、全本左傳。又説賓孟事及葉公事、又報春申君書、引春秋「楚圍、齊崔杼」二事。亦合左傳。何云不傳左氏之學。

以上の様相から、荀子學派では、『左傳』に相當するテキストは、その故事を成語的及び對句的に引用したり、その修辭を援用したりするほどに教養としてよく讀まれていたことが窺える。一方で直接に「春秋」を以て稱するのは『春秋經』であり『公羊傳』そして『穀梁傳』に相當するテキストであったことが推定される。この後者の點については、先の『孟子』における様相との相違點として注目されよう。

したがって、これは一方では所謂公羊史觀（本書では公羊傳テキストを「聖人孔子」の春秋學の正統と位置づける一連の系譜論と歴史觀をかく稱する）における傳の口受説（傳旨が經師により口受され漢代に竹帛に著されたとの説）への懷疑を齎すことになる。

今本の『公羊傳』『穀梁傳』の漢代成立に先行するこのような先秦のテキストは、『原公羊傳』『原穀梁傳』と位置づけられる（もとよりこれらも「春秋」と呼ばれていたと見られるので、あくまでも方法的假稱である）。その存在がこのように一定の信憑性を有するとすれば、口受説（傳旨は口受によってのみ存在し記述的テキストは形成されなかったとの見解）の實態を改めて再検討する必要が生まれてくることになる。

四　『韓非子』所説及び所引の「春秋」テキスト

『韓非子』において「春秋」の呼稱を用いてこれについて論評或は引用する用例を全て列擧すると以下に擧げる①～⑥の六例となる。

①（韓非子・姦劫弑臣第十四）諺曰、「厲憐王。」此不恭之言也。雖然、古無虚諺、不可不察也。此謂劫殺死亡之主言也。人無法術以御其臣、雖長年而美材、大臣猶將得勢擅事、主斷而各爲其私急。而恐父兄豪傑之士、借人主之力以禁誅於己也。故弑賢長而立幼弱、廢正的而立不義。故春秋記之曰、「A楚王子圍將聘於鄭、未出境、聞王病而反。因入問病、以其冠纓、絞王而殺之、遂自立也。B齊崔杼其妻美、而莊公通之、數如崔氏之室。及公往、崔子之徒賈擧率崔子之徒而攻公。公入室、請與之分國、崔子不許。公請自刃於廟、崔子又不聽。公乃走、踰於北墻。賈擧射公、中其股、公墜。崔子之徒以戈斫公而死之。而立其弟景公。」近之所見、李兌之用趙也、餓主父百日而死。淖齒之用齊也、擢湣王之筋、懸之廟梁、宿昔而死。故厲雖癰腫疕瘍、上比於春秋、未至於絞頸射股也。下比於近世、未至饑死擢筋。故劫殺死亡之君、此其心之憂懼、形之苦痛也、必甚於厲矣。由此觀之、雖「厲憐王」、可也。

まず①の姦劫弑臣篇に云う「春秋これを記して曰はく」のAの楚王子圍の簒弑の記事は、『左傳』に次のように見える。なお『公羊傳』『穀梁傳』にはこれに對應する記事は無い。

（左傳・昭公元年）…。冬。楚公子圍將聘于鄭。伍擧爲介。未出竟。聞王有疾而還。伍擧遂聘。十一月。己酉。公子圍至。入問王疾、縊而弑之。遂殺其二子幕及平夏。…。楚靈王卽位。

またBの崔杼の弑君の記事も、『左傳』に次のように見える。『公羊傳』は全く記事が無く、『穀梁傳』は「莊公失言、淫于崔氏。」とのみ記す。

（左傳・襄公二十五年）春。…。齊棠公之妻東郭偃之姉也。東郭偃臣崔武子。棠公死。偃御武子、以弔焉。見棠姜而美之、使偃取之。…。遂取之。莊公通焉。驟如崔氏。以崔子之冠賜人。侍者曰、「不可。」公曰、「不爲崔子、其無冠乎。」崔子因是。又以其閒、伐晉也。曰、「吾必將報。」欲弑公以說于晉。而不獲閒。公鞭侍人賈擧、而又近之。乃爲崔子閒公。夏。五月。莒爲且于之役故、莒子朝于齊。甲戌。饗諸北郭。崔子稱疾、不視事。乙亥。公問崔子。遂從姜氏。姜氏入于室、與崔子自側戶出。公拊楹而歌。侍人賈擧止衆從者、而入閉門。甲興。公登臺而請。弗許。請盟。弗許。請自刃於廟。弗許。皆曰、「君之臣杼疾病、不能聽命。近於公宮。陪臣干掫、有淫者、不知二命。」公踰牆。又射之。中股、反隊。遂弑之。

これら『韓非子』のA・Bの記事は、『左傳』に相當する「春秋」テキストからの要約的引用と言えよう。Aについては夙に淸の沈欽韓の指摘（【參考】八③）がある。

また、近人・劉師培は次のように述べている。

（左盦集・左氏不傳春秋辨）自漢博士謂左氏不傳春秋、近世治春秋者重燃其焔。今考周季之書、所述春秋、均指左氏。『韓詩外傳』載荀子謝春申君書、引「子圍・崔杼弑君」事、稱爲「春秋之記」。『韓非子』姦劫弑臣篇述此二事、亦稱爲「春秋之記」。一也。『國策』二十四、記「魏說趙王」引「晉人伐虢取虞」事、又言「春秋書之、以罪虞公」。即本左氏罪虞之誼。二也。『國策』十七、記「虞卿謂春申君曰、春秋於安思危。」即本『左傳』「居安思危」語。三也。『呂氏春秋』求人篇曰「觀於春秋。自魯隱公以至哀公、十有二世。其所以得之、所以失之、其術一也。」又曰「虞用宮之奇、吳用伍子胥之言、此二國者、雖至於今存可也。」案子胥諫吳王、其語惟詳於左氏。四也。

是則戰國儒生均以左傳即春秋。斯時公・穀未興、春秋之名僅該左氏。漢臣不察、轉以左氏不傳春秋。不亦惑歟。(32)

このように「今　周季の書を考するに、述ぶる所の春秋は、均しく左氏を指す」ことを『韓非子』『韓詩外傳』『戰國策』『呂氏春秋』の「春秋」の事例と『左傳』との對應を四點から明らかにしている。また、劉師培は「周季諸子述左傳考」（『左盦集』所收）において、直接「春秋」の呼稱は用いないが『韓非子』の記述が『左傳』と對應する事例を九條擧げている。(33)

このように荀子門下の韓非子はやはり荀子同樣に『左傳』に相當するテキストを教養として讀み込んでいたことは明らかであると言えよう。

次の備內篇の文では韓非子は「君の死を利とする者衆ければ、則ち人主危ふし」との根據に「春秋」テキストの一文を引いている。

②（韓非子・備内第十七）人主之患在於信人、信人則制於人。…。且萬乘之主、千乘之君、后妃・夫人・適子爲太子者、或有欲其君之蚤死者。…。故桃左春秋曰、「人主之疾死者、不能處半。」人主弗知、則亂多資。故曰、「利君死者衆、則人主危。」

この②の文の『桃左春秋』は、「春秋」テキストの一種と見られるが、その所引の言は『左傳』及び『公羊傳』『穀梁傳』に該當する文は無い。夙に近人・章炳麟は、この「桃左春秋」を「趙左春秋」であるとして次のように述べている。

（『章氏左傳讀敍錄』）桃卽趙之假借。趙人所傳左氏春秋、謂之「趙左春秋」。

一方、鎌田正氏は、「人主之疾死者、不能處半。（人主の疾《と》く死する者は、半ばに處る能はず。）」の語が『左傳』には見えないことから「桃左春秋」は「趙左春秋（趙の左氏春秋）」との説については疑念を呈している。(34)

また、今本『左傳』には次のように魯の謝息に與える邑として「桃」が記されているが、地名としてはこの魯地以外の例はない。

（左傳・襄公十七年）〔經〕秋。齊侯伐我北鄙、圍桃。高厚帥師、伐我北鄙、圍防。〔傳〕秋。齊侯伐我北鄙、圍桃。高厚圍臧紇于防。師自陽關逆臧孫。云々。（同昭公七年）〔傳〕夏。…。晉人來、治杞田。…。謝息…。乃遷于桃。晉人爲杞取成。

この魯の「桃」と「桃左春秋」の關係はもとより不明だが、章炳麟の「桃左春秋」を「趙左春秋」とする客觀的根據は、假借說以外にはなく、現時點では今本『左傳』系とは別の「春秋」テキストとして位置づけておくのが妥當であろう。

③（韓非子・備内第十七）上古之傳言、春秋所記、犯法爲逆、以成大姦者、未嘗不從尊貴之臣也。然而法令之所以備、刑罰之所以誅、常於卑賤。是以其民絕望、無所告愬。大臣比周、蔽上爲一、陰相善而陽相惡、以示無私、相爲耳目、以候主隙。人主掩蔽、無道得聞、有主名而無實、臣專法而行之、周天子是也。偏借其權勢、則上下易位矣。此言人臣之不可借權勢也。

この③の備内篇の文に「「春秋」の記す所、法を犯して逆を爲し、以て大姦を成す者は、未だ嘗て尊貴の臣に從はずんばあらざるなり。然り而うして法令の備ふる所以、刑罰の誅する所以は、常に卑賤においてす。」というのは、例えば尊貴の臣の弑君の陰謀の實行犯は常に卑賤の臣であるが、弑君を果たせば卑賤の臣は法令により處罰されて誅を受けるという事態等を指していよう。このような事例は『左傳』に多く記される所であり、この「春秋」は『左傳』に相當するテキストであると理解される。

次に擧げる『左傳』の文はその一例である。

（隱公十一年）羽父請殺桓公。將以求大宰。公曰、「爲其少故也。吾將授之矣。使營菟裘、吾將老焉。」羽父懼。反譖公于桓公、而請弑之。…。十一月。公祭鍾巫。齊于社圃。館于寪氏。壬辰。羽父使賊弑公于寪氏。立桓公、而討寪氏。有死者。

羽父（公子翬）は當初隱公の爲にその弟の桓公を殺して大宰とならんとするが、隱公は桓公に讓位したい旨を明らかにしたので、このままでは自らが危ういと逆に桓公に取り入って隱公を譖《そし》り之を弑せんとした。羽父は寪氏においてその賤者（賊）を實行犯として隱公を弑殺するが、これによって卽位した桓公はこの寪氏を討ち、賊を處罰している。そして羽父は魯の實權を手に入れた。このような事態の進行はやがて『韓非子』備内に云う「主の名有れども實無し、臣　法を專にして之を行ふ」という事態に至る。

『韓非子』はこのような君權空洞化に警鐘を鳴らす。『春秋經』にはこのように事態を詳説する記事は皆無であり、『韓非子』のここに云う「春秋」が『左傳』テキストに相當するものであることは明らかと言えよう。

したがって、先述のように韓非子はこのような「春秋」（左傳テキスト）に精通しており、彼の權謀術數による君臣論を形成する基盤となる素材がこのような『左傳』に相當する「春秋」テキストであったと考えられるのである。

次に④の内儲說上七術篇の「仲尼」によって語られる「春秋」は『春秋經』を指している。

④（韓非子・内儲說上七術第三十）魯哀公問於仲尼曰、「春秋之記曰、『冬。十二月。霣霜不殺菽。』何爲記此。」仲尼對曰、「此言可以殺而不殺也。夫宜殺而不殺、桃李冬實。天失道、草木猶犯干之、而況於人君乎。」

これについて、三傳とその經には次のように記されている。

（左傳・僖公三十三年）〔經〕冬。…。隕霜不殺草。李梅實。〔傳〕なし

（穀梁傳・僖公三十三年）〔經〕冬。…。隕霜不殺草。李梅實。〔傳〕未可殺而殺、擧重也。可殺而不殺、擧輕也。實之爲言、猶實也。

（公羊傳・僖公三十三年）〔經〕冬。…。霣霜不殺草。李梅實。〔傳〕何以書。記異也。何異爾。不時也。

三傳の經文を比較すると、公羊傳の「霣」の字は『韓非子』所引文と同じであり、或は『韓非子』の用いた『春秋經』が公羊系のものであった可能性が想定される。したがって、哀公と仲尼の問答は、公羊系の學派で傳承された說話である可能性も想定されるが、この問答は今本『公羊傳』には見えない。

次の⑤の外儲說右上篇では「師曠の對、晏子の說、皆勢の易きを舍《す》つるなり、而して行の難きに道びく。是れ獸と逐走するなり。未

だ患を除くを知らざるなり。患の除くべきは、子夏の「春秋」を説くに在るなり。」とし、「春秋」についての子夏の論評を提示する。

⑤（韓非子・外儲説右上第三十四）君所以治臣者有三。一、勢不足以化則除之。師曠之對、晏子之說、皆合［舍］勢之易也、而道行之難。是與獸逐走也。未知除患。患之可除、在子夏之說春秋也。「善持勢者、蚤絶其姦萌。」故季孫讓仲尼以遇勢、而況錯之於君乎。云々。〔王先愼『韓非子集解』：顧廣圻曰「合當作舍。形近誤。…。難一篇釋庸主之所易、道堯舜之所難。云々。」〕

この「師曠の對」とは、『左傳』の次の文に對應すると見られる。

（左傳・襄公十四年）師曠侍於晉侯。晉侯曰、「衛人出其君。不亦甚乎。」對曰、「或者其君實甚。良君將賞善而刑淫、養民如子、蓋之如天、容之如地。民奉其君、愛之如父母、仰之如日月、敬之如神明、畏之如雷霆。其可出乎。夫君神之主、而民之望也。若困民之生、匱神之祀、百姓絶望、社稷無主、將安用之。弗去何爲。天生民而立之君、使司牧之、勿使失性。云々。」

衛人がその君を逐うたことを晉侯に問われた際に、師曠の對えは「民を養ふこと子の如く、之を蓋ふこと天の如く、之を容るること地の如し」という「良君」であれば「民其の君を奉じ、之を愛すること父母の如し」で、追い出すわけがないとして、暗に衛君の不德を批判し、更に天が君を立てるのは民の性（生）を失わしめぬためであるとの民本的君主論を展開している。これを韓非子は君主の政を容易にする「勢」を舍てて、堯舜でも難しい「德」の行に君主を導くもので「未だ患を除くを知らず」と批判する。そして子夏の「春秋」への論評「善く勢を持する者は、蚤に其の姦萌を絶つ」こそ明主の術であるとする。

また「晏子の説」については、例えば次の『左傳』昭公二十六年の文との對應が想定される。

（左傳・昭公二十六年）齊侯與晏子坐于路寢。公歎曰、「美哉室。其誰有此乎。」晏子曰、「敢問何謂也。」公曰、「吾以爲在德。」對曰、「如君之言、其陳氏乎。陳氏雖無大德、而有施於民。豆區釜鐘之數、其取之公也薄。其施之民也厚。公厚斂焉。陳氏厚施焉。民歸之矣。詩曰『雖無德與女、式歌且舞。』陳公之施、民歌舞之矣。後世若少惰、陳氏而不亡、則國其國也已。」公曰、「善哉。是可若何。」對曰、「唯禮、可以已之。在禮、家施不及國、民不遷、農不移。工・賈不變、士不濫、官不滔、大夫不收公利。」公曰、「善哉。我不能矣。吾今而後知禮之可以爲國也。」對曰、「禮之可以爲國也、久矣。與天地並。君令臣共、父慈子孝。兄愛弟敬、夫和妻柔。姑慈婦聽、禮也。君令而不違、臣共而不貳。父慈而教、子孝而箴。兄愛而友、弟敬而順。夫和而義、妻柔而正。姑慈而從、婦聽而婉。禮之善物也。」公曰、「善哉。寡人今而後聞此禮之上也。」對曰、「先王所稟於天地、以爲其民也。是以先王上之。」

晏子は景公に齊の行く末を問われて、「德」をもって論ずれば、齊國は民に厚く「德」を施す陳氏のものとなろうとし、それを防ぐ手立ては「禮」に在り、とする。卽ち德治を以て人心を收攬する陳氏に對して、齊君は禮治によって「君令し、臣共《つつし》む」という禮の秩序を保持してこれを未然にふせぐべしとの論である。

しかし、韓非子は晏子の禮治論も實は民本的政治論であり、君主の「勢の易きを舍《す》つる」點では師曠と同じで「未だ患を除くを知らず」（陳氏にのっとられる）と批判する。

このように、韓非子の法・術・勢の統治論は德治や禮治への批判であるが、それが『左傳』に相當する「春秋」テキストの熟讀・精通の上に成立していることがここにも窺えるのである。

⑥（韓非子・外儲說右上第三十四）故曰、「景公不知用勢之主也。而師曠・晏子不知除患之臣也。」子夏曰、「春秋之記、臣殺君、子殺父者、以十數矣。皆非一日之積也。有漸而以至矣。凡姦者、行久而成積、積成而力多、力多而能殺、故明主蚤絕之。」今田常之爲亂、有漸見矣。而君不誅。晏子不使其君禁侵陵之臣、而使其主行惠、故簡公受其禍。故子夏曰、「善持勢者、蚤絕姦之萌。」

この⑥の同篇の文では子夏の言として「春秋」の記に、「臣にして君を殺し、子にして父を殺す者は、十を以て數ふ」とあり、この「春秋」は『春秋經』及び三傳のいずれの「春秋」テキストにも比定しうるが、「皆一日の積に非ざるなり。漸にして以て至る有るなり」との表現からは、その過程を詳述する『左傳』に相當する「春秋」テキストが想定されよう。

また、先の⑤と同様に「景公は勢を用ふるを知らざるの主なり。而して師曠・晏子は患を除くを知らざるの臣なり。」との批判を述べ、特に「晏子　其の君をして侵陵の臣を禁ぜしめずして、其の主をして惠を行はしむ」とのくだりは、例えば『左傳』の人口に膾炙した昭公三年の「踊は貴く、屨は賤《やす》し」との晏子の諷喩を記す文と對應するものと見られる。

（左傳・昭公三年）初。景公欲更晏子之宅。…。辭曰、「君之先臣容焉。臣不足以嗣之、於臣侈矣。且小人近市。朝夕得所求。小人之利也。敢煩里旅。」公笑、曰、「子近市、識貴賤乎。」對曰、「旣利之。敢不識乎。」公曰、「何貴、何賤。」於是景公繁於刑。有鬻踊者。故對曰、「踊貴、屨賤。」旣已告於君。故與叔向語而稱之。景公爲是省於刑。君子曰、「仁人之言其利博哉。晏子一言而齊侯省刑。詩曰『君子如祉。亂庶遄已。』其是之謂乎。」

君子の評に「晏子一言にして齊侯　刑を省にす」と云うように、晏子が齊の景公に諷喩により省刑という民への「惠」を行わしめたことを述べているのがそれである。

以上の検討から、韓非子が熟讀し精通した「春秋」が『左傳』に相當するテキストであることが確認され、その思想形成に大きな役割を果たしたことが窺えるのである。

五　上來の考察による先秦の春秋テキストの系譜と通説の對比

上來の考察から明らかとなる先秦より漢に至る「春秋」テキストの展開を整理してここに構圖として示すと、次の六段階となる。

Ⅰ	Ⅱ	Ⅲ	Ⅳ	Ⅴ	Ⅵ
列國の「春秋」（諸侯の史記） —	天下の「春秋」— 『原左氏傳』（『左氏春秋』）	『春秋左氏經』と『左氏傳』（『春秋經』）—	『春秋經』…	「原穀梁傳」— …「原公羊傳」—	『穀梁傳』 『公羊傳』

右圖におけるⅠ～Ⅴが先秦において「春秋」と稱せられたテキストと考えられる。

一方、通説的（經學的）な見解による系譜は次のようになる。

（Ⅳ）孔子の『春秋經』─┬─（Ⅴ）七十子の口受┈┬（Ⅵ）『公羊傳』公羊壽・胡毋生・董仲舒
　　　　　　　　　　　　　　　　　　　　　　└『穀梁傳』榮廣・蔡千秋
　　　　　　　　　└─左丘明の「左氏春秋」……『左氏傳』張蒼・賈誼

これは先の構圖の　Ⅳ→Ⅴ→Ⅵ　の展開を〈公羊史觀〉によって再構成したものと言えよう。

六 『左氏春秋』左丘明制作説の意圖

さて、このⅡ期のテキストに當たる『左氏春秋』が左丘明の制作によると說くのは『史記』である。そこで、その『史記』卷十四の十二諸侯年表序を五段に分けて記す（〔 〕に書き下し文を附す）と、次のようになる。また各段の要旨を〈 〉に記している。

1 太史公讀春秋・曆譜諜、至周厲王、未嘗不廢書而歎也。曰、「嗚呼、師摯見之矣。」紂爲象箸、而箕子唏。周道缺、詩人本之衽席、關雎作。仁義陵遲、鹿鳴刺焉。及至厲王、以惡聞其過、公卿懼誅而禍作、厲王遂奔于彘。亂自京師始、而共和行政焉。是後或力政、彊乘弱、興師不請天子。然挾王室之義、以討伐爲會盟主。政由五伯、諸侯恣行、淫侈不軌、賊臣簒子滋起矣。齊・晉・秦・楚、其在成周微甚、封或百里、或五十里。晉阻三河、齊負東海、楚介江淮、秦因雍州之固、四海迭興、更爲伯主。文武所褒大封、皆威而服焉。〔太史公 春秋・曆譜諜を讀み、周の厲王に至りて、未だ嘗て書を廢して歎ぜずんば非ざるなり。曰はく、「嗚呼、師摯之を見たり」と。紂 象箸を爲り、而《すなは》ち箕子唏く。周道缺けて、詩人之を衽席に本づけて、關雎作《おこ》る。仁義陵遲し、鹿鳴これを刺る。厲王に至るに及び、其の過を聞くを惡むを以て、公卿 誅を懼れて禍作り、厲王遂に彘に奔る。亂は京師より始まり、而して共和政を行ふ。是の後或いは力政し、彊は弱に乘じ、師を興すに天子に請はず。然も王室の義を挾みて、討伐を以て會盟の主と爲る。政は五伯に由り、諸侯恣に行ひ、淫侈不軌、賊臣簒子滋《ますま》す起こる。齊・晉・秦・楚は、其れ成周に在りては微なること甚し、封或いは百里、或いは五十里なり。晉は三河に阻まれ、齊は東海を負ひ、楚は江淮を介し、秦は雍州の固に因り、四海迭《か》はり興り、更《こもご》も伯主と爲る。文武の褒ずる所の大封は、皆威《おそ》れてこれに服せり。〕〈周道陵遲して厲王の失政に至るを歎じ、「共和 政を行ふ」から王權衰微して春秋の五伯が勃興し諸侯のこれに服するに至るを記述〉

2 是以、孔子明王道、干七十餘君、莫能用。故西觀周室、論史記・舊聞、興於魯而次春秋、上記隱、下至哀之獲麟。約其辭文、去其煩重、以制義法。王道備、人事浹。七十子之徒口受其傳指、爲有所刺譏褒諱挹損之文辭不可以書見也。〔是を以て、孔子 王道を明らかにし、七十餘君に干《もと》むるも、能く用ふるもの莫し。故に西のかた周室に觀て、史記・舊聞を論じ、魯に興りて春秋に次し、上は隱より記し、下は哀の獲麟に至る。其の辭文を約にし、其の煩重を去り、以て義法を制す。王道備はり、人事浹し。

七十子の徒　其の傳指を口受するは、刺譏褒諱挹損する所の文辭の書を以て見《しめ》すべからざる有るが爲なり。〕〈この五伯の時代に孔子が王道を明らかにし周室の史記・舊聞を論じて「春秋」の編纂を爲し七十子の徒が孔子の傳指を口受したこととその理由を明記〉

3　魯君子左丘明懼弟子人人異端、各安其意、失其眞。故因孔子史記、具論其語、成左氏春秋。〔魯の君子左丘明　弟子の人人端を異にし、各の其の意に安んじ、其の眞を失ふを懼る。故に孔子史記に因り、具さに其の語を論じ、左氏春秋を成す。〕〈左丘明により「孔子史記」を踏まえて『左氏春秋』が制作されたとの說の提起〉

4　①鐸椒爲楚威王傅、爲王不能盡觀春秋、采取成敗、卒四十章爲鐸氏微。趙孝成王時、其相虞卿、上采春秋、下觀近勢、亦著八篇、爲虞氏春秋。呂不韋者、秦莊襄王相、亦上觀尙古、刪拾春秋、集六國時事、以爲八覽・六論・十二紀、爲呂氏春秋。及如荀卿、孟子、公孫固、韓非之徒、各往々捃摭春秋之文、以著書、不可勝紀。〔鐸椒　楚の威王の傅たり、王盡くは「春秋」を觀る能はざるが爲に、成敗を采取し、卒に四十章を『鐸氏微』と爲す。趙の孝成王の時、其の相の虞卿、上は春秋に采り、下は近勢に觀て、亦た八篇を著し、「虞氏春秋」と爲す。呂不韋なる者は、秦の莊襄王の相なり、亦た上は尙古に觀て、「春秋」を刪拾し、六國の時事を集め、以て八覽・六論・十二紀を爲《つく》り、『呂氏春秋』と爲す。荀卿、孟子、公孫固、韓非の徒の如きに及びては、各の往々「春秋」の文を捃摭し、以て書を著すこと、勝《あ》げて紀《しる》すべからず。〕〈先秦の「春秋」テキストと春秋學の推移を概觀〉

②漢相張蒼曆譜五德、上大夫董仲舒推春秋義、頗著文焉。〔漢の相の張蒼は五德を曆譜し、上大夫の董仲舒は「春秋」の義を推し、頗る文を著せり。〕〈漢當代における春秋學の成果について〉

5　太史公曰、「儒者斷其義、馳說者騁其辭、不務綜其終始。曆人取其年月、數家隆於神運、譜諜獨記世謚、其辭略。欲一觀諸、要難。於是、譜十二諸侯、自共和訖孔子、表見春秋・國語學者所譏盛衰大指、著于篇。爲成學治古文者要、刪焉。」〔太史公曰はく、「儒者は其の義を斷ち、說を馳せる者は其の辭を騁《ほしいまま》にするも、其の終始を綜《す》ぶるを務めず。曆人は其の年月を取り、數家は神運を隆《さかん》にし、譜諜は獨り世謚を記すも、其の辭略なり。これを一觀せんと欲せんか、要《かなら》ず難し。ここに於いて、十二諸侯を譜し、共和より孔子に訖《いた》るまで、「春秋」「國語」の學者の譏る所の盛衰の大指を表見して、篇に著す。學を成し古文を治むる者の要の爲に、これを刪す。[35]」〈學を成し古文を治める者の要訣となるものとして「春秋」「國語」の學者の論評する共和より孔子に至る十二諸侯の盛衰の大旨を儒・馳說・曆・數・譜諜の成果をも攝取して一觀しうる表として十二諸侯年表を著したことを明らかにする。〉

この第三段に示される「魯の君子左丘明」が「『左氏春秋』を成す」との說は、實は司馬遷によって唐突に提起されたもので、先秦の諸子にこれに言及したものは無い。そもそも孔子の同時代もしくは先輩世代と目される「左丘明」が『左氏春秋』を制作することは、『左氏春秋』にしばしば比定される『左氏傳』卽ち『左傳』の内容とも矛盾するもので、夙に鎌田正氏によって唐の啖助以來の議論を踏まえて左丘明作者說の虛構性が論證されている[36]。

上來の考察からすると『左氏春秋』『左氏傳』なる書物は先の系譜のⅡ・Ⅲの段階の「春秋」テキストに比定されるが、先秦の諸子はこれを「春秋」「春秋之記」等と稱している。漢初には、これら「春秋」テキストが世に出る際に『左氏春秋』『春秋左氏傳』の名を以て行われている（【參考】八⑤及び九）。この「左氏」を衞聚賢氏は吳起の本貫左氏邑に由るとし、鎌田正氏は魏の史官左氏某によるとするが[37]、いずれにせよその由來は戰國期以降に在る。

したがって、この『左氏春秋』の作者を春秋期の「魯の君子左丘明」と認定したのは、司馬遷による作爲（虛構）と考えられる。その意圖は、武帝の意を得た董仲舒の春秋學を信奉する司馬遷が、公羊學を正統とする系譜を作爲すべく、從來の「春秋」テキストの中心に存在した文獻『左氏春秋』（『原左氏傳』）を「魯の君子左丘明」の作という二次的・補完的テキストとして傍流に置き、これに替わって「孔子」の眞意を口受によって傳え漢代に竹帛に著けたとする『公羊傳』を「春秋」テキストの正統の地位に定めんとするものであったと解される。

卽ち『公羊傳』の口受の强調と「左丘明」による『左氏春秋』制作說話というこのロジックは、表裏して『公羊傳』を正統に押し出し、公羊學を春秋經學の主流と爲さしめる爲のものであったと考えられるのである。

七　本書の假說と考察のテーマ

以上の考察を踏まえると、從來の經學的通說であった、孟子から司馬遷に至る過程で孔子制作說を基軸に形成された〈公羊史觀〉

（孔子の『春秋經』制作説、經師による傳旨口受説、左丘明の『左氏春秋』制作説、の三要素から構成される）は、上述のように近代の實證的な文獻批判による先學の研究や、近年の出土資料に據る客觀的論據の新たな提示とそれに對應する傳世文獻との再檢證等によりその虛構性を露呈しており、また近代の天文・曆法研究に據る實證的研究は春秋經の曆が一國の曆には到底收まらないという事實を明らかにしていることなどから、その見直しは必然的と言えよう。(38)

したがって、〈公羊史觀〉に替わる新たな春秋テキストの展開と系譜は、上來の考察を踏まえてここに次のように確認されよう。

春秋Ⅰ	春秋Ⅱ	春秋Ⅲ	春秋Ⅳ	春秋Ⅴ	春秋Ⅵ
列國の「春秋」―	天下の「春秋」―	『春秋左氏經』と『左氏傳』―	『春秋經』…「原穀梁傳」―		『穀梁傳』
（諸侯の史記）	『原左氏傳』	（『春秋經』）	…「原公羊傳」―		『公羊傳』
	（『左氏春秋』）				

卽ち「春秋」とは列國の史記一般の名稱であり（春秋Ⅰ）、やがてこれが天下の「春秋」として「一なり」として編纂されたのが『原左氏傳』であり（春秋Ⅱ）、そこから春秋經が制作され、まず『春秋左氏經』が『左氏傳』（今本『左傳』の祖型テキスト）を伴なって成立し（春秋Ⅲ）、次いで『春秋左氏經』の末尾を削除した『春秋經』が成立し（春秋Ⅳ）、その傳旨が穀梁・公羊の原テキストとして形成され（春秋Ⅴ）、漢代の二傳の成立（春秋Ⅵ）に至るという、六段階（Ⅰ～Ⅵ）の「春秋」テキストの展開の樣相がここに窺えるのである。

本書はこのような展望の下に、特にⅡ→Ⅲの『原左氏傳』からの『春秋左氏經（春秋經）』の成立メカニズムを體系的に解明しようとする試みである。

なお、この『原左氏傳』は、傳世の文獻としてはその名稱のみしか傳わらない所の『左氏春秋』に比定し得る。但し、我々は『左氏春秋』を『原左氏傳』として閒然無く同定し得る客觀的根據を把握するには至っていない。したがって、この比定はあくまでも狀況的な可能性の想定に止まる。したがって、本書では當該テキストを、專ら『原左氏傳』と稱して考察を進めることとしたい。

先述のように、かねて筆者は舊稿において、先行研究を踏まえて今本三傳の春秋經テキストは『春秋左氏經』が相對的に原型に近いものであるとし、(39)その『春秋左氏經』は『原左氏傳』テキストに基本的に依據してそこから「抽出」と「編作」の手法により制作・編纂されたものと考えられるとし、その際に『原左氏傳』に解經文や附加傳文等の文を折り込んで新たに整備されたものが今本『左傳』の祖型であり、また穀梁傳・公羊傳型『春秋經』は、この『春秋左氏經』が隱公元年より哀公十六年「夏。四月己丑。孔丘卒す。」の二百四十四年間で終わるのに對して、隱公元年より哀公十四年「春。西に狩して、麟を獲《う》。」までの二百四十二年間で終わり、以後の經文を削除して成立したものと考えられる、との假説を曩次の論考にて提起してきた。(40)

そこで、改めて要請されるのは、春秋Ⅱ→春秋Ⅲという展開過程のメカニズムに關する詳細な分析と檢證の體系的な提示ということであり、それを踏まえての諸テキストの制作の意圖の解明ということになろう。これが本書の中心テーマである。

以下の本書の考察はこのテーマを中心に進められる。そこで本書の考察を進めるに當たって、舊稿において論究してきた『原左氏傳』テキスト（春秋Ⅱ）と『春秋左氏經』テキスト（春秋Ⅲ）の編纂・制作の概括的な特色を對比的に列擧すると、次のようになる。

『原左氏傳』テキスト（春秋Ⅱ）は、主として次の原則で編纂・制作されたと見られる。

i、魯の十二公の紀年を軸とする「踰年稱元法」（卽位法は當年卽位による）による編年。

ii、列國の史書（周及び晉・楚・魯等の諸侯の「春秋」のテキスト―春秋Ⅰ）の記事をiの編年のもとに春・夏・秋・冬の四時に配列して記載する四時記載法により天下の「春秋」（春秋Ⅱ）を編年。

iii、列國の史書から主として霸者及び諸侯・卿・大夫の「立德」「立功」「立言」の記事について記す。

iv、毀譽褒貶の評價の基軸は「禮」にある。

『春秋左氏經』テキスト（春秋Ⅲ）は、主として次の原則で編纂・制作されたと見られる。

i、魯の十二公の紀年を軸とし、「踰年稱元・正月卽位法」を原則として編年。

ii、「原左氏傳」（春秋Ⅱ）の春・夏・秋・冬の四時の配列による記事の記載卽ち四時記載法による編年を踏襲し、さらに時と月の對應の一律化を徹底し、爲に『原左氏傳』の「時。月。」等を一部改變する。

iii、「原左氏傳」から、「天王（天子）の事」の原則のもとに、抽出・編作の手法を基本とし、かつ時に他史料（周王室及び諸侯の史書や魯の宮廷記錄や世卿の族譜など）をも援用しつつ、作經する。

iv、毀譽褒貶の評價の基軸は「名」の筆法にある。

ここに謂う「四時記載法」は先秦の傳世文獻では、右以外では『國語』晉語の晉侯の記事についての用例が見える。この方式を魯侯の記事について全面的に適用して編年體のテキストを制作したのは『原左氏傳』においてであると見られる。『春秋左氏經』はこの四時記載法を更に徹底させたものとなっている。

以下の行論では、右の『原左氏傳』（春秋Ⅱの段階）からの『春秋左氏經』及び『左氏傳』（春秋Ⅲの段階）の成立メカニズムという問題を中心に多角的な考察を進めてゆくこととしたい。

なお、野間文史氏の『春秋左氏傳　その構成と基軸』（二〇一〇年、研文出版）は、筆者の『戰國思想史研究』における春秋に關する所論を紹介し、いくつかの批判を提起されている。それらの問題への回答も本書の以下の行論において結果的にはなされることとなる。

（二）『春秋左氏經』文の〈四種類型文〉と分析結果
――『原左氏傳』からの抽出・編作による『經』の成立――

先述の本研究の假説を踏まえての今本『左傳』テキストの檢討の觀點からすると、『春秋左氏經』の全ての經文は、次の四種類型文に分類し得る。

①抽出文：原左氏傳文（今本『左傳』から解經文及び附加傳文を取り除いた傳文は『原左氏傳』テキストに相當）の「記事文＋解說文」という歷史記述文から「記事文」を抽出して記載したと見られる經文を謂う。本書の以下の記述では◇の符號で示す。なおこの「解說文」は『原左氏傳』の「記事文」を解說する文であって「經文」を解說する「解經文」ではない。「解經文」とは『原左氏傳』から『左氏經』を制作した際に經文の記事・筆法の解說のために附加したと見られる文を謂う。

②抽出的編作文：原左氏傳文からの抽出を踏まえ、かつそれを獨自の筆法で編作して記載したと見られる經文を謂う。本書では◆の符號で示す。

③編作文：原左氏傳文と內容的に關連するが、原左氏傳文に無い情報を記載し、別の史料によるか、創作による過程を經て記載され

たと見られる經文を謂う。本書では☆の符號で示す。

④無傳の經文：對應する傳文のない經文を謂う。本書では◎の符號で示す。これには、ｉ切り取り抽出により今の傳文には無くなった、ⅱ他史料の援用に據る、ⅲ編作者の創作に據る、の三ケースが想定される。

このうち①②は、「抽出」の方法を基本とするもので、經の事實に關する情報は全て原左氏傳文中に存する。特に①は純然たる抽出であり、原左氏傳文からの制作過程を推定し得るものである。また②は「抽出」をふまえて、一定の筆法のもとに「編作」されており、やはり一定の筆法を介して制作過程を推定し得るものである。以上の①②の經文を〈**抽出系の經文**〉と稱することができよう。

これに對して、③と④は主として「編作」の手法により他史料（周王室及び諸侯の策や魯の宮廷記錄や世卿の族譜など）の援用を想定する必要のあるもので、〈**編作系の經文**〉と稱することができよう。このうち③は純然たる編作に據るもので、他史料の援用を想定しなければ、その制作過程の推定は困難なものである。また④については右の三ケースのうち、ｉの「切り取り抽出」は「抽出」に據るもの、ⅱ、ⅲは「編作」に據るものであるが、ｉについての推定は個別の吟味を經たうえでの蓋然性の想定という範圍にとどまる。そこで④については、ｉの可能性が部分的に留保されるものの、分析による數値化の上では一括して「編作」によるものとみなして分類することとしたい。

したがって、これを概括すれば、**①②は〈抽出系〉**の手法に據り、**③④は〈編作系〉**の手法に據るものと言うことができよう。

本研究は、右の四種類型文のカテゴリーによって二百四十四年閒の全左氏經文について、その原左氏傳文との對應を檢討して、これを四種類型文に分類して示し、その上で魯の十二公の各年代記別及び十二公全體の左氏經文の四種類型文への分類の分布狀況の一覽を提示する。これによって、左氏經文の成立のメカニズムについての假說を檢證する客觀的資料を提供し、かつこの作業の過程とその結果を踏まえて作經メカニズムを具體的かつ體系的に明らかにせんとするものである。

では、經文における四種類型文とは具體的にはどのようなものであろうか。今、その具體例を以てそれぞれ示すと、次のようになる。

①◇抽出文としての經文の例。

1、襄公元年。〔經〕九月。及宋人盟于宿。〔左〕九月。及宋人盟于宿。始通也。

2、隱公二年。〔經〕春。**公會戎于潛**。〔左〕春。公會戎于潛。脩惠公之好也。戎請盟。公辭。

3、襄公十八年。〔經〕**夏。晉人執衛行人石買。**〔左〕夏。晉人執衛行人石買于長子。執孫蒯于純留。爲曹故也。
4、昭公五年。〔經〕**春。王。正月。舍中軍。**〔左〕春。王。正月。舍中軍。卑公室也。
5、哀公六年。〔經〕**呉伐陳。**〔左〕呉伐陳。復脩舊怨。
6、哀公二十三年。〔經〕なし。〔左〕秋。八月。叔青如越。始使越也。越諸鞅來聘。報叔青也。

この原左氏傳文の歴史記述の「記事文（傍線部）＋解説文（波線部）」の「記事文（事を記す文）」を抽出して經文とするのがこの手法である。これによる經文が「抽出文」である。例えば1では原左氏傳文に「九月。宋人と宿に盟ふ。始めて通ずるなり。」あるいは2では「春。公 戎に潛に會す。惠公の好《よしみ》を脩むるなり。」とあり、これらの傍線部の記事文を抽出して經に上し、「九月。宋人と宿に盟ふ。」「春。公 戎に潛に會す。」との經文が成立する。因みに、經は事を記すのみにて、言を記すことはない。6は、經が哀公十六年で終わった後の傳文で、經文には抽出されていないが、原左氏傳の歴史記述文として、1から5と同じ構造を持つ。この6の「叔青越に如く。始めて越に使ひするなり。越の諸鞅來聘す。叔青に報ゆるなり。」との例から「記事文＋解説文」という原左氏傳文共通の文體が改めて確認されよう。したがって、この6との共通性ということから、1から5の解説文（波線部）が決して經文の解經文ではないことが明らかに知られるのである。なお、この原左氏傳の「解説文」は杜預がその「春秋序」に云う「凡例」「變例」「非例」のうちの「非例」にほぼ相當するものである。[41]

②◆抽出的編作文としての經文の例。

1、隱公五年。〔經〕**邾人・鄭人、伐宋。**〔左〕宋人取邾田。邾人告於鄭、曰、「請君釋憾於宋。敝邑爲道。」鄭人以王師會之、伐宋。
2、文公元年。〔經〕**公孫敖如齊。**〔左〕穆伯如齊。始聘焉。禮也。
3、文公二年。〔經〕**冬。晉人、宋人、陳人、鄭人伐秦。**〔左〕冬。晉先且居、宋公子成、陳轅選、鄭公子歸生伐秦。取汪及彭衙而還。以報彭衙之役。〈卿不書、爲穆公故、尊秦也。謂之崇德。〉
4、襄公二十六年。〔經〕**夏。…。公會晉人・鄭良霄・宋人・曹人于澶淵。**〔左〕夏。…。六月。…。公會晉趙武・宋向戌・鄭良霄・曹人于澶淵。以討衛、彊戚田。取衛西鄙懿氏六十、以與孫氏。〈趙武不書、尊公也。向戌不書、後也。鄭先宋、不失所也。〉
5、昭公五年。〔經〕**楚殺其大夫屈申。**〔左〕楚子以屈申爲貳於呉。乃殺之。

これらはいずれも、原左氏傳文を部分的に抽出し或は要約して一定の筆法のもとで再編成して經文と爲したものと理解される。この手法によるのが「抽出的編作文」である。なお、右の例文の3の波線部は①の抽出文の場合と同樣に原左氏傳文の「記事文」に對する「解説文」であるが、3や4の〈　〉内の文は、經の記述についての「解經」文である。この解經文（これは杜預の云う「變例」にほぼ相當する）(42)が附加されることによって、『原左氏傳』は、『左氏經』に對する『左氏傳』（注釋書）へと變貌することになる。また、2の文公元年の經の「公孫敖」は氏名を以て記し、對應する傳の「穆伯」は謚（もしくは字）を以て記すが、文公元年の直前の左傳文では「公孫敖」と氏名を表記している。このようにその氏名が左傳文（原左氏傳文）中にも確認される場合は、經に示される情報は全て原左氏傳文中に在ると見られるので、◆抽出的編作文に分類される。

③☆編作文としての經文の例。

1、隱公五年。〔經〕冬。十有二月。辛巳。公子彄卒。〔左〕冬。十二月。辛巳。臧僖伯卒。公曰、「叔父有憾於寡人。寡人弗敢忘。」葬之加一等。

2、莊公二十八年。〔經〕春。王。三月。甲寅。齊人伐衞。衞人及齊人戰。衞人敗績。〔左〕春。齊侯伐衞。戰。敗衞師。數之以王命。取賂而還。

3、僖九年。〔經〕夏。公會宰周公、齊侯、宋子、衞侯、鄭伯、許男、曹伯于葵丘。秋。…。九月。戊辰。諸侯盟于葵丘。〔左〕夏。會于葵丘。尋盟且脩好。禮也。王使宰孔賜齊侯胙。曰「天子有事于文武。使孔賜伯舅胙。」齊侯將下拜。…。下拜。登受。秋。齊侯盟諸侯于葵丘。…。宰孔先歸。遇晉侯曰、「可無會也。…。」晉侯乃還。

4、成二年。〔經〕秋。…。八月。壬午。宋公鮑卒。庚寅。衞侯速卒。〔左〕秋。…。八月。宋文公卒。始厚葬。…。庚寅。衞穆公卒。

5、昭四年。〔經〕秋。七月。楚子・蔡公・陳公・許男・頓子・胡子・沈子・淮夷、伐吳。執慶封殺之。〔左〕七月。楚子以諸侯伐吳。宋大子・鄭伯先歸。宋華費遂・鄭大夫從。使屈申圍朱方。八月。甲申。克之。執齊慶封。而盡滅其族。將戮慶封。…。王使速殺之。

6、哀二年。〔經〕夏。四月。丙子。衞公元卒。〔左〕夏。衞靈公卒。

これらは、原左氏傳文と密接に對應するが、經文の記事に人（諸侯・卿・大夫等）の名や、日干支や、會盟・討伐等の登場人物などの記述において原左氏傳に無い記事（各經文の網掛け部分）を載せている。例えば、1の臧僖伯の名の彄は左傳文中には見られず、他資料の援用が想定されるので、☆編作文に分類される。したがって、他の史料（周王室及び諸侯の策や魯の宮廷記録及び世卿の族譜等）の情報をも援用して編作されたか、あるいは編作者の創作をも含めて編作されたと推定せしめるものである。このような手法に據る經文が「編作文」である。

④◎無傳の經文の例。

經のみあって、對應する傳文のない經文が「無傳の經文」である。今、隱、文、昭公期から無傳の經文を擧げると次のようになる。

1・隱公期の無傳の經文：

二年「冬。十月。伯姫歸于紀。」「十有二月。乙卯。夫人子氏薨。」　三年「春。王。二月。己巳。日有食之。」「（冬）癸未。葬宋穆公。」　四年「春。王。二月。莒人伐杞、取牟婁。」　五年「（秋）螟。」　六年「秋。七月。」　七年「春。王。三月。叔姫歸于紀。」　八年「三月。…。庚寅。我入祊。」「夏。六月。己亥。蔡侯考父卒。」「辛亥。宿男卒。」「八月。葬蔡宣公。」「九月。…。螟。」　九年「春。天王使南季來聘。」「挾卒。」「秋。七月。」

2・文公期の無傳の經文：

元年「春。王。正月。公卽位。」「二月。癸亥。日有食之。」　二年「（夏）自十有二月不雨。至于秋七月。」　四年「春。公至自晉。」「（夏）狄侵齊。」　五年「春。王。三月。辛亥。葬我小君成風。」「夏。公孫敖如晉。」「冬。十月。甲申。許男業卒。」　六年「春。葬許僖公。」　七年「（春）遂城郚。」　八年「春。王。正月。」「夏。四月。」「（冬）螽。」　九年「（春）夫人姜氏如齊。」「三月。夫人姜氏至自齊。」「夏。狄侵齊。」「秋。八月。曹伯襄卒。」「九月。癸酉。地震。」「（冬）葬曹共公。」　十年「春。王。三月。辛卯。臧孫辰卒。」「自正月不雨。至于秋七月。」「冬。狄侵宋。」　十有三年「春。王。正月。」「夏。五月。壬午。陳侯朔卒。」「自正月不雨。至于秋七月。」「（冬）狄侵衞。」　十有四年「春。王。正月。公至自晉。」「（秋）公至自會。」　十有七年「秋。公至自穀。」　十有八年「（春）秦伯罃卒。」「（冬）季孫行父如齊。」

3・昭公期の無傳の經文

元年「春。王。正月。公卽位。」「（夏）六月。丁巳。邾子華卒。」「（秋）葬邾悼公。」　三年「冬。大雨雹。」　五年「（秋）秦伯卒。」　六年「（夏）葬杞文公。」　七年「（春）叔孫若如齊、涖盟。」　八年「（秋）大雩。」「（冬）［楚］執陳公子招、放之于越。殺陳孔奐。」

十有二年「秋。七月。」十有四年「（春）三月。曹伯滕卒。」「夏。四月。」「秋。葬曹武公。」十有五年「春。王。正月。吳子夷末卒。」「（夏）六月。丁巳。朔。日有食之。」十有九年「（夏）己卯。地震。」「冬。葬許悼公。」二十年。「春。王。正月。」「夏。曹公孫會自鄸出奔宋。」「（冬）十有一月。辛卯。蔡公廬卒。」二十有二年「（春）大蒐于昌間。」「（冬）十有二月。癸酉。朔。日有食之。」二十有三年「（春）癸丑。叔鞅卒。」「（春）晉人圍郊。」「夏。六月。蔡侯東國卒于楚。」二十有四年「春。王。二月。丙戌。仲孫貜卒。」「（秋）丁酉。杞伯郁釐卒。」「（冬）葬杞平公。」二十有七年「冬。十月。曹伯午卒。」「（冬）邾快來奔。」「（冬）公至自齊。居于鄆。」二十有八年「春。王。三月。葬曹悼公。」「夏。四月。丙戌。鄭伯寧卒。」「六月。葬鄭定公。」「秋。七月。癸巳。滕子寧卒。」「冬。葬滕悼公。」二十有九年「夏。四月。庚子。叔詣卒。」「秋。七月。」「冬。十月。鄆潰。」三十有一年「秋。葬薛獻公。」三十有二年「（春）取闞。」「秋。七月。」

これらは、經文のみ存在し、對應する傳文の無い經文である。その殆どは杜註の「無傳」とするものと重なる。

これには先述のように次の三つの場合が想定しうる。

ⅰ、切り取り抽出により今の傳文には無くなった（「原左氏傳」文からそのまま切り取り抽出した爲に今本『左傳』には對應する傳文が存在しなくなった）。

ⅱ、他史料の援用により編作された。

ⅲ、編作者の創作により編作された。

先述のように、このうち、ⅰはその經文が原左氏傳に存在していた場合で〈抽出〉の手法に據るもの、ⅱ、ⅲはその經文は原左氏傳には存在していなかった場合で〈編作〉の手法に據るものとなる。

ちなみに、3．の昭公二十有八年の全經文は左記のようになるが、傍線部が抽出的編作文であるほかは、破線部はすべて無傳の經文で、いずれも卒・葬の記事である。

昭公二十有八年。春。王。三月。葬曹悼公。公如晉、次于乾侯。夏。四月。丙戌。鄭伯寧卒。六月。葬鄭定公。秋。七月。癸巳。滕子寧卒。冬。葬滕悼公。

これらの無傳の經文は、基本的にはⅰ、またはⅱの手法によるものと推定されるものである。

《今本『左傳』テキストの構成（概念圖）》

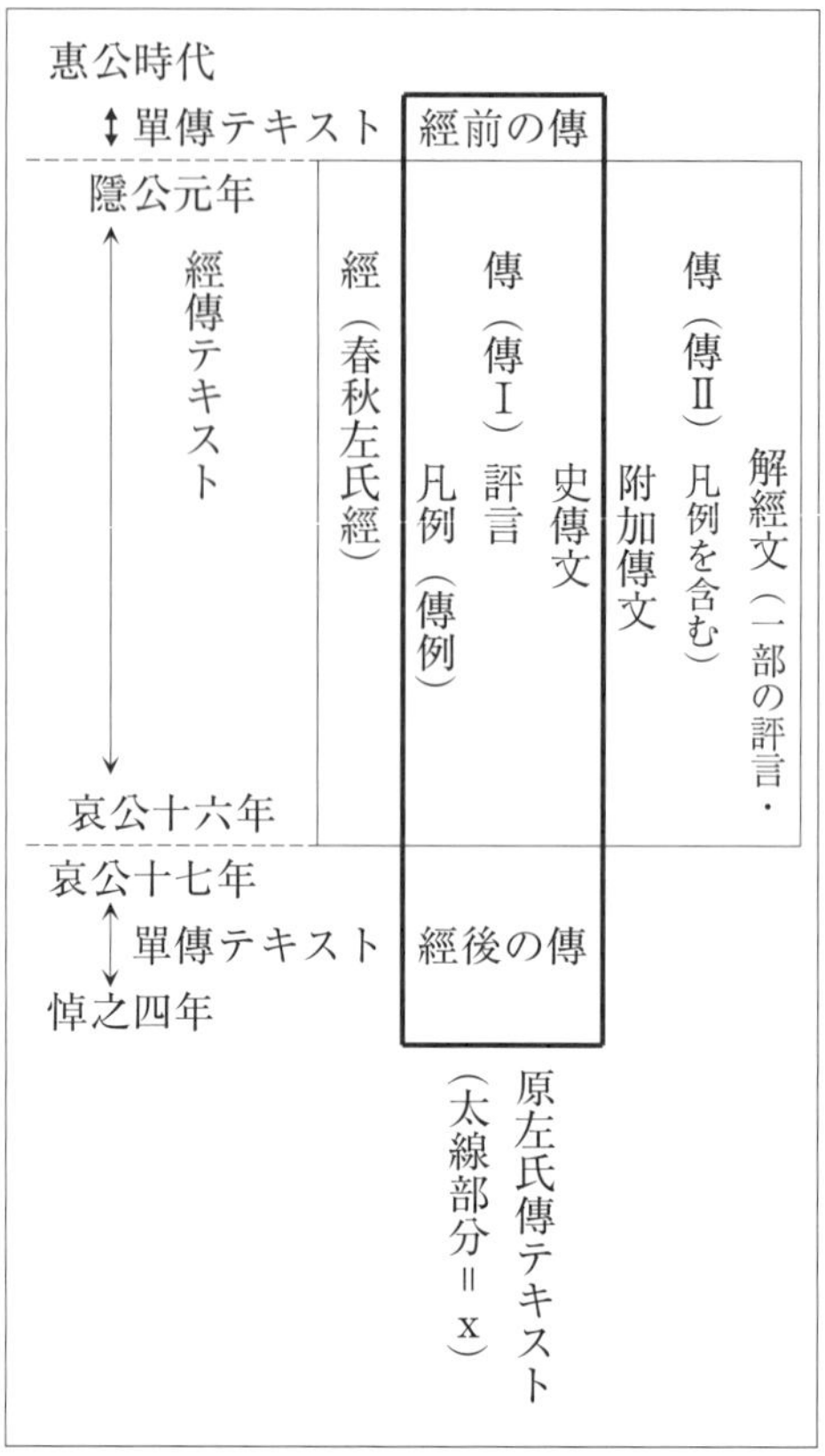

他方、先に擧げた１・２・３・の諸例のなかで、傍線を附した文に見るような「春。王。正月。」「夏。四月。」「秋。七月。」のような「時。月。」のみの記事を以てその時（春夏秋冬の各時）の記事の全てとする筆法は、iiiのケースとして理解するのが妥當なものと言えよう。

なお先述のように、iの「切り取り抽出」の手法に據ることの推定は、『原左氏傳』の全體の原型を手にし得ない今日の段階では、あくまでも蓋然性の想定という事態以上のものではない。したがって、先述のように無傳の經文は部分的には抽出の手法を含む可能性を留保しつつ、分析作業の數値化の上では〈編作系〉の手法に一括して分類して考察を進めることになる。

さて、全左氏經文がこのような四種類型文に分類し得ること、したがってその四種のいずれかの手法に據り制作されたものと見なし得る（但し、編作文については他史料の援用というミッシング・リンクを内包する）という想定は、ここに述べたように合理的に説明し得ることが明らかとなった。

次には、實際に「春秋左氏經文」と「原左氏傳文」との對應關係からその分類を爲し、その分布狀況を明らかにすることによって、この作業假説の有效性を判斷する必要があろう。

假に、全左氏經文が右の四種類型文のカテゴリーにより分類されて、そこに有意な結果が得られるならば、『春秋左氏經』が『原左氏傳』から、この抽出・編作という四種類型文の手法に據って制作された、との假説の有效性が論證されるということになろう。

そこで、以上の經文の四種類型文のカテゴリーを用いて、春秋二百四十四年の全經文について、分析したものが本書第二部の記載である。

なお、ここで『原左氏傳』の概念について、右上の圖において確認しておきたい。『原左氏傳』とは、今本『左傳』から該本に收載する『春秋左氏經』の經文に對する解經文（一部の評言・凡例を含む）及び『左氏傳』成立時及びそれ以後の附加傳文を除いた部分の傳文テキスト（x）を指している。結果的にはそれは今本『左傳』の相當部分と爲る。その上で、『原左氏傳』成立後に『春秋左氏經』が制作されるとき、『原左氏傳』からは削除された部分（y）も想定される。したがって、『原左氏傳』とはこのx＋yのテキストが、その概念の全體を構成することになる。しかしyのテキスト部分は實際には手にし得ないので、本書の考察に於いてはこのxのテキストを以て『原左氏傳』と稱して用いることとする。

そのx卽ち『原左氏傳』に當たる部分を今本『左傳』との關係で示すと、前頁右上圖のようになる。

さて、本書ではここにおいて提起した〈四種類型文〉のカテゴリーを用いての『左傳』所載の『春秋左氏經』の全文の分析という方法に據り、實際に本書第二部において分析・考察を遂行している。そこで得られた『春秋左氏經』における四種類型文の分布狀況と分析結果については、本書の第二部第十三章（六二二頁）の一覽表に示す通りである。

これによると、春秋十二公二百四十四年間の一九三四條の全經文の四種類型文への分類狀況は、抽出系（◇抽出文22％と◆抽出的編作文29・7％）が51・7％、編作系（☆編作文18・4％と◎無傳の經文29・9％）が48・3％となる。

春秋左氏經文の半數をややこえるものが抽出系（抽出文及び抽出的編作文）の手法によって説明されることは、偶然の結果とは決して判斷し得ない數字であり、これは意圖的にこのような手法が用いられたと判斷される有意な結果を示すものと言えよう。

したがって、この結果は、本書の「原左氏傳から春秋左氏經が抽出・編作の手法により制作された」との假説を、傍證するに足る客觀的論據を、ここに提示するものと言えよう。

また、これらの分析と集計結果によって、本書の假説の有效性が論證されたと言えよう。卽ち從來のように『左傳』を一方的に『春秋經』の註釋書とする經學的觀點からこれを研究することには、實證的研究としては明らかな限界があり、本書の提起する「原左氏傳から春秋左氏經が抽出・編作の手法により制作された」という、いわば視點のコペルニクス的轉換によって、『左傳』や『春秋左氏經』及び『春秋經』テキストを考察することの方法的有效性が、ここに實證されたと言えよう。

なお、『原左氏傳』と『春秋左氏經』との關係は、比喩的に言えば、『資治通鑑』と『資治通鑑綱目』との關係に比定することができよう。今、その關係を、圖示しておくと、次のようになる。

《『原左氏傳』と『春秋左氏經』》

晉の乘
楚の檮杌
魯の春秋など
（列國の史書＝春秋の類）
→ 原左氏傳（天下の春秋）→ 抽出系 → 春秋左氏經 → 春秋經（穀梁經・公羊經）

他史料（周王室及び諸侯の策、魯の宮廷記錄、世卿の族譜など）→ 編作系 → 春秋左氏經

春秋左氏經 ― 左氏傳（今本左傳の祖型）

《『資治通鑑』と『資治通鑑綱目』》

史記
戰國策
歷代史など
→ 資治通鑑（原左氏傳に相當）　司馬光
→ 資治通鑑綱目（春秋左氏經と左氏傳に相當）　朱熹

綱は春秋左氏經文に相當（資治通鑑からの抽出文・抽出的編作文等よりなる經）
目は春秋左氏傳文に相當（資治通鑑文＋「考異」「集覽」「正誤」「質實」「書法」「發明」などの資治通鑑綱目所收の注釋・解經文）

（三）〈無傳の經文〉の制作の意味――歷史記事の消去と作爲――

ここでは、第一章（二）において述べた四種類型文の「無傳の經文」について、宣・成・襄公期を例としてその抽出・編作學例の分析を通して、いささかの考察を加えておきたい。

この「無傳の經文」の制作については、既に科研報告の舊稿においても考察したところであるが、大きく二つの意味があると考えられる。それは、

一、歷史記事の消去

二、歷史記事の作爲

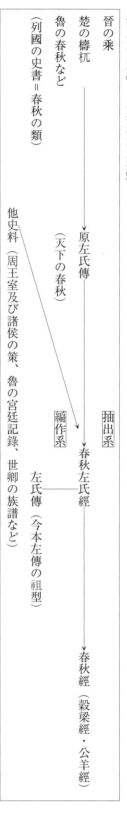

の二つである。

まず、第一の「歴史記事の消去」については、本書第二部記載の次の三例を検討しつつ考察したい。

Ⅰ、［成公十年］◎7〔經〕冬。十月。〔左〕冬。①葬晉景公。〖晉〗②公送葬。諸侯莫在。魯人辱之。〖魯〗③〈故不書、諱之也。〉

Ⅱ、［成公十一年］◎5〔經〕冬。十月。〔左〕冬。①華元如楚。遂如晉。合晉・楚之成。〖宋〗②秦・晉爲成。將會于令狐。晉侯先至焉。秦伯不肯涉河。次于王城。使史顆盟晉侯于河東。晉郤犨盟秦伯于河西。范文子曰、「是盟也、何益。齊盟所以質信也。會所信之始也。始之不從。其可質乎。」秦伯歸而背晉成。〖晉〗

Ⅲ、［成公十二年］◎4〔經〕冬。十月。〔左〕冬。楚公子罷如晉。聘、且涖盟。十二月。晉侯及楚公子罷、盟于赤棘。〖晉〗

この三例は、いずれも經においては時（冬）・月（十月）のみを記し、この「冬」には歴史記事を全く記さない經文となっており、かつこれについて左氏傳は對應する傳文を記していない（つまりは經には記事がないのだから、いかなる傳文も對應し得ない）。これを經文について言えば、「無傳の經文」であり、傳文について言えば、「無經の傳文」ということになる。したがって、「經」を「正史」もしくは「大事表」として讀むときには、成公十年、十一年、十二年の冬には特筆すべき歴史事實は存在しなかったことになる。しかし、左氏傳（その原左氏傳文）を讀むと、この「時」には魯公及び列國の諸侯や大夫に特筆すべき歴史事實が記されている。この事態は何を意味するのであろうか。

この事態を圖らずも雄辯に説明しているのは、Ⅰの左氏傳文である。①、②は歴史記述の文であり、③は經の書法についての解説である。本書のカテゴリーで謂うと、①②は原左氏傳文、③は解經文である。その記事は、①この冬に晉は國君景公の葬を行った。②魯の成公はこの七月に弔問に赴いていたが、晉は（大夫に送らしめるのが禮であるのに）無道にも魯公に葬を送らせた。もとより他に諸侯は參列していなかった。魯の君臣はこのような非禮を恥辱とした。③故に經にこの記事を書せず（冬の記事は空白にして）このような魯の恥辱を記録することを忌諱した、というものである。したがって、①②の原左氏傳文の事態があり、これを歴史記録とした記事の存在に對して、「冬。十月。」の經文が書かれたものと推定されよう。そして、次のⅡ、Ⅲの例を見るならば、やはり經の制作者は「冬。十月。」の書法を以て、原左氏傳文の記事を經（「正史」もしくは「大事表」）の歴史記録としては消去するために、時・月のみの經文とした、ということが一層明らかとなろう。

卽ち、Ⅱは宋の大夫華元の晉・楚の和平を仲介する立功、及び秦の晉に對する背盟という「諸侯の事」に關する記事に對して、「冬。十月。」の書法を以て、經から消去する。また、Ⅲでは、晉とかつては夷狄とした楚との盟という「諸侯の事」（ここでは大國の事）に關する記事に對して、同様の書法を以て經から消去しているものと理解されるのである。經を注釋する左傳という所謂經學的通說によって、このⅡ、Ⅲにおける傳の經（時・月のみの記事）に對する注釋としての意味を説明することは不可能であることは贅言を要すまい。Ⅱ・Ⅲの經文制作においてもⅠと同様の經制作者の判斷が働いていたことは當然であろう。Ⅱ、Ⅲは直接的な「魯の恥辱」ではないが、Ⅰ、Ⅱ、Ⅲに通底するものは、「天王（天子）の事」卽ち「天王（天子）の下の天下の禮の秩序」の理念（この秩序の下では天子・諸侯・卿大夫がその「名」に適應した禮に適うことが要請されている）に、その判斷の基軸を置くものと言えよう。

したがって、諸侯（覇者）や卿・大夫の「立德」「立功」「立言」の記事を中心とする『原左氏傳』と、このような「天王（天子）の事」の理念に立つ『春秋左氏經』とは、歷史記録のあり方において、大いに異質なテキストということになる。因みに經は「天子」の語は一例のみ（成公八年「天子使召伯來錫公命。」）で、「王」の用例が一四〇例でそのほとんどは「王正月」「王二月」「王三月」の曆法の用例で、記事については四例（桓公五年「蔡人衞人陳人従王伐鄭。」、莊公元年「王使榮叔來錫桓公命。」、文公五年「王使榮叔歸含且賵。」、文公五年「王使召伯來會葬。」）のみである。一方「天王」は二十六例あり、周王の死を記す九例は皆、「天王崩。」との筆法が用いられている。これは、周王の正式稱號としては「天王」が經に於いては用いられているものと言えよう。[43]

卽ち『孟子』の云う「その事は則ち齊桓・晉文、その文は則ち史」（離婁下）というのは原左氏傳文の歷史記録の性格をよく物語るものと言えよう。『原左氏傳』では「覇者の事」「諸侯の事」「大夫の事」にかかわる歷史記事が周の封建制の進展過程における「禮」の規範を基軸にリアルに記述されている。一方、これに對して、『春秋左氏經』は先行する『原左氏傳』に對して、新たな「天王（天子）の事」の理念のもとに「經」（正史もしくは大事表）の記事が配されている。卽ち『孟子』の云う「その義は則ち丘竊かに之を取る」（離婁下）、「孔子懼れて春秋を作る。春秋は天子の事なり。」（滕文公下）というのがこの「經」のテキストの性格をよく表現していよう。ただし、正確には、春秋經については「春秋經は天王の事なり」となろう（この「天王」の用語の意味する所については、後の『原左氏傳』及び『春秋左氏經』の著作意圖を論ずる際に明らかとなろう）。

そして、この「經」の制作意圖を實現する際の有力な手法の一つが、この先行する歷史記事の「消去」による新たな歷史記録の制作という事態であったと理解されるのである。

次に「歴史記事の作爲」についての「無傳の經文」について檢討してみよう。

Ⅳ〔襄公二十二年〕

◎1〔經〕二十有二年。春。王。正月。公至自會。〔左〕二十二年。春。臧武仲如晉。雨、過御叔。御叔在其邑。將飲酒、曰、「焉用聖人。我將飲酒、而己雨行。何以聖爲。」穆叔聞之、曰、「不可使也。而傲使人。國之蠹也。」令倍其賦。〔魯〕

◎2〔經〕夏。四月。〔左〕夏。晉人徵朝于鄭。鄭人使少正公孫僑對、曰、「昔在晉先君悼公九年、我寡君、於是卽位。卽位八月、而我先大夫子駟、從寡君以朝于執事。執事不禮於寡君。寡君懼。因是行也、我二年六月、朝于楚。晉是以有戲之役。楚人猶競、而申禮於敝邑。敝邑欲從執事、而懼爲大尤。曰、『晉其謂我不共有禮。』是以不敢攜貳於楚。我四年三月、先大夫子蟜又從寡君、以觀釁於楚。晉於是乎、有蕭魚之役。謂我敝邑。邇在晉國、譬諸草木、吾臭味也。而何敢差池。楚亦不競。寡君盡其土實、重之以宗器、以受齊盟。遂帥羣臣、隨于執事、以會歲終。貳於楚者子侯・石盂、歸而討之。湨梁之明年、子蟜老矣。公孫夏從寡君。以朝于君、見於嘗酎、與執燔焉。閒二年、聞君將靖東夏。四月、又朝以聽事期。不朝之閒、無歲不聘、無役不從。以大國政令之無常、國家罷病、不虞荐至、無日不惕。豈敢忘職。大國若安定之、其朝夕在庭。何辱命焉。若不恤其患、而以爲口實、其無乃不堪任君命而翦爲仇讎。敝邑是懼。其敢忘君命。委諸執事、執事實重圖之。」〔鄭〕

まず、この例文のⅣの2の「夏。四月。」という無傳の經文が、先の「冬。十月。」と同様に、「原左氏傳」に記す大夫子產の大國晉の討を免れんとする「立言」を中心とする「諸侯の事」（小國の大國への事）についての歷史記事を、消去せんとするものであることは明らかであろう。

そして、次に注目したいのはⅣの1の「公至自會。」という「無傳の經」の筆法である。この場合、魯の穆叔らの「大夫の事」に關する記事を消去する形で經が「春。王。正月。公至自會。」を記していることは、先の例から看取し得よう。しかし、歷史記事の消去が目的であれば、「春。王。正月。」のみでも果たせるわけである。したがって、ここに「公至自會。」とするのは、魯公の記事を敢えて大書し、ひいては「天王（天子）の事」を明らかにせんとする「經」制作者の意圖を讀み取ることができよう。

この「公至自會。」の書法は左氏經全體で次の二十七條に見える。

僖十五年、僖十七年、文十四年、宣八年、宣十七年、成六年、成七年、成九年、成十五年、成十六年（2條）、成十七年、襄三年、襄五年、襄十年、襄十一年、襄十六年、襄二十年、襄二十二年（2條）、襄二十四年、襄二十五年、昭十三年、昭二十六年、定四年、定十四年、哀十三年

このうち僖十七年の次の一條以外はいずれも無傳の經文（資料的裏附けのとれない經文）で、實に96%と異常に高い比率と言えよう。

Ⅴ〔僖公十七年〕◆4〔經〕九月。公至自會。〔左〕①九月。公至。〖魯〗②〈書曰「至自會。」猶有諸侯之事焉、且諱之也。〉

魯の僖公は前年の淮の會において「諸侯の事」（杜註「會同講禮之事」）があったが、未だ歸國せずして項を取った爲に齊人に執えられ、ために僖公夫人聲姜（齊の桓公の女）のとりなしで歸國し得た。それを原左氏傳は「九月。公至る。」と事實を記すが、經は、あくまでも「猶ほ諸侯の事有るがごとくし、且つ之を諱む」との立場で、「公至自會（公、會より至る）。」と記したというのである（②の解經文）。したがって、「公至自會。」は國君が「諸侯の事」を行って歸國し廟に告げる事を記す際に用いる筆法であることが知られる。そして國君がこの會同の禮によって「諸侯の事」を行うことは、「天王（天子）の事」の禮秩序の下位規範として履行されるとの意義を暗に示していよう。

この「公至自會。」が無傳の經文として用いられるときの一例として、宣公十七年の經・傳の文を引用してみよう。

Ⅵ〔宣公十七年〕

◎1〔經〕十有七年。春。王。正月。庚子。許男錫我卒。〔左〕十七年。春。①晉侯使郤克徵會于齊。齊頃公帷婦人、使觀之。郤子登。婦人笑於房。獻子怒。出而誓、曰、「所不此報、無能涉河。」獻子先歸、使欒京廬待命于齊、曰、「不得齊事、無復命矣。」郤子至。請伐齊。晉侯弗許。請以其私屬。又弗許。〖晉〗②齊侯使高固・晏弱・蔡朝・南郭偃會。及斂盂、高固逃歸。〖齊〗

◎2〔經〕丁未。蔡侯申卒。〔左〕なし

◎3〔經〕夏。葬許昭公。〔左〕なし

◎4〔經〕葬蔡文公。〔左〕なし

◎5〔經〕六月。癸卯。日有食之。〔左〕なし

☆6〔經〕己未。公會晉侯・衞侯・曹伯・邾子、同盟于斷道。〔左〕夏。會于斷道。討貳也。盟于卷楚。辭齊人。晉人執晏弱于野王、

執蔡朝于原、執南郭偃于溫。苗賁皇使、見晏桓子。歸言於晉侯、曰、「夫晏子何罪。昔者諸侯事吾先君、皆如不逮。擧言羣臣不信、諸侯皆有貳志。齊君恐不得禮。故不出而使四子來。左右或沮之、曰、『君不出、必執吾使。』故高子及斂盂而逃。夫三子者曰、『若絕君好、寧歸死焉。』爲是犯難而來。吾若善逆彼、以懷來者。吾又執之、以信齊沮、吾不既過矣乎。過而不改而又久之、以成其悔。何利之有焉。使反者得辭、而害來者、以懼諸侯。將焉用之。」晉人緩之、逸。〔晉〕

◎7〔經〕**秋。公至自會。**〔左〕秋。八月。晉師還。范武子將老。召文子曰、「燮乎、吾聞之、喜怒以類者鮮。易者實多。詩曰『君子如怒、亂庶遄沮、君子如祉、亂庶遄已。』君子之喜怒以已亂也。弗已者必益之。郤子其或者欲已亂於齊乎。不然、余懼其益之也。余將老。使郤子逞其志庶有豸乎。爾二三子唯敬。」乃請老。郤獻子爲政。〔晉〕

☆8〔經〕**冬。十有一月。壬午。公弟叔肸卒。**〔左〕冬。①公弟叔肸卒。公母弟也。〔魯〕②凡大子之母弟、公在曰公子、不在曰弟。凡稱弟、皆母弟也。《凡》

（◇抽出文0條、◆抽出的編作文0條、☆編作文2條、◎無傳の經文6條）（本書四四八～四四九頁）

この一年の經文8條のうち6條が無傳の經で、第1～4條が許男と蔡侯の卒と葬の記事、第5條が日食の記事、そして第7條が「公至自會。」の記事で、計6條となる。原左氏傳文は經文の第8條に對應する部分が魯史からのものと見られるほかは、晉史、齊史からと見られる文によって構成されている。

このうち經の春の許男・蔡侯の卒記事は、原左氏傳の春の晉・齊の「大夫の事」の記事を消去する働きをなしていよう。その一方で、1・2の經が「國・爵・名」の書法で諸侯（許男・蔡侯）の卒を記すことは、天王（天子）の命の禮秩序における諸侯の卒を記すもので、「天王（天子）の事」の禮の理念を記事として表明する。[44] 秋の記事もこれと全く同様の關係であって、晉師の歸還と晉の「大夫の事」を縷說する原左氏傳の記事を歷史記錄として消去する働きと共に、その上で、「天王（天子）の事」の禮秩序における「諸侯の事」を履行した國君の歸國として魯公の事を大書するものと言えよう。卽ち、この7の「公至自會。」の書法によって、1・2と同様に經の制作者は原左氏傳の歷史記事を消去するのみならず、新たに「天王（天子）の事」の禮秩序における國君の事としての魯公（成・昭・定公期の記事の爵位としては侯）の記事を歷史記錄として「作爲」するものと言えよう。

したがって、原左氏傳の記事では、魯公はその權柄を、三桓をはじめとする大夫により掣肘され、公の廢立すらも三桓とりわけ季氏によって左右されるという存在であるが、經（正史もしくは大事表）においては、「天王（天子）の事」の秩序に卽して堂々たる國君として記録されることになる。いわば、「經」において魯公はその「名」において權威を回復して記録されるのであるが、その「名」に一定の作爲がなされることになる。これが、「歷史記事の作爲」ということに他ならない。

そして、このような「歷史記事の作爲」の例としてさらに重要な意味を持つのが、「正月。公卽位。」の筆法である。(45) 本書第二部の分析による宣・成・襄三公の元年の記事は次のようである。

Ⅶ［宣公元年］

◎1〔經〕元年。春。王。正月。公卽位。〔左〕元年。春。王。正月。

◇2〔經〕公子遂如齊、逆女。〔左〕公子遂如齊、逆女。尊君命也。〔魯〕

◇3〔經〕三月。遂以夫人婦姜、至自齊。〔左〕三月。遂以夫人婦姜、至自齊。尊夫人也。〔魯〕

Ⅷ［成公元年］

◎1〔經〕元年。春。王。正月。公卽位。〔左〕元年。春。晉侯使瑕嘉平戎于王。單襄公如晉、拜成。劉康公徼戎、將遂伐之。叔服曰、「背盟而欺大國。此必敗。背盟、不祥。欺大國、不義。神人弗助。將何以勝。」不聽。遂伐茅戎。三月。癸未。敗績于徐吾氏。〔周〕

◎2〔經〕二月。辛酉。葬我君宣公。〔左〕なし

◎3〔經〕無氷。〔左〕なし

◇4〔經〕三月。作丘甲。〔左〕爲齊難故、作丘甲。聞齊將出楚師。〔魯〕

Ⅸ［襄公元年］

◎1〔經〕元年。春。王。正月。公卽位。〔左〕元年。春。

☆2〔經〕仲孫蔑會晉欒黶・宋華元・衞甯殖・曹人・莒人・邾人・滕人・薛人、圍宋彭城。〔左〕①己亥。圍宋彭城。〔魯〕②非宋地。追書也。於是、爲宋討魚石、故稱宋。且不登叛人也。謂之宋志。《評》③彭城降晉。晉人以宋五大夫在彭城者歸。寘諸瓠丘。齊人不會彭城。晉人以爲討。〔宋〕④二月。齊大子光爲質於晉。〔齊〕

Ⅶの宣公元年、Ⅷの成公元年、Ⅸの襄公元年はいずれも、經に「正月。公卽位。」を無傳の經文として記す。從って、先の考察を踏まえれば、ここに「正月。公卽位。」の筆法が、新たな歴史記事として「經」に「作爲」されたと想定される事態が浮かび上がってこよう。

原左氏傳の段階では、魯の十二公について「正月。公卽位。」の記事は一例も見られない（桓公についてのみ左傳文は「元年。春。公卽位、脩好于鄭。」とするが、これも「正月。」は記していない）。一方「經」においては、隱公・莊公・閔公・僖公・定公以外の七公については無傳の經文として「正月。公卽位。」を記す。そして「夏。六月。戊辰。公卽位。」とその卽位の狀況が周知されている定公の場合を除くと、「卽位」を記さない經文については、隱公では「不書卽位。攝也。」、莊公では「不稱卽位。文姜出故也。」、閔公では「不書卽位。亂故也。」、僖公では「不稱卽位。公出故也。」と、「正月。公卽位。」が經に記されていない理由についての〈解經文〉がその左傳文に附されている。これらは「經」制作段階において原左氏傳文に附加された解經文と見られる。

これを、先の考察とも併せて考えると、魯公の「正月。公卽位。」の書法は「經」制作者による「歴史記事の作爲」であり、つまりは「經」制作者の立てた「名」である、ということになろう。その一方で「名」を立てられぬ場合の理由を、傳の〈解經文〉において說明し、これによって「經」制作者は、表（經文）と裏（解經文）の両面から「正月。公卽位。」が卽位の一般原則であることを歴史記事において確立しようとしたものと理解されよう。

以上のように、「無傳の經文」のありようを検討してみると、そこに浮かび上がってくるのは、「經」制作における先行歴史記事の「消去」と新たな歴史記事の「作爲」卽ち「名」を立てるという、〈歴史の成立〉の機微にかかわる樞要な役割を「無傳の經文」が擔っているという事態であると言えよう。なお、「正月卽位」については第二章（三）（四）において詳論する。

（四）『左傳』文の〈四類型〉と〈無經の傳文〉の意味——文公期傳文の分析例より——

一　『左傳文』の四類型

上來述べてきた本研究の假說に立脚すると、「列國の史書」の記事を、周王の暦と魯公の紀年に沿って、四時記載法に據り各年の春夏秋冬の四時に配置して編纂されたのが『原左氏傳』テキストであり、これに據りつつ抽出・編作の手法を以て制作されたのが『春秋左氏經』であり、その際に經文及びその筆法の解説である「解經文」等を舊來の原左氏傳に附加することによって（この時『原左氏傳』の一部は削除された可能性も想定される）、經に對する傳として成立したのが今本『春秋左氏傳』の祖型テキストであるということになる。

したがって、今本『左傳』文は時系列的觀點を踏まえて次の四種の類型文に分類し得る。

A型：諸侯の史書に由來する文

B型：諸侯の史書に由來するが原左氏傳の編者によって要約・編集され、また解説文や短い評言（例えば「…。禮也。」「…。非禮也。」等）の附加された文

C型：原左氏傳の編者及び後の累次の編者によって左氏經制作以前に附加された評言・凡例の文（評言はしばしば「君子」「孔子」等の言に假託される。）

D型：春秋左氏經制作段階またはそれ以後において、經文及びその筆法の解說や凡例・評言として附加された文卽ち解經文及び新たに附加された傳文（これらは主として經制作者による附加の可能性が想定される。）

このうち、A型及びB型はその由來する「諸侯の史書」の國について一定の推定が可能であり、本書第二部の分析では左傳文の後に『晉』や『魯』のような形式でその史料が由來するとみられる國名を示した。さらには襄公六年の8の左傳文（本書四八六頁）や襄公七年の11の左傳文（本書四八六頁）の例に見られるように魯の記事を時系列軸にして齊や鄭の記事を語る場合には『魯・齊』や『魯・鄭』のように記した（但しこの二例にとどまる。なお、この記述法は或いは魯史の記事を軸に他國の記事を記述する原左氏傳の初期の方法の反映

である可能性も考えられる）。

A型に關しては、諸侯の史書の實文の引用と見られるものと原左氏傳編纂者の手の入っているものとが想定されるが、前者についても原左氏傳編纂者のなんらかの手が入っている可能性は排除されないとするのが妥當であろう。その上で由來するところの「列國の史書」の國については一定の推定が可能となろう（なお、この「列國」については『國語』の例に見るように、周も含まれる）。

B型に關しては、要約・編集が明らかな文であり、さらに解説文や「禮也。」「非禮也。」等の短い評言の附加という形で原左氏傳編纂者の手が入っているものがある。原左氏傳の「記事文＋解説文」という標準的歴史記述文がこれに相當する。これについてもその由來する所の「列國の史書」の國については一定の推定が可能である。

なお、本稿の考察では、A型とB型の個別の分類は行っていない。これら二類型の原左氏傳文の由來する「列國の史書」の「國」の推定を重點的に考察したところである。またこれらA型、B型の傳文にD型の附加傳文（解經文ではない）が挿入されている可能性は留保される。

以上のA型、B型については、その由來すると推定される「列國の史書」のその國名を〔　〕にて記している。

C型に關しては、A型・B型の二類型の原左氏傳文に原左氏傳編纂者もしくは後次の編者によって左氏經制作段階までに附加されたと見られる評言・凡例（傳例）の類の文である（なお、後に考察する所であるが、所謂「五十凡」とされる凡例のほとんどは傳例で、この段階のものである）。評言・凡例については、原左氏傳編纂者の手を經るものであり、それぞれ《評》、《凡》を附して表記する。

以上のA型・B型及びC型の文が原左氏傳文と推定されることになる。

D型に關しては、「解經文」と附加傳文とがあり、いずれも右の原左氏傳段階の文とは別に、作經段階もしくはそれ以後に左傳文中に配置されたと推定されるものである。「解經文」は『原左氏傳』に據りつつ、抽出・編作の手法により『春秋左氏經』が制作された際に、その經文及び經の筆法についての解説や凡例・評言をなしたと推定されるものであり、この解經文の存在によって、經の傳（註釋書）としての『左氏傳』が成立することになる。本書第二部ではこの「解經文」については〈　〉をつけて明示している。附加傳文は主に作經時にその意圖に沿うべく新たに配置されたと見られる傳文である。

なお、以上に關連して左傳文に見られる「凡例」には、次の二種があることが左傳文の検討から明らかに知られる。

㋐　原左氏傳文への凡例（傳例）
㋑　經文に對する凡例（解經文としての凡例卽ち經例）

本書第二部の分析では、兩者ともに《凡》を附している。その上で、後者㋑については解經文として〈　〉にて括っている。

★今、襄公十二年の4の左傳文（本書四九三頁）を例として擧げてみよう。

☆4〔經〕秋。九月。吳子乘卒。〔左〕秋。①吳子壽夢卒。臨於周廟。禮也。〔魯〕②凡諸侯之喪、異姓臨於外、同姓於宗廟、同宗於祖廟、同族於禰廟。是故魯爲諸姬、臨於周廟。爲邢凡蔣茅胙祭、臨於周公之廟。《凡》

この文では「凡諸侯之喪、云々」の凡例（一般原則の提示）は、經の記事に對してではなく、左傳文①の「臨於周廟。」に對して發せられていることは明らかである。このように傳例としての凡例は原左氏傳文の段階で既に使用されている記述形式である。そして、この凡例の規定が經制作段階での「作經」の原則の一つとして活用されたものと見られる。これは後に作經原則の考察の際に論ずる所と爲ろう。

本書第二部の左氏傳文についての分析にあたっては、この四類型のカテゴリーを踏まえて、檢討を進めてゆくことになる。なお、A型・B型の文についての「諸侯の策」の國名の推定は本稿における試論であり、今後の再吟味による若干の出入の可能性は留保される。なにより注目すべきは、このような考察によって浮かび上がる左氏傳文の時系列的重層性と史料的多樣性（空閒的多樣性）というテキストの實態であり、本書はその構造的把握のこころみと言えよう。

以上を要するに、本書第二部では、全左傳文は右の四類型の分析を踏まえた上で、具體的には次の三種に分類して示されることになる。

1：A型とB型の文。これらは原左氏傳文と推定される文である。本書第二部では〔魯〕、〔晉〕などの表記を附して示される。

2：C型の文。原左氏傳編纂者及び「經」制作以前の纍次の編者による評言・凡例の文。これらは《評》、《凡》の表記を附して示される（なお、これらの1、2の史料の一部にD型の附加傳文の竄入の可能性は留保される。）

3：D型の文。經制作段階及びそれ以後に附せられた解經・評言・凡例等からなる解經文と附加傳文。本稿では解經文は〈　〉で括り獨立した分節として示される。附加傳文については、蓋然性の高いものは、文中に二重傍線を附し、或は獨立した分節として

〖作經時附加〗や〖漢代附加〗（二例のみ）等の表記を附することがある。(46)

二　文公期左傳を構成する列國史由來の傳文及び解經文の分布狀況と「無經の傳文」の意味

次に『左傳』の傳文の分析の一例として、十二公の中間に在って傳文の中で比較的解經文の多い文公期の左傳文について、(47)第一章（四）の一の「**左傳文の四類型**」の考え方に據り、その由來する列國の史書を推定して示すと次のようになる（第二部第六章（一）參照）。列國史書由來の文で經と無關係の傳文卽ち「無經の傳文」は※を附し、評言は《評》、凡例は《凡》とし、また解經の傳文は〈　〉を附し、その上で解經と後代附加の部分（先述の四類型のD型の傳文）は網掛けを施した。

元年　春1魯史、2①魯史、②《評》。夏4魯史、5魯史、6①魯史、②晉史、8①晉史、②衛史、③《評》。秋9①魯史、②楚史。冬10楚史、11①魯史、②《凡》、③秦史※。

二年　春1①秦史、②晉史、③晉史、④晉史、⑤《評》、⑥秦史※、⑦晉史※、2①魯史、②〈解經〉、③魯史。夏4①魯史、②〈解經〉、③魯史、④〈解經〉、⑤晉史※。秋6①魯史、②魯史、③《評》、④《評》。冬7①晉史、②〈解經〉、8①魯史、②《凡》。

三年　春1①魯史、②《凡》、③衛史。夏2魯史、3①秦史、②《評》。秋4①宋史、②晉史。冬6①晉史、②魯史。

四年　春1晉史※。夏2①晉史※、②魯史、③《評》。秋4①晉史、②秦史、③《評》、6魯史。冬7魯史。

五年　春1①魯史、②楚史。夏5①秦史、②楚史※。秋6楚史。冬7①楚史※、②魯史※、③晉史※、④晉史※。

六年　春1①晉史※、②魯史※。夏2①魯史、②秦史※、③《評》、④《評》。秋3魯史、4①晉史、②晉史、③〈解經〉。冬5魯史、7晉史、8①魯史、②《評》。

七年　春1魯史、2魯史。夏4宋史、5①宋史、②〈解經〉、6①秦史、②晉史、7晉史、8①魯史、②晉史。秋9①魯史、②〈解經〉、③《凡》、④魯史。冬10①魯史、②晉史※。

八年　春1晉史※。夏2秦史※。秋3①周史、②魯史※。冬4①魯史、②〈解經〉、6魯史、8①宋史、②〈解經〉、③魯史、④宋史、⑤〈解經〉、⑥晉史※。

九年　春1①晉史、②魯史、③〈解經〉、3魯史、6晉史、7①楚史、8①魯史、②〈解經〉。夏9楚史。秋10楚史。冬12魯史、13①魯史、②《凡》。

十年　春1晉史※。夏2秦史、3楚史。秋4①魯史、②楚史。冬6①楚史、②楚史。

十一年春1楚史。夏2魯史。秋3魯史、4魯史、5魯史。冬6①魯史、②宋史※、③晉史※、④齊史※、⑤魯史。

十二年春1魯史、2①魯史、②〈解經〉、3魯史、4①魯史、②〈解經〉、③楚史※。夏5楚史。秋6魯史、7①魯史、②秦史。冬8①秦史、②晉史、③秦史、④晉史、9①魯史、②〈解經〉。

十三年春1晉史。夏2①晉史※、2②秦史※、③【漢代附加】、3①魯史、②《評》。秋5①魯史、②〈解經〉。冬6魯史、7①魯史、②魯史。

十四年春1①周史※、②〈解經〉、2魯史、3①魯史、②齊史。夏4①齊史、②魯史、5魯史。秋6①齊史、②周史、8①晉史、②晉史※、③楚史※、9魯史、11①魯史、②〈解經〉、③魯史、④〈解經〉、⑤齊史、⑥魯史※。冬12齊史。

十五年春1魯史、2①魯史、②〈解經〉、③魯史。夏3①魯史、②《凡》、4①魯史、②〈解經〉、③魯史※、④魯史※、5①魯史、②《凡》、6①魯史、②〈解經〉、7①晉史、②《凡》。秋8①魯史、②魯史。冬10①魯史、②〈解經〉、③《凡》、11魯史、12魯史、13魯史。

十六年春1魯史。夏2魯史、3①魯史、②魯史。秋4魯史、5魯史、6①楚史、②宋史※。冬7①宋史、②〈解經〉、③宋史※。

十七年春1①晉史、②〈解經〉。夏2魯史、3魯史、4魯史、5①晉史、②魯史、③〈解經〉、④晉史、⑤鄭史※。秋6周史。冬7①鄭史、②魯史。

十八年春1①齊史、②魯史、③齊史。夏3齊史、4魯史。秋5①魯史、②魯史。冬6①魯史、②〈解經〉、③魯史、7魯史、9①魯史、②宋史※。

この左氏傳文の解經や後代附加の部分〈網掛け部分〉を除けばそれが『原左氏傳』文である。その『原左氏傳』は、列國史からの材料を魯公の踰年稱元による編年の原則のもとに春夏秋冬の四時に配列して構成する手法（四時記載法）で編纂されているテキストであることがこの構成テキスト分布一覧から改めて確認されよう。（文公は十八年二月に薨じ、次君の宣公は第二部第六章の十八年6〔左〕①のように十月に卽位しているが、春秋經・傳は翌年を宣公元年とする。これが踰年稱元である。）

この『原左氏傳』から第一章（二）において分析したように抽出・編作の手法を基本に制作・編纂されたものが左氏經であり、この左氏經の作經の際に『原左氏傳』に右に見るような「解經」等の文を折り込んで成立したのが『左氏傳』卽ち今本『左傳』の祖型テキストと見られるのである。

次に、ここに※を附した「無經の傳文」は、周史（1條）、晉史（14條）、楚史（4條）、秦史（5條）、宋史（4條）、鄭史（1條）、齊史（1條）そして魯史（6條）の36條である。これらは左氏經の抽出・編作の對象とならなかった列國史のテキストで、この「無經の傳文」の存在は『原左氏傳』が獨立した史書、しかも天下の史書であったことの明證といえる（逆に、經→傳という經學的思考からはこの無經の傳文の存在の意味は説明不能となる）。これは「無經の傳文」の存在が示す第一の意義である。

さらに興味深いのはこの「無經の傳文」のあるものには「解經」の文が（無經なのに）配置されていることである。第二部第六章の文公十四年1（本書四三六頁）をみると〔經〕は「十有四年。春。王。正月。公　晉より至る」と書するに對し、〔左〕は「十四年。春。頃王崩ず。周公閱と王孫蘇と政を爭ふ。故に赴せず。」と經文とは無關係に、周王の崩御に際する周の内紛の事を記している。つまり無經の傳である。そして次に〈凡そ崩・薨は、赴せざれば則ち書せず。禍・福は、告げざれば亦た書せず。不敬を懲らしむるなり。〉との解經の文が配されている。この解經の文は、經の制作・編纂者が周史を收めた原左氏傳から敢えて「頃王崩ず」を經に「書せず」卽ち「經に抽出・編作しなかった」理由を圖らずも説明するものと解することができよう。

經の制作・編纂者は「無經の傳文」についても抽出・編作の可能性を檢討した上で取捨選擇したと見られる。經の記載では「天王崩ず」の記事に關しては、同じく文公八年3（本書四三三頁）〔經〕の「秋。八月。戊申。天王崩ず。」のように全經文において例外なく月と日干支が記されている。[48] これは「春秋は天王（天子）の事なり」という作經の大原則からすれば所要の筆法と考えられる。[49] しかしこの傳文のように月・日干支の記載や情報の無い王の崩御については經にのぼすわけにはいかなかったと見られる。言い換えれば『原左氏傳』を構成する史料の一つである「魯の春秋」や活用し得る他史料にも、この傳文以上の情報は無かったものとみられる。その狀況説明の言辭が「赴せず」との記述となっているものと理解される（「赴せず」が歷史事實であった可能性も排除されないが、むしろ經の制作・編纂者にとっては「赴せず」の名を立てて、故に「書せず」という經の筆法の原則とすることに意味があったと見られる）。

このように經の制作・編纂者は「天王（天子）の事」の大原則から天王（天子）の權威を損なう王室の記事や夷狄の王や列國の卿・大夫の事績・功業は、經の編集においては可能な限り無視し、いわば正史から削除し消去せんと意圖したと理解される[50]。これは先に考察した「無傳の經文」のそれと相表裏する關係と言えよう。これがこの「無經の傳文」が『左傳』文に存在することによって示される第二の意味であると言えよう。

【註】

（1）日原利國『春秋公羊傳の研究』（昭和五十一年三月、創文社）「一　春秋學の成立」、佐川修『春秋學論考』（昭和五十八年十月、東方書店）第二章「『公羊』『穀梁』二傳先後考」等參照。

（2）劉逢祿・康有爲による劉歆『左傳』僞作説の非なることは新城新藏『東洋天文學史研究』（昭和三年九月初版、臨川書店複製、平成元年）にて論證され、また劉逢祿等の劉歆「解經文」制作説の非なることは鎌田正『左傳の成立と其の展開』（昭和三十八年三月初版、平成四年再版、大修館書店）によって詳細に論證されている。

（3）洪業『春秋經傳引得』「序」（一九三七年、燕京大學圖書館）、佐川前掲書第一章「『春秋』源流考」等參照。洪業は春秋左氏經からの春秋經の成立を指摘している。

（4）清華大學出土文獻研究與保護中心編、李學勤主編『清華大學藏戰國竹簡（貳）』（二〇一一年、上海中西書局）下冊の【釋文】一三六〜二〇〇頁より。「繫年」の成書時期を同書一三五頁の【説明】は「可知此篇作於楚肅王或更晚的楚宣王之世」とし楚の肅王期（「六國年表」BC三八〇〜三七〇年）、遲くともその次の宣王期頃としている。本書も肅王期の最終成立を想定している。「繫年」テキストの考察の詳細については本書第一部第二章（四）參照。

（5）本書所引の『國語』は上海商務印書館縮印杭州葉氏藏明金李校刊本『國語』二十一卷（四部叢刊初編史部所收）を底本とする。

（6）本書所引の『左傳』は竹添進一郎編『左氏會箋』三十卷（御府舊抄卷子金澤文庫本、明治四十四年、冨山房、漢文大系第十・十一卷）本を底本とし、嘉慶二十年江西南昌府學開雕晉杜預注・唐孔穎達疏・陸德明釋文『重栞宋本左傳注疏附挍勘記』（十三經注疏本）、上海商務印書館縮印玉田蔣氏藏宋本晉杜預撰・唐陸德明音義『春秋經傳集解』（四部叢刊初編經部所收）及び洪業・攝崇岐・李書春・馬錫用編『春秋經傳引得』附標校經傳全文（北平燕京大學圖書館引得編纂所、中華民國二十二年（一九三七）初版、一九六六年再版）等を適宜參照する。本書の諸引用

文の句點・書き下し文・括弧内注は底本テキストや諸注等を參照しつつ吉永による。以下同じ。

(7) 本書所引の『公羊傳』は嘉慶二十年江西南昌府學開雕『重栞宋本公羊注疏附挍勘記』(十三經注疏本)を底本とする。

(8) 本書所引の『穀梁傳』は嘉慶二十年江西南昌府學開雕『重栞宋本穀梁注疏附挍勘記』(十三經注疏本)を底本とする。

(9) 本書所引の『史記』は全十冊本(漢司馬遷撰・宋裴駰集解・唐司馬貞索隱・唐張守節正義『史記一百三十卷』、一九五九年、中華書局)を底本とし、藝文印書館據淸乾隆武英殿刊本景印『史記一百三十卷』(藝文印書館二十五史所收)及び瀧川龜太郎『史記會注考證』(中華民國六十四年、宏業書局)等を適宜參照する。

(10) 史記・索隱の所引の梁の劉杳は「譜、起周代。藝文志有古帝王譜、又自古爲春秋學者、有年曆・譜諜之説、故杜元凱作春秋長曆及公子譜。蓋因於舊說、故太史公得讀焉。」としている。劉杳の「故に太史公これを讀むを得たり」は當然、「春秋」テキストについても同樣と爲ろう。

(11) 神田喜一郎「汲冢書出土の始末に就て(上)」(大正九年十月『支那學』第一卷二號)、「汲冢書出土の始末に就て(下)」(大正九年十一月『支那學』第一卷三號)、及び山田統『山田統著作集一』(昭和五十六年、明治書院)「竹書紀年の後代性」等參照。

(12) 淸・朱右曾輯錄、王國維校補『古本竹書紀年輯校』(中華民國四十六年、四部刊要、世界書局印行)一四頁より。

(13) 鎌田正『左傳の成立と其の展開』(昭和三十八年三月初版、平成四年再版、大修館書店)第二章第二節「史記・左傳先後考」、第三節「史記・國語先後考」、第四節「左傳・國語先後考」等參照。

(14) 鎌田前掲書は「卽ち各國に春秋なるものがあり、晉に於いては乘と言ひ、楚に於いて檮杌と稱したのは、國語の文より判斷してその別名であったことが知られる。」(同六二頁)としている。

(15) 貝塚茂樹『貝塚茂樹著作集』第五卷「國語に現れた説話の形式」(昭和五十一年、中央公論社)二九五〜二九六頁。

(16) 本書所引の『墨子』は上海商務印書館縮印明嘉靖唐堯臣本『墨子』十五卷(四部叢刊初編子部所收)を底本とし、西南師範大學漢語言文獻研究所整理點校・吳毓江遺著『墨子校注』十五卷及び諸註釋を適宜參照する。

(17) 渡邉卓『古代中國思想の研究』(創文社、昭和四十八年三月)參照。

(18) 拙著『戰國思想史研究—儒家と墨家の思想史的交渉—』(朋友書店、平成十六年(二〇〇四)五月)參照。拙著第一部第四章九「明鬼下篇の論理と思想」において、明鬼下篇の成立を前四世紀半ば過ぎと推定している。拙著第一部「墨家思想の再檢討」においては、渡邉卓前掲書における墨家思想研究を體系的に批判檢討している。また墨家思想の發展過程を體系的に考察し拙著第三部第四章において「『墨子』十論二十三篇の成書時期の推定一覧表」(拙著五八五頁)を提示している。渡邊説の體系的理解では、墨家思想の最盛期を戰國末期とし爲に明鬼下篇については「秦帝國の盛期の著作」（渡邊前掲書五一八頁）とするのに對して、拙著の體系的理解ではその最盛期は戰國中期となる。その體系的理解の鍵は拙著第四部「孟子の政治思想と墨家」、第五部「孟子の仁義説と墨家」の詳論する所であるが、孟子思想との關係に在る。孟子思想は先行して隆盛する墨家思想の決定的受容と其の批判の上に成立しており、この關係は不可逆的である。渡邊説はこの點を等閑に附し〈孟子—墨子—荀子〉との傳統的な經學に卽した思想史理解の下に體系化が爲されている。拙著は戰國思想史の基軸は〈墨家—孟子—荀子〉という展開であるとの體系的な理解を提示している。なお、近年の出土資料の示す所は此の趨勢を裏附けるものと言えよう。

(19) 『郭店楚墓竹簡』語叢一（荊門市博物館編、一九九八年五月、文物出版社）

(20) 前掲『郭店楚墓竹簡』一頁の前言に「發掘者推斷該墓年代爲戰國中期偏晩〈參見《荊門郭店一號楚墓》、《文物》一九九七年七期〉。郭店楚簡的年代下限應略早於墓葬年代。」とする。

(21) 本書所引の『論語』は上海商務印書館縮印長沙葉氏藏日本覆刻古卷子本『論語集解』（四部叢刊初編經部所收）を底本とする。

(22) 本書所引の『孟子』は上海商務印書館縮印淸內府藏宋刊本『孟子』十四卷（四部叢刊初編經部所收）を底本とする。

(23) 本書所引の『荀子』は上海商務印書館縮印古逸叢書本『荀子』二十卷（四部叢刊初編子部所收）を底本とし、王先謙『荀子集解』（新編諸子集成所收、一九八八年、中華書局）等を適宜參照する。

(24) 本書所引の『韓非子』は上海商務印書館縮印黃蕘圃挍宋鈔本『韓非子』二十卷（四部叢刊初編子部所收）を底本とし、王先愼『韓非子集解』（諸子集成所收、一九五四年、中華書局）及び陳奇猷校注『韓非子集釋』（一九五八年、中華書局）等を適宜參照する。

(25) 『孟子』における「一也」の用法の分析・検討については、前掲拙著『戰國思想史研究』第二部參照。

(26) これら一連の假説とその檢證に關する論考としては、前掲拙著『戰國思想史研究』第二部第二章「『左傳』の資料的性格」、及び拙稿「『春秋左氏經』の「原左氏傳」からの抽出・編作とその成立過程について—隱公期「春秋左氏經」抽出編作擧例及び「卒」の記事を中心に—」（『秋田大學教育文化學部研究紀要 人文・社會科學』第64集、平成二十一年）、拙稿「春秋左氏經・傳の「卒」記事の「名」と「謚」について—作經原則としての「名」—」（『中國研究集刊』玉號（總60號）、平成二十二年）、拙稿「「春秋左氏經」の作經メカニズムについての考察（一）—哀公期「左氏經」の「原左氏傳」からの抽出・編作擧例とその分析を中心に—」（前掲紀要第66集、平成二十三年）、拙稿「春秋經（左氏經）の作經メカニズムについての考察（二）—昭公期「左氏經」の「原左氏傳」からの抽出・編作擧例とその分析より—」（前掲紀要第67集、平成二十四年）、拙稿「對于春秋經（左氏經）的作經機構考察（三）—在定公期「左氏經」從「原左氏傳」抽出・編作的擧例和其分析—」（國立臺灣大學『經學與文學國際學術研討會 會議論文集』、平成二十四年）、拙稿「春秋經（左氏經）の作經メカニズムについての考察（四）—文公期「左氏經」の「原左氏傳」からの抽出・編作擧例とその分析より―」（前掲紀要第68集、平成二十五年）。又科研報告・拙稿『春秋左氏經文の原春秋左氏傳からの抽出・編作とその作經メカニズムの研究（上）』（平成二十五年、私家版、秋田活版㈱印行、全一二四頁）、同拙稿『同（中）』（平成二十六年、同上、全一三〇頁）、同拙稿『同（下）』（平成二十七年、同上、全一九二頁）等參照。これらにて『原左氏傳』の成立を前三六五年頃、『春秋左氏經』及び『左氏傳』（今本『左傳』の祖型）の成立を前三五一年頃と比定している。

（27）『春秋左氏經』の「哀公十有四年。春。西狩獲麟。」の後を削除して公羊經・穀梁經が成ったとの見解は夙に洪業『春秋經傳引得』序（北平燕京大學圖書館引得編纂所、中華民國二十二年（一九三七）初版、一九六六年再版）に見える。洪業氏は左氏經の先行という理解から同ciii頁に次のように述べている。「左傳經、左氏經、公羊經、穀梁經、皆遠出於魯春秋者也。孔子以魯春秋教其門人。其門人亦以教其門人、數代相傳焉。左傳經之原本、業竊疑其閒數次之變易、而遠出於孔門某師所爲魯史之節本（A本）、以教其門徒者也。既所重者、在義而不在文、則所錄魯史無防竟至哀公以後、而史所書常事、無關教義者、疑可從刪汰也。後師傳授、更復比擬文字、而義例滋生、疑其或至增減竄改經文以就焉。春、夏、秋、冬、等字之竄入（B本）、殆後師所爲者歟？　後之更復傳抄而編訂者、疑或以爲遠行至魯、補抄至彼當世、則爲事太煩、任其僅至哀、悼、而止、又無甚意義、不如斷之於孔子卒時（C本）、以表其爲孔門教科之書歟？　凡執此諸本以教授生徒者、殆無人以爲是孔子筆削之書。其傳抄以教於齊地者、爲避田齊諱忌、更刪削獲麟以後諸條（D本）。於是麟爲奇瑞、應孔子而至、孔子著春秋、絕筆於獲麟、諸說直似齊東野人之語者、後遂漸起歟？「孔丘卒」之條、既經刪去、於是竄入「孔子生」一條、以代之歟？　云々。」（原文横書き、傍線は吉永）と。卑見では『春秋左氏經』→『春秋經』の展開の動機には、一つには洪業說に云う如く齊の田氏の弑君の記事を大書する『春秋左氏經』はこれを田齊の齊王に說く際には當然ながら政事的配慮の必要性が生じたこと、二つには孟子の提起した孔子制作說を徹底すれば、「孔丘卒」で閉じる該テキストには矛盾が生じること（論理的には洪業說もこの事を指摘し得ている）、という二つの要因が働いたものと解釋している。また獲麟以後の削除により「孔丘卒」が消えるのに代わって、穀梁・公羊の二經が「孔子生」を竄入せしめたとの洪業說も正鵠を射るものと言えよう。

（28）穀梁傳・襄公二十一年の經は「冬。十月。庚辰。朔。…。庚子。孔子生。」とし、公羊傳同年の經「冬。十月。庚辰。朔。…。十有一月。庚子。孔子生。」と「十有一月」を附加している。左傳の經には傍線部に當たる記事は無い。また、哀公十四年の經「春。西狩獲麟。」については、公羊傳は訓詁・釋義に加えて孔子制作說を踏まえて「春秋何以始乎隱。祖之所逮聞也。所見異辭、所聞異辭、所傳聞異辭。」と「春秋」が隱公に始まる理由と三世異辭說を述べ、「何以終乎哀十四年。曰、備矣。」と哀公十四年獲麟の絕筆を作者（孔子）の周到の備とし、「君子曷爲爲春秋。撥亂世反諸正、莫近諸春秋、則未知其爲是與。…。制春秋之義、以俟後聖。」とし、「春秋」制作の目的を撥亂反正に在り、この「春秋の義」を後聖に託するものとし、更に孔子素王說を示唆する孔子の言動について潤色の描寫を驅使している。一方、穀梁傳は簡潔な訓詁・

釋義・論評、左傳は簡潔な事の直敍となっている。三傳のなかでは公羊傳の論評・潤色は最も新しいものと見られる。

(29) 日原利國『春秋公羊傳の研究』（昭和五十一年三月、創文社）二八～二九頁。

(30) 日原前掲書『春秋公羊傳の研究』は、漢代における『公羊傳』の『穀梁傳』に對する先行成立を根據にこの穀梁傳桓公三年の傳文についても「公羊からの援引と見てさしつかえなかろう。」（同書二九頁）とするが、先秦段階での『原公羊傳』と『原穀梁傳』との關係としてこれを見ると、異なる理解が導かれよう。

(31) 餘杭章炳麟太炎著『章氏左傳讀敍錄』一卷（章氏叢書所收、民國八年、浙江圖書館校刊）による。以下同じ。

(32) 劉師培撰『左盦集』八卷（民國十七年、北京修綆堂）の第二卷「左氏不傳春秋辨」より。

(33) 劉師培の『左盦集』第二卷「周季諸子述左傳考」では、①左傳・文公元年「以宮甲、圍成王。」の記事に對應する韓非子・內儲說下の文。②僖公廿四年「其後豫從翟君、以田渭濱、汝爲惠公來、求殺予。」の記事に對應する難三篇の文。③昭公二十年「鄭國多盜、取人於萑苻之澤」の記事に對應する內儲說上・七術の文。④僖公廿三年「大司馬固、諫。」の記事に對應する外儲說左上の文。⑤襄公廿五年「公登臺而請。」の記事に對應する姦劫弑臣篇の文。⑥襄公七年「爲臣而君。」の記事に對應する難四篇の文。⑦昭公五年「吳蹶由」の記事に對應する說林篇の文。⑧僖公廿七年「蒐於被廬。」の記事に對應する外儲說右の文。⑨昭公四年「任之會」の記事に對應する十過篇の文、の九條を指摘している。なお、直接に「春秋」を稱して言及するのではなく、この九條のタイプのように『左傳』記事に對應する『韓非子』の文を擧げればさらに多數に上ると見られるがその詳細は別稿に委ねる。

(34) 鎌田正前掲書、三三九頁。

(35) 波線部の讀みについては、唐の司馬貞の「索隱」が「爲成學治文者要刪焉。言表見春秋國語、本爲成學之人、欲覽其要、故刪爲此篇焉。〔學を成し文を治むる者の要の爲にこれを刪す。言ふこころは春秋國語を表見するは、本より學を成すの人の、其の要を覽《み》んと欲するが爲に、故に刪して此の篇を爲せり、と。〕」と釋している。其の意を得るものと言えよう。因みに『史記會註考證』の「中井積德曰、要刪、謂刪煩取要也。〔中井積德曰はく、要刪とは、煩を刪し要を取るを謂ふなり、と。〕」の解では「學を成し古文を治むる者の爲に、これを要刪す。」との讀みとなる。

(36) 鎌田正前掲書、第一編第四章第二節「左傳作者の推定」參照。

(37) 鎌田正前掲書、同右「左傳作者の推定」參照。

(38) 新城新藏『東洋天文學史研究』（弘文堂書房、昭和三年（一九二八）九月）、飯島忠夫『支那曆法起原考』（岡書院、昭和五年（一九三〇）一月）、平勢隆郎『中國古代紀年の研究』（汲古書院、平成八年（一九九六）三月）等參照。

(39) 佐川前掲書所收「春秋原流考」及び前掲拙著第二部第二章「『左傳』の資料的性格」參照。また野間文史『春秋學』（研文出版、二〇〇一年九月）は、春秋經テキストについて「本書で以下に引用する『春秋』の例文は、基本的には『左氏傳』傳承の『春秋』に據ることとする。先に述べた三傳傳承の『春秋』の異同を考察した結果、『左氏傳』が最も古い形を殘しているというのが定論とされているからである。」（同書九頁）とする。

(40) 前掲註（26）拙著・拙稿參照。

(41) 杜預はその『春秋經傳集解』の「春秋序」において、㈠「凡例」、㈡「變例」、㈢「非例」について、次のように述べている。今それを箇條書きにして番號を附すると、左記のようになる。

㈠ 其發凡以言例、皆經國之常制、周公之垂法、史書之舊章、仲尼從而脩之、以成一經之通體。

㈡ 微顯闡幽、裁成義類者、皆據舊例而發義、指行事以正襃貶。諸稱「書」「不書」「先書」「故書」「不言」「不稱」「書曰」之類、皆所以起新舊、發大義、謂之變例。然亦有史所不書、卽以爲義者、此蓋春秋新意。故傳不言凡、曲而暢之也。

㈢ 其經無義例、因行事而言、則傳直言其歸趣而已。非例也。

㈢の非例は、その多くは本書の謂う「原左氏傳文」の「記事文+解説文」の解説文に相當する。これについて、右の「春秋序」の文の孔穎達の「疏」は、本書が抽出文の例1として示す文を「非例」の一例として、次のように釋している。

此一段說「經無義例」者、國有大事、史必書之、其事旣無得失、其文不著善惡、故傳直言其指歸趣向而已、非襃貶之例也。春秋此類最多。故隱元年「及宋人盟于宿。」傳曰「始通也。」杜注云「經無義例、故傳直言其歸而已。他皆放此。」是如彼之類、皆非例也。

(42) 注（1）の三か條の㈡が變例について説くもので、これは解經文にあたる。なお、解經文については、本書第一部第五章（二）參照。但し、杜注も孔疏も經先傳後の經學的立場であるから、「始通也」を經文の解説文と見る。本書はそれを原左氏傳文の解説文と見るのである。

(43) 拙稿「春秋經及び春秋左氏傳における「天王」について」（『秋田大學教育文化學部研究紀要　人文・社會科學』第六十集・平成十七年（二〇〇五）三月）を參照。

(44) 拙稿「春秋左氏經・傳の「卒」記事の「名」と「諡」について—作經原則としての「名」—」（『中國研究集刊』玉號（總五十號）平成二十二年（二〇一〇）一月）參照。

(45) 拙稿「「春秋左氏經」の作經メカニズムについての考察（一）——哀公期「左氏經」の「原左氏傳」からの抽出・編作擧例とその分析を中心

に――」（『秋田大學教育文化學部研究紀要　人文・社會科學』第六十六集、平成二十三年（二〇一一）三月）、及び拙稿「春秋經（左氏經）の作經メカニズムについての考察（四）――文公期「左氏經」の「原左氏傳」からの抽出・編作擧例とその分析より――」（『秋田大學教育文化學部研究紀要　人文・社會科學』第六十八集）參照。又本書第一部第二章（四）參照。

（46）本書において漢代附加と見倣すのは劉氏の出自を示す文公十三年の「其處者爲劉氏。」及び昭公二十九年の「劉累」に言及する文との二例である。鎌田正『左傳の成立と其の展開』は、これを劉歆の增益とする劉逢祿の説を否定し「文公十三年の傳文は劉歆以前に於て左傳に備はってゐた」（同九〇頁）とし、更には「思ふに文公十三年の傳文は、もともと左傳の傳文で、事の終始を明らかにする意圖のもとに記されたもの」（同上）としている。この二文が劉歆の手による增益ではないことは確論と考えるが、鎌田氏も指摘するように、漢の高祖の出自は會箋が説くように「既に劉向の頃に、左傳の文と關聯させて說かれてゐた」（同八六頁）もので、これら二文は漢初とりわけ河閒獻王の下での左傳テキストの整理段階での附加の可能性が高いものと推定される。

（47）『左傳』十二公の傳文において、その解經文の用例數は、本書第二部の分析結果を踏まえると、次のようになる。

隱公十一年閒：24條、桓公十八年閒：9條、莊公三十三年閒：8條、閔公二年閒：2條、僖公三十三年閒：20條、
文公十八年閒：27條、宣公十八年閒：8條、成公十八年閒：13條、襄公三十一年閒：34條、昭公三十二年閒：16條、
定公十五年閒：4條、哀公十六年閒：2條

文公期が前半六公の中で最多となるのは、そのうち13條が卿・大夫に關わる襃貶の筆法の解經文であることに見られるように、齊桓・晉文の霸者の時期から卿・大夫に權力が移行し彼らの活躍の時期に入ったことと關係していよう。

（48）經には九例の記事があり、いずれも月・日干支を記す。文八年以外は次の八例である。隱公三年「三月。庚戌。天王崩。」、桓公十有五年「三月。乙未。天王崩。」、僖公八年「十有二月。丁未。天王崩。」、宣公二年「十月。乙亥。天王崩。」、成公五年「十有一月。己酉。天王崩。」、襄公元年「九月。辛酉。天王崩。」、襄公二十有八年「十有二月。甲寅。天王崩。」、昭公二十有二年「四月。乙丑。天王崩。」。この九例のうち隱三年・文八年・成五年・襄二十有八年・昭二十有二年以外の四例はいずれも無傳の經文で、切り取り抽出によるか他史料の援用による編作と見られる。成公五年に原左氏傳の「定王崩」を「天王崩」と書するように、經は九例一律に「天王」の語を以て周王を稱している。

（49）春秋經と左傳における「天王」「天子」「王」の記事と記述の在り方についての考察は、前掲拙稿「春秋經及び春秋左氏傳における「天王」について」參照。

（50）このような作經原則については拙稿「春秋經（左氏經）の作經メカニズムについての考察（二）――昭公期「左氏經」の「原左氏傳」から

の抽出・編作擧例とその分析より――」（『秋田大學教育文化學部研究紀要　人文・社會科學』第六十七集、平成二十四年（二〇一二）三月）參照。

【參考】上記以外の主な文獻（先秦より漢代に至る）の「春秋」の言及と春秋（左氏）經の日食記事について

一、『莊子』（上海商務印書館縮印明刊本・四部叢刊初編子部所收『南華真經十卷』より）

①（齊物論篇）六合之外、聖人存而不論。六合之內、聖人論而不議。春秋、經世先王之志。聖人議而不辯。

②（天運篇）孔子謂老聃曰、「丘治詩・書・禮・樂・易・春秋六經、自以爲久矣。孰知其故矣。以奸者七十二君、論先王之道、而明周・召之迹。一君無所鉤用。甚矣、夫人之難說也、道之難明邪。」老子曰、「幸矣、子之不遇治世之君也。夫六經、先王之陳迹也。豈其所以迹哉。今子之所言、猶迹也。夫迹、履之所出、而迹豈履哉。云々。」

③（天下篇）古之人其備乎。配神明、醇天地、育萬物、和天下、澤及百姓。明於本數、係於末度、六通四辟、小大精粗、其運無乎不在。其明而在數度者、舊法世傳之史、尚多有之。其在於詩・書・禮・樂者、鄒魯之士・搢紳先生、多能明之。詩以道志、書以道事、禮以道行、樂以道和、易以道陰陽、春秋以道名分。其數散於天下而設於中國者、百家之學、時或稱而道之、天下大亂。賢聖不明、道德不一。天下多得一、察焉以自好。譬如耳目鼻口皆有所荀、不能相通。

二、『呂氏春秋』（上海商務印書館縮印荀刊本・四部叢刊初編子部所收『呂氏春秋二十六卷』より）

①（愼行論・求人）五曰、身定國安、天下治、必賢人。古之有天下也者、七十一聖。觀於春秋、自魯隱公以哀公、十有二世、其所以得之、所以失之、其術一也。得賢人、國無不安、名無不榮。失賢人、國無不危、名無不辱。先王之索賢人、無不以也。

②（愼行論・察傳）有讀史記者曰、「晉師三豕涉河。」子夏曰、「非也。是『己亥』也。夫己與三相近。豕與亥相似。」至於晉而聞之、則曰「晉師己亥涉河」也。辭多類非而是、多類是而非。是非之經、不可不分、此聖人之所愼也。

三、『管子』（上海商務印書館縮印常熟瞿氏藏宋本・四部叢刊初編子部所收『管子二十四卷』より）

（法法篇第十六）勢在下、在臣期年、臣雖不忠、君不能奪也。在子期年、子雖不孝、父不能服也。故春秋之記、臣有弑其君、子有弑其父者矣。〔唐房玄齡注云、春秋卽周公之凡例、諸侯之國史也。〕

四、『公羊傳』（書誌前掲注參照）

（莊公七年）不脩春秋曰、「雨星不及地、尺而復。」君子脩之、曰、「星霣如雨。」何以書。記異也。〔何休注云、不脩春秋謂史記也。古者謂史記爲春秋。」

五、『韓詩外傳』（上海商務印書館縮印明沈氏野竹齋校刻本・四部叢刊初編經部所收『詩外傳十卷』より）

（卷第四）客有說春申君者、曰、「湯以七十里、文王百里、皆兼天下、一海內。今夫孫子者、天下之賢人也。君藉之百里之勢。臣竊以爲不便於君。若何。」春申君曰、「善。」於是使人謝。孫子去而之趙。趙以爲上卿。客又說春申君、曰、「昔伊尹去夏之殷、殷王而夏亡。管仲去魯而入齊、魯弱而齊強。由是觀之、夫賢者之所在、其君未嘗不善、其國未嘗不安也。今孫子天下賢人也。何謂辭而去。」春申君又云、「善。」於是使請孫子。孫子因僞喜謝之、「鄙語曰、『癘憐王。』此不恭之語也。雖不可不審也、非比爲劫殺死亡之主者也。夫人主年少而放、無術法以知奸、即大臣以專斷圖私、以禁誅於己也。故捨賢長而立幼弱、廢正直而用不善。故春秋之志、曰、『楚王之子圍聘於鄭、未出境、聞王疾。返、問疾。遂以冠纓絞王而殺之。因自立。齊崔杼之妻美、莊公通之。崔杼不許欲自刃於廟。莊公走出、踰於外牆、射中其股、遂殺而立其弟景公。』近世所見、李兌用趙、餓主父於沙丘、百日而殺之。淖齒用齊、擢閔王之筋而懸之於廟、宿昔而殺之。夫癘雖癰腫痂疵、上比遠世、未至絞頸射股也。下比近世、未至擢筋餓死也。夫劫殺死亡之主也、心之憂勞、形之苦痛、必甚於癘矣。由此觀之、癘雖憐王、可也。」

六、『史記』（書誌前揭注參照）

（卷十三・三代世表）自殷以前諸侯、不可得而譜。周以來乃頗可著。孔子因史文、次春秋、紀元年、正時日月、蓋其詳哉。

七、『戰國策』（上海商務印書館縮印江南啚書館藏、元・至正刊、鮑彪校注吳師道重校本・四部叢刊史部所收『戰國策校注十卷』より）

①（東周卷第二）周文君免工師籍、相呂倉。國人不說也。君有閔閔之心、謂周文君、曰、「國必有誹譽、忠臣令誹在己、譽在上。宋君奪民時、以爲臺而民非之。無忠臣以掩蓋之也。子罕釋相爲司空、民非子罕而善其君。齊桓公宮中女七市、女閭七百、國人非之。管仲故爲三歸之家、以掩桓公非、自傷於民也。春秋記『臣弑君以百數。』皆大臣見譽者也。故大臣得譽、非國家之美也。故衆庶成強、增積如山。」周君遂不免。

②（楚卷第五・孝烈王）客說春申君、曰、「湯以亳、武王以鄗。皆不過百里、以有天下。今孫子、天下賢人也。君藉之以里之勢。臣竊以爲不便於君。何如。」春申君曰、「善。」於是使人謝孫子。孫子去之趙。趙以爲上卿。客又說春申君、曰、「昔伊尹去夏入殷、殷王而夏亡。管仲去魯入齊、魯弱而齊強。夫賢者之所在、其君未嘗不尊、國未嘗不榮也。今孫子天下賢人也。君何辭之。」春申君又曰、「善。」於是使人請孫子於趙。孫子爲書、謝曰、「『癘人憐王。』此不恭之語也。雖然、不可不審察也、此爲劫弑死亡之主言也。夫人主年少而矜材、無法術以知奸、則大臣主斷國、私以禁誅於己也。故弑賢長而立幼弱、廢正適而立不義。春秋戒之、曰、『楚王子圍聘於鄭、未出竟、聞王病。反、問疾。遂以冠纓絞王、殺之。因自立也。齊崔杼之妻美、莊公通之。崔杼帥其君黨而攻莊公、莊公請與國、崔杼不許。欲自刃於廟、崔杼不許。莊公走出踰於外牆、射中其股、遂殺之。而立其弟景公。』近代所見、李兌用趙、餓主父於沙丘、百日而殺之。淖齒用齊、擢閔王之筋、懸於其廟梁、宿夕而死。夫癘雖癰腫胞疾、上比前世、未

至絞纓射股、下比近代、未至擢筋而餓死也。夫劫弑死亡之主也、心之憂勞、形之困苦、必甚於癘矣。由此觀之、癘雖憐王、可也。」

③（魏卷第七・昭王）秦使趙攻魏、魏謂趙王、曰、「攻魏者、亡趙之始也。昔者晉人欲亡虞、而先伐虢。伐虢者、亡虞之始也。故荀息以馬與璧、假道於虞。宮之奇諫、而不聽、卒假晉道。晉人伐虢、反而取虞。故春秋書之、以罪虞公。…。願王之熟計之也。」

八、『漢書』（漢班固撰・唐顔師古注・淸王先謙補注、藝文印書館印行二十五史所收『漢書補注百卷』より）

①（卷三十・藝文志）春秋古經十二篇。（王先謙補注「錢大昕曰、『謂左氏經也。』」）

②（卷三十・藝文志）經十一卷。（原注「公羊・穀梁二家。」）（王先謙補注「錢大昕曰、『漢儒傳春秋者、以左氏爲古文、公羊・穀梁爲今文。稱古經、則其知爲左氏矣。左氏經・傳本各單行、故別有左氏傳。…。』沈欽韓曰、『二家合閔公於莊公、故十一卷。…。』」）

③（卷三十・藝文志）左氏傳三十卷。（原注「左丘明、魯太史。」）（王先謙補注「段玉裁曰、『春秋古經及左氏傳、班志不言出誰氏。據『說文』敍云、《北平侯張蒼、獻春秋左氏傳。》意經傳皆其所獻也。論衡說、《左傳三十篇出恭王壁中。》恐非事實。』沈欽韓曰、『史記・吳世家贊、《余讀春秋古文乃知中國之虞與荊蠻・句吳兄弟也。》此謂左氏傳也。桓譚云、《遭戰國、寢藏。》本志亦云、《其事實皆形於傳、故隱其書而不宣、所以免時難也。》然戰國諸子又嘗覩春秋傳、而成書。如韓非・姦劫弑臣篇、《春秋記之曰、楚王子圍將聘於鄭、未出境、聞王病而反、云々。》此全依左氏傳也。故十二諸侯年表序云、《鐸椒・虞卿・呂不韋之徒、各捃摭春秋之文、以著書。》是先秦周末、並鑽研窺望、其學獨屈抑於漢耳。御覽六百十引桓譚新論曰、《左氏經之與傳、猶衣之表裏相待而成。有經而無傳、使聖人閉門思之十年、不能知也。》』」）

④（卷三十・藝文志）公羊傳十一卷。（原注「公羊氏、齊人。」師古曰、「名、高。」）穀梁傳十一卷。（原注「穀梁氏、魯人。」師古曰、「名、喜。」）

⑤（卷五十三・河閒獻王傳）河閒獻王德㠯孝景前二年立。…。獻王所得書、皆古文先秦舊書、周官・尙書・禮・禮記・孟子・老子之屬、皆經・傳・說・記、七十子之徒所論。其學舉六藝。立毛氏詩・左氏春秋博士。修禮樂、被服儒術、造次必於儒者。云々。

⑥（卷八十八・儒林傳）仲尼既沒。七十子之徒散遊諸侯。大者爲卿相師傅、小者友教士大夫、或隱而不見。故子張居陳、澹臺子羽居楚、子夏居西河、子貢終於齊。如田子方・段干木・吳起・禽滑釐之屬、皆受業於子夏之倫、爲王者師。是時、獨魏文侯好學。天下並爭於戰國。云々。

⑦（卷八十八・儒林傳）孟喜、字長卿、東海蘭陵人也。父號孟卿、善爲禮・春秋、授后蒼・疏廣。世所傳后氏禮・疏氏春秋、皆出孟卿。孟卿㠯禮經多、春秋煩雜、迺使喜從田王孫受易。云々。

九、『說文』（上海商務印書館縮印日本岩崎氏藏宋刊本・四部叢刊初編經部所收『說文解字』より）

（說文解字第十五上・漢大尉祭酒許愼記）古者庖犧氏之王天下也、…。壁中書者、魯恭王壞孔子宅、而得禮記・尙書・春秋・論語・孝經。又北平侯張蒼、獻春秋左氏傳。云々。

春秋（左氏）經の日食記事

No.	春秋經（日有食之）	Oppolzer の JD	Welt Zeit	斉藤・小沢の食甚時 JD	同干支	同食判定	ユリウス暦	改訂干支
1	隠公三２月己巳	1458496	0時38分２秒	1458495d.46	己巳（６）	半食	前720年Ⅱ22	
2	桓公三７月壬辰朔	1462659	6時50分７秒	1462658d.46	壬辰(29)	皆既食	前709年Ⅶ17	
3	桓公十七10月朔	1467857	7時36分９秒	1467856d.80	庚午（７）	半食	前695年Ⅹ10	
4	荘公十八３月	1474619	8時22分０秒	1476618d.88	壬子(49)	半食	前676年Ⅳ15	
5	荘二五６月辛未朔	1477218	3時25分８秒	1477217d.59	辛未（８）	深食	前669年Ⅴ27	
6	荘公二六12月癸亥朔	1477750	3時42分９秒	1477749d.59	癸亥(60)	半食	前668年Ⅺ10	
7	荘公三十９月庚午朔	1479137	7時２分６秒	1479136d.88	庚午（７）	深食	前664年Ⅷ28	
8	僖公五９月戊申朔	1482415	6時24分０秒	1482414d.80	戊申(45)	深食	前655年Ⅷ19	
9	僖公十二３月庚午	1484837	8時30分０秒	1484836d.92	庚午（７）	半食	前648年Ⅳ 6	
10	僖公十五５月	なし				非食(不食)		
11	文公元２月癸亥	1492810	4時50分３秒	1492809d.75	癸亥(60)	深食	前626年Ⅱ 3	
12	文公十五６月辛丑朔	1498007	23時45分５秒	1498007d.46	辛丑(38)	深食	前612年Ⅳ28	庚子(37)
13	宣公八７月甲子	1502171	7時14分４秒	1502170d.88	甲子（１）	深食	前601年Ⅸ20	
14	宣公十４月丙辰	1502702	23時55分７秒	1502702d.46	丙辰(53)	半食	前599年Ⅲ 6	乙卯(52)
15	宣公十七６月癸卯	1501669	23時29分８秒	1501669d.42	癸卯(40)	半食，年誤記（七年とす）		壬寅(39)
16	成公十六６月丙寅朔	1511533	5時54分１秒	1511532d.75	丙寅（３）	深食	前575年Ⅴ 9	
17	成公十七12月丁巳朔	1512064	1時29分０秒	1512063d.55	丁巳(54)	半食	前574年Ⅹ22	
18	襄公十四２月乙未朔	1517262	6時37分６秒	1517261d.80	乙未(32)	半食	前559年Ⅰ14	
19	襄公十五８月丁巳	1517763	22時10分６秒	1517763d.38	丁巳(54)	半食	前558年Ⅴ31	丙辰(53)
20	襄公二十10月丙辰朔	1519683	6時29分５秒	1519682d.75	丙辰(53)	曲阜で不食	前553年Ⅷ31	
21	襄公二一９月庚戌朔	1520037	6時30分２秒	1520036d.75	庚戌(47)	半食	前552年Ⅷ20	
22	襄公二一10月庚辰朔	なし		1520066d.38	庚辰(17)	非食	前552年Ⅸ19	
23	襄公二三２月癸酉朔	1520540	2時39分７秒	1520539d.54	癸酉(10)	深食	前550年Ⅰ5	
24	襄公二四７月甲子朔	1521071	5時27分３秒	1521070d.75	甲子（１）	皆既食	前549年Ⅵ19	
25	襄公二四８月癸巳朔	なし		1521100d.05	癸巳(30)	非食	前549年Ⅶ18	
26	襄公二七12月乙亥朔	1522282	1時４分１秒	1522281d.46	乙亥(12)	深食	前546年Ⅹ13	
27	昭公七４月甲辰朔	1526091	5時40分４秒	1526090d.75	甲辰(41)	半食	前535年Ⅲ18	
28	昭公十五６月丁巳朔	1529044	4時15分７秒	1529043d.67	丁巳(54)	深食	前527年Ⅳ18	
29	昭公十七６月甲戌朔	1529900	8時56分５秒	1529899d.88	癸酉(10)	深食	前525年Ⅷ21	
30	昭公二一７月壬午朔	1531289	3時14分０秒	1531288d.59	壬午(19)	半食	前521年Ⅵ10	
31	昭公二二12月癸酉朔	1531820	4時９分３秒	1531819d.63	癸酉(10)	半食	前520年Ⅺ23	
32	昭公二四５月乙未朔	1532322	1時32分９秒	1532321d.50	乙未(32)	半食	前518年Ⅳ 9	
33	昭公三一12月辛亥朔	1535098	3時３分７秒	1535097d.59	辛亥(48)	半食	前511年Ⅺ14	
34	定公五３月辛亥朔	1537018	6時34分３秒	1537017d.80	辛亥(48)	半食	前505年Ⅱ16	
35	定公十二11月丙寅朔	1539793	4時38分２秒	1539792d.59	丙寅（３）	深食	前498年Ⅸ22	
36	定公十五８月庚辰朔	1540827	4時14分３秒	1540826d.67	庚辰(17)	半食	前495年Ⅶ22	
37	哀公十四５月庚申朔	1545847	4時32分４秒	1545846d.71	庚申(57)	深食	前481年Ⅳ19	

故に37例中、地球上で日食の起らない非食が３例（No.10，22，25）、該地で日食の見えない不食が１例（No.20）、經の記載と実際の干支が異なるのが５例（No.12，14，15，19，29）となり、計９例が実態と乖離している。

※JD（Julian Day, Julian Tag）：ユリウス通日。ユリウス暦紀元前4713年１月１日（グレゴリオ暦紀元前4714年11月24日）暦表時12時（正午）を起点に翌日正午までを第一日として通算する天文時による経過日数。天文暦学上の世界共通の日付。1583年にスカリゲル（Joseph Justus Scaliger）が太陽章（日付と七曜が揃う周期）28年、太陰章（メトン周期）19年、ローマ帝国徴税査定更正周期（インディクティオ）15年の重なる第一年目の日として考案。

※Welt Zeit: 世界時即ちグリニッチ常用時。

※斉藤国治・小沢賢二『中国天文記録の検証』1992年、雄山閣出版、55～67頁、より。「ある日食の現地食甚時のユリウス通日（JD）から９日を減じた残余を60で除算した剰余の整数部分（大余という）はその日の干支番号である。」（同57頁）。なお、同書はNo.10については「古今のすべての研究者はこれを非食とする。」とするも「不食」として錯簡説を展開する（同61頁）。

※テオドール・オッポルツェル『食宝典』：Theodor von Oppolzer “Canon Der Finsternisse” 1887. Wien. pp. 42-72. より。

※本表は、春秋（左氏）經の日食記事について、斉藤・小沢の『中国天文記録の検証』に Th.オッポルツェル『食宝典』記載の JD（Julian Tag）と世界時（Welt Zeit）の項を加味して検証したもの。改訂干支は吉永による。本書361頁の註（４）参照。

第二章

(一)『原左氏傳』から『春秋經』の成立に至る三段階とその年代比定

第一章の考察のように、先秦より漢初に至る「春秋」テキストの展開は六段階において把握し得る。そのⅡ、Ⅲ、Ⅳの三段階が『原左氏傳』から『春秋經』の成立に至る諸テキストの制作・編纂の過程である。そのⅡ、Ⅲ、Ⅳの三段階をここに改めて確認すると次のようになる。

一、**『原左氏傳』の成立の段階**（「春秋」テキストの展開のⅡ）

晉の乘、楚の檮杌、魯の春秋などと稱せられる諸侯の策を、魯公の踰年（翌年）稱元法による紀年を軸に、各年の春夏秋冬の四時に列國の記事を配列する方法（四時記載法）によって、諸侯（霸者）や卿・大夫（執事）の「立德、立功、立言」を中心に編纂されたと考えられるテキストが、『原左氏傳』（『左氏春秋』に比定し得る）である。

二、**『原左氏傳』から『春秋左氏經』**（春秋經Ⅰ）**と『左氏傳』が成立した段階**（「春秋」テキストの展開のⅢ）

『原左氏傳』から抽出・編作の手法に據り、かつ他史料をも援用して、四時記載法の徹底と、魯公の踰年稱元法に新たに正月卽位法を加え、「天王（天子）の事」の原則と筆法のもとに、『經』のテキストとして制作されたと考えられるテキストが、『春秋左氏經』（今本左傳所收經テキストの祖本）である。また從來の『原左氏傳』はこの『經』との對應の上から、新たに〈解經文〉や追加傳文などを附加した「傳」のテキストとして再編（同時に一部テキストの經制作過程での削除の可能性も想定される）されたものと考えられ、これが『左氏傳』のテキスト（今本『左傳』の祖型テキスト、この後に附加された傳文の存在の可能性も留保される）である。

三、**『春秋左氏經』から穀梁・公羊傳型の『春秋經』**（春秋經Ⅱ）**が成立した段階**（「春秋」テキストの展開のⅣ）

隱公元年から哀公十六年の「夏。四月。己丑。孔丘卒。」までの二百四十四年に亙る「春秋左氏經」の經文を、ある種の政治的歷史的要請の下に、哀公十四年「春。西狩、獲麟。」の一條を以て經文を終え、それより以下を削除した新たな經のテキストとして確定したものと考えられるのが、穀梁傳・公羊傳型の『春秋經』テキストである。

本書のベースとなった科研報告論考『春秋左氏經文の原春秋左氏傳からの抽出・編作とその作經メカニズムの研究――春秋二百四十四年全左氏經文の抽出・編作擧例と左傳文（上）――』（平成二十五年三月、秋田活版印刷㈱印行）、『春秋左氏經文の原春秋左氏傳からの抽出・編作とその作經メカニズムの研究――春秋二百四十四年全左氏經文の抽出・編作擧例と全左傳文（中）――』（平成二十六年九月、同上）および『春秋左氏經文の原春秋左氏傳からの抽出・編作とその作經メカニズムの研究――春秋二百四十四年全左氏經文の抽出・編作擧例と全左傳文（下）――』（平成二十七年十月、同上）の一連の研究は、主として一、二の段階の考察を遂行している。この一、二が明らかになることによって、必然的に三の事態も浮かび上がってくるのである。[1]

そのうえで、この三段階が歴史的にどの年代に對應し得るのかが、次の課題となろう。これについてはもとより多面的な検討と吟味を必要とするが、本書が先行研究をふまえて提示する概略の展望は、次のようになる。

一の『原左氏傳』の成立は、四時記載法の起點となる冬至點觀測以後であり、かつその最終的な編纂の段階で歳星紀年法が驅使されていることから、BC三六五年頃の成立が想定される。[2]二の『春秋左氏經』及び『左氏傳』の成立は、歳星の運行における天象と暦面のズレ卽ち歳星の度の淫《みだ》れを認識し始めた頃（これは歳星の超辰によるが當時はその理は未だ了解されていない）で、かつ周王に替わる「夏王」を魏が稱した時點としてBC三五一年前後の成立が想定される。[3]三の穀梁・公羊型の『春秋經』の成立は、馬陵の戰（BC三四二年）で魏を破った齊（田齊）がBC三三八年に「王」を稱しており、BC三三八年前後～四世紀末の時期が想定される、[4]と考えている。

このうち二の段階が『春秋左氏經』成立の鍵となる時期であり、BC三五一年は、それより暦法上の四蔀（一章・十九年×四＝一蔀・七六年、七六年×四＝四蔀・三〇四年）卽ち三〇四年を溯る僖公五年（BC六五五年）の「正月。辛亥。朔。日南至。」を暦元として、十九年七閏法による『春秋左氏經』の〈周正〉型暦法を構想し、これにより經文を編纂・制作したところの時點であると考えられる（詳しくは次の第二章（二）「『原左氏傳』と『春秋左氏經（春秋經）』『左氏傳』の「暦法」並びに三正論について」參照）。

（二）『原左氏傳』と『春秋左氏經（春秋經）』『左氏傳』の「暦法」並びに三正論について

一　『原左氏傳』と『春秋左氏經』の「曆法」

本研究の提示する『原左氏傳』（左氏春秋）→『春秋左氏經（春秋經）』という構圖からすると、嘗て新城新藏氏が「春秋後期の歷法」について「ほゞ整頓せる十九年七閏法若くは七十六年の蔀法を行ふ様になりたる時は、（丙）宣公十四年（西紀五九五年）を以て甲子蔀首としたものであらう。この歷法を春秋後期歷又は殷歷古法と稱へやうと思ふ。(5)」（ママ）としつつも解決に至らなかった問題（「經」→「傳」の經學的思惟の枠組みにおいては必然的に解決不能に陷った問題）が、ここに解明されることになると思われる。

先の文に續いて「春秋後期の曆と左傳の曆法」（新城新藏『東洋天文學史研究』五五七頁）において、新城氏は次のように述べている。

閏月挿入法は大體宣公十四年（前五九五年）を章首とせる十九年七閏に揃って居る。これは私が嘗て殷歷古法と名つけたもので、前四七年を歷元とせる殷歷の章首とは、三年の差で喰違つて居ることは注意すべきことである。左傳に見ゆる僖公五年（前六五五）、及び昭公二十年（前五二二）の兩日至は共に殷歷章首に當つて居るので、春秋後期の曆も或は見方によりては殷歷と同じ章首を基準とせるものと看做すことが出來ないであらうかと疑つたのであるが、これは斷じて不可能である。「春秋長歷」にて作製せる置閏朔日表中より、殷歷古法章首及び殷歷章首に當る正月朔の早晚を現行グレゴリー曆日にて示せるものを摘記すれば次の如くである。

「春秋後期正月朔季節表」〔ローマ數字は現行グレゴリー曆日〕

殷歷古法：宣14（五九五）Ⅻ17、成15（五七六）Ⅻ17、襄16（五五七）Ⅺ18、昭4（五三八）Ⅻ17、昭23（五一九）Ⅻ17、定10（五〇〇）Ⅻ17、哀14（四八一）Ⅻ18、四六二、四四三、…三六七、三四八、…

殷歷　：宣11（五九八）Ⅺ21、成12（五七九）Ⅺ21、襄13（五六〇）Ⅺ20、昭1（五四一）Ⅺ21、昭20（五二二）Ⅺ21、定7（五〇三）Ⅺ20、哀11（四八四）Ⅺ20、四六五、四四六、…三七〇、三五一、…

殷歷章首に當る年の正月朔は、悉く皆冬至一ケ月前に當つて居るのに對して、殷歷古法章首に當る年の正月朔は、唯一つ襄公十六年の場合を除く外は、凡て皆十二月十七、八日に當ることになつて居る。後者〔殷歷古法〕を以て冬至標準の章首としたものであることは殆ど疑いもないと思はれる。(6)（〔　〕内注と傍線は吉永、表は内容のみ、他はママ）

つまり、新城氏は

殷歴古法　―　冬至月正月型　―　季冬正月暦
殷歴　―　冬至前月正月型　―　仲冬正月暦

としているのである。この判斷自體は至當である。

だが、所謂夏正は孟春正月であり、それより二ヵ月早い周正正月は仲冬となり、殷正（商正）正月は季冬となる。新城氏も別の表では「左傳の三正論」として「夏：寅　孟春正月暦、殷：丑　季冬正月暦、周：子　仲冬正月暦」（同上五六八頁）と記している。

したがってこの對應關係は、次のように確認されよう。

殷歴古法　―　冬至月正月型　―　季冬正月暦　↓　殷正（商正）
殷歴　―　冬至前月正月型　―　仲冬正月暦　↓　周正

しかるに、ここでは、新城氏は「殷歴」（周正）を排して「殷歴古法」（殷正）を春秋後期の暦卽ち事實上の周正として採る結論をあたかも「殆ど疑いもない」こととして導いているのである。不可解なことと言わなければならない。

この事態の由って來る所以は、新城氏が『經』→『傳』という經學的思惟の枠組みを全く疑わないことによる言わば「思考の盲點」に在ると思われる。『經』→『傳』の經學的思惟の枠組みにおいては『春秋經』は最も規範性の高いテキストであり、當然暦法の章首においては「元年。春。王。正月。」として四時の起點となる冬至を含むべきものとの思考が基調を成している。つまり新城氏の云う「孔子の春秋には冬至月からの三ヶ月を明かに春といふて居らるる程なので、所謂周正時代の考が殘つて居るものと見ればよい。」（同上六六一頁）という考え方である。[7] したがって、この立場からは、まず春秋經を反映した長暦から二種の系統の暦法が看取される事態が不可解であり、そしてその場合には躊躇せず「規範性の高い」冬至標準タイプを周正として選んだ、ということになろう。

だが、これを『原左氏傳』→『經』という本研究の視點からすると、全く異なる様相が見えてくる。『原左氏傳』から抽出・編作の手法に據り制作された『春秋左氏經』（春秋經）を反映した長暦には『原左氏傳』の暦法と『經』の暦法とが共に反映していること（テキストの歴史的重層性）は當然のこととなる。いまここに二つの暦法が看取し得たということは、古いものは『原左氏傳』の、新しいものは『經』の暦法を反映しているであろうことは容易に理解されることとなる。

前出の「春秋後期正月朔季節表」において、「殷歴古法」では、經と左傳の記事が對應するのは、次の通り。

昭公4年、經「春。王。正月。」左傳「春。王。正月。」

昭公23年、經「春。王。正月。」左傳「春。王。正月。」

「殷歴」では、經と左傳の記事が對應するのは、次の通り。

昭公20年、經「春。王。正月。」左傳「春。王。二月。己丑。日南至。」（二月が冬至であるから經の正月は冬至前月である。）

定公7年、經「春。王。正月。」左傳「春。二月。」

これを見ると、『春秋左氏經』（春秋經）には、確かに二種の暦法が存在すると見られよう。

これを本研究の觀點から腑分けすれば、一つは『原左氏傳』からの抽出系の經文によって『經』の上に反映される『原左氏傳』の暦法であり、いま一つは『春秋左氏經』の作經時に新たに立てられた理念的な經の暦法である。

右の二者で言えば、「殷歴古法」の暦法は『原左氏傳』からの抽出系の經文で、『原左氏傳』の暦法を反映している。一方、日南至〈冬至〉前月正月型を示す「殷歴」の暦法は、作經時に立てられた新たな〈周正〉の暦法を理念的に示すものと見られる。つまり、この「殷歴」が『春秋左氏經』に特殊の暦法ということになる。

したがって、これを對比していえば、『原左氏傳』は殷歴古法、『春秋左氏經』は殷歴、という圖式になろう。

しかも『原左氏傳』も『春秋左氏經』も、両テキストはいずれも〈周正〉の意識を以て編纂・制作されているのであるから、この二種の歴法は二種の周正として理解されるべきものであろう。

されば、ここに

殷歴古法　—　『原左氏傳』の曆法　—　冬至月正月型〈周正〉

殷歴　—　『春秋左氏經』の曆法　—　冬至前月正月型〈周正〉

と言う二種の暦法の關係が明らかになるのである。

このように考察をすすめるならば、いまや「殷歴」章首（一章は十九年、十九年七閏法の基本單位）の歳に當たる左傳・昭公二十年「春。王。二月。己丑。日南至。」（本書五六二頁）の意味が、明らかに了解されよう。それはこの『春秋左氏經』の冬至前月正月型〈周正〉

を理念的に制作するためのものであった。したがって當該傳文は作經時に『經』と對應して、『春秋左氏經』を冬至前月型〈周正〉とすべく配置された傳文であることがここに知られるのである。（『原左氏傳』にはそのような曆法は無いのであるから新たな傳文を配置する必要があったのである。）

したがって、「殷歴古法」つまり『原左氏傳』の曆法の蔀首（一蔀＝四章卽ち七十六年）は、宣公十四年・BC五九五年であり、その三蔀卽ち二二八年（七六年×三＝二二八年）後がBC三六七年である。一方、「殷歴」つまり『春秋左氏經』の歴法の蔀首（章首が蔀首と重なる）は、僖公五年・BC六五五年であり、その四蔀卽ち三〇四年（七十六年×四＝三〇四年）後が、BC三五一年である。これは『原左氏傳』と『春秋左氏經』の成立期と對應するものとして注目に値しよう。

つまり、『原左氏傳』はこの蔀首BC三六七年を基點に溯り三蔀の差で對應する蔀首・宣公十四年・BC五九五年を設定してその干支・閏月配置が整理され、『春秋左氏經』はこの蔀首BC三五一年を基點に溯り四蔀の差で對應する僖公五年・BC六五五年を設定してその干支・閏月配置が再整理された可能性が想定されるのである。

さて、新城氏はこの昭公二十年（BC五二二年）と左傳僖公五年（BC六五五年）の兩日南至記事について、「此兩日至は共に殷歴章首の歳に當り、春秋後期の曆なる殷曆古法の章首とは三年の差にて喰違つて居る。從つてこの日至記事は、春秋當時の觀測記錄に基いたものではなく、戰國時代の或る時期に、殷歴古法の章首が三年ほど改められたる後に、推算によりて、溯りて挿入したものであることは疑もない。」（新城五六三頁、ママ）と注目すべき指摘を行っている。これは本研究の考え方とも基本的に對應する。

しかし、新城氏は結局、「「春秋長歴」の研究によれば、兩日至の朔日干支が、他の曆日記事によりて作製したる長歴とよく調和しない。」（同五六四頁）として、飯島氏の劉歆僞作説に對しては自ら批判しているにも拘わらず、これを前漢末劉歆の「三統歴の推算」による干支改竄に歸してしまった（同五六五頁）のである。

これに對して本研究の視點からすると、先に觸れたように『春秋左氏經』の制作者はこのBC三五一年を基點にして溯って僖公五年正月辛亥朔を蔀首として構想した冬至前月正月型〈周正〉（仲冬正月曆）を理念的標準とし、踰年稱元・正月卽位法の原則を以て『春秋左氏經』を『原左氏傳』より抽出・編作の手法に據り制作したものと推定される。

抽出・編作の手法に據るが故に、『春秋左氏經』には新舊二層の曆法が看取されることになる。そして、その作經時には、今本左傳に見るこの兩日至記事や三正關連の記事、及び歳星の度の淫れや夏・商・周の三正に言及する梓愼の一連の言や同じく歳星に關する裨竈の言などが、〈解經文〉と共に新たに傳文として附加されたものと考えられるのである。

さて、新城氏は「春秋後期歴（殷歴古法）の殘骸は、後に漢代に至りて、其第四蔀首西紀前三六七年より千二百年前なる西紀前一五六七年を歴元とすることによりて、殷歴に進轉したものであらう。」（同四八二頁）としている。但し、ここに云う「千二百年」は六〇干支×二〇による干支疏通の算術的説明かと思われ、卑見によれば「（春秋左氏經の暦は）其第五蔀首（卽ち四蔀後）西紀前三五一年より十六蔀首前なる西紀前一五六七年を歴元とすることによりて、殷歴に進轉したものであらう。」と傍線部のように修正されるべきところと考えられる。

その上で、新城氏が「殷歴の歴元西紀前一五六七年は前十一月甲子朔旦冬至の日であるので歴元とし又甲寅の歳と數へ始めたのであるが、この歳の數へ方は現行干支紀年法と一致して居る。」（同四六九頁）と言うように、干支による紀年の始まりは前三六七年（甲寅の歳）に想定される。そして實は現行の干支紀年・紀日法は、この僖公五年・BC六五五年を蔀首とする新城氏の所謂「殷歴」（同五五八頁）、卽ちその四蔀後のBC三五一年に『春秋左氏經』の制作者がそれを以て經を編纂・制作した所の暦法（周正）、の干支と一致しているのである。このことは春秋テキストの暦法問題を解く鍵となるものと思われる。今、これを圖示すると次のようになろう。

殷暦古法—『原左氏傳』の暦法—冬至月正月型—蔀首宣公十四年・BC五九五年—暦元は三蔀後BC三六七年

殷暦—『春秋左氏經』の暦法—冬至前月正月型—蔀首僖公五年・BC六五五年—暦元は四蔀後BC三五一年↓現行干支紀年・紀日法

したがって、このことを踏まえるならば、今本『春秋左氏經』における37例の日食記事のうち干支を附する34例について「後述の検算からわかるとおり、№29を除く残りのすべての日食記事の干支は正しい。」[8]という數理的檢證の結果は、ある意味では當然のこととしなければならないのである。なぜなら、『春秋左氏經』（春秋經）の干支をそれと同根の現行干支紀年・紀日法によって檢證しているのであるからである。（『春秋左氏經』の日食記事とその干支の検討については本書六六頁參照。）

さればこそ、「春秋及び詩經の日食記事が、たとひ大部分は其當時の實見に依つたものであつたにしても、少なくとも之に附した干支は、計算によつて後世から假託したのであること」[9]の可能性は、十分に留意されなければならないと言えよう。飯島忠夫氏はこの「後世」をBC三六六年以後と見ている[10]のであるが、本研究の示す所では、春秋テキストについてはその「後世」の時點は、BC三五一年前後の『春秋左氏經』の作經時、となることは今や明らかであろう。

さて、新城氏は『東洋天文學史研究』における考察の最終段階にあたる第八章「戰國秦漢の曆法」の「要旨概括」において、九項目をあげて總括するなかで、その第二、第三項において次のように述べている（同六一八ノ一頁）。

2・春秋後期から太初までの時代は、曆法發達の過程にあり、閏月挿入法と連大配置法と別々に發達しつつあるので、殷歴や顓頊歴の如き正式の四分曆法は行はれて居らぬ。

3・春秋後期を承けては殷歴古法であり、戰國時代の半ば西紀前三百五十六十年頃より以後は殷歴第一變法であり、始皇二十六年以後は第二變法で太初に及んで居る。

本稿の檢討の示す所では、新城氏の謂う「殷歴古法」は『原左氏傳』の「曆法」に相當し「春秋後期を承けて」BC三六七年を起點として溯る曆法であり、「殷歴」は『春秋左氏經』の「曆法」に相當しBC三五一年を起點として溯る曆法で現行干支紀年・紀日法に繫がるものであることが明らかとなった。しかして、その「曆法」の實質は、新城氏の指摘するように、「正式の四分曆法」ではなかったのか否かは、今後更に曆法の西方からの傳播の可能性をも含む幅廣い視野からの檢討が必要となろう。

二　三正論について――『左氏傳』の曆法――

次に、新城氏はその第五項において、三正論について次のように述べている。

5・三正論は戰國時代の半ば過ぎに、周正を夏正に變ずる際に唱へられたものらしい。（同六一八ノ一頁）

本研究の示す所では、BC三五一年頃に『春秋左氏經』が成立した段階で、本來〈周正〉として記されたと見られる『原左氏傳』の曆法は〈殷正（商正）〉と看倣されたものと推察され、ここに先述のように、

Ⅰ　殷曆古法　―　冬至月正月型　―　季冬正月曆　↓　殷正（商正）

Ⅱ　殷曆　　　―　冬至前月正月型　―　仲冬正月曆　↓　周正

との二種の「曆法」の存在が想定されるに至る。ここにおいて「冬至後月正月型（孟春正月曆）」の〈夏正〉が提示されれば、三正論が成立し、これに依據する〈周王↓夏王〉という王權交代論が登場する環境が整うことになる。

果たして、『左傳』襄公十四年夏の記事には〈夏正〉が言及されているのである。晉の師曠は晉公の問いに答えて、天子への公・卿・大夫・士・百工・庶人・商旅によるそれぞれの規諫のあり方を陳述したうえで、

故夏書曰、「遒人以木鐸徇於路、官師相規、工執藝事以諫。」正月孟春、於是乎、有諫失常也。

とし、夏においては夏正の正月孟春に規諫の風習のあったことをのべている。ここに冬至後月正月型の孟春正月暦としての「夏正」が言及されているのである。つまり次のように言えよう。

Ⅲ　師曠所言曆　—　冬至後月正月型　—　孟春正月暦　↓　夏正

これは『春秋左氏經』における「周正」の登場と密接に對應することは明らかであろう。したがってこの襄公十四年の師曠の言における右の『左氏傳』の一文の成立（附加）時期は作經時である可能性が想定されるのである。

また、『左傳』昭公十七年には次のような記事が見える。

〔經〕夏。六月。甲戌。朔。日有食之。〔左〕夏。①六月。甲戌。朔。日有食之。祝史請所用幣。昭子曰、「日有食之、天子不擧。伐鼓於社。諸侯用幣於社。伐鼓於朝。禮也。」平子禦之、曰、「止也。唯正月。朔。慝未作。日有食之、於是乎、有伐鼓、用幣。禮也。其餘則否。」〔魯〕②大史曰、「在此月也。日過分而未至。三辰有災。於是乎、百官降物、君不擧、辟移時、樂奏鼓、祝用幣、史用辭。故夏書曰『辰不集于房。瞽奏鼓、嗇夫馳、庶人走。』此月朔之謂也。當夏四月。是謂孟夏。」平子弗從。③昭子退、曰、「夫子將有異志。不君君矣。」〔魯〕（本書五五九頁）

右の文の②を除く①と③の傳文の意味は次のようである。

六月の甲戌一日に日食が起こり、魯國の祈祷を司る祝史が幣をいずこの神に用いるべきかを請問したところ、叔孫昭子は「日食が起これば、天子は食事を質素にし、鼓を社に伐つ。諸侯は幣を社にささげ、鼓を朝に伐つ。それが禮である」と答える。すると季平子がそれをとどめ、「やめよ。唯だ正月朔（一月一日）は未だ慝（悪）が作らぬので、日食が起これば、鼓を伐ち、幣をささげるのが禮である。だが正月朔ではないその他の日の日食はそうはせぬのだ」と言った。（①の文）そこで叔孫昭子は朝より退き、「季平子には異心があり、それを遂げるつもりだ。（禮を遵守せず）君を君とせぬものである」と言った。（③の文）

この①—③の一連の傳文が緊密な對應關係にあることが知られよう。これに對して、②の傳文の意味は次のようである。

大史が言う、「（正月卽ち正陽の月とは）此の月に在ります。太陽が春分を過ぎて未だ夏至にならず、日月星は相侵し（日食が起こっ）ております。そこで百官は素服し、君は食事を質素にし、正殿を避けて日食をやり過ごし、樂師は鼓を伐ち、祝史は幣をささげ、史官は辭をささげます。故に夏書に『日月が交會の次である房に集（輯睦）せず日食が起こった。樂師の瞽は鼓を伐ち、幣を司る嗇夫は馬車を馳せ、下役の庶人は走る』とあります。この月（六月）の一日のことを謂うのです。それは夏（夏正）の四月に當たり、これを孟夏と謂います」と。季平子はこれを聽き入れなかった。

ここには、舊から新へと三段階の日食觀が看取し得る。

第一段階は、①の叔孫昭子の言で、日食には例外なく古禮をもって對處すべしとする（同様の日食觀は文公十五年にも見える）。

第二段階は、①の季平子の言で、正月朔（一月一日）の日食には古禮をもって對處すべきだが、他の日食には行う必要はないとする。

第三段階は、②の大史の言で、二至二分（冬至・夏至・春分・秋分）の日食は（災を爲さないので）何もする必要はないが、それ以外の日食は三辰（日・月・星）の相侵すものであるから、古禮によって對處すべしとする。

ここに新から舊への日食觀の進展の様相が窺えよう。

さて、この第二段階の日食觀については、莊公二十五年に次のように見える。

〔經〕六月。辛未。朔。日有食之。鼓用牲于社。〔左〕夏。六月。辛未。朔。日有食之。鼓用牲于社。非常也。唯正月之朔。慝未作。日有食之。於是乎、用幣于社、伐鼓于朝。〔魯〕（本書三九一頁）

波線部は、季平子の言と内容は同じで、表現は季平子のものがやや簡略な言い方になっている。

次に、第三段階の日食觀については、左記の昭公二十一年の②の二重傍線部の梓愼の言と對應している。

〔經〕秋。七月。壬午。朔。日有食之。〔左〕秋。①七月。壬午。朔。日有食之。〔魯〕②公問於梓愼、曰、「是何物也。禍福何爲。」對曰、「二至二分、日有食之、不爲災。日月之行也、分、同道也。至、相過也。其他月、則爲災。陽不克也。故常爲水。」③於是叔輒哭日食。昭子曰、「子叔將死。非所哭也。」〔魯〕（本書五六五頁）

「二至二分は、日之を食する有るも、災を爲さず。」としている。そしていずれの傳文もその日は二至二分の日には當たらぬ故に災を爲すものと判斷しているのである。先の大史の言がこの梓愼の言と軌を一にするものであることは明らかである。

昭公十七年の②の傳文は、杜註が「平子以爲六月非正月。故大史荅言在此月。」というように、季平子の「正月朔（一月一日）」ではない故に伐鼓・用幣せずともよいとの「正月朔」の語を「正陽の月」としての「六月一日」に讀み換えるという牽强の論理を展開している。杜註は無理にこれを疎通せしめんとして「正月謂建巳正陽之月也。於周爲六月。於夏爲四月。慝、陰氣也。四月純陽用事。陰氣未動而侵陽、災重。故有伐鼓用幣之禮也。」とする。だが、杜預が「慝は陰氣なり」とするのは左傳に習見する「慝」（惡、隱惡、奸惡）の用例とは相いれない作爲的な解釋である。[11] かつ杜註は昭公十七年とは異なり『左傳』莊公二十五年の「夏。六月。辛未。朔。日有食之。」を「長歴もて之を推せば、辛未は、實は七月朔なり」とし「正陽の月に非ざるなり」としており、會箋は杜註の混亂を「輾轉迷謬するのみ」と評している。畢竟、杜註のこの議論は、昭公十七年の傳文②の見解に引きずられた無理筋の註釋と言わざるを得ない。

このように二至二分の論を用い、また陰陽二氣により正月を正陽の月卽ち六月とする②の論理は、戰國期思想の特色を示していることは明らかである。②の一文は、季平子の日食觀を否定する論を展開しつつも、歸するところ周正六月朔は夏正四月に當たり孟夏であるとの暦數論へと導入せんとしているのである。つまり、これは夏正の論を展開するために挿入されたものと言えよう。されば、この②の大史の言と昭公二十一年の②の梓愼の言を含む傳文とは、二至二分や三正論を展開すべく共に同時期に左傳テキストに挿入・附加されたものと考えられるのである。

したがって、昭公十七年のこの傳文は、①—③で一連の文として成立しており、②は後時の附加であると推定され、その時期は、本研究の視點からすると、①の部分が抽出されて、經文となった時期、卽ち作經時であると考えられる。

以上の考察の示す所からすれば、三正論は『春秋左氏經』及び『左氏傳』の成立と共に、登場する議論であるということになる。たしかに新城氏が述べたように「三正論は戰國時代の半ば過ぎに、周正を夏正に變ずる際に唱へられた」と見られる。しかし、それは、『春秋左氏經』の成立という事態に伴って行われたものであったのである。

しかして、『春秋左氏經』の成立は第一章（一）に述べたように、同時に『左氏傳』の成立を伴うものであって、三正論の夏正を説く言説は、この『春秋左氏經』の註釋書として『原左氏傳』（正確にはその殘存部分）に新たに解經文や凡例（その經例のもの）や附加の傳文を挿入して體裁を整えて成った『左氏傳』（今本左傳の祖型テキスト）において記載されたものであった。

したがって、三正論の展開は、『原左氏傳』における冬至月正月型周正がまず登場し、次いで『原左氏傳』から抽出・編作により制作された『春秋左氏經』において冬至前月正月型周正が提示され（この時點で先の「周正」は「殷正」と看做される）、同時にこれの註釋書として體裁を整えた『左氏傳』において正月後月型夏正が説かれるようになった、と言えよう。

つまりこれを圖示すると次のようになる。

Ⅰ『原左氏傳』の暦法　：冬至月正月型周正→殷正（商正）―季冬正月暦

Ⅱ『春秋左氏經』の暦法：冬至前月正月型周正→周正―仲冬正月暦

Ⅲ『左氏傳』の暦法　：冬至後月正月型夏正→夏正―孟春正月暦

そして、實際に今日目にしうるテキストとしてはⅠとⅢは今本『左傳』において一體化している。それ故に『左傳』からはⅠタイプとⅢタイプの暦法が混在して見出されることになる。

したがって、新城氏は、三正論の成立について「今日普通に十二支を月に配當するには、仲冬十一月を子、季冬十二月を丑、孟春正月を寅といふ様に當て丶居るが、これは決して始めからの配當ではなく、斷じて春秋中期以後のことであると思はる、ことである。」（新城六五四頁）とした嘗ての見解を、先の第五項のように「三正論は戰國時代の半ば過ぎに、周正を夏正に變ずる際に唱へられたものらしい。」と修正しているが、それは妥當の見解と言えよう。

その上で、更に詳しく論ずれば、本研究の示すように、三正論の成立はBC三五一年頃の戰國期における『春秋左氏經』とそれに對應する『左氏傳』の成立によってもたらされたものであることが、ここに明らかとなったのである。

では、『春秋左氏經』における〈周正〉の提示がなされているにもかかわらず、何故にその時點で『左氏傳』において〈夏正〉が登場し、「周正を夏正に變ずる」事態が生ずるのであろうか。

この問題の回答を示唆するのが、今一つの三正論の言説である同じ昭公十七年の次の一文である。

〔經〕冬。有星孛于大辰。〔左〕冬。①有星孛于大辰西、及漢。申須曰、「彗所以除舊布新也。天事恆象。今除於火。火出必布焉。諸侯其有火災乎。」〔魯〕②梓愼曰、「往年吾見之。是其徵也。火出而見。今茲火出而章。必火入而伏。其居火也久矣。其與不然乎。火出、於夏爲三月、於商爲四月、於周爲五月。夏數得天。若火作、其四國當之。在宋・衞・陳・鄭乎。宋、大辰之虛也。陳、大皡之虛也。鄭、祝融之虛也。皆火房也。星孛及漢。漢、水祥也。衞、顓頊之虛也。故爲帝丘。其星爲大水。水、火之牡也。其以丙子若壬午作乎。水火所以合也。若火入而伏、必以壬午。不過其見之月。」〔魯〕③鄭裨竈言於子產、曰、「宋・衞・陳・鄭、將同日火。若我用瓘斝・玉瓚、鄭必不火。」子產弗與。〔鄭〕（本書五五九頁）

梓愼の言の二重線の部分では、火（心星、卽ち心宿の二）の現れるのは夏王朝の暦（夏正）では三月であり、商（殷）王朝の暦（商正）では四月であり、周王朝の暦（周正）では五月である。このうち夏の暦數が最も天文に適っている、と述べている。まず、ここに夏・商（殷）・周三正の關係が明確に語られており、その相互の關係は前に圖示した三正の對應關係と一致していることが確認されよう。次に、三正において夏正を「夏の〔暦〕數が天〔文〕を得た」ものとし、つまり暦面と天象が最もよく一致するものとしているところが注目されよう。これは夏正への變更に正統性と正當性を提供する立論と言えよう。

そしてこの②の「梓愼曰」の傳文の二重傍線部は、やはり先の大史の言と同じく、『原左氏傳』の記事ではなく、『春秋左氏經』が成立した際の『左氏傳』において始めて記載された記事と推定されるのである。

されば、『春秋左氏經』における〈周正〉の提示は、同時に成立した『左氏傳』の提起する三正論の〈夏正〉と對應して、〈周正〉→〈夏正〉という規範の轉換、卽ち〈周王〉→〈夏王〉という王權交代論を準備する布石として理解し得よう。それが、魏の「稱夏王」及び諸侯の「稱王」という歴史事態と深く關わることは、既に舊稿において論じた所である。[12]

（三）『原左氏傳』の當年卽位・踰年稱元法から『春秋左氏經』の踰年稱元・正月卽位法へ

一　祭祀的かつ政事的な卽位について

『原左氏傳』は、今本『左傳』にも確認されるように、踰年（翌年）稱元法（會箋に云う「年を踰えて元を改む」の原則）によって魯公の紀年を縱軸にし、これに横軸及び横糸として各年に四時記載法を以て春夏秋冬に列國の記事が配列されていたと見られる。そして「卽位」についても、『春秋左氏經（春秋經）』に見られる「正月卽位」（踰年正月卽位）の原則はなく、先君薨去の後程なく喪禮（殯禮）において その當年に卽位する（先君薨去が年末である場合を除いて）通例に從っていたと見られるが、その子細についてはやはり網羅的な檢討が必要であろう。

そこで、まず『春秋左氏經』の桓公元年經「元年。春。王。正月。公卽位。」の「卽位」について釋する杜預の註の文について見ておきたい。

嗣子位定於初喪、而改元必須踰年者、繼父之業、成父之志、不忍有變於中年也。諸侯每首歲、必有禮於廟。諸遭喪繼位者、因此而改元、正位、百官以序、故國史亦書卽位之事於策也。

杜預は「嗣子の位は初喪に定まる」とし、初喪卽ち殯禮の祭主の位に卽くことに據って嗣子の定まること、つまり前君薨去の當年の祭祀における卽位により君位が定まることを指摘している。これは至當の釋と言えよう。前君の喪禮という祭祀に於いて、誰が祭祀における祭主となるかは政事意志を踏まえるものであり、ここに祭祀と政事は一體的に作動している。これは祭祀的かつ政事的なる卽位と稱することができる。

その上で杜預が「首歲」卽ち正月の「改元、正位」についてそれ以下に釋するのは、あくまでも『春秋經』の踰年稱元・正月卽位法を念頭に置いての理念的解釋としなければならない。杜預は、諸侯はその首歲ごとに必ず廟に禮するのは常禮であり、先に卽位を爲した者（喪に遭ひて位を繼ぐ者）は、その首歲の廟禮により元を改め、位を正し、百官が序せられる、とする。これは前君薨去の年に當年卽位した諸侯の翌年卽ち首歲の正月の禮を述べるものである。そこで、「國史はその卽位（正月の禮における正位）の事もまた策に書するのだ」、と「正月の禮における正位」のことを指して「卽位」と釋している。だが、ここに「國史亦た卽位の事を策に書す」は微妙な表現であり、杜預は「國史必ず卽位の事を策に書す」とは言っていない。恐らくは『左傳』の卽位のありようを熟知する故に「必ず」とは言えなかったものと考えられる。なぜなら、『左傳』の經文と解經文以外の傳文には「正月卽位」の記事は皆無だからである。このことは『原左氏傳』の記述を具體的に檢討する中で次下に論じてゆきたい。

これを要するに嗣君（嗣子）の卽位とは「初喪に定まる」ものであり、それはその本質において祭祀と政事が一體として營まれる「祭祀的かつ政事的卽位」であるということである。

さて、この「嗣子の位は初喪に定まる」という殯禮における祭祀的かつ政事的な「卽位」の例を『原左氏傳』から三例ばかりを擧げておきたい。

①（左傳・昭公二十五年）冬。…。十一月。宋元公將爲公故、如晉。夢大子欒卽位於廟、己與平公服而相之。（箋曰「服、朝服也。」）…。
宋公遂行。己亥。卒于曲棘。

宋の元公は、魯の昭公の爲に晉に行かんとし途上に宋の曲棘に卒する。その出發に當たり、宗廟において先君平公と己が朝服（尸の裝束）し先代として祭主である大子の卽位を相《たす》けるのを「夢」に見たと云う（『左傳』の多くの弑君・弑太子の例に見るように先君の意を反映した順當なる世襲は當時の難事であった）。ここに「卽位」は、「宗廟において先代を祀る祭主の位に卽く」ことである。

「位」とは「一定の位置に立つ」の義であることを、白川静氏の次の「位」の字說は明らかにする。

人と立とに從う。〔說文〕八上に「中庭の左右に列す。之《これ》を位と謂ふ」とし、字を會意とする。立とは、儀禮のとき一定の位置に立つ形であるから、立が位の初文。…。〔諫殷《かんき》〕には「王、大室に各《いた》り、立（位）に卽《つ》く」のように、王の行爲をいうこともある。[13]

したがって、元來「卽位」は、「卽位哭（位に卽きて哭す）」（左傳・宣十八年）のように禮に習見する用語であり、先の①の「大子欒の廟に卽位す」とは大子が「宗廟に於いて祭主の位置に卽く」ことであると了解される。

このように、先代の「卽世」（崩御・薨去して昭穆の世に卽《つ》くこと）と嗣子の「卽位」とは相對應して〈祭祀を通して君位を世襲すること〉を意味し、祭祀と政事とはここに一體となっている。なお、「卽世」については次章に詳論する。

この先代の卽世と嗣子の卽位が確認される祭祀の場が殯禮に他ならない。

周知のように殯禮は、『說文』四下に「殯は、死して棺に在りて、將に葬柩に遷さんとし、之を賓遇す。歺賓に从ふ、賓は亦聲。夏后は阼階に殯し、殷人は兩楹の閒に殯し、周人は賓階に殯す」と說くように、尸を棺におさめる大斂を經て賓階（周の場合）で爲される喪禮である。『禮記』王制は「天子七日にして殯し、七月にして葬す。諸侯五日にして殯し、五月にして葬す。大夫・士・庶人三日にして殯し、三月にして葬す」と說いている。『禮記』喪大記に「喪有無後、無無主（喪に後無きこと有り、主無きこと無し）」と言う如く、喪禮は必ず祭主を立て、それは先ずこの殯禮において決する。故にこの殯禮の祭主となることが實際上の「卽位」に他ならない。[14]

次の例では、魯の定公は、先君昭公が晉の乾侯にて十二月に客死し、殯禮を行い得ぬ爲に、踰年しても卽位はなく、昭公の喪（尸）が翌年の夏六月癸亥に魯に至り、その五日後の戊辰の日の殯禮にて卽位したことを記す。

②（左傳・定公元年）六月。癸亥。公之喪至自乾侯。戊辰。公卽位。（杜註「諸侯薨、五日而殯。殯則嗣子卽位。」）

このように、先君の殯禮の祭主と爲ることが卽位にほかならない。

次に諸侯の君位ではないが卿である孟孫氏の殯禮での卽位事例が「原左氏傳」に見える。

③（左傳・襄公二十三年）孟莊子疾。…。公鉏謂季孫曰、「孺子秩、固其所也。若羯立、則季氏信有力於臧氏矣。」弗應。己卯。孟孫卒。公鉏奉羯、立于戶側。季孫至、入哭而出、曰、「秩焉在。」公鉏曰、「羯在此矣。」季孫曰、「孺子長。」公鉏曰、「何長之有。唯其才也。且夫子之命也。」遂立羯。秩奔邾。

孟孫が卒すると、公の左宰の公鉏は孟孫の嗣子に介入し、嫡（適）長子の秩をさしおいて庶子の羯を殯禮の喪主の位置卽ち戶の側に立たしめ（杜註「戶の側は、喪主なり」）、喪賓の季孫に挨拶せしめた。これにより羯が孟孫の當主と確定して卽位し（羯を立つ）、一方秩は亡命している。やはり祭祀と政事の「卽位」は一體となっていることが確認されよう。

二　『原左氏傳』の當年卽位・踰年稱元について

そこで、今『原左氏傳』について、前王・前君の崩御・薨去・卒と嗣王・嗣君の「卽位」の樣相が窺える文を網羅的に擧げると、次の21條となる。いまそれを書き下し文を以て列擧しつつ、先に述べた殯禮における祭祀的かつ政事的卽位の觀點を踏まえて、檢討を進めてみよう（原文については本書第二部を參照されたい）。

1（隱三年）〔左〕秋。…。八月。庚辰。宋の穆公卒す。殤公　位に卽く。（隱公四年）〔左〕夏。…。宋の殤公の位に卽くや、公子馮　鄭に出奔す。鄭人　之を納れんと欲す。（二重傍線部は卽位及びそれに相當する記事を示す。以下同じ。）

宋の穆公が卒すると、先君宣公の意を受けて穆公が指名した宣公の子の殤公が卽位している。先述のように前君が卒すればその殯禮の喪主の位に卽く者が後嗣と定まる。これが卽位（祭祀的かつ政事的卽位）である。このとき公子馮は鄭に出奔し、鄭人がこれを宋の君位に卽かしめんとすることが翌年の夏の條に記される。この「宋殤公之卽位也（宋の殤公の位に卽くや）」との「卽位」は、前年八月の祭祀的かつ政事的卽位を指している。このように「卽位」或は「立」が書せられて、再び「卽位」が書せられるのは「位に卽きて、」「位に卽くや」と卽位以後の事を溯って記述する場合があることを示していよう。また殤公の卽位は前君の卒の當年の卽位である。これを當年卽位と稱する。

2（隱四年）〔左〕四年。春。衞の州吁　桓公を弑して立つ。…。夏。…。秋。…。州吁未だ其の民を和する能はず。…。九月。衞人右宰醜をして州吁を濮に殺すに涖《のぞ》ましむ。…。衞人　公子晉を邢に逆《むか》ふ。冬。十二月。宣公　位に卽く。

弑君により君位に卽いた州吁が九月に殺され、公子晉（衞の宣公）は衞人の政事的意志により亡命先から迎えられ、十二月に卽位している。宣公（公子晉）は亡命先の邢より迎えられて祭祀的手順を踏みかつ政事的に卽位したものと考えられる。その際の祭祀は下記の7の晉の文公が「武宮に朝し」た例のように卽世（薨去して昭穆の世に卽いた）した先君を祀る祖廟での祭祀が爲され、これを通しての卽位が爲されたものと推定される。當年卽位である。

3（隱十一年）〔左〕冬。…。十一月。公　鍾巫を祭る。社圃に齊《ものいみ》し、寪氏に館す。壬辰。羽父　賊をして公を寪氏に弑せしむ。桓公を立つ。而して寪氏を討ち、死する者有り。（桓元年）春。公　位に卽きて、好《よしみ》を鄭に脩め、鄭人　復た周公を祀り、卒に祊の田を易へんと請ふ。公之を許す。三月。鄭伯　璧を以て許の田を假る。周公と祊との爲の故なり。

隱公十一年冬十一月に桓公の意を受けて羽父は隱公を賊に弑殺させ、桓公を立てる。桓公は翌年卽ち桓公元年の春に卽位以來好《よしみ》を鄭に修めて、外交的懸案（魯の許の田と鄭の祊の田の交換）を妥結させている。桓公は前年末の隱公弑殺の後に「立つ」卽ち前君隱公の喪禮の祭主として祭祀的かつ政事的に卽位していたと見られる。したがって、この元年春の「公卽位」は、先の1の宋の殤公の例と同樣に、その前年末の「立」（卽位）のことを指して言うものと解せられる。つまり、この一文は「春。公　位に卽く。」と文が切れるのではなく、「春。公卽位、脩好于鄭、鄭人請復祀周公、卒易祊田。公許之（春。公　位に卽きて、好《よしみ》を鄭に脩め、鄭人　復た周公を祀り、卒に祊の田を易へんと請ふ。公之を許す）。」と、傍線部の事態を述べるために前年末の卽位以來の修好の努力を記して、その政事的功業を語るものと解せられる。したがって、桓公はやはり前年の隱公弑殺の年の當年卽位となる。なお、「立」が「卽位」の義を包括して用いられることは次章の『繫年』の考察に於いても明らかとなろう。

4（桓十六年）〔左〕冬。…。十一月。左公子泄、右公子職、公子黔牟を立つ。惠公　齊に奔る（莊六年）〔左〕春。王人　衞を救ふ。夏。衞侯入る。公子黔牟を周に放ち、甯跪を秦に放ち、左公子泄・右公子職を殺す。乃ち位に卽く。（會箋「以復位爲卽位」）

莊公六年の夏に、衞の惠公（公子朔）は亡命先の齊より入り、君位に在る公子黔牟を追放して、再び卽位している。これは亡命していた衞君惠公の復位であり政事的卽位と理解される。また當年卽位である。但し、この當年は前君薨去の「當年」ではなく、前君末年の「當年」の意味となる。

5（莊三十二年）〔左〕秋。…。八月。己亥。公 魯寢に薨ず。子般 位に卽く。黨氏に次す。冬。十月。己未。共仲 圉人犖をして子般を黨氏に賊せしむ。成季陳に奔る。閔公を立つ。

魯の莊公が八月に薨ずると大子子般が卽位した。この①莊公―子般の繼承は順當に莊公の初喪（殯禮）の祭主と爲ることによる祭祀的かつ政事的卽位である。だが、これを容認せぬ共仲（公子慶父）が十月に子般を賊せしめ、共仲は閔公を卽位させた。この②子般―閔公の繼承は、弒逆に據るもので、政事的（公子慶父の政治的力により）に擁立されている。その上で閔公の卽位はやはり子般の初喪の祭主と爲ることによる祭祀的かつ政事的卽位と理解される。兩者共に當年卽位である。

6（僖九年）〔左〕九年。春。宋の桓公卒す。未だ葬せずして襄公 諸侯に會す。…。冬。…。十一月。…。宋襄公 位に卽きて、公子目夷を以て仁と爲し、左師たらしめて、以て政を聽く。ここに於いて宋治まる。故に魚氏世々左師と爲る。

宋の襄公は先君桓公の殯禮における祭祀的かつ政事的卽位の後に未だ葬せずして諸侯に會しており、既に初喪において國君の位は定まっていたものと解される。冬十一月の「位に卽きて、云々」は、十一月の卽位を意味するのではなく、1、3の例と同じく襄公が春に祭祀的かつ政事的卽位をしてのち、公子目夷を左師と爲し、ここにおいて國が治まったことを記すものと解せられる。また當年卽位である。

この例は、先に杜預の述べた「父の業を繼ぎ、父の志を成し、中年に變有るに忍びざるなり、諸侯 首歲ごとに、必ず廟に禮有り。諸の喪に遭ひ位を繼ぐ者、これに因りて元を改めて、位を正し、百官以て序す」が、あくまでも「春秋經文」を念頭に置いた理念的規定に過ぎないことを明らかにするものと言えよう。ここでは、宋の襄公は先君の殯禮に於いて卽位するや諸侯に會し、踰年をまたず中年にして目夷を登用して左師と爲し（位を正し百官以て序す）、十一月には大いに治績を擧げていると解されるからである。

7（僖公二十四年）〔左〕廿四年。春。王。正月。秦伯 之を納る。…。二月。甲午、晉師 廬柳に軍し、…。壬寅。公子 晉師に入る。丙午。曲沃に入る。丁未。武宮に朝し。戊申。懷公を高梁に殺さしむ。…。呂・郤 偪《せま》らるるを懼れ、將に公宮を焚きて晉侯を弑せんとす。寺人披 見えんことを請ふ。公 之を讓め、且つ辭せしむ。…。對へて曰はく、「臣謂らく君の入るや、其れこれを知れり。若し猶ほ未だしとするや、又に將に難に及ばんとす。君命は二無きは、古の制なり。君の惡を除くは、唯だ力《つと》むるを是れ視る。蒲人・狄人は、余に何か有らん。今君は位に卽けり。其れ蒲・狄無からんや。…。」公　之に見ゆ。

晉の文公重耳は秦伯の後ろ盾で正月に秦を發し二月壬寅に晉に入國し、四日後の丙午に曲沃に入り翌日丁未に武宮（杜注「文公の祖、武公の廟なり」）に朝し（卽世した先君への祭主となり祭祀的かつ政事的卽位を爲し）、ここに翌戊申の日に晉君として命じて懷公を殺させる。呂・郤氏らは追及を畏れ公宮を焚いて文公を殺さんとするが、かつて獻公・惠公に仕えて文公を殺さんとした寺人披は、「今君は位に卽けり」と今や文公に仕えんとする。その「卽位」とは武宮での禮（祭祀的かつ政事的卽位）を指すものと解せられる。當年卽位である。

ここには祭祀的かつ政事的卽位として前君の初喪（殯禮）に祭主となり君位を世襲することとは別の形態が確認される。卽ち、晉の文公のように政敵としての現君を誅殺して君位に卽かんとする際には、卽世（崩御もしくは薨去して昭穆の世に卽いた）した先君を祭る祖廟にて祭主として祭禮を行い正統の繼承者としての祭祀的かつ政事的卽位を爲すことがそれである。これによって正統の世襲の「君位」を得た者として現君（正統ならざる君）誅殺の命を發するに至るのである。

8（文七年）〔左〕夏。四月。宋の成公卒す。ここに於いて、公子成は右師たり、公孫友は左師たり、樂豫は司馬たり、鱗矔は司徒たり、公子蕩は司城たり、華御事は司寇たり。昭公將に羣公子を去らんとす。樂豫曰はく、「不可なり。公族は公室の枝葉なり。若し之を去れば、則ち本根の庇蔭するところ無し。…。これを親しむるに德を以てすれば、皆股肱なり。誰か敢へて攜貳せん。これを若何ぞ之を去らん」と。聽かず。穆・襄の族　國人を率ゐて、以て公を攻む。公孫固、公孫鄭を公宮に殺す。六卿　公室を和す。樂豫　司馬を舍《す》て、以て公子卬に讓る。昭公　位に卽きて葬る。…。秋。八月。…。

この年の夏四月に宋の成公が卒し、昭公は羣公子を除かんとして內亂と爲り、六卿によりて公室は和睦し、昭公は卽位して然る後に先君成公を葬っている。この「卽位」も先君への殯禮を通しての祭祀的かつ政事的な卽位であり、亂定まりて後に先君成公を葬るものと言えよう。また當年卽位である。

9（文十四年）〔左〕十四年。春。…。子叔姬　齊の昭公に妃たり。舍を生む。…。夏。五月。昭公卒す。舍　位に卽く。

この年の夏五月に齊の昭公が卒し、その月に舍が卽位している。やはり初喪（殯禮）における祭祀的かつ政事的卽位と解せられる。當年卽位である。なお、舍は同年秋七月乙卯に齊の公子商人により弒逆されている。

10（文十六年）〔左〕冬。①十一月。甲寅。宋の昭公將に孟諸に田せんとす。未だ至らず。夫人王姬　帥甸をして攻めて之を殺さしむ。

蕩意諸これに死す。…。文公　位に卽く。母弟須をして司城たらしむ。

この年の冬十一月に宋の昭公が弑され、昭公の庶弟の文公（公子鮑）が卽位し、母弟を司城に任命している。やはり昭公の初喪（殯禮）における祭祀的かつ政事的な卽位と解せられる。當年卽位である。

なお、このような現君の弑逆と現君の誅殺との相違は、前者では直接の弑逆者は處罰されるが弑逆された君主の喪禮の祭主と爲る者が祭祀的かつ政事的卽位者（嗣君）となる。この様な卽位の型態は君主の通常の崩御・薨去の場合と變る所は無く一般的に見られる世襲的卽位と共通する。後者の場合は先の7の晉の文公の型態となる。

11（文十八年）〔左〕十八年。春。…。齊の懿公の公子たるや、邴歜の父と田を爭ひ、勝たず。位に卽くに及びて、乃ち掘りて之（邴歜の父の尸）を刖《あしき》る、而して歜をして僕たらしむ。閻職の妻を納れ、而して職をして驂乘たらしむ。夏。五月。公　申池に遊ぶ。二人池に浴す。歜　扑《むち》を以て職を抶《う》つ。職怒る。歜曰はく、「人　汝の妻を奪ひて怒らず。汝を一抶するも、庸て何をか傷まん」と。職曰はく、「其の父を刖られて病む能はざる者よりは、何如」と。乃ち謀りて懿公を弑す。これを竹中に納る。歸りて、爵を舍きて、而《すなは》ち行《さ》る。齊人　子元を立つ。六月。文公を葬る。秋。襄仲・莊叔、齊に如《ゆ》く。惠公立つ故なり。且つ葬を拜するなり。

この年の夏五月に齊の懿公（公子商人）が弑され、齊人は直ちに子元（惠公）を立て、六月に文公を葬り、秋には魯から卽位の聘問を受けている。この「立つ」はやはり初喪（殯禮）における祭祀的かつ政事的な卽位を踏まえるものと言えよう。また當年卽位である。

12（宣二年）〔左〕秋。①九月。晉侯　趙盾に酒を飲ましむ。甲を伏せて將に之を攻めんとす。…。乙丑。趙穿　靈公を桃園に殺す。宣子未だ山を出でずして復る。大史書して曰はく、「趙盾　其の君を弑す」と。以て朝に示す。…。宣子　趙穿をして公子黑臀を周に逆へしめ、而して之を立つ。壬申。武宮に朝す。初め。麗姬の亂あり、羣公子を畜《やしな》ふ無からんと詛《ちか》ふ。是れ自《よ》り晉に公族無し。成公　位に卽くに及びて、乃ち卿の嫡を宦して之が田を爲《をさ》めしめ、以て公族と爲す。又其の餘子を宦して亦た餘子と爲す。其の庶子を公行と爲す。晉ここに於いて公族・餘子・公行有り。

この年の秋九月乙丑に晉の靈公が殺され、趙盾は公子黑臀（成公）を周より迎えてこれを立て、成公は弑君より七日目の壬申に武宮に朝し（卽世した先君への祭主となり祭祀的かつ政事的卽位を爲し）、然る後に政事を行っている。したがって晉の成公の卽位の型態は7の晉の文公の例を襲うものと言えよう。この一連の事はこの年の秋に行われている。なお、「及公卽位（公　位に卽くに及び）」は先の1、

3、6の例と同様に、卽位時に遡ってその傍線部の政事的功業を述べる書法である。ここでも「父の業を繼ぎ、父の志を成し、中年に變有るに忍びざるなり」ではなく、また「諸侯　首歳ごとに、必ず廟に禮有り。諸の喪に遭ひ位を繼ぐ者、これに因りて元を改めて、位を正し、百官以て序す」と踰年を待つのでもなく、祭祀的かつ政事的卽位の後に直ちに中年において新政に着手していることが確認されよう。杜預の云う理解は全く『經』のための理念的理解を述べたに過ぎないことがここでも明らかとなろう。言い換えれば、『春秋左氏經』の「元年。春。王。正月。公卽位。」は理念的規定の記事に過ぎないことを圖らずも物語っていよう。またやはり當年卽位である。

13（成十八年）〔左〕十八年。春。王。正月。庚申。晉の欒書・中行偃　程滑をして厲公を弑せしめ、之を翼の東門の外に葬るに、車一乘を以てす。荀罃・士魴をして周子を京師に逆へ、而して之を立つ。生まれて十四年なり。大夫　清原に逆ふ。…。庚午。盟ひて入る。伯子同氏に館す。辛巳。武宮に朝す（會箋「卽ち始祖の廟に朝するなり」）。臣たらざる者七人を逐ふ。…。二月。乙酉。朔。晉の悼公朝に位に卽く（杜註「廟に朝し、五日にして位に卽くなり」）。始めて百官に命ず。

晉の厲公は大夫に弑せられ、悼公（周子）は十四歳にして亡命先の京師からその大夫らに迎えられて入國し、正月辛巳に武宮に朝し（卽世した先君への祭主となり祭祀的かつ政事的卽位を爲し）、その五日後の二月一日に朝廷に卽位（政事的卽位）して百官に命を發した。武宮に朝した後「臣たらざる者七人を逐ふ」たことは、武宮での卽位後の君權行使を意味している。これは7及び12の例と共通する。その後の朝廷での卽位は君位繼承の政事的儀禮で、それも祭祀の五日後に爲されて、百官に命を發している。なお、『國語』晉語第十三によれば、「辛巳。朝于武宮。定百事、立百官。育門子、選賢良。…。二月。乙酉。公卽位。」とあり、百官の人事は武宮に朝しての祭祀的かつ政事的卽位の後に直ちに爲されている。これが、より事實に卽した記述であろうと考えられる。いずれにせよここでは、祭祀的かつ政事的卽位と朝廷における政事的卽位との時間的・空間的分離が見られる。後者は政事的示威（デモンストレーション）としての「卽位」の例と謂えよう。ここでもやはり、「諸侯　首歳ごとに、必ず廟に禮有り。諸の喪に遭ひ位を繼ぐ者、これに因りて元を改めて、位を正し、百官以て序す」ではなく、百官の人事は踰年せずに祭祀的かつ政事的卽位の直後もしくはその五日後の政事的卽位において爲されている。ここでも『國語』や『原左氏傳』のリアルな記事に比べれば、『春秋左氏經』の「正月卽位」の理念性が浮き彫りになろう。これも當年卽位である。

14（襄十五年）〔左〕冬。晉の悼公卒す。遂に會する克《あた》はず。鄭の公孫夏　晉に如き、喪に奔る。子蟜　葬を送る。…。（襄十六年）〔左〕十六年。春。晉の悼公を葬る。平公　位に卽きて、羊舌肸を傅と爲し（會箋「今大子卽位。因命爲君傅也。」）、張君臣を中軍司馬と爲し、祁奚・韓襄・欒盈・士鞅を公族大夫と爲し、虞丘書を乘馬御と爲す。服を改めて官を脩め、曲沃に烝す。

晉の悼公は襄公十五年の冬に卒し、翌年春に葬られている。したがってその大子である平公は悼公卒後の殯禮に於いて順當に祭祀的かつ政事的に卽位していたものと見られる。その上で、「平公　位に卽きて」以下の文については、二通りの可能性が考えられよう。一つは先の1、3、6、12と同樣に前年の悼公薨去後の殯禮における祭祀的かつ政事的卽位に溯って、平公が「位に卽きて」傍線部の傅、中軍司馬、公族大夫、乘馬御等の百官の人事を發していたことをここに記すもの、との理解である。今一つは、「平公　位に卽きて」は文字通りの葬後の政事的卽位で、傍線部の百官の人事を發して、烝祭を行った、とする理解である。そこで鍵となるのが「服を改めて官を脩め」の記事である。「服を改め」は喪服を改めるの謂いであることは杜註の云う通りであり、葬後を意味する。そして杜註は「官を脩め」を「賢能を選び」とし先の百官の人事を行ったとする。この場合は後者の理解となる。一方、會箋は「官を脩むるは、烝祭の諸官を整ふるを言ふ」とする。これに據れば、先の百官の人事は葬前に發せられており、それとは別に葬後に「烝祭の諸官」を整えたことになり、前者の理解となろう。波線部の文勢や先の13の例からするとこの「官を脩め」に先の百官の人事を讀み込むことは難があり、會箋の解釋が自然であろう。されば前者の理解が妥當となる。したがって、ここも葬前の當年卽位と考えられる。

15（襄十九年）〔左〕夏。五月。壬辰。晦。齊の靈公卒す。莊公　位に卽く。

齊の莊公（大子光）についてはこの記事の前段に次のように記す。「齊侯魯に娶り、顏懿姬と曰ふ。子無し。其の姪の鬷聲姬、光を生む。以て大子と爲す。諸子の仲子・戎子ありて、戎子嬖せらる。仲子　牙を生む。これを戎子に屬す。戎子以て大子と爲さんと請ふ。之を許す。…。遂に大子光を東せしむ。高厚をして牙に傅たらしめ、以て大子と爲し、夙沙衞を少傅と爲す。齊侯疾あり。崔杼微《ひそ》かに光を逆ふ。疾病《へい》にして之を立つ（會箋「立之、承上文以爲大子、謂立之爲大子。」）」と。

この年の夏五月壬辰に齊の靈公が卒し、再び大子となった光（莊公）が位に卽いた。大子の卽位であるので、その經緯はともかくとして順當なる初喪（殯禮）における祭祀的かつ政事的卽位となる。當年卽位である。

16（襄二十八）〔左〕冬。…。十二月。…。宋の盟の爲の故に、公　宋公・陳侯・鄭伯・許男と楚に如く。…。漢に及ぶ。楚の康王卒す。…。宋公遂に反る。（襄二十九年）〔左〕二十九年。春。王。正月。公　楚に在り。…。夏。四月。楚の康王を葬る。公　陳侯・鄭伯・許男と葬を送る。西門の外に至る。諸侯の大夫皆　墓に至る。楚の郟敖　位に卽く。王子圍を令尹と爲す。

襄公二十八年十二月に楚の康王が卒し、翌年四月に康王を葬り、楚に在った魯侯も陳侯・鄭伯・許男とともにその葬を送った。葬の後に楚の郟敖（康王の子）は卽位し、王子圍（康王の弟）を令尹とした。これは葬後の政事的卽位であり、祭祀的かつ政事的卽位は二十八年十二月もしくは二十九年正月の康王の殯禮においてなされているものと見られる。この殯禮において魯の襄公は楚人が「公をして親《みづか》ら襚せしむ」との非禮を爲したのに對して「殯に祓《はらひ》して襚す」という苦肉の策で對應している。この記事によれば、葬後の政事的卽位については、踰年卽位である。

17（昭元年）〔左〕冬。楚の公子圍　將に鄭に聘せんとす。伍擧　介たり。未だ竟を出でず。王に疾有りと聞きて還る。伍擧　聘を遂ぐ。十一月。己酉。公子圍　至る。入りて王に疾を問ふ。縊りて之を弑す。遂に其の二子の幕と平夏とを殺す。右尹子干出でて晉に奔る。宮廏尹子晳出でて鄭に奔る。大宰伯州犂を郟に殺す。王を郟に葬り。之を郟敖と謂ふ。鄭に赴せしむ。伍擧　應《まさ》に後と爲すべきものの辭を問ふ。對へて曰はく、「寡大夫圍なり」と。伍擧これを更めて、曰はく、「共王の子圍　長たり」と。…。楚靈王　位に卽く。薳罷を令尹と爲し、薳啓彊を大宰と爲す。…。十二月。晉既に烝す。云々。

この年の冬十一月に楚の公子圍は楚王（郟敖）を弑し、その二子を殺し、楚王を郟に葬った。然る後、公子圍（靈王）は卽位し、薳罷を令尹とし、薳啓彊を大宰とした。これも葬後の政事的卽位であり、祭祀的かつ政事的卽位は前王の喪禮（殯禮）において爲されていると見られる。記事では一連の事は十一月の一ヶ月の閒に行われたことになる。當年卽位である。

18（昭十三年）〔左〕十三年。春。…。楚の公子比・公子黑肱・公子棄疾・蔓成然・蔡の朝吳、陳・蔡・不羹・許・葉の師を帥ゐ、四族の徒に因りて、以て楚に入る。郊に及び、…蔡公　須務牟と史猈とをして先に入らしむ。正僕人に因りて、大子祿及び公子罷敵を殺す。公子比は王と爲り、公子黑肱は令尹と爲り、魚陂に次す。公子棄疾は司馬と爲り、先に王宮を除《はら》ふ。…。夏。五月。癸亥。王　芋尹申亥氏に縊る。申亥　其の二女を以て、殉せしめて之を葬る。觀從　子干に謂ひて、曰はく、「棄疾を殺さずんば、國を得と雖も、猶ほ禍を受けん」と。子干曰はく、「余　忍びざるなり。」子玉曰はく、「人將に子に忍びんとす。吾は俟《ま》つに忍びざるなり」と。乃ち行《さ》る。國　夜ごとに駭く。曰はく、「王入れり」と。乙卯。夜、棄疾　周走して呼ばしめて、曰はく、「王至れり」

と。國人大いに驚く。蔓成然をして走りて子干・子晳に告げしめて、曰はく、「王至れり。國人　君司馬を殺し、將に來らんとす。君若し早に自ら圖らば、以て辱め無かるべし。衆の怒りは水火の如し。謀るを爲すべからず」と。又呼ばはりて走り至る者有り、曰はく、「衆至れり」と。二子皆自殺す。丙辰。棄疾　位に卽く。名を熊居と曰ふ。子干を訾に葬る。實は訾敖なり。囚を殺し、之に王服を衣せ、而してこれを漢に流し、乃ち取りて之を葬る。以て國人を靖んず。子旗をして令尹たらしむ。

この年の春、楚の靈王の外征の隙を突いて楚の公子比・公子黑肱・公子棄疾が反亂を起こし、大子を殺して、公子比は王、公子黑肱は令尹、公子棄疾は司馬となった。外征の歸途に大子らを殺されたことを知った靈王は夏五月癸亥に自ら縊りて死し、公子棄疾はたくみに公子比（楚王）と黑肱（令尹）を自殺させ、靈王の死より五十三日後にして公子比（楚王訾敖）の自殺の翌日の丙辰に棄疾（平王）が卽位する。然る後、公子比（子干卽ち訾敖）を訾に葬り、また王服を着せた囚人の尸を靈王の尸として漢水に得たとしてこれを葬っている。棄疾（楚の平王）の卽位は、彼が發案・計畫し自ら實行したもので、王となり自殺した公子比の喪禮の祭主と爲ることによる祭祀的かつ政事的卽位と解せられる。これは、葬前の祭祀的かつ政事的卽位で、當年卽位である。

19（昭二十一年）〔左〕二十一年。春。…。三月。蔡の平公を葬る。蔡の大子朱　位を失ひ、位して卑きに在り。大夫の葬を送る者、歸りて、昭子に見ゆ。昭子　蔡の故を問う。以て告ぐ。昭子歎じて曰はく、「蔡は其れ亡びんか。若し亡びざれば、是の君や、必ず終へざらん。詩に曰はく『位に解《おこた》らざれ、民の塈《いこ》ふ攸《ところ》』と。今蔡侯始めて位に卽き、而して卑きに適く。身將に之に從はんとす」と。（會箋「位、自喪位始。」）

先に考察しまたこの會箋にも云うように、卽位は喪位より始まる。しかして、蔡の平公を葬するに際して、その大子朱は位を失い卑きについたことを、魯の叔孫昭子は國の滅亡もしくは君の亡命の豫兆とする。祭祀的卽位が十全でなければ、その政事的な位は危うくなることを指摘するものと言えよう。果たして蔡侯朱は同年冬に楚に出奔している。ここに「今蔡侯始めて位に卽き、而して卑きに適く」というのは、葬の前の喪禮（殯禮）においてまず卽位していたことを意味していよう。したがって蔡侯朱は初喪において祭祀的かつ政事的卽位を爲した上で葬にのぞんだものと理解される。されば、「卒」の記事はないが平公卒後の當年卽位と考えられる。

20（昭二十二年）〔左〕夏。①四月。王　北山に田し、公卿をして皆從はしめ、將に單子・劉子を殺さんとす。王　心疾あり。乙丑。榮錡氏に崩ず。戊辰。劉子摯卒す。子無し。單子　劉蚠を立つ。五月。庚辰。王に見ゆ（杜註「見王猛也。」）會箋「單子見之於王、以定位也。立子猛爲王、傳不一言、可見其爲世子既久。二十六年『閔馬父曰、子朝干景之命』、是景既命猛、明矣。」)。遂に賓起を攻め、之を殺す。羣王子に單氏に盟ふ。…。六月。…。丁巳。景王を葬る。王子朝、舊官百工の職秩を喪ふ者と靈・景の族とに因り、以て亂を作す。郊・要・餞の甲を帥ゐ、以て劉子を逐ふ。壬戌。劉子　揚に奔る。單子　悼王を莊宮に逆へ、以《ゐ》て歸る。…。秋。七月。戊寅。王を以て平時に如く。遂に圃車に如き、皇に次す。劉子　劉に如く。單子　王子處をして王城を守らしめ、百工に平宮に盟ふ。辛卯。鄩肸　皇を伐ち、大いに敗る。鄩肸を獲。壬辰。これを王城の市に焚く。八月。辛酉。司徒醜　王師を以て、前城に敗績す。百工叛く。己巳。單氏の宮を伐ち、これに敗る。庚午。反りて之を伐つ。辛未。東圉を伐つ。冬。十月。丁巳。晉の籍談・荀躒　九州の戎と焦・瑕・溫・原の師とを帥ゐて、以て王を王城に納る。庚申。單子・劉蚠、王師を以て、郊に敗績す。前城の人陸渾を社に敗る。十一月。乙酉。王子猛卒す。喪を成さざればなり。己丑。敬王　位に卽く。子旅氏に館す。

昭公二十二年の四月乙丑に周の景王が崩御し、その十五日後の五月庚辰に單子は劉子摯の後嗣として劉蚠を王(王子猛卽ち悼王)に見えしめている。されば、王子猛(悼王)は景王の初喪(殯禮)において卽位(祭祀的かつ政事的卽位)していたものと見られる。また十一月乙酉に悼王(王子猛)が卒し、四日後の己丑に敬王が卽位しているのも悼王の初喪(殯禮)における祭祀的かつ政事的卽位が爲されたことを示すものと言えよう。したがって、①　景王―悼王　②　悼王―敬王　の繼承關係は、いずれも初喪(殯禮)における祭祀的かつ政事的卽位に於いて爲されている。またいずれも當年卽位である。なお、「喪を成さざればなり。」とは悼王(王子猛)が前王(景王)への服喪を完成させずに沒したが故に、「王子猛卒す。」と書することを解說するものである。もとより「喪を爲さず」の意ではないことは言うまでもない。

21　(昭三十二年)〔左〕冬。…。十二月。公疾あり。偏く大夫に賜ふ。大夫受けず。子家子に雙琥・一環・一璧・輕服を賜ふ。之を受く。大夫皆其の賜を受く。己未。公薨ず。…。(定元年)〔左〕元年。春。…。夏。叔孫成子　公の喪を乾侯に逆ふ。…。喪　壞隤に及ぶ。公子宋　先づ入る。公に從ふ者は皆壞隤より反る。六月。癸亥。公の喪　乾侯より至る。戊辰。公　位に卽く。季孫　役をして闞の公氏に如き、將に溝ぜしめんとす。…。

魯の昭公三十二年十二月己未に、昭公は亡命先の晉の乾侯において薨去し、翌年夏六月に叔孫成子がその喪(尸)を迎えに乾侯に行き、喪が壞隤(魯地)に及ぶと公子宋(定公)が先ず魯に入り、六月癸亥に公の喪(尸)は到着した。その五日後の戊辰の日に殯禮に於

	祭祀的かつ政事的卽位	政事的卽位	葬前	葬後	卽位まで一ヶ月以内	三ヶ月以内	四ヶ月以上	當年卽位	踰年卽位
1 宋の殤公	○		○		○			○	
2 衛の宣公	◎		○			○		○	
3 魯の桓公	○		○			入國より○		○	
4 衛の惠公		◎（復位）				○		○	
5 ①魯の子般	○		○		○			○	
②魯の閔公	○		○		○			○	
6 宋の襄公	○		○		○			○	
7 晉の文公	◎		○		○			○	
8 宋の昭公	○		○			○		○	
9 齊の舍	○		○		○			○	
10 宋の文公	○		○		○			○	
11 齊の惠公	○		○		○			○	
12 晉の成公	◎		○		○			○	
13 晉の悼公	◎	◎	○		○			○	
14 晉の平公	○		○		○			○	
15 齊の莊公	○		○		○			○	
16 楚の郟敖	（○）	○		○			○	（○）	○
17 楚の靈王	（○）	○		○	○			○	
18 楚の平王	○		○			○		○	
19 蔡侯朱	○		○		○			○	
20 ①周の悼王	○		○		○			○	
②周の敬王	○		○		○			○	
21 魯の定公	○		○				○	（○）	○

いて定公が卽位している。公子宋を嗣君とする推擧は季孫氏が叔孫成子を通して行わしめている。これはやはり初喪（殯禮）における祭祀的かつ政事的卽位と言えよう。

これについて杜註は「諸侯薨じて、五日にして殯す。殯すれば則ち嗣子位に卽く。癸亥、昭公の喪至る。五日にして宮に殯す。定公乃ち位に卽くなり」と謂う。魯は名目的に昭公の喪（尸）の至った六月癸亥をその薨去の日として、その五日後の戊辰に殯禮を行い嗣君定公（公子宋）が卽位したという手順を踏んだものと理解される。つまり、實際は踰年しての卽位となっているが、名目上では先君薨去の當年に卽位していることになる。

以上の21條（5條と20條が①②と各二例あるので計二十三例）の卽位の狀況を一覧にすると表（九二頁）のようになる。（表中の◎は亡命先からの入國による卽位を示す）

このように、『原左氏傳』の以上の21條二十三例によれば春秋期の周王（20①②）や、晉（7、12、13、14）、齊（9、11、15）、宋（1、6、8、10）、魯（3、5①②、21）、衞（2、4）、蔡（19）の諸侯や、楚王（16、17、18）の卽位のありようは、當年卽位が二十一例（但し名目上や可能性を含めれば全二十三例）、踰年卽位が二例となる。しかして、踰年卽位の例は、いずれも先君卒が、16「十二月」、21「十二月」にあるもので、時閒的推移の必然から喪禮が踰年したことによるものである。

これら二例も含めて上記二十三例の「卽位」の文には「正月卽位」の記述は皆無であり、『春秋左氏經（春秋經）』に見るような〈踰年正月卽位〉という規範性は全く確認されないことが明らかに知られるのである。

また、先王・先君の葬の前後については、葬前の卽位が二十例、葬後の卽位が二例である。そして、先王・先君の崩・薨・卒より嗣王・嗣君の卽位までの推定される日數は、一ヶ月以内が十六例、三ヶ月以内（一ヶ月以内を除く）が五例、四ヶ月以上が二例となる。

したがって、『原左氏傳』の示す當時の卽位の實態は、原則的には當年卽位であった（時閒的推移の必然により年末の崩・薨・卒の爲に踰年卽位することはありうる）としてよいであろう。

また、祭祀的かつ政事的卽位については、二つの型態が確認される。一つは前君の初喪（殯禮）において祭主と爲るもの、二つには卽世（崩御・薨去して昭穆の世に卽《つ》いた）の先君を祀る祖廟の祭禮の祭主と爲るものである。前者は世襲的繼承における通常のもので前君の崩御・薨去（弑逆を含む）を承けての嗣子・嗣君の卽位の型態（1、2、3、5、6、8、9、10、11、14〜21がその例）である。後者は現君やその配下の誅殺・放逐について新君が「命」を發する前提として「卽世」した先君の祖廟にて祭主と爲ることにより世襲の正統の新君として卽位し、然る後に君主として「命」を發するという型態（7はその典型、12、13もこれに類する）である。

そして政事的卽位は四例（4衞の惠公、13晉の悼公、16楚の郟敖、17楚の靈王）であり、4の「復位」を除く三例では13では政事的卽位に先行して祭祀的かつ政事的卽位が爲されており、また16、17でもその可能性が想定される。

以上の様相から春秋期の卽位の實態が窺えるが、そこには踰年しての「正月卽位」なる事例や原則は全く見當たらないと言えよう。

三　祭祀的かつ政事的卽位の先例と三種の卽位・稱元法

さて、祭祀的かつ政事的卽位の先例は、周王の卽位の禮に在るものと見られ、それを示すのが『尚書』周書・顧命の一文である。（周知のように「顧命」は漢の伏生の今文尚書二十九篇テキストと、これに對應する孔安國によって古文（蝌蚪文字）から今文に移された古文尚書三十四篇テキストのいずれにも存在した一篇であり、今本僞孔安國傳『尚書』が眞古文と僞古文に分類される中では眞古文尚書に該當し、周の故事を比較的忠實に傳承しているとされる。(15)）

惟四月。哉生魄。王不懌。甲子。王乃洮頮水、相被冕服、憑玉几。乃同召太保奭・芮伯・彤伯・畢公・衞侯・毛公・師氏・虎臣・百尹・御事。王曰、「嗚呼、疾大漸、帷幾。…。今天降疾、殆弗興弗悟。爾尚明時朕言、用敬保元子釗、弘濟于艱難。柔遠能邇、安勸小大庶邦。思夫人、自亂于威儀、爾無以釗冒貢于非幾。」茲旣受命、還。出綴衣于庭。越翼日乙丑。王崩。太保命仲桓・南宮毛。俾爰齊侯呂伋、以二干戈虎賁百人、逆子釗于南門之外、延入翼室、恤宅宗。丁卯。命作册度。越七日癸酉。伯相命士須材。…。王麻冕・黼裳、由賓階隮。卿士邦君、麻冕・蟻裳、入卽位。太保・太史・太宗、皆麻冕彤裳。太保承介圭、上宗奉同瑁、由阼階隮。太史秉書、由賓階隮、御王册命、曰、「皇后憑玉几、道揚末命、命汝嗣訓。臨君周邦、率循大卞、燮和天下、用荅揚文武之光訓。」王再拜興、荅曰、「眇眇予末小子、其能而亂四方、以敬忌天威。」乃受同瑁。王三宿、三祭、三咤。上宗曰、「饗。」太保受同、降、盥。以異同、秉璋以酢、授宗人同、拜。王荅拜。太保受同、祭。嚌。宅。授宗人同、拜。王荅拜。太保降。收。諸侯出廟門、俟。

病の懌《と》けざる成王は死期を悟り、四月甲子の日に太保奭以下の群臣を同《あつ》め召して「用て元子釗《しょう》（康王）を敬保し、艱難を弘濟せよ。云々」との顧命を發し、太保以下の群臣はその命を受ける。翌乙丑の日に成王は崩御する。太保は重臣・衞兵をして子釗（康王）を

（路寢の）南門外に迎えしめ路寢の翼室にひき入れ殯禮の宗主たらしめる。後七日目の殯禮を經て翌癸酉の日に　康王は麻冕・黼裳して、卿士邦君を率いて（宗廟の）賓階より隮《のぼ》り、入りて各々が位に卽く。太保は介圭を承《ささ》げ、上宗は同（爵）・瑁（玉）を奉じ、阼階より隮り、一方、太史は書を秉《と》り、賓階より隮り、王に（顧命を記した）册命を御《すす》めて「皇后（大君成王）玉几に憑り、道《い》ひて末命を揚げ、汝に訓を嗣ぐを命ず。君として周邦に臨み、大卞を率循し、天下を燮和し、用て文武の光訓に荅揚せよ」と告げる。王は再拜して興ち、答えて「眇眇たる予末小子、其れ能く四方を亂《おさ》め、以て天威を敬忌するがごとくならんや。」と謙退の辭を述べたうえで、神位に三宿（三度爵を進め）、三祭（三度酒を祭り）、三咤（三度同卽ち爵を神坐に咤《お》き）して顧命を受くるを告げる。すると上宗は「饗《う》けたり（先王已に饗《う》けたり）」と神意を告げて受命が完了する。

このように四月乙丑に成王が崩御して、七日目の殯禮の翌日の癸酉の日に康王が宗廟（殯宮）にて嗣王として賓階より隮り卽位して成王の顧命を受けたことを記している。(16)

この殯禮の祭主として卽位して命を受ける一連の儀禮が、先述の祭祀的かつ政事的卽位の先例と見倣し得ることは明らかであろう。

そして、今本『左傳』における魯公の紀年法は、この卽位（卽ち先述の祭祀的かつ政事的卽位）の後に踰年して正月を迎えた年（翌年）を元年と稱するものとなっている。これが、踰年（翌年）稱元法である。これを卽位と併せて「當年卽位・踰年（翌年）稱元法」（先君崩御または薨去の年を當年とする）と稱することができよう。

なお、先の考察のように祭祀的かつ政事的卽位には、殯禮（初喪）の祭主と爲ることと、卽世した先君の祖廟における祭禮の祭主と爲る場合の二つの型態が想定されるが、この兩者を抱括して「踐阼」（『禮記』曲禮下「阼を踐みて祭祀に臨む」）と稱することが可能であろう。

また、若しここに先君崩御または薨去の當年において卽位（踐阼）し直ちに稱元した場合は、「當年卽位・當年（立年）稱元法」と稱することが出來よう。例えば『左傳』の定公は先述のように元年六月に卽位し、その年を元年と稱しているので、名目上はこの當年卽位・當年（立年）稱元法に當たろう。また周知のように日本の大正・昭和・平成の改元はこの例に當たる。春秋期の諸侯の稱元が歷史的實態として、踰年法であったのか、當年法であったのかは、檢討に値する問題であると言えよう。

そして、先君崩御または薨去の年を踰えて稱元しその正月に卽位した場合には、「踰年稱元・正月卽位法」と稱することが出來よう。

したがってこの三者を卽位及び稱元の時期の觀點から列擧すると次の三種のあり方がここに確認されよう。

甲：「**當年卽位・當年**（立年）**稱元法**」：先君崩御または薨去の年に卽位（踐阼）し、その年を元年と稱す

乙：「**當年卽位・踰年**（翌年）**稱元法**」：先君崩御または薨去の年に卽位（踐阼）し、踰年して元年を稱す

丙：「**踰年**（翌年）**稱元・正月卽位法**」：先君崩御または薨去の年を踰年して元年を稱し、その正月に卽位す

甲については、近年、春秋期の卽位・稱元のあり方として甲が行われたとする見解が體系的な年表と共に平勢隆郎氏により提起されている。[17]

乙については、今本『左傳』、そしてそれに先行する『原左氏傳』において記載される所の卽位・稱元のあり方と見られる。

丙については、『春秋左氏經（春秋經）』及び公羊・穀梁型の『春秋經』の記載する所の卽位・稱元のあり方と見られるのである。

そこで今、近年の出土資料『清華大學藏戰國竹簡（貳）』の『繫年』[18]を例として、これを檢討してみよう。

一、「晉莊平公卽位。元年。公會諸侯於湨梁。」（『繫年』第十七章）

この一文「晉の莊平公（左傳では平公）卽位す。元年。云々」は、まず丙の書法の場合には、「晉莊平公元年。正月。〇〇卽位。云々」との語順で書くべきところであろうから、このケースではないと言えよう。

殘り二者のうち甲の場合については、先君の末年が新君元年に包攝される（日本の明治元年は慶應四年を包攝しこの例に近いが先帝崩御は絡まない）か、新君元年は先君末年のうち自らの卽位（踐祚）以後の月日を元年とするか、ということになる（前者は特異な例であり、後者は大正・昭和・平成の例に見る方式）。その上で、この一文は語順においては、甲の可能性も留保されよう。

乙の場合については、この出土資料『繫年』と今本『左傳』の當該記事とを對比すると、『左傳』は次のように記す。

（左傳・襄公）十五年。…。冬。晉悼公卒。…。十六年。春。葬晉悼公。平公卽位、羊舌肹爲傳、張君臣爲中軍司馬、祁奚・韓襄・欒盈・士鞅爲公族大夫、虞丘書爲乘馬御。改服脩官、烝于曲沃。警守而下。會于湨梁。命歸侵田。

記事に據れば晉の平公は魯の襄公十六年に先君悼公を葬り、卽位したかに見える。だが、これは先に考察したように『左傳』の他の多くの例に徵する所からすると、記事の配列の都合によるもので、「晉の悼公を葬る。」で文を斷ち、ここで昨年を回顧し「平公卽位するや、羊舌肹を傳と爲し、張君臣を中軍司馬と爲し、祁奚・韓襄・欒盈・士鞅を公族大夫と爲し、虞丘書を乘馬御と爲す。」と述べて、

次の記事に入るものと解せられる。先述のように左傳の記事には習見する敍述法である。實際は前年（襄十五年）の冬に「悼公卒す」（經では「十有一月。癸亥。晉公周卒。」）の後に殯禮にて卽位（踐阼）し、踰年して元年（襄十六年）の春に先君悼公を葬っているものと理解される。そしてこのような理解の妥當性を裏附ける最新の出土資料がこの『繫年』第十七章の文ということになる。卽ち、一の文は晉の平公が「元年」を稱する前に「卽位」したことつまり前君悼公薨去の當年に卽位したことを明らかに示しているからである。『繫年』の【注釋】が「據《左傳》、魯襄公十五年冬、晉悼公卒、平公卽位。次年爲晉平公元年。」とするのも、その事情を汲んだものか、或いは『史記』を參考にしたものであろう（『史記』十二諸侯年表は魯襄公十五年に「（晉）悼公薨」とし十六年を「晉平公彪元年」とし、また晉世家は「十五年。冬。悼公卒。子平公彪立。平公元年。伐齊。云々」としている）。

したがって、この例からすると、『繫年』の書法は乙の當年卽位・踰年稱元法である可能性が高い。一方、甲の可能性もまた留保されよう。

二、楚聲桓王卽位。元年。晉公止會諸侯於任。宋悼公將會晉公、卒于鼚。（『繫年』第二十二章）

この一文の卽位と元年の關係も、まず丙のケースは想定し難い。楚の聲桓王が卽位し、そのまま元年を稱したか（甲のケース）、踰年して元年を稱した（乙のケース）か、と見られる。

『史記』六國年表は周の威烈王十八年に「二十四年。簡王卒。」とし、十九年を「楚聲王當元年」と記す。この場合は乙のケースとなる。楚世家では「二十四年。簡王卒。子聲王當立。聲王六年。盜殺聲王。云々」と記し、この場合は甲もしくは乙のケースとなる。

先の例のように『史記』の十二諸侯年表・六國年表と世家を併せ考えると、『史記』では乙の當年卽位・踰年稱元法を原則とするものと見られるが、一方では「文公元年。春。…。二月。…。壬寅。重耳入于晉師。丙午。入于曲沃。丁未。朝于武宮、卽位爲晉君。是爲文公。」（晉世家）と、當年卽位・當年稱元法と見られる書法も用いている。つまり、乙を原則としつつ甲を併用するものと考えられる。したがって、この例でも乙の可能性がある一方で、甲の可能性も留保されよう。いずれにしても、この出土資料の二例において、丙である可能性は皆無であると言えよう。なお、『繫年』については、次章に於いて詳論する。

ところが、『春秋左氏經』（春秋經）では「踰年稱元・正月卽位法」卽ち丙のケースが採用されているのである。

『春秋左氏經（春秋經）』では桓公・文公・宣公・成公・襄公・昭公・哀公と十二公のうち七公が、前年の前君主の薨去を受けて踰年稱元したうえで「元年。春。王。正月。公卽位す」と記されている。これは明らかに「元年。…。正月。卽位。」であり先の『繫年』の「卽位。元年。」とは異なり、また先述のように『原左氏傳』の場合とも異なる。

したがって、『春秋左氏經（春秋經）』では「踰年稱元・正月卽位法」という新たな卽位・稱元の原則（踰年稱元は『原左氏傳』にも確認される所で、『春秋左氏經』の新しさはその「正月卽位法」に在る）が立てられていることになるのである。

四　『春秋左氏經（春秋經）』の踰年稱元・正月卽位法

今、ここに『春秋左氏經（春秋經）』と『左傳』の十二公の元年及びその薨去年の當該記事を一覽にすると次のようになる（經は太字で記す。左傳の〈　〉部分は解經文を示す。）

① 隱公〔經〕元年。春。王。正月。…。十有一年。…。冬。十有一月。壬辰。公薨。〔左〕生桓公而惠公薨。是以隱公立而奉之。元年。春。王。周正月。〈不書卽位、攝也。〉…。十一年。…。十一月。…。壬辰。羽父使賊弑公于寪氏。立桓公。

② 桓公〔經〕元年。春。王。正月。公卽位。…。十有八年。…。夏。四月。丙子。公薨于齊。〔左〕元年。春。公卽位、脩好于鄭。鄭人請復祀周公、卒易祊田。公許之。…。十八年。…。夏。四月。丙子。享公。使公子彭生乘公。公薨于車。

③ 莊公〔經〕元年。春。王。正月。…。卅有二年。…。秋。八月。癸亥。公薨于路寢。冬。十月。己未。子般卒。〔左〕元年。春。〈不稱卽位、文姜出故也。〉…。卅二年。…。秋。…。八月。癸亥。公薨于路寢。子般卽位。次于黨氏。冬。十月。己未。共仲使圉人犖賊子般于黨氏。成季奔陳。立閔公。

④ 閔公〔經〕元年。春。王。正月。…。二年。…。秋。八月。辛丑。公薨。〔左〕元年。春。〈不書卽位、亂故也。〉…。二年。…。秋。八月。辛丑。共仲使卜齮賊公于武闈。成季以僖公適邾。共仲奔莒。乃入立之。…。成風…而屬僖公焉。故成季立之。

⑤ 僖公〔經〕元年。春。王。正月。…。卅有三年。…。冬。…。十有二月。公至自齊。乙巳。公薨于小寢。〔左〕元年。春。〈不稱卽位、公出故也。〉…。卅三年。…。冬。公如齊。朝且弔有狄師也。反、薨于小寢。卽安也。

⑥ 文公〔經〕元年。春。王。正月。公卽位。…。十有八年。春。王。二月。丁丑。公薨于臺下。〔左〕元年。春。王使內史叔服來會葬。…。十八年。春。…。二月。丁丑。公薨。…。夏。…。六月。葬文公。秋。…。文公二妃敬嬴生宣公。…。宣公長而屬諸襄

仲。…。冬。十月。仲殺悪及視、而立宣公。（杜註「悪は太子なり。視は、其の母弟なり。」）

⑦宣公〔經〕元年。春。王。正月。公卽位。…。十有八年。…。冬。十月。壬戌。公薨于路寢。〔左〕元年。春。王。正月。公子遂如齊逆女。…。十八年。…。秋。…。公孫歸父以襄仲之立公也有寵、欲去三桓以張公室。與公謀而聘于晉、欲以晉人去之。冬。公薨。季文子言於朝、…。遂逐東門氏。

⑧成公〔經〕元年。春。王。正月。公卽位。…。十有八年。…。秋。…。八月。…。己丑。公薨于路寢。〔左〕元年。春。晉侯使瑕嘉平戎于王。…。十八年。…。秋。…。八月。…。己丑。公薨于路寢。言道也。

⑨襄公〔經〕元年。春。王。正月。公卽位。…。卅有一年。…。夏。六月。辛巳。公薨于楚宮。〔左〕元年。春。己亥。圍宋彭城。…。卅一年。…。夏。…。六月。辛巳。公薨于楚宮。…。立胡女敬歸之子子野。次于季氏。秋。九月。癸巳。卒。毀也。…。立敬歸之娣齊歸之子公子裯。穆叔不欲。…。武子不聽。卒立之。

⑩昭公〔經〕元年。春。王。正月。公卽位。…。卅有二年。…。冬。…。十有二月。己未。公薨于乾侯。〔左〕元年。春。楚公子圍聘于鄭。…。卅二年。春。王。正月。公在乾侯。…。冬。…。十二月。…。己未。公薨。

⑪定公〔經〕元年。春。王。三月。晉人執宋仲幾于京師。夏。六月。癸亥。公之喪至自乾侯。戊辰。公卽位。…。十有五年。…。夏。五月。…。壬申。公薨于高寢。〔左〕元年。春。王。正月。辛巳。晉魏舒合諸侯之大夫于狄泉。將以城成周。…。夏。…。六月。癸亥。公之喪至自乾侯。戊辰。公卽位。…。十五年。…。夏。五月。壬申。公薨。…。秋。七月。壬申。姒氏卒。…。

⑫哀公〔經〕元年。春。王。正月。公卽位。〔左〕元年。春。楚子圍蔡。報柏擧。

このように、『春秋左氏經（春秋經）』は『原左氏傳』と同様に四時記載法や干支紀日法を用い、先君薨去の年を踰えて稱元する「踰年稱元」の書法である。その上で、②桓公・⑥文公・⑦宣公・⑧成公・⑨襄公・⑩昭公・⑫哀公の七公の『經』の記事は、「正月卽位」を記す。

一方、①隱公・③莊公・④閔公・⑤僖公の『經』に「正月卽位」の記事はなく、『左傳』の解經文に、①「卽位を書せざるは、攝なればなり」、③「卽位を稱せざるは、文姜出づる故なり」、④「卽位を書せざるは、亂の故なり」、⑤「卽位を稱せざるは、公出づる故なり」のように、正月卽位を「書せず」「稱せず」の理由を記す。卽ち、これら解經文（杜預の「春秋序」に謂う「變例」はこのタイプの解經文を指す）は、經文における「正月卽位」記載の不履行の理由を説明し、逆に「正月卽位」を經の原則として改めて確認させるものとなっていると言えよう。

卽ちこれは、隱公・莊公・閔公・僖公の四公においても、事實としては「正月卽位」が爲されておりその原則は一貫していたが、隱・閔公においては「書せず」、莊・僖公においては「稱せず」という筆法を敢えて用いたのである、とするのである。

併せて注目すべきは、「正月卽位」を書する文、宣、成、襄、昭、哀公の經文に對應する傳文を見ると、いずれもこの事への言及は全くなく、無關係の傳文記事が對應していることである。したがって、「正月卽位」は『經』の文と、それを『經』に書せざることについての右の解經文とにのみ確認されるものであるということになる。

したがって、『春秋經（春秋經）』は、書法としては「踰年稱元・正月卽位法」に據っていることが知られる。だが、その「正月卽位」の記事は『原左氏傳』の記事とは、桓公元年を除いては、全く對應していないのである。

一方、先に詳論したように、『原左氏傳』は踰年稱元ではあるが魯公の卽位についての「正月卽位」の明記は皆無である。卽ち、先の『原左氏傳』の文に隱公は惠公末年に「隱公立つ」、桓公は隱公十一年十一月に「桓公を立つ」、閔公は莊公三十二年十月に「閔公を立つ」、僖公は閔公二年秋に「之を立つ」、宣公は文公十八年十月に「宣公を立つ」、昭公（子裯）は襄公三十一年秋に「之を立つ」と、いずれも先君薨去の當年に卽位した（權臣の政治力に據る祭祀的かつ政事的卽位）ことを記している。また先述のように、「〔莊公〕卅二年。…。秋。…。八月。癸亥。公路寢に薨ず。子般　位に卽く。」と記すように、莊公の大子の子般は先君薨去を受けて殯禮での祭祀的かつ政事的卽位にて卽位している（なお、左傳テキストでは「太子」は「大子」と書せられる）。

また⑪定公の場合も、先述のように昭公の喪（尸）の魯に至る夏六月癸亥を名目的な昭公薨去の日とし、その五日後の戊辰の日に殯禮に於いて祭祀的かつ政事的卽位を行っている。その際、公子宋（定公）の卽位を指名したのは權臣季孫氏の意向であることを叔孫成子が「公子宋の社稷の主たるが若きは、則ち羣臣の願ひなり」（定公元年）との言葉で表明している。したがって、これは名目的には當年卽位の原則に據る祭祀的かつ政事的卽位と理解される。

次に、桓公元年の『原左氏傳』の「春。公卽位」の一文についてである。桓公は隱公死去の當年十一月に「桓公を立つ」として卽位（祭祀的かつ政事的卽位）しており、時間的推移の必然から踰年して春に改めて政事的卽位を爲し、その正當性を確認したものとの理解が一應はなされ得る。この見解は左氏會箋の釋とも通じ、會箋は、隱公、莊公、閔公、僖公については「是の四公皆變に逢ふ。故に其の心恔《こころよ》からざる所有り、敢へて卽位の禮に當たらず」とし、しかし「桓は則ち自ら正嫡にして位を嗣ぐは固より其の宜しきなりと謂《おも》ひ、是を以て公然卽位の禮を行ふ。春秋只實に據りて之を書し、而して其の弑逆に與かること自づから見《あらは》る。」（桓公元年）とする。しかし、このような見解に從えば、『原左氏傳』においては踰年稱元しての「春。卽位」を記すのは十二公のうち桓公のみであるから、先の「變に逢ふ」四公以外の六公（文、宣、成、襄、昭、哀公）について政事的な年初の「卽位」を行わなかった（その記事の無い）理由の說明が必要となろう。だが、その說明が爲されていないことからすれば、これは『春秋左氏經』には適用し得るが、『原左氏傳』の用例に疏通する解釋とは爲し難いのである。

今一つの解釋としては、先述のように、この記事は「公　位に卽きて、好《よしみ》を鄭に脩め、云々」と、昨年十一月卽位以來の桓公の外交（當時の强國である鄭の莊公に對する）とその功業を示す文と解するものである。これは先に論じたように『原左氏傳』の他の用例とも體系的に疎通し、また近年の『繫年』の書法に鑑みても首肯し得る見解である。當然この場合も桓公の政事的功業を宣揚する記事と爲る。『原左氏傳』の理解としては後者に妥當性があろう。

その上で、このいずれの見解を取るにしても、桓公元年の『原左氏傳』には「元年。春。公卽位」とあり、『經』の「元年。春。王。正月。公卽位」の書法との違いは明らかで、「王正月」は書されておらず『經』のような「正月卽位」の書法ではないことは明らかである。

故に、先の考察と併せ考えると、『原左氏傳』は當年卽位の原則に據り、それは春秋期の卽位の實態を反映していると見られるのに對して、『春秋左氏經（春秋經）』は、これと異なる「踰年正月卽位」の原則を立てていることが明らかとなったと言えよう。卽ち『春秋左氏經』制作者の認識は、『經』において踰年稱元・正月卽位の原則を立て、十二公はいずれも「正月卽位」を爲したとするが、『經』の筆法として四公を「不書」「不稱」としその褒貶の意を〈解經文〉にて解說する、というものと理解されるのである。

今日の實證的研究の見地からすれば、本書が論ずるように、そもそも『原左氏傳』には「正月卽位」の記事は皆無であり、「正月卽位」は『經』と『左傳』の解經文（先の四公の不書・不稱についての變例）においてのみ記されているのであった。したがって、この『經』と解經文とは「正月卽位」を一つの原則として、つまり「名」として確立せんとしているものと言えよう。そして、この「名」

は、經制作者による『春秋左氏經（春秋經）』と、同じく經制作者によると推定される『左氏傳』の解經文に據ってのみその根據を有しているのである。

これを要するに、『春秋左氏經（春秋經）』では『原左氏傳』に見られる卽位の實態（「當年卽位」）とは異なった「踰年稱元・正月卽位法」が、經制作者に由って確立されていることになる。

この場合、『春秋左氏經（春秋經）』から『原左氏傳』の卽位の書法が生まれたとの想定は到底不可能なことは自明と言えよう。したがってこれは、『春秋左氏經（春秋經）』が『原左氏傳』からの抽出・編作の手法に據り成立したこと、卽ち『原左氏傳』→『春秋左氏經（春秋經）』という時系列的展開の不可逆性を改めて傍證するものと言えよう。それを確認すると次のようになる。

『原左氏傳』の卽位と稱元　―　當年卽位・踰年（翌年）稱元法（乙）

『春秋左氏經（春秋經）』の卽位と稱元　―　踰年（翌年）稱元・正月卽位法（丙）

書法の變遷　―　（乙）→（丙）

五　「正月卽位」の思想

では、この『經』において新たに「名」として立てられた「正月卽位」の思想は、どこからもたらされたものであろうか。この問題を考察する際に大きな示唆を與えるのが、今本尙書中の僞古文尙書に當たるテキストの記事である。

僞古文尙書（東晉の梅賾が孔安國傳として奏上したことに由來する今本僞孔安國傳『尙書』五十八篇は、眞古文三十三篇と僞古文二十五篇よりなり、前者は伏生の今文尙書二十九篇にほぼ相當し、後者が僞古文尙書である）のテキストが、その由來を先秦の古書やその佚文からの編纂・制作に發すると見られることは夙に知られるところである。(19)

まず、「正月卽位」の先例として、尙書（僞古文尙書）の舜典には次のように記載されている。

（尙書・虞書・舜典第二）帝曰、「格。汝舜。詢事考言、乃言厎可績、三載。汝陟帝位。」舜讓于德、弗嗣。正月上日。受終于文祖。

（孔傳）上日、朔日也。終謂堯終帝位之事。文祖、堯文德之祖廟。

舜は堯より「格《きた》れ。なんじ舜。事を詢《はか》り言を考するに、なんじの言や績すべきを厎《いた》すこと、三載なり。なんじ帝位に陟《のぼ》れ」と禪讓を勸められ、不德を以て辭退するが、正月上日（朔日）に堯の始祖の宗廟にて帝位の讓りの命を受ける。堯舜禪讓の際の「正月卽位」の先例がここに語られていると言えよう。

次に注目されるのが、やはり尚書（僞古文尚書）の「大禹謨」の次の一文である。

（尚書・虞書・大禹謨第三）帝曰、「格。汝禹、朕宅帝位、三十有三載、耄期倦于勤。汝惟不怠、摠朕師。」…。帝曰、「來、禹。降水儆予。成允成功。惟汝賢。克勤于邦。克儉于家。不自滿假。惟汝賢。汝惟不矜。天下莫與汝爭能。汝惟不伐。天下莫與汝爭功。予懋乃德、嘉乃丕績。天之曆數在汝躬。汝終陟元后。…。」禹曰、「枚卜功臣、惟吉之從。」帝曰、「禹、官占惟先蔽志、昆命于元龜。朕志先定、詢謀僉同、鬼神其依、龜筮協從。卜不習吉。」禹拜稽首固辭。帝曰、「毋。惟汝諧。」正月。朔旦。受命于神宗。率百官、若帝之初。（孔傳）受舜終事之命。神宗、文祖之宗廟。言神尊之。

舜は禹を召し、帝位に在ること三十三年、漸く老いて勤めに倦むを以て自らの衆を禹に摠《す》べしめんと告げる。更に禹の治水の功を讃えて「賢」としかつ「天下汝と能を爭ふ莫し。…。天下汝と功を爭ふ莫し」としたうえで「予　乃《なんじ》の德を懋《さか》んとし、乃の丕績を嘉《よみ》す。天の曆數　汝の躬に在り、汝終に元后（帝位）に陟れ」と帝位の禪讓を告げる。禹は拜稽首して固辭する。舜帝は「毋かれ。惟だ汝諧《かな》へり」と告げる。禹は、正月朔旦（元朝）に舜の先帝堯の祖を祀る宗廟において舜より命を受けて帝位に卽き、舜の卽位の時のように百官を率いて庶政を新たに行った。舜禹禪讓の際の禹の「正月卽位」の先例がここに語られているのである。それは新君の卽位を正月朔旦に行い、庶政の新たな開始を示すものである。

その思想的背景は「天の曆數　汝の躬に在り」に端的に示されている。前節引用の昭公十七年『左傳』「夏の數は天を得たり。」と同様に、これは戰國期に入って見られる「天人相應」の思想と言えよう。

蔡傳に「曆數者、帝王相繼之次第、猶歲時氣節之先後。汝有盛德大功。故知曆數當歸於汝。汝終當升此大君之位。不可辭也。」と言うように、王朝の德の盛衰と天の運行推移との相應を說く思想は「天人相應」の思想と稱し得る。これは先述の夏・殷・周の三正論と深く關わる思想である。なお、この「天」は「天地」と同義で「天地型世界觀」を構成する概念で、天命を發する人格神的絶對者としての「天」（「天型世界觀」を構成する）の概念とは異なる。後者の「天」は周の天命思想に發し、ついで天の賞罰と人の德行との相關を說く天人相關說（その嚆矢は墨家に見られる）を展開する。[20] 一方前者の天地型の「天」は、『國語』『原左氏傳』そして特に『春秋左氏經』

に多用される「天王」の語の思想的背景を爲すものと考えられる。[21]

また、同じ僞古文尚書の堯典には「乃命羲・和、『欽若昊天、歴象日月星辰、敬授民時。』…。帝曰、『咨。汝羲曁和、朞三百有六旬有六日、以閏月定四時、成歳。』云々」と、堯が羲・和に、日月星辰の運行にのっとり、三百六十六日を期年とし、閏月を挿入して春夏秋冬の四時を定めて、一歳の暦を作るべきを命じたことを記している。この暦制作の意識はまさに「天の暦數」の觀念と深く結びつくものと言えよう。

この「天の暦數」と治者の德の推移との對應を根據にして禪讓による權力交代を勸め、正月朔旦（「天の暦數」を得る日）の權力交代を説く大禹謨及び舜典の思想には、周の封建制の世襲身分制の流動化する戰國初期の思想の特色が看取されよう。

これに關連して、今本『左傳』における『書』の引用について、鎌田正氏は五十三例の引用を網羅的に提示している。それによると、そのうち「夏書」として引用されるものが十七例で、その中の九例が大禹謨である。[22]これは『原左氏傳』と『書』テキストとの思想的交渉の存在を雄辯に物語るものと言えよう。

したがって、『春秋左氏經』の制作者は、當時流行のこのような「天の暦數」にかなう正月朔旦卽位及び正月上日卽位の「古典」の先例に鑑み、「正月卽位」という新たな作經の原則を立てたものと推定される。

卽ち『原左氏傳』から抽出・編作に據り『經』を制作せんとした經制作者が、これら『書』テキストの知見をも踏まえて、新たに「正月卽位」の「名」を『經』に立てんとしたものと考えられるのである。

したがって、『經』に立てられた「正月卽位」の原則については、以上の考察から次の二點を指摘することができよう。

一、『春秋左氏經』は、『原左氏傳』の當年卽位・踰年稱元法から一歩を進めて、踰年稱元・正月卽位法による「正月卽位」という新たな「名」を立てた。

二、「正月卽位」は、周初以來の古法ではなく、戰國期に入り虞・夏書等の當時制作のテキストの事例に鑑み作爲された新法（新たな原則）である。その思想的背景には堯舜及び舜禹禪讓に關わる「正月卽位」と「天の暦數」の思想が介在していた。

されば、『春秋左氏經』の定立した正月卽位法は、經文の上において魯公（魯侯）[23]の權威を高める役割のみならず、現實には作經時の戰國期の君主や權臣に、「禪讓」による權力交代の「名」とそれによる「禮」を提供する役割をも擔っていたものと推定されるのである。そして、これらは先述のように魏の「稱夏王」という歴史的事態に深く關連するものと考えられるのである。

（四）『原左氏傳』と清華簡『繫年』における卽世と卽位――春秋經の正月卽位法の再檢討――

ここでは『原左氏傳』と近年の出土資料である清華簡『繫年』における卽世と卽位の用語と書法に注目して考察し、それを手がかりに『春秋左氏經（春秋經）』の踰年稱元・正月卽位法の問題に及び、これを古本及び今本竹書紀年テキスト[24]をも參照し、特に「正月卽位」の再檢討に及ぶものである。

一　卽世について――祭祀的なる概念

新出土資料『繫年』で注目されることの第一は、「A卽世、B卽位」という卽世と卽位を一對にして用いる書法が十四例と頻用されていることである。一方、傳世文獻ではこの一對のタイプの書法は『原左氏傳』に關わる『左傳』にのみ一例見える[25]。『左傳』成公十三年に、晉の呂相が秦に告げる外交の辭に「穆・襄卽世、康・靈卽位」とあるのがそれである。

この「卽世」の訓詁・解釋については、㈠「世を終ふ」、㈡「世に卽《つ》く」、の二説が行われており、『左氏會箋』にはこの二種の「卽世」の釋が看取し得る。

㈠は、『左傳』成公十三年「無祿獻公卽世」の會箋が「越語『先人就世。』韋注『就世、終世也。』就・卽同義。就訓爲成。成字、其終卒義。故韋以終世釋之」とし、又同昭公二十六年「穆后及大子壽、早夭卽世。」の會箋が「卽世、終世。」とする例である。『國語』周語上には「王卽齊宮（王齊宮に卽く）」、周語中には「無卽慆淫（慆淫に卽く無し）」とありその韋昭注が「卽は就なり」と釋しているように、會箋の「就・卽は同義なり」は穩當な解釋と言えよう。

しかし、會箋が越語下の「先人就世、不穀卽位」の韋昭注「就世は終世なり」について就を成とし、更には成を終卒の義とし、以て「卽世」を「終世（世を終ふ）」と訓ずるのは、原義から離れるものとなろう。そもそも韋注が就を終とし「就世は終世なり」とするのは、秦漢の際の通釋的字書である『爾雅』釋詁下が「求、酋、在、卒、就、終也[26]」とするように、古文讀解に往々見られる便宜的通釋による訓詁と言えよう。(27) これを一義的に熟語の解釋に適用するのは誤讀に至る恐れなしとしない。もしこの會箋の訓詁によるならば、「卽位」は「終位〈位を終ふ〉」の意味となるからである。

また「卽」の原義に「終」の意を求め得ぬことは、白川静氏の「卽」についての次の字說を參考と爲し得よう。

皀《きゅう》と卩《せつ》とに從う。皀は𣪘《き》、文獻に見える簋《き》で盛食の器。卩は跪坐する形で、その食器の前に坐ること、席に卽《つ》くことをいう。〈說文〉五下に「食に卽《つ》くなり」とあり、…。金文の冊命形式をしるすものに「位に卽《つ》く」、命を受けるとき「命に卽《つ》く」という。(28)

にもかかわらず「卽世は終世なり。」との解釋が通行してきたのは、戰國末の傳世文獻『韓非子』亡徵第十五の「輕其適正、庶子稱衡、太子未定、而主卽世者、可亡也。」や「主數卽世、嬰兒爲君、大臣專制、樹羈旅以爲黨、數割地以待交者、可亡也。」等の用例（『國語』『左傳』『韓非子』以外の戰國諸子には卽世の用例は見えない）では、この便宜的訓詁で本文理解に殆ど支障を生じないことによろう。だが、『繫年』に頻用される「A卽世、B卽位」のように卽世と卽位が一對に用いられる文の理解では、この訓詁は明らかに右のような矛盾を露呈するのである。(29)

次に㈡の讀みは、『左傳』昭公十九年「其卽世者〈其の世に卽く者〉」の會箋が、「死則入于一代二代之數、故曰卽世〈死すれば則ち一代二代の數に入る、故に世に卽くと曰ふ〉。」と釋するものである。これは、例えば『國語』楚語下第十八に楚の昭王に觀射父が對えて、「古は民神雜はらず、…。是れ神の處位・次主を制して、之が牲器・時服を爲《つく》らしめ、而るのち先聖の後の光烈ありて、能く山川の號、高祖の主、宗廟の事、昭穆の世、…を知りて明神を敬恭する者をして以てこれが祝たらしむ。」の「世」の意味と相通じるものである。つまり、宗廟の先代の「世」（昭穆の世）に「卽《つ》く」こと、卽ち「宗廟に祀られて先代となる」（所謂亡き數に入る、鬼籍に入る）ことを意味する。したがって、「卽世」の「世」とは「祖靈、鬼神としての世代」を意味するものと解せられる。因みに白川静氏が「世」についてその「歺《がつ》に從う字形は、世代の觀念を含めたものであろう(30)」とするように、『繫年』が「卽世」の「世」を〈歺（がつ、割れた骨）偏に枼〉卽ち「殜」の字に作るのも、右のような含意を示すものと言えよう。

されば、「A卽世、B卽位」とは「Aは（宗廟の先代としての）世に卽き、Bは（嗣子としての）位に卽く」との對應關係と爲るものと解せられよう。

この點で、高木智見氏が金文の「世」の字（殜の「世」の字をも含む）の考察を踏まえ、『左傳』の「卽世」について「「世につく」とは、具体的には死によって始祖以来の祖先の系譜の末端に名を占めるということ(31)とするのは、至當の解釋と言えよう。

故に、「卽世」の本來の意味は、㈠の「その世を終ふる」ことではなく、㈡の「（宗廟の）先代としての世に卽《つ》く」ことである。前者では「世」は「この今の世」の意味であり、後者では「世」は「宗廟の先代の昭穆の世（鬼籍の世）」のことなのである。

この古語の誤解により㈠の釋が行われてきたのであったが、近年の清華簡『繫年』テキスト出現により改めて㈡の「卽世」の原義（古義）が確認される事になったと言えよう。

二―（一）『原左氏傳』における卽世

先に『原左氏傳』における「卽位」が祭祀的かつ政事的卽位としての殯禮に於いて爲されることを明らかにしたが、『繫年』における「卽世」の祭祀的意義が明らかとなったことを踏まえて、ここでは『原左氏傳』の「卽世」について檢討して行こう。

今『原左氏傳』における「卽世」の全ての用例を、『左傳』より網羅的に示すと次のようになる（原文は本書第二部を參照されたい）。

①（成公十三年）夏。四月。戊午。晉侯　呂相をして秦に絶たしむ。曰はく、「昔我が獻公と穆公とに逮び、相好《よ》し、…。無祿なる獻公世に卽く。穆公舊德を忘れず、…用て我が文公を集《な》す。是れ穆の成なり。…。無祿なる文公世に卽く。穆　不弔を爲し、我が君を蔑死し、我が襄公を寡とし、…。我が襄公未だ君の舊勳を忘れず。而して社稷の隕《お》つるを懼る。是を以て殽の師有り。…。穆・襄世に卽き、康・靈位に卽く。康公は我に之れ自りて出づ。…。君亦た禍の延《なが》きを悔ひて、福を先君獻・穆に徼めんと欲し、伯車をして來たりて我が景公に命ぜしむ。曰はく、『吾れ女《なんじ》と好《よしみ》を同じくし惡を棄て、復た舊德を脩め、以て前勳を追念せん』と。言誓未だ就かず、景公世に卽く。我が寡君是を以て令狐の會有り。…。」と。

②（成公十六年）秋。…。曹人　晉に請ひて、曰はく、「我が先君宣公世に卽きて自り、國人曰はく、『之を若何せん』と。憂ひ猶ほ未だ弭まず。而して又我が寡君を討ちて、以て曹國社稷の鎭公子を亡ぼす。是れ大いに曹を泯《ほろ》ぼすなり。…」と。

③（襄公二十九年）冬。…。裨諶曰はく、「善の不善に代はるは天命なり。其れ焉くんぞ子產を辟けんや。…。子西世に卽けば、將た焉くにかこれを辟けん。…」と。

④（昭公十九年）冬。晉人　幣を以て鄭に如き、駟乞の立つ故を問はしむ。駟氏懼る。…。子產待たずして客に對へて曰はく、「…。

若し寡君の二三臣にして其の世に卽く者を、晉の大夫にして專ら其の位を制すれば、是れ晉の縣鄙なり。何の國を之れ爲さん」と。

…晉人之を舍く。

⑤（昭公二十六年）冬。…。十二月。癸未。王　莊宮に入る。王子朝　諸侯に告げしめ、曰はく、「昔武王殷に克ち、成王四方を靖んじ、康王民を息《いこ》へ、母弟を並び建て、以て周を蕃屛せり」と。亦曰はく、「吾文武の功を專ら享くること無し。…昔先王の命に曰はく、『王后　適無ければ、則ち擇びて長を立つ。年鈞しければ德を以てし、德鈞しければ則ち卜を以てす』と。王　愛するを立てず、公卿私無きは、古の制なり。穆后及び大子壽、早に夭に世に卽く。單・劉、私を贊《たす》けて少を立て、以て先王を閒せり。亦た唯だ伯仲叔季、之を圖れ」と。

このように『原左氏傳』の卽世は、③鄭の裨諶以外の例では、①晉侯が呂相をして秦に絶交せしめる言、②曹人（大夫）が晉に請う言、④鄭の子產が晉の大夫に對える言、⑤周の王子朝が諸侯に告げる言のように、いずれも外交的政治的なフォーマルな言辭における用語として記されている。

他方『原左氏傳』の歷史記述文には周知のように「卽世」ではなく「卒」が習見し、『春秋左氏經（春秋經）』では「卽世」は皆無で、やはり「卒」が習見する。[32] 周知のように『禮記』曲禮下には「天子死曰崩、諸侯曰薨、大夫曰卒、士曰不祿、庶人曰死。」とし鄭玄註に「卒、終也。」とする。この「卽世」と「卒」の兩者を比較すると、前者が先述のように祭祀的含意を有する用語であるのに對して、後者は世俗的實務的（この世中心の）用語で祭祀的含意は皆無である。したがって、「世に卽《つ》く」は「卒《しゅっ》す（をはる）」に比して、祭祀的含意を有し、フォーマルな外交的政治的言辭として用いられている點などから、雅言（丁重なる言葉）であると言えよう。

これは「卽世」→「卒」という書法變遷の可能性を窺わせるが、一方その逆の想定は困難であろうと考えられる。

二―（二）『原左氏傳』における當年卽位・踰年稱元と三種の書法

さて、既に前章に於いて論じてきたところであるが、『原左氏傳』における魯公の紀年法は、この卽位の後に踰年して正月を迎えた年を元年と稱するもので、踰年稱元法である。これを卽位法と併せて「當年卽位・踰年稱元法」（先君崩御または薨去の年を當年とする）と稱することができよう。

また、若しここに先君崩御または薨去の當年において卽位し直ちに稱元した場合は、「當年卽位・當年（立年）稱元法」と稱することが出來よう（先述のように日本の大正・昭和・平成の改元はこの例となる）。魯の定公の卽位は、先君昭公の薨去を魯に喪（尸）の至った時點と名目的に看做して殯禮が爲されている事に鑑みれば、やはり當年卽位・當年稱元法と言えよう。

これに對して、『春秋左氏經（春秋經）』の「元年。春。王。正月。公卽位。」のように、先君崩御もしくは薨去の年を踰えて稱元しその正月に卽位したとするのが、「踰年稱元・正月卽位法」と稱すべき卽位法である。

さて、この三者については九六頁に述べた所であるが、改めてここに列擧すると次のようになる。

甲：當年卽位・當年稱元法：先君崩御又は薨去の年に卽位（踐阼）し當年を元年と稱す

乙：當年卽位・踰年稱元法：先君崩御又は薨去の年に卽位（踐阼）し踰年を元年と稱す

丙：踰年稱元・正月卽位法：先君崩御又は薨去の踰年を元年としその正月に卽位す

甲・乙の場合は、卽位→元年となり、共に當年卽位である。丙の場合は、元年正月→卽位となり、踰年正月卽位である。また先の考察の示すように『原左氏傳』は乙、『春秋左氏經（春秋經）』は丙の書法に當たる。なお、丙の「卽位」が踐阼を伴なうか否かは不明である。

三―（一）『繫年』における卽世と卽位

次に新出土資料『繫年』における卽世と卽位の用語と書法を檢討してみよう。今『繫年』における卽世と卽位の用例を含む原文を網羅的に記し、その書き下し文を附すると次のようになる。〔『繫年』の本文は『淸華大學藏戰國竹簡（貳）』下冊の【釋文】一三六～二〇〇頁に據る。釋文の括弧内に通釋字を記す場合はそれを用い、「卽殜（世）」と「卽立（位）」の場合のみ釋文と通釋字を併記した。原文の缺字の□はそのまとし、句讀點については一部意を以て改めた。また〔　〕は吉永による注記及び推定の文である。〕

①（第一章）昔周武王…。至于厲王、厲王大虐于周、卿士・諸正・萬民弗忍于厥心、乃歸厲王于彘。共伯和立。十又四年。厲王生宣王。宣王卽立（位）。共伯和歸于宗。…。

〔むかし周の武王…。厲王に至り、厲王大いに周に虐し、卿士・諸正・萬民　厥の心に忍びず、乃ち厲王を彘に歸す。共伯和立つ。

十又四年。厲王　宣王を生む。宣王立（位）に卽く。共伯和　宗に歸る。…。〕

②（第二章）周幽王取妻于西申、生平王。王或取褒人之女、是褒姒、生伯盤。褒姒嬖于王。王與伯盤逐平王。平王走西申。幽王起師、圍平王于西申。申人弗畀。繒人乃降西戎、以攻幽王。幽王及伯盤乃滅、周乃亡。邦君諸正乃立幽王之弟余臣于虢。是攜惠王。立廿又一年、晉文侯仇乃殺惠王于虢。周亡王九年。邦君諸侯、焉始不朝于周。晉文侯乃逆平王于少鄂、立之于京師。三年。乃東徙、止于成周。晉人焉始啓于京師。［「廿」は釋文のまま］

〔周の幽王　妻《めと》を西申に取り、平王を生む。王　褒人の女を取る或り、是れ褒姒なり、伯盤を生む。褒姒　王に嬖せらる。王と伯盤と平王を逐ふ。平王西申に走る。幽王師を起こし、平王を西申に圍む。申人畀《あた》へず。繒人乃ち西戎を降《くだ》し、以て幽王を攻む。幽王及び伯盤乃ち滅び、周乃ち亡べり。邦君諸正乃ち幽王の弟余臣を虢に立つ。是れ攜の惠王なり。立ちて廿又一年、晉の文侯仇乃ち惠王を虢に殺す。周　王亡きこと九年なり。邦君諸侯、ここに始めて周に朝せず。晉の文侯乃ち平王を少鄂に逆《むか》へ、之を京師に立つ。三年。乃ち東徙し、成周に止まる。晉人ここに始めて京師を啓《ひら》けり。〕

③（第二章）鄭武公亦正東方之諸侯。武公卽殜（世）、莊公卽立（位）。莊公卽殜（世）、昭公卽立（位）。其大夫高之渠彌殺昭公、而立其弟子眉壽。齊襄公會諸侯于首止、殺子眉壽、車轘高之渠彌、改立厲公。鄭以始正。楚文王以啟于漢陽。

〔鄭の武公亦た東方の諸侯を正す。武公殜（世）に卽き、莊公立（位）に卽く。莊公殜（世）に卽き、昭公立（位）に卽く。其の大夫高之渠彌　昭公を殺し、而して其の弟　子眉壽を立つ。齊の襄公　諸侯を首止に會し、子眉壽を殺し、高之渠彌を車轘し、改めて厲公を立つ。鄭以て始めて正し。楚の文王以て漢陽を啟く。〕

④（第四章）…。周惠王立十又七年。赤翟王峁虐…起師、伐衛、大敗衛師於睘、幽侯滅焉。翟遂居衛。衛人乃東涉河、遷于曹、焉立戴公申。公子啟方奔齊。戴公卒。齊桓公會諸侯、以城楚丘、□公子啟方焉。是文公。文公卽殜（世）、成公卽立（位）。…。

〔…。周の惠王立ちて十又七年。赤翟王峁虐師を起こし、衛を伐ち、大いに衛師を敗り…、幽侯これに滅ぶ。翟遂に衛に居る。衛人乃ち東して河を涉り、曹に遷り、ここに戴公申を立つ。公子啟方は齊に奔る。戴公卒す。齊の桓公　諸侯を會し、以て楚丘に城く、公子啟方をここに□［立つ］。是れ文公なり。文公殜（世）に卽き、成公立（位）に卽く。…。〕

⑤（第六章）晉獻公之婢妾曰驪姬。欲其子奚齊之爲君也。乃讒大子共君而殺之。或讒惠公及文公。文公奔翟、惠公奔于梁。獻公卒。

乃立奚齊。其大夫里之克乃殺奚齊、而立其弟悼子。里之克又殺悼子。秦穆公乃内惠公于晉。惠公路秦公曰、「我後果入、使君渉河、至于梁城。」惠公既入、乃背秦公、弗予。立六年。秦公率師、與惠公戰于韓、止惠公以歸。惠公焉以其子懷公爲質于秦。秦穆公以其子妻之。…。懷公自秦逃歸。秦穆公乃召文公於楚、使襲懷公之室。晉惠公卒、懷公卽立（位）。秦人起師以内文公于晉。晉人殺懷公、而立文公。秦・晉焉始會好、戮力同心。…。

〔晉の獻公の婢妾を驪姫と曰ふ。其の子奚齊の君たるを欲するなり。乃ち大子共君を讒して之を殺す。或《ま》た惠公及び文公を讒す。文公は翟に奔り、惠公は梁に奔る。獻公卒す。乃ち奚齊を立つ。其の大夫里之克乃ち奚齊を殺し、而して其の弟悼子を立つ。里之克又悼子を殺す。秦の穆公乃ち惠公を晉に内る［入る］。惠公　秦公に賂して曰はく、「我れ後に果たして入れば、君をして河を渉り、梁城に至らしめん」と。惠公既に入り、乃ち秦公に背き、予へず。立ちて六年。秦公　師を率ゐ、惠公と韓に戰ひ、惠公を止めて以《ゐ》て歸る。惠公ここに其の子懷公を以て秦に質と爲す。秦の穆公　其の子を以て之に妻あわす。…。懷公　秦より逃げ歸る。秦の穆公乃ち文公を楚より召し、懷公の室を襲はしむ。晉の惠公卒す、懷公立（位）に卽く。秦人　師を起こして以て文公を秦に内る［入る］。晉人　懷公を殺し、而して文公を立つ。秦・晉ここに始めて好《よしみ》を會し、力を戮《あ》はせ心を同じくす。…。〕［以を特に「以《ゐ》る」と讀む時は「引き連れる・率いる・伴う」の意(33)。以下同じ。〕

⑥（第九章）晉襄公卒。靈公高幼、大夫聚謀、…乃立靈公。焉葬襄公。

〔晉の襄公卒す。靈公高　幼し、大夫聚り謀り、…乃ち靈公を立つ。ここに襄公を葬る。〕

⑦（第十一章）楚穆王立八年。…。穆王卽殜（世）、莊王卽立（位）。…。

〔楚の穆王立ちて八年。…。穆王殜（世）に卽き、莊王立（位）に卽く。…。〕

⑧（第十五章）楚莊王立、呉人服于楚。…。莊王立十又五年。…。莊王卽殜（世）、共王卽立（位）。…。王命申公聘於齊。申公…、自齊遂逃適晉、自晉適呉。焉始通呉・晉之路、教呉人叛楚。以至靈王。靈王伐呉、…、呉人焉又服於楚。靈王卽殜（世）、景平王卽立（位）。…景平王卽殜（世）、昭王卽立（位）。…。

〔楚の莊王立つや、呉人　楚に服す。…。莊王立ちて十又五年。…。莊王殜（世）に卽き、共王立（位）に卽く。…。王　申公に齊に聘するを命ず。申公…、齊より遂に逃げて晉に適き、晉より呉に適く。ここに始めて呉・晉の路を通じ、呉人に楚に叛くを教ふ。

以て靈王に至る。靈王 吴を伐ち、…、吴人ここに又楚に服す。靈王殜（世）に卽き、景平王立（位）に卽く。…。景平王殜（世）に卽き、昭王立（位）に卽く。…。〕

⑨（第十六章）楚共王立七年。令尹子重伐鄭、爲沬之師。晉景公會諸侯以救鄭。…。一年。景公欲與楚人爲好、…。共王使鄖公聘於晉、且許成。景公使翟之茷聘於楚、且修成。未還、景公卒。厲公卽立（位）。共王使王子辰聘於晉、又修成。…。明歲。…。明歲。…。厲公亦見禍以死、亡後。

〔楚の共王立ちて七年。令尹子重 鄭を伐ち、沬の師を爲す。晉の景公 諸侯を會して以て鄭を救ふ。…。一年。景公 楚人と好《よしみ》を爲さんと欲し、…。共王鄖公をして晉に聘せしめ、且つ成を許す。景公 翟之茷をして楚に聘せしめ、且つ成《たひらぎ》を修めしむ。未だ還らずして、景公卒す。厲公立（位）に卽く。共王 王子辰をして晉に聘し、又成を修めしむ。…。明歲。…。明歲。…。厲公亦た禍せられて以て死し、後なし。〕

⑩（第十七章）晉莊平公卽立（位）。元年。公會諸侯於湨梁。…。平公立五年。晉亂。欒盈出奔齊。…。

〔晉の莊平公立（位）に卽く。元年。公 諸侯に湨梁に會す。…。平公立ちて五年。晉亂る。欒盈出でて齊に奔る。…。〕

⑪（第十八章）晉莊平公立十又二年、楚康王立十又四年。…。康王卽殜（世）、孺子王卽立（位）。靈王爲令尹。令尹會趙文子及諸侯之大夫、盟于虢。孺子王卽殜（世）、靈王卽立（位）。靈王先起兵、會諸侯于申、…。靈王見禍、景平王卽立（位）、晉莊平公卽殜（世）、昭公・頃公皆早殜（世）、簡公卽立（位）。景平王卽殜（世）、昭王卽立（位）。…。晉與吴會爲一、以伐楚、閔方城。遂盟諸侯於召陵、伐中山。晉師大疫且飢、食人。楚昭王侵伊・洛、以復方城之師。晉人且有范氏與中行氏之禍、七歲不解甲。諸侯同盟于鹹泉、以反晉。至今、齊人以不服于晉、晉公以弱。

〔晉の莊平公立ちて十又二年、楚の康王立ちて十又四年なり。…。康王殜（世）に卽き、孺子王立（位）に卽く。靈王令尹と爲る。令尹 趙文子及び諸侯の大夫に會し、虢に盟ふ。孺子王殜（世）に卽き、靈王立（位）に卽く。靈王先づ兵を起こし、諸侯に申に會し、…。靈王禍せられ、景平王立（位）に卽くや、晉の莊平公殜（世）に卽き、昭公・頃公皆早に殜（世）し、簡公立（位）に卽く。景平王殜（世）に卽き、昭王立（位）に卽くや、…。晉と吴と會して一と爲り、以て楚を伐ち、方城に閔《もんせ》む。遂に諸侯に召陵に盟ひ、中山を伐つ。晉師大いに疫し且《か》つ飢ゑ人を食らふ。楚の昭王 伊・洛を侵し、以て方城の師に復す。晉人且つは范氏と中行氏との禍有り、七歳甲を解かず。諸侯　鹹泉に同盟し、以て晉に反す。今に至るまで齊人以て晉に服せず、晉公以て弱し。」

⑫（第十九章）楚靈王立、既縣陳・蔡。景平王卽立（位）、改邦陳・蔡之君、使各復其邦。景平王卽殜（世）、昭王卽立（位）、陳・蔡・胡、反楚、與吳人伐楚。…。昭王既復邦、焉克胡、圍蔡。昭王卽殜（世）。獻惠王立十又一年。蔡昭侯申懼、…。楚人焉縣蔡。

〔楚の靈王立ちて、既に陳・蔡を縣とす。景平王立（位）に卽きて、改めて陳・蔡の君を邦［封］じ、各の其の邦に復せしむ。景平王殜（世）世に卽き、昭王立（位）に卽くや、陳・蔡・胡、楚に反し、吳人と楚を伐つ。…。昭王既に邦に復り、ここに胡に克ち、蔡を圍む。昭王殜（世）世に卽く。獻惠王立ちて十又一年。蔡の昭侯申懼れ、…。楚人ここに蔡を縣とす。〕

⑬（第二十章）晉景公立十又五年。申公屈巫自晉適吳。焉始通吳・晉之路、二邦爲好、以至晉悼公。悼公立十又一年。公會諸侯、以與吳王壽夢相見于虢。晉簡公立五年。與吳王闔盧伐楚。闔盧卽殜（世）世、夫差王卽立（位）。晉簡公會諸侯、以與夫差王相見于黄池。越公句踐克吳。越人因襲吳之與晉爲好。晉敬公立十又一年。趙桓子…。晉幽公立四年。…。至今、晉・越以爲好。

〔晉の景公立ちて十又五年。申公屈巫　晉より吳に適く。ここに始めて吳・晉の路を通じ、二邦好《よしみ》を爲し、以て晉の悼公に至る。悼公立ちて十又一年。公　諸侯に會し、以て吳王壽夢と虢に相見《まみ》ゆ。晉の簡公立ちて五年。吳王闔盧と楚を伐つ。闔盧世に卽き、夫差王立（位）に卽く。晉の簡公　諸侯に會し、以て夫差王と黄池に相見ゆ。越公句踐　吳に克つ。越人　吳の晉と好を爲すを因襲す。晉の敬公立ちて十又一年。趙桓子…。晉の幽公立ちて四年。…。今に至るまで、晉・越以て好を爲す。〕

⑭（第二十二章）楚聲桓王卽立（位）。元年。晉公止會諸侯於任。…。晉魏文侯斯從晉師、晉師大敗齊師。…。齊與晉成、齊侯盟於晉軍。晉三子之大夫入齊、盟陳和與陳淏於溋門之外。曰「毋修長城。毋伐廩丘。」晉公獻齊俘馘於周王、遂以齊侯貸・魯侯顯・宋公田・衛侯虔・鄭伯駘、朝周王于周。

〔楚の聲桓王立（位）に卽く。元年。晉公止　諸侯に任に會す。…。晉の魏文侯斯　晉師を從へ、晉師大いに齊師を敗る。…。齊と晉と成ぐ、齊侯　晉軍に盟ふ。晉の三子の大夫　齊に入り、陳和と陳淏とに溋門の外に盟ふ。曰はく、「長城を修むる毋かれ。廩丘を伐つ毋かれ」と。晉公　齊の俘馘を周王に獻じ、遂に齊侯貸・魯侯顯・宋公田・衛侯虔・鄭伯駘を以《ゐ》て、周王に周に朝す。(34)〕

⑮（第二十三章）楚聲桓王立四年。宋公田・鄭伯駘、皆朝于楚。…。聲王卽殜（世）世、悼哲王卽立（位）。…。明歲。…。明歲。…。明歲。…。厭年。韓取・魏擊率師圍武陽、以復郜之師。魯陽公率師救武陽、與晉師戰於武陽之城下。楚師大敗。魯陽公・平夜悼武

君・陽城桓定君、三執珪之君與右尹昭之族死焉。楚人盡弃其旃・幕・車・兵、犬逸而還。陳人焉反而入王子定於陳。楚邦以多亡城。〔楚の聲桓王立ちて四年。宋公田・鄭伯駘、皆楚に朝す。…。聲王世に卽き、悼哲王立（位）に卽く。…。明歲。…。明歲。…。明歲。…。厭年。韓取・魏擊　師を率ゐて武陽を圍み、以て郜の師に復す。魯陽公　師を率ゐて武陽を救ひ、晉師と武陽の城下に戰ふ。楚師大いに敗る。魯陽公・平夜悼武君・陽城桓定君、三執珪の君と右尹昭之族とこれに死す。楚人盡く其の旃・幕・車・兵を弃て、犬逸して還る。陳人ここに反《かへ》つて王子定を陳に入る。楚邦以て城を亡ふこと多し。〕

⑯（第二十三章）楚師將救武陽。王命平夜悼武君、使人於齊陳淏求師。陳疾目率車千乘、以從楚師於武陽。甲戌。晉・楚、以戰。丙子。齊師至喦、遂還。

〔楚師將に武陽を救はんとす。王　平夜悼武君に命じ、人をして齊の陳淏に師を求めしむ。陳疾目　車千乘を率ゐ、以て楚師に武陽に從ふ。甲戌。晉・楚、以て戰ふ。丙子。齊師　喦に至り、遂に還る。〕［網掛け部は日干支で干支紀日法の使用を示す。］

以上の「繫年」の本文について、まず注目されるのは、⑩「晉莊平公卽立（位）。元年。」、⑭「楚聲桓王卽立（位）。元年。」の書法である。これは卽位→元年を示し、先述の三種のうち甲「當年卽位・當年稱元法」もしくは乙「當年卽位・踰年稱元法」の書法と理解される。これをいずれかに特定し難いのは『繫年』には「元年。春。」の四時（春夏秋冬）の書法（四時記載法）が見えないからである。いずれにせよ『繫年』の書法が當年卽位であることは明らかである。

次に、先君Aと嗣君Bとの關係を示す書法について檢討すると、次のように整理される。

i　「A**卽世**、B**卽立**（位）」の**書法**（十四例―楚王九〔⑦⑧⑪⑫⑮、うち三例は平王から昭王への同一例〕、鄭君二〔③〕、晉君一〔⑪〕、衞君一〔④〕、吳王一〔⑬〕）―　先述のように殯禮や宗廟（祖廟）の祭祀による「君位の世襲」を示す。當年卽位と解される。なお「A卽世」單獨は⑫の昭王の一例。

ii　「A卒。B**卽立**（位）」や「B**卽立**（位）」の**書法**（前者は晉君の二例〔⑤⑨〕、後者は五例で周王一〔①〕、晉君一〔⑩〕、楚王三〔⑪⑫⑭〕）―　祭祀及び政事による「君位の世襲」を示す。當年卽位と解される。「卽世」と「卒」は二者擇一的に用いられている。なお『繫年』全體では「A卒」は八例（晉君六、衞君一、宋君一）である。

iii　「（C）**立**B」の**書法**（九例で周王二〔②（2）〕、鄭君二〔③（2）〕、衞君一〔④〕、晉君四〔⑤（3）、⑥〕）―　國內大夫や他國諸侯

（C）に「擁立されて君位を世襲する」（しばしば弑君・弑太子を伴う）ことを示す。Cは明示されないこともある。

iv　「B立」の書法（一例で①の周王卽ち共伯和の例）――　世襲に限定されず「君位に立つ」を意味する。

v　このiii・iv型の「立」を書せば「卽立（位）」を重ねて書するに及ばない。「立」の外延（概念の範圍）は「卽立（位）」を包括する。

又「立」は政治性が强調された書法と言える。

vi　「卽立（位）」を書して重ねて「立」を書する場合は「立つや、立ちて」の意と解される（⑧楚莊王、⑫楚靈王の例）。「立〇〇年（立ちて〇〇年）」も同じ。

vii　「卽立（位）」を書して重ねて「卽立（位）」を書する場合は「卽位するや、卽位して」の意（⑪楚景平王、昭王、⑫楚景平王、昭王の例）と解される。

また、『繫年』では第二十三章において干支紀日法が用いられている。一方、四時記載法の使用は見られない。

三―（二）『繫年』テキストの成書時期と『原左氏傳』及び『國語』

『繫年』テキストの成書時期については、二十三章に見える「楚悼王」の謚號が最後であることから、李學勤主編『清華大學藏戰國竹簡（貳）』所收『繫年』の【說明】では「可知此篇作於楚肅王、或更晚的楚宣王之世、和《清華大學藏戰國竹簡》第一輯所收的《楚居》時代大致相同。」（一三五頁）と肅王遲くとも宣王の時代とし、『楚居』と同時期としている。その『楚居』の年代は、やはり李學勤主編同（壹）『楚居』の【注釋】八〇では「肅王爲悼王子、《楚居》不記悼王子肅王之謚、該篇很可能作於其在位時。」（一九二頁）と肅王期の可能性が高いとしている。[35]資料に卽しての無理の無い推論と思われる。卽ち『繫年』は『楚居』と同様に肅王期（史記・六國年表ではBC三八〇～BC三七〇年、平勢年表ではBC三八五年～BC三七五年[36]）の作である可能性が高いとしてよいであろう。

さて、『繫年』テキストの注目される第二點は、第一章の「乃ち厲王を彘に歸す。共伯和立つ。」との共伯の王權簒奪の記事である。これについては既に本書第一章（二）の一において論じた所であるが、今改めてその要を取って確認しておきたい。從來この共伯和の簒奪の事は傳世文獻には明記が無く、『史記』十二諸侯年表序には「太史公　春秋・曆譜諜を讀み、周の厲王に至りて、未だ嘗て書を廢して歎ぜずんば非ざるなり」との記事があるものの、太史公の讀んだ「春秋」とは何かが不明であった。一方、『史記』周本紀は

「召公・周公、二相　政を行ふ、號して共和と曰ふ」と記す。この周本紀の記事からすれば「太史公」が歎じた理由は全く理解し難い。『左傳』所收の『春秋左氏經』、『公羊傳』『穀梁傳』及びその所收の『春秋經』にも周の厲王のことは記されていない。但し『國語』周語上に「厲王虐なり。…。王を彘に流す」とし、『左傳』昭公二十六年には「厲王は心　戾虐なり。萬民忍びず。王を彘に居らしむ。諸侯　位を釋てて以て王政に閒《たずさ》わる。宣王　志有りて、而る後に官を效す」と記す。これらは『史記』周本紀よりは踏み込んでいるが、基調は同じで共伯和の簒奪（自立）には言及していない。

だが、西晉の咸寧五年（二七九年）汲郡出土とされる『汲冢紀年』（その輯佚・校補本が『古本竹書紀年』）には「共伯和、王位を干《をか》す」と周本紀には無い記事が記載されている（『史記』周本紀・索隱「若汲冢紀年則云、共伯和干王位。」）。從來これは孤證とされてきたが、この『繫年』の出現により『汲冢紀年』卽ち『古本竹書紀年』の云う共伯和による王位の簒奪の記事が傍證されたと言えよう。されば、「太史公」が常に歎じていたのは共伯和による王位の簒奪であるとの趣意が、ここに明らかとなったと考えられる。

『墨子』明鬼下篇には「周の春秋」「燕の春秋」「宋の春秋」「齊の春秋」についてその記事が引用されている。戰國期に「魯の春秋」のみならず列國の「春秋」の行われたことは否定し難い。されば、太史公の讀んだ「春秋」が、「周の春秋」或はこの『繫年』のような類の「春秋（史記）」という想定も可能性としては排除されないと言えよう。

ここに、『繫年』の様相をその第一章から第七章までについて概觀すると、第一章は、周の武王の功業、共伯和の自立（簒奪）、宣王の卽位と周の衰退を記す。第二章は、周の幽王の失政と周の滅亡、諸侯の惠王擁立、晉の文侯の惠王弑殺と文侯による平王の擁立と東遷、そして晉の勃興、鄭の武公の功業、鄭の莊公を經て昭公の高之渠彌による弑殺、齊の襄公による諸侯の會と鄭の亂の平定、楚の文王の漢陽への經略を記す。第三章は、周の成王が舊殷の商蓋の民を西に移しこれが秦の先人となったこと、周の東遷後に秦が周の墳墓を守り、秦が始めて大となったことを記す。第四章は、成王による衞の康叔の封建とその後の赤翟による衞の滅國、齊の桓公が諸侯を會して楚丘に城き衞の文公を立てた功業と、又も翟に伐たれ衞が帝丘に遷るを記す。第五章は、蔡侯と息侯の陳女息嬀をめぐる争い、楚の文王による息の滅亡と文王が息嬀を以《ゐ》て歸り成王を生んだこと、文王の北方經略を記す。第六章は、晉の獻公の妾驪姫による後嗣をめぐる争い、秦の穆公による惠公の入晉と卽位、惠公の背信による秦の穆公との韓の戰い、そして晉の文公の諸國亡命と秦の穆公による文公の入晉と卽位、秦・晉の好《よしみ》を記す。第七章は、晉の文公の城濮の戰による楚への勝利と楚の俘馘を周王に獻じ、踐土に諸侯の盟主となり霸者の功業をとげたことを記す。

このように見ると、『繫年』は一國の史記（春秋）ではなく列國史の集成による「天下の史記」とも稱すべき構成となっていることが窺えよう。これに對比し得る文獻は『原左氏傳』や『國語』となろう。但し『繫年』には未だ『國語』の一部（晉語）や『原左氏傳』に見られる四時記載法は無く、それらより古い史記の形態である可能性が考えられる。

また第一章の共伯和の自立や第二章の晉文侯の平王擁立の功業は『原左氏傳』には無いことも注目される。

更に、『繫年』の書法が『原左氏傳』に比して一次資料に卽した古樸さを示すと思われる要素は、楚王の呼稱の問題である。周知のように『原左氏傳』や『春秋左氏經（春秋經）』では「楚王」を「楚子」と中國の周王の五等爵の第四位を以てする政治的呼稱卽ち一種のメタ言語的呼稱（對象について記述する對象言語 object language に對し、對象言語の記述內容に記述的操作を加える言語がメタ言語 meta language である）が習用される。だが『繫年』は「楚の文王」（二、五章）に始まり、楚王を「成王」（七章）、「穆王、莊王」（十一章）、「莊王」（十二、十三章）、「莊王、靈王、景平王」（十五章）、「共王」（十六章）、「康王、孺子王、靈王、景平王、昭王」（十八章）、「靈王、景平王、昭王、獻惠王」（十九章）、「簡大王」（二十一章）、「聲桓王」（二十二章）、「聲桓王、悼哲王」（二十三章）と記し、『原左氏傳』や『春秋左氏經（春秋經）』の「楚子」というメタ言語的手法ではなく、實際の王の謚號を用いている。この點にも『繫年』の先行性が窺えよう[37]。

次に『繫年』全體の敍述を概觀すると、②の第二章の晉の文侯の平王擁立の功業と、⑭の第二十二章の晉の魏文侯（共に文侯）の大勝による晉の勤王の業と、また引用文にはないが第三章の「周室旣に卑し」と、⑪の第十八章の「晉公以て弱し」の狀況とは、ともに本末相呼應して三晉の勃興に歸結している。そして、先の引用文の⑪と⑬の波線部に見える「繫年」テキスト編者の「今」とは、晉の弱體化と魏・趙・韓が周王より諸侯に列するの命を受ける周の威烈王二十三年・晉の烈公十六年（六國年表：BC四〇三年）直前の狀況を示している。また⑭の晉公の周王への齊の俘馘の獻上も魏文侯らの三晉の功であり、清華簡『繫年』の【注釋】十六（同一九四頁）が「晉公は晉の烈公、此の時は當に是れ晉の烈公の十六年なるべし。三晉　齊の俘馘を獻ずるを以て名と爲し、周王に諸侯と爲すを命ずるを要求す。」とするのは妥當な見解と言えよう。

されば、『繫年』テキストは、第二十二章までが、一種の天下の史記として晉（三晉）の立場にて第一次成書した可能性が想定され

（BC四〇〇年前後）[38]、更に楚の記事が中心になり干支紀日法を用い編年體にも近づいている二十三章を含むテキスト全體の最終成立は、先に述べたように楚王の諡號や『楚居』との相同性から粛王期（六國年表：BC三八〇～BC三七〇）と推定されるのである。

以上の二、三の考察から『繫年』と『原左氏傳』の記事や書法は、共に當年卽位において共通することが知られる。したがって春秋期の卽位の實態は當年卽位であると結論し得る。

また、用語と書法等から見ると『原左氏傳』に比して『繫年』はより先行する可能性が想定されるのである。これは右に述べた『繫年』の成書時期と本書第二章（一）にて提示した『原左氏傳』の成立時期との關係とも整合するものと言えよう。

更にまた『國語』とこの兩テキストとの比較においてこれを述べるならば、次のように言えよう。『國語』では「闔閭卽世。」（楚語下第十六）や「先人就世、不穀卽位。」（越語下第二十一）と「卽世（就世）」の語が用いられ、晉語第十の晉の文公の記事では「十月惠公卒。十二月秦伯納公子。…。壬寅。公入于晉師。甲辰。秦伯還。丙午。入于曲沃。丁未。入于絳。卽位于武宮。戊申。刺懷公于高梁。…。元年。春。…。」とあり、文公は惠公の卒年に武宮にて卽位（當年卽位）し、翌年春に元年を稱しており（踰年稱元）、又干支紀日法も用いている。四時記載法については、この文や同文公二年、晉語第七の獻公十七年、同第十二の厲公七年及び同第十四の平公の記事にその用例が見える。但し、四時記載法は未だ部分的で初期の段階に在ると見られ、又周の天子を「天王」と書する例は未だ存在しない。したがって『國語』は『原左氏傳』よりは先行するテキストと見られる。

一方、『繫年』では干支紀日法は用いられているが、四時記載法は未だ全く用いられていないのに對して、『國語』では干支紀日法はもとより四時記載法を用い始め、かつ楚王を「楚子」の稱を以て記す例（周語中第二、晉語第十）が見られることから、『國語』は『繫年』よりは後出のテキストである可能性が想定される。

したがって時系列的には、『繫年』―『國語』―『原左氏傳』、との關係に在るという理解に到達するのである。

四　『春秋左氏經（春秋經）』の用語と書法

『春秋左氏經（春秋經）』では「卽世」の用語は皆無であり、周王・諸侯・大夫の死は崩・薨・卒を以て書せられている。これは周王を指して「天王」と稱する用語と共に『春秋左氏經（春秋經）』テキストの『原左氏傳』に比しての新しさを示すものと言えよう。また書法として「卽位」について踰年稱元・正月卽位法が立てられている。これも先述のように『春秋左氏經（春秋經）』テキストの『原左氏傳』に比しての新しさを示している。そして周知のように干支紀日法と共に四時記載法が『原左氏傳』よりも一律化を徹底して使用されているのである。

このうち『春秋左氏經（春秋經）』の踰年稱元・正月卽位法については、既に先に第二章㈢の四にて論じた所であるが、ここではその結論のみを再説して確認すると次のようである。

卽ち『春秋左氏經』制作者の認識は、『經』において踰年稱元・正月卽位の原則を立て、十二公はいずれも「正月卽位」を爲したとするが、『經』の筆法として四公を「不書」「不稱」としその褒貶の意を〈解經文〉にて解説する、というものと理解されるのである。

今日の實證的研究の見地からすれば、本書が論ずるように、そもそも『原左氏傳』には「正月卽位」の記事は皆無であり、「正月卽位」は『經』と『左傳』の解經文（先の四公の不書・不稱についての變例）においてのみ記されているのであった。したがって、この『經』と解經文とは「正月卽位」を一つの原則として、つまり「名」として確立せんとしているものと言えよう。そして、この「名」は、經制作者による『春秋左氏經（春秋經）』と、同じく經制作者によると推定される『左氏傳』の解經文に據ってのみその根據を有しているのである。

これを要するに、『春秋左氏經（春秋經）』では『原左氏傳』に見られる春秋期の諸侯の卽位の實態とは異なった「正月卽位法」が、經制作者に由って「名」として確立されていることになると言えよう。

五　『古本竹書紀年』と『今本竹書紀年』の書法

先の『汲冢紀年』は所謂竹書紀年であるが宋代に散逸し、その輯佚本が清・朱右曾輯錄『汲冢紀年存眞』であり、その王國維による校補本が次に記す『古本竹書紀年』である[39]。

まず、『古本竹書紀年』（清朱右曾輯錄、王國維校補本）より卽位・稱元に關する主な記事を摘記すると次のようになる。

① 昌意…。黃帝死七年。其臣左徹乃立顓頊。…。帝堯。元年。丙子。…。（太線部は年干支、以下同じ。）

②　夏后氏。禹。…。禹立四十五年。啓。…益干啓位、啓殺之、…。相。后相卽位。居商邱。元年。征淮夷畎夷。二年。…。七年。午夷來賓。…。后荒卽位。元年。以玄圭賓于河。…。后發卽位。元年。諸夷賓于王門。…。（卽位→元年）

③　商。湯有七名而九征。…。仲丁卽位。元年。自亳遷于囂。征于藍夷。…。（卽位→元年）

④　周。武王。十一年。庚寅。周始伐商。…。武王年五十四。成王。康王。六年。齊太公望卒。…。昭王。…。昭王末年。…、王南巡不反。…。穆王。元年。…。三十七年。伐越、大起九師。…。共王。懿王。元年。…。孝王。七年。冬。大雨雹、…。夷王。二年。…。七年。冬。雨雹、大如礪。厲王。共伯和干王位。共和十四年。大旱、火焚其屋。伯和篡位、立。秋。又大旱。其年周厲王死。宣王立。…。（四時記載法、年干支）

⑤　魏。武侯十一年。城洛陽及安邑王垣。…。惠成王伐趙、…。六年。四月。甲寅。徙都于大梁。…。（波線部は日干支、以下同じ。）

『古本竹書紀年』では、②③の記事に明らかなように卽位して然る後に元年を稱し、更に④では四時記載法を用いる。つまり〈當年卽位〉し、その上で當年稱元若しくは踰年稱元したとする書法である。①～③では當年稱元か踰年稱元かは明らかではないが、④の四時記載法に據る記事の存在を見ると、周以後は踰年稱元法を用いて記しているものと解される。また『繫年』『原左氏傳』『春秋左氏經（春秋經）』と同じ干支紀日法（波線部）に、新たに干支紀年法（太傍線部の二例）を用いている[40]。一方、「卽世」の用語は見られない。なお、王國維校補本は削除しているが、朱右曾『汲冢紀年存眞』[41]は『左傳』昭公二十六年・孔穎達疏の所引文を踏まえて「晉。…。文侯、…。十年。申侯・魯侯及許文公立平王于申。以本太子、故稱天王。…。周二王並立。」と記す。『汲冢紀年』の作者は、春秋テキストの「天王」を意識してこのような「天王」の語の來歷を說く記事をものしたと考えられるのである。

次に、同じ「竹書紀年」テキストを稱するものの、明代の僞書とされる『今本竹書紀年』[42]について、同樣に摘記すると、次のようになる。

①　黃帝軒轅氏。元年。帝卽位。居有熊。…。帝顓頊高陽氏。元年。帝卽位。居濮。…。帝嚳高辛氏。元年。帝卽位。居亳。…。帝堯陶唐氏。元年。丙子。帝卽位。居冀。…。（元年→卽位、年干支）

②　帝禹夏后氏。元年。壬子。帝卽位。居冀…。帝啓。元年。癸亥。帝卽位于夏邑。…。（元年→卽位、年干支）

③　殷商成湯。十八年。癸亥。王卽位。居亳。…。外丙。元年。乙亥。卽位。居亳。…。盤庚。元年。丙寅。王卽位。居奄。…。帝

辛。元年。己亥。王卽位。居殷。…周師伐殷。（元年→卽位、年干支）

④周武王。…。十七年。命王世子誦于東宮。冬。十有二月。王陟。年五十四。成王。元年。丁酉。春。正月。王卽位。命冢宰周文公總百官。庚午。周公誥諸侯于皇門。夏。六月。葬武王于畢。…。三十七年。夏。四月。乙丑。王陟。康王。元年。甲戌。春。正月。王卽位。…。厲王。元年。戊申。春。正月。王卽位。…。二十六年。大旱。王陟于彘。…。共伯和歸其國。遂大雨。宣王。元年。甲戌。春。正月。王卽位。周定公・召穆公輔政。…。四十六年。王陟。…。（元年→正月卽位、四時記載法、日干支、年干支）

これらの例に示されるように、『今本竹書紀年』が古本と異なるのは、一貫する〈元年→卽位〉の書法である。特に④の周の記事では明らかに「春秋經」と同軌の〈元年→正月卽位〉という踰年稱元・正月卽位法によって記事が書かれていることが知られるのである。また四時記載法や干支紀日法・干支紀年法が確認されるが「卽世」の語は無い。

六　『繫年』『國語』『原左氏傳』『春秋經』『古本竹書紀年』及び『今本竹書紀年』における用語と書法の比較

ここに上來考察した各テキストの書法の、Ⅰ卽世、Ⅱ當年卽位、Ⅲ踰年正月卽位、Ⅳ四時、Ⅴ干支紀日、Ⅵ干支紀年、の有無を一覧にして示すと次のようになる。

	Ⅰ	Ⅱ	Ⅲ	Ⅳ	Ⅴ	Ⅵ
繫年	○	○			○	
國語	○	○		○	○	
原左氏傳	○	○		○	○	
春秋經			○	○	○	
古本竹書紀年		○		○	○	○
今本竹書紀年			○	○	○	○

このように『繫年』と『國語』と『原左氏傳』と『古本竹書紀年』は、當年卽位で共通し、書法の類縁性と發展性が窺える。[43] これに對して、『春秋經』（『春秋左氏經』及び穀梁傳・公羊傳型『春秋經』）の踰年正月卽位は僞作とされる『今本竹書紀年』とのみ共通し、干支紀年を除けば兩者は同一の樣相となる。そこに『春秋經』を權威とする後世の經學的思惟により『今本竹書紀年』が作爲されたことが看取されよう。

以上の出土資料を介しての考察から浮かび上がるのは、

x：『繫年』―『國語』―『原左氏傳』―『古本竹書紀年』

y：『春秋經』―『今本竹書紀年』

というテキストの時系列的及び類縁的關係である。

このxの系列では、『原左氏傳』と『繫年』の卽世と卽位等を中心にした檢討を通して、

〈當年卽位〉が春秋期の卽位の實態であったことが明らかにされた。

一方yの系列では、『春秋經』の「元年。春。王の正月。公　位に卽く。」という踰年の〈正月卽位〉の書法で共通するが、その春秋期の實態としての裏附けは、傳世文獻からも、出土資料からもなされ得ないことが明らかになった。つまりこの春秋經の正月卽位法は『經』とその解經文においてのみ論ぜられているものであった。そしてその『春秋經』と相對應するのが僞書である『今本竹書紀年』であるという構圖がここに明らかとなったのである。

したがって上來の考察の歸結として、春秋經（『春秋左氏經』及び穀梁・公羊傳型『春秋經』）の「元年。春。王。正月。公卽位。」という踰年稱元しての〈正月卽位〉は、『原左氏傳』には無かった新たな正月卽位法という原則を『春秋左氏經』において「名」として立てたことに始まることが、ここに明らかになったと言えよう。

【註】

（1）この三段階における『原左氏傳』、『春秋左氏經』、『春秋經（穀梁傳・公羊傳型）』の所載紀年の時間軸の長さの比較一覧は次のようになる。

（『原左氏傳』所載魯史及び晉史については本書第三章を參照。）

Ⅰ『原左氏傳』（二七〇年間）
　隱公元年（BC七二二）——悼公十四年（BC四五三）
『原左氏傳』所載魯史（二五五年間）
　隱公元年（BC七二二）——哀公二十七年（BC四六八）
『原左氏傳』所載晉史（二六六年間）
　隱公五年（BC七一八）——悼公十四年（BC四五三）

Ⅱ『春秋左氏經』（二四四年間）
　隱公元年（BC七二二）——哀公十六年（BC四七九）
『春秋左氏傳』（二七〇年間）
　隱公元年（BC七二二）——悼公十四年（BC四五三）

Ⅲ『春秋經（穀梁傳・公羊傳型）』（二四二年間）

隱公元年（BC七二二）――――――――哀公十四年（BC四八一）

（2）新城新藏氏は『東洋天文學史研究』（平成元年複製版、臨川書店、昭和三年初版發行）において、「歳星は十二年にて天を一週し、一年には周天の十二分の一を行くものと見、從って周天を十二次に分ち、歳星所在の次を指示することによりて其年を指定する方法は、左傳及び國語に用ひられて居る。西紀前三六五年に歳星が星紀の次に在ることを推算の基礎として居り、又それは實際の天象にも適合して居るので、この歳星紀年法は前三六五年に天象を觀測したる後に始められたものであることは疑もない。」（五八一頁）とし、かつ「左傳及國語に見えたる歳星の記事は西紀前三六五年の天象觀測により、この年を基準原始の歳として推歩したるものなるが故に、其製作はこの年以後でなければならぬことは無論である、が併しこの基準の年より十數年を經れば、既に觀測と推歩との間に若干の差違あることに氣がつく筈であらうから、この記事の製作は、基準の年以後數年以內でなければならぬ」（三八七頁）とし、また「十二次と分野とは同時代に制定されたもので、その年代は、歳星記事及び歳陰紀年に對する元始の年、卽ち西紀前三六五年頃に適當する」（三七七頁）としている。

飯島忠夫氏は『支那曆法起原考』（昭和五十四年、第一書房、復刻原本昭和五年）において、BC四四六年〜BC三五一年を冬至點測定時代（二五三〜二五四頁）とし、その實際の測定年代を「大約BC三九六からBC三八二までの間」（同二三七頁）とし、また『支那古代史と天文學』（昭和五十七年、第一書房、復刻原本昭和十四年）において、「冬至點の知識の最も古いものはそれが二十八宿中の牽牛の初度（β.Capricorni の附近）卽ち星紀の中央點に存在した時のものである。これは西紀前四百年頃の觀測に本づくものと推定される。」（九一〜九二頁）とし、歳星紀年法については「木星紀年法が本づくところの實測の期間の上限をば、其の順序の第一なる星紀の年をとってBC三六六とすることが出來る。」（飯島前揭第二書九〇頁）とし、「曆法に伴なって木星の知識もまた支那に輸入され、此の兩者が結合せられて、支那の古曆に於けるBC三六六の假裝的曆元が成立したのであらう。」（同九〇頁）としている。

近年、小沢賢二氏は『中国天文学史研究』（二〇一〇年、汲古書院）において、「「BC四〇一XII26」の「冬至」に「木星」がちょうど「太陽」に重なって夕星として「伏」の状態になっていることが確認できる」とし「「歳星」は一年ごとに十二年をかけて時計回りのように周天し、遂にはまた「伏」となるという周期性は、永遠に繰り返すものと信じ込んでいたわけである。だが、「木星」の公転周期である「11.862年」を認識していなかった上に、當初設定した起点を「星紀」のちょうど中間地点である「中点」としたため、「木星」は第三周と三分の一にあたる四十年後の「BC三六一XII26」の「冬至」から「一次」ズレはじめていた。」（小沢前揭書九三頁）とする。

『原左氏傳』の踰年稱元と四時による記事配列の原則（四時記載法）の成立は精確な冬至點測定と深く關わっている。「春秋では冬至から春分までを春とし、春分から夏至までを夏とし、夏至から秋分までを秋とし、秋分から冬至までを冬とする。」（飯島前掲『支那古代史と天文學』二九五頁）とされるが、『原左氏傳』の四時記載法は冬至を意識してはじめて成立する。されば、天象における冬至點測定期と歲星紀年法及び十二次・分野說の開始期は『原左氏傳』の成立時期を示すめやすとなり、時系列的には後者が決め手となろう。該書の成立をBC三六五年頃とする所以である。なお、今本『左傳』の歲星關連記事には作經期（BC三五一年前後）に新たな傳文として附加されたものも含むと見られる。

（3）拙著『戰國思想史研究――儒家と墨家の思想史的交渉――』（平成十六年五月、朋友書店）第二部第二章「『左傳』の資料的性格」、同第三部第二章「「魏の稱夏王」をめぐる春秋学派と墨家」參照。

（4）前掲拙著第三部「墨家の非命と諸侯の稱王」參照。

（5）新城新藏『東洋天文學史研究』（平成元年複製版、臨川書店、昭和三年初版發行）四八〇頁。なお原文が「西紀五九五年」とするのは「西紀前五九五年」の意である。

（6）新城前掲書、五五七～五五九頁。

（7）飯島忠夫『支那古代史と天文学』（昭和五十七年、第一書房、復刻原本昭和十四年）において、飯島氏は新城氏の研究方法について次のように述べている。「博士は最初儒教經典の中にある天文學的事項に對して一般に說明的態度を取られ、（但し三正論に對しては批判的であった）、其の後左傳國語にある木星の記載に對してのみ批判的態度を取られることとなった。其の結果として、左傳國語の著作年代を戰國時代に引下げられた。…。此の如くして一旦說明的態度を變更して批判的態度を取られた以上、何故にそれを以て左傳國語の朔旦冬至の記事及び書經詩經春秋等の天文事項に及ぼすことを躊躇されたのであらうか。私がすべての經典に對して批判的態度を取るに至つたのは、實に左傳國語の木星の位置と朔旦冬至とに對して批判を下したことから始まつたのである。私は新城博士が今も尙其の批判的態度を左傳國語の木星の記載にのみ限局されて居ることについて、其の理由を了解するに苦むのである。（大正十五年七月東洋學報第十五卷第四號掲載）」（飯島前掲書一三一頁）

（8）斉藤国治・小沢賢二『中国古代の天文記録の検証』（一九九二年、雄山閣）五七頁。

（9）飯島前掲書四八頁。飯島氏の左傳劉歆僞作說や十干十二支（十日十二辰）戰國起源說の不可なることは既に新城氏の批判等により落着の論である。一方、曆法の西方からの傳播を想定しての經學的思惟の相對化という視點からの多岐にわたるその所論には掬すべき示唆が含まれる。

（10）飯島前掲書、六七頁。

（11）『左傳』において「慝」を含む用例は二四例（慝八例、讒慝八例、淫慝四例、隱慝、詐慝、姦慝、苛慝各一例）がある。その單字の用例を擧げると、閔二年「偏躬無慝」杜註「惡意」、僖公十五年「不如殺之、無聚慝焉。」杜註「相聚爲惡。」會箋「慝、怨慝也。」」、襄十一年「毋留慝。」

杜註「速去惡。」會箋「慝、隱惡也」、襄十一年「諸侯無慝、君之靈也。」、昭二十五年「日入慝作。弗可知也」杜註「慝、奸惡也。」等となっており、「慝」とは「惡、隱惡、奸惡」の意である。

(12) 前掲拙著第二部第二章「『左傳』の資料的性格」、同第三部第二章「「魏の稱夏王」をめぐる春秋学派と墨家」參照。

(13) 白川静『字統』(平凡社、一九八四年)十五頁。

(14) 尾形勇「中国の即位儀礼」は「唐代の「伝位」のばあいには「柩前即位」が通例であった。…。すなわち、七日間の「殯《かりもがり》」の期間中に殯所(おおむね柩が移置された太極殿)において新皇帝は即位したのである。」(井上光貞編『東アジアにおける儀礼と国家』二五頁、一九八二年、学生社)とする。唐代のみならず周初の康王卽位が殯禮にて爲されたとの『尚書』顧命の記事の如く、歴代の卽位はこの殯禮卽位(柩前卽位)を基軸に行われている。

(15) 班固『漢書』藝文志第十は「尚書古文經四十六卷、經二十九卷、傳四十一篇、…周書七十一篇、議奏四十二篇。凡書九家四百一十二篇。易曰『河出圖、洛出書。聖人則之。』故書之所起、遠矣。至孔子篹焉。上斷於堯、下訖于秦、凡百篇。而爲之序、言其作意。秦燔書、禁學。濟南伏生獨壁藏之。漢興、亡失、求得二十九篇、以敎齊魯之閒、訖孝宣世、有歐陽大小夏侯氏、立於學官。古文尙書者、出孔子壁中。武帝末、魯恭王壞孔子宅、欲以廣其宮、而得古文尙書及禮記・論語・孝經凡數十篇、皆古字也。恭王往入其宅、聞鼓琴瑟鐘磬之音、於是懼、乃止不壞。孔安國者孔子後也。悉得其書、以考二十九篇、得多十六篇。安國獻之。遭巫蠱事、未列于學官。云々」とする。また星野恆『漢文大系 毛詩・尙書』「書經解題」(明治四十四年、冨山房)、小林信明『古文尙書の研究』(昭和三十四年、大修館書店)及び加藤常賢『眞古文尙書集釈』(昭和三十九年、明治書院)等參照。なお、本書所引の『尙書』は、嘉慶二十年江西南昌府學開雕『重栞宋本尙書注疏附挍勘記』(十三經注疏本)を底本とする。

(16) 『尚書』周書顧命第二十四・孔穎達疏は「鄭玄云、癸酉蓋大斂之明日也。鄭、大夫以上殯斂皆以死之日、數。天子七日而殯、於死日爲八日。故以癸酉爲殯之明日也。」とし、顧炎武著『日知錄』黄汝成集釋・卷二・顧命には「胡氏曰、…。大行初喪、不可一日無君、又不可遽行卽位之禮。嗣王定位于初喪、以主喪之位、定其爲君。云々。」とする。したがって、胡氏の曰うように「嗣王は位を初喪に定め、喪に主たるの位を以て、其の君たるを定む。」のであり、康王は成王崩御の七日目の殯禮にてその祭主として君たるの位を確定し、その翌日に柩前にて顧命を受ける儀を以て新王たるを百官に示したものと理解されるのである。

(17) 平勢隆郎『新編 史記・東周年表―中國古代紀年の研究序章』(一九九五年十一月、東京大學出版會)において、平勢氏は、史記における年代のずれが、立年稱元法を踰年稱元法によって記載した際に發生したものとして體系的に檢討し、立年稱元法に據る年表を踰年稱元法のものと對照して提示している。同書では當年卽位・踰年稱元法の開始を魏惠成王元年（BC三七〇年）としている。

（18）第一章註（1）前出、李學勤主編『清華大學藏戰國竹簡（貳）』下冊（二〇一一年十二月、上海中西書局）より。

（19）小林信明『古文尙書の研究』（昭和三十四年、大修館書店）において小林氏は「僞古文尙書に關しては、それ等が先秦の古書又は古書に引用せられた尙書の佚文などを適當に按排し弥縫したものである」（二四五頁）とし、また加藤常賢『新釈漢文大系25　書経上』（昭和五十八年、明治書院）所收宇野精一「解說」において宇野氏は「つまり僞古文は、古代の漢以前の諸文献、例えば『左伝』『孟子』『墨子』等々の中に『書』の語として引用されている真古文尙書の語句を拾い出して、それに肉附けをして一つ一つの篇にまとめたものである」（同書十二頁）とする。このように僞古文尙書テキストには戰國期古書の佚文や知見の反映が看取し得るところである。

（20）前揭拙著『戰國思想史研究――儒家と墨家の思想史的交渉――』參照。

（21）拙稿「春秋經及び春秋左氏傳における「天王」について」（『秋田大學教育文化學部研究紀要　人文科學・社會科學』第六〇集、平成十七年三月）參照。同拙稿において、『左氏傳』では「天子」が五五例、「天王」が七例であるのに對して、『春秋左氏經』では「天子」は一例のみで、「天王」が二六例であることを指摘し、同「（五）天型世界觀と天地型世界觀」章において春秋テキストの「天王」概念の背景に天地型世界觀が在り、天型世界觀に立つ「天子」の概念と對照的であることを論じている。

（22）鎌田正『左傳の成立と其の展開』（昭和三十八年、大修館書店）三八二～三八六頁。

（23）『左傳』においては、「魯公」は文公十二年の秦使の言に「寡君願徼福于周公・魯公、以事君」とあり、又定公四年の衞の子魚の言に「昔武王克商、成王定之。選建明德、以蕃屛周。故周公相王室、以尹天下。於周爲睦。分魯公以大路大旂・夏后氏之璜・封父之繁弱・殷民六族・條氏徐氏蕭氏索氏長勺氏尾勺氏。使帥其宗氏、輯其分族、將其類醜。以法則周公。用卽命于周。是以使之職事于魯、以昭周公之明德。分之土田陪敦・祝宗卜史・備物典策・官司彝器。因商奄之民、命以伯禽、而封於少皡之虛。」とあり、初封の爵位は「公」であったことを窺わせる。一方で、昭公五年に「晉侯謂女叔齊、曰、「魯侯不亦善於禮乎。」對曰、「魯侯焉知禮。」」とあり、又成公十六年の晉人及び定公十年の齊人の言の記事でも「侯」の爵位を以て稱せられている。なお、『春秋左氏經』は踰年の魯君を全て「公」と稱し、「魯公」あるいは「魯侯」と稱する記事はない。

（24）『古本竹書紀年』は前出の清朱右曾輯錄・王國維校補『古本竹書紀年輯校』（四部刊要、世界文庫、中華民國四十六年）により、『今本竹書紀年』は梁沈約附註・明范欽訂『竹書紀年』（上海商務印書館縮印天一閣刊本、四部叢刊初編）及び王國維『今本竹書紀年疏證』（四部刊要、世界文庫、中華民國四十六年）による。

（25）『國語』越語下第二十一には、越王句踐の「先人就世、不穀卽位。云々」の語が記されており、「就世」は「卽世」の義であるから、これを今一つの一對の例と見做すこともできる。

（26）『爾雅』は十三經注疏『重栞宋本爾雅注疏附挍勘記』本による。句點は吉永。

（27）『爾雅』は「詁訓の指歸を通ずる」（郭璞「爾雅序」）もので、古典（詩・書等）の類義語を當代通用の語を以て通釋するという手法を取っている。類義語の共通性を當代通用の語により把握するには便利だが、これを以て類義語相互における及び類義語と當代通用の語における語彙が全く同義とは必ずしもならないことは自明である。「就世、終世也」を便宜的通釋と稱する所以である。

（28）白川静前掲書五五三頁。

（29）浅野裕一「史書としての清華簡『繫年』の性格」（浅野裕一・小沢賢二『出土文献から見た古史と儒家経典』二〇一二年、汲古書院）は「武公は世を即《お》え、荘公即位す」（同六二頁）と讀む。また廖名春「清華簡《繫年》管窺」（『深圳大學學報』第二九巻三期、二〇一二年）は「『即世』當讀爲『既殜』、也就是『既歿』」とし「《漢語大詞典》解『就世』爲『猶言逝世。就、終』、也有欠准确」と「就世」を「終世」とする釋は正確ではないとしつつも、「即世」を「既歿」と釋する（傍線は皆吉永）。いずれも確譯とはし難い。

（30）白川静前掲書四九二頁。

（31）高木智見『先秦の社會と思想』（二〇〇一年、創文社）一二九頁。

（32）『原左氏傳』の「卒」は一八七例、又『春秋左氏經』の「卒」は一七五例で、このうち八二例は經・傳共通の例である。その詳細及び「國・爵・名」の書法の含意については、拙稿「春秋左氏経・伝の「卒」記事の「名」と「謚」について——作経原則としての「名」——」（『中國研究集刊』玉號、平成二十二年）參照。

（33）大槻文彦『新訂大言海』（昭和三十一年、冨山房）二一八七頁參照。

（34）浅野裕一前掲書は「遂に斉侯を以て貸し、…。」（八五頁）と讀むが、『繫年』註釋（一九三頁）も指摘する如く貸は齊の康公の名で、「以」は「引き連れる」の意。『左傳』僖公廿六年に「公以楚師伐齊、取穀。凡師能左右之曰以。」と云う。

（35）浅野裕一前掲書も「『繫年』の成書時期は楚の肅王の時代か遅ければ次の宣王の時代と考えられる」（五九〜六〇頁）とし、また「肅王（在位：前三八〇〜前三七〇年）の時代に編集作業が終了した可能性が高い」（一〇二頁）とする。

（36）平勢隆郎前掲書一五五〜一五七頁。

（37）吉本道雅「清華簡繫年考」（『京都大學文學部研究紀要』五二號、二〇一三年三月）は「『繫年』は諸侯の序列につき、『春秋經』とは異なった認識を示している。すなわち、『繫年』は、『春秋經』の「晉侯」「秦伯」「許男」を用いず、「晉公」「秦公」「許公」を用いる。また『春秋經』が蠻夷戎狄の君主の爵として用いる「子」を用いず、「楚子」「吳子」については「楚王」「吳王」を用いる。これらは春秋金文に見える自稱に一致する。…。これらは『繫年』の春秋學からの一定の自立性を示す。」としている。筆者の見解からすると、これらの徵表は『繫年』が春秋テキストに先行する可能性を示すものと考える。なお吉本氏は同論文で、「二〇〇八年十二月に、北京大學加速器質譜實驗室・第四紀年代測定實驗室は清華簡殘片を試料にＡＭＳ炭素14年代測定を行い、年輪較正後の年代を三〇五±三〇BCと判定している。これによれば、簡に抄寫された文獻の成書は、三〇五BC以前に推定することが自然であろう。」とし、自らは楚宣王の末年（BC三四〇）ないし威王の初年（BC三三九）あたりの成書とし、齊・魏の稱王に鑑み「『繫年』成書の下限は三三四BC以前となろう」としている。吉本氏も指摘するように、竹簡素材の年代測定の扱いは、あくまでも當該テキスト成立の下限を示すということに留意が必要であろう。なお、この種の年代測定には一般的には複數の機關での測定が望まれよう。

（38）『繫年』は三晉では魏のみに「文侯」と稱侯の謚を記す。『古本竹書紀年』は晉の烈公の十五年（六國年表、BC四〇四年）に「魏文侯卒」と記している。

（39）『晉書』列傳第二十一卷・束晳傳及び山田統『山田統著作集一』（昭和五六年（一九八一）、明治書院）所收「竹書紀年の後代性」等參照。

（40）①については唐の太宗（六二七～六四九年在位）時の魏徵撰『隋書』卷十七「律暦志」に「竹書紀年『堯元年丙子』」とあり、④については、歐陽修撰『唐書』卷二十七上「暦志」に「竹書『十一年庚寅、周始伐商』」とあり、これらの記事からの輯佚である。唐書の記事については開元九年に僧一行（六八三～七二七年）の作った大衍暦の文中のもの故に竹書の干支を一行が推算して附記したものとする說（山田統前掲著作集一「竹書紀年の後代性」、一九三頁）がある。この見立ては隋書には適用不可能であり、無理の有る議論と言えよう。

（41）香港中文大學中國文化研究所編『竹書紀年逐字索引』（香港商務印書館、一九九八年）所收『汲冢紀年存眞』（朱右曾輯錄、據歸硯齋藏本、臺北新興書局、一九五九年）に據る。

（42）『今本竹書紀年』の僞書なることは、夙に『欽定四庫全書總目』卷四十七史部編年類において「案晉書束晳傳、晉咸和七年汲縣人發魏襄王冢、得古書七十五卷、中有竹書紀年十三篇、今世所行題沈約注亦與隋志相符、…、然反覆推勘似非汲冢原書。…。隋書經籍志曰『紀年皆用夏正建寅月爲歲首』、今本自入春秋以後時月並與經同、全從周正、則非隋時所見本也。…、其僞則終不可掩也。」としている。卽ち、隋書經籍志には竹書紀年が夏正建寅の月を歲首として、つまり『左傳』型の夏正を以て記されていると明言するのに對して、『今本竹書紀年』は春秋以降は全て周正によって書せられており『春秋經』（春秋左氏經及び穀梁・公羊型春秋經）と同じであることを指摘し、故に今本は「隋時見る所の本に非ざるなり」としている。これは『今本竹書紀年』が『春秋經』を模倣して僞作されたことを示唆していよう。又これ以外に汎く傳世文獻と比較して「束晳・杜預の見る所の本に非ざるなり」などの十五證を擧げて、その僞書なるを論斷している。また山田統前掲書參照。

（43）杜預はその『春秋經傳集解』（十三經注疏『重栞宋本左傳注疏附挍勘記』本所收）の「後序」において、數年前に出土した竹書紀年（汲郡舊冢の科斗書）について、「其著書文意大似春秋經、…。諸所記多與左傳符同、異於公羊・穀梁、知此二書近世穿鑿、非春秋本意、審也。…。爲其粗有益於左氏、故略記之、附集解之末焉。」と記している。

第三章

（一）『原左氏傳』所載魯史から見たその著作意圖──「嫡庶の論」と季氏の專權──

上來論じてきたように、『原左氏傳』なるテキストは、列國史を收載しつつ、これを新たな「天下の春秋」として編纂せんとする意圖を有していたように考えられるが、その著作意圖の詳細については、「晉の乘、楚の檮杌、魯の春秋、一なり」とこれらの史書から成ったと孟子が示唆するように、まずは、『原左氏傳』に收載される列國史の樣相から窺える著作意圖を考察し、全體としての『原左氏傳』の著作意圖に及んでいくこととしたい。そこで、本章では、『原左氏傳』（今本左傳から〈解經文〉や附加傳文を除いたテキスト）における所載魯史（本書の第二部の左傳文で〔魯〕と記す記事）を中心にかつ系統的に檢討することによって、『原左氏傳』所載魯史ひいては『原左氏傳』の著作意圖について考察してみたい。

一

『原左氏傳』所載魯史は、左傳の隱公元年（BC七二二）冒頭の、先代惠公の時代に惠公の「夫人」となり桓公（季孫氏の祖）を生んだ仲子について、次のように記す。

〔隱公元年〕〔左〕惠公元妃孟子㈠。孟子卒。繼室以聲子、生隱公㈡。宋武公生仲子。仲子生而有文在其手、曰「爲魯夫人」。故仲子歸于我。生桓公。而惠公薨。是以隱公立、而奉之。

㈠杜註「言元妃、明始適夫人也。」

㈡杜註「元妃死、則次妃攝治內事。猶不得稱夫人。」會箋「室謂正妻。…。聲、謚也。既有謚。謂非夫人、可乎。」

それは「生まれながらにして文の其の手に在る有り、『魯の夫人と爲らん』と曰ふ」との、仲子出生の際の不思議を記す記事によって始まっている。

仲子の說話は、桓公の「嫡出」（「適夫人」の子）であることを示さんとする。㈠㈡の杜註はその趣旨において註釋し、隱公の母の聲子は「元妃」卽ち「始めての適夫人」の孟子を繼いだもので「夫人を稱するを得ず」とし、隱公は庶子であるとの見解を示す。しかし、㈡の會箋は「室とは正妻を謂ふ」とし、その「室を繼ぐ」のであるから聲子もまた正妻であり、その故に「聲」と謚を以て記して「夫人」であることを示しており、決して聲子を夫人ではないとは言えない、としている。論理的には會箋の解釋が整合していよう。

したがって、「夫人」としての聲子と仲子の差（會箋によれば先の夫人と後の夫人の差）は極めて微妙である。『原左氏傳』所載魯史が「生而有文在其手」の說話を作爲する所以がそこにあろう。「生まれながらにして文其の手に在る有り、『魯の夫人と爲らん』と曰ふ」との說話によって、「繼室」の夫人（嫁いでのち夫人となった位）である聲子に對し、「生まれながらにして」「魯の夫人と爲らん」という仲子の夫人たる地位（嫁ぐ當初よりの夫人の位）の優位を强調し、その仲子の子である桓公の「嫡出」における優位を確立せんとしたものと解せられる。

なぜなら、隱公は會箋の說くように「繼室」ではあるが「夫人」である聲子の子であり、卽ち嫡出であるから、同じ嫡出であれば、年長の隱公の卽位は當然であり、その隱公を弑逆して卽位した桓公の罪は免れないことになる。そこで『原左氏傳』所載魯史は、この仲子出生說話によって仲子の「夫人」としての優位を確立し、「是を以て隱公立ちて之を奉ず」と桓公の罪を隱蔽する伏線を敷いているものと見られるのである。

だが、仲子出生說話だけでは仲子の優位は萬全ではない、そこで『原左氏傳』所載魯史は、聲子と仲子の「死」を巡る記事において兩者の位を判定する筆法を用いている。

〔隱公元年〕〔左〕秋。七月。天王使宰咺來、歸惠公・仲子之賵。緩。且子氏未薨。故名。

〔隱公三年〕〔左〕夏。君氏卒。聲子也。

元年の天子より賵を歸《おく》られた仲子については、「子氏未だ薨ぜず」と夫人に用いる「薨」の字を用い、三年の記事では、聲子の死を「君氏卒す」と記して、「夫人」の場合と差をつけている。あくまでも、兩者の母の貴賤を示して、隱公は卑にして桓公は尊とし、ひいては「夫人」の子である桓公は嫡子、非「夫人」の子である隱公は庶子とする筆法である。

だが、「君氏」という表現は聲子がやはり魯君惠公の夫人であったことを示唆していよう。

因みに『公羊傳』は、「桓幼而貴、隱長而卑、其爲尊卑也、微。國人莫知。」と微妙な表現をしている。假に隱公が庶出で桓公が嫡出であるとするならば尊卑は明らかでこの傍線部のような表現にはならないであろう（國人が嫡庶の別を知らぬことはあり得ぬから）。また「隱長又賢。何以不宜立。」に對して、「立適、以長、不以賢。立子、以貴、不以長。」とし、「桓何以貴。」と問うて「母貴也。」と答えている。公羊傳が假に隱公・桓公を共に嫡子とみているならば、「適を立つるは、長を以てし、賢を以てせず」であるから、隱公の卽位は當然となる故に、公羊傳はそのようには見ていないか、あえてこの原則を適用していないということになろう（『公羊傳』は經の隱公二年「冬。十二月。乙卯。夫人子氏薨。」に註して「隱公之母也」としておりその場合は隱公を嫡子と見ていたことになる）。したがって、「子を立つるは、貴を以てし、長を以てせず」の原則で、このケースを解している。先述のように嫡庶の別で兩者の尊卑が決まる（隱公が庶子で桓公が嫡子）のであれば「國人知るもの莫し」とはならぬであろうから、この場合は、兩者とも庶子としての、あるいは嫡庶を敢えて問わずに、「子」の尊卑の問題と公羊傳は見ていることになる。その場合に母の位の貴賤が子の尊卑の決め手になるというのである。

この母の貴賤を決め手にするという視點では、『公羊傳』は『原左氏傳』と相通ずると言えよう。

また、『穀梁傳』は、「隱將讓而桓弑之。則桓惡矣。桓弑而隱讓。則隱善矣。善則其不正焉、何也。」と、桓公は讓位の君を弑逆した惡であり、讓位の隱公は善であるのに、「其のこれを正しからずとするは、何ぞや」と何故隱公を不正とするのか、との問いを發し「春秋貴義而不貴惠。信道而不信邪。孝子揚父之美、不揚父之惡。先君之欲與桓、非正也、邪也。雖然、既勝其邪心以與隱矣。已探先君之邪志、而遂以與桓。則是成父之惡也。若隱者、可謂輕千乘之國。蹈道則未也。」と答えている。卽ち先君が桓に與えんとしたのは正に非ず、邪である。その「邪心」を克服して隱に與えたのであるが、隱公は先君の「邪志」を探って遂に桓に與え、「父の惡を成す」こととなったとし、隱公を千乘の國（の君位）を輕んずるものと結論する。

假に隱が庶子で桓が嫡子であれば、惠公の意圖を「邪心」「邪志」とする評價は起こり得ないであろう。したがって、この事態の理解としては、論理的には次の四つのケースが考えられるが、『穀梁傳』では1は不可となる。

1・隱公は庶子で桓公は嫡子であるが、年長の隱公に與えず年少の桓公に與えんとした。

2・隱公は嫡子で桓公は庶子であるが、桓公に與えんとした。

3・隱公も桓公も嫡子であるが、年長の隱公に與えず年少の桓公に與えんとした。

4・隱公も桓公も庶子であるが、年長の隱公に與えず年少の桓公に與えんとした。

されば、2・3・4・のいずれかのケースと考えられよう。2・であれば、隱が優位であり、3・4・であれば、兩者は同等の立場となる。つまり穀梁傳は、隱公にとって桓公との關係は同等かそれ以上の立場と見ていることになろう。いずれにしても、隱公の卽位は正當であり、にもかかわらずその君位を輕んじたことを「道を蹈むこと未だしきなり」としているのである。一方、公羊傳は3・もしくは4・の理解ということになろう。

さて、『原左氏傳』所載魯史において、記事としては「繼室」の聲子の子である隱公と、隱公誕生後に「夫人」として歸《とつ》いだとされる仲子の子である桓公とに、假に嫡庶の別を適用すれば論理的には、右と同じく次のようになる。

1　隱公は庶子で桓公は嫡子である（この場合には仲子說話は事實となる。杜註の理解）。

2　隱公は嫡子で桓公は庶子である（この場合には仲子說話は後時の作爲で、聲子は夫人、仲子は惠公寵愛の妾となる）。

3　隱公も桓公も嫡子である（この場合には聲子は先の夫人、仲子は後の夫人となる。會箋の理解、公羊傳の一解）。

4　隱公も桓公も庶子である（兩者とも元妃孟子の子ではないという觀點からともに側室の子となる。公羊傳の一解）。

『原左氏傳』所載魯史の提示する「文」をそのまま信とすれば、「隱公立ちて之（桓公）を奉ず」と記すように、1のケースの理解となり、これがその編者の立場でもあることは明らかであろう。しかし、その說話の作爲性を批判的に檢討して「實」を探究する立場からは、3もしくは2の可能性もまた十分に想定されるのである。また、「文」のロジックにのみ注目すれば、『公羊傳』のように4の可能性もまた留保されよう。『穀梁傳』は2・3・4のケースの可能性を留保する立場と言えよう。

これを要するに、隱公と桓公における嫡庶の別は、「實」においては、3もしくは2の可能性が高いが、『原左氏傳』所載魯史の「文」においては1に導入せんとするものである、と言えよう。なお、『春秋左氏經』が隱公二年「冬。十二月。乙卯。夫人子氏薨。」（杜註・會箋ともに子氏を仲子とす）とするのはこの『原左氏傳』所載魯史の意圖を作經者が經文に表現したものと理解される。

では、『原左氏傳』所載魯史がこのような「文」を提示する理由は何であろうか。その理由は、先述のように、先君隱公を弑逆して卽位した桓公の惡を隱蔽し、桓公の卽位を「隱公これ（桓公）を奉ず」という隱公の志を成すものとして正當化及び正統化するところにあった（この視點は公羊傳・穀梁傳にも共通する）。

そのうえで、この冒頭の仲子出生説話に託しての「夫人」論による桓公正當化及び正統化の背景には『原左氏傳』所載魯史の編纂意圖を探る鍵が存するように思われる。

そこで注目されるのが、この仲子説話の「生而有文在其手」という問題である。

實はこれと同じ説話構造が、三桓とりわけその實力第一となる季氏の勃興を示す次の一連の記事の中に、やはり季友（季氏の祖）出生説話として見える。

［莊公三十二年］〔左〕秋。①七月。有神降于莘。惠王問諸內史過、曰、「是何故也。」對曰、「國之將興。明神降之、監其德也。云々。」…。②初。公築臺臨黨氏。見孟任、從之。閟。而以夫人言。許之。割臂盟公。生子般焉。雩。講于梁氏。女公子觀之。圉人犖自墻外與之戲。子般怒使鞭之。公曰、「不如殺之。是不可鞭。犖有力焉。能投蓋于稷門。」公疾。問後於叔牙。對曰、「慶父材。」（杜註「蓋欲進其同母兄。」）問於季友。對曰、「臣以死奉般。」（杜註「季友莊公母弟、故欲立般也。」）公曰、「鄕者牙曰慶父材。」成季使以君命、命僖叔、待于鍼巫氏。使鍼季酖之。曰、「飮此、則有後於魯國。不然、死且無後。」飮之。歸。及逵泉而卒。立叔孫氏。③八月。癸亥。公薨于路寢。子般卽位。次于黨氏。冬。十月。己未。共仲使圉人犖賊子般于黨氏。成季奔陳。立閔公。

［閔公二年］〔左〕秋。①八月。辛丑。共仲使卜齮賊公于武闈。成季以僖公適邾。共仲奔莒。乃入、立之。以賂求共仲于莒。莒人歸之。及密。使公子魚請。不許。哭而往。共仲曰、「奚斯之聲也。」乃縊。②閔公哀姜之娣叔姜之子也。故齊人立之。共仲通於哀姜。哀姜欲立之。閔公之死也。哀姜與知之。故遜于邾。齊人取而殺之于夷。以其尸歸。僖公請而葬之。③成季之將生也、桓公使卜。楚丘之父卜之。曰、「男也。其名曰友。在公之右、間于兩社、爲公室輔。季氏亡則魯不昌。」又筮之。遇大有䷍之乾䷀。（杜註「大有六五爻變而爲乾。」）曰、「同復于父、敬如君所。」（會箋「此季氏自君出而敬如君之義也。」）及生、有文在其手、曰友。遂以命之。…。冬…。成風（杜註「莊公妾僖公母也。」）聞成季之繇、乃事之。而屬僖公焉。故成季立之。

ここには、魯における君主擁立過程に生じる內紛を通しての季氏の權力掌握の過程が、巧みに敍述されている。その概要は次のようである。

桓公の嫡子莊公は黨氏の孟任を見初めて夫人とするを盟い、孟任は子般（嫡子）を生む。子般は長じて梁氏に講じた際に妹に戲言した圉人犖を鞭うつ。やがて莊公は疾を得て公位の後繼者を叔牙に問うと、叔牙は莊公の庶兄で自らの同母兄である慶父（莊公二年經杜註「慶父、莊公之庶兄也。」という孟孫氏の祖）を「材なり」と薦めるが、莊公の同母弟である季友に問うと「臣　死を以て般を奉ぜん」と莊公嫡子の子般を薦めた（當然莊公は同意する）。そこで季友は君命と稱して慶父を薦めた叔牙に酖藥による自殺を促し、服用すれば叔牙の子孫は魯に絶えることはないが、さもなければ絶たれることになろうと迫ると、叔牙はこれを飲んで卒し、その子孫が叔孫氏として代々魯國に立つことになる。莊公三十二年八月に莊公が薨去すると、莊公の嫡子の子般が卽位し、黨氏に滯在するが、そこで十月に共仲（慶父）の命を受けた圉人犖に殺害される。成季（季友）は陳に亡命し、共仲（慶父）が莊公の庶子の閔公（杜註「閔公、莊公庶子也。於是年八歲也。」）を立てる。しかし、共仲（慶父）は閔公二年八月に卜齮に命じて閔公を殺害させる。そこで成季（季友）は僖公を率いて邾に適く。一方、共仲（慶父）は莒に亡命した。そこで季友は魯に入り、莊公の庶子の僖公（杜註「僖公、閔公之庶兄、成風之子也。」）を立てた。共仲は結局、密において自ら縊死した。僖公は、共仲と共謀した爲に齊人に殺された哀姜の尸を請うて之を葬った。

かくして、魯國の實權を手にした成季（季友）であるが、その出生に際しては、父の桓公が楚丘之父をして卜わしめると「男なり。其の名を友と曰ふ。公の右に在りて、兩社（周社と亳社、その閒は朝廷の執政の在る所）に閒《はさ》まり、公室の輔と爲らん。季氏亡べば則ち魯は昌へざらん。」というものであった。[1] また、易で筮すると「大有の乾に之く」の卦となり、乾は君父の意であり、「同じく父に復り、敬せらるること君所の如くならん」と君と同じ尊敬を受ける者となろうというものであった。果たして、季友が生まれる時には、卜辭の如く「文其の手に在る有りて『友』と曰ふ」ものであった。そこで「友」と名づけたのである。莊公の妾で僖公の母である成風がこの卜筮の占辭を聞き成季に事えて僖公の將來を委囑したので、成季は僖公を立てたのである、という。

このように、桓公とその夫人文姜との閒の嫡出の末子（季子）である公子友（成季）に始まる季氏の家系の正統性（魯公室の嫡系）と正當性（「季氏亡べば則ち魯は昌へざらん」）が示され、その季友の出生について「生まるるに及び、文の其の手に在る有り、『友』と曰ふ、遂に以て之に命《なづ》く」との説話が、卜・筮の豫言とともに記され、これによって季氏なくして魯の安泰は無いことが説かれている。

したがって、仲子と季友との、この二つの「有文在其手」説話の記事は、決して偶然の結果ではなく、周到な編纂意圖のもとに、『原左氏傳』所載魯史において配置されたものと見られる。

仲子説話の場合はそれによって惠公の「夫人」の位を確定せんとするものであり、これによってその子の桓公が嫡子としての正統性を確立することになる。季友説話の場合は、桓公の嫡子の莊公の同母弟として卽ち共に桓公の嫡系として公室を輔佐し公室同樣の尊敬を受ける者としての權威を確立することに在る。二つの説話が示す、その權威の據って來たるところは、魯公室の嫡系であるということに歸せられよう。

されば、兩説話は相呼應して魯における季氏權力の正統性と正當性を構成するもので、その鍵となるのが「嫡庶の論」であると言えよう。

「嫡庶の論」によって、隱公（庶出）に對する桓公（嫡出）の優位が確立する。また、慶父（庶出）に對しての子般（嫡出）の優位が確立する。その子般が弑逆された後に弑君を犯した慶父によって立てられた閔公は庶子であり、正當性はなくかつ正統性は弱い、故に季氏が同じ庶子で年長の僖公を擁立することは、公室輔佐の義（正當性）をたてることになろう。

さらに桓公より出づる孟孫氏（慶父を祖とす）、叔孫氏（叔牙を祖とす）、季孫氏（季友を祖とす）の所謂三桓の權臣の閒で、桓公の庶出である孟孫氏・叔孫氏に對して、嫡出の季孫氏の優位はゆるがぬものとなろう。そしてまた、桓公嫡系の季氏が莊公の庶系の僖公を擁立するに及んで、魯の公室は莊公の庶出の系譜となるが、桓公嫡出の季孫氏からみると、僖公以後の魯公及び公室に對してはその系譜において一定の優位を確立することになろう。

かくして「嫡庶の論」は、季氏權力に正當性と正統性を附與する決定的な論據となったと考えられるのである。

今、左傳及び杜註により、魯の隱・桓・莊・閔・僖・文・宣・成・襄・昭・定・哀公の春秋十二公を一覽にすると、嫡出（母が夫人つまり正室）が五人、庶出（母が側室）が七人と庶系が多い。他方、季孫氏は臣下の卿ではあるが桓公の嫡系となる。

《魯公家系略圖》（○内は在位年數、□は弑逆、傍線はその疑い、波線は客死、ローマ數字は十二公）

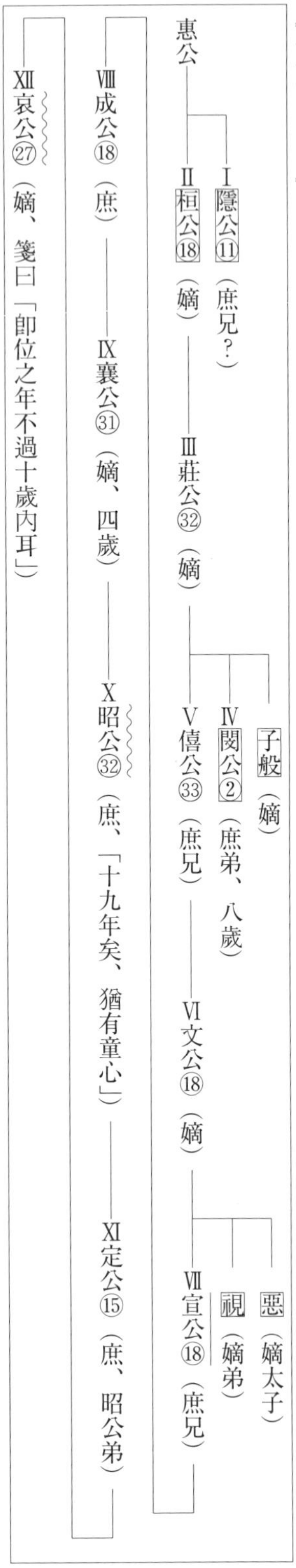

《季氏家系略圖》

惠公――Ⅱ桓公⑱（嫡）――Ⅲ莊公㉜（嫡）
　├公子慶父（共仲、孟孫氏の祖、庶）
　├公子牙（叔孫氏の祖、庶）
　└公子友（季孫氏の祖、嫡）――仲無佚――季文子――季武子――季悼子――季平子――季桓子――季康子

さて、ここで「有文在其手」說話について、『原左氏傳』全體から見てみると、これが同所載晉史においても一箇所用いられていることが注目される。それは、昭公元年に鄭の子產が晉侯の疾を問うた際の、晉の叔向との對話において見られる。

［昭公元年］〔左〕秋。…。晉侯有疾。鄭伯使公孫僑如晉、聘且問疾。叔向問焉、曰、「寡君之疾病。卜人曰『實沈・臺駘爲祟。』史莫之知。敢問、此何神也。」子產曰、「昔高辛氏有二子。伯曰閼伯、季曰實沈。居于曠林、不相能也。日尋干戈、以相征討。后帝不臧。遷閼伯于商丘、主辰。商人是因。故辰爲商星。遷實沈于大夏、主參。唐人是因、以服事夏・商。其季世曰唐叔虞。當武王邑姜方震大叔、夢帝謂己、『餘命而子曰虞。將與之唐、屬諸參、而蕃育其子孫。』及生、有文在其手、曰虞。遂以命之。及成王滅唐、而封大叔焉。故參爲晉星。由是觀之、則實沈、參神也。云々。」

晉侯に疾があり、鄭の子產が聘問すると、晉の叔向が子產に、卜人の言うには晉侯の疾は「實沈・臺駘、祟りを爲す」ものとしているが、これはいかなる神かと問うた。すると子產はまず實沈、ついで臺駘について說明して、「此の二者は君の身に及ばず」として晉侯の疾の原因が女色に在ることを說くのがこの一節である。その實沈について子產が說く中に「有文在其手」說話が出てくる。卽ち、高辛氏に二子が有り、伯（兄）を閼伯と曰い、季（弟）を實沈と曰った。つまり季子が實沈であるという。閼伯は商丘に實沈は大夏に遷り、その大夏の實沈に因って國を成したのが唐人で、その季世の當主を唐叔虞という。一方周の武王の夫人が大叔を身ごもった際に、夢に帝が己に告げて「餘　なんじの子に命づけて虞と曰ふ、之に唐を與えん云々。」と曰ったが、はたして大叔が生まれる時には、文字が其の手に在り「虞」と曰うので、大叔に「虞」と名づけた、それ故に成王が唐を滅ぼした際に大叔虞（晉侯の祖）をこれに封じた、というのである。

この「有文在其手」による命名という物語は、閔公二年の季友の命名說話と同軌であり、また隱公元年の前段で左傳冒頭の仲子說話

とも類似する。また『原左氏傳』所載晉史では昭公三十二年にも季友の命名說話への史墨による言及がある。

この四者は密接に連攜しているとみられるが、今四者の記述を比較すると次のようになる。

Ⅰ「原左氏傳」所載魯史

A〔隱公元年〕〔左〕宋武公生仲子。仲子生而有文在其手、曰「爲魯夫人」。故仲子歸于我。

B〔閔公二年〕〔左〕成季之將生也、桓公使卜。楚丘之父卜之。曰「男也。其名曰友。在公之右、閒于兩社、爲公室輔。季氏亡則魯不昌。」又筮之。遇大有☲☰之乾☰☰。曰「同復于父、敬如君所。」及生、有文在其手、曰友。遂以命之。

Ⅱ「原左氏傳」所載晉史

A〔昭公元年〕〔左〕當武王邑姜方震大叔、夢帝謂己、「餘命而子曰虞。將與之唐、屬諸參、而蕃育其子孫。」及生、有文在其手、曰虞。遂以命之。及成王滅唐、而封大叔焉。

B〔昭公三十二年〕〔左〕昔成季友、桓之季也。文姜之愛子也。始震而卜。卜人謁之、曰、「生有嘉聞。其名曰友、爲公室輔。」及生而如卜人之言。有文在其手、曰友。遂以名之。（趙簡子の問に子墨が答える言）

ⅡBの史墨の言は『原左氏傳』の最終段階の思想を含む言說と見られ、その季友への言及はⅠBの要點を取った記述と見られる。ⅡAは晉侯の疾の際の鄭の子產の言で十二辰の知識を含み、その記事は『原左氏傳』の最終段階の潤色をうけた可能性は留保されるものの、晉の祖となる唐叔虞の命名と封建にかかる「及生、有文在其手、曰虞。遂以命之。」は、晉の古傳承に由來するものと見られる。これと全く同じ表現をⅠBが「及生、有文在其手、曰友。遂以命之。」と「虞」を一字變えて「友」として記している。ⅡAが夢と「及生、有文在其手」との對應によって說かれているのに對して、ⅠBは卜と筮と「及生、有文在其手」との對應となっており、潤色と合理化がより進んでいると言えよう。したがって、ⅠBの季友の命名說話は唐叔虞の命名說話にヒントを得たものと推定される。

そして、ⅠAでは夢も卜も筮もなく、いきなり「生而有文在其手、曰爲魯夫人。」となっており、說話の簡便化がなされる一方で、「爲魯夫人（魯の夫人と爲らん）」というように「文」において結論を語るという牽強ぶりが際立つものとなっている。したがって、ⅠAは『原左氏傳』所載魯史ではあるが、むしろ『原左氏傳』の完成段階の筆という可能性が想定されよう。

二

僖公擁立以後の季孫氏は以後の魯君の卽位に深く關わり（これが季氏の權力の源泉となる）、その魯國における專權を確立してゆく。僖公の後はその嫡子の文公が卽位し、その文公の後繼の公位は內紛絡みとなる。

［文公十八年］〔左〕春。…。二月。丁丑。公薨。…。夏。…。六月。葬文公。秋。①襄仲・莊叔、如齊。惠公立故也。且拜葬也。②文公二妃（會箋「次妃也」。）敬嬴生宣公。敬嬴嬖。而私事襄仲。宣公長、而屬諸襄仲。襄仲欲立之。叔仲不可。仲見于齊侯而請立之。齊侯新立而欲親魯。許之。冬。①十月。仲殺惡及視（杜註「惡、太子也。視、其母弟也。」）。而立宣公。②…。③仲以君命召惠伯（杜註「詐以太子惡命也。」）。其宰公冉務人止之、曰、「入必死。」叔仲曰、「死君命。可也。」公冉務人曰、「若君命、可死。非君命、何聽。」弗聽。乃入。殺而埋之馬矢之中。公冉務人奉其帑以奔蔡。既而復叔仲氏。④夫人姜氏歸于齊。大歸也。將行。哭而過市。曰、「天乎、仲爲不道、殺嫡立庶。」市人皆哭。魯人謂之哀姜。

文公はその十八年二月に薨去し、六月に葬られた。文公の次妃の敬嬴は宣公を生んだが、敬嬴は正妃ではないので宣公は庶子である。文公に嬖せられた敬嬴は公子遂（杜註「魯卿也。」會箋「莊公子也。傳又曰襄仲。」）に事え、宣公の行く末を公子遂（襄仲）に託す。襄仲は宣公を立てようとするが、叔仲（惠伯）はこれを認めない。そこで襄仲は隣國の大國齊の新君に見え宣公擁立の許可を求める。齊侯は魯への懷柔と介入のために之を許す。そこで、冬十月に襄仲は文公の嫡子の惡と視とを弑逆して宣公を卽位させた。襄仲は（太子惡の）君命であるとして、擁立に反對した叔仲惠伯を召し、叔仲は公冉務人の諫言にもかかわらず「君命に死するや、可なり」として赴き殺害される。しかして叔仲氏の子孫は絕たれなかった。齊より文公に嫁いで二人の嫡子（惡と視）を殺された夫人姜氏は齊に歸《かえ》るに際して、哭して市を過り「天よ、（襄）仲不道を爲し、嫡を殺し庶を立つ。」と言うと、これを聞いた市中の人々も皆哭した、という。

この襄仲の「嫡を殺し庶を立つ」の手法は、公子慶父を彷彿させる。慶父の時は季友が莊公の嫡子・子般を守って對抗し、慶父を薦めた叔牙に後を保證して死を迫り、慶父が子般を殺し閔公を立てると、僖公を擁して亡命し、慶父が閔公を弑逆するに及んで、慶父を追放して、僖公を卽位させた。

ここでは、襄仲は二人の嫡子を殺し、嫡子を守らんとした叔仲惠伯を殺害するが、その叔仲氏の後は絕やさなかった。しかし、その手法は「嫡を殺し庶を立つ」として、斷罪されたのである。この點では、慶父と同じ轍を踏むものであった。ただ叔仲氏の後を殘したのは季友の手法を思わしめる。

さて、このような公位をめぐる内紛に際して、實力者季氏（その當主は季文子）はどのようにこの事態を見ていたのであろうか。宣公元年の魯史は次のように記している。

［宣公元年］〔左〕元年。春。王。正月。公子遂如齊、逆女。尊君命也。三月。遂以夫人婦姜、至自齊。尊夫人也。夏。①季文子如齊。納賂、以請會。…。會于平州。以定公位。東門襄仲如齊。拜成。六月。齊人取濟西之田。爲立公故、以賂齊也。

正月に公子遂は宣公の夫人を娶るために齊にゆき、三月には夫人婦姜を以《ゐ》て齊より歸國した。これは、宣公の擁立者としての公子遂（襄仲）の盡力を記すものであるが、注目すべきは、その後の夏の記事である。季文子は齊に行き、賂《まいない》をおさめ、魯公と齊侯との會盟を要請する。これを受けて兩君は平州に會盟し、これによって「以て公位を定む」と、卽ち對外的に魯公としての宣公の正統性が認知されたことになったとしている。そして、六月に齊が魯の濟西の田を取ったことを「公を立つるの故に、以て齊に賂するなり」とするのは、齊より文公に嫁いだ夫人姜氏の二嫡子を殺害して宣公を立てたことに對する、齊への「賂」の意味が込められていたものであろう。このような國家の大事の對外的折衝が季文子によって爲されている點が注目されよう。

したがって、季文子の齊との對應からすると、季文子がこの内紛劇に暗默の了解を與えていたであろうことは疑いえない。のみならず、自らがこの内紛劇の黒子的存在（實行者）であることを圖らずも露呈したのが、宣公十八年の次の一文である。

［宣公十八年］〔左〕秋。…。公孫歸父、（杜註「歸父、襄仲子也。」）以襄仲之立公也有寵、欲去三桓以張公室。與公謀而聘于晉。欲以晉人去之。冬。公薨。季文子言於朝、曰、「使我殺適立庶、以失大援者、仲也夫。」（會箋「似操刀者爲行父。」）臧宣叔怒、曰、「當其時、不能治也、後之人何罪。子欲去之、許請去之。」遂逐東門氏。（會箋「嘗疑宣公之死或亦季文子弑之。」）

宣公十八年の秋、その父襄仲が宣公を擁立して公に寵愛されたことを頼りにして、襄仲の子の公孫歸父は實權を握る三桓を排して公室の權力を擴張しようとし、公と謀り（齊と對立する）晉に聘して晉の力で三桓を放逐せんと動いた。するとこの年の冬に、突然宣公が薨去した。三桓の筆頭の季文子は朝廷において、こう言い放った。「我をして適（嫡）を殺し庶を立てしめ、以て大援（大國齊の後ろ盾）を失はしむる者は、仲（襄仲）なるかな」と。これに應じて司寇の臧宣叔も怒って言うには、「其の時に當たりて（今こそ）、治めざれば、後の人何をか罪せん。子　之（公孫歸父）を去らんと欲すれば、許（宣叔の名）請ふ之を去らん」と。かくして東門氏（襄仲と公孫歸の父子）は追放されてしまったのである。

ここに季文子が「使我殺適立庶」というのは、襄仲の謀を聞かされて内諾していたことは勿論であり、それ以上に其の謀に深く關わっていたことを示唆しよう。季文子が襄仲（東門遂）に謀を授けたか否かはともかく、襄仲の謀に對して季文子はそれを季氏自らの利害と一致するものとして具體的幫助を爲したことは疑いえないものと言えよう。

しかし、宣公の寵愛を得て過信した公孫歸父が三桓排除に乗り出すと、季文子は一氣に反轉攻勢して襄仲父子（東門襄氏）を排除してしまった。このとき、宣公が突然薨去したのは偶然ではあり得ないであろう。會箋が季文子による宣公弑逆を疑う所以がここに存するのである（宣公薨去後の朝廷における季文子の發言は、宣公の薨去の「原因」をも襄氏に歸せんとする口吻であることに注目すべきであろう）。

したがって、宣公卽位に絡む内紛も、宣公擁立劇の主役であった東門襄氏追放も、そして宣公の薨去も、一貫してその背後に控えている黒子的及び黒幕的存在は季文子であり、東門襄氏追放の際には、圖らずも黒幕が舞臺に登場したということになろう。

さて、昭公三十二年左傳には、晉の趙簡子の問いに答える史墨の言として、

魯文公薨、而東門遂殺適立庶。魯君於是乎、失國。政在季氏、於此君也、四公矣。民不知君。何以得國。

との注目すべき一文が記されている。

ここに、「適（嫡）を殺して庶を立つ。魯君　ここにおいてか、國を失へり」という魯の國政の決定的な分岐點はこの宣公擁立をめぐる内紛に在った。その内紛の黒幕的存在が季文子であるということは何を意味しているのであろうか。

魯の文公が薨じて、假に嫡子が卽位し、以後代々嫡子が卽位していれば、いわば祖法としての嫡子相續の原則による魯公の權威は、三桓の容喙を許さぬものとして確立されることになったかもしれない。しかし、權臣が後ろ盾となり、庶子であっても公位に立て得るとすれば、公位は權臣が操る道具となる。このメカニズムにいち早く着目した者が、桓公の嫡子を守らんとして家を起こすことになった季氏であることは、まことに歴史の皮肉ということになろう。

卽ち、一旦は嫡子擁立に失敗した季友は、次善の策として、成風の思惑を受け入れ、庶子僖公を擁立して慶父を排除し權力を手にした。そしてその後の季氏は、三桓においては「嫡庶の論」によって三桓隨一の權力を手にし、一方公室に對しては「嫡庶の論」を逆手

に取ることによって、可能な限り庶子の公子を魯君に卽位させることによる公室の權威の弱體化を推進してゆく方向に國政を操って行ったものと見られる。

先の《魯公家系略圖》に示すように、宣公以下の六公のうち四公は庶子であり、嫡子の襄公・哀公はいずれも幼少の卽位となっているのは、このような視點から見れば、決して偶然の結果ではないことは容易に知られよう。

しかして、僖公の後に嫡子文公を卽位させているのは、やはり季友の代には公室輔佐の義が生きていたことを窺わせる。季氏の專權が確立されるのは、この季文子の代における宣公擁立の内紛を通してであったと言えよう。

その季文子について『原左氏傳』所載魯史は次のように記している。

［襄公五年］〔左〕…。冬。…。季文子卒。大夫入、斂。公在位。宰庀家器爲葬備。無衣帛之妾、無食粟之馬、無藏金玉、無重器備。君子是以知季文子之忠於公室也。「相三君矣。而無私積、可不謂忠乎。」

傍線部の「帛を衣るの妾無く、粟を食むの馬無く、金玉を藏する無く、器備を重ぬる無し」とするのは季文子の質實な家風を示し、これを受けての「三君に相たりて、私積無し、忠と謂はざるべけんや」との君子の言は、魯史の編者の季氏への評價と重なるものと讀み取ることが可能であろう。一方、會箋は「文子唯だ私積無きは、尙ほ稱すべきもの有り。」と、この記事を認めつつも、「傳は第《た》だ其の一節を取るのみ。」とし、「而れども臣たらざる者三ここに有り。襄仲の弑逆を助く。歸父を逐ふ。君母を幽す。是れなり。」とその權力政治家としての一面をはっきりと指摘している。これは上來の考察の示す季文子像と整合するものと言えよう。

三

季文子以後、魯の國政は季氏を中心とする三桓に歸す。爲に國政の構圖は季氏を筆頭とする三桓の權力とそれに抵抗する公室という構圖において推移するが、實質は季氏の專權時代と言える。宣公、成公、そして襄公五年までは季文子の執政時代であり、襄公十二年より昭公七年までは季武子の執政時代、昭公二十三年より定公五年までは、季平子の執政時代、定公九年より哀公三年までは季桓子の執政時代、哀公四年より哀公二十七年までは季康子の執政時代である。

魯の國政が殆ど季氏の執權により行われたことは明らかである。

この間に魯の公室は弱體化の一途をたどり、自らの軍賦をも喪失する。昭公五年には次のように記す。

［昭公五年］〔左〕五年。春。①王。正月。舍中軍。卑公室也。毀中軍于施氏、成諸臧氏、初。作中軍。三分公室、而各有其一。季氏盡征之。叔孫氏臣其子弟。孟氏取其半焉。及其舍之也、四分公室。季氏擇其二、二子各一。皆盡征之、而貢于公。

「中軍を舍《す》つ。公室を卑くするなり」との處置により、公室の軍籍の賦税は四分され季氏がその二を有し、叔孫氏・孟孫氏が各一を有し、公室は軍賦を失い、三桓が徵收する軍籍の賦税からその幾分かを貢せらるるのみとなった。いわば公室はほぼ三桓に養われる存在になったと言えよう。

昭公は季氏の專權に對して、季氏を排除する策謀をめぐらすが、これを察知した宋の樂祁は次のように述べている。

［昭公二十五年］〔左〕二十五年。春。①叔孫婼聘于宋。桐門右師見之。語、卑宋大夫而賤司城氏。昭子告其人、曰、「右師其亡乎。君子貴其身、而後能及人。是以有禮。今夫子卑其大夫、而賤其宗。是賤其身也。能有禮乎。無禮、必亡。」②宋公享昭子、賦新宮。昭子賦車轄。明日宴。飲酒、樂。宋公使昭子右坐。語、相泣也。樂祁佐、退而告人、曰、「今茲、君與叔孫、其皆死乎。吾聞之。哀樂而樂哀、皆喪心也。心之精爽、是謂魂魄。魂魄去之。何以能久。」③季公若之姊爲小邾夫人。生宋元夫人。生子。以妻季平子。昭子如宋、聘且逆之。公若從、謂曹氏、「勿與。魯將逐之。」曹氏告公。公告樂祁。樂祁曰、「與之。如是、魯君必出。政在季氏、三世矣。魯君喪政、四公矣。無民而能逞其志者、未之有也。國君是以鎭撫其民。詩曰『人之云亡、心之憂矣。』魯君失民矣。焉得逞其志也。靖以待命、猶可。動必憂。」

魯の叔孫昭子（叔孫婼）は宋に聘し、宋公はこれを享し、翌日の宴では、宴酣《たけなは》にして宋公と叔孫昭子が「相泣く」場面が見られ、宋の樂祁は「君と叔孫と其れ死せんか」と評している。その叔孫昭子は宋の元夫人の子を季平子に娶らせるべく女を迎える任務をも擔っていた。だが昭子に同行した季公若は「與ふる勿かれ、魯（の昭公）將に之（季平子）を逐はんとす。」と魯の昭公の抱く策謀を漏らしたところ、宋の樂祁は「之を與へよ。是《か》くの如くんば、魯君必ず出でん。政の季氏に在るや三世（季文子、季武子、季平子）なり。魯君の政を喪ふこと、四公（宣、成、襄、昭公）なり。民無くして能く其の志を逞しくする者は、未だ之有らざるなり。」とし、「魯君民を失へり。焉くんぞ其の志を逞しくするを得んや。靖んじて以て命を待つは、猶可なり。動けば必ず憂有らん。」と評している。果たして樂祁の批評通り、昭公は魯を逐われることになる。

『原左氏傳』所載魯史の記す同年秋の記事は次のようにその次第を記す。

［昭公二十五年］〔左〕秋。①初。季公鳥娶妻於齊鮑文子、生甲。公鳥死。季公亥與公思展、與公鳥之臣申夜姑、相其室。及季姒與饔人檀通、而懼。乃使其妾扶己、以示秦遄之妻也。曰、「公若欲使余。余不可、而扶余。」又訴於公甫。曰、「展與夜姑、將要余。」秦姫以告公之。公之與公甫告平子。平子拘展於卞。而執夜姑、將殺之。公若泣而哀之、曰、「殺是、是殺余也。」將爲之請。平子使豎勿內。日中不得請。有司逆命。公之使速殺之。故公若怨平子。②季・郈之雞鬬、季氏介其雞、郈氏爲之金距。平子怒。益宮於郈氏。且讓之。故郈昭伯亦怨平子。③臧昭伯之從弟會、爲讒於臧氏、而逃於季氏。臧氏執旃。平子怒、拘臧氏老。將禘於襄公。萬者二人。其衆萬於季氏。臧孫曰、「此之謂不能庸先君之廟。」大夫遂怨平子。④公若獻弓於公爲。且與之出、射於外、而謀去季氏。公爲告公果・公賁。公果・公賁使侍人僚柤告公。公寢。將以戈擊之。乃走。公曰、「執之。」亦無命也。懼而不出。數月不見。公不怒。又使言。公執戈以懼之。乃走。又使言。公曰、「非小人之所及也。」公果自言。公以告臧孫。臧孫以難。告郈孫。郈孫以可、勸。告子家懿伯。懿伯曰、「讒人以君徼幸。事若不克、君受其名。不可爲也。舍民數世、以克事、不可必也。且政在焉。其難圖也。」公退之。辭曰、「臣與聞命矣。言若洩、臣不獲死。」乃館於公宮。叔孫昭子如闞。公居於長府。⑤九月。戊戌。伐季氏。殺公之于門。遂入之。平子登臺而請。曰、「君不察臣之罪、使有司討臣以干戈。臣請待於沂上、以察罪。」弗許。請囚于費。弗許。請以五乘亡。弗許。子家子曰、「君其許之。政自之出久矣。隱民多取食焉、爲之徒者衆矣。日入慝作、弗可知也。衆怒不可畜也。蓄而弗治、將蘊。蘊蓄、民將生心。生心、同求將合。君必悔之。」弗聽。郈孫曰、「必殺之。」公使郈孫逆孟懿子。叔孫氏之司馬鬷戾言於其衆、曰、「若之何。」莫對。又曰、「我家臣也。不敢知國。凡有季氏與無、於我孰利。」皆曰、「無季氏、是無叔孫氏也。」鬷戾曰、「然則救諸。」帥徒以往、陷西北隅以入。公徒釋甲、執冰而距。遂逐之。孟氏使登西北隅、以望季氏。見叔孫氏之旌、以告。孟氏執郈昭伯、殺之于南門之西。遂伐公徒。子家子曰、「諸臣僞劫君者、而負罪以出。君止。意如之事君也、不敢不改。」公曰、「余不忍也。」與臧孫如墓、謀。遂行。己亥。公孫于齊、次于陽州。

季氏一族内の私怨により、季公亥（公若）が季平子を怨み（①）、季氏と郈氏との闘鶏とその後の季氏の仕打ちにより、郈昭伯が季平子を怨み、季氏に逃れた臧孫會をめぐる臧孫氏との對立、などから遂に大夫の間に季平子への怨みが昂じ（③）、これを機に公若が公爲と季氏の追放を策謀し、公果・公賁を通じて昭公に獻策すると、昭公はこれを了として、臧孫と郈孫に告げると、臧氏は難しとするが、郈氏は可として昭公に勸めた（④）。かくして九月戊戌に季氏を伐ち、討伐は成功するかに見えたが、叔孫氏の司馬鬷《そう》戾が衆にはかると「季氏無きは、是れ叔孫氏無きなり。」と衆が答え、これによって季氏救濟に兵を起こしたことによって形成は逆轉し、昭公は臧孫氏と先君の墓に詣で亡命を謀り、己亥に齊に亡命した。（⑤）

ここで注目されるのは、子家子の昭公への諫言である。季氏を殺さんとする昭公に「君其れ之を許せ。政之より出づること久し。隱民　食をこれに取る者多く、之が徒爲る者多し。」と、民が季氏に歸している動向を的確に述べている。

齊に亡命した昭公は齊侯の力によって魯に入り季氏を逐わんと謀るが、却って魯の國人の反擊に遭い挫折する。『原左氏傳』所載魯史は次のように記す。

〔昭公二十六年〕〔左〕二十六年。春。①王。正月。庚申。齊侯取鄆。②葬宋元公。③三月。公至自齊。處于鄆。言魯地也。

正月、齊侯は亡命してきた魯の昭公のために魯の鄆を取る（①）。三月、昭公は齊よりこの鄆に至り、そこに滞在する（③）。これは事實上の亡命の繼續である。同じくその夏の記事は次のようである。

〔左〕夏。①齊侯將納公。命無受魯貨。②申豐從女賈、以幣錦二兩、縛一如瑱、而適齊師。謂子猶之人高齮、「能貨子猶、爲高氏後。粟五千庾。」高齮以錦示子猶。子猶欲之。齮曰、「魯人買之。百兩一布。以道之不通、先入幣財。」子猶受之。言於齊侯、曰、「群臣不盡力于魯君者、非不能事君也。然據有異焉。宋元公爲魯君如晉、卒於曲棘。叔孫昭子求納其君、無疾而死。不知天之弃魯邪。抑魯君有罪於鬼神、故及此也。君若待于曲棘、使群臣從魯君以卜焉。若可、師有濟也。君而繼之、茲無敗矣。若其無成、君無辱焉。」齊侯從之。使公子鉏帥師、從公。③成大夫公孫朝謂平子、曰、「有都、以衞國也。請我受師。」許之。請納質。弗許。曰、「信女、足矣。」告於齊師、曰、「孟氏魯之幣室也。用成已甚。弗能忍也。請息肩于齊。」齊師圍成。成人伐齊師之飮馬于淄者。曰、「將以厭衆。」魯成備、而後告。曰、「不勝衆。」師及齊師戰于炊鼻。④齊子淵捷從洩聲子。射之、中楯瓦。繇朐汰輈、匕入者三寸。聲子射其馬、斬鞅。殪。改駕。人以爲鬷戾也、而助之。子車曰、「齊人也。」將擊子車。子車射之。殪。其御曰、「又之。」子車曰、「衆可懼也。而不可怒也。」⑤子囊帶從野洩、叱之。洩曰、「軍無私怒。報、乃私也。將亢子。」又叱之。亦叱之。⑥冉豎射陳武子、中手。失弓而罵。以告平子。曰、「有君子。白皙鬒鬚眉。甚口。」平子曰、「必子彊也。無乃亢諸。」對曰、「謂之君子。何敢亢之。」⑦林雍羞爲顏鳴右。下。苑何忌取其耳。顏鳴去之。苑子之御曰、「視下顧。」苑子刜林雍、斷其足。鑋而乘於他車、以歸。顏鳴三入齊師、呼曰、「林雍乘。」

同年夏、齊侯は昭公を魯に納れんとして、まず魯より季氏が送ってくる財貨物品を受け取らぬように命じた（①）。季氏の臣の申豐と女賈は、高齮に說いて子猶に錦を入れ、子猶は齊侯に說いてまず臣下に師を帥い魯君に從わせて樣子を見るべきを說き、齊侯はこれを聞き入れ、公子鉏に師を帥いて昭公に從い、孟氏の邑である成に向かわせた（②）。成の大夫の公孫朝は季平子に都邑を有するのは魯國を防衛するためであり今齊師の來襲をこの成邑で食い止めたいと告げ、季氏に人質を納れたいと申し出る、季平子は「女《なんじ》を信ずれば、足れり」とこれを許さなかった。ために成を防衛する魯軍の士氣は高まり、公孫朝は策を弄しつつも備えを完成させたうえで遂に魯師は齊師と炊鼻に戰った。

記事では、この戰における齊の子淵捷と魯の洩聲子の弓射戰（④）、齊の子囊帶と魯の洩聲子の怒鳴りあい（⑤）、魯の冉豎が齊の陳武子の手を射て弓を落とさせ陳武子が罵ったことを季平子に「君子有り」と報告すると、季平子の顏馴染みと知り「何ぞ敢へて之に亢せん」と答えたこと（⑥）、魯の林雍は顏鳴の右たるを羞じ馬車を降りて戰い、齊の苑何忌に耳を切られまた足を斷たれ他の馬車に乘って引き上げたが、これを知らぬ顏鳴は齊師に三度馬車を進めて「林雍乘れ」と呼ばわったこと（⑦）、などを記す。

この戰が、いかにも牧歌的な戰ぶりでやや緊迫感にかける小競り合いの戰に收まったことを示している。

この戰は、杜註が「言魯人皆致力於季氏不以私怨而相弃也（魯人皆な力を季氏に致し私怨を以て相弃てざるを言ふなり）。」と評するように、君主の昭公を相手にしても、季平子の下での魯の人心の結束の固いことを示すものであり、また會箋が「此戰齊人僅傷其手失馬、而魯人又止失其一耳一足一卒。殆如兒戲而無落著。齊既無納公之心、季氏亦支吾之而已（此の戰齊人僅かに其の手を傷つけ馬を失ひ、而して魯人も又ただ其の一耳一足一卒を失ふのみ。殆んど兒戲の如くにして落著する無し。齊既に公を納るるの心無し、季氏も亦た吾を支ふるこれのみ）。」と評するように、季氏と齊侯の閒では暗默の了解點があり（卽ち現狀維持が雙方にとって好都合）、戰は乾坤一擲の決戰とは程遠いものであった。

したがって、昭公はいわば梯子を外された形で、齊にも期待できず季氏とも交涉できず鄆に滯在することになる。

このような事態は結局、先の子家子の言が示唆するように、季氏が國人及び民の歸服を得る所の事實上の魯の國主（『原左氏傳』に謂う所の「民の主」）であることを内外に如實に示す結果となったと言えよう。

昭公はその後もこの鄆に滞在するが、やがて大國晉を頼って乾侯に行き、そこで客死する。『原左氏傳』所載魯史は、「内外を能くせず、又其の人を用ふる能はず」と評している。

［昭公三十二年］〔左〕三十二年。春。王。正月。公在乾侯。言不能内外、又不能用其人也。（杜註「其人謂子家羈也。言公不能用其人、故於今猶在乾侯。」會箋「內魯、外諸侯也。」）…。冬。…。十二月。公疾。徧賜大夫。大夫不受。賜子家子雙琥・一環・一璧・輕服。受之。大夫皆受其賜。己未。公薨。子家子反賜於府人。曰、「吾不敢逆君命也。」大夫皆反其賜。

この昭公の亡命・客死という事態に示される季氏の専権の確立について、『原左氏傳』所載晉史の昭公三十二年の記事は次のように記している。

〔左〕十二月。…。趙簡子問於史墨、曰、「季氏出其君、而民服焉、諸侯與之。君死於外、而莫之或罪、何也。」對曰、「物生有兩、有三、有五、有陪貳。故天有三辰、地有五行、體有左右。各有妃耦。王有公、諸侯有卿、皆其貳也。天生季氏以貳魯侯。爲日久矣。民之服焉、不亦宜乎。魯君世從其失、季氏世脩其勤。民忘君矣。雖死於外、其誰矜之。社稷無常奉、君臣無常位。自古以然。故詩曰『高岸爲谷、深谷爲陵。』三后之姓、於今爲庶。主所知也。在易卦、雷乘乾、曰大壯☳☰、天之道也。昔成季友、桓之季也。文姜之愛子也。始震而卜。卜人謁之、曰、『生有嘉聞。其名曰友、爲公室輔。』及生而如卜人之言。有文在其手、曰友。遂以名之。既而有大功於魯、受費以爲上卿、至文子・武子、世增其業、不廢舊績。魯文公薨、而東門遂殺適立庶。魯君於是乎、失國。政在季氏、於此君也、四公矣。民不知君。何以得國。是以、爲君愼器與名、不可以假人。」

傍線部の趙簡子の問いは「季氏其の君を出だして、民これに服し、諸侯これに與す。君　外に死するも、しかも之を罪する或る莫きは、何ぞや。」というものである。この問題は『原左氏傳』編纂の目的ともなる重要問題の一つを問うものと考えられる。それは春秋期という封建制の統治原則の根幹を問うものとなっているからである。

周の封建制の原理と規範（天命を受けた周王の下の重層的な命のヒエラルヒーと同じく重層的な君臣關係）からすれば、季氏は逆賊であり、主君を追放した季氏に民は從うべきではなく、諸侯は與すべきではない。しかし現實には民は歸服し、諸侯は季氏に味方している。その結果、君主が亡命を餘儀なくされ外國に客死しても逆賊を罪する者（諸侯や臣下）がいないのは、一體なぜなのか。これを容認すれば封建制の統治原理はやがて崩壊に至るであろう。しかし、現實にはそれが起こっているのではないか、という問いである。

それについての二重傍線部の史墨の回答の要點は次のようなものである。

1．天が季氏を生じて魯侯に貳（副貳）たらしめて久しいのであるから、民が季氏に服するのは不自然ではない。

2．魯君は世々失政を重ねたが、季氏は世々其の勤めを怠らず國を維持してきたので、民は君主を忘れてしまった。君主が、外國に死んでも、だれが矜れもうか。

3．「社稷に常奉無く、君臣に常位無し」（社稷の神を祀る祭主が常に同じということはあり得ず、君臣の位に就く者が常に同じということはあり得ない）は、古よりそうなのである。虞夏商の三王朝の子孫は今の周においては庶人に過ぎない。

4．桓公の嫡出の末子であった季友は、卜人の豫言通り、生まれながら手に友の字があり、それを名として魯に大功が有り、季氏は文子・武子とその功績を繼ぎ功業を增してきた。だが、公室は文公の後に公子遂が嫡を殺し庶を立てるという失態を犯し、魯君はその權威（正統性と正當性）を弱めて國權を失ってしまった。

5．魯國の政が季氏の手によって爲されるのは、宣・成・襄・昭公の四公に亙っており、民はもはや魯君を知らず、どうして魯君が國を掌握できようか。

この五點のうち前三者は魯の季氏を例とはしているが、魯に限らぬ普遍的な原則を語っている。それは魯以外の國でも起こり得ることを示唆するものである。ここに「天」と「民」の概念が登場してくることが注目されよう。

周の封建制の原則では、天に對するのは周王のみであり、諸侯やまして陪臣季氏が天に關わる事はあり得ない、諸侯は王命を奉じ、陪臣は君命を奉ずる存在であるからである。(2) したがって、ここには周の封建制とは異なる、新たな統治の原則が語られ出しているということになろう。

その端的な表現が、「社稷に常奉無く、君臣常位無し」との一句である。ここに封建制の原理を轉換する論理が凝縮されていると言えよう。この問いを發してこの答を得た趙簡子の子孫が晉を三分して趙の君主となることからすると、思い半ばに過ぐるものがあろう。つまり、ここには簒奪正當化の論理が極めて婉曲にしかし確固として提起されていると言えよう。

ここに『原左氏傳』編纂の意圖を讀み解く鍵があるように考えられるのである。

そして、後二者は魯の季氏に、そして『原左氏傳』所載魯史に特化した論點であるが、そこの鍵が、前述のように「嫡庶の論」であることが、改めて注目されるのである。

したがって、魯において季氏は「嫡庶の論」を梃にして國權の掌握の正當化と正統化を強め、遂に事實上の國主（卽ち「民の主」）に擬せられるに至るというこの筋立ては、ほかならない『原左氏傳』所載魯史、ひいては『原左氏傳』の編纂者の意圖するところの歷史觀であると言えよう。されば、逆に『原左氏傳』所載魯史がこの歷史觀によって作爲潤色された面を有することは當然のこととしなければならない。われわれはそこに、「有文在其手」說話の存在の意味を看取することが出來よう。

ところで、この史墨の言には「三辰」「五行」等或いは「天生季氏以貳魯侯」等には、明らかに戰國的思想の特徵が示されている。のみならず『原左氏傳』の編纂者は、三晉の分裂と趙・魏・韓の立國を知っており、「社稷に常奉無く、君臣に常位無し」は既に時代の精神となりつつ在った時代に居たのであり、その視點から『原左氏傳』は最終的に編纂されていると言えよう。

四

さて、昭公の薨去の後、季平子及び三桓は昭公の弟の公子宋を擁立した。定公元年「六月。癸亥。公之喪、至自乾侯。戊辰。公卽位。」と『原左氏傳』所載魯史は記す。この定公は卽位の年に稱元しており、これは先述のように當年卽位・當年（立年）稱元法である。

季平子はこの定公五年五月に卒する。定公五年からその薨去の同十五年に至るこの約十年は、季氏を筆頭とする三桓に對して、その家宰卽ち魯公の陪臣が實權を握る時代であり、まず陽虎が登場し、ついで孔子や子路の登場する時代である。

したがって、確立したかに見える季氏の專權はこの新興勢力によって脅かされることになる。『原左氏傳』所載魯史は次のように記す。

［定公八年］〔左〕秋。…。①九月。師侵衞。晉故也。②季寤・公鉏極・公山不狃、皆不得志於季氏。叔孫輒無寵於叔孫氏。叔仲志不得志於魯。故五人因陽虎。陽虎欲去三桓、以季寤更季氏、以叔孫輒更叔孫氏、己更孟氏。

［定公十二年］〔左〕十二年。夏。…。仲由爲季氏宰。將墮三都。於是、叔孫氏墮郈。季氏將墮費。公山不狃・叔孫輒、帥費人、以襲魯。公與三子、入于季氏之宮、登武子之臺。費人攻之。弗克。入及公側。仲尼命申句須・樂頎、下伐之。費人北。國人追之。敗諸姑蔑。二子奔齊。遂墮費。將墮成。公斂處父謂孟孫、「墮成、齊人必至于北門。且成、孟氏之保障也。無成、是無孟氏也。子僞

不知。我將不墮。」冬。十二月。公圍成。弗克。

季氏の家宰として一時魯の國政の實權を握った陽虎は、三桓の當主をも自派で刷新せんとして事を起こすが、結局、失脚して晉に亡命する（定公八年）。ついで孔子は定公にひきたてられ、またその弟子の子路は季氏の家宰となったことによって、孔子―子路の連携で三桓の城を毀たんとし、季孫・叔孫の城については成功する。だが孟孫の成が叛旗を翻し、これに對して孔子・子路に與する定公自らも成を圍むが、遂に克てず挫折する（定公十二年）。孔子は終に季氏に逐われ失脚して諸國に亡命する。

新興勢力の中でも特に孔子教團は、封建制の原則としての禮の遵守と周王―公室の復權を大義として、いわば理念と實踐の兩面において三桓に對抗した點で、季氏にとっては國内の最大の脅威となり、定公にとっては最大の味方となった。

だが、孔子亡命後はその門下は巧みに懷柔され、むしろ孔門諸子は季氏の下で功臣・實務官僚として活躍する。季康子の家宰として齊の來襲に奮戰した冉求はその典型である。

したがって、大きく動搖したかに見えた魯の國政は、家宰階級や新興勢力の臺頭、そして三桓への反亂とこれを鎭壓する三桓という構圖で推移し、定公は當然反三桓の勢力を引き立てんとするが、三桓の支配體制を覆す試みはいずれも失敗に歸し（會箋「孔子行きて三家復た張る」）、定公もまた孤立することとなる。

定公晩年の様子を子貢は次のように觀察している。

〔定公十五年〕〔左〕十五年。春。邾隱公來朝。子貢觀焉。邾子執玉、高。其容仰。公受玉、卑。其容俯。子貢曰、「以禮觀之、二君者皆有死亡焉。夫禮、死生存亡之體也。將左右周旋進退俯仰、於是乎取之。朝祀喪戎、於是乎觀之。今正月相朝而皆不度。心已亡矣。嘉事不體。何以能久。高仰、驕也。卑俯、替也。驕近亂、替近疾。君爲主、其先亡乎。」…。夏。五月。壬申。公薨。仲尼曰、「賜不幸言而中。是使賜多言者也。」

定公十五年に邾の隱公が魯に來朝した際の兩君の様子を子貢は「禮を以てこれを觀るに、二君は皆死亡有らん。」「今正月相朝して皆度あらず。心已に亡せり。」「君　主たり、其れ先づ亡びんか。」と定公の死を豫言し、夏五月壬申に定公は薨去する。

哀公は定公の嫡子であるが幼君として卽位し（會箋「卽位の年、十歳の内を過ぎざるのみ」）、その時代は、季氏の專權がいよいよ强化される。

哀公の一代を會箋（哀公元年）は次のように述べている。「哀自元年至六年、四伐邾、一盟邾、一會吳、皆三家耑之、而公不與。似皆以年幼之故。…。孔子自衞反魯後、公殷殷焉。觀戴記・家語載哀公問諸條、可見。孔子夢奠之年、公方弱冠。誄辭蓋深恨受制季氏、不及早用孔子也。觀後弔季康子降禮、及欲以越去三桓、亦可知。云々。」（「夢奠」は孔子沒前の夢。禮記檀弓上・史記孔子世家參照。）

このように哀公の君主としての自立期は孔子の歸國のころと重なる。だが、亡命より歸國した國老（卿大夫の致仕せる者）としての孔子はすでに退隱の生活に入っており、政治の諮問は行えても、實際政治に孔子を登用することはかなわぬ時勢であった。また孔門の諸子はすでに季氏の下で家宰などの實務官僚として實際政治に攜わっており、三桓勢力と密接な關係を深めていた。孔子の歸國が季氏の家宰の冉求（冉有）の言を入れた季康子により爲された所にそれが示されていよう(3)。

そして孔子が沒すると一氣に哀公の立場は孤立を深める。

〔哀公十六年〕〔左〕夏。四月。己丑。孔丘卒。公誄之。曰、「旻天不弔。不慭遺一老、俾屏餘一人以在位。煢煢余在疚。嗚呼哀哉尼父。無所自律。」子贛曰、「君其不沒於魯乎。夫子之言、『禮失則昏、名失則愆。失志爲昏、失所爲愆。』生不能用、死而誄之、非禮也。稱一人、非名也。君兩失之。」

孔子の死に對して哀公の誄辭はその依り所とした國老を失った孤獨と哀痛と戸惑いを述懷する。しかし、孔門の子贛はこれを冷やかに批評して、「君それ魯に沒せざるか。夫子の言へらく、『禮失へば則ち昏し、名失へば則ち愆《あやま》つ。志を失ふを昏と爲し、所を失ふを愆と爲す』と。生きては用ふる能はず、死して之を誄するは、禮に非ざるなり。一人を稱するは、名に非ざるなり。君兩つながら之を失ふ。」とし、哀公の誄辭は禮と名を失うものと手嚴しい。そして將來の哀公の出國を暗示している。この子贛の言が季氏の立場とそのまま重なるものであることは明らかであろう。

したがって、哀公が政治的に三桓に對抗するてだてはもはや國內には全くなく、結局は他の諸侯の力に賴るほかはないが、それは君主としては孤立の道であり、「所を失ふ」道に他ならない。

加えて魯國の國人層からも見放される事件が起こる。それは、自ら動いた後繼指名のための「夫人」の問題であった。

〔哀公二十四年〕〔左〕夏。…。①公子荊之母嬖。將以爲夫人。使宗人釁夏獻其禮。對曰、「無之。」公怒。曰、「女爲宗司。立夫人、國之大禮也。何故無之。」對曰、「周公及武公娶於薛。孝・惠娶於商。自桓以下娶於齊。此禮也、則有。若以妾爲夫人、則固無其禮也。」公卒立之。而以荊爲大子。國人始惡之。②閏月。公如越。得大子適郢。將妻公而多與之地。公孫有山使告于季孫。季孫懼、使因大宰嚭而納賂焉。乃止。

哀公はその妾である公子荊の母を寵愛し、「夫人」と爲さんとし、その禮を宗人の釁夏に命じるが、そのような禮はないと斷わられる。「女《なんじ》は宗司たり。夫人を立つるは、國の大禮なり。何の故にこれ無きや」と公が怒ると、釁夏は「周公と武公とは薛に娶り。孝・惠は商（宋）に娶り。桓より以下は齊に娶る。此の禮や、則ち有り。妾を以て夫人と爲すが若きは、則ち固より其の禮無きなり。」と答える。卽ち、魯公が卽位すると卿はしかるべき國より夫人を迎えるべく聘するのが禮であるが、哀公にはこの國君としての禮が行われていないことを『原左氏傳』所載魯史は圖らずも記していると言えよう。

これは國君の權威喪失の極まりとも言えよう。

あるいは、ここで哀公は情勢を察知し逆に宗人の言を奇貨として、季氏にしかるべき國より夫人を迎える禮を行うよう命ずべきであった（これには季氏も逆らえない）が、逆に、公子荊の母（妾）を夫人として立て、荊（庶子）を大子（嫡子）としてしまった。この「妾を以て夫人と爲す」ことによって、「國人始めて之を惡《にく》む」と、國人層もついに見放したと記している。

哀公は活路を夷狄の大國越に見出し、越に行きその太子適郢と親交を結び、越は公に妻あわして土地を與え越にて養わんとするが、季氏の知る所と爲り、季氏は越の大宰嚭（嘗ての呉の大宰）に賂を贈りこれを止めさせた。哀公が越を以て三桓を排除せんとするのを阻止するためであった。

かくして、哀公と三桓の對立は拔き差しならぬものとなり、その終末の姿は、『原左氏傳』所載魯史掉尾において、次のように記される。

［哀公二十七年］〔左〕春。越子使舌庸來聘、且言邾田封于駘上。二月。盟于平陽。三子皆從。（杜註「季康子・叔孫子・孟武伯皆從。」）康子病之、言及子贛。曰、「若在此、吾不及此夫。」武伯曰、「然。何不召。」曰、「固將召之。」文子曰、「他日請念。」夏。四月。己亥。季康子卒。公弔焉。降禮。…。公患三桓之侈。欲以諸侯去之。三桓亦患公之妄也。故君臣多間。公游于陵阪。遇孟武伯於孟氏之衢。曰、「請有問於子。余及死乎。」對曰、「臣無由知之。」三問。卒辭、不對。公欲以越伐魯而去三桓。秋。八月。甲戌。公如公孫有陘氏、因孫于邾。乃遂如越。（會箋「今蘇州西南三十五里横山南有魯都村。村内有城。哀公居之。」）國人施公孫有山氏。（杜註

「以公從其家出故也。終子贛之言君不沒於魯。」）

越はその強大な武力を背景に魯に邾より取った孤駘の田を返還させ、魯と邾の境界を駘上に改めさせた。二月に三桓は越の臣下の舌庸と平陽に盟う。季康子はこれを恥辱とし、時に衞に滞在する子贛がここに居ればこの事態にならなかったものを、と後悔する。季氏と孔門の子贛（子貢）との緊密な關係がここに窺える。哀公の孔子への誄に對する子贛の批評には、子贛の哀公への批判的眼差しが、定公に對すると同様に窺え、一方季氏との關係はむしろこのように緊密さを窺わせるのである。

夏四月に季康子が卒すると、哀公は季康子の喪に十分な禮を行わず、三桓は「公の妄を患ふる」事態となる。公の「余　死に及ばんか。」との三度の問いに、孟武伯の「臣之を知るに由無し」との突き放した回答を聞き、哀公は越を以て三桓を伐つほかはないと決意して、八月に公孫有陘氏を經由して邾に孫《のが》れ、そこから越に亡命する。

この越への亡命の年を以て『原左氏傳』の哀公の紀年は終わっている。しかし、哀公の薨去はこの年には記されていない。したがって、當然、哀公はこれ以後も越にて健在であったとしなければならない。『史記』六國年表には楚惠王任十二年・哀公二十八年に「魯哀公卒」を記し、翌年を「魯悼公元年。三桓勝魯、如小侯。」と記す。これによれば、少なくとも一年程度の存命が想定される。

しかし、『原左氏傳』ではこの哀公二十七年の後に、悼の四年の記事が記され、三晉の知伯討伐（悼の十四年）で『原左氏傳』は終わっている。

〔悼公四年〕〔左〕悼之四年。晉荀瑤帥師、圍鄭。未至。（杜註「悼公、哀公之子寧也。哀公出孫。魯人立悼公。」）…。知伯不悛。趙襄子由是、惎知伯。遂喪之。知伯貪而愎。故、韓・魏反而喪之。（杜註「史記、晉懿公之四年魯悼公之十四年、知伯帥韓魏圍趙襄子於晉陽」。）

哀公の亡命後、魯人は、哀公の太子荊ではなく、公子寧を立てて悼公とした。これは、魯人（三桓及び國人）にとっては、「妾を以て夫人と爲」した哀公の「非禮」への否定となっている。つまり、哀公の亡命は、昭公のそれとは異なり、魯を弃てたものとされ、哀公の意志は顧みられることなく、後繼の君が擁立されたことを示している。したがって、哀公は越に健在であっても、魯に悼公が立った以上、もはや魯君ではなくなったことになる。卽ち、事實上、哀公は公位を追われたことになろう。一方、『史記』六國年表の悼公元年に「三桓　魯に勝ち、小侯の如し」と云うように、三桓が政治的に勝利したのである。

そして悼公期の記事は晉史における趙・魏・韓による知伯の滅亡に至る記事のみであるから、『原左氏傳』所載魯史は哀公二十七年で終了していることになる。それは季康子の死と哀公の越への亡命によって幕を閉じているのである。

五

上來の考察に據れば、『原左氏傳』所載魯史は、その冒頭は季氏の祖の桓公の生母で惠公の「夫人」とされる仲子の出生説話で始まり、季氏の隆盛と專權の確立を經て、その掉尾は魯における專權を確立し孔子門下をも配下に收めた季氏の當主季康子の死と、その季氏勢力に對抗するすべもなく無理に「夫人」を立てて國人に惡まれ、亡命を餘儀なくされ、事實上公位を追われた哀公の越への出國の記事となっている。

したがって、『原左氏傳』所載魯史は、季氏の系譜上の始原に始まり季氏の國政上の勝利に終わるもの、つまり〈季氏に始まり季氏に終わるもの〉、と言えよう。

そして、本稿の考察する所からすると、『原左氏傳』所載魯史の描く、季氏の專權確立過程において、理念上かつ實際政治上において、鍵を握る概念が、「嫡庶の論」であったことが、ここに明らかとなったのである。

また、『原左氏傳』所載魯史は、季文子の記事においては、その臣下としての公室への忠誠を稱贊する。かつ、隨所に季氏の「功」を宣揚し、或いはその「罪」を抑制する。さらに、『原左氏傳』所載晉史では、昭公三十二年に、晉の趙簡子の「季氏が魯公を他國に追い出しても民が服し、季氏を罪する者もいないのは何故か」との問いに、史墨は、魯における季氏の地位は天のもたらしたもので國政を執ること久しい季氏に民が服するのは當然で、「社稷に常奉無く、君臣に常位無し」と言い切り、季氏は嫡出の桓公に由來するが、魯の公室は文公が薨去し次に「適（嫡）を殺して庶を立て」て宣公が立てられたことによって正統性と正當性を缺き、「魯君ここにおいてか國を失へり」と答えて、季氏が公室に代わって政を行うこと（專權）や、場合によっては「君臣無常位」として君位につくこと（簒奪）の正當化の論理をも提示しているのである。

一方、巻末の哀公期には、哀公が「妾を以て夫人と爲す」という非禮を行い、これによって「庶を以て嫡と爲す」という事態を起こして、國人の信頼を失い、亡命に追い込まれ、事實上公位から追われたことを記す。『原左氏傳』所載魯史の最終段階におけるこの「妾を以て夫人と爲す」非禮を爲した哀公への批判は、『原左氏傳』所載魯史の冒頭の「宋武公生仲子。仲子生而有文在其手、曰『爲魯夫人』。」の說話と首尾對照して、魯公室の衰微を象徵し、同時に「嫡庶の論」による季氏の正統性と正當性を一層引き立てるものとなっていると言えよう。

したがって、所載魯史の觀點から『原左氏傳』の編纂の意圖を窺うならば、季氏の家系が桓公という公室の嫡出に由來するとの正統性と正當性を明らかにし（作爲し）、宣公以後の公室庶出の君主の失德に對して、公室嫡出の卿の大功に民が歸服する事態を示して、季氏の國政掌握の正統性と正當性、卽ち季氏の「義」を明らかにするところに在り、更には同所載晉史を援用して將來に起こり得るかもしれぬ季氏による〈簒奪〉の事態に然るべき「名」を備えんとするところとに在る、と言えよう。

そして、その根據となる論理が、魯史における「嫡庶の論」であり、加えて晉史における「君臣無常位」の論であったことが、ここに明らかとなったのである。

しかして、會箋が「魯秉周禮。人心猶古。故季不敢簒也。」（哀二十七年）というように、隣國齊における田氏による簒奪や、晉を三分しての趙・韓・魏三氏による簒奪という事態は、古禮に馴染む魯においては終に實現はしなかったのである。

本稿では、『原左氏傳』所載魯史の編者と『原左氏傳』の編者の關係は不問に付して考察を進めてきたが、本稿の考察に見られるように、『原左氏傳』所載魯史と同晉史とが極めて緊密に連攜している樣相が明らかになると、『原左氏傳』所載魯史の編者や同晉史の編者と『原左氏傳』の編者が最終的には重なる可能性が想定されることになろう。つまり『原左氏傳』にはその所載魯史の觀點から見た編纂意圖の推定と、同所載晉史から見たその推定と（卷末が魯史の終わりと晉史の終わりの二層からなることに對應する）、少なくともこの二者（同所載楚史や齊史についても當然視野に入れる必要があるが）からする複眼的視點が必要であり、本章は前者についての考察結果を提示したものである。

（二）『原左氏傳』所載晉史から見たその著作意圖——曲沃の晉侯から三晉へ——

一

『原左氏傳』所載晉史（本書第二部にて〔晉〕と記す史傳文）は、晉侯の本家と分家の覇權争いに勝利した「曲沃の晉侯」の記事に始まり、晉の文公の覇業、晉公室の衰退、九卿（欒氏・郤氏・范氏・中行氏・羊舌氏・知氏・趙氏・韓氏・魏氏）の執政交代とその興亡、三晉（趙・魏・韓）の覇權の確立、という推移にて記述され、そこに一貫する視點が、「三晉の覇權」への收斂という視點であることが、その晉史の檢討から看取される。

まず、「曲沃の晉侯」卽ち「曲沃伯」が「晉侯」となる過程は、左傳隱公五年から莊公十六年にかけて次のように記されている。（以下の史傳文等の引用は本書第二部による。但し傍線は同じではなく行論の爲のものである。）

〔隱公五年〕〔左〕春。…。③曲沃莊伯以鄭人・邢人、伐翼。王使尹氏・武氏助之。翼侯奔隨。〔晉〕　夏。…。④曲沃叛王。〔晉〕　秋。①王命虢公伐曲沃、而立哀侯于翼。〔晉〕

〔隱公六年〕春。①鄭人來、渝平。更成也。〔魯〕　②翼九宗・五正・頃父之子嘉父、逆晉侯于隨。納諸鄂。晉人謂之鄂侯。〔晉〕

〔桓公二年〕〔左〕冬。…。③初。晉穆侯之夫人姜氏、以條之役生大子。命之、曰仇。其弟以千畝之戰生。命之、曰成師。師服曰、「異哉。君之名子也。夫名以制義、義以出禮、禮以體政、政以正民。是以政成而民聽。易則生亂。嘉耦曰妃、怨耦曰仇。古之命也。今君命大子曰仇、弟曰成師。始兆亂矣。兄其替乎。」〔晉〕　④惠之廿四年、晉始亂。故封桓叔于曲沃。靖侯之孫欒賓傅之。師服曰、「吾聞國家之立也。本大而末小。是以能固。故天子建國、諸侯立家、卿置側室、大夫有貳宗、士有隸子弟、庶人工商各有分親。皆有等衰。是以民服、事其上、而下無覬覦。今晉甸侯也、而建國。本既弱矣。其能久乎。」〔晉〕　⑤惠之三十年、晉潘父弑昭侯。而納桓叔、不克。晉人立孝侯。〔晉〕　⑥惠之四十五年、曲沃莊伯伐翼。弑孝侯。翼人立其弟鄂侯。鄂侯生哀侯。哀侯侵陘庭之田。陘庭南鄙啓曲沃、伐翼。〔晉〕

[桓公三年]春。①曲沃武公伐翼。次于陘庭。韓萬御戎。梁弘爲右。逐翼侯于汾隰。驂絓而止。夜獲之、及欒共叔。〔晉〕
[桓公七年]冬。曲沃伯誘晉小子侯、殺之。〔晉〕
[桓公九年]〔左〕秋。虢仲・芮伯・梁伯・荀侯・賈伯、伐曲沃。〔晉〕
[莊公十六年]〔左〕冬。…。②王使虢公命曲沃伯、以一軍爲晉侯。〔周〕

晉の穆侯の大子が文侯仇、その弟が成師（桓叔）であるが、兄を仇、弟を成師とする穆公の命名について晉の師服は「名」の原則を述べ（二重線部）てその非を說き、「兄は其れ替《すた》れんか」と批判したことを記す。これは晉の本家（翼）がすたれることの豫言としての意味をもっていよう。果たして文侯が薨ずると子の昭侯は叔父の桓叔を都の翼よりも大邑である曲沃に封じた。晉の大夫潘父は昭侯を弑し、さらに曲沃の桓叔を翼に入れんとしたが敗れ、晉人は昭侯の子の孝侯を立てる。桓叔の子の曲沃莊伯は孝侯を弑するが、これに對して晉人は孝侯の弟の翼侯（鄂侯）を立てる。その子が哀侯である。ついで莊伯の子の曲沃の武公は翼を伐ち、翼侯（哀侯）を放逐の末に殺す。『國語』晉語第七に「武公　翼を伐ち、哀侯を殺す。」と見えるのが、それである。

哀侯の子の小子侯は、曲沃伯（武公）に招かれて殺される。かくして曲沃伯の晉における霸權は確立し、魯の莊公十六年に周王は曲沃伯を晉侯とする命を發した。これが曲沃の晉侯（晉の武公）である。

ここに晉の宗室は本家の翼を都とする晉の文侯（大子仇）系が廢れて分家の曲沃の桓叔（成師）系に移ることになる。これに關連する晉の世系を圖示すると次のようになる。

《晉侯家系略圖》

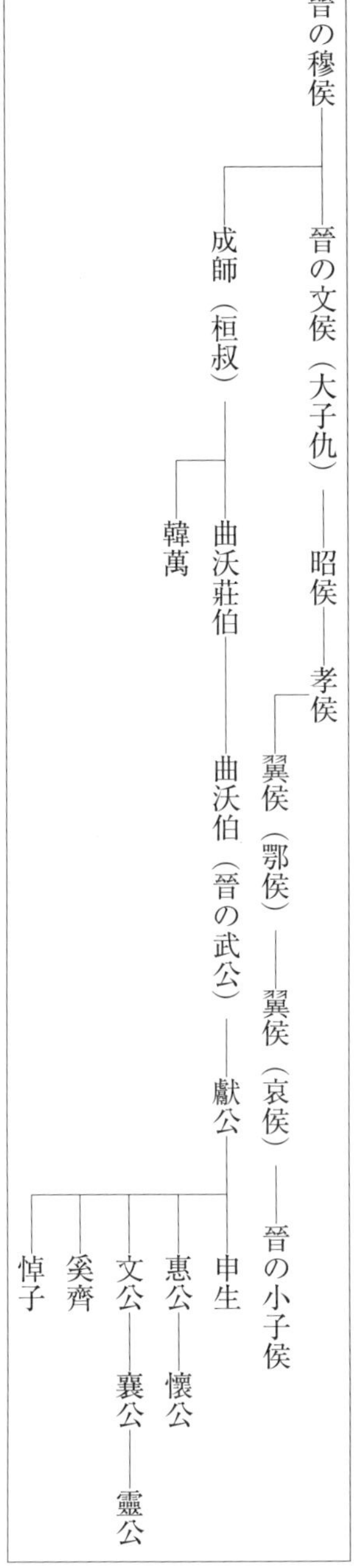

この曲沃伯卽ち晉の武公（曲沃の晉侯）の子が晉の獻公で、その子が覇業を成す文公である。『原左氏傳』所載晉史の前半は、晉の本家の翼を伐ち「王に叛」いた曲沃莊伯に始まり、その子の曲沃伯（晉の武公）が王命を受けて晉侯となり、その子の獻公の失政と次代（惠公期）の混亂、そして武公の孫である文公の亡命期の曲折と覇業の成就という流れで記され、曲沃系の晉の記述で一貫していると言えよう。

《周王としての攜の惠王》

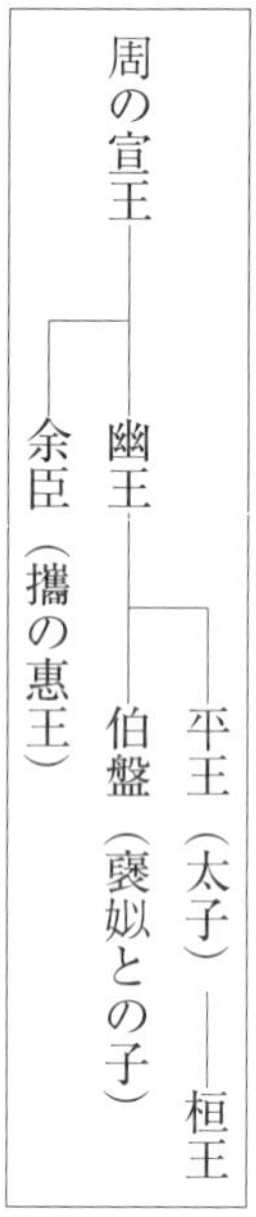

一方、近年の出土資料『繫年』（清華簡）には、曲沃の本家の翼の晉の文侯（仇）と周王室との關わりが次のように述べられている。

［繫年・第二章］周幽王取妻于西申、生平王。王或取褒人之女、是褒姒、生伯盤。褒姒嬖于王。王與伯盤逐平王。平王走西申。幽王起師、圍平王于西申。申人弗畀。繒人乃降西戎、以攻幽王。幽王及伯盤乃滅、周乃亡。邦君諸正乃立幽王之弟余臣于虢。是攜惠王。立廿又一年、晉文侯仇乃殺惠王于虢。周亡王九年。邦君諸侯、焉始不朝于周。晉文侯乃逆平王于少鄂、立之于京師。三年。乃東徙、止于成周。晉人焉始啓于京師。

これによると、幽王は、太子（後の平王）を廢して褒（襃）姒の生んだ伯盤を太子にせんとして、伯盤と共に師を起こして太子の亡命地の西申を包圍したが、却って西戎を從える繒人に滅ぼされる。そこで周の邦君や諸正は幽王の弟の余臣を虢に於いて周王に立てる。これが攜の惠王であるという。惠王の二十一年に晉の文侯はこの惠王を虢に殺す。周は王なきこと九年を經て、晉の文侯は平王を少鄂より迎えて京師に於いて周王に立てる。平王はその後三年にして東の成周（洛邑）に遷る、というのである。

この『繫年』の記述に據れば、晉の文侯仇の周王室（東周王室）への貢獻は絶大なるものとしなければならない。翼の晉侯と曲沃伯との抗爭において周王が常に翼の晉侯の側に立つのは、分家は本家に從うべしとの禮の秩序からの要請はもとよりであるが、それ以上に晉の文侯による平王擁立という來歷からする周王室の翼の晉侯への顧慮が働いているものと理解されるのである。

だが、このような理解は『左傳』を讀む限り、殆ど看取し得ない。なぜなら、そこには先に述べたように晉の文侯仇の功業が全く言及されていないからである。

實はここに『原左氏傳』所載晉史の著作意圖の反映が看取し得よう。『原左氏傳』は三晉の關わる曲沃系晉公室には關心があるが、それに先行する本家の翼の晉侯（文侯仇）の功業には全く無關心である。それは、文侯仇の王室への功業を明らかにすることは、曲沃の晉侯とその後繼者にとっては、曲沃伯の弑君の罪の大きさを幾重にも增大させるものでしかないということによろう。

したがって、『原左氏傳』所載晉史の晉の文侯仇の功業への無視は、その著作意圖と深く關わるものと言えよう。卽ち〈曲沃系晉公室の始まり〉は可能な限り正統化及び正當化されねばならず、それに反するものは歴史記述としては無視されることになる。

因みに『原左氏傳』の隱公五年夏の「曲沃　王に叛く」に至る記述では、そこに登場する周王（天王）は次のように言及される。

［隱公元年］〔左〕秋。七月。天王使宰咺來、歸惠公・仲子之賵。緩。且子氏未薨。故名。…。贈死不及尸、弔生不及哀、豫凶事、非禮也。

［隱公三年］〔左〕夏。鄭武公・莊公爲平王卿士。王貳于虢。鄭伯怨王。王曰、「無之。」故周・鄭交質。王子狐爲質於鄭。鄭公子忽爲質於周。王崩。周人將畀虢公政。

いずれも周の平王の諸侯への非禮と不德を記すもので、これは「曲沃　王に叛く」の事態の不當性を減殺する効果をもたらすものとなっている。

したがって、『原左氏傳』所載晉史の著者（ひいては『原左氏傳』の著者）の關心は、曲沃系の晉侯にほぼ限定されており、その後繼者としての晉侯及びその卿大夫の事績に焦點があてられているものと理解される。そしてその卿大夫においては三晉（趙・韓・魏）に焦點が當てられていることがその記述から窺えるのである。

例えば、左傳桓公三年に「曲沃の武公　翼を伐つ。陘庭に次す。韓萬　戎に御たり」と韓氏の祖に言及する。

また次の獻公の時代の記事として左傳閔公元年の條には次のように記す。

［閔公元年］〔左〕冬。…。④晉侯作二軍。公將上軍。大子申生將下軍。趙夙御戎。畢萬爲右。以滅耿、滅霍、滅魏。還、爲大子、城曲沃。賜趙夙耿、賜畢萬魏、以爲大夫。…。〔晉〕⑤卜偃曰、「畢萬之後必大。萬、盈數也。魏、大名也。以是始賞、天啓之矣。天子曰兆民、諸侯曰萬民。今名之大、以從盈數、其必有衆。」〔晉〕⑥初。畢萬筮仕於晉。遇屯䷂之比䷇。辛廖占之、曰、「吉。屯固、比入。吉孰大焉。其必蕃昌。震爲土、車從馬、足居之、兄長之、母覆之、衆歸之。六體不易、合而能固、安而能殺。公侯之卦也。公侯之子孫、必復其始。」〔晉〕

武公（曲沃伯）は一軍を以て晉侯に命ぜられたが、その子の獻公は二軍を作り、公が上軍、大子が下軍に將となり、趙夙は戎（戰車）

の御となり、畢萬は右と爲り、戰功によって趙夙は耿を、畢萬は魏を賜り、大夫に列せられた。卜偃は「畢萬の後は必ず大ならん」とその諸侯となることを豫言し、また畢公高の子孫である畢萬が晉に仕えるのを筮占したところ「公侯の子孫、必ず其の始めに復らん」とやはり魏が諸侯となることを豫言したことを記す。魏を宣揚する意圖は明らかであろう。但し、子孫が諸侯となるとの豫言は、魏氏と陳氏とに限られ、これらは『原左氏傳』ではなく『左氏傳』編集段階での潤色の可能性が想定される。

また、晉の文公重耳の霸業に至る記事では、亡命時の從者として趙氏を興す趙衰や魏氏の長で畢萬の孫の魏武子（魏犨）を擧げ、なかでも趙衰はその功業を特筆し、又その子趙盾にも詳しく言及している。

『原左氏傳』所載晉史の著者の視點は、曲沃系の晉侯と、その後裔である晉の文公の霸業、そして公室の衰退と九卿の執政を經てそのもとで興起する三晉に收斂してゆくのだが、その三晉稱揚の視點が既にここに看取されよう。

また、このように見てくると、曲沃の晉侯の成立に先行する本家の翼の晉侯（晉の文侯仇）について詳述する『繫年』テキストの記事は、晉の史記としてはむしろ當然の記述であり、逆に意圖的にこれを無視する『原左氏傳』テキストより先行する可能性が想定されよう。この問題は先述の第二章（三）の議論とも深く關わる問題である。

ついで、『原左氏傳』は、その所載晉史において晉の文公の諸國遍歷を詳述した上で、晉の文公が楚と戰い勝利した城濮の役と、踐土の王庭の盟、そして溫の會に「王を召す」に至る霸業について詳述するとともに、君子の評言を記している。

〔僖公二十八年〕〔左〕夏。①四月。戊辰。晉侯・宋公・齊國歸父・崔夭・秦小子憖、次于城濮。…。楚師敗績。…。甲午。至于衡雍。作王宮于踐土。〖晉〗…。⑥五月。…。⑦丁未。獻楚俘于王。駟介百乘、徒兵千。鄭伯傅王。用平禮也。己酉。王享醴。命晉侯宥。王命尹氏及王子虎・內史叔興父、策命晉侯爲侯伯。賜之大輅之服、戎輅之服、彤弓一、彤矢百、玈弓十、玈矢千、秬鬯一卣、虎賁三百人。曰、「王謂叔父、敬服王命、以綏四國、糾逖王慝。」晉侯三辭、從命。曰、「重耳敢再拜稽首、奉揚天子之丕顯休命。」受策以出。出入三覲。…。癸亥。王子虎盟諸侯于王庭。要言、曰、「皆獎王室、無相害也。有渝此盟、明神殛之、俾隊其師、無克祚國、及而玄孫、無有老幼。」〖周〗君子謂、「是盟也信。」謂晉、「於是役也、能以德攻。」《評》…。

〔僖公二十八年〕〔左〕秋。①七月。丙申。振旅、愷以入于晉。獻俘、授馘、飲至、大賞。徵會、討貳。殺舟之僑以徇于國。民、於是大服。〖晉〗②君子謂文公、「其能刑矣。三罪而民服。詩云『惠此中國、以綏四方。』不失賞刑之謂也。」《評》…。

〔僖公二十八年〕〔左〕冬。會于溫。討不服也。…。是會也、晉侯召王、以諸侯見、且使王狩。〔晉〕

僖公二十八年夏の踐土の盟について、君子の評言は、「君子謂ふ、是の盟や信なり、と。晉を謂ふ、是の役におけるや、能く德を以て攻む、と。」と稱贊の辭を惜しまない。また同年秋に凱旋して賞罰を明らかにした文公について、「君子　文公を謂ふ、其れ能く刑せり。三たび罪して民服せり。詩に云へらく『此の中國を惠し、以て四方を綏んず』と。賞刑を失はざるをこれ謂ふなり。」と絶贊している。そして溫の會については「不服を討ずるなり。」「是の會や、晉侯　王を召《め》し、諸侯を以《ゐ》て見《まみ》え、且つ王をして狩せしむ。」とその霸者の功業を淡々とそして聊か無遠慮に敍している。

この君子の評言の贊辭の肝要な點は、第一に刑を能くして民の服を得たこと、第二に中國に恩惠をもたらし夷狄（楚）を兼ねて（兼併して）四方卽ち天下に安寧を齎したこと、の二點にあると言えよう。

第一の點は次の「民の主」の思想にも通底する視點である。第二の點は、中國の霸者が夷狄を從え夷狄をも含めた天下に安寧を齎すという霸者の理想型を體現しているとする視點である。これらの君子の視點は、他ならぬ『原左氏傳』編纂者の視點に通ずるものと言えよう。

二

次に、やがて晉の公室が衰微し九卿（欒氏・郤氏・范氏・中行氏・羊舌氏・知氏・趙氏・韓氏・魏氏）の執政時代に入ると、やはりそこでも三晉の記事における特筆が注目される。

その一つは趙盾に「民之主」という評價の辭を呈していることである。この「民之主」については、左傳全體では、これを含めて八例の用例が確認される。

1〔宣公二年〕〔左〕夏。…。④晉靈公不君。厚歛以彫牆、從臺上彈人而觀其避丸也。宰夫胹熊蹯不熟、殺之。寘諸畚、使婦人載以過朝。趙盾・士季見其手、問其故而患之。將諫。士季曰、「諫而不入則莫之繼也。會請先。不入則子繼之。」三進及溜。而後視之。曰、「吾知所過矣。將改之。」稽首而對曰、「人誰無過。過而能改。善莫大焉。詩曰『靡不有初。鮮克有終。』夫如是則能補過者鮮矣。君又有終、則社稷之固也。豈唯羣臣賴之。又曰『袞職有闕、惟仲山甫補之。』能補過也。君能補過、袞不廢矣。」猶不改。宣子驟諫。

公患之。使鉏麑賊之。晨往。寢門闢矣。盛服將朝、尙早坐而假寐。麑退歎、而言曰、「不忘恭敬、民之主也。賊民之主、不忠。棄君之命、不信。有一於此、不如死也。」觸槐而死。〔晉〕

晉の靈公は「厚く（稅を）歛《あつ》めて以て牆に彫し（奢侈を極め）、臺上より人を彈《う》ちてその丸《たま》を避けんとするを觀るなり。宰夫の熊蹯を胹《に》て熟せざれば、之を殺す。これ（尸）を畚《ふご》に寘きて、婦人をして載せて以て朝を過《よぎ》らしむ」との非道を重ね、「君たらず」と記されている。趙盾（宣子）はしばしばこれを諫めるも靈公は改めず、逆に鉏麑に趙宣子を殺すを命ずる。鉏麑は趙盾を害せんと門に入り、早朝に衣冠束帶の盛服にて將に朝せんとして端坐し暫し瞑目する趙宣子をうかがい見て、「恭敬を忘れざるは、民の主なり。民の主を賊ふは、不忠なり。君の命を弃つるは、不信なり。此に一有るは、死するにしかず」として、自ら命を絶つ。「君たらず」と評價される靈公とは對照的に、「民の主」の辭を用いて趙盾が難を免れる理由を說明するこの記事が、趙氏への宣揚の意圖によることは明らかと言えよう。

ところで、この記事に見るように、『原左氏傳』においては、新しい思想は、この會話の言說として語られるのが通常のパターンと言えよう。『原左氏傳』は、まず列國史を收載して成っているから、その部分は古い層のテキストと爲るのに對して、『原左氏傳』編纂者の思想は、會話の言說として盛り込まれることになろう（もとより會話の言辭には舊列國史に由來するものも多く存在する）。蓋し事は舊事を襲わざるを得ず作爲は容易ではないが、言辭は新たに作爲するに容易な手法であるが故と言えよう。ここでも「民之主」の思想は、刺客の鉏麑の言として語られている。したがって、これは『原左氏傳』編纂者の思想とまずは看做し得よう（もとより會話の言說においても『原左氏傳』成立後の附加が疑われる可能性は留保されるが）。

では、この「民之主」とはどのような含意の用語であるのか。『原左氏傳』におけるこの「民の主」の殘り七例（いずれもやはり會話の言說にて語られている）を取り上げて檢討してみよう。

2 〔宣公十五年〕〔左〕臣聞之、「君能制命、爲義。臣能承命、爲信。信載義而行之、爲利。謀不失利、以衞社稷、民之主也。義無二信。信無二命。」（晉の解揚の言）

3 〔襄公二十二年〕〔左〕子展廢良而立大叔。曰、「國卿、君之貳也。民之主也。不可以苟。請舍子明之類。」（鄭の子展の言）

4 〔襄公二十七年〕〔左〕鄭伯享趙孟于垂隴。…。子展賦草蟲。（杜註「以趙孟爲君子也。」）趙孟曰、「善哉、民之主也。（杜註「在上不忘

降、故可以主民。」）抑武也、不足以當之。」（晉の趙孟の言）

5［襄公二十八年］〔左〕公過鄭。鄭伯不在。伯有廷勞於黃崖。不敬。穆叔曰、「伯有無戾於鄭。鄭必有大咎。敬、民之主也、而棄之。何以承守。…。敬、可棄乎。」（魯の穆叔の言）

6［襄公三十年］〔左〕楚公子圍殺大司馬蔿掩而取其室。申無宇曰、「王子必不免。善人國之主也。王子相楚國。將善是封殖、而虐之。是禍國也。且司馬、令尹之偏、而王之四體也。絕民之主、去身之偏、艾王之體、以禍其國。無不祥大焉。何以得免。」（楚の申無宇の言）

7［襄公三十一年］〔左〕穆叔至自會。見孟孝伯、語之曰、「趙孟將死矣。其語偷。不似民主。（杜註「偷、苟且也。」）云々。」（魯の穆叔の言）

8［昭公五年］〔左〕鄭罕虎如齊、娶於子尾氏。晏子驟見之。陳桓子問其故。對曰、「能用善人、（杜註「謂授子產政。」）民之主也。」（齊の晏子の言）

これによれば、「民の主」とは、國卿や國政の樞要にある執政者（3、6、7）たる君子（4）とされ、よく善人を用い（6、8）、臣下として義を奉じ利を失わずして社稷を衞り（2）、「恭敬」「敬」を以て君に仕えて（1、5）、よく民を治める者を言うものと解される。卽ち民を實質的に治める有德の執政者と言えよう。

春秋時代の諸侯の國の實權はこの執政としての「民の主」に移ってゆく。この新興權力者たる執政の立場を反映するものが、この「民の主」の思想である、そして、「民の主」の思想が、『原左氏傳』編纂者に由って語られているとすれば、この編纂者の立脚する立場が自ずと看取し得よう。卽ち『原左氏傳』編纂者はこの新興の執政の勢力の立場に立っているということに他ならないであろう。この「民の主」卽ち執政の臺頭を最も端的に示す例の一つは齊國の場合で、有力にして「有德」の執政者である陳氏（田氏）のもとに國政は歸してゆく。

［昭公二十六年］〔左〕冬。…。④齊侯與晏子坐于路寢。公歎曰、「美哉室。其誰有此乎。」晏子曰、「敢問何謂也。」公曰、「吾以爲在德。」對曰、「如君之言、其陳氏乎。陳氏雖無大德、而有施於民。豆區釜鐘之數、其取之公也薄。其施之民也厚。公厚斂焉、陳氏厚施焉。民歸之矣。詩曰『雖無德與女、式歌且舞。』陳公之施、民歌舞之矣。後世若少惰、陳氏而不亡、則國其國也已。」公曰、

「善哉。是可若何。」對曰、「唯禮、可以已之。在禮、家施不及國、民不遷、農不移。工・賈不變、士不濫、官不滔、大夫不收公利。」公曰、「善哉。我不能矣。吾今而後知禮之可以爲國也。」對曰、「禮之可以爲國也、久矣。與天地並。君令臣共、父慈子孝、兄愛弟敬、夫和妻柔、姑慈婦聽、禮也。君令而不違、臣共而不貳。父慈而教、子孝而箴。兄愛而友、弟敬而順。夫和而義、妻從而正。姑慈而從、婦聽而婉。禮之善物也。」公曰、「善哉。寡人今而後聞此禮之上也。」對曰、「先王所稟於天地、以爲其民也。是以先王上之。」

〔齊〕

齊の景公が自らの死後の齊國を有するのは「德に在り」として、民の歸服する有德者に歸するであろうとの豫感を表明すると、晏子はそれを受けて「それならば、今の陳氏は民に德を施して民はこれに歸しており、陳氏が亡びずにその勢いを維持するならばいずれ、齊國を有することになりましょう」と答える。これにいかに對處すべきかとの景公の問いに、晏子は「禮のみがこれを止めることができます」と答える。それは「禮の以て國を爲むべきや、久し。天地と並ぶ。君令し臣共し、父慈に子孝に、兄愛し弟敬し、夫和し妻柔ぎ、姑慈しみ婦聽くは、禮なり」とし、その故に、禮を遵守する限りは、君主と臣下は永遠に君主と臣下であり、君臣の關係は變わらない。故に、禮治によってこそ德治による有力臣下の簒奪を防ぐことができる、というのである。

これは次のように對比して把握されよう。

禮治　―　禮の遵守に據る君臣關係の永續　→　君位の安泰

德治　―　有德の臣（民の主）への民の歸服　→　君臣關係の逆轉　→　簒奪（君位の喪失）

『原左氏傳』が歷史を記述する際の評價の基軸は禮に在る。それはこの晏子によって表明される危機意識と深く關わっていよう。禮こそが封建制秩序の根幹であるという認識に深く根ざすものと言えよう。それは『原左氏傳』が收載する列國史の記述とその教訓の歸結でもある。その一方で『原左氏傳』編纂者は、ここに述べるように「民の主」という新たな思想について語りだしているのである。それが、晏子の指摘する禮治と德治の對立に發展する可能性を孕んでいるのは明らかと言えよう。

その上で、「民の主」の思想に見られる「民」という視點からする思想の展開は、まずは、從來の禮にたいする再定義を促すものとして働きだす。

この民と禮の問題を論じたのが、昭公二十五年の晉の趙簡子と鄭の子大叔の對話における次のような議論である。

〔昭公二十五年〕〔左〕夏。①…。②子大叔見趙簡子。簡子問揖讓周旋之禮焉。對曰、「是儀也。非禮也。」簡子曰、「敢問何謂禮。」對曰、「吉也聞諸先大夫子產。曰、『夫禮、天之經也。地之義也。民之行也。天地之經、而民實則之。則天之明、因地之性、生其六氣、用其五行。氣爲五味、發爲五色、章爲五聲。淫則昏亂、民失其性。是故、爲禮以奉之。爲六畜・五牲・三犧、以奉五味。爲九文・六采・五章、以奉五色、爲九歌・八風・七音・六律、以奉五聲。爲君臣・上下、以則地義、爲夫婦・外內、以經二物。爲父子・兄弟・姑姊・甥舅・昏媾・姻亞、以象天明。爲政・事・庸・力・行・務、以從四時。爲刑罰・威獄、使民畏忌、以類其震曜殺戮。爲溫慈惠和、以效天之生殖長育。民有好惡喜怒哀樂、生于六氣。是故審則宜類、以制六志。哀有哭泣、樂有歌舞、喜有施舍、怒有戰鬭。喜生於好、怒生於惡。是故、審行信令、禍福賞罰、以制死生。生好物也、死惡物也。好物、樂也。惡物、哀也。哀樂不失、乃能協于天地之性。是以長久。』」簡子曰、「甚哉、禮之大也。」對曰、「禮上下之紀、天地之經緯也、民之所以生也。是以先王尙之。故人之能自曲直以赴禮者、謂之成人。大不亦宜乎。」簡子曰、「鞅也、請終身守此言也。」〔晉〕

晉の趙簡子が鄭の子大叔に「揖讓周旋の禮」を問うと、子大叔は「これ儀なり、禮に非ざるなり」として退ける。この「揖讓周旋の禮」とは、天の「命」を受けた周王の發する「命」によって形成された舊來の禮の秩序（「命」のヒエラルヒー）に由來するものと言えよう。これに對して子大叔は先大夫子產に教えられたとして、新たな禮の思想を滔々と語りだす。卽ち、「夫れ禮は、天の經なり。地の義なり。民の行なり。天地の經にして、民實に之に則る。天の明に則り、地の性に因り、其の六氣を生じ、其の五行を用ふ。氣は五味と爲り、發して五色と爲り、章はれて五聲と爲る。淫すれば則ち昏亂し、民　其の性を失ふ。是の故に、禮を爲して以て之を奉ず。六畜・五牲・三犧を爲し、以て五味を奉ず。九文・六采・五章を爲し、以て五色を奉ず。九歌・八風・七音・六律を爲し、以て五聲を奉ず。君臣・上下を爲して、以て地義に則り、夫婦・外內を爲して、以て二物を經す。父子・兄弟・姑姊・甥舅・昏媾・姻亞を爲して、以て天明に象る。政・事・庸・力・行・務を爲して、以て四時に從ふ。刑罰・威獄を爲して、民をして畏忌せしめ、以て其の震曜殺戮に類す。溫慈惠和を爲し、以て天の生殖長育に效《なら》ふ。民に好惡喜怒哀樂有り、六氣より生ず。是の故に則を審かにし類を宜しくし、以て六志を制す。哀に哭泣有り、樂に歌舞有り、喜に施舍有り、怒に戰鬭有り。喜は好に生じ、怒は惡に生ず。是の故に、行を審かにし令を信にし、禍福賞罰、以て死生を制す。生は好む物なり、死は惡む物なり。物を好むは、樂なり。物を惡むは、哀なり。哀樂　失はざれば、乃ち能く天地の性に協ふ。是を以て長久なり」というものである。したがって、禮は天地の運行・秩序に民が則って歴史的に形成されたものとする。人倫の秩序は天地に則って形成され、禮の履行は四時に従うものとされる。特に「政・事・庸・力・行・務を爲して、以て四時に從ふ」という時令思想は、『原左氏傳』の書法にも應用される禮理論であり、ここに語られる新たな禮は『原左氏傳』編纂者の禮理論に他ならないと言えよう[4]。

そして、「禮は上下の紀、天地の經緯なり、民の生くる所以なり。是を以て先王これを尙ぶ」と結論している。

したがって、禮がこのようなものであり、民の生の據り所であるとすれば、治者たるものは、この禮に則って民を養うことが要請されるのであって、「揖讓周旋の禮」に通ずることは、治者の第一義ではないという議論が、ここに提起されたわけである。しかして、「君臣・上下を爲して、以て地義に則り」というように、禮を遵守するならば、晏子の言うように、君臣の關係が逆轉する事態は防ぐことが出來るとの考えも十分に成り立ち得よう。

しかし、ここに更に、「民の主」の思想と關連する新たな思想を明確に示すのが、昭公三十二年の『原左氏傳』所載晉史における晉の趙簡子と史墨の會話を記す次の記事である。

［昭公三十二年］〔左〕冬。…。③趙簡子問於史墨、曰、「季氏出其君、而民服焉、諸侯與之。君死於外、而莫之或罪、何也。」對曰、「物生有兩、有三、有五、有陪貳。故天有三辰、地有五行、體有左右。各有妃耦。王有公、諸侯有卿、皆其貳也。天生季氏以貳魯侯。爲日久矣。民之服焉、不亦宜乎。魯君世從其失、季氏世脩其勤。民忘君矣。雖死於外、其誰矜之。社稷無常奉、君臣無常位。自古以然。云々。」

趙簡子の問いは「季氏其の君を出だして、民これに服し、諸侯これに與す。君　外に死するも、しかも之を罪する或る莫きは、何ぞや。」というものである。季氏を暗に「民の主」と見做しているものと言えよう。この問題は先述のように『原左氏傳』編纂の目的をもうかがわせる重要問題の一つを問うものと考えられる。それは春秋期という封建制の時代の統治原則の根幹を問うものとなっているからである。これについては前章において、季氏の問題として屢述したところであるが、やはりここに「天　季氏を生じ、以て魯侯に貳たらしむ。日を爲すこと久し。民のこれに服すること、亦た宜ならずや」と、「天」と「民」の概念が登場し、民が有德の臣になびくことを是認していることが注目されよう。

周の封建制の原則では、天に對するのは周王のみであり、諸侯やまして陪臣季氏が天に關わる事はあり得ない。諸侯は天命を受けた王の命によって諸侯と爲り邦國に君として君命を發し、陪臣はその諸侯の君命を奉ずる存在であるからである。しかるにここでは季氏の存在は天に基づくとされるのであるから、ここには周の封建制（周王の下の「命」のヒエラルヒー）とは異なる、新たな統治の原理が語られ出しているということになろう。

その統治原理の端的な表現が、「社稷に常奉無く、君臣に常位無し」との一句である。先述のように、これは封建制の原理を轉換する論理が表明されている。先の天地を經緯する禮という思想からすれば、「君臣・上下を爲して、以て地義に則り」ということは、禮に必須のものであるが、それは君臣・上下という秩序であって、誰が君であるか上であるかは時とともに變遷するものであるという思想の表明と言えよう。そして、その變遷を齎すものこそ「德」であるということになろう。禮の秩序は維持しつつも、だれが君となり、上となるかは、「德」に據るとするこの思想は、「民の主」として君臨しはじめた列國の執政（晉の三晉、魯の季氏、齊の陳氏等）にとっては、最も魅力的な思想と言えよう。

卽ち、ここに天地の經緯としての新たな「禮」の秩序に則り、舊來の禮の秩序を「儀」としては維持しつつも、實は「德」によりて位に就くという君臣關係の逆轉と簒奪正當化の論理が婉曲にしかし確固として提起されていると言えよう。

ここに注目されるのが、この二つの議論がいずれも晉の趙簡子を對話者として語られているということである。ここに『原左氏傳』編纂者と趙氏の關係が窺えよう。

三

さらに、『原左氏傳』の評言や會話文においては、「孔子曰」「仲尼曰」「君子是以知」「君子以爲」「君子謂」「君子曰」をはじめとする〈評言〉や登場人物の〈會話〉において「三晉」を宣揚する言辭を呈していることが注目される。卽ち、趙氏を宣揚するもの、韓氏を宣揚するもの、魏氏を宣揚するもの（併せて趙氏を批判するもの）などである。それらは、次のようである。

〈趙氏を宣揚する評言・會話〉

1．〔宣公二年〕〔左〕秋。①九月。…。乙丑。趙穿攻靈公於桃園。宣子未出山而復。大史書曰、「趙盾弑其君。」以示於朝。宣子曰、「不然。」對曰、「子爲正卿。亡不越竟。反不討賊。非子而誰。」宣子曰、「烏呼。詩曰『我之懷矣。自詒伊慼。』其我之謂矣。」〔晉〕

②孔子曰、「董狐、古之良史也。書法不隱。趙宣子、古之良大夫也。爲法受惡。惜也、越境乃免。」

2．［昭公二十九年］〔左〕冬。…。③蔡史墨曰、「范氏・中行氏其亡乎。中行寅爲下卿、而干上令、擅作刑器、以爲國法。是法姦也。又加范氏焉、易之亡也。其及趙氏。趙孟與焉。然、不得已。若德、可以免。」〔晉〕

ここでは、1．の②の「孔子曰」の評は、趙宣子を「古の良大夫なり」と稱贊し、法の爲に「良史」たる董狐の筆により「弑君」の惡名を被ったが、それとても出奔の途次に引き返さず越境して國外に去っておれば免れたであろうにと辯護する。この孔子の趙盾評は先の「民の主」との趙盾像と重なるものと言えよう。2．では、晉が祖法を破り范宣子の刑書を刑鼎に鑄たことについて、蔡史墨は、「擅に刑器を作り、以て國法と爲す」との咎を犯したとして范氏・中行氏の滅亡を豫言し、一方で同じ咎に關與した趙孟については止むを得ざる關與で若し「德」があれば免れるであろうと擁護している（「德」がキイワードとなっているところが注目されよう）。

〈韓氏を宣揚する會話〉

3．［襄公二十六年］〔左〕冬。…。①十二月。…。②衞人歸衞姫于晉。乃釋衞侯。〔晉〕③君子是以、知平公之失政也。《評》④晉韓宣子聘于周。王使請事。對曰、「晉士起將歸時事於宰旅。無他事矣。」王聞之、曰、「韓氏、其昌阜於晉乎。辭不失舊。」〔晉〕

ここでは、③の君子による晉君の失政への批判とは對照的に、④では王による韓宣子への褒辭を記して韓氏への宣揚を行う。一方、趙氏への批判は見られない。

〈魏氏を宣揚し、或は趙氏を批判する評言・會話〉

4．［昭公二十八年］〔左〕秋。①晉韓宣子卒。魏獻子爲政。分祁氏之田、以爲七縣。分羊舌氏之田、以爲三縣。司馬彌牟爲鄔大夫、賈辛爲祁大夫、司馬烏爲平陵大夫、魏戊爲梗陽大夫、知徐吾爲塗水大夫、韓固爲馬首大夫、孟丙爲盂大夫、樂霄爲銅鞮大夫、趙朝爲平陽大夫、僚安爲楊氏大夫。謂賈辛・司馬烏爲有力於王室。故擧之。謂知徐吾・趙朝・韓固・魏戊、餘子之不失職、能守業者也。其四人者皆受縣。而後見於魏子。以賢擧也。魏子謂成鱄、「吾與戊也縣。人其以我爲黨乎。」對曰、「何也。戊之爲人也、遠不忘君、近不偪同、居利思義、在約思純、有守心矣、而無淫行。雖與之縣、不亦可乎。昔武王克商、光有天下、其兄弟之國者十有五人、姫姓之國者四十人、皆擧親也。夫擧無他。唯善所在、親疏一也。詩曰『惟此文王、帝度其心、莫其德音。其德克明、克明克類、克長克君。王此大國、克順克比。比于文王、其德靡悔。既受帝祉、施于孫子。』心能制義、曰度。德正應和、曰莫。照臨四方、曰明。

勤施無私、曰類。教誨不倦、曰長。賞慶刑威、曰君。慈和徧服、曰順。擇善而從之、曰比。經緯天地、曰文。九德不愆。作事無悔。故襲天祿、子孫賴之。主之舉也、近文德矣。所及、其遠哉。」〔晉〕②賈辛將適其縣。見於魏子。魏子曰、「辛來。…。今女有力於王室。吾是以舉女。行乎、敬之哉。毋墮乃力。」〔晉〕③仲尼聞魏子之舉也、以爲義。曰、「近不失親、遠不失舉。可謂義矣。」又聞其命賈辛也、以爲忠。「詩曰『永言配命、自求多福。』忠也。魏子之舉也、義。其命也、忠。其長有後於晉國乎。」《評》

5・〔昭公二十九年〕〔左〕冬。①晉趙鞅・荀寅帥師、城汝濱。遂賦晉國一鼓鐵、以鑄刑鼎。著范宣子所爲刑書焉。〔晉〕②仲尼曰、「晉其亡乎。失其度矣。夫晉國將守唐叔之所受法度、以經緯其民。卿大夫以序守之。民是以能尊其貴、貴是以能守其業、貴賤不愆。所謂度也。文公是以作執秩之官、爲被廬之法、以爲盟主。今弃是度也。而爲刑鼎。民在鼎矣。何以尊貴。貴何業之有。貴賤無序、何以爲國。且夫宣子之刑、夷之蒐也。晉國之亂制也。若之何、以爲法。」《評》

6・〔定公九年〕〔左〕夏。…。①六月。…。②…。齊侯執陽虎、將東之。陽虎願東。乃囚諸西鄙。盡借邑人之車。鍥其軸、麻約而歸之。載葱靈、寢於其中而逃。追而得之、囚於齊。又以葱靈逃、奔宋。遂奔晉、適趙氏。〔齊〕③仲尼曰、「趙氏其世有亂乎。」《評》

ここでは、5・6・の「仲尼曰」の評言は、趙氏を批判する意圖をはっきりと示しており、その一方で4・では魏氏を大いに宣揚している。

　これは趙氏を宣揚する1・の「孔子曰」や2・の「祭史墨曰」の記事の成立の後に、これに對して趙氏を批判しつつ魏氏を宣揚する「仲尼曰」の評言が登場した可能性を窺わせる。

　一體、左氏傳の末尾は次のように趙・韓・魏の關係を記している。

〔悼公四年〕〔左〕悼之四年。晉荀瑤帥師、圍鄭。未至。鄭駟弘曰、「知伯愎而好勝。早下之、則可行也。」乃先保南里、以待之。知伯入南里。門于桔柣之門。鄭人俘酅魁壘。賂之以知政。閉其口而死。將門。知伯謂趙孟、「入之。」對曰、「主在此。」知伯曰、「惡而無勇。何以爲子。」對曰、「以能忍恥。庶無害趙宗乎。」知伯不悛。〔晉〕

〔悼公十四年〕〔左〕①趙襄子由是甚知伯。遂喪之。〔晉（趙）〕②知伯貪而愎。故韓・魏反而喪之。〔晉（韓）〕

卽ち知伯と趙襄子の對立が先鋭化し、知伯は韓・魏を率いて趙氏を伐つが、知伯に叛旗を飜した韓・魏と呼應して趙襄子は知伯を喪《ほろぼ》すに至る。ここでは、悼公十四年の①において趙氏を宣揚し、②において韓・魏を宣揚する。ここで注目されるのは、「故に韓・魏反して之を喪す」という記述で、「韓・魏」と韓を魏に優先して記述していることである。

そこで三晉が諸侯に列した（前四〇三年）後の紀元前四世紀始めの三晉の關係を繙くと、『史記』趙世家の成公八年（前三七〇年、周の顯王二年）には「韓と周を分かちて、以て兩つと爲す」と云うように、趙と韓は周を二分して西周と東周としてその影響下に置いたことを記す。されば、趙・韓の二國の利害は緊密で、いわば同盟的關係に在ったことが窺える。これに對して、魏は周の烈王七年（前三七二年）に「韓を馬陵に敗り」（六國年表）、同年にまた趙は「魏を涿澤に敗り、（魏の）惠王を圍む」（同表）と記している。魏と趙・韓の敵對關係は明らかであろう。

『原左氏傳』が最終的に編纂されたとみられる前三六五年頃の三晉の關係がこのようであるとすれば、『原左氏傳』がまずは趙氏の立場において編纂された際に、韓を魏に優位に置いて記す右の記事の理由は充分に首肯し得よう。

したがって、『原左氏傳』の三晉に關する評言・會話は、趙・韓を宣揚する立場のものが先行し、これに趙氏を主敵とみる魏氏の立場からこれを批判する「仲尼曰」の評言が立てられたとの推測が可能であろう。

そこで、『原左氏傳』所載晉史については、以上の評言や關連記事についての考察からすれば、まず趙・韓（趙氏を基調とする）の視點に立つ晉史が編纂され、これに魏氏を宣揚する傳文が附加されたものとの推定が導かれよう。

では、魏氏を宣揚する傳文が附加されたのはどのような時點においてであろうか。このことについては、次の「仲尼曰」の傳文においてその一端が窺えよう。

[僖公二十八年]〔經〕天王狩于河陽。壬申。公朝于王所。…。衛元咺、自晉復歸于衛。〔左〕冬。…。①元咺歸于衛。立公子瑕。〔衛〕②是會也、晉侯召王、以諸侯見、且使王狩。〔晉〕③〈仲尼曰、「以臣召君、不可以訓。故書曰、『天王狩于河陽。』」言非其地也。且明德也。」《評》④壬申。公朝于王所。〔魯〕

僖公二十八年（前六三二年）には孔子は未だ世に在らず、この「仲尼曰」は當然ながら評者としての「仲尼」の發した言とされているのである。『左傳』は、城濮の戰に楚を敗績せしめて踐土の會盟の主となりその冬に溫の地に諸侯を會せしめた晉の文公について、「是の（溫の）會や、晉侯　王を召《め》し、諸侯を以《ゐ》て見《まみ》え、且つ王をして狩せしむ。」と記し、經文はこれを「天王　河陽に狩す。」と書する。それは、「臣を以て君を召す（よぶ）は、以て訓《をしへ》とすべからず」であるが故にかく記して、嘗て王が晉侯に與え今や王の狩地ではない「河陽」に狩したのであると婉曲に言い、かつそれは晉侯（文公）の「（尊王の）德を明らかにす」るものでもある、と「仲尼」は評しているのである。卽ち王に配慮しつつも晉の文公を宣揚する評言である。

されば、この「仲尼」は經（春秋左氏經文）をも見て評している、卽ち解經文としての評言を發しているということになる。

これは、「仲尼曰」の評言が『原左氏傳』の成立後に、そこから『春秋左氏經』が制作され、その制作された『經』と『原左氏傳』（この段階では經の傳としての『左傳』の構成要素となる）の文とを照らし合わせて『經』の書法を解說・批評している事態と解せられる。

つまり、「仲尼曰」は『原左氏傳』から『經』が制作される段階で、『原左氏傳』に附加されたもので、ここに登場する『原左氏傳』に新たな要素を附加したテキストの全體が『左氏傳』となるものと考えられよう。

そしてさらに一歩を進めて推定すれば、『經』の制作者と「仲尼曰」の評言の編者とは密接な關係（同一である可能性を含む）にあることは容易に看取されよう。

四

次に注目されるのは、既に拙著舊稿にて指摘したように「鄭」を宣揚する形で韓氏が宣揚されている「君子謂」の評言である。[5]

まず、その韓の「滅鄭」と「鄭」との關係については『史記』韓世家は次のように記す。

（史記・韓世家）哀侯元年。與趙・魏、分晉國。二年。滅鄭、因徙都鄭。（索隱「按、紀年魏武侯二十一年、韓滅鄭、哀侯入于鄭。二十二年。晉桓公邑哀侯于鄭。是韓既徙都。因改號曰鄭。故戰國策謂韓惠王曰鄭惠王、猶魏徙大梁稱梁王然也。」）

韓は趙・魏とともに晉を滅ぼして三分した前三七六年（六國年表）の翌年、卽ち前三七五年に鄭を滅ぼし、都を鄭に遷している。これにより自らを「鄭」とも號している。韓が鄭を繼承せんとの歴史意識が讀み取れよう。

さて、拙著にて考察したように、「君子謂」には、『國語』に多用される「於是乎（ここに於いてか）」という特徴のある轉折の接續詞（指示・轉換の接續詞）を用いて、鄭を宣揚する評言が見られる。またこれと對照的にこの「於是乎」を用いない「君子謂」の評言には「鄭」を批判する言辭が見られる。今それを列擧すると次の1．～4．の四例となる。

〈鄭を宣揚する「君子謂」の評言〉

1．〔隱公十年〕〔經〕六月。壬戌。公敗宋師于菅。辛未。取郜。辛巳。取防。〔左〕六月。戊申。公會齊侯・鄭伯于老桃。壬戌。公敗宋師于菅。庚午。鄭師入郜。辛未。歸于我。庚辰。鄭師入防。辛巳。歸于我。〘魯〙君子謂鄭莊公、「於是乎、可謂正矣。以王命討不庭、不貪其土、以勞王爵、正之禮也。」《評》

ここで「君子」は「王命を以て不庭を討ち、其の土を貪らず、以て王爵を勞ふ、正の禮なり」と鄭を宣揚している。この戰は王命に從わぬ不庭（周王の禮を守らぬ）の宋を討つものでその取得した二邑は王命の爵位の秩序から鄭伯の上位に在る魯侯に讓ったことを「正の禮（正しき禮）」であると稱贊している。（なお、ここでは、經文は魯侯が宋師を敗り、郜・防の二邑を取ったとし、魯侯の事のみを記す。だが、左傳（原左氏傳）文は魯侯が齊侯・鄭伯と共に宋と戰いこれを敗り、鄭師が郜・防の二邑を占領したが、鄭は二邑を魯に歸したことを記す。したがって、「君子　鄭の莊公を謂ふ、是に於いてか、正と謂ふべし。云々」との「君子謂」の評言はこの左傳文の鄭の莊公に對して發せられていることは明らかである。）

したがってこれは鄭伯が「王命」「王爵」という禮秩序を遵守したことを稱贊するものと言えよう。これと同樣の禮秩序の遵守への稱贊は、先述の晉の執政の韓宣子が周王に聘した際の「韓氏　其れ晉に昌阜せんか。辭　舊を失はず」（襄公二十六年）との周王からの韓宣子への稱贊に看取し得る。されば、「鄭」への宣揚は實は韓氏の宣揚と深く關わるものと見られ、その鍵が「禮」なのである。

これは先に述べた「仲尼曰」の魏氏宣揚のキーワードが「義」であることと對照的である。卽ち「仲尼　魏子の擧を聞くや、以て義と爲す」曰はく、『近くは親を失はず、遠くは擧を失はず。義と謂ふべし。』又其の命を賈辛に聞くや以て忠と爲す」とし、「魏子の擧ぐるや、義あり。其の命ずるや、忠あり。其れ長く晉國に後有らんか。」（定公九年）と述べるように義が評價の鍵となっている。また義に加えて忠を述べる點からすれば、その評價の基調は「德」に在りということが出來よう。

されば、「仲尼曰」の魏氏への評價と「君子謂」の鄭及び「王」の韓氏への評價とは次のように對比されよう。

「仲尼曰」の魏氏への評價　―　義、忠　―　德

「君子謂」の鄭への、「王」の韓氏への評價　―　禮

ここには、先に述べた晏子における德治に對する禮治の提起と同樣の構圖が看取されるものと言えよう。

また次の2．の文では、鄭伯莊公への稱贊（2．⑤）と批判（2．⑦）の二種の「君子謂」の評言が見られる。

2・〔隱公十一年〕〔左〕秋。①七月。公會齊侯・鄭伯、伐許。〔魯〕②庚辰。傅于許。潁考叔取鄭伯之旗蝥弧、以先登。子都自下射之。顚。瑕叔盈又以蝥弧登。周麾而呼曰、「君登矣。」鄭師畢登。〔鄭〕③壬午。遂入許。許莊公奔衞。齊侯以許讓公。公曰、「君謂許不共。故從君討之。許既伏其罪矣。雖君有命、寡人弗敢與聞。」乃與鄭人。〔魯〕④鄭伯使許大夫百里、奉許叔、以居許東偏、曰、「天禍許國、鬼神實不逞于許君、而假手于我寡人。寡人唯是一二父兄、不能共億。其敢以許自爲功乎。寡人有弟。不能和協、而使餬其口於四方。其況能久有許乎。吾子其奉許叔、以撫柔此民也。吾將使獲也佐吾子。若寡人得沒于地、天其以禮、悔禍于許、無寧茲、許公復奉其社稷。唯我鄭國之有請謁焉。如舊昏媾、其能降以相從也。無滋他族、實偪處此、以與我鄭國爭此土也。吾子孫其覆亡之不暇、而況能禋祀許乎。寡人之使吾子處此、不唯許國之爲、亦聊以固吾圉也。」乃使公孫獲處許西偏、曰、「凡而器用財賄、無寘於許。我死乃亟去之。吾先君新邑於此。王室而既卑矣。周之子孫日失其序。夫許大嶽之胤也。天而既厭周德矣。吾其能與許爭乎。」〔鄭〕⑤君子謂鄭莊公、「於是乎、有禮。禮、經國家、定社稷、序民人、利後嗣者也。許無刑而伐之、服而舍之、度德而處之、量力而行之、相時而動、無累後人。可謂知禮矣。」《評》⑥鄭伯使卒出豭、行出犬雞、以詛射潁考叔者。〔鄭〕⑦君子謂鄭莊公、「失政刑矣。政以治民、刑以正邪。既無德政、又無威刑。是以及邪。邪而詛之。將何益矣。」《評》

齊侯と魯侯・鄭伯が許を伐ち（2・①）、齊侯から戰果として許を與えられた（2・③）鄭伯莊公は、これを取らず許の大夫百里に許叔（許の莊公の弟）を奉じて許の東鄙に居らせ、鄭の大夫公孫獲を許の西鄙に居らせて、自らの代が終われば天が然るべき時に禮によって許を再興させるであろうと宣言して許を治めさせた（2・④）。このことについて、君子が鄭の莊公を評して「是に於いてか、禮有り。禮は、國家を經し、社稷を定め、民人を序《つい》で、後嗣を利する者なり」とし、鄭の莊公を「禮を知ると謂ふべし」と絶贊し（2・⑤）ている。

このような「禮」の理念と韓氏との關係について、昭公五年の左傳は次のように記す。

3・〔昭公五年〕〔左〕①公如晉。自郊勞、至于贈賄、無失禮。〔魯〕②晉侯謂女叔齊、曰、「魯侯不亦善於禮乎。」對曰、「魯侯焉知禮。」公曰、「何爲。自郊勞、至于贈賄、禮無違者。何故不知。」對曰、「是儀也。不可謂禮。禮者所以守其國、行其政令、無失其民者也。今政令在家、不能取也。有子家羈、弗能用也。奸大國之盟、陵虐小國、利人之難、不知其私。公室四分、民食於他、思莫在公、不圖其終。爲國君、難將及身、不恤其所。禮之本末、將於此乎、在。而屑屑焉習儀、以亟。言善於禮、不亦遠乎。」〔晉〕③

君子謂叔侯、「於是乎、知禮。」《評》④晉韓宣子如楚。送女。叔向爲介。…。及楚。〔晉〕⑤楚子朝其大夫、曰、「晉吾仇敵也。苟得志焉、無恤其他。今其來者、上卿・上大夫也。若吾以韓起爲閽、以羊舌肸爲司宮、足以辱晉。吾亦得志矣。可乎。」大夫莫對。薳啓彊曰、「…。」王曰、「不穀之過也。大夫無辱。」厚爲韓子禮。王欲敖叔向、以其所不知、而不能。亦厚其禮。〔楚〕⑥韓起反。鄭伯勞諸圉。辭不敢見。禮也。〔晉〕

魯の昭公が晉に如き、一連の禮を見事にこなす（3・①）と、晉侯がこれを稱贊して問うたところ女叔齊（叔侯）が「魯侯焉くんぞ禮を知らんや」とし、自らの禮論を晉侯に開陳する（3・②）。これについて「君子」は叔侯を評して「是に於いてか、禮を知れり」とする（3・③）。その「禮」とは、郊勞より贈賄にいたる禮儀卽ち「儀」ではなく、「禮なる者は其の國を守り、其の政令を行ひ、其の民を失ふ無き所以の者なり」という（3・②）のである。これは先の2・⑤の「君子謂」の禮と同軌の概念と言えよう。そのうえで、韓宣子が楚に行き（3・④）、楚王より厚く「禮」を受けた（3・⑤）ことを記し、またその歸路に鄭伯の勞《ねぎら》いを「辭して敢へて見《まみ》えず」して君命を奉ずる立場を貫いたことを「禮なり」と稱贊している（3・⑥）。

ここに、「君子謂」の評言と韓氏宣揚の記事とが禮において密接に關係する樣相が窺えよう。

〈鄭を批判する「君子謂」の評言〉

次に鄭を批判する「君子謂」の評言は、先の2・⑦に見える。鄭伯莊公は、許城を攻める際に先陣きって城壁に登った穎考叔を下から射て殺した子都（2・②）を不問にして、穎考叔を射た者を詛《のろ》う祭祀を兵卒たちに行わせ罪の所在を曖昧にした（2・⑥）（會箋「蓋子都愛倖之人、故佯爲不知、而使軍士詛之耳。」）。この鄭の莊公のことを、「君子」は評して「政刑を失へり。政は以て民を治め、刑は以て邪を正す。既に德政無く、又威刑無し。是を以て邪に及べり。邪にして之を詛ふ。將た何の益あらん」と批判し（2・⑦）ている。これは先の國家を經し、社稷を定める「禮」をわきまえていると稱贊された鄭の莊公への評價とは全く對照的な評言と言えよう。

また鄭伯莊公への間接的批判は次の「君子謂」の評言にも窺える。

4・［桓公十七年］〔左〕冬。…。④初。鄭伯將以高渠彌爲卿。昭公惡之。固諫。不聽。昭公立。懼其殺己也。辛卯。弑昭公、而立公子亹。〔鄭〕⑤君子謂昭公、「知所惡矣。」《評》

鄭伯莊公は高渠彌を卿と爲したが、莊公の子の昭公はこれを惡み、固く諫めたが、莊公は聽きいれなかった。昭公が卽位すると、高渠彌は昭公が己を殺すのを懼れ、昭公を弑してその弟の公子亹を立てた（4・④）。これについて、「君子」は昭公を評して「悪む所を知れり」と昭公の豫見の的中したことを記し、暗に子の昭公の諫言を聞き入れなかった鄭の莊公を批判している。

このような「君子謂」の鄭の莊公に對する宣揚と批判という對照的な二種の評言を比較すると、批判する評言は、莊公の行・事の記事をこれに卽した身近な國内政治の視點から評價し批判しており、評言の文も素朴な文體と言えよう。一方、宣揚する評言は、莊公の行・事及び言に關する記事を天下的な視點を以て普遍的な「禮の政治規範的機能（王命・君命の秩序と社稷の維持）」という點から評價し宣揚しており、評言の文も「是に於いてか」という轉折の接續詞を用いてやや格式ばった評言となっている。

したがって、前者（2・⑦と4・⑤）が先行する列國史に由來する古いテキストの「君子謂」、後者（1・と2・⑤と3・③）が『原左氏傳』編纂者の手による「君子謂」と位置づけることができよう。

これは、後者の評言が歴史上の鄭の莊公に假託してのある種の理念の表明であることを窺わせる。ここではそれは「禮」であるが、その禮の理念に最も近い立場に韓氏がいることを示すのが先の王の韓宣子への褒辭の記事であったと言えよう。

そもそも韓氏は晉において趙氏のように執政として專權するほどの強い基盤を必ずしも有していない。その權力基盤は趙氏との連攜に據るものであった。

ここに、晉の執政に當たった期閒とその推移を、三晉に焦點を當てて摘記すると次のようになる[6]。

趙氏：趙盾（趙孟・趙宣子）が魯文公六年（前六二一年）～魯宣公九年（前六〇〇年）の二十二年閒執政、趙武（趙孟・趙文子）が魯襄公二十四年（前五四九年）～魯昭公元年（前五四一年）の九年閒執政。趙鞅（趙孟・趙簡子）が定公十三年（前四九七年）～魯哀公二十年（前四七五年）の二十三年閒執政。趙氏の計は五十四年閒。

韓氏：韓厥が（韓獻子）魯成公十八年（前五七三年）～魯襄公七年（前五六六年）の九年閒執政、韓起（韓子・韓宣子）が魯昭公二年（前五四〇年）～魯昭公二十八年（前五一四年）の二十七年閒執政。韓氏の計は三十六年閒。

魏氏：魏舒（魏獻子・魏子）が魯昭公二十八年（前五一四年）～魯定公元年（前五〇九年）の六年閒執政。

したがって、晉の文公以降の晉の執政は趙氏が主軸となり、これに韓氏が次ぎ、魏氏は前二者に對しては新興の勢力であると言えよう。その韓氏と趙氏との關係について、右に擧げた執政の一人である韓厥（韓獻子）は次のように述べている。

5・［成公十七年］〔左〕冬。…。十二月。…。⑤公遊于匠麗氏。欒書・中行偃遂執公焉。召士匄。士匄辭。召韓厥。韓厥辭、曰、「昔吾畜於趙氏。孟姫之讒、吾能違兵。古人有言、曰『殺老牛、莫之敢尸。』而況君乎。二三子不能事君。焉用厥也。」〔晉〕

欒書と中行偃が厲公を執え、亂への加擔を呼びかけた時に、韓獻子は「昔　吾は趙氏に畜《やしな》はる」と趙氏（趙盾）への恩義を述べ、それでも嘗て孟姫の讒言で晉が趙氏を攻撃した時に當然趙氏に與すべきところであったが敢えて兵を動かさず亂を擴大することはしなかったと述べ、欒書と中行偃の申し出を辭している。これは趙氏と韓氏との密接な關係をよく物語っており、晉における韓氏の政治的基盤は趙氏との關係に在ると言えよう。同時にまた韓氏の政治的立脚點が禮規範の遵守による自衛という處世に在ることをも窺わせよう。この韓厥（韓獻子）はまた、趙盾の死後、趙莊姫の讒言により趙同・趙括が討たれ、晉によって趙氏の邑が召し上げられ趙氏の宗の祭祀が絶たれんとした時に、「成季（趙衰）の勳・宣孟（趙盾）の忠にして後無ければ、善を爲す者も其れ懼れん」（成公八年）と晉侯に諫言して、晉侯は趙朔の子で趙盾の孫の趙武を立て、その邑を與えた。韓氏と趙氏の關係の緊密さはここにもよく現われていよう。

また韓氏からの今一人の執政となった韓起（韓宣子、韓子）については、次のように記されている。

6・［襄公三十一年］〔左〕三十一年。春。王。正月。穆叔至自會。見孟孝伯。語之曰、「趙孟將死矣。其語偸。不似民主。且年未盈五十。而諄諄焉、如八九十者。弗能久矣。若趙孟死、爲政者其韓子乎。吾子盍與季孫言之。可以樹善。君子也。晉君將失政矣。若不樹焉、使早備魯。既而政在大夫、韓子懦弱。大夫多貪、求欲無厭。齊楚未足與之。魯其懼哉。」孝伯曰、「人生幾何。誰能無偸。朝不及夕。將安用樹善。」穆叔出而告人、曰、「孟孫將死矣。吾語諸趙孟之偸也、而又甚焉。」又與季孫語晉故。季孫不從。及趙文子卒、晉公室卑。政在侈家。韓宣子爲政。不能圖諸侯。魯不堪晉求。讒慝弘多。是以有平丘之會。〔魯〕

ここに趙孟の後を繼いで執政となる韓起（韓子）について、魯の穆叔は「君子なり」と稱贊しつつも「韓子は懦弱なり」と評している。またこの左傳（原左氏傳）の記事では「韓宣子（韓子）政を爲し、諸侯を圖る能はず」と記している。ここに韓氏の晉における權力の在りようが窺える。それは「趙氏必ず晉國を得ん」（定公十四年）と警戒された趙氏のように晉一國を專權するほどに強固なものではないことは明らかかと言えよう。

このように韓氏は趙氏との連攜の下に權力基盤を維持しており、韓厥が「昔　吾は趙氏に畜はる」という趙氏との來歴からも決して趙氏を凌ごうとするものではなく、むしろ禮規範の遵守による自宗の自衛という處世を堅持したものと見られる。

したがって、「鄭の莊公」の宣揚に假託して「禮」の政治的規範性を說く「君子謂」の「於是乎」型の評言は、韓氏の立場に最もよく適合するものと言えよう。

五

以上を要するに、『原左氏傳』の所載晉史から見たその著作意圖は、曲沃の晉侯の宣揚に始まり、その系譜からの霸者である晉の文公の宣揚を踏まえて、さらに三晉の宣揚という點に收斂してゆくものと考えられる。その上で三晉の中心は趙であり、その專權は「民の主」の思想とそれに連關する「天地の經緯、民の生くる所以」としての天地に則る禮の思想卽ち時令思想に基づく禮秩序により正當性を與えられ、評言としては「孔子曰」によって宣揚されている。

この趙と密接な利害關係を持つ韓は、趙・韓の二國にて周を分割管理しつつ、共に魏に對抗する立場であり、とりわけ前三七五年に鄭を滅ぼしたことによって自らを「鄭」とも稱した。この鄭（韓）を宣揚する「君子謂」の評言が左傳（原左氏傳）に確認される。

これに對して、魏は趙・韓に對抗し、とりわけ三晉の强者であった趙を批判し、魏を宣揚する評言を「仲尼曰」によって發している。この「仲尼曰」はさらに『經』成立後の解經文としても、晉の文公が〈溫の會〉に天子を召して諸侯を率いて朝せしめたことをその德（功業）として宣揚するに至っている。

時系列的には、趙・韓を宣揚する評言は『原左氏傳』の段階で直接的及び閒接的に織り込まれていると見られるのに對して、魏の「仲尼曰」は經文成立と密接に關係する段階のものと見られ、この點では「仲尼曰」の評言の制作者が經の制作者と深く關係し或は同一者である可能性も想定されるのであった。

如上の考察から、『原左氏傳』所載晉史から見た『原左氏傳』の著作意圖は、曲沃の莊伯に始まり晉の文公の霸業に至る晉國の後繼者として、卽ち晉を閒接的に簒奪しながらも（直接の簒奪者は知伯とする）、一方で晉の後繼者として自立せんとする三晉の權力の正當化と正統化に在ることが明らかとなるのである。

しかして『原左氏傳』著作段階では、趙氏及び韓氏の立場に立つ編纂者の下でその著作が進められたと見られるのである。上來の考察の示唆するように、その際には趙氏系が主導し韓氏系がこれに從ったものと見られる。

一方、魏氏の立場に立つ編纂者に由って、『原左氏傳』からの經の著作（編纂・制作）が爲された可能性が想定されるが、これについては、後の「仲尼曰」「君子曰」の評言及び凡例の考察の段階で詳論したい。

（三）『原左氏傳』所載楚史から見たその著作意圖――「楚子」と「天王」と「天下の春秋」――

一

ここでは『原左氏傳』所載楚史から見た『原左氏傳』の著作意圖について考察してみたい。

『原左氏傳』において「楚」に言及する最初の記事とは次のようである。

1．〔桓公二年〕〔左〕秋。七月。…。蔡侯・鄭伯、會于鄧。始懼楚也。〔鄭〕

これについて杜預は「楚の武王始めて僭號して王を稱し、中國を害せんと欲す。蔡・鄭は姫姓なれど、楚に近し。故に懼れて會して謀るなり」と註している。因みに、蔡は楚に楚の惠王四十三年（前四四七年）に滅ぼされ、鄭は韓に韓の哀侯二年（前三七五年）に滅ぼされる。所謂春秋時代を通じての天下の最大の問題は、西周末の幽王が犬戎に滅ぼされたことが象徴するように、夷狄の脅威である。これは東周期にはとりわけ南方の荊蠻による中國（周王とその封建の諸侯からなる世界）への脅威であった。その南方の荊蠻の大國が楚である。孟子は「むかし禹洪水を抑へて天下平らか。周公　夷狄を兼ねて猛獸を驅って百姓寧んず。孔子春秋を成して亂臣賊子懼る」（滕文公下）と云うが、楚が蔡（中國の諸侯の國）を併呑するように夷狄が中國を兼ねる事態が進行するのが春秋の時代であり、これにどう對峙するかが春秋時代の天下の最大の問題であった。

楚は武王の代に强國となり、文王の代に周圍の小國を併呑し、穆王に至り北方を經略して鄭及び宋を屈服せしめ、莊王に至って霸者として京師近邊の陸渾の戎を伐ち雒水にて觀兵を行い、周王に鼎の輕重を問う（宣公二年）ている。更に靈王の代になると楚の右尹子革は「今周と四國とは君王に服事し、將に唯だ命に是れ從はんとす。豈に其れ鼎を愛しまんや。」と云う（昭公十二年）に至っている。この四國とは、齊・晉・魯・衞を指している。楚の强大が中國を壓していた一端が窺えよう。

春秋の五霸とは戰國末の荀子によれば、齊の桓公、晉の文公、楚の莊王、吳王闔閭、越王勾踐である。(7) 霸者とはこの中國と夷狄を周王の權威を踏まえて兼ねる盟主の謂である。しかるに、楚の莊王、吳王闔閭、越王勾踐の三者は夷狄の地からの霸者に他ならない。つまり、「夷狄が中國を兼ねる」のが春秋時代後半の實態と言うことになろう。ここに深刻な思想的葛藤が生ずるのは必然である。

このような事態に〝文〟において「中國が夷狄を兼ねる」ことを示すことによって「周王（天王）のもとに天下を一にせん」とするテキストが『原左氏傳』と考えられる。

卽ち、楚王を「楚子」、吳王を「吳子」、越王を「越子」と稱して、周王の「命」の秩序である王爵（公・侯・伯・子・男爵）における中國の諸侯の第四等の爵位に位置附け、周の秩序に組み込む（所謂周行に置く）ことによって、「中國が夷狄を兼ねる」ことを〝文〟において示すのがこのテキストに他ならないと言えよう。

いみじくも孟子が「晉の乘、楚の檮杌、魯の春秋、一なり。其の事は則ち齊桓・晉文、其の文は則ち史なり」（離婁下）というように、楚史（檮杌）は『原左氏傳』テキストにおいて不可缺の要素として組み込まれている。その際に楚王は「楚子」と位置づけられ、これによって〝文〟において「中國が夷狄を兼ねる」形で天下を一にする春秋テキストが形成され、かかる思想的葛藤を克服せんとしたものと考えられる。

このような「天下の春秋」としてのテキストが『原左氏傳』（左氏春秋）であったと考えられるのである。

周知のように今本『左傳』（『原左氏傳』を內包する）には左記のように「楚王」と「楚子」の混淆した書法の記述が習見するが、この事態はこのような『原左氏傳』編纂の意圖によって明瞭に説明されよう。

〔楚〕

2・［桓公六年］〔左〕春。…。③楚武王侵隨。使薳章求成焉。軍於瑕、以待之。隨人使少師董成。鬬伯比言於楚子、曰、「云々。」

ここでは、楚の武王に關する楚史の文においては「王」もしくは「楚王」と言うべきところを『原左氏傳』所載楚史では「楚子」と書している。この書法を習用することによって、『原左氏傳』としては〝文〟において「楚王」を周行（周の天子の下の臣下の列位秩序）に置き、「中國が夷狄を兼ねる」ことを示さんとするのである。

また『原左氏傳』から抽出・編作の手法に據り制作されたと見られる『春秋經』も周知のようにこの書法を踏襲し徹底しているので

ある。(8)

このように『原左氏傳』テキストでは周の王爵の秩序（周行）に組み込まれて「楚子」と書される「楚王」であるが、その記事は概ね楚史に基づいて堂々たる或いはリアルな王の記述となっている。

次に同じく『原左氏傳』テキストの「楚王」についての最後の評言を見てみると、次のように記されている。

3・［哀公六年］〔左〕秋。①七月。楚子在城父。將救陳。卜戰。不吉。卜退。不吉。王曰、「然則死也。再敗楚師、不如死。弃盟逃讎、亦不如死。死一也。其死讎乎。」命公子申爲王。不可。則命公子結。亦不可。則命公子啓。五辭而後許。將戰。王有疾。庚寅。昭王攻大冥、卒于城父。子閭退、曰、「君王舍其子而讓。羣臣敢忘君乎。從君之命、順也。立君之子、亦順也。二順不可失也。」與子西子期謀、潛師、閉塗。逆越女之子章、立之。而後還。〔楚〕②是歳也、有雲如衆赤鳥、夾日以飛三日。楚子使諸周大史。周大史曰、「其當王身乎。若禜之、可移於令尹司馬。」王曰、「除腹心之疾而寘諸股肱、何益。不穀不有大過、天其夭諸。有罪受罰、又焉移之。」遂弗禜。〔楚〕③初。昭王有疾。卜。曰、「河爲祟。」王弗祭。大夫請祭諸郊。王曰、「三代命祀、祭不越望。江・漢・雎・漳、楚之望也。禍福之至、不是過也。不穀雖不德、河非所獲罪也。」遂弗祭。〔楚〕④孔子曰、「楚昭王知大道矣。其不失國也、宜哉。夏書曰『惟彼陶唐、師彼天常。有此冀方。今失其行、亂其紀綱、乃滅而亡。』又曰『允出茲在茲、由己率常可矣。』」《評》

ここでも「楚子」と「王」とは混淆して用いられ、「孔子曰」の評言では、「楚の昭王　大道を知れり。其の國を失はざるや宜なるかな」とその理に適った判斷が稱贊されている。その稱贊の理由は3・③をふまえれば、〈周行〉に組み込まれた楚王は、「楚子」としての分に適った合理的判斷をしたことにより稱贊の對象となっていると言えよう。また3・②をふまえれば、自律的因果律の自覺の上に合理的判斷を爲したことへの稱贊と言えよう。（この一文についての分析は第四章（一）において詳細になされている。）

このように見てくると、『原左氏傳』所載楚史の視點を踏まえた『原左氏傳』テキストの性格が自ずと浮かび上がってこよう。それは、先述のように〈天下の春秋〉というテキストに他ならない。この「天下」は言うまでもなく既に述べたように「中國が夷狄を兼ねる天下」という概念に他ならないと言えよう。

因みに孔子の評言の續きに云う「夏書に曰はく、惟れ彼の陶唐、彼の天常に師《したが》ひ、此の冀方を有せり。今其の行を失ひ、其の紀綱を亂し、乃ち滅びて亡べり、と」において、唐虞と夏とはともに「冀方を有」した國であり唐虞は天常にしたがい國を保ち、夏の桀は政の紀綱を亂して滅亡したという。この夏の滅亡に比喩されているのは同じく「冀方」の地を有したものの政の紀綱を亂して滅んだ晉國と言えよう。何故なら先述のように『原左氏傳』編纂者は前三七六年の三晉による晉の滅亡（『史記』六國年表「安王二十六年。魏・韓・趙、滅晉。絶無後。」）を知っていたものであることが、想定されるからである。

したがって、この「孔子曰」には、「國を失はざる」楚の昭王を「大道を知れり」と宣揚する一方で、「大道」を知らずして國を失った晉君への『原左氏傳』編纂者による批判の意が假託されているものと考えられよう。

そして、「又曰はく、允《まこと》に茲《これ》を出だすは茲《ここ》に在り、己に由り常に率《したが》ひて可なり、と」と言い、會箋がこれを「禍福利害は身の行ふ所に由るを言ふなり」と釋するように、大道を知らずして國を失った晉君の滅亡は、「己に由り常に率ひ」たる結果であると暗に斷じていることとなる。これは晉を滅亡させた三晉の弑君・簒奪の罪について、滅亡は晉君自らの招いた結果とするもので、三晉の罪を完全に回避し不問にする論理となるものと言えよう。

されば、『原左氏傳』編纂者は、「孔子曰」の楚王宣揚の言に假託して〈三晉の弑君・簒奪を免罪する論理〉を巧みに提起していることとなろう。

そして『原左氏傳』テキストの「楚王」についての最後の言及は次のようである。

4・［哀公十八年］〔左〕十八年。春。…。②巴人伐楚、圍鄾。初。右司馬子國之卜也。觀瞻曰、「如志。」故命之。及巴師至、將卜帥。王曰、「寧、如志。何卜焉。」使帥師而行。請承。王曰、「寢尹・工尹、勤先君者也。」三月。楚公孫寧・吳由于・薳固敗巴師于鄾。故封子國於析。〔楚〕③君子曰、「惠王知志。夏書曰『官占唯能蔽志、昆命于元龜。』其是之謂乎。志曰『聖人不煩卜筮。』惠王其有焉。」《評》

巴師が楚を攻伐した際に、楚ではこれを迎撃する師を卜して決めんとした際に、先に右司馬の子國を令尹とするを卜するに「志の如し」との占辭を得たことを以て、惠王は「寧や、志の如し。何ぞこれを卜せん」と言い、子國（名は寧）を帥とし、また承（佐帥）としてその功により寢尹・工尹を用い、かくしてこの帥・承を以て師を率いて行かせ巴師を打ち敗った。これについて「君子曰」は「惠王　志を知れり」（杜註「知用其意也」。）と稱贊し、夏書の「官占は唯だ能く志を蔽《さだ》め、昆《のち》に元龜に命ず」に合致するものであり、「聖人は卜筮を煩《わずら》はさず（たびたび行うものではない）」との言を引いて「惠王其れこれ有り」としている。

したがって、この「君子曰」は卜筮を尊重しつつも、人意による意志決定の重要性と信頼性を表明する評言と言えよう。このような立場は方向としては先の３・の楚の昭王の合理的判断を稱贊した「孔子曰」の評言と相通ずるものと言えよう。

二

この『原左氏傳』における「君子曰」「君子謂」の評言の「楚」への言及という問題について、今少し詳細に検討してみよう。まず「君子曰」については次のようである。

１・［莊公十九年］〔左〕十九年。春。楚子禦之、大敗於津。還。…。〔楚〕夏。①六月。庚申。卒。鬻拳葬諸夕室。亦自殺也。而葬於絰皇。〔楚〕②初。鬻拳強諫楚子。楚子弗從。臨之以兵。懼而從之。鬻拳曰、「吾懼君以兵。罪莫大焉。」遂自刖也。楚人以爲大閽、謂之大伯。使其後掌之。〔楚〕③君子曰、「鬻拳可謂愛君矣。諫以自納於刑。刑猶不忘納君於善。」《評》

楚の鬻拳は楚子（楚王）に強諫して聴かれず、武器を以て王を脅して従わせたが、これを「罪これより大なるは莫し」として自らを罰して刖した。これを君子は自らを刑してさえも君を善に納れる行爲として稱贊する。この鬻拳の行爲は先の「己に由り常に率《したが》ひて可なり」との規範に相通ずるものと言えよう。

２・［僖公二十年］〔左〕冬。①楚鬭穀於菟帥師、伐隨。取成而還。〔楚〕②君子曰、「隨之見伐、不量力也。量力而動、其過鮮矣。善敗由己、而由人乎哉。詩曰『豈不夙夜。謂行多露。』」《評》

楚師に隨が伐たれたことについて、君子は「善敗（成敗）は己に由る、而して人に由らんや」と自ら招いた結果であると批評する。これら１・２・の「君子曰」における楚への言及は、いずれも禍福・成敗は「己に由る」との思考法に於いて共通すると言えよう。

次に「君子謂」については次のようである。

３・［襄公五年］〔左〕秋。…。①楚人討陳叛故。曰、「由令尹子辛實侵欲焉。」乃殺之。〔楚〕②…。③君子謂楚共王、「於是、不刑。詩曰『周道挺挺、我心扃扃、講事不令、集人來定。』己則無信、而殺人以逞、不亦難乎。夏書曰『成允成功。』」《評》

楚の共王は陳の叛く原因を令尹子辛（公子壬父）に歸してこれを殺した。このことについて、君子は楚の共王を評して「ここに於いて、不刑なり」「己は則ち信無し、而るに人を殺して以て逞《たくま》しくす」と刑を用いる道を得ざるものと「周道」に照らして批判している。

一方、次の例では、楚の康王の人材登用について評價する。
4・［襄公十五年］〔左〕春。…。②楚公子午爲令尹。公子罷戎爲右尹、蔿子馮爲大司馬、公子櫜師爲右司馬、公子成爲左司馬、屈到爲莫敖、公子追舒爲箴尹、屈蕩爲連尹、養由基爲宮廐尹、以靖國人。〔楚〕③君子謂楚、「於是乎、能官人。官人、國之急也。能官人、則民無覦心。詩云『嗟我懷人、寘彼周行。』能官人也。王及公・侯・伯・子・男・甸・釆・衞大夫、各居其列。所謂周行也。」

《評》

楚の康王のもとでの令尹・右尹・大司馬・右司馬・左司馬などの登用について、「君子　楚を謂ふ、ここに於いてか、能く人を官す。人を官するは、國の急なり。能く人を官すれば、則ち民に覦心無し。詩に云へらく『嗟《ああ》我れ人を懷ひ、彼の周行に寘かん』と。能く人を官するなり。王及び公・侯・伯・子・男・甸・釆・衞の大夫、各の其の列に居るは、所謂周行なり。」と評している。周知のように所引の詩は今本『毛詩』では周南・巻耳の首章の句であり、毛傳は「懷は思ふなり、寘くは置くなり、行は列なり。〔后妃は〕君子の賢人を官し周の列位に置くを思ふ」と訓じ、鄭箋は「周の列位とは朝廷の臣を謂ふなり」としている。この君子の評言においても「周行」は傍線部のように周の天子の下の人材配置の理想形を意味するのであるから、それは「周の天子の下の臣下の列位秩序」卽ち周王の「命」の秩序の謂である。したがって、君子の評言はこの「周行」の理念に適うものとして楚の人材登用を稱贊していると言えよう。これは卽ち楚王を「楚子」として「周行」に組み込まんとする『原左氏傳』編纂者の立場と相通ずることは明らかであろう。

三

次に「天下の春秋」としての『原左氏傳』における楚の今一つの役割は周の相對化という點に在る。これは「中國が夷狄を兼ねる」というテーマと表裏を爲すものとなっていると言える。卽ち「夷狄が中國を兼ねる」という視點からいえば、その最有力は楚である。楚は常に周を相對化する形で、天下を構成する。これは周王封建の中國の諸侯には爲し得ぬ役割である。

次の一文はその端的な例であり、同時にこれは周の命數を『原左氏傳』の編纂者がいかに見ていたかを示唆するものとなる。

1・［宣公三年］〔左〕春。…。①晉侯伐鄭、及郔。鄭及晉平。士會入盟。〔晉〕②楚子伐陸渾之戎。遂至於雒、觀兵于周疆。定王使王孫滿勞楚子。楚子問鼎之大小輕重焉。對曰、「在德。不在鼎。昔夏之方有德也、遠方圖物、貢金九牧、鑄鼎象物、百物而爲之備、使民知神姦。故民入川澤山林、不逢不若、螭魅罔兩、莫能逢之、用能協于上下、以承天休。桀有昏德、鼎遷于商、載祀六百。商紂暴虐、鼎遷于周。德之休明、雖小、重也。其姦回昏亂、雖大、輕也。天祚明德、有所底止。成王定鼎于郟鄏。卜世三十、卜年七百、天所命也。今周德雖衰、天命未改。鼎之輕重、未可問也。」〔周〕

王孫滿の辭の「成王　鼎を郟鄏に定む。世を卜するに三十、年を卜するに七百、天の命ずる所なり。今周德衰ふと雖も、天命未だ改まらず。鼎の輕重、未だ問ふべからざるなり」の「世を卜するに三十」について、會箋は「成王より威烈王に至るまで正に三十世の數に合す」とする。されば、威烈王の次代の安王元年（「六國年表」前四〇一年）以降の人物がこの『原左氏傳』の編纂者である可能性が想定されよう。

このように、『原左氏傳』編纂者にとって「楚」は「楚子」として周行に組み込まれる存在であるとともに、「楚王」として周を相對化する存在でもある、と言えよう。ここではその楚王の問いによって周の命數が限られる發言が引き出されたこととなっている。したがって、『原左氏傳』編纂者の視點には、周行に組み込まれた「楚子」でもなく、「楚王」に相對化され天命の命數を告白した周王朝でもない、新たな天下の「王」が仰望されていたということになろう。「天下の春秋」としての『原左氏傳』テキストの編纂は期せずしてこのような展望を提示するものとなった、と考えられるのである。

この楚の莊王が鼎の輕重を問うたのは、魯の宣公三年で「十二諸侯年表」では前六〇六年のことである。この夷狄の大國楚の中國への挑發と野心に對して、その十八年後の魯の成公三年（前五八八年）に、齊の頃公が晉に行き晉の景公に「王」となることを勸めたことを、司馬遷の『史記』晉世家及び十二諸侯年表が記している。

2・（史記・晉世家）十二年。冬。齊頃公如晉、欲上尊晉景公爲王。景公讓、不敢。晉始作六軍、韓厥・鞏朔・趙穿・荀騅・趙括・趙旃、皆爲卿。

晉の景公は「王」となることを讓り斷ってはいるが、一方では天子の軍制である六軍を晉が作ったことは、晉の景公の自負を示していよう。これについて裴駰の史記集解は「賈逵曰、初作六軍、僭王也。」としている。當然これは中國を脅かす楚に對抗し得るのは晉のみとの自覺でもあり、また「中國が夷狄を秉ねる」ことを實現できるのは晉であるという自負であると解せられる。齊の晉への「王」の勸めというこの事態の詳細は定かではないが、いずれにせよこれは「中國」の危機感を圖らずも示していよう。

ついで楚を追って臺頭する呉・越は、やはり「王」を自稱し、あいついで「霸者」となる。この呉王・越王はまた「天王」の稱を以て自稱するに至っている。筆者は舊稿において、「「天王」なる語は、春秋末期に「夷狄」において「中國」を兼ねて「天下」の霸者たらんとする呉王や越王によって、在地の天地型世界觀の理念と關連しつつ使用され始めた」との見解を提起してきた[9]。

『原左氏傳』が元來は呉越に由來するこの「天王」の語を周王の稱號として用いる（さらに春秋經がこの語を頻用するに至る）のは、「中國の天子が夷狄を兼ねる天下の天王である」ことを、〝文において〟示さんとする『原左氏傳』編纂者の意圖を如實に示すものと言えよう。

これを要するに、『原左氏傳』では、周の「天子」の概念に新たに「天王」の概念を包攝し、「周王」を「天王」を以て稱し始め、この「天下の天子（天王）」の〈周行〉の下に楚王を「楚子」として組み込むという筆法にて記事が書されている。これは、實においては夷狄（楚・呉・越）に壓倒されている中國の「王（周王）」ではあるが、文においてはその失地回復を圖り「夷狄を兼ねる天下の天子（天王）」との理念を明らかにせんとするものと言えよう。なお、後述するように『春秋左氏經』の制作の段階では「天子」よりも「天王」の語が多用されるに至るのである。

（四）『原左氏傳』所載齊史から見たその著作意圖——姜齊と陳氏（田齊）——

一

『原左氏傳』所載齊史から見ると、『原左氏傳』の著作意圖はどのように窺えるであろうか。

まず、評言について述べると、五霸の筆頭である齊の桓公について言及する「孔子曰」、「仲尼曰」、「君子曰」による評言は皆無であること、一方でこれらの評言が宣揚するのは、管仲、陳氏（田齊の宗族）、晏子、であることが確認される。そして、齊の靈公は否定的な評價を以て言及されている。

ここに『原左氏傳』と齊（姜齊）との關係が窺えよう。それは極めて冷ややかともいえる言及である。

今、齊の桓公の霸者の功業を述べる葵丘の會のくだりを記すと次のようである。

1［僖公九年］〔左〕夏。①會于葵丘。尋盟、且脩好。禮也。〖魯〗②王使宰孔賜齊侯胙、曰、「天子有事于文武、使孔賜伯舅胙。」齊侯將下拜。孔曰、「且有後命、天子使孔曰、『以伯舅耋老、加勞賜一級、無下拜。』」對曰、「天威不違顏咫尺、小白余、敢貪天子之命、無下拜、恐隕越于下、以遺天子羞。敢不下拜。」下拜、登受。〖周〗秋。①齊侯盟諸侯于葵丘、曰、「凡我同盟之人、既盟之後、言歸于好。」〖齊〗②宰孔先歸。遇晉侯、曰、「可無會也。齊侯不務德而勤遠略、故北伐山戎、南伐楚、西爲此會也。東略之不知、西則否矣。其在亂乎。君務靖亂、無勤於行。」晉侯乃還。〖晉〗

魯史の記事では、「葵丘に會す。盟を尋《あたた》め、且つ好《よし》みを脩む。禮なり」と評價する。但し、會盟の主は記していない。周史は周王が宰孔をして齊侯に文武の胙を賜わらしむるに、齊侯は天子の格別の配慮をも辭退して敢えて下拜して天子への禮を遵守したことを記す。これらは比較的忠實に列國史を襲う記述と言えよう。秋の記事の齊史では齊侯の「凡そ我が同盟の人、既に盟ふの後は、言《ここ》に好《よし》みに歸せん」が記されるが、やや短い記述にとどまっている。これに對して、つづく晉史では、先に登場した周の宰孔の言として「齊侯　德に務めずして遠略に勤む」と齊の桓公への批判の辭を述べ、これによって晉侯は會に及ばずして還ったことを記す。『原左氏傳』編纂者の、齊の桓公への眼差しがこの編纂の仕方に窺えよう。これを、晉の文公の踐土の盟については、「君子」の評言を配して、「君子謂ふ、是の盟や信なり、と。晉を謂ふ、是の役における能く德を以て攻む、と。」（僖公二十八年）との讚辭を述べるのとを比較すれば、その相違は一目瞭然となろう。『原左氏傳』編纂者は姜齊に對してはかように冷淡である。

一方、田齊卽ち陳氏の宣揚については、姜齊に對するのとは全く別の配慮が讀み取れるものとなっている。

2・［莊公二十二年］〔左〕春。①陳人殺其大子御寇。〖陳〗②陳公子完與顓孫、奔齊。顓孫自齊來奔。〖魯〗③齊侯使敬仲爲卿。辭曰、「羈旅之臣。幸若獲宥、及於寬政、赦其不閑於教訓、而免於罪戾、弛於負擔、君之惠也。所獲多矣。敢辱高位以速官謗。請以死告。詩云『翹翹車乘、招我以弓。豈不欲往、畏我友朋。』」使爲工正。飲桓公酒。樂。公曰、「以火繼之。」辭曰、「臣卜其晝、未卜其夜。不敢。」〖齊〗④君子曰、「酒以成禮、不繼以淫、義也。以君成禮、弗納於淫、仁也。」《評》

同じ齊の桓公の時代に陳の公子の完（敬仲）は齊に出奔し齊の桓公は敬仲を卿と爲さんとするが、陳完（敬仲）はこれを固くかつ丁重に辭退し、そこで桓公は工正の官に任ずる。敬仲が桓公を酒を以てもてなした際に、桓公は樂しんで夜も續けて飲もうというと、

「臣　其の晝を卜するも、未だ其の夜を卜さず」と丁重に斷った。これを「君子曰」の評言は、酒宴を禮を以て爲し、淫《みだ》れるに至らぬようにしたことを、義なりとし、君に禮を爲さしめたことを、仁なりとして評價し、陳氏を宣揚している。桓公に禮を爲さしめた陳完を仁とする評價は、暗に桓公への批判を含もう。いわば桓公を貶して陳完を褒める筆法と言えよう。また、陳完への評價が仁と義という「德」によって爲されていることが注目されよう。

さて、この2・の文の續きは次のようである。

3・〔莊公二十二年〕〔左〕…。⑤初。懿氏卜妻敬仲。其妻占之、曰、「吉。是謂、鳳皇于飛、和鳴鏘鏘。有嬀之後、將育于姜。五世其昌、並于正卿。八世之後、莫之與京。」〔齊〕⑥陳厲公、蔡出也。故蔡人殺五父而立之。生敬仲。其少也、周史有以周易見陳侯者、陳侯使筮之。遇觀䷓之否䷋。曰、「是謂觀國之光、利用賓于王。此其代陳、有國乎。不在此、其在異國。非此其身、在其子孫。光遠而自他有耀者也。坤、土也。巽、風也。乾、天也。風爲天。於土上、山也。有山之材、而照之以天光。於是乎、居土上。故曰『觀國之光、利用賓于王。』庭實旅百、奉之以玉帛、天地之美具焉。故曰『利用賓于王。』猶有觀焉。故曰『其在後乎。』風行而著於土、故曰『其在異國乎。』若在異國、必姜姓也。姜大嶽之後也。山嶽則配天。物莫能兩大。陳衰、此其昌乎。」〔齊〕⑦及陳之初亡也（杜註「昭八年楚滅陳。」）、陳桓子、始大於齊。其後亡也（杜註「哀十七年楚復滅陳。」）、成子、得政。〔齊〕（杜註「桓子、敬仲五世孫・陳無宇也。」また杜註「成子、陳常也。敬仲八世孫也。」）

ここでは、⑤において陳の大夫の懿氏が陳完（敬仲）に妻あわさんとして占うと「有嬀（陳氏）の後、將に姜（齊）に育《やしな》はれんとす。五世にして其れ昌へ、正卿に並び。八世の後には、之と與に京《おほ》いなるもの莫からん」との結果であったとし、この占いに對應するのが⑦の文である。⑦では、昭公八年に陳が初めて亡ぶと、このとき陳完の五世の子孫陳桓子が齊に正卿となり、陳が二度目に亡んだ哀公十七年には陳完八世の子孫の陳成子が齊の執政と爲り、もはや陳氏に肩を並べる者はいなくなったことを記す。

したがって、この文は⑤—⑦とまず繫がっていたところに、⑥が挿入されたようである。その⑥は、陳完（敬仲）の少《わか》い時に陳の厲公が周史に周易を以て筮せしむると、「是れ國の光を觀ると謂ふ、王に賓たるに用ふるに利《よろ》し。此れ其れ陳に代はり、國を有せんか」と、將來は國を有して王に朝して賓遇される者卽ち諸侯になろうと豫言する。但し、「此に在らず、其れ異國に在り。此れ其の身に非ず、其の子孫に在り。…。若し異國に在りては、必ず姜姓なり」と、陳完の子孫に姜姓の齊において必ず諸侯が出ると豫言している。

そして、「陳衰ふれば、此れ其れ昌んならんか」と結んでいる。この豫言の的中するのは、陳成子（田常）の曾孫田和が「始めて列せられて諸侯と爲る」（『史記』六國年表）という前三八六年のこととなる。されば、『原左氏傳』所載齊史のこの編纂者はこれを知って居た者、卽ちこれ以降の人物ということになろう。陳氏に關する記事の「新しさ」が窺える所以である。

このように、はっきりと子孫が諸侯になることを豫言する記事は、陳氏以外では、魏氏の場合が擧げられる。

4・［閔公元年］〔左〕冬。…。④晉侯作二軍。公將上軍。大子申生將下軍。趙夙御戎。畢萬爲右。以滅耿、滅霍、滅魏。還、爲大子、城曲沃。賜趙夙耿、賜畢萬魏、以爲大夫。…。〔晉〕⑤卜偃曰、「畢萬之後必大。萬、盈數也。魏、大名也。以是始賞、天啓之矣。天子曰兆民、諸侯曰萬民。今名之大。以從盈數、其必有衆。」〔晉〕⑥初。畢萬筮仕於晉。遇屯䷂之比䷇。辛廖占之、曰、「吉。屯固、比入。吉孰大焉。其必蕃昌。震爲土、車從馬、足居之、兄長之、母覆之。衆歸之。六體不易、合而能固、安而能殺。公侯之卦也。公侯之子孫、必復其始。」〔晉〕

ここでは、晉の獻公が二軍を作り、公が上軍、太子が下軍に將となり、畢萬は公の右として軍功を擧げ、魏の邑を賜わり、大夫となった。これについて、⑤の記事では、卜偃が、畢萬の子孫は魏において必ず强大になろう。なぜなら萬とは、數が盈ちることであり、魏とは大なることの名である。始めての恩賞でこの魏を賜わったのは、天がこれを啓いたのであろう。天子の民は兆民、諸侯の民は萬民というが、まさにその萬民を有する諸侯と爲ろう、と述べている。また⑥では、初め、畢萬が晉に仕えるのを易にて筮したところ、屯の比に之くの卦と出たのを、辛廖が占うには、「吉なり、屯は固く、比は入る。吉孰れかこれより大ならん。其れ必ず蕃昌せん。…。公侯の卦なり」と諸侯となる卦であると言い、「公侯の子孫、必ず其の始めに復らん」と、畢萬は祖先が畢公であるので、子孫も必ず公侯となろう、と重ねて豫言する。周知のように、三晉（趙・韓・魏）が「初めて侯と爲る」（『史記』六國年表）のは周の威烈王二十三年（前四〇三年）であるから、この『原左氏傳』編纂者は、それを知っていた人物となる。

『原左氏傳』において諸侯と爲る豫言を、明らかに記すのは、この魏氏と陳氏の二例である。一方、趙氏や韓氏にはこのように諸侯と爲ることを直接かつ明確に豫言する記事は無い。このことは、『原左氏傳』の最終段階にこの二氏の立場に立つ編纂者がこれを挿入したか、『原左氏傳』から『春秋左氏經』が制作・編纂された際にそれに對應する『左氏傳』が『原左氏傳』に解經文や新傳文が附加されて成立した段階で挿入されたか、の二つの可能性が想定されよう。後の評言についての「仲尼曰」や「君子曰」の檢討からすると、後者の可能性が高いようである。

いずれにしても、姜齊に對するのと、陳氏（田齊）に對するのとでは、『原左氏傳』編纂者の扱いは對照的であると言えよう。

二

次に齊の賢臣とされる、管仲や晏子への評言との對比から見ておこう。

5・〔僖公十二年〕〔左〕冬。①齊侯使管夷吾平戎于王、使隰朋平戎于晉。王以上卿之禮、饗管仲。管仲辭、曰、「臣賤有司也。有天子之二守、國・高在。若節春秋、來承王命、何以禮焉。陪臣敢辭。」王曰、「舅氏、餘嘉乃勳、應乃懿德、謂督不忘。往踐乃職、無逆朕命。」管仲受下卿之禮、而還。〔齊〕②君子曰、「管氏之世祀也、宜哉。讓不忘其上。詩曰『愷悌君子、神所勞矣。』」《評》

ここでは、齊侯が管仲をして戎を王のために平定せしめたので、王は上卿の禮を以て、管仲を饗せしめると、管仲は謙讓して下卿の禮を以て受けたことを、君子は評價して、「管氏の世々祀らるるや、宜《むべ》なるかな」と管氏の榮えを稱贊する。

6・〔昭公三年〕〔左〕春。…。④初。景公欲更晏子之宅。曰、「子之宅近市、湫隘囂塵不可以居。請更諸爽塏者。」辭曰、「君之先臣容焉。臣不足以嗣之。於臣侈矣。且小人近市。朝夕得所求、小人之利也。敢煩里旅。」公笑、曰、「子近市、識貴賤乎。」對曰、「既利之。敢不識乎。」公曰、「何貴、何賤。」於是、景公繁於刑、有鬻踊者。故對曰、「踊貴、屨賤。」既已告於君。故與叔向語而稱之。景公爲是省於刑。〔齊〕⑤君子曰、「仁人之言其利博哉。晏子一言而齊侯省刑。詩曰『君子如祉。亂庶遄已。』其是之謂乎。」《評》

市場の値の貴賤への景公の問いに「踊（義足）は貴く、屨は賤し」と答えて、景公に刑罰の繁きを諫言する故事である。ここでは、晏子の一言で景公は刑を省にしたことを、「仁人の言　其の利博きかな。晏子一言にして齊侯　刑を省にす」と稱贊する。晏子への評價も「仁人」と稱するようにその民への「德」の視點からなされている。

これに對して、やはり、齊公卽ち姜齊の國君については、君子の肯定的な評價は皆無であり、次のようにむしろこれを批判的に評する言辭が記されている。

7・〔襄公二年〕〔左〕春。…。②齊侯伐萊。萊人使正輿子賂夙沙衛、以索馬牛皆百匹。齊師乃還。〔齊〕③君子是以知齊靈公之爲靈也。《評》

齊侯が萊を伐つと、萊人は正輿子をして齊の寺人夙沙衞に馬牛のよきもの各百匹を賂して周旋せしめると、齊師は還った。これを「君子」は評して「齊の靈公の靈たるを知るなり」とする。この文の杜註は「謚法、亂るれども損はざるを靈と曰ふ。謚、その行に應ずるなり」と控えめながら評價の言辭とする。一方、會箋は「齊侯寺人を信用す。當時の君子是を以て其の闇を知るなり。…。靈は只だ是れ悪謚なり。莊子・則陽篇郭象注、靈は卽ち是れ無道の謚なり、と。之を得たり。杜の謚法を引くは傳文の意を失へり。此れ靈公の大子を廢し、寺人衞を以て牙を傅せしめ、大いに其の國を亂すに伏〔線〕とす」とする。卽ち『史記』十二諸侯年表の靈公二十八年（魯襄公十九年）に「光を廢して子牙を立てて太子と爲す。光、崔杼と牙を殺して自立す」と記すように、左傳襄公十九年の「夏。五月。壬辰晦。齊の靈公卒す。莊公（杜註「太子光也。」）位に卽く。公子牙を句瀆の丘に執ふ。夙沙衞を以て己を易へたりとす。衞　高唐に奔り以て叛く。」との事態への伏線であるとし、よって寺人に賴って國を大亂に導いた靈公への貶意であるとする。彼此檢討するに會箋の見解を以て妥當とすべきであろう（拙著舊稿では杜註によって評價の言辭とする立場を採ったが(10)、本書ではこれを改めることとしたい）。

したがって、「君子」の評言に於いても姜姓の齊侯への肯定的評價は皆無となる。やはりこれを否定的に評價するのが「君子」卽ち『原左氏傳』編纂者の立場であるということになろう。

三

一方、『原左氏傳』所載齊史ではないが、「君子曰」の評言には弑君を免責もしくは正當化すると解せられる言辭も見られる。

8・〔昭公十九年〕〔經〕夏。五月。戊辰。許世子止弑其君買。〔左〕夏。①許悼公瘧。五月。戊辰。飮大子止之藥、卒。大子奔晉。

〔許〕②〈書曰、「止弑其君。」君子曰、「盡心力以事君、舍藥物、可也。」〉

許の悼公の瘧《おこり》に大子止の供した藥を悼公が飮み、卒したことについて、經は「許の世子止　其君買を弑す」と書す。これについての解經文（〈　〉の文）は、まず經に「止　其君を弑す」と書するを引用し、ついで君子の評言として「心力を盡くして以て君に事ふれば、藥物を舍きて、可なり」との辯を記す。つまり君子の評言は經への反論となっている。したがって、この「君子曰」の評言は、經成立後の評言である。されば、この「君子」とは經制作者あるいは『左傳』編纂者（兩者同一の可能性も想定されるが）ということになろう。この「君子曰」は「心力を盡くして以て君に事ふれば」との條件のもとに、「藥物を舍きて、可なり」と間接的な弑君を許容する論理を提起している點が注目されよう。これはほかならぬ、簒奪の諸侯への免責もしくは正當化の論理の提起に他ならないと言えよう。このような論理によって「弑君」が免責、さらには正當化されるとすれば、その恩恵を受けるのは、晉を滅ぼした三晉であり、姜齊を滅ぼした陳氏（田齊）ということになろう。

三晉による晉の簒奪の場合は、周の安王二十六年（前三七六年）に「魏・韓・趙、晉を滅ぼし、絶えて後無し」（『史記』六國年表）と記す。これより先、晉の出公の十七年（前四六〇年）に「知伯と趙・韓・魏と共に范・中行の地を分かちて以て邑と爲す。出公怒り、齊・魯に告げ、以て四卿を伐たんと欲す。四卿恐れ、遂に反して出公を攻む。出公齊に奔り、道に死す。故に知伯乃ち昭公の曾孫驕を立てて晉君と爲す。是れ哀公たり。…。是の時に當たりて、晉國の政みな知伯に決す。」（『史記』・晉世家）と知伯による事實上の弑君がなされており、これより知伯の專權時代となる。その知伯を倒して晉を三分した三晉は直接の弑君・簒奪の汚名は知伯に歸することができたとも言えよう。左傳（原左氏傳）の末尾が知伯について「知伯悛《あらた》めず」「知伯貪《むさぼ》りて愎《もと》る」として趙・韓・魏の共通の敵としてこれを滅ぼしたことを記すところには、そのような歴史意識の反映（春秋の筆法）を讀み取ることが可能であろう。

また陳氏（田氏）の齊の簒奪の場合は、周の安王二十三年（前三七九年）に「（齊の）康公卒す。田氏遂に齊を幷せて之を有す。太公望の後、祀を絶つ」（『史記』六國年表）と記す。だが、これより先、『左傳』魯哀公十四年（前四八一年）に「（夏六月）甲午。齊の陳恒その君壬（壬は簡公の名）を舒州に弑す。」と記し、『史記』晉世家・定公三十一年では「齊の田常（陳恒卽ち陳成子）その君簡公を弑す。而して簡公の弟驁を立てて平公と爲す」（括弧内は吉永）と云うように弑君がなされ、田氏の專權が確立し事實上の簒奪がなされている。

ところで、田氏の場合は、周知のようにその事は春秋左氏經・傳の哀公十四年夏の條に次のように記されている。

9・［哀公十四年］〔經〕齊人弑其君壬于舒州。〔左〕①甲午。齊陳恒弑其君壬于舒州。〔齊〕②孔丘三日齊。而請伐齊。三。公曰、「魯爲齊弱久矣。子之伐之、將若之何。」對曰、「陳恒弑其君。民之不與者半。以魯之衆、加齊之半、可克也。」公曰、「子告季孫。」孔子辭。退而告人。曰、「吾以從大夫之後也、故不敢不言。」〔魯〕

したがって、陳氏（田氏）にとっては弑君・簒奪の汚名は三晉に比してはるかに直接的でありかつ回避し難いものとして突きつけられていると言えよう（但し、傳に比して經の筆法では、陳氏卽ち田氏免責の微言となっていることは、後述の凡例の考察にて論じている）。

このように檢討してくると、「心力を盡くして以て君に事ふれば、藥物を舍きて、可なり」と間接的な弑君を免責もしくは正當化する論理は、陳氏（田氏）にとってより大きな恩恵をもたらすものであったと考えられよう。したがって、昭公十九年の「君子曰」は齊の陳氏（田氏）の立場に最も適合するものと言えよう。

さらにまた、陳氏（田氏）にとっては、最終的には右の經・傳を含む哀公十四年夏以降の春秋テキストの削除こそ最も魅力的な方策であったことは贅言を要さぬであろう。夙に洪業も指摘するように、穀梁傳・公羊傳系の春秋テキストが登場する背景と動機をここに看取することが出來よう。

四

次には陳氏（卽ち田齊の祖）の執政としての實力者ぶりを宣揚する『原左氏傳』の記事・會話を擧げてみよう。

10・［昭公三年］〔左〕春。…。③…。叔向曰、「齊其何如。」晏子曰、「此季世也。吾弗知、齊其爲陳氏矣。公棄其民而歸之陳氏。齊舊四量、豆・區・釜・鍾。四升爲豆。各自其四、以登於釜。釜十則鍾。陳氏三量皆登一焉。鍾乃大矣。以家量貸、而以公量收之。山木如市、弗加於山。魚鹽蜃蛤、弗加於海。民參其力、二入於公、而衣食其一。公聚朽蠹、而三老凍餒。國之諸市、屨賤踊貴、民人痛疾。而或燠休之、其愛之如父母、而歸之如流水。欲無獲民、將焉辟之。箕伯・直柄・虞遂・伯戲、其相胡公大姬、已在齊矣。」

ここでは晏子が齊の行く末が陳氏に歸することをはっきりと豫告する。叔向が「齊は其れ何如《いかん》」と問うと晏子は「此れ季世なり。吾知らざるも、齊は其れ陳氏と爲らん。公其の民を棄てて之を陳氏に歸す」（杜註「不知其他、唯知齊將爲陳氏也。」）と、公が民を棄てて恤《あはれ》まず、民は陳氏に歸するが故に齊國が陳氏のものとなるのはもはや避けられない情勢であると言う。

具體的には、例えば公の用いる度量の四種は、豆（四升）・區（四豆）・釜（四區）・鍾（十釜＝六斛四斗）であるが、陳氏は自家の度量では、豆・區・釜の三量につき皆一を增し、豆（五升）・區（五豆）・釜（五區）・鍾（十釜＝十二斛五斗）とし、その上で「家量を以て貸し、しかも公量を以て之を收む」との恤民策を實施していること等を擧げる。また民はその所產の三分の二を公に納め、三分の一を自らの衣食とするが、公の倉庫は米が朽ちるほど貯まっているのに民の老者は飢え凍えている。今ここに陳氏の如く「之を燠休（その痛みを痛みと）し、其の之（民）を愛すること父母の如き或れば」、民は「而《すなは》ち之に歸すること流水の如し」となる。かくして「民を獲る無からんと欲するも、將た焉くんぞ之を辟けんや」と、陳氏が民を獲る勢いの必然を指摘している。

このような記述は、『原左氏傳』所載魯史における季氏、同所載晉史における趙盾の宣揚等に匹敵するものと言えよう。『原左氏傳』所載齊史からみた同テキストの著作意圖は、姜齊への冷ややかさとは對照的に、陳氏卽ち田齊を興す陳氏の祖の宣揚に在ることは明らかと言えよう。

次の文では孔子の弟子子路（仲由）が「天」の概念を用いて陳氏の弑君の罪を免責し、ひいては正當化する言辭を呈している。

11・〔哀公十五年〕〔左〕秋。齊陳瓘如楚。過衞。仲由見之。曰、「天或者以陳氏爲斧斤、旣斲喪公室、而他人有之、不可知也。其使終饗之、亦不可知也。若善魯以待時、不亦可乎。何必悪焉。」子玉曰、「然。吾受命矣。子使告我弟。」〔齊〕

齊の陳瓘（字は子玉、陳恒の兄）が楚に行く際に、衞を過り、衞に仕官していた孔子の弟子の仲由（子路）はこれに見えた。仲由は、「天或ひは陳氏を以て斧斤と爲し、旣に公室を斲喪せしむ」と、天が陳氏を斧斤として齊（姜姓）の公室を削り亡さしめた、との論理にて陳恒の弑君の罪を事實上免責している。その上で「其の終に之を饗《う》けしむるや、亦た知るべからざるなり」と天が陳氏に齊國を受けさせるやも知れぬと言う。假に「天が齊國を陳氏に饗《う》けしむる」のであれば、陳氏の弑君の罪は（湯武放伐のように）却って正當化されることになろう。この微妙な子路の發言を配する『原左氏傳』編纂者の意圖が那邊に在るかは明らかであろう。卽ち陳氏を宣揚せんとする筆法であり、併せて弑君の罪を免罪しさらに正當化する論理を提供するものと言えよう。

次の記事は、陳成子（陳恒）の齊師（軍）を率いる將帥としての堂々たる振る舞いや、また君命を奉ずる君子としての節度ある振る舞いを、晉の知伯と對比させて描き、大いに陳成子を宣揚するものとなっている。

12・〔哀公二十七年〕〔左〕夏。①四月。己亥。季康子卒。公弔焉。降禮。〔魯〕②晉荀瑤帥師、伐鄭。次于桐丘。〔晉〕③鄭駟弘請救于齊。齊師將興。陳成子屬孤子、三日朝。設乘車兩馬、繋五邑焉。召顏涿聚之子晉。曰、「隰之役、而父死焉。以國之多難、未女恤也。今君命女以是邑也。服車而朝、毋廢前勞。」乃救鄭。及留舒。違穀七里。穀人不知。及濮。雨。不涉。子思曰、「大國在敝邑之宇下。是以告急。今師不行。恐無及也。」成子衣製、杖戈、立於阪上。馬不出者、助之、鞭之。知伯聞之、乃還。曰、「我卜伐鄭。不卜敵齊。」使謂成子、曰、「大夫陳子、陳之自出。陳之不祀、鄭之罪也。故寡君使瑤察陳衷焉。謂大夫其恤陳乎。若利本之顚、瑤何有焉。」成子怒曰、「多陵人者、皆不在。知伯其能久乎。」中行文子告成子、曰、「有自晉師告寅者。將爲輕車千乘、以厭齊師之門。則可盡也。」成子曰、「寡君命恆、曰『無及寡、無畏衆。』雖過千乘、敢辟之乎。將以子之命告寡君。」文子曰、「吾乃今知所以

亡。君子之謀也、始・衷・終、皆擧之、而後入焉。今我三不知而入之、不亦難乎。」〔齊〕

晉の荀瑤（知伯）は晉師を率いて、鄭を伐たんと桐丘に軍を進める（12.②）。鄭の齊への救援要請に陳成子は、まず國事に死せし者の孤子を朝せしめて厚く禮し、衆心を一にして齊師を興し、整然たる行軍を以て濮水に至る。折からの雨で濮水は渡れないほどであるが、鄭臣子思の火急の要請もあり、陳成子は自ら渡河を指揮し、「成子　製（雨衣）を衣て、戈を杖つき、阪上に立つ。馬の〔川に〕出でざるものは、之を助け、之を鞭うつ」という奮闘をして濮水を渡る。晉の知伯はこの知らせを聞くや、「我　鄭を伐つを卜すれども、齊に敵するを卜せず」として軍を引き揚げたのであった。この間にも知伯は陳成子に挑發の言辭を送るが、陳成子は「人を陵ぐこと多き者は、皆在らず。知伯其れ能く久しからんや」とその滅亡を豫言している。また晉の舊臣で齊に亡命した中行文子が自らの得た情報として晉の輕車千乘による襲擊の計を告げ、暗に齊からの先制攻擊の利を示唆した際には、陳成子は「寡君　恆に命ず、曰はく、寡に及ぶ無かれ、衆を畏るる無かれ、と。千乘を過ぐと雖も敢へて之を辟けんや」と受けて立つ構えを示して全く動じる氣配を見せず、君命を奉ずる君子としての節度と覺悟を示している。これについて中行文子は自らの亡命に至る「三不知」と對照させて「君子の謀るや、始・衷（中）・終、皆これを擧げ、而る後これに入る」と陳成子の周到さとその君子ぶりを稱贊している（12.③）。

このように、この記事は會箋が「此の段、陳成子の鄭を救ふの功を言う。以て陳氏の齊を得る所以を終ふるなり」と解說するように、陳氏宣揚の總結となっているものと言えよう。

この魯の哀公二十七年は、その四月に魯の季康子が卒し（12.①）、八月に哀公が越に亡命する年で、哀公在位の末年である。卽ち『原左氏傳』の記事の最終段階の年で、この後は「悼之四年」の晉の伐鄭の際の知伯と趙襄子（趙孟）の確執を示す會話があり、次いで趙そして韓・魏による知伯滅亡（魯の悼公十四年に當たる）に至る簡潔な結びとなる。この最終段階の記事に於いて、當時最大の實力者であった知伯と軍を對峙させ、その果敢な指揮ぶりを以て知伯に軍を引き揚げさせ、また君命を奉じて節度ある君子としての思慮を失わぬ陳成子の功業を記述する所に、『原左氏傳』編纂者の陳氏宣揚の意圖もまた容易に看取し得よう。

したがって、先述の經成立後の『左傳』の記載と見られる諸侯と爲ることの豫言や解經文における陳氏の簒奪の免責ひいては正當化とみられる記事などを除いたとしても、『原左氏傳』編纂段階に於いてその編纂者の意圖に陳氏宣揚という一定の動機が含まれていたことは上來の考察より否定し難いものと言えよう。

（五）『原左氏傳』の著作意圖について

本書の上來の考察を踏まえると、『原左氏傳』は「晉之乘、楚之檮杌、魯之春秋」などの列國史〈諸侯の策〉[11]に加えて、鄭（前三七五年滅亡）、呉（前四七三年滅亡）などの滅國の史料や楚・越等の亡命者の齎した史料等をも三晉（その中心は趙）の地において集成して、これを春秋學派が編纂・制作したものと見られ、その蒐集の様相は今本『國語』に採集されている列國史（周語・魯語・齊語・晉語・鄭語・楚語・呉語・越語[12]）にその一端を窺うことができる。これらの史料を踰年稱元法による魯侯の年代記の紀年をいわば縱軸にして、各年の春夏秋冬の四時を横軸及び横絲とした上で各年の四時に縱絲としての各記事を配列して、編纂・制作されたものが「天下の春秋」（第一章（一）に謂う春秋Ⅱのテキスト）卽ち『原左氏傳』であると理解される。

その著作（編纂・制作）の意圖については、上來の考察から浮かび上がってくる様相として、次の五點を指摘し得よう。

(一)「中國（周王とその封建による諸侯とからなる四方的世界）」とその化外の「夷狄（大は周王に對して自立して「王」を僭稱する楚・呉・越や小は戎・狄の諸侯等）」とを峻別するというのが東周初期までの「四方的世界觀[13]」であり、春秋前期には中國の霸者（齊桓公、晉文公）が夷狄をも制壓する。だが、中・後期にはこれに代わり夷狄より霸者（楚莊王、呉王闔閭、越王勾踐）が出て中國の諸侯の盟主となり、中國と夷狄との力關係は逆轉する。[14]特に呉や越は「天王」を以て呉王を稱している。これを受けて春秋末・戰國初期には夷狄（楚）の側からの「天下的世界觀（中國も夷狄も共に天の下にあるという墨家が提唱した言說[15]）」という新たな世界觀と言說が風靡し華夷の別は相對化される。襄公二十六年に「楚失華夏（楚　華夏を失ふ）」と云うのは、楚がすでに華夏（中國）を壓倒していたことを逆說的に示している。

これに對して、周の天子をまた「天王」とも稱してこの「天下」という世界觀を受け入れつつ、しかしそのうえで「四方的世界觀」における華夷の峻別をふまえた「中國」の禮秩序の内に「夷狄」を組み込むことにより、理念上は夷狄（楚・呉・越等）に對する中國（周・晉・齊・魯等）の優位を確立せんとするところに『原左氏傳』の編纂・制作の意圖を看取することができる。なぜなら、この天下的世界の禮秩序においては夷狄（楚・呉・越等）は、楚子・呉子・越子等として、周の王命の五等爵（公・侯・伯・子・

男爵）の第四位に位置附けられ、夷狄の大國の楚等も周王卽ち天子（天王）の「命」の下の禮秩序においては魯の附庸の邾子と同ランクとして〈周行〉に組み込まれる、との位置づけが「文」において爲されるからである。

したがって、『原左氏傳』の編纂・制作は、「中國」の「夷狄」に對する「文」における失地回復としての意味を有するもので、實際には「夷狄の霸者」の實力が中國を壓倒していたという「實」に對しての、中國による理念的・イデオロギー的反擊という實態を有するものと言えよう。ここに「中國の霸者」の後繼者（晉の趙・韓・魏氏の所謂三晉、齊の陳氏所謂田齊）とその同調者（魯の季氏）による「天下的世界」における禮秩序の原則による史書という『原左氏傳』編纂の第一義的な意圖（かれらにとっての大義）が看取されるのである。

なお、『原左氏傳』では周王は「天王」を以ても稱せられる（7例）が、禮秩序の最上位者としてはあくまでも「天子」の語（55例）が用いられる。[16]「天王」の語が「天子」にとって代わるのは『經』の成立においてである。

(二)　第二には、「中國の霸者」である晉・齊の後繼を以て自認する三晉（趙・韓・魏）や陳氏（田齊）の新たな霸權國家は、このような「天下的世界の禮秩序」という中國の霸者の「文」を立てることによって、その後繼としての新興の諸侯の地位を正當化しかつ正統化するとともに、自國及び自氏の祖先の「立德・立功・立言」をこのテキストに織り込むことによって、自國（自氏）の權威の正當化と正統化を圖らんとしたものと解される。

(三)　第三には、三晉諸侯や田齊は、簒奪による新興諸侯であるが故に自らの歷史を以てこれを語ることはできず、周の同姓にして周公以來の舊國である魯國の史書としての「魯之春秋」（魯史）に注目して魯の權臣季氏と連攜し、一方季氏もまた自家（自氏）の魯國における專權の正當性と正統性を確立せんとの意圖を以て三晉（とりわけ趙氏）との提攜を圖り、先の「大義」に加えて、ここに三晉と季氏及び陳氏との意圖を反映するテキストとしての『原左氏傳』の編纂・制作がなされたものと想定される。その擔い手となったのは、季氏權力と深く連攜しかつ三晉にも勢力を扶植していた儒家集團を中心とする孔門の春秋學派であったと推定されるのである。なお、魏氏と陳氏（田齊）については、經制作や『左傳』編纂の段階における一定の關與も想定されたのであった。

(四)　第四には、『原左氏傳』所載魯史は、冒頭の季氏の祖の桓公の生母の仲子の出生譚に始まり、哀公二十七年の「夏。四月。己亥。季康子卒。」の記事とその年の秋の哀公の越への亡命の記事を以て終わっており、いわば〈季氏に始まり季氏に終わる〉という構圖で編集が爲されている。したがってその主題が季氏の宣揚に在ることは明らかである。その上で孔門の春秋學派は、『原左氏傳』の編纂において右の主題に添いつつも、孔子の宣揚を爲す意圖を以て「孔子曰」の評言や哀公十六年の「夏。四月。己丑。孔丘卒。」によって孔子の事迹を〈歴史〉に記したものと理解される。

(五)　第五には、「天下の春秋」としての『原左氏傳』においては、「天子」卽ち「天王」は名においては「中國」の禮秩序の頂點に立ち「夷狄」をも兼ねる至尊であるが、實質的には「中國」の政治的勝者であり實力者である列國の執政（三晉や陳氏や季氏）及びその後繼者の擁護によって支えられる存在であることも暗默の了解となっている。故に『原左氏傳』の記事ではこの執政を「民の主」として「天地」に基づく時令説的禮秩序の擔い手として宣揚し、その一方で「天王」はしばしば批判や褒貶の對象ともなっている。これをまた政治的勝者であり實力者である彼ら執政及びその後繼者の視點から述べれば、彼らが支える「天子（天王）」の下の「中國」の禮秩序という構想に於いて「天下の春秋」としての『原左氏傳』が書かれ、そこにおいて「天子（天王）」の禮秩序の下での相應の新たな霸權的地位を彼らが占めてきた（例えば季氏の魯における專權や三晉及び陳氏が諸侯に列せられた等）ことの正當化と正統化のための布石がなされ、これと表裏して彼ら及びその祖先の霸權獲得過程での弑君・簒奪の汚名は巧みに回避・免罪され或いは正當化かつ正統化されてゆくというメカニズムを持つ〈歴史〉が、彼らの意圖を反映してここに構築されるに至ったものと理解されるのである。

したがって、先述のように『原左氏傳』という春秋テキストに對して、「君子曰はく、春秋の稱、微にして顯、志にして晦、婉にして章を成し、盡にして汙ならず」（成公十四年）との指摘が爲される所以がここに存すると言えよう。この句に次いで「惡を懲らしめて善を勸む。聖人に非ずんば、誰か能く之を脩めん」（同上）と言うのだが、實は「惡」「善」の褒貶・評價は、顯著であると同時に微妙であり、常に轉變の可能性が留保されており、まさに「聖人に非ずんば、誰か能く之を脩めん」と結ぶしかないものとされるのである。このような『原左氏傳』テキストにおける褒貶・評價の微妙さ複雜さは、既に考察したように、そこに附される評言によって時に微妙に時に顯著に褒貶・評價が爲されることに據っていると言えよう。

次章においてはこの『原左氏傳』における評言の問題を改めて總括的に考察し、これを手がかりに「春秋」テキストの展開の様相への更なる探究とともに、『原左氏傳』からの『春秋左氏經』の制作・編纂のメカニズムとその『經』の著作意圖の解明へと進んでゆくこととしたい。

【註】

（1）會箋がここに云う「季氏」について「季氏猶曰此少男之家。不可與後來季氏混看。」とするのは、言わば老婆心に過ぎる不適切な注釋である。同じ左傳本文に叔牙の死により「叔孫氏を立つ」とし叔牙を叔孫氏の祖とするように、「季氏亡べば則ち魯は昌へざらん」の「季氏」が、季孫氏の祖である季友の家のみならずその子孫である三桓の季氏を意味することは自明である。

（2）周の封建制の「命」の規範については、前掲拙著『戰國思想史研究』第二部「『左傳』の「命」の思想」參照。

（3）『史記』孔子世家には「冉有爲季氏將師、與齊戰於郎、克之。季康子曰、『子之於軍旅、學之乎。性之乎。』冉有曰、『學之於孔子。』季康子曰、『孔子何如人哉。』對曰、『用之有名、播之百姓、質諸鬼神而無憾。求之至於此道、雖累千社、夫子不利也。』康子曰、『我欲召之。可乎。』對曰、『欲召之、則毋以小人固之、則可矣。』…。會季康子逐公華・公賓・公林、以幣迎孔子。孔子歸魯。」と左傳を踏まえたと見られる記述があり、冉有（冉求）の齊との戰における活躍により季康子が幣を以て孔子を迎えたとする。

また、近年の出土資料、「季康子問於孔子」（濮茅左編『上海博物館藏戰國楚竹書（五）』一九五～二三五頁、二〇〇五年、上海古籍出版社）では、季康子が孔子に國政の要諦を問うと、孔子は「君子在民之上、執民之中、施教於百姓、而民不服、是君子之恥也。是故、君子玉其言、愼其行、敬成其德、以臨民、民望其道而服焉。此之謂仁之以德。云々。」と答えている。さらに同出土資料によると、孔子は、嘗て對立し失脚させられた季桓子とは異なり、教えを乞う魯の實力者季康子に自らの抱懷するところを篤實に說かんとし、德治と共に、管仲の言の引用や、德刑の併用、經濟政策など、實際政治家としての地に着いた幅廣い議論を展開しており、季氏權力と孔子との一定の接近・融和を窺わせる。

（4）安本博「鄭の子產と晉の叔向」（『東方學』第四十四集、昭和四十七年）は、大國晉の君子として舊來の禮を代表する叔向と「舊來の政治姿勢に訣別していた」（同上一三頁）子產とを對比させて論じ、「子產のことばとして、子大叔が『夫禮、天之經也、地之義也、民之行也…』と引用しているが、叔向のことばとはやや趣きを異にしている。」（同上一五頁）と指摘している。この子產に假託して語られる禮がここに云う時令說的禮思想である。『書』の虞書・堯典に「欽《つつし》んで昊天に若《したが》ひ、日月星辰を暦象し、敬《つつし》みて人時を授く」とし「朞は三百有六旬有六日、閏月を以て四時を定めて歲を成し、允に百工を釐《おさ》めて庶績みな煕《ひろ》し」と云うように天象を觀て人時を授け、四時を定めて百工・庶民の績功を遂げしめるのが時令思想である。また『詩』豳風・七月には夏正（夏の暦）による具體的な時令が詠まれている。『原左氏傳』における四時記載法はこの時令思想に基づく歷史記述法と言えよう。周知のように時令思想の一定の完成形態を示すのが『呂氏春秋』十二紀であり『禮記』月令である。また『管子』にはこの時令思想の齊地における展開の様相を窺うことができ、その牧民第一には「凡そ地を有し、民を牧《やしな》ふ者は、務むるは四時に在り、守るは倉廩に在り、…、天の時に務めざれば則ち財生ぜず、地の利に務めざれば則ち倉廩盈たず、云々」と云う。この『管子』牧民篇の成立を、金谷治『管子の研究』（一九八七年、岩波書店）では戰國中期に比定している。『原左氏傳』に展開される時令思想とそれに據る禮理論は、「堯典」や「七月」の成立とも深く關わり、後の時令思想の先蹤と位置づけられよう。なお、「堯典」を含む僞古文尙書の資料問題については本書第二章註（19）參照。

（5）前掲拙著第二部第二章の四「『左傳』の「君子」とその資料的重層性」參照。

（6）『史記』十二諸侯年表・六國年表及び楊伯峻・徐提編『春秋左傳詞典』（一九八五年、中華書局）參照。

（7）『荀子』王霸篇第十一「雖末在僻陋之國、威動天下、五伯是也。…。故齊桓・晉文・楚莊・吳闔閭・越句踐、是皆僻陋之國也。」。なお後漢の趙岐は『孟子』告子下篇註において中國の諸侯を多く數えて齊桓・晉文・秦穆・宋襄・楚莊を擧げ、班固『白虎通德論』巻一は趙岐と同じ説と齊桓・晉文・秦穆・楚莊・吳王闔閭の別説を擧げ、應劭『風俗通義』皇霸第一は趙岐と同説である。

（8）例えば、襄公十三年の左傳（原左氏傳）が「秋。楚共王卒。」と書するのに對して、經では「秋。九月。庚辰。楚子審卒。」と記している。經における書法の徹底化が知られる。

（9）拙稿「春秋經及び春秋左氏傳における「天王」について」（『秋田大學教育文化學部研究紀要　人文科學・社會科學』第六十集、平成十七年三月）十頁。

（10）前掲拙著第二部第二章の四「『左傳』の「君子」とその資料的重層性」三九二頁。

（11）孟子曰、「王者之迹熄而詩亡。詩亡、然後春秋作。晉之乘、楚之檮杌、魯之春秋、一也。其事則齊桓晉文、其文則史、孔子曰、『其義則丘竊取之矣。』」（『孟子』離婁下）。この孟子の一文の解釋については前掲拙著『戰國思想史研究——儒家と墨家の思想史的交渉——』第二部第二章の一「孟子所説の「春秋」像」參照。また本書一三頁參照。

（12）『國語』の晉語は主として趙氏の立場にて書されている。

（13）安倍健夫『中國人の天下觀念——政治思想的試論——』（ハーバード・燕京・同志社東方講座委員會、昭和三十一年（一九五六））參照。

（14）前掲拙稿「春秋經及び春秋左氏傳における「天王」について」參照。

（15）安倍健夫前掲書、及び前掲拙著『戰國思想史研究』第一部、第二部第二章「『左傳』の資料的性格」、同第三部第二章「「魏の稱夏王」をめぐる春秋學派と墨家」參照。

（16）前掲拙稿「春秋經及び春秋左氏傳における「天王」について」參照。

第四章

（一）『原左氏傳』及び『左傳』の評言の再検討と春秋テキストの重層性㈠
――「孔子曰」「仲尼曰」について――

本章では、『左傳』テキストにおける評言としての「孔子曰」「仲尼曰」の評言について検討して行く。これらの評言が、『原左氏傳』の段階のものか、『春秋左氏經』成立後の『左氏傳』の段階のものか、は行論に於いて明らかにしてゆくこととしたい。

一　「孔子曰」の評言について

「孔子曰」の評言については、次に記す1、2、3の三例が「孔子曰」の評言としての全てである。これに續く4、5、6、7はそれを理解する參考となる歴史記述における「孔子曰」「孔子…曰」の例である。なお、「孔子曰」の評言の部分については書き下し文を附す。また、本章の以下の『左傳』の引用文とその表記等は、第三章と同様にいずれも本書第二部の『左傳』本文とその表記等に據る。但し傍線部は行論の必要から附したもので第二部のそれとは同じではない。

1 ［宣公二年］〔左〕秋。①九月。晉侯飲趙盾酒。伏甲將攻之。其右提彌明知之。趨登曰、「臣侍君宴。過三爵。非禮也。」遂扶以下。公嗾夫獒焉。明搏而殺之。盾曰、「棄人用犬、雖猛何爲。」鬭且出。提彌明死之。初。宣子田於首山。舍于翳桑。見靈輒餓。問其病。曰、「不食三日矣。」食之。舍其半。問之曰、「宦三年矣。未知母之存否。今近焉。請以遺之。」使盡之而爲之簞食與肉。寘諸橐。以與之。既而與爲公介。倒戟以禦公徒、而免之。問何故。對曰、「翳桑之餓人也。」問其名居。不告而退。遂自亡也。乙丑。趙穿殺靈公於桃園。宣子未出山而復。大史書、曰、「趙盾弑其君。」以示於朝。宣子曰、「不然。」對曰、「子爲正卿。亡不越竟。反不討賊。非子而誰。」宣子曰、「烏呼。詩曰『我之懷矣。自詒伊慼。』其我之謂矣。」〔晉〕②孔子曰、「董狐、古之良史也。書法不隱。趙宣子古之良大夫也。爲法受惡。惜也、越境乃免。」《評》：孔子曰はく、「董狐は、古の良史なり。法を書して隱さず。趙宣子は古の良

大夫なり。法の爲に惡を受く。惜しいかな、境を越ゆれば乃ち免れしを。」

『原左氏傳』における「禮」とは、一つには、周王朝の下での傳統的な慣習（古禮）や慣習法（古法）を汎く稱するものと解される。それは、具體的には〈周王（天子）—王の卿・大夫・士および諸侯〉における王命（王爵）の秩序、〈諸侯—諸侯の卿・大夫・士〉における君命の秩序、さらに〈卿・大夫—士及び從者〉における家（氏）の君臣秩序等において履行される倫理の規範といえよう。卽ち〈天命—王命—君命Ⅰ—君命Ⅱ〉という「命」の秩序（命のヒエラルヒー）を背景とする禮の規範である。(1)

そして、今一つは、この傳統的な禮に對する新たな禮理論によるものである。昭公二十五年傳文に「揖讓周旋」の禮を趙簡子が問うと、「これ儀なり、禮に非ざるなり」として鄭の子大叔が「これを先大夫子產に聞けり、夫れ禮は天の經なり、地の義なり、民の行なり。天地の經にして民實にこれに則る」とするもので、民が天地の經（常の道）に則り行うものが禮であるという。つまり先のような天命型の禮ではなく天地型の時令思想による禮理論である。同じく隱公十一年に「禮は國家を經し、社稷を定め、民人を序し、後嗣を利するものなり。」との國家經營の政治原理としての禮も、この新たな禮理論と聯關し、いずれも「民」の視點を明確にしている。これらは「民之主」の思想とも深く關わる禮理論と言えよう。「孔子曰」の評言には、この第一の傳統的な禮（揖讓周旋の禮）から第二の禮思想への移行過程が看取される。

1では大史としての書法を遵守した董狐を「古の良史なり」と評價し、晉國の國政を爲す趙宣子を「古の良大夫なり」と評價する。趙宣子の評價の理由はここには語られないが、この前段に於いて「君ならず」とされる靈公をしばしば諫めて却って靈公に刺客を送られ、その賊をも「民の主を賊するは不忠なり」と言わしめた（宣公二年）趙宣子の人となりを評價するものと解される。したがって、「禮」の規定からすれば「法の爲に惡を受く」は國政の責任者として止むをえぬことであるが、假に「境を越え」ておれば、「禮」の上の責めをも免れたであろうとし、「惜しいかな」としている。卽ち趙宣子は古の良大夫であるが禮の規定の上からは「弑君」の惡名をうけざるを得ぬが、その同じ禮の規定により、對應によっては惡名を免れる道もあったものをと同情の辯を述べるのである。これは禮の履行における自律的選擇の可能性を提示する評言とも言えよう。先の昭公二十五年の子大叔の言に「人の能く自ら曲直して以て禮に赴く者、これを成人と謂ふ」とするように新たな禮思想は、自律的な禮の履行を重視する。ここからは自律的な因果應報論が形成されることになる。この「惜しいかな」にはこのような「孔子曰」の評言者の禮思想が窺えよう。

この「孔子曰」が「禮」の規範を踏まえつつ、趙氏を擁護する立場に立っていることは明らかであろう。

2［宣公九年］〔左〕冬①……。②陳靈公與孔寧・儀行父、通於夏姬。皆衷其衵服、以戯于朝。泄冶諫、曰、「公卿宣淫、民無效焉。且聞不令。君其納之。」公曰、「吾能改矣。」公告二子。二子請殺之。公弗禁。遂殺泄冶。〔陳〕③孔子曰、「詩云『民之多辟。無自立辟。』其泄冶之謂乎。」《評》：孔子曰はく、「詩（大雅・生民・板）に云へらく『民にこれ辟《よこしま》多し。自ら辟《のり》を立つる無かれ』、と。

其れ泄冶をこれ謂ふか。」

ここでは、陳の靈公と孔寧・儀行父の三人が夏姬に通じ、その衵服（下着）を衷《ふところ》にして朝廷に戯れたのを、泄冶が「公卿　淫を宣すれば、民これに效《したが》ふ無し。且つ聞こえ令《よ》からざるなり。君それ之を納めよ」と諫めたところ、靈公はその場では聽き入れたが、後に孔寧・儀行父により泄冶は殺される。これについて、「孔子曰」の評言は、「民にこれ辟《よこしま》多し。自ら辟《のり》を立つる無かれ」との詩を引用して、泄冶の諫言が「禮」の規範性を踏まえて發せられてはいるが、やや直截に過ぎ周到さにおいて十全ではないことを批判したものとなっている。卽ち泄冶の禮の履行における選擇の宜しきを得ざる未熟さ（直情徑行ぶり）への批判と言えよう。この「孔子曰」の評言には詩の引用や「其…之謂乎」の表現において、後に述べる「君子曰」Ⅱ類と共通し、『原左氏傳』編纂者の手によるものと考えられる。

この評言の理解については、下記の6の「孔子…曰」の例が參考になろう。齊の陳恆がその君を舒州に弑した際に、これを聞いた孔丘は三日の齋《ものいみ》を行った後に三たび齊を伐たんことを魯公に請うた。哀公がその方途を問うと孔子は「陳恆その君を弑す。民の與《くみ》せざる者半ばす。魯の衆を以て、齊の半ばに加ふれば、克つべきなり」と答える。すると哀公は「子　季孫に告げよ」と言い放つ。これは哀公が魯の民を得ていない（國權を掌握していない）ことを公自ら告白するもので、同時に暗に孔子の云う齊の民の陳恆に與せざる者が半ばするという議論の空虚さ（齊では陳氏が民を得て民心は齊公から離れている現實を是認しない）を突くものともなっている。孔子は辭し、退いて人に告げて「吾　大夫の後《しりへ》に從ふを以て、故に敢へて言はずんばあらざるなり」と曰ったと記している。「孔子」は、現實としてわきまえてはいるがあくまでも大夫としての「禮」の責めを果たすために敢えて言わなければならなかったのだ、と釋明している。このように「孔子」にはあくまでも三日の齊をして「大夫」としての「禮」の立場から魯公にものを言うという周到さとしたたかさが窺えると言えよう。この觀點から2の文を見ると、「孔子曰」の評言が泄冶の諫言をやや直截に過ぎ周到さに缺けたもの卽ち禮の履行における自律的選擇において未熟であるとの批評をなす理由が改めて理解できよう。

3〔哀公六年〕〔左〕秋。①七月。楚子在城父。將救陳。卜戰。不吉。卜退。不吉。王曰、「然則死也。再敗楚師、不如死。弃盟逃讎、亦不如死。死一也。其死讎乎。」命公子申爲王。不可。則命公子結。亦不可。則命公子啓。五辭而後許。將戰。王有疾。庚寅。昭王攻大冥、卒于城父。子閭退、曰、「君王舍其子而讓。羣臣敢忘君乎。從君之命、順也。立君之子、亦順也。二順不可失也。」與子西子期謀、潛師、閉塗。逆越女之子章、立之。而後還。〔楚〕②是歲也、有雲如衆赤鳥、夾日以飛三日。楚子使諸周大史。周大史曰、「其當王身乎。若禜之、可移於令尹司馬。」王曰、「除腹心之疾而寘諸股肱、何益。不穀不有大過、天其夭諸。有罪受罰、又焉移之。」遂弗禜。〔楚〕③初。昭王有疾。卜。曰、「河爲祟。」王弗祭。大夫請祭諸郊。王曰、「三代命祀、祭不越望。江・漢・睢・漳、楚之望也。禍福之至、不是過也。不穀雖不德、河非所獲罪也。」遂弗祭。〔楚〕④孔子曰、「楚昭王知大道矣。其不失國也、宜哉。夏書曰『惟彼陶唐、師彼天常。有此冀方。今失其行、亂其紀綱、乃滅而亡。』又曰『允出茲在茲、由己率常可矣。』」《評》：孔子曰はく、「楚の昭王　大道を知れり。其れ國を失はざるや、宜なるかな。夏書に曰はく『惟れ彼の陶唐、彼の天常に師《したが》ひ、此の冀方を有せり。今其の行を失ひ、其の紀綱を亂し、乃ち滅して亡べり』と。又曰はく『允《まこと》に茲《これ》を出だすは茲《ここ》に在り、己に由り常に率《したが》ひて可なり』と。」

この3の傳文については第三章（三）においても引用したものだが、改めて分析するとその文はやや複雑な構成と見られる。それは新舊の二層から成るものと解されるからである。卽ち①と③が元來の楚史に由來する記事と見られ、②は④の「孔子曰」の評言を配する際にそれに對應すべく①と③の閒に挿入されたものと見られる。以下これを分析してみよう。

3①は、楚史にほぼ忠實な記述と見られ、陳を救う爲に吳との戰に赴いた楚の昭王が陣中に沒しその後繼者を定めて楚師が潛かに還る次第を記す。3②はこの歲に「雲の衆赤鳥の如き有り、日を夾みて以て飛ぶこと三日す」との天變がありこれについて、楚子（昭王）がこれを周の大史に問わせると、周の大史は、「其れ王の身に當たらんか。若し之を禜《はら》へば、令尹司馬に移すべきなり」と曰った。これに對して王は、それでは腹心（楚王）の疾を股肱（令尹）に移すだけの事で、楚國にとって何の益があろうとし、「不穀　大過有らざれば、天それこれを夭《わざわひ》せんや。罪有らば罰を受けん、又焉くんぞ之を移さんや」と言い、遂に周の大史の勸めには從わず禜《はら》いをおこなわなかったことを記す。これは、自らの行爲に罪が有れば、天が罰しようし、無ければ天が罰することはない、との人爲における自律的な因果律を重視する思想を説くものである。それは卽ち、天は罪過を罰するが、罪過は人の行爲が招くものであるから、天罰を受くるか否かは自らの行爲如何による。故に人は自らの行爲如何を律すべきでいたずらに天罰を恐れるものではない。今、天が夭を下すとすれば、それは自らに罪があるからで、それならば潔く罰を受けよう。それを他に移したとて、自らの行爲に由來する罪が消えるものではない。ましてそれによって令尹に罰が及ぶことは楚國の益には全くならないとの論理と言えよう。したがって②の示すこの論理は④の「孔子曰」の「楚の昭王　大道を知れり。其れ國を失はざるや、宜なるかな」との評と無理なく結びつくものと理解される。

3③は、はじめ昭王に疾が有った際に、卜すると「河　祟りを爲す」と出たが、昭王は河を祭らず、大夫が郊に河を祭らんと請ふと、昭王は「三代の命祀、祭は望を越えず。江・漢・睢・漳は楚の望なり。禍福の至れるは、これを過ぎざるなり。不穀　不德と雖も、河は罪を獲る所に非ざるなり」と言い、遂に卜に從わず河を祭らなかった事を記す。これは楚の昭王が卜占よりも「禮」の規範としての「三代の命祀、祭は望を越えず（三代以來の王命による祭祀は、諸侯の祭はその封域に望むものを越えてはならない）」との周道を遵守しており河神に罪を獲るはずがないと合理的に判斷したことを示している。だがその結果として昭王は死を迎えており、これは暗に「河祟りを爲す」を示すものともなっている。したがって④の「孔子曰」の評言に必ずしも自然に結びつくものではない。

これらの昭王の行と事についての評言が3④の「孔子曰」である。Aの「楚の昭王　大道を知れり。其れ國を失はざるや、宜なるかな」は、人における大道を知るものとして潔く身を處することにより楚國を失わなかったとして昭王を宣揚する。特に「大道を知れり」は、3②の人爲の自律的因果律を重視する立場を指すもので、これに對して3③の諸侯としての禮の規範をふまえることを指すもの（この場合は「大道」は「周道」とほぼ同義と爲ろう）と解するのは下文との疎通が必ずしも自然ではない。卽ちその次下に「夏書に曰はく『惟れ彼の陶唐、彼の天常に師《したが》ひ、此の冀方を有せり。今其の行を失ひ、其の紀綱を亂し、乃ち滅して亡べり』と。又曰はく『允《まこと》に茲《これ》を出だすは茲《ここ》に在り、己に由り常に率《したが》ひて可なり』と」と云うのは、人爲の自律的な因果應報の自覺を踏まえて、「天常」に則る「行」を失えば國は亡びるとの戒めの箴言である。これは内容的には3②に對應するものと言えよう。

したがって、「孔子曰」の云う「大道」はこの「天常」に則る「行」の意と解せられる。この「天常」は「天地の經にして民實にこれに則る」（昭公二十五年）という新たな禮の概念とも通底するもので、これを踏まえての自律的な「行」による因果應報を説くのが、「孔子曰」の評言の趣旨と言えよう。

故に、この3の傳文は次のような對應關係にあると考えられる。

3①　―　3③（舊層）

3②　―　3④（新層）

されば、3②と3④は『原左氏傳』編纂者により配置された新層のテキストであるという可能性が想定されよう。

3②が周の大史の進言を退ける形で語られているのは、新層テキストの立場では楚の昭王の「大道」が3③におけるような〈周道（周行）〉の禮の秩序の枠におさまるものではなく、むしろそれを相對化し超えて行くものであることを示唆していよう。なお、3②のような人爲の自律的因果應報を重視する思想は墨家思想との類縁性が看取されることは舊稿の指摘する所である。[2] また、このような自律的因果應報の思想は先述のように「君子曰」Ⅱ類の評言においても汎く看取される所である。これについては後に「君子曰」の考察の所で改めて論ずることとしたい。

以上を要するに、1、2及び3に見る「孔子曰」の評言は、傳統的な「禮」の規範を踏まえつつ、更に自律的に禮の履行を選擇し合理的に判斷するという立場から、新たな禮の「大道」を提示するというものであることが、ここに確認されよう。また、「孔子曰」の評言が宣揚するのは趙宣子（趙盾）と楚の昭王であるが、後者は「楚子」としての限定を踏まえた評價であり、「中國」の政治的勝者の中では、趙氏及び三晉の立場に最も近いところに此の評者の立場が在ると言えよう。

次に參考として『原左氏傳』の歴史記述の文中における「孔子曰」の文を列擧すると、次のようになる。このうち6については先に言及した所である。

4〔哀公三年〕〔左〕夏。①五月。辛卯。司鐸火。火踰公宮。桓・僖、災。救火者皆曰、「顧府。」南宮敬叔至。命周人、出御書、俟於宮。……。〔魯〕　②孔子在陳、聞火。曰、「其桓・僖乎。」〔魯〕

5〔哀公十一年〕〔左〕十一年。春。①……。②公爲與其嬖僮汪錡乘、皆死。皆殯。孔子曰、「能執干戈、以衞社稷、可無殤也。」〔魯〕

③冉有用矛於齊師。故能入其軍。孔子曰、「義也。」〔魯〕

6〔哀公十四年〕〔左〕夏。…。六月。…。①甲午。齊陳恆弑其君壬于舒州。〔齊〕　②孔丘三日齊。而請伐齊。三。公曰、「魯爲齊弱久矣。子之伐之、將若之何。」對曰、「陳恆弑其君。民之不與者半。以魯之衆、加齊之半、可克也。」公曰、「子告季孫。」孔子辭。

退而告人。曰、「吾以從大夫之後也、故不敢不言。」〔魯〕

7〔哀公十五年〕冬。孔子聞衞亂、曰、「柴也其來。由也死矣。」〔魯〕

4の「孔子…曰」の例は、5、6、7と同じく評言としての辭ではなく歴史記述としての記事である。記事は孔子が陳に在って、魯が火災したと聞き、咄嗟に桓宮・僖宮であろうと言い當てたことを記す。ここでもやはり「禮」の規範に逸脱した桓宮・僖宮の災厄を孔子が普段より因果應報の觀點から豫測していたことを暗に示すものとなっている。

また7も子路（仲由）と高柴の平常の德行の在りようから、その進退を豫測しており、衞の亂がおこったと聞いた時に「孔子」が咄嗟に「柴や其れ來たらん。由や死せん。」と豫見したものとなっている。

5は魯の國難に殉じた公爲（公叔務人）の戎車に同乘したその嬖人で年少の僮汪錡について、「孔子曰」は、「能く干戈を執り、以て社稷を衞れり、殤する無かるべけんや」と年少者と雖も國難に死した者にはその「禮」を以て遇すべきを說いている。また、孔子の弟子で季子の家宰である冉有が矛を用いて齊師に向かい能く齊軍に突入したことを「義なり」と稱贊している。國難に際して武勇を發揮するのは國人としての「義」に適うものであり、これを稱えている。このような「義」は「禮」と同じく共同體の倫理の規範としての德に屬するものと言えよう（『論語』爲政第二の「其の鬼に非ずして之を祭るは諂ふなり、義を見て爲さざるは勇無きなり」の「義」と相通ずるもので、後世の仁義併稱の道德型の「義」の概念とは異なる[3]）。

なお、これに關連して「孔丘」についての次の二つの記事に注目しておきたい。

8〔昭公七年〕〔左〕秋。…。①九月。公至自楚。孟僖子病不能相禮。乃講學之。苟能禮者、從之。〔魯〕②及其將死也。召其大夫、曰、「禮、人之幹也。無禮、無以立。吾聞、將有達者、曰孔丘。聖人之後也。而滅於宋。其祖弗父何以有宋、而授厲公。及正考父、佐戴・武・宣、三命茲益恭。故其鼎銘云『一命而僂。再命而傴。三命而俯。循牆而走。亦莫余敢侮。饘於是。鬻於是。以餬余口。』其共也如是。臧孫紇有言、曰、『聖人有明德者。若不當世、其後必有達人。』今其將在孔丘乎。我若獲沒、必屬說與何忌於夫子、使事之、而學禮焉、以定其位。」故孟懿子與南宮敬叔、師事仲尼。〔魯〕

9〔哀公十六年〕〔經〕夏。四月。己丑。孔丘卒。〔左〕夏。①四月。己丑。孔丘卒。公誄之。曰、「旻天不弔。不憖遺一老、俾屏余一人以在位。煢煢余在疚。嗚呼哀哉尼父。無所自律。」子贛曰、「君其不沒於魯乎。夫子之言曰、『禮失則昏。名失則愆。』失志爲昏。

失所爲愆。生不能用、死而誄之、非禮也。稱一人、非名也。君兩失之。」〔魯〕

8では、孟僖子は死に臨んでその大夫を召して曰ふには、「禮は人の幹なり。禮無ければ、以て立つ無し。吾聞く、將に達する者有らんとす、孔丘と曰ふ。聖人の後なり」と、孔子を「孔丘」と名を以て言及し、孔丘を「聖人」の子孫にして當世に事功を爲す「達人」とし、その子の孟懿子（名は何忌）及び南宮敬叔（名は説）を仲尼に師事させ禮を習わしめている。ここに云う「禮」は先の二つの禮の概念のうち第一の「揖讓周旋」の傳統的な禮を指している。

9では、哀公十六年夏四月己丑に孔子が卒した際に、哀公が誄を賜わったが、孔子の弟子の子贛は「君それ魯に沒せざらんか。夫子の言ひて曰はく、『禮失へば則ち昏し。名失へば則ち愆《あやま》つ』と。…。生きては用ふる能はず、死して之に誄するは、禮に非ざるなり。一人を稱するは、名に非ざるなり。君兩《ふた》つながら之を失へり」と嚴しく批判している。そのキイワードはやはり、「禮」であり、さらに「名」を加えている。ここに子贛の云う「禮」は國家の政治原理としての禮で、先の第二の禮の概念に相當するものと言えよう。その上で更に「名」の思想による批判が爲されているのである。

さらにこの9の記事で注目されるのは、『原左氏傳』文が、經に抽出文として上されて「四月。己丑。孔丘卒す」と名を以て書かれており、『春秋左氏經』はこの9の「孔丘卒。」の記事を以て終わっていることである。したがって、この子贛の批判の記事は經の成立段階と深く關わる時期のものと見られよう。

以上の檢討から「孔子曰」の評言は、傳統的な概念を踏まえつつ新たな概念へと展開しつつある禮の思想と三晉とりわけ趙氏の立場に立つ評者によるもので、それは『原左氏傳』編纂者に重なるものと推定される。その記事からは、傳統的な禮の思想から、新たな人爲の自律的因果律卽ち「德」を内包する「禮」の思想への展開へと推移してゆく樣相が看取される。このような思想や觀點は次に考察する「仲尼曰」の評言の「德」を中心とする思想に發展してゆくものと見られる。

二　「仲尼曰」の評言について

「仲尼曰」の評言については十七例あり（そのうち10の一例は「君子謂」の型）、それらは次のようである。「仲尼曰」の評言は、主としてその「德」を基軸にして襃貶の評價がなされており、これは「孔子曰」が「禮」を基軸に評價を爲すのとは對照的であると言えよう。

1〔僖公二十八年〕〔經〕冬。…。天王狩于河陽。〔左〕冬。會于溫…。②是會也、晉侯召王、以諸侯見、且使王狩。〔晉〕③仲尼曰、「以臣召君。不可以訓。故書曰、『天王狩于河陽。』言非其地也。且明德也。」《評言・解經》：仲尼曰はく、「臣を以て君を召す。以て訓《をしへ》とすべからず。故に書して曰はく『天王　河陽に狩りす』と。其の地に非ざるを言ふなり。且つ德を明らかにするなり。」

ここでは「仲尼曰」の評言は、晉の文公が周王を晉侯（文公）自らが盟主と爲る溫の地に召して（よんで）諸侯を率いて王に見えるとともに王をして狩りせしめた事について、經が「天王　河陽に狩りす」と書するのを、「其の地（王地）に非ざるを言ふなり（直接に臣下の晉侯が王を召したと書するのを避けてかく書した）」と王の權威を婉曲に擁護する筆法としつつも、「且つ德を明らかにするなり」と解說して、晉の文公が諸侯を率いて王に見えしめた霸者としての德を宣揚している。

また、この「仲尼曰」は經を引用しての解經文と評言を兼ねており、「仲尼曰」の評言は經成立時もしくはその後に書されているものである可能性が想定されるのである。

2〔文公二年〕〔經〕秋。…。八月。丁卯。大事于大廟。躋僖公。〔左〕秋。①八月。丁卯。大事于大廟。躋僖公。逆祀也。於是、夏父弗忌爲宗伯。尊僖公、且明見、曰、「吾見新鬼大、故鬼小。先大後小、順也。躋聖賢、明也。明順、禮也。」〔魯〕②君子以爲失禮。禮、無不順。祀、國之大事也。而逆之。可謂禮乎。子雖齊聖、不先父食、久矣。故禹不先鯀、湯不先契、文武不先不窋。宋祖帝乙、鄭祖厲王、猶上祖也。是以、魯頌曰「春秋匪解。享祀不忒。皇皇后帝。皇祖后稷。」君子曰、「禮。」謂其后稷親而先帝也。詩曰「問我諸姑。遂及伯姊。」君子曰、「禮。」謂其姊親而先姑也。《評》③仲尼曰、「臧文仲、其不仁者三、不知者三。下展禽、廢六關、妾織蒲、三不仁也。作虛器、縱逆祀、祀爰居、三不知也。」《評》：仲尼曰はく、「臧文仲、其の不仁なること三、不知なること三なり。展禽を下にし、六關を廢し、妾　蒲を織るは、三の不仁なり。虛器を作り、逆祀を縱《ゆる》し、爰居を祀るは、三の不知なり。」

ここでは、魯の文公が先君僖公の廟の順位をその先代閔公の上の位に躋《のぼ》した逆祀について、文公當時の「君子」は「以て禮を失へりと爲す」と評するのに對して、後世の「仲尼」は臧文仲を「逆祀を縱《ゆる》」すことを始めとして「臧文仲、其の不仁なること三、不知なること三なり」と臧文仲の「德」についての批判を行っている。

3〔成公二年〕〔左〕夏。①…。②新築人仲叔于奚救孫桓子。孫桓子是以免。既衞人賞之以邑。辭。請曲縣、繁纓以朝。許之。〖衞〗③仲尼聞之、曰、「惜也。不如多與之邑。唯器與名、不可以假人。君之所司也。名以出信、信以守器、器以藏禮、禮以行義、

義以生利、利以平民。政之大節也。若以假人、與人政也。政亡則國家從之。弗可止也已。」《評》：仲尼曰はく、「惜しいかな。多く之に邑を與ふるに如かざるなり。唯だ器と名とは、以て人に假すべからず。君の司《つかさど》る所なればなり。名は以て信を出だし、信は以て器を守り、器は以て禮を藏め、禮は以て義を行ひ、義は以て利を生じ、利は以て民を平かにす。政の大節なり。若し以て人に假せば、人に政を與ふるなり。政亡《うしな》へば則ち國家之に從ふ。止どむべからざるのみ。」

齊と衞との戰の際に、衞の孫桓子は仲叔于奚に助けられ歸還した。衞では恩賞として邑を與えたが、仲叔于奚はこれを辭し、曲縣（南面を除く三面に樂器を懸ける諸侯の禮）と繁纓して朝すること（諸侯の禮）を許されるよう請うた。すると衞人は之を許した。この故事を聞いて、仲尼は「惜しいかな。多く之に邑を與ふるに如かざるなり。唯だ器と名とは、以て人に假すべからず。君の司る所なればなり」と論評し、「若し以て人に假せば、人に政を與ふるなり。政亡《うしな》へば則ち國家之に從ふ。止どむべからざるのみ」と國を失うに至ることを警告する。會箋が「假すより與ふるに至り、與ふるより奪はるるに至る」というのがそれである。もとより仲尼は襄公二十二年の誕生（史記・十二諸侯年表）で、この成公二年には未だ在世せずこの故事は後に「聞いた」ことになる。

しかして、この警告は魯の季氏や三晉、齊の陳氏の例を暗に示唆して發せられているものと理解されよう（さらにこの「仲尼曰」なる評言の執筆者は春秋テキストとりわけ『春秋左氏經』の編纂者とも重なる可能性があり、當然三晉や田齊の「列諸侯」を知っていたと想定されよう）。

ここで「仲尼」が「器と名」とし、特に「名」の重要性を「名は以て信を出だし、信は以て器を守り、器は以て禮を藏め、禮は以て義を行ひ、義は以て利を生じ、利は以て民を平かにす。政の大節なり」と指摘している點が注目されよう。「名」を「政の大節」とするのは、明確に「名」の思想を語るものであり、『春秋左氏經』の中心思想に通づるものと考えられる。

4［成公十七年］〔左〕秋。①七月。壬寅。刖鮑牽、而逐高無咎。無咎奔莒。高弱以盧叛。〔齊〕②…③仲尼曰、「鮑莊子之知不如葵、葵猶能衞其足。」《評》（杜註「言鮑牽居亂不能危行言遜。」）：仲尼曰はく、「鮑莊子の知は葵に如かず、葵すら猶ほ能く其の足を衞る。」

ここでもやはり「仲尼曰」は、刖《げつ》せられて足を失った鮑莊子（鮑牽）の知は草花の葵《あおい》にも及ばぬと、その「德（知）」を論評している。

5［襄公二十三年］〔經〕冬。十月。乙亥臧孫紇出奔邾。〔左〕冬。①…。②齊侯將爲臧紇田。臧孫聞之見齊侯、與之言伐晉。對曰、「多則多矣。抑君似鼠。夫鼠晝伏夜動、不穴於寢廟、畏人故也。今君聞晉之亂、而後作焉。寧、將事之。非鼠何如。」乃不與田。

〔魯〕③仲尼曰、「知之難也。有臧武仲之知、而不容於魯國。抑有由也。作不順、而施不恕也夫。夏書曰『念茲、在茲。』順事恕施也。」《評》：仲尼曰はく、「知はこれ難きなり。臧武仲の知有りて、しかも魯國に容れられず。抑《そもそ》も由る有るなり。作《な》して順ならず、而も施して恕ならざるかな。夏書に曰はく『茲《これ》を念ふは、茲《ここ》に在り』と。事に順にして施すに恕なるなり。」

齊に亡命した臧孫は、齊侯が邑を與えんとした際に、後の禍を避けるためにわざと齊侯を怒らせ邑を與えぬようにさせた。この臧孫の知を稱贊しつつも、「仲尼曰」は「知はこれ難きなり。臧武仲の知有りて、しかも魯國に容れられず。抑も由る有るなり」と臧孫（臧武仲）の知を以てしても魯國に容れられないのは、その「德」に缺けるところが有る故であると批評し、夏書（今本『尙書』では虞書・大禹謨）の「茲《これ》を念ふは、茲《ここ》に在り」を引いて、事を爲すにおいては自らの德を治めるべきを説いている。ここに仲尼曰が「魯國に容れられず」とするのは、經文に「十月。乙亥。臧孫紇出でて邾に奔る」と記すことを指し、魯に受け入れられず邾に亡命したことを言う。したがって、この「仲尼曰」は解經文としての役割をも爲しており、その執筆は作經時か經成立直後のことと推定される。またこの夏書の引用は先の「孔子曰」の3④における夏書の引用と相通じるもので、「仲尼曰」は「孔子曰」の人爲における自律的因果律の思想を繼承しこれを「德」の思想として發展させて制作された評言であると理解し得よう。

6〔襄公二十五年〕（左）秋。…。②鄭子產獻捷于晉。戎服將事。晉人問陳之罪。對曰、「昔虞閼父爲周陶正、以服事我先王。我先王賴其利器用也與其神明之後也。庸以元女大姬配胡公、而封諸陳、以備三恪。則我周之自出。至于今是賴。桓公之亂、蔡人欲立其出。我先君莊公奉五父而立之。蔡人殺之。我又與蔡人奉戴厲公。至於莊・宣、皆我之自立。夏氏之亂、成公播蕩、又我之自入。君所知也。今陳忘周之大德、蔑我大惠、棄我姻親、介恃楚衆、以憑陵我敝邑。不可億逞。我是以有往年之告。未獲成命。則又有我東門之役。當陳隧者、井堙木刊、敝邑大懼不競而恥大姬、天誘其衷、啓敝邑心。陳知其罪、授手于我。用敢獻功。」晉人曰、「何故侵小。」對曰、「先王之命、唯罪所在、各致其辟。且昔天子之地一圻、列國一同、自是以衰。今大國多數圻矣。若無侵小、何以至焉。」晉人曰、「何故戎服。」對曰、「我先君武・莊、爲平・桓卿士。城濮之役、文公布命、曰、『各復舊職。』命我文公、戎服輔王、以授楚捷。不敢廢王命故也。」士莊伯不能詰。復於趙文子。文子曰、「其辭順。犯順不祥。」乃受之。〔鄭〕冬。①十月。子展相鄭伯、如晉。拜陳之功。子西復伐陳。陳及鄭平。〔鄭〕②仲尼曰、「志有之、言以足志、文以足言。不言、誰知其志。言之無文、行而不遠。晉爲伯、鄭入陳。非文辭、不爲功。愼辭哉。」《評》：仲尼曰はく、「志《し》にこれ有り、言は以て志《こころざし》を足し、文は以て言を足す。言はず

んば、誰か其の志を知らん。之を言ひて文無ければ、行はるれども遠からず。晉　伯と爲り、鄭　陳に入る。文辭に非ずんば功を爲さず。辭を愼まんかな。」

鄭はこの六月に陳を伐ち、その秋に戰勝品を晉に獻上した。ここでは「仲尼曰」はその際の鄭の子產の言辭を稱贊しつつ「晉　伯と爲り、鄭　陳に入る。文辭に非ずんば功を爲さず。辭を愼まんかな。」と政事における「辭」の重要性を指摘している。これは先の「名」の思想と相通じるものと言えよう。

7［襄公三十一年］〔左〕冬。…。十二月。…。⑥鄭人游于鄉校。以論執政。然明謂子產曰、「毀鄉校如何。」子產曰、「何爲。夫人朝夕退而游焉。以議執政之善否。其所善者吾則行之。其所惡者吾則改之。是吾師也。若之何毀之。…。」…。⑦仲尼聞是語也、曰、「以是觀之、人謂子產不仁、吾不信也。」《評》：仲尼この語を聞くや、曰はく、「これを以て之を觀れば、人　子產を不仁と謂ふも、吾は信ぜざるなり。」

ここでは「仲尼」は、鄉校に游ぶ人が執政を論じているが、その善とする所は行い、惡とする所は改めるのがよかろう、それを毀つ必要などどこにあろうとの子產の鄉校についての言を聞き、彼は「不仁」では全くないと、子產の「德」を稱贊するものと言えよう。

8［昭公七年］〔左〕秋。…。①九月。公至自楚。孟僖子病不能相禮。乃講學之。苟能禮者、從之。〔魯〕②及其將死也。召其大夫、曰、「禮人之幹也。無禮、無以立。吾聞、將有達者、曰孔丘。聖人之後也。…我若獲沒、必屬說與何忌於夫子、使事之、而學禮焉、以定其位。」故孟懿子與南宮敬叔、師事仲尼。〔魯〕③仲尼曰、「能補過者、君子也。詩曰『君子是則、是效。』孟僖子可則效已矣。」《評》：仲尼曰はく、「能く過ちを補ふ者は、君子なり。詩に曰はく『君子これ則り、これ效ふ』と。孟僖子則り效ふべきのみ。」

魯の昭公が楚に行った際に禮を十分に輔佐できなかった孟僖子が、それを悔い改めてその後禮を講學し、死に臨んで「禮」を以て世に達する者で「聖人の後」であるとする孔子に禮を習うようにその子二人（孟懿子と南宮敬叔）に命じた。これについて、「仲尼曰」は「禮」には言及せず、「能く過ちを補ふ者は、君子なり」と孟僖子に「君子」を許してその過ちを改めた「德」を稱えている。

9［昭公十二年］〔左〕冬。…。①楚子狩于州來。次于潁尾。使蕩侯・潘子・司馬督・囂尹午・陵尹喜帥師、圍徐。以懼吳。楚子次于乾谿。以爲之援。雨雪。王皮冠、秦復陶、翠被、豹舃、執鞭以出。僕析父從。右尹子革夕。王見之、去冠被、舍鞭。與之語、曰、「昔我先王熊繹與呂伋・王孫牟・燮父・禽父、竝事康王。四國皆有分。我獨無有。今吾使人於周、求鼎以爲分。王其與我乎。」對曰、

「與君王哉。昔我先君熊繹辟在荊山。篳路藍縷、以處草莽、跋涉山林、以事天子。唯是桃弧棘矢、以共禦王事。齊王舅也。晉及魯・衞、王母弟也。楚是以無分、而彼皆有。今周與四國、服事君王。將唯命是從。豈其愛鼎。」…。王揖而入。饋不食、寢不寐、數日。不能自克、以及於難。〔楚〕②仲尼曰、「古也有志、『克己復禮、仁也。』信善哉。楚靈王若能如是、豈其辱於乾谿。」《評》：仲尼曰はく、「古や志《しる》す有り、『己に克ちて禮に復るは、仁なり』と。信《まこと》に善きかな。楚の靈王若し能く是くの如くんば、豈に其れ乾谿に辱められんや。」

楚の靈王は乾谿に軍を次し、僕析父に語るに「昔吾が先王熊繹、呂伋（齊の丁公）・王孫牟（衞の康伯）・燮父（晉の唐叔の子）・禽父（魯の伯禽）と、竝びに康王に事へたり。四國（齊・衞・晉・魯）皆 分有り。我獨り有る無し。今吾れ人を周に使いせしめ、鼎を求めて以て分と爲さん。王其れ我に與へんか」と曰うと、僕析父は「齊王は舅也。晉と魯・衞とは、王の母弟なり。楚是を以て分無し、而して彼皆有り。今周と四國と、君王に服事せり。將に唯だ命に是れ從はんとす。豈に其れ鼎を愛しまんや」と答える。これは楚の靈王の絶頂期の會話と言えよう。確かに「初め、靈王卜して曰はく、『余 天下を得んと尙《こひねが》ふ』」（昭公十三年）と周王に代わり天子となるとの大望が靈王にはあったようである。しかしこの乾谿を境に靈王は「自らに克つ能はずして、以て難に及べり」と公子棄疾（平王）らの陰謀により滅亡の道を歩むことになる。これについて「仲尼曰」は「古や志す有り、『己に克ちて禮に復るは、仁なり』と。信に善きかな。楚の靈王若し能く是くの如くんば、豈に其れ乾谿に辱められんや」と評する。これも楚の靈王の仁たりえなかったその「德」のありようを批判する。卽ち「己に克ちて禮に復る」の「禮」は周の禮にほかならぬから、己を克服して周の禮を自律的に履行し得なかったその「德」への批判と爲る。ここでも「仲尼曰」の批評の焦點は「德」に在ると言えよう。

10〔昭公十三年〕〔左〕秋。…。④令諸侯、日中造于除。癸酉。退朝。子產命外僕、速張於除。子大叔止之、使待明日。及夕、子產聞其未張也、使速往。乃無所張矣。及盟、子產爭承。曰、「昔天子班貢、輕重以列。列尊貢重、周之制也。卑而貢重者、甸服也。鄭伯男也。而使從公侯之貢。懼弗給也。敢以爲請。諸侯靖兵、好以爲事。行理之命、無月不至。貢之無藝、小國有闕、所以得罪也。諸侯脩盟、存小國也。貢獻無極、亡可待也。存亡之制、將在今矣。」自日中以爭、至于昏。晉人許之。旣盟。子大叔咎之、曰、「諸侯若討、其可瀆乎。」子產曰、「晉政多門。貳偸之不暇。何暇討。國不競、亦陵。何國之爲。」〔鄭〕…。仲尼謂子產、「於是行也、足以爲國基矣。詩曰『樂只君子、邦家之基。』子產君子之求樂者也。」且曰、「合諸侯、藝貢事、禮也。」《評》：仲尼 子產を謂ふ、

「この行においてや、以て國の基を爲すに足れり。詩に曰はく『樂しき君子は、邦家の基なり』と。子産は君子の樂しみを求むる者なり。」且つ曰はく、「諸侯を合し、貢事を藝《かぎ》るは、禮なり。」

鄭の子産は諸侯との盟に臨んで、同行の鄭の大夫子大叔より常に敏に事に對處し、盟においては晉と貢事を争い「鄭は伯爵にして男服なり」と、公・侯爵の貢をもとめる晉に對して伯・男爵以上の貢を納めるべきではないと主張し、日中より夕方まで談判して盟主の晉の聽き入れる所と爲った。盟おわり子大叔が子産の談判ぶりを咎めると、子産は「國　競はざれば、亦た陵《しの》がる」とし、「何の國をか之れ爲さん（それでは國はもたない）」と一蹴している。

ここでは「仲尼謂」の形の論評で、鄭の子産を「國の基」と稱贊する。また詩・小雅・南山有臺の「樂しき君子は、邦家の基なり」をひき、「子産は君子の樂しみを求むる者なり」と評している。また、「諸侯を合し、貢事を藝《かぎ》るは、禮なり」と子産の談判ぶりを「禮」に適うものと稱贊している。この「禮」は、先の「孔子曰」に見る二つの禮の概念のうち、國家の政治原理としての新たな禮の概念と共通する。ここにも「仲尼」の評言が「孔子曰」の評言を繼承している點を看取し得よう。

11［昭公十四年］〔左〕冬。…。②晉邢侯與雍子争鄐田。久而無成。士景伯如楚。叔魚攝理。韓宣子命斷舊獄。罪在雍子。雍子納其女於叔魚。叔魚蔽罪邢侯。邢侯怒。殺叔魚與雍子於朝。宣子問其罪於叔向。叔向曰、「三人同罪。施生、戮死、可也。雍子自知其罪而賂以買直。鮒也鬻獄。邢侯專殺。其罪一也。己惡而掠美爲昏。貪以敗官爲墨。殺人不忌爲賊。夏書曰『昏・墨・賊、殺。』皐陶之刑也。請從之。」乃施邢侯、而尸雍子與叔魚於市。〔晉〕③仲尼曰、「叔向古之遺直也。治國制刑、不隱於親。三數叔魚之惡、不爲末減。曰、義也夫。可謂直矣。平丘之會、數其賄也、以寬衞國、晉不爲暴。歸魯季孫、稱其詐也、以寬魯國、晉不爲虐。邢侯之獄、言其貪也、以正刑書、晉不爲頗。三言而除三惡、加三利。殺親益榮。猶義也夫。」《評》：仲尼曰はく、「叔向は古の遺直なり。國を治めて刑を制し、親《しん》に隱《ま》げず。三たび叔魚の惡を數へて、末減を爲さず。曰はく、義なるかな。直と謂ふべし、と。平丘の會、其の賄を數ふるや、以て衞國に寬にし、晉　暴を爲さず。魯の季孫を歸し、其の詐りを稱するや、以て魯國に寬にし、晉　虐を爲さず。邢侯の獄、其の貪を言ふや、以て刑書を正し、晉　頗《かたよ》るを爲さず。三言して三惡を除き、三利を加ふ。親《しん》を殺して益《ますま》す榮ふ。猶ほ義なるかな。」

晉の邢侯と雍子が鄐の田を争い、久しく係争して叔魚（叔向の弟）が攝理（理官代行）として裁くこととなったが、罪は雍子に在るのだが、雍子はその女を叔魚に納《い》れ、叔魚は罪を邢侯にかぶせんとした。邢侯は怒り叔魚と雍子を朝に殺した。韓宣子がその罪を叔向に問うと、叔向は「三人は同罪なり」とし、雍子は自らの罪を知りながら賂により裁判に勝とうとし、叔魚は理官であるのに裁判を賣り、邢侯は人を殺すを專にした。其の罪は同一であるとし、夏書に曰ふ「昏・墨・賊は、殺なり」との皐陶の刑に從うのがよろしいと答えた。そこで邢侯は死刑となり、雍子と叔魚はその尸を市にさらされた。

「仲尼曰」はこれを評して、「叔向は古の遺直なり。國を治めて刑を制し、親に隱《ま》げず。三たび叔魚の惡を數へて、末減を爲さず。曰はく、義なるかな。直と謂ふべし、と」とし、また「三言して三惡を除き、三利を加ふ。親を殺して益す榮ふ。猶ほ義なるかな」と、古風な直を以て義を貫く、その叔向の「德」を稱贊している。

12「昭公二十年」〔左〕冬。…。①十二月。齊侯田于沛。招虞人以弓。不進。公使執之。辭曰、「昔我先君之田也、旃以招大夫、弓以招士、皮冠以招虞人。臣不見皮冠。故不敢進。」乃舍之。〔齊〕②仲尼曰、「守道、不如守官。」《評》③君子韙之。齊侯至自田。晏子侍于遄臺。…。〔齊〕：仲尼曰はく、「道を守るは、官を守るにしかず。」

齊侯は沛に田し、虞人を招くに弓を以てすると、進んで來ないので之を執えさせると、辭して曰うには、「昔我が先君の田するや、旃以て大夫を招き、弓以て士を招き、皮冠以て虞人を招く。臣 皮冠を見ず。故に敢へて進まず」と、そこで虞人を許した。「仲尼曰」は「道を守るは、官を守るに如かず。」と評して虞人を稱贊している。これは虞人の行爲を通して先の3に示された「唯だ器と名とは、以て人に假すべからず」という「名」と「器」の思想を說くものと言えよう。

なお、この「仲尼曰」の評言の前後の①と③の傍線部は本來一連の齊史の文と見られ、「乃舍之。君子韙之。（すなわち之を舍《ゆる》す。君子之を韙《よ》しとす）。」の形でつながっていたもので、そこに「仲尼曰」の評言が插入附加されたものと推定される。この③の「君子」は齊の君子もしくは齊史の編者ということになろう。このような推定が妥當であれば、「仲尼曰」は評言としては新層のテキストに屬するものと言えよう。これは、「仲尼曰」が「孔子曰」の評言を繼承し發展させていると見られる事情とも符合しよう。

13「昭公二十年」〔左〕冬。…。④鄭子產有疾。謂子大叔曰、「我死、子必爲政。唯有德者能以寬服民。其次莫如猛。夫火烈、民望而畏之。故鮮死焉。水懦弱、民狎而翫之。則多死焉。故寬難。」疾數月而卒。大叔爲政。不忍猛而寬。鄭國多盜。取人於萑苻之澤。大叔悔之曰、「吾早從夫子、不及此。」興徒兵以攻萑苻之盜。盡殺之。盜少止。〔鄭〕⑤仲尼曰、「善哉。政寬則民慢。慢則糾之以

猛。猛則民殘。殘則施之以寬。寬以濟猛、猛以濟寬。政是以和。詩曰『民亦勞止、汔可小康。惠此中國、以綏四方。』施之以寬也。『毋從詭隨、以謹無良、式遏寇虐、憯不畏明。』糾之以猛也。『柔遠能邇、以定我王。』平之以和也。又曰『不競不絿、不剛不柔。布政優優、百祿是遒。』和之至也。」《評》⑥及子產卒、仲尼聞之、出涕、曰、「古之遺愛也。」〔魯〕：子産卒するに及び、仲尼これを聞き、涕を出だして、曰はく、「古の遺愛なり。」

子産は死期を知り次の鄭の國政を爲す子大叔に爲政の要諦を告げる。「唯だ有德者のみ能く寛を以て民を服す。其の次は猛なるに如くは莫し」と。子産が卒した後、子大叔は政を爲すが「猛なるに忍びずして寛にす。鄭國盜多し」となり、盜賊が萑苻《すいふ》の澤に人を刧《おど》して金品を取るとの事態にいたる。子大叔は自らが「有德者」たりえぬことを覺り、子産の忠告通り猛を以て政を爲さなかったことを悔やみ、徒兵を興して萑苻の盜賊を盡く誅殺し、鄭國は盜がしばらくは止んだ。

このことについての⑤の「仲尼曰」の評言は、子産の「唯だ有德者のみ能く寛を以て民を服す」との有德者の論點は差し置かれ、寛、猛、そして新たに和の概念を提起して、自らの政治論（一種の王道論）を展開している。

卽ち「仲尼曰」にて「善きかな。政寛なれば則ち民慢なり。慢なれば則ち之を糾すに猛を以てす。猛なれば則ち民殘なり。殘なれば則ち之に施すに寛を以てす。寛以て猛を濟《な》し、猛以て寛を濟す。政是を以て和す」というのは、新たな論の展開と言えよう。そして詩・大雅・民勞を引き「『民亦た勞せり、汔《ほとん》ど小しく康んずべし。此の中國に惠し、以て四方を綏んず』とは、之に施すに寛を以てするなり。『詭隨を從《ゆる》す毋く、以て無良を謹ませ、式て寇虐を遏《や》ましめ、憯《かつ》て明を畏れざるか』とは、之を糾すに猛を以てするなり。『遠きを柔《やすん》じ邇《ちか》きを能くし、以て我が王を定めよ』とは、之を平ぐるに和を以てするなり」とし、又詩・殷頌を引用して「『競ならず絿ならず、剛ならず柔ならず。政を布くこと優優たり、百祿是れ遒《あつ》まる』とは、和の至りなり」と結んでいる。これは春秋列國の政治の議論の次元ではなく、天下の治、その王道についての議論と言えよう。

「仲尼曰」の評言にはこのような「新しさ」が看取し得ると言えよう。

また、ここにおいても、本來は④の後には⑥が繋がっていたものと見られ、⑤の新たな政治論を提起する「仲尼曰」の評言は後時にその閒に挿入附加されたものと推定される。

14［昭公二十八年］〔左〕秋。①A晉韓宣子卒。魏獻子爲政。分祁氏之田、以爲七縣。分羊舌氏之田、以爲三縣。司馬彌牟爲鄔大夫、賈辛爲祁大夫、司馬烏爲平陵大夫、魏戊爲梗陽大夫、知徐吾爲塗水大夫、韓固爲馬首大夫、孟丙爲盂大夫、樂霄爲銅鞮大夫、趙朝爲平陽大夫、僚安爲楊氏大夫。謂賈辛・司馬烏爲有力於王室。故擧之。謂知除吾・趙朝・韓固・魏戊、餘子之不失職、能守業者也。其四人者皆受縣。而後見於魏子。以賢擧也。B魏子謂成鱄。「吾與戊也縣。人其以我爲黨乎。」對曰、「何也。戊之爲人也、遠不忘君、近不偪同、居利思義、在約思純、有守心矣、而無淫行。雖與之縣、不亦可乎。昔武王克商、光有天下、其兄弟之國者十有五人、姬姓之國者四十人、皆擧親也。夫擧無他。唯善所在、親疏一也。詩曰『惟此文王、帝度其心、莫其德音。其德克明、克明克類、克長克君。王此大國、克順克比。比于文王、其德靡悔。既受帝祉、施于孫子。』心能制義、曰度。德正應和、曰莫。照臨四方、曰明。勤施無私、曰類。教誨不倦、曰長。賞慶刑威、曰君。慈和徧服、曰順。擇善而從之、曰比。經緯天地、曰文。九德不愆。作事無悔。故襲天祿、子孫賴之。主之擧也、近文德矣。所及、其遠哉。」〔晉〕②賈辛將適其縣。見於魏子。魏子曰、「辛來。昔叔向適鄭。鬷蔑惡。欲觀叔向、從使之收器者、而往立於堂下、一言而善。叔向將飲酒、聞之曰、『必鬷明也。』下執其手、以上。曰、『昔賈大夫惡。娶妻而美。三年不言、不笑。御以如皐、射雉獲之。其妻始笑而言。賈大夫曰、《才之不可以已。我不能射、女遂不言、不笑夫。》今子少不颺。子若無言、吾幾失子矣。言之不可以已也、如是。』遂如故知。今女有力於王室。吾是以擧女。行乎、敬之哉。毋墮乃力。」〔晉〕③A仲尼聞魏子之擧也、以爲義。曰、「近不失親、遠不失擧。可謂義矣。」B又聞其命賈辛也、以爲忠。「詩曰『永言配命、自求多福。』忠也。C魏子之擧也、義。其命也、忠。其長有後於晉國乎。」《評》：A仲尼　魏子の擧を聞くや、以て義と爲す。曰はく、「近くは親を失はず、遠くは擧を失はず。義と謂ふべし。」B又其の賈辛に命ずるを聞くや、以て〔王室に〕忠と爲す。「詩（大雅・文王）に曰はく『永く言《われ》命に配し、自ら多福を求めん』と。忠なり。C魏子の擧ぐるや、義なり。其の命ずるや、忠なり。其れ長く晉國に後有らんか。」

晉の魏獻子は執政となると、滅亡した祁氏の田を公に歸した上で分けて七縣とし、同じく滅亡した羊舌氏の田を公に歸した上で分けて三縣とした。そこでこの十縣に司馬彌牟・賈辛・司馬烏・魏戊・知徐吾・韓固・孟丙・樂霄・趙朝・僚安の十人を各縣の大夫に任命した。このうち賈辛・司馬烏は王室に力《つと》め有る爲の擧用であり、知除吾・趙朝・韓固・魏戊は卿の庶子で傳來の職能を能く守ってきた者たちで、（魏戊は魏獻子の親族ではあるが）いずれもその賢を以ての擧用であった。魏獻子が成鱄《せん》に親族の魏戊を縣大夫とした評價を問うと、成鱄は姻戚（異姓）・親族（同姓）を擧用した武王封建の故事を引いて「唯だ善の在る所、親疎一なり」と全面的な贊意を表している（①）。また賈辛がその縣に赴任せんとして魏獻子に見えると、叔向の故事を引いて、「今女《なんぢ》王室に力《つと》むる有り。吾れ是を以て女を擧ぐ」「乃《なんじ》の力めを墮《やぶ》るなかれ」と戒めている（②）。

この魏獻子の擧用について、「仲尼」は「魏子の擧を聞くや、以て義と爲す。曰はく、近くは親を失はず、遠くは擧を失はず。義と謂ふべし。」とし（③A）、「又其の賈辛に命ずるを聞くや、以て〔王室に〕忠と爲す。」としたうえで、詩・大雅・文王「永く言《われ》命に配し、自ら多福を求めん」を引用して、「忠なり。」としている（③B）。

ここにおける史傳文と評言との對應は、①―③A、②―③B、となり、そして③Cがその結びとなっている。その③Cでは、「魏子の擧ぐるや、義なり。其の命ずるや、忠なり。其れ長く晉國に後有らんか」と、魏氏が晉國において榮えゆくことを豫言している。

したがって、「仲尼曰」の魏氏宣揚の意圖は明らかと言えよう。

また①Bの文は、魏獻子の魏戊を擧用したことについての評價の問いに、晉の成鱄《せん》（杜注「晉の大夫」）が答えるのであるが、この人物は、詩・大雅・皇矣「惟《た》だ此れ文王、帝其の心を度ありとし、其の德音を莫《さだ》む。其の德克く明、克く明に克く類あり、克く長《やしな》ひ克く君たり。此の大國に君たりて、克く順へ克く比《なら》はしむ。文王に比《なら》へば、其の德悔ゆる靡し。既に帝の祉《さいはひ》を受け、孫子に施《およ》ばん」を引用して、度・莫・明・類・長・君・順・比・文の九德を定義したうえで、「主（魏獻子）の擧ぐるや、文德に近し。及ぶ所、其れ遠からんかな」と意味深長な豫言を含む辭を以て答えたこととなっている。

成鱄のこの言の意味する所を自然に解釋すれば、成鱄は文王の德に近い魏氏のその子孫には（文王の子孫が周王となったように）天下の王が出るであろうことをさらりと大膽に豫言したことになろう。このような會話が實際に魏獻子との間で交わされたと考えるのは當然無理が有ろう。實はこの晉の大夫とされる「成鱄」は『左傳』中にただこの一箇所にのみ登場する人物なのである。

彼此勘案するに、①Bの文は、本來の史傳文の會話ではなく、「編纂者」の意を反映した附加的會話文と見るべきものと言えよう。先の一連の考察から見ると、それは『春秋左氏經』の編纂者である可能性が想定されよう。

その上で、①Bの文は、③Bよりも一見目立たない形ではあるが、より大膽に魏氏の子孫の興隆を豫言し、その子孫に天下の王の出ること（後の魏の稱夏王の例）さえ、豫言するものと言えよう。これを裏返していえば、假に魏の「稱夏王」を推進する勢力の側から見れば、このような「春秋」テキストの言辭はその魏氏の側に格好の「名」を與えるものと爲ろう。

この①Bの文と③の「仲尼」の評言とは、ほぼ平仄を合わせて魏氏の興隆を豫言しており（①Bと③Bの詩の引用は相呼應するものと言えよう）、ほぼ同時期の「編纂者」によるものと考えられよう。

15［昭公二十九年］〔左〕冬。①晉趙鞅・荀寅帥師、城汝濱。遂賦晉國一鼓鐵、以鑄刑鼎。著范宣子所爲刑書焉。〔晉〕②仲尼曰、「晉其亡乎。失其度矣。夫晉國將守唐叔之所受法度、以經緯其民。卿大夫以序守之。民是以能尊其貴、貴是以能守其業、貴賤不愆。所謂度也。文公是以作執秩之官、爲被廬之法、以爲盟主。今棄是度也。而爲刑鼎。民在鼎矣。何以尊貴。貴何業之有。貴賤無序、何以爲國。且夫宣子之刑、夷之蒐也。晉國之亂制也。若之何、以爲法。」《評》③蔡史墨曰、「范氏・中行氏其亡乎。中行寅爲下卿、而干上令、擅作刑器、以爲國法。是法姦也。又加范氏焉、易之亡也。其及趙氏。趙孟與焉。然、不得已。若德、可以免。」〔晉〕‥仲尼曰はく、「晉其れ亡びんか。其の度を失へり。夫れ晉國は將に唐叔の受くる所の法度を守り、以て其の民を經緯せんとす。卿大夫は序を以て之を守る。民是を以て能く其の貴を尊び、貴は是を以て能く其の業を守り、貴賤愆たず。所謂る度なり。文公は是を以て執秩の官を作り、被廬の法を爲し、以て盟主と爲れり。今是の度を棄つるなり。而も刑鼎を爲《つく》れり。民〔の尊〕は鼎に在り。何を以て貴を尊ばん。貴何の業をかこれ有せん。貴賤序無ければ、何を以て國を爲《おさ》めん。且つ夫の宣子の刑は、夷の蒐なり。晉國の亂制なり。之を若何ぞ、以て法と爲さんや。」

この記事の①では、晉の趙鞅・荀寅（中行寅）は師を帥いて、汝濱に築城し、その軍役を事として晉國内に賦して鐵を據出させ一鼓（會箋「四八〇斤也」）の鐵を以て刑鼎を鑄させて、范宣子の爲《つく》った刑書をこれに著したことを記す。

②は「仲尼曰」の評言で、「晉其れ亡びんか。其の度を失へり」と評する。そもそも晉は始祖の唐叔が周王より受けた法度を以て民を經緯し、民は貴を尊び、貴は能く業を守り、貴賤の秩序を保ってきた。晉の文公はこの唐叔の法度に基づいて「執秩（爵秩を主る）の官」を定めて官を正し、「被廬（蒐を行った晉地）の法」を爲り民に禮を示し（僖公二十七年）て國を治め、盟主（霸者）となった。しかるに今その祖法を棄てて刑鼎を鑄たことにより、民は范氏の刑鼎を知れども祖法を忘れ、よって貴賤の序は保てず、國を治めるすべを失うであろう、と批判する。これは「晉の滅亡」（前三七六年）を知る「編纂者」の視點を反映するものと言えよう。

一方、③では蔡史墨（晉の臣、蔡墨）が「范氏・中行氏其れ亡びんか」と、刑鼎を鑄た實行者（「中行寅　下卿たりて、上令を干《をか》し、擅に刑器を作る」と云う）の中行氏（荀寅の族）、刑書を爲った范氏（范宣子の族）の滅亡を豫言するが、「其の趙氏に及びては、趙孟これに與《あづか》る。然れども、已むを得ざるなり。若し德あれば、以て免るべきなり」と趙氏を擁護する。范氏・中行氏の滅亡への道はこの十六年後の定公十三年（前四九七年）「秋。七月。范氏・中行氏、趙氏の宮を伐つ」との范氏・中行氏側からの政敵趙氏への攻撃に始まり、ついで「冬。十一月。荀躒・韓不信・魏曼多、公を奉じて、以て范氏・中行氏を伐つ。克たず。二子將に公を伐たんとす。…。遂に公を伐つ。國人　公を助け、二子敗る」と晉公への反逆とその敗北となり、趙氏はこれにより政權基盤を更に固める。蔡墨の言はこれを知る者の筆に據るのは當然であろう。

したがって、晉の滅亡（三晉の勃興）に焦點を置く「仲尼曰」よりも范・中行氏の滅亡に焦點を置く蔡史墨の發言の記事が先行するものと見られ、まずは①―③と一連の記事であったところに、②の「仲尼曰」の評言が挿入附加されたものと推定されよう。これも「仲尼曰」の評言の新しさを示すものと言えよう。

16〔定公九年〕〔左〕夏。…。①六月。伐陽關。陽虎使焚萊門。師驚。犯之而出、奔齊。〔魯〕②請師以伐魯、曰、「三加、必取之。」齊侯將許之。鮑文子諫、曰、「…。夫陽虎有寵於季氏。而將殺季孫、以不利魯國。而求容焉。親富、不親仁。君焉用之。君富於季氏、而大於魯國。茲陽虎所欲傾覆也。魯免其疾、而君又收之。無乃害乎。」齊侯執陽虎、將東之。陽虎願東。乃囚諸西鄙。盡借邑人之車。鍥其軸、麻約而歸之。載葱靈、寢於其中而逃。追而得之、囚於齊。又以葱靈逃、奔宋。遂奔晉、適趙氏。〔齊〕③仲尼曰、「趙氏其世有亂乎。」《評》：仲尼曰はく、「趙氏　其れ世々亂有らんか。」

一時期、季氏の家宰として魯の國政を壟斷した陽虎が齊に亡命し、魯を伐つ軍を興さんと請うと、鮑文子が諫め、齊侯は之を執え西鄙に囚として置いたところ、脱走し、遂には宋を經て、晉に行き、實力者趙氏の下に驅け込んだ。「仲尼曰」はこれを評して、「趙氏其れ世々亂有らんか」と、豫言する。これは、陽虎が季氏に寵愛されて、その季氏を殺さんとしたように、富に親しみて仁に親しまぬ人物で、かような不德の陽虎を受け入れた趙氏は世々亂れるであろうと豫言するもので、趙氏を批判するものと言えよう。

17〔定公十五年〕1〔左〕十五年。春。邾隱公來朝。子貢觀焉。邾子執玉、高。其容仰。公受玉、卑。其容俯。子貢曰、「以禮觀之、二君者皆有死亡焉。夫禮、死生存亡之體也。將左右周旋進退俯仰、於是乎、取之。朝祀喪戎、於是乎、觀之。今正月相朝、而皆不度。心已亡矣。嘉事不體。何以能久。高仰、驕也。卑俯、替也。驕近亂、替近疾。君爲主、其先亡乎。」〔魯〕…。6〔左〕①五月。壬申。公薨。〔魯〕②仲尼曰、「賜不幸、言而中。是使賜多言者也。」《評》：仲尼曰はく、「賜や不幸にして、言ひて中る。是れ賜をして多言ならしむる者なり。」

邾の隱公が來朝し魯の定公と禮の應酬を行うのを觀た子貢（端木賜）は、「禮を以て之を觀れば、二君は皆死亡有らん。夫れ禮は、死生存亡の體なり。…。君は主たり、其れ先に亡びんか」と豫言し、その通りに邾の隱公より先に同年五月壬申に魯公は薨去した。

これについて、「仲尼曰」の評言は、「賜（子贛）は殘念ながら、言ったことが的中してしまうのだ。これが賜をしてつい多言にしてしまう理由なのだ」と、子貢の豫知能力を否定的言辭ながらも高く評價している。

この子貢の豫知能力への評價は、次の孔子沒後の子貢の豫知への伏線と見られよう。

［哀公十六年］〔左〕夏。①四月。己丑。孔丘卒。公誄之。曰、「旻天不弔。不憖遺一老、俾屛余一人以在位。煢煢余在疚。嗚呼哀哉尼父。無所自律。」子贛曰、「君其不沒於魯乎。夫子之言曰、『禮失則昏。名失則愆。』失志爲昏。失所爲愆。生不能用、死而誄之、非禮也。稱一人、非名也。君兩失之。」〔魯〕

哀公十六年四月己丑に孔丘が卒すると、哀公は誄を賜い、その辭に「旻天弔《あはれ》まず。憖《し》ひて一老を遺し、余一人を屛《たす》けて以て位に在らしめず。云々」とあり、子贛（子貢）はこれを評して「君其れ魯に沒せざるか。…。生きては用ふる能はず、死してこれを誄するは、禮に非ざるなり。一人（天子の稱）を稱するは、（諸侯の）名に非ざるなり。君兩《ふたつ》ながらこれを失へり」と、哀公が魯を追われることを豫言する。これは、哀公二十七年の哀公の越への亡命という、『原左氏傳』所載魯史の結びに繫がっている。

この子贛が「非禮」と「非名」を以て哀公の誄を批判したことは、この「編纂者」の批判の視點が「禮」にさらに「名」を加えており、いわば禮→名・禮へ、という歷史批評の視點の展開を窺わせるものと言えよう。

これは「仲尼曰」の評言の先述の3、6、12における「名」の思想と相通じるものと言えよう。

「仲尼曰」の評言は以上の十八條が全てである。

次に參考として、評言以外の會話文としての「仲尼曰」を全て擧げると、次の六例となる。

18 ［昭公十七年］〔左〕秋。郯子來朝。公與之宴。…　仲尼聞之。見於郯子而學之。既而告人曰、「吾聞之、『天子失官。學在四夷。』猶信。」〔魯〕

19 ［昭公二十年］〔左〕秋。…。③琴張聞宗魯死。將往弔之。仲尼曰、「齊豹之盜、而孟縶之賊。女何弔焉。君子不食姦。不受亂。不

爲利疚於回。不以回待人。不蓋不義。不犯非禮。」〔魯〕

20〔哀公十一年〕〔左〕冬。…。③孔文子之將攻大叔也、訪於仲尼。仲尼曰、「胡簋之事、則嘗學之矣。甲兵之事、未之聞。」退、命駕而行。曰、「鳥則擇木、木豈能擇鳥。」文子遽止之。曰、「圉豈敢度其私。訪衞國之難也。」將止。魯人以幣召之。乃歸。〔衞〕

21〔哀公十一年〕〔左〕冬。…。④季孫欲以田賦。使冉有訪諸仲尼。仲尼曰、「丘不識也。」三發。卒曰、「子爲國老。待子而行。若之何、子之不言也。」仲尼不對。而私於冉有、曰、「君子之行也、度於禮、施取其厚、事擧其中、斂從其薄。如是、則以丘亦足矣。若不度於禮、而貪冒無厭、則雖以田賦、將又不足。且子季孫若欲行而法、則有周公之典在。若欲苟而行之、又何訪焉。」弗聽。〔魯〕

22〔哀公十二年〕〔左〕冬。①十二月。螽。〔魯〕季孫問諸仲尼。仲尼曰、「丘聞之。火伏而後蟄者畢。今火猶西流。司歷過也。」

23〔哀公十四年〕〔左〕十四年。春。西狩於大野。叔孫氏之車子鉏商獲麟。以爲不祥、以賜虞人。仲尼觀之、曰、「麟也。」然後取之。〔魯〕

孔子の生卒年からすると、18、19、は青年期の會話となり、20、21、22、23は晩年の會話に相當することとなる。このうち特に注目されるのは、19、22の文である。

まず19については、この齊豹、公孟縶（孟縶）、宗魯に關する、經・傳の記事は次のようである。

〔昭公二十年〕◎2〔經〕夏。**曹公孫會自鄸出奔宋**。〔左〕夏。…。②衞公孟縶狎齊豹。奪之司寇與鄄。有役則反之。無役則取之。公孟惡北宮喜・褚師圃。欲去之。公子朝通于襄夫人宣姜。懼而欲以作亂。故齊豹・北宮喜・褚師圃・公子朝作亂。初。齊豹見宗魯於公孟。爲驂乘焉。將作亂、而謂之、曰、「公孟之不善、子所知也。勿與乘。吾將殺之。」對曰、「吾由子事公孟。子假吾名焉。故不吾遠也。雖其不善吾亦知之、抑以利故不能去、是吾過也。今聞難而逃。是僭子也。子行事乎。吾將死之。以周事子、而歸死於公孟。其可也。」丙辰。衞侯在平壽。公孟有事於蓋獲之門外。齊子氏帷於門外、而伏甲焉。使祝鼃寘戈於車薪以當門、使一乘從公孟以出、使華齊御公孟。宗魯驂乘及閎中。齊氏用戈擊公孟。宗魯以背蔽之。斷肱、以中公孟之肩。皆殺之。公聞亂、乘。…。公遂出。寅閉郭門。踰而從公。公如死鳥。析朱鉏宵從竇出、徒行從公。〔衞〕

◆3〔經〕秋。**盜殺衞侯之兄縶**。（2②の左傳文と對應）〔左〕秋。①七月。戊午。朔。遂盟國人。八月。辛亥。公子朝・褚師圃・子玉霄・子高魴、出奔晉。閏月。戊辰。殺宣姜。衞侯賜北宮喜謚、曰貞子。賜析朱鉏謚、曰成子。而以齊氏之墓豫之。〔衞〕②衞侯告寧于齊。且言子石。齊侯將飮酒。徧賜大夫、曰、「二三子之教也。」苑何忌辭、曰、「與於靑之賞、必及於其罰。在康誥、曰『父子兄弟、罪不相及。』況在羣臣。臣不敢貪君賜以干先王。」〔齊〕③琴張聞宗魯死。將往弔之。仲尼曰、「齊豹之盜、而孟縶之賊。女何弔焉。君子不食姦。不受亂。不爲利疚於回。不以回待人。不蓋不義。不犯非禮。」〔魯〕

衞の靈公の兄の公孟縶は司寇齊豹に狎れてこれを輕んじ、その鄄邑を奪い、やがて齊豹はこれを殺害せんとするに至る。折からの公への反亂の徒と事を謀り、齊豹は嘗て公孟に自らが推擧した宗魯に計畫を告げて去るように勸めるが、宗魯は打ち明けられた祕密は守るが公孟に殉ずる旨を告げる。かくして齊豹が公孟を襲擊する刃を自らが受けて公孟と共に死ぬ。經の「盜　衞侯の兄縶を殺す。」は齊豹が公孟縶を殺したことを指す。これは『原左氏傳』昭公二十年夏の記事の傍線部からの抽出的編作により經に上されたものと推定される。この「盜」の筆法に關わる評言が、『原左氏傳』の同年秋の記事の②における仲尼の言葉である。この宗魯の弔問に琴張が行かんとするのを、仲尼は「〔宗魯は〕齊豹の盜にして、而も孟縶の賊なり。女《なんじ》何ぞこれを弔はん。君子は姦に食まず、亂を受けず。利の爲に回《よこしま》に疚《やま》しくせず。回を以て人を待たず。不義を蓋《おほ》はず。非禮を犯さず。」と戒めている。ここで「宗魯の盜」と稱するのは、宗魯の曰う「吾は子（齊豹）に由りて公孟に事ふ。子は吾に名を假せり。故に〔公孟は〕吾を遠ざけざるなり。」を指し、宗魯は齊豹の假してくれた名（善名）を以て公孟の信を得たもので、いわば宗魯は齊豹の名を盜んだ者との貶辭と解される。「孟縶の賊」とは齊豹から公孟縶（公孟）の殺害を告げられてそれを公孟に告げず公孟を死に至らしめたことを言う貶辭であるのは明らかであろう。しかして宗魯をして「盜」を爲さしめた張本人は齊豹にほかならぬことも明らかである。

したがって、この「盜」の語を以て經制作者は齊豹を指して用いて「盜　衞侯の兄縶を殺す。」と書するに至ったと解される。

なお、經が「盜」による「殺」を書するのは、これ以外に三例あり、襄十年「盜殺鄭公子騑・公子發・公孫輒。」、哀四年「盜殺蔡侯申。」、哀十三年「盜殺陳夏區夫。」である。これらの「盜」はいずれも賤者である。一方、この昭公二十年の「盜」は衞の司寇の大夫齊豹である。このことについて、昭公三十一年の「君子曰」の評言は解經文を兼ねており、次のように述べている。

〔昭公三十一年〕〔左〕冬。…。②…。君子曰、「名之不可不愼也、如是。夫有所有名而不如其已。以地叛、雖賤必書地、以名其人。終爲不義、弗可滅已。是故、君子動則思禮、行則思義。不爲利回、不爲義疚。或求名而不得、或欲蓋而名章、懲不義也。齊豹爲衞司寇、守嗣大夫。作而不義、其書爲『盜』。邾庶其、莒牟夷、邾黑肱、以土地出、求食而已。不求其名、賤而必書。此二物者所以

徼肆而去貪也。若艱難其身、以險危大人、而有名章徹、攻難之士將奔走之。若竊邑、叛君、以徼大利而無名、貪冒之民將寘力焉。是以春秋、書齊豹曰『盜』、三叛人名以懲不義、數惡逆無禮。其善志也。故曰、『春秋之稱、微而顯、婉而辨。上之人能使昭明、善人勸焉。淫人懼焉。』是以君子貴之。」（君子曰はく、「名の愼まざるべからざるや、是くの如し。夫れ名有れども其の已むにしかざる所有り。地を以《ゐ》て叛けば、賤《いや》しと雖も必ず地を書し、以て其の人を名いふは、終に不義は、滅すべからずと爲すのみ。是の故に、君子は動けば則ち禮を思ひ、行へば則ち義を思ふ。利の爲に回《よこしま》ならず、義の爲に疚《やま》しからず。或いは名を求むれども得ず、或いは蓋はんと欲すれども名章《あきら》かなるは、不義を懲らしむるなり。齊豹は衞の司寇と爲りて、守嗣の大夫たり。作《な》して義ならざれば、其の書するや『盜』と爲す。邾庶其、莒牟夷、邾黑肱は、土地を以て出でて、食を求むるのみ。其の名を求めざれば、賤しけれども必ず書す。此の二物は肆を懲らしめて貪を去る所以なり。若し其の身を艱難にして、以て大人を險危し、而して名の章徹する有れば、攻難の士は將に之に奔走せんとす。若し邑を竊み、君に叛き、以て大利を徼《もと》めて名無ければ、貪冒の民は將に力をここに寘かんとす。是を以て春秋は、齊豹を書して『盜』と曰ひ、三叛人は名いひ、以て不義を懲らしめ、惡逆無禮を數《せ》む。其れ善く志《しる》せるなり。故に曰はく、『春秋の稱、微にして顯、婉にして辨なり。上の人能く昭明ならしめば、善人これに勸み、淫人これを懼る』と。是を以て君子之を貴ぶ。」）

ここには春秋の經の「名」の筆法に二種あることを述べている。それを圖示すると次のようである。

甲：衞の齊豹の類—作して名を求む　—「盜」と書して名を消す—不義を懲らしむ

乙：三叛人の類　—名の蓋われるを欲す（食を求めて名を求めず）　—その名を書して章か　—不義を懲らしむ

甲のばあいは、名を求むる故に「盜」と書して名を消してその不義を懲らしめる。乙の場合は實利を求めて名は覆われんことを欲するがゆえに名いいて章かにすることによって不義を懲らしめる。いずれも「名」によって筆誅を加えんとする論理がここに明らかにされる。これが經の「名」の思想である。

このような經（及び解經者）の「名」の思想を導く手がかりになるのが、この19の「仲尼曰」の言辭である。また昭公三十一年のこの解經文と仲尼の言辭とには用語の共通性も明らかに看取される。

されば、ここに經制作者及び解經者と「仲尼」及び「仲尼曰」の表現者との密接な關係が浮かび上がって來ることになろう。

次に22の哀公十二年「冬。十二月。螽《いなご》あり。」の記事については、この「仲尼曰」は、周正の曆面の十二月に對應するはずの天象及び自然現象、卽ち「火（心星）伏して而る後、蟄する者畢《おわ》る。」に對して、今の天象を「今火（心星）猶ほ西に流る。」と述べ、それに對應すべく暦を改訂すべきはずの所であるとし、これは「司歴過《あやま》つなり」と、暦官の誤りとする。

これについて同文の經の杜預註は「周の十二月は、今の十月なり。是の歳は應に閏を置くべくして失ありて置かず。十二月を書すと雖も、實は今の九月なり。司歴は一月を誤るなり。九月の初め尙ほ溫かし。故に螽有るを得るなり。」としている。杜預の云う「今」とは（杜預の西晉にも行われていた）夏正を謂う。

第二章（二）に述べたように、『原左氏傳』は冬至點測定（BC四〇〇年頃）を起點にする冬至正月暦（周正Ⅰ）により春夏秋冬の四時の概念を明確にして四時記載法を用い、又歳星紀年法を採用して編纂されている。この暦が天象とくい違いを見せ始める段階でこれを修正するものとして冬至前月正月暦（周正Ⅱ）が登場する。これは『春秋左氏經』の暦法と比定されたのであった。されば、この22の「仲尼曰」を含む「季孫問」より「司歴過也」に至る傳文は、本來の『原左氏傳』の文ではなく、その暦法と天象とのズレを自覺しこれを修正せんとするテキスト卽ち『春秋左氏經』とそれに對應する『左氏傳』を制作せんとした際の附加傳文である可能性が想定されるのである。しかしてこの冬至前月正月暦（周正Ⅱ）は先述のように、天象と間然なく對應するものとして制作された夏正（冬至後月正月暦卽ち孟春正月暦）と二ヶ月の差で對應する。

このような夏正と周正の對應關係のよく知られた例として『孟子』とその趙岐註の次の一文を、ここに記しておきたい。

［孟子・離婁下］子産聽鄭國之政、以其乘輿、濟人於溱洧。孟子曰、「惠而不知爲政。歳十一月徒杠成、十二月輿梁成。民未病涉也。君子平其政、行辟人、可也。焉得人人而濟之、故爲政者毎人而悅之、日亦不足矣。」

鄭の子産は政を行うのに、溱水・洧水を渡る人の難儀を見るに忍びず、その乘輿を以て渡してやったという。このことについて、孟子は「それは、惠ではあるが政を爲すを知るものではない。政を發動して、農閑期に勞役を行えば、歳の十一月には歩行者用の小橋が成り、十二月には乘輿・車馬用の大橋が出來よう。そうなれば民は川を渡るのをもう惱みとしなくなろう。君子はその政を公平に行えば人拂いをして通ってもよろしい。どうして一人一人を助けて渡すことなどあろうか。かように爲政者は人毎に悅ばせようとすれば、いくら日があってもそれは足らないことである（それでは政を爲すを知るとは言えない）」と、言ったものである。

この傍線部について趙岐註は「周の十一月は夏の九月、以て步渡の功を成すべし、周の十二月は夏の十月、以て輿梁を成すべきなり」

（九月・十月までなら土木工事は順調に行われる）としている。

さて、ここに天象と暦面が閒然無く對應する暦が構想されていてそれが「夏正（建寅正月）」であるとすると、其の夏正に對應すべき理念的「周正、（建子正月）」は二ヶ月の差にて自動的に決定する（第一部第二章（一）參照）。周知のように、『論語』衞靈公第十五に「夏の時を行ひ、殷の輅に乘り、周の冕を服し」と云い、また史記・暦書には「昔は古に在りて自り、暦は正を建つるに孟春に作《おこ》り」とし「蓋し黄帝は星暦を考定す」というように、戰國期に入ると天象と暦面の對應する理想的な暦が「夏正」として構想されたようである。しかして、『原左氏傳』テキストは先述のように「周正」型の暦を以て編纂されているが、やがて天象と暦との調整が必要となる。このとき「夏正」を基準にして『原左氏傳』の「周正」に閏月を再配置して、「夏正」と對應し從って天象と對應する理念的「周正」を、構想しようとする議論が『春秋左氏經』制作時に起こっていたのであろうとの理解が、この「仲尼曰」の司歴批判の記事の背景から推測されるのである。

このような夏正と周正の對應關係を踏まえて、22の議論を整理してここに圖示すると次のようになろう。

	天象及び自然現象	夏正	周正（周正Ⅱ）	『原左氏傳』の周正（周正Ⅰ）
Ⅰ	「火（心星）伏して而る後、蟄する者畢《をは》る。」	十月	十二月	
Ⅱ	「今火（心星）猶ほ西に流る。」「螽あり。」	九月	十一月	十二月

したがって、22において「仲尼曰」が「今」を「十二月」とする司暦の誤ちを指摘するのは、「今」の暦卽ち『原左氏傳』の周正（周正Ⅰ）が天象に合致しないので閏月を置いて十一月（周正Ⅱ）とすれば、二ヶ月の差の夏正では九月となり秋の終わりの天象である「火猶ほ西に流る」と合致させることができるのではないかとの議論となろう。

しかしながら、この記事では「仲尼」は「閏月」そのものについては論じていない。あくまでも暦と現實の天象との食い違いを「司歴」の誤りとして批判しているのである。

そのうえで、この右のような議論の存在を推定させるのが、はっきりと「失閏」を論ずる次の一文である。

（襄公二十七年）〔左〕冬。①　…。②十一月。乙亥。朔。日有食之。辰在申。〔魯〕③司歴過也。再失閏矣。《評》

「司歴」の誤りを述べる文は、『左傳』中には二例のみあり、今一例がこの文である。これは『原左氏傳』編纂者の評言（もしくは解説文）と見られる言辭である。ここでもやはり天象と暦面の食い違いを「再び閏を失せり」と、閏月配置を二度怠ったと指摘している。

このように、『左傳』において暦法の問題について「司歴過つなり」との議論を提起する二例のうち一例が「仲尼曰」の辭であることは、改めて「仲尼曰」の評言を中心とするその言辭の「新しさ」を窺わせよう。卽ち、「仲尼曰」の言説は周正Ⅰ→周正Ⅱへの移行と夏正との對應、つまり『原氏左傳』の暦法（周正Ⅰ）から『春秋左氏經』の暦法（周正Ⅱ）への移行と『左氏傳』の暦法（夏正）とに關與していることを示し、經制作者と深く關わるものと見られるのである。

以上を要するに、「仲尼曰」の評言は、「德」の評價を重視し、「禮」を踏まえつつも「名」の思想を提起し、さらに評言の形ではないが同じ「仲尼曰」の言辭が「名」の思想や「暦」の改正の議論を提起するなど、總じて「孔子曰」の評言に比べて、新しさを窺わせるものと言えよう。

また、「孔子曰」が趙氏を宣揚する立場に立つのに對して、「仲尼曰」がはっきりと「魏氏」を宣揚し、かつ「趙氏」を批判することは、晉においては趙氏の專權が先行して久しいのに對して魏氏の臺頭は後發であることに鑑みると、やはり「孔子曰」に比しての「仲尼曰」の後出性が明らかに看取し得るものと言えよう。

さらに、1にみるように「仲尼曰」は『春秋左氏經』文の解經を行っており、また22に見るように『經』の暦法への移行についての關與を示しており、したがって經成立時若しくは成立後にこの評言が附されたことを窺わせたのであった。

これは、『原左氏傳』からの『春秋左氏經』の制作とその傳（註釋）としての『左氏傳』の成立という事態に、「仲尼曰」の「評言」執筆者が深く關わっていることを想定せしめるものと言えよう。

以上の本章（一）の「孔子曰」と「仲尼曰」の評言とその執筆者との關係をまとめると次のようになろう。

「孔子曰」…　執筆者は趙氏を宣揚する『原左氏傳』編纂者に重なる

「仲尼曰」…　執筆者は魏氏を宣揚し、『原左氏傳』から『春秋左氏經』を制作しかつ『左氏傳』を編集した者に重なる

ここに、「仲尼曰」の評言の執筆者が『春秋左氏經』制作及び『左氏傳』の編集に關わると推定される點が、注目されよう。

（二）『原左氏傳』及び『左傳』の評言の再檢討と春秋テキストの重層性(二)

――「君子以爲」「君子是以知」「君子謂」について――

『左傳』の「君子以爲」「君子是以知」「君子謂」「君子曰」の型の評言について、既に舊稿（拙著『戰國思想史研究』第二部）において論じた所であるが、今日的に見ると、やはり不十分を免れぬ所や、改めねばならぬ點もあり、ここに再檢討を加えるものである。その上で、舊稿の考察をふまえて、やや概括的に各型の評言について、その特徴を指摘すると、次のように言えよう。

(1)「君子以爲」の型は、記事の事件についての直接的論評であり、『原左氏傳』所載の列國史の元來の編纂者と「君子」が重なる可能性が想定される。

(2)「君子是以知」「君子謂」の型は、記事の事件を通しての人物評や國・家・人の命運への豫言としての論評が中心となり、とりわけ「君子謂」は人物論がそのほとんどを占める。これらは、概ね『原左氏傳』編纂者（但し累次の重層的編纂者と見られる）と「君子」が重なる可能性が想定される。

(3)「君子曰」は、(1)(2)に見られるのと同タイプの「君子」の論評を基本としつつも、記事に關連する普遍的命題を提示したり、その普遍的命題を踏まえての人物評や豫言を行い、また記事の書法などについても論評し、凡例的解説や解經と見られる附加文を伴う場合もあり、素朴なものから最もメタ言語化の進んだ評言の段階までを含む。したがって、列國史の編纂者や『原左氏傳』の編纂者及び經制作者とそれぞれに重なる可能性が想定される。

まずはこのような概括的指摘を行ったうえで、具體的な事例の檢討に入ってゆくこととしたい。

一　「君子以爲」の評言について

「君子以爲」については、次の六例が擧げられる。

1 ［莊公六年］〔左〕夏。①衛侯入。放公子黔牟于周、放甯跪于秦、殺左公子泄・右公子職。乃卽位。〔衛〕②君子、以二公子之立

黔牟爲不度矣。夫能固位者、必度於本末、而後立衷焉。不知其本、不謀。知本之不枝、弗強。詩曰「本枝百世。」《評》
衛の二公子（左公子泄・右公子職）が急子と壽子を死に至らしめた公子朔（惠公）を怨み、公子黔牟を立てると、公子朔は齊に亡命する（桓公十六年）が、齊の後ろ盾により惠公は衛に入り、二公子を殺し、公子黔牟を周に、大夫の甯跪を秦に追放する。これについて「君子、二公子の黔牟を立つるを以て度《はか》らずと爲す」と評し、二公子は始中終の成り行きをしっかりと洞察せずして事を爲したからだと批判している。

2［僖公元年］〔左〕冬。…。①夫人氏之喪、至自齊。〔魯〕②君子、以齊人之殺哀姜也爲已甚矣。女子從人者也。《評》
魯の莊公夫人の哀姜は共仲（公子慶父）と通じ、共仲を立てんとするが、哀姜の娣である叔姜の生んだ閔公を齊が立てた。共仲は賊をして閔公を殺させるが、これを知っていた哀姜は邾に逃亡するが齊人は之を捉えて殺害し、その尸を魯に歸《おく》った。これについて、「君子、齊人の哀姜を殺すを以て已に甚しと爲す。女子は人に從ふものなり。」と評し、齊人の度を過ぎた處置と非難する（杜註「女子に三從の義有り、夫家に在りて罪有れども、父母の家の宜しく討つべき所に非ざるを言ふなり。」）。

3［文公元年］夏。…。〔左〕①五月。辛酉。朔。晉師圍戚。六月。戊戌。取之。獲孫昭子。〔晉〕②衛人使告于陳。陳共公曰、「更伐之。我辭之。」衛孔達帥師、伐晉。〔衛〕③君子、以爲古。古者越國而謀。《評》
晉の師（軍）が衛の邑である戚を圍み、これを占領しその大夫孫昭子を獲た。衛人は陳に急を告げると、陳の共公は、更に晉師を攻撃すれば、和議の仲裁をしようというので、衛の孔達は師を帥いて、晉を伐った。これを「君子、以て古と爲す。古は國を越えて謀れり」と評し、古《いにしえ》ならそれでよいが、今は霸者の時代でそれは古いと、衛の國難に處する迂闊さを揶揄している（杜註「古の道に合す、而れども今の霸主に事ふるの禮を失す、故に國は其の邑を失ひ、身は執らへ辱めらるるなり。」）。

4［文公二年］〔左〕秋。①八月。丁卯。大事于大廟。躋僖公。逆祀也。〔魯〕②A於是、夏父弗忌爲宗伯。尊僖公。B且明見、曰、「吾見新鬼大、故鬼小。先大後小、順也。躋聖賢、明也。明順、禮也。」〔魯〕③君子以爲失禮。禮、無不順。祀、國之大事也。而逆之。可謂禮乎。子雖齊聖、不先父食、久矣。故禹不先鯀、湯不先契、文武不先不窋。宋祖帝乙、鄭祖厲王、猶上祖也。是以魯頌曰「春秋匪解。享祀不忒。皇皇后帝。皇祖后稷。」君子曰、禮。謂其后稷親而先帝也。詩曰「問我諸姑。遂及伯姊。」君子曰、禮。謂其姊親而先姑也。《評》

魯國の秋八月の大廟の禘祭において、先代の閔公の廟の上位に僖公の廟を躋《のぼ》した。これは逆祀である。したがって、「君子、以て禮を失せりと爲す」と批判し、さらに「禮は、順ならざる無し。祀は、國の大事なり。而るに之を逆にす。禮と謂ふべけんや。子 齊聖と雖も、父に先んじて食らはざること、久しきなり。云々」と子は父（先代）より先に祭祀の饗を享けないことを禹・文武・帝乙の例を引いて論じている。

なお、②の夏父弗忌は春秋テキストでここにのみ登場する魯の宗伯であるが、今その記事をA、Bに分けると、BについてはAより後時の挿入附加の可能性が想定される。③の君子の「禮は、順ならざる無し」の論理に對して、②Bは「大を先にし小を後にするは、順なり。聖賢を躋すは、明なり。明かつ順なるは、禮なり」と、「順」に對して「明かつ順」の論理で對抗している。彼此勘案するに、まずは①—②A—③のテキストが先行し、それに②Bが挿入附加された可能性が考えられよう。

このように解すれば、「以て禮を失せりと爲す」の批判は、②Aの宗伯夏父弗忌に向けての「君子」の批判と理解されるのである。

5（襄公八年）〔左〕冬。…。①晉范宣子來聘、且拜公之辱。告將用師于鄭。公享之。宣子賦摽有梅。季武子曰、「誰敢哉。今譬於草木。寡君在君。君之臭味也。歡以承命、何時之有。」武子賦角弓。賓將出。武子賦彤弓。宣子曰、「城濮之役、我先君文公、獻功于衡雍、受彤弓于襄王。以爲子孫藏。匄也先君守官之嗣也。敢不承命。」〔魯〕②君子、以爲知禮。《評》

魯の襄公が晉に朝し、その返禮に晉の范宣子が來聘し、師（軍）を鄭に用いんとするを告げた。魯公が宴を以てもてなすと、その席上、范宣子は詩・召南・摽有梅を賦し、兵を用いるには時を失うべきではないと魯に應ずるように勸めた。季武子はその詩の意を察して、誰か敢えて命に從わぬことが有りましょうやと答えて、詩・小雅・角弓を賦し、兵を用いて晉に呼應するの意を告げた。宴が終わり賓客（范宣子）が退場せんとする時には、季武子は詩・小雅・彤弓（同序には「彤弓《とうきゅう》は天子　有功の諸侯に賜ふなり」とす）を賦して暗に再び王命を受けた霸者として晉侯に諸侯を率いて欲しいとの意を寓した。すると范宣子はその意を察して、我が先君文公が霸者として功を襄王に獻じた際に彤弓を賜い、晉ではこれを藏《おさ》めて文公の子孫に傳えており、その文公に仕えた父祖を嗣ぐ自分として「敢へて命を承けざらんや」と答えた。この范宣子について、「君子、以て禮を知れりと爲す」と稱贊している。

6（襄公十三年）〔左〕秋。①楚共王卒。子囊謀謚。…〔楚〕②呉侵楚。養由基奔命。子庚以師繼之。養叔曰、「呉乘我喪、謂我不能師也。必易我而不戒。子爲三覆以待我。我請誘之。」子庚從之。戰于庸浦。大敗呉師。獲公子黨。〔楚〕③君子、以呉爲不弔。詩

曰「不弔昊天、亂靡有定。」《評》

襄公十三年の秋に楚の共王が卒すると、その喪に乘じて呉が楚に侵攻し、養由基の策を用いて庸浦に戰い、大いに呉師を敗北させた。これについて、「君子、呉を以て不弔と爲す」と評して、人の喪を弔《あわれ》まざる呉の罪を非難し、「昊天に弔まれず、亂さだまること有る靡し」との詩を引用して、呉の大敗は人を弔まざる故に、昊天に弔まれなかったからであると結んでいる。

このように、2、4、5が魯の話柄、1、3が衞の話柄、6が楚の話柄である。これらの「君子」の評言は事件の當事者との距離をさほど感じさせないもので、言わばそれぞれの國の君子（卿・大夫）における輿論を掬い取り記述するような論評となっていると言えよう。したがって、これらの「君子」は『原左氏傳』所載の魯史、衞史、楚史の元來の編纂者にほぼ重なるものと見てよいであろう。

二　「君子是以知」の評言について

「君子是以知」型については、次の十二例が擧げられる（但し3の「君子是以善」はその類形として數える）。

1〔隱公十一年〕〔左〕秋。…。⑧王取鄔・劉・蔿・邘之田于鄭。而與鄭人蘇忿生之田、溫・原・絺・樊・隰郕・欑・茅・向・盟・州・陘・隤・懷。〔周〕⑨君子、是以知桓王之失鄭也。恕而行之、德之則也、禮之經也。己弗能有、而以與人。人之不至、不亦宜乎。《評》

2〔隱公十一年〕〔左〕秋。…。⑩鄭・息、有違言。息侯伐鄭。鄭伯與戰于竟。息師大敗而還。〔鄭〕⑪君子、是以知息之將亡也。不度德、不量力、不親親、不徵辭、不察有罪。犯五不韙、而以伐人。其喪師也、不亦宜乎。《評》

3〔莊公八年〕〔左〕夏。師及齊師、圍郕。郕降于齊師。仲慶父請伐齊師。公曰、「不可。我實不德。齊師何罪。罪我之由。夏書曰『皐陶邁種德。』德乃降。姑務脩德。以待時乎。」〔魯〕秋。①師還。〔魯〕②君子、是以善魯莊公。《評》

4〔文公三年〕〔左〕夏。…。秦伯伐晉。濟河、焚舟。取王官、及郊。晉人不出。遂自茅津濟、封殽尸而還。遂霸西戎。用孟明也。〔秦〕②君子、是以知秦穆之爲君也。擧人之周也。與人之壹也。孟明之臣也、其不解也、能懼思也。子桑之忠也、其知人也、能擧善也。詩曰『于以采蘩。于沼于沚。于以用之。公侯之事。』秦穆有焉。『夙夜匪解。以事一人。』孟明在焉。『詒厥孫謀。以燕翼子。』子桑有焉。《評》

5　［文公四年］〔左〕夏。…。②逆婦姜于齊。卿不行。非禮也。〔魯〕③君子、是以知出姜之不允於魯也。曰、「貴聘而賤逆之。君而卑之、立而廢之。棄信而壞其主。在國必亂、在家必亡。不允、宜哉。詩曰『畏天之威、于時保之。』敬主之謂也。」《評》

6　［文公六年］〔左〕夏。…。②秦伯任好卒。以子車氏之三子、奄息・仲行・鍼虎爲殉。皆秦之良也。國人哀之。爲之賦黃鳥。〔秦〕③…。④君子、是以知秦之不復東征也。《評》

7　［襄公二年］〔左〕春。…。②齊侯伐萊。萊人使正輿子賂夙沙衛、以索馬牛皆百匹。齊師乃還。〔齊〕③君子、是以知齊靈公之爲靈也。《評》

8　［襄公五年］〔左〕冬。…。①季文子卒。大夫入斂。公在位。宰庀家器爲葬備。無衣帛之妾、無食粟之馬、無藏金玉、無重器備。〔魯〕②君子、是以知季文子之忠於公室也。相三君矣。而無私積、可不謂忠乎。《評》

9　［襄公二十六年］〔左〕冬。…。②衛人歸衛姬于晉。乃釋衛侯。〔晉〕③君子、是以知平公之失政也。《評》

10　［襄公三十年］〔左〕夏。①四月。己亥。鄭伯及其大夫盟。〔鄭〕②君子、是以知鄭難之不已也。《評》

11　［襄公三十一年］〔左〕秋。…。①己亥。孟孝伯卒。〔魯〕②立敬歸之娣齊歸之子公子裯。穆叔不欲。曰、「大子死。有母弟則立之。無則立長。年鈞擇賢。義鈞則卜。古之道也。非適嗣、何必娣之子。且是人也、居喪而不哀。在慼而有嘉容。是謂不度。不度之人鮮不爲患。若果立之、必爲季氏憂。」武子不聽。卒立之。比及葬、三易衰。衰衽如故衰。於是、昭公十九年矣、猶有童心。〔魯〕③君子、是以知其不能終也。《評》

12　［昭公十八年］〔左〕夏。…。③火作。子產辭晉公子公孫于東門、使司寇出新客、禁舊客勿出於宮。使子寬・子上巡羣屏攝、至于大宮。使公孫登徙大龜。使祝史徙主祏於周廟、告于先君。使府人・庫人各儆其事。商成公儆司宮。出舊宮人、寘諸火所不及。司馬・司寇列居火道、行火所焮。城下之人伍列、登城。明日使野司寇各保其徵。郊人助祝史除於國北、禳火于玄冥・回祿、祈于四鄘。書焚室而寛其征、與之材。三日哭、國不市、使行人告於諸侯。〔鄭〕④宋・衛、皆如是。陳不救火。許不弔災。〔魯〕⑤君子、是以知、陳・許之先亡也。《評》（左氏會箋本は「以是知」に作るも石經・宋本の「是以知」に作るに從う。）

今この表現の言及する所を、國別に見ると、魯が3、5、8、11と最多の4例で、秦が4、6の二例となり、後は、1の周、2の息、7の齊、9の晉、10の鄭、12の陳・許の各一例となる。

そこで、最多の魯の例について見ると、3で莊公を褒め、5で出姜を批判し、8で季文子を褒め、11で昭公を批判している。いわば毀譽あい半ばする狀態である。

しかして、本書の『原左氏傳』所載魯史の著作意圖の分析（本書第一部第三章（一）參照）を終えた觀點から見ると、この十二例の分析には以下のように明確な筋が見えて來るものと考える。なお、舊稿ではこの觀點からの分析が不十分であったのと、7の齊の靈公への評言を「微妙な表現で褒めている」[4]文とした（後述のようにこの文はやはり貶辭と解せられる）ために、この「君子是以知」型の評言について「この「君子」は齊（田齊）の立場に最も近いところにいる」[5]との見解を提示したのであったが、この舊稿の見解をここでは改めることとしたい。

3の莊公は季氏を含む三桓の祖である桓公の嫡子であり、季友が「臣　死を以て般（莊公の太子）を奉ぜん」（莊公三十二年）と誓った君主であり、季氏との關係の密なる君主である。「君子、ここを以て魯の莊公を善しとす」との莊公の宣揚は、季氏の宣揚に繋がると言えよう。そして8の季氏への「君子、ここを以て季文子の公室に忠なるを知るなり。三君に相《しょう》たりて、しかも私積無し、忠と謂はざる可けんや」との稱贊の辭は、傍線部によって大いに強調されており、その季氏宣揚の意圖は明らかと言えよう。

一方、5の出姜への批判は、「君子、ここを以て出姜（魯の文公の妃）の魯に允《まこと》とせられざるを知るなり」とし、「曰はく、…。國に在りては必ず亂れ、家に在りては必ず亡びん。云々」との豫言を行っている。これは魯の公室の衰亡の豫言と言えよう。魯の公室は出姜の嫁いだ文公の薨去後、宣公・成公以後は急速に衰亡し、國政は三桓に歸することとなる。三桓の強大化に比例するように公室は衰亡してゆく。公室衰亡の因は當然三桓とりわけ季氏の專權に在るが、ここでは公室の衰亡を出姜に歸せんとする筆法と言えよう。出姜への批判はかつて桓公を殺害した姜齊への間接的批判とも爲る。その一方で季氏の公室への宣公期以後の時に弑逆を伴う新君廢立の實行による公室弱體化の罪は不問に附されることになる。したがって、この出姜批判は季氏の宣揚と表裏するものであることは、今や明らかであろう。

そして、11では昭公について「君子、ここを以て其の終ふる能はざるを知るなり」と評し、やはり公室衰微の因を昭公の暗愚（「十九年にして猶ほ童心有り」）に歸せんとする。政治的に季氏と鋭く對立して齊に亡命し、齊に卑しめられて晉の乾侯に行き（昭公二十九年）、その晉の一邑（乾侯）に沒した昭公は公室の衰亡を身を以て體現した一例と言えよう。その昭公を立てたのは左傳文に記すように實は季武子に他ならない（季氏權力の强化のための深謀による）のだが、君子の評言はそのことは全く不問に附している。したがって、この評言が政治的勝者としての季氏の立場に立つものであることが知られよう。

以上のように、魯の四例はいずれも表裏する形で季氏を宣揚及び免責せんとする意圖を示すものと言えよう。

したがって、「君子是以知」型の評言は、魯の季氏の立場に立つ編纂者の視點から爲されているものとの推定が爲され得よう。そのような視點から、他の用例を檢討してみると、いずれも魯の季氏およびその同調者（晉の趙氏等）という當時の政治的勝者の立場から、國際情勢を俯瞰して各國及びその君主への論評を爲す言辭として理解することが出來よう。

1では、周の桓王の鄭の信頼を失う對應を論評し、「人の至らざる宜《むべ》なるかな」と、王の失德を率直に批判している。

2では、息の滅ぶ所以を「德を度らず、力を量らず、親を親とせず、辭を徵《あきら》かにせず、有罪を察せず」と批判する。

4では、秦の穆公の君主としての人材擧用の周到さと任じた臣下を信頼することにより西戎に霸者となったことを稱贊する。

6では、その秦の穆公が卒した際に良人を殉葬した爲に國力を失い、もはや東征することはない（中原の脅威にはならない）であろうと豫言する。ここには晉以東の諸侯の視點が窺えよう。

7では、齊の靈公が萊を伐った際に、萊人が靈公の寺人（宦官）の夙沙衛（杜註「夙沙衛齊寺人」）に馬牛各百匹の賄賂を贈ると齊師が還ったことにより、寺人の意見と目先の利に左右される君主として、齊の靈公が「靈」（杜註「謚法、亂而不損、曰靈」）と謚された所以を知ったと、その德を揶揄する。

9では、晉の平公が衛を討つも、衛人が衛姬を平公に歸《おく》ったことにより平公が人質の衛侯を釋放したことについて、「平公の政を失ふを知るなり」と、晉における公室衰微の兆候を讀み取り、これを批判する。

10では、鄭伯がその臣である大夫と盟うという事態について、「鄭難の已まざるを知るなり」と、やはり鄭公室の衰微を論評している。

12では、鄭・宋・衛・陳・許における大火の發生の際の各國の對處について、まず鄭の執政子產の禮と理に適った采配ぶりを記述し、「宋・衛皆かくの如し。陳　火を救はず。許　災を弔せず」と陳・許の對應の非なるを記し、これについて「君子、ここを以て陳・許の先に亡ぶるを知るなり」と、陳・許の亡國を豫言する。

したがって、「君子是以知」型の評言は、魯の季氏の宣揚を基軸に、魯（季氏）や中原（晉の趙氏等）の政治的勝者の視點から、王室の失德や各公室の衰微、ひいては亡國の豫言を行っており、これは『原左氏傳』編纂者の視點と重なるものとしてよいであろう。その上で、この「君子」は先の「仲尼」に比すれば、それよりは先行する評言と位置づけられよう。

三　「君子謂」の評言について

「君子謂」の評言については、〈君子謂甲、「乙。」〉、の形でなされ、「君子　甲を謂ふ、乙なり、と。（君子は甲を論評して謂うには、乙である、と）」の意である。これには、次の二十二例がある。

1 ［隱公十年］〔左〕夏。…。①六月戊申。公會齊侯・鄭伯于老桃。壬戌敗宋師于菅。鄭師入郜。辛未。歸于我。庚辰。鄭師入防。辛巳。歸于我。〔魯〕②君子謂鄭莊公、「於是乎、可謂正矣。以王命討不庭、不貪其土、以勞王爵、正之禮也。」《評》

2 ［隱公十一年］〔左〕秋。…。④鄭伯使許大夫百里、奉許叔、以居許東偏、曰、「天禍許國、鬼神實不逞于許君、而假手于我寡人。寡人唯是一二父兄、不能供億。其敢以許自爲功乎。寡人有弟。不能和協、而使餬其口於四方。其況能久有許乎。吾子其奉許叔、以撫柔此民也。吾將使獲也佐吾子。若寡人得沒于地、天其以禮、悔禍于許、無寧玆、許公復奉其社稷。唯我鄭國之有請謁焉。如舊昏媾、其能降以相從也。無滋他族、實偪處此、以與我鄭國爭此土也。吾子孫其覆亡之不暇、而況能禋祀許乎。寡人之使吾子處此、不唯許國之爲、亦聊以固吾圉也。」乃使公孫獲處許西偏、曰、「凡而器用財賄、無寘於許。我死乃亟去之。吾先君新邑於此。王室而既卑矣。周之子孫日失其序。夫許大岳之胤也。天而既厭周德矣。吾其能與許爭乎。」〔鄭〕⑤君子謂鄭莊公、「於是乎、有禮。禮、經國家、定社稷、序民人、利後嗣者也。許無刑而伐之、服而舍之、度德而處之、量力而行之、相時而動、無累後人。可謂知禮矣。」《評》

3 ［隱公十一年］〔左〕秋。…。⑥鄭伯使卒出豭、行出犬雞、以詛射潁考叔者。〔鄭〕⑦君子謂鄭莊公、「失政刑矣。政以治民、刑以正邪。既無德政、又無威刑。是以及邪。邪而詛之。將何益矣。」《評》

4 ［桓公十七年］〔左〕冬。…。④初。鄭伯將以高渠彌爲卿。昭公惡之。固諫。不聽。昭公立。懼其殺己也。辛卯。弒昭公、而立公子亹。〔鄭〕⑤君子謂昭公、「知所惡矣。」《評》

5　〔莊公十六年〕〔左〕秋。…。②鄭伯治與於雍糺之亂者。九月。殺公子閼、刖强鉏。公父定叔出奔衞。三年而復之。曰、「不可使共叔無後於鄭。」使以十月入。曰、「良月也。就盈數焉。」〔魯〕③君子謂强鉏、「不能衞其足。」《評》

6　〔僖公二十八年〕〔左〕夏。…。五月。…。①癸亥。王子虎盟諸侯于王庭。要言、曰、「皆獎王室、無相害也。有渝此盟、明神殛之、俾隊其師、無克祚國、及而玄孫、無有老幼。」〔周〕②君子謂、「是盟也、信。」謂晉、「於是役也、能以德攻。」《評》

7　〔僖公二十八年〕〔左〕秋。①七月。丙申。振旅、愷以入于晉。獻俘、授馘、飲至、大賞。徵會、討貳。殺舟之僑以徇于國。民、於是大服。〔晉〕②君子謂文公、「其能刑矣。三罪而民服。詩云『惠此中國、以綏四方。』不失賞刑之謂也。」《評》

8　〔文公二年〕〔左〕二年。春。①秦孟明視帥師、伐晉。以報殽之役。〔秦〕…④箕之役、先軫黜之、而立續簡伯。狼瞫怒。其友曰、「盍死之。」瞫曰、「吾未獲死所。」其友曰、「吾與女爲難。」瞫曰、「周志有之。『勇則害上、不登於明堂。』死而不義、非勇也。共用之謂勇。吾以勇求右、無勇而黜。亦其所也。謂上不我知。黜而宜、乃知我矣。子姑待之。」及彭衙。既陳。以其屬、馳秦師死焉。晉師從之。大敗秦師。〔晉〕⑤君子謂狼瞫、「於是乎、君子。詩曰『君子如怒、亂庶遄沮。』又曰『王赫斯怒、爰整其旅。』怒不作亂、而以從師。可謂君子矣。」《評》

9　〔宣公二年〕1〔左〕二年。春。鄭公子歸生受命于楚、伐宋。宋華元・樂呂、御之。二月。壬子。戰于大棘。宋師敗績。〔宋〕
2〔左〕①囚華元、獲樂呂、及甲車四百六十乘、俘二百五十人、馘百人。〔鄭〕…。④將戰。華元殺羊、食士。其御羊斟不與。及戰、曰、「疇昔之羊、子爲政。今日之事、我爲政。」與入鄭師。故敗。〔宋〕⑤君子謂羊斟、「非人也。以其私憾、敗國、殄民。於是刑孰大焉。詩所謂『人之無良者。』其羊斟之謂乎。殘民以逞。」《評》

10　〔成公二年〕〔左〕秋。…。①八月。宋文公卒。始厚葬、用蜃炭、益車馬、始用殉。重器備、椁有四阿、棺有翰檜。〔宋〕②君子謂華元・樂舉、「於是乎、不臣。臣治煩、去惑者也。是以伏死而爭。今二子者、君生則縱其惑、死又益其侈。是棄君於惡也。何臣之爲。」《評》

11　〔成公十八年〕〔左〕夏。…。①晉范宣子來聘。且拜朝也。〔魯〕②君子謂晉、「於是乎、有禮。」《評》（杜註「公の朝せるに拜謝するなり。」）

12　〔襄公三年〕〔左〕三年。春。楚子重伐吳。爲簡之師。克鳩茲、至于衡山。使鄧廖帥組甲三百・被練三千、以侵吳。吳人要而擊之。

獲鄧廖。其能免者組甲八十被練三百而已。子重歸。既飲至三日。吳人伐楚取駕。駕良邑也。鄧廖亦楚之良也。君子謂子重、「於是役也、所獲不如所亡。」楚人以是咎子重。子重病之。遂遇心疾而卒。〔楚〕

13 ［襄公三年］〔左〕夏。…。③祁奚請老。晉侯問嗣焉。稱解狐。其讎也。將立之而卒。又問焉。對曰、「午也可。」於是、羊舌職死矣。晉侯曰、「孰可以代之。」對曰、「赤也可。」於是、使祁午爲中軍尉。羊舌赤佐之。〔晉〕④君子謂祁奚、「於是、能舉善矣。稱其讎不爲諂。立其子不爲比。舉其偏不爲黨。商書曰『無偏無黨。王道蕩蕩。』其祁奚之謂矣。解狐得舉、祁午得位、伯華得官。建一官而三物成。能舉善也夫。唯善、故能舉其類。詩云『惟其有之。是以似之。』祁奚有焉。」《評》

14 ［襄公五年］〔左〕秋。…。①楚人討陳叛故。曰、「由令尹子辛實侵欲焉。」乃殺之。〔楚〕（杜註「討、治也。」）②…。③君子謂楚共王、「於是、不刑。詩曰『周道挺挺、我心扃扃、講事不令、集人來定。』已則無信、而殺人以逞、不亦難乎。夏書曰『成允成功。』」《評》

15 ［襄公十四年］〔左〕秋。楚子爲庸浦之役故、子囊師于棠、以伐吳。…。冬。…。③楚子囊還自伐吳。卒。將死、遺言謂子庚、「必城郢。」〔楚〕④君子謂子囊、「㈠忠。君薨、不忘增其名。將死、不忘衞社稷。可不謂忠乎。㈡忠、民之望也。詩曰、『行歸于周、萬民所望。』忠也。」《評》（杜註「忠信爲周。言德行歸於忠信。卽爲萬民所瞻望也。」）

16 ［襄公十五年］〔左〕春。…。②楚公子午爲令尹。公子罷戎爲右尹、蔿子馮爲大司馬、公子橐師爲右司馬、公子成爲左司馬、屈到爲莫敖、公子追舒爲箴尹、屈蕩爲連尹、養由基爲宮廏尹、以靖國人。〔楚〕③君子謂楚、「於是乎、能官人。官人、國之急也。能官人、則民無覦心。詩云『嗟我懷人、寘彼周行。』能官人也。王及公・侯・伯・子・男・甸・采・衞大夫、各居其列。所謂周行也。」《評》（詩・周南・卷耳・毛傳、「行、列也。思君子官賢人、置周之列位。」鄭箋「周之列位謂朝廷臣也。」）

17 ［襄公二十三年］〔左〕夏。①屈建從陳侯圍陳。陳人城。版隊而殺人。役人相命也、各殺其長。遂殺慶虎・慶寅。楚人納公子黃。〔楚〕②君子謂慶氏、「不義、不可肆也。故書曰『惟命不于常。』」《評》（杜註「周書・康誥也。言有義則存、無義則亡。」）

18 ［襄公三十年］〔左〕夏。…。①或叫于宋大廟。曰、「譆譆、出出。」鳥鳴于亳社、如曰譆譆。甲午。宋大災。宋伯姬卒。待姆也。〔宋〕②君子謂宋共姬、「女而不婦。女待人者也。婦義事也。」《評》

19 ［昭公四年］〔左〕夏。…。②鄭伯先待于申。六月。丙午。楚子合諸侯于申。椒舉言於楚子、曰、…。王曰、「吾用齊桓。」王使問禮於左師與子產。左師曰、「小國習之、大國用之。敢不薦聞。」獻公合諸侯之禮六。子產曰、「小國共職。敢不薦守。」獻伯子男會公之禮六。〔楚〕③君子謂合左師、「善守先代。」〔謂〕子產、「善相小國。」《評》（會箋「子產上省一謂字。」）

20［昭公五年］〔左〕春。…。①公如晉。自郊勞、至于贈賄、無失禮。〔魯〕②晉侯謂女叔齊、曰、「魯侯不亦善於禮乎。」對曰、「魯侯焉知禮。」公曰、「何爲。自郊勞、至于贈賄、禮無違者。何故不知。」對曰、「是儀也。不可謂禮。禮者所以守其國、行其政令、無失其民者也。今政令在家、不能取也。有子家羈、弗能用也。奸大國之盟、陵虐小國、利人之難、不知其私。公室四分、民食於他、思莫在公、不圖其終。爲國君、難將及身、不恤其所。禮之本末、將於此乎、在。而屑屑焉習儀、以亟。言善於禮、不亦遠乎。」〔晉〕③君子謂叔侯、「於是乎、知禮。」《評》

21［昭公十二年］〔左〕春。…。①三月。鄭簡公卒。將爲葬除。及游氏之廟、將毀焉。子大叔使其除徒執用以立、而無庸毀。曰、「子產過女、而問『何故不毀。』、乃曰『不忍毀廟也。』」諾。將毀矣。既如是。子產乃使辟之。司墓之室有當道者。毀之則朝而堋。弗毀則日中而堋。子大叔請毀之。曰、「無若諸侯之賓何。」子產曰、「諸侯之賓能來會吾喪。豈憚日中。無損於賓而民不害、何故不爲。」遂弗毀。日中而葬。〔鄭〕②君子謂子產、「於是乎、知禮。禮無毀人以自成也。」《評》

22［定公九年］〔左〕九年。春。…。②鄭駟歂殺鄧析。而用其竹刑。〔鄭〕③君子謂子然、「於是、不忠。苟有可以加於國家者、弃其邪、可也。靜女之三章、取彤管焉。竿旄何以告之、取其忠也。故用其道、不弃其人。詩云『蔽芾甘棠、勿翦勿伐、召伯所茇。』思其人、猶愛其樹。況用其道、而不恤其人乎。子然無以勸能矣。」《評》

このように、「君子謂」の評言は冒頭に述べた範型が、更に三つのタイプに分類できることが知られる。いま、それをA、B、C類として表示すると次のようになる。

A類：君子謂甲、「乙。」（君子　甲を謂ふ、「乙なり。」）　3、4、5、6、7、12、15、17、18、19の十例
B類：君子謂甲、「於是、乙。」（君子　甲を謂ふ、「ここに於いて、乙なり。」）　9、13、14、22の四例
C類：君子謂甲、「於是乎、乙。」（君子　甲を謂ふ、「ここに於いてか、乙なり。」）　1、2、8、10、11、16、20、21の八例

このことについての、詳細の分析は既に舊稿（拙著『戰國思想史研究』）において行ったところであり、行論の理解の便宜の上から、まず以下にその一部を再録して示すこととしたい。

これら「君子謂」の評言の記述には、轉接詞として用いられる「於是乎」（ここにおいてか）、及び「於是」（ここにおいて）を用いるものとそうでないものとが見られる。しかもこの二つの轉接の修辭はいずれも經文には見えず、傳文（經傳テキストの傳文）においてのみ見られる。

「於是乎」は穀梁傳にただ一例見られるの外は、專ら左傳において用いられている修辭で（76例が確認される）、左傳特有の用語と見なし得るのに對し、「於是」は、左傳に80例、公羊傳に33例、穀梁傳に8例と、公羊傳にも多用されている。

さらに今先秦主要文獻における兩者の使用狀況を一覽にすると次のようである。

「於是」　―　論語（轉接詞としてはなし、場所詞として2例）、墨子（5例）、孟子（2例）、商君書（2例）、莊子（15例）、荀子（11例）、管子（10例）、國語（22例）、戰國策（68例）、韓非子（41例）、呂氏春秋（51例）

「於是乎」　―論語（無し）、墨子（無し、但し於此乎として3例）、孟子（無し）、商君書（無し）、莊子（8例）、荀子（1例）、管子（7例）、國語（61例）、戰國策（1例）、韓非子（無し）、呂氏春秋（5例）

國語以外ではいずれも「於是」が「於是乎」よりも用例が多く、これがより一般的な記述であることが首肯されよう。その中で注目されるのが國語における「於是乎」の使用例の突出した多さである。

そこで國語における兩者の用例の分布を對照して示すと次のようである。

	周語	魯語	齊語	晉語	鄭語	楚語	越語	呉語
「於是乎」	28	3	0	13	5	12	0	0
「於是」	1	2	4	6	1	4	1	3

國語の資料性が信憑し得るとすれば、これからみると「於是乎」は周・晉・鄭の中原と魯及び楚において用いられている。周語・晉語の例では卜を受けての占いを發する際の語として用いられている。したがってこの表現はこれらの國における史官らの文辭に特有の表現であったとの推定がなされえよう。これに對して「於是」は特に晉・齊・楚などの大國を中心にして廣く用いられており、より一般的な記述であったと推定される。

また左傳襄公二十二年の鄭が晉に朝した際に子產に述べしめた文辭においてはこの兩者が併用されていることからすれば、同一作者が併用することも行われていたようである。なお、その子產の文辭における用法から見ると「於是乎」は「於是」よりもやや轉折の抑揚が大きいように見受けられる。[6]

なお、ここに言う襄公二十二年の文とは次のようである。兩者の用法の差異がこの文から自ずと窺えよう。

〔左〕夏。晉人徵朝于鄭。鄭人使少正公孫僑對、曰、「昔在晉先君悼公九年、我寡君、於是、卽位。卽位八月、而我先大夫子駟、從寡君、以朝于執事。執事不禮於寡君。寡君懼、因是行也。我二年六月、朝于楚。晉、是以有戲之役。楚人猶競、而申禮於敝邑。敝邑欲從執事、而懼爲大尤。曰、『晉其謂我不共有禮。』是以不敢攜貳於楚。我四年三月、先大夫子蟜又從寡君、以觀釁於楚。晉、於是乎、有蕭魚之役。云々。」（「於是乎」は「於是」よりも强調・格式化の意あり。）

そこで、A、B、C類の例文の内容について檢討して行くこととしよう。

A類：君子謂甲、「乙。」（君子　甲を謂ふ、「乙なり。」）（3、4、5、6、7、12、15、17、18、19）については、まずその12の例にその特徵がよく現われていよう。

12の「君子　子重を謂ふ、是の役におけるや、獲る所は亡《うしな》ふ所に如かず、と」は、「楚人是れを以て子重を咎む」というように、この評言は事態の進行過程における「君子」の子重への論評であり、事件後の距離を置いた評言ではない。したがって、この「君子」は明らかに、當時の楚の卿・大夫（國の指導層）を指していよう。されば、その評言は、楚史の史官が楚國の卿・大夫の輿論を踏まえて筆にしたものと考えられる。これは、元來の史傳文における「君子謂」の評言の在り方を示しているものと言えよう。

3は、鄭の莊公が、魯・齊と鄭が許を城攻めした際に城壁を先驅けて登る穎の考叔を射て殺した子都を不問にして、考叔を射た者を呪詛する祭祀をわざと行ったことを「君子　鄭の莊公を謂ふ、政刑を失へり、…、將た何をか益さん」と批判する。これも鄭史の君子（史官）の評を收載したものと言えよう。

4は、鄭伯昭公について、父莊公が高渠彌を卿と爲さんとした際に、昭公はこれを惡み固く諫めたが、莊公は聽き入れなかった。昭公が卽位すると高渠彌は公に殺害されるのを懼れ、昭公を弑した。これを「君子　昭公を謂ふ、惡む所を知れり」と昭公は正確な判斷をもっていたがそれを生かせなかったと論評し、暗に莊公を批判する。これも鄭史の君子の評を收載したものと言えよう。

5は、「君子　强鉏を謂ふ、その足を衛る能はず」とその名から强足を連想させる强鉏が刖せられて足を失ったことを揶揄している（會箋「鉏《くわ》は田器なり。蓋し鉏の柄を足という。後傳に弱足の者居る、と。是れ足は强弱を以て之を言ふ。故に辭を立つること此くの如し。然らずんば君子の語無味ならん。」）。これも鄭史の君子の評を收載したものと言えよう。

これら3、4、5の記事の「君子」は「鄭國の君子」の聲（輿論）を踏まえる鄭史の「君子」（史官）の論評に由來するものと言えよう。これらは『原左氏傳』に鄭史が收載される際に、「君子謂」の評言も鄭史と一體のものとして收載され、最終的には『原左氏傳』編纂者の手によって記事となったものと考えられよう。

6は、晉の文公が城濮の戰で楚に勝ち、諸侯を率いて周王に朝し、王に楚の俘を獻じ、王より「侯伯」（霸者）の策命を受け、然る後、王子虎は諸侯と王庭（踐土）に盟約を交わしたことを踏まえて、「君子」はこの踐土の盟を「是の盟や信なり」と稱賛し、特に晉を論評して「是の役におけるや能く德を以て攻む」と晉の戰ぶりを稱賛する。この「君子」は踐土の盟がその後もよく守られたことを知ったうえでの論評であるから當時の君子ではなく、晉史の君子（史官）の評言に由來するものであろう。そのうえで『原左氏傳』編纂者の手を經てかような記事と成ったものと考えられる。

7は、晉に凱旋した文公が、宗廟に俘馘を獻じ、廟祖に飲酒して歸國を告げ、大いに論功行賞を行い、また諸侯を會に召して反逆者を討伐せんとし、軍に先んじて歸國した楚の舟之僑を殺し（楚及び諸侯に刑の嚴正を示し）、ここに民は大いに服したことを踏まえて、「君子」はこの晉の文公を「㈠其れ能く刑せり。三たび罪して民服す。㈡詩に云へらく『此の中國を惠し、以て四方を綏んず』と。賞刑を失はざるを之れ謂ふなり」と、その霸者ぶりを絶賛する。この「君子謂」はやはり、晉史の史官に由來するものであろうが、そのうえで、『原左氏傳』編纂者の手を經ていると推定され、おそらくは㈡の部分はその際の附加によるものと考えられる。

ここに注目されるのは、3の鄭の莊公の「政刑を失へり」に對して、晉の文公をこれに對照させて「能く刑せり」とし、かつ天下の霸者としての「賞刑を失はざる」を示す點であろう。ここに『原左氏傳』編纂者の晉の文公を宣揚する筆法の巧みさが窺えよう。

15の「君子謂」は、楚の忠臣子囊を稱賛する。この前年の秋に楚の共王が卒した時に、子囊はその謚について「君は命ずるに恭を以てせり、之を若何ぞ之を毀《やぶ》らん。赫々たる楚國にして君これに臨み、蠻夷を撫有し、南海を奄征し、以て諸夏を屬せり。而して其の過ちを知る。共と謂はざるべけんや。請ふ之を共と謚せん。」（襄公十三年）と述べて、楚の大夫もこれに従った。共は「恭」を含意している。卽ち楚王が武を以て諸夏（中國の諸侯）を來屬せしめんとの野望に挫折（晉に鄢陵に敗北）して、その「過ち」を知ったことに鑑み「共」と謚したと云う。そしてこの年、楚の子囊は吳を伐つより還り卒するが、子庚に「必ず郢に城《きづ》け」と遺言する。そこで君子は子囊を評して謂う、「㈠忠なり。君薨ずれば、其の名を増すを忘れず。將に死せんとしては、其の社稷を衞るを忘れず。忠と謂はざるべけんや。㈡忠は民の望なり。詩に曰はく『行ひ周に歸す、萬民の望む所』と。忠なり」と。ここでもやはり、㈠の部分は楚史の君子の評言に由來しよう。一方、㈡の部分は『原左氏傳』編纂者の手によって附加された可能性が想定される。詩は小雅・都人士、その毛傳に「周は忠信なり」とする。したがって杜註の云う如く一應は子囊の行いが忠（忠信）に歸すことを稱贊するものであるが、一方で、「共王」と謚された楚王が「周に歸す」こと卽ち周王の秩序に歸したことを「萬民の望む所」と評する意（共王の「恭」は周への忠なりとの意）を暗に寓するものとなっていよう。ここに『原左氏傳』編纂者としての「君子」の評言の微妙さと巧妙さが窺えると言えよう。

17は、陳侯が楚に朝した機に叛した陳の二慶（慶虎、慶寅）が陳侯を從えた楚軍に包圍され城を以て抗戰せんとするが結局は築城工事の不滿から陳人に殺される。この慶氏を評して、「㈠不義は、肆《ほしいままに》すべからざるなり。㈡故に書に曰はく『惟れ命は常においてせず』と。」と批判している。ここでもやはり楚史の君子の評言に由來するものが、『原左氏傳』編纂者の手を經たものと考えられ、その上で㈡の部分はその際の附加による可能性が想定されよう。

18は、宋の大火に宋の共公夫人伯姬（魯の宣公の女）が婦として義を以て事をはかり行動できずに死するを、「君子　宋の共姬を謂ふ、女にして婦ならず、女は人を待つものなり。婦は義にて事するなり」と批判している。これもやはり宋史における君子に由來し、それが『原左氏傳』編纂者の手を經たものと考えられよう。

19は楚の靈王が霸者の禮を宋の向戌（合左師）と鄭の子產に問い、その應答を踏まえて、「君子　合左師を謂ふ、善く先代を守れり、と。子產を「謂」ふ、善く小國に相たり、と。」と「君子」の論評を記している。この「君子謂」もやはり楚史の君子の評言に由來するものと見られよう。

以上のA類は、いずれも『原左氏傳』に收載される元來の列國史の君子の評言を踏まえて『原左氏傳』編纂者がこれを收載してそれをほぼ襲ったものと推定される。そして、7、15、17の詩・書を含む部分は『原左氏傳』編纂者の手を經た際の附加による可能性が想定される。その上で、晉及び晉の文公そして中國を宣揚する意圖がそこに看取される。卽ち、晉及び晉の文公の宣揚の爲に特に鄭の莊公への批判的評言が效果的に配置され、また楚の記事が巧みに活用されて中國（周）を宣揚しており、これらは『原左氏傳』編纂者の手によるものと理解されるのである。

次にB類：君子謂甲、「於是、乙。」（君子　甲を謂ふ、「ここに於いて、乙なり。」）（9、13、14、22の四例）について検討してみよう。このB類はA類に比べると評言の量（文の字數）が大幅に增加していることがまず見て取れる。

9は、鄭と宋が大棘に戰い、宋は大敗し、大夫を囚えられ、甲車四百六十乘、俘二百五十人、馘百人という損失であった。その原因は戰に先立って宋の華元が羊を殺し羊肉を士にふるまったが、羊肉を與えられなかった御者の羊斟《ようしん》の私怨に在った。これについて「君子　羊斟を謂ふ、人に非ざるなり。其の私の憾みを以て、國を敗り、民を殄《つ》くす。ここに於いて、刑孰れかこれより大ならん。詩に所謂『人の良無き者』とは其れ羊斟をこれ謂ふか。民を殘《そこな》ひて以て逞しくす」とする。傍線部については、後述のように宋史の史官の書法との類似性が見られ、したがって、元來は宋史の君子の評言であったものが、『原左氏傳』編纂者によりこのような表現となったものと推定されよう。ここでは、羊斟の罪を「其の私の憾みを以て、國を敗り、民を殄《つ》くす」、「民を殘《そこな》ひて以て逞しくす」というように、國を敗北せしめたことと共に、「民」の觀點から彈劾しているところが注目されよう。これは晉の趙盾を「民の主」と稱贊するのと對照的に、民を殘うのを批判するが、共に「民」の觀點に立つことにおいて通底するものと言えよう。

13は、晉の大夫で中軍の尉であった祁奚が老を以て致仕を請うので、晉侯がその後任を問うと、其の讎《かたき》である解狐を薦めた。將に之を立てんとしたが解狐は卒した。そこで次の後任を祁奚に問うと。自分の子の祁午を「午や可なり」と勸めた。また中軍の佐の羊舌職が死んだので晉侯が後任を問うと、その子の羊舌赤（伯華）を推薦した。かくして祁午を中軍の尉と爲し、羊舌赤を之に佐たらしめた。そこで、「君子」はこの祁奚を論評して謂うには、「ここに於いて、能く善を擧ぐ。其の讎を稱するも諂《へつら》へりと爲さず。其の子を立つるも比せりと爲さず。其の偏を擧ぐるも黨せりと爲さず」と、彼が善を擧げるが故に、その推擧には晉侯も異を挾まなかったと稱贊する。そして、「商書に曰はく『偏無く黨無く。王道蕩蕩たり』と。其れ祁奚をこれ謂ふなり。解狐は擧ぐるを得、祁午は位を得、伯華は官を得たり。一官を建てて三物成る。能く善を擧ぐるかな。唯だ善なり、故に能く其の類を擧ぐ。詩に云へらく『惟だ其れ之有り。是を以て之に似たり』と。祁奚これ有り」と、祁奚が善なるが故に、その類としての善なる人材を擧げ得たのだと、祁奚を稱贊する。同時にこれはその言を用いた晉侯（悼公）をも稱贊する意を寓するものと言えよう。したがって、晉の宣揚に繋がる評言と言えよう。この評言も元來は晉史の君子の評言に由來するものであろうが、『原左氏傳』編纂者の手による「君子」の評言として「王道」を說く天下的視點を踏まえて十分に修辭が施された文に仕上げられていると言えよう。

14は、楚が陳の叛逆した原因を追究して令尹子辛に罪を歸してこれを殺したことについて、楚の共王を論評する。「君子　楚の共王を謂ふ、ここに於いて、刑ならず（杜註「共王用刑爲失其節」）。詩に曰はく『周道挺挺たり、我が心扃扃たり、事を講《はか》りて令《よ》からざれば、人を集めて來たり定めん』と。己は則ち信無くして、人を殺し以て逞くす、亦た難からずや。夏書に曰はく『允《まこと》を成せば功を成す』と。」と批判している。傍線部の逸詩の意は會箋（言周道如矢、君子儆儆、不敢自安、是以有治職之無良者、則汎與士大夫、論而定之）によると「周の道は正直で、我が心はそれに照らして至らぬ所はありはせぬか不安である。そこで事を謀るに宜しからぬ時は、廣く賢人を集めて論じて定めたいものだ」との意である。しかるに共王は己に信無くして、臣下を殺害して己の意を滿足させんとしている、との批判である。これは、6の晉の文公の踐土の盟の「信」や15の楚の忠臣子囊の「忠」への稱贊と對照的であり、信なき共王を批判するものと言えよう。しかし、15と14の評言は實は天下的視點において通底するものと言えよう。それは相まって、「周」及び「周道」を鑑とすることを說くものであるからである。ここではその信無き共王を「周道」の觀點から批判するのである。また共王の「不刑」と「無信」への批判は「信」かつ「能刑」の晉の文公への宣揚と爲り、この點では6、7とも通底する批判の視點が窺えよう。この評言も、元來は楚史の君子の評言に由來しようが、ここでは『原左氏傳』編纂者に由る全く新たなレベルの評言としての修辭と論理を備えたものとなっている。卽ち、それは中國（周道）を宣揚し、楚王を批判するという「天下の春秋」の「君子」としての評言となっていると言えよう。

22は、子大叔を繼いで鄭の執政となった駟歂《しせん》卽ち子然は、鄭において一家の學を成す鄧析（鄭の大夫）の編纂した竹刑（竹書に記した刑）を用いて國を治めているにも拘わらず、その鄧析を殺した。このような子然への論評である。「君子　子然を謂ふ、ここに於いて忠ならず。苟くも以て國家に加ふるもの有れば、其の邪を弃てて、可なり。靜女の三章は、彤管に取る。竿旄は何を以て之を告ぐるや、其の忠を取るなり。故に其の道を用ふれば、其の人を弃てず。詩に云へらく『蔽芾たる甘棠、翦る勿かれ伐つ勿かれ、召伯の茇《やど》りし所』と。其の人を思へば、猶ほ其の樹を愛す。況んや其の道を用いて、而も其の人を恤へざるをや。子然以て能を勸むる無からん」と。賢人・能者を用いるのに、その道を用いた上でその人を裁くのは「忠」ではない。道を以て國家に益をもたらす以上はその瑕疵を棄てて義を取ること詩・靜女の三章の如くでなければならないとし、子然にはこの善を好む竿旄の詩の如き「忠《まごころ》」なき故に、鄧析のような賢能の人材を用いることが出來ない。あの甘棠の詩では道を說いた召伯を思いそのゆかりの甘棠の木さえ「翦る勿かれ伐つ勿かれ」というものを、と批判する。これは、楚の子囊の「忠」や晉の祁奚の「善」による人材擧用とは對照的で、鄭の執政子然の人材擧用と用刑を「不忠」と批判し、よって楚の子囊や晉の祁奚を評價し、「能刑」の晉の文公を宣揚するものと爲ろう。この評言も、元來は鄭史の君子の評言に由來しようが、やはり詩（邶風・靜女、鄘風・干旄、召南・甘棠）の巧みな引用による修辭の驅使と論理化が進められており、『原左氏傳』編纂者の手によって整えられたものと見られる。

以上のように、A類は『原左氏傳』に收載される元來の列國史の君子の評言を、その舊を多く存して『原左氏傳』に配しているものと見られ、B類は列國史の君子の評言に由來するものを、修辭化と論理化を進めて「天下の春秋」の「君子」の評言の形を整えたものと言えよう。その表現の宣揚する所は、A類は晉と晉の文公の宣揚を基軸としさらに中國を宣揚する。また楚臣の忠を稱贊するが同時にそこに周への楚の忠を評價する意を寓している。また鄭の莊公を批判し、これと對照させてさらに晉の文公を宣揚している。B類では宋の羊斟を國を敗北させ民を殘うものと、「民」の觀點からも批判し、晉の大夫祁奚を善を擧げるものと稱贊し、楚の共王を周道の觀點から「不刑」かつ「無信」と批判し、「能刑」かつ「信」の晉の文公ひいては中國を宣揚するものとなっている。また鄭の子然の人材擧用と用刑への批判は、これと對照的な晉の祁奚や文公への宣揚に繫がるものと言えよう。

したがって、A類の評言はB類に先行するものと見られるが、兩者はともに『原左氏傳』編纂者の手を經ており、論評の視點や思想性は通底するものと言えよう。それは、㈠晉及び晉の文公の宣揚、㈡楚を中國の周道の下に置く、㈢賞刑を失わずに能く民を治めること、㈣「善」「忠」を以て人材を擧用すべきこと、等にまとめられよう。

このような評言を通して窺える『原左氏傳』編纂者の立場は、晉において實力者・執政として「民の主」を以て稱贊された趙氏の宣揚に繫がるもので、したがって趙氏の立場に立つものと言えよう。

なお、舊稿ではA類の「君子」を魏の立場に、B類の君子を齊の立場に立つものとの見解を提示したが[7]、このたびの再度の檢討によりこれは右のように改められることとなる。

例えば、先述のように昭公二十八年の晉の魏獻子が滅亡した祁氏（祁奚の子孫）と羊舌氏（羊舌職の子孫）の計十縣への人材の擧用について「仲尼曰」が「魏子の擧を聞くや、以て義と爲す。曰はく、近くは親を失はず、遠くは擧を失はず、義と謂ふべし」との魏氏への稱贊は、この「君子謂」の13の祁奚の「善を擧ぐ」に對抗するものと言えよう。したがって、「仲尼曰」の評言はこの、「君子謂」のA・B類の評言よりも後時のものとなるのである。また、齊（田齊）の宣揚は次に述べる「君子曰」に見られるものである。

これを要するに、「君子謂」のA・B類の評言は元來の列國史の評言に由來しつつ『原左氏傳』編纂者の手を經るもので、特にB類は修辭化と論理化が進みより整ったものとなっているが、共に同一の編纂者の手を經るものと見られ、その立場は晉を宣揚し、特に趙氏の立場に最も近いものと言えよう。

次にC類：君子謂甲、「於是乎、乙。」（君子　甲を謂ふ、「ここに於いてか、乙なり。」）（1、2、8、10、11、16、20、21の八例）について檢討してみよう。

1は、隱公十年の六月に魯公と齊侯・鄭伯が老桃（宋地）に會して宋師を破り、鄭伯莊公はこの戰で占據した郜と防の二邑を、王爵では伯爵である鄭より上位の侯爵である魯に歸《おく》ったこと（會箋「王爵者五等之尊卑也。鄭伯爵、魯侯爵。鄭以王爵有尊卑之敍、勞魯侯。」）についての論評である。卽ち「君子　鄭の莊公を謂ふ、ここに於いてか、正と謂ふべし。王命を以て不庭を討ち、其の土を貪らず、以て王爵を勞す。正の禮なり、と。」と記す。この「君子」の評價の視點は鄭や魯の國內政事の得失という視點ではなく、天下の王命の秩序の視點に立ち、そこからの評價となっていることが知られよう。隱公九年には「宋公　王せず。鄭伯は王の左卿士たり、王命を以て之を討《ただ》し、宋を伐つ」というように、九年に始まる宋への討伐は王の卿士としての行動である。鄭伯が占據した二邑を王爵を勞うべく魯に歸《おく》るのはその故である。したがって、この「君子」の評價は周王・周室の視點、卽ち天下の視點から爲されていることになり、それは『原左氏傳』の編纂者の視點に重なることになろう。ここでは「天下の春秋」における王命の秩序からする「君子」の評言として鄭の莊公を宣揚するものと言えよう。このような王命の秩序としての禮を正しく遵守して稱贊されたのが、第三章（二）の述べたように韓氏であった。韓氏は鄭を滅して兼併し自ら鄭を稱してもいる。ここに鄭の莊公を傍線部のように宣揚する「君子」の立場は先のA類の鄭の莊公への評價とは正反對で大いに異なる。したがって、この「君子」の立場は、韓氏の立場に重なるものと推定されよう。また、この1の「可謂正矣」「正之禮也」という評價の語は、次に述べる2や11の「有禮」、20や21の「知禮」という評價の語に比べると抽象度を増しており、それらに比べて後出のものと推定される。このような評價の辭としての「正」の用例は『左傳』ではこの一例に限られるが、襄公七年冬に晉の韓無忌が弟の韓宣子を後嗣とすべきを述べた言として「恤民爲德、正直爲正、正曲爲直。參和爲仁。如是則神聽之、介副降之、立之不亦可乎。」と記しており、「正」は韓氏系執筆者の重視する規範的用語の一つと考えられる。したがって、この「君子」の評言は『原左氏傳』の韓氏系の編纂者の手により記載されているものと見られるのである。

2は、隱公十一年の秋七月に魯と齊・鄭が會して許を「不供（王に諸侯としての職責を果たさない）」として討伐し、許を占據し、齊侯は之を魯侯に與えんとしたが、魯の隱公は不供を討つための行動であるとして辭退し、齊侯は許の討伐に軍事的に最も貢獻した鄭伯に與えた。鄭伯は許の大夫百里に許の莊公の弟の許叔を奉じて許の東偏に居らしめ次のように告げた。「天、許國に禍し、鬼神實に許君に逞《こころよ》からず、而して手を我が寡人に假れり。寡人唯だ是の一二の父兄だも供億する能はず。其れ敢へて許を以て自ら功と爲さんや。寡人に弟有り。和協する能はず、而して其の口を四方に餬せしむ。其れ況んや能く久しく許を有せんをや。吾子其れ許叔を奉じ、以て此の民を撫柔せよ。云々」と。そこでまた鄭の大夫公孫獲をして許の西偏に處らしめてこれに告げて、「凡そ而《なんじ》の器用財賄、許に寘く無かれ。我死せば乃《なんじ》亟《すみや》かに之を去れ。吾が先君新たに此に邑せしとき、王室にして既に卑しかりき。周の子孫　日に其の序を失へり。夫れ許は大岳の胤なり。天にして既に周德を厭へり。吾其れ能く許と爭はんや」と曰うのであった。この事態について、「君子　鄭の莊公を謂ふ、ここに於いてか、禮有り。禮は、國家を經し、社稷を定め、民人を序し、後嗣を利するものなり。許に刑《のり》無ければ而《すなは》ち之を伐ち、服すれば而《すなは》ち之を舍《ゆる》し、德を度《はか》りて之を處《しょ》し、力を量りてこれを行ふ、時を相《み》て動き、後人を累《わづら》はすこと無し。」との論評を記す。この『原左氏傳』の史傳文の記述は、波線部に見るように天が周德を厭うようになり、よって天は周の王命の秩序に任せるよりも、今や天が好ましいとする實力者（霸者や諸侯や執政）に直接その意思を代行させるという思想、ここでは「天が鄭の手を假りて許に禍せしめた」との論理を提示し、1のような王命の秩序による討伐との論理を積極的には用いていないことが注目されよう。これは周初以來の傳統的な天命思に替わる新たな「天命思想」と言えよう[8]。

そしてこのような新たな天命思想を踏まえて、「君子」の評言においては、禮は「國家を經營し社稷を安定させ民人を秩序づけ後繼子孫に恩惠を與えるもの」であるとの「國家」「社稷」「民人」の視點を明確にした國家經營の政治原理としての禮の概念を規定し、この禮の體現者としての鄭伯莊公を稱贊している。したがって、この評言は、鄭史や周史の君子（史官）のレベルを超えて「天」と「民」を視野に入れた「天下の春秋」としての『原左氏傳』の編纂者の手になる「君子」の評言と推定されよう。

　されば、この評言の執筆者の立場は、先のB類の「民」の視點と通底しそれを更に發展させたと見られる禮論を展開するもので、趙氏の立場に重なるものと言えよう。

　8は、文公二年の春に秦の孟明視が師を帥いて晉を彭衙に伐った際に、かつて晉の襄公の乘（戰車）の右（車上に戈を持つ勇士）であった狼瞫《しん》の奮戰について謂う。彼は、箕の役（僖公三十三年）において先軫に右を黜けられ、これを怒ったが、「死して不義なるは、勇に非ざるなり」と隱忍して豫ねてしかるべき死所を探していた。この彭衙の役に至って既に兩軍が陣すると、その部下を率いて眞っ先に秦師に馳せて突撃して討ち死にし、時に晉師は一齊に之に從い、大いに秦師を敗った。このことについての論評である。「君子　狼瞫を謂ふ、ここに於いてか、君子なり。詩に曰はく『君子如し怒らば、亂は庶《ねが》はくは遄《すみや》かに沮《や》まん』と。又曰はく『王赫として斯に怒り、爰《ここ》に其の旅を整ふ』と。怒りて亂を作さず而《しか》も以て師を從ふ。君子と謂ふべきなり、と。」と狼瞫に「君子なり」との稱贊を贈っている。この評言も晉史の評言に由來していようが、その上で詩（今本詩經では小雅の節南山・巧言、大雅の文王・皇矣）、の引用などの修辭を加え天下の視點からの評言となっており、實質的には『原左氏傳』編纂者の手によるものと見られよう。この評言の興味深いのは、一介の勇士の狼瞫に「君子」を許しているところであり、これは9（B類）の評言が私怨によって宋軍を大敗させた御（戰車の御者）の羊斟を「人に非ず」と批判したのと好對照をなしていよう。共に『原左氏傳』編纂者の手による修辭を經ているものと、と見られよう。9に比して8は詩の修辭に見るように明らかに評言のレベルが天下的視點になっているところが、その9に比しての後出性を窺わせるものと言えよう。この戰では晉師の中軍の將が先且居、その佐が趙衰（趙成子）で、戰勝後に趙成子は晉の諸大夫に「爾《なんじ》の祖を念ふ毋からんや、聿《ここ》に厥の德を修めよ」（詩・大雅）との戒めの語を發している。したがってこの「君子」の論評は、やはり趙氏の宣揚に繫がるものと考えられる。

　10は、宋の文公が卒する（魯の成公二年八月）と、始めて厚葬し、始めて殉死を用いたことについて、宋の執政を論評する。「君子華元・樂擧を謂ふ、ここに於いてか、臣たらず。臣は煩を治め、惑ひを去る者なり。是を以て死に伏して爭ふ。今二子の者は、君生きては則ち其の惑ひを縱にし、死すれば又其の侈を益す。是れ君を惡に棄つるなり。何の臣をかこれ爲さん。」と華元・樂擧を「不臣

（臣ならず）」と非難する。これは宋史の君子の評言に由來し、『原左氏傳』編纂者の手を經ているが過度の修辭は施されていない。

11は、魯の成公十八年に晉の范宣子が魯に來聘し、且つ成公が晉に朝したことを拜謝したことについて、「君子　晉を謂ふ、ここに於いてか、禮有り、と。」と論評している。これも魯史の「君子」の評言に由來し、『原左氏傳』編纂者の手を經ているが過度の修辭は爲されていない。晉を「禮有り」と評價するのは、その宣揚に繋がろう。

16は、（魯の襄公十五年に）楚において公子午が令尹と爲り、公子罷戎が右尹と爲り、蔿子馮が大司馬と爲り、公子橐師が右司馬と爲り、公子成が左司馬と爲り、屈到が莫敖と爲り、公子追舒が箴尹と爲り、屈蕩が連尹となり、養由基が宮廏尹と爲り、この人材擧用によって楚國の人心が靖んじたことについての論評である。「㈠君子　楚を謂ふ、ここに於いてか、能く人を官す。人を官するは、國の急なり。能く人を官すれば、則ち民に覦心無し。㈡詩に云へらく『嗟《ああ》我れ人を懷ひ、彼の周行に寘かん』と。能く人を官するなり。王及び公・侯・伯・子・男・甸・采・衞大夫、各の其の列に居るは、所謂周行なり、と。」と、㈠では楚國が能く適材を適所に配置して民に覦心（分不相應の野心）を無からしめたことを稱贊し、㈡では、楚子（楚王）以下が周の禮の秩序卽ち周行の各の位に列することを稱贊する。したがって、㈠は元來の楚史の評言に由來し、㈡は『原左氏傳』編纂者の「天下の春秋」の視點から、詩（周南・卷耳、毛傳「行は列なり。君子の賢人を官して、周の列位に置くを思ふ。」鄭箋「周の列位とは朝廷の臣を謂ふなり。」）の修辭と論理を巧みに用いて楚を「周行」に置かんとする「禮」の理念を揚言するものと言えよう。これは、B類14の「周道」の思想と通底し、やはり結果的には「中國」を宣揚するものと言えよう。このような「中國の禮の秩序」卽ち周行としての禮の理念を說く立場は、先に考察したB類と同樣に趙氏の立場に近いものと言えよう。

20は、自らの禮論を提示する叔侯（女叔齊）への論評である。魯の昭公五年に魯公が晉に行き、郊勞より贈賄に至るまで、禮を失うことはなかったので、晉侯が女叔齊に告げて魯侯はなんと禮を善くするではないか、と稱贊すると、女叔齊は「魯侯焉《いづ》くんぞ禮を知らん」と否定した。晉侯がその故を聽くと、女叔齊は、「是れ儀なり。禮と謂ふべからず。禮なる者は其の國を守り、其の政令を行ひ、其の民を失ふ無き所以の者なり」と答え、さらに魯國では「今政令　家（大夫）に在りて、取る能はざるなり。…。公室四分して、民は他に食《やしな》はれ、思ひ公に在ること莫し、其の終はりを圖らず。國君と爲りて、難將に身に及ばんとし、其の所を恤《うれ》へず」と批判し、「禮の本末は、將にここに於いてか在らんとす。而《しか》るに屑屑焉として儀を習ひて以て亟《すみや》かにするは、禮を善くすと言ふも、亦た遠からずや」と、國君として國政を全うできるか否かが禮の本質であり、こまごまとした禮義に通じていることは、全く本來の「禮」には程遠いものだと言う。そこで「君子 叔侯（女叔齊）を謂ふ、ここに於いてか、禮を知れり、と。」と叔侯（女叔齊）の「禮」の本質を知るを稱贊する。

この叔侯が傍線部のように説く禮の概念は、「國」と「民」の視點を明確に示すもので、2の「君子」の評言に言う禮論と通底するものと言えよう。されば、叔侯の會話の言には、『原左氏傳』編纂者の手が入っていることは想像に難くないであろう。この評言は『原左氏傳』所載晉史の記す所の叔侯の會話の言に對して、『原左氏傳』編纂者に重なる「君子」がこれを稱贊することによって、その新たな禮思想を宣揚するものとなっている。この魯侯のような周旋揖讓の禮儀に對して、國家統治の政治的原理としての禮の理念を説くのは、やはり先に考察した、2の趙氏の立場と重なるものと言えよう。

21は、（魯の昭公十二年三月に）鄭の簡公が卒し、その葬道を除《きよ》めんとして游氏の廟に及び、これを毀《こぼ》たんとした。游氏の長である子大叔は配下の除徒にこれを阻むよう指示し「子産がここを通って何故毀たないのかと問えば、廟を毀つに忍びないからですと答えよ」と告げた。子産が來たので言われた通り告げると、子産は廟を毀たずに之を辟けさせた。また鄭の公墓を管理する司墓の室で葬道に當たっているものが有り、これを毀てば朝に封棺を下せるが、毀たなければ迂回するため日中になる。子大叔は諸侯の賓を待たせることになるのでこれを毀たんと請うと、子産は「諸侯の賓能く來たりて吾が喪に會す。豈に日中を憚らんや。賓に損無くして民害せずんば、何の故に爲さざらん」と答えて毀たずして日中に葬ったのであった。これについて、「君子 子産を謂ふ、ここに於いてか、禮を知れり。禮は人を毀ちて以て自ら成す無きなり、と。」と稱贊する。

この君子の評言の傍線部「禮とは人を毀損して、自らの事を成すものではない」は、禮の運用における治者の心得を説き、傳統的な禮觀念とも整合するものと言えよう。一方、「無毀人」には「民不害」の視點が明確に含まれており、2や20に見る新たな禮思想にも通底する一面を有するものと言えよう。したがって、この評言は元來の鄭史の君子（史官）の評言に由來するものと見られるが、『原左氏傳』編纂者の手を經ており、その禮論は先の2や20の禮論にも繋がるもので、趙氏の立場に重なるものと考えられよう。

このようにC類の「君子謂」の評言は、10、11、21は『原左氏傳』に收載した元來の列國史の君子の評言をほぼ襲うものと見られるが、一方で、1、2、8、16、20は列國史の評言を踏まえつつも更にこれを『原左氏傳』編纂者により新たな禮の理念のもとに再編し修辞化・論理化の爲されたもの、あるいは全く新たに「君子」の評言として記載されたものと理解された。

　されば、時系列的には、鄭の莊公の評價に示されるように、A類への批判・超克・發展としてのC類の登場という理解が妥當で、その逆は想定し難いと言えよう。先述のようにA類の評言はB類に先行するものと見られ、兩者はともに論評の視點や思想性において通底するものと認められた。また9（B類）と8（C類）との關係から、C類の評言はB類に比してやや後出であることが推定されるが、同時にC類の特に列國史に由來する評言はB類よりも古いと見られ、兩者の一部は併存した可能性も想定される。したがって、三種の評言については、一部併存の側面を有しつつも概略的には、A類→B類→C類との時系列的關係が想定されよう。

　A・B類に關わる『原左氏傳』編纂者については一連の思想性や宣揚の意圖から見て晉の趙氏系の編纂者が想定され、C類に關わる『原左氏傳』編纂者については、その評言の特色が、天下的世界における周行（周の王爵の列位）の秩序や天と民を視野に入れた國家經營の政治原理としての「禮」の理念を示すものであり、想定し得るのは、先の考察の示すように趙氏系及び韓氏系の編纂者であると考えられる。

　またC類1がその「禮」の體現者として極めて高く宣揚するのが鄭の莊公であることについては、先述のように、鄭と韓との密接な關係が想起されよう。鄭は前三七五年（六國年表）に韓に滅ぼされ、韓は鄭を都として自らを「鄭」とも稱している。『原左氏傳』編纂段階（前三六五年頃）では鄭の宣揚は暗に韓の宣揚に歸することになろう。

　以上のような考察が妥當であるとすれば、『原左氏傳』編纂者と重なる所の「君子謂」の評言の執筆者として趙氏系のA・B類の執筆者と趙氏系及び韓氏系のC類の「君子謂」の評言の執筆者とが存在するとの推定に達するものと言えよう。しかして、この『原左氏傳』編纂者の趙氏系と韓氏系は、『原左氏傳』の編纂に於いては、先の第三章（二）の〈『原左氏傳』所載晉史から見たその著作意圖〉に論じたように、趙氏系が主導し韓氏系がこれに連繫して編纂が進められたものと見られる。その上で、右の例からも窺えるように、韓氏系はその最終段階もしくは成書直後に、一定部分の上書《うわが》き（附加）にも關與したものと考えられる。因みに『左傳』末尾の悼十四年の「知伯貪而愎。故韓・魏反而喪之。」の一文は、その直前の「趙襄子由是惎知伯。遂喪之。」という趙氏系の手による結びの文に對して韓氏系が上書き（附加）を爲したものと推定されるのである。

　以上の一連の考察より、本章の「君子以爲」「君子是以知」「君子謂」の評言とその執筆者の關係は次のように想定されることになる。

「君子以爲」　…「君子」は『原左氏傳』所載の魯史、衞史、楚史等の元來の編纂者にほぼ重なる。
「君子是以知」…「君子」は魯の季氏や晉の趙氏らの政治的勝者の立場に立ち『原左氏傳』編纂者と重なる。
「君子謂」Ａ類…「君子」は『原左氏傳』所載の晉史・鄭史・楚史等の元來の編纂者にほぼ重なり、一部は『原左氏傳』編纂者（趙氏系）の加筆が想定される。
「君子謂」Ｂ類…「君子」は『原左氏傳』の編纂者（趙氏系）に重なる
「君子謂」Ｃ類…「君子」は一部が『原左氏傳』所載の宋史・魯史・鄭史等の元來の編纂者にほぼ重なり、他は『原左氏傳』の編纂者（趙氏系及び韓氏系）に重なる。

（三）『原左氏傳』及び『左傳』の評言の再検討と春秋テキストの重層性(三)
——「君子曰」について——

第四章（二）の冒頭に提示した「君子曰」の評言についての概括的指摘を踏まえた上で、ここではその網羅的な検討と考察を進めてゆくこととしたい。

「君子曰」の評言については、次の四十六例（1～46）が擧げられる。この評言については、42の晉の趙文子がその會話中に「君子曰」を引用するように、先人の教えを引用する際の常套句であったものが、評言の一種の型として用いられたものと見られる。また46の哀公十八年の單傳テキスト（經のない傳のみのテキスト）にこの評言が見られることから、各列國史に既に評言の一種の型として用いられていたものと見られる。（以下の検討では前提の史傳文は可能な限り省略に従う。また評言文はその書き下し文を附する。）

1［隱公元年］君子曰、「潁考叔、純孝也。愛其母、施及莊公。詩曰『孝子不匱。永錫爾類。』其是之謂乎。」《評》：君子曰はく、「潁考叔は、純孝なり。其の母を愛して、施《ひ》いて莊公に及ぼせり。詩（大雅・既醉）に曰はく『孝子匱《とぼ》しからず。永く爾《なんぢ》に類を錫《たま》ふ』と。其れ是れをこれ謂ふか。」

これは潁考叔の純粋な母への孝心とその行いが鄭の莊公をも動かして莊公と母姜氏を和解させたことを稱贊する。鄭史の君子曰の評言に由來するものと見られる。詩の引用には、『原左氏傳』編纂者の手を經たことを窺わせるが、その〈詩曰「云々。」其是之謂乎〉との修辭法は定型化されており、同一の編纂者の手に由る可能性が想定されよう。先に考察した「孔子曰」の2や「君子謂」の評言のB類の9、13に、これと共通する型の、詩・書の引用の後に「其羊斟之謂乎。」「其祁奚之謂矣」との表現が用いられており、恐らくはこの「孔子曰」や「君子謂」B類の編纂者（卽ち「君子謂」A・B類の編纂者）の手になるものとの推定がなされるのである。

2［隱公三年］〔左〕。秋。①又取成周之禾。周・鄭交惡。〔鄭〕②君子曰、「信不由中、質無益也。明恕而行、要之以禮。雖無有質、誰能間之。苟有明信、澗谿沼沚之毛、蘋蘩薀藻之菜、筐筥錡釜之器、潢汙行潦之水、可薦於鬼神、可羞於王公。而況君子結二國之信、行之以禮、又焉用質。風有采蘩采蘋、雅有行葦泂酌。昭忠信也。」《評》：君子曰はく、「信　中《まごころ》由りせざれば、質《ち》も益無きなり。明《あきら》けく恕して行ひ、これを要するに禮を以てす。質有る無しと雖も、誰か能く之を間せん。苟くも明信有れば、澗谿沼沚の毛、蘋蘩薀藻の菜、筐筥錡釜の器、潢汙行潦の水も、鬼神に薦むべく、王公に羞むべし。而るを況んや君子　二國の信を結び、これを行ふに禮をもってすれば、又焉くんぞ質を用ひん。風（詩・國風）に采蘩・采蘋有り、雅（詩・大雅）に行葦・泂酌有り。忠信を明らかにするなり。」

鄭の武公・莊公は平王の卿士として周室の執政として事えたが、平王が虢公にも執政の權限を與えんとした爲、鄭伯は王を怨み、これを修復するために周と鄭は人質を交換し、王子狐は鄭に、公子忽は周に人質となった。平王が崩御すると、周人は虢公を執政に用いんとしたので、（隱公三年）夏四月に鄭の祭足は師を帥いて溫の麥を奪い、また秋には成周の禾を奪った。ために周・鄭は互いに惡み、人質を交わしたことは全く無益となった。これについて「君子曰」は、信が中卽ち忠《まごころ》に由るのでなければ、質を交わしても益は無いと批判し、逆に眞心から相手を慮り、その上で禮を以て行えば人質など無くとも、だれがその信頼關係を破れようか、と政における「忠信」の重要性を說いている。この「君子曰」の評言は、鄭史における君子（史官）の評言を、『原左氏傳』編纂者が收載したものと見られる。また思想的には、「君子謂」のA類の15の「忠」の思想とほぼ相通じよう。

3［隱公三年］〔左〕①八月。庚辰。宋穆公卒。殤公卽位。〔宋〕②君子曰、「宋宣公可謂知人矣。立穆公、其子饗之、命以義夫。商頌曰『殷受命咸宜。百祿是荷。』其是之謂乎。」《評》：君子曰はく、「宋の宣公　人を知ると謂ふべし。穆公を立てて、その子これを饗《う》く。命は義を以てするかな。商頌（玄鳥）に曰はく『殷の命を受くるは咸く宜《よろ》し。百祿是れ荷《にな》ふ』と。其れ是れをこれ謂ふか。」

宋の宣公は子の與夷を舍《お》いて宣公の弟の穆公を賢として立て、與夷をこれに屬した。穆公の卒するに當たり群臣は穆公の子の馮を奉ぜんと願ったが穆公は、先君宣公は自分を賢として後事を託して社稷に主たらしめたのであるから、もし與夷に讓らないのであれば、自分を賢として立てた先君の擧を廢することになるとし、公子馮を出國して鄭に居らしめ、殤公（與夷）が卽位した。これについて、「君子曰」は、宋の宣公を「人を知ると謂ふべし」とし、宣公の穆公への命は義に由るものである故に賢者の穆公には遵守以外に道はないことを知っていたのだと宋の宣公を稱贊する（會箋「言宣公立穆公之命、出於義也。義者合理而權宜之謂也。」）。これに續く、商頌は殷の湯王や武丁（高宗）が命を受けたのは皆義にかなうものであった故に天の百祿を荷うこととなった、と宋の遠祖の故事を引いて宣公の命を稱贊する。この評言は宋に密接に關係する詩・商頌の引用も含めて、宋史の君子の評言に由來するものと考えられよう。そのうえで傍線部のように『原左氏傳』編纂者の常套的句法による修辭の手を經ているものと推定される。

4［隱公四年］君子曰、「石碏純臣也。惡州吁、而厚與焉。『大義滅親。』其是之謂乎。」《評》：君子曰はく、「石碏は純臣なり。州吁を惡み、而も厚（石碏の子の石厚）は之に與す。『大義　親を滅す』と。其れ是れをこれ謂ふか。」

衞の州吁《く》は衞の桓公を弑して立ち、未だ民を安定し得ず、之に與する石厚が父石碏に問うと「王覲（周王に見える）を爲すのがよい」というので、その方策を問うと、「陳の桓公が王に寵せられており、陳に朝して要請すれば、王覲がかなおう」と答えた。そこで石厚は州吁に從い、陳に行った。そこで石碏は陳に告げさせて曰うには、「此の二人の者は實に寡君を弑す、敢へて卽《つ》きて之を圖れ」と。そこで陳人は石厚と州吁を執え衞人立會いの下でこれを殺させた。これについて「君子曰」の評言は、「石碏は純臣（純粹に臣道をつらぬいた者）なりとし、弑君の州吁とこれに與する實子石厚を陳を用いて殺させた行爲を「大義　親を滅す」と稱贊している。この君子の評言は衞史の君子の評言をほぼ襲い、さらに傍線部のように『原左氏傳』編纂者の常套的修辭の手を經たものと見られよう。

5［隱公五年］〔左〕夏。…。②四月。鄭人侵衞牧。以報東門之役。衞人以燕師伐鄭。鄭祭足・原繁・泄駕、以三軍、軍其前、使曼伯與子元潛軍其後。燕人畏鄭三軍、而不虞制人。六月。鄭二公子以制人敗燕師于北制。〔鄭〕③君子曰、「不備不虞、不可以師。」

《評》：君子曰はく、「虞《はか》らざるに備へずんば、以て師するべからず。」

四月（隱公五年）に鄭が衞を侵し、衞人は燕師を以て鄭を伐つと、鄭の三大夫は三軍を以て其の前に軍し、敵の後方に鄭の二公子をして伏兵を置かせた。燕人は正面の鄭の三軍を畏れて背後の二公子の率いる制人の攻撃を豫期していなかった。そこで六月に鄭の二公子が制人を以て燕師を北制に敗った。これについて、「君子曰」は「不虞（豫期せぬ敵）に備えないのであれば、師（軍）を起こすべきではない」と評している。これは燕師の視點からその失について論評するもので、鄭史の「君子」の評言とは見做し難い。されば、この「君子曰」は『原左氏傳』編纂者が「君子」として直接の論評を爲しているものと理解されよう。

6［隱公六年」〔左〕夏。…。②五月。庚申。鄭伯侵陳。大獲。往歲、鄭伯請成于陳。陳侯不許。五父諫曰、「親仁善鄰、國之寶也。君其許鄭。」陳侯曰、「宋・衞、實難。鄭何能爲。」遂不許。〔鄭〕③君子曰、「『善不可失。惡不可長。』其陳桓公之謂乎。長惡不悛。從自及也。雖欲救之、其將能乎。商書曰『惡之易也、如火之燎于原。不可鄕邇、其猶可撲滅。』周任有言、曰『爲國家者、見惡如農夫之務去草焉。芟夷薀崇之、絕其本根、勿使能殖、則善者信矣。』」《評》：君子曰はく、「『善は失ふべからず。惡は長ずべからず』と。其れ陳の桓公の謂ひか。惡を長じて悛《あらため》ずんば、從りて自ら及ばん。之を救はんと欲すと雖も、其れ將《は》た能くせんや。商書（盤庚）に曰はく『惡の易《ひ》くや、火の原を燎《や》くが如し。鄕《むか》ひ邇《ちか》づくべからず、其れ猶ほ撲滅すべし』と。周任言へる有りて、曰はく『國家を爲《おさ》むる者は、惡を見ること農夫の務めて草を去るが如し。之を芟夷薀崇し、其の本根を絕ち、能く殖せしむる勿ければ、則ち善なる者信《の》ぶ』と。」

往歲、鄭伯莊公が成《たひらぎ》卽ち和睦を陳に請うと、陳侯は許さず、五父が諫めたが遂に許さず。夏五月。鄭伯は陳を侵し大いに戰果をあげる。「君子曰」は和睦を受け入れなかった陳侯を批判する。この「君子曰」の評言も鄭史の君子をほぼ襲い、その上で『原左氏傳』編纂者による一定の修辭（傍線部や書の引用に見られるような）が施されたものと推定される。なお、この場合「善は失ふべからず」は鄭伯莊公による和睦の申し出を意味しており、間接的には鄭の莊公を宣揚するものとなっている。

7［桓公六年」〔左〕夏。…②北戎伐齊。齊侯使乞師于鄭。鄭大子忽帥師、救齊。六月。大敗戎師。獲其二帥大良・少良、甲首三百、以獻於齊。〔齊〕③於是、諸侯之大夫戍齊。齊人饋之餼。使魯爲其班。後鄭。鄭忽以其有功也、怒。故有郞之師。〔魯〕④公之未婚於齊也、齊侯欲以文姜妻鄭大子忽。大子忽辭。人問其故。大子曰、「人各有耦。齊大、非吾耦也。詩云『自求多福』。在我而已。大國何爲。」〔魯〕⑤君子曰、「善自爲謀。」《評》：君子曰はく、「善く自ら謀るを爲せり。」

北戎が齊を伐ち、齊侯（僖公）は師を鄭に乞わしめると、鄭大子忽は師を帥いて、齊を救い、大いに戎師を敗る。魯の桓公が未だ齊に娶《めと》らなかった時、齊侯は娘（公子）の文姜（後の魯の桓公夫人）を鄭大子忽に娶《めあ》わせんとした。大子忽がこれを辭退し、人がその故を問うと、大子は「人には耦（たぐい、つりあい）というものがある。齊は大國であって吾が鄭の耦ではない」と曰った。これを「君子曰」は「善く自らの判斷を爲したものだ」（後に文姜は魯の禍となる）とその禮をふまえた自律的判斷を稱贊した。これは魯史もしくは鄭史の君子をほぼ襲うものと見られ、そのうえで『原左氏傳』編纂者の手を經たものであろう。

8［桓公十二年］〔左〕冬。①又會于龜。宋公辭平。故與鄭伯盟于武父。遂帥師而伐宋。戰焉。宋無信也。〔魯〕②君子曰、「苟信不繼、盟無益也。詩云『君子屢盟。亂是用長。』無信也。」《評》：君子曰はく、「苟くも信繼がざれば、盟は益無きなり。詩（小雅・節南山・巧言）に云へらく『君子屢《しばしば》盟ふ。亂是を用て長ず』と。信無きなり。」

魯の桓公は十二年秋に宋公と句瀆の丘に盟い、それでも宋が和睦するか否かがわからぬので虚に會し、そして冬に又も龜に會したが、宋公は和平を拒否したので、魯公は武父に鄭伯と盟い、師を帥いて宋を伐ち、戰った。これは宋に信無きためであった。これについて「君子曰」の論評は、「信が繼續しなければ、盟約しても益はない」として詩を引用して「君子が屢《しばしば》盟う。それは信が無いからであって、亂はこれによって大きくなるのだ」と批判する。これは、魯史の君子の評言をほぼ襲うものと見られ、そのうえで『原左氏傳』編纂者による編纂の手を經たものであろう。

9［莊公十四年］〔左〕秋。①七月。楚子入蔡。（會箋本は「楚子」とし他本は「楚」とす。）〔楚〕②君子曰、「商書所謂『惡之易也、如火之燎于原。不可嚮邇、其猶可撲滅』者、其如蔡哀侯乎。」《評》：君子曰はく、「商書に所謂『惡の易《ひ》くや、火の原を燎《や》くが如し。不可嚮《むか》ひ邇《ちか》づくべからず、其れ猶ほ撲滅すべし』とは、其れ蔡の哀侯の如きか。」

蔡の哀侯は陳に娶り、息侯も亦た陳に娶った。その息侯に嫁ぐ息嬀が蔡を過った際に、その美なるを聞き妻の姉妹であるというので蔡に止め、之を見たが、賓禮を以て接遇しなかった。息侯はこれを聞いて怒り、楚の文王に「我を伐て、吾れ救を蔡に求めん。而して之（蔡）を伐て」と言い、楚王は蔡の師を敗り、蔡侯を生捕りにして連れ歸った（莊公十年）。蔡の哀侯は楚王に息嬀の美なるを告げて唆すと、楚王は息に行き、遂に息を滅ぼし息嬀を連れ歸った。息嬀は楚王との閒に二子を生んだが一言をも發せず、楚王は息嬀に尋ねて蔡侯が楚王をして息を滅ぼさしめた事情を知り、遂に蔡を伐ち、之を占領する。これについて、「君子曰」の評言は、商書の箴言を引き、蔡の哀侯がまさにその例であるとして、かような「惡」を「撲滅すべし」と批判する。これは楚史の君子の評言に由來しようが、6と同じ商書を引用し常套的句法を用いる等、『原左氏傳』編纂者による修辭の手を經たものと見られる。

10［莊公十九年］〔左〕夏。①六月。庚申。卒。鬻拳葬諸夕室。亦自殺也。而葬於絰皇。〔楚〕②初。鬻拳强諫楚子。楚子弗從。臨之以兵。懼而從之。鬻拳曰、「吾懼君以兵。罪莫大焉。…。」遂自刖也。楚人以爲大閽、謂之大伯。使其後掌之。〔楚〕③君子曰、「鬻拳可謂愛君矣。諫以自納於刑。刑猶不忘納君於善。」《評》：君子曰はく、「鬻拳 君を愛すと謂ふべし。諫めて以て自ら刑に納る。刑するも猶ほ君を善に納るるを忘れず。」

楚の文王は巴人に津に大敗し、楚に歸ったが、鬻拳は納れず（會箋「武王以來、未嘗以敗歸。」）、文王は黄を敗って還り、疾有りて六月に卒し、鬻拳は文王を夕室に葬り、自殺した。この鬻拳は嘗て王を强諫し、兵（武器）を以て臨み、王は懼れて從った。これを鬻拳は「吾れ君を懼れしむるに兵を以てす。罪これより大なるは莫し」と言い、自らを刖（足切りの刑）に處した。楚人はこれを「大伯」と稱した。これについて、「君子曰」は鬻拳を、「君を愛すと謂ふべし」とし、自らを刑しても君を善に納れしむるを忘れぬ行爲を稱贊する。この君子の評言は楚史の君子のそれに由來し、『原左氏傳』編纂者はそれをほぼ襲うものと言えよう。

11［莊公二十二年］〔左〕廿二年。春。①陳人殺其大子御寇。〔陳〕②陳公子完與顓孫、奔齊。顓孫自齊來奔。〔魯〕③齊侯使敬仲爲卿。辭曰、「覊旅之臣。幸若獲宥、及於寬政、赦其不閑於教訓、而免於罪戾、弛於負擔。君之惠也。所獲多矣。敢辱高位以速官謗。請以死告。詩云『翹翹車乘、招我以弓。豈不欲往、畏我友朋。』」使爲工正。飲桓公酒。樂。公曰、「以火繼之。」辭曰、「臣卜其晝、未卜其夜。不敢。」〔齊〕④君子曰、「酒以成禮、弗繼以淫、義也。以君成禮、弗納於淫、仁也。」《評》：君子曰はく、「酒は以て禮を成し、繼ぐに淫を以てせざるは、義なり。君を以て禮を成し、淫に納れざるは、仁なり。」

陳の太子が殺され、陳の公子陳完は齊に奔り、齊侯（桓公）は陳完（敬仲）を卿たらしめたが、これを固くかつ丁重に辭したので、工正（百工を掌る官）たらしめた。陳完は齊の桓公を酒を以てもてなし、桓公は興に乘じて、夜も飲まんとしたが、陳完は「臣其の晝を卜して、未だ其の夜を卜せず」として丁重に辭した。これについては先述のように、「君子曰」は、この陳完の行爲を德として、「義なり」「仁なり」と稱贊する。ここに「禮」としてではなく「德」として義と仁を以て稱贊する所がこの評言の注目される所であろう。この「君子曰」の評言は、部分的には元來の齊史の君子の評言に由來する可能性も留保されるが、「君子曰」執筆者はそれに一定の潤色・附加を爲していると見られる。それは、ここに記される「德」を重視する説き方である。この「德」重視の思想は「仲尼曰」のそれと共通するものであるが、「仲尼曰」が「仁」を以てするのに對してこの「君子曰」は「義」と「仁」を以てしており、「仲尼曰」の

「仁」に「義」を加上する論評となっており、「仲尼曰」に比して後出の評言であろうと考えられる。「仲尼曰」は魏氏を宣揚する立場であったが、この「君子曰」は陳完卽ち陳氏（田齊）を宣揚するものである。されば、この「君子曰」執筆者は、齊の桓公の姜齊ではなく、陳氏（田齊）を宣揚する立場に立つものと言えよう。しかもこの「君子曰」が「仲尼曰」より後出であるとすれば、この評言は『原左氏傳』ではなくそこから制作された『春秋左氏經』成立とほぼ同時にそれに對應して編集された『左氏傳』に配置されたものである可能性が想定されるのである。

さて、このように、考察を進めてくると、「君子曰」の評言について、凡その傾向が窺えよう。それは次の三種に分類できるようである。

「君子曰」Ⅰ類…元來の列國史の「君子」卽ち史官の評言をほぼ襲うと見られるもの（2、7、8、10）

「君子曰」Ⅱ類…列國史の君子の評言を踏まえつつも『原左氏傳』編纂者の修辭化・論理化のなされているものや、『原左氏傳』編纂者の直接の論評と見られるもので、「君子謂」や「孔子曰」に修辭や思想において共通するもの（1、3、4、5、6、9）

「君子曰」Ⅲ類…部分的に列國史に由來する可能性は留保されるが、「君子曰」執筆者による潤色・附加がなされていると見られるもので、「仲尼曰」に思想的に共通し、さらには『春秋左氏經』制作（『左氏傳』編集）段階の成立の可能性が想定されるもの（11）

まずは、このような三種の類型を踏まえて、更に考察を進めてゆくこととしたい。

12［僖公九年］（左）冬。①十月。里克殺奚齊于次。〔晉〕②〈書曰「殺其君之子」、未葬也。〉③荀息將死之。人曰、「不如立卓子而輔之。」荀息立公子卓。以葬。十一月。里克殺公子卓于朝。荀息死之。〔晉〕④君子曰、「詩所謂、『白圭之玷、尚可磨也。斯言之玷、不可爲也。』荀息有焉。」《評》：君子曰はく、「詩（大雅・湯・抑）に所謂、『白圭の玷け《か》たる、尚磨くべきなり。斯の言の玷けたる、爲《おさ》むべからざるなり』と。荀息これ有り。」

九月（魯の僖公九年）に晉の獻公が卒し、里克らの大夫は亡命した重耳（晉の文公）を晉に納《い》れようとしていた。初め、獻公は荀息をして公子奚齊（獻公と驪姫の子）に傳たらしめ、自らの沒後に君位に立たせんとした。荀息は獻公に「臣其の股肱の力を竭くし、之に加ふるに忠貞を以てせん。其れ濟《な》れば君の靈なり。濟らざれば則ち死を以て之に繼がん」と答えた。冬十月に里克は奚齊を殺し、荀息も之に死せんとするが、或る人の言に從い卓子（驪姫の娣の子）を立て、奚齊を葬った。十一月に里克は公子卓を朝に殺したが、荀息はこの難に殉じて死んだ。これについての「君子曰」の論評は右の（書き下し文）の通り、荀息の獻公への言を「斯の言の玷けたる」ものとし、結局荀息はこの一言（特に傍線部）によって、奚齊にそして卓子に殉じて死んだのだと論評する。君への一言を死を以て全うした臣下への論評としては聊か冷淡とも言えよう。その理由は敵對する里克が晉の文公を亡命先から國に入れる大きな役割をしたことに由ろう。里克とは逆の立場で一言を守って死んだ荀息には冷淡な批評を爲すところに「君子曰」の評言者の立場が窺える。卽ち「君子曰」の評言者は晉の文公を宣揚する立場に立っていることが知られよう。したがって、この「君子曰」の評言はその内容や修辭から見て、晉史の君子の評言に由來し、『原左氏傳』編纂者もそれをほぼ襲っていると推定されよう。よってこの「君子曰」は先の分類で言えばⅠ類に相當しよう。

13［僖公十二年］〔左〕冬。①齊侯使管夷吾平戎于王、使隰朋平戎于晉。王以上卿之禮、饗管仲。管仲辭、曰、「臣賤有司也。有天子之二守、國・高在。若節春秋、來承王命、何以禮焉。陪臣敢辭。」王曰、「舅氏、餘嘉乃勳、應乃懿德、謂督不忘。往踐乃職、無逆朕命。」管仲受下卿之禮、而還。〔齊〕②君子曰、「管氏之世祀也、宜哉。讓不忘其上。詩曰『愷悌君子、神所勞矣。』」《評》：君子曰はく、「管氏の世々祀らるるや、宜《むべ》なるかな。讓りて其の上を忘れず。詩（大雅・文王・旱麓）に曰はく『愷悌の君子は、神の勞《ねぎら》ふ所なり』と。」

齊の桓公は、管夷吾に戎を周王に和睦せしめ、隰朋をして戎を晉に和睦せしめた。王は上卿の禮を以て、管仲を饗した。管仲はこれを辭退し、「臣は賤有司なり。天子の二守、國・高の在る有り。若し春秋を節して、來たりて王命を承くれば、何を以てこれを禮せん。陪臣敢へて辭す」と、齊には天子敕任の上卿である國氏・高氏が居り、陪臣である自分が上卿の禮を受けるわけにはいかないと言い、管仲は分相應の下卿の禮を受けて還った。これについて、「君子曰」の評言は、管氏の祭祀が世々絶えない（子孫が世々大夫として續いた）のはもっともだ、自らは謙讓して上位を立てることを忘れなかったのであるから、とし、「愷悌の君子は、神の勞《ねぎら》ふ所」の詩を引いて管仲を稱贊する。この「君子曰」の評言は、齊史の君子に由來し、『原左氏傳』編纂者もそれをほぼ襲っているものと見られる。したがって、この「君子曰」も先の分類で言えばⅠ類に相當しよう。また、齊史の君子が管氏を宣揚する一方で、管仲を使わした齊の桓公に全く言及の無いのが却って注目されよう。評言の君子は管仲に焦點を當てて、齊の桓公の功業には沈默している。ここにも、『原左氏傳』所載齊史の君子が姜齊の立場には冷淡であり、したがって陳氏の立場に近いことが窺えよう。

14［僖公二十年］〔左〕冬。①楚鬭穀於菟帥師、伐隨。取成而還。〔楚〕②君子曰、「隨之見伐、不量力也。量力而動、其過鮮矣。善敗由己、而由人乎哉。詩曰『豈不夙夜。謂行多露。』」《評》：君子曰はく、「隨の伐たるるは、力を量らざればなり。力を量りて動けば、其の過ち鮮し。善敗は己に由る、しかして人に由らんや。詩に曰はく『豈に夙夜せざらんや。行に露の多しと謂ふ』と。」

この年の秋に隨は漢東の諸侯を率いて楚に叛いた。冬に楚の鬭穀於菟は師を帥いて隨を伐ち、和睦（楚の主導による）をして還った。これについて、「君子曰」の評言は、隋が伐たれたのは己の力を量らずに動いたからである。事の善敗（成敗）は己に由るもので人に由るのではない。詩（召南・行露）に「夙夜にても行きたいが、行《みち》には露が多いと謂うので（行くのは無理だ）」と言うではないか。よくよく深慮して行動すべきであったのだ、と論評する。

この「君子曰」の評言は、楚史の君子の評言に由來しようが、必ずしも楚を宣揚するものではなく、傍線部の「善敗は己に由る、しかして人に由らんや」との人爲における自律的な因果應報の論理を説く句に見られるように、『原左氏傳』編纂者による一定の修辞化と論理化を經て成るものと見られる。そこには「天下（中國）」からする視點も窺えよう。よってこの「君子曰」は先の分類で言えばⅡ類に相當しよう。

15［僖公二十二年］〔左〕冬。①十一月。己巳。朔。宋公及楚人、戰于泓。宋人既成列。楚人未既濟。司馬曰、「彼衆我寡。及其未既濟也、請擊之。」公曰、「不可。」既濟而未成列。又以告。公曰、「未可。」既陳。而後擊之。宋師敗績。…。②丙子。晨。鄭文公夫人羋氏・姜氏、勞楚子於柯澤。楚子使師縉示之俘馘。〔鄭〕③君子曰、「非禮也。婦人送迎、不出門。見兄弟、不踰閾。戎事、不邇女器。」《評》：君子曰はく、「禮に非ざるなり。婦人の送迎は、門を出でず。兄弟に見ゆるに、閾を踰えず。戎事は、女の器を邇《ちか》づけず。」

楚はこの年の冬に宋の襄公と泓に戰い、大いにこれを敗った。歸途、鄭を過り、鄭の文公の二夫人が楚子（楚の成王）を柯澤（鄭の地）に勞《ねぎら》った。楚王は樂師の師縉に夫人達に俘（捕虜）と馘（切り取った敵の耳）を示させた。「君子曰」の評言は、これを「非禮なり」と批判し、禮における婦女子のありようを示して、戎事には女子の器物を近づけてはならず、俘馘は婦人に近づけてはならないとする。

この評言は、鄭史の君子に由來し、そこにおける「禮」による楚への批判はまた『原左氏傳』編纂者の立場とも重なり、ほぼ鄭史の君子の評言を襲うものと見られる。よってこの「君子曰」は先の分類で言えばⅠ類に相當しよう。

16［僖公二十四年］〔左〕秋。…。②鄭子華之弟子臧出奔宋。好聚鷸冠。鄭伯聞而惡之。使盜誘之。八月盜殺之于陳宋之閒。〔鄭〕③君子曰、「服之不衷、身之灾也。詩曰『彼己之子。不稱其服。』子臧之服不稱也夫。詩曰『自詒伊慼。』其子臧之謂矣。夏書曰『地平天成。』稱也。」《評》：君子曰はく、「服の衷《まこと》ならざるは、身の灾なり。詩（曹風・候人）に曰はく『彼の己《そ》の子。其の服に稱《かな》はず』と。子臧の服や稱はざるかな。詩（小雅・谷風・小明）に曰はく『自ら伊《こ》の慼《うら》みを詒《のこ》す』と。其れ子臧をこれ謂ふなり。夏書（逸書）に曰はく『地平かに天成る。』とは稱《かな》ふなり。」

鄭の子華（公子華）の弟の子臧（公子臧）は宋に亡命し、好んで鷸冠を聚めたが、鄭伯はこれを聞いて惡み、八月に盜をしてこれを陳宋の閒に殺させた。これについて、「君子曰」の評言は、服が相應でないのは身の災いである、と批判する。この評言は、鄭史の君子のそれに由來しようが、さらに『原左氏傳』編纂者の修辭化と論理化を經たものと見られ、禮に「稱《かな》ふ」ことの重要性が説かれる。特に夏書の引用は天地の調和とそれに基づく禮の調和の共通性を説くもので、左傳・昭公二十五年の趙簡子と子大叔の會話における「夫れ禮は天の經なり、地の義なり、民の行なり、天地の經にて民實に之に則る」との禮の理念との類似性が注目される所である。よってこの「君子曰」は先の分類で言えばⅡ類に相當しよう。

17［文公四年］〔左〕秋。①晉侯伐秦、圍邧新城。以報王官之役。〔晉〕②楚人滅江。秦伯爲之降服、出次、不擧。過數。大諫。公曰、「同盟滅。雖不能救、敢不矜乎。吾自懼也。」〔秦〕③君子曰、「詩云『惟彼二國。其政不獲。惟此四國。爰究爰度。』其秦穆之謂乎。」《評》：君子曰はく、「詩（大雅・皇矣）に云へらく『惟れ彼の二國。其の政は獲ず。惟れ此の四もの國。爰《ここ》に究《はか》り爰《ここ》に度《はか》る』と。其れ秦穆をこれ謂ふか。」

この年の秋、晉侯は秦を伐ち、邧（秦の邑）の新たな城を圍んだ。時に楚人は江を滅ぼした。秦伯穆公はこの滅ぼされた同盟國の爲に悼み、素服し、正寢を避けて出でて次《やど》り、盛饌を擧げなかった。その日數を過ぎても止めないのを大夫が諫めると、秦の穆公は「同盟滅べり。救ふ能はずと雖も、敢へて矜《あはれ》まざらんや。吾自ら懼るるなり」と、明日は我が身と自らを引き締めているのだと言った。これについて「君子曰」の評言は、二つの大國の政が亂れる時、周圍の諸侯は國政の行く末に深謀遠慮をめぐらすと詩に云うが、まさしく秦の穆公のことを謂うものだ、と稱贊している。評言に引用の詩の「二國」とはここでは暗に、晉・楚を指していよう。この評言は、秦史の君子の評言に由來するものと見られるが、やはり傍線部や詩の引用に見るように『原左氏傳』編纂者の修辭化の手を經ているものと見られる。よってこの「君子曰」は先の分類で言えばⅡ類に相當しよう。

18［文公六年］〔左〕夏。…。②秦伯任好卒。以子車氏之三子、奄息・仲行・鍼虎爲殉。皆秦之良也。國人哀之。爲之賦黃鳥。〔秦〕

③君子曰、「㈠秦穆之不爲盟主也、宜哉。死而棄民。先王違世、猶詒之法。而況奪之善人乎。詩曰『人之云亡、邦國殄瘁。』無善人之謂。若之何奪之。㈡古之王者知命之不長。是以竝建聖哲、樹之風聲、分之采物、著之話言、爲之律度、陳之藝極、引之表儀、予之法制、告之訓典、教之防利、委之常秩、導之以禮則、使毋失其土宜。衆隷賴之、而後卽命。聖王同之。今縱無法以遺後嗣、而又收其良以死。難以在上矣。」《評》：君子曰はく、「㈠秦穆の盟主たらざるや、宜《むべ》なるかな。死して民を棄つ。先王の世を違《さ》るや、猶ほ之に法を詒《のこ》せり。而るを況んや之が善人を奪ふをや。詩（大雅・蕩・瞻卬）に曰はく『人の云《ここ》に亡ぶる、邦國殄瘁す』と。善人無きをこれ謂ふなり。これを若何んぞ之を奪はん。㈡古の王者　命の長からざるを知る。是を以て聖哲を竝び建て、之が風聲を樹て、之が采物を分かち、之が話言を著し、之が律度を爲《つく》り、之が藝極を陳ね、之を表儀に引き、之に法制を予へ、之に訓典を告げ、之に防利を教へ、之に常秩を委ね、之を導くに禮則を以てし、其の土の宜しきを失ふ毋からしむ。衆隷之に賴り、而る後に命に卽く。聖王之を同じくす。今縱ひ法の以て後嗣に遺す無きも、而も又其の良を收め以て死するをや。以て上に在り難し。」

この年の夏、秦伯任好（穆公）が卒し、子車氏之三子、奄息・仲行・鍼虎などを殉死せしめた。皆秦の有爲の人材で國人はこれを悲しんで、黃鳥の詩（秦風）を賦し「我が良き人を殲《つ》くせり」と悼んだ。これについての「君子曰」の評言は右のように二段に分けられるようであり、㈠が先に出來て、㈡が附加されたものと見られる。㈠は秦穆が善人を奪って沒後の世の民を棄てた行爲を以て、盟主（霸者）たり得なかったのは當然であると批判する。㈡は、いま少し普遍的觀點から說いて、古の王者は聖哲の賢人の擧用とそれによる禮則を世に遺して、世を去ったものだとし、改めて秦穆が有爲の人材を殉死せしめて國力を奪った行爲を治者たり難き者と批判する。これらの評言は、特に㈠は秦史の君子の評言に由來し、これを『原左氏傳』編纂者が修辭化・論理化したものと見られ、一方、㈡は『原左氏傳』編纂者が㈠を踏まえてその禮思想をこれに附加したものと推定されよう。これらの禮思想は民への配慮や善人や賢人の擧用に由る禮治の思想であり。先の「君子謂」のA・B類の禮思想に相通ずるものと考えられる。結果的にはこの評言は、秦は「禮」の體現者たり得ないという評價となっていると言えよう。よって、この「君子曰」は先の分類で言えばⅡ類に相當しよう。

19［文公十三年］〔左〕夏。…。①邾文公卜遷于繹。史曰、「利於民而不利於君。」X邾子曰、「苟利於民、孤之利也。天生民、而樹之君、以利之也。民既利矣。孤必與焉。」左右曰「命可長也。君何弗爲。」Y邾子曰「命在養民。死生之短長、時也。民苟利矣、遷也。吉莫如之。」遂遷于繹。五月。邾文公卒。〔邾〕②君子曰、「知命。」《評》：君子曰はく、「命を知れり。」

邾の文公は、この年に遷都を卜して、「民に利ありて、君に利あらず」との占であったが、文公は「命は民を養ふに在り」として遷都を決行し、その五月に、卒する。これを「君子曰」は「命を知れり」と稱贊する。この君子の「命」がYの文を受けていることは明らかであろう。しかして、Yの「命」はまた、Xの「天　民を生じ、而して之が君を樹つるは、以て之を利せんとなり」における、「天」が「之（民）を利す」るために「君を樹つ」との新たな〈天—民—君〉という思想に由來しよう。これは、周王朝の〈天命—王命の秩序（天命は王がこれを受け、その王の命により秩序が成立する）〉の思想とは異質な、「天」と「民」の思想を含意する。したがって、「君子曰」の「命を知れり」とはこのような新たな天命思想における「命」の自覺を評價していることになろう。このような思想は、左傳・襄公十四年の晉侯に對する師曠（晉の樂師子野）の言に「天生民而立之君、使司牧之、勿使失性（天　民を生じて之が君を立て、之を司牧せしめ、性（生）を失ふ勿からしむ）。」とするものに相通ずる。そしてまた先述の「君子謂」C類の2の記事の鄭の莊公の言に見る新たな天命思想や、同2及び同20の評言の「民」を視野に入れた新たな禮思想などと相通ずるものである。

この「君子曰」の評言と關連傳文は、或いは邾史の記事に由來しようが、その上で『原左氏傳』編纂者の潤色を經たものと見られる。よって、この「君子曰」は先の分類で言えばⅡ類に相當しよう。

20［宣公二年］〔左〕二年。春。鄭公子歸生命于楚。伐宋。宋華元・樂呂、御之。二月。壬子。戰于大棘。宋師敗績。〔宋〕〔左〕①囚華元、獲樂呂、及甲車四百六十乘、俘二百五十人、馘百。〔鄭〕②狂狡輅鄭人。鄭人入于井。倒戟而出之。獲狂狡。〔宋〕③君子曰、「失禮、違命。宜其爲禽也。戎、昭果毅、以聽之、之謂禮。殺敵爲果、致果爲毅。易之戮也。」《評》：君子曰はく、「禮を失ひ、命に違ふ。宜しく其の禽と爲るべきなり。戎《いくさ》には、果毅を昭かにし、以て之を聽くを、これ禮と謂ふ。敵を殺すを果と爲し、果を致すを毅と爲す。之を易《か》へるは戮せらるるなり。」

この年の春に鄭は楚に命ぜられて宋を伐ち、宋師は敗北する。その戰の中で、宋の狂狡は鄭人を輅《むか》え伐ったが、鄭人が誤って井戸に陥ったのを、戟を倒して助け出したが、鄭人はその戟を奪い狂狡を殺した。「君子曰」の評言は、戦場では「敵を殺すを果と爲し、果を致すを毅と爲す」のであって、「果毅を昭かにし」將軍の軍令に從うのが、戦場の禮であるとし、狂狡はこの戦場の禮を失い軍令を違えたのであるから、敵に殺された（箋曰「獲猶殺也。」）のは當然である、と批判する。これは戎《いくさ》の禮を説く宋史の君子の評言に由來し、『原左氏傳』編纂者もそれをほぼ襲うものと言えよう。よって、この「君子曰」は先の分類で言えばⅠ類に相當しよう。

21［宣公四年］〔左〕春。…。楚人獻黿於鄭靈公。公子宋與子家將入見。子公之食指動。以示子家曰、「他日我如此。必嘗異味。」及入、宰夫將解黿。相視而咲。公問之。子家以告。及食大夫黿、召子公而弗與也。子公怒、染指於鼎、嘗之而出。公怒、欲殺子公。子公與子家謀先。子家曰、「畜老猶憚殺之。而況君乎。」反譖子家。子家懼而從之。〔鄭〕〔左〕夏。①弑靈公。〔鄭〕②〈書曰、「鄭公子歸生弑其君夷。」權不足也。〉③君子曰、「仁而不武。無能達也。」《評》：君子曰はく、「仁にして武ならざれば、能く達する無きなり。」

この年の夏に鄭の靈公が子家（公子歸生）と子公（公子宋）とに弑逆された。それは、この春に楚人が黿（大鼈《おおすっぽん》）を鄭の靈公に獻じ、子公と子家が靈公に見えんとした際に子公の食指が動き、異味にありつくを豫見し、果たして宰夫が黿を裁くのを見てなるほどと笑いあった。公がそのわけを問うと、子家がそれを説明した。すると黿を大夫にふるまうに及んで、靈公は子公を招いたが與えず、子公は怒り、指を鼎に染めてそれを嘗めて退出した。靈公が子公を殺さんとしたので、子公は子家に先手を打とうともち掛けると、子家は「老いた家畜を殺すのさえ憚られる、まして主君を手にかけるのは」とためらいを示すと、子公は逆に子家を逆心ありと靈公に讒言した。そこで子家はやむなく子公に從い靈公を弑したのであった。「君子曰」の評言は、この正卿である子家の煮え切らぬ對應を「仁にして武ならざれば、能く達する無きなり」と君主への惻隱は仁ではあるが、子公の弑逆の計を聞きこれを卽座に討たなかったのは武がなかったからであり、結局はその仁を達することができなかったのだと、批判している。

これは、鄭史の君子の評言に由來し、『原左氏傳』編纂者もこれを襲ったものと見られる。よって、この「君子曰」は先の分類で言えばⅠ類に相當しよう。

なお、②の解經文に示されるように、經文はこれを「鄭公子歸生弑其君夷。」と記すが、これは本研究の立場からすれば、この「君子曰」の論評の視點を踏まえて子家（公子歸生）の弑君の罪を記す經文が制作されたものと理解されるのである。

22［宣公十二年］〔左〕夏。六月。①晉師救鄭。荀林父將中軍、先穀佐之。士會將上軍、郤克佐之。趙朔將下軍、欒書佐之。趙括・趙嬰齊爲中軍大夫。鞏朔・韓穿爲上軍大夫。荀首・趙同爲下軍大夫。韓厥爲司馬。…。〔晉〕…。⑮是役也、鄭石制實入楚師。將以分鄭而立公子魚臣。辛未。鄭殺僕叔及子服。〔鄭〕⑯君子曰、「史佚所謂『毋怙亂』者、謂是類也。詩曰『亂離瘼矣、爰其適歸。』歸於怙亂者也夫。」《評》：君子曰はく、「史佚の所謂『亂を怙《たの》む毋かれ』とは、是の類を謂ふなり。詩（小雅・谷風・四月）に曰はく『亂離に瘼《や》めり、爰《いづ》くにか其れ適歸せん』と。亂を怙む者に歸するかな。」

この年の夏六月に晉は鄭を救う爲に軍を出し、邲に楚と戰い敗北する。この邲の役の原因は、實は鄭の石制が楚軍を鄭に引き入れ、鄭の半分を楚に與え、殘りの地に公子魚臣を立てて鄭君と爲し、自らが其の權を擅《ほしいまま》にせんとしたことに由るのであった。そこで、邲の役の後に鄭は僕叔（公子魚臣）と子服（石制）を殺した。これについて、「君子曰」は、史佚（古の史官）の謂う所の「亂を怙《たの》む毋かれ」とは、まさしくこういう類の事を謂うのである。詩に曰うには「亂離（亂とその禍）に民は病んでいる。いったいこれはどこに歸着するのか」と、やはりそれは亂を怙《たの》んで野心を實現せんとした者の身に歸着したことよ、と論評している。

この「君子曰」もやはり、鄭史の君子の評言に由來しようが、その上で『原左氏傳』編纂者の一定の修辭を經たものと見られる。ここに見られる「…也夫」は16、22、28、29、34、39、の「君子曰」の評言に共通してみられる句法である。よって、この「君子曰」は先の分類で言えばⅡ類に相當しよう。なお「史佚」（史官の名）の書については、成公四年の傳文に、魯の季文子の言として「史佚之志にこれ有り、曰はく『我が族類に非ざれば、其の心必ず異なる』と。」として引用されている。

23［宣公十三年］〔左〕夏。①楚子伐宋。以其救蕭也。〔宋〕②君子曰、「清丘之盟、唯宋可以免焉。」《評》：君子曰はく、「清丘の盟、唯だ宋のみ以て免るべし。」

この年の前年の冬、清丘（衞の地）において晉の原穀、宋の華椒、衞の孔達、そして曹人が同盟した。それは「病《へい》を恤《あはれ》み、貳《そむ》くを討たん」と誓うものであった。さて、この年の夏に楚王が宋を伐ったのは、蕭の楚に伐たれて病（疲弊）しているのを宋が救ったことへの楚の報復であった。今、宋が楚に伐たれて病しているというのに晉・衞は宋を恤もうとしない。これについて、「君子曰」の評言は、清丘の盟は、唯だ宋のみがその違約の罪を免れている、と論評して、宋を稱贊している。この「君子曰」は宋史に由來し、『原左氏傳』編纂者もほぼそれを襲っているものと言えよう。よって、この「君子曰」は先の分類で言えばⅠ類に相當しよう。

24［宣公十三年］〔左〕秋。赤狄伐晉、及清。先縠召之也。〔晉〕〔左〕冬。①晉人討邲之敗與清之師。歸罪於先縠而殺之、盡滅其族。〔晉〕②君子曰、「『惡之來也、己則取之。』其先縠之謂乎。」《評》：君子曰はく、「『惡の來たるや、己れ則ち之を取る』と。其れ先縠をこれ謂ふか。」

この年の冬、晉人は前年の邲の敗とこの秋の清の師とを討《ただ》し、邲では主戰派で戰端を開き、清の役では赤狄を召した先縠にその罪を歸してこれを殺し、その一族を族滅した。これについて、「君子曰」の評言は、「惡の來るのは、己れがつまりはその原因を作っているのだ」というが、まさしく先縠のことを謂うのであろう、と論評している。族滅という最惡の結果は、己に由るのだと君子の論評は先縠を突き放している。この「君子曰」の評言は、晉史の君子の評言に由來しようが、その上で傍線部に見るように『原左氏傳』編纂者の一定の修辭化と論理化を經ており、また14と同樣に人爲における自律的因果應報の論理が用いられている。よって、この「君子曰」は先の分類で言えばⅡ類に相當しよう。

25［成公二年］〔左〕冬。…。①十一月。公及楚公子嬰齊・蔡侯・許男・秦右大夫說・宋華元・陳公孫寧・衞孫良夫・鄭公子去疾及齊國之大夫、盟于蜀。〔魯〕②〈卿不書、匱盟也。於是乎、畏晉而竊與楚盟、故曰、「匱盟。」〉③〈蔡侯・許男、不書、乘楚車也。謂之失位。〉④君子曰、「位其不可不愼也乎。蔡・許之君、一失其位、不得列於諸侯、況其下乎。詩曰『不解于位、民之攸塈。』其是之謂矣。」《評》：君子曰はく、「位は其れ愼まざるべからざるか。蔡・許の君、一たび其の位を失へば、諸侯に列するを得ず、況んや其の下をや。詩（大雅・生民・假樂）に曰はく『位に解《おこた》らず、民の塈《いこ》ふ攸《ところ》』と。其れ是れをこれ謂ふなり。」

この年の前年秋に楚の共王が軍を發すると、王の戎車（戰車）の中央に楚王が立ち彭名が御となり、蔡の景公は左となり、許の靈公は右となり、同乘して行軍した。そしてこの年の十一月に、魯の成公が楚の公子嬰齊らと蜀（魯の地）に盟う際に、この二君も列國の大夫に肩を並べて楚の公子嬰齊の下位に同席した。これについて「君子曰」は、位というものは愼まなければならないものなのだ。蔡・許の君主は楚王の戎車に同乘して其の君主としての位を失い、諸侯に列することはできなくなった。ましてやその下位のものはいうまでもない。詩に「諸侯・卿士は位に懈《おこた》ることはない。民はそれによって安んずるのだ」というのは、まさにこのことをいうのである、と。位を愼まずしてこれを失った蔡・許の二君を批判する。これは魯史の君子の評言に由來しようが、その上で詩の引用や傍線部のように『原左氏傳』編纂者の一定の修辭の手を經たものと見られる。よって、この「君子曰」は先の分類で言えばⅡ類に相當しよう。

26［成公二年］〔左〕冬。…。⑦是行也、晉辟楚、畏其衆也。〔魯〕⑧君子曰、「衆之不可以已也、大夫爲政、猶以衆克、況明君而善用其衆乎。大誓所謂『商兆民離、周十人同。』者衆也。」《評》：君子曰はく、「衆の以て已むべからざるや、大夫すら政を爲さば、猶ほ衆を以て克つ、況んや明君にして善く其の衆を用ゐるをや。大誓（周書）に所謂『商の兆民は離れ、周の十人は同じい』とは衆なり。」

この年の楚王の北方の魯への遠征については、晉は楚を避けて兵を出さなかった。それは、楚の團結した衆を畏れたからである。これについて、「君子曰」の評言は、「團結した衆の抑えがたいのは、大夫でさえ政を爲す際に、衆をもってすれば克つ、まして明君にしてその團結した衆を善く用いれば、それは抑えがたい。大誓に『商は兆民だがばらばらで、周は十人だが同心だ』とは團結した衆のことである」と論評し、楚の衆の團結、それを率いる楚の共王を稱贊する。これは魯史の君子の評言に由來しようが、その上で大誓の引用や傍線部の表現など『原左氏傳』編纂者の一定の修辭の手を經ているものと見られる。よって、この「君子曰」は先の分類で言えばⅡ類に相當しよう。

27［成公七年］〔左〕七年。春。①吳伐郯。郯成。季文子曰、「中國不振旅。蠻夷入伐、而莫之或恤。無弔者也夫。詩曰『不弔昊天、亂靡有定。』其此之謂乎。有上不弔、其誰不受亂。吾亡無日矣。」〔魯〕②君子曰、「知懼如是、斯不亡矣。」《評》：君子曰はく、「懼れをしること是くの如きは、斯ち亡びざるなり。」

この年の春、吳が魯の隣國の郯を伐ち、郯は吳と和睦した。季文子は「中國の諸侯は武威が振るわず、吳などの蠻夷の國が中國に入ってこれを伐っても恤《あはれ》み救うものもない。なんと無情なことよ。詩（小雅・節南山之什・節南山）に曰うには「弔《あはれ》まざる昊天、亂定まること有る靡《な》し」と。まさしくこのことを謂うのであろうか。諸侯を弔《あはれ》まないお上（中國の霸者）では、だれが難を受けないでいられよう。吾らが亡ぶのもほどないことであろう」と。これについて、「君子曰」は、懼れを知ることがかように深刻であれば、さればこそ亡びないというものだ、と論評し、深刻に現狀を憂うる魯の季文子を却って稱贊している。

この「君子曰」は、魯史の君子の評言に由來しようが、魯史における季文子の言葉は「中國」というレベルからの「蠻夷」への憂慮の表明であり、かつその二箇所の傍線部には『原左氏傳』編纂者の常套的な修辭が用いられ、それに對する君子の評言となっている。この構造からみると、この君子の評言は、『原左氏傳』編纂者の手を經ているものと見てよいであろう。そして同編纂者は季氏を宣揚する意圖を有することが明らかに看取されるのである。よって、この「君子曰」は先の分類で言えばⅡ類に相當しよう。

28［成公八年］〔左〕春。…。①晉欒書侵蔡、遂侵楚、獲申驪。楚師之還也、晉侵沈、獲沈子揖初。從知・范・韓也。〔晉〕②君子曰、「從善如流、宜哉。詩曰『愷悌君子、遐不作人。』求善也夫。作人斯有功績矣。」《評》：君子曰はく、「善に從へば流るるが如し、宜《むべ》なるかな。詩（大雅・文王・旱麓）に曰はく『愷悌の君子、遐《なん》ぞ人を作《おこ》さざらんや』と。善を求むるかな。人を作《おこ》せば斯ち功績有らん。」

晉の欒書は蔡を侵し、遂に楚を侵し、楚の大夫申驪を捕獲した。また楚師の還る際に、晉は沈を侵し、その君主の沈子揖初を捕獲した。これらの作戰の成功は、楚と直接に干戈を交えずに戰果を擧げたもので、それは欒書が知莊子・范文子・韓獻子の言に從ったからであった。これについて、「君子曰」の評言は、善に從えば其の功を成すことは水の流れるように勞せざるものとなり、詩に「樂しく和ぐ君子は、どうして人を作《おこ》して用いぬことがあろうか」と曰うのは、善を求めるものであることよ、善人を作興して用いれば功績が齎されるのである、と論評し、晉の欒書の善に從うを稱贊する。「君子曰」のこの評言は、晉史の君子に由來しようが、その上で詩の引用や傍線部に見るように『原左氏傳』編纂者の修辭の手を經ているものと見られる。よって、この「君子曰」は先の分類で言えばⅡ類に相當しよう。

29［成公九年］〔左〕冬。十一月。楚子重自陳伐莒。圍渠丘。渠丘城惡。衆潰、奔莒。戊申。楚入渠丘。莒人囚楚公子平。楚人曰、「勿殺。吾歸而俘。」莒人殺之。楚師圍莒。莒城亦惡。庚申。莒潰。〔魯〕〔左〕①楚遂入鄆。莒無備故也。〔魯〕②君子曰、「恃陋而不備、罪之大者也。備豫不虞、善之大者也。莒恃其陋而不脩城郭、浹辰之閒、而楚克其三都、無備也夫。詩曰『雖有絲麻、無棄菅蒯、雖有姬姜、無棄蕉萃、凡百君子莫不代匱。』言備之不可以已也。」《評》：君子曰はく、「陋を恃みて備へざるは、罪の大なる者なり。備へ不虞に豫《あらかじ》めするは、善の大なるものなり。莒は其の陋を恃みて城郭を脩めず、浹辰の閒にして、楚その三都に克つは、備へ無きかな。詩（逸詩）に曰はく『絲麻有りと雖も、菅蒯を棄つる無かれ、姬姜有と雖も、蕉萃を棄つる無かれ、凡百の君子も匱に代はらざるは莫し』と。備への以て已むべからざるを言ふなり。」

この年の冬、楚は呉の淮水・泗水方面への進出に對抗して、楚の子重が陳より莒を伐ち渠丘を圍んだ。渠丘の城は防備が惡く、衆は散り散りになり莒に奔り、楚は渠丘に入城した。ついで楚師は莒を圍み、莒城も亦た防備が惡く衆が散り散りになり陷落した。そして遂に、楚は魯の邑である鄆を占領した。それは莒に備えが無かったことから、鄆も同様と判斷したからで、果たしてそうなったのであった。これについて、「君子曰」の評言は、「渠丘や莒のように陋を恃んで備えないのは、罪の大なるものであり、不虞（はからざる事態）に備えを豫《あらかじ》めするのは、善の大なるものである。短時日の閒に楚がこの地の三都（渠丘・莒・鄆）を攻略できたのは、なんと彼らに備えのなかったことよ」として、逸詩を引用して、備えを決して怠ってはならぬことを戒めている。この君子の評言は、魯史の君子の評言に由來しようが、その上で詩の引用や傍線部に見るように『原左氏傳』編纂者の一定の修辭の手を經ているものと見られる。よって、この「君子曰」は先の分類で言えばⅡ類に相當しよう。

30〔成公十年〕〔左〕十年。春。…。②鄭公子班聞叔申之謀。三月。子如立公子繻。〖鄭〗〔左〕夏。①四月。鄭人殺繻。立髡頑。子如奔許。〖鄭〗②欒武子曰、「鄭人立君。我執一人焉、何益。不如伐鄭而歸其君、以求成焉。」晉侯有疾。〖晉〗〔左〕①五月。晉立大子州蒲。以爲君。而會諸侯、伐鄭。〖晉〗②鄭子罕賂以襄鐘。子然盟于脩澤。子駟爲質。辛巳。鄭伯歸。〖鄭〗〔左〕①…。六月。丙午。晉侯欲麥。…卒。…。〖晉〗②鄭伯討立君者。戊申。殺叔申・叔禽。〖鄭〗③君子曰、「忠爲令德。非其人、猶不可。況不令。」《評》：君子曰はく、「忠は令德たり。其の人に非ざれば、猶ほ不可なり。況んや令《よ》からざるをや。」

前年秋、鄭伯が晉に行くと、晉は楚にも貳《ふたごころ》するものとして鄭伯を執《とら》えた。この年の春、鄭の公子班（子如）は叔申の謀を聞き、三月に公子繻を立てた。夏四月に鄭人はこの繻を殺し、髡頑を立てたので、子如は許に亡命した。晉の欒武子は、「鄭人がかってに君を立てており鄭伯を執えていても役に立たない。鄭を伐ってこの執えている君を歸し和睦を結ぶのが晉にとって影響力が殘りよかろう」と曰った。五月に晉は諸侯を會して鄭を伐ったので、鄭の子罕は鄭の襄公の廟鐘を賂として贈り、子然は脩澤に盟い、子駟は人質となり、かくて鄭伯は歸された。鄭伯は自身が執われている閒に君を立てた一件を討《ただ》し、首謀した叔申とその弟の叔禽を殺した。これについて「君子曰」の評言は、忠は僞り無き令《よ》き德である。その忠を盡くす相手（主君）が「其の人に非ず」であれば、（いくら臣下が令德でも）やはり達成されない。ましてや（臣下）自らにその令《よ》き德が無ければ、論外であろう、と鄭伯と叔申の雙方を厳しく論評している。この「君子曰」の評言は、鄭史の君子に由來し、『原左氏傳』編纂者もそれをほぼ襲うものと言えよう。よって、この「君子曰」は先の分類で言えばⅠ類に相當しよう。

31〔成公十四年〕〔經〕**秋。叔孫僑如如齊、逆女。**〔左〕秋。①宣伯如齊。逆女。〖魯〗②〈稱族、尊君命也。〉。〔左〕①九月、僑如

以夫人婦姜氏、至自齊。舍族、尊夫人也。〔魯〕②故君子曰、「春秋之稱、微而顯。志而晦。婉而成章。盡而不汙。懲惡而勸善。非聖人、誰能脩之。」《評》：君子曰はく、「春秋の稱、微にして顯なり。志《しる》せども晦なり。婉にして章を成す。盡くせども汙ならず。惡を懲らして善を勸む。聖人に非ずんば、誰か能く之を脩めん。」

この年の秋、魯の宣伯（叔孫僑如）は齊に行った。魯の成公の夫人となる齊女を逆《むか》える爲である。九月には、「僑如　夫人婦姜氏を以《ゐ》て、齊より至る」と夫人となる婦姜氏を連れて魯に歸ったことを記す。ここに「僑如」と名のみを記し、その族の「叔孫」を稱さぬのは、「族を舍きて、夫人を尊べばなり」であると魯史は記す。卽ち夫人を迎えて同行して歸る時は、魯公夫人を尊んで、「叔孫僑如」ではなく、「僑如」と名のみ稱したのだと言う。（他方、經には「叔孫僑如　齊に如《ゆ》き、女を逆ふ。」と書し、②の解經文に「族を稱するは、君命を尊べばなり。」と解説する。これは魯史の筆法を應用して經文を著したものと窺える。）

これについて、「君子曰」の評言は、「春秋の稱は、微妙であるが顯かであり、具《つぶさ》に志《しる》しても明瞭ではなく（わかりにくい）、婉曲な表現だが全體の意味は明らかであり、言い盡くしても迂曲では無い。かくして惡を懲らしめて善を勸めるものなのである。これは聖人でなければ、一體だれが（列國の史策から）このような書を修成しえようか」と、論評している。

これは、魯史（魯の春秋）の君子に由來するとの可能性も想定し得るが、その上でやはり、「聖人に非ずんば」との表現に鑑みると、『原左氏傳』編纂者により、その春秋テキスト卽ち『原左氏傳』の特色についての評言として整えられたもの、と考えるのが至當であろう。よって、この「君子曰」は先の分類で言えばⅡ類に相當しよう。

また、この「君子曰」の評言を春秋經に對するものとするには、「微而顯」はまだしも、「志而晦。婉而成章。盡而不汙」に對應させるのは無理であろう。この評言に無理なく對應するテキストは、『原左氏傳』という春秋テキストに他ならないと言えよう。

これに關連して44の「君子曰」に續く解經文（44②）には、これとは異質な春秋テキストが語られている。

是以春秋、書齊豹曰『盜』、三叛人名、以懲不義、數惡逆無禮。其善志也。故曰、『春秋之稱、微而顯、婉而辨。上之人能使昭明、善人勸焉、淫人懼焉。』是以君子貴之。（是を以て春秋は、齊豹を書して『盜』と曰ひ、三叛人は名いひ、以て不義を懲らしめ、惡逆無禮を數《せ》む。其れ善く志《しる》せるなり。故に曰はく、『春秋の稱、微にして顯、婉にして辨なり。上の人能く昭明ならしめば、善人これに勸み、淫人これを懼る』と。是を以て君子之を貴ぶ。）

ここで言う「春秋」は明らかに春秋經卽ち『春秋左氏經』を指している。その春秋經の特色を傍線部のように述べているのである。今これを、『原左氏傳』を指す春秋と對比して並べるとつぎのようになる。ここに二つの春秋テキストの特色がよく現われていよう。

『原左氏傳』の春秋：「春秋の稱、微にして顯なり。志《しる》せども晦なり。婉にして章を成す。盡くせども汙ならず。」

『春秋左氏經』の春秋：「春秋の稱、微にして顯、婉にして辨なり。」

この31及び下記の44の君子曰と解經文に關わる「春秋」の言及は、『原左氏傳』の春秋テキストから『春秋左氏經』のテキストが成立する過程を如實に示すものと言えよう。

32「襄公二年」〔左〕夏。①齊姜薨。初。穆姜使擇美檟、以自爲櫬與頌琴。季文子取以葬。〔魯〕②君子曰、「非禮也。禮無所逆。婦養姑者也。虧姑以成婦。逆莫大焉。詩曰『其惟哲人、告之話言、順德之行。』季孫、於是爲不哲矣。且姜氏君之妣也。詩曰『爲酒爲醴、烝畀祖妣、以洽百禮、降福孔偕。』」《評》：君子曰はく、「禮に非ざるなり。禮は逆らふ所無し。婦は姑を養ふ者なり。姑を虧きて以て婦を成す。逆 これより大なるは莫し。詩（大雅・蕩・抑）に曰はく『其れ惟れ哲人、之に話言を告ぐれば、德に順ひてこれ行ふ』と。季孫、是に於いて哲ならずと爲す。且つ姜氏は君の妣なり。詩（周頌・臣工・豐年）に曰はく『酒を爲り醴を爲り、祖妣に烝め畀へ、以て百禮を洽《あまね》くし、福を降すこと孔だ偕《あまね》し』と。」

この年、魯の先君成公の夫人齊姜が薨去した。初め、穆姜（魯の宣公の夫人）は美檟を擇ばしめて、以て自らの櫬（身に接する棺）と副葬の明器としての頌琴とをつくらせていた。季文子はこれを取って（時に穆姜は東宮に幽居していた）、それを齊姜の葬に用いた。

これについて、「君子曰」の評言は、「禮に非ざるなり」とし、そもそも禮は逆らう事の無いものである。婦は姑を養う者であり、姑を虧いて婦の爲の事を成すのは、逆らうこと、これより大なるはないとして、詩・抑の「そもそも哲人は、善言を告げれば、德に順って行うものだ」を引用し「季孫、是に於いて哲ならず」と嚴しく批判する。さらに、齊姜は襄公の亡き母（適母）であるとして、詩・豐年を引用し、手厚くすべき君の亡母の葬にこの非禮を行わせるのは不敬をなすものだ、と二重の非禮を暗に批判している。

この「君子曰」の評言は、魯史の君子の評言に由來し、『原左氏傳』編纂者もそれをほぼ襲っていると見られる。よって、この「君子曰」は先の分類で言えばI類に相當しよう。

なお、ここに魯の權臣の季文子への批判が「魯史」において爲されているところが注目されよう。

33［襄公四年］〔左〕秋。①定姒薨。不殯于廟。無櫬。不虞。匠慶謂季文子、曰、「子爲正卿、而小君之喪不成。不終君也。君長、誰受其咎。」初。季孫爲己樹六檟於蒲圃東門之外。匠慶請木。季孫曰、「略。」匠慶用蒲圃之檟。季孫不御。〔魯〕②君子曰、「志所謂『多行無禮、必自及也。』其是之謂乎。」《評》：君子曰はく、「志に謂ふ所の『多く無禮を行へば、必ず自らに及ぶなり』と。其れ是れをこれ謂ふか。」

この年、魯の襄公の實母の定姒が薨去した。季文子は定姒が側室で卑賤の出であったので、廟にては殯せず、櫬（内ひつぎ）もせず、虞祭も行わぬつもりであった。魯の大匠の匠慶が季文子に告げて曰うには、「あなたは國政を預かる正卿でありながら、公の夫人の喪もまともに行わないのであれば、君に事える道を全うするとは言えますまい。君（襄公）が成人すれば、一體（あなた以外の）誰が其の咎をうけましょうや」と。當初、季孫（季文子）は己の櫬の爲に六本の檟を蒲圃の東門の外に樹えていた。匠慶が定姒の櫬のために木を請うと、季孫は「略せよ」と答えた。そこで（季孫は「簡略にせよ」の意であったろうが、匠慶は「略取せよ」の意とわざと解して）季孫の蒲圃の東門の外の檟を用いた。季孫はもはや之を止めなかった（道理では逆らえぬので）。

「君子曰」の評言は、文に志《しる》すものの所謂『無禮を行うことが多ければ、必ず自らに無禮が及ぶであろう』とは、まさしくこの季孫のことを謂うのであろう、と因果應報の理を以て皮肉を込めて論評している。

この「君子曰」の評言は、魯史の君子に由來するものと見られるが、その上で先の14や24と同様の自律的な因果應報の論理を説くなど『原左氏傳』編纂者による一定の論理化と修辭化（傍線部）とが爲されたものと言えよう。よって、この「君子曰」は先の分類で言えばⅡ類に相當しよう。

34［襄公十三年］〔左〕夏。…。③荀罃・士魴卒。晉侯蒐于緜上。以治兵。使士匄將中軍。辭曰、「伯游長。昔臣習於知伯。是以佐之。非能賢也。請從伯游。」荀偃將中軍。士匄佐之。使韓起將上軍。辭以趙武。又使欒黶。辭曰、「臣不如韓起。韓起願上趙武。君其聽之。」使趙武將上軍。韓起佐之。欒黶將下軍。魏絳佐之。新軍無帥。晉侯難其人。使其什吏率其卒乘官屬、以從於下軍。禮也。晉國之民、是以大和。諸侯遂睦。〔晉〕④君子曰、「㈠讓、禮之主也。范宣子讓。其下皆讓。欒黶爲汰。弗敢違也。晉國以平。數世賴之。刑善也夫。㈡一人刑善、百姓休和。可不務乎。書曰『一人有慶、兆民賴之。其寧惟永。』其是之謂乎。周之興也、其詩曰『儀刑文王、萬邦作孚。』言刑善也。及其衰也、其詩曰『大夫不均。我從事獨賢。』言不讓也。世之治也、君子尚能而讓其下。小人

農力、以事其上。是以上下有禮、而讒慝黜遠。由不爭也。謂之懿德。及其亂也、君子稱其功以加小人。小人伐其技、以馮君子。是以上下無禮、亂虐並生。由爭善也。謂之昏德。國家之敝、恆必由之。」《評》：君子曰はく、「㈠ 讓は、禮の主なり。范宣子讓れば、其の下皆讓れり。欒黶 汰たるも、敢へて違はざるなり。晉國以て平かなり。數世之に賴る。善に刑《のっと》るかな。㈡ 一人 善に刑《のっと》れば、百姓休和す。務めざるべけんや。書（周書・呂刑）に曰はく『一人慶有れば、兆民之に賴《よ》る。其れ寧《やす》んじ惟れ永《とこしへ》なり』と。其れ是れをこれ謂ふか。周の興りしや、其の詩（大雅・文王之什・文王）に曰はく『文王に儀刑し、萬邦孚《まこと》を作す』と。善に刑《のっと》るを言ふなり。其の衰ふるに及ぶや、其の詩（小雅・谷風・北山）に曰はく『大夫均しからず。我れ事に從ひて獨り賢なるのみ』と。讓らざるを言ふなり。世の治まるや、君子は能を尙びてその下に讓る。小人は農に力め、以て其の上に事ふ。是を以て上下禮有り、而して讒慝は黜《しりぞ》け遠ざかる。爭はざるに由るなり。之を懿德と謂ふ。其の亂るるに及ぶや、君子は其の功を稱し、以て小人に加ふ。小人は其の技を伐《ほこ》りて、以て君子を馮《しの》ぐ。是を以て上下禮無く、亂虐並び生ず。善を爭ふに由るなり。之を昏德と謂ふ。國家の敝、恆に必ず之に由る。」

この年の夏、荀罃（知伯・知武子）・士魴が卒し、晉侯は緜上に蒐《かり》して、兵を治め、士匄（范宣子）を中軍に將たらしめんとした。范宣子はこれを辭退して「伯游（荀偃・中行偃）が年長であり、かつて臣は知伯（荀罃）に習い、したがってその佐を務めましたが、能く賢なるが故ではありません。伯游のもとで佐を務めたいと存じます」と言ったので、荀偃（伯游）を中軍に將たらしめ、士匄（范宣子）は之に佐となった。韓起を上軍に將たらしめんとすると、辭して趙武を薦めた。そこで欒黶（欒伯・欒桓子）を上軍に將たらしめんとすると、やはり辭退して、「臣は韓起に及びません。その韓起が趙武を薦めておりますので、ご主君、お聽き屆けください」と言うので、趙武を上軍に將たらしめ、韓起を之に佐となし、欒黶を下軍に將とし、魏絳を之に佐たらしめた。新軍には帥が無く、晉侯は其の人選は困難とし、其の什吏に其の卒乘官屬を率いしめたうえで、下軍に從わせた。これは禮に適うものである。晉國の民は、この布陣によって大いに和し、かくして諸侯とも睦まじくなった。

これについて、「君子曰」の評言は、右の書き下し文にも示すように、㈠、㈡の二層から成り、㈠が「讓」をテーマに論評するに對し、㈡は「善」を論じて「尙能（能をとうとぶ）」に及ぶ論評である。

㈠については、「讓は、禮の主なり」とし、范宣子が讓ったことにより晉の三軍の人材登用とその布陣が整い、人心が安定して、晉の國政が安泰に向かったことを稱贊する。㈡については、書の引用と共に「其是之謂乎」の常套的修辭も用いている。周の興亡盛衰を、文王の善に刑《のっと》る時には興り、大夫がその善を爭うようになると衰亡したとする。更に治世には「君子は能を尙びてその下に讓る」とし、これによって上下禮有りて爭わざるにいたることを、「懿德」とし、亂世には「君子は其の功を稱し以て小人に加ふ」とし、其の結果上下禮無く、亂虐並び生ずるに至るとし、それは君子が善を爭う故で、これを「昏德」という。

この議論を圖示すると次のようになる。これは君子の「德（不爭と爭）」により世の治亂が左右されることを論ずるものと言えよう。

世の治まるや　―君子尙能而讓其下　上下有禮、讒慝黜遠。由不爭也。これを懿德と謂ふ

その亂るるに及ぶや―君子稱其功以加小人　上下無禮、亂虐並生。由爭善也。これを昏德と謂ふ

したがって、「君子曰」の㈠は、治者の「讓」により一國の禮秩序が作動し、禮によって治世が齎されることを説く。禮論としてはオーソドックスな禮のあり方を説くもので、先の「君子謂」のA類のそれと對應しよう。一方㈡は、禮を作動させるものとしての「德」に焦點を移し、君子の德（善に刑り爭はず）により世の治亂が左右されることを論ずるもので、先の「君子謂」B類の思想と對應する。よって、この「君子曰」の㈠は先の分類で言えばⅠ類に相當し、また「君子曰」㈡は先の分類で言えばⅡ類に相當しよう。したがって、この「君子曰」の評言全體としてはⅡ類となる。

35［襄公二十二年］〔左〕秋。…。②九月。鄭公孫黑肱有疾。歸邑于公。召室老宗人、立段。而使黜官薄祭、祭以特羊、殷以少牢、足以共祀、盡歸其餘邑。曰、「吾聞之、生於亂世、貴而能貧、民無求焉、可以後亡。敬共事君與二三子。生在敬戒、不在富也。」己巳。伯張卒。〔鄭〕③君子曰、「善戒。詩曰『愼爾侯度、用戒不虞。』鄭子張、其有焉。」《評》：君子曰はく、「善く戒む。詩（大雅・蕩・抑）に曰はく『爾の侯度（君たるのり）を愼み、用て不虞（はからざる）を戒めよ。』と。鄭の子張、其れこれ有り。」

この年の九月、鄭の公孫黑肱（伯張・子張）は病を發したため、邑を鄭公に歸した。卽ち、室老や宗人を立ち合わせて、子の段を立て、家臣の數を減らし、祭祀を簡素にし、四時の祭祀は一羊を、殷祭には少牢（羊・豕）を用いて供するための邑のみを殘して他の邑は全て公に歸させた。そして「亂世に生きては、貴くして能く貧しければ、民はそれ以上を求めることは無く、他人の亡びよりも後れることができよう、と私は教えられた。敬《つつし》み共《うやうや》しく君と二三子に事えよ。生は敬戒に在り、富に在るのではない」と曰った。そして己巳に伯張は卒した。

これについて「君子曰」の評言は、善く子孫に戒めたものだ、詩に説く所の「侯度を愼み不虞を戒む」は、鄭の子張にそれを見ることができると、稱贊する。

この「君子曰」の評言は、鄭史の君子の評言に由來するもので、『原左氏傳』編纂者もほぼそれを襲ったものと見られる。よって、この「君子曰」は先の分類で言えばⅠ類に相當しよう。

36［襄公二十六年］〔左〕秋。…。①鄭伯歸自晉。使子西如晉、聘。辭曰、「寡君來煩執事。懼不免於戾。使夏謝不敏。」〔鄭〕②君子曰、「善事大國。」《評》：君子曰はく、「善く大國に事ふ。」

この年、晉は衞侯を執えていたが、鄭伯は齊侯と共に晉に行き、子展をして詩・鄭風・將仲子兮を賦せしめて巧みに晉侯にとりなしをすると、晉侯は衞侯を國に歸らしめた。鄭伯は晉より歸ると、直ちに子西を晉に聘禮に行かせ、「吾が君は、過日晉に參りまして執事を煩わせましたが、その節に戾《つみ》をまぬかれぬようなことも有りはせぬかと、夏（子西の名）をして不敏な點を謝りに來させました」と挨拶させたのであった。

これについて、「君子曰」の評言は「上手に大國に事へておるものだ」と論評し、鄭を稱贊（杜註「言鄭所以能自安。」）している。

この「君子曰」の評言は、鄭史の君子の評言に由來し、『原左氏傳』編纂者もほぼそれを襲っているものと見られる。よって、この「君子曰」は先の分類で言えばⅠ類に相當しよう。

37［襄公二十七年］〔左〕秋。①七月。戊寅。左師至。是夜也、趙孟及子晳盟、以齊言。庚辰。子木至自陳。陳孔奐・蔡公孫歸生至。曹・許之大夫皆至。以藩爲軍。晉楚各處其偏。伯夙謂趙孟、曰、「楚氛甚惡。懼難。」趙孟曰、「吾左還入於宋、若我何。」辛巳。將盟於宋西門之外。…。⑧宋左師請賞、曰、「請免死之邑。」公與之邑六十。以示子罕。子罕曰、「凡諸侯小國、晉楚所以兵威之。畏而後上下慈和。慈和而後能安靖其國家、以事大國。所以存也。無威則驕。驕則亂生。亂生必滅。所以亡也。天生五材。民並用之。廢一不可。誰能去兵。兵之設久矣。所以威不軌而昭文德也。聖人以興。亂人以廢。廢興存亡、昏明之術、皆兵之由也。而子求去之。不亦誣乎。以誣道蔽諸侯、罪莫大焉。縱無大討、而又求賞。無厭之甚也。」削而投之。左師辭邑。向氏欲攻司城。左師曰、「我將亡。夫子存我。德莫大焉。又可攻乎。」〔宋〕⑨君子曰、「『彼己之子、邦之司直。』樂喜之謂乎。『何以恤我、我其收之。』向戌之謂乎。」

《評》：君子曰はく、「『彼の己《そ》の子、邦の司直なり』（詩・鄭風・羔裘）と。樂喜をこれ謂ふか。『何を以て我を恤《つつし》ましむ、我れ其れ之を収めん』（下の句は周頌・清廟・維天之命）と。向戌をこれ謂ふか。」

この年、宋の向戌は、晉の趙文子と楚の令尹子木の雙方に親睦のあることから、諸侯の兵《いくさ》を弭《や》めさせて名を爲さんとし、諸侯を取り持って不戰の爲の國際會議を呼びかけ、晉、楚、齊の大國に赴き巧みに説得して了解を取り附け、次いで秦に告げ、そして他の小國にも告げて宋の地に列國を會し、和平の會議を調停した。秋七月に宋の西門の外に列國の諸侯の執政（大夫）が會して盟はんとし、晉と楚が先を爭ったが、晉は叔向の「德を務めて先を爭ふ無けん」の言により趙文子は楚を先にし、會盟が行われた。これにより宋の威信は大いにあがった。そこで、向戌は宋公に賞を請い、「免死（死罪を免れる特權）の邑を請はん」と曰った。公は邑六十を與えんとした。そこで向戌は司城の子罕（樂喜）にその賞牒を示すと、子罕は「凡そ諸侯の小國、晉楚の兵を以て之を威す所なり。畏れて後に上下慈和す。慈和して後に能く其の國家を安靖にし、以て大國に事ふるは、存する所以なり。威無ければ則ち驕り。驕れば則ち亂生ず。亂生ずれば必ず滅ぶるは、亡ぶる所以なり。天の五材を生ずるや、民並に之を用ふ、一を廢するも不可なり。誰か能く兵を去らん。兵の設くるや久し。不軌を威して文德を昭かにする所以なり。聖人以て興り。亂人以て廢す。廢興存亡、昏明之術は、皆兵にこれ由るなり。而るに子これを去らんと求む。亦た誣《し》ひざらんや。以て道を誣ひ諸侯を蔽ふ、罪これより大爲るは莫し。縱ひ大討無きも、而るに又賞を求む。厭く無きの甚しきなり」と曰って、賞牒の六十邑を削って消し、之を投げつけた。左師（向戌）は邑を辭退した。これを聞いた左師（向戌）の一族が恥辱として司城子罕（樂喜）を攻めようとすると、左師（向戌）は一族をたしなめてこう言った、「我將に亡びんとす。夫子　我を存せり。德これより大なるは莫し。又攻むべけんや」と。向戌は己の策の危うさをよく知っており、樂喜の批判を自らの驕りを正すものと悟ったのであった。

これについて、「君子曰」の評言は、宋の樂喜の「邦の司直」ぶりと、理非を正されて「我を恤《つつし》ましむ」とこれを受け入れる宋の向戌の二人の大夫を、詩を以て稱贊している。この「君子曰」の評言は、宋史の君子の評言に由來し、『原左氏傳』編纂者もそれをほぼ襲うものと言えよう。よって、この「君子曰」は先の分類で言えばⅠ類に相當しよう。

38［襄公三十年］〔左〕夏。…。①或叫于宋大廟。曰、「譆譆、出出。」鳥鳴于亳社、如曰譆譆。甲午。宋大災。宋伯姬卒。待姆也。〖宋〗〔左〕秘。…。⑤爲宋災故、諸侯之大夫會。以謀歸宋財。〖魯〗〔左〕冬。①十月。叔孫豹會晉趙武・齊公孫蠆・宋向戌・衞北宮佗・鄭罕虎及小邾之大夫、會于澶淵。既而無歸於宋。〖魯〗②〈故不書其人。〉③君子曰、「信、其不可不愼乎。」《評》：君

子曰はく、「信は、其れ愼まざるべからざるか。」

この年の五月、宋に災（杜註「天火曰災。」）卽ち大火があり、十月に、魯の叔孫豹は晉の趙武、齊の公孫蠆、宋の向戌、衞の北宮佗、鄭の罕虎、及び小邾の大夫と、澶淵（衞の地）に宋に財を贈ることを謀るのを名目にして會したが、結局は宋に何も贈らなかった。これについて「君子曰」の評言は、「信は、そもそも愼まなければならないものを」と諸侯の大夫の輕々しさと不信ぶりを率直に批判する。

この「君子曰」の評言は魯史に由來し、『原左氏傳』編纂者もそれをほぼ襲うものと見られる。よって、この「君子曰」は先の分類で言えばⅠ類に相當しよう。なお、「君子曰」の前後の解經文は、經成立時（もしくはその後）に「君子」の評言の意をも踏まえて附されたものと考えられる。

39［昭公元年］〔左〕夏。…。②莒展輿立。而奪羣公子秩。公子召去疾于齊。〔齊〕〔左〕秋。齊公子鉏納去疾。〔齊〕〔左〕展輿奔吳。〔齊〕〔左〕①叔弓帥師、疆鄆田。因莒亂也。〔魯〕②於是莒務婁・瞀胡及公子滅明、以大厖與常儀靡、奔齊。〔齊〕③君子曰、「莒展之不立。棄人也夫。人可棄乎。詩曰『無競惟人。』善矣。」《評》：君子曰はく、「莒展の立たざるは、人を棄つるかな。人棄つべけんや。詩（周頌・清廟・烈文）に曰はく『競《つよ》き無からんや惟れ人』と、善きなり。」

この年、莒の展輿が立ったが、多くの公子の秩を奪ったので、公子たちは、先に齊に亡命した去疾を齊から召した。そこで、この秋に齊の公子鉏は去疾を莒に納《い》れた。展輿はやむなく吳に亡命し、また地を以て齊に亡命するものも續出した。

これについて、「君子曰」の評言は、莒の展輿の君位がもたなかったのは、自らの蕃屏となる公子たちの秩祿を奪い、つまりは人を棄てたことに由るものだ。人は棄ててよいものだろうか、決してそうではない。詩（周頌・清廟・烈文）に「競《つよ》いものではないか人を得るということは」と曰うのは、まことにそのとおりである、と論評する。

この「君子曰」の評言は、齊史の君子の評言に由來しようが、その上で詩の引用や傍線部の「…也夫」に見るように、『原左氏傳』編纂者による一定の修辭化と論理化がなされていると理解される。よって、この「君子曰」は先の分類で言えばⅡ類に相當しよう。

40［昭公三年］〔左〕春。…。④初。景公欲更晏子之宅。曰、「子之宅近市。湫隘囂塵不可以居。請更諸爽塏者。」辭曰、「君之先臣容焉。臣不足以嗣之。於臣侈矣。且小人近市、朝夕得所求。小人之利也。敢煩里旅。」公笑、曰、「子近市、識貴賤乎。」對曰、「既利

之。敢不識乎。」公曰、「何貴、何賤。」於是、景公繁於刑。有鬻踊者。故對曰、「踊貴、屨賤。」既已告於君。故與叔向語而稱之。景公爲是省於刑。〔齊〕⑤君子曰、「仁人之言、其利博哉。晏子一言而齊侯省刑。詩曰『君子如祉。亂庶遄已。』其是之謂乎。」《評》：君子曰はく、「仁人の言、其の利博きかな。晏子一言して齊侯刑を省にす。詩（小雅・節南山・巧言）に曰はく『君子如《も》し祉《さいはひ》すれば、亂庶《ねが》はくは遄《すみやか》に已《や》まん』と。其れ是をこれ謂ふか。」

齊の景公が晏子の居宅を遷さんとしたとき、晏子は、市に近い今の居宅が便利だとの理由で辭退すると、市に近ければ物の値段は、今何が貴く何が賤《やす》いかと、景公が問うと、晏子は「足を切られたものがはく踊（義足）は買い手が多く貴くなり、一般庶民のはく屨《くつ》は逆に賤くなっております」と言うと、景公はこのために、刑を緩やかにして刖（足切りの刑）せられる者が少なくなるようにした。

これについて、「君子曰」の評言は、「仁人の言、其の利博きかな」と晏子の一言で景公が刑を緩やかにしたと、その利する所の博大なことを、詩を引用して稱贊し、また晏子に「仁人」との稱を許している。この「君子曰」の評言は、齊史の君子に由來し、その上で詩の引用や傍線部に見るように、『原左氏傳』編纂者の一定の修辭を經たものと理解される。よって、この「君子曰」は先の分類で言えばⅡ類に相當しよう。

41［昭公三年］〔左〕夏。①四月。鄭伯如晉。公孫段相。甚敬而卑。禮無違者。晉侯嘉焉。授之以策。曰、「子豐有勞於晉國。餘聞而弗忘。賜女州田、以胙乃舊勳。」伯石再拜稽首。受策以出。〔鄭〕②君子曰、「禮、其人之急也乎。伯石之汏也。一爲禮於晉、猶荷其祿。況以禮終始乎。詩曰『人而無禮、胡不遄死。』其是之謂乎。」《評》：君子曰はく、「禮は、其れ人の急なるか。伯石（公孫段）の汏なるや、一たび禮を晉に爲して、猶ほ其の祿を荷《う》く。況んや禮を以て終始するをや。詩（鄘風・相鼠）曰はく『人にして禮無くんば、胡ぞ遄《すみやか》に死せざらんや』と。其れ是をこれ謂ふか。」

この年の夏、鄭伯が晉に行く際に、公孫段（伯石）が相（しょう、補佐役）を爲し、甚だ敬《つつし》み深く禮に違うことはなかった。晉侯はこれを嘉して策を授け、州の田を賜わった。伯石は再拜稽首して策を受けて出た。これについて、「君子曰」の評言は、「禮とは人にとってなんと大事であることか。伯石（公孫段）の驕慢も、一たび禮を晉になせば、それだけで晉侯から祿を荷《う》けたのだ。まして日常から禮を以て終始すればそれ以上であろう。詩に曰うには『人であっても禮が無ければ、どうして遄《すみやか》に死なぬことがあろうか』と。まさにこの事を謂うのであろう」と、禮の重要さを論評している。ここにいう「禮」はやはりオーソドックスな禮（揖讓周旋の禮）の概念と言えよう。

この「君子曰」の評言は、鄭史の君子の評言に由來しようが、その上で詩の引用や傍線部に見るように、『原左氏傳』編纂者の一定の修辭化を經ているものと言えよう。よって、この「君子曰」は先の分類で言えばⅡ類に相當しよう。

42［昭公三年］〔左〕夏。…。③初。州縣欒豹之邑也。及欒氏亡、范宣子・趙文子・韓宣子、皆欲之。文子曰、「溫吾縣也。」二宣子曰、「自郤稱以別、三傳矣。晉之別縣不唯州。誰獲治之。」文子病之。乃舍之。二子曰、「吾不可以正議而自與也。」皆舍之。及文子爲政、趙獲曰、「可以取州矣。」文子曰、「退。二子之言義也。違義、禍也。余不能治余縣。又焉用州。其以徼禍也。君子曰、『弗知、實難。知而弗從、禍莫大焉。』有言州、必死。」豐氏故主韓氏。伯石之獲州也、韓宣子爲之請之。爲其復取之之故。〔晉〕：君子曰はく、「知らざるは、實に難し。知りて而も從はざるは、禍これより大なるは莫し。」

これは、鄭の大夫の公孫段に晉侯が州の田を賜わったことに關連しての記事であるが、「君子曰」の書法の形が、古來の史傳文における先人の言辭・教え・箴言等を引用する際の常套的な表現であったことを示しているものと考えられる。

當初、州は欒豹の邑であったが、欒氏が亡ぶに及び、范宣子・趙文子・韓宣子の皆がこれを欲した。趙文子が「州の屬する溫は吾が縣である。」というと、范宣子・韓宣子は「晉の大夫郤稱がこれ（州）を受けて以來、溫とは別れて三家に傳わってきた。晉が縣（直轄地）から別けてきた邑は唯だ州のみではない。一體誰がこれを治めることができよう。」と主張した。趙文子はこれを悩みこの件は差し置いた。二宣子も「我々の議論が正しいからと言って自分の邑にすべきではない。」と言い、二人とも差し置いた。趙文子が執政と爲るに及んで、その子の趙獲が「州を取るべきです」と言うと、趙文子は「退《さ》がれ。二宣子の言は義である。義に違《たが》うのは禍である。私は私の縣も治めることが出來ないのに又どうして州を用いようか。それは禍を招くようなものだ。君子の曰うには、『知らないのであれば解決は實に難しい。だが、知っていて從わないのは、禍としてこれほど大きなものは無い』と。州について言うものは命がないと思え」と言った。さて、鄭の公孫段の宗家の豐氏は晉に行くときは韓氏を主（滯在先）としていた。このたび、伯石（公孫段）が州を賜わったのも韓宣子がそのために晉侯に請うていたもので、伯石がやがて州を晉に還すときには韓氏がこれを取る魂膽であった。

この史傳文の趙文子の會話中の「君子曰」の評言は明らかに晉史に由るものと言えよう。これは、「君子曰」の元來の書法を窺うことのできる記事と言えよう。よって、この「君子曰」は先の分類で言えばⅠ類に相當しよう。

43〔昭公十九年〕☆2〔經〕夏。五月。戊辰。許世子止弑其君買。〔左〕夏。①許悼公瘧。五月。戊辰。飲大子止之藥、卒。大子奔晉。〔許〕②〈書曰、「止弑其君。」〉君子曰、「盡心力以事君、舍藥物、可也。」《評》：〈書して曰はく、「止 其の君を弑す」と。君子曰はく、「心力を盡くして以て君に事ふれば、藥物を舍《お》きて、可なり。」〉

この年の夏、許の悼公が瘧《おこり》を病み、五月戊辰に大子の止の藥を飲んだところ卒した。大子は自らが立つ爲ではないことを示すべく國を出て晉に亡命した。これについて經は「許の世子止 其の君買を弑す」と書し、これについて②の解經文が經を引用したうえで「君子曰」の評言を記している。したがってこの「君子曰」は解經文としての評言であり、經へのコメントとなる、世子止の行爲を弑君とするに對し、君子曰は「心力を盡くして君に事えているのであるならば、主君の爲に藥を供しても、それは許されよう」と論評し、大子を擁護している。いわば、藥に據る「弑君」を免責する論理が提起されていると言えよう。この評言のキイワードである「心力を盡くし」という語は微妙な概念であり、春秋期は、例えば「秦將に心を生ぜんとす」（文公七年）、「其の心を逞しくして以て其の毒を厚くす」（昭公四年）のように、「心」は必ずしも善を擔保する概念ではない。この用語は『左傳』ではここにのみ用いられており、このように「心力を盡くす」ことを無前提に是認するという思想は、『原左氏傳』の思想に比しては新しいものと見られる。これは解經文の「君子曰」であることと併せ考えれば、この評言は、藥を用いる「弑君」に免責の論理を提供する點で、新興勢力、とりわけ田齊（左傳・哀公十四年「夏。六月。…。甲午。齊陳恆弑其君壬于舒州。」）を利するものであることが、注目される所であろう。

よって、この「君子曰」の評言は、『原左氏傳』から『春秋左氏經』が制作された際に解經文として『左氏傳』に配置された文と推定され、先の分類で言えばⅢ類に相當するものと考えられる。そして陳氏（田齊）の立場に立つ評言と見られるのである。

44〔昭公三十一年〕◇6〔經〕冬。黑肱以濫、來奔。〔左〕冬。①邾黑肱以濫、來奔。〔魯〕②〈賤而書名、重地故也。君子曰、「名之不可不愼也、如是。夫有所有名而不如其已。以地叛、雖賤必書地、以名其人。終爲不義、弗可滅已。是故、君子動則思禮、行則思義。不爲利回、不爲義疚。或求名而不得、或欲蓋而名章、懲不義也。齊豹爲衞司寇、守嗣大夫。作而不義、其書爲『盜』。邾庶其、莒牟夷、邾黑肱、以土地出、求食而已。不求其名、賤而必書。此二物者所以懲肆而去貪也。若艱難其身、以險危大人、而有名章徹、攻難之士將奔走之。若竊邑、叛君、以徼大利而無名、貪冒之民將寘力焉。是以春秋、書齊豹曰『盜』、三叛人名以懲不義、數惡逆無禮。其善志也。故曰、『春秋之稱、微而顯、婉而辨。上之人能使昭明、善人勸焉。淫人懼焉。』是以君子貴之。」《評》：

〈賤《いや》しけれども名を書するは、地を重んずる故なり。君子曰はく、「名の愼まざるべからざるや、是くの如し。夫れ名有れども其の已むに如かざる所有り。地を以《ゐ》て叛けば、賤しと雖も必ず地を書し、以て其の人を名いふ。終に不義は、滅すべからずと爲すのみ。是の故に、君子は動けば則ち禮を思ひ、行へば則ち義を思ふ。利の爲に回《よこしま》ならず、義の爲に疚《やま》しからず。或いは名を求むれども得ず、或いは蓋はんと欲すれども名章《あきら》かなるは、不義を懲らしむるなり。齊豹は衞の司寇と爲りて、守嗣の大夫たり。作《な》して義ならざれば、其の書するや『盜』と爲す。邾庶其、莒牟夷、邾黑肱は、土地を以て出でて、食を求むるのみ。其の名を求めざれば、賤しけれども必ず書す。此の二物は肆を懲らしめて貪を去る所以なり。若し其の身を艱難にして、以て大人を險危し、而して名の章徹する有れば、攻難の士は將に之に奔走せんとす。若し邑を竊み、君に叛き、以て大利を徼《もと》めて名無ければ、貪冒の民は將に力をここに寘かんとす。是を以て春秋は、齊豹を書して『盜』と曰ひ、三叛人は名いひ、以て不義を懲らしめ、惡逆無禮を數《せ》む。其れ善く志《しる》せるなり。故に曰はく、『春秋の稱、微にして顯、婉にして辨なり。上の人能く昭明ならしめば、善人これに勸み、淫人これを懼る』と。是を以て君子之を貴ぶ。」〉

この年の冬、邾の黑肱が濫の地を以《ゐ》て、魯に來奔した。黑肱は命卿（天子の命による卿）ではないが、魯史及び經にその名を記すのは、その齎した地を重んずるからである。この解經の文をふまえて、「君子曰」は、「名の愼まなければならないのは、ここに示されるとおりである。そもそも名は、顯れるよりも顯れないほうがよい場合がある。地を伴って叛逆すれば、位が賤しくとも必ず地を記してその人の名を言うのである。この場合は名は顯れないほうがよいかもしれぬが、その行爲を結局は不義であり、何もなかったことには決してしてはならないとするからである」と、論評する。更に、二重傍線部に示されるように經を引用して解經しつつ、「名」の問題について論を展開する。したがって、この「君子曰」は、解經文を含むものであり同時に一つの解經文をも構成しているから、經成立後の「君子曰」の評言となり、先の分類におけるⅢ類に相當する。

されば、この「君子曰」は、經制作者及び左氏傳編集者が「君子」を以てその評言を記したものと考えられ、43と同じく「君子曰」のなかでは最も新しい層における評言と言えよう。その評言に於いて「名」による襃貶の論理が語られている點が注目される。先にも考察したようにこの「名」の思想こそ經制作のメカニズムを理解する鍵となるものと考えられるのである。

ここで君子は「是の故に、君子は動けば則ち禮を思ひ、行へば則ち義を思ふ。利の爲に回《よこしま》ならず、義の爲に疚《やま》しからず。或いは名を求むれども得ず、或いは蓋はんと欲すれども名章かなるは、不義を懲らしむるなり。齊豹は衞の司寇と爲りて、守嗣の大夫たり。作して義ならざれば、其の書するや『盜』と爲す。邾庶其、莒牟夷、邾黑肱は、土地を以て出でて、食を求むるのみ。其の名を求めざれば、賤しけれども必ず書す。此の二物は肆を懲らしめて貪を去る所以なり」と言う。

先述のようにここには春秋の經の「名」の筆法に二種あることを述べるものと言えよう。改めてそれを圖示すると次のようである。

甲：衞の齊豹の類―作して名を求む　　　　　　　　　　―「盜」と書して名を消す―不義を懲らしむ

乙：三叛人の類　―名の蓋われるを欲す（食を求めて名を求めず）―その名を書して章か　―不義を懲らしむ

甲は名を求むる故に「盜」と書して名を消し、乙は實利を求めて名は覆われんことを欲するが故に逆に名いう、いずれも「名」によって筆誅を加えんとする論理がここに明らかにされる。これが經における「名」の思想である。

その上で、君子は「故に曰はく、『春秋の稱、微にして顯、婉にして辨なり。上の人能く昭明ならしめば、善人これに勸み、淫人これを懼る』と。是を以て君子之を貴ぶ」と言う。この「春秋」が經としての春秋を指すことは、もはや疑いを容れない所と言えよう。これは、先の31の「春秋」が『原左氏傳』を指して言うものであるのとは、まさに對照的と言えよう。

ここに二種の「春秋」が、一つは『原左氏傳』の編纂者としての君子（31）によって、もう一つは『春秋左氏經』制作者（『左氏傳』編集者）の君子（44）によって、夫々表明されているのである。

45［定公八年］〔左〕夏。…。①　…。②晉師將盟衞侯于鄟澤。趙簡子曰、「羣臣誰敢盟衞君者。」涉佗・成何曰、「我能盟之。」衞人請執牛耳。成何曰、「衞、吾溫・原也。焉得視諸侯。」將歃。涉佗捘衞侯之手、及捥。衞侯怒。王孫賈趨進、曰、「盟、以信禮也。有如衞君、其敢不唯禮是事而受此盟也。」〔晉〕（定公十年）〔左〕夏。…。①晉趙鞅圍衞。…。乃退。反役。晉人討衞之叛故。曰、「由涉佗・成何。」於是乎、執涉佗。以求成於衞。衞人不許。晉人遂殺涉佗。成何奔燕。〔晉〕②君子曰、「此之謂弃禮。必不鈞。詩曰『而無禮、胡不遄死。』涉佗亦遄矣哉。」《評》：君子曰はく、「此をこれ禮を弃つと謂ふ。必ず鈞しからず。詩（鄘風・相鼠）に曰はく『人にして禮無くんば、胡ぞ遄《すみやか》に死せざらんや』と。涉佗も亦また遄なるかな。」

魯の定公八年、晉師は衞侯と鄟澤に盟《ちか》わんとし、衞君との盟約の相手に晉の大夫の涉佗・成何を當たらせた。衞人が牛耳を執らんと請うと成何は「衞は、晉の縣の溫・原のようなもので、どうして諸侯なみに扱えようか」と拒絶し、盟において將に血を歃《すす》らんとすると、涉佗は衞侯の手を捘《お》し、血が衞侯の捥《うで》にまでかかった（杜註「血至捥也。」）。衞侯は怒り、衞の王孫賈は趨り進んで、「盟においては、禮は誠實になされるものです。衞君の如き（賢君）におかれましては、どうしてただ禮を事としてこの盟を受けないなどということがありましょうや。（しかし、かくまでのことは）」と曰って言外に抗議した。かくして衞は晉に叛き、やがて晉は衞を伐つ。定公十年、晉の趙鞅は衞を圍んで、その城門を攻擊し、やがて軍を退《ひ》いた。この役より歸ると、晉人は衞の叛く故を討《ただ》したが、「涉佗・成何に由るものだ」との結論となった。ここにおいて、晉は涉佗を執えたうえで、和睦を衞に求めたが、衞人は許さず。晉人は遂に涉佗を殺した。成何は燕に亡命した。

この顚末について、「君子曰」の評言は、「これこそ禮を棄てるというものだ。ただ涉佗と成何の罪は等しくはない。詩に『人であっても禮が無ければ、どうして遄《すみやか》に死なぬことがあろうか』と曰うが、涉佗は（罪が重く）なんと遄な死となったものよ」と論評し、人における禮の重大さを說いている。もとよりここに說く「禮」はオーソドックスな揖讓周旋の禮である。

この「君子曰」の評言は、晉史の君子の評言に由來するもので、『原左氏傳』編纂者もほぼそれを襲うものと言えよう。よって、この「君子曰」は先の分類で言えばⅠ類に相當しよう。

46〔哀公十八年〕〔左〕十八年。春。…。②巴人伐楚、圍鄾。初。右司馬子國之卜也、觀瞻曰、「如志。」故命之。及巴師至、將卜帥。王曰、「寧、如志。何卜焉。」使帥師而行。請承。王曰、「寢尹・工尹、勤先君者也。」三月。楚公孫寧・吳由于・薳固敗巴師于鄾。故封子國於析。〔楚〕③君子曰、「惠王知志。夏書曰『官占唯能蔽志、昆命于元龜。』其是之謂乎。志曰『聖人不煩卜筮。』惠王其有焉。」《評》：君子曰はく、「惠王志《こころざし》を知れり。夏書（大禹謨）に曰はく『官占は唯だ能く志を蔽《さだ》め、昆《のち》に元龜に命ず』と。其れ是をこれ謂ふか。志《し》に曰はく『聖人は卜筮を煩はさず』と。惠王其れこれ有り。」

この年の春、巴人が楚を伐ち鄾を圍んだ。當初、右司馬子國について卜すると、開卜大夫の觀瞻が「志《こころざし》の通りです」と曰ったので、子國を右司馬に命じた。巴師が至るに及んで、將に帥（將軍）を卜せんとすると、王が「さきの寧（子國の名）の卜は、志の通りということであった。どうしてこれをまた卜することがあろうか」と、師を帥《ひき》いて行かせた。子國が承（佐官）を請うと、王は「寢尹と工尹は、先君のもとでよく勤めた者だ」として二人を任用した。三月、楚の公孫寧・吳由于・薳固は巴師を鄾に敗った。そこで、子國を析に封じた。これについて、「君子曰」の評言は、惠王は志《こころざし》というものをよく知っている。夏書（大禹謨）に曰うには「官の占いはただしっかりと志を蔽《さだ》め、その昆《のち》に元龜に命ずるものだとある。まさにこの事を謂うのであろう。先人の志に曰《し》うには「聖人は卜筮を煩わして何度も占ってそれにたよることはない」と。惠王はまさにこの通りである、と論評して、人の志を主とし卜筮を従とする楚の惠王を稱贊している。

この君子曰の評言は、楚史の君子の評言に由來しようが、その上で『原左氏傳』編纂者の一定の修辭化（傍線部・波線部や夏書の引用）を經たものと言えよう。よって、この「君子曰」は先の分類で言えばⅡ類に相當しよう。なお、波線部の「惠王其れこれ有り」の評言は先の12（Ⅰ類）の「苟息これ有り」にも見られるが、ここではそれに傍線部の表現をも併用するに至っており、修辭化の進展を窺わせるものと言えよう。

以上の考察から、「君子曰」の評言は、第一には『原左氏傳』に收載される列國史の元來の君子の評言を採る形で、『原左氏傳』に收載され、その際に、ほぼそれを襲うもの（Ⅰの段階）があり、これらは傳統的な禮の立場からの「非禮」への批判と「禮」に伴う「德」、例えば「忠」「信」「忠信」「讓」「戒」などについて論評がなされている。また第二には『原左氏傳』編纂者の手で修辭化や論理化がなされたものや直接的な論評のもの（Ⅱの段階）があり、これらは傳統的な「禮」やそれに伴う「德」を踏まえつつ新たな禮思想や天命思想や自律的な因果應報の論理を以て論評が展開されている。さらに第三には新たな「德」や「名」の思想を展開するものや、『春秋左氏經』制作者（『左氏傳』編集者）に據る解經を伴う評言（Ⅲの段階）がある。

したがって、「君子曰」の評言の三類型については、以上の考察を踏まえて、次のようにまとめられる。

「君子曰」Ⅰ類…元來の列國史（魯、鄭、晉、宋、齊、楚等）の「君子」卽ち史官の評言をほぼ襲うと見られるもの（2、7、8、10、12、13、15、20、21、23、30、32、35、36、37、38、42、45、の十八例）。

「君子曰」Ⅱ類…列國史の君子の評言を踏まえつつ、『原左氏傳』編纂者の修辭化・論理化や直接の論評のなされているもので「君子謂」や「孔子曰」に修辭や思想において共通するもの、魯の季氏や晉の趙氏・韓氏や齊の陳氏の立場に重なる（1、3、4、5、6、9、14、16、17、18、19、22、24、25、26、27、28、29、31、33、34、39、40、41、46、の二十五例）。

「君子曰」Ⅲ類…『春秋左氏經』制作者（『左氏傳』編集者）の手に據るもので、「仲尼曰」に思想的に共通し、魏氏や陳氏（田齊）の立場に立つ（11、43、44、の三例）。

その上で、第四章における評言類と春秋テキストとの關係を一覧にすると次のようになる（ⅰ～ⅲは時系列的に展開する）。

ⅰ、列國史（列國の春秋）の段階の評言　―君子以爲、君子曰Ⅰ類、君子謂Ａ類とＣ類の一部（10・20）

ⅱ、『原左氏傳』（左氏春秋）の段階の評言―君子是以知、孔子曰、君子謂、君子曰Ⅱ類…趙氏・韓氏や魯の季氏や齊の陳氏の立場

ⅲ、『春秋左氏經』と『左氏傳』の段階（『原左氏傳』から『春秋左氏經』が制作され、その傳として『原左氏傳』が解經文や附加傳文を伴い『左氏傳』に再編集された段階）の評言　―仲尼曰、君子曰Ⅲ類…魏氏及び陳氏の立場

以上の本書の考察から明らかとなる、春秋テキストの展開の構圖は次のようにまとめられる。

Ⅰ　列國史としての春秋：魯の春秋、晉の乘、楚の檮杌、周の春秋、燕の春秋、宋の春秋、齊の春秋など

Ⅱ　『原左氏傳』の編纂：「天下の春秋」（晉の趙氏・韓氏や魯の季氏や齊の陳氏など當代の政治的勝者の立場に立つ編纂者）

Ⅲ　『原左氏傳』からの『春秋左氏經』の制作と『左氏傳』の編集（魏氏及び陳氏の立場に立つ編纂者）

なお、Ⅲの次の段階に於いて「春秋左氏經」からの「穀梁經」「公羊經」型テキストの成立が齊の陳氏（田氏）への對應とのかかわりにおいて成立し、その註釋としての「原穀梁傳」及び「原公羊傳」が成立したものと想定されることは第一章（一）において論じた所である。

また、拙著『戰國思想史研究――儒家と墨家の思想史的交渉――』の第二部第二章「左傳の資料的性格」の舊考の議論について、本書の考察結果と出入する場合は、本書の考察結果を以て、舊考の見解を改めるものである。

さて、ここで上來の考察から浮かび上がる時代區分論的視點からの展望について一言しておきたい。從來の東周の時代區分は、教科書的には五霸の春秋時代と七雄の戰國時代（BC四〇三年以降）とに二分するのであるが[9]、これは春秋時代の政治史的發展を把握するにはむしろ不合理な區分である。なぜなら春秋の霸者である齊の桓公（在位BC六八五～六四三年）、晉の文公（在位BC六三七～六二八年）、楚の莊王（在位BC六一三～五九一年）の三者で實質的には五霸の時代卽ち諸侯の時代は終わり、その後は列國の執政が主役の時代となるからである。成公二年（BC五八九年）の左傳に齊の賓媚人が晉人に「五伯の霸たるや勤めて之を撫し以て王命に役せり」と語っている。この編纂者の認識では、この頃には「五伯」が出揃っていたことになろう。それに該當するのは、齊桓・秦穆・晉文・晉襄（宋襄ではない）・楚莊と考えられる（周知のように後漢の趙岐は齊桓・晉文・秦穆・宋襄・楚莊を五霸としている）。楚の莊王は魯の宣公十八年（BC五九

一年）に沒している。この「五伯」の主たる者は、やはり齊桓・晉文・楚莊の三霸者となろう。そして上來の考察の示すように春秋から戰國への移行期に『原左氏傳』という「天下の春秋」が編纂された背景には五霸でも七雄でもなく、晉の趙氏や韓氏や魏氏、魯の季氏、齊の陳氏などの列國執政の勢力が存在したことに鑑みれば、東周という時代はこれを三分して春秋三霸時代（東周初～齊桓・晉文・楚莊の時代）―列國執政時代（BC五九〇～BC三七六年晉滅）―戰國時代という時代區分が合理的であると考えるのである。あるいは列國執政時代は晉の趙盾の專權（BC六二〇年）から數えることも可能であろう。その場合は春秋二霸時代（齊桓・晉文）のあとに列國執政卽ち「民の主」の時代が來ることになる。そしてこの「民の主」の時代卽ち〈列國執政時代〉を背景に『原左氏傳』が登場するのである。

【註】

(1) 拙著『戰國思想史研究―儒家と墨家の思想史的交渉―』（平成十六年（二〇〇四）五月、朋友書店）第二部「『左傳』の「命」の思想」第一章「周初から戰國期に至る「命」の概念の展開と「非命」」及び同第三章「『左傳』所收の「命」の思想」の三「周の秩序規範としての「命」のヒエラルヒー」等參照。
(2) 前揭拙著第二部「『左傳』の「命」の思想」參照。
(3) 前揭拙著第五部「孟子の仁義說と墨家」參照。
(4) 前揭拙著第二部第二章「『左傳』の資料的性格」三九二頁。
(5) 同右三九二頁。
(6) 同右三九四～三九六頁。
(7) 同右四一三頁。
(8) 前揭拙著第二部第三章「『左傳』所收の「命」の思想」參照。
(9) ここに「教科書的」通說として、貝塚茂樹『中國の歷史』上（全三冊）（岩波新書、一九六四年、岩波書店）より、次の一文を擧げておきたい。「東周はふつう前期の春秋と後期の戰國の二時代に分けられる。…。『春秋』は前七二二年に始まり前四八一年に終っているから春秋時代も本來からいうと、この期間に限るべきであるが、上は前七七〇年の周王朝の東遷までさかのぼらせるとともに下は司馬遷の『史記』の十二諸侯年表のように前四七七年までをふくめさせるなど、いろいろの說がでている。『史記』は春秋にすぐついで前四七六年から秦帝國の滅亡の前二〇七年まで六國、つまり戰國時代をたてている。春秋と戰國との境をいつにおくかは、とくに時代區分上の大問題となっている。春秋列國中の强國である晉國が韓・魏・趙の三國に分裂し、それが東周王朝から正式に承認された前四〇三年を戰國の始めとする説が今までもっとも有力であった。」（同上一〇三頁）

第五章

（一）『春秋左氏經』の作經原則としての〈凡例〉について

上來の考察を踏まえて『春秋左氏經』の作經原則としての「名」の思想について、先に述べたように「名」の思想を書法において具體的に展開する〈凡例〉を手がかりとして考察を進めてゆきたい。今本『左傳』には「凡そ…」で始まる所謂凡例は四十九條五十例が確認される（通常「五十凡」とも稱せられるが、宣公十七年の二凡は同一文であり、次の四十九條となる）。

この四十九條の凡例內譯を十二公各期について一覽にすると、次のようになる。

隱公期　3條、桓公期　5條、莊公期　10條、閔公期　0條、僖公期　9條、文公期　7條、
宣公期　6條、成公期　4條、襄公期　3條、昭公期　1條、定公期　1條、哀公期　0條、

文公期までの前半に34條（そのうち最初の三代が18條）、後半は15條と前半に多く作成されていることがわかる。

なお、『左傳』には「凡そ」の書き出しの語は用いないが、事實上の「凡例」と見做し得るものが六例（隱元年、桓十五年・十七年、僖二十五年、文十五年（2）の六例）あり、これらは凡例の登場する前段階の凡例的メタ言語としての形態を示すものと位置附けられる（第二部參照）。やはりこれらは十二公の前半に見られる。

さて、ここでは右の四十九條の凡例を網羅的に提示して檢討を加えてゆくことにより、作經原則について考察してゆくこととしたい。四十九條については以下に1～49の通し番號を附して順示擧げてゆく（以下の引用文とその四種類型文を示す◇◆☆◎の記號とそれに附した番號等はいずれも本書第二部の當該部分の左氏經・傳文の表記及びその分析を用いている）。

1［隱公七年］◇2〔經〕滕侯卒。〔左〕①滕侯卒。【魯】②〈不書名、未同盟也。〉③凡諸侯同盟、於是稱名。故薨則赴以名。告終、稱嗣也。以繼好、息民。謂之禮經。《凡》（なお◇の下の數字は經文に附した番號で第二部の表記による。以下同じ。）

ここでは①の『原左氏傳』魯史の文「滕公卒す」に對する凡例として③の『原左氏傳』の凡例（傳例）「凡そ諸侯同盟すれば、ここ

に於いて名を稱す。故に薨ずれば、赴するに名を以てす。終を告げ、嗣を稱するなり。以て好《よしみ》を繼ぎ、民を息ふ。之を禮經と謂ふ。」を發している。なお、杜註はこのような、傳文への凡例を「傳例」とし、會箋（桓公五年）は「傳例は乃ち魯史の舊法なり」とする。本書の考察からすれば、古來の史の慣例を『原左氏傳』の原則として再規定するものと考えられるが、あくまでも『原左氏傳』編纂者及び『經』制作者の立てる原則として位置づけられる。凡例は、經制作と深く結びついており、最終的には經制作者の手を經ている可能性も想定されるが、原則の定立者がすべて經制作者ということではない。凡例のうち『原左氏傳』段階のものを「傳例」、作經段階のものを「經例」と稱する。

さて、③の凡例（傳例）は、同盟の諸侯については赴報がその名を以てもたらされるので、經には「國・爵・名」の原則に據って、その「卒」が書せられるという經の筆法を規定するものとなる。ここにこの凡例を用いての作經原則の重要な柱が確立される。

一方、①の「滕侯卒す」は抽出文（◇）として經に上《のぼ》されている。これは、「國・爵」のみにて名は書せられていない。そこで、これについて②の解經文（〈　〉で示される）が發せられて、「名を書せざるは、未だ同盟せざればなり」との解經が爲される。したがって、この解經文は③の『原左氏傳』文の凡例（傳例）に據る原則の提示を受けて成立した經文についてその經の筆法を説明していると言えよう。この解經文の執筆者は、經制作者と重なるか、もしくは連攜する者である可能性が高いとしてよいであろう。卽ち經制作者と解經文執筆者とは一體化した存在と推定され、そこでこれを〈經著作者〉と稱して以下において用いることとしたい。されば、例外的な可能性は留保されるものの、解經文は蓋然的には經著作者に由るものとの想定の下で議論を進めることが可能であろう。

そこでこのような理解に從うと、1の『原左氏傳』からの經の成立と筆法説明のプロセスは、次の「AかつB」という構圖になる。

A：①『原左氏傳』（列國史ここでは魯史）→（抽出・編作による）經文、かつ

B：①『原左氏傳』（列國史ここでは魯史）→③『原左氏傳』（凡例）→經文→②解經文（『左傳』）…構圖Ⅰ

卽ちAが經の成立のプロセス、Bが筆法説明のプロセスである。

この構圖の太傍線部が經著作者によるものとなり、波線部は部分的には經著作者による可能性も想定される。

さて、凡例は一度出して規範と爲れば、後は省略に從うわけであるから、したがって、多くの經文の成立と筆法説明のプロセスは、

A：①『原左氏傳』（列國史）→（抽出・編作による）經文、かつ

B：①『原左氏傳』（列國史）→經文→②解經文（『左傳』）…構圖Ⅱ

となることは、容易に理解されよう。Ⅰと同様に太傍線部が經著作者によるものとなる。

この構圖Ⅱのパターンは『左傳』文に枚擧に暇がないが、一、二を擧げると、次のようである。

甲：［隱公四年］◆7〔經〕冬。十有二月。衞人立晉。〔左〕冬。①十二月。宣公卽位。〔衞〕②〈書曰「衞人立晉」、衆也。〉

乙：［文公十四年］◆11〔經〕宋子哀來奔。〔左〕①宋高哀爲蕭封人。以爲卿。不義宋公而出、遂來奔。〔魯〕②〈書曰「宋子哀來奔。」貴之也。〉

右の二例はともに①の『原左氏傳』からの抽出的編作文（◆）として經に上された經文（太線部）に對して②の解經文による筆法説明が爲されている。加えて甲では「凡そ諸侯同盟すれば、ここに於いて名を稱す。」の原則を踏まえその「名」を稱し、又乙では、不義の君主を違けての來奔を貴んでその名を書する旨を明らかにしている。「名」を書するのは、善に於いては褒辭であり、惡においては貶辭となる。但しこれは必ずしも一律ではない。そこに變例としての解經文が介在してくるのである。

さて、實際の作經は、本書が既に明らかにしたように、『原左氏傳』文からの抽出・編作の手法に據って、經文が成立するわけであり、大多數の經文は凡例はもとより、解經文も附されることは無く、「AかつB」の型ではなく「A」のみの、

A：『原左氏傳』→（抽出・編作による）經文（太傍線部は經制作者による）…構圖0

といういわば通常パターンで制作される。但し、そこには暗默の裡にこの凡例や解經による原則が働いていると考えられるわけである。したがって、凡例・解經文の有無にかかわらず經の成立には一定の筆法（共通する書法でそこに毀譽褒貶等の微言大義を込めて使われている場合、これを筆法と稱することとする）[1]が働いていると言えよう。その上で、この筆法の原則は凡例や解經文というメタ言語によって明らかにされているのである。

つまり、經は、列國史→原左氏傳（評言・凡例）→經及び解經文（一部の評言・凡例を含む）、というメタ言語化の最終段階において成立しているテキストであると理解される。同時に經の文の表にはメタ言語は記されることはなく、それを補完するのが並行して編集された『左氏傳』に配される解經文（變例）という仕組みになっているのである。この解經文については次章に於いて論ずる。

實際の凡例は、1の例にもみられるように多くは『原左氏傳』の段階で作られている〈傳例〉であるが、同時に、凡例には、解經文

として、直接に經の記事の書・不書の原則を提示するものもある。これらは以下の行論で明らかにされよう。

2［隱公九年］◇3〔經〕庚辰。大雨雪。〔左〕①庚辰。大雨雪。亦如之。〖魯〗②〈書、時失也〉③凡雨自三日以往爲霖。平地尺爲大雪。《凡》

ここでは、①の『原左氏傳』魯史の文「庚辰。大いに雪雨《ふ》る。亦たかくの如し。」に對して、③の『原左氏傳』の凡例（傳例）「凡そ雨は三日より以往を霖と爲す。平地に尺するを大雪と爲す」を發する。この凡例は、自然現象を書する際の概念規定をなすものである。一方、①の傍線部が抽出文（◇）として經に上され、かつ③の凡例を踏まえて書せられる。その上で②の解經文において、「書するは、時失すればなり」と、經に書したのは時節はずれの自然現象だからであるとの理由を書している。

これは、凡例と解經文とを合わせて作經原則を提示するものと言えよう。これについても經文成立と意味附與のプロセスの理解としては、先の構圖Ⅰの説明が適用されよう。

3［隱公十一年］◆4〔經〕冬。十有一月。壬辰。公薨。〔左〕冬。①十月。鄭伯以虢師伐宋。壬戌。大敗宋師。以報其入鄭也。〖鄭〗②〈宋不告命。故不書。〉③〈凡諸侯有命告、則書。不然則否。師出臧否亦如之。雖及滅國、滅不告敗、勝不告克、不書于策。《凡》④…。十一月。公祭鍾巫。齊于社圃。館于寪氏。壬辰。羽父使賊弑公于寪氏。立桓公、…。〖魯〗

ここでは、『原左氏傳』には①の記事があるが、これは經に上されていない（と本書では理解する）。このような場合の、凡例と解經文の役割がここに窺えよう。

これも基本的な論理は1と同じであるが、注目すべき相違點は、③が經に對する凡例（解經としての凡例）として發せられていることである。①の『原左氏傳』鄭史の文「鄭伯　虢師を以《ゐ》て宋を伐つ。壬戌。大いに宋師を敗る。以て其の鄭に入りしに報ゆるなり」に對して、經にはこのことは全く言及されないで、別の④の『原左氏傳』魯史の文が抽出的編作文（◆）として經文に上され、「十有一月。壬辰。公薨ず」が書せられている。つまりこの解經の凡例は對應する經文が無いのに發せられている。これを「無經文への解經」と稱することとする。したがって、この「無經文」に對して、③の凡例は「凡そ諸侯に命の告ぐるあれば、則ち書す。然らざれば則ちしかせず。師出づるの臧否も亦たかくの如し。滅國に及ぶと雖も、滅するもの敗を告げず、勝つもの克を告げざれば、策に書せず」との原則を立てているのである。つまり、この凡例は經文がその事を書するか書せざるか（書か不書か、可か不可か、若しくは能か不能か）との問題に對して發せられていると言えよう。したがってこの凡例は作經段階のもので「經例」に該當する。そこで、②の解經文は③の凡例（經例）を踏まえて「宋　命を告げず。故に書せず」と、「無經文」の理由、卽ち經に①の文を上さぬ理由を説明するのである。

　したがって、ここでの經文の不成立（無經文）と筆法説明のプロセスのパターンは次の「AかつB」という構圖になる。卽ちAは經文不成立の場合、Bは無經文への筆法説明のプロセスである。

A：①『原左氏傳』（列國史）→（經に上《のぼ》さず）無經文、かつ

B：①『原左氏傳』（列國史）→無經文→③解經の凡例（『左傳』）→②解經文（『左傳』）…構圖Ⅲ

　これによって「無經文」及び經文と傳の記事との乖離という事態を説明する論理が提示されたことになる。卽ち『經』の著作者は『原左氏傳』からの抽出・編作という手法を用いつつ、經に上す記事を自在に選擇する論理を確立したものと言えよう。これによって、ある歷史的事件を『經』においては全く無いものとして扱う（經に上さず）という手法、あるいは逆に時には『經』のみに記事を作爲する（無傳の經）という手法も、確立されたことになろう。後者の手法が、「正月卽位」の問題と絡むことは先述の通りである。（因みに經學的には、「解經の爲の傳」がなぜ長々と經と全く關係ない列國の記事を書き連ねるのかという疑問はこの解經の凡例の「告げざれば、策に書せず」という論理によって封印されることになろう。加えて要所ごとに挿入される解經文によって、「解經の傳」としての『左氏傳』の體裁が整備されることになり、そのような「傳」として『左傳』テキストは傳えられてきたのであった。）

4〔桓公元年〕◇5〔經〕秋。大水。〔左〕秋。①大水。〔魯〕②凡平原出水爲大水。《凡》

ここでは、①の『原左氏傳』魯史の文に對して、②の凡例（傳例）は「凡そ平原に水を出だすを大水と爲す」は、自然災害の概念規定をなす。一方、①の文は抽出文（◇）として經に上され、かつ②の凡例の意味を踏まえて書せられる。

5〔桓公二年〕◇8〔經〕冬。公至自唐。〔左〕冬。①公至自唐。告于廟也。〔魯〕②凡公行、告于宗廟。反行、飲至舍爵策勳焉。禮也。特相會、往來稱地。讓事也。自參以上、則往稱地、來稱會。成事也。《凡》

　ここでは『原左氏傳』魯史の①の文「公　唐より至る。廟に告ぐるなり」に對して、②の凡例（傳例）が發せられている。卽ち「凡そ公の行は、宗廟に告ぐ。行より反れば、ここに飲至し爵を舍き勳を策す。禮なり。特《ひと》り相會するは、往も來も地を稱す。事を讓ればなり。參より以上は、則ち往は地を稱し、來は會を稱す。事を成せばなり」と。このように魯公の行を書する原則を古來の慣例より規

定する。一方、①の傍線部の文を抽出文（◇）として經に上し、且つ凡例の原則による意味附與がなされて經が書される。

ここに「公至自○」（○には國や地や會が入る）と頻繁に用いられる筆法の原則が確認される。この筆法がこのような凡例の規定を反映するものとすれば、「公至自○」の記事は常に公の權威を相應に示すものと爲ろう。『原左氏傳』の記事では魯公にはさしたる勳功は乏しいのだが、經においてこの筆法にて書せられると魯公には相應の堂々たる權威が「文」において體現されることになる。

ここでの經文の成立（A）と筆法說明（B）プロセスは、次の「AかつB」の構圖となる。

A：①『原左氏傳』（列國史ここでは魯史）→（抽出・編作による）經文、かつ

B：①『原左氏傳』（列國史ここでは魯史）→②『原左氏傳』（凡例）→經文…構圖Ⅳ

なお、先の④もこの構圖Ⅳに該當するものと言えよう。

6［桓公三年］◇6〔經〕九月。齊侯送姜氏于讙。〔左〕①齊侯送姜氏于讙。非禮也。〘魯〙（箋曰「于讙二字石經宋本倶無。」）②凡公女嫁于敵國、姊妹、則上卿送之、以禮於先君。公子、則下卿送之。於大國、雖公子、亦上卿送之。於天子、則諸卿皆行。公不自送。於小國、則上大夫送之。《凡》

ここでは『原左氏傳』魯史の①の文「齊侯　姜氏を讙に送る。非禮なり。」について、②の凡例（傳例）を提示して「非禮」の理由を閒接的に知らしめる。卽ち「凡そ公女の敵國に嫁するや、姊妹は、則ち上卿これを送り、以て先君に禮す。公子（公の娘）は、則ち下卿これを送る。大國においては、公子と雖も、亦た上卿これを送る。天子においては、則ち諸卿皆行く。公は自らは送らず。小國においては、則ち上大夫これを送る」と。したがって、①において齊侯がその娘（公子）姜氏の魯に嫁するのを讙（魯の地）に送るのは、「非禮」となる。一方、①の文が抽出文（◇）として經に上され、この凡例の原則を踏まえてその貶意を明らかにしている。

これも、構圖Ⅳに該當するものと言えよう。

7［桓公五年］◇7〔經〕大雩。〔左〕秋。①大雩。〘魯〙②〈書、不時也。〉③凡祀、啓蟄而郊、龍見而雩、始殺而嘗、閉蟄而烝。過則書。《凡》

ここでは、①の『原左氏傳』魯史の「秋。大雩す。」の文に對して、③の凡例（傳例）が「凡そ祀は、啓蟄して郊し、龍見《あらは》れて雩し、始めて殺して嘗し、蟄閉ぢて烝す。過ぐれば則ち書す。」と、春夏秋冬の恆例の祭祀を述べ、その時期を過ぎた場合は書すとの原則を

提示する。この原則によれば、蒼龍の宿星の現われる夏の恆例の祭祀である「雩」を秋に行うのは時期を過ぎている。一方、①を抽出文（◇）として經に上し、その上で、③の凡例を踏まえて、②の解經文「書するは、時ならざればなり」と經に書する所以を明らかにしている。されば、これは構圖Ⅰのパターンに適合するものと言えよう。（なお、杜註は「過次節則書、以譏慢。」と有司の「慢」への貶辭とし、會箋は「唯雩在天、若旱暵則不得不過其時而大雩也。…。秋大雩書不時也、非貶辭也。」と災異を書するものとして貶辭とはしない。）

8［桓公九年］◇1〔經〕九年。春。紀季姜歸于京師。〔左〕九年。春。①紀季姜歸于京師。②凡諸侯之女行、唯王后書。《凡》

ここでは、『原左氏傳』魯史の①の文「紀の季姜　京師に歸《とつ》ぐ。」に對して、②の凡例（傳例）「凡そ諸侯の女の行くは、唯王后のみ書す」を發する。一方、①を抽出文（◇）として經に上し、この凡例を踏まえて經に書する理由を示している。これは構圖Ⅳのパターンに適合しよう。（なお、②の凡例についての會箋は、このような、傳文に對する凡例卽ち傳例について「傳例、乃魯史舊法、非夫子之筆削。」とする。）

9［莊公三年］◇1〔經〕三年。春。王。正月。溺會齊師。伐衞。〔左〕三年。春。①溺會齊師。伐衞。疾之也。〔魯〕
◇5〔經〕冬。公次于滑。〔左〕冬。①公次于滑。將會鄭伯謀紀故也。鄭伯辭以難。〔魯〕②凡師出、一宿爲舍、再宿爲信、過信爲次。《凡》

ここでは、公の行における師（軍）の行動についての凡例（傳例）である。莊公三年冬の①『原左氏傳』魯史の文「公　滑に次す。将に鄭伯に會して紀を謀らんとする故なり。鄭伯辭するに難を以てす。」に對して②の凡例（傳例）が「凡そ師の出づるに、一宿を舍と爲し、再宿を信と爲し、信を過ぐるを次と爲す。」と發せられている。同年冬の魯公の「公　滑に次す」が魯公に由る師を伴う行であることを明らかにすると共に師における「舍」「信」「次」の定義を爲している。一方、抽出文（◇）として、①の「公次于滑」を經に上している。これは春の魯の大夫溺による專命による出師に對して、公による出師を明らかにするものと言えよう。

これもやはり、構圖Ⅳのパターンに適合しよう。なお、この春の經文（◇1）の成立パターンは構圖0に該當する。

10［莊公十一年］☆2〔經〕夏。五月。戊寅。公敗宋師于鄑。〔左〕夏。①宋爲乘丘之役故、侵我。公禦之。宋師未陳而薄之、敗諸鄑。〔魯〕②凡師、敵未陳、曰敗某師。皆陳、曰戰。大崩、曰敗績。得儁、曰克。覆而敗之、曰取某師。京師敗、曰王師敗績于某。《凡》

これもやはり、構圖Ⅳに適合するパターンである。①の『原左氏傳』魯史の文「宋　乘丘の役の爲の故に、我を侵す。公之を禦《ふせ》ぐ。宋師未だ陳せずしてこれに薄《せま》り、これを鄑に敗る。」に對して、②の『原左氏傳』の凡例（傳例）「凡そ師は、敵未だ陳せざるを、某師を敗ると曰ふ。皆陳するを、戰ふと曰ふ。大いに崩るるを、敗績と曰ふ。儁を得るを、克つと曰ふ。覆ひて之を敗るを、某師を取ると曰ふ。京師敗るるを、王師　某に敗績すと曰ふ。」が發せられ、これによって「敗」の概念が規定される。一方、①より、編作文（☆）として經に上して、凡例の「敗」の義を踏まえて「公　宋師を鄑に敗る」と經に書するものと理解される。

11［莊公二十五年］◇5〔經〕秋。**大水。鼓用牲于社于門。**〔左〕秋。①大水。鼓用牲于社于門。亦非常也。〔魯〕②凡天災、有幣無牲。非日月之眚、不鼓。《凡》

これも構圖Ⅳに適合するパターンである。①の『原左氏傳』魯史の文「大水あり。鼓して牲を社に門に用ふ。亦た常に非ざるなり。」に對して、②の『原左氏傳』の凡例（傳例）「凡そ天災は、幣有りて牲無し。日月之眚（蝕）に非ざれば、鼓せず。」が發せられる。一方、①の傍線部が抽出文（◇）として經に上され、凡例の原則によって「鼓して牲を用ふ」ることは「常に非ざる」（常禮を失ふ）ことを明らかにして、「大水あり。鼓して牲を社に門に用ふ。」と經に書して貶意を示している。

12［莊公二十七年］◇4〔經〕冬。**杞伯姬來。**〔左〕冬。①杞伯姬來。歸寧也。〔魯〕②凡諸侯之女歸寧、曰來。出、曰來歸。夫人歸寧、曰如某。出、曰歸于某。《凡》

これも構圖Ⅳに適合するパターンである。①の『原左氏傳』魯史の文「杞の伯姬來たる。歸寧なり。」に對して、②の『原左氏傳』の凡例（傳例）「凡そ諸侯の女歸寧するを、來と曰ひ。出づる（絶たれて出づ）を、來歸と曰ふ。夫人歸寧するを、某に如くと曰ふ。出づるを、某に歸ると曰ふ。」を發する。一方、①より抽出文（◇）として經に上され、この「來」の概念を踏まえて、「杞の伯姬來たる。」と經に書している。禮に順なることを示す筆法と言えよう。

13［莊公二十八年］◇5〔經〕冬。**築郿。**〔左〕冬。①饑。〔魯〕②臧孫辰告糴于齊。禮也。〔魯〕③築郿。非都也。〔魯〕④凡邑、有宗廟先君之主、曰都。無、曰邑。邑、曰築。都、曰城。《凡》

これも構圖Ⅳに適合するパターンである。③の『原左氏傳』魯史の文「郿に築く。都に非ざるなり。」に對して、④の『原左氏傳』の凡例（傳例）「凡そ邑は、宗廟先君の主有るを、都と曰ふ。無きを、邑と曰ふ。邑には、築と曰ふ。都には、城と曰ふ。」が發せられている。一方、①より抽出文（◇）として經に上され、この凡例の「築く《きづ》」と「城く《きづ》」の概念規定を踏まえて「郿に築く。」と經に書している。なお、會箋は「築は小事たるを言ふなり」とする。時あたかも飢饉に當たり、筆法の微なる所と言えよう。

14［莊公二十九年］◇1〔經〕二十有九年。春。新延廏。〔左〕二十九年。春。①新作延廏。【魯】②〈書、不時也。〉③凡馬、日中而出、日中而入。《凡》

これは構圖Ⅰに適合するパターンである。①の『原左氏傳』魯史の文「新たに延廏を作る。」に對して、③の『原左氏傳』の凡例（傳例）「凡そ馬は、日中（春分）にして出だし、日中（秋分）にして入る。」が發せられている。これを踏まえて、①より抽出文（◇）として經に上して「延廏を新たにす。」と書す。この段階では、褒貶は必ずしも明らかではない。そこで、②の解經文に於いて「書するは、時ならざればなり。」とし、周正では春は春分の前にあたり馬は廏舎に居り、この時に工事を起こすのは時節を違えるものと貶意を示す（箋曰、「今於子丑寅之月、新廏則馬出太早、恐其中寒而病。故書以譏之。」）。これは、解經者（經著作者に重なる可能性が想定される）が周正の立場でこれを批判していることを示していよう。この解經の辭によってそのことが明らかにされるわけである。

15［莊公二十九年］◇2〔經〕夏。鄭人侵許。〔左〕夏。①鄭人侵許。【鄭】②凡師、有鐘鼓、曰伐。無、曰侵。輕、曰襲。《凡》

これも構圖Ⅳに適合するパターンである。①の『原左氏傳』鄭史の文「鄭人　許を侵す。」に對して、②の『原左氏傳』の凡例（傳例）「凡そ師は、鐘鼓有るを、伐と曰ふ。無きを、侵と曰ふ。輕きを、襲と曰ふ。」が發せられている。一方、①の文が抽出文（◇）として經に上され、凡例の「侵」の概念の規定を踏まえて、經に「鄭人　許を侵す。」と書せられている。

16［莊公二十九年］◇3〔經〕秋。有蜚。〔左〕秋。①有蜚。爲災也。【魯】②凡物、不爲災、不書。《凡》

これも構圖Ⅳに適合するパターンである。①の『原左氏傳』魯史の文「蜚有り。災を爲すなり。」に對して、②の『原左氏傳』の凡例（傳例）「凡そ物、災を爲さざれば、書せず。」が發せられている（この場合は『原左氏傳』に「書せず」の意となる）。一方、①の傍線部が抽出文（◇）として經に上され、凡例の含意を踏まえて、災として「蜚有り。」と経に書せられている。その上で經文が成立した段階では、②の凡例の「不書」は「經に書せず」の意味として再解釋され、この凡例は〈經例〉としても讀まれることになるものと言えよう。

17［莊公二十九年］◇5〔經〕冬。十有二月。…。城諸及防。〔左〕①冬。十二月。城諸及防。【魯】②〈書、時也。〉③「凡土功、

龍見而畢務、戒事也。火見而致用。水昏正而栽。日至而畢。《凡》

これは構圖Ⅰに適合するパターンである。①の『原左氏傳』魯史の文「諸と防とに城く。」に對して、③の『原左氏傳』の凡例（傳例）「凡そ土功は、龍（龍星）見《あら》はれて務めを畢はれば、事を戒むるなり。火（心星）見はれて用を致す。水（定星）昏に正しくして栽す。日至にして畢はる。」が發せられる。一方、①の文が抽出文（◇）として經に上せられ、凡例の規定を踏まえて「諸と防とに城く。」と經に書せられる。これについて、②の解經文は、冬の十二月の土功（周正では冬至の前）として、「書するは、時なればなり」とこれが褒辭であることを明らかにしている。これは、解經者卽ち經著作者が經を周正にて制作せんとする立場を示すものと言えよう。

18［莊公三十一年］◇4〔經〕六月。齊侯來、獻戎捷。〔左〕①六月。齊侯來。獻戎捷。非禮也。〔魯〕②凡諸侯、有四夷之功、則獻于王、王以警于夷。中國則否、諸侯不相遺俘。《凡》

これも構圖Ⅳに適合するパターンである。①の『原左氏傳』魯史の文「六月。齊侯來たる。戎捷を獻ずるなり。非禮なり。」に對して、②の『原左氏傳』の凡例（傳例）「凡そ諸侯、四夷の功有れば、則ち王に獻じ、王以て夷に警《いまし》む。中國は則ちしかせず、諸侯は俘を相遺《おく》らず。」が發せられ、「非禮」の所以が明らかにされる。一方①の傍線部は抽出文（◇）として經に上して、凡例を踏まえ、その貶辭であることを含意する筆法として經に書されている。

19［僖公元年］☆3〔經〕夏。六月。邢遷于夷儀。齊師・宋師・曹師、城邢。〔左〕夏。①六月。邢遷于夷儀。諸侯城之。救患也。〔齊〕②凡侯伯、救患、分災、討罪、禮也。《凡》

これも構圖Ⅳに適合するパターンである。①の『原左氏傳』齊史の文「六月。邢 夷儀に遷る。諸侯之に城く。患を救ふなり。」に對して、②の『原左氏傳』の凡例（傳例）「凡そ侯伯、患を救ひ、災を分かち、罪を討つは、禮なり。」が發せられる。この「侯伯」については僖元年會箋に「晉語に齊桓を稱して侯伯と爲し、二十八年傳に晉文を稱して侯伯と爲す」とするように、ここでは齊の桓公を指して發せられていると解される。一方、①の傍線部は、編作文（☆）として經に上されて、諸侯の師を具體的に明記し、凡例の含意を踏まえると、褒辭として書されている。この經文の網掛け部分は編作の際に他史料の援用が想定される。『原左氏傳』編纂者は晉の立場に立つことから齊の桓公の霸業には冷淡（莊公期の左傳の記事が淡泊であることはこの事情と關係しよう）で、『原左氏傳』に收載される齊史には「齊師・宋師・曹師」としていたものが「諸侯」の用語に置き換えられて編纂された可能性が想定される。『原左氏傳』における「諸侯」（僖元年・杜註「曰諸侯、總衆國之辭」）の用法はこの蓋然性（諸侯を稱するのは齊を避ける辭なること）を示す。これに對して經制作者は他史料（元來の列國史など）の援用によってこれを明らかにしたものと推定される。

20［僖公四年］◆8〔經〕葬許穆公。〔左〕①許穆公卒于師。葬之以侯。禮也。【齊】②凡諸侯、薨于朝會、加一等。死王事、加二等。於是、有以袞斂。《凡》

これも構圖Ⅳに適合するパターンである。①の『原左氏傳』齊史の文「許の穆公 師に卒す。之を葬《はうむ》るに侯を以てす。禮なり。」に對して、『原左氏傳』の凡例（傳例）「凡そ諸侯、朝會に薨ずれば、一等を加ふ。王事に死すれば、二等を加ふ。ここに於いて、袞を以て斂すること有り。」が發せられる。許の穆公は男爵であるが霸者の朝會に薨じたので侯爵を以て葬られたが、そのことへの禮の原則の提示である。一方、①の傍線部より抽出的編作（◆）により、經に上して「許の穆公を葬る。」と書す。凡例の含意では、褒辭となる。

21［僖公五年］◎1〔經〕五年。春。〔左〕五年。春。①王。正月。辛亥。朔。日南至。公既視朔。遂登觀臺以望而書。禮也。【魯】②凡分・至・啓・閉、必書雲物。爲備故也。《凡》

これは、左氏傳文と經の年・時のみが對應する無經の傳の記事である。①の魯史は、春、王の正月の辛亥朔（一日）冬至に魯公が「觀臺に登りて以て望みて書す」と雲物を書したことを記す。これに對して②の凡例が「凡そ分・至・啓・閉は、必ず雲物を書す。備ふる爲の故なり。」と發せられる。先の第二章の考察によれば、この日は周正（周正Ⅱ）の曆數の始まる起點の日となる。これに經の「五年。春。」を繫ぐことは、經の曆を周正として規定せんとする意圖の反映と言えよう。したがって、この魯史の文の二重傍線部は凡例と同樣に『原左氏傳』ではなく『左氏傳』編集者（經著作者と重なる）の手に出る作經時附加の可能性が想定されるところである。これは構圖0〜Ⅳのいずれのパターンにも該當しない場合《ケース》で、經著作者により『左氏傳』に配せられた附加傳文への凡例と言えよう。

22［僖公八年］◆4〔經〕秋。七月。禘于大廟。用致夫人。〔左〕秋。①禘。而致哀姜焉。非禮也。【魯】②凡夫人、不薨于寢、不殯于廟、不赴于同、不祔于姑、則弗致也。《凡》

これも構圖Ⅳに適合するパターンである。①の『原左氏傳』魯史の文「禘す。而して哀姜をここに致す。非禮なり。」に對して、②の『原左氏傳』の凡例（傳例）「凡そ夫人、寢に薨ぜず、廟に殯せず、同に赴せず、姑に祔せざれば、則ち致さざるなり。」が發せられる。哀姜は齊にてその罪により殺され僖公元年にその喪（尸）が魯に還っており、この四事をいずれも缺き、凡例の原則によれば廟にその木主を致してはならぬことを明らかにする。一方、①の傍線部が抽出的編作文（◆）として經に上されて「大廟に禘す。用て夫人を致す。」と書されている。凡例の原則により筆法としては貶辭となる。なお、經にて「（廟に）夫人を致す」を書するのはこの文のみである。特異の筆法たる所以であろう。

23〔僖公九年〕☆1〔經〕九年。春。王。三月。丁丑。宋公御說卒。〔左〕九年。春。①宋桓公卒。未葬而襄公會諸侯。〔宋〕②〈故曰子。〉〔宋〕③凡在喪、王曰小童、公侯曰子。《凡》☆2〔經〕夏。公會宰周公・齊侯・宋子・衞侯・鄭伯・許男・曹伯于葵丘。〔左〕夏。①會于葵丘。尋盟、且脩好。禮也。〔魯〕②王使宰孔賜齊侯胙、…。〔周〕

これは構圖Ⅰに適合するパターンである。九年春の①の『原左氏傳』宋史の傍線部の文「未だ葬らずして襄公 諸侯に會す。」に對して、③の『原左氏傳』の凡例（傳例）「凡そ喪に在れば、王は小童と曰ひ、公侯は子と曰ふ。」が發せられている。一方、同年夏の①②の『原左氏傳文』から編作文（☆2）として經文が制作される際に、この凡例が踏まえられたものと見られる。その成立した經文に對して春の②の解經文がその筆法を說明しているものと言えよう。なお、編作文制作の際の他史料の援用としては、ここでは元來の魯史及び宮廷記錄等の援用が想定されよう。

24〔僖公二十年〕◇1〔經〕廿年。春。新作南門。〔左〕廿年。春。①新作南門。〔魯〕②〈書、不時也。〉③凡啓塞、從時。《凡》

これも構圖Ⅰに適合するパターンである。①の『原左氏傳』魯史の文「新たに南門を作る。」に對して、③の「原左氏傳」の凡例（傳例）「凡そ啓（門戶・道橋）塞（城郭・牆塹）は、（その土功は）時に從ふ。」が發せられている。一方、①は抽出文（◇）として經に上せられる。これに對して、この春の土功について凡例を踏まえて、②の解經文において、「書するは、時ならざればなり。」と評して、その貶辭の筆法であることを明らかにする。

25〔僖公二十三年〕◆4〔經〕冬。十有一月。杞子卒。〔左〕冬。①…。②十一月。杞成公卒。〔魯〕③〈書曰「子」、杞、夷也。不書名、未同盟也。〉④凡諸侯同盟、死則赴以名。禮也。赴以名、則亦書之。不然、則否。避不敏也。《凡》

これも構圖Ⅰに適合するパターンである。②の『原左氏傳』魯史の文「杞の成公卒す。」に對して、④の『原左氏傳』の凡例（傳例）「A凡そ諸侯同盟すれば、死すれば則ち赴するに名を以てす。禮なり。B赴するに名を以てすれば、則ち亦た之を書す。然らずんば、則ちしかせず。不敏を避くるなり。」が發せられているが、この凡例のAは古來の慣例の確認であり、次のBは②の『原左氏傳』文の書法についての「杞の成公」と名（諱）を書せざる原則についての凡例と理解される。したがってBの部分は『原左氏傳』編纂者の定立する凡例である可能性が想定されよう。一方、②の文の抽出的編作文（◆）が經に上せられて「杞子卒す」と書せられ、この經文について③の解經文が發せられて、「書して子と曰ふは、杞は、夷なればなり。名を書せざるは未だ同盟せざればなり。」と釋している。杞は夷禮を用いるがゆえに夷狄の諸侯として扱い、楚や呉と同樣に子爵を以て書し、一方通例では「齊侯小白卒す」（僖十七經）のように名いうのに對して「杞子卒す」と名いわざるは凡例に有るように未だ同盟せざる故とする。ここには『原左氏傳』の文とその凡例（傳例）が先行して成立し、然る後に經文と解經文がほぼ一體的に成立している樣相が窺えよう。

26［僖公二十六年］◇9〔經〕**公以楚師、伐齊、取穀。**〔左〕①公以楚師、伐齊、取穀。〔魯〕②凡師、能左右之曰以。《凡》

これは構圖Ⅳに適合するパターンである。①の『原左氏傳』魯史の文「公　楚師を以《ゐ》て、齊を伐ち、穀を取る。」について、②の『原左氏傳』の凡例（傳例）「凡そ師、能く之を左右するを以と曰ふ。」が發せられている。一方、①が抽出文（◇）として經に上せられ、凡例の定義を踏まえて魯公を宣揚する褒辭として經に書せられている。

27［僖公三十三年］◆13〔經〕**晉人・陳人・鄭人、伐許。**〔左〕①晉・陳・鄭、伐許。討其貳於楚也。〔晉〕…。⑤葬僖公、緩作主、非禮也。〔魯〕⑥凡君薨、卒哭而祔、祔而作主、特祀於主。烝・嘗・禘於廟。《凡》

ここでは①の『原左氏傳』晉史の文は抽出的編作文（◆）として經に上して書せられている。この⑤⑥は經文に對應しない無經の傳文であり、⑥の凡例は『原左氏傳』における傳例そのものである。卽ち、⑤の『原左氏傳』魯史の「僖公を葬り、緩《おそ》く主を作るは、非禮なり。」に對して⑥の凡例（傳例）「凡そ君薨ずれば、卒哭して祔し、祔して主を作り、特に主を祀る。廟に烝・嘗・禘す。」が發せられ、非禮の根據を提示している。卽ち、魯の僖公はこの年十二月に薨じ、翌年の文公元年夏四月に葬られた（禮では諸侯は五ヶ月にして葬る）が、文公が僖公の廟を閔公の上位に置かんとした爲か「則ち卒哭して祔せず」（會箋）で、主を作れないという狀態となり、遲く文公二年二月に僖公の主（木主）を作ったことを、凡例の原則に照らして、「非禮なり」と批判しているものと解せられる。なお會箋は⑤の讀みについて「劉敞不達、以緩屬下、左氏無是陋句也。」とし、杜註・會箋とも「葬僖公緩」にて句を切るが、むしろ劉敞の讀みが妥當であろう。因みに「緩く…す」の句法は莊公十六年傳に「鄭伯自櫟入、緩告于楚。」（鄭伯櫟より入り、緩く楚に告ぐ。）や、哀公十二年傳に「是以緩來。」（是を以て緩く來たる。）等の用例があり、會箋の「左氏に是の陋句無きなり。」の非難は妥當ではない。

28［文公元年］◆11〔經〕公孫敖如齊。〔左〕①穆伯如齊。始聘焉。禮也。〔魯〕②凡君卽位、卿出竝聘。踐脩舊好、要結外援、好事鄰國、以衛社稷。忠信卑讓之道也。忠、德之正也。信、德之固也。卑讓、德之基也。《凡》

これも構圖Ⅳに適合するパターンである。①の『原左氏傳』魯史の文「穆伯　齊に如《ゆ》く。始めてこれに聘す。禮なり。」に對して、②の『原左氏傳』の凡例（傳例）「凡そ君　位に卽けば、卿出でて竝びに聘す。舊好を踐み脩め、外援を要め結び、鄰國に好事し、以て社稷を衞る。忠信卑讓の道なり。忠は、德の正なり。信は、德の固なり。卑讓は、德の基なり。」が發せられている。一方、①の傍線部は抽出的編作文（◆）として經に上し、②の凡例の原則を踏まえて、褒辭の筆法として經に書せられている。

29［文公二年］◆8〔經〕公子遂如齊、納幣。〔左〕①襄仲如齊、納幣。禮也。〔魯〕②凡君卽位、好舅甥、脩昏姻、娶元妃、以奉粢盛。孝也。孝、禮之始也。《凡》

これも構圖Ⅳに適合するパターンである。①の『原左氏傳』魯史の文「襄仲　齊に如き、幣を納《い》る。禮なり。」に對して、②の『原左氏傳』の凡例（傳例）「凡そ君　位に卽けば、舅甥に好《よしみ》し、昏姻を脩め、元妃を娶り、以て粢盛を奉ず。孝なり。孝は、禮の始めなり。」が發せられている。一方、①の傍線部は抽出的編作文（◆）として經に上せられ、凡例の原則を踏まえて、褒辭の筆法として經に書せられている。

30［文公三年］☆1〔經〕三年。春。王。正月。叔孫得臣會晉人・宋人・陳人・衞人・鄭人、伐沈。沈潰。〔左〕三年。春。①莊叔會諸侯之師、伐沈。以其服於楚也。沈潰。〔魯〕②凡民逃其上、曰潰。在上、曰逃。《凡》

これも構圖Ⅳに適合するパターンである。①の『原左氏傳』魯史の文「莊叔　諸侯の師に會し、沈を伐つ。其の楚に服するを以てなり。沈潰《つい》ゆ。」に對して、②の『原左氏傳』の凡例（傳例）「凡そ民　其の上を逃ぐるを、潰と曰ふ。上に在りては、逃と曰ふ。」が發せられている。一方、①の傍線部は編作文（☆）として、經に上せられ、凡例を踏まえて、魯の叔孫得臣（莊叔）が晉人等と沈を伐つ功業を示す褒辭（民のその上を逃ぐるはその上の不德を示す）の筆法として書せられている。『原左氏傳』の①の文が「會諸侯之師」と叔孫得臣に諸侯と同格の筆法を許しているのに對して、經では「會晉人・宋人・陳人・衞人・鄭人」と「人」と書することによって叔孫得臣に諸侯と同格とすることを許さない筆法としている。ここにも『經』の新しさが看取されよう。なお網掛け部分は他史料（元來の魯史及び宮延記録等）を援用したものか若しくは經制作者の特筆（作爲）による可能性が想定される。

31［文公七年］◆9〔經〕秋。八月。公會諸侯・晉大夫、盟于扈。〔左〕秋。①八月。齊侯・宋公・衞侯・陳侯・鄭伯・許男・曹伯、會晉趙盾、盟于扈。晉侯立故也。公後至。〔魯〕②〈故不書所會。〉③凡會諸侯、不書所會、後也。後至、不書其國。避不敏也。《凡》

これは構圖Ⅰに適合するパターンである。①の『原左氏傳』魯史の文「八月。齊侯・宋公・衞侯・陳侯・鄭伯・許男・曹伯、晉の趙盾に會し、扈に盟ふ。晉侯立つ故なり。公後れて至る。」に對して、③の『原左氏傳』の凡例（傳例）「凡そ諸侯に會するに、會する所を書せざるは、後るればなり。後れて至れば、其の國を書せず。不敏を避くればなり。」が發せられている。一方、①の傍線部は抽出的編作文（◆）として經に上して「八月。公　諸侯・晉の大夫に會し、扈に盟ふ。」と書せられ、その上で、②の解經文「故に會する所を書せず。」を附して、この經文の筆法が貶辭であることを明らかにしている。なお、③の凡例が「後れて至れば、其の國を書せず」としているのは、經文には「公」を書していることから經への凡例ではないことが知られ、これは①の『原左氏傳』の文における魯公（侯）の書・不書の問題であり、それについての傳例として發せられていることが改めて確認されよう。ここにも『原左氏傳』の文とその凡例（傳例）が先行して成立し、然る後に經文と解經文がほぼ一體的に成立している樣相が窺えよう。

32［文公十四年］◎1〔經〕十有四年。春。王。正月。公至自晉。〔左〕十四年。春。①頃王崩。周公閲與王孫蘇爭政。故不赴。〔周〕②〈凡崩・薨、不赴則不書。禍・福、不告亦不書。懲不敬也。〉《凡》

ここでは、①の『原左氏傳』周史の文「頃王崩ず。周公閲と王孫蘇、政を爭ふ。故に赴せず。」に對して、これに對應する經は存在しない。卽ち無經文である。その無經文について、②の經への凡例「凡そ崩・薨は、赴せざれば則ち書せず。禍・福は、告げざれば亦た書せず。不敬を懲らしむるなり。」が發せられている。この凡例は、無經文に對して發せられており、傳例ではなく、解經としての凡例である。これは先の構圖Ⅲのパターンの解經文の無い場合で、その構圖は、次の「AかつB」という構圖になる。卽ちAは經文不成立の場合、Bは無經文への筆法説明のプロセスである。

A：①『原左氏傳』（列國史ここでは周史）↓（經に上さず）無經文、かつ

B：①『原左氏傳』（列國史ここでは周史）↓無經文↓③解經の凡例（『左傳』）…構圖Ⅴ

この經への凡例（經例）は經著作者の手になるものと推定されよう。

なお、ここに無傳の經文として「正月。公至自晉。」と師（軍隊）を伴う公の行が正月に魯に歸國したことを記す。先述のようにこの類の無傳の經文は經において習用される手法であり、經著作者による特筆卽ち作爲の可能性が疑われる例の一つと言えよう。

33［文公十五年］◆7〔經〕**晉郤缺帥師、伐蔡。戊申。入蔡。**〔左〕①新城之盟、蔡人不與。晉郤缺以上軍・下軍、伐蔡。曰、「君弱。不可以怠。」戊申。入蔡。以城下之成而還。〔晉〕②凡勝國、曰滅之。獲大城焉、曰入之。《凡》

これも構圖Ⅳに適合するパターンである。①の『原左氏傳』晉史の文「新城の盟、蔡人與《あづか》らず。晉の郤缺　上軍・下軍を以《ゐ》て、蔡を伐つ。曰はく、『君弱し。以て怠るべからず』と。戊申。蔡に入り。城下の成《たひらぎ》を以てして還る。」に、②の『原左氏傳』の凡例（傳例）「凡そ國に勝つを、之を滅すと曰ふ。大城を獲るを、之に入ると曰ふ。」が發せられている。この概念規定を踏まえて、①より抽出的編作文（◆）として、經に上されて「晉の郤缺　師を帥《ひき》ゐ、蔡を伐つ。戊申。蔡に入る。」と書される。

34［文公十五年］◆10〔經〕**冬。十有一月。諸侯盟于扈。**〔左〕冬。①十一月。晉侯・宋公・衞侯・蔡侯・陳侯・鄭伯・許男・曹伯、盟于扈。尋新城之盟。且謀伐齊也。齊人賂晉侯。故不克而還。於是、有齊難。是以公不會。〔魯〕②〈書曰「諸侯盟于扈。」無能爲故也。〉③凡諸侯會、公不與、不書。諱君惡也。與而不書、後也。《凡》

これは構圖Ⅰのパターンとなる。『原左氏傳』魯史の文「十一月。晉侯・宋公・衞侯・蔡侯・陳侯・鄭伯・許男・曹伯、扈に盟ふ。新城の盟を尋《あたた》む。且つ〔魯の爲に〕齊を伐たんことを謀るなり。齊人　晉侯に賂《まひな》ふ。故に克たずして還る。ここに於いて、齊の難有り。是を以て公　會せず。」に對して、③の『原左氏傳』の凡例（傳例）「凡そ諸侯の會、公　與《あづか》らざれば、書せず。君の惡を諱むなり。與りて書せざるは、後るればなり。」が發せられている。これを踏まえて、①から抽出的編作文（◆）として經に上されて、「十有一月。諸侯　扈に盟ふ。」と經に書される。そのうえで、これについて解經文として②の〈書して「諸侯　扈に盟ふ。」と曰ふは能く爲す無き故なり。」〉を附して、ただ盟のみにて齊への討伐を果たし得ぬことへの貶辭の筆法であることを明らかにしている。なお、③の凡例（傳例）の「書せず」は『原左氏傳』①において諸侯に序して魯公（侯）を書せざるを言い、③の「書曰」は明らかに經文を引用していることが確認されよう。ここにおいても『原左氏傳』の文と凡例（傳例）が先行して成立し、然る後に經文と解經文がほぼ一體的に成立している様相が窺えよう。

35［宣公四年］☆3〔經〕夏。六月。乙酉。鄭公子歸生弑其君夷。〔左〕夏。①弑靈公。〔鄭〕②〈書曰、「鄭公子歸生弑其君夷。」權不足也。〉③君子曰、「仁而不武。無能達也。」《評》④凡弑君、稱君、君無道也。稱臣、臣之罪也。《凡》

これも構圖Ⅰのパターンとなる。①の『原左氏傳』鄭史の文「靈公を弑す。」に對して、④の『原左氏傳』の凡例（傳例）「凡そ君を弑して、君を稱するは、君無道なり。臣を稱するは、臣の罪なり。」が發せられている。この凡例（傳例）によれば、『原左氏傳』の記事では、鄭の「靈公」と君を稱しており、その無道を示す筆法であることが知られる。しかるに、①の文が編作文（☆）として、同年春の記事や他史料（元來の鄭史等）をも援用して、經に上されると、「六月。乙酉。鄭公子歸生　其君夷を弑す。」と書せられる。これによれば、君の無道もさることながら鄭の公子歸生にも明らかに筆誅を加える筆法となっている。このことを②の解經文においてさらに確認して〈書して曰はく、「鄭の公子歸生　其の君夷を弑す。」とは權足らざればなり。〉と公子歸生の正卿としての權の足らずして弑君に至る罪を明らかにしている。なお、③の君子曰の評言が『原左氏傳』の記事に對して發せられていることは、既に先述の「君子曰」の評言において論じた所である。

また、本例の檢討にも明らかなように、傳例としての凡例は、『原左氏傳』の筆法に對して發せられており、それが、經の筆法を規定するのはあくまでも二次的なものであり、最終的に經の筆法を明らかにするのは解經文であるということが知られるのである。ここにおいても『原左氏傳』の文と凡例（傳例）が先行して成立し、然る後に經文と解經文がほぼ一體的に成立している樣相が窺えよう。但し、傳例が經例に轉用されたものではない純然たる經例としての凡例は作經時のものとしなければならない。

したがって、先述の君子の「春秋」に對する二種の評言、卽ち

甲：（成公十四年）故君子曰、「春秋之稱、微而顯。志而晦。婉而成章。盡而不汙。懲惡而勸善。非聖人、誰能脩之。」

乙：（昭公三十一年）故曰、「春秋之稱、微而顯、婉而辨。上之人能使昭明、善人勸焉。淫人懼焉。」是以君子貴之。

については、甲乙は傍線部に於いて共通するが、それ以外の甲の文は列國史を收載する『原左氏傳』の「春秋の稱」について評するものとしなければならず、これを經のテキストに適用するのは無理である。したがって、甲が『原左氏傳』の筆法に關しての評言であり、乙が『春秋經（左氏經）』の筆法についての評言であることが、ここに明らかに了解されるものと言えよう。

なお、弑君の凡例について、弑君の臣を免罪する經文及び解經文の典型として、次の二例に言及しておきたい。

丙：［文公十六年］☆7〔經〕冬。十有一月。宋人弑其君杵臼。〔左〕冬。①十一月。甲寅。宋昭公將田孟諸。未至。夫人王姫使帥甸攻而殺之。蕩意諸死之。〔宋〕②〈書曰「宋人弑其君杵臼。」君無道也。〉

丁：［哀公十四年］◆11〔經〕齊人弑其君壬于舒州。〔左〕①甲午。齊陳恒弑其君壬于舒州。〔齊〕

これを先の凡例（傳例）に照らせば、丙の例はそれを踏まえての經の筆法であり、これについてその解經文②において〈書して「宋人　其君杵臼を弑す」と曰ふ。君無道なればなり。〉と解説する。丁では、『原左氏傳』は齊の陳恒にも筆誅を加える筆法となっているのに對し、經では丙と同様に「齊人　其の君壬を舒州に弑す。」と、君はその無道の故に弑され、弑君の陳恒（田齊の祖）は「君無道なればなり」と免責されるとの筆法となっている。ここに明らかに經著作者の意圖が窺えよう。卽ち經著作者は、簒奪の諸侯や專命の權臣という當代の政治的勝者の立場に立って、彼らの父祖の罪狀を免責する論理を「微にして顯、婉にして辨」なる「春秋の稱」によって周到に行っていることが看取されるのである。ここにも『經』の新しさ（『原左氏傳』に比しての）が十分に窺えよう。

36［宣公七年］◇2〔經〕夏。公會齊侯、伐萊。〔左〕夏。①公會齊侯、伐萊。不與謀也。〔魯〕②凡師出、與謀曰及。不與謀曰會。

《凡》

これも構圖Ⅳに適合するパターンである。①の『原左氏傳』魯史の文「公　齊侯に會し、萊を伐つ。謀に與らざるなり。」に對して、②の「原左氏傳」の凡例（傳例）「凡そ師出づるに、謀に與るを及と曰ひ、謀に與らざるを會と曰ふ。」が發せられる。これを踏まえて、①の傍線部が抽出文（◇）として、經に上して、書せられている。

37［宣公十年］◆6〔經〕齊崔氏出奔衞。〔左〕①崔杼有寵於惠公。高・國畏其偪也。公卒。而逐之。奔衞。〔齊〕②〈書曰「崔氏」、非其罪也。且告以族。不以名。〉③凡諸侯之大夫違、告於諸侯、曰、「某氏之守臣某、失守宗廟。敢告。」所有玉帛之使者則告、不然則否。《凡》

これは構圖Ⅰに適合するパターンである。①の『原左氏傳』齊史の文「崔杼　惠公に寵有り。高・國　其の偪《せま》るを畏るるなり。公卒す。而《すなは》ち之を逐ふ。衞に奔る。」に對して、③の『原左氏傳』の凡例（傳例）「凡そ諸侯の大夫違《さ》るに、諸侯に告げて、曰はく、『某氏の守臣某、宗廟を守るを失ふ。敢へて告ぐ』と。玉帛の使有る所の者には則ち告ぐ、然らずんば則ちしかせず。」が發せられている。この『原左氏傳』の段階では、①の崔杼の衞への出奔は「杼」と名を記すように、③の凡例に據り一定の貶辭と見なされることになる。

しかし、經著作者はこれを踏まえて①の文の抽出的編作文（◆）として經に上して、「齊の崔氏　衞に出奔す。」と書している。その上で、②の解經文において、この經の筆法について〈書して「崔氏」と曰ふは、其の罪に非ざるなり。且つ告ぐるに族を以てし、名を以てせず。〉と、崔氏と書するのは崔杼を罪する貶辭ではないことを明らかにしている。「崔杼」と書す『原左氏傳』と「崔氏」と書す『春秋左氏經』では評價の轉換が行われていることが知られよう。卽ち『原左氏傳』の筆法は③の凡例に照らせば貶辭であり、經の筆法は同じく③の凡例を踏まえて②の解經文に照らせば貶辭を免れることになると言えよう。ここにも『原左氏傳』とその凡例（傳例）が先行して成立し、然る後に經文と解經文がほぼ一體的に成立している様相が窺えよう。

38［宣公十六年］◇2〔經〕夏。成周宣榭、火。〔左〕夏。成周宣榭、火。人火之也。①〔周〕②凡火、人火曰火。天火曰災。《凡》

これも構圖Ⅳに適合するパターンである。①の『原左氏傳』周史の文「成周の宣榭、火あり。人之に火するなり。」に對して、②の『原左氏傳』の凡例（傳例）「凡そ火は、人火を火と曰ひ、天火を災と曰ふ。」が發せられている。一方、①の傍線部を經に抽出文（◇）として上して、「成周の宣榭、火あり。」と書している。②の凡例を踏まえれば、備を戒める辭となろう。

39［宣公十七年］☆8〔經〕冬。十有一月。壬午。公弟叔肸卒。〔左〕冬。①公弟叔肸卒。公母弟也。〔魯〕②凡大子之母弟、公在曰公子、不在曰弟。凡稱弟、皆母弟也。《凡》

これも構圖Ⅳに適合するパターンである。①の『原左氏傳』魯史の「公弟叔肸卒す。公の母弟なり。」に對して、②の『原左氏傳』の凡例（傳例）「凡そ大子の母弟は、公在《いま》せば公子と曰ひ、在さざれば弟と曰ふ。凡そ弟と稱するは、皆母弟なり。」が發せられている。一方、①の文を踏まえて、編作文として他史料（ここでは元來の魯史及び宮延記錄等）を踏まえて、經に上して「十有一月。壬午。公弟叔肸卒す。」と書せられたものと推定される。魯の卿である子叔氏の祖である叔肸の卒は、①の『原左氏傳』に對する②の凡例を踏まえて書せられた『經』において、より丁重な筆法（月・日干支を書す）となっていると言えよう。なお、この②の一條には二つの凡例（二凡）が收載されている。

40［宣公十八年］◇4〔經〕秋。七月。邾人戕鄫子于鄫。〔左〕秋。①邾人戕鄫子于鄫。〔魯〕②凡自內虐其君、曰弑。自外、曰戕。《凡》

これも構圖Ⅳに適合するパターンである。①の『原左氏傳』魯史の文「邾人　鄫子を鄫に戕《ころ》す。」に對して、②の『原左氏傳』の凡例〈傳例〉「凡そ内より其の君を虐するを、弑と曰ふ。外よりするを、戕と曰ふ。」が發せられている。一方、①の文は抽出文（◇）として經に上して、書せられている。この凡例は、弑と戕を殺における内外を別ける概念として規定している。したがって、筆法としては、「弑」と同様の褒貶の原則が適用されることになる。

41〔成公八年〕◇11〔經〕衛人來媵。〔左〕①衛人來媵共姬。禮也。〔魯〕②凡諸侯嫁女、同姓媵之。異姓則否。《凡》

これも構圖Ⅳに適合するパターンである。①の『原左氏傳』魯史の文「衛人來たりて共姬に媵す。禮なり。」に對して、②の「原左氏傳」の凡例〈傳例〉「凡そ諸侯　女を嫁すに、同姓は之に媵す。異姓は則ちしかせず。」が發せられて、①が「禮なり」とする規範の原則を明らかにする。魯の共姬が宋に嫁するのに同姓の衛が昏を送る者を魯に遣わしてきた。これは「同姓は之に媵す」の凡例の原則に適合する。一方、①の傍線部は抽出文（◇）として、經に上して「衛人來たりて媵す。」と書せられる。經は②の凡例を踏まえて、褒辭の筆法となる。

42〔成公十一年〕◆3〔經〕夏。季孫行父如晉。〔左〕夏。①季文子如晉。報聘、且涖盟也。〔魯〕②周公楚惡惠・襄之偪也。且與伯與爭政。不勝。怒而出。及陽樊。王使劉子復之。盟于鄄而入。三日、復出奔晉。〔周〕

〔成公十二年〕◆1〔經〕十有二年。春。周公出奔晉。〔左〕十二年。春。①王使以周公之難來告。〔魯〕〈前年3②の左傳文と對應〉

②〈書曰、「周公出奔晉。」凡自周無出、周公自出故也。《凡》〉

これは構圖Ⅱに適合するパターンである。ここでは、成公十一年の①『原左氏傳』魯史の傍線部は抽出的編作文（◆3）として經に上されて書されている。次に同年②の『原左氏傳』周史の傍線部「周公楚　出でて晉に奔る。」は抽出的編作文（◆1）「周公　出でて晉に奔る。」として、成公十二年の春の經に上して書されている。これについて、解經文として同年②の文〈書して「周公　出でて晉に奔る。」と曰ふは、凡そ周より出づる無し。周公自ら出づる故なり。〉が附され、その解經文のなかに解經の凡例が記載されているという形である。したがってこの凡例は傳例ではなく經例である。經の筆法としては、この解經の凡例の原則により貶辭となり、周公を批判するものとなっている。

43〔成公十五年〕◆4〔經〕晉侯執曹伯、歸于京師。〔左〕①討曹成公也。執而歸諸京師。〔晉〕②〈書曰「晉侯執曹伯」不及其民也。〉③凡君不道於其民。諸侯討而執之、則曰「某人執某侯。」不然、則否。《凡》

これは構圖Ⅰに適合するパターンである。ここで、①の『原左氏傳』晉史の文「曹の成公を討つなり。執《とら》へてこれを京師に歸《おく》る。」に對して、③の凡例（傳例）「凡そ君　其の民に不道なれば、諸侯討ちて之を執へ、則ち曰はく、『某人　某侯を執ふ』と。然らずんば、則ちしかせず。」が發せられている。この凡例（傳例）は僖公十九年の左傳（『原左氏傳』宋史）の「宋人執滕宣公」を先例としていよう。一方、①から抽出的編作文（◆）として經に上されて「晉侯　曹伯を執へ、京師に歸る。」と經文が書せられる。その經文はこの凡例に照らすと、凡例の筆法にはなっていない。そこで②の解經文が發せられて「書して曰はく『晉侯　曹伯を執ふ』と。其の民に及ばざればなり」と、凡例のような筆法ではないのは、曹伯の罪は民に及ぶようなものではないからである、と言うのである。これは經の筆法が曹伯の罪を輕減するものであると説くのである。ここにも『原左氏傳』とその凡例が先行して成立し、然る後に經文と解經文が、ほぼ一體的に成立している様相が窺えよう。

なお、ここに言う③の凡例の經文制作への適用例は會箋所引の龜井昱が指摘する（成公十五年會箋）僖公二十八年の經文「晉人執衛侯、歸之京師。」がその一例である。これは無道の衛侯を晉の文公が討つもので、霸者の晉の文公を宣揚する筆法となっている。そのうえで、龜井は「歸之京師。」を重視して、「不歸于京師者、是諸侯相執耳、諸侯相執者、暴行也。」との論を展開している。だが、この③の凡例には、「歸之京師」への言及は全くない。民に不道の君の討伐には「某人執某侯。」の筆法が適用されると述べているのみである。從って、龜井及びそれを用いる會箋の論は過剰な尊王思想の讀み込みの議論と言えよう。

さて、この③の凡例〈傳例〉の「「凡そ君　其の民に不道なれば、諸侯討ちて之を執へ、則ち曰はく、『某人　某侯を執ふ』と。云々」の筆法を用いての經文制作と見られる例は、龜井昱の指摘を含めて十一例を數える。即ち僖五年經「晉人執虞公」、僖十九年經「宋人執滕子嬰齊」、僖十九年經「邾人執鄫子」、僖二十八年經「晉人執衛侯」、文十四年經「齊人執單伯」（單伯は王の卿士）、成九年經「晉人執鄭伯」、襄十六年經「晉人執莒子・邾子」、襄十九年經「晉人執邾子」、昭四年經「楚人執徐子」、哀四年經「宋人執小邾婁子」、哀四年經「晉人執戎蠻子赤」である。

今このうちの僖公五年の文と43の凡例（傳例）の先例と見られる僖公十九年の文を擧げると次のようである。

［僖公五年］◆10〔經〕冬。晉人執虞公。〔左〕冬。①十二月。丙子。朔。晉滅虢。〔魯〕②虢公醜、奔京師。〔晉〕③師還、館于虞。遂襲虞。滅之。執虞公及其大夫井伯。以媵秦穆姬。而脩虞祀、且歸其職貢於王。〔晉〕④〈故書曰「晉人執虞公」、罪虞、

且言易也。〉（杜註「虞公貪璧馬之寶、距絶忠諫。稱人以執、同於無道於其民之例。例在成十五年。所以罪虞。」）

［僖公十九年］◇1〔經〕十有九年。春。王。三月。宋人執滕子嬰齊。〔左〕十九年。春。①遂城而居之。〔秦〕②宋人執滕宣公。〔宋〕

僖公五年の④の解經文では、43の成公十五年の凡例が踏まえられていると見られ、凡例の原則に照らして「虞を罪す」としている。一方、僖公十九年の左傳（『原左氏傳』宋史）が「宋人　滕の宣公を執ふ」と記すのに對して、經は「宋人　滕子嬰齊を執ふ」と名を以て書し、この43の凡例（傳例）の筆法は適用されていない。むしろ「嬰齊」と名いうことによって滕子へのより強い貶辭としていると言えよう。一方、「宋人」卽ち宋の襄公の罪は不問にされる形となっている。

この43の成公十五年の凡例（傳例）を踏まえての筆法による經文では、虞公の例に見られるように、虞を滅ぼした晉の文公の罪は不問にされ、罪は滅ぼされた虞公に在る、との論理が提示されている點が注目されよう。ここに經著作者がこの筆法を十餘例にわたって用いてこの論理を重視するところに、經著作者の霸者免責の意圖が自ずと窺えると言えよう。

44［成公十八年］◆6〔經〕宋魚石復入于彭城。〔左〕①楚子辛・鄭皇辰、侵城郜、取幽丘、同伐彭城。納宋魚石・向爲人・鱗朱・向帶・魚府焉。以三百乘、戍之而還。〔楚〕②〈書曰「復入」、凡去其國、國逆而立之、曰「入」。復其位、曰「復歸」。諸侯納之、曰「歸」。以惡入、曰「復入」。〉《凡》

これは構圖Ⅱに適合するパターンである。ここでは①の『原左氏傳』楚史の文の傍線部からの抽出的編作文（◆）が經に上して書せられ、これに對する解經文として②の解經とその凡例が附されている。したがってこの凡例は傳例ではなく、あくまでも解經の凡例（經例）である。卽ち、〈書して「復た入る」と曰ふは、凡そ其の國を去り、國逆へてこれを立つるを、「入る」と曰ふ。其の位に復るを、「復た歸る」と曰ふ。諸侯之を納《い》るるを、「歸る」と曰ふ。惡を以て入るを、「復た入る」と曰ふ。〉とする。したがって、經の筆法としては貶辭となる。なお、この「復入」の經文の例は襄公二十三年經に「晉欒盈復入于晉。」（杜註「以惡入、曰復入也。」）、哀公十四年經に「冬。陳宗豎自楚復入于陳。陳人殺之。」がある。

45［襄公元年］◆8〔經〕冬。衞侯使公孫剽來聘。晉侯使荀罃來聘。〔左〕冬。①衞子叔、晉知武子、來聘。禮也。〔魯〕②凡諸侯卽位、小國朝之、大國聘焉。以繼好結信、謀事補闕。禮之大者也。《凡》

これも構圖Ⅳに適合するパターンである。①の『原左氏傳』魯史の文「衞の子叔、晉の知武子、來聘す。禮なり。」に對して、②の『原左氏傳』の凡例（傳例）「凡そ諸侯　位に卽けば、小國はこれに朝し、大國はこれに聘す。以て好《よしみ》を繼ぎ信を結び、事を謀りて闕を補ふ。禮の大なる者なり。」が發せられている。一方、①の傍線部は抽出的編作文（◆）として經に上されて「衞侯　公孫剽をして來聘せしむ。晉侯　荀罃をして來聘せしむ。」と書され、②の凡例を踏まえ、禮の體例を整えた筆法となっている（『原左氏傳』の字を以ての表記を族・名を以てする呼稱に變換し、君命による聘禮の形式の文とする）。當然、經の襃貶としては、襃辭となる。

46［襄公十二年］☆4〔經〕秋。九月。吳子乘卒。〔左〕秋。①吳子壽夢卒。臨於周廟。禮也。〔魯〕②凡諸侯之喪、異姓臨於外、同姓於宗廟、同宗於祖廟、同族於禰廟。是故魯爲諸姬、臨於周廟。爲邢凡蔣茅胙祭、臨於周公之廟。《凡》

これも構圖Ⅳに適合するパターンである。①の『原左氏傳』魯史の文「吳子壽夢卒す。周廟に臨む。禮なり。」に對して、②の『原左氏傳』の凡例（傳例）「凡そ諸侯之喪、異姓は外に臨み〔て哭し〕、同姓は宗廟においてし、同宗は祖廟においてし、同族は禰廟においてす。是の故に魯は諸姬の爲に、周廟に臨む。邢・凡・蔣・茅・胙・祭の爲に、周公の廟に臨む。」が發せられている。一方①の傍線部を編作文（☆）として他史料（元來の魯史及び宮延記錄等）をも援用しつつ經に上して「九月。吳子乘卒す」と國と爵と名を以てする筆法にて書せられている。凡例を踏まえ吳を「諸姬」と見なし、吳を中國の禮に順わしめる筆法（國・爵・名を書する）となっている。

47［襄公十三年］◆2〔經〕夏。取邿。〔左〕夏。①邿亂。分爲三。師救邿。遂取之。〔魯〕②凡書取、言易也。用大師焉、曰滅。弗地、曰入。《凡》

これも構圖Ⅳに適合するパターンである。①の『原左氏傳』魯史の文「邿亂る。分かれて三と爲る。師　邿を救ふ。遂に之を取る。」に對して、②の『原左氏傳』の凡例（傳例）「凡そ取を書するは、易きを言ふなり。大師をこれに用ゐるを、滅と曰ふ。地とらざるを、入ると曰ふ。」が發せられる。一方で、①の傍線部の抽出的編作文（◆）が經に上されて、「邿を取る」と書される。凡例の規定に據れば、師を出だして抵抗なく（戰うことなく）國（邿）を得たことを書する筆法である。一方、①の『原左氏傳』では、魯の功業とする筆法となる。これは、經に上された場合には『原左氏傳』魯史の視點が相對化されていることを示していよう。

48［昭公四年］◇7〔經〕九月。取鄫。〔左〕①九月。取鄫。言易也。莒亂、著丘公立而不撫鄫。鄫叛而來。故曰取。〔魯〕②凡克邑、不用師徒、曰取。《凡》

これも構圖Ⅳに適合するパターンである。①の魯史の文「九月。鄆を取る。易きを言ふなり。莒亂れ、著丘公立ちて鄆を撫せず。鄆叛きて〔魯に〕來たる。故に取ると曰ふ。」に對して、②の凡例（傳例）「凡そ邑に克つに、師徒を用ゐざる（戰はざる）を、取と曰ふ。」が、發せられている。これは47の襄公十三年の凡例（傳例）と共通する。彼此を比べるに、この傳例が先行し、更に整えられた包括的な凡例が47であろうと見られる。一方、①傍線部の文は抽出文（◇）として經に上して書せられている。凡例の規定によれば、戰わずして得たことを謂う筆法と爲る。他方『原左氏傳』魯史では①の「鄆叛きて來たる。故に取ると曰ふ。」の示すように、魯の威德を示す筆法となる。ここでも、經に上された場合には『原左氏傳』魯史の視點が相對化されていることが理解されよう。

このように、『經』の立場は列國史の國の視點を相對化して、いわば天下に共通する基準（經例）を以て「天王の事」という歴史を記述せんとする視點へと移行していると言えよう。その際には『原左氏傳』の「傳例」はこの脈絡の下で新たな『經』への凡例（經例）としての機能をも附加され轉用されることになると言えよう。

49〔定公八年〕◆16〔經〕盜竊寶玉・大弓。〔左〕①陽虎前驅。林楚御桓子。…。又戰于棘下。陽氏敗。陽虎説甲、如公宮、取寶玉・大弓。以出。…。陽虎入于讙・陽關。以叛〔魯〕

〔定公九年〕◆3〔經〕得寶玉・大弓。〔左〕夏。①陽虎歸寶玉・大弓。〔魯〕②〈書曰「得」、器用也。凡獲器用、曰得。得用焉、曰獲。〉《凡》

これは構圖Ⅱに對應するパターンである。この②の凡例は解經文における凡例（經例）であり、傳例ではない。『原左氏傳』魯史によれば、前年冬、陽虎は季桓子を殺さんとして亂を爲したが敗れ、そこで陽虎は「甲を說《ぬ》ぎ、公宮に如《ゆ》き、魯の寶玉・大弓を取り」、陽關に入って叛いた。これを同年の經は抽出的編作文（◆16）として「盜　寶玉・大弓を竊む。」と書す。そして定公九年の①の『原左氏傳』魯史の文は「陽虎寶玉・大弓を歸す。」と書し、これは抽出的編作文（◆3）として經に上されて「寶玉・大弓を得《う》。」と書せられている。これについて②の解經文は、〈書して「得」と曰ふは、器用なり。凡そ器用を獲るを、得と曰ふ。これを用ふるを得る〈會箋「人民牛馬皆是。」〉を、獲と曰ふ。〉と凡例を用いて解說する。

八年では『原左氏傳』魯史が「陽虎」「取」と書するに對し、經はこれを「盜」「竊」として「陽虎」の名を消し、九年では「陽虎寶玉・大弓を歸す」を「寶玉・大弓を得」と主客轉倒して記してその主語の名を消し、解經にて「得」と「獲」の概念規定を行っている。

『原左氏傳』の筆法と『經』の筆法の相違は明らかと言えよう。卽ち經の筆法は徹底して陽虎の「名」を消す筆法となっているのである。この〈名を消す筆法〉は經が不義を懲らしめる際の筆法の有力なものの一つである。ここでは、陽虎は名を求める者であるがゆえに、その名を消すことによってその不義を懲らしめるという論理である。この經の筆法の「名」の論理については、先の「君子曰」44の評言に續く解經文の下りで論じ、明らかにした所である。

因みに、唐の劉知幾は「陽虎の盜の如きは讙に入り陽關を擁して外に扳く。傳其の事を具《つぶ》さにし、經獨り聞する無きは何ぞや。且つ弓玉は亡ふと云ひ、猶ほ獲れば顯記す。城邑は守りを失ふも反って沾書せず。大を略して小を存す。理として懲勸に乖《もと》れり。」（『史通』外篇・惑經第四）と、經における「陽虎」の「扳」の無視を不可解とし、懲惡勸善にもとるものと批判する。しかして經に對する傳として『左傳』を見る經學及び通說的立場からは、批判はここまでとなろう。本書の提起する「『原左氏傳』から『經』が作られた」との視點のコペルニクス的轉換により、劉知幾の疑問は解き明かされることになる。卽ち、それは『原左氏傳』から『經』を制作する際の經著作者による意圖的な「陽虎」の「名」の消去という事に他ならない。經著作者は、この「名」を消す筆法により最大の筆誅を陽虎に行使しているのである。ここに劉知幾の「經獨り聞する無きは何ぞや」との問いに對する明確な回答が存すると言えよう。

以上の考察から、明らかになることは、まず所謂「凡例」はその殆どの四十三條が傳例であり、四十九條の殘り六條の內の五條（3、32、42、44、49）が解經文の凡例（經例）であり、一條が附加傳文の凡例であるに過ぎない。これは經文が『原左氏傳』の筆法としての凡例（傳例）を十分踏まえた上で、さらに新たな凡例（經例等）の規定を加えて制作されていることを示すものと言えよう。

次に、**經文制作と筆法說明の六類型**（構圖Ⅰ～Ⅴに加えて、構圖0で合計六類型となる）について改めて確認すると共に、凡例の四十九條の各類型における分布狀況を示すと、次のようになる（太線部分が經著作者によるもの）。

〈構圖Ⅰ〉「AかつB」の型で、Aは經文成立のプロセス、Bは筆法說明のプロセスである。

A：①『原左氏傳』（列國史）→（抽出・編作による）經文、かつ

B：①『原左氏傳』（列國史）→③『原左氏傳』（凡例）→經文　→②解經文（『左傳』）

1、2、7、14、17、24、25、31、34、35、37、43、の十二條（いずれも傳例である）

〈構圖Ⅱ〉「AかつB」
A：①『原左氏傳』（列國史）→（抽出・編作による）經文、かつ
B：①『原左氏傳』（列國史）→經文→②解經文（『左傳』）
42、44、49、の三條（いずれも解經の凡例卽ち經例である）
〈構圖Ⅲ〉「AかつB」の型で、Aは經文不成立（無經文）の場合、Bは無經文への筆法説明のプロセスである。
A：①『原左氏傳』（列國史）→（經に上さず）無經文、かつ
B：①『原左氏傳』（列國史）→無經文→③解經の凡例（『左傳』）→②解經文（『左傳』）
3の一條のみ（解經の凡例卽ち經例である）
〈構圖Ⅳ〉「AかつB」の型
A：①『原左氏傳』（列國史）→（抽出・編作による）經文、かつ
B：①『原左氏傳』（列國史）→②『原左氏傳』（凡例）→經文
4、5、6、8、9、10、11、12、13、15、16、18、19、20、22、23、26、28、29、30、33、36、38、39、40、41、45、46、47、48、の三十條（いずれも傳例である）
〈構圖Ⅴ〉「AかつB」の型
A：①『原左氏傳』（列國史）→（經に上さず）無經文、かつ
B：①『原左氏傳』（列國史）→無經文→③解經の凡例（『左傳』）
32の一條のみ（解經の凡例卽ち經例である）
〈構圖０〉「A」のみの型
『原左氏傳』→（抽出・編作による）經文…　構圖０（この構圖０は凡例は直接表示されないので凡例文の該當例はない。但し、そこには暗默の裡にこの凡例や解經による原則が働いている。凡例は規範的に示されるのであるから、實際は大部分の經文がこの構圖０に該當する。）
なお、經の作成に關わらない無經の傳文における凡例（當然『原左氏傳』の傳例である）が27の一條である。一方、同じく無經の傳文

への凡例であるが、經著作者によると見られる凡例が21の一條である。これらは右の構圖のいずれにも該當しないものである。

ここに、凡例（傳例及び經例）によって示される「名」の原則が經文制作の方向を規定していること、卽ち作經の前提として機能していることが、構造的に明らかとなったと言えよう。特に、構圖Ⅰの例の檢討から、『原左氏傳』の文とその凡例が先行して成立し、然る後に經文と解經文がほぼ一體的に成立している様相が窺えたのである。したがって、經制作者と解經文作者がほぼ一體化しているとの想定は、如上の考察を通して妥當性をもつことが確認されたと言えよう。

そして、本節の考察を通して右に提起された六類型の構圖によって、ここに經文制作と筆法説明のプロセスの形式が網羅的に明らかにされたのである。

（二）『春秋左氏經』の〈解經文〉について

杜預はその『春秋經傳集解』の「春秋序」において、㈠凡例、㈡變例、㈢非例について、次のように述べている。

㈠ 其發凡以言例、皆經國之常制、周公之垂法、史書之舊章、仲尼從而脩之、以成一經之通體。〔其れ凡を發して以て例を言ふは、皆經國の常制、周公の垂法、史書の舊章なり、仲尼從りて之を脩め、以て一經の通體を成す。〕

㈡ 其微顯闡幽、裁成義類者、皆據舊例而發義、指行事以正褒貶。諸稱「書」「不書」「先書」「故書」「不言」「不稱」「書曰」之類、皆所以起新舊、發大義、謂之變例。然亦有史所不書、即以爲義者、此蓋春秋新意。故傳不言凡、曲而暢之也。〔其の顯なるを微にし幽なるを闡《あきら》かにして、義類を裁成する者は、皆舊例に據りて義を發し、行事を指して以て褒貶を正す。諸の「書」「不書」「先書」「故書」「不言」「不稱」「書曰」を稱するの類は、皆新舊を起こし、大義を發する所以なり、之を變例と謂ふ。然れども亦た史の書せざる所、即ち以て義と爲すもの有り、此れ蓋し春秋の新意なり。故に傳　凡を言はず、曲《つぶさ》にして之を暢ぶるなり。〕

㈢ 其經無義例、因行事而言、則傳直言其歸趣而已。非例也。〔其れ經に義例無し、行事に因りて言ふは、則ち傳　其の歸趣を直言するのみ。例に非ざるなり（非例なり）。〕

このうち、㈠の凡例については、先の第五章（一）において考察した所である。そのほとんどは傳例であった。

また、㈢の非例については、同序を収載する『春秋左傳注疏』の孔穎達疏が「國に大事有れば、史必ず之を書す。其の事既に得失無し、其の文善惡を著さず。故に傳其の指歸趣向を直言するのみ、褒貶の例に非ざるなり。春秋は此の類最も多し。故に隱元年「及宋人盟于宿。」傳曰「始通也。」杜注云「經無義例、故傳直言其歸趣而已。他皆放此。」是れ彼の如きの類は、皆非例なり。」としている。つまり本書の第一部第一章（二）で言う『原左氏傳』の傳文の「記事文＋解說文」の解說文（解經文ではない）を指して杜預は「非例」の傳文としているのである。當然ながら、疏はこの「非例」の類型の文を最多としている。これについてもすでに論じた所である。これらはすべて、『原左氏傳』の史傳文の構成要素であった。

㈡の變例については、ここで考察を加える所のもので、第一章（二）において述べたように、これが卽ち解經文に他ならないことは右の杜預の說明が雄辯に語っている所である。卽ち、經文について「書」「先書」「故書」「書曰」を稱して具體的に引用してその義を明らかにし、又「不書」「不言」「不稱」を稱して、經に上《のぼ》していない理由・意味についてその義を明らかにするというものである。したがって、この解經文は先の本章（一）の考察の示すように、經著作者の手になるものと、推定されるものである。

そこで今、十二公各期の變例卽ち解經文を網羅的に列擧し、若干のコメントを附すると次のようになる（引用文は本書第二部の表記によるが、ここでは特に解經文に太傍線を附している）。

Ⅰ〔隱公期〕二十四條（解經の凡例一條を含む）

1・〔元年〕◇1〔經〕元年。春。王。正月。〔左〕元年。春。①王。周正月。〔魯〕②〈不書卽位、攝也。〉

2・〔元年〕◇2〔經〕三月。公及邾儀父、盟于蔑。〔左〕①三月。公及邾儀父、盟于蔑。邾子克也。〔魯〕②〈未王命。故不書爵。曰「儀父」、貴之也。〉

3・〔元年〕◆3〔經〕夏。五月。鄭伯克段于鄢。〔左〕夏。①四月。費伯帥師、城郎。〔魯〕②〈不書、非公命也。〉

4・右經の傳：④〈書曰「鄭伯克段于鄢」。段不弟、故不言弟。如二君、故曰克。稱鄭伯、失教也。謂之鄭志。不言出奔、難之也。〉

5・〔元年〕◇5〔經〕秋。七月。天王使宰咺來、歸惠公・仲子之賵。九月。及宋人盟于宿。〔左〕秋。①八月。紀人伐夷。〔魯〕②〈夷不告。故不書。〉

6・右經の傳：③有蜚。〔魯〕④〈不爲災、亦不書。〉

7・〔元年〕◇6〔經〕冬。十有二月。祭伯來。〔左〕冬。①十月。庚申。改葬惠公。【魯】②〈公弗臨。故不書。〉

8・右經の傳：③惠公之薨也、有宋師。大子少。葬故有闕。是以改葬。衛侯來、會葬。【魯】④〈不見公。亦不書。〉

9・右經の傳：⑤鄭共叔之亂、公孫滑出奔衛。衛人爲之伐鄭。取廩延。鄭人以王師・虢師、伐衛南鄙。請師於邾。邾子使私於公子豫。豫請往。公弗許。遂行。及邾人・鄭人、盟于翼。【魯】⑥〈不書、非公命也。〉

10・右經の傳：⑦新作南門。【魯】⑧〈不書、亦非公命也。〉

11・〔元年〕☆7〔經〕公子益師卒。〔左〕①衆父卒。【魯】②〈公不與小斂。故不書日。〉

12・〔三年〕◎1〔經〕三年。春。王。二月。己巳。日有食之。〔左〕三年。春。☆2〔經〕三月。庚戌。天王崩。〔左〕①王。三月。壬戌。平王崩。【周】②〈赴以庚戌。故書之。〉

13・〔三年〕☆3〔經〕夏。四月。辛卯。君氏卒。〔左〕夏。①君氏卒。聲子也。【魯】②〈不赴于諸侯、不反哭于寢、不祔于姑、故不曰薨。不稱夫人、故不言葬、不書姓。〉

14・〔四年〕◆5〔經〕秋。翬帥師、會宋公・陳侯・蔡人・衛人、伐鄭。〔左〕秋。①諸侯復伐鄭。宋公使來乞師。公辭之。羽父請以師會之。公弗許。固請而行。【魯】②〈故書曰「翬帥師」、疾之也。〉

15・〔四年〕◆7〔經〕冬。十有二月。衛人立晉。〔左〕冬。①十二月。宣公卽位。【衛】②〈書曰「衛人立晉」、衆也。〉

16・〔五年〕◆1〔經〕五年。春。公矢魚于棠。〔左〕五年。春。①公將如棠、觀魚者。臧僖伯諫、…。【魯】②〈書曰「公矢魚于棠」、非禮也。且言遠地也。〉

17・〔七年〕◇2〔經〕七年。春。…。滕侯卒。〔左〕七年。春。①滕侯卒。【魯】②〈不書名、未同盟也。〉

18・〔七年〕◇3〔經〕夏。城中丘。〔左〕夏。①城中丘。【魯】②〈書、不時也。〉

19・〔九年〕◆2〔經〕九年。春。…。三月。癸酉。大雨震電。〔左〕①王。三月。癸酉。大雨霖以震。【魯】②〈書、始也。〉

20・〔九年〕◇3〔經〕庚辰。大雨雪。〔左〕①庚辰。大雨雪。亦如之。【魯】②〈書、時失也。〉

21・〔九年〕◇5〔經〕夏。城郎。〔左〕夏。①城郎。【魯】②〈書、不時也。〉

22・〔十一年〕◆4〔經〕冬。十有一月。壬辰。公薨。〔左〕冬。①十月。鄭伯以虢師伐宋。壬戌。大敗宋師。以報其入鄭也。【鄭】

②〈宋不告命。故不書。〉

23・右經の傳：③〈凡諸侯有命告、則書。不然則否。師出臧否亦如之。雖及滅國、滅不告敗、勝不告克、不書于策。《凡》〉（前節凡例3に同じ）

24・右經の傳：④〈不書葬、不成喪也。〉

この1・は無經文（經文に無い記事）に解經文を發して、新たな原則（ここでは正月卽位）を立てるための、經制作者の手法であることは先述した通りである。

先述のように經制作者と解經文作者は同一もしくは連攜する者であると推定される。そこで今これを「經著作者」と呼ぶとすれば、經著作者は經文の具體的筆法のみならず、書・不書をもその筆法として褒貶を加えているという構造がここに明らかになるものと考えられる。

例えば、1・の②の解經文〈卽位を書せざるは、攝なればなり。〉は、この「經著作者」の立場からすれば、まず經の記事に隱公の「卽位」を上《のぼ》さず、一方でこの解經文を發するとすれば、隱公は正式の君主ではない「攝」卽ち代理の君主であるという結論は容易に導かれ、これによって「經著作者」の意圖は達成されることになる。あるいは3・の①の「四月。費伯　師を帥ゐて、郎に城く」について、經著作者がこれを經に上さず、一方で解經文②にて〈書せざるは、公命に非ざればなり。〉とその「不書」の理由を解經すれば、費伯の君命に乖る帥師となり、その貶意は動かし難いものとなる。したがって、經における「不書」は「經著作者」の立場からすれば、凡例に一定の拘束を受ける「書」よりも、はるかに有效な褒貶の手法となるものと理解される。この論理を經例（解經の凡例）として表明したのが、23・の「凡そ…、告げざれば、策に書せず」という解經の凡例であると言えよう。

經の冒頭に當たるためか、隱公期はこの「不書」型の解經文が23例中15例（1・2・3・や5・～11・や13・17・22・23・24・）と突出して多い。「經著作者」はこの方法を驅使して『春秋左氏經（春秋經）』の主題に導くための幾つかのレールを敷設したものと考えられる。

本書の上來の議論を踏まえれば、この「經著作者」の手によって、『原左氏傳』から『春秋左氏經』が制作され、一方で解經文や經例や一部の附加傳文を『原左氏傳』に配置することによって『左氏傳』が編集されたものとの理解が成立するのである。

Ⅱ〔桓公期〕九條

1・〔二年〕☆1〔經〕二年。春。王。正月。戊申。宋督弑其君與夷及其大夫孔父。〔左〕二年。春。①宋督攻孔氏。殺孔父而取其妻。公怒。督懼。遂弑殤公。〔宋〕②君子、以督爲有無君之心而後動於惡。《評》③〈故先書弑其君。〉

2・〔四年〕◇1〔經〕四年。春。正月。公狩于郎。〔左〕四年。春。①正月。公狩于郎。〔魯〕②〈書、時禮也。〉

3・〔五年〕◇7〔經〕秋。…。大雩。〔左〕秋。①大雩。〔魯〕②〈書、不時也。〉

4・〔七年〕◎1〔經〕七年。春。二月。己亥。焚咸丘。〔左〕七年。春。①穀伯・鄧侯、來朝。②〈名、賤之也。〉☆2〔經〕夏。穀伯綏來朝。（1①の左傳文と對應）〔左〕夏。…。☆3〔經〕鄧侯吾離來朝。（1①の左傳文と對應）

5・〔十年〕◆4〔經〕冬。十有二月。丙午。齊侯・衞侯・鄭伯、來戰于郎。〔左〕冬。①齊・衞・鄭、來戰于郎。我有辭也。〔魯〕②初。北戎病齊。諸侯救之。鄭公子忽有功焉。齊人餼諸侯、使魯次之。魯以周班、後鄭。鄭人怒、請師於齊。齊人以衞師助之。故不稱侵伐。〔魯〕③〈先書齊・衞、王爵也。〉

6・〔十三年〕☆〔經〕十有三年。春。三月。公會紀侯・鄭伯。己巳。及齊侯・宋公・衞侯・燕人、戰。〔左〕春。…。③〈不書所戰、後也。〉

7・〔十四年〕◇5〔經〕秋。八月。壬申。御廩災。乙亥。嘗。〔左〕秋。①八月。壬申。御廩災。乙亥。嘗。〔魯〕②〈書、不害也。〉

8・〔十六年〕◇4〔經〕冬。城向。〔左〕冬。①城向。〔魯〕②〈書、時也。〉

9・〔十七年〕◇8〔經〕冬。十月。朔。日有食之。〔左〕冬。①十月。朔。日有食之。〔魯〕②〈不書日、官失之也。〉

2・の〈書するは、時の禮なればなり。〉と7・の〈書するは、時なればなり。〉は共に廣義の時令説の視點からの襃辭であり、3・の〈書するは、時ならざればなり。〉はその貶辭を爲すものと言えよう。また1・と5・とは經の筆法における「先書」卽ち語順の先後による襃貶の意を明らかにしている。8・の〈日を書せざるは、官之を失へばなり。〉と司暦の不備を指摘するが、これは經著作者に暦法制作のフリーハンドを與える布石ともなる解經文と言えよう。

この4・では、原左氏傳が「穀伯・鄧侯、來朝す」と書し、これを經は「綏」「吾離」とその名（諱）を書して記す、これを經著作者は解經文を發して、〈名いふは、之を賤しみてなり〉と說き、「名いふ」ことの貶意なるを明らかにしている。名・不名もまた褒貶の筆法であることを経著作者は、解經文を通して明らかにしているのである。

なお、桓公期の解經文では、「不書」型（經に書せざることへの解經文）は八條中二條（6．と9．の二例）である。

Ⅲ［莊公期］八條

1．［元年］◎1〔經〕元年。春。王。正月。〔左〕元年。春。〈不稱卽位。文姜出故也。〉

2．［元年］◇2〔經〕三月。夫人孫于齊。〔左〕①三月。夫人孫于齊。【魯】②〈不稱姜氏。絕不爲親。禮也。〉

3．［二年］◆4〔經〕冬。十有二月。夫人姜氏會齊侯于禚。〔左〕冬。①夫人姜氏會齊侯于禚。【魯】②〈書、姦也。〉

4．［五年］◇3〔經〕秋。郳犂來來朝。〔左〕秋。①郳犂來來朝。【魯】②〈名、未王命也。〉

5．［十八年］◇2〔經〕夏。公追戎于濟西。〔左〕夏。①公追戎于濟西。【魯】②〈不言其來、諱之也。〉

6．［二十五年］◆1〔經〕二十有五年。春。陳侯使女叔來聘。〔左〕二十五年。春。①陳女叔來聘。始結陳好也。【魯】②〈嘉之。故不名。〉

7．［二十九年］◇1〔經〕二十有九年。春。新延廐。〔左〕二十九年。春。①新作延廐。【魯】②〈書、不時也。〉

8．［二十九年］◇5〔經〕冬。十有二月。…。城諸及防。〔左〕①冬。十二月。城諸及防。【魯】②〈書、時也。〉

先述のように、この1．と2．は「不書」型で經文に書せざることに解經文を發して、新たな原則（1．では「正月卽位」）を立てたり、或いは褒貶を示す（2．の場合）という、經著作者の手法である。4．は「名いふ」ことによる貶辭、5．は「名いはざる」ことによる褒辭の筆法を示している。6．7．は時令說的觀點からの筆法を解經するものである。また3．は經の直書による筆誅を解經するものと言えよう。

莊公期では、「不書」型の解經文は八條中三條（1．・2．が「不稱」、5．が「不言」）である。

Ⅳ［閔公期］二條

1・〔元年〕◎1〔經〕元年。春。王。正月。〔左〕元年。春。〈不書卽位、亂故也。〉

2・〔元年〕◇6〔經〕冬。齊仲孫來。〔左〕冬。①齊仲孫湫來、省難。〔魯〕②〈書曰「仲孫」、亦嘉之也。〉

この1・も「不書」型の解經文を發しており、新たな原則（ここでは正月卽位）を立てるための、經著作者の手法であることは、Ⅰ、Ⅲと同様である。經著作者にとっては「正月卽位」の書・不書も褒貶の手段、卽ち筆法の一つであることが、ここでも改めて確認される。2・は〈書して「仲孫」と曰ふは、亦た之を嘉《よみ》するなり。〉として、經が族（仲孫）を書して名（湫）いわざることを褒辭の筆法であると解經している。先のⅢの5・と同軌の論と言えよう。

閔公期では「不書」型の解經文は二條中一條（1・）である。

Ⅴ〔僖公期〕二十條

1・〔元年〕◎1〔經〕元年。春。王。正月。〔左〕元年。春。①〈不稱卽位、公出故也。〉

2・右經の傳：②公出、復入。〔魯〕③〈不書、諱之也。諱國惡、禮也。〉

3・〔二年〕◇1〔經〕二年。春。王。正月。城楚丘。〔左〕二年。春。①諸侯城楚丘、而封衞焉。〔齊〕②〈不書所會、後也。〉

4・〔二年〕◆3〔經〕夏。…。虞師・晉師、滅下陽。〔左〕①夏。晉里克・荀息帥師、會虞師、伐虢。滅下陽。〔晉〕②〈先書虞、賄故也。〉

5・〔三年〕◆2〔經〕夏。四月。不雨。〔左〕夏。①六月。雨。〔魯〕②自十月不雨、至于五月。〔魯〕③〈不曰旱、不爲災也。〉

6・〔五年〕◆10〔經〕五年。冬。晉人執虞公。〔左〕冬。①十二月。丙子。朔。晉滅虢。〔魯〕②虢公醜、奔京師。〔晉〕③師還、館于虞。遂襲虞。滅之。執虞公及其大夫井伯。以媵秦穆姬。而脩虞祀、且歸其職貢於王。〔晉〕④〈故書曰「晉人執虞公」、罪虞、且言易也。〉

7・〔九年〕☆1〔經〕九年。春。王。三月。丁丑。宋公御說卒。〔左〕九年。春。①宋桓公卒。未葬、而襄公會諸侯。〔宋〕②〈故曰「子」。〉③凡在喪、王曰小童、公侯曰子。《凡》☆2〔經〕夏。公會宰周公・齊侯・宋子・衞侯・鄭伯・許男・曹伯于葵丘。

8・〔九年〕◆6〔經〕九年。…。冬。晉里克殺其君之子奚齊。〔左〕冬。①十月。里克殺奚齊于次。〔晉〕②〈書曰「殺其君之子」、未葬也。〉

9・右經の傳：⑤齊侯以諸侯之師、伐晉、及高梁而還。討晉亂也。〔齊〕⑥〈令不及魯。故不書。〉

10・〔十四年〕◇1〔經〕十有四年。春。諸侯城緣陵。〔左〕春。①諸侯城緣陵。而遷杞焉。〔齊〕②〈不書其人、有闕也。〉

11・〔十五年〕◇6〔經〕夏。五月。日有食之。〔左〕夏。①五月。日有食之。〔魯〕②〈不書朔與日、官失之也。〉

12・〔十七年〕◆4〔經〕秋。…。九月。公至自會。〔左〕①九月。公至。〔魯〕②〈書曰「至自會」、猶有諸侯之事焉、且諱之也。〉

13・〔十九年〕◇7〔經〕冬。…。梁亡。〔左〕①梁亡。〔秦〕②〈不書其主、自取之也。〉

14・〔二十年〕◇1〔經〕廿年。春。新作南門。〔左〕廿年。春。①新作南門。〔魯〕②〈書、不時也。〉

15・〔二十三年〕◆4〔經〕冬。十有一月。杞子卒。〔左〕冬。…。②十一月。杞成公卒。〔魯〕③〈書曰「子」、杞、夷也。不書名、未同盟也。〉

16・〔二十四年〕◇1〔經〕廿有四年。春。王。正月。〔左〕廿四年。春。①王。正月。秦伯納之。〔晉〕②〈不書、不告入也。〉

17・右經の傳：④二月。甲午、晉師軍于廬柳、秦伯使公子縶如晉師。師退、軍于郇。辛丑。狐偃及秦・晉之大夫、盟于郇。壬寅。公子入于晉師。丙午。入于曲沃。丁未。朝于武宮。戊申。使殺懷公于高梁。〔晉〕⑤〈不書、亦不告也。〉

18・〔二十四年〕◆4〔經〕廿有四年。…。冬。天王出、居于鄭。〔左〕冬。①王使來告難、曰、「不穀不德。得罪于母弟之寵子帶。鄙在鄭地氾。敢告叔父。」臧文仲對曰、「天子蒙塵于外。敢不奔問官守。」〔魯〕②王使簡師父告于晉。使左鄢父告于秦。〔周〕③〈天子無出。書曰「天王出、居于鄭」、辟母弟之難也。〉

19・〔二十七年〕◆1〔經〕廿有七年。春。杞子來朝。〔左〕廿七年。春。①杞桓公來朝。用夷禮。〔魯〕②〈故曰「子」。〉

20・〔二十八年〕☆17〔經〕冬。公會晉侯・齊侯・宋公・蔡侯・鄭伯・陳子・莒子・邾子・秦人于溫。〔左〕冬。會于溫。討不服也。〔晉〕☆18〔經〕天王狩于河陽。〔左〕①…。②是會也、晉侯召王、以諸侯見、且使王狩。〔晉〕③〈仲尼曰、「以臣召君。不可以訓。故書曰『天王狩于河陽』、言非其地也。且明德也。」〉《解經を含む評言》

僖公期では二十條中十一條（1・2・3・5・9・10・11・13・15・16・17）が、「不書」型卽ち經に「書せず」「稱せず」「曰はざる」

ことへの解經文である。

その1・は經文に無いことに解經文を發して、「書せざる」理由を説いて新たな原則（ここでは正月卽位）を立てるという、經著作者の手法であることは、Ⅰ、Ⅲ、Ⅳと同様である。また解經文を附することによって「正月卽位」の稱・不稱が經著作者の褒貶の手段となるのも同様である。また、注目されるのは、16・の〈書せざるは、入るを告げざればなり。〉、17・の〈書せざるは、亦た告げざればなり。〉と、晉の文公の事について魯に告げざる故に經に上さず、との論理を提起していることである。これは『原左氏傳』の記事を經に「書せざる」根據となる論理を經著作者が示すものと言えよう。

5・は〈旱と曰はざるは、災を爲さざればなり。〉と災害とならない自然變異は「書せず（曰はず）」との經の筆法を説く。6・は「故書」の解經文で、〈故に書して「晉人虞公を執ふ」と曰ふは、虞を罪し、且つ易きを言ふなり。〉と「晉人」卽ち晉の獻公の罪を不問にし虞公を罪ありとする筆法であることを明らかにしている。

また19・の解經文では、「仲尼曰」の評言において「天王　河陽に狩りす」の經文について、臣である晉侯（文公）が君である周王（襄王）を召《よ》ぶのは以て訓《をしへ》とすべからず、卽ちそのまま直言すべきではないので、そこで、經文は「天王は河陽に狩りをされた」と天王自ら狩りを爲したとの書法を用い、王自らが王の狩地ではない河陽に赴いたこととして王を迎えて諸侯を率いて朝せしめた晉の文公の德を明らかにしているのだ、と仲尼が曰ったのである、としている。杜預註も左氏會箋もこの解經文を「仲尼曰」に入れて「仲尼」の言として解すべきものであるとしている。「仲尼曰」の評言が、解經文を發していることは、「仲尼曰」の評言作者と經制作者、解經文作者が一體として重なる可能性、卽ち「仲尼曰」の評言作者が『春秋左氏經』著作者である可能性を示しているものと言えよう。

Ⅵ［文公期］二十七條

1・［二年］◇2〔經〕二年。春。王。二月。…。丁丑。作僖公主。三月。乙巳。及晉處父盟。〔左〕①丁丑。作僖公主。〔魯〕②〈書、不時也。〉

2・［二年］☆4〔經〕夏。六月。公孫敖會宋公・陳侯・鄭伯・晉士縠、盟于垂隴。〔左〕夏。①四月。己巳。晉人使陽處父盟公。以恥之。〔魯〕②〈書曰「及晉處父盟」、以厭之也。適晉、不書。諱之也。〉

3・右經の傳：③公自晉未至。六月。穆伯會諸侯及晉司空士縠、盟于垂隴。晉討衛故也。〔魯〕④〈書曰「晉士縠」、堪其事也。〉

4・〔二年〕◆7〔經〕冬。晉人・宋人・陳人・鄭人、伐秦。〔左〕冬。①晉先且居・宋公子成・陳轅選・鄭公子歸生、伐秦。取汪、及彭衙而還。以報彭衙之役。〔晉〕②〈卿不書、爲穆公故、尊秦也。謂之崇德。〉

5・〔六年〕◆6〔經〕冬。…。晉殺其大夫陽處父。〔左〕秋。…。②賈季怨陽子之易其班也。而知其無援於晉也。九月。賈季使續鞫居殺陽處父。〔晉〕③〈書曰「晉殺其大夫」、侵官也。〉

6・〔七年〕◆5〔經〕宋人殺其大夫。〔左〕①於是、公子成爲右師、公孫友爲左師、樂豫爲司馬、鱗矔爲司徒、公子蕩爲司城、華御事爲司寇。昭公將去羣公子。…。穆・襄之族率國人、以攻公。殺公孫固、公孫鄭于公宮。六卿和公室。樂豫舍司馬、以讓公子卬。昭公卽位而葬。〔宋〕②〈書曰「宋人殺其大夫。」不稱名、衆也。且言非其罪也。〉

7・〔七年〕◆9〔經〕秋。八月。公會諸侯・晉大夫、盟于扈。〔左〕秋。①八月。齊侯・宋公・衛侯・陳侯・鄭伯・許男・曹伯、會晉趙盾、盟于扈。晉侯立故也。公後至。〔魯〕②〈故不書所會。〉

8・〔八年〕☆4〔經〕冬。十月。壬午。公子遂會晉趙盾、盟于衡雍。〔左〕冬。①襄仲會晉趙孟、盟于衡雍。報扈之盟也。遂會伊雒之戎。〔魯〕②〈書曰「公子遂」、珍之也。〉

9・〔八年〕◆8〔經〕冬。…。宋人殺其大夫・司馬。宋司城來奔。〔左〕①宋襄夫人襄王之姊也。昭公不禮焉。夫人因戴氏之族、以殺襄公之孫孔叔・公孫鍾離及大司馬公子卬、皆昭公之黨也。司馬握節以死。〔宋〕②〈故書以官。〉

10・右經の傳：③司城蕩意諸來奔。效節於府人而出。〔魯〕④…。⑤〈亦書以官、皆貴之也。〉

11・〔九年〕◇1〔經〕九年。春。毛伯來、求金。〔左〕九年。春。①王。正月。己酉。使賊殺先克。乙丑。晉人殺先都・梁益耳。〔晉〕②毛伯衛來、求金。非禮也。〔魯〕③〈不書王命、未葬也。〉

12・〔九年〕◆8〔經〕九年。春。…。公子遂會晉人・宋人・衛人・許人、救鄭。〔左〕①公子遂會晉趙盾・宋華耦・衛孔達・許大夫、救鄭。不及楚師。〔魯〕②〈卿不書、緩也。以懲不恪。〉

13・〔十二年〕◆2〔經〕十有二年。春。…。郕伯來奔。〔左〕①郕人立君。大子以夫鍾與郕邽、來奔。公以諸侯逆之。非禮也。〔魯〕②〈故書曰「郕伯來奔」、不書地、尊諸侯也。〉

14・［十二年］☆4〔經〕二月。庚子。子叔姬卒。〔左〕①二月。叔姬卒。【魯】②〈不言杞、絕也。書叔姬、言非如也。〉

15・［十二年］☆9〔經〕冬。…。季孫行父帥師、城諸及鄆。〔左〕①城諸及鄆。【魯】②〈書、時也。〉

16・［十三年］◇5〔經〕大室屋壞。〔左〕①大室之屋壞。【魯】②〈書、不恭也。〉

17・［十四年］◎1〔經〕十有四年。春。王。正月。公至自晉。〔左〕十四年。春。①頃王崩。周公閱與王孫蘇爭政。故不赴。【周】②〈凡崩・薨、不赴則不書。禍・福、不告亦不書。懲不敬也。〉《凡》（前節凡例32に同じ）

18・［十四年］◆10〔經〕秋。九月。…。齊公子商人弒其君舍。〔左〕秋。七月。乙卯。夜、齊商人弒舍而讓元。…。九月。…。③齊人定懿公。使來告難。【魯】④〈故書以九月。〉

19・［十四年］◆11〔經〕秋。九月。…。宋子哀來奔。〔左〕①宋高哀爲蕭封人。以爲卿。不義宋公而出、遂來奔。【魯】②〈書曰「宋子哀來奔」、貴之也。〉

20・［十五年］☆2〔經〕十有五年。春。…。三月。宋司馬華孫來、盟。〔左〕①三月。宋華耦來、盟。其官皆從之。【魯】②〈書曰「宋司馬華孫」、貴之也。〉

21・［十五年］◆4〔經〕夏。…。齊人歸公孫敖之喪。〔左〕①齊人或爲孟氏謀、曰、「魯爾親也。飾棺寘諸堂阜。魯必取之。」從之。卞人以告。惠叔猶毀。以爲請。立於朝、以待命、許之。取而殯之。齊人送之。【魯】②〈書曰「齊人歸公孫敖之喪」、爲孟氏且國故也。〉

22・［十五年］◆6〔經〕夏。…。單伯至自齊。〔左〕①齊人許單伯請、而赦之。使來致命。【魯】②〈書曰「單伯至自齊」、貴之也。〉

23・［十五年］◆10〔經〕冬。十有一月。諸侯盟于扈。〔左〕冬。①十一月。晉侯・宋公・衞侯・蔡侯・陳侯・鄭伯・許男・曹伯、盟于扈。尋新城之盟。且謀伐齊也。齊人賂晉侯。故不克而還。於是、有齊難。是以公不會。【魯】②〈書曰「諸侯盟于扈」、無能爲故也。〉

24・［十六年］☆7〔經〕冬。十有一月。宋人弒其君杵臼。〔左〕冬。①十一月。甲寅。宋昭公將田孟諸。未至。夫人王姬使帥甸攻而殺之。蕩意諸死之。【宋】②〈書曰「宋人弒其君杵臼」、君無道也。〉

25・［十七年］◆1〔經〕十有七年。春。晉人・衞人・陳人・鄭人、伐宋。〔左〕十七年。春。①晉荀林父・衞孔達・陳公孫寧・鄭

石楚、伐宋。討曰、「何故殺君。」猶立文公而還。〔晉〕②〈卿不書、失其所也。〉

26・［十七年］◆5〔經〕夏。…。六月。…。諸侯會于扈。〔左〕①晉侯蒐于黃父。遂復合諸侯于扈。平宋也。〔晉〕②公不與會。齊難故也。〔魯〕③〈書曰「諸侯」、無功也。〉

27・［十八年］◆6〔經〕冬。十月。子卒。〔左〕冬。①十月。仲殺惡及視。而立宣公。〔魯〕②〈書曰「子卒」、諱之也。〉

文公期では「不書」型を含む解經文は二十七條中九條（2・4・6・7・11・12・13・17・25・）である。この4・と12・は共に卿の「族・名」を書せず「人」を稱する筆法で、これにより4・では秦の穆公を尊び、12・では卿の「不恪（つつしまざる）を懲らしむ」ものであると解經する。いずれも卿の族・名を書せざるを以て貶辭とする。一方15・では季孫行父と族・名を書して「師を帥ゐて、諸と鄆とに城く」との經について〈書するは、時なればなり。〉と解經して稱贊する。卿については「族・名」を書せざるが貶辭、書するが襃辭であることを示す例と言えよう。かように經の筆法は一律ではなく「微にして顯、婉にして辨」である。

また「不書」と「書」の解經の論理で注目されるのは、17・に『原左氏傳』に記す「頃王崩ず」を經に書せざる理由として解經文では〈凡そ崩・薨、赴せざれば則ち書せず。禍・福、告げざれば亦た書せず。〉との論理を提示して說明していることである。この論理により『原左氏傳』では七月であった齊の商人の弑君を、18・の齊人の「難を告げしむる」の記事をうけて九月の經に書したことを、〈故に書するに九月を以てす。〉としている。經制作者と解經文作者の一體的な關係がここに窺えよう。

さらにここで注目されるのは、24・の解經文において、經に「宋人　其の君杵臼を弑す」と書するのを「君無道なればなり」と、その責めを一方的に君に歸し、君を弑するものを「宋人」と曖昧にして不問にしている。卽ちこれは、君が無道であれば弑君は免責されるとの筆法を明らかにするものである。「無道の君」への弑君を免責する論理がここに提示されたと言えよう。

周知のように孟子は、齊の宣王との閒で次のような對話を行っている。(2)

齊宣王問曰、「湯伐桀、武王伐紂。有諸。」孟子對曰、「於傳有之。」曰、「臣弑其君、可乎。」曰、「賊仁者、謂之賊。賊義者、謂之殘。殘賊之人、謂之一夫。聞誅一夫紂矣、未聞弑君者也。」（梁惠王下）

ここに言う「殘賊の人、之を一夫と謂ふ。一夫紂を誅するを聞きたるも、未だ君を弑する者を聞かざるなり。」との論理は、この解經文の論理を先蹤とするものと言えよう。また、孟子が「傳においてこれ有り」との「傳」とは、孟子が既に目にしていたと推定される『原左氏傳』、『春秋左氏經』及び『左氏傳』（今本左傳の祖型）のテキスト、とりわけこの解經文を掲載する『左氏傳』のテキストを指すものとの可能性が想定されよう（孟子の時代には「左氏傳」の呼稱はもとよりなく、單に「春秋」もしくは「春秋傳」と稱せられたものと推定される(3)）。

Ⅶ〔宣公期〕八條

1・〔四年〕☆3〔經〕夏。六月。乙酉。鄭公子歸生弑其君夷。〔左〕夏。①弑靈公。〔鄭〕②〈書曰「鄭公子歸生弑其君夷」、權不足也。〉

2・〔五年〕◇1〔經〕五年。春。公如齊。〔左〕五年。春。公如齊。高固使齊侯止公。請叔姬焉。〔魯〕◇2〔經〕夏。公至自齊。〔左〕夏。①公至自齊。〔魯〕②〈書、過也。〉

3・〔五年〕◆3〔經〕秋。九月。齊高固來逆叔姬。〔左〕秋。①九月。齊高固來逆女。自爲也。〔魯〕②〈故書曰「逆叔姬」、卿自逆也。〉

4・〔七年〕☆5〔經〕冬。公會晉侯・宋公・衞侯・鄭伯・曹伯于黑壤。〔左〕冬。①盟于黑壤。王叔桓公臨之。以謀不睦。〔晉〕②晉侯之立也。公不朝焉。又不使大夫聘。晉人止公于會。盟于黃父。公不與盟。以賂免。〔魯〕③〈故黑壤之盟、不書、諱之也。〉

5・〔十年〕◆6〔經〕夏。…。齊崔氏出奔衞。〔左〕①崔杼有寵於惠公。高・國畏其偪也。公卒。而逐之。奔衞。〔齊〕②〈書曰「崔氏」、非其罪也。且告以族、不以名。〉

6・〔十一年〕☆6〔經〕冬。…。丁亥。楚子入陳。納公孫寧・儀行父于陳。〔左〕①陳侯在晉。申叔時使於齊。反。復命而退。王使讓之曰、「夏徵舒爲不道弑其君。寡人以諸侯討而戮之。諸侯・縣公皆慶寡人。女獨不慶寡人。何故。」對曰、「猶可辭乎。」王曰、「可哉。」曰、「夏徵舒殺其君。其罪大矣。討而戮之。君之義也。抑人亦有言、曰『牽牛以蹊人之田、而田主奪之牛。』牽牛以蹊者、信有罪矣。而奪之牛、罰已重矣。諸侯之從楚也、曰『討有罪也。』今縣陳、貪其富也。以討召諸侯、而以貪歸之、無乃不可乎。」王曰、「善哉。吾未之聞也。反之、可乎。」對曰、「可哉。吾儕小人所謂取諸其懷而與之也。」乃復封陳。鄉取一人焉、以歸。謂之夏州。〔楚〕②〈故書曰「楚子入陳。納公孫寧・儀行父于陳。」、書有禮也。〉

7・［十二年］◆6〔經〕冬。…。晉人・宋人・衞人・曹人、同盟于淸丘。〔左〕①晉原縠・宋華椒・衞孔達・曹人、同盟于淸丘。曰、「恤病、討貳。」〔晉〕②〈於是卿不書、不實其言也。〉

8・［十八年］◆8〔經〕冬。…。歸父還自晉、至笙。遂奔齊。〔左〕①子家還、及笙。壇帷、復命於介。既復命、袒括髮。即位、哭、三踊而出。遂奔齊。〔魯〕②〈書曰「歸父還自晉」、善之也。〉

宣公期では「不書」型は八條中二條（4・7・）である。

ここでは7・において、『原左氏傳』が「晉の原縠・宋の華椒・衞の孔達・曹人、淸丘に同盟す」と卿の族・名を書するのに對して、經文では「晉人・宋人・衞人・曹人、淸丘に同盟す」と名を書せざる筆法となっているのは、「其の言を實にせざればなり」とその不實なる故に貶辭として族・名を消したのだとする。一方、8・では、『原左氏傳』は「子家還りて、笙に及ぶ。」と大夫の字を稱し、經文では「歸父　晉より還り、笙に至る。」と子家（公孫歸父）の名を書して記すのは、先君に禮あるを善みしてであると解經する。卿・大夫は族・名を言えば褒辭、言わざれば貶辭であるとの筆法の通則を明らかにする。經は解經文によってその筆法が明らかとなるわけであるが、また解經文に明らかにされる原則の下に經が制作されているという兩者の一體的關係もここに看取されると言えよう。

Ⅷ［成公期］十三條

1・［二年］☆9〔經〕冬。…。十有一月。**公會楚公子嬰齊于蜀。丙申。公及楚人・秦人・宋人・陳人・衞人・鄭人・齊人・曹人・邾人・薛人・鄫人、盟于蜀。**〔左〕①十一月。公及楚公子嬰齊・蔡侯・許男・秦右大夫說・宋華元・陳公孫寧・衞孫良夫・鄭公子去疾及齊國之大夫、盟于蜀。〔魯〕②〈卿不書、匱盟也。於是乎、畏晉而竊與楚盟、故曰「匱盟。」〉

2・右經の傳：④〈蔡侯・許男、不書、乘楚車也。謂之失位。〉

3・［八年］☆8〔經〕冬。十月。癸卯。**杞叔姬卒。**〔左〕冬。①杞叔姬卒。〔魯〕②〈來歸自杞。故書。〉

4・［九年］◇15〔經〕冬。…。**城中城。**〔左〕①城中城。〔魯〕②〈書、時也。〉

5・［十年］◎7〔經〕冬。十月。〔左〕冬。①葬晉景公。〔晉〕②公送葬。諸侯莫在。魯人辱之。〔魯〕③〈故不書、諱之也。〉

6・［十二年］◆1〔經〕十有二年。春。周公出奔晉。〔左〕十二年。春。①…。②〈書曰「周公出奔晉。」凡自周無出。周公自出故

也。《凡》（前節凡例42に同じ）

7．［十四年］◆3〔經〕秋。叔孫僑如如齊、逆女。〔左〕秋。①宣伯如齊、逆女。〔魯〕②〈稱族、尊君命也。〉

8．［十五年］◆4〔經〕十有五年。春。…。晉侯執曹伯、歸于京師。〔左〕①討曹成公也。執而歸諸京師。〔晉〕②〈書曰「晉侯執曹伯」、不及其民也。〉③凡君不道於其民、諸侯討而執之、則曰「某人執某侯。」不然、則否。《凡》

9．［十七年］◆13〔經〕冬。…。晉殺其大夫郤錡・郤犨・郤至。◆14〔經〕楚人滅舒庸。〔左〕①舒庸人以楚師之敗也、道吳人、圍巢、伐駕、圍釐虺。遂恃吳而不設備。楚公子櫜師師襲舒庸、滅之。〔楚〕②閏月。乙卯。晦。欒書・中行偃殺胥童。〔晉〕③〈民不與郤氏。胥童道君爲亂。故皆書曰「晉殺其大夫。」〉

10．［十八年］◆3〔經〕十有八年。春。…。齊殺其大夫國佐。〔左〕①齊爲慶氏之難。故甲申。晦。齊侯使士華免以戈殺國佐于内宮之朝。師逃于夫人之宮。〔齊〕②〈書曰「齊殺其大夫國佐」、棄命專殺以穀叛故也。〉

11．［十八年］◆6〔經〕宋魚石復入于彭城。〔左〕①…。②〈書曰「復入」、凡去其國、國逆而立之、曰「入」。復其位、曰「復歸」。諸侯納之、曰「歸」。以惡入、曰「復入。」〉《凡》（前節凡例44に同じ）

12．［十八年］◆11〔經〕秋。…。築鹿囿。〔左〕①築鹿囿。〔魯〕②〈書、不時也。〉

13．［十八年］◇15〔經〕冬。…。丁未。葬我君成公。〔左〕①孟獻子請于諸侯、而先歸、會葬。丁未。葬我君成公。〔魯〕②〈書、順也。〉

成公期では「不書」型の解經文は十三條中三條（1．2．5．）である。1．では解經文〈卿　書せざるは、盟遺《とほ》しければなり。云々。〉によって『原左氏傳』ではその族・名を書している卿を『經』ではみな「人」と稱する筆法について、2．では解經文〈蔡侯・許男、書せざるは、楚車に乘ればなり。之を失位と謂ふ。〉によって二君の名を『經』に書せざる筆法について說明する。5．では魯公が晉の景公の葬を送った『原左氏傳』の記事を『經』に「書せざる」理由を〈故に書せざるは、之を諱めばなり。〉と說明する。これらは經著作者でなければ書けない解經文と考えざるを得ないであろう。經の作者と解經文の作者の一體性が想定される所以である。

また、8．については、③の凡例に於いて、「凡そ君その民に不道なれば、諸侯討ちて之を執へ、則ち『某人　某侯を執ふ』と曰ふ」との筆法の原則が提示され、②の解經文においては、『經』が「晉侯　曹伯を執らふ」と書して、「晉人」ではなく「晉侯」と書するのは、曹伯負芻は先君曹伯盧が師に卒した後、太子を殺して自立して曹伯と爲ったが、悪を其の民にまで及ぼすものではなかった故に、このような經の丁重な筆法（曹伯の罪を免責する餘地を残す）となったことを明らかにしている（曹伯は成公十六年秋に京師より歸國している）。この〈其の民に及ばざればなり。〉という視點は、その逆のケースとして9．では、〈民 郤氏に與《くみ》せず。〉として『經』に「晉其の大夫を殺す」の國討の筆法で郤錡・郤犨・郤至の死が書されていることを解經文が明らかにしている。

Ⅸ［襄公期］三十四條

1．［二年］◆10〔經〕冬。…。楚殺其大夫公子申。〔左〕①楚公子申爲右司馬。多受小國之賂。以偪子重・子辛。楚人殺之。〔楚〕
②〈故書曰「楚殺其大夫公子申。」〉

2．［五年］◆3〔經〕夏。…。叔孫豹・鄫世子巫、如晉。〔左〕①穆叔覲鄫大子于晉。以成屬鄫。〔魯〕②〈書曰「叔孫豹・鄫大子巫、如晉」、言比諸魯大夫也。〉

3．［五年］◆6〔經〕秋。…。楚殺其大夫公子壬夫。〔左〕秋。…。①楚人討陳叛故。曰、「由令尹子辛實侵欲焉。」乃殺之。〔楚〕
②〈書曰「楚殺其大夫公子壬夫」、貪也。〉

4．［六年］☆1〔經〕春。王。三月。壬午。杞伯姑容卒。〔左〕春。①杞桓公卒。〔魯〕②〈始赴以名。同盟故也。〉

5．［八年］◆4〔經〕季孫宿會晉侯・鄭伯・齊人・宋人・衞人・邾人、于邢丘。〔左〕①五月。甲辰。會于邢丘。以命朝聘之數。使諸侯之大夫聽命。〔晉〕②季孫宿・齊高厚・宋向戌・衞甯殖・邾大夫、會之。鄭伯獻捷于會。故親聽命。〔魯〕③〈大夫不書、尊晉侯也。〉

6．［十年］◆2〔經〕夏。五月。甲午。遂滅偪陽。〔左〕夏。①四月。戊午。會于柤。晉荀偃・士匄、請伐偪陽、而封宋向戌焉。荀罃曰、「城小而固、勝之不武。弗勝爲笑。」固請。丙寅。圍之。弗克。〔晉〕②…。③諸侯之師久於偪陽。荀偃・士匄請於荀罃、曰、「水潦將降。懼不能歸。請班師。」知伯怒。投之以机。出於其閒。曰、「女成二事而後告余。余恐亂命、以不女違。女既勸君而興諸侯、牽帥老夫、以至于此。既無武守、而又欲易余罪、曰『是實班師、不然克矣。』余羸老也。可重任乎。七日不克。必爾乎取之。」五月。庚寅。荀偃・士匄帥卒、攻偪陽、親受矢石。甲午。滅之。〔晉〕④〈書曰「遂滅偪陽」、言自會也。〉

7・〔十年〕◆8〔經〕**冬。盜殺鄭公子騑・公子發・公孫輒。**〔左〕冬。①十月。戊辰。尉止・司臣・侯晉・堵女父・子師僕、帥賊以入。晨攻執政于西宮之朝。殺子駟・子國・子耳。劫鄭伯、以如北宮。子孔知之。故不死。〔鄭〕②〈書曰「盜」、言無大夫焉。〉

8・〔十年〕◆9〔經〕**戍鄭虎牢。**〔左〕①諸侯之師城虎牢、而戍之。晉師城梧及制。士魴・魏絳戍之。〔晉〕②〈書曰「戍鄭虎牢」、非鄭地也。言將歸焉。〉

9・〔十年〕◆10〔經〕**楚公子貞帥師、救鄭。**〔左〕①鄭及晉平。楚子囊救鄭。十一月。諸侯之師還鄭而南。至於陽陵。楚師不退。…。楚人亦還。〔晉〕②王叔陳生與伯輿爭政。王右伯輿。王叔陳生怒而出奔。及河。王復之。殺史狡以說焉。不入。遂處之。晉侯使士匄平王室。王叔與伯輿訟焉。王叔之宰與伯輿之大夫瑕禽坐獄於王庭。士匄聽之。王叔之宰曰、「篳門閨竇之人而皆陵其上、其難爲上矣。」瑕禽曰、「昔平王東遷。吾七姓從王。牲用備具。王賴之而賜之騂旄之盟。曰『世々無失職。』若篳門閨竇、其能來東底乎。且王何賴焉。今自王叔之相也、政以賄成、而刑放於寵。官之師旅不勝其富。吾能無篳門閨竇乎。唯大國圖之。下而無直、則何謂正矣。」范宣子曰、「天子所右、寡君亦右之。所左、亦左之。」使王叔氏與伯輿合要。王叔氏不能擧其契。王叔奔晉。〔晉〕③〈不書、不告也。〉

10・〔十一年〕◆11〔經〕**楚人執鄭行人良霄。**〔左〕①鄭人使良霄・大宰石㚟如楚、告將服于晉。曰、「孤以社稷之故、不能懷君。君若能以玉帛綏晉、不然則武震以攝威之。孤之願也。」楚人執之。〔鄭〕②〈書曰「行人」、言使人也。〉

11・〔十三年〕◇4〔經〕**冬。城防。**〔左〕冬。①城防。〔魯〕②〈書、事時也。〉

12・〔十四年〕☆3〔經〕**夏。四月。叔孫豹會晉荀偃・齊人・宋人・衞北宮括・鄭公孫蠆・曹人・莒人・邾人・滕人・薛人・杞人・小邾人、伐秦。**〔左〕夏。①諸侯之大夫從晉侯、伐秦。以報櫟之役也。…。②於是、齊崔杼・宋華閱・仲江、會伐秦。〔齊〕③〈不書、惰也。向之會、亦如之。衞北宮括、不書於向、書於伐秦、攝也。〉

13・〔十六年〕☆8〔經〕**叔老會鄭伯・晉荀偃・衞甯殖・宋人、伐許。**〔左〕①許男請遷于晉。諸侯遂遷許。許大夫不可。晉人歸諸侯。鄭子蟜聞將伐許、遂相鄭伯、以從諸侯之師。〔晉〕②穆叔從公。齊子帥師、會晉荀偃。〔魯〕③〈書曰「會鄭伯」、爲夷故也。〉

14・〔十九年〕◆11〔經〕**齊殺其大夫高厚。**〔左〕秋。①八月。齊崔杼殺高厚於灑藍。而兼其室。〔齊〕②〈書曰「齊殺其大夫」、從君於昏也。〉

15・［十九年］◆12〔經〕**鄭殺其大夫公子嘉。**〔左〕①鄭子孔之爲政也專。國人患之。乃討西宮之難與純門之師。子孔當罪。以其甲及子革・子良氏之甲守。甲辰。子展・子西率國人、伐之、殺子孔、而分其室。〖鄭〗②〈書曰「鄭殺其大夫」、專也。〉

16・［二十年］◆5〔經〕**蔡殺其大夫公子燮。**〔左〕蔡公子燮、欲以蔡之晉。蔡人殺之。公子履、其母弟也。故出奔楚。〖楚〗◆6〔經〕**蔡公子履出奔楚。**〔左〕（5の左傳文と對應）◆7〔經〕**陳侯之弟黃出奔楚。**〔左〕①陳慶虎・慶寅、畏公子黃之偪、愬諸楚、「與蔡司馬同謀。」楚人以爲討。公子黃出奔楚。〖楚〗②初。蔡文侯欲事晉。曰、「吾先君與於踐土盟。晉不可棄、且兄弟也。」畏楚、不能行而卒。楚人使蔡無常。公子燮求從先君以利蔡、不能而死。〖蔡〗③〈書曰「蔡殺其大夫公子」、言不與民同欲也。「陳侯之弟黃出奔楚」、言非其罪也。〉

17・［二十一年］◇2〔經〕**邾庶基以漆・閭丘、來奔。**〔左〕①邾庶其以漆・閭丘、來奔。…。〖魯〗②〈庶其非卿也。以地來、雖賤必書。重地也。〉

18・［二十三年］◆11〔經〕**晉人殺欒盈。**〔左〕①晉人克欒盈于曲沃。盡殺欒氏之族黨。欒魴出奔宋。〖晉〗②〈書曰「晉人殺欒盈」、不言大夫、言自外也。〉

19・［二十六年］◆1〔經〕二十有六年。春。王。二月。**辛卯。衞甯喜弑其君剽。**〔左〕二十六年。春。①秦伯之弟鍼如晉。脩成。…。〖晉〗②衞獻公使子鮮爲復。辭。敬姒强命之。對曰、「君無信。臣懼不免。」敬姒曰、「雖然、以吾故也。」許諾。初。獻公使與甯喜言。甯喜曰、「必子鮮在、不然必敗。」故公使子鮮。子鮮不獲命於敬姒。以公命與甯喜言、曰、「苟反、政由甯氏、祭則寡人。」甯喜告蘧伯玉。伯玉曰、「瑗不得聞君之出。敢聞其入。」遂行、從近關出。告右宰穀。右宰穀曰、「不可。獲罪於兩君。天下誰畜之。」悼子曰、「吾受命於先人。不可以貳。」穀曰、「我請使焉而觀之。」遂見公於夷儀。反曰、「君淹恤在外、十二年矣。而無憂色、亦無寬言、猶夫人也。若不已、死無日矣。」悼子曰、「子鮮在。」右宰穀曰、「子鮮在、何益。多而能亡。於我何爲。」悼子曰、「雖然、弗可以已。」孫文子在戚。孫嘉聘於齊。孫襄居守。二月。庚寅。甯喜・右宰穀、伐孫氏。不克。伯國傷。甯子出。舍於郊。伯國死。孫氏夜哭。國人召甯子。甯子復攻孫氏。克之。辛卯。殺子叔及大子角。〖衞〗③〈書曰「甯喜弑其君剽」、言罪之在甯氏也。〉

20・［二十六年］◆2〔經〕**衞孫林父入于戚、以叛。**〔左〕①孫林父以戚如晉。〖衞〗②〈書曰「入于戚、以叛。」、罪孫氏也。臣之祿君實有之。義則進、否則奉身而退。專祿以周旋、戮也。〉

21・［二十六年］☆3〔經〕甲午。衞侯衎復歸于衞。〔左〕①甲午。衞侯入。【衞】②〈書曰「復歸」、國納之也。〉

22・［二十六年］◆5〔經〕公會晉人・鄭良霄・宋人・曹人于澶淵。〔左〕①六月。公會晉趙武・宋向戌・鄭良霄・曹人于澶淵。以討衞、疆戚田。取衞西鄙懿氏六十。以與孫氏。【魯】②〈趙武不書、尊公也。向戌不書、後也。鄭先宋、不失所也。〉

23・［二十七年］◆5〔經〕秋。七月。辛巳。豹及諸侯之大夫盟于宋。〔左〕秋。①七月。戊寅。左師至。是夜也、趙孟及子皙盟、以齊言。庚辰。子木至自陳。陳孔奐・蔡公孫歸生至。曹・許之大夫皆至。以蕃爲軍。晉楚各處其偏。…。【晉】②季武子使謂叔孫、以公命、曰、「視邾・滕。」既而齊人請邾。宋人請滕。皆不與盟。叔孫曰、「邾・滕、人之私也。我列國也。何故視之。宋・衞、吾匹也。」乃盟。【魯】③〈故不書其族。言違命也。〉

24・［二十七年］◆2〔經〕夏。叔孫豹會晉趙武・楚屈建・蔡公孫歸生・衞石惡・陳孔奐・鄭良霄・許人・曹人于宋。〔左〕…。④晉楚爭先。晉人曰、「晉固爲諸侯盟主。未有先晉者也。」楚人曰、「子言晉・楚匹也。若晉常先、是楚弱也。且晉楚狎主諸侯之盟也、久矣。豈專在晉。」叔向謂趙孟、曰、「諸侯歸晉之德。只非歸其尸盟也。子務德無爭先。且諸侯盟、小國固必有尸盟者。楚爲晉細、不亦可乎。」乃先楚人。【晉】⑤〈書先晉、晉有信也。〉

25・［二十八年］◆6〔經〕冬。齊慶封來奔。〔左〕冬。①十月。慶封田于萊。陳無宇從。丙辰。文子使召之。請曰、「無宇之母疾病。請歸。」慶季卜之。示之兆、曰、「死。」奉龜而泣。乃使歸。慶嗣聞之。曰、「禍將作矣。」…。慶封歸。遇告亂者。丁亥。伐西門。弗克。還、伐北門。克之。入、伐內宮。弗克。反、陳于嶽。請戰。弗許。【齊】②遂來奔。獻車於季武子。美澤可以鑑。展莊叔見之、曰、「車甚澤。人必瘁。宜其亡也。」…。【魯】③癸巳。天王崩。【周】④〈未來赴、亦未書。禮也。〉

26・［二十八年］☆8〔經〕十有二月。甲寅。天王崩。〔左〕（6③の左傳文と對應）☆9〔經〕乙未。楚子昭卒。〔左〕①十二月。乙亥。朔。齊人遷莊公、殯于大寢。以其棺、尸崔杼於市。國人猶知之。皆曰「崔子也。」【齊】②爲宋之盟故。公及宋公・陳侯・鄭伯・許男如楚。公過鄭。鄭伯不在。伯有廷勞於黃崖。不敬。穆叔曰、「伯有無戾於鄭。鄭必有大咎。敬、民之主也、而棄之。何以承守。鄭人不討、必受其辜。濟澤之阿、行潦之蘋藻。寘諸宗室、季蘭尸之。敬也。敬、可棄乎。」及漢。楚康王卒。…。【魯】③楚屈建卒。趙文子喪之、如同盟。禮也。【晉】④王人來告喪。問崩日。以甲寅告。【魯】⑤〈故書之、以徵過也。〉

27・［二十九年］◇1〔經〕二十有九年。春。王。正月。公在楚。〔左〕二十九年。春。①王。正月。公在楚。【魯】②〈釋不朝正

于廟也。〉

28・［二十九年］◆7〔經〕**杞子來盟**。〔左〕…。③杞文公來盟。【魯】④〈書曰「子」、賤之也。〉

29・［二十九年］◆10〔經〕**齊高止出奔北燕**。〔左〕秋。①九月。齊公孫蠆・公孫竈、放其大夫高止於北燕。乙未。出。【齊】②〈書曰「出奔」、罪高止也。高止好以事自爲功且專。故難及之。〉

30・［三十年］◆5〔經〕**天王殺其弟佞夫**。〔左〕①初。王儋季卒。其子括將見王而歎。單公子愆期爲靈王御士、過諸廷。聞其歎而言。曰、「烏乎、必有此夫。」入以告王、且曰、「必殺之。不慼而願大。視躁而足高。心在他矣。不殺、必害。」王曰、「童子何知。」及靈王崩、儋括欲立王子佞夫。佞夫弗知。戊子。儋括圍蔿、逐成愆。成愆奔平時。五月。癸巳。尹言多・劉毅・單蔑・甘過・鞏成、殺佞夫。【周】②括・瑕・廖、奔晉。【周】③〈書曰「天王殺其弟佞夫」、罪在王也。〉

31・［三十年］◆9〔經〕**鄭人殺良霄**。〔左〕①駟帶率國人以伐之。皆召子產。子產曰、「兄弟而及此。吾從天所與。」伯有死於羊肆。…。【鄭】②〈書曰「鄭人殺良霄」、不稱大夫、言自外入也。〉

32・［三十年］☆11〔經〕**晉人・齊人・宋人・衞人・鄭人・曹人・莒人・邾人・滕人・薛人・杞人・小邾人、會于澶淵。宋災故。**〔左〕冬。①十月。叔孫豹會晉趙武・齊公孫蠆・宋向戌・衞北宮佗・鄭罕虎及小邾之大夫、會于澶淵。既而無歸於宋。【魯】②〈故不書其人。〉

33・［三十年］右經の傳：③君子曰、「信、其不可不愼乎。」《評》④〈澶淵之會、卿不書、不信也。夫諸侯之上卿會而不信、寵名皆棄。不信之不可也、如是。詩曰『文王陟降在帝左右。』信之謂也。又曰『淑愼爾止、無載爾僞。』不信之謂也。書曰『某人某人會于澶淵。宋災故。』、尤之也。不書魯大夫、諱之也。〉

34・［三十一年］☆7〔經〕**十有一月。莒人弒其君密州。**（會箋「買爲密聲之轉、…。朱鉏爲州之緩聲。…。左氏經作買朱鉏、必矣。」）〔左〕①十一月。展輿因國人以攻莒子、弒之。乃立。去疾奔齊。齊出也。展輿吳出也。【莒】②〈書曰「莒人弒其君買朱鉏」、言罪之存也。〉

襄公期では、「不書」型及び一部にそれを含む解經文は三十四條中九條（5・9・12・22・23・25・31・32・33）である。そのうち9・は王の卿士王叔と伯豫の政争と王叔の出奔について〈書せざるは、告げざればなり。〉と經に書せざる理由を解經する。25・では「天王崩ず」について〈未だ來たりて赴せざれば、亦た未だ書せず。〉とする。これは先述のように經著作者に書・不書の權を與える論理である。

10・は、「行人」を執ふるを經が書する始めての例で、楚への貶意を示す。また1・3・14・15・16・はいずれも「國討」の筆法で、『經』は殺される大夫の名を書して筆誅し、解經文はその筆法を明らかにし又筆誅の理由を示している。

次に注目されるのは、30・の「書して『天王　其の弟佞夫を殺す』と曰ふは、罪は王に在ればなり。」と、周の靈王の子の景王について周の五大夫が景王の弟の佞夫を殺したことを王の罪として斷罪する筆法である。天王も春秋の『經』の褒貶の例外ではない[4]ことを示すものと言えよう。これは『原左氏傳』のこの一文が全く王の褒貶には言及しない記述であるのと對照すれば、『經』の筆法に内包される論理の「新しさ」が浮き彫りになるものと言えよう。これは當然「天王」の範型により相應しい「王」の登場を促す論理を導くものと爲ろう。

また、34・では、「書して『莒人　其の君買朱鉏（密州）を弑す』と曰ふは、罪の存するを言ふなり」と、君臣（父子）の弑を書する筆法を説明する。ここでは、莒君の弑について君（父）に罪の存することを明らかにしている。したがって、君（父）に罪が存すれば臣（子）の弑君（父）が免責される論理を『經』が明らかにするものとなっている。これはやはり、『經』の「新しさ」と言えよう。

これについて左氏會箋は安井衡（息軒）を引用して、この「罪の存するを言ふなり」について「先天之立君、以牧民也。今不牧而虐之。是背天也。背天者罪莫大焉。故傳断之曰、『言罪之在也。』是推本究源之言。非謂弑父者無罪也。孟子深得春秋之意。故亦曰、『民爲重、社稷次之、君爲輕。』苟不通此義、春秋有不可得而解者焉。」と記している。夙にこの『経』の「新しさ」に注目する論と言えよう。また安井衡の指摘するように、孟子がこの『經』の新たな思想を深く體得したと見られることは確論と言えよう。

X〔昭公期〕十六條

1・〔元年〕◆4〔經〕夏。秦伯之弟鍼出奔晉。〔左〕夏。①四月。…。⑤秦后子有寵於桓。如二君於景。其母曰、「弗去、懼選。」癸卯。鍼適晉。其車千乘。〔秦〕⑥〈書曰「秦伯之弟鍼出奔晉」、罪秦伯也。〉

2・〔三年〕◆7〔經〕北燕伯款出奔齊。〔左〕①燕大夫比、以殺公之外嬖。公懼。奔齊。〔燕〕②〈書曰「北燕伯款出奔齊」、罪之

也。〉

3・〔五年〕◇4〔經〕夏。莒牟夷以牟婁及防茲、來奔。〔左〕夏。①莒牟夷以牟婁及防茲、來奔。〘魯〙②〈非卿而書、尊地也。〉

4・〔八年〕☆2〔經〕夏。四月。辛丑。陳侯溺卒。〔左〕夏。①…。②〈書曰「陳侯之弟招殺陳世子偃師」、罪在招也。「楚人執陳行人干徵師、殺之」、罪不在行人也。〉◆4〔經〕楚人執陳行人干徵師、殺之。

5・〔九年〕◇5〔經〕冬。築郎囿。〔左〕冬。①築郎囿。〘魯〙②〈書、時也。〉

6・〔十二年〕☆6〔經〕楚殺其大夫成熊。（會箋「穀梁作成虎、…則經文亦作虎字可知、…或篆文殘脱致誤。」）〔左〕①楚子謂成虎、若敖之餘也。遂殺之。或譖成虎於楚子。成虎知之而不能行。〘楚〙②〈書曰「楚殺其大夫成虎」、懷寵也。〉

7・〔十六年〕◇1〔經〕十有六年。春。齊侯伐徐。〔左〕十六年。春。①王。正月。公在晉。晉人止公。〘魯〙②〈不書、諱之也。〉

8・〔十九年〕☆2〔經〕夏。五月。戊辰。許世子止弑其君買。〔左〕夏。①許悼公瘧。五月。戊辰。飲大子止之藥、卒。大子奔晉。〘許〙②〈書曰「止弑其君」、君子曰、「盡心力以事君、舍藥物、可也。」《評》〉

9・〔二十三年〕◆3〔經〕晉人執我行人叔孫婼。〔左〕③〈書曰「晉人執我行人叔孫婼」、言使人也。〉

10・〔二十三年〕◆7〔經〕戊辰。吳敗頓・胡・沈・蔡・陳・許之師于雞父。胡子髡・沈子逞、滅。獲陳夏齧。〔左〕①吳人伐州來。楚薳越帥師、及諸侯之師奔命、救州來。吳人禦諸鍾離。子瑕卒。…。吳子從之。戊辰。晦。戰于雞父。吳子以罪人三千、先犯胡・沈與陳。三國爭之。吳爲三軍、以繫於其後。中軍從王、光帥右、掩餘帥左。吳之罪人或奔或止。三國亂。吳師擊之。三國敗。獲胡・沈之君及陳大夫。舍胡・沈之囚、使奔許與蔡・頓、曰、「吾君死矣。」師譟而從之、三國奔。楚師大奔。〘吳〙②〈書曰「胡子髡・沈子逞、滅。獲陳夏齧。」、君臣之辭也。不言戰、楚未陳也。〉

11・〔二十五年〕◇3〔經〕有鸜鵒來巢。〔左〕①有鸜鵒來巢。〘魯〙②〈書、所無也。〉

12・〔二十五年〕☆4〔經〕秋。七月。上辛。大雩。季辛。又雩。〔左〕秋。①〈書、再雩。旱甚也。〉

13・〔二十五年〕◇5〔經〕九月。己亥。公孫于齊。次于陽州。〔左〕九月。戊戌。伐季氏。…。己亥。公孫于齊。次于陽州。〘魯〙◇6〔經〕齊侯唁公于野井。〔左〕①齊侯將唁公于平陰。公先至于野井。齊侯曰、「寡人之罪也。使有司待公于平陰。爲近故也。」〘魯〙②〈書曰「公孫于齊。次于陽州。齊侯唁公于野井。」、禮也。將求於人、則先下之、禮之善物也。〉

14・［三十年］◇1〔經〕三十年。春。王。正月。公在乾侯。〔左〕三十年。春。①王。正月。公在乾侯。〔魯〕②〈不先書鄆與乾侯、非公且徵過也。〉

15・［三十一年］◇6〔經〕冬。黑肱以濫、來奔。〔左〕冬。①邾黑肱以濫、來奔。〔魯〕②〈賤而書名、重地故也。君子曰、「名之不可不愼也、如是。夫有所有名而不如其已。以地叛、雖賤必書地、以名其人。終爲不義、弗可滅已。是故、君子動則思禮、行則思義。不爲利回、不爲義疚。或求名而不得、或欲蓋而名章、懲不義也。齊豹爲衛司寇、守嗣大夫。作而不義、其書爲『盜』。邾庶其、莒牟夷、邾黑肱、以土地出、求食而已。不求其名、賤而必書。此二物者所以懲肆而去貪也。若艱難其身、以險危大人、而有名章徹、攻難之士將奔走之。若竊邑、叛君、以徼大利而無名、貪冒之民將寘力焉。是以春秋、書齊豹曰『盜』、三叛人名以懲不義、數惡逆無禮。其善志也。故曰、『春秋之稱、微而顯、婉而辨。上之人能使昭明、善人勸焉。淫人懼焉。』是以君子貴之。」《評》〉

16・［三十二年］◆7〔經〕十有二月。己未。公薨于乾侯。〔左〕①十二月。公疾。徧賜大夫。大夫不受。賜子家子雙琥・一環・一璧・輕服。受之。大夫皆受其賜。己未。公薨。子家子反賜於府人。曰、「吾不敢逆君命也。」大夫皆反其賜。〔魯〕②〈書曰「公薨于乾侯」、言失其所也。〉

昭公期では「不書」型及びそれを一部に含むものは十六條中三條（7・10・14・）である。7・では『原左氏傳』には「春。王の正月。公　晉に在り。」と魯公の事を記すのに對して、經では「春。齊侯　徐を伐つ。」と齊の事を記す。解經文は、魯公が晉人に執えられ止められた事により〈書せざるは、これを諱めばなり。〉と解經する。經著作者の「不書」による歷史記事の消去の例と言えよう。

次に注目されるのは、8・や15・のように「君子曰」の評言と一體となった、解經文の存在である。

8・では、〈書して「止　其の君を弑す」と曰ふ。君子曰はく、「心力を盡くして以て君に事ふれば、藥物を舍きて、可なり」と。〉として、經の文に對する君子の評言によって、許の世子止の行爲は「弑君」と書せらるるものだが、心力を盡くして君に事えその病に藥物を供與したものであるから、その「弑君」は免責されるべきものであるとの論理を提示している。

15・では、「君子曰」の評言において解經がなされ、『經』の筆法について次のように名の論理を展開する。

賤《いや》しけれども名を書するは、地を重んずる故なり。君子曰はく、「名の愼しまざるべからざるや、是くの如し。夫れ名有れども其の已むに如かざる所有り。地を以《ゐ》て叛けば、賤しと雖も必ず地を書し、以て其の人を名いふ。終に不義は、滅すべからずと爲すのみ。是の故に、君子は動けば則ち禮を思ひ、行へば則ち義を思ふ。利の爲に回《よこしま》ならず、義の爲に疚《やま》しからず。或いは名を求むれども得ず、或いは蓋はんと欲すれども名章《あきら》かなるは、不義を懲らしむるなり。齊豹は衞の司寇と爲りて、守嗣の大夫たり。作して義ならざれば、其の書するや『盜』と爲す。邾庶其、莒牟夷、邾黑肱は、土地を以て出でて、食を求むるのみ。其の名を求めざれば、賤しけれども必ず書す。此の二物は肆を懲らしめて貪を去る所以なり。若し其の身を艱難にして、以て大人を險危し、而して名の章徹する有れば、攻難の士は將に之に奔走せんとす。若し邑を竊み、君に叛き、以て大利を徼《もと》めて名無ければ、貪冒の民は將に力をここに寘かんとす。是を以て春秋は、齊豹を書して『盜』と曰ひ、三叛人は名いひ、以て不義を懲らしめ、惡逆無禮を數《せ》む。其れ善く志《しる》せるなり。故に曰はく、『春秋の稱、微にして顯、婉にして辨なり。上の人能く昭明ならしめば、善人これに勸み、淫人これを懼る』と。是を以て君子之を貴ぶ。

これは先述のように、經の筆法が、名を求める齊豹には名を消し、利を求めて名を蓋わんとする三叛人には名を言い、以て不義を懲らしめるという、「微にして顯、婉にして辨」なる「名」の論理に據ることを明らかにする。

そして、この「君子曰」は先に考察したように、「君子曰」Ⅲ類の段階の作者に由るものと見られ、「仲尼曰」の作者とも重なる可能性が想定されたのであった。したがって、「君子曰」Ⅲは「仲尼曰」と同様に經著作者に重なることが想定されるのである。

XI［定公期］四條

1．［九年］◆3〔經〕得寶玉・大弓。〔左〕①陽虎歸寶玉・大弓。〔魯〕②〈書曰「得」、器用也。凡獲器用、曰得。得用焉、曰獲。〉

《凡》（前節凡例49に同じ）

2．［十五年］◇9〔經〕秋。七月。壬申。姒氏卒。〔左〕秋。①七月。壬申。姒氏卒。②〈不稱夫人、不赴且不祔也。〉

3．［十五年］☆14〔經〕辛巳。葬定姒。〔左〕①葬定姒。②〈不稱小君、不成喪也。〉

4．［十五年］◇15〔經〕冬。城漆。〔左〕冬。①城漆。〔魯〕②〈書、不時告也。〉

定公期では「不書」型の解經文は四條中二條（2．3．）である。ここでは、2．3．に見るように、『不稱』による褒貶の筆法が改めて確認されよう。

また、1．の解經文では、『原左氏傳』文に在る「陽虎」を『經』ではこれを全く無視した文として上し、更に「得」に焦點を當てて解經文を發することに據って、「陽虎」は『經』においては文においても意においても消去されている。つまり、經著作者（「仲尼曰」作者と重なる）に據る「陽虎」の「名」を完全に消去する筆法と解せられるのである。(5)

襄公期の解經文6．（同十年）には、〈書して「盜」と曰ふは、大夫無きを言ふなり。〉と、大夫に非ざる士については經に書せず、敢えて觸れるときには貶意として「盜」と書する原則を提示し、陽虎も定公八年經に「盜竊寶玉大弓。」と「盜」を以て書せられている。それでも例えば唐の劉知幾は「如陽虎盜、入于讙、擁陽關而外叛、傳具其事、經獨無聞、何哉。…。理乖懲勸、其所未諭、五也。」（『史通』巻十四「惑經」）と經の筆法に疑義を呈している。しかして、經の筆法卽ち經著作者の意圖は「陽虎」の「名」の消去に在りと知ることによって、この筆法の不可解さの意味する所が了解されることは先述の通りである。

XII［哀公期］二條

1．［元年］☆2〔經〕楚子・陳侯・隨侯・許男、圍蔡。〔左〕①楚子圍蔡。報柏擧也。里而栽、廣丈高倍。夫屯晝夜九日、如子西之素。蔡人男女以辨、使疆于江・汝之閒而還。〔楚〕②蔡於是乎、請遷于吳。〔蔡〕③吳王夫差敗越于夫椒。報檇李也。遂入越。越子甲楯五千、保于會稽、使大夫種因吳大宰嚭、以行成。吳子將許之。…。〔吳〕④三月。越及吳平。吳入越。〔吳〕⑤〈不書、吳不告慶、越不告敗也。〉

2．［十二年］☆2〔經〕夏。五月。甲辰。孟子卒。〔左〕夏。①五月。昭夫人孟子卒。〔魯〕②〈昭公娶于吳、故不書姓。死不赴、故不稱夫人。不反哭、故不言葬小君。〉

哀公期の解経文二條は、いずれも「不書」型である。

この1．はその③④の無經の傳文「③吳王夫差　越を夫椒に敗る。…。④三月。越と吳と平ぐ。吳　越に入る。」について、經に書せざる理由を「書せざるは、吳　慶を告げず、越　敗を告げざればなり。」と説明する解經文を發している。これは吳王夫差の功業を述べる一段であり、經としては夷狄の王（吳子）の功業を書せざる理由を「不告」に歸したものと解せられる（吳は姫姓とされるが周王封建の諸侯ではない）。つまり、これは「不書」という經の筆法を説明する解經文となっており、經と解經文が表裏して作り出す筆法と言えよう。ここに、經制作者と解經文作者の密接な關係が改めて窺えるのである。

2・では『原左氏傳』には「昭夫人孟卒す」と魯の昭公の夫人の死を明示する記事が書されているのに、『經』は「孟子卒す」と書することについて、昭公は同姓の呉に娶る故に孟姫を「孟子」として「姓を書せず」、夫人薨ずとの赴を同盟の諸侯に告げていないので「夫人を稱せず」とし、従って夫人としての喪禮を成していないので「小君を葬るを言はず」であると解經している。ここには經制作者及び解經者即ち經著作者の褒貶の筆法が「不書」「不稱」という「名」の論理によりなされていることが窺えると言えよう。

以上の解經文は計一六七條となるが、その分布狀況を十二公の各期における數と比率について一覽にすると次のようになる。

隱公十一年間　：24條（2・2條／年）、桓公十八年間　：9條（0・5條／年）、莊公三十三年間：8條（0・2條／年）、
閔公二年間　　：2條（1條／年）、　僖公三十三年間：20條（0・6條／年）、文公十八年間　：27條（1・5條／年）、
宣公十八年間　：8條（0・4條／年）、成公十八年間　：13條（0・8條／年）、襄公三十一年間：34條（1・1條／年）、
昭公三十二年間：16條（0・5條／年）、定公十五年間　：4條（0・3條／年）、哀公十六年間　：2條（0・1條／年）

解經文の最多は襄公期であるが、年あたりの比率で言えば隱公期が最も高く、次いで文公期となる。最小は數と比率で哀公期である。また一六七條のうち六十一條が「不書」型の解經文である。「不書」型の解經文のあり方からは、具體的に既に考察したように經制作者と解經文作者の一體性が明らかに看取されたのであった。されば、解經文全體の約37％を「不書」型が占めるという事實は經制作者と解經文作者の一體性を改めて裏附けるものと言えよう。

されば、先の凡例の考察に以上の解經文についての考察を併せて勘案すると、次の四點を指摘し得るであろう。

第一には、經文と解經文とは密接に關係しており、經文と解經文とは言わば表裏一體となって、褒貶の筆法を形成していることが明らかになった。

第二には、凡例（傳例と經例）と解經文についての検討から、經制作者、凡例の經例制作者、解經文作者、「仲尼曰」作者、「君子曰」Ⅲの作者が〈經著作者〉として一體化して把握し得る樣相が明らかになった。

第三に、『經』は、『原左氏傳』からの抽出・編作の手法により、これを凡例（傳例と經例）や解經文に示される筆法の原則（メタ言語

のメカニズム）の下に〈經著作者〉によって編纂・制作されていったものと推定される。そして、同時にこの經例や解經文を新たな附加傳文と共に『原左氏傳』に配置することにより『左氏傳』が編集される。よってここに〈經著作者〉〈左氏傳編集者〉が一體の關係にあることが推定されるのである。

第四に、凡例と解經文の網羅的検討と考察を通して、『經』の褒貶の筆法の鍵が「名」の論理に在ることが明らかとなった。ここに『春秋左氏經』の著作意圖を考察し把握する手がかりが明らかに見えて來たと言えよう。

（三）『原左氏傳』の「禮」の思想から『春秋左氏經（春秋經）』の「名」の思想へ

本書の上來の考察から、改めて『原左氏傳』の編纂原則と『春秋左氏經』の作經原則とを概括的に對比すると次のようになろう。

一、『原左氏傳』テキストの主な編纂原則

Ⅰ、魯の十二公の紀年を軸とし、「當年卽位・踰年（翌年）稱元法」を原則として編年。

Ⅱ、列國の史記（周及び諸侯の策）の記事を春・夏・秋・冬の四時に配列して編年する（四時記載法）。

Ⅲ、冬至月正月型の周正（暦元はBC三六七年を起點にその三蔀前の蔀首である宣公十四年・BC五九五年）を基準とする。

Ⅳ、列國の史記から主として霸者及び諸侯・卿・大夫の「立德」「立功」「立言」の記事について記す。

Ⅴ、毀譽褒貶の評價の基軸は「禮」にある。

二、『春秋左氏經』テキストの主な作經原則

Ⅰ、魯の十二公の紀年を軸とし、「踰年（翌年）稱元・正月卽位法」を原則として編年。

Ⅱ、『原左氏傳』の春・夏・秋・冬の四時の配列による編年（四時記載法）を踏襲し、さらに時と月の對應の一律化を徹底し、爲に『原左氏傳』の「時。月。」を一部改變する。

Ⅲ、冬至前月正月型の周正（暦元はBC三五一年を起點にその四蔀前の蔀首である僖公五年・BC六五五年）を理念上の基準とする。

Ⅳ、『原左氏傳』から、「天王（天子）の事」の原則のもとに抽出・編作の手法を基本とし、かつ他史料（周王室及び諸侯の策や魯の宮

廷記録や世卿の族譜など）をも援用しつつ、作經する。

V、毀譽褒貶の評價の基軸は「名」の筆法（凡例と解經文等によって規定される）にある。「名」の「書」「不書」もまた筆法となる。

ここに『原左氏傳』の「禮」の思想から『春秋左氏經』の「名」の思想への展開が明らかとなった。

さて、上來述べてきたように『原左氏傳』から『春秋左氏經』の制作へと展開する思考の中心にあるのは、『原左氏傳』における霸者・諸侯・卿・大夫の「立德」「立功」「立言」と「禮」の思想から、「天王（天子）の事」と「名」の思想への展開であることが明らかとなった。そこには「名」を秩序の第一原理とする思想が『經』の制作・編纂を通して具體化・體系化されてゆく様相が窺えたのである。

既に『原左氏傳』桓公二年には、晉の師服の言として「それ名は以て義を制し、義は以て禮を出だし、禮は以て政を體し、政は以て民を正す。是を以て政成りて民聽《したが》ふ」という。卽ち名が義と、義による禮と、禮による政（正民）とを左右する鍵となる。名こそ統治の樞要であるというのである。まさに「名を秩序の第一原理とする」もので、後世に所謂「名教」と稱せられる論理がそこに表明されていよう。(6) この師服の言は『原左氏傳』編纂者の思想に相通ずるものと言えよう。

されば、このように『原左氏傳』編纂者によって抱懷されていた「名」の思想を具體的なテキストとして、體系化したのが『春秋左氏經』テキストということになろう。『原左氏傳』編纂の段階では、列國の史書を「天下の春秋」として『原左氏傳』に編纂するには「禮」の思想を基軸にし、そこで編纂された『原左氏傳』からメタ言語化のレベルを一段階あげて、この「名」の思想によって「天王の事」という新たなテキストを制作・編纂したのが『春秋左氏經』であるということになろう。

したがって、そこには、列國史の編纂者（史官）→『原左氏傳』の編纂者→『春秋左氏經』の著作者かつ『左氏傳』の編集者、という歴史編纂者におけるメタ言語化過程の進展の様相を讀み取ることが出來よう。例えば、哀公十四年では、齊史の記事を踏まえて、『原左氏傳』は「甲午。齊の陳恒　其の君壬を舒州に弑す。」と陳恒の惡を書し、『春秋左氏經』はここに一字褒貶の『經』の「名」の筆法を用いてこれを「齊人其の君壬を舒州に弑す。」と書して、陳恒の惡を免責している。

先述のようにこの『春秋左氏經』の著作者に擬せられるのが、「仲尼曰」の評言を發している執筆者である。周知のように『論語』

子路篇第十三には、自らが衞國の政を任された場合の統治法として、「孔子」は「必ずや名を正さんか。…。名正しからざれば則ち言順はず、言順はざれば則ち事成らず、事成らざれば則ち禮樂興らず、禮樂興らざれば則ち刑罰中らず、刑罰中らざれば則ち民　手足を措く所無し」と述べている。「名」は「言」「事」「禮」「樂」より樞要なものとして位置づけられている。やはり「名教」の論理と言えよう。春秋學派と孔門の距離の近さ卽ち思想の共通性が窺えるのである。

『原左氏傳』から『春秋左氏經（春秋經）』を作り出した春秋學の展開は、この「名」の思想の展開へと向かう。つまりは、『經』を通しての「名教」の體系化・具體化へと向かうものと言えよう。このことは先述のように『資治通鑑』から『資治通鑑綱目』へと展開する後世の〈名教〉の思考法と對比して考えるならば、事態は一層容易に理解されよう。

『原左氏傳』が霸者・諸侯・卿・大夫の立德、立功、立言と「禮」の規範を重視して「史」の文を記すのに對して、『春秋左氏經』は「天王（天子）の事」として「禮」の上位概念の「名」の體系を記述せんとする。

　このような春秋學の「名」の思想は、「名教」の論理として「歷史記事」を通して體系化し具體化されてゆくのであるが、そこは次の三段階の進展がそのメカニズムとして看取されよう。

　㈠　名を立つ　㈡　名によりて裁く　㈢　名が實を生ず

㈠の「名を立つ」るのはまさに天王（天子）もしくは聖人の事業に歸せられるものであり、秩序の第一原理の「名」を立てることによって義が定まり、義のもとに禮が定まり、政が正される（諸侯の場合は天王の名による正名がなされる）。

㈡の「名によりて裁く」のはその具體化である。「亂臣賊子懼る」という春秋經の筆誅の論理がそれである。名は後世にも死後にもその制裁力を有するが故に法の裁きよりも懼れられる[7]。

㈢の「名が實を生ず」とは「歷史記事」（つまりは歷史）として立てられた「名」が「實」としての秩序を生み出す（作り出す）ことであり、また「名は實を有す」という普遍的命題（「名教」という實念論の思考法では眞命題とされる）により政治的・功利的な側面をも含めて名教の秩序を完成させるのである[8]。

　先の晉の師服の言に卽して之を言えば、「名」は「民を正す」「政成りて民聽《したが》ふ」という「實」を生み出すものに他ならないのである。因みに、この師服の言は次のような脈絡で語られているのであった。

〔桓公二年〕〔左〕冬。…。③初。晉穆侯之夫人姜氏、以條之役生大子。命之、曰仇。其弟以千畝之戰生。命之、曰成師。師服曰、「異哉。君之名子也。夫名以制義、義以出禮、禮以體政、政以正民。是以政成而民聽。易則生亂。嘉耦曰妃、怨耦曰仇。古之命也。今君命大子曰仇、弟曰成師。始兆亂矣。兄其替乎。」〔晉〕④惠之廿四年、晉始亂。故封桓叔于曲沃。靖侯之孫欒賓傅之。師服曰、「吾聞、國家之立也、本大而末小、是以能固。故天子建國、諸侯立家、卿置側室、大夫有貳宗、士有隷子弟、庶人工商各有分親。皆有等衰。是以民服、事其上、而下無覬覦。今晉甸侯也、而建國、本既弱矣。其能久乎。」〔晉〕⑤惠之三十年、晉潘父弑昭侯。而納桓叔、不克。晉人立孝侯。〔晉〕⑥惠之四十五年、曲沃莊伯伐翼。弑孝侯。云々。〔晉〕

　晉の穆公は戰役にちなんで長男を「仇」と名づけ、次男を「成師」と名づけた。これに對して師服は右の辭（二重線部）を述べて、太子に仇、その弟に成師では、その名に亂の兆しが見えており、兄は替《すた》れましょう、と言う。はたして魯の惠公の二十四年に兄弟の亂が起こり、成師（桓叔）を曲沃に封じた。都の翼よりも大きな曲沃の邑を得て、分家（曲沃）は本家（翼）より強大と爲り、師服は「本既に弱し。其れ能く久からんや。」とその滅亡を豫言する。かくして魯の惠公の四十五年には曲沃が翼を伐って孝公を弑して、翼は滅亡へと向かう。

『原左氏傳』編纂者はこの歴史記事において、次のような「名」の思想を開示していると言えよう。

　「名」　　　　　　　　「實」

太子を仇と名づく　↓本は小↓「仇」の子孫は滅亡

弟を成師と名づく　↓末は大↓「成師」の子孫は功を成して君となる

つまり、太子は「仇」、弟は「成師（戰に勝つ）」と名づけられたがゆえに、弟の家系（曲沃）が兄の太子の家系（翼）を伐って太子の家系（翼）は滅びることとなり、弟の家系（曲沃）はその名の通り戰に勝利して君（晉侯）となったという、「名が實を生ず」という論理である。

　あるいは、『春秋左氏經』では、先述のように哀公十六年において「齊人　其の君壬を舒州に弑す。」と書かれれば、つまりこのように「名」を立てられれば、陳恒の名（諱）は書せられていないので、弑君の汚名を免れるという「實」を得ることになる。やはり「名が實を生ず」の論理を驅使するものと言えよう。

したがって、㈠名を立つ、㈡名によりて裁く、㈢名が實を生ず、との過程は名教の展開の始終本末を示すものと言えよう。

この「名」と「實」の問題について、加地伸行氏は、「中國人は造形としての漢字の〈形〉を重んじるがゆえに、一度形象化され、書かれ定着してしまった漢字には、その後獨り歩きする方向が一方ではあったのである。…。このように、ことばが存在するなら、それに對應する或るものの存在を考えるということになると、〈白い〉ことを表わす「白」字が、〈白さ〉という普遍が存在するという思考を生み出すこととなる。そして、逆にこの普遍を存在物の母胎と考えるようにさえなる。これは實念論的思考である。すると、このことを名實の問題との關係において言えば、對象物である實が、記號である名に優先すると考えるのは、唯名論的立場であり、その逆、すなわち名が實に優先すると考えるのは、實念論的立場であると言える。荀子は「正名篇」において「故に王者の名を制するや、名、定まりて而して實辨じ」・「知者はこれが分別をなし、名を制してもって實を指し……」と、名の優先を明らかに述べている。これに對して、實優先の別墨、楊朱、そして公孫龍らは、唯名論的立場であったと區別できよう。[9]」とし、「呪術的思考である實念論的立場と對立する唯名論的立場は、終局的には普遍としての〈皇帝そのもの〉の存在を認定し得ない。…。以上の展開を總じて言えば、秦漢帝國成立への全過程は、哲學史的には名實論争を軸にしての、荀子・韓非子ら實念論派の勝利への、そして同時に、楊朱・墨翟・公孫龍ら唯名論派の敗北への道であった。[10]」としている。ここに加地氏の云う「實念論的思考」においては、「名が實を生ず」るものと言えよう。

上來の考察は、このような實念論派の「名」の思考法の淵源に『原左氏傳』に始まり『春秋左氏經』において體系化される「名」の思想が存在したことを明らかにするものに他ならないと言えよう。なお、儒家と墨家の思想史的闘争については、儒家が墨家の思想的成果を巧みに攝取してこれを克服するという交渉的對立の構造を以て進展することは、既に拙著において論じた所である。[11]

文明論的に俯瞰すれば、今日に至るまで中國文明における「歴史」の意義とは、この「名を立てる」ことに他ならない。なぜならこの「㈠名を立つ」がなされるならば、「㈡名によりて裁く」、「㈢名が實を生ず」はそのコロラリー（corollary：系）として必然的にもたらされるものと思考される（それが名教の實念論的思考法である）からであると言えよう。歴代王朝による歴史編纂の意義はまさにここに在る。そしてこれは、實證的に「眞實を探究する」ことをテーマとする近代の歴史學のあり方（それは思想史的に腑分けすれば唯名論的な立場に在るものと言えよう）とは全く異質な歴史観であることは自明のこととしなければならないのである。[12]

本書の「春秋」テキストの研究は、ひいてはこのような中國文明の歴史観形成のメカニズムとその特質を浮かび上がらせることになったと言えよう。

（四）『春秋左氏經（春秋經）』の著作意圖について

本書第四章の考察からすると、『原左氏傳』が趙氏・韓氏・季氏・陳氏の立場に立って編纂されたのに對し、『春秋左氏經』と『左氏傳』は魏氏・陳氏の立場に立って著作・編集されたと推定されることが明らかとなった。されば、『春秋左氏經』『左氏傳』は主として魏氏の立場を反映する新たな「春秋」テキストとしての構想のもとに著作されたものと想定されるのである。

その上で上來の考察を踏まえると、『春秋左氏經（春秋經）』の著作意圖については、主に次の七點に要約し得ると考える。

一、「天王（天子）の事」としての「名」の秩序の形成（經においては「言」ではなく「事」を記すのみ[13]）

二、「時」の秩序としての周正の定立と「正月卽位法」の提起

三、記事の書・不書による歷史の消去と作爲

四、一〜三を踏まえての「春秋の筆法」による褒貶

五、孔子の宣揚

六、陳氏（田齊）簒奪の免責と正當化の論理の提示

七、魏の稱夏王の論理の提示

このうち前四者はいわば總論であり、後三者は各論とも言えよう。以下、順を追って述べることとしたい。

一の「「天王（天子）の事」としての「名」の秩序の形成」については、孟子は「春秋は天子の事なり」（滕文公下）というが、實は「春秋經は天王の事なり」と言わねばならない。なぜなら經においては「天子」の語は一例（成公八年「天子使召伯來錫公命」）あるのみで、「王」が一四〇例、「天王」が二十六例、用いられており、「王」は殆どが「王正月」「王二月」等の曆法の記載に用いられ、それ以外の用例は四例にとどまる[14]。一方、周王の死は經では例外なく月・日干支を以て「天王崩ず」（九例）と書せられている[15]。これは「天王」が經の正式の周王の稱號であることを示すものと言えよう。

しかして、本來「天王」は呉王に對して越が用いている（『國語』呉語に六例、越語上に一例）[16]ように、夷狄の王の稱號として用いられていた。それが『原左氏傳』においては、夷狄と中國を兼ねる天下の王の稱號として周王を指して「天王」と七例が用いられている（なお『原左氏傳』では「天子」は五十五例である）。これが、經の段階では「天子」に代わる正式の稱號として「天王」が用いられ「天子」に取って代わるに至っているのである。[17]

したがって、經は天王（天子）を中國と夷狄を兼ねる天下の治者と理念し、その下の王命・王爵の秩序を「名」によって嚴格に形成する。これが經著作の第一の意圖と言えよう。いわば夷狄の稱號を中國と夷狄を兼ねる天下の王の稱號として、「中國の天子」がこれを用いる（「天王」を完全に中國化する）という構圖である。[18] これは、『經』の新しさを如實に示すものと言えよう。

この「天王の事」の秩序は『原左氏傳』において見られた「周行」の禮の秩序に對應するが、經はこれを嚴格な「名」の秩序として、理念的に形成する（「名」を立つ）。卽ち「天王の事」は五等爵による諸侯の筆法や、會盟・朝聘・婚姻・喪葬・祭祀・征伐・戰役・軍行・土功・弑逆・出奔・災異等を書する際や、諸侯の卒を國・爵・名を以て書する際の筆法等に一貫して體現されるべきものと理念される。この「名」の秩序の原則は、凡例（傳例・經例）及び解經文等として規定される。また、經においては諸侯では魯を主とする故に、霸者も一諸侯に過ぎない。

したがって『經』の筆法では、例えば周王は「天王崩ず」、魯侯は「我が君桓公薨ず」と書せられるのに對して、楚王は「楚子旅卒す」、呉王は「呉子光卒す」と周王の王爵の第四等の爵位と名（諱）を以て書せられる。かように中國の「天王」が夷狄の王を臣下とすることに象徴される「天王」の「名」の秩序と完成が、經著作者の第一の意圖に他ならない。これは先述の『原左氏傳』の著作意圖の徹底化とその完成として位置づけられよう。

二の「「時」の秩序としての周正の定立と「正月卽位法」の提起」については、暦法の考察において論じたように、不徹底な『原左氏傳』型の周正（殷正）に對して、理念的な周正を定立する意圖を持ち、理念的周正の暦元に對應する閏月配置や干支の調整を行ったと見られる。そのうえで、魯侯における踰年稱元による編年により、かつ新たに正月卽位の原則（正月卽位法）を立て、四時と月の對應を嚴格にして「時」の秩序を整備している。そして、『經』の「王正月」の書法が隱公元年より哀公十六年にまで用いられていることは、經著作者が哀公十六年までを一貫した經のテキストとして制作したことを物語っている。この「時」の秩序も廣義の「名」であることはいうまでもなかろう（「名」を立つ）。

この正月卽位法は魏の「稱夏王」という王權交代の新たな禮の設定の布石となっている。このように隱公元年に始まり哀公十六年を以て終わる新たな『春秋左氏經』テキストは、惠公に始まり悼公十四年を以て終わる趙氏・韓氏・季氏系を宣揚する『原左氏傳』に代わる新たな時間軸を設定して魏氏の意圖を反映するテキストとして著作されたものと理解される。

三の「記事の書・不書による歴史の消去と作爲」については、累次に論じたように、「無傳の經文」の手法を用いて、その時期に對應する『原左氏傳』の記事を意圖的に不問にすることにより、歴史からこれを消去し、或いは、「無經の解經文」（あるべき經文がないのはかくなる理由であるという）の手法を用いて、『原左氏傳』には無い記事を、經の上に於いて作爲する。

前者の端的な事例は、「春。正月。」「夏。四月。」「秋。七月。」「冬。十月。」などの時・月のみの「無傳の經文」を用いて『原左氏傳』の記事を經においては消去するというものである。また劉知幾（『史通』「惑經第四」）も指摘するように、『原左氏傳』には詳述する陽虎を、經は「盜」とのみ書して〈歴史〉からその名を消去している。後者の端的な事例は、今述べた「無經の解經文」で「正月卽位」を書せざる理由を解說し、後の經に「正月。卽位。」の經文を立てることによって、「正月卽位」の「名」を作爲するという例や、「公至自某」の筆法にて『原左氏傳』には無い魯侯の事迹を〈歴史〉に記すという例等が擧げられよう（「名」を立つ）。

四の「一〜三を用いての「春秋の筆法」による褒貶」については、「名」と「時」の秩序を踏まえ、また書・不書の手法を踏まえて、「微にして顯、婉にして辨」なる筆法を以て人事萬般を褒貶する。經の本領はここに在ると言えよう（「名」によりて裁く）。先の例に加えて、例えば楚王については「楚子某卒」は記すが、その「葬」については不書を貫いて『經』では楚王の「葬」を全く消去している。「楚子某卒」は經の「微にして顯」なる貶意の筆法であり、その「葬」の不書は「婉にして辨」なる楚への徹底した貶意と言えよう。

さらに、この春秋の筆法に於いては「天王」と雖も例外ではない。襄公三十年の經に「天王殺其弟佞夫。」と書し、これに「書して『天王　其の弟佞夫を殺す』と曰ふは、罪　王に在ればなり」と經著作者は解經している。「天王の事」の秩序に於いては「天王」の名の規定に適うか否かにより「天王」にも褒貶が爲される。他は推して知るべし、というのが經の筆法となる。したがって、今の「王」が「天王」の「名」にふさわしくなければ、新たに「天王」に卽く者の登場を是認する論理が、ここに孕まれている。したがって、經卽ち『春秋左氏經』に據り、「夏王」が登場する論理構造はこの「名」の論理に存すると言えよう。

以上の、一、二、三、四は相互に連關し相俟って『春秋左氏經』の〈歴史〉の世界が形成される。この經の作り出す〈歴史〉の世界に於いて、「人倫の臧否は我が筆端に在り」（劉知幾『史通』「惑經第四」）と云う如く、その筆法によって宣揚されるのが、孔子であり、晉の文公であり、また巧みに免責されるのが陳氏（田齊）であり、そしてこの〈歴史〉のテキストの最大の受益者が魏氏である（いずれも「名」が「實」を生ず、に相當）。ここに『春秋左氏經』著作の各論的かつ具體的な意圖が窺えよう。

五の「孔子の宣揚」については、この『春秋左氏經』の〈歴史〉の世界で、權臣季氏にも肩を並べる筆法で、即ち「年・月・時・日干支」を以て且つ「族・名」を言う筆法を以て書せられるのが、哀公十六年經の「夏。四月。己丑。孔丘卒す」と書せられる孔子である。世卿の家柄でもなく當代の正卿（執政）でもない一大夫に過ぎない孔子を世卿にして正卿の權臣たる季康子や公弟叔肹と對等の筆法で書することは孔子の格別の宣揚を意味することは疑い得ない。更に重要なことは、この筆法を用いることに加えて、『春秋左氏經』はこの記事を以て終わっていることである。これは、この『經』の〈歴史〉の世界が孔子の死を以て完結するとのメッセージを發するものと言えよう。ここに、經の格別の孔子宣揚の意圖は明らかである。

したがって、『春秋左氏經』の著作者が孔子學派と深く關わることは自ずと明らかと言えよう。この經著作者（一人に限られるものではないと見られる）や、先行する『原左氏傳』の著作者（一人に限られるものではないと見られる）をも含めて春秋學派と呼ぶことができよう。『原左氏傳』においても、孔子は既に如上の書法でその死を記されており、また評言者としても周到な役割を以て登場している。春秋學派はかねてより孔子宣揚の意圖を持續していたようであるが、この經著作に於いて、その企圖は魏氏の「稱夏王」の驥尾に附すの勢を得て、明らかに一つの結實を見たと言えよう。ここに孔子「聖人」化の橋頭堡が確立されたのである。

六の「陳氏（田齊）簒奪の免責と正當化の論理の提示」については、凡例の檢討の結果が示すように、『春秋左氏經』は『原左氏傳』よりも陳氏（田齊）の簒奪を免責する論理を徹底している。先述のように、凡例によれば「凡そ君を弑して、君を稱するは、君無道なり。臣を稱するは、臣の罪なり」であり、哀公十四年『原左氏傳』は「齊の陳恒　其の君壬を舒州に弑す」と齊君を「壬」と名を稱し、又陳氏を恒と名を稱して陳恒にも君にも筆誅を加える筆法となっているのに對し、同經では「齊人　其の君壬を舒州に弑す」と、君はその無道の故に弑され、弑君の陳恒（田齊の祖）は「齊人」と書して名を書せずに「君無道なればなり」と免責される筆法となっていたのであった。文公十六年の解經文が「書して『宋人　其の君杵臼を弑す』と曰ふは、君無道なればなり」とするのを併せ考えれば、この經著作者の意圖はさらに明瞭に看取し得よう。このように經著作者は田齊（陳氏）の簒奪を免責し、齊君の不當を述べて以て田齊を正當化する論理を「微にして顯」なる筆法で展開している。

一方これは、孟子の言のように「亂臣賊子懼る」と『經』の懲悪を信奉する經學者流はもとより、『經』を論理的に讀解しようとする史學者流にとっても不可解な問題となろう。唐の劉知幾は『史通』「雜說上第七」において「按ずるに春秋の弑を書するや、君を稱するは君無道なり。臣を稱するは臣の罪なり。齊の簡公の如きは、未だ失德を聞かざりしに、陳恒　逆を構ふるは、罪これより大なるは莫し。而るに哀十四年に『齊人　其の君壬を舒州に弑す』と書す。斯れ則ち賢君抑へられて賊臣是とせらる。もしこれを舊例に求むれば、理として違ふ有り」と論評している。劉知幾の論はもっともであるが、それはあくまでも『經』が先行して存在し、これに『左傳』が註したと見る立場からの歸結に他ならない。本研究のように『原左氏傳』が先行し、そこからある意圖を以て經文が制作され、その意圖は凡例や解經文によって讀み解かれ得るものとすると、卽ち視點をコペルニクス的に轉換すると、ここには經著作者の明確な意圖が看取し得よう。それは陳氏の簒奪の免責と正當化という意圖に他ならないのである。

これは、『春秋左氏經』著作における、實際政治と關わる所の政治性を物語っていよう。いわば、經著作者の政治的マヌーバー（戰略）ということにもなろう。彼らが實際政治においては當代の政治的勝者に接近する、或いはその立場に立たんとする動機を有していたことを、これは雄辨に物語るものと言えよう（政治的には、陳氏の簒奪の免責と正當化の論理は田齊はもとより三晉にもまた魯の季氏にも當然有效な論理として歡迎されよう）。なお、春秋學派が、陳氏免責の事を最終的に完成させるのは、哀十四年「春。西狩獲麟。」にて經を終え、以下を削除して陳氏の簒奪の記事を〈歷史〉から消去するという穀梁・公羊傳型の『春秋經』の成立によってであると言えよう。

七の「魏の「稱夏王」の論理の提示」については、晉の文公の宣揚の記事に深く關わる。これは六のレベルをはるかに超えて、經著作者が、實際政治上の政治的役割を果たさんとした最大の意圖を窺わせるものと言えよう。また思想史的にも重要な意味を持つ。既に舊稿に於いても論じ[19]、また本書の「仲尼曰」の評言の考察においても言及した所であるが、その要を採って述べると以下のようである。

僖公二十八年の經が「天王　河陽に狩りす」と書するのを、解經文に當たる「仲尼曰」の評言は、晉の文公自らが盟主と爲る溫の地における會に周王を召し、諸侯を率いて王に見えるとともに王をして狩りせしめた事について、「其の地（王地）に非ざるを言ふなり（直接に臣下の晉侯が王を召したと書するのを避けてかく書した）」と王の權威を婉曲に擁護する筆法としつつも、「且つ德を明らかにするなり」として「諸侯を率ゐて王に見え」た晉の文公の德を明らかに宣揚している。『春秋左氏經』の「婉にして辨」なる筆法である。

經著作者からすれば、一方で臣として王を召し、一方で諸侯を率いて王に見えた霸者を稱贊するのは、これを「名」として立て、かかる先例に則り天下の治者が登場するという「實」に備える意圖からであったと推定される。この「名」を用いて夏王となる「實」を得たのが、「晉」の後繼を自負する魏侯であり、その「稱夏王（夏王を稱す）」という事態であったのである（「名」が「實」を生ず）。

『春秋左氏經』の溫（河陽）の會と類似の事態が戰國策のBC三五一年における逢澤の遇における魏の稱夏王である。卽ち「魏伐邯鄲、因退爲逢澤之遇、乘夏車、稱夏王。朝爲天子、天下皆從。[20]」と云い、また「昔者魏王、擁土千里、帶甲三十六萬、恃其强而伐邯鄲、西圍定陽。又從十二諸侯、朝天子、以西謀秦、秦王恐之。…。魏王說於衞鞅之言也。故身廣公宮、制丹衣柱、建九斿、從七星之旟、此天子之位也、魏王處之。云々[21]」と云うのがそれである。秦策では「魏 邯鄲を伐ち、因りて退きて逢澤の遇を爲し、夏車に乘り、夏王を稱す。朝して天子と爲し、天下皆從ふ。」と魏侯が夏王を稱し、天下がこれに從ったとし、齊策では、十二諸侯を率いて天子に朝し、また天子に擬した服色を行ったと記す。この魏侯（自國を晉と稱する）の事績と晉の文公の溫の會とは、いわば歷史的事態における同位性の關係に在ると言えよう。但し異なるのは、晉の文公は「霸者」であったのに、魏侯は「夏王」として會に臨んだという點である。

ここに魏が夏王を稱するのは周王に代わって天の曆數を得たもの（新たな天王）であることを論據とする。先述のように、このような、夏→殷→周→夏という天の曆數の循環に由る王權の交代の論理を提示するのが、『春秋左氏經』の制作にともなって編集された『左氏傳』の夏正の議論（三正論）と「天の曆數」の議論である。したがって、『春秋左氏經』の制作はこれと對應する『左氏傳』の編集（『原左氏傳』に解經文と附加傳文を配して『春秋左氏經』への註釋書となす）と相俟って、周王から夏王への王權交代の論理を提起する（本書第一部第二章（二）參照）ものであった。この時、夏王卽ち魏侯は「天の曆数」を得て新たな「天王」として、周正を夏正としたうえで、『經』に則り「正月卽位」を爲して「天王の事」を行うことが構想されている。これが、『春秋左氏經』制作の最大の政治的意圖と考えられるのである。

『原左氏傳』からの『春秋左氏經』の制作は、同時に『左氏傳』の成立を齎すものであり、この過程を推進する思想的テーマこそ、周王から夏王への王權交代という、「天の曆數」を介しての體系的な政治論の提起であった。

このような『春秋左氏經』の制作とそれに表裏する『左氏傳』の編集を遂行したのは、「仲尼曰」の評言に見られるように主として魏の立場に立つ春秋學派であったと想定される。彼らは諸侯に列しかつ强國となった魏が周王に代わり天下に王となる方法として「夏王」を稱する論理を、この『原左氏傳』からの『春秋左氏經』の制作と『左氏傳』の編集により、「天王」の「名」の秩序の體系の構築を通して提示したものと言えよう。魏氏がこの〈歴史〉のテキストの最大の受益者たる所以である。

以上の『春秋左氏經』の著作意圖の解明は、從來の經學的な「不磨の經典」としての春秋經への理解を一變させるに足るものであり、かつ經學のベール（面紗）により聖域化されていた春秋經なるテキストを歴史的文獻として明確に位置づけることを可能にするものであると言えよう。そして、それを可能にした問題解明の祕鑰《やく》（祕密の鍵）こそ、『原左氏傳』から『經』が作られたとの視點に立つこと、卽ち從來の『經』への註釋としての『左傳』という經學的視點のコペルニクス的轉換に在ることが、ここに改めて確認されよう。

なお論ずべき問題は多岐にわたって殘されているが、本書の役割としては、第二部の分析と第一部第一章より本節に至る如上の體系的な見解の提示を以て、その所期の任を果たすものとしたい。

【註】

（1）春秋テキスト、とりわけ、經における「筆法」の概念については、竹内照夫氏は「傳統的意見によると春秋の筆法とは、經文の一字一句の間、一章一條の裏に、表向きは簡潔に客觀的に記されてをるに過ぎぬ事件や人物に對する、記者の好惡や褒貶の心持が潜められてをるが、その潜めかたの原則を指して言ふのである。」（竹内照夫『春秋』昭和十七年、日本評論社・東洋思想叢書、五十一頁）としている。また、重澤俊郎氏は「この記錄について獨自の立場から批判を加え、それを通じて自己の倫理上政治上の精神を廣めようと考えた孔子は、簡潔な表現の中に嚴肅な内容を含めた書き方に改修した、という趣旨の見解が、孟子をはじめとする一部の儒學者によって强く主張された。この簡潔な表現・嚴肅な批判が春秋の筆法。そこには現實に對する鋭い批判に託された、積極的主張が潛む。「一字褒貶（いちじほうへん）」・「微言大義（びげんたいぎ）」などといわれるゆえん。」（日原利國編『中國思想辭典』所收、重澤俊郎「春秋の筆法」より、昭和五十九年、研文出版社）としている。本書では、一字一句、一章一條において凡例的原則等を踏まえて毀譽褒貶を驅使する書法を筆法と稱し、踰年稱元法や四時記載法などの書法一般とは區別をして用いる。

（2）孟子はBC三二〇年前後に梁の惠王と、BC三一九～BC三一五年頃に齊の宣王（湣宣王）と對話をしたものと推定される。拙著『戰國思想史研

究―儒家と墨家の思想史的交渉―』（平成十六年（二〇〇四）五月、朋友書店）第四部「孟子の政治思想と墨家」參照。

（3）『左氏傳』の舊名は『左氏春秋』とされるが、「左氏春秋」の呼稱は『史記』十二諸侯年表序が初出で、先秦に使用された例は無い。司馬遷は董仲舒の公羊學の影響下にあり、公羊史觀の系譜に舊來の春秋テキスト（本書の謂う『原左氏傳』『春秋左氏經』『左氏傳』）を「左氏春秋」と稱して位置づけ、これにより公羊傳系テキストの優位を辯證せんとしたものと理解される。つまり「左氏春秋」の呼稱は、舊來の春秋テキストを相對化するために敢えて「左氏」を冠した貶稱である可能性が考えられるのである。したがって「左氏」と「左丘明」なる人物を結びつけたのは、そもそも司馬遷の作爲に由來するもので、當初より出口のない迷路（虛構）であったと見なければならないであろう。前掲鎌田正『左傳の成立とその展開』第一編第一章第一節「左傳の舊名と作者に關する問題」及び本書第一部第一章參照。

（4）「天王」が褒貶の對象となるその他の具體的事例については、拙稿「春秋經および春秋左氏傳における「天王」について」（『秋田大學教育文化學部研究紀要　人文科學・社會科學』第六〇集、平成十七年三月）參照。

（5）魯の國政を一時牛耳った陽虎と孔子との確執と緊張の關係は白川静『孔子傳』（中央公論社、一九七二年、『白川静著作集六』所收）に、『左傳』資料を驅使して實證的かつアクチュアルに描かれている。『春秋左氏經』著作者が「仲尼曰」の評言や孔子宣揚に見られるように孔門と深く關わる者であると推定される所からすると、經と解經文におけるこの徹底した陽虎の消去には、これを哀公十六年「夏。四月。己丑。孔丘卒。」との『春秋左氏經』掉尾の周到な一文に對照するとき、「微にして顯、婉にして辨」なる筆法の意圖が看取されると言えよう。

（6）「名教」について、森三樹三郎氏は「名教は名分の教えの意味とされるのが普通であるが、しかし、歷代の名教論を通觀すると、名聲を尊ぶ教えとするものが壓倒的に多い。したがって名分だけに限定せず、ひろく名稱一般を尊重する教えと解するのが正確である。名教の語は『管子』山至數篇に初見するが、その後の用例は中斷してみえず、西晉（せいしん）以後の六朝時代に入って盛んに用いられるようになった。…。近人の胡適（こてき）はその「名教」という論文で、名教は言語や文字の神祕力を信ずる宗教であり、これを打倒しなければ中國の近代化はあり得ないであろうと論じた。」（日原利國編『中國思想辭典』所收、森三樹三郎「名教」より、昭和五十九年、研文出版）と述べている。その『管子』山至數第七十六には次のように見える。「桓公問於管子、曰、『昔者周人有天下、諸侯賓服、名教通於天下、而奪於其下。何數也。』管子對曰、『君分壤而貢入、市朝同流。黃金、一筴也。江陽之珠、一筴也。秦之明山之曾青、一筴也。此謂以寡爲多、以狹爲廣。軌出之屬也。』桓公曰、『天下之數、盡於軌出之屬也。』『今國穀重什倍、而萬物輕。大夫謂賈之、子爲吾運穀而斂財。穀之重一也、今九爲餘。穀重、而萬物輕。若此、則國財九在大夫矣。國歲反一、財物之九者、皆倍重而出矣。財物在下、幣之九在大夫。然則幣・穀羨在大夫也。天子以客行、令以時出、熟穀之人亡。諸侯受而官之、連朋而聚與、高下萬物、以合民用。內則大夫自還而不盡忠、外則諸侯連朋合與。熟穀之人則去亡。故天子失其權也。』」これによれば、齊の桓公が「むかし周人天下を有し、諸侯賓服し、名教　天下に通ず、しかれども其の下に奪はる。何の數《ことわり》ぞや。」と尋ねると、管子は、封建制下では、經濟の物流の隘路を握る大夫が配下の賈人を通して市場で穀價の推移を利用して巨利を得て穀物と財貨を蓄積し、また諸侯は周王の下から亡命した實務者を登用し、かつ他國と連攜して市場の權益を確保するが、天子は實體經濟から浮き上がった存在となり、その權力を喪失した、と答えている。戰國後期の管仲學派の視點からは周王朝の統治原理とされた「名教」は既に過去の理念として語られているが、齊の桓公に「名教」を問わしむるのは、この概念を「春秋」テキストに關連するものと見る『管子』著者の理解を窺わせよう。一方、春秋末期から戰國前半に活動した春秋學派はこの「名」の思想(名教)を「春秋經」制作を通して明らかにし新たな秩序を構想せんとしたものと見ることができよう。そしてこの「名教」の理念が再び現實の秩序を形成するのは、戰國を統一した秦の『呂氏春秋』及びその後の漢王朝における春秋學の隆盛を待たねばならぬことは周知のとおりである。なお、『管子』テキストを制作した管仲學派については金谷治『管子の研究』(一九八七年、岩波書店)參照。

(7)「名」の後世における意味について、森三樹三郎氏はその『名と恥の文化』(講談社現代新書、昭和四十六年)において、「名はたんなる記號ではなくて、現實そのものであり、わが分身である。たとえ身は朽ちて一塊の土に化しようとも、その名を後世に殘すことができれば、死してもなお死せずということができよう。…。このように千載の後に名を殘すということは、神なく來世のない儒教にとって、ただ一つ殘された救いへの道であった。儒教がその別名を「名教」と呼ばれるようになったのも、ここにその理由がある。まことに儒教は、名に救いを求める宗教であった。」(同書一七四頁)と述べている。「名」による筆誅は後世をも射程に置くがゆえに懼れられたと言えよう。

(8)森三樹三郎前掲書は、胡適の「名教」という論文を要約して次のように述べている。「中國が宗教をもたない國であるということは、多くの學者の定論となっている。なるほど中國では、儒教や佛教・道教など、すべて今日では衰亡してしまった。しかし、われわれは依然として一つの宗教をもっている。それは何か。ほかでもなく「名教」である。名教とは何か。名の信仰であり、名の崇拜である。名とは何か。後漢の大儒の鄭玄がいっているように、それは文字のことである。したがって、名教とは、書かれた文字を崇拜する宗教であり、文字に神祕的な力を信ずる宗教である」(同書二四頁)と。森三樹三郎氏は胡適がさらに「名教」を孔子の正名思想と春秋制作に結び附けて論じていることを紹介している(同書二六頁)。本書の考察は、『原左氏傳』から『春秋左氏經』制作に至る過程がこの「名教」の形成に大いに與るものであることを明らかにしていると言えよう。

(9)加地伸行『中國論理學史研究――經學の基礎的探究』(昭和五十八年(一九八三)七月、研文出版)二八七頁。

(10)加地伸行前掲書三〇〇~三〇一頁。

(11) 前掲拙著『戰國思想史研究―儒家と墨家の思想史的交渉―』第四部・第五部參照。

(12) 實念論と唯名論については、鶴見俊輔氏の次のような解説がある。卽ち「實念論〔英〕realism　唯名論に對立する語。具體的な個々のものよりも以前に、よりつよい實在性をもつものとして普遍的なものがあるという説。抽象用語、一般概念、普遍概念のさす對象を、固有名詞や具體的概念のさす對象よりも高く評價するという價値意識にささえられた思想體系をつくる起動力となる。自分がいまつくる抽象概念に必ず對應する實在があるというふうに極端な形でこの實念論が用いられるならば、この實念論は現實による檢證をさける思想の基礎理論となる。…。」（『社會科學大事典』巻九、一五八頁、一九六九年、鹿島研究所出版會）、「唯名論〔英〕nominalism　實念論（realism）に反對する哲學上の流派。ポエティウスがポルフュリオスの『アリストテレスのカテゴリー論入門』（Eisagoge eis tas Aristoteles kategorias）のラテン語譯をしたときに、使ったことば。ポルフュリオスはアリストテレスを後に唯名論とよばれる流儀に解した。…。その後ロスケリヌスがその思想をもっとひろく應用して、個別的なものだけが存在するのであって、普遍的なものは存在しないという説をたてた。これが今日でも唯名論の定義として普通に通用している。この説は異端とされた。その後オッカムがこの説を復活させ、教會の正統の教義のわくの中でこれを擁護した。かれは、普遍的なものは精神にとっては存在すると述べ、しかし知性にとっては現實に存在するといえるものはなにかの個別的なものであるとした。唯名論と實念論の對立は中世スコラ哲學の中でももっとも實りある論争であって、唯名論の流れをとおしてキリスト教神學のわくの中で科學的思考と唯物論が發達した。近代の思想史においては、唯名論はイギリス經驗論、ウィーン學團、論理實證主義などによって新しい思想の流れをつくる。…。」（同巻十八、一七三頁、一九七一年、鹿島研究所出版會）と。近代文明の歴史觀が唯名論の系譜に在ることが知られよう。またエルンスト・ベルンハイム著、坂口昂・小野鐵二譯『歴史とは何ぞや』（原題：Einleitung in die Geschichtswissenschaft. 昭和十年、岩波文庫）參照。

(13) 唐の劉知幾の『史通』巻十二「説春秋」にも「自隱及哀十二公、行事經成。（隱より哀に及ぶまで十二公、事を行ひて經成る。）」と云う。

(14) その四例は、①桓五年「蔡人・衛人・陳人従王伐鄭。」②莊元年「王使榮叔來錫桓公命。」③文五年「王使榮叔歸含且賵。」④文五年「王使召伯來會葬。」である。いずれも周王を指して「王」と書している。また本書第一章（三）參照。

(15) その九例は、①隱三年「三月。庚戌。天王崩。」②桓十有五年「三月。乙未。天王崩。」③僖八年「十有二月。丁未。天王崩。」④文八年「八月。戊申。天王崩。」⑤宣二年「十月。乙亥。天王崩。」⑥成五年「十有一月。己酉。天王崩。」⑦襄元年「九月。辛酉。天王崩。」⑧襄二十八年「十有二月。甲寅。天王崩。」⑨昭二十有二年「四月。乙丑。天王崩。」である。また本書第一章（三）（四）參照。

(16) 『國語』呉語第十九においては一例が呉王闔廬を指して「天王」と稱し、五例が呉王夫差を指して「天王」と稱している。また同越語上第二十では、呉王夫差を指して「天王」と稱している。例えば、越王句踐が臣の諸稽郢をして呉王夫差に成《たひらぎ》を請はしむる一文では、「昔者越國見禍、得罪於天王。天王親趨玉趾、以心孤句踐、而又宥赦之。…。今天王既封殖越國、以明聞於天下。而又刈亡之、是天王之無成勞也。雖四方之諸侯、則何實以事呉。」（呉語第十九）と記している。

(17) 前掲拙稿「春秋經及び春秋左氏傳における「天王」について」參照。

(18) 古本竹書紀年テキストの『汲冢紀年存眞』（清・朱右曾輯錄）は晉の文侯（翼の文侯）の十年の條に「十年。申侯・魯侯及許文公立平王于申。以本太子、故稱天王。」と記す。卽ち「本の太子たるを以て、故に天王と稱す」と周の平王を「天王」と呼稱した理由を說き、あたかも平王から「天王」を稱し始めたかの如く記している。この汲冢紀年（竹書紀年）が稱王した戰國の魏王の史官の手になるものであることからすれば、この說明は春秋テキストの「天王」の呼稱の起源を平王に由來せしめんとの託古の說に過ぎないことは明らかで、「天王」が夷狄の語に由來することを隱蔽する意圖によるものと言えよう。また本書一二〇頁參照。

(19) 前掲拙著『戰國思想史研究――儒家と墨家の思想史的交涉――』第三部第二章「魏の「稱夏王」をめぐる春秋学派と墨家」參照。

(20) 『戰國策』鮑彪校注本・秦・巻三。

(21) 『戰國策』鮑彪校注本・齊・巻四。

第二部　春秋二百四十四年全左氏經文の抽出・編作舉例と全左傳文の分析

例言（本書第二部における經・傳の分類・分析にかかる表記等について）

この本書第二部では、全左氏經文（〔經〕と表示）と全左氏傳文（〔左〕と表示）とを對應させて魯の十二公の年代記別に記し、全經文について、第一部に詳述した「四種類型文」に分類して示す。[1]

全經文は、經文の番號の上に各記號（抽出文は◇、抽出的編作文は◆、編作文は☆、無傳の經文は◎）を附して示し、かつ編作文では經にのみあって傳に無い情報の部分にはその經文の箇所に網掛けを施して示す。その上で、各年の末に四種類型文別の數を記し、十二公別にその分布を示し、最後に全體の分布一覽を集約して示す。

經への抽出・編作の對象となった傳文の箇所には傍線を施し、經に對する「解經」の傳文は〈　〉を以て示し、また經と傳の春・夏・秋・冬の四時は□で圍んで對應關係を示し、かつ傳文が複數の分節となる時は分節に據り①②等の番號を施す。（　）には筆者注を附し、また對應する傳文の全く無い經文については、傳文の對應すべかりし箇所に「なし」と表記する。[2]

次に、今本全左傳文は、本書第一部に述べたように、時系列的觀點を踏まえて次の四種の類型文に分類し得る。

A型：列國の史書に由來する文

B型：列國の史書に由來するが原左氏傳の編纂者によって要約・編集された史傳文、またその解說文や短い評（例えば「…。禮也。」「…。非禮也。」等）、そして登場人物の會話として附加された文

C型：列國史から原左氏傳に至る累次の編纂者によって左氏經制作以前に附加された評言・凡例（傳例）の文（評言はしばしば「君子」「孔子」等の言に假託される）

D型：春秋左氏經制作段階またはそれ以後において、經文に對する解經文（筆法の解說や解經の凡例・評言）として附加された文及び新たに附加された傳文（これらは主として經著作者による附加の可能性が想定される）

このうち、A型及びB型はその由來する「列國の史書」の國について一定の推定が可能であり、本稿の分析では左傳文の後に〖晉〗や〖魯〗のような形式でその史料が由來するとみられる國名を示した。さらには襄公六年の8の左傳文や襄公七年の11の左傳文の例に見られるように、魯の記事を時系軸にして齊や鄭の記事を語る場合には〖魯・齊〗や〖魯・鄭〗のように記した（但しこの二例にとどまる。なお、この記述法は或いは魯史の記事を軸に他國の記事を記述する原左氏傳の初期の方法の反映である可能性も考えられる）。

A型に關しては、列國の史書の實文の引用と見られるものと原左氏傳編者の手の入っているものとが想定されるが、前者についても原左氏傳編者のなんらかの手が入っている可能性は排除されないとするのが妥當であろう。その上で由來するところの「列國の史書」の國については一定の推定が可能となる。

B型に關しては、要約・編集が明らかな文であり、さらに解説文や「禮也。」「非禮也。」等の短い評の附加という形で原左氏傳編者の手が入っているものがある。また原左氏傳の「記事文＋解説文」という標準的歴史記述文の多くはこの型に相當する。このB型についてもその「列國の史書」の國についても一定の推定が可能である。なお、本書の考察ではA型とB型の分類は表示していない。これら二類型の原左氏傳文の由來する「列國の史書」の國の推定を重點的に考察する。これら「列國の史書」の國名の推定は本書における試論であり、今後の再吟味による若干の改訂の餘地は留保される。注目すべきは、左氏傳文の時系列的重層性と史料的多樣性（空開的多樣性）というテキストの實態であり、本書の論はその構造的把握の試みである。(3)

C型に關しては、列國史から原左氏傳に至る纍次の編纂者によって左氏經制作段階までに附加されたと見られる凡例（傳例）・評言の類の文で、《凡》《評》を附して示す。

以上のA型・B型及びC型が原左氏傳文と推定される（但しこれらに次のD型の附加傳文の一部竄入の可能性は留保される）。

D型に關しては、「解經文」と「附加傳文」とがあり、いずれも右のA～C型の原左氏傳段階の文とは別に、作經段階もしくはそれ以後に左傳文中に配置されたと推定されるものである。「解經文」は原左氏傳に據りつつ、抽出・編作の手法により春秋左氏經が制作された際に、その經文及び經の書法についての解説や解經の凡例（經例）・評言をなしたと推定されるものであり、この解經文の存在によって、經の傳（注釋書）としての左氏傳が成立することになる。先述のようにこの「解經文」については〈　〉をつけて明示する。「附加傳文」は主に作經時にその意圖に沿うべく配置された傳文であり、原左氏傳文の一部の改變の場合も含んでいる。(4)

これを要するに、本書では全左傳文は右の四類型の分析を踏まえた上で、具體的には次の三種に分類して示されることになる。

1：A型とB型の文。これらは列國の史書に由來する原左氏傳文と推定される文である。本書では〖魯〗・〖晉〗などの表記を附して示される。

2：C型の文。列國史から原左氏傳に至る纍次の編纂者による凡例・評言の文（本書では《凡》・《評》の表記を附して示される）。これらも原左氏傳文と推定される文で、獨立した分節として示される。

3：D型の文。經制作段階及びそれ以後に附せられた解經・評言・凡例（經例）などからなる「解經文」と「附加傳文」。本書では解經文は全て〈　〉で括り獨立した分節として示される（所謂凡例には第一部に述べたようにC型とD型の二種が想定されるが、大多數はC型の傳例である）また、「附加傳文」は、その蓋然性の高いものは二重傍線を以て示しかつ（作經時附加）及び（漢代附加）等の注記を附している（漢代附加については文公十三年及び昭公二十九年の二例のみ）。

【註】

（1）本書の春秋左氏經文及び左氏傳文は、竹添進一郎編『左氏會箋』三十卷（御府舊抄卷子金澤文庫本・冨山房・明治四十四年（一九一一）十一月發行、漢文大系第十・十一卷、昭和四十九年（一九七四）五月及び九月增補

版）所收テキストを底本とし、併せて晉杜預『春秋經傳集解』三十卷（四部叢刊初編經部所收、上海商務印書館縮印玉田蔣氏藏宋本）及び西晉杜預注・唐孔穎達疏『重栞宋本左傳注疏附挍勘記』六十卷（江西南昌府學開雕・嘉慶二十年（一八一五））所收本、洪業等編集『春秋經傳引得　附標校經傳全文』全四冊（北平燕京大學圖書館引得編纂處・中華民國二十六年（一九三七）初版、一九六六年再版）所收本等を參照した。また、句讀點・分節等は上記諸本を參照のうえ、吉永による。

なお、人物の謚、字、名についての經・傳における記載狀況は、前出の洪業編『春秋經傳引得』、重澤俊郎編『左傳人名地名索引』（中華民國五十一年（一九六二）二月、廣文書局印行、臺北）、楊伯峻・徐提編『春秋左傳詞典』（一九八五年十一月、中華書局）、及び劉殿爵・陳方正主編『春秋左傳逐字索引』（香港中文大學中國文化研究所、香港商務印書館、一九九五年一月）等を參照した。

（2）「無傳の經文」で對應する「時・月」の欄が經と無關係だが左傳記事で埋められている場合は「なし」の表記は附していない。

（3）この國別テキストの推定と復原の試みの先行例としては、清・高士奇『左傳紀事本末』五十三卷・全三冊（一九七九年、中華書局）及び韓席籌『左傳分國集注』十二卷・上下二冊（一九六三年、龍門書店）がある。

（4）作經時附加の傳文は、歲星の運行（天象）と暦面のズレを認識し始めてこれを議論する傳文、經の日食の記事に對應して干支・朔を調整し又暦法を議論する傳文等にもこれを認定し得る。斉藤国治・小沢賢二『中国天文記録の検証』（一九九二年、雄山閣出版、以下『検証』）は、春秋經の全三十七例の日食干支を檢證し、「No.29を除く殘りすべての日食記事の干支は正しい」（同五七頁）としている。しかし、筆者（吉永）の所見では、そのうち四例は干支の推定に誤りがある。卽ち、No.12「文公十有五年夏六月辛丑（38）朔」（同第Ⅱ章より、以下同じ）は庚子（37、數字は干支番號、以下同じ）、No.14「宣公十年夏四月丙辰（53）」は乙卯（52）、No.15「宣公十有七年夏六月癸卯（40）」は壬寅（39）、No.19「襄公十有五年秋八月丁巳（54）」は丙辰（53）とせねばならない。なぜなら、テオドール・オッポルツェル（Th. Oppolzer, 1841～1886）の『食寶典』（Canon der Finsternisse, Wien. 1887.）のJD（ユリウス通日）に基づいて檢討するに、『検証』ではある日のJDをXとすると、その日の食甚時のJDを「(X―一）プラス時閒」として表示するが、先の四例については一を減せずに「Xプラス時閒」という異なる（誤った）方式で示す。同様の誤りは既に飯島忠夫『支那暦法起原考』（昭和五年、第一書房）の「春秋日食表」（同一〇一頁）にも見られる。そして『検証』では「ある日食の現地食甚時のユリウス通日（JD）から9日を減じた殘餘を60で除算した剰餘の整數部分（大餘という）はその日の干支番號である」（同五七頁）という計算式で干支を算出している。そこで先の四例を他と同じ「(X―一）プラス時閒」として計算すると先の改正された干支となる。JDのX日とは、世界時X日の正午から翌（X＋一）日の正午までの一日を指し、JDのXの一日はその前半の正午（12時）～正子（24時）までの半日（午後）と後半の正子（24時＝0時）～正午（12時）の半日（午前）とからなるので、二つの干支に配される。その上で世界時と曲阜（東經117°）時との時差（0.33日、約八時間）を加味すると曲阜で見える日食時のXの干支は後半の日の干支に相當する。計算としては、（X―一）―九＝X―十により、『食寶典』のJDから10日を減じて60で除算した大餘が干支番號に相當することが示される。したがって經の都合五例の干支が誤りであり、更に實際の日食ではない非食（No.10、No.22、No.25）や曲阜では見えない不食（No.20）の計四例が日食記事としてうち三例は干支を附して記されていることは、經が日食當時の實錄ではなく、後時に過去の資料に整理・改變・附加等の手の入ったことを示している。例えば前揭の飯島忠夫『支那暦法起原考』（五四七頁）の指摘するように、No.12とNo.19は經の干支を採用すると同じく經の「隱公三年二月己巳」の日食干支とサロス周期（一サロスは二二三朔望月、三サロスは一九七五六日）を以て對應することになる。つまりそのように修訂されたと見られる。したがって作經時には、このような經の記事と對應・連動して原左氏傳の記事に新たな附加・改變がなされて左氏傳となったことが想定され、その蓋然性が高いと認められる傳文には二重傍線を施し注記を附している。

第一章

（一）隱公期全左氏經文の抽出・編作學例と隱公期全左傳文の分析

［隱公元年］

〔左〕惠公元妃孟子。孟子卒。繼室以聲子、生隱公。宋武公生仲子。仲子生而有文在其手、曰「爲魯夫人」。故仲子歸于我。生桓公而惠公薨。是以隱公立而奉之。〖魯〗

◇1〔經〕元年。春。王。正月。〔左〕元年。春。①王。周正月。〖魯〗
②〈不書卽位、攝也。〉

◇2〔經〕三月。公及邾儀父、盟于蔑。〔左〕①三月。公及邾儀父、盟于蔑。邾子克也。〖魯〗②〈未王命。故不書爵。曰「儀父」、貴之也。〉③公攝位而欲求好於邾。故爲蔑之盟。〖魯〗

◆3〔經〕夏。五月。鄭伯克段于鄢。〔左〕夏。①四月。費伯帥師、城郎。〖魯〗②〈不書、非公命也。〉③初。鄭武公娶于申。曰武姜。生莊公及共叔段。莊公寤生、驚姜氏。故名曰寤生。遂惡之。愛共叔段、欲立之。亟請於武公。公弗許。及莊公卽位、爲之請制。公曰、「制巖邑也。虢叔死焉。佗邑唯命。」請京。使居之。謂之京城大叔。祭仲曰、「都城過百雉國之害也。先王之制、大都不過叄國之一。中五之一。小九之一。今京不度。非制也。君將不堪。」公曰、「姜氏欲之。焉辟害。」對曰、「姜氏何厭之有、不如早爲之所。無使滋蔓、蔓草猶不可除。況君之寵弟乎。」公曰、「多行不義、必自斃。姑待之。」既而大叔命西鄙・北鄙、貳於己。公子呂曰、「國不堪貳。君將若之何。欲與大叔、臣請事之。若弗與、則請除之。無生民心。」公曰、「無庸。將自及。」大叔又收貳。以爲己邑。至于廩延。子封曰、「可矣。厚將得衆。」公曰、「不義、不暱。厚將崩。」大叔完聚。繕甲兵、具卒乘。將襲鄭。夫人將啓之。公聞其期曰、「可矣。」命子封、帥車二百乘以伐京。京叛大叔段。段入于鄢。公伐諸鄢。五月。辛丑。大叔出奔共。〖鄭〗④〈書曰「鄭伯克段于鄢」。段不弟、故不言弟。如二君、故曰克。稱鄭伯、失教也。謂之鄭志。不言出奔、難之也。〉⑤遂寘姜氏于城潁。而誓之、曰、「不及黃泉。無相見也。」既而悔之。潁考叔爲潁谷封人。聞之、有獻於公。公賜之食。食而舍肉。公問之。對曰、「小人有母。皆嘗小人之食矣。未嘗君之羹。請以遺之。」公曰、「爾有母遺。繄我獨無。」潁考叔曰、「敢問何謂也。」公語之故。且告之悔。對曰、「君何患焉。若闕地及泉隧而相見。其誰曰不然。」公從之。公入而賦、「大隧之中、其樂也融融。」姜出而賦、「大隧之外、其樂也泄泄。」遂爲母子如初。〖鄭〗⑥君子曰、「潁考叔、純孝也。愛其母、施及莊公。詩曰『孝子不匱。永錫爾類。』其是之謂乎。」

◇4〔經〕秋。七月。天王使宰咺來、歸惠公・仲子之賵。〔左〕秋。①

七月。天王使宰咺來、歸惠公・仲子之賵。緩。且子氏未薨。故名。〔魯〕②天子七月而葬、同軌畢至。諸侯五月、同盟至。大夫三月、同位至。士踰月、外姻至。《凡》③贈死不及尸、弔生不及哀、豫凶事、非禮也。〔魯〕

◇5〔經〕九月。及宋人盟于宿。〔左〕秋。①八月。紀人伐夷。〔魯〕②〈夷不告。故不書。〉③有蜚。〔魯〕④〈不爲災、亦不書。〉⑤惠公之季年、敗宋師于黃。公立而求成焉。九月。及宋人、盟于宿。始通也。〔魯〕

◇6〔經〕冬。十有二月。祭伯來。〔左〕冬。①十月。庚申。改葬惠公。〔魯〕②〈公弗臨。故不書。〉③惠公之薨也、有宋師。大子少。葬故有闕。是以改葬。衞侯來、會葬。〔魯〕④〈不見公。亦不書。〉
⑤鄭共叔之亂、公孫滑出奔衞。衞人爲之伐鄭。取廩延。鄭人以王師・虢師、伐衞南鄙。請師於邾。邾子使私於公子豫。豫請往。公弗許。遂行。及邾人・鄭人、盟于翼。〔魯〕⑥〈不書、非公命也。〉⑦新作南門。〔魯〕⑧〈不書、亦非公命也。〉⑨十二月。祭伯來。非王命也。〔魯〕

☆7〔經〕公子益師卒。〔左〕①衆父卒。〔魯〕②〈公不與小斂。故不書日。〉

（◇抽出文5條、◆抽出的編作文1條、☆編作文1條、◎無傳の經文0條）

〔隱公二年〕

◇1〔經〕二年。春。公會戎于潛。〔左〕二年。春。①公會戎于潛。脩惠公之好也。戎請盟。公辭。〔魯〕②莒子娶于向。向姜不安莒。而歸。〔魯〕

◆2〔經〕夏。五月。莒人入向。〔左〕夏。莒人入向。以姜氏還。〔魯〕

◆3〔經〕無駭帥師、入極。〔左〕司空無駭入極。費庈父勝之。戎請盟。〔魯〕

☆4〔經〕秋。八月。庚辰。公及戎、盟于唐。〔左〕秋。盟于唐。復脩戎好也。〔魯〕

◇5〔經〕九月。紀裂繻來。〔左〕九月。紀裂繻來、逆女。卿爲君逆也。〔魯〕

◎6〔經〕冬。十月。伯姬歸于紀。〔左〕冬。

◇7〔經〕紀子帛・莒子、盟于密。〔左〕紀子帛・莒子、盟于密。魯故也。〔魯〕

◎8〔經〕十有二月。乙卯。夫人子氏薨。〔左〕なし

◇9〔經〕鄭人伐衞。〔左〕鄭人伐衞。討公孫滑之亂也。〔鄭〕

（◇抽出文4條、◆抽出的編作文2條、☆編作文1條、◎無傳の經文2條）

〔隱公三年〕

◎1〔經〕三年。春。王。二月。己巳。日有食之。〔左〕三年。春。

☆2〔經〕三月。庚戌。天王崩。〔左〕①王。三月。壬戌。平王崩。〔周〕②〈赴以庚戌。故書之。〉

☆3〔經〕夏。四月。辛卯。君氏卒。〔左〕夏。①君氏卒。聲子也。②〈不赴于諸侯、不反哭于寢、不祔于姑、故不曰薨。不稱夫人。故不言葬、不書姓。〉③爲公、故曰君氏。〔魯〕④鄭武公・莊公爲平王卿士。王貳于虢。鄭伯怨王。王曰、「無之。」故周・鄭交質。

王子狐爲質於鄭。鄭公子忽爲質於周。王崩。周人將畀虢公政。〔鄭〕⑤四月。鄭祭足帥師、取溫之麥。〔鄭〕

◇4〔經〕秋。武氏子來、求賻。〔左〕。秋。①又取成周之禾。周・鄭交惡。〔鄭〕②君子曰、「信不由中、質無益也。明恕而行、要之以禮。雖無有質、誰能閒之。苟有明信、澗谿沼沚之毛、蘋蘩薀藻之菜、筐筥錡釜之器、潢汙行潦之水、可薦於鬼神、可羞於王公。而況君子結二國之信、行之以禮、又焉用質。風有采蘩采蘋、雅有行葦泂酌。昭忠信也。」《評》③武氏子來、求賻。王未葬也。〔魯〕

④宋穆公疾。召大司馬孔父、而屬殤公焉。曰、「先君舍與夷而立寡人。寡人弗敢忘。若以大夫之靈、得保首領以沒、先君若問與夷、其將何辭以對。請子奉之、以主社稷。寡人雖死、亦無悔焉。」對曰、「羣臣願奉馮也。」公曰、「不可。先君以寡人爲賢、使主社稷。若棄德不讓、是廢先君之擧也。豈曰能賢。光昭先君之令德、可不務乎。吾子其無廢先君之功。」使公子馮出居於鄭。〔宋〕

☆5〔經〕八月。庚辰。宋公和卒。〔左〕①八月。庚辰。宋穆公卒。殤公卽位。〔宋〕②君子曰、「宋宣公可謂知人矣。立穆公、其子饗之、命以義夫。商頌曰『殷受命咸宜。百祿是荷。』其是之謂乎。」《評》

◆6〔經〕冬。十有二月。齊侯・鄭伯、盟于石門。〔左〕冬。①齊・鄭、盟于石門。尋盧之盟也。庚戌。鄭伯之車僨于濟。〔齊〕②衞莊公娶于齊。東宮得臣之妹、曰莊姜。美而無子。衞人所爲賦碩人也。又娶于陳、曰厲嬀。生孝伯。早死。其娣戴嬀生桓公。莊姜以爲己子。公子州吁、嬖人之子也。有寵而好兵。公弗禁。莊姜惡之。石碏諫曰、「臣聞、愛子、教之以義方、弗納於邪。驕奢淫泆所自邪也。四者之來、寵祿過也。將立州吁、乃定之矣。若猶未也、階之爲禍。夫寵而不驕、驕而能降、降而不憾、憾而能眕者、鮮矣。且夫賤妨貴、少陵長、遠閒親、新閒舊、小加大、淫破義、所謂六逆也。君義、臣行、父慈、子孝、兄愛、弟敬、所謂六順也。去順效逆、所以速禍也。君人者、將禍是務去、而速之、無乃不可乎。」弗聽。其子厚與州吁游。禁之不可。桓公立。乃老。〔衞〕

◎7〔經〕癸未。葬宋穆公。〔左〕なし

（◇抽出文1條、◆抽出的編作文1條、☆編作文3條、◎無傳の經文2條）

［隱公四年］

◎1〔經〕四年。春。王。二月。莒人伐杞、取牟婁。〔左〕四年。春。

☆2〔經〕戊申。衞州吁弑其君完。〔左〕①衞州吁弑桓公而立。〔衞〕②公與宋公爲會。將尋宿之盟。未及期。衞人來告亂。〔魯〕

◇3〔經〕夏。公及宋公、遇于淸。〔左〕夏。公及宋公、遇于淸。〔魯〕

◇4〔經〕宋公・陳侯・蔡人・衞人、伐鄭。〔左〕①宋殤公之卽位也、公子馮出奔鄭。鄭人欲納之。〔鄭〕②及衞州吁立。將脩先君之怨於鄭、而求寵於諸侯、以和其民。使告於宋、曰、「君若伐鄭、以除君害、君爲主。敝邑以賦與陳・蔡從、則衞國之願也。」宋人許之。於是陳・蔡、方睦於衞。故宋公・陳侯・蔡人・衞人、伐鄭。圍其東門。五日而還。〔衞〕③公問於衆仲、曰、「衞州吁其成乎。」對曰、「臣聞以德和民。不聞以亂。以亂、猶治絲而棼之也。夫州吁阻兵而安忍。阻兵無衆。安忍無親。衆叛、親離、難以濟矣。夫

兵猶火也。弗戢、將自焚也。夫州吁弑其君而虐用其民。於是乎、不務令德、而欲以亂成。必不免矣。」〖魯〗

◆5〔經〕秋。翬帥師、會宋公・陳侯・蔡人・衛人、伐鄭。〔左〕秋。①諸侯復伐鄭。宋公使來乞師。公辭之。羽父請以師會之。公弗許。固請而行。〖魯〗②〈故書曰「翬帥師」、疾之也。〉③諸侯之師敗鄭徒兵、取其禾而還。〖魯〗

◆6〔經〕九月。衛人殺州吁于濮。〔左〕①州吁未能和其民。厚問定君於石子。石子曰、「王覲爲可。」曰、「何以得覲。」曰、「陳桓公方有寵於王。陳・衛、方睦。若朝陳使請、必可得也。」厚從州吁、如陳。石碏使告于陳、曰、「衛國褊小、老夫耄矣。無能爲也。此二人者實弑寡君、敢卽圖之。」陳人執之而請涖于衛。九月。衛人使右宰醜涖殺州吁于濮。石碏使其宰獳羊肩涖殺石厚于陳。〖衛〗②君子曰、「石碏純臣也。惡州吁、而厚與焉。『大義滅親。』其是之謂乎。」《評》③衛人逆公子晉于邢。〖衛〗

◆7〔經〕冬。十有二月。衛人立晉。〔左〕冬。①十二月。宣公卽位。〖衛〗②〈書曰「衛人立晉」、衆也。〉

〈◇抽出文2條、◆抽出的編作文3條、☆編作文1條、◎無傳の經文1條〉

[隱公五年]

◆1〔經〕五年。春。公矢魚于棠。〔左〕五年。春。①公將如棠、觀魚者。臧僖伯諫、曰、「凡物不足以講大事。其材不足以備器用、則君不擧焉。君將納民於軌物者也。故講事以度軌、量謂之軌。取材以章物、采謂之物。不軌不物、謂之亂政。亂政亟行、所以敗也。故春蒐、夏苗、秋獮、冬狩。皆於農隙、以講事也。三年而治兵。入而振旅。歸而飲至。以數軍實、昭文章、明貴賤、辨等列、順少長、習威儀也。鳥獸之肉不登於俎、皮革齒牙骨角毛羽不登於器、則公不射。古之制也。若夫山林川澤之實、器用之資、皁隸之事、官司之守。非君所及也。」公曰、「吾將略地焉。」遂往。陳魚而觀之。僖伯稱疾、不從。〖魯〗②〈書曰「公矢魚于棠」、非禮也。且言遠地也。〉③曲沃莊伯以鄭人・邢人、伐翼。王使尹氏・武氏助之。翼侯奔隨。〖晉〗

◇2〔經〕夏。四月。葬衛桓公。〔左〕夏。①葬衛桓公。衛亂、是以緩。〖衛〗②四月。鄭人侵衛牧。以報東門之役。衛人以燕師伐鄭。鄭祭足・原繁・泄駕、以三軍、軍其前、使曼伯與子元潛軍其後。燕人畏鄭三軍、而不虞制人。六月。鄭二公子以制人敗燕師于北制。〖鄭〗③君子曰、「不備不虞、不可以師。」《評》④曲沃叛王。〖晉〗

◇3〔經〕秋。衛師入郕。〔左〕秋。①王命虢公伐曲沃、而立哀侯于翼。〖晉〗②衛之亂也、郕人侵衛。故衛師入郕。〖衛〗

◇4〔經〕九月。考仲子之宮。初獻六羽。〔左〕九月。考仲子之宮。將萬焉。公問羽數於衆仲。對曰、「天子用八。諸侯用六。大夫四。士二。夫舞所以節八音而行八風。故自八以下。」公從之。於是、初獻六羽。始用六佾也。〖魯〗

◆5〔經〕邾人・鄭人、伐宋。〔左〕①宋人取邾田。邾人告於鄭、曰、「請君釋憾於宋。敝邑爲道。」鄭人以王師、會之。伐宋。入其郛、以報東門之役。〖鄭〗②宋人使來告命。公聞其入郛也。將救之。

問於使者、曰、「師何及。」對曰、「未及國。」公怒乃止。辭使者、曰、「君命寡人、同恤社稷之難。今問諸使者。曰、『師今未及國。』非寡人之所敢知也。」〔魯〕

◎6〔經〕螟。〔左〕なし

☆7〔經〕冬。十有二月。辛巳。公子彄卒。〔左〕冬。十二月。辛巳。臧僖伯卒。公曰、「叔父有憾於寡人。寡人弗敢忘。」葬之加一等。〔魯〕

◇8〔經〕宋人伐鄭、圍長葛。〔左〕宋人伐鄭、圍長葛。以報入郛之役也。〔宋〕

(◇抽出文4條、◆抽出的編作文2條、☆編作文1條、◎無傳の經文1條)

〔隱公六年〕

◇1〔經〕六年。春。鄭人來、渝平。〔左〕六年。春。①鄭人來、渝平。更成也。〔魯〕②翼九宗・五正・頃父之子嘉父、逆晉侯于隨。納諸鄂。晉人謂之鄂侯。〔晉〕

☆2〔經〕夏。五月。辛酉。公會齊侯、盟于艾。〔左〕夏。①盟于艾。始平于齊也。〔魯〕②五月。庚申。鄭伯侵陳。大獲。往歲鄭伯請成于陳。陳侯不許。五父諫曰、「親仁善鄰、國之寶也。君其許鄭。」陳侯曰、「宋・衞實難。鄭何能爲。」遂不許。〔鄭〕③君子曰、「善不可失、惡不可長。其陳桓公之謂乎。長惡不悛、從自及也。雖欲救之、其將能乎。商書曰『惡之易也、如火之燎于原。不可鄕邇、其猶可撲滅。』周任有言、曰『爲國家者、見惡如農夫之務去草焉。芟夷薀崇之、絕其本根、勿使能殖、則善者信矣。』」《評》

◎3〔經〕秋。七月。〔左〕秋。宋人取長葛。〔宋〕

◇4〔經〕冬。宋人取長葛。(3の左傳文と對應)〔左〕冬。①京師來告饑。公爲之請糴於宋・衞・齊・鄭、禮也。〔魯〕②鄭伯如周。始朝桓王也。王不禮焉。周桓公言於王、曰、「我周之東遷、晉・鄭焉依。善鄭以勸來者、猶懼不蔇。況不禮焉。鄭不來矣。」〔周〕

(◇抽出文2條、◆抽出的編作文0條、☆編作文1條、◎無傳の經文1條)

〔隱公七年〕

◎1〔經〕七年。春。王。三月。叔姬歸于紀。〔左〕七年。春。

◇2〔經〕滕侯卒。〔左〕①滕侯卒。〔魯〕②〈不書名、未同盟也。〉③凡諸侯同盟、於是稱名。故薨則赴以名。告終、稱嗣也。以繼好、息民。謂之禮經。《凡》

◇3〔經〕夏。城中丘。〔左〕夏。①城中丘。〔魯〕②〈書、不時也。〉

◆4〔經〕齊侯使其弟年來聘。〔左〕齊侯使夷仲年來聘。結艾之盟也。〔魯〕

◇5〔經〕秋。公伐邾。〔左〕秋。①宋及鄭、平。七月。庚申。盟于宿。〔宋〕②公伐邾、爲宋討也。〔魯〕③初。戎朝于周。發幣于公卿。凡伯弗賓。〔周〕

◆6〔經〕冬。天王使凡伯來聘。戎伐凡伯于楚丘、以歸。〔左〕冬。①王使凡伯來聘。還。戎伐之于楚丘、以歸。〔魯〕②陳及鄭、平。十二月。陳五父如鄭。涖盟。壬申。及鄭伯、盟。歃如忘。泄伯曰、「五父必不免。不賴盟矣。」鄭良佐如陳。涖盟。辛巳。及陳侯、盟。亦知陳之將亂也。〔鄭〕③鄭公子忽在王所。故陳侯請妻之。鄭伯

許之。乃成昏。〖鄭〗

（◇抽出文3條、◆抽出的編作文2條、☆編作文0條、◎無傳の經文1條）

［隱公八年］

◆1〔經〕八年。春。宋公・衞侯、遇于垂。〔左〕八年。春。齊侯將平宋・衞。有會期。宋公以幣請於衞、請先相見。衞侯許之。故遇于犬丘。〖宋〗（杜註「犬丘、垂也。地有兩名。」）

◇2〔經〕三月。鄭伯使宛來、歸祊。〔左〕鄭伯請釋泰山之祀而祀周公、以泰山之祊、易許田。三月。鄭伯使宛來、歸祊。不祀泰山也。〖魯〗

◎3〔經〕庚寅。我入祊。〔左〕なし

◎4〔經〕夏。六月。已亥。蔡侯考父卒。〔左〕夏。①虢公忌父始作卿士于周。〖周〗②四月。甲辰。鄭公子忽如陳、逆婦嬀。辛亥。以嬀氏歸。甲寅。入于鄭。陳鍼子送女。先配而後祖。鍼子曰、「是不爲夫婦、誣其祖矣。非禮也。何以能育。」〖鄭〗③齊人卒平宋・衞于鄭。〖齊〗

◎5〔經〕辛亥。宿男卒。〔左〕なし

☆6〔經〕秋。七月。庚午。宋公・齊侯・衞侯、盟于瓦屋。（4③の左傳文とも對應）〔左〕秋。①會于溫。盟于瓦屋。以釋東門之役。禮也。〖齊〗②八月。丙戌。鄭伯以齊人、朝王。禮也。〖鄭〗

◎7〔經〕八月。葬蔡宣公。〔左〕なし

☆8〔經〕九月。辛卯。公及莒人、盟于■來。〔左〕公及莒人、盟于浮來。以成紀好也。〖魯〗

◎9〔經〕螟。〔左〕なし

◆10〔經〕冬。十有二月。無駭卒。〔左〕冬。①齊侯使來、告成三國。公使衆仲對、曰、「君釋三國之圖、以鳩其民。君之惠也。寡君聞命矣。敢不承受君之明德。」〖魯〗②無駭卒。羽父請謚與族。公問族於衆仲。衆仲對曰、「天子建德、因生以賜姓、胙之土、以命之氏。諸侯以字爲謚、因以爲族、官有世功、則有官族、邑亦如之。」公命以字爲展氏。〖魯〗

（◇抽出文1條、◆抽出的編作文2條、☆編作文2條、◎無傳の經文5條）

［隱公九年］

◎1〔經〕九年。春。天王使南季來聘。〔左〕九年。春。

◆2〔經〕三月。癸酉。大雨震電。〔左〕①王。三月。癸酉。大雨霖以震。〖魯〗②〈書、始也。〉

◇3〔經〕庚辰。大雨雪。〔左〕①庚辰。大雨雪。亦如之。〖魯〗②〈書、時失也。〉③凡雨自三日以往爲霖。平地尺爲大雪。《凡》

◎4〔經〕挾卒。〔左〕なし

◇5〔經〕夏。城郎。〔左〕夏。①城郎。〖魯〗②〈書、不時也。〉③宋公不王。鄭伯爲王左卿士、以王命討之、伐宋。〖鄭〗④宋以入郛之役、怨公。不告命。公怒、絕宋使。〖魯〗

◎6〔經〕秋。七月。〔左〕秋。鄭人以王命、來告伐宋。〖魯〗

◇7〔經〕冬。公會齊侯于防。〔左〕冬。①公會齊侯于防。謀伐宋〖魯〗

②北戎侵鄭。鄭伯禦之。患戎師、曰、「彼徒、我車。懼其侵軼我也。」公子突曰、「使勇而無剛者、嘗寇而速去之。君爲三覆、以待之。戎輕而不整、貪而無親。勝不相讓、敗不相救。先者見獲、

必務進。進而遇覆、必速奔。後者不救、則無繼矣。乃可以逞。」從之。戎人之前遇覆者奔。祝聃逐之、衷戎師、前後擊之、盡殪。戎師大奔。十一月。甲寅。鄭人大敗戎師。〔鄭〕

（◇抽出文3條、◆抽出的編作文1條、☆編作文0條、◎無傳の經文3條）

[隱公十年]

◆1〔經〕十年。春。王。二月。公會齊侯・鄭伯于中丘。〔左〕十年。春。王。正月。公會齊侯・鄭伯于中丘。癸丑。盟于鄧。爲師期。〔魯〕

◆2〔經〕夏。翬帥師、會齊人・鄭人、伐宋。〔左〕夏。五月。羽父先會齊侯・鄭伯、伐宋。〔魯〕

◇3〔經〕六月。壬戌。公敗宋師于菅。〔左〕六月。戊申。公會齊侯・鄭伯于老桃。壬戌。公敗宋師于菅。〔魯〕

◆4〔經〕辛未。取郜。〔左〕庚午。鄭師入郜。辛未。歸于我。〔魯〕

◆5〔經〕辛巳。取防。〔左〕①庚辰。鄭師入防。辛巳。歸于我。〔魯〕②君子謂鄭莊公、「於是乎、可謂正矣。以王命討不庭、不貪其土、以勞王爵、正之禮也。」《評》③蔡人・衛人・郕人、不會王命。〔鄭〕

◆6〔經〕秋。宋人・衛人、入鄭。宋人・蔡人・衛人、伐戴。鄭伯伐、取之。〔左〕秋。七月。庚寅。鄭師入郊。猶在郊。宋人・衛人、入鄭。蔡人從之、伐戴。八月。壬戌。鄭伯圍戴。癸亥。克之。取三師焉。宋・衛既入鄭、而以伐戴、召蔡人、蔡人怒。故不和而敗。九月。戊寅。鄭伯入宋。〔鄭〕

☆7〔經〕冬。十月。壬午。齊人・鄭人、入郕。〔左〕冬。齊人・鄭人、入郕。討違王命也。〔齊〕

（◇抽出文1條、◆抽出的編作文5條、☆編作文1條、◎無傳の經文0條）

[隱公十一年]

◇1〔經〕十有一年。春。滕侯・薛侯、來朝。〔左〕十一年。春。滕侯・薛侯、來朝。爭長。薛侯曰、「我先封。」滕侯曰、「我周之卜正也。薛庶姓也。我不可以後之。」公使羽父請於薛侯、曰、「君與滕君、辱在寡人。周諺有之、曰『山有木、工則度之。賓有禮、主則擇之。』周之宗盟、異姓爲後。寡人若朝于薛、不敢與諸任齒。君若辱貺寡人、則願以滕君爲請。」薛侯許之。乃長滕侯。〔魯〕

◆2〔經〕夏。公會鄭伯于時來。（杜註「時來、郲地也。」）〔左〕夏。①公會鄭伯于郲。謀伐許也。〔魯〕②鄭伯將伐許。五月。甲辰。授兵於大宮。公孫閼與潁考叔爭車。潁考叔挾輈以走。子都拔棘以逐之。及大逵。弗及。子都怒。〔鄭〕

◆3〔經〕秋。七月。壬午。公及齊侯・鄭伯、入許。〔左〕秋。①七月。公會齊侯・鄭伯、伐許。〔魯〕②庚辰。傅于許。潁考叔取鄭伯之旗蝥弧、以先登。子都自下射之。顚。瑕叔盈又以蝥弧登。周麾而呼曰、「君登矣。」鄭師畢登。〔鄭〕③壬午。遂入許。許莊公奔衛。齊侯以許讓公。公曰、「君謂許不供。故從君討之。許既伏其罪矣。雖君有命、寡人弗敢與聞。」乃與鄭人。〔魯〕④鄭伯使許大夫百里、奉許叔、以居許東偏、曰、「天禍許國、鬼神實不逞于許君、而假手于我寡人。寡人唯是一二父兄、不能供億。其敢以許自爲功乎。寡人有弟。不能和協、而使餬其口於四方。其況能久有許乎。吾子其奉許叔、以撫柔此民也。吾將使獲也佐吾子。若寡人得沒于地、天其以禮、悔禍于許、無寧玆、許公復奉其社稷。唯我鄭國之有請謁焉。如舊昏媾、其能降以相從也。無滋他族、實偪處此、以與我鄭國爭此土也。吾子孫其覆亡之不暇、而況能禋祀許乎。寡人之使吾子處此、不唯許國之爲、亦聊以固吾圉也。」乃使公孫獲處許西偏、曰、「凡而器用財賄、無寘於許。我死乃亟去之。吾先君新邑於此。王室而既卑矣。周之子孫日失其序。夫許大岳之胤也。天而既厭周德矣。吾其能與許爭乎。」〔鄭〕⑤君子謂鄭莊公、「於是乎、有禮。禮、經國家、定社稷、序民人、利後嗣者也。許無刑而伐之、服而舍之、度德而處之、量力而行之、相時而動、無累後人。可謂知禮矣。」《評》⑥鄭伯使卒出豭、行出犬雞、以詛射潁考叔者。〔鄭〕⑦君子謂鄭莊公、「失政刑矣。政以治民、刑以正邪。既無德政、又無威刑。是以及邪。邪而詛之。將何益矣。」《評》

⑧王取鄔・劉・蔿・邘之田于鄭。而與鄭人蘇忿生之田。溫・原・絺・樊・隰郕・欑・茅・向・盟・州・陘・隤・懷。〔周〕⑨君子、是以知桓王之失鄭也。恕而行之、德之則也、禮之經也。己弗能有、而以與人。人之不至、不亦宜乎。《評》⑩鄭・息、有違言。息侯伐鄭。鄭伯與戰于竟。息師大敗而還。〔鄭〕⑪君子是以知息之將亡也。不度德、不量力、不親親、不徵辭、不察有罪。犯五不韙、而以伐人。其喪師也、不亦宜乎。《評》

◆4〔經〕冬。十有一月。壬辰。公薨。〔左〕冬。①十月。鄭伯以虢師伐宋。壬戌。大敗宋師。以報其入鄭也。〔鄭〕②〈宋不告命。故不書。〉③〈凡諸侯有命告、則書。不然則否。師出臧否亦如之。雖及滅國、滅不告敗、勝不告克、不書于策。《凡》④羽父請殺桓公。將以求大宰。公曰、「爲其少故也。吾將授之矣。使營菟裘、吾將老焉。」羽父懼。反譖公于桓公、而請弑之。公之爲公子也。與鄭人戰于狐壤、止焉。鄭人囚諸尹氏。賂尹氏而禱於其主鍾巫。遂與尹氏歸、而立其主。十一月。公祭鍾巫。齊于社圃、館于寪氏。壬辰。羽父使賊弑公于寪氏。立桓公、而討寪氏。有死者。〔魯〕④〈不書葬、不成喪也。〉

（◇抽出文1條、◆抽出的編作文3條、☆編作文0條、◎無傳の經文0條）

(二)　隱公期全左氏經文の四種類型文の分布狀況

(一)の抽出・編作擧例の分析による四種類型文の分布と占有率を一覧表に示すと次のようになる。

	◇抽出文	◆抽出的編作文	☆編作文	◎無傳の經文	小計
隱公　元年	5	1	1	0	7
隱公　二年	4	2	1	2	9
隱公　三年	1	1	3	2	7
隱公　四年	2	3	1	1	7
隱公　五年	4	2	1	1	8
隱公　六年	2	0	1	1	4
隱公　七年	3	2	0	1	6
隱公　八年	1	2	2	5	10
隱公　九年	3	1	0	3	7
隱公　十年	1	5	1	0	7
隱公十一年	1	3	0	0	4
隱公期計	27	22	11	16	76
占有率	35・5%	28・9%	14・5%	21・1%	100%

これによると、隱公期經文では、抽出系（◇抽出文と◆抽出的編作文）が64・4%、編作系（☆編作文と◎無傳の經文）が35・6%となる。

第二章

（一）桓公期全左氏經文の抽出・編作舉例と桓公期全左傳文の分析

［桓公元年］

◆1〔經〕元年。春。王。正月。公卽位。〔左〕元年。春。公卽位、脩好于鄭。鄭人請復祀周公、卒易祊田。公許之。【魯】

☆2〔經〕三月。公會鄭伯于垂。〔左〕三月。（1の左傳文とも對應）

◇3〔經〕鄭伯以璧假許田。〔左〕鄭伯以璧假許田。爲周公祊故也。【魯】

◇4〔經〕夏。四月。丁未。公及鄭伯盟于越。〔左〕夏。四月。丁未。公及鄭伯盟于越。結祊成也。盟曰、「渝盟、無享國。」【魯】

◇5〔經〕秋。大水。〔左〕秋。①大水。【魯】②凡平原出水爲大水。《凡》

◎6〔經〕冬。十月。〔左〕冬。①鄭伯拜盟。【魯】②宋華父督見孔父之妻于路。目逆而送之、曰、「美而豔。」【宋】

（◇抽出文3條、◆抽出的編作文1條、☆編作文1條、◎無傳の經文1條）

［桓公二年］

☆1〔經〕二年。春。王。正月。戊申。宋督弒其君與夷及其大夫孔父。〔左〕二年。春。①宋督攻孔氏。殺孔父而取其妻。公怒。督懼。遂弒殤公。【宋】②君子、以督爲有無君之心而後動於惡。《評》③〈故先書弒其君。〉

◎2〔經〕滕子來朝。〔左〕なし

☆3〔經〕三月。公會齊侯・陳侯・鄭伯于稷、以成宋亂。〔左〕①會于稷。以成宋亂。爲賂故、立華氏也。【魯】②宋殤公立、十年十一戰。民不堪命。孔父嘉爲司馬。督爲太宰。故因民之不堪命、先宣言曰、「司馬則然。」已殺孔父而弒殤公、召莊公于鄭而立之。以親鄭。【宋】③以郜大鼎賂公。齊・陳・鄭、皆有賂。故遂相宋公。【魯】

◇4〔經〕夏。四月。取郜大鼎于宋。戊申。納于大廟。〔左〕夏。四月。取郜大鼎于宋。戊申。納于大廟。非禮也。臧哀伯諫曰、「君人者將昭德塞違、以臨照百官。猶懼或失之。故昭令德以示子孫。是以清廟茅屋、大路越席、大羹不致、粢食不鑿、昭其儉也。袞冕黻珽、帶裳幅舃、衡紞紘綖、昭其度也。藻率鞞鞛、鞶厲游纓、昭其數也。火龍黼黻、昭其文也。五色比象、昭其物也。錫鸞和鈴、昭其聲也。三辰旂旗、昭其明也。夫德儉而有度、登降有數。文物以紀之、聲明以發之。以臨照百官。百官於是乎、戒懼而不敢易紀律。今滅德立違。而寘其賂器於大廟、以明示百官。百官象之。其又何誅焉。國家之敗、由官邪也。官之失德、寵賂章也。郜鼎在廟、章孰甚焉。

武王克商。遷九鼎于雒邑。義士猶或非之。而況將昭違亂之賂器於大廟。其若之何。」公不聽。周内史聞之曰、「臧孫達其有後於魯乎。君違、不忘諫之以德。」〘魯〙

◇5〔經〕秋。七月。杞侯來朝。〔左〕秋。七月。杞侯來朝。不敬。杞侯歸。乃謀伐之。〘魯〙

◇6〔經〕蔡侯・鄭伯、會于鄧。〔左〕蔡侯・鄭伯、會于鄧。始懼楚也。〘鄭〙

◇7〔經〕公及戎、盟于唐。九月。入杞。〔左〕九月。入杞。討不敬也。公及戎、盟于唐。脩舊好也。〘魯〙

◇8〔經〕冬。公至自唐。〔左〕冬。①公至自唐。告于廟也。〘魯〙②凡公行、告于宗廟。反行、飲至、舍爵策勳焉。禮也。特相會、往來稱地。讓事也。自參以上、則往稱地、來稱會。成事也。《凡》③初。晉穆侯之夫人姜氏、以條之役生大子。命之、曰仇。其弟以千畝之戰生。命之、曰成師。師服曰、「異哉。君之名子也。夫名以制義、義以出禮、禮以體政、政以正民。是以政成而民聽。易則生亂。嘉耦曰妃、怨耦曰仇。古之命也。今君命大子曰仇、弟曰成師。始兆亂矣。兄其替乎。」〘晉〙④惠之廿四年、晉始亂。故封桓叔于曲沃。靖侯之孫欒賓傅之。師服曰、「吾聞國家之立也。本大而末小。是以能固。故天子建國、諸侯立家、卿置側室、大夫有貳宗、士有隷子弟、庶人工商各有分親。皆有等衰。是以民服、事其上、而下無覬覦。今晉甸侯也、而建國。本既弱矣。其能久乎。」〘晉〙⑤惠之三十年、晉潘父弑昭侯。而納桓叔、不克。晉人立孝侯。〘晉〙⑥惠之四十五年、曲沃莊伯伐翼。弑孝侯。翼人立其弟鄂侯。鄂侯生哀侯。哀侯侵陘庭之田。陘庭南鄙啓曲沃、伐翼。〘晉〙

（◇抽出文5條、◆抽出的編作文0條、☆編作文2條、◎無傳の經文1條）

[桓公三年]

◆1〔經〕三年。春。正月。公會齊侯于嬴。〔左〕三年。春。①曲沃武公伐翼。次于陘庭。韓萬御戎。梁弘爲右。逐翼侯于汾隰。驂絓而止。夜獲之、及欒共叔。〘晉〙②會于嬴。成昏于齊也。〘魯〙

◇2〔經〕夏。齊侯・衞侯、胥命于蒲。〔左〕夏。齊侯・衞侯、胥命于蒲。不盟也。〘齊〙

◆3〔經〕六月。公會杞侯于郕。〔左〕公會杞侯于郕。杞求成也。〘魯〙

◎4〔經〕秋。七月。壬辰。朔。日有食之。既。〔左〕秋。

◇5〔經〕公子翬如齊。逆女。〔左〕①公子翬如齊。逆女。〘魯〙②修先君之好。故曰公子。《凡》

◆6〔經〕九月。齊侯送姜氏于讙。〔左〕①齊侯送姜氏于讙。非禮也。〘魯〙(箋曰「于讙二字石經宋本俱無。」)②凡公女嫁于敵國。姊妹、則上卿送之、以禮於先君。公子、則下卿送之。於大國、雖公子亦上卿送之。於天子、則諸卿皆行。公不自送。於小國、則上大夫送之。《凡》

◎7〔經〕公會齊侯于讙。〔左〕なし

◆8〔經〕夫人姜氏至自齊。〔左〕(6、9の左傳文と對應)

◆9〔經〕冬。齊侯使其弟年來聘。〔左〕冬。齊仲年來聘。致夫人也。〘魯〙

◎10〔經〕有年。〔左〕芮伯萬之母芮姜、惡芮伯之多寵人也。故逐之。出居于魏。【晉】

（◇抽出文2條、◆抽出的編作文5條、☆編作文0條、◎無傳の經文3條）

[桓公四年]

◇1〔經〕四年。春。正月。公狩于郎。〔左〕四年。春。①正月。公狩于郎。【魯】②〈書、時禮也。〉

◆2〔經〕夏。天王使宰渠伯糾來聘。〔左〕①夏。周宰渠伯糾來聘。父在故名。【魯】②秋。秦師侵芮。敗焉。小之也。【秦】③冬。王師・秦師、圍魏、執芮伯以歸。【周】

（◇抽出文1條、◆抽出的編作文1條、☆編作文0條、◎無傳の經文0條）

[桓公五年]

◇1〔經〕五年。春。正月。甲戌。己丑。陳侯鮑卒。〔左〕五年。春。①正月。甲戌。己丑。陳侯鮑卒。再赴也。【魯】②於是陳亂。文公子佗殺大子免而代之。公疾病而亂作。國人分散。故再赴。【陳】

◆2〔經〕夏。齊侯・鄭伯、如紀。〔左〕夏。齊侯・鄭伯、朝于紀。欲以襲之。紀人知之。【齊】

◆3〔經〕天王使仍叔之子來聘。〔左〕①仍叔之子來聘。弱也。【魯】②王奪鄭伯政。鄭伯不朝。【周】

◎4〔經〕葬陳桓公。〔左〕なし

◎5〔經〕城祝丘。〔左〕なし

◆6〔經〕秋。蔡人・衞人・陳人、從王伐鄭。〔左〕秋。王以諸侯、伐鄭。鄭伯禦之。王爲中軍。虢公林父將右軍。蔡人・衞人屬焉。周公黑肩將左軍。陳人屬焉。鄭子元請爲左拒以當蔡人・衞人、爲右拒以當陳人。曰、「陳亂。民莫有鬭心。若先犯之、必奔。王卒顧之、必亂。蔡・衞不枝、固將先奔。既而萃於王卒、可以集事。」從之。曼伯爲右拒。祭仲足爲左拒。原繁・高渠彌以中軍奉公。爲魚麗之陳。先偏後伍。伍承彌縫。戰于繻葛。命二拒、曰、「旝動而鼓。」蔡・衞・陳、皆奔。王卒亂。鄭師合以攻之。王卒大敗。祝聃射王中肩。王亦能軍。祝聃請從之。公曰、「君子不欲多上人。況敢陵天子乎。苟自救也。社稷無隕、多矣。」夜、鄭伯使祭足勞王、且問左右。【鄭】

◇7〔經〕大雩。〔左〕秋。①大雩。【魯】②〈書、不時也。〉③凡祀、啓蟄而郊、龍見而雩、始殺而嘗、閉蟄而烝。過則書。《凡》

◎8〔經〕螽。〔左〕なし

☆9〔經〕冬。州公如曹。〔左〕冬。淳于公如曹。度其國危。遂不復。【魯】

（◇抽出文3條、◆抽出的編作文3條、☆編作文1條、◎無傳の經文3條）

[桓公六年]

◆1〔經〕六年。春。正月。寔來。〔左〕六年。春。①自曹來朝。【魯】②〈書曰「寔來」。不復其國也。〉③楚武王侵隨。使薳章求成焉。軍於瑕、以待之。隨人使少師董成。鬭伯比言於楚子、曰、「吾不得志於漢東也、我則使然。我張吾三軍、而被吾甲兵、以武臨之。彼則懼而協、以謀我。故難閒也。漢東之國、隨爲大。隨張必棄小國。小國離、楚之利也。少師侈。請羸師以張之。」熊率且比曰、「季梁在。何益。」鬭伯比曰、「以爲後圖。少師得其君。」王毀軍、而納少師。少師歸。請追楚師。隨侯將許之。季梁止之、曰、「天方授楚。楚之羸、其誘我也。君何急焉。臣聞、小之能敵大也、小道大淫。所謂道、忠於民而信於神也。上思利民、忠也。祝史正辭、信也。今民餒而君逞欲。祝史矯擧以祭。臣不知其可也。」公曰、「吾牲牷肥腯、粢盛豐備。何則不信。」對曰、「夫民、神之主也。是以、聖王先成民、而後致力於神。故奉牲以告、曰『博碩肥腯』、謂民力之普存也、謂其畜之碩大蕃滋也、謂其不疾瘯蠡也、謂其備腯咸有也。奉盛以告、曰『潔粢豐盛』、謂其三時不害而民和年豐也。奉酒醴以告、曰『嘉栗旨酒』、謂其上下皆有嘉德而無違心也。所謂馨香無讒慝也。故務其三時、脩其五教。親其九族、以致其禋祀。於是乎、民和而神降之福、故動則有成。今民各有心、而鬼神乏主。君雖獨豐、其何福之有。君姑脩政而親兄弟之國、庶免於難。」隨侯懼而脩政。楚不敢伐。〔楚〕

◆2〔經〕夏。四月。公會紀侯于成。〔左〕夏。①會于成。紀來諮謀齊難也。〔魯〕②北戎伐齊。齊侯使乞師于鄭。鄭大子忽帥師、救齊。六月。大敗戎師。獲其二帥大良・少良・甲首三百、以獻於齊。〔齊〕③於是、諸侯之大夫戍齊。齊人饋之餼。使魯爲其班。後鄭。鄭忽以其有功也、怒。故有郎之師。〔魯〕④公之未昏於齊也、齊侯欲以文姜妻鄭大子忽。大子忽辭。人問其故。大子曰、「人各有耦。齊大、非吾耦也。詩云『自求多福』。在我而已。大國何爲。」〔魯〕⑤君子曰、「善自爲謀。」《評》⑥及其敗戎師也。齊侯又請妻之。固辭。人問其故。大子曰、「無事於齊、吾猶不敢。今以君命奔齊之急、而受室以歸、是以師昏也。民其謂我何。」遂辭諸鄭伯。〔鄭〕

☆3〔經〕秋。八月。壬午。大閱。〔左〕秋。大閱。簡車馬也。〔魯〕

◎4〔經〕蔡人殺陳佗。〔左〕なし

◇5〔經〕九月。丁卯。子同生。〔左〕九月。丁卯。子同生。以大子生之禮擧之。接以大牢。卜士負之、士妻食之。公與文姜、宗婦命之。公問名於申繻。對曰「名有五。有信、有義、有象、有假、有類。以名生爲信、以德命爲義、以類命爲象、取於物爲假、取於父爲類。不以國、不以官、不以山川、不以隱疾、不以畜牲、不以器幣。周人以諱事神、名終將諱之。故以國則廢名、以官則廢職、以山川則廢主、以畜牲則廢祀、以器幣則廢禮。晉以僖侯廢司徒、宋以武功廢司空、先君獻武廢二山。是以、大物不可以命。」公曰、「是其生也、與吾同物。」命之曰同。〔魯〕

◇6〔經〕冬。紀侯來朝。〔左〕冬。紀侯來朝。請王命、以求成于齊。公告不能。〔魯〕

（◇抽出文2條、◆抽出的編作文2條、☆編作文1條、◎無傳の經文1條）

［桓公七年］

◎1〔經〕七年。春。二月。己亥。焚咸丘。〔左〕七年。春。①穀伯・鄧侯、來朝。②〈名、賤之也。〉

☆2〔經〕夏。穀伯綏來朝。（1①の左傳文と對應）〔左〕夏。盟・向、求成于鄭。既而背之。〔鄭〕

☆3〔經〕鄧侯吾離來朝。（1①の左傳文と對應）〔左〕秋。①鄭人・齊人・衞人、伐盟・向。〔鄭〕②王遷盟・向之民于郟。〔周〕冬。③曲沃伯誘晉小子侯、殺之。〔晉〕

（◇抽出文0條、◆抽出的編作文0條、☆編作文2條、◎無傳の經文1條）

［桓公八年］

◎1〔經〕八年。春。正月。己卯。烝。〔左〕八年。春。滅翼。〔晉〕

◎2〔經〕天王使家父來聘。〔左〕隨少師有寵。楚鬬伯比曰、「可矣。讎有釁、不可失也。」〔楚〕

◎3〔經〕夏。五月。丁丑。烝。〔左〕夏。楚子合諸侯于沈鹿。黄・隨不會。使薳章讓黄。楚子伐隨、軍於漢・淮之閒。季梁請、下之、弗許而後戰、所以怒我而怠寇也。少師謂隨侯、曰、「必速戰。不然、將失楚師。」隨侯禦之。望楚師。季梁曰、「楚人上左、君必左。無與王遇。且攻其右。右無良焉。必敗。偏敗、衆乃攜矣。」少師曰、「不當王、非敵也。」弗從。戰于速杞。隨師敗績。隨侯逸。鬬丹獲其戎車與其戎右少師。〔楚〕

◎4〔經〕秋。伐邾。〔左〕秋。隨及楚、平。楚子將不許。鬬伯比曰、「天去其疾矣。隨未可克也」。乃盟而還。〔楚〕

◎5〔經〕冬。十月。雨雪。〔左〕冬。王命虢仲、立晉哀侯之弟緡于晉。〔周〕

◇6〔經〕祭公來。遂逆王后于紀。〔左〕祭公來。遂逆王后于紀。禮也。〔魯〕

（◇抽出文1條、◆抽出的編作文0條、☆編作文0條、◎無傳の經文5條）

［桓公九年］

◇1〔經〕九年。春。紀季姜歸于京師。〔左〕九年。春。①紀季姜歸于京師。〔魯〕②凡諸侯之女行、唯王后書。《凡》③巴子使韓服告于楚、請與鄧爲好。楚子使道朔將巴客以聘於鄧。鄧南鄙鄾人攻而奪之幣。殺道朔及巴行人。楚子使薳章讓於鄧。鄧人弗受。〔楚〕

◎2〔經〕夏。四月。〔左〕夏。楚使鬬廉帥師、及巴師圍鄾。鄧養甥・聃甥帥師、救鄾。三逐巴師。不克。鬬廉衡陳其師於巴師之中、以戰而北。鄧人逐之。背巴師而夾攻之。鄧師大敗。鄾人宵潰。〔楚〕

◎3〔經〕秋。七月。〔左〕秋。虢仲・芮伯・梁伯・荀侯・賈伯、伐曲沃。〔晉〕

☆4〔經〕冬。曹伯使其世子射姑來朝。〔左〕冬。曹大子來朝。賓之以上卿。禮也。享曹大子。初獻、樂奏而歎。施父曰、「曹大子其有憂乎。非歎所也。」〔魯〕

（◇抽出文1條、◆抽出的編作文0條、☆編作文1條、◎無傳の經文2條）

［桓公十年］

☆1〔經〕十年。春。王。正月。庚申。曹伯終生卒。〔左〕十年。春。①曹桓公卒。〔曹〕②虢仲譖其大夫詹父於王。詹父有辭。以王師伐虢。〔周〕

◎2〔經〕夏。五月。葬曹桓公。〔左〕夏。虢公出奔虞。〔周〕

◎3〔經〕秋。公會衞侯于桃丘。弗遇。〔左〕秋。秦人納芮伯萬于芮。初。虞叔有玉。虞公求旃。弗獻。既而悔之、曰、「周諺有之。匹夫無罪。懷璧其罪。吾焉用此。其以賈害也」。乃獻之。又求其寶劍。叔曰、「是無厭也。無厭、將及我。」遂伐虞公。故虞公出奔洪池。〔晉〕

◆4〔經〕冬。十有二月。丙午。齊侯・衞侯・鄭伯、來戰于郎。〔左〕冬。①齊・衞・鄭、來戰于郎。我有辭也。〔魯〕②初。北戎病齊。諸侯救之。鄭公子忽有功焉。齊人餼諸侯、使魯次之。魯以周班、後鄭。鄭人怒、請師於齊。齊人以衞師助之。故不稱侵伐。〔魯〕

③〈先書齊・衞、王爵也。〉

（◇抽出文0條、◆抽出的編作文1條、☆編作文1條、◎無傳の經文2條）

[桓公十一年]

◆1〔經〕十有一年。春。正月。齊人・衞人・鄭人、盟于惡曹。〔左〕十一年。春。①齊・衞・鄭・宋、盟于惡曹。〔齊〕②楚屈瑕將盟貳・軫。鄖人軍於蒲騷、將與隨・絞・州・蓼、伐楚師。莫敖患之。鬭廉曰、「鄖人軍其郊、必不誡。且日虞四邑之至也。君次於郊郢、以禦四邑。我以銳師、宵加於鄖。鄖有虞心而恃其城、莫有鬭志。若敗鄖師、四邑必離。」莫敖曰、「盍請濟師於王。」對曰、「師克在和、不在衆。商、周之不敵、君之所聞也。成軍以出、又何濟焉。」莫敖曰、「卜之。」對曰、「卜以決疑。不疑、何卜。」遂敗鄖師於蒲騷。卒盟而還。〔楚〕③鄭昭公之敗北戎也、齊人將妻之。昭公辭。祭仲曰、「必取之。君多內寵。子無大援。將不得立、三公子皆君也。」弗從。〔鄭〕

☆2〔經〕夏。五月。癸未。鄭伯寤生卒。〔左〕夏。鄭莊公卒。初。祭封人仲足有寵於莊公。莊公使爲卿。爲公娶鄧曼。生昭公。故祭仲立之。宋雍氏女於鄭莊公、曰雍姞。生厲公。雍氏宗有寵於宋莊公。故誘祭仲而執之。曰、「不立突、將死。」亦執厲公而求賂焉。祭仲與宋人盟。以厲公歸而立之。〔魯〕

◎3〔經〕秋。七月。葬鄭莊公。〔左〕秋。

◆4〔經〕九月。宋人執鄭祭仲。（2の左傳文と對應）〔左〕九月。丁亥。昭公奔衞。己亥。厲公立。

◆5〔經〕突歸于鄭。〔左〕（2の左傳文と對應）

◆6〔經〕鄭忽出奔衞。〔左〕（4の左傳文等と對應）

◎7〔經〕柔會宋公・陳侯・蔡叔、盟于折。〔左〕なし

◎8〔經〕公會宋公於夫鍾。〔左〕なし

◎9〔經〕冬。十有二月。公會宋公于闞。〔左〕なし

（◇抽出文0條、◆抽出的編作文4條、☆編作文1條、◎無傳の經文4條）

[桓公十二年]

◎1〔經〕十有二年。春。正月。〔左〕十二年。

☆2〔經〕夏。六月。壬寅。公會杞侯・莒子、盟于曲池。〔左〕夏。①盟于曲池。平杞・莒也。〔魯〕②公欲平宋・鄭。〔魯〕

☆3〔經〕秋。七月。丁亥。公會宋公・燕人、盟于穀丘。〔左〕秋。①公及宋公、盟于句瀆之丘。〔魯〕②宋成未可知也。故又會于虛。

◎4〔經〕八月。壬辰。陳侯躍卒。〔左〕なし

◆5〔經〕公會宋公于虛。〔左〕（3②の左傳文と對應）

☆6〔經〕冬。十有一月。公會宋公于龜。〔左〕冬。①又會于龜。宋公

辭平。故與鄭伯盟于武父。遂帥師而伐宋。戰焉。宋無信也。〔魯〕②君子曰、「苟信不繼、盟無益也。詩云『君子屢盟。亂是用長。』無信也。」

☆7〔經〕丙戌。公會鄭伯。盟于武父。〔左〕（6①の左傳文と對應）

◎8〔經〕丙戌。衞侯晉卒。〔左〕なし

☆9〔經〕十有二月。及鄭師、伐宋。丁未。戰于宋。（6①の左傳文と對應）〔左〕楚伐絞。軍其南門。莫敖屈瑕曰、「絞小而輕。輕則寡謀。請無扞采樵者以誘之。」從之。絞人獲三十人。明日絞人爭出。驅楚役徒於山中。楚人坐其北門而覆諸山下。大敗之。爲城下之盟而還。伐絞之役、楚師分涉於彭。羅人欲伐之。使伯嘉諜之、三巡數之。〔楚〕

（◇抽出文0條、◆抽出的編作文1條、☆編作文5條、◎無傳の經文3條）

［桓公十三年］

☆1〔經〕十有三年。春。二月。公會紀侯・鄭伯。己巳。及齊侯・宋公・衞侯・燕人、戰。齊師・宋師・衞師・燕師、敗績。〔左〕十三年。春。①楚屈瑕伐羅。鬭伯比送之。還。謂其御、曰、「莫敖必敗。擧趾高、心不固矣。」遂見楚子、曰、「必濟師。」楚子辭焉。入告夫人鄧曼。鄧曼曰、「大夫其非衆之謂、其謂君撫小民以信、訓諸司以德、而威莫敖以刑也。莫敖狃於蒲騷之役。將自用也。必小羅。君若不鎭撫、其不設備乎。夫固謂君訓衆而好鎭撫之、召諸司而勸之以令德、見莫敖而告諸天之不假易也。不然、夫豈不知楚師之盡行也。」楚子使賴人追之。不及。莫敖使徇于師、曰、「諫者有刑。」及鄢。亂次、以濟其水。遂無次。且不設備。及羅。羅與盧戎、兩軍之。大敗之。莫敖縊于荒谷。羣帥囚于冶父。以聽刑。楚子曰、「孤之罪也。」皆免之。〔楚〕②宋多責賂於鄭。鄭不堪命。故以紀・魯、及齊與宋・衞・燕、戰。〔鄭〕③〈不書所戰、後也。〉④鄭人來、請脩好。〔魯〕

◎2〔經〕三月。葬衞宣公。〔左〕なし

◎3〔經〕夏。大水。〔左〕なし

◎4〔經〕秋。七月。〔左〕なし

◎5〔經〕冬。十月。〔左〕なし

（◇抽出文0條、◆抽出的編作文0條、☆編作文1條、◎無傳の經文4條）

［桓公十四年］

◆1〔經〕十有四年。春。正月。公會鄭伯于曹。〔左〕十四年。春。會于曹。曹人致餼。禮也。〔魯〕

◎2〔經〕無冰。〔左〕なし

◎3〔經〕夏。五。〔左〕夏。

☆4〔經〕鄭伯使其弟語來、盟。〔左〕鄭子人來、尋盟。且脩曹之會。〔魯〕

◇5〔經〕秋。八月。壬申。御廩災。乙亥。嘗。〔左〕秋。①八月。壬申。御廩災。乙亥。嘗。〔魯〕②〈書、不害也。〉

◎6〔經〕冬。十有二月。丁巳。齊侯祿父卒。〔左〕冬。

☆7〔經〕宋人以齊人・蔡人・衞人・陳人、伐鄭。〔左〕宋人以諸侯、伐鄭。報宋之戰也。焚渠門、入及大逵、伐東郊、取牛首。以大宮

之椽、歸。爲盧門之椽。〔宋〕

（◇抽出文1條、◆抽出的編作文1條、☆編作文2條、◎無傳の經文3條）

〔桓公十五年〕

◆1〔經〕十有五年。春。二月。天王使家父來、求車。〔左〕十五年。春。①天王使家父來、求車。非禮也。〔魯〕②諸侯不貢車服。天子不私求財。《凡》

◎2〔經〕三月。乙未。天王崩。〔左〕祭仲專。鄭伯患之、使其聟雍糾殺之。將享諸郊。雍姬知之。謂其母、曰、「父與夫孰親。」其母曰、「人盡夫也。父一而已。胡可比也。」遂告祭仲、曰、「雍氏舍其室而將享子於郊。吾惑之。以告。」祭仲殺雍糾。尸諸周氏之汪。公載以出。曰、「謀及婦人。宜其死也。」〔鄭〕

◎3〔經〕夏。四月。己巳。葬齊僖公。〔左〕夏。

◆4〔經〕五月。鄭伯突出奔蔡。（2の左傳文とも對應）〔左〕厲公出奔蔡。〔鄭〕

◆5〔經〕鄭世子忽復歸于鄭。〔左〕六月。乙亥。昭公入。〔鄭〕

◇6〔經〕許叔入于許〔左〕許叔入于許。〔許〕

◇7〔經〕公會齊侯于艾〔左〕公會齊侯于艾。謀定許也。〔魯〕

◎8〔經〕邾人・牟人・葛人來朝。〔左〕なし

◆9〔經〕秋。九月。鄭伯突入于櫟。〔左〕秋。鄭伯因櫟人、殺檀伯、而遂居櫟。〔鄭〕

☆10〔經〕冬。十有一月、公會宋公・衞侯・陳侯于袲、伐鄭。〔左〕冬。會于袲。謀伐鄭、將納厲公也。弗克而還。〔魯〕

（◇抽出文2條、◆抽出的編作文4條、☆編作文1條、◎無傳の經文3條）

〔桓公十六年〕

☆1〔經〕十有六年。春。正月。公會宋公・蔡侯・衞侯于曹。〔左〕十六年。春。正月。會于曹。謀伐鄭也。〔魯〕

☆2〔經〕夏。四月。公會宋公・衞侯・陳侯・蔡侯、伐鄭。〔左〕夏。伐鄭。〔魯〕

◇3〔經〕秋。七月。公至自伐鄭。〔左〕秋。七月。公至自伐鄭。以飲至之禮也。〔魯〕

◇4〔經〕冬。城向。〔左〕冬。①城向。〔魯〕②〈書、時也。〉

◆5〔經〕十有一月。衞侯朔出奔齊。〔左〕①初。衞宣公烝於夷姜。生急子。屬諸右公子。爲之娶於齊而美。公取之。生壽及朔。屬壽於左公子。夷姜縊。〔衞〕②宣姜與公子朔、構急子。公使諸齊。使盜待諸莘、將殺之。壽子告之、使行。不可。曰、「棄父之命、惡用子矣。有無父之國、則可也。」及行、飮以酒、壽子載其旌以先。盜殺之。急子至、曰、「我求之也。此何罪。請殺我乎。」又殺之。二公子故怨惠公。十一月左公子洩、右公子職立公子黔牟。惠公奔齊。〔衞〕

（◇抽出文2條、◆抽出的編作文1條、☆編作文2條、◎無傳の經文0條）

〔桓公十七年〕

☆1〔經〕十有七年。春。正月。丙辰。公會齊侯・紀侯、盟于黃。〔左〕十七年。春。盟于黃。平齊・紀、且謀衞故也。〔魯〕

☆2〔經〕二月。丙午。公會邾儀父。盟于趡。〔左〕及邾儀父盟于趡。尋滅之盟也。〔魯〕

☆3〔經〕夏。五月。丙午。及齊師戰于奚。〔左〕夏。及齊師戰于奚。疆事也。於是、齊人侵魯疆。疆吏來告。公曰、「疆埸之事。愼守其一而備其不虞。姑盡所焉。事至而戰。又何謁焉。」〔魯〕

☆4〔經〕六月。丁丑。蔡侯封人卒。〔左〕蔡桓侯卒。蔡人召蔡季于陳。〔蔡〕

◆5〔經〕秋。八月。蔡季自陳歸于蔡。〔左〕秋。蔡季自陳歸于蔡。蔡人嘉之也。〔蔡〕

◎6〔經〕癸巳。葬蔡桓侯。〔左〕なし

☆7〔經〕及宋人・衞人、伐邾。〔左〕伐邾。宋志也。〔魯〕

◇8〔経〕冬。十月。朔。日有食之。〔左〕冬。①十月。朔。日有食之。〔魯〕②〈不書日、官失之也。〉③天子有日官。諸侯有日御。日官居卿、以底日。禮也。日御不失日。以授百官于朝。《凡》④初。鄭伯將以高渠彌爲卿。昭公惡之。固諫。不聽。昭公立。懼其殺己也。辛卯。弑昭公、而立公子亹。〔鄭〕⑤君子謂昭公、「知所惡矣。」《評》⑥公子達曰、「高伯其爲戮乎。復惡已甚矣。」〔鄭〕

(◇抽出文1條、◆抽出的編作文1條、☆編作文5條、◎無傳の經文1條)

〔桓公十八年〕

◇1〔經〕十有八年。春。王。正月。公會齊侯于濼。〔左〕十八年。春。公將有行。遂與姜氏如齊。申繻曰、「女有家。男有室。無相瀆也。謂之有禮。易此、必敗。」公會齊侯于濼。〔魯〕

◆2〔經〕公與夫人姜氏遂如齊。〔左〕遂及文姜如齊。齊侯通焉。公謫之。以告。〔魯〕

◆3〔經〕夏。四月。丙子。公薨于齊。〔左〕夏。四月。丙子。享公。使公子彭生乘公。公薨于車。〔魯〕

◎4〔經〕丁酉。公之喪至自齊。〔左〕魯人告于齊、曰、「寡君畏君之威、不敢寧居。來脩舊好、禮成而不反。無所歸咎、惡於諸侯。請以彭生除之。」齊人殺彭生。〔魯〕

◎5〔經〕秋。七月。〔左〕秋。①齊侯師于首止。子亹會之。高渠彌相。〔齊〕②七月。戊戌。齊人殺子亹、而轘高渠彌。祭仲逆鄭子于陳而立之。〔鄭〕③是行也、祭仲知之。故稱疾不往。人曰、「祭仲以智免。」仲曰、「信也。」〔鄭〕

◎6〔經〕冬。十有二月。己丑。葬我君桓公。〔左〕①周公欲弑莊王而立王子克。辛伯告王。遂與王、殺周公黑肩。王子克奔燕。〔周〕②初。子儀有寵於桓王。桓王屬諸周公。辛伯諫曰、「並后、匹嫡、兩政、耦國。亂之本也。」周公弗從。故及。〔周〕

(◇抽出文1條、◆抽出的編作文2條、☆編作文0條、◎無傳の經文3條)

が43・6%、編作系（☆編作文と◎無傳の經文）が56・4%となる。

（二）桓公期全左氏經文の四種類型文の分布状況

（一）の抽出・編作擧例の分析による四種類型文の分布と占有率を一覧表に示すと次のようになる。

	◇抽出文	◆抽出的編作文	☆編作文	◎無傳の經文	小計
桓公　元年	3	1	1	2	6
桓公　二年	5	0	2	1	8
桓公　三年	2	5	0	3	10
桓公　四年	1	1	0	0	2
桓公　五年	2	3	1	3	9
桓公　六年	2	2	1	1	6
桓公　七年	0	0	2	1	3
桓公　八年	1	0	0	5	6
桓公　九年	1	0	1	2	4
桓公　十年	0	1	1	2	4
桓公十一年	0	4	1	4	9
桓公十二年	0	1	5	3	9
桓公十三年	0	0	1	4	5
桓公十四年	1	1	2	3	7
桓公十五年	2	4	1	3	10
桓公十六年	2	1	2	0	5
桓公十七年	1	1	5	1	8
桓公十八年	1	2	0	3	6
桓公期　計	24	27	26	40	117
占有率	20・5%	23・1%	22・2%	34・2%	100%

これによると、桓公期經文では、抽出系（◇抽出文と◆抽出的編作文）

第三章

（一）莊公期全左氏經文の抽出・編作舉例と莊公期全左傳文の分析

[莊公元年]

◎1〔經〕元年。春。王。正月。〔左〕元年。春。〈不稱卽位、文姜出故也。〉

◇2〔經〕三月。夫人遜于齊。〔左〕①三月。夫人遜于齊。【魯】②〈不稱姜氏、絕不爲親。禮也。〉

◎3〔經〕夏。單伯送王姬。〔左〕なし

◇4〔經〕秋。築王姬之館于外。〔左〕秋。①築王姬之館于外。爲外、禮也。【魯】

◎5〔經〕冬。十月。乙亥。陳侯林卒。〔左〕なし

◎6〔經〕王使榮叔來錫桓公命。〔左〕なし

◎7〔經〕王姬歸于齊。〔左〕なし

◎8〔經〕齊師遷紀郱・鄑・郚。〔左〕なし

（◇抽出文2條、◆抽出的編作文0條、☆編作文0條、◎無傳の經文6條）

[莊公二年]

◎1〔經〕二年。春。王。二月。葬陳莊公。〔左〕二年。

◎2〔經〕夏。公子慶父帥師、伐於餘丘。〔左〕なし

◎3〔經〕秋。七月。齊王姬卒。〔左〕なし

◆4〔經〕冬。十有二月。夫人姜氏會齊侯于禚。〔左〕冬。①夫人姜氏會齊侯于禚。【魯】②〈書、姦也。〉

◎5〔經〕乙酉。宋公馮卒。〔左〕なし

（◇抽出文0條、◆抽出的編作文1條、☆編作文0條、◎無傳の經文4條）

[莊公三年]

◇1〔經〕三年。春。王。正月。溺會齊師。伐衞。〔左〕三年。春。溺會齊師。伐衞。疾之也。【魯】

◎2〔經〕夏。四月。葬宋莊公〔左〕夏。

◇3〔經〕五月。葬桓王。〔左〕五月。葬桓王。緩也。【周】

◇4〔經〕秋。紀季以酅入于齊。〔左〕秋。紀季以酅入于齊。紀、於是乎、始判。【齊】

◇5〔經〕冬。公次于滑。〔左〕冬。①公次于滑。將會鄭伯謀紀故也。鄭伯辭以難。【魯】②凡師一宿爲舍、再宿爲信、過信爲次。《凡》

（◇抽出文4條、◆抽出的編作文0條、☆編作文0條、◎無傳の經文1條）

[莊公四年]

◎1〔經〕四年。春。王。二月。夫人姜氏享齊侯于祝丘。〔左〕四年。

春。王。三月。①楚武王荊尸授師孑焉、以伐隨。將齊。入告夫人鄧曼、歎曰、「余心蕩。」鄧曼歎曰、「王祿盡矣。盈而蕩、天之道也。先君其知之矣。故臨武事、將發大命、而蕩王心焉。若師徒無虧、王薨於行、國之福也。」王遂行。卒於樠木之下。令尹鬭祁・莫敖屈重、除道梁溠、營軍臨隨、隨人懼行成。莫敖以王命入、盟隨侯。且請爲會於漢汭而還。濟漢而後發喪。〔楚〕②紀侯不能下齊。以國與紀季。〔齊〕

◎2〔経〕三月。紀伯姫卒。

◎3〔經〕夏。齊侯、陳侯、鄭伯、遇于垂。〔左〕夏。

◇4〔經〕紀侯大去其國。〔左〕紀侯大去其國。違齊難也。〔齊〕

◎5〔經〕六月。齊侯葬紀伯姫。〔左〕なし

◎6〔經〕秋。七月。〔左〕なし

◎7〔經〕冬。公及齊人狩于禚。〔左〕なし

〈◇抽出文1條、◆抽出的編作文0條、☆編作文0條、◎無傳の經文6條〉

［莊公五年］

◎1〔經〕五年。春。王。正月。〔左〕五年。

◎2〔經〕夏。夫人姜氏如齊師。〔左〕なし

◇3〔經〕秋。郳犂來來朝。〔左〕秋。①郳犂來來朝。〔魯〕②〈名、未王命也。〉

☆4〔經〕冬。公會齊人・宋人・陳人・蔡人、伐衞。〔左〕冬。伐衞。納惠公也。〔魯〕

〈◇抽出文1條、◆抽出的編作文0條、☆編作文1條、◎無傳の經文2條〉

［莊公六年］

☆1〔經〕六年。春。王。正月。王人子突救衞。〔左〕六年。春。王人救衞。〔周〕

◆2〔經〕夏。六月。衞侯朔入于衞。〔左〕夏。①衞侯入。放公子黔牟于周、放甯跪于秦、殺左公子泄・右公子職。乃卽位。〔衞〕②君子、以二公子之立黔牟爲不度矣。夫能固位者、必度於本末、而後立衷焉。不知其本、不謀。知本之不枝、弗彊。詩曰「本枝百世。」

《評》

◎3〔經〕秋。公至自伐衞。〔左〕なし

◎4〔經〕螟。〔左〕なし

◇5〔經〕冬。齊人來、歸衞俘。〔左〕冬。①齊人來、歸衞寶。文姜請之也。〔魯〕②楚文王伐申、過鄧。鄧祁侯曰、「吾甥也。」止而享之。騅甥・聃甥・養甥、請殺楚子。鄧侯弗許。三甥曰、「亡鄧國者、必此人也。若不早圖、後君噬齊。其及圖之乎。圖之、此爲時矣。」鄧侯曰、「人將不食吾餘。」對曰、「若不從三臣、抑社稷實不血食、而君焉取餘。」弗從。〔楚〕③還年、楚子伐鄧。十六年、楚復伐鄧、滅之。〔楚〕

〈◇抽出文1條、◆抽出的編作文1條、☆編作文1條、◎無傳の經文2條〉

［莊公七年］

◆1〔經〕七年。春。夫人姜氏會齊侯于防。〔左〕七年。春。文姜會齊侯于防。齊志也。〔魯〕

☆2〔經〕夏。四月。辛卯。夜恆星不見。〔左〕夏。恆星不見。夜明也。〔魯〕
◆3〔經〕夜中星隕如雨。〔左〕星隕如雨。與雨偕也。〔魯〕
◎4〔經〕秋。大水。〔左〕秋。
◇5〔經〕無麥苗。〔左〕無麥苗。不害嘉穀也。〔魯〕
◎6〔經〕冬。夫人姜氏會齊侯于穀。〔左〕なし
（◇抽出文1條、◆抽出的編作文2條、☆編作文1條、◎無傳の經文2條）

［莊公八年］

◎1〔經〕八年。春。王。正月。師次于郎。以俟陳人・蔡人。〔左〕八年。春。
☆2〔經〕甲午。治兵。〔左〕治兵于廟。禮也。〔魯〕
◇3〔經〕夏。師及齊師、圍郕。郕降于齊師。〔左〕夏。師及齊師、圍郕。郕降于齊師。仲慶父請伐齊師。公曰、「不可。我實不德。齊師何罪。罪我之由。夏書曰『皐陶邁種德。』德乃降。姑務脩德。以待時乎。」〔魯〕
◇4〔經〕秋。師還。〔左〕秋。①師還。〔魯〕②君子、是以善魯莊公。《評》③齊侯使連稱・管至父、戍葵丘。瓜時而往。曰、「及瓜而代。」期戍。公問不至。請代。弗許。故謀作亂。〔齊〕④僖公之母弟曰夷仲年。生公孫無知。有寵於僖公。衣服禮秩如適。襄公絀之。二人因之以作亂。連稱有從妹在公宮。無寵。使閒公。曰、「捷、吾以汝爲夫人。」〔齊〕
☆5〔經〕冬。十有一月。癸未。齊無知弑其君諸兒。〔左〕冬。①十二月。齊侯游于姑棼。遂田于貝丘。見豕大。從者曰、「公子彭生也。」公怒曰、「彭生敢見。」射之。豕人立而啼。公懼墜于車。傷足、喪屨。反誅屨於徒人費。弗得。鞭之、見血。走出。遇賊于門。劫而束之。費曰、「我奚禦哉。」袒而示之背。信之。費請先入。伏公而出鬭、死于門中。石之紛如死于階下。遂入。殺孟陽于牀。曰、「非君也。不顓。」見公之足于戸下。遂弑之。而立無知。〔齊〕②初。襄公立、無常。鮑叔牙曰、「君使民、慢。亂將作矣。」奉公子小白、出奔莒。〔齊〕③亂作。管夷吾・召忽、奉公子糾、來奔。〔魯〕④初。公孫無知虐于雍廩。〔齊〕
（◇抽出文2條、◆抽出的編作文0條、☆編作文2條、◎無傳の經文1條）

［莊公九年］

◆1〔經〕九年。春。齊人殺無知。〔左〕九年。春。雍廩殺無知。〔齊〕
◇2〔經〕公及齊大夫、盟于蔇。〔左〕公及齊大夫、盟于蔇。齊無君也。〔魯〕
◇3〔經〕夏。公伐齊。納子糾。〔左〕夏。公伐齊。納子糾。〔魯〕
◆4〔經〕齊小白入于齊。〔左〕桓公自莒先入。〔齊〕
◎5〔經〕秋。七月。丁酉。葬齊襄公。〔左〕秋。
☆6〔經〕八月。庚申。及齊師、戰于乾時。我師敗績。〔左〕師及齊師、戰于乾時。我師敗績。公喪戎路、傳乘而歸。秦子・梁子以公旗、避于下道。是以皆止。〔魯〕
◆7〔經〕九月。齊人取子糾殺之。〔左〕①鮑叔牙帥師來、言曰、「子糾親也。請君討之。管仲讎也。請受而甘心焉。」乃殺子糾于生竇。

召忽死之。〖魯〗②管仲請囚。鮑叔受之。及堂阜而稅之。歸而以告曰、「管夷吾治於高傒。使相、可也。」公從之。〖齊〗

◎8〔經〕冬。浚洙。〔左〕なし

(◇抽出文2條、◆抽出的編作文3條、☆編作文1條、◎無傳の經文2條)

[莊公十年]

◆1〔經〕十年。春。王。正月。公敗齊師于長勺。〔左〕十年。春。齊師伐我。公將戰。曹劌請見。其鄕人曰、「肉食者謀之。又何閒焉。」劌曰、「肉食者鄙。未能遠謀。」乃入見。問何以戰。公曰、「衣食所安、弗敢專也。必以分人。」對曰、「小惠未徧。民弗從也。」公曰、「犧牲玉帛、弗敢加也。必以信。」對曰、「小信未孚。神弗福也。」公曰、「小大之獄、雖不能察。必以情。」對曰、「忠之屬也。可以一戰。戰則請從。」公與之乘。戰于長勺。公將鼓之。劌曰、「未可。」齊人三鼓。劌曰、「可矣。」齊師敗績。公將馳之。劌曰、「未可。」下視其轍。登軾而望之、曰、「可矣。」遂逐齊師。既克。公問其故。對曰、「夫戰、勇氣也。一鼓作氣、再而衰、三而竭。彼竭、我盈。故克之。夫大國難測也。懼有伏焉。吾視其轍亂。望其旗靡。故逐之。」〖魯〗

◎2〔經〕二月。公侵宋。〔左〕なし

◎3〔經〕三月。宋人遷宿。〔左〕なし

◇4〔經〕夏。六月。齊師・宋師、次于郎。〔左〕夏。六月。齊師・宋師、次于郎。公子偃曰、「宋師不整。可敗也。宋敗、齊必還。請擊之。」公弗許。〖魯〗

◆5〔經〕公敗宋師于乘丘。〔左〕①自雩門竊出、蒙皐比而先犯之。公從之。大敗宋師于乘丘。齊師乃還。〖魯〗②蔡哀侯娶于陳。息侯亦娶焉。息嬀將歸、過蔡。蔡侯曰、「吾姨也。」止而見之。弗賓。息侯聞之、怒。使謂楚文王、曰、「伐我。吾求救於蔡、而伐之。」楚子從之。〖楚〗

◆6〔經〕秋。九月。荊敗蔡師于莘。〔左〕秋。九月。楚敗蔡師于莘。〖楚〗

◇7〔經〕以蔡侯獻舞、歸。〔左〕①以蔡侯獻舞、歸。〖楚〗②齊侯之出也。過譚。譚不禮焉。及其入也、諸侯皆賀。譚又不至。〖齊〗

◇8〔經〕冬。十月。齊師滅譚。〔左〕冬。齊師滅譚。譚無禮故也。〖齊〗

◇9〔經〕譚子奔莒。〔左〕譚子奔莒。同盟故也。〖齊〗

(◇抽出文4條、◆抽出的編作文3條、☆編作文0條、◎無傳の經文2條)

[莊公十一年]

◎1〔經〕十有一年。春。王。正月。〔左〕十一年。

☆2〔經〕夏。五月。戊寅。公敗宋師于鄑。〔左〕夏。①宋爲乘丘之役故、侵我。公禦之。宋師未陳而薄之、敗諸鄑。〖魯〗②凡師、敵未陳、曰敗某師。皆陳、曰戰。大崩、曰敗績。得儁、曰克。覆而敗之、曰取某師。京師敗、曰王師敗績于某。《凡》

◇3〔經〕秋。宋大水。〔左〕秋。①宋大水。公使弔焉、曰、「天作淫雨。害於粢盛。若之何不弔。」對曰、「孤實不敬。天降之災。又以爲君憂。拜命之辱。」臧文仲曰、「宋其興乎。禹・湯罪己、其興也勃焉。桀・紂罪人、其亡也忽焉。且列國有凶、稱孤、禮也。言懼而名禮、其庶乎。」〔魯〕②既而聞之、曰、「公子御說之辭也。」臧孫達曰、「是宜爲君。有恤民之心。」〔魯〕

◆4〔經〕冬。王姬歸于齊。〔左〕冬。①齊侯來逆恭姬。〔魯〕②乘丘之役。公以金僕姑、射南宮長萬、公右歂孫生搏之。宋人請之。〔魯〕②宋公靳之、曰、「始吾敬子。今子魯囚也。吾弗敬子矣。」病之。〔宋〕

（◇抽出文1條、◆抽出的編作文1條、☆編作文1條、◎無傳の經文1條）

［莊公十二年］

◎1〔經〕十有二年。春。王。三月。紀叔姬歸于酅。〔左〕十二年。

◎2〔經〕夏。四月。〔左〕なし

☆3〔經〕秋。八月。甲午。宋萬弑其君捷及其大夫仇牧。〔左〕秋。宋萬弑閔公于蒙澤。遇仇牧于門、批而殺之。遇大宰督于東宮之西、又殺之。立子游。羣公子奔蕭。公子御說奔亳。南宮牛・猛獲帥師、圍亳。〔宋〕

◆4〔經〕冬。十月。宋萬出奔陳。〔左〕冬。①十月。蕭叔大心及戴・武・宣・穆・莊之族、以曹師伐之、殺南宮牛于師、殺子游于宋。立桓公。猛獲奔衛。南宮萬奔陳。以乘車輦其母、一日而至。宋人請猛獲于衛。〔宋〕②衛人欲勿與。石祁子曰、「不可。天下之惡、一也。惡於宋而保於我。保之何補。得一夫而失一國。與惡而棄好、非謀也。」衛人歸之。〔衛〕③亦請南宮萬于陳。以賂陳人。使婦人飲之酒而以犀革裹之。比及宋、手足皆見。宋人皆醢之。〔宋〕

（◇抽出文0條、◆抽出的編作文1條、☆編作文1條、◎無傳の經文2條）

［莊公十三年］

☆1〔經〕十有三年。春。齊侯・宋人・陳人・蔡人・邾人、會于北杏。〔左〕十三年。春。會于北杏。以平宋亂。遂人不至。〔齊〕

◆2〔經〕夏。六月。齊人滅遂。〔左〕夏。齊人滅遂。而戍之。〔齊〕

◎3〔經〕秋。七月。〔左〕なし

◆4〔經〕冬。公會齊侯。盟于柯。〔左〕冬。①盟于柯。始及齊平也。〔魯〕②宋人背北杏之會。〔齊〕

（◇抽出文0條、◆抽出的編作文2條、☆編作文1條、◎無傳の經文1條）

［莊公十四年］

◎1〔經〕十有四年。春。齊人・陳人・曹人、伐宋。〔左〕十四年。春。諸侯伐宋。齊請師于周。〔齊〕

◆2〔經〕夏。單伯會伐宋。〔左〕夏。①單伯會之。取成于宋而還。〔周〕②鄭厲公自櫟侵鄭。及大陵、獲傅瑕。傅瑕曰、「苟舍我。吾請納君。」與之盟而赦之。六月。甲子。傅瑕殺鄭子及其二子、而納厲公。〔鄭〕③初。內蛇與外蛇鬭於鄭南門中、內蛇死。六年而厲公入。公聞之、問於申繻、曰、「猶有妖乎。」對曰、「人之所忌、其氣炎以取之。妖由人興也。人無釁焉、妖不自作。人棄常、則妖興。故有妖。」〔鄭〕④厲公入。遂殺傅瑕。使謂原繁、曰、「傅瑕貳。周有常刑。既伏其罪矣。納我而無二心者、吾皆許之。上大夫之事、吾願與伯父圖之。且寡人出、伯父無裏言。入、又不念寡人。寡人憾焉。」對曰、「先君桓公命我先人、典司宗祏。社稷有主、而外其心。其何貳如之。苟主社稷、國内之民、其誰不爲臣。臣無二心、天之制也。子儀在位十四年矣。而謀召君者、庸非貳乎。莊公之子猶有八人。若皆以官爵行賂、勸貳而可以濟事。君其若之何。臣聞命矣。」乃縊而死。〔鄭〕⑤蔡哀侯爲莘役故、繩息嬀以語楚子。楚子如息、以食入享。遂滅息。以息嬀、歸。生堵敖及成王焉。未言。楚子問之。對曰、「吾一婦人而事二夫。縱弗能死。其又奚言。」楚子以蔡侯滅息。遂伐蔡。〔楚〕

◆3〔經〕秋。七月。荊入蔡。〔左〕秋。①七月。楚子入蔡。〔楚〕②君子曰、「商書所謂『惡之易也。如火之燎于原。不可鄕邇、其猶可撲滅』者、其如蔡哀侯乎。」《評》

☆4〔經〕冬。單伯會齊侯・宋公・衞侯・鄭伯于鄄。〔左〕冬。會于鄄。宋服故也。〔齊〕

(◇抽出文0條、◆抽出的編作文2條、☆編作文1條、◎無傳の經文1條)

[莊公十五年]

☆1〔經〕十有五年。春。齊侯・宋公・陳侯・衞侯・鄭伯、會于鄄。〔左〕十五年。春。復會焉。齊始霸也。〔齊〕

◎2〔經〕夏。夫人姜氏如齊。〔左〕なし

☆3〔經〕秋。宋人・齊人・邾人、伐郳。〔左〕秋。諸侯爲宋、伐郳。〔齊〕

◇4〔經〕鄭人侵宋。〔左〕鄭人間之而侵宋。〔鄭〕

◎5〔經〕冬。十月。〔左〕なし

(◇抽出文1條、◆抽出的編作文0條、☆編作文2條、◎無傳の經文2條)

[莊公十六年]

◎1〔經〕十有六年。春。王。正月。〔左〕十六年。

☆2〔經〕夏。宋人・齊人・衞人、伐鄭。〔左〕夏。①諸侯伐鄭、爲宋故也。〔齊〕②鄭伯自櫟入。緩告于楚。〔鄭〕

◆3〔經〕秋。荊伐鄭。〔左〕秋。①楚伐鄭。及櫟。爲不禮故也。〔楚〕②鄭伯治與於雍糾之亂者。九月。殺公子閼、刖彊鉏。公父定叔出奔衞。三年而復之。曰、「不可使共叔無後於鄭。」使以十月入。曰、「良月也。就盈數焉。」〔魯〕③君子謂彊鉏、「不能衞其足。」《評》

☆4〔經〕冬。十有二月。會齊侯・宋公・陳侯・衞侯・鄭伯・許男・滑伯・滕子。同盟于幽。〔左〕冬。①同盟于幽。鄭成也。〔齊〕②王使虢公命曲沃伯、以一軍爲晉侯。〔周〕③初。晉武公伐夷。執夷詭諸。蔿國請而免之。既而弗報。故子國作亂。謂晉人曰、「與我伐夷而取其地。」遂以晉師伐夷。殺夷詭諸。〔晉〕④周公忌父出奔虢。惠王立而復之。〔周〕

◎5〔經〕邾子克卒。〔左〕なし

(◇抽出文0條、◆抽出的編作文1條、☆編作文2條、◎無傳の經文2條)

[莊公十七年]

◇1〔經〕十有七年。春。齊人執鄭詹。〔左〕十七年。春。齊人執鄭詹。鄭不朝也。〔齊〕

◆2〔經〕夏。齊人殲于遂。〔左〕夏。遂因氏・頜氏・工婁氏・須遂氏、饗齊戍。醉而殺之。齊人殲焉。【齊】

◎3〔經〕秋。鄭詹自齊逃來。〔左〕なし

◎4〔經〕冬。多麋。〔左〕なし

（◇抽出文1條、◆抽出的編作文1條、☆編作文0條、◎無傳の經文2條）

［莊公十八年］

◎1〔經〕十有八年。春。王。三月。日有食之。〔左〕十八年。春。①虢公・晉侯、朝王。王饗、醴。命之宥。皆賜玉五瑴・馬三匹。非禮也。【周】②王命諸侯、名位不同、禮亦異數。不以禮假人。《凡》③虢公・晉侯・鄭伯、使原莊公逆王后于陳。陳嬀歸于京師。實惠后。【周】

◇2〔經〕夏。公追戎于濟西。〔左〕夏。①公追戎于濟西。【魯】②〈不言其來、諱之也。〉

◇3〔經〕秋。有蜮。〔左〕秋。①有蜮。爲災也。【魯】②初。楚武王克權。使鬭緡尹之。以叛、圍而殺之。遷權於那處。使閻敖尹之。及文王卽位、與巴人、伐申。而驚其師。巴人叛楚、而伐那處、取之。遂門于楚。閻敖游涌而逸。楚子殺之。其族爲亂。【楚】

◎4〔經〕冬。十月。〔左〕冬。巴人因之、以伐楚。【楚】

（◇抽出文2條、◆抽出的編作文0條、☆編作文0條、◎無傳の經文2條）

［莊公十九年］

◎1〔經〕十有九年。春。王。正月。〔左〕十九年。春。楚子禦之。大敗於津。還。鬻拳弗納。遂伐黃。敗黃師于踖陵。還。及湫、有疾。【楚】

◎2〔經〕夏。四月。〔左〕夏。①六月。庚申。卒。鬻拳葬諸夕室。亦自殺也。而葬於絰皇。【楚】②初。鬻拳强諫楚子。楚子弗從。臨之以兵。懼而從之。鬻拳曰、「吾懼君以兵。罪莫大焉。」遂自刖也。楚人以爲大閽、謂之大伯。使其後掌之。【楚】③君子曰、「鬻拳可謂愛君矣。諫以自納於刑。刑猶不忘納君於善。」《評》④初。王姚嬖于莊王。生子頹。子頹有寵。蔿國爲之師。及惠王卽位。取蔿國之圃、以爲囿。邊伯之宮近於王宮。王取之。王奪子禽・祝跪與詹父田、而收膳夫之秩。故蔿國・邊伯・石速・詹父・子禽・祝跪、作亂、因蘇氏。【周】

◎3〔經〕秋。公子結、媵陳人之婦于鄄。遂及齊侯・宋公、盟。〔左〕秋。五大夫奉子頹、以伐王。不克。出奔溫。蘇子奉子頹、以奔衞。衞師・燕師、伐周。【周】

◎4〔經〕夫人姜氏如莒。〔左〕なし

◎5〔經〕冬。齊人・宋人・陳人、伐我西鄙。〔左〕冬。立子頹。【周】

（◇抽出文0條、◆抽出的編作文0條、☆編作文0條、◎無傳の經文5條）

［莊公二十年］

◎1〔經〕廿年。春。王。二月。夫人姜氏如莒。〔左〕廿年。春。鄭伯和王室、不克。執燕仲父。【鄭】

◎2〔經〕夏。齊大災。〔左〕夏。鄭伯遂以王歸。王處于櫟。【鄭】

◎3〔經〕秋。七月。〔左〕秋。王及鄭伯、入于鄔。遂入成周。取其寶

器而還。〖周〗

◎4〔經〕冬。齊人伐戎。〔左〕冬。王子頹享五大夫、樂及徧舞。鄭伯聞之、見虢叔。曰、「寡人聞之、哀樂失時、殃咎必至。今王子頹歌舞不倦、樂禍也。夫司寇行戮、君爲之不擧。而況敢樂禍乎。奸王之位、禍孰大焉。臨禍忘憂。憂必及之。盍納王乎。」虢公曰、「寡人之願也。」〖鄭〗

（◇抽出文0條、◆抽出的編作文0條、☆編作文0條、◎無傳の經文4條）

［莊公二十一年］

◎1〔經〕廿有一年。春。王。正月。〔左〕廿一年。春。胥命于弭。〖鄭〗

☆2〔經〕夏。五月。辛酉。鄭伯突卒。〔左〕夏。①同伐王城。鄭伯將王、自圉門入。虢叔自北門入。殺王子頹及五大夫。鄭伯享王于闕西辟。樂備。〖鄭〗②王與之武公之略自虎牢以東。原伯曰、「鄭伯傚尤。其亦將有咎。」〖周〗③五月。鄭厲公卒。〖鄭〗④王巡狩虢。虢公爲王宮于玤。王與之酒泉。〖周〗⑤鄭伯之享王也、王以后之鞶鑑、與之。虢公請器。王與之爵。鄭伯由是始惡於王。〖鄭〗

◎3〔經〕秋。七月。戊戌。夫人姜氏薨。〔左〕なし

◎4〔經〕冬。十有二月。葬鄭厲公。〔左〕冬。王歸自虢。〖周〗

（◇抽出文0條、◆抽出的編作文0條、☆編作文1條、◎無傳の經文3條）

［莊公二十二年］

◎1〔經〕廿有二年。春。王。正月。肆大眚。〔左〕廿二年。春。

◎2〔經〕癸丑。葬我小君文姜。〔左〕なし

◆3〔經〕陳人殺其公子御寇。〔左〕①陳人殺其大子御寇。〖陳〗②陳公子完與顓孫、奔齊。顓孫自齊來奔。〖魯〗③齊侯使敬仲爲卿。辭曰、「羈旅之臣。幸若獲宥、及於寬政、赦其不閑於教訓、而免於罪戾、弛於負擔、君之惠也。所獲多矣。敢辱高位以速官謗。請以死告。詩云『翹翹車乘、招我以弓。豈不欲往、畏我友朋。』」使爲工正。飲桓公酒。樂。公曰、「以火繼之。」辭曰、「臣卜其晝、未卜其夜。不敢。」〖齊〗④君子曰、「酒以成禮、不繼以淫、義也。以君成禮、弗納於淫、仁也。」《評（作經時）》⑤初。懿氏卜妻敬仲。其妻占之、曰、「吉。是謂、鳳皇于飛、和鳴鏘鏘。有媯之後、將育于姜。五世其昌、並于正卿。八世之後、莫之與京。」〖齊〗⑥陳厲公、蔡出也。故蔡人殺五父而立之。生敬仲。其少也、周史有以周易見陳侯者、陳侯使筮之。遇觀䷓之否䷋。曰、「是謂觀國之光、利用賓于王。此其代陳、有國乎。（作經時附加）不在此、其在異國。非此其身、在其子孫。光遠而自他有耀者也。坤、土也。巽、風也。乾、天也。風爲天。於土上、山也。有山之材、而照之以天光。於是乎、居土上。故曰『觀國之光、利用賓于王。』庭實旅百、奉之以玉帛、天地之美具焉。故曰『利用賓于王。』猶有觀焉。故曰『其在後乎。』風行而著於土、故曰『其在異國乎。』若在異國、必姜姓也。姜大嶽之後也。山嶽則配天。物莫能兩大。陳衰、此其昌乎。」〖齊〗⑦及陳之初亡也（杜註「昭八年楚滅陳。」）、陳桓子、始大於齊。其後亡也（杜註「哀十七年楚復滅陳。」）、成子、得政。

【齊】

◎4〔經〕夏。五月。〔左〕なし

◎5〔經〕秋。七月。丙申。及齊高傒、盟于防。〔左〕なし

◎6〔經〕冬。公如齊、納幣。〔左〕なし

（◇抽出文0條、◆抽出的編作文1條、☆編作文0條、◎無傳の經文5條）

［莊公二十三年］

◎1〔經〕廿有三年。春。公至自齊。〔左〕廿三年。

◎2〔經〕祭叔來聘。〔左〕なし

◇3〔經〕夏。公如齊、觀社。〔左〕夏。①公如齊、觀社。非禮也。曹劌諫、曰、「不可。夫禮所以整民也。故會、以訓上下之則、制財用之節。朝、以正班爵之義、帥長幼之序。征伐、以討其不然。諸侯有王。王有巡狩。以大習之。非是、君不擧矣。君擧、必書。書而不法、後嗣何觀。」〔魯〕②晉桓・莊之族偪。獻公患之。士蔿曰、「去富子、則羣公子可謀也已。」公曰、「爾試其事。」士蔿與羣公子謀、譖富子而去之。〔晉〕

◎4〔經〕公至自齊。〔左〕なし

◎5〔經〕荊人來聘。〔左〕なし

◎6〔經〕公及齊侯、遇于穀。〔左〕なし

◎7〔經〕蕭叔朝公。〔左〕なし

◇8〔經〕秋。丹桓宮楹。〔左〕秋。丹桓宮之楹。〔魯〕

◎9〔經〕冬。十有一月。曹伯射姑卒。〔左〕なし

◎10〔經〕十有二月。甲寅。公會齊侯、盟于扈。〔左〕なし

（◇抽出文2條、◆抽出的編作文0條、☆編作文0條、◎無傳の經文8條）

［莊公二十四年］

◆1〔經〕廿有四年。春。王。三月。刻桓宮桷。〔左〕廿四年。春。刻其桷。皆非禮也。禦孫諫、曰、「臣聞之、儉、德之共也。侈、惡之大也。先君有恭德。而君納諸大惡。無乃不可乎。」〔魯〕

◎2〔經〕葬曹莊公。〔左〕なし

◎3〔經〕夏。公如齊。逆女。〔左〕なし

◎4〔經〕秋。公至自齊。〔左〕秋。

☆5〔經〕八月。丁丑。夫人姜氏入。〔左〕哀姜至。〔魯〕

☆6〔經〕戊寅。大夫宗婦覿用幣。〔左〕①公使宗婦覿用幣。非禮也。禦孫曰、「男贄、大者玉帛、小者禽鳥。以章物也。女贄、不過榛栗棗脩、以告虔也。今男女同贄、是無別也。男女之別、國之大節也。而由夫人亂之。無乃不可乎。」〔魯〕②晉士蔿又與羣公子謀、使殺游氏之二子。士蔿告晉侯、曰、「可矣。不過二年。君必無患。」〔晉〕

◎7〔經〕大水。〔左〕なし

◎8〔經〕冬。戎侵曹。〔左〕なし

◎9〔經〕曹羈出奔陳。〔左〕なし

◎10〔經〕赤歸于曹。〔左〕なし

◎11〔經〕郭公。〔左〕なし

（◇抽出文0條、◆抽出的編作文1條、☆編作文2條、◎無傳の經文8條）

[莊公二十五年]

◆1〔經〕廿有五年。春。陳侯使女叔來聘。〔左〕廿五年。春。①陳女叔來聘。始結陳好也。〔魯〕②〈嘉之。故不名。〉

◎2〔經〕夏。五月。癸丑。衞侯朔卒。〔左〕夏。

◇3〔經〕六月。辛未。朔。日有食之。鼓用牲于社。〔左〕六月。辛未。朔。日有食之。鼓用牲于社。非常也。唯正月之朔。慝未作。日有食之。於是乎、用幣于社、伐鼓于朝。〔魯〕

◎4〔經〕伯姬歸于杞。〔左〕なし

◇5〔經〕秋。大水。鼓用牲于社于門。〔左〕秋。①大水。鼓用牲于社于門。亦非常也〔魯〕②凡天災、有幣無牲。非日月之眚、不鼓。《凡》③晉士蔿使羣公子盡殺游氏之族、乃城聚而處之。〔晉〕

◎6〔經〕冬。公子友如陳。〔左〕冬。晉侯圍聚、盡殺羣公子。〔晉〕

（◇抽出文2條、◆抽出的編作文1條、☆編作文0條、◎無傳の經文3條）

[莊公二十六年]

◎1〔經〕廿有六年。春。公伐戎。〔左〕廿六年。春。晉士蔿爲大司空。〔晉〕

◎2〔經〕夏。公至自伐戎。〔左〕夏。士蔿城絳。以深其宮。〔晉〕

◎3〔經〕曹殺其大夫。〔左〕なし

◎4〔經〕秋。公會宋人・齊人、伐徐。〔左〕秋。虢人侵晉。〔晉〕

◎5〔經〕冬。十有二月。癸亥。朔。日有食之。〔左〕冬。虢人又侵晉。〔晉〕（杜註「此年經傳各自言其事者、或經是直文。或策書雖存而簡牘散落、不究其本末。故傳不復申解、但言傳事而已。」）

（◇抽出文0條、◆抽出的編作文0條、☆編作文0條、◎無傳の經文5條）

[莊公二十七年]

◇1〔經〕廿有七年。春。公會杞伯姬于洮。〔左〕廿七年。春。①公會杞伯姬于洮。非事也。〔魯〕②天子非展義、不巡狩。諸侯非民事、不舉。卿非君命、不越竟。《凡》

☆2〔經〕夏。六月。公會齊侯・宋公・陳侯・鄭伯。同盟于幽。〔左〕夏。同盟于幽。陳・鄭、服也。〔魯〕

◇3〔經〕秋。公子友如陳。葬原仲。〔左〕秋。公子友如陳。葬原仲。非禮也。原仲季友之舊也。〔魯〕

◇4〔經〕冬。杞伯姬來。〔左〕冬。①杞伯姬來。歸寧也。〔魯〕②凡諸侯之女歸寧、曰來。出、曰來歸。夫人歸寧、曰如某。出、曰歸于某。《凡》

◎5〔經〕莒慶來、逆叔姬。〔左〕なし

◎6〔經〕杞伯來朝。〔左〕なし

◎7〔經〕公會齊公于城濮。〔左〕①晉侯將伐虢。士蔿曰、「不可。虢公驕。若驟得勝於我、必棄其民。無衆而後伐之、欲禦我、其誰與。夫禮樂慈愛、戰所畜也。夫民讓事樂和愛親哀喪、而後可用也。虢弗畜也。亟戰、將饑。」〔晉〕②王使召伯廖、賜齊侯命、且請伐衞。以其立子頽也。〔周〕

（◇抽出文3條、◆抽出的編作文0條、☆編作文1條、◎無傳の經文3條）

[莊公二十八年]

☆1 〔經〕廿有八年。春。王。三月。甲寅。齊人伐衞。衞人及齊人、戰。衞人敗績。〔左〕廿八年。春。①齊侯伐衞。戰。敗衞師。數之以王命。取賂而還。〔齊〕②晉獻公娶于賈。無子。烝於齊姜。生秦穆夫人及大子申生。又娶二女於戎。大戎狐姬生重耳。小戎子生夷吾。晉伐驪戎。驪戎男、女以驪姬。歸、生奚齊。其娣生卓子。驪姬嬖。欲立其子。賂外嬖梁五與東關嬖五。使言於公、曰、「曲沃、君之宗也。蒲與二屈、君之疆也。不可以無主。宗邑無主、則民不威。疆埸無主、則啓戎心。戎之生心、民慢其政、國之患也。若使大子主曲沃、而重耳・夷吾主蒲與屈、則可以威民而懼戎、且旌君伐。」使俱曰、「狄之廣莫。於晉爲都。晉之啓土。不亦宜乎。」晉侯説之。〔晉〕

◎2 〔經〕夏。四月。丁未。邾子瑣卒。〔左〕夏。①使大子居曲沃、重耳居蒲城、夷吾居屈。羣公子皆在鄙。唯二姬之子在絳。二五卒與驪姬譖羣公子而立奚齊。晉人謂之二五耦。〔晉〕②楚令尹子元欲蠱文夫人。爲館於其宮側而振萬焉。夫人聞之、泣曰、「先君以是舞也、習戎備也。今令尹不尋諸仇讎、而於未亡人之側。不亦異乎。」御人以告子元。子元曰、「婦人不忘襲讎。我反忘之。」〔楚〕

◆3 〔經〕秋。荊伐鄭。〔左〕秋。子元以車六百乘、伐鄭。入于桔柣之門。子元・鬬御彊・鬬梧・耿之不比、爲旆。鬬班・王孫游・王孫喜、殿。衆車入自純門、及逵市。縣門不發。楚言而出。子元曰、「鄭有人焉。」〔楚〕

☆4 〔經〕會齊人・宋人、救鄭。〔左〕諸侯救鄭。楚師夜遁。鄭人將奔桐丘。諜告曰、「楚幕有烏。」乃止。〔鄭〕

◇5 〔經〕冬。築郿。〔左〕冬。①饑。〔魯〕②臧孫辰告糴于齊。禮也。〔魯〕③築郿。非都也。〔魯〕④凡邑、有宗廟先君之主、曰都。無、曰邑。邑、曰築。都、曰城。《凡》

◆6 〔經〕大無麥禾。〔左〕（5①の左傳文と對應）

◇7 〔經〕臧孫辰告糴于齊。〔左〕（5②の左傳文と對應）

（◇抽出文2條、◆抽出的編作文2條、☆編作文2條、◎無傳の經文1條）

［莊公二十九年］

◇1 〔經〕廿有九年。春。新延廄。〔左〕廿九年。春。①新作延廄。〔魯〕②〈書、不時也。〉③凡馬、日中而出、日中而入。《凡》

◇2 〔經〕夏。鄭人侵許。〔左〕夏。①鄭人侵許。〔鄭〕②凡師、有鍾鼓、曰伐。無、曰侵。輕、曰襲。《凡》

◇3 〔經〕秋。有蜚。〔左〕秋。①有蜚。爲災也。〔魯〕②凡物、不爲災、不書。《凡》

◎4 〔經〕冬。十有二月。紀叔姬卒。〔左〕冬。十二月。

◇5 〔經〕城諸及防。〔左〕①城諸及防。〔魯〕②〈書、時也。〉③凡土功、龍見而畢務、戒事也。火見而致用。水昏正而栽。日至而畢。《凡》④樊皮叛王。〔周〕

（◇抽出文4條、◆抽出的編作文0條、☆編作文0條、◎無傳の經文1條）

［莊公三十年］

◎1 〔經〕卅年。春。王。正月。〔左〕卅年。春。王命虢公、討樊皮。〔周〕

◎2〔經〕夏。次于成。〔左〕夏。①四月。丙辰。虢公入樊。執樊仲皮、歸于京師。〔周〕②楚公子元歸自伐鄭、而處王宮。鬭射師諫、則執而梏之。〔楚〕

◎3〔經〕秋。七月。齊人降鄣。〔左〕秋。申公鬭班殺子元。鬭穀於菟爲令尹。自毀其家。以紓楚國之難。〔楚〕

◎4〔經〕八月。癸亥。葬紀叔姬。〔左〕なし

◎5〔經〕九月。庚午。朔。日有食之。鼓用牲于社。〔左〕なし

☆6〔經〕冬。公及齊侯遇于魯濟。齊人伐山戎。〔左〕冬。遇于魯濟。謀山戎也。以其病燕故也。〔魯〕

（◇抽出文0條、◆抽出的編作文0條、☆編作文1條、◎無傳の經文5條）

〔莊公三十一年〕

◎1〔經〕卅有一年。春。築臺于郎。〔左〕卅一年。

◎2〔經〕夏。四月。薛伯卒。〔左〕夏。

◎3〔經〕築臺于薛。〔左〕なし

◇4〔經〕六月。齊侯來、獻戎捷。〔左〕①六月。齊侯來。獻戎捷。非禮也。〔魯〕②凡諸侯、有四夷之功、則獻于王、王以警于夷。中國則否、諸侯不相遺俘。《凡》

◎5〔經〕秋。築臺于秦。〔左〕なし

◎6〔經〕冬。不雨。〔左〕なし

（◇抽出文1條、◆抽出的編作文0條、☆編作文0條、◎無傳の經文5條）

〔莊公三十二年〕

◇1〔經〕卅有二年。春。城小穀。〔左〕卅二年。春。①城小穀。爲管仲也。〔齊〕②齊侯爲楚伐鄭之故、請會于諸侯。宋公請先見于齊侯。〔齊〕

◆2〔經〕夏。宋公・齊侯、遇于梁丘。〔左〕夏。遇于梁丘。〔齊〕

☆3〔經〕秋。七月。癸巳。公子牙卒。〔左〕秋。①七月。有神降于莘。惠王問諸内史過、曰、「是何故也。」對曰、「國之將興、明神降之、監其德也。將亡、神又降之、觀其惡也。故有得神以興、亦有得神以亡。虞・夏・商・周、皆有之。」王曰、「若之何。」對曰、「以其物享焉。其至之日、亦其物也。」王從之。内史過往。聞虢請命。反曰、「虢必亡矣。虐而聽於神。」神居莘六月。虢公使祝應・宗區・史嚚享焉。神賜之土田。史嚚曰、「虢其亡乎。吾聞之、國將興、聽於民。將亡、聽於神。神、聰明正直而壹者也、依人而行。虢多涼德、其何土之能得。」〔周〕②初。公築臺臨黨氏。見孟任、從之。閟。而以夫人言。許之。割臂盟公。生子般焉。雩。講于梁氏。女公子觀之。圉人犖自墻外與之戲。子般怒使鞭之。公曰、「不如殺之。是不可鞭。犖有力焉。能投蓋于稷門。」公疾。問後於叔牙。對曰、「慶父材。」問於季友。對曰、「臣以死奉般。」公曰、「鄕者牙曰慶父材。」成季使以君命、命僖叔、待于鍼巫氏。使鍼季酖之、曰、「飲此、則有後於魯國。不然、死且無後。」飲之。歸。及逵泉而卒。立叔孫氏。〔魯〕

◇4〔經〕八月。癸亥。公薨于路寢。〔左〕八月。癸亥。公薨于路寢。子般卽位。次于黨氏。〔魯〕

◆5〔經〕冬。十月。己未。子般卒。〔左〕冬。十月。己未。共仲使圉

人犖賊子般于黨氏。成季奔陳。立閔公。〖魯〗

◎6〔經〕公子慶父如齊。〔左〕なし

◎7〔經〕狄伐邢。〔左〕なし

（◇抽出文2條、◆抽出的編作文2條、☆編作文1條、◎無傳の經文2條）

（二）莊公期全左氏經文の四種類型文の分布狀況

（一）の抽出・編作學例の分析による四種類型文の分布と占有率を一覧表に示すと次のようになる。

	◇抽出文	◆抽出的編作文	☆編作文	◎無傳の經文	小計
莊公　元年	2	0	0	6	8
莊公　二年	0	1	0	4	5
莊公　三年	4	0	0	1	5
莊公　四年	1	0	0	6	7
莊公　五年	1	0	1	2	4
莊公　六年	1	1	1	2	5
莊公　七年	1	2	1	2	6
莊公　八年	2	0	2	1	5
莊公　九年	2	3	1	2	8
莊公　十年	4	3	0	2	9
莊公十一年	1	1	1	1	4
莊公十二年	0	1	1	2	4
莊公十三年	0	2	1	1	4
莊公十四年	0	2	1	1	4
莊公十五年	1	0	2	2	5
莊公十六年	0	1	2	2	5
莊公十七年	1	1	0	2	4
莊公十八年	2	0	0	2	4
莊公十九年	0	0	0	5	5
莊公二十年	0	0	0	4	4
莊公二十一年	0	0	1	3	4
莊公二十二年	0	1	0	5	6
莊公二十三年	2	0	0	8	10
莊公二十四年	0	1	2	8	11
莊公二十五年	2	1	0	3	6
莊公二十六年	0	0	0	5	5
莊公二十七年	3	0	1	3	7
莊公二十八年	2	2	2	1	7
莊公二十九年	4	0	0	1	5
莊公三十　年	0	0	1	5	6
莊公三十一年	1	0	0	5	6
莊公三十二年	2	2	1	2	7
莊公期計	39	25	22	99	185
占有率	21・1%	13・5%	11・9%	53・5%	100%

これによると、莊公期經文では、抽出系（◇抽出文と◆抽出的編作文）が34・6%、編作系（☆編作文と◎無傳の經文）が65・4%となる。

第四章

（一）閔公期全左氏經文の抽出・編作擧例と閔公期全左傳文の分析

〔閔公元年〕

◎1〔經〕元年。春。王。正月。〔左〕元年。春。〈不書卽位、亂故也。〉

◇2〔經〕齊人救邢。〔左〕狄人伐邢。管敬仲言於齊侯、曰、「戎狄豺狼、不可厭也。諸夏親暱、不可棄也。宴安酖毒、不可懷也。詩云『豈不懷歸。畏此簡書。』簡書、同惡相恤之謂也。請救邢、以從簡書。」齊人救邢。〔齊〕

☆3〔經〕夏。六月。辛酉。葬我君莊公。〔左〕夏。六月。葬莊公。亂故。是以緩。〔魯〕

◇4〔經〕秋。八月。公及齊侯、盟于落姑。〔左〕秋。八月。公及齊侯、盟于落姑。請復季友也。齊侯許之、使召諸陳。公次于郎、以待之。〔魯〕

◇5〔經〕季子來歸。〔左〕季子來歸。嘉之也。〔魯〕

◇6〔經〕冬。齊仲孫來。〔左〕冬。①齊仲孫湫來、省難。〔魯〕②〈書曰「仲孫」、亦嘉之也。〉③仲孫歸、曰、「不去慶父、魯難未已。」公曰、「若之何而去之。」對曰、「難不已。將自斃。君其待之。」公曰、「魯可取乎。」對曰、「不可。猶秉周禮。周禮所以本也。臣聞之、國將亡、本必先顚、而後枝葉從之。魯不棄周禮、未可動也。君其務寧魯難而親之。親有禮、因重固、閒攜貳、覆昏亂。霸王之器也。」〔齊〕④晉侯作二軍。公將上軍。大子申生將下軍。趙夙御戎。畢萬爲右。以滅耿、滅霍、滅魏。還、爲大子、城曲沃。賜趙夙耿、賜畢萬魏、以爲大夫。士蔿曰、「大子不得立矣。分之都城、而位以卿。先爲之極。又焉得立。不如逃之、無使罪至、爲吳大伯。不亦可乎。猶有令名、與其及也。且諺曰『心苟無瑕、何恤乎無家。』天若祚大子、其無晉乎。」〔晉〕⑤卜偃曰、「畢萬之後必大。萬、盈數也。魏、大名也。以是始賞、天啓之矣。天子曰兆民、諸侯曰萬民。今名之大、以從盈數、其必有衆。」〔晉〕⑥初。畢萬筮仕於晉。遇屯䷂之比䷇。辛廖占之、曰、「吉。屯固、比入。吉孰大焉。其必蕃昌。震爲土、車從馬、足居之、兄長之、母覆之、衆歸之。六體不易、合而能固、安而能殺。公侯之卦也。公侯之子孫、必復其始。」〔晉〕

（◇抽出文4條、◆抽出的編作文0條、☆編作文1條、◎無傳の經文1條）

〔閔公二年〕

◎1〔經〕二年。春。王。正月。齊人遷陽。〔左〕二年。春。虢公敗犬戎于渭汭。舟之僑曰、「無德而祿、殃也。殃將至矣。」遂奔晉。〔周〕

☆2〔經〕夏。五月。乙酉。吉禘于莊公。〔左〕夏。吉禘于莊公。速也。

〔魯〕初。公傅奪卜齮田。公不禁。〔魯〕

◆3〔經〕秋。八月。辛丑。公薨。〔左〕秋。八月。辛丑。共仲使卜齮賊公于武闈。〔魯〕

◆4〔經〕九月。夫人姜氏遜于邾。〔左〕。（5の左傳文と對應）

◆5〔經〕公子慶父出奔莒。〔左〕①成季以僖公適邾。共仲奔莒。乃入、立之。以賂求共仲于莒。莒人歸之。及密。使公子魚請。不許。哭而往。共仲曰、「奚斯之聲也。」乃縊。〔魯〕②閔公、哀姜之娣叔姜之子也。故齊人立之。共仲通於哀姜。哀姜欲立之。閔公之死也、哀姜與知之。故遜于邾。齊人取而殺之于夷。以其尸歸。僖公請而葬之。〔魯〕③成季之將生也、桓公使卜。楚丘之父卜之。曰、「男也。其名曰友。在公之右、間于兩社、爲公室輔。季氏亡則魯不昌。」又筮之。遇大有䷍之乾䷀。曰、「同復于父、敬如君所。」及生、有文在其手、曰友。遂以命之。〔魯〕

◎6〔經〕冬。齊高子來、盟。〔左〕冬。

◇7〔經〕十有二月。狄入衞。〔左〕①十二月。狄人伐衞。衞懿公好鶴。鶴有乘軒者。將戰。國人受甲者皆曰、「使鶴。鶴實有祿位。餘焉能戰。」公與石祁子玦、與甯莊子矢、使守。曰、「以此贊國、擇利而爲之。」與夫人繡衣、曰、「聽於二子。」渠孔御戎、子伯爲右、黃夷前驅、孔嬰齊殿。及狄人戰于熒澤。衞師敗績。遂滅衞。衞侯不去其旗。是以甚敗。狄人囚史華龍滑與禮孔、以逐衞人。二人曰、「我大史也。實掌其祭。不先、國不可得也。」乃先之、至、則告守、曰、「不可待也。」夜與國人出。狄入衞。遂從之。又敗諸河。〔衞〕②初。惠公之卽位也少。齊人使昭伯烝於宣姜。不可。强之。生齊子・戴公・文公・宋桓夫人・許穆夫人。文公爲衞之多患也。先適齊。及敗。宋桓公逆諸河。宵濟。〔衞〕③衞之遺民、男女七百有卅人、益之以共・滕之民、爲五千人。立戴公、以廬于曹。許穆夫人賦載馳。〔衞〕④齊侯使公子無虧帥車三百乘・甲士三千人、以戍曹。歸公乘馬・祭服五稱・牛羊豕雞狗皆三百與門材。歸夫人魚軒重錦卅兩。〔齊〕

◆8〔經〕鄭棄其師。〔左〕①鄭人惡高克。使帥師次于河上。久而弗召。師潰而歸。高克奔陳。鄭人爲之、賦淸人。〔鄭〕②晉侯使大子申生伐東山皐落氏。里克諫、曰、「大子奉冢祀・社稷之粢盛。以朝夕視君膳者也。故曰冢子。君行則守、有守則從。從曰撫軍、守曰監國、古之制也。夫帥師專行謀、誓軍旅、君與國政之所圖也。非大子之事也。師在制命而已。稟命則不威。專命則不孝。故君之嗣適不可以帥師。君失其官、帥師不威。將焉用之。且臣聞、皐落氏將戰。君其舍之。」公曰、「寡人有子。未知其誰立焉。」不對而退。見大子。大子曰、「吾其廢乎。」對曰、「告之以臨民。教之以軍旅。不共是懼。何故廢乎。且子懼不孝、無懼弗得立。脩己而不責人、則免於難。」大子帥師。公衣之偏衣、佩之金玦。狐突御戎。先友爲右。梁餘子養御罕夷。先丹木爲右。羊舌大夫爲尉。先友曰、「衣身之偏。握兵之要。在此行也、子其勉之。偏躬無慝。兵要遠災。親以無災。又何患焉。」狐突歎、曰、「時、事之徵也。衣、身之章也。佩、衷之旗也。故敬其事、則命以始。服其身、則衣之純。用其衷、則佩之度。今命以時卒、閟其事也。衣之尨服、遠其躬也。佩以金玦、棄其衷也。服以遠之、時以閟之。尨涼冬殺、金寒玦離。

胡可恃也。雖欲勉之、狄可盡乎。」梁餘子養曰、「帥師者、受命於廟、受脤於社、有常服矣。不獲而尨、命可知也。死而不孝。不如逃之。」罕夷曰、「尨奇無常。金玦不復。雖復何爲。君有心矣。」先丹木曰、「是服也、狂夫阻之。曰、『盡敵而反。』敵可盡乎。雖盡敵、猶有内讒。不如違之。」狐突欲行。羊舌大夫曰、「不可。違命不孝。棄事不忠。雖知其寒、惡不可取。子其死之。」大子將戰。狐突諫、曰、「不可。昔辛伯諗周桓公、云、『内寵竝后、外寵二政、嬖子配嫡、大都耦國、亂之本也。』周公弗從、故及於難。今亂本成矣。立可必乎。孝而安民、子其圖之。與其危身、以速罪也。」〔鄭〕③成風聞成季之繇、乃事之。而屬僖公焉。故成季立之。〔魯〕④僖之元年。齊桓公遷邢于夷儀。二年封衞于楚丘。邢遷如歸。衞國忘亡。〔齊〕⑤衞文公大布之衣、大帛之冠。務材、訓農、通商、惠工、敬教、勸學、授方、任能。元年革車卅乘。季年乃三百乘。〔衞〕

（◇抽出文1條、◆抽出的編作文4條、☆編作文1條、◎無傳の經文2條）

（二）閔公期全左氏經文の四種類型文の分布状況

（一）の抽出・編作擧例の分析による四種類型文の分布と占有率を一覧表に示すと次のようになる。

	◇抽出文	◆抽出的編作文	☆編作文	◎無傳の經文	小計
閔公元年	4	0	1	1	6
閔公二年	1	4	1	2	8
閔公期計	5	4	2	3	14
占有率	35・7％	28・6％	14・3％	21・4％	100％

これによると、閔公期經文では、抽出系（◇抽出文と◆抽出的編作文）が64・3％、編作系（☆編作文と◎無傳の經文）が35・7％となる。

第五章

（一）僖公期全左氏經文の抽出・編作舉例と僖公期全左傳文の分析

［僖公元年］

◎1〔經〕元年。春。王。正月。〔左〕元年。春。①〈不稱卽位、公出故也。〉②公出、復入。【魯】③〈不書、諱之也。諱國惡、禮也。〉

☆2〔經〕齊師・宋師・曹師、次于聶北、救邢。〔左〕①諸侯救邢。邢人潰。出、奔師。【齊】②師遂逐狄人、具邢器用而遷之。師無私焉。【齊】

☆3〔經〕夏。六月。邢遷于夷儀。齊師・宋師・曹師、城邢。〔左〕夏。①六月。邢遷于夷儀。諸侯城之。救患也。【齊】②凡侯伯、救患、分災、討罪、禮也。《凡》

◎4〔經〕秋。七月。戊辰。夫人姜氏薨于夷。齊人以歸。〔左〕秋。

◇5〔經〕楚人伐鄭。〔左〕楚人伐鄭。鄭卽齊故也。【楚】

☆6〔經〕八月。公會齊侯・宋公・鄭伯・曹伯・邾人于檉。〔左〕盟于犖。謀救鄭也。【魯】（杜註「犖卽檉。地有二名。」）

◇7〔經〕九月。公敗邾師于偃。〔左〕九月。公敗邾師于偃。虚丘之戍將歸者也。【魯】

☆8〔經〕冬。十月。壬午。公子友帥師、敗莒師于酈。獲莒挐。〔左〕冬。莒人來求賂。公子友敗諸酈。獲莒子之弟挐。非卿也。嘉獲之也。公賜季友汶陽之田及費。【魯】

☆9〔經〕十有二月。丁巳。夫人氏之喪、至自齊。〔左〕①夫人氏之喪、至自齊。【魯】②君子、以齊人之殺哀姜也爲已甚矣。女子從人者也。《評》

（◇抽出文2條、◆抽出的編作文0條、☆編作文5條、◎無傳の經文2條）

［僖公二年］

◆1〔經〕二年。春。王。正月。城楚丘。〔左〕二年。春。①諸侯城楚丘、而封衞焉。【齊】②〈不書所會、後也。〉③晉荀息請以屈產之乘與垂棘之璧、假道於虞、以伐虢。公曰、「是吾寶也。」對曰、「若得道於虞、猶外府也。」公曰、「宮之奇存焉。」對曰、「宮之奇之爲人也、懦而不能强諫。且少長於君。君暱之。雖諫、將不聽。」乃使荀息假道於虞、曰、「冀爲不道、入自顚軨、伐鄍三門。冀之旣病、則亦唯君故。今虢爲不道、保於逆旅、以侵敝邑之南鄙。敢請假道、以請罪于虢。」虞公許之。且請先伐虢。宮之奇諫。不聽。遂起師。【晉】

◎2〔經〕夏。五月。辛巳。葬我小君哀姜。〔左〕夏。

◆3〔經〕虞師・晉師、滅下陽。〔左〕①晉里克・荀息帥師、會虞師、伐虢。滅下陽。【晉】②〈先書虞、賄故也。〉

☆4〔經〕秋。九月。齊侯・宋公・江人・黃人、盟于貫。〔左〕秋。①盟于貫。服江・黃也。〔齊〕②齊寺人貂始漏師于多魚。〔齊〕③虢公敗戎于桑田。晉卜偃曰、「虢必亡矣。亡下陽。不懼。而又有功。是天奪之鑒、而益其疾也。必易晉而不撫其民矣。不可以五稔。」〔晉〕

◎5〔經〕冬。十月。不雨。〔左〕冬。

◆6〔經〕楚人侵鄭。〔左〕楚人伐鄭。鬬章囚鄭聃伯。〔鄭〕

（◇抽出文0條、◆抽出的編作文3條、☆編作文1條、◎無傳の經文2條）

［僖公三年］

◆1〔經〕三年。春。王。正月。不雨。〔左〕春。不雨。〔魯〕

◆2〔經〕夏。四月。不雨。〔左〕夏。①六月。雨。〔魯〕②自十月不雨、至于五月。〔魯〕③〈不曰旱、不爲災也。〉

◎3〔經〕徐人取舒。〔左〕なし

◇4〔經〕六月。雨。〔左〕（2①の左傳文と對應）

☆5〔經〕秋。齊侯・宋公・江人・黃人、會于陽穀。〔左〕秋。①會于陽穀。謀伐楚也。〔齊〕②齊侯爲陽穀之會。來、尋盟。〔魯〕

◇6〔經〕冬。公子友如齊、涖盟。〔左〕冬。公子友如齊、涖盟。〔魯〕

◇7〔經〕楚人伐鄭。〔左〕①楚人伐鄭。鄭伯欲成。孔叔不可、曰、「齊方勤我、棄德不祥。」〔鄭〕②齊侯與蔡姬、乘舟于囿。蕩公。公懼變色、禁之。不可。公怒歸之。未之絕也。蔡人嫁之。〔齊〕

（◇抽出文3條、◆抽出的編作文2條、☆編作文1條、◎無傳の經文1條）

［僖公四年］

☆1〔經〕四年。春。王。正月。公會齊侯・宋公・陳侯・衞侯・鄭伯・許男・曹伯、侵蔡。蔡潰。〔左〕四年。春。齊侯以諸侯之師、侵蔡。蔡潰。〔齊〕

◇2〔經〕遂伐楚、次于陘。〔左〕遂伐楚。楚子使與師言、曰、「君處北海。寡人處南海。唯是風馬牛不相及也。不虞君之涉吾地也。何故。」管仲對、曰、「昔召康公命我先君太公、曰、『五侯九伯、女實征之、以夾輔周室。』賜我先君履。東至于海、西至于河、南至于穆陵、北至于無棣。爾貢苞茅不入、王祭不供、無以縮酒。寡人是徵。昭王南征而不復、寡人是問。」對曰、「貢之不入、寡君之罪也。敢不供給。昭王之不復、君其問諸水濱。」師進、次于陘。〔齊〕

◎3〔經〕夏。許男新臣卒。〔左〕夏。

◆4〔經〕楚屈完來盟于師、盟于召陵。〔左〕①楚子使屈完如師。師退、次于召陵。〔楚〕②齊侯陳諸侯之師、與屈完乘而觀之。齊侯曰、「豈不穀是爲。先君之好是繼。與不穀同好、如何。」對曰、「君惠徼福於敝邑之社稷、辱收寡君、寡君之願也。」齊侯曰、「以此衆戰、誰能待之。以此攻城、何城不克。」對曰、「君若以德綏諸侯、誰敢不服。君若以力、楚國方城以爲城、漢水以爲池。雖衆無所用之。」屈完及諸侯盟。〔齊〕

◆5〔經〕齊人執陳轅濤塗。〔左〕陳轅濤塗謂鄭申侯、曰、「師出於陳・鄭之閒、國必甚病。若出於東方、觀兵於東夷、循海而歸、其可也。」申侯曰、「善。」濤塗以告。齊侯許之。申侯見、曰、「師老矣。若出於東方、而遇敵、懼不可用也。若出陳・鄭之閒、供其資糧屝屨、

其可也。」齊侯説、與之虎牢。執轅濤塗。〔齊〕
☆6〔經〕秋。及江人・黃人、伐陳。〔左〕秋。伐陳。討不忠也。〔齊〕
◎7〔經〕八月。公至自伐楚。〔左〕なし
◆8〔經〕葬許穆公。〔左〕①許穆公卒于師。葬之以侯。禮也。〔齊〕
②凡諸侯薨于朝會、加一等。死王事、加二等。於是、有以袞斂。
《凡》
☆9〔經〕冬。十有二月。公孫茲帥師、會齊人・宋人・衞人・鄭人・許人・曹人、侵陳。〔左〕冬。①叔孫戴伯帥師、會諸侯之師、侵陳。陳成。歸轅濤塗。〔魯〕②初。晉獻公欲以驪姬爲夫人。卜之、不吉。筮之、吉。公曰、「從筮。」卜人曰、「筮短、龜長。不如從長。且其繇曰『專之渝、攘公之羭。一薰一蕕。十年尚猶有臭。』必不可。」弗聽。立之。生奚齊。其娣生卓子。及將立奚齊、既與中大夫成謀。姬謂大子、曰、「君夢齊姜。速祭之。」大子祭于曲沃。歸胙于公。公田。姬寘諸宮。六日。公至。毒而獻之。公祭之地。地墳。與犬。犬斃。與小臣。小臣亦斃。姬泣曰、「賊由大子。」大子奔新城。公殺其傅杜原款。或謂大子、「子辭。君必辯焉。」大子曰、「君非姬氏、居不安。食不飽。我辭、姬必有罪。君老矣。吾又不樂。」曰、「子其行乎。」大子曰、「君實不察其罪。被此名也以出、人誰納我。」十二月。戊申。縊于新城。姬遂譖二公子、曰、「皆知之。」重耳奔蒲、夷吾奔屈。〔晉〕

〔◇抽出文1條、◆抽出的編作文3條、☆編作文3條、◎無傳の經文2條〕

〔僖公五年〕

◎1〔經〕五年。春。〔左〕五年。春。①王。正月。辛亥。朔。日南至。（作經時附加）②公既視朔。遂登觀臺、以望、而書。禮也。〔魯〕
③凡分・至・啓・閉、必書雲物。爲備故也。《凡》（作經時附加）
◆2〔經〕晉侯殺其世子申生。〔左〕①晉侯使以殺大子申生之故來告。〔魯〕②初。晉侯使士蔿爲二公子築蒲與屈。不愼。寘薪焉。夷吾訴之。公使讓之。士蔿稽首、而對曰、「臣聞之、無喪而慼、憂必讎焉。無戎而城、讎必保焉。寇讎之保、又何愼焉。守官、廢命、不敬。固讎之保、不忠。失忠與敬、何以事君。詩云『懷德惟寧、宗子惟城。』君其脩德、而固宗子、何城如之。三秊將尋師焉。焉用愼。」退而賦。曰、「狐裘尨茸、一國三公、吾誰適從。」〔晉〕
③及難、公使寺人披伐蒲。重耳曰、「君父之命、不校。」乃徇曰、「校者、吾讎也。」踰垣而走。披斬其袪。遂出奔翟。〔晉〕
◎3〔經〕杞伯姬來、朝其子。〔左〕なし
◇4〔經〕夏。公孫茲如牟。〔左〕夏。公孫茲如牟、娶焉。〔魯〕
☆5〔經〕公及齊侯・宋公・陳侯・衞侯・鄭伯・許男・曹伯、會王世子于首止。〔左〕①會于首止、會王大子鄭。謀寧周也。〔齊〕②陳轅宣仲怨鄭申侯之反己於召陵。故勸之城其賜邑、曰、「美城之。大名也。子孫不忘。吾助子請。」乃爲之請於諸侯而城之、美。」遂譖諸鄭伯、曰、「美城其賜邑、將以叛也。」申侯由是得罪。〔鄭〕
◆6〔經〕秋。八月。諸侯盟于首止。〔左〕秋。①諸侯盟。〔齊〕②王使周公召鄭伯、曰、「吾撫女以從楚、輔之以晉。可以少安。」〔周〕
◇7〔經〕鄭伯逃歸、不盟。〔左〕鄭伯喜於王命。而懼其不朝於齊也。故逃歸、不盟。孔叔止之、曰、「國君不可以輕。輕則失親。失親、

患必至。病而乞盟、所喪多矣。君必悔之。」弗聽。逃其師而歸。〔鄭〕

◆8〔經〕楚人滅弦。弦子奔黃。〔左〕①楚鬬穀於菟滅弦。弦子奔黃。於是、江・黃・道・栢、方睦於齊。皆弦姻也。弦子恃之而不事楚。又不設備。故亡。〔楚〕②晉侯復假道於虞。以伐虢。宮之奇諫、曰、「虢、虞之表也。虢亡、虞必從之。晉不可啓。寇不可翫。一之謂甚、其可再乎。諺所謂『輔車相依、脣亡齒寒』者、其虞・虢之謂也。」公曰、「晉吾宗也。豈害我哉。」對曰、「大伯虞仲、大王之昭也。大伯不從。是以不嗣。虢仲虢叔、王季之穆也。爲文王卿士。勳在王室。藏於盟府。將虢是滅。何愛於虞。且虞能親於桓・莊乎。其愛之也。桓・莊之族、何罪而以爲戮、不唯偪乎。親以寵偪、猶尚害之。況以國乎。」公曰、「吾享祀豐絜。神必據我。」對曰、「臣聞之、鬼神非人實親、惟德是依。故周書曰『皇天無親。惟德是輔。』又曰『黍稷非馨。明德惟馨。』又曰『民不易物。惟德繄物。』如是則非德、民不和、神不享矣。神所馮依、將在德矣。若晉取虞、而明德以薦馨香、神其吐之乎。」弗聽。許晉使。宮之奇以其族、行。曰、「虞不臘矣。在此行也、晉不更舉矣。」〔晉〕③八月。甲午。晉侯圍上陽。問於卜偃、曰、「吾其濟乎。」對曰、「克之。」公曰、「何時。」對曰、「童謠云『丙子之晨、龍尾伏辰。均服振振、取虢之旂。鶉之賁賁、天策焞焞。火中成軍、虢公其奔。』其九月十月之交乎。丙子旦、日在尾、月在策、鶉火中、必是時也。」〔晉〕

◎9〔經〕九月。戊申。朔。日有食之。〔左〕なし

◆10〔經〕冬。晉人執虞公。〔左〕冬。①十二月。丙子。朔。（作經時附加）晉滅虢。虢公醜、奔京師。師還、館于虞。遂襲虞。滅之。執虞公及其大夫井伯。以媵秦穆姬。而脩虞祀、且歸其職貢於王。〔晉〕③〈故書、曰「晉人執虞公」、罪虞、且言易也。〉

（◇抽出文2條、◆抽出的編作文4條、☆編作文1條、◎無傳の經文3條）

[僖公六年]

◎1〔經〕六年。春。王。正月。〔左〕六年。春。晉侯使賈華伐屈。夷吾不能守。盟而行。將奔狄。郤芮曰「後出同走、罪也。不如之梁。梁近秦而幸焉。」乃之梁。〔鄭〕

☆2〔經〕夏。公會齊侯・宋公・陳侯・衞侯・曹伯、伐鄭。圍新城。〔左〕夏。諸侯伐鄭。以其逃首止之盟故也。圍新密、鄭所以不時城也。〔齊〕

◆3〔經〕秋。楚人圍許。〔左〕秋。楚子圍許。以救鄭。〔楚〕

◆4〔經〕諸侯遂救許。〔左〕諸侯救許。乃還。〔齊〕

◎5〔經〕冬。公至自伐鄭。〔左〕冬。蔡穆侯將許僖公、以見楚子於武城。許男面縛、銜璧。大夫衰絰、士輿櫬。楚子問諸逢伯。對曰、「昔武王克殷、微子啓如是。武王親釋其縛、受其璧而祓之、焚其櫬。禮而命之、使復其所。」楚子從之。〔楚〕

（◇抽出文0條、◆抽出的編作文2條、☆編作文1條、◎無傳の經文2條）

[僖公七年]

◇1〔經〕七年。春。齊人伐鄭。〔左〕春。齊人伐鄭。孔叔言於鄭伯、

曰、「諺有之、曰『心則不競、何憚於病。』既不能彊、又不能弱、所以斃也。國危矣。請下齊以救國。」公曰、「吾知其所由來矣。姑少待我。」對曰、「朝不及夕。何以待君。」〖鄭〗

◎2〔經〕夏。小邾子來朝。〔左〕夏。

◆3〔經〕鄭殺其大夫申侯。〔左〕①鄭殺申侯。以說于齊。且用陳轅濤塗之譖也。〖鄭〗②初。申侯、申出也。有寵於楚文王。文王將死。與之璧、使行、曰、「唯我知汝。汝專利而不厭。豫取豫求。不汝疵瑕也。後之人將求多於汝。汝必不免。我死、汝必速行、無適小國。將不汝容焉。」既葬。出奔鄭。又有寵於厲公。〖鄭〗③子文聞其死也、曰、「古人有言、曰『知臣莫若君。』弗可改也已。」〖楚〗

☆4〔經〕秋。七月。公會齊侯・宋公・陳世子款・鄭世子華、盟于甯母。

〔左〕秋。①盟于甯母。謀鄭故也。管仲曰、「臣聞之、招攜以禮、懷遠以德。德禮不易、無人不懷。」齊侯脩禮於諸侯。諸侯官受方物。〖齊〗②鄭伯使大子華聽命於會。言於齊侯、曰、「泄氏・孔氏・子人氏、三族實違君命。若君去之、以爲成、我以鄭爲內臣。君亦無所不利焉。」〖鄭〗③齊侯將許之。管仲曰、「君以禮與信屬諸侯、而以姦終之、無乃不可乎。父子不干之謂禮、守命共時之謂信。違此二者、姦莫大焉。」公曰、「諸侯有討於鄭、未捷。今苟有釁、從之、不亦可乎。」對曰、「君若綏之以德、加之以訓辭、而帥諸侯、以討鄭、鄭將覆亡之不暇。豈敢不懼。若摠其罪人以臨之、鄭有辭矣。何懼。且夫合諸侯、以崇德也。會而列姦、何以示後嗣。夫諸侯之會、其德刑禮義、無國不記。記姦之位、君盟替矣。作而不記、非盛德也。君其勿許。鄭必受盟。夫子華既爲大子、而求介於大國、以弱其國、亦必不免。鄭有叔詹・堵叔・師叔、三良爲政。未可閒也。」齊侯辭焉。〖齊〗④子華由是得罪於鄭。〖鄭〗

◎5〔經〕曹伯班卒。〔左〕なし

◎6〔經〕公子友如齊。〔左〕なし

◎7〔經〕冬。葬曹昭公。〔左〕冬。①鄭伯使請盟于齊。〖鄭〗②閏月。惠王崩。襄王惡大叔帶之難、懼不立、不發喪。而告難于齊。〖周〗

（◇抽出文1條、◆抽出的編作文1條、☆編作文1條、◎無傳の經文4條）

［僖公八年］

☆1〔經〕八年。春。王。正月。公會王人・齊侯・宋公・衞侯・許男・曹伯・陳世子款、盟于洮。〔左〕八年。春。盟于洮。謀王室也。〖齊〗

◇2〔經〕鄭伯乞盟。〔左〕①鄭伯乞盟。請服也。〖鄭〗②襄王定位、而後發喪。〖周〗③晉里克帥師、梁由靡御、虢射爲右、以敗狄于采桑。梁由靡曰、「狄無恥。從之、必大克。」里克曰、「拒之而已。無速衆狄。」虢射曰、「期年狄必至。示之弱矣。」〖晉〗

◇3〔經〕夏。狄伐晉。〔左〕夏。狄伐晉。報采桑之役也。復期月。〖晉〗

◆4〔經〕秋。七月。禘于大廟。用致夫人。〔左〕秋。①禘。而致哀姜焉。非禮也。〖魯〗②凡夫人、不薨于寢、不殯于廟、不赴于同、不祔于姑、則弗致也。《凡》

☆5〔經〕冬。十有二月。丁未。天王崩。〔左〕冬。①王人來、告喪。難故也。是以緩。〖魯〗②宋公疾。大子茲父固請、曰、「目夷長

且仁。君其立之。」公命子魚。子魚辭、曰、「能以國讓、仁孰大焉。臣不及也。且又不順。」遂走而退。〔宋〕

（◇抽出文2條、◆抽出的編作文1條、☆編作文2條、◎無傳の經文0條）

［僖公九年］

☆1〔經〕九年。春。王。三月。丁丑。宋公御說卒。〔左〕九年。春。①宋桓公卒。未葬而襄公會諸侯。〔宋〕②〈故曰「子」。〉③凡在喪、王曰小童、公侯曰子。《凡》（2の經文に對應）

☆2〔經〕夏。公會宰周公・齊侯・宋子・衞侯・鄭伯・許男・曹伯于葵丘。〔左〕夏。①會于葵丘。尋盟、且脩好。禮也。〔魯〕②王使宰孔賜齊侯胙、曰、「天子有事于文武、使孔賜伯舅胙。」齊侯將下拜。孔曰、「且有後命、天子使孔曰、『以伯舅耋老、加勞賜一級、無下拜。』」對曰、「天威不違顏咫尺、小白余、敢貪天子之命、無下拜、恐隕越于下、以遺天子羞。敢不下拜。」下拜、登受。〔周〕

◎3〔經〕秋。七月。乙酉。伯姬卒。〔左〕秋。

☆4〔經〕九月。戊辰。諸侯盟于葵丘。〔左〕①齊侯盟諸侯于葵丘、曰、「凡我同盟之人、既盟之後、言歸于好。」〔齊〕②宰孔先歸。遇晉侯、曰、「可無會也。齊侯不務德而勤遠略、故北伐山戎、南伐楚、西爲此會也。東略之不知、西則否矣。其在亂乎。君務靖亂、無勤於行。」晉侯乃還。〔晉〕

☆5〔經〕甲子。晉侯佹諸卒。〔左〕①九月。晉獻公卒。里克・丕鄭欲納文公。故以三公子之徒作亂。〔晉〕②初。獻公使荀息傅奚齊。公疾。召之、曰、「以是藐諸孤、辱在大夫、其若之何。」稽首而對曰、「臣竭其股肱之力、加之以忠貞。其濟、君之靈也。不濟、則以死繼之。」公曰、「何謂忠貞。」對曰、「公家之利、知無不爲、忠也。送往事居、耦俱無猜、貞也。」及里克將殺奚齊、先告荀息、曰、「三怨將作。秦・晉輔之。子將如何。」荀息曰、「將死之。」里克曰、「無益也。」荀叔曰、「吾與先君言矣。不可以貳。能欲復言、而愛身乎。雖無益也、將焉辟之。且人之欲善、誰不如我。我欲無貳、而能謂人已乎。」〔晉〕

◆6〔經〕冬。晉里克殺其君之子奚齊。〔左〕冬。①十月。里克殺奚齊于次。〔晉〕②〈書曰「殺其君之子」、未葬也。〉③荀息將死之。人曰、「不如立卓子而輔之。」荀息立公子卓。以葬。十一月。里克殺公子卓于朝。荀息死之。〔晉〕④君子曰、「詩所謂、『白圭之玷、尚可磨也。斯言之玷、不可爲也。』荀息有焉。」《評》⑤齊侯以諸侯之師、伐晉、及高梁而還。討晉亂也。〔齊〕⑥〈令不及魯。故不書。〉⑦晉郤芮使夷吾重賂秦、以求入、曰、「人實有國、我何愛焉。入而能民、土於何有。」從之。〔晉〕⑧齊隰朋帥師、會秦師、納晉惠公。〔齊〕⑨秦伯謂郤芮、曰、「公子誰恃。」對曰、「臣聞、亡人無黨、有黨必有讎。夷吾弱、不好弄、能鬬不過、長亦不改。不識其他。」公謂公孫枝、曰、「夷吾其定乎。」對曰、「臣聞之、唯則定國。詩曰『不識不知、順帝之則。』文王之謂也。又曰『不僭不賊、鮮不爲則。』無好無惡、不忌不克之謂也。今其言多忌克。難哉。」公曰、「忌則多怨。又焉能克。是吾利也。」〔秦〕

⑩宋襄公卽位、以公子目夷爲仁、使爲左師、以聽政。於是宋治。故魚氏世爲左師。〔宋〕

（◇抽出文0條、◆抽出的編作文1條、☆編作文4條、◎無傳の經文1條）

［僖公十年］

◎1〔經〕十年。春。王。正月。公如齊。〔左〕十年。春。

◆2〔經〕狄滅溫。溫子奔衞。〔左〕狄滅溫。蘇子無信也。蘇子叛王、卽狄。又不能於狄。狄伐之。王不救。故滅。蘇子奔衞。〔周〕

◆3〔經〕晉里克弑其君卓及其大夫荀息。〔左〕（前年6③の左傳文と對應）

◎4〔經〕夏。齊侯・許男、伐北戎。〔左〕夏。四月。周公忌父王子黨會齊隰朋、立晉侯。〔周〕

◆5〔經〕晉殺其大夫里克。〔左〕晉侯殺里克、以說。將殺里克、公使謂之曰、「微子則不及此。雖然、子殺二君與一大夫。爲子君者、不亦難乎。」對曰、「不有廢也、君何以興。欲加之罪、其無辭乎。臣聞命矣。」伏劍而死。於是丕鄭聘于秦。且謝緩賂。故不及。晉侯改葬恭大子。〔晉〕

◎6〔經〕秋。七月。〔左〕秋。①狐突適下國。遇大子。大子使登僕。而告之、曰「夷吾無禮。餘得請於帝矣。將以晉畀秦。秦將祀餘。」對曰、「臣聞之、『神不歆非類、民不祀非族。』君祀無乃殄乎。且民何罪。失刑乏祀。君其圖之。」君曰、「諾。吾將復請。七日、新城西偏將有巫者、而見我焉。」許之。遂不見。及期、而往。告之、曰、「帝許我罰有罪矣。弊於韓。」〔晉〕②丕鄭之如秦也、言於秦伯、曰、「呂甥・郤稱・冀芮、實爲不從。若重問以召之、臣出晉君。君納重耳。蔑不濟矣。」〔晉〕

◎7〔經〕冬。大雨雪。〔左〕冬。①秦伯使泠至報問、且召三子。郤芮曰、「幣重而言甘。誘我也。」遂殺丕鄭・祁擧、及七輿大夫左行共華・右行賈華・叔堅・騅歂・纍虎・特宮・山祁。皆里・丕之黨也。〔晉〕②丕豹奔秦。言於秦伯、曰、「晉侯背大主而忌小怨。民弗與也。伐之、必出。」公曰、「失衆、焉能殺。違禍、誰能出君。」〔秦〕

（◇抽出文0條、◆抽出的編作文3條、☆編作文0條、◎無傳の經文4條）

［僖公十一年］

◆1〔經〕十有一年。春。晉殺其大夫丕鄭父。〔左〕春。①晉侯使以丕鄭之亂、來告。〔魯〕②天王使邵武公・內史過、賜晉侯命。受玉惰。過歸、告王、曰、「晉侯其無後乎。王賜之命。而惰於受瑞。先自棄也已。其何繼之有。禮、國之幹也。敬、禮之輿也。不敬、則禮不行。禮不行、則上下昏。何以長世。」〔周〕

◎2〔經〕夏。公及夫人姜氏、會齊侯于陽穀。〔左〕夏。揚拒泉皐伊雒之戎、同伐京師。入王城。焚東門。王子帶召之也。秦・晉伐戎。以救周。〔周〕

◎3〔經〕秋。八月。大雩。〔左〕秋。①晉侯平戎于王。〔晉〕②黄人不歸楚貢。〔楚〕

◇4〔經〕冬。楚人伐黄。〔左〕冬。楚人伐黄。〔楚〕

（◇抽出文1條、◆抽出的編作文1條、☆編作文0條、◎無傳の經文2條）

［僖公十二年］

◎1〔經〕十有二年。春。王。三月。庚午。日有食之。〔左〕春。①諸侯城衛楚丘之郛。懼狄難也。〔齊〕②黃人恃諸侯之睦于齊也、不共楚職、曰、「自郢及我九百里。焉能害我。」〔楚〕

◆2〔經〕夏。楚人滅黃。〔左〕夏。①楚滅黃。〔楚〕②王以戎難故。討王子帶。〔周〕

◎3〔經〕秋。七月。〔左〕秋。王子帶奔齊。〔齊〕

◎4〔經〕冬。十有二月。丁丑。陳侯杵臼卒。〔左〕冬。①齊侯使管夷吾平戎于王、使隰朋平戎于晉。王以上卿之禮、饗管仲。管仲辭、曰、「臣賤有司也。有天子之二守、國・高在。若節春秋、來承王命、何以禮焉。陪臣敢辭。」王曰、「舅氏、餘嘉乃勳、應乃懿德、謂督不忘。往踐乃職、無逆朕命。」管仲受下卿之禮、而還。〔齊〕

②君子曰、「管氏之世祀也、宜哉。讓不忘其上。詩曰『愷悌君子、神所勞矣。』」《評》

（◇抽出文0條、◆抽出的編作文1條、☆編作文0條、◎無傳の經文3條）

［僖公十三年］

☆1〔經〕十有三年。春。狄侵衛。（前年の左傳文1①と對應）〔左〕十三年。春。①齊侯使仲孫湫聘于周、且言王子帶。事畢。不與王言。歸。復命、曰、「未可。王怒、未怠。其十年乎。不十年、王弗召也。」〔齊〕

◎2〔經〕夏。四月。葬陳宣公。〔左〕夏。

☆3〔經〕公會齊侯・宋公・陳侯・衛侯・鄭伯・許男・曹伯于鹹。〔左〕會于鹹。淮夷病杞故。且謀王室也。〔齊〕

◎4〔經〕秋。九月。大雩。〔左〕秋。爲戎難故、諸侯戍周。齊仲孫湫致之。〔齊〕

◎5〔經〕冬。公子友如齊。〔左〕冬。晉荐饑。使乞糴于秦。秦伯謂子桑、「與諸乎。」對曰、「重施而報、君將何求。重施而不報、其民必攜。攜而討焉。無衆必敗。」謂百里、「與諸乎。」對曰、「天災流行。國家代有。救災恤鄰、道也。行道、有福。」丕鄭之子豹在秦。請伐晉。」秦伯曰、「其君是惡。其民何罪。」秦、於是乎、輸粟于晉。自雍及絳、相繼。命之曰汎舟之役。〔秦〕

（◇抽出文0條、◆抽出的編作文0條、☆編作文2條、◎無傳の經文3條）

［僖公十四年］

◇1〔經〕十有四年。春。諸侯城緣陵。〔左〕春。①諸侯城緣陵。而遷杞焉。〔齊〕②〈不書其人、有闕也。〉③鄫季姬來寧。公怒、止之。以鄫子之不朝也。〔魯〕

◆2〔經〕夏。六月。季姬及鄫子、遇于防、使鄫子來朝。〔左〕夏。遇于防、而使來朝。〔魯〕

◇3〔經〕秋。八月。辛卯。沙鹿崩。〔左〕秋。八月。辛卯。沙鹿崩。晉卜偃曰「期年將有大咎。幾亡國。」〔晉〕

◎4〔經〕狄侵鄭。〔左〕なし

◎5〔經〕冬。蔡侯肸卒。〔左〕冬。秦饑。使乞糴于晉。晉人弗與。慶鄭曰、「背施、無親。幸災、不仁。貪愛、不祥。怒鄰、不義。四德皆失。何以守國。」虢射曰、「皮之不存、毛將安傅。」慶鄭曰、「棄信背鄰。患孰恤之。無信、患作。失援、必弊。是則然矣。」虢射曰、「無損於怨、而厚於寇。不如勿與。」慶鄭曰、「背施、幸災、民所棄也。近猶讎之。況怨敵乎。」弗聽。退曰、「君其悔是哉。」〔晉〕

（◇抽出文2條、◆抽出的編作文1條、☆編作文0條、◎無傳の經文2條）

［僖公十五年］

◎1〔經〕十有五年。春。王。正月。公如齊。〔左〕十五年。春。

◇2〔經〕楚人伐徐。〔左〕楚人伐徐。徐卽諸夏故也。〔楚〕

☆3〔經〕**三月。公會齊侯・宋公・陳侯・衞侯・鄭伯・許男・曹伯、盟于牡丘。**〔左〕三月。盟于牡丘。尋葵丘之盟。且救徐也。〔齊〕

◆4〔經〕**遂次于匡。**〔左〕（5の左傳文と對應）

◆5〔經〕**公孫敖帥師、及諸侯之大夫、救徐。**〔左〕孟穆伯帥師、及諸侯之師、救徐。諸侯次于匡。以待之。〔魯〕

◇6〔經〕**夏。五月。日有食之。**〔左〕夏。①五月。日有食之。〔魯〕

②〈不書朔與日、官失之也。〉

☆7〔經〕**秋。七月。齊師・曹師、伐厲。**〔左〕秋。①伐厲、以救徐也。〔齊〕 ②晉侯之入也。秦穆姬屬賈君焉。且曰、「盡納羣公子。」晉侯烝於賈君。又不納羣公子。是以穆姬怨之。〔晉〕

◎8〔經〕八月螽。〔左〕①晉侯許賂中大夫。旣而皆背之。賂秦伯以河外列城五、東盡虢略、南及華山、內及解梁城。旣而不與。晉饑、秦輸之粟。秦饑、晉閉之糴。故秦伯伐晉。〔秦〕 ②卜徒父、筮之。「吉。涉河。侯車敗。」詰之。對曰、「乃大吉也。三敗、必獲晉君。」其卦遇蠱䷑。曰、「千乘三去。三去之餘、獲其雄狐、夫狐蠱、必其君也。蠱之貞風也、其悔山也。歲云秋矣。我落其實而取其材、所以克也。實落材亡、不敗何待。」三敗及韓。〔秦〕 ③晉侯謂慶鄭、曰、「寇深矣。若之何。」對曰、「君實深之。可若何。」公曰、「不遜。」卜右。慶鄭吉。弗使。步揚御戎。家僕徒爲右。乘小駟。鄭入也。慶鄭曰、「古者大事必乘其產。生其水土而知其人心。安其教訓而服習其道。唯所納之、無不如志。今乘異產、以從戎事。及懼而變、將與人易。亂氣狡憤、陰血周作。張脈僨興、外彊中乾。進退不可、周旋不能。君必悔之。」弗聽。〔晉〕 ④九月。晉侯逆秦師。使韓簡視師。復曰、「師少於我、鬭士倍我。」公曰、「何故。」對曰、「出因其資。入用其寵。饑食其粟。三施而無報。是以來也。今又擊之。我怠、秦奮。倍猶未也。」公曰、「一夫不可狃。況國乎。」遂使請戰。曰、「寡人不佞。能合其衆而不能離也。君若不還。無所逃命。」秦伯使公孫枝對、曰、「君之未入、寡人懼之。入而未定列、猶吾憂也。苟列定矣。敢不承命。」韓簡退、曰、「吾幸而得囚。」壬戌。戰于韓原。晉戎馬還濘而止。公號慶鄭。慶鄭曰、「愎諫、違卜。固敗是求。又何逃焉。」遂去之。梁由靡御韓簡。虢射爲右。輅秦伯、將止之。鄭以救公、誤之。遂失秦伯。〔晉〕 ⑤秦獲晉侯、以歸。晉大夫、反首拔舍從之。秦伯使辭焉、曰、「二三子、何其慼也。寡人之從君而西也、亦晉之妖夢是踐。豈敢以至。」晉大夫三拜稽首、曰「君履后土、而戴皇天。皇天后土、實聞君之言。羣臣敢在下風。」穆姬聞晉侯將至。以大子罃・弘與女簡璧、登臺而履薪焉。使以絻服衰経逆、且告、曰、「上天降災。使我兩君匪以玉帛相見、而以興戎。若晉君朝以入則婢子夕以死、夕以入則朝以死。唯君裁之。」乃舍諸靈臺。大夫請以入。公曰、「獲晉侯、以厚歸也、既而喪歸。焉用之。大夫其何有焉。且晉人慼憂以重我。天地以要我。不圖晉憂、重其怒也。我食吾言、背天地也。重怒難任、背天不祥。必歸晉君。」公子縶曰、「不如殺之。無聚慝焉。」子桑曰、「歸之而質其大子、必得大城。晉未可滅。而殺其君、祇以成惡。且史佚有言、曰『無始禍。無怙亂。無重怒。』重怒、難任。陵人、不祥。」乃許晉平。〔秦〕⑥晉侯使郤乞告瑕呂飴甥、且召之。子金教之、言曰、「朝國人而以君命賞。且告之、曰、『孤雖歸、辱社稷矣。其卜貳圉也。』」衆皆哭。晉、於是乎、作爰田。〔晉〕⑦呂甥曰、「君亡之不恤、而羣臣是憂。惠之至也。將若君何。」衆曰、「何爲而可。」對曰、「征繕、以輔孺子也。諸侯聞之、喪君有君。羣臣輯睦。甲兵益多。好我者勸、惡我者懼。庶有益乎。」衆說。晉、於是乎、作州兵。〔晉〕⑧初。晉獻公筮嫁伯姬於秦也。遇歸妹䷵之睽䷥。史蘇占之、曰、「不吉。其繇曰『士刲羊、亦無衁也。女承筐、亦無貺也。』西鄰責言、不可償也。歸妹之睽、猶無相也。震之離、亦離之震。爲雷、爲火。爲嬴敗姬。車說其輹、火焚其旗。不利行師、敗于宗丘。歸妹睽孤、寇張之弧。姪其從姑。六年其逋、逃歸其國、而棄其家。明季、其死於高梁之虛。」及惠公在秦、曰、「先君若從史蘇之占、吾不及此夫。」韓簡侍、曰、「龜、象也。筮、數也。物生而後有象。象而後有滋。滋而後有數。先君之敗德、及可數乎。史蘇是占、勿從何益。詩曰『下民之孽、匪降自天、僔沓背憎、職競由人。』」〔晉〕

◎9〔經〕九月。公至自會。〔左〕なし

◎10〔經〕季姬歸于鄫。〔左〕なし

☆11〔經〕己卯。晦。震夷伯之廟。〔左〕震夷伯之廟。罪之也。於是、展氏有隱慝焉。〔魯〕

◇12〔經〕冬。宋人伐曹。〔左〕。冬。宋人伐曹。討舊怨也。〔宋〕

◆13〔經〕楚人敗徐于婁林。〔左〕①楚敗徐于婁林。徐恃救也。〔楚〕

②十月。晉陰飴甥會秦伯、盟于王城。秦伯曰、「晉國和乎。」對曰、「不和。小人恥失其君、而悼喪其親。不憚征繕、以立圉也。曰、『必報讎。寧事戎狄。』君子愛其君、而知其罪。不憚征繕、以待秦命。曰、『必報德。有死無二。』以此不和。」秦伯曰、「國謂君何。」對曰、「小人慼謂之不免。君子恕以爲必歸。小人曰、『我毒秦、秦豈歸君。』君子曰、『我知罪矣。秦必歸君。』貳而執之。服而舍之。德莫厚焉。刑莫威焉。服者懷德。貳者畏刑。此一役也、秦可以霸。納而不定、廢而不立。以德爲怨。秦不其然。」秦伯曰、「是吾心也。」改館晉侯、饋七牢焉。〔秦〕③蛾析謂慶鄭曰、「盍行乎。」對曰「陷君於敗。敗而不死。又使失刑。非人臣也。臣而不臣。行將焉入。」〔晉〕

◆14〔經〕十有一月。壬戌。晉侯及秦伯、戰于韓。獲晉侯。（8④⑤の左傳文と對應）〔左〕①十一月。晉侯歸。丁丑。殺慶鄭。而後入。〔晉〕②是歲、晉又饑。秦伯又餼之粟、曰、「吾怨其君而矜其民。且吾聞、唐叔之封也、箕子曰、『其後必大。』晉其庸可冀乎。姑樹德焉。以待能者。」於是、秦始征晉河東、置官司焉。〔秦〕

（◇抽出文3條、◆抽出的編作文4條、☆編作文3條、◎無傳の經文4條）

〔僖公十六年〕

☆1〔經〕十有六年。春。王。正月。戊申。朔。隕石于宋五。〔左〕十六年。春。隕石于宋五。隕星也。〔宋〕

◇2〔經〕是月。六鷁退飛過宋都。〔左〕①六鷁退飛過宋都。風也。〔宋〕②周内史叔興聘于宋。宋襄公問焉、曰、「是何祥也。吉凶焉在。」對曰、「今茲魯多大喪。明年齊有亂。君將得諸侯而不終。」退而告人、曰、「君失問。是陰陽之事、非吉凶所生也。吉凶由人。吾不敢逆君故也。」〔宋〕

◎3〔經〕三月。壬申。公子季友卒。〔左〕なし

◎4〔經〕夏。四月。丙申。鄫季姬卒。〔左〕夏。齊伐厲。不克。救徐而還。〔齊〕

◎5〔經〕秋。七月。甲子。公孫茲卒。〔左〕秋。①狄侵晉。取狐・厨・受・鐸、涉汾、及昆都。因晉敗也。〔晉〕②王以戎難、告于齊。齊徵諸侯而戍周。〔齊〕

☆6〔經〕冬。十有二月。公會齊侯・宋公・陳侯・衛侯・鄭伯・許男・邢侯・曹伯于淮。〔左〕冬。①十一月。乙卯。鄭伯殺子華。〔鄭〕②十二月。會于淮。謀鄫、且東略也。城鄫。役人病。有夜登丘而呼者、曰、「齊有亂。」不果城而還。〔齊〕

（◇抽出文1條、◆抽出的編作文0條、☆編作文2條、◎無傳の經文3條）

〔僖公十七年〕

◆1〔經〕十有七年。春。齊人・徐人、伐英氏。〔左〕十七年。春。齊人爲徐伐英氏。以報婁林之役也。〔齊〕

◇2〔經〕夏。滅項。〔左〕夏。①晉大子圉爲質於秦。秦歸河東而妻之。惠公之在梁也、梁伯妻之。梁嬴孕。過期。卜招父與其子、卜之。其子曰、「將生一男一女。」招曰、「然。男爲人臣、女爲人妾。」故名男曰圉、女曰妾。及子圉西質秦、妾爲宦女焉。〔晉〕②師滅項。淮之會、公有諸侯之事。未歸而取項。齊人以爲討而止公。〔魯〕

◆3〔經〕秋。夫人姜氏會齊侯于卞。〔左〕秋。聲姜以公故、會齊侯于卞。〔魯〕

◆4〔經〕九月。公至自會。〔左〕①九月。公至。〔魯〕②〈書曰「至自會。」猶有諸侯之事焉、且諱之也。〉③齊侯之夫人三。王姬・徐嬴・蔡姬皆無子。齊侯好內。多內寵。內嬖如夫人者六人。長衛姬生武孟。少衛姬生惠公。鄭姬生孝公。葛嬴生昭公。密姬生懿公。宋華子生公子雍。公與管仲、屬孝公於宋襄公、以爲大子。雍巫有寵於衛恭姬。因寺人貂以薦羞於公。亦有寵。公許之立武孟。管仲卒。五公子皆求立。〔齊〕

◆5〔經〕冬。十有二月。乙亥。齊侯小白卒。〔左〕。冬。十月。乙亥。齊桓公卒。易牙入與寺人貂、因內寵以殺羣吏。而立公子無虧。孝公奔宋。十二月。乙亥。赴。辛巳。夜殯。〔齊〕

（◇抽出文1條、◆抽出的編作文4條、☆編作文0條、◎無傳の經文0條）

〔僖公十八年〕

☆1〔經〕十有八年。春。王。正月。宋公・曹伯・衛人・邾人、伐齊。〔左〕十八年。春。①宋襄公以諸侯伐齊。三月。齊人殺無虧。〔宋〕②鄭伯始朝于楚。楚子賜之金。既而悔之。與之盟、曰、

「無以鑄兵。」故以鑄三鍾。〔鄭〕③齊人將立孝公。不勝四公子之徒。遂與宋人戰。〔齊〕

◎2〔經〕夏。師救齊。〔左〕夏。

☆3〔經〕五月。戊寅。宋師及齊師、戰于甗。齊師敗績。〔左〕五月。宋敗齊師于甗。立孝公而還。〔宋〕

◎4〔經〕狄救齊。〔左〕なし

☆5〔經〕秋。八月。丁亥。葬齊桓公。〔左〕秋。八月。葬齊桓公。〔齊〕

◇6〔經〕冬。邢人・狄人、伐衛。〔左〕冬。①邢人・狄人、伐衛。圍菟圃。衛侯以國讓父兄子弟及朝衆、曰、「苟能治之。燬請從焉。」衆不可。而後師于訾婁。狄師還。〔衛〕②梁伯益其國、而不能實也。命之曰新里。秦取之。〔秦〕

（◇抽出文1條、◆抽出的編作文0條、☆編作文3條、◎無傳の經文2條）

〔僖公十九年〕

◆1〔經〕十有九年。春。王。三月。宋人執滕子嬰齊。〔左〕十九年。春。①遂城而居之。〔秦〕②宋人執滕宣公。〔宋〕

◎2〔經〕夏。六月。宋公・曹人・邾人、盟于曹南。鄫子會盟于邾。〔左〕夏。宋公使邾文公用鄫子于次睢之社。欲以屬東夷。司馬子魚曰、「古者六畜不相爲用。小事不用大牲。而況敢用人乎。祭祀以爲人也。民神之主也。用人其誰饗之。齊桓公存三亡國、以屬諸侯。義士猶曰薄德。今一會而虐二國之君。又用諸淫昏之鬼。將以求霸、不亦難乎。得死爲幸。」〔宋〕

☆3〔經〕己酉。邾人執鄫子、用之。（2の左傳文と對應）

◇4〔經〕秋。宋人圍曹。〔左〕秋。①衛人伐邢。以報菟圃之役。於是、衛大旱。卜有事於山川。不吉。甯莊子曰、「昔周饑。克殷而年豐。今邢方無道。諸侯無伯。天其或者欲使衛討邢乎。」從之。師興而雨。〔衛〕②宋人圍曹。討不服也。〔宋〕

◇5〔經〕衛人伐邢。（4①の左傳文と對應）〔左〕①子魚言於宋公、曰、「文王聞崇德亂而伐之。軍三旬而不降。退而脩教、而復伐之。因壘而降。詩曰『刑于寡妻。至于兄弟。以御于家邦。』今君德無乃猶有所闕。而以伐人。若之何。盍姑内省德乎。無闕而後動。」〔宋〕②陳穆公請脩好於諸侯、以無忘齊桓之德。〔齊〕

☆6〔經〕冬。會陳人・蔡人・楚人・鄭人、盟于齊。〔左〕冬。盟于齊。脩桓公之好也。〔齊〕

◇7〔經〕梁亡。〔左〕①梁亡。〔秦〕②〈不書其主、自取之也。〉③初。梁伯好土功。亟城而弗處。民罷而弗堪。則曰、「某寇將至。」乃溝公宮。曰、「秦將襲我。」民懼而潰。秦遂取梁。〔秦〕

（◇抽出文3條、◆抽出的編作文1條、☆編作文2條、◎無傳の經文1條）

〔僖公二十年〕

◇1〔經〕廿年。春。新作南門。〔左〕廿年。春。①新作南門。〔魯〕②〈書、不時也。〉③凡啓塞、從時。《凡》②滑人叛鄭。而服於衛。〔鄭〕

◎2〔經〕夏。郜子來朝。〔左〕夏。

◎3〔經〕五月。乙巳。西宮災。〔左〕なし。

◆4〔經〕鄭人入滑。〔左〕鄭公子士・泄堵寇帥師、入滑。【鄭】
◆5〔經〕秋。齊人・狄人、盟于邢。〔左〕秋。①齊・狄、盟于邢。爲邢謀衞難也。於是、衞方病邢。【衞】②隨以漢東諸侯、叛楚。【楚】
◆6〔經〕冬。楚人伐隨。〔左〕冬。①楚鬭穀於菟帥師、伐隨。取成而還。【楚】②君子曰、「隨之見伐、不量力也。量力而動、其過鮮矣。善敗由己、而由人乎哉。詩曰『豈不夙夜。謂行多露。』」《評》③宋襄公欲合諸侯。臧文仲聞之、曰、「以欲從人、則可。以人從欲、鮮濟。」【魯】
（◇抽出文1條、◆抽出的編作文3條、☆編作文0條、◎無傳の經文2條）

[僖公二十一年]
◎1〔經〕廿有一年。春。狄侵衞。〔左〕廿一年。春。
☆2〔經〕宋人・齊人・楚人、盟于鹿上。〔左〕宋人爲鹿上之盟。以求諸侯於楚。楚人許之。公子目夷曰、「小國爭盟、禍也。宋其亡乎。幸而後敗。」【宋】
◇3〔經〕夏。大旱。〔左〕夏。大旱。公欲焚巫尪。臧文仲曰、「非旱備也。脩城郭、貶食、省用、務穡、勸分。此其務也。巫尪何爲。天欲殺之、則如勿生。若能爲旱。焚之滋甚。」公從之。是歲也、饑而不害。【魯】
☆4〔經〕秋。宋公・楚子・陳侯・蔡侯・鄭伯・許男・曹伯、會于盂。
〔左〕秋。諸侯會宋公于盂。子魚曰、「禍其在此乎。君欲已甚。其何以堪之。」【宋】
◇5〔經〕執宋公、以伐宋。〔左〕於是、楚執宋公。以伐宋。【楚】
◎6〔經〕冬。公伐邾。〔左〕冬。
◎7〔經〕楚人使宜申來、獻捷。〔左〕なし
☆8〔經〕十有二月。癸丑。公會諸侯盟于■。釋宋公。〔左〕①會于薄。以釋之。【楚】②子魚曰、「禍猶未也。未足以懲君。」【宋】③任宿・須句・顓臾、風姓也。實司太皞與有濟之祀、以服事諸夏。邾人滅須句。須句子來奔。因成風也。成風爲之言於公、曰、「崇明祀、保小寡、周禮也。蠻夷猾夏、周禍也。若封須句、是崇皞濟而脩其祀、紓禍也。」【魯】
（◇抽出文2條、◆抽出的編作文0條、☆編作文3條、◎無傳の經文3條）

[僖公二十二年]
◆1〔經〕廿有二年。春。公伐邾。取須句。〔左〕廿二年。春。①伐邾。取須句。反其君焉。禮也。【魯】②三月。鄭伯如楚。【鄭】
☆2〔經〕夏。宋公・衞侯・許男・滕子、伐鄭。〔左〕夏。①宋公伐鄭。子魚曰、「所謂禍在此矣。」【鄭】②初。平王之東遷也。辛有適伊川。見被髮而祭於野者。曰、「不及百年、此其戎乎。其禮先亡矣。」【周】
◆3〔經〕秋。八月。丁未。及邾人、戰于升陘。〔左〕秋。①秦・晉、遷陸渾之戎于伊川。【秦】②晉大子圉爲質於秦。將逃歸。謂嬴氏、曰、「與子歸乎。」對曰、「子晉大子。而辱於秦。子之欲歸、不亦宜乎。寡君之使婢子侍執巾櫛、以固子也。從子而歸、棄君命也。不敢從。亦不敢言。」遂逃歸。【晉】③富辰言於王、曰、「請召大

叔。詩曰『協比其鄰。昏姻孔云。』吾兄弟之不協。焉能怨諸侯之不睦。」王說。王子帶自齊復歸于京師。王召之也。〔周〕④邾人以須句故、出師。公卑邾、不設備、而禦之。臧文仲曰、「國無小、不可易也。無備、雖衆不可恃也。詩曰『戰戰兢兢。如臨深淵。如履薄冰。』又曰『敬之敬之。天惟顯思。命不易哉。』先王之明德、猶無不難也、無不懼也。況我小國乎。君其無謂邾小。蠭蠆有毒、而況國乎。」弗聽。八月。丁未。公及邾師、戰于升陘。我師敗績。邾人獲公冑。縣諸魚門。〔魯〕⑤楚人伐宋、以救鄭。宋公將戰。大司馬固諫曰、「天之棄商久矣。君將興之。弗可赦也已。」弗聽。〔鄭〕

◇4〔經〕冬。十有一月。己巳。朔。宋公及楚人、戰于泓。宋師敗績。

〔左〕冬。①十一月。己巳。朔。宋公及楚人、戰于泓。宋人既成列。楚人未既濟。司馬曰、「彼衆我寡。及其未既濟也、請擊之。」公曰、「不可。」既濟而未成列。又以告。公曰、「未可。」既陳。而後擊之。宋師敗績。公傷股。門官殲焉。國人皆咎公。公曰、「君子不重傷。不禽二毛。古之爲軍也、不以阻隘也。寡人雖亡國之餘、不鼓不成列。」子魚曰、「君未知戰。勍敵之人、隘而不列、天贊我也。阻而鼓之、不亦可乎。猶有懼焉。且今之勍者、皆吾敵也。雖及胡耇、獲則取之、何有於二毛。明恥教戰、求殺敵也。傷未及死、如何勿重。若愛重傷、則如勿傷。愛其二毛、則如服焉。三軍以利用也。金鼓以聲氣也。利而用之、阻隘可也。聲盛致志、鼓儳可也。」〔宋〕②丙子。晨。鄭文公夫人芈氏・姜氏、勞楚子於柯澤。楚子使師縉示之俘馘。〔鄭〕③君子曰、「非禮也。婦人送迎、不出門。見兄弟、不踰閾。戎事、不邇女器。」《評》④丁丑。楚子入。享于鄭。九獻、庭實旅百。加籩豆六品。享畢、夜出。文芈送于軍。取鄭二姬以歸。叔詹曰、「楚王其不沒乎。爲禮、卒於無別。無別、不可謂禮。將何以沒。諸侯是以、知其不遂霸也。」〔鄭〕

(◇抽出文1條、◆抽出的編作文2條、☆編作文1條、◎無傳の經文0條)

[僖公二十三年]

◇1〔經〕廿有三年。春。齊侯伐宋。圍緡。〔左〕廿三年。春。齊侯伐宋。圍緡。以討其不與盟于齊也。〔齊〕

☆2〔經〕夏。五月。庚寅。宋公茲父卒。〔左〕夏。五月。宋襄公卒。傷於泓故也。〔宋〕

◆3〔經〕秋。楚人伐陳。〔左〕秋。①楚成得臣帥師、伐陳。討其貳於宋也。遂取焦・夷。城頓而還。子文以爲之功。使爲令尹。叔伯曰、「子若國何。」對曰、「吾以靖國也。夫有大功而無貴仕。其人能靖者與有幾。」〔楚〕②九月。晉惠公卒。懷公立。命「無從亡人。期期而不至、無赦。」狐突之子毛及偃。從重耳在秦。弗召。〔晉〕

◆4〔經〕冬。十有一月。杞子卒。〔左〕冬。①懷公執狐突、曰、「子來則免。」對曰、「子之能仕、父教之忠。古之制也。策名、委質。貳乃辟也。今臣之子、名在重耳、有年數矣。若又召之、教之貳也。父教子貳、何以事君。刑之不濫、君之明也、臣之願也。淫刑以逞、誰則無罪。臣聞命矣。」乃殺之。卜偃稱疾、不出、曰「周書有之。『乃大明服。』己則不明、而殺人以逞。不亦難乎。民不見德、而唯戮是聞。其何後之有。」〔晉〕②十一月。杞成公卒。〔魯〕③

〈書曰「子」、杞、夷也。不書名、未同盟也。〉④凡諸侯同盟、死則赴以名。禮也。赴以名、則亦書之。不然、則否。避不敏也。《凡》⑤晉公子重耳之及於難也。晉人伐諸蒲城。蒲城人欲戰。重耳不可、曰、「保君父之命而享其生祿。於是乎、得人。有人而校。罪莫大焉。吾其奔也。」遂奔狄。從者、狐偃・超衰・顚頡・魏武子・司空季子。狄人伐廧咎如。獲其二女叔隗・季隗。納諸公子。公子取季隗、生伯儵・叔劉。以叔隗妻趙衰、生盾。將適齊。謂季隗曰、「待我二十五年矣。不來、而後嫁。」對曰、「我年廿五年矣。又如是而嫁則就木焉。請待子。」處狄十二年、而行。過衞。衞文公不禮焉。出於五鹿。乞食於野人。野人與之塊。公子怒、欲鞭之。子犯曰、「天賜也。」稽首受而載之。及齊。齊桓公妻之。有馬廿乘。公子安之。從者以爲不可。將行。謀於桑下。蠶妾在其上。以告姜氏。姜氏殺之、而謂公子、曰、「子有四方之志。其聞之者、吾殺之矣。」公子曰、「無之。」姜曰、「行也。懷與安、實敗名。」公子不可。姜與子犯謀、醉而遣之。醒以戈逐子犯。及曹。曹共公聞其駢脅。欲觀其裸。浴、薄而觀之。僖負羈之妻曰、「吾觀晉公子之從者、皆足以相國。若以相、夫子必反其國。反其國、必得志於諸侯。得志於諸侯而誅無禮、曹其首也。子盍蚤自貳焉。」乃饋盤飧、寘璧焉。公子受飧、反璧。及宋。宋襄公贈之以馬廿乘。及鄭。鄭文公亦不禮焉。叔詹諫、曰、「臣聞、天之所啓、人弗及也。晉公子有三焉。天其或者將建諸。君其禮焉。男女同姓、其生不蕃。晉公子姬出也、而至于今、一也。離外之患、而天不靖晉國、殆將啓之。二也。有三士足以上人、而從之。三也。晉・鄭同儕。其過子弟、固將禮焉。況天之所啓乎。」弗聽。及楚。楚子饗之、曰、「公子若反晉國、則何以報不穀。」對曰、「子女玉帛則君有之。羽毛齒革則君地生焉。其波及晉國者君之餘也。其何以報。」君曰、「雖然、何以報我。」對曰、「若以君之靈、得反晉國、晉・楚治兵、遇於中原、其避君三舍。若不獲命、其左執鞭弭、右屬櫜鞬、以與君周旋。」子玉請殺之。楚子曰、「晉公子廣而儉、文而有禮。其從者肅而寬、忠而能力。晉侯無親。外內惡之。吾聞、姬姓唐叔之後、其後衰者也。其將由晉公子乎。天將興之。誰能廢之。違天必有大咎。」乃送諸秦。秦伯納女五人。懷嬴與焉。奉匜、沃盥、既而揮之。怒曰、「秦・晉、匹也。何以卑我。」公子懼、降服而囚。他日公享之。子犯曰、「吾不如趙衰之文也。請使衰從。」公子賦河水。公賦六月。趙衰曰、「重耳拜賜。」公子降拜、稽首。公降一級而辭焉。衰曰、「君稱所以佐天子者、命重耳。重耳敢不拜。」〔晉〕

（◇抽出文1條、◆抽出的編作文2條、☆編作文1條、◎無傳の經文0條）

［僖公二十四年］

◇1〔經〕**廿有四年。春。王。正月。**〔左〕廿四年。春。①王。正月。秦伯納之。〔晉〕②〈不書、不告入也。〉③及河、子犯以璧授公子、曰、「臣負羈紲、從君巡於天下。臣之罪甚多矣。臣猶知之。而況君乎。請由此逃。」公子曰、「所不與舅氏同心者、有如白水。」投其璧于河。〔晉〕④二月。甲午、晉師軍于廬柳、秦伯使公子縶如晉師。師退、軍于郇。辛丑。狐偃及秦・晉之大夫、盟于郇。壬寅。公子入于晉師。丙午。入于曲沃。丁未。朝于武宮。戊申。使殺懷公于高梁。〔晉〕 ⑤〈不書、亦不告也。〉 ⑥呂・郤畏偪、將焚公宮而弑晉侯。寺人披請見。公使讓之、且辭焉。曰、「蒲城之役。君命一宿。女卽至。其後餘從狄君。以田渭濱。女爲惠公來、求殺餘。命女三宿。女中宿至。雖有君命、何其速也。夫袪猶在。女其行乎。」對曰、「臣謂君之入也、其知之矣。若猶未也、又將及難。君命無二、古之制也。除君之惡、唯力是視。蒲人狄人、餘何有焉。今君卽位。其無蒲・狄乎。齊桓公置射鉤、而使管仲相。君若易之、何辱命焉。行者甚衆。豈唯刑臣。」公見之。以難告。〔晉〕

⑦三月。晉侯潛會秦伯于王城。己丑。晦。公宮火。瑕甥・郤芮不獲公。乃如河上。秦伯誘而殺之。晉公逆夫人嬴氏以歸。秦伯送衞於晉、三千人、實紀綱之僕。〔晉〕 ⑧初。晉侯之豎頭須、守藏者也。其出也、竊藏以逃。盡用以求納之。及入、求見。公辭焉以沐。謂僕人、曰、「沐則心覆。心覆則圖反。宜吾不得見也。居者爲社稷之守。行者爲羈紲之僕。其亦可也。何必罪居者。國君而讎匹夫、懼者甚衆矣。」僕人以告。公遽見之。〔晉〕 ⑨狄人歸季隗于晉、而請其二子。文公妻趙衰。生原同・屛括・樓嬰。趙姬請逆盾與其母。子餘辭。姬曰、「得寵而忘舊、何以使人。必逆之。」固請。許之。來。以盾爲才、固請于公。以爲嫡子。而使其三子下之。以叔隗爲內子。而己下之。〔晉〕 ⑩晉侯賞從亡者。介之推不言祿。祿亦弗及。推曰、「獻公之子九人。唯君在矣。惠・懷無親。外內棄之。天未絕晉。必將有主。主晉祀者、非君而誰。天實置之。而二三子以爲己力。不亦誣乎。竊人之財、猶謂之盜。況貪天之功、以爲己力乎。下義其罪、上賞其姦。上下相蒙。難與處矣。」其母曰、「盍亦求之。以死誰懟。」對曰、「尤而效之、罪又甚焉。且出怨言、不食其食。」其母曰、「亦使知之、若何。」對曰、「言身之文也。身將隱。焉用文之。是求顯也。」其母曰、「能如是乎。與女偕隱。」遂隱而死。晉侯求之、不獲。以緜上爲之田。曰、「以志吾過、且旌善人。」〔晉〕 ⑪鄭之入滑也、滑人聽命。師還。又卽衞。鄭公子士泄・堵俞彌帥師、伐滑。王使伯服・游孫伯如鄭請盟。鄭伯怨惠王之入而不與厲公爵也。又怨襄王之與衞・滑也。故不聽王命。而執二子。〔鄭〕 ⑫王怒、將以狄伐鄭。富辰諫、曰、「不可。臣聞之、大上、以德撫民。其次、親親以相及也。昔周公弔二叔之不咸。故封建親戚、以蕃屛周室。管・蔡・郕・霍・魯・衞・毛・耼・郜・雍・曹・滕・畢・原・酆・郇、文之昭也。邘・晉・應・韓、武之穆也。凡蔣・邢・茅・胙・祭、周公之胤也。召穆公思周德之不類。故糾合宗族于成周。而作詩、曰『常棣之華。鄂不韡韡。』凡今之人、莫如兄弟。其四章曰『兄弟鬩于牆。外禦其侮。』如是、則兄弟雖有小忿、不廢懿親。今天子不忍小忿、以棄鄭親、其若之何。庸勳、親親、暱近、尊賢、德之大者也。卽聾、從昧、與頑、用嚚、姦之大者也。棄德崇姦、禍之大者也。鄭有平・惠之勳。又有厲・宣之親。棄嬖寵而用三良。於諸姬爲近。四德具矣。耳不聽五聲之和爲聾。目不別五色之章爲昧。心不測德義之經爲頑。口不道忠信之言爲嚚。狄皆則之。四姦具矣。周之有懿德也。猶曰『莫如兄弟』故封建之。其懷柔天下也。猶懼有外侮。捍禦侮者、莫如親親。故以親屛周。召穆公亦云、『今周德既衰。於是乎、又渝周・召、以從諸姦、無乃不可乎。』民未忘禍。王又興之。其若文武何。」

王弗聽。使頽叔桃子出狄師。〔周〕

◇2〔經〕夏。狄伐鄭。〔左〕夏。①狄伐鄭。取櫟。王德狄人。將以其女爲后。富辰諫曰、「不可。臣聞之、曰『報者倦矣。施者未厭』狄固貪惏。王又啓之。女德無極。婦怨無終。狄必爲患。」王又弗聽。〔周〕②初。甘昭公有寵於惠后。惠后將立之。未及而卒。昭公奔齊。王復之。又通於隗氏。王替隗氏。頽叔桃子曰、「我實使狄。狄其怨我。」遂奉大叔、以狄師攻王。王御士將禦之。王曰、「先后其謂我何。寧使諸侯圖之。」王遂出、及坎欿。國人納之。〔周〕

◎3〔經〕秋。七月。〔左〕秋。①頽叔桃子奉大叔、以狄師伐周。大敗周師。獲周公忌父・原伯・毛伯・富辰。王出、適鄭。處于氾。大叔以隗氏、居于溫。〔周〕②鄭子華之弟子臧出奔宋。好聚鷸冠。鄭伯聞而惡之。使盜誘之。八月。盜殺之于陳宋之閒。〔鄭〕③君子曰、「服之不衷。身之災也。詩曰『彼己之子。不稱其服。』子臧之服不稱也夫。詩曰『自詒伊慼。』其子臧之謂矣。夏書曰『地平天成。』稱也。」《評》④宋及楚、平。宋成公如楚。還入於鄭。鄭伯將享之。問禮於皇武子。對曰、「宋先代之後也。於周爲客。天子有事膰焉。有喪拜焉。豐厚、可也。」鄭伯從之。饗宋公有加。禮也。〔鄭〕

◆4〔經〕冬。天王出、居于鄭。（3①の左傳文と對應）〔左〕冬。①王使來告難、曰、「不穀不德。得罪于母弟之寵子帶。鄙在鄭地氾。敢告叔父。」臧文仲對曰、「天子蒙塵于外。敢不奔問官守。」〔魯〕②王使簡師父告于晉。使左鄢父告于秦。〔周〕③〈天子無出。書曰「天王出、居于鄭。」避母弟之難也。〉④天子凶服、降名。禮也。《評》⑤鄭伯與孔將鉏・石甲父・侯宣多、省視官具于氾。而後聽其私政。禮也。〔鄭〕⑥衞人將伐邢。禮至曰、「不得其守、國不可得也。我請、昆弟仕焉。」乃往得仕。〔衞〕

◎5〔經〕晉侯夷吾卒。〔左〕なし

（◇抽出文2條、◆抽出的編作文1條、☆編作文0條、◎無傳の經文2條）

〔僖公二十五年〕

◇1〔經〕廿有五年。春。王。正月。丙午。衞侯燬滅邢。〔左〕廿五年。春。①衞人伐邢。二禮從國子巡城、掖以赴外、殺之。正月。丙午。衞侯燬滅邢。〔衞〕②同姓也。故名。《凡》③禮至、自以爲銘、曰、「餘掖殺國子。莫餘敢止。」〔衞〕④秦伯師于河上、將納王。狐偃言於晉侯、曰、「求諸侯、莫如勤王。諸侯信之、且大義也。繼文之業、而信宣於諸侯、今爲可矣。」使卜偃卜之、曰、「吉。遇黄帝戰于阪泉之兆。」公曰、「吾不堪也。」對曰、「周禮未改。今之王、古之帝也。」公曰、「筮之。」筮之、遇大有䷍之睽䷥。曰、「吉。遇公用享于天子之卦。戰克而王饗。吉孰大焉。且是卦也、天爲澤以當日、天子降心、以逆公。不亦可乎。大有去睽而復、亦其所也。」晉侯辭秦師、而下。三月。甲辰。次于陽樊。右師圍溫。左師逆王。〔晉〕

◎2〔經〕夏。四月。癸酉。衞侯燬卒。〔左〕夏。①四月。丁巳。王入于王城。取大叔于溫。殺之于隰城。戊午。晉侯朝王。王享醴。命之宥。請隧。弗許。曰、「王章也。未有代德、而有二王、亦叔父之所惡也。」與之陽樊・溫原・欑茅之田。〔周〕②晉侯、於是乎、始啓南陽。陽樊不服。圍之。蒼葛呼、曰、「德以柔中國。刑以威四夷。宜吾不敢服也。此誰非王之親姻。其俘之也。」乃出其民。〔晉〕

◎3〔經〕宋蕩伯姬來、逆婦。〔左〕なし

◎4〔經〕宋殺其大夫。〔左〕なし

◆5〔經〕秋。楚人圍陳。納頓子于頓。〔左〕秋。①秦・晉、伐鄀。楚鬭克・屈禦寇、以申・息之師、戍商密。秦人過析、隈入而係輿人、以圍商密。昏而傅焉。宵坎血、加書、僞與子儀子邊盟者。商密人懼曰、「秦取析矣。戍人反矣。」乃降秦師。秦師囚申公子儀・息公子邊、以歸。〔秦〕②楚令尹子玉追秦師。弗及。遂圍陳。納頓子于頓。〔楚〕

◎6〔經〕葬衞文公。〔左〕なし

☆7〔經〕冬。十有二月。癸亥。公會衞子・莒慶、盟于洮。〔左〕冬。①晉侯圍原。命三日之糧。原不降。命去之。諜出。曰、「原將降矣。」軍吏曰、「請待之。」公曰、「信、國之寶也、民之所庇也。得原失信、何以庇之。所亡滋多。」退一舍而原降。遷原伯貫于冀。趙衰爲原大夫。狐溱爲溫大夫。〔晉〕②衞人平莒于我。十二月。盟于洮。脩衞文公之好。且及莒、平也。〔魯〕③晉侯問原守於寺人勃鞮。對曰、「昔趙衰、以壷飧從徑、餒而弗食。」故使處原。〔晉〕

（◇抽出文1條、◆抽出的編作文1條、☆編作文1條、◎無傳の經文4條）

〔僖公二十六年〕

☆1〔經〕二十有六年。春。王。正月。己未。公會莒子・衞甯速、盟于向。〔左〕二十六年。春。王。正月。公會莒茲丕公・甯莊子、盟于向。尋洮之盟也。〔魯〕

◆2〔經〕齊人侵我西鄙。〔左〕齊師侵我西鄙。討是二盟也。〔齊〕

◎3〔經〕公追齊師、至酅。弗及。〔左〕なし

◆4〔經〕夏。齊人伐我北鄙。〔左〕夏。①齊孝公伐我北鄙。衞人伐齊。洮之盟故也。〔魯〕②公使展喜犒師。使受命于展禽。齊侯未入境。展喜從之、曰、「寡君聞、君親擧玉趾將辱於敝邑、使下臣犒執事。」齊侯曰、「魯人恐乎。」對曰、「小人恐矣。君子則否。」齊侯曰、「室如縣罄、野無青草、何恃而不恐。」對曰、「恃先王之命。昔周公・大公股肱周室、夾輔成王。成王勞之、而賜之命。曰、『世世子孫、無相害也。』載在盟府。大師職之。桓公是以糾合諸侯、而謀其不協、彌縫其闕、而匡救其災、昭舊職也。及君卽位、諸侯之望、曰、『其率桓公之功、我敝邑用是、不敢保聚。』曰、『豈其嗣世九年、而棄命廢職。其若先君何。君必不然。』恃此以不恐。」齊侯乃還。〔魯〕

◇5〔經〕衞人伐齊。〔左〕（4①の左傳文と對應）

◆6〔經〕公子遂如楚、乞師。〔左〕①東門襄仲・臧文仲如楚、乞師。臧孫見子玉而導之、伐齊・宋。以其不臣也。〔魯〕②夔子不祀祝融與鬻熊。楚人讓之。對曰、「我先王熊摯有疾。鬼神弗赦。而自竄于夔。吾是以失楚、又何祀焉。」〔楚〕

◆7〔經〕秋。楚人滅夔、以夔子歸。〔左〕秋。①楚成得臣・鬭宜申帥

師、滅夔。以夔子歸。〔楚〕②宋以其善於晉侯也、叛楚、卽晉。
〔晉〕
◆8〔經〕冬。楚人伐宋、圍緡。〔左〕冬。楚令尹子玉・司馬子西帥師、
伐宋、圍緡。〔楚〕
◇9〔經〕公以楚師、伐齊、取穀。〔左〕①公以楚師、伐齊、取穀。
〔魯〕②凡師、能左右之、曰以。《凡》③寘桓公子雍於穀。易
牙奉之、以爲魯援。楚申公叔侯戍之。桓公之子七人爲七大夫於楚。
〔齊〕
◎10〔經〕公至自伐齊。〔左〕なし
(◇抽出文2條、◆抽出的編作文5條、☆編作文1條、◎無傳の經文2條)

[僖公二十七年]

◆1〔經〕廿有七年。春。杞子來朝。〔左〕廿七年。春。①杞桓公來朝。
用夷禮。〔魯〕②〈故曰子。〉③公卑杞。杞不恭也。〔魯〕
☆2〔經〕夏。六月。庚寅。齊侯昭卒。〔左〕夏。齊孝公卒。有齊怨、
不廢喪紀。禮也。〔魯〕
◎3〔經〕秋。八月。乙未。葬齊孝公。〔左〕秋。
☆4〔經〕乙巳。公子遂帥師、入杞。〔左〕①入杞。責無禮也。〔魯〕
②楚子將圍宋。使子文治兵於睽。終朝而畢。不戮一人。子玉復治
兵於蔿。終日而畢。鞭七人、貫三人之耳。國老皆賀子文。子文飲
之酒。蔿賈尚幼。後至。不賀。子文問之。對曰、「不知所賀。子
之傳政於子玉、曰、『以靖國也。』靖諸内而敗諸外、所獲幾何。子
玉之敗、子之擧也。擧以敗國。將何賀焉。子玉剛而無禮。不可以
治民。過三百乘、其不能以入矣。苟入而賀、何後之有。」〔楚〕
☆5〔經〕冬。楚人・陳侯・蔡侯・鄭伯・許男、圍宋。〔左〕冬。①楚
子及諸侯、圍宋。〔楚〕②宋公孫固如晉。告急。先軫曰、「報施
救患、取威定霸、於是乎、在矣。」狐偃曰、「楚始得曹、而新昏於
衞。若伐曹・衞、楚必救之。則齊・宋免矣。」於是乎、蒐于被廬。
作三軍。謀元帥。趙衰曰、「郤穀可。臣亟聞其言矣。說禮樂而敦
詩書。詩書、義之府也。禮樂、德之則也。德義、利之本也。夏書
曰『賦納以言、明試以功、車服以庸。』君其試之。」乃使郤穀將中
軍。郤溱佐之。使狐偃將上軍、讓於狐毛而佐之。命趙衰爲卿、讓
於欒枝・先軫。使欒枝將下軍、先軫佐之。荀林父御戎。魏犨爲右。
晉侯始入、而教其民二年。欲用之。子犯曰、「民未知義。未安其
居。」於是乎、出定襄王。入務利民、民懷生矣。將用之。子犯曰、
「民未知信。未宣其用。」於是乎、伐原以示之信。民易資者、不求
豐焉。明徵其辭。公曰、「可矣乎。」子犯曰、「民未知禮。未生其
恭。」於是乎、大蒐、以示之禮。作執秩、以正其官。民聽不惑、
而後用之。出穀戍、釋宋圍。一戰而霸。文之教也。〔晉〕
◎6〔經〕十有二月。甲戌。公會諸侯、盟于宋。〔左〕なし
(◇抽出文0條、◆抽出的編作文1條、☆編作文3條、◎無傳の經文2條)

[僖公二十八年]

◆1〔經〕廿有八年。春。晉侯侵曹。晉侯伐衞。〔左〕廿八年。春。①
晉侯將伐曹。假道于衞。衞人弗許。還、自南河、濟。侵曹、伐衞。
正月。戊申。取五鹿。〔晉〕②二月。晉郤穀卒。原軫將中軍、胥

臣佐下軍。上德也。〔晉〕③晉侯・齊侯、盟于斂盂。衞侯請盟。晉人弗許。衞侯欲與楚。國人不欲。故出其君。以說于晉。衞侯出、居于襄牛。〔晉〕

◇2〔經〕公子買戍衞。〔左〕公子買戍衞。〔魯〕

◆3〔經〕不卒戍。刺之。〔左〕（4①の左傳文と對應）

◇4〔經〕楚人救衞。〔左〕①楚人救衞。不克。公懼於晉。殺子叢以說焉。謂楚人、「不卒戍也。」〔魯〕②晉侯圍曹。門焉。多死。曹人尸諸城上。晉侯患之。聽輿人之誦、稱「舍於墓。」師遷焉。曹人兇兇懼。爲其所得者、棺而出之。因其兇也、而攻之。〔晉〕

◆5〔經〕三月。丙午。晉侯入曹。執曹伯、畀宋人。〔左〕①三月。丙午。入曹。數之、以其不用僖負羈、而乘軒者三百人也。且曰、「獻狀。」令無入僖負羈之宮、而免其族。報施也。〔晉〕②魏犫・顚頡怒、曰、「勞之不圖、報於何有。」爇僖負羈氏。魏犫傷於胷。公欲殺之、而愛其材。使問且視之。病將殺之。魏犫束胷、見使者、曰、「以君之靈、不有寧也。」距躍三百、曲踊三百。乃舍之、殺顚頡、以徇于師。立舟之僑、以爲戎右。〔晉〕③宋人使門尹般如晉師、告急。公曰、「宋人告急。舍之、則絕。告楚、不許。我欲戰矣。齊・秦未可。若之何。」先軫曰、「使宋舍我而賂齊・秦、藉之告楚。我執曹君而分曹・衞之田、以賜宋人。楚愛曹・衞、必不許也。喜賂、怒頑、能無戰乎。」公說。執曹伯。分曹・衞之田、以畀宋人。〔晉〕④楚子入、居于申。使申叔去穀。使子玉去宋。曰、「無從晉師。晉侯在外、十九年矣。而果得晉國。險阻艱難。備嘗之矣。民之情僞、盡知之矣。天假之年、而除其害。天之所置。其可廢乎。軍志曰『允當則歸。』又曰『知難而退。』又曰『有德不可敵。』此三志者、晉之謂矣。」子玉使伯棼請戰。曰、「非敢必有功也。願以閒執讒慝之口。」王怒。少與之師。唯西廣・東宮與若敖之六卒、實從之。〔楚〕⑤子玉使宛春告於晉師、曰、「請復衞侯、而封曹。臣亦釋宋之圍。」子犯曰、「子玉無禮哉。君取一、臣取二。不可失矣。」先軫曰、「子與之。定人之謂禮。楚一言而定三國。我一言而亡之。我則無禮。何以戰乎。不許楚言、是棄宋也。救而棄之、謂諸侯何。楚有三施。我有三怨。怨讎已多。將何以戰。不如私許復曹・衞以攜之、執宛春以怒楚、既戰而後圖之。」公說。乃拘宛春於衞。且私許復曹・衞。曹・衞告絕於楚。子玉怒。從晉師。晉師退。軍吏曰、「以君避臣、辱也。且楚師老矣。何故退。」子犯曰、「師直爲壯、曲爲老。豈在久乎。微楚之惠、不及此。退三舍、辟之、所以報也。背惠食言、以亢其讎。我曲楚直、其衆素飽、不可謂老。我退而楚還、我將何求。若其不還、君退臣犯。曲在彼矣。」退三舍。〔晉〕⑥楚衆欲止。子玉不可。〔楚〕

◆6〔經〕夏。①四月。己巳。晉侯・齊師・宋師・秦師、及楚人、戰于城濮。楚師敗績。〔左〕夏。①四月。戊辰。晉侯・宋公・齊國歸父・崔夭・秦小子憖、次于城濮。楚師背酅而舍。晉侯患之。聽輿人之誦。曰、「原田每每、舍其舊而新是謀。」公疑焉。子犯曰、「戰也。戰而捷、必得諸侯。若其不捷、表裏山河、必無害也。」公曰、「若楚惠何。」欒貞子曰、「漢陽諸姬、楚實盡之。思小惠而忘大恥、不如戰也。」晉侯夢與楚子搏、楚子伏己而盬其腦。是以懼。子犯曰、「吉。我得天。楚伏其罪。吾且柔之矣。」〔晉〕②子玉使鬬勃請戰、曰、「請與君之士戲、君馮軾而觀之。得臣與寓目焉。」晉侯使欒枝對、曰、「寡君聞命矣。楚君之惠、未之敢忘。是以在此。爲大夫退。其敢當君乎。既不獲命矣。敢煩大夫、謂二三子。戒爾車乘、敬爾君事、詰朝將相見。」晉車七百乘、韅靷鞅靽。晉侯登有莘之墟、以觀師、曰、「少長有禮。其可用也。」遂伐其木、以益其兵。己巳。晉師陳于莘北。胥臣以下軍之佐、當陳・蔡。〖晉〗③子玉以若敖之六卒、將中軍曰、「今日必無晉矣。」子西將左、子上將右。〖楚〗④胥臣蒙馬以虎皮、先犯陳・蔡。陳・蔡奔。楚右師潰。狐毛設二旆而退之。欒枝使輿曳柴而僞遁。楚師馳之。原軫・郤溱以中軍公族、橫擊之。狐毛・狐偃以上軍夾、攻子西。楚左師潰。楚師敗績。子玉收其卒、而止。故不敗。晉師三日館、穀。及癸酉而還。甲午。至于衡雍。作王宮于踐土。〖晉〗⑤嚮役之三月。鄭伯如楚。致其師。爲楚師既敗、而懼。使子人九行成于晉。晉欒枝入、盟鄭伯。〖鄭〗⑥五月。丙午。晉侯及鄭伯、盟于衡雍。〖晉〗⑦丁未。獻楚俘于王。駟介百乘、徒兵千。鄭伯傅王。用平禮也。己酉。王享醴。命晉侯宥。王命尹氏及王子虎・內史叔興父、策命晉侯爲侯伯。賜之大路之服、戎輅之服、彤弓一、彤矢百、玈弓十、玈矢千、秬鬯一卣、虎賁三百人。曰、「王謂叔父、敬服王命、以綏四國、糾逖王慝。」晉侯三辭、從命。曰、「重耳敢再拜稽首、奉揚天子之丕顯休命。」受策以出。出入三覲。〖周〗

◆7〔經〕楚殺其大夫得臣。〔左〕（9③の左傳文と對應）

◇8〔經〕衞侯出奔楚。〔左〕衞侯聞楚師敗。懼。出奔楚。遂適陳。使元咺奉叔武以受盟。〖衞〗

☆9〔經〕五月。癸丑。公會晉侯・齊侯・宋公・蔡侯・鄭伯・衞子・莒子。盟于踐土。〔左〕①癸亥。王子虎盟諸侯于王庭。要言、曰、「皆獎王室、無相害也。有渝此盟、明神殛之、俾隊其師、無克祚國、及而玄孫、無有老幼。」〖周〗②君子謂、「是盟也信。」謂晉、「於是役也、能以德攻。」《評》③初。楚子玉自爲瓊弁玉纓、未之服也。先戰、夢河神謂己、曰、「畀餘。餘賜女孟諸之麋。」弗致也。大心與子西使榮黃諫。弗聽。榮季曰、「死而利國、猶或爲之。況瓊玉乎。是糞土也。而可以濟師。將何愛焉。」弗聽。出告二子、曰、「非神敗令尹。令尹其不勤民。實自敗也。」既敗。王使謂之、曰「大夫若入、其若申・息之老何。」子西・孫伯曰、「得臣將死。」二臣止之、曰、「君其將以爲戮。」及連穀而死。〖楚〗④晉侯聞之、而後喜可知也。曰、「莫餘毒也已。蔿呂臣實爲令尹。奉己而已。不在民矣。」〖晉〗

◎10〔經〕陳侯如會。〔左〕なし

◎11〔經〕公朝于王所。〔左〕なし

◆12〔經〕六月。衞侯鄭、自楚復歸于衞。〔左〕①或訴元咺於衞侯、曰、「立叔武矣。」其子角從公。公使殺之。咺不廢命、奉夷叔以入守。〖衞〗②六月。晉人復衞侯。甯武子與衞人盟于宛濮。曰、「天禍衞國、君臣不協。以及此憂也。今天誘其衷、使皆降心以相從也。不有居者、誰守社稷。不有行者、誰扞牧圉。不協之故、用昭乞盟于爾大神、以誘天衷。自今日以往、既盟之後、行者無保其力、居者無懼其罪。其有渝此盟、以相及也。明神先君、是糾、是殛。」國人聞此盟也、而後不貳。衞侯先期、入。甯子先。長牂守門。以爲使也、與之乘而入。公子歂犬・華仲前驅、叔武將沐。聞君至、喜、捉髮走出。前驅射而殺之。公知其無罪也。枕之股而哭之。〔衛〕

◆13〔經〕衛元咺出奔晉。〔左〕①歂犬走出。公使殺之。元咺出奔晉。〔衛〕②城濮之戰。晉中軍風于澤。亡大旆之左旃。祁瞞奸命。司馬殺之、以徇于諸侯、使茅茷代之。師還。壬午。濟河。舟之僑先歸。士會攝右。〔晉〕

◎14〔經〕陳侯款卒。〔左〕なし

◎15〔經〕秋。杞伯姬來。〔左〕秋。①七月。丙申。振旅、愷以入于晉。獻俘、授馘、飲至、大賞。徵會、討貳。殺舟之僑以徇于國。民、於是大服。〔晉〕②君子謂文公、「其能刑矣。三罪而民服。詩云『惠此中國、以綏四方。』不失賞刑之謂也。」《評》

◎16〔經〕公子遂如齊。〔左〕なし

☆17〔經〕冬。公會晉侯・齊侯・宋公・蔡侯・鄭伯・陳子・莒子・邾子・秦人于溫。〔左〕冬。會于溫。討不服也。〔晉〕

☆18〔經〕天王狩于河陽。〔左〕（21②の左傳文と對應）

◇19〔經〕壬申。公朝于王所。〔左〕（21⑤の左傳文と對應）

◆20〔經〕晉人執衛侯、歸之于京師。〔左〕衛侯與元咺訟。甯武子爲輔。鍼莊子爲坐。士榮爲大士。衛侯不勝。殺士榮、刖鍼莊子。謂甯兪忠、而免之。執衛侯、歸之于京師。寘諸深室。甯子職納橐饘焉。〔衛〕

◆21〔經〕衛元咺、自晉復歸于衛。〔左〕①元咺歸于衛。立公子瑕。〔衛〕②是會也、晉侯召王、以諸侯見、且使王狩。〔晉〕③〈仲尼曰、「以臣召君、不可以訓。故書曰、『天王狩于河陽。』言非其地也。且明德也。」《解經文としての評言》④壬申。公朝于王所。〔魯〕

◆22〔經〕諸侯遂圍許。〔左〕丁丑。諸侯圍許。〔晉〕

☆23〔經〕曹伯襄、復歸于曹。遂會諸侯、圍許。〔左〕①晉侯有疾。曹伯之豎侯獳、貨筮史、使曰、「以曹爲解。齊桓公爲會而封異姓。今君爲會而滅同姓。曹叔振鐸、文之昭也。先君唐叔、武之穆也。且合諸侯而滅兄弟、非禮也。與衛偕命、而不與偕復、非信也。同罪異罰、非刑也。禮以行義、信以守禮、刑以正邪。舍此三者、君將若之何。」公說。復曹伯。遂會諸侯于許。〔晉〕②晉侯作三行。以禦狄。荀林父將中行、屠擊將右行、先蔑將左行。〔晉〕

（◇抽出文4條、◆抽出的編作文10條、☆編作文4條、◎無傳の經文5條）

［僖公二十九年］

◇1〔經〕廿有九年。春。介葛盧來。〔左〕廿九年。春。介葛盧來朝。舍于昌衍之上。公在會。饋之芻米。禮也。〔魯〕

◎2〔經〕公至自圍許。〔左〕なし

☆3〔經〕夏。六月。會王人・晉人・宋人・齊人・陳人・蔡人・秦人、盟于翟泉。〔左〕夏。①公會王子虎・晉狐偃・宋公孫固・齊國歸父・陳轅濤塗・秦小子慭、盟于翟泉。尋踐土之盟。且謀伐鄭也。〔魯〕②〈卿不書、罪之也。在禮、卿不會公・侯。會伯・子・男、可也。〉

◇4〔經〕秋。大雨雹。〔左〕秋。大雨雹。爲災也。〔魯〕

◇5〔經〕冬。介葛盧來。〔左〕冬。介葛盧來。以未見公故。復來朝。禮之、加燕好。介葛盧聞牛鳴、曰、「是生三犧、皆用之矣。其音云。」問之而信。〔魯〕

（◇抽出文3條、◆抽出的編作文0條、☆編作文1條、◎無傳の經文1條）

〔僖公三十年〕

◎1〔經〕卅年。春。王。正月。〔左〕卅年。春。晉人侵鄭。以觀其可攻與否。狄閒晉之有鄭虞也。〔晉〕

◇2〔經〕夏。狄侵齊。〔左〕夏。①狄侵齊。〔晉〕②晉侯使醫衍酖衛侯。甯俞貨醫、使薄其酖。不死。〔晉〕③公爲之請、納玉於王與晉侯。皆十瑴。王許之。〔魯〕

◆3〔經〕秋。衛殺其大夫元咺及公子瑕。〔左〕秋。①乃釋衛侯。〔晉〕
②衛侯使賂周歂・冶廑、曰「苟能納我。吾使爾爲卿。」周・冶殺元咺及子適・子儀。公入、祀先君。周・冶既服、將命。周歂先入。及門、遇疾而死。冶廑辭卿。〔衛〕

☆4〔經〕衛侯鄭歸于衛。〔左〕（3の左傳文と對應）

◆5〔經〕晉人・秦人、圍鄭。〔左〕①九月。甲午。晉侯・秦伯圍鄭。以其無禮於晉、且貳於楚也。〔晉〕②晉軍函陵。秦軍氾南。佚之狐言於鄭伯、曰、「國危矣。若使燭之武見秦君、師必退。」公從之。辭曰、「臣之壯也、猶不如人。今老矣。無能爲也已。」公曰、「吾不能早用子。今急而求子。是寡人之過也。然鄭亡、子亦有不利焉。」許之。夜縋而出。見秦伯、曰、「秦・晉圍鄭。鄭既知亡矣。若亡鄭而有益於君、敢以煩執事。越國以鄙遠、君知其難也。焉用亡鄭以陪鄰。鄰之厚、君之薄也。若舍鄭以爲東道主、行李之往來、供其乏困。君亦無所害。且君嘗爲晉君賜矣。許君焦瑕、朝濟而夕設版焉。君之所知也。夫晉何厭之。既東封鄭、又欲肆其西封。不闕秦、將焉取之。闕秦以利晉。唯君圖之。」秦伯說。與鄭人盟。使杞子・逢孫・揚孫、戍之。乃還。〔鄭〕③子犯請擊之。公曰「不可。微夫人之力。不及此。因人之力而弊之、不仁。失其所與、不知。以亂易整、不武。吾其還也。」亦去之。〔晉〕④初。鄭公子蘭出奔晉。從於晉侯伐鄭。請無與圍鄭。許之。使待命于東。鄭石甲父・侯宣多、逆以爲大子、以求成于晉。晉人許之。〔鄭〕

◎6〔經〕介人侵蕭。〔左〕なし

◆7〔經〕冬。天王使周公來聘。〔左〕冬。王使周公閲來聘。饗。有昌歜・白黑・形鹽。辭曰、「國君、文足昭也、武可畏也。則有備物之饗、以象其德、薦五味、羞嘉穀、鹽虎形、以獻其功。吾何以堪之。」〔魯〕

◆8〔經〕公子遂如京師。遂如晉。〔左〕東門襄仲將聘于周。遂初聘于晉。〔魯〕

（◇抽出文1條、◆抽出的編作文4條、☆編作文1條、◎無傳の經文2條）

〔僖公三十一年〕

◇1〔經〕卅有一年。春。取濟西田。〔左〕卅一年。春。取濟西田。分曹地也。〔魯〕

◆2〔經〕公子遂如晉。〔左〕使臧文仲往。宿於重館。重館人告、曰、「晉新得諸侯。必親其共。不速行、將無及也。」從之。分曹地。自

洮以南、東傅于濟、盡曹地也。襄仲如晉。拜曹田也。〔魯〕

◇3〔經〕夏。四月。四卜郊。不從。乃免牲。〔左〕夏。四月。四卜郊。不從。乃免牲。非禮也。〔魯〕

◇4〔經〕猶三望。〔左〕①猶三望。亦非禮也。〔魯〕②禮、不卜常祀、而卜其牲日。牛卜日、曰牲。牲成而卜郊、上怠慢也。望、郊之細也。不郊亦無望、可也。《凡》

◎5〔經〕秋。七月。〔左〕秋。晉蒐于淸原。作五軍。以禦狄。趙衰爲卿。〔晉〕

◎6〔經〕冬。杞伯姬來、求婦。〔左〕冬。

◇7〔經〕狄圍衞。〔左〕狄圍衞。〔衞〕

◆8〔經〕十有二月。衞遷于帝丘。〔左〕①衞遷于帝丘。卜曰、「三百年。」衞成公夢康叔、曰、「相奪豫享。」公命祀相。甯武子不可、曰、「鬼神非其族類、不歆其祀。杞・鄫何事。相之不享於此、久矣。非衞之罪也。不可以閒成王・周公之命祀。請改祀命。」〔衞〕

②鄭泄駕惡公子瑕。鄭伯亦惡之。故公子瑕出奔楚。〔鄭〕

（◇抽出文4條、◆抽出的編作文2條、☆編作文0條、◎無傳の經文2條）

［僖公三十二年］

◎1〔經〕卅有二年。春。王。正月。〔左〕卅二年。春。楚鬭章請平于晉。晉陽處父報之。晉・楚始通。〔晉〕

◎2〔經〕夏。四月。己丑。鄭伯捷卒。〔左〕夏。

◇3〔經〕衞人侵狄。〔左〕狄有亂。衞人侵狄。狄請平焉。〔衞〕

◇4〔經〕秋。衞人及狄、盟。〔左〕秋。衞人及狄、盟。〔衞〕

☆5〔經〕冬。十有二月。己卯。晉侯重耳卒。〔左〕冬。①晉文公卒。庚辰。將殯于曲沃。出絳、柩有聲如牛。卜偃使大夫拜、曰、「君命大事。將有西師過軼我。擊之、必大捷焉。」〔晉〕②杞子自鄭、使告于秦、曰、「鄭人使我掌其北門之管。若潛師以來、國可得也。」穆公訪諸蹇叔。蹇叔曰、「勞師以襲遠、非所聞也。師勞力竭、遠主備之。無乃不可乎。師知所爲、鄭必知之。勤而無所、必有悖心。且行千里、其誰不知。」公辭焉。召孟明・西乞・白乙、使出師於東門之外。蹇叔哭之、曰、「孟子、吾見師之出、而不見其入也。」公使謂之、曰、「爾何知。中壽、爾墓之木拱矣。」蹇叔之子與師。哭而送之。曰、「晉人禦師。必於殽。殽有二陵焉。其南陵、夏后皐之墓也。其北陵、文王之所辟風雨也。必死是閒。餘收爾骨焉。」秦師遂東。〔秦〕

（◇抽出文2條、◆抽出的編作文0條、☆編作文1條、◎無傳の經文2條）

［僖公三十三年］

◆1〔經〕卅有三年。春。王。二月。秦人入滑。〔左〕卅三年。春。①秦師過周北門。左右免冑而下、超乘者三百乘。王孫滿尙幼、觀之。言於王、曰、「秦師輕而無禮。必敗。輕則寡謀、無禮則脫。入險而脫、又不能謀。能無敗乎。」〔周〕②及滑。鄭商人弦高將市於周、遇之。以乘韋先牛十二、犒師。曰、「寡君聞、吾子將步師出於敝邑、敢犒從者。不腆敝邑、爲從者之淹、居則具一日之積、行則備一夕之衞。」且使遽告于鄭。鄭穆公使視客館、則束載厲兵秣馬矣。使皇武子辭焉、曰、「吾子淹久於敝邑、唯是脯資餼牽竭矣。

爲吾子之將行也。鄭之有原圃、猶秦之有具囿也。吾子取其麋鹿、以閑敝邑、若何。」杞子奔齊。逢孫・揚孫、奔宋。〔鄭〕③孟明曰、「鄭有備矣。不可冀也。攻之不克。圍之不繼。吾其還也。」滅滑而還。〔秦〕

◆2〔經〕齊侯使國歸父來聘。〔左〕①齊國莊子來聘。自郊勞至于贈賄。禮成、而加之以敏。臧文仲言於公、曰、「國子爲政。齊猶有禮。君其朝焉。臣聞之、服於有禮、社稷之衛也。」〔魯〕②晉原軫曰、「秦違蹇叔而以貪、勤民。天奉我也。奉不可失。敵不可縱。縱敵、患生。違天、不祥。必伐秦師。」欒枝曰、「未報秦施而伐其師。其爲死君乎。」先軫曰、「秦不哀吾喪、而伐吾同姓。秦則無禮。何施之爲。吾聞之、一日縱敵、數世之患也。謀及子孫、可謂死君乎。」遂發命、遽興姜戎。子墨衰絰、梁弘御戎、萊駒爲右。〔晉〕

◆3〔經〕夏。四月。辛巳。晉人及姜戎、敗秦師于殽。〔左〕夏。①四月。辛巳。敗秦師于殽。獲百里孟明視・西乞術・白乙丙、以歸。遂墨、以葬文公。晉、於是始墨。〔晉〕②文嬴請三帥、曰、「彼實構吾二君。寡君若得、而食之不厭。君何辱討焉。使歸就戮于秦、以逞寡君之志、若何。」公許之。先軫朝。問秦囚。公曰、「夫人請之。吾舍之矣。」先軫怒、曰、「武夫力而拘諸原。婦人暫而免諸國。墮軍實而長寇讎。亡無日矣。」不顧而唾。公使陽處父追之。及諸河。則在舟中矣。釋左驂以公命贈孟明。孟明稽首、曰、「君之惠不以纍臣釁鼓、使歸就戮于秦。寡君之以爲戮、死且不朽。若從君惠而免之、三年將拜君賜。」〔晉〕③秦伯素服郊次。鄉師而哭、曰、「孤違蹇叔、以辱二三子。孤之罪也。」不替孟明。曰、「孤之過也。大夫何罪。且吾不以一眚掩大德。」〔秦〕

◎4〔經〕癸巳。葬晉文公。〔左〕なし

◇5〔經〕狄侵齊。〔左〕狄侵齊。因晉喪也。〔晉〕

◆6〔經〕公伐邾、取訾婁。〔左〕公伐邾、取訾婁。以報升陘之役。邾人不設備。〔魯〕

◆7〔經〕秋。公子遂帥師、伐邾。〔左〕秋。襄仲復伐邾。〔魯〕

◆8〔經〕晉人敗狄于箕。〔左〕①狄伐晉及箕。八月。戊子。晉侯敗狄于箕。郤缺獲白狄子。先軫曰「匹夫逞志於君、而無討。敢不自討乎。」免冑入狄師、死焉。狄人歸其元。面如生。〔晉〕②初。臼季使過冀、見冀缺耨、其妻饁之。敬相待如賓。與之歸。言諸文公、曰「敬、德之聚也。能敬必有德。德以治民。君請用之。臣聞之『出門如賓、承事如祭、仁之則也。』」公曰、「其父有罪。可乎。」對曰、「舜之罪也、殛鯀。其擧也、興禹。管敬仲、桓公之賊也。實相以濟。康誥曰『父不慈、子不祗、兄不友、弟不共、不相及也。』詩曰『采葑采菲、無以下體。』君取節、焉可也。」文公以爲下軍大夫。反自箕。襄公以三命、命先且居將中軍。以再命、命先茅之縣、賞胥臣、曰、「擧郤缺、子之功也。」以一命、命郤缺爲卿。復與之冀。亦未有軍行。〔晉〕

◇9〔經〕冬。十月。公如齊。〔左〕冬。公如齊。朝、且弔有狄師也。〔魯〕

◆10〔經〕十有二月。公至自齊。〔左〕反。（9の左傳文とも對應）〔魯〕

☆11〔經〕乙巳。公薨于小寢。〔左〕薨于小寢。卽安也。〔魯〕

◎12〔經〕隕霜不殺草。李梅實。〔左〕なし

◆13〔經〕晉人・陳人・鄭人、伐許。〔左〕①晉・陳・鄭、伐許。討其貳於楚也。〔晉〕②楚令尹子上侵陳・蔡。陳・蔡成。遂伐鄭。將納公子瑕。門于桔柣之門。瑕覆于周氏之汪。外僕髡屯禽之、以獻。文夫人斂而葬之鄶城之下。〔鄭〕③晉陽處父侵蔡。楚子上救之。與晉師夾泜而軍。陽子患之、使謂子上、曰、「吾聞之、『文不犯順、武不違敵。』子若欲戰、則吾退舍。子濟而陳。遲速唯命。不然、紓我。老師、費財、亦無益也。」乃駕以待。子上欲涉。大孫伯曰、「不可。晉人無信。半涉而薄我、悔敗、何及。不如紓之。」乃退舍。陽子宣言曰、「楚師遁矣。」遂歸。〔晉〕④楚師亦歸。大子商臣譖子上、曰、「受晉賂而辟之、楚之恥也。罪莫大焉。」王殺子上。〔楚〕⑤葬僖公。緩。作主、非禮也。〔魯〕⑥凡君薨、卒哭而祔、祔而作主、特祀於主。烝・嘗・禘於廟。《凡》

（◇抽出文2條、◆抽出的編作文8條、☆編作文1條、◎無傳の經文2條）

（二）僖公期全左氏經文の四種類型文の分布状況

（一）の抽出・編作擧例の分析による四種類型文の分布と占有率を一覧表に示すと次のようになる。

	◇抽出文	◆抽出的編作文	☆編作文	◎無傳の經文	小計
僖公　元年	2	0	5	2	9
僖公　二年	0	3	1	2	6
僖公　三年	3	2	1	1	7
僖公　四年	1	3	3	2	9
僖公　五年	2	4	1	3	10
僖公　六年	0	2	1	2	5
僖公　七年	1	1	1	4	7
僖公　八年	2	1	2	0	5
僖公　九年	0	1	4	1	6
僖公　十年	0	3	0	4	7
僖公十一年	1	1	0	2	4
僖公十二年	0	1	0	3	4
僖公十三年	0	0	2	3	5
僖公十四年	2	1	0	2	5
僖公十五年	3	4	3	4	14
僖公十六年	1	0	2	3	6
僖公十七年	1	4	0	0	5
僖公十八年	1	0	3	2	6
僖公十九年	3	1	2	1	7
僖公二十年	1	3	0	2	6
僖公二十一年	2	0	3	3	8
僖公二十二年	1	2	1	0	4
僖公二十三年	1	2	1	0	4
僖公二十四年	2	1	0	2	5
僖公二十五年	1	1	1	4	7
僖公二十六年	2	5	1	2	10
僖公二十七年	0	1	3	2	6
僖公二十八年	4	10	4	5	23
僖公二十九年	3	0	1	1	5
僖公三十年	1	4	1	2	8
僖公三十一年	4	2	0	2	8
僖公三十二年	2	0	1	2	5
僖公三十三年	2	8	1	2	13
僖公期計	49	71	49	70	239
占有率	20・5%	29・7%	20・5%	29・3%	100%

これによると、僖公期經文では、抽出系（◇抽出文と◆抽出的編作文）が50・2%、編作系（☆編作文と◎無傳の經文）が49・8%となる。

第六章

（一）文公期全左氏經文の抽出・編作擧例と文公期全左傳文の分析

［文公元年］

◎1〔經〕元年。春。王。正月。公卽位。〔左〕元年。春。王使内史叔服來、會葬。公孫敖聞其能相人也。見其二子焉。叔服曰、「穀也食子。難也收子。穀也豐下、必有後於魯國。」【魯】

◎2〔經〕二月。癸亥。日有食之。〔左〕①於是、閏三月。非禮也。【魯】②先王之正時也。履端於始。擧正於中。歸餘於終。履端於始、序則不愆。擧正於中、民則不惑。歸餘於終、事則不悖。

《評》（原左氏傳には「二月。癸亥。朔。日有食之。」の文が存在し「四月。丁巳。」との關係から傍線部が經に抽出された可能性を想定し得る。）

◆3〔經〕天王使叔服來、會葬。〔左〕（1①の左傳文と對應）

◆4〔經〕夏。四月。丁巳。葬我君僖公。〔左〕夏。四月。丁巳。葬僖公。【魯】

◆5〔經〕天王使毛伯來、錫公命。〔左〕王使毛伯衞來、錫公命。【魯】

◇6〔經〕晉侯伐衞。〔左〕①叔孫得臣如周、拜。【魯】②晉文公之季年。諸侯朝晉。衞成公不朝、使孔達侵鄭、伐緜・訾及匡。晉襄公既祥。使告于諸侯而伐衞。及南陽。先且居曰、「效尤、禍也。請君朝王。臣從師。」晉侯朝王于溫。先且居・胥臣、伐衞。【晉】

◆7〔經〕叔孫得臣如京師。〔左〕（6①の左傳文と對應）

◆8〔經〕衞人伐晉。〔左〕①五月。辛酉。朔。晉師圍戚。六月。戊戌。取之。獲孫昭子。【晉】②衞人使告于陳。陳共公曰、「更伐之。我辭之。」衞孔達帥師、伐晉。【衞】③君子以爲古、古者越國而謀。《評》

◆9〔經〕秋。公孫敖會晉侯于戚。〔左〕秋。①晉侯疆戚田。故公孫敖會之。【魯】②初。楚子將以商臣爲大子。訪諸令尹子上。子上曰、「君之齒未也。而又多愛。黜乃亂也。楚國之擧、恆在少者。且是人也蠭目而豺聲、忍人也。不可立也。」弗聽。既又欲立王子職、而黜大子商臣。商臣聞之而未察。告其師潘崇、曰、「若之何而察之。」潘崇曰、「享江芊而勿敬也。」從之。江芊怒曰、「呼。役夫。宜君王之欲殺女而立職也。」告潘崇、曰、「信矣。」潘崇曰、「能事諸乎。」曰、「不能。」「能行乎」曰、「不能。」「能行大事乎。」曰、「能。」【楚】

☆10〔經〕冬。十月。丁未。楚世子商臣弑其君頵。〔左〕冬。十月。以宮甲圍成王。王請食熊蹯而死。弗聽。丁未。王縊。謚之、曰靈。不瞑。曰成。乃瞑。穆王立。以其爲大子之室、與潘崇。使爲太師。且掌環列之尹。【楚】

◆11〔經〕公孫敖如齊。〔左〕①穆伯如齊。始聘焉。禮也。【魯】②凡君卽位、卿出竝聘。踐脩舊好、要結外援、好事鄰國、以衞社稷。忠信卑讓之道也。忠、德之正也。信、德之固也。卑讓、德之基也。《凡》③殽之役。晉人既歸秦帥。秦大夫及左右、皆言於秦伯、曰、「是敗也、孟明之罪也。必殺之。」秦伯曰、「是孤之罪也。周芮良夫之詩曰『大風有隧。貪人敗類。聽言則對。誦言如醉。匪用其良。覆俾我悖。』是貪故也。孤之謂矣。孤實貪、以禍夫子。夫子何罪。」復使爲政。〔秦〕

（◇抽出文1條、◆抽出的編作文7條、☆編作文1條、◎無傳の經文2條）

［文公二年］

◆1〔經〕二年。春。王。二月。甲子。晉侯及秦師、戰于彭衙。秦師敗績。〔左〕二年。春。①秦孟明視帥師、伐晉。以報殽之役。〔秦〕
②二月。晉侯禦之。先且居將中軍、趙衰佐之、王官無地御戎、狐鞫居爲右。甲子。及秦師、戰于彭衙。秦師敗績。晉人謂秦拜賜之師。〔晉〕③戰於殽也、晉梁弘御戎、萊駒爲右。戰之明日、晉襄公縛秦囚、使萊駒以戈斬之。囚呼。萊駒失戈。狼瞫取戈以斬囚、禽之。以從公乘。遂以爲右。〔晉〕④箕之役、先軫黜之、而立續簡伯。狼瞫怒。其友曰、「盍死之。」瞫曰、「吾未獲死所。」其友曰、「吾與女爲難。」瞫曰、「周志有之。『勇則害上、不登於明堂。』死而不義、非勇也。共用之謂勇。吾以勇求右、無勇而黜。亦其所也。謂上不我知。黜而宜、乃知我矣。子姑待之。」及彭衙。既陳。以其屬、馳秦師死焉。晉師從之。大敗秦師。〔晉〕⑤君子謂狼瞫、「於是乎、君子。詩曰『君子如怒、亂庶遄沮。』又曰『王赫斯怒、爰整其旅。』怒不作亂、而以從師。可謂君子矣。」《評》⑥秦伯猶用孟明。孟明增脩國政。重施於民。〔秦〕⑦趙成子言於諸大夫、曰、「秦師又至。將必辟之。懼而增德。不可當也。詩曰『毋念爾祖。聿脩厥德。』孟明念之矣。念德不怠。其可敵乎。」〔晉〕

◇2〔經〕丁丑。作僖公主。〔左〕①丁丑。作僖公主。〔魯〕②〈書、不時也。〉③晉人以公不朝、來討。公如晉。〔魯〕

☆3〔經〕三月。乙巳。及晉處父、盟。〔左〕（4①の左傳文と對應）

☆4〔經〕夏。六月。公孫敖會宋公・陳侯・鄭伯・晉士縠、盟于垂隴。
〔左〕夏。①四月。己巳。晉人使陽處父盟公、以恥之。〔魯〕
②〈書曰「及晉處父盟」、以厭之也。適晉、不書。諱之也。〉③公自晉未至。六月。穆伯會諸侯及晉司空士縠、盟于垂隴。晉討衞故也。〔魯〕④〈書曰「晉士縠」、堪其事也。〉⑤陳侯爲衞請成于晉。執孔達以說。〔晉〕

◎5〔經〕自十有二月、不雨。至于秋七月。〔左〕秋。

◇6〔經〕八月。丁卯。大事于大廟。躋僖公。〔左〕①八月。丁卯。大事于大廟。躋僖公。逆祀也。〔魯〕②於是、夏父弗忌爲宗伯。尊僖公。且明見、曰、「吾見新鬼大、故鬼小。先大後小、順也。躋聖賢、明也。明順、禮也。」〔魯〕③君子以爲失禮。禮、無不順。祀、國之大事也。而逆之。可謂禮乎。子雖齊聖、不先父食、久矣。故禹不先鯀、湯不先契、文武不先不窋。宋祖帝乙、鄭祖厲王、猶上祖也。是以、魯頌曰「春秋匪解。享祀不忒。皇皇后帝。皇祖后稷。」君子曰、「禮」。謂其后稷親而先帝也。詩曰「問我諸姑。遂及伯姊。」君子曰、「禮」。謂其姊親而先姑也。《評》④仲尼曰、

「臧文仲、其不仁者三、不知者三。下展禽、廢六關、妾織蒲、三不仁也。作虛器、縱逆祀、祀爰居、三不知也。」《評》

◆7〔經〕冬。晉人・宋人・陳人・鄭人、伐秦。〔左〕冬。①晉先且居・宋公子成・陳轅選・鄭公子歸生、伐秦。取汪、及彭衙而還。以報彭衙之役。〔晉〕②〈卿不書。爲穆公故、尊秦也。謂之崇德。〉

◆8〔經〕公子遂如齊、納幣。〔左〕①襄仲如齊、納幣。禮也。〔魯〕②凡君卽位、好舅甥、脩昏姻、娶元妃、以奉粢盛。孝也。孝、禮之始也。《凡》

(◇抽出文2條、◆抽出的編作文3條、☆編作文2條、◎無傳の經文1條)

［文公三年］

☆1〔經〕三年。春。王。正月。叔孫得臣會晉人・宋人・陳人・衞人・鄭人、伐沈。沈潰。〔左〕三年。春。①莊叔會諸侯之師、伐沈。以其服於楚也。沈潰。〔魯〕②凡民逃其上、曰潰。在上、曰逃。《凡》③衞侯如陳、拜晉成也。〔衞〕

◆2〔經〕夏。五月。王子虎卒。〔左〕夏。四月。乙亥。王叔文公卒。來赴、弔如同盟。禮也。〔魯〕

◆3〔經〕秦人伐晉。〔左〕①秦伯伐晉。濟河、焚舟。取王官、及郊。晉人不出。遂自茅津濟、封殽尸而還。遂霸西戎。用孟明也。〔秦〕②君子、是以知秦穆之爲君也。擧人之周也。與人之壹也。孟明之臣也、其不解也、能懼思也。子桑之忠也、其知人也、能擧善也。詩曰『于以采蘩。于沼于沚。于以用之。公侯之事。』秦穆有焉。『夙夜匪解。以事一人。』孟明在焉。『詒厥孫謀。以燕翼子。』子桑有焉。《評》

◆4〔經〕秋。楚人圍江。〔左〕秋。①雨螽于宋。隊而死也。〔宋〕②楚師圍江。晉先僕伐楚、以救江。〔晉〕

◇5〔經〕雨螽于宋。〔左〕(4①の左傳文と對應)

◇6〔經〕冬。公如晉。〔左〕冬。①晉以江故、告于周。王叔桓公・晉陽處父、伐楚。以救江。門于方城。遇息公子朱而還。〔晉〕②晉人懼其無禮於公也、請改盟。公如晉。及晉侯、盟。晉侯饗公。賦菁菁者莪。莊叔以公降、拜。曰、「小國受命於大國。敢不愼儀。君貺之以大禮。何樂如之。抑小國之樂、大國之惠也。」晉侯降、辭。登、成拜。公賦嘉樂。〔魯〕

☆7〔經〕十有二月。己巳。公及晉侯、盟。〔左〕(6②の左傳文と對應)

◆8〔經〕晉陽處父帥師、伐楚。以救江。〔左〕(6①の左傳文と對應)

(◇抽出文2條、◆抽出的編作文4條、☆編作文2條、◎無傳の經文0條)

［文公四年］

◎1〔經〕四年。春。公至自晉。〔左〕四年。春。晉人歸孔達于衞。以爲衞之良也。故免之。〔晉〕

◇2〔經〕夏。逆婦姜于齊。〔左〕夏。①衞侯如晉、拜。曹伯如晉、會正。〔晉〕②逆婦姜于齊。卿不行。非禮也。〔魯〕③君子、是以知出姜之不允於魯也。曰、「貴聘而賤逆之。君而卑之、立而廢之。棄信而壞其主。在國必亂、在家必亡。不允、宜哉。詩曰『畏天之威、于時保之。』敬主之謂也。」《評》

◎3〔經〕狄侵齊。〔左〕なし

◇4〔經〕秋。楚人滅江。〔左〕秋。①晉侯伐秦、圍邧新城。以報王官之役。【晉】②楚人滅江。秦伯爲之降服、出次、不擧。過數。大夫諫。公曰、「同盟滅。雖不能救、敢不矜乎。吾自懼也。」【秦】③君子曰、「詩云『惟彼二國。其政不獲。惟此四國。爰究爰度。』其秦穆之謂乎。」《評》

◇5〔經〕晉侯伐秦。〔左〕（4の①の左傳文）

◆6〔經〕衞侯使甯兪來聘。〔左〕衞甯武子來聘。公與之宴。爲賦湛露及彤弓。不辭。又不荅賦。公使行人私焉。對曰、「臣以爲肄業及之也。昔諸侯朝正於王。王宴樂之。於是乎、賦湛露。則天子當陽、諸侯用命也。諸侯敵王所愾、而獻其功。王、於是乎、賜之彤弓一・彤矢百、玈弓十・玈矢千。以覺報宴。今陪臣來、繼舊好。君辱貺之。其敢干大禮、以自取戾。」【魯】

☆7〔經〕冬。十有一月。壬寅。夫人風氏薨。〔左〕冬。成風薨。【魯】

（◇抽出文3條、◆抽出的編作文1條、☆編作文1條、◎無傳の經文2條）

［文公五年］

◇1〔經〕五年。春。王。正月。王使榮叔歸含且賵。〔左〕五年。春。①王使榮叔來、歸含且賵、召昭公來、會葬。禮也。【魯】②初。鄀叛楚、卽秦。又貳於楚。【楚】

◎2〔經〕三月。辛亥。葬我小君成風。〔左〕なし

◆3〔經〕王使召伯來、會葬。〔左〕（1①の左傳文と對應）

◎4〔經〕夏。公孫敖如晉。〔左〕夏。

◇5〔經〕秦人入鄀。〔左〕①秦人入鄀。【秦】②六人叛楚、卽東夷。【楚】

◆6〔經〕秋。楚人滅六。〔左〕秋。楚成大心・仲歸帥師、滅六。【楚】

◎7〔經〕冬。十月。甲申。許男業卒。〔左〕冬。①楚公子燮滅蓼。【楚】②臧文仲聞六與蓼滅、曰、「皐陶・庭堅不祀、忽諸。德之不建、民之無援。哀哉。」【魯】③晉陽處父聘于衞。反過甯。甯嬴從之。及溫而還。其妻問之。嬴曰、「以剛。商書曰『沈漸剛克。高明柔克。』夫子壹之。其不沒乎。天爲剛德。猶不干時。況在人乎。且華而不實。怨之所聚也。犯而聚怨。不可以定身。餘懼不獲其利、而離其難。是以去之。」【晉】④晉趙成子・欒貞子・霍伯・臼季、皆卒。【晉】

（◇抽出文2條、◆抽出的編作文2條、☆編作文0條、◎無傳の經文3條）

［文公六年］

◎1〔經〕六年。春。葬許僖公。〔左〕六年。春。①晉蒐于夷。舍二軍。使狐射姑將中軍、趙盾佐之。陽處父至自溫。改蒐于董、易中軍。陽子成季之屬也。故黨於趙氏。且謂趙盾能、曰、「使能、國之利也。」是以上之。宣子於是乎、始爲國政。制事典、正法罪、辟獄刑、董逋逃、由質要、治舊洿、本秩禮、續常職、出滯淹。既成、以授大傅陽子與大師賈佗、使行諸晉國、以爲常法。【晉】②臧文仲以陳・衞之睦也、欲求好於陳。【魯】

◆2〔經〕夏。季孫行父如陳。〔左〕夏。①季文子聘于陳、且娶焉。【魯】②秦伯任好卒。以子車氏之三子、奄息・仲行・鍼虎爲殉。皆秦之良也。國人哀之。爲之賦黃鳥。【秦】③君子曰、「秦穆之

不爲盟主也、宜哉。死而棄民。先王違世、猶詒之法。而況奪之善人乎。詩曰『人之云亡。邦國殄瘁。』無善人之謂。若之何奪之。古之王者知命之不長。是以竝建聖哲、樹之風聲、分之采物、著之話言、爲之律度、陳之藝極、引之表儀、豫之法制。告之訓典、教之防利、委之常秩、導之以禮則。使無失其土宜。衆隷賴之、而後既命。聖王同之。今縱無法以遺後嗣、而又收其良以死。難以在上矣。」《評》④君子、是以知秦之不復東征也。《評》

◆3 〔經〕秋。季孫行父如晉。〔左〕秋。季文子將聘於晉。使求遭喪之禮、以行。其人曰、「將焉用之。」文子曰、「備豫不虞、古之善教也。求而無之、實難。過求、何害。」〔魯〕

☆4 〔經〕八月。乙亥。晉侯驩卒。〔左〕①八月。乙亥。晉襄公卒。靈公少。晉人以難故、欲立長君。趙孟曰、「立公子雍。好善而長。先君愛之。且近於秦。秦舊好也。置善則固、事長則順、立愛則孝、結舊則安。爲難故、故欲立長君。有此四德者、難必抒矣。」賈季曰、「不如立公子樂。辰嬴嬖於二君。立其子、民必安之。」趙孟曰、「辰嬴賤。班在九人。其子何震之有。且爲二君嬖、淫也。爲先君子、不能求大、而出在小國、辟也。母淫、子辟。無威。陳小而遠、無援。將何安焉。杜祁以君故、讓偪姞而上之、以狄故、讓季隗、而己次之。故班在四。先君是以愛其子、而仕諸秦、爲亞卿焉。秦大而近、足以爲援。母義、子愛之。足以威民。立之、不亦可乎。」使先蔑・士會如秦、逆公子雍。賈季亦使召公子樂于陳。趙孟使殺諸郫。〔晉〕②賈季怨陽子之易其班也。而知其無援於晉也。九月。賈季使續鞫居殺陽處父。〔晉〕③〈書曰「晉殺其大夫」、侵官也。〉

◆5 〔經〕冬。十月。公子遂如晉。葬晉襄公。〔左〕冬。十月。襄仲如晉。葬襄公。〔魯〕

◆6 〔經〕晉殺其大夫陽處父。〔左〕(4②の左傳文と對應)

◆7 〔經〕晉狐射姑出奔狄。〔左〕十一月。丙寅。晉殺續簡伯。賈季奔狄。宣子使臾駢送其帑。夷之蒐、賈季戮臾駢。臾駢之人欲盡殺賈氏、以報焉。臾駢曰「不可。吾聞前志有之、曰『敵惠敵怨、不在後嗣。忠之道也。』夫子禮於賈季。我以其寵報私怨、無乃不可乎。介人之寵、非勇也。損怨益仇、非知也。以私害公、非忠也。釋此三者、何以事夫子。」盡具其帑與器用財賄、親帥扞之、送致諸境。〔晉〕

☆8 〔經〕閏月不告月、猶朝于廟。〔左〕①閏月不告朔。非禮也。〔魯〕②閏以正時、時以作事、事以厚生。生民之道、於是乎、在矣。不告閏朔、棄時政也。何以爲民。《評》

(◇抽出文0條、◆抽出的編作文5條、☆編作文2條、◎無傳の經文1條)

[文公七年]

◇1 〔經〕七年。春。公伐邾。〔左〕七年。春。公伐邾。閒晉難也。〔魯〕

◇2 〔經〕三月。甲戌。取須句。〔左〕三月。甲戌。取須句。寘文公子焉。非禮也。〔魯〕

◎3 〔經〕遂城郚。〔左〕なし

☆4 〔經〕夏。四月。宋公王臣卒。〔左〕夏。四月。宋成公卒。〔宋〕

◆5 〔經〕宋人殺其大夫。〔左〕①於是、公子成爲右師、公孫友爲左師、欒豫爲司馬、鱗矔爲司徒、公子蕩爲司城、華御事爲司寇。昭公將去羣公子。欒豫曰、「不可。公族公室之枝葉也。若去之、則本根無所庇蔭矣。葛藟猶能庇其本根。故君子以爲比。況國君乎。此諺所謂庇焉而縱尋斧焉者也。必不可。君其圖之。親之以德、皆股肱也。誰敢攜貳。若之何去之。」不聽。穆・襄之族率國人、以攻公。殺公孫固、公孫鄭于公宮。六卿和公室。欒豫舍司馬、以讓公子卬。昭公卽位而葬。〔宋〕②〈書曰「宋人殺其大夫。」不稱名、衆也。且言非其罪也。〉

◆6〔經〕**戊子。晉人及秦人、戰于令狐。**〔左〕①秦康公送公子雍于晉、曰、「文公之入也、無衞。故有呂郤之難。」乃多與之徒衞。〔秦〕②穆嬴日抱大子、以啼于朝、曰「先君何罪。其嗣亦何罪。舍適嗣不立、而外求君。將焉寘此。」出朝則抱以適趙氏。頓首於宣子、曰、「先君奉此子也、而屬諸子、曰、『此子也才、吾受子之賜。不才、吾唯子之怨。』今君雖終、言猶在耳。而棄之若何。」宣子與諸大夫、皆患穆嬴、且畏偪。乃背先蔑。而立靈公。以禦秦師。箕鄭居守。趙盾將中軍、先克佐之。荀林父佐上軍。先蔑將下軍、先都佐之。步招御戎、戎津爲右。及堇陰。宣子曰、「我若受秦、秦則賓也。不受、寇也。旣不受矣。而復緩師、秦將生心。先人有奪人之心、軍之善謀也。逐寇如追逃、軍之善政也。」訓卒、利兵、秣馬、蓐食、潛師、夜起。戊子。敗秦師于令狐。至于刳首。〔晉〕

◇7〔經〕**晉先蔑奔秦。**〔左〕己丑。先蔑奔秦。士會從之。先蔑之使也、荀林父止之、曰、「夫人・大子猶在。而外求君。此必不行。子以疾辭、若何。不然、將及。攝卿以往、可也。何必子。同官爲寮。吾嘗同寮。敢不盡心乎。」弗聽。爲賦板之三章。又弗聽。及亡、荀伯盡送其帑及其器用財賄於秦、曰、「爲同寮故也。」士會在秦三年、不見士伯。其人曰、「能亡人於國。不能見於此。焉用之。」士季曰、「吾與之同罪。非義之也。將何見焉。」及歸、遂不見。〔晉〕

◇8〔經〕**狄侵我西鄙。**〔左〕①狄侵我西鄙。公使告于晉。〔魯〕②趙宣子使因賈季問酆舒、且讓之。酆舒問於賈季、曰、「趙衰、趙盾孰賢。」對曰、「趙衰、冬日之日也。趙盾、夏日之日也。」〔晉〕

◆9〔經〕**秋。八月。公會諸侯・晉大夫、盟于扈。**〔左〕秋。①八月。齊侯・宋公・衞侯・陳侯・鄭伯・許男・曹伯會晉趙盾、盟于扈。晉侯立故也。公後至。〔魯〕②〈故不書所會。〉③凡會、諸侯不書所會、後也。後至、不書其國。辟不敏也。《凡》④穆伯娶于莒、曰戴己。生文伯。其娣聲己生惠叔。戴己卒。又聘于莒。莒人以聲己辭。則爲襄仲聘焉。〔魯〕

◆10〔經〕**冬。徐伐莒。公孫敖如莒、涖盟。**〔左〕冬。①徐伐莒。莒人來請盟。穆伯如莒、涖盟。且爲仲、逆。及鄢陵。登城見之。美。自爲娶之。仲請攻之。公將許之。叔仲惠伯諫曰、「臣聞之。兵作於內爲亂。於外爲寇。寇猶及人。亂自及也。今臣作亂而君不禁、以啓寇讎。若之何。」公止之。惠伯成之。使仲舍之、公孫敖反之、復爲兄弟如初。從之。〔魯〕②晉郤缺言於趙宣子、曰、「日、衞不睦、故取其地。今已睦矣。可以歸之。叛而不討、何以示威。服而不柔、何以示懷。非威非懷、何以示德。無德、何以主盟。子爲正卿。以主諸侯、而不務德。將若之何。夏書曰『戒之用休。董之用威。勸之以九歌。勿使壞。』九功之德、皆可歌也。謂之九歌。

六府三事、謂之九功。水火金木土穀、謂之六府。正德、利用、厚生、謂之三事。義而行之、謂之德禮。無禮不樂、所由叛也。若吾子之德、莫可歌也。其誰來之。盍使睦者歌吾子乎。」宣子說之。〔晉〕

（◇抽出文3條、◆抽出的編作文5條、☆編作文1條、◎無傳の經文1條）

［文公八年］

◎1〔經〕八年。春。王。正月。〔左〕八年。春。晉侯使解揚歸匡戚之田于衞。且復致公壻池之封、自申至于虎牢之境。〔晉〕

◎2〔經〕夏。四月。〔左〕夏。秦人伐晉、取武城。以報令狐之役。〔秦〕

☆3〔經〕秋。八月。戊申。天王崩。〔左〕秋。①襄王崩。〔周〕②晉人以扈之盟、來討。〔魯〕

☆4〔經〕冬。十月。壬午。公子遂會晉趙盾、盟于衡雍。〔左〕冬。①襄仲會晉趙孟、盟于衡雍。報扈之盟也。遂會伊雒之戎。〔魯〕②〈書曰「公子遂」、珍之也。〉

☆5〔經〕乙酉。公子遂會伊雒之戎、盟于暴。〔左〕（4①の左傳文と對應）

☆6〔經〕公孫敖如京師。不至而復。丙戌。奔莒。〔左〕穆伯如周。弔喪。不至。以幣奔莒。從己氏焉。〔魯〕

◎7〔經〕螽。〔左〕なし

◆8〔經〕宋人殺其大夫・司馬。宋司城來奔。〔左〕①宋襄夫人襄王之姊也。昭公不禮焉。夫人因戴氏之族、以殺襄公之孫孔叔・公孫鍾離及大司馬公子卬。皆昭公之黨也。司馬握節以死。〔宋〕②〈故書以官。〉③司城蕩意諸來奔。效節於府人而出。〔魯〕④公以其官逆之。皆復之。〔宋〕⑤〈亦書以官、皆貴之也。〉⑥夷之蒐、晉侯將登箕鄭父・先都。而使士穀・梁益耳將中軍。先克曰「狐・趙之勳、不可廢也。」從之。先克奪蒯得田于堇陰。故箕鄭父・先都・士穀・梁益耳・蒯得、作亂。〔晉〕

（◇抽出文0條、◆抽出的編作文1條、☆編作文4條、◎無傳の經文3條）

［文公九年］

◇1〔經〕九年。春。毛伯來、求金。〔左〕九年。春。①王。正月。己酉。使賊殺先克。乙丑。晉人殺先都・梁益耳。〔晉〕②毛伯衞來、求金。非禮也。〔魯〕③〈不書王命、未葬也。〉

◎2〔經〕夫人姜氏如齊。〔左〕なし

☆3〔經〕二月。叔孫得臣如京師。辛丑。葬襄王。〔左〕二月。莊叔如周。葬襄王。〔魯〕

◆4〔經〕晉人殺其大夫先都。〔左〕（1①の左傳文と對應）

◎5〔經〕三月。夫人姜氏至自齊。〔左〕なし

◆6〔經〕晉人殺其大夫士穀及箕鄭父。〔左〕三月。甲戌。晉人殺箕鄭父・士穀・蒯得。〔晉〕

◆7〔經〕楚人伐鄭。〔左〕范山言於楚子、曰、「晉君少。不在諸侯。北方可圖也。」楚子師于狼淵、以伐鄭。囚公子堅・公子尨及樂耳。鄭及楚、平。〔楚〕

◆8〔經〕公子遂會晉人・宋人・衞人・許人、救鄭。〔左〕①公子遂會

晉趙盾・宋華耦・衞孔達・許大夫、救鄭。不及楚師。〔魯〕②〈卿不書、緩也。以懲不恪。〉

◎9〔經〕夏。狄侵齊。〔左〕夏。楚侵陳。克壺丘。以其服於晉也。〔楚〕

◎10〔經〕秋。八月。曹伯襄卒。〔左〕秋。楚公子朱、自東夷伐陳。陳人敗之。獲公子茷。陳懼。乃及楚、平。〔楚〕

◎11〔經〕九月。癸酉。地震。〔左〕なし

◆12〔經〕冬。楚子使椒來聘。〔左〕冬。楚子越椒來聘。執幣、傲。叔仲惠伯曰、「是必滅若敖氏之宗。傲其先君、神弗福也。」〔魯〕

◇13〔經〕秦人來、歸僖公・成風之襚。〔左〕①秦人來、歸僖公・成風之襚。禮也。〔魯〕②諸侯相弔賀也、雖不當事、苟有禮焉、書也。以無忘舊好。《凡》

◎14〔經〕葬曹共公。〔左〕なし

（◇抽出文2條、◆抽出的編作文5條、☆編作文1條、◎無傳の經文6條）

［文公十年］

◎1〔經〕十年。春。王。三月。辛卯。臧孫辰卒。〔左〕十年。春。晉人伐秦。取少梁。〔晉〕

◇2〔經〕夏。秦伐晉。〔左〕夏。秦伯伐晉。取北徵。〔秦〕

◆3〔經〕楚殺其大夫宜申。〔左〕初。楚范巫矞似謂成王與子玉・子西、曰、「三君皆將强死。」城濮之役、王思之。故使止子玉、曰、「毋死。」不及。止子西。子西縊而縣絕。王使適至、遂止之、使爲商公。沿漢、泝江、將入郢。王在渚宮。下見之。懼而辭曰、「臣免於死。又有讒言。謂臣將逃。臣歸死於司敗也。」王使爲工尹。又與子家謀弑穆王。穆王聞之。五月。殺鬬宜申及仲歸。〔楚〕

◎4〔經〕自正月不雨。至于秋七月。〔左〕秋。①七月。及蘇子、盟于女栗。頃王立故也。〔魯〕②陳侯・鄭伯會楚子于息。〔楚〕

◇5〔經〕及蘇子、盟于女栗。〔左〕（4①の左傳文と對應）

◎6〔經〕冬。狄侵宋。〔左〕冬。①遂及蔡侯、次于厥貉。將以伐宋。宋華御事曰、「楚欲弱我也。先爲之弱乎。何必使誘我。我實不能。民何罪。」乃逆楚子、勞且聽命。遂導、以田孟諸。宋公爲右盂。鄭伯爲左盂。期思公復遂爲右司馬。子朱及文之無畏爲左司馬。命夙駕載燧。宋公違命。無畏抶其僕以徇。或謂子舟、曰、「國君不可戮也。」子舟曰、「當官而行。何彊之有。詩曰『剛亦不吐。柔亦不茹。毋縱詭隨。以謹罔極。』是亦非避彊也。敢愛死以亂官乎。」〔楚〕②厥貉之會、麇子逃歸。〔楚〕

◆7〔經〕楚子・蔡侯、次于厥貉。〔左〕（4②、6①の左傳文と對應）

（◇抽出文2條、◆抽出的編作文2條、☆編作文0條、◎無傳の經文3條）

［文公十一年］

◇1〔經〕十有一年。春。楚子伐麇。〔左〕十一年。春。楚子伐麇。成大心敗麇師于防渚。潘崇復伐麇。至于錫穴。〔楚〕

☆2〔經〕夏。叔仲彭生會晉郤缺于承筐。〔左〕夏。叔仲惠伯會晉郤缺于承筐。謀諸侯之從於楚者也。〔魯〕

◆3〔經〕秋。曹伯來朝。〔左〕秋。曹文公來朝。卽位而來見也。〔魯〕

◆4〔經〕公子遂如宋。〔左〕襄仲聘于宋。且言司城蕩意諸而復之。因

賀楚師之不害也。〔魯〕

◆5〔經〕狄侵齊。〔左〕鄋瞞侵齊。遂伐我。公卜使叔孫得臣追之。吉。侯叔夏御莊叔、緜房甥爲右、富父終甥駟乘。〔魯〕

◆6〔經〕冬。十月。甲午。叔孫得臣敗狄于鹹。〔左〕冬。①十月。甲午。敗狄于鹹。獲長狄僑如。富父終甥摏其喉以戈殺之。埋其首於子駒之北門。以命宣伯。〔魯〕②初。宋武公之世、鄋瞞伐宋。司徒皇父帥師、禦之。耏班御皇父充石、公子穀甥爲右、司寇牛父駟乘。以敗狄于長丘。獲長狄緣斯。皇父之二子死焉。宋公、於是以門賞耏班、使食其征。謂之耏門。〔宋〕③晉之滅潞也。獲僑如之弟焚如。〔晉〕④齊襄公之二年。鄋瞞伐齊。齊王子成父獲其弟榮如。埋其首於周首之北門。衞人獲其季弟簡如。鄋瞞由是遂亡。〔齊〕⑤郕大子朱儒自安於夫鍾。國人弗徇。〔魯〕

(◇抽出文1條、◆抽出的編作文4條、☆編作文1條、◎無傳の經文0條)

[文公十二年]

◎1〔經〕十有二年。春。王。正月。〔左〕十二年。春。郕伯卒。〔魯〕

◆2〔經〕郕伯來奔。〔左〕①郕人立君。大子以夫鍾與郕邽、來奔。公以諸侯逆之。非禮也。〔魯〕②〈故書曰「郕伯來奔」、不書地、尊諸侯也。〉

◆3〔經〕杞伯來朝。〔左〕杞桓公來朝。始朝公也。且請絕叔姬而無絕昏。公許之。〔魯〕

☆4〔經〕二月。庚子。子叔姬卒。〔左〕①二月。叔姬卒。〔魯〕②〈不言杞、絕也。書叔姬、言非女也。〉③楚令尹大孫伯卒。成嘉爲令尹。羣舒叛楚。〔楚〕

◆5〔經〕夏。楚人圍巢。〔左〕夏。子孔執舒子平及宗子。遂圍巢。〔楚〕

◆6〔經〕秋。滕子來朝。〔左〕秋。滕昭公來朝。亦始朝公也。〔魯〕

◇7〔經〕秦伯使術來聘。〔左〕①秦伯使西乞術來聘、且言將伐晉。襄仲辭玉、曰、「君不忘先君之好、照臨魯國、鎭撫其社稷。重之以大器。寡君敢辭玉。」對曰、「不腆敝器、不足辭也。」主人三辭。賓荅曰、「寡君願徼福于周公・魯公、以事君。不腆先君之敝器、使下臣致諸執事、以爲瑞節、要結好命。所以藉寡君之命、結二國之好。是以敢致之。」襄仲曰、「不有君子、其能國乎。國無陋矣。」厚賄之。〔魯〕②秦爲令狐之役故。〔秦〕

◆8〔經〕冬。十有二月。戊午。晉人・秦人、戰于河曲。〔左〕冬。①秦伯伐晉。取羈馬。〔秦〕②晉人禦之。趙盾將中軍、荀林父佐之。郤缺將上軍、臾駢佐之。欒盾將下軍、胥甲佐之。范無恤御戎。以從秦師于河曲。臾駢曰、「秦不能久。請深壘固軍。以待之。」從之。〔晉〕③秦人欲戰。秦伯謂士會、曰、「若何而戰。」對曰、「趙氏新出其屬、曰臾駢。必實爲此謀、將以老我師也。趙有側室、曰穿。晉君之壻也。有寵而弱。不在軍事。好勇而狂。且惡臾駢之佐上軍也。若使輕者肆焉。其可。」秦伯以璧祈戰于河。〔秦〕④十二月。戊午。秦軍掩晉上軍。趙穿追之、不及。反怒、曰、「裹糧坐甲、固敵是求。敵至不擊、將何俟焉。」軍吏曰、「將有待也。」穿曰、「我不知謀。將獨出。」乃以其屬出。宣子曰、「秦獲穿也、獲一卿矣。秦以勝歸。我何以報。」乃皆出戰。交綏。秦行人夜戒晉師、曰、「兩君之士皆未憖也。明日請相見也。」臾駢曰、「使者目動而言肆。懼我也。將遁矣。薄諸河、必敗之。」胥甲・趙穿當軍門、呼曰、「死傷未收而棄之、不惠也。不待期而薄人於險、無勇也。」乃止。秦師夜遁。復侵晉、入瑕。〘晉〙

☆9〔經〕季孫行父帥師、城諸及鄆。〔左〕①城諸及鄆。〘魯〙②〈書、時也。〉

（◇抽出文1條、◆抽出的編作文5條、☆編作文2條、◎無傳の經文1條）

［文公十三年］

◎1〔經〕十有三年。春。王。正月。〔左〕十三年。春。晉侯使詹嘉處瑕、以守桃林之塞。晉人患秦之用士會也。〘晉〙

◎2〔經〕夏。五月。壬午。陳侯朔卒。〔左〕夏。①六卿相見於諸浮。趙宣子曰、「隨會在秦。賈季在狄。難日至矣。若之何。」中行桓子曰、「請復賈季。能外事、且由舊勳。」郤成子曰、「賈季亂、且罪大。不如隨會、能賤而有恥、柔而不犯。其知足使也。且無罪。」乃使魏壽餘僞以魏叛者、以誘士會。執其帑於晉、使夜逸、請自歸于秦。〘晉〙②秦伯許之。履士會之足於朝。秦伯師于河西。魏人在東。壽餘曰、「請東人之能與夫二三有司言者、吾與之先。」使士會。士會辭曰、「晉人虎狼也。若背其言、臣死、妻子爲戮、無益於君。不可悔也。」秦伯曰、「若背其言、所不歸爾帑者、有如河。」乃行。繞朝贈之以策、曰、「子無謂秦無人。吾謀適不用也。」既濟。魏人譟而還。秦人歸其帑。〘秦〙③其處者爲劉氏。（漢代附加）

☆3〔經〕邾子蘧篨卒。〔左〕①邾文公卜遷于繹。史曰、「利於民而不利於君。」邾子曰、「苟利於民、孤之利也。天生民、而樹之君、以利之也。民既利矣。孤必與焉。」左右曰「命可長也。君何弗爲。」邾子曰「命在養民。死生之短長、時也。民苟利矣、遷也。吉莫如之。」遂遷于繹。五月。邾文公卒。〘魯〙②君子曰、「知命。」《評》

☆4〔經〕自正月不雨。至于秋七月。〔左〕秋。七月。

◇5〔經〕大室屋壞。〔左〕①大室之屋壞。〘魯〙②〈書、不恭也。〉

◇6〔經〕冬。公如晉。〔左〕冬。公如晉、朝且尋盟。〘魯〙

◇7〔經〕衞侯會公于沓。〔左〕①衞侯會公于沓。請平于晉。〘魯〙②公還。鄭伯會公于棐。亦請平于晉。公皆成之。鄭伯與公宴于棐。子家賦鴻鴈。季文子曰、「寡君未免於此。」文子賦四月。子家賦載馳之四章。文子賦采薇之四章。鄭伯拜。公荅拜。〘魯〙

◎8〔經〕狄侵衞。〔左〕なし

☆9〔經〕十有二月。己丑。公及晉侯、盟。〔左〕（6の左傳文と對應）

◆10〔經〕公還自晉。鄭伯會公于棐。〔左〕（7②の左傳文と對應）

（◇抽出文3條、◆抽出的編作文1條、☆編作文3條、◎無傳の經文3條）

［文公十四年］

◎1〔經〕十有四年。春。王。正月。公至自晉。〔左〕十四年。春。①頃王崩。周公閱與王孫蘇爭政。故不赴。〘周〙②〈凡崩・薨、不赴則不書。禍・福、不告亦不書。懲不敬也。《凡》〉

◇2〔經〕邾人伐我南鄙。〔左〕邾文公之卒也。公使弔焉。不敬。邾人來討、伐我南鄙。〘魯〙

☆3〔經〕叔彭生帥師、伐邾。〔左〕①故惠伯伐邾。〘魯〙②子叔姬妃

齊昭公。生舍。叔姬無寵。舍無威。公子商人驟施於國。而多聚士、
盡其家貲、貸於公有司、以繼之。〔齊〕

☆4〔經〕夏。五月。乙亥。齊侯潘卒。〔左〕夏。①五月。昭公卒。舍
即位。〔齊〕②邾文公元妃齊姜生定公。二妃晉姬生捷菑。文公卒。
邾人立定公。捷菑奔晉。〔魯〕

☆5〔經〕六月。公會宋公・陳侯・衞侯・鄭伯・許男・曹伯・晉趙盾。
癸酉。同盟于新城。〔左〕六月。同盟于新城。從於楚者服。且謀
邾也。〔魯〕

◇6〔經〕秋。七月。有星孛入于北斗。〔左〕秋。①七月。乙卯。夜、
齊商人弑舍而讓元。元曰、「爾求之久矣。我能事爾。爾不可使多
蓄憾。將免我乎。爾爲之。」〔齊〕②有星孛入于北斗。周内史叔
服曰、「不出七年。宋・齊・晉之君皆將死亂。」〔周〕

◎7〔經〕公至自會。〔左〕なし

◆8〔經〕晉人納捷菑于邾。弗克納。〔左〕①晉趙盾以諸侯之師八百乘、
納捷菑于邾。邾人辭曰、「齊出貜且、長。」宣子曰、「辭順。而弗
從、不祥。」乃還。〔晉〕②周公將與王孫蘇訟于晉。王叛王孫蘇、
而使尹氏與聃啓訟周公于晉。趙宣子平王室、而復之。〔晉〕③楚
莊王立。子孔・潘崇、將襲羣舒、使公子燮與子儀守、而伐舒蓼。
二子作亂。城郢。而使賊殺子孔。不克而還。八月。二子以楚子出、
將如商密、廬戢梨及叔麇誘之。遂殺鬭克及公子燮。初鬭克囚于秦。
秦有殽之敗、而使歸求成。成而不得志。公子燮求令尹而不得。故
二子作亂。〔楚〕

☆9〔經〕九月。甲申。公孫敖卒于齊。〔左〕穆伯之從己氏也。魯人立
文伯。穆伯生二子於莒。而求復。文伯以爲請。襄仲使無朝聽命。
復而不出。三年而盡室。以復適莒。文伯疾、而請曰、「穀之子弱。
請立難也。」許之。文伯卒。立惠叔。穆伯請重賂以求復。惠叔以
爲請。許之。將來。九月。卒于齊。告喪。請葬。弗許。〔魯〕

◆10〔經〕齊公子商人弑其君舍。〔左〕（6①、11③の左傳文と對應）

◆11〔經〕宋子哀來奔。〔左〕①宋高哀爲蕭封人。以爲卿。不義宋公而
出、遂來奔。〔魯〕②〈書曰「宋子哀來奔」、貴之也。〉③齊人
定懿公。使來告難。〔魯〕④〈故書以九月。〉⑤齊公子元不順懿
公之爲政也、終不曰公、曰夫己氏。〔齊〕⑥襄仲使告于王、請以
王寵求昭姬于齊。曰、「殺其子。焉用其母。請受而罪之。」〔魯〕

◇12〔經〕冬。單伯如齊。〔左〕冬。單伯如齊。請子叔姬。齊人執之。
又執子叔姬。〔齊〕

◆13〔經〕齊人執單伯。〔左〕（12の左傳文と對應）

◆14〔經〕齊人執子叔姬。〔左〕（12の左傳文と對應）

（◇抽出文3條、◆抽出的編作文5條、☆編作文4條、◎無傳の經文2條）

〔文公十五年〕

◆1〔經〕十有五年。春。季孫行父如晉。〔左〕十五年。春。季文子如
晉。爲單伯與子叔姬故也。〔魯〕

☆2〔經〕三月。宋司馬華孫來、盟。〔左〕①三月。宋華耦來、盟。其
官皆從之。〔魯〕②〈書曰「宋司馬華孫」、貴之也。〉③公與之
宴。辭曰、「君之先臣督、得罪於宋殤公。名在諸侯之策。臣承其
祀。其敢辱君。請承命於亞旅。」魯人以爲敏。〔魯〕

◇3〔經〕夏。曹伯來朝。〔左〕夏。①曹伯來朝。禮也。〔魯〕②諸侯、五年再相朝。以脩王命。古之制也。《凡》

◆4〔經〕齊人歸公孫敖之喪。〔左〕①齊人或爲孟氏謀、曰、「魯爾親也。飾棺寘諸堂阜。魯必取之。」從之。卞人以告。惠叔猶毀。以爲請。立於朝、以待命、許之。取而殯之。齊人送之。〔魯〕②〈書曰「齊人歸公孫敖之喪」、爲孟氏且國故也。〉③葬、視共仲。聲己不視。帷堂而哭。襄仲欲勿哭。惠伯曰、「喪、親之終也。雖不能始、善終、可也。史佚有言曰、『兄弟致美。』救乏、賀善、弔災、祭敬、喪哀、情雖不同、毋絕其愛、親之道也。子無失道。何怨於人。」襄仲說。帥兄弟、以哭之。〔魯〕④他年、其二子來。孟獻子愛之、聞於國。或譖之、曰、「將殺子。」獻子以告季文子。二子曰、「夫子以愛我聞。我以將殺子聞。不亦遠於禮乎。遠禮、不如死。」一人門于句鼆、一人門于戾丘、皆死焉。〔魯〕

◇5〔經〕六月。辛丑。朔。日有食之。鼓用牲于社。〔左〕①六月。辛丑。朔。日有食之。鼓用牲于社。非禮也。〔魯〕②日有食之、天子不舉。伐鼓于社。諸侯用幣于社。伐鼓于朝。以昭事神、訓民事君、示有等威。古之道也。《凡》

◆6〔經〕單伯至自齊。〔左〕①齊人許單伯請、而赦之。使來致命。〔魯〕②〈書曰「單伯至自齊」、貴之也。〉

◆7〔經〕晉郤缺帥師、伐蔡。戊申。入蔡。〔左〕①新城之盟、蔡人不與。晉郤缺以上軍・下軍、伐蔡。曰、「君弱。不可以怠。」戊申。入蔡。以城下之成而還。〔晉〕②凡勝國、曰滅之。獲大城焉、曰入之。《凡》

◇8〔經〕秋。齊人侵我西鄙。〔左〕秋。①齊人侵我西鄙。〔魯〕②故季文子告于晉。〔魯〕

◆9〔經〕季孫行父如晉。〔左〕（8②の左傳文と對應）

◆10〔經〕冬。十有一月。諸侯盟于扈。〔左〕冬。①十一月。晉侯・宋公・衞侯・蔡侯・陳侯・鄭伯・許男・曹伯、盟于扈。尋新城之盟。且謀伐齊也。齊人賂晉侯。故不克而還。於是、有齊難。是以公不會。〔魯〕②〈書曰「諸侯盟于扈」、無能爲故也。〉③凡諸侯會、公不與、不書。諱君惡也。與而不書、後也。《凡》

◆11〔經〕十有二月。齊人來、歸子叔姬。〔左〕齊人來、歸子叔姬。王故也。〔魯〕

◇12〔經〕齊侯侵我西鄙。〔左〕齊侯侵我西鄙。謂諸侯不能也。〔魯〕

◇13〔經〕遂伐曹。入其郛。〔左〕遂伐曹。入其郛。討其來朝也。季文子曰、「齊侯其不免乎。己則無禮、而討於有禮者、曰、『女何故行禮。』禮、以順天、天之道也。己則反天、而又以討人。難以免矣。詩曰『胡不相畏。不畏于天。』君子之不虐幼賤、畏于天也。在周頌、曰『畏天之威。于時保之。』不畏于天、將何能保。以亂取國、奉禮以守、猶懼不終。多行無禮、弗能在矣。」〔魯〕

（◇抽出文5條、◆抽出的編作文7條、☆編作文1條、◎無傳の經文0條）

〔文公十六年〕

◆1〔經〕十有六年。春。季孫行父會齊侯于陽穀。齊侯弗及盟。〔左〕十六年。春。王。正月。及齊、平。公有疾。使季文子會齊侯于陽穀。請盟。齊侯不肯。曰、「請俟君閒。」〔魯〕

◇2〔經〕夏。五月。公四不視朔。〔左〕夏。五月。公四不視朔。疾也。〔魯〕

☆3〔經〕六月。戊辰。公子遂及齊侯、盟于郪丘。〔左〕①公使襄仲納賂于齊侯。故盟于郪丘。〔魯〕②有蛇自泉宮出、入于國、如先君之數。〔魯〕

◆4〔經〕秋。八月。辛未。夫人姜氏薨。〔左〕秋。八月。辛未。聲姜薨。〔魯〕

◇5〔經〕毀泉臺。〔左〕毀泉臺。〔魯〕

◆6〔經〕楚人・秦人・巴人、滅庸。〔左〕①楚大饑。戎伐其西南。至于阜山。師于大林。又伐其東南。至于陽丘。以侵訾枝。庸人帥羣蠻、以叛楚。麇人率百濮、聚於選、將伐楚。於是、申息之北門不啓。楚人謀徙於阪高。蔿賈曰、「不可。我能往、寇亦能往。不如伐庸。夫麇與百濮、謂我饑不能師。故伐我也。若我出師、必懼而歸。百濮離居、將各走其邑。誰暇謀人。」乃出師。旬有五日。百濮乃罷。自廬以往、振廩同食。次于句澨、使廬戢梨侵庸。及庸方城。庸人逐之。囚子揚窻。三宿而逸。曰、「庸師衆。羣蠻聚焉。不如復大師且起王卒合而後進。」師叔曰、「不可。姑又與之遇以驕之。彼驕、我怒。而後可克。先君蚡冒所以服陘隰也。」又與之遇。七遇、皆北。唯裨・鯈・魚人、實逐之。庸人曰、「楚不足與戰矣。」遂不設備。楚子乘馹。會師于臨品。分爲二隊。子越自石溪。子貝自仞。以伐庸。秦人・巴人、從楚師。羣蠻從楚子、盟。遂滅庸。〔楚〕②宋公子鮑、禮於國人。宋饑。竭其粟而貸之、年自七十以上、無不饋詒也。時加羞珍異。無日不數於六卿之門。國之材人無不事也。親自桓以下無不恤也。公子鮑美而艷。襄夫人欲通之。而不可。乃助之施。昭公無道。國人奉公子鮑、以因夫人。於是、華元爲右師。公孫友爲左師。華耦爲司馬。鱗鱹爲司徒。蕩意諸爲司城。公子朝爲司寇。初。司城蕩卒。公孫壽辭司城、請使意諸爲之。既而告人、曰、「君無道。吾官近。懼及焉。棄官、則族無所庇。子身之貳也。姑紓死焉。雖亡子、猶不亡族。」既夫人將使公田孟諸而殺之。公知之。盡以寶行。蕩意諸曰、「盍適諸侯。」公曰、「不能其大夫、至于君祖母、以及國人。諸侯誰納我。且既爲人君、而又爲人臣、不如死。盡以其寶賜左右、而使行。夫人使謂司城去公。對曰、「臣之、而逃其難。若後君何。」〔宋〕

☆7〔經〕冬。十有一月。宋人弑其君杵臼。〔左〕冬。①十一月。甲寅。宋昭公將田孟諸。未至。夫人王姫使帥甸攻而殺之。蕩意諸死之。〔宋〕②〈書曰「宋人弑其君杵臼」、君無道也。〉③文公卽位。使母弟須爲司城。華耦卒。而使蕩虺爲司馬。〔宋〕

（◇抽出文2條、◆抽出的編作文3條、☆編作文2條、◎無傳の經文0條）

〔文公十七年〕

◆1〔經〕十有七年。春。晉人・衞人・陳人・鄭人、伐宋。〔左〕十七年。春。①晉荀林父・衞孔達・陳公孫寧・鄭石楚、伐宋。討曰、「何故弑君。」猶立文公而還。〔晉〕②〈卿不書、失其所也。〉

◆2〔經〕夏。四月。癸亥。葬我小君聲姜。〔左〕夏。四月。癸亥。葬聲姜。有齊難。是以緩。〔魯〕

◇3〔經〕齊侯伐我西鄙。（杜註「西當爲北。蓋經誤。」）〔左〕齊侯伐我北

鄙。〔魯〕

☆4 〔經〕六月。癸未。公及齊侯、盟于穀。〔左〕襄仲請盟。六月。盟于穀。〔魯〕

◆5 〔經〕諸侯會于扈。〔左〕①晉侯蒐于黃父。遂復合諸侯于扈。平宋也。〔晉〕②公不與會。齊難故也。〔魯〕③〈書曰「諸侯」、無功也。〉④於是、晉侯不見鄭伯。以爲貳於楚也。〔晉〕⑤鄭子家使執訊而與之書、以告趙宣子、曰、「寡君卽位三年。召蔡侯而與之事君。九月。蔡侯入于敝邑、以行。敝邑以侯宣多之難、寡君是以不能與蔡侯偕。十一月、克減侯宣多、而隨蔡侯、以朝于執事。十二年六月、歸生佐寡君之嫡夷、以請陳侯于楚而朝諸君。十四年七月。寡君又朝以蕆陳事。十五年五月、陳侯自敝邑、往朝于君。往年正月、燭之武往朝夷也。八月、寡君又往朝。以陳・蔡之密邇於楚、而不敢貳焉、則敝邑之故也。雖敝邑之事君、何以不免。在位之中、一朝于襄。而再見于君。夷與孤之二三臣、相及於絳。雖我小國、則蔑以過之矣。今大國曰、『爾未逞吾志。』敝邑有亡。無以加焉。古人有言曰、『畏首畏尾。身其餘幾。』又曰、『鹿死、不擇音。』小國之事大國也、德則其人也。不德、則其鹿也。鋌而走險、急何能擇。命之罔極、亦知亡矣。將悉敝賦、以待於儵。唯執事命之。文公二年六月壬申、朝於齊。四年二月壬戌、爲齊侵蔡。亦獲成於楚。居大國之閒而從於强令。豈其罪也。大國若弗圖、無所逃命。」晉鞏朔行成於鄭。趙穿・公壻池、爲質焉。〔鄭〕

◎6 〔經〕秋。公至自穀。〔左〕秋。周甘歜敗戎于邥垂。乘其飲酒也。〔周〕

◆7 〔經〕冬。公子遂如齊。〔左〕冬。①十月。鄭大子夷・石楚、爲質于晉。〔鄭〕②襄仲如齊。拜穀之盟。復、曰、「臣聞、齊人將食魯之麥。以臣觀之、將不能。齊君之語偸。臧文仲有言、曰、『民主偸、必死』。」〔魯〕

（◇抽出文1條、◆抽出的編作文4條、☆編作文1條、◎無傳の經文1條）

［文公十八年］

☆1 〔經〕十有八年。春。王。二月。丁丑。公薨于臺下。〔左〕十八年。春。①齊侯戒師期。而有疾。醫曰、「不及秋。將死。」〔齊〕②公聞之、卜曰、「尚無及期。」惠伯令龜。卜楚丘占之、曰、「齊侯不及期。非疾也。君亦不聞。令龜有咎。」二月。丁丑。公薨。〔魯〕
③齊懿公之爲公子也、與邴歜之父爭田、弗勝。及卽位、乃掘而刖之、而使歜僕。納閻職之妻、而使職驂乘。〔齊〕

◎2 〔經〕秦伯罃卒。〔左〕なし

☆3 〔經〕夏。五月。戊戌。齊人弑其君商人。〔左〕夏。五月。公游于申池。二人浴于池。歜以扑抶職。職怒。歜曰、「人奪女妻而不怒。一抶汝、庸何傷。」職曰、「與刖其父而弗能病者、何如。」乃謀弑懿公。納諸竹中。歸。舍爵、而行。齊人立子元。〔齊〕

☆4 〔經〕六月。癸酉。葬我君文公。〔左〕六月。葬文公。〔魯〕

◆5 〔經〕秋。公子遂・叔孫得臣、如齊。〔左〕秋。①襄仲・莊叔、如齊。惠公立故也。且拜葬也。〔魯〕②文公二妃敬嬴生宣公。敬嬴嬖。而私事襄仲。宣公長、而屬諸襄仲。襄仲欲立之。叔仲不可。仲見于齊侯而請立之。齊侯新立而欲親魯。許之。〔魯〕

◆6〔經〕冬。十月。子卒。〔左〕冬。①十月。仲殺惡及視。而立宣公。
〔魯〕②〈書曰「子卒」、諱之也。〉③仲以君命召惠伯。其宰公冉務人止之、曰、「入必死。」叔仲曰、「死君命、可也。」公冉務人曰、「若君命、可死。非君命、何聽。」弗聽。乃入。殺而埋之馬矢之中。公冉務人奉其帑以奔蔡。既而復叔仲氏。〔魯〕

◇7〔經〕夫人姜氏歸于齊。〔左〕夫人姜氏歸于齊。大歸也。將行。哭而過市。曰、「天乎、仲爲不道、殺嫡立庶。」市人皆哭。魯人謂之哀姜。〔魯〕

◎8〔經〕季孫行父如齊。〔左〕なし

☆9〔經〕莒弑其君庶其。〔左〕①莒紀公生大子僕。又生季佗。愛季佗而黜僕。且多行無禮於國。僕因國人以殺紀公。以其寳玉、來奔。納諸宣公。宣公命與之邑、曰、「今日必授。」季文子使司寇出諸境、曰、「今日必達。」公問其故。季文子使大史克對、曰、「先大夫臧文仲教行父事君之禮。行父奉以周旋、弗敢失隊。曰、『見有禮於其君者、事之如孝子之養父母也。見無禮於其君者、誅之如鷹鸇之逐鳥雀也。』先君周公制周禮、曰、『則以觀德。德以處事。事以度功。功以食民。』作誓命、曰、『毀則、爲賊。掩賊、爲藏。竊賄、爲盜。盜器、爲姦。主藏之名、賴姦之用、爲大凶德。有常無赦。』在九刑不忘。行父還觀莒僕、莫可則也。孝敬忠信爲吉德。盜賊藏姦爲凶德。夫莒僕、則其孝敬、則殺君父矣。則其忠信、則竊寳玉矣。其人則盜賊也。其器則姦兆也。保而利之、則主藏也。以訓則昬。民無則焉。不度於善、而皆在於凶德。是以去之。昔高陽氏有才子八人。蒼舒・隤敳・檮戭・大臨・尨降・庭堅・仲容・叔達。齊聖廣淵、明允篤誠。天下之民謂之八愷。高辛氏有才子八人。伯奮・仲堪・叔獻・季仲・伯虎・仲熊・叔豹・季貍。忠肅共懿、宣慈惠和。天下之民謂之八元。此十六族也、世濟其美、不隕其名。以至於堯。堯不能舉。舜臣堯。舉八愷、使主后土。以揆百事、莫不時序。地平天成。舉八元、使布五教于四方。父義、母慈、兄友、弟共、子孝。内平外成。昔帝鴻氏有不才子。掩義隱賊。好行凶德。醜類惡物。頑嚚不友。是與比周。天下之民謂之渾敦。少皥氏有不才子。毀信廢忠。崇飾惡言。靖譖庸回。服讒蒐慝。以誣盛德。天下之民謂之窮奇。顓頊氏有不才子。不可教訓。不知話言。告之則頑。舍之則嚚。傲很明德、以亂天常。天下之民謂之檮杌。此三族也、世濟其凶、增其惡名。以至于堯。堯不能去。縉雲氏有不才子。貪于飲食。冒于貨賄。侵欲崇侈。不可盈厭。聚斂積實。不知紀極。不分孤寡。不恤窮匱。天下之民以比三凶、謂之饕餮。舜臣堯。賓于四門。流四凶族。渾敦・窮奇・檮杌・饕餮、投諸四裔、以禦螭魅。是以堯崩而天下如一、同心戴舜以爲天子。以其舉十六相、去四凶也。故虞書數舜之功、曰、『愼徽五典。五典克從。』無違教也。曰、『納于百揆。百揆時序。』無廢事也。曰、『賓于四門。四門穆穆。』無凶人也。舜有大功二十、而爲天子。今行父雖未獲一吉人、去一凶矣。於舜之功二十之一也。庶幾免於戾乎。」〔魯〕②宋武・穆之族、導昭公子將奉司城須以作亂。十二月。宋公殺母弟須、及昭公子。使戴・莊・桓之族攻武氏於司馬子伯之館。遂出武・穆之族。使公孫師爲司城。公子朝卒。使樂呂爲司寇。以靖國人。〔宋〕

(◇抽出文1條、◆抽出的編作文2條、☆編作文4條、◎無傳の經文2條)

（二）文公期全左氏經文の四種類型文の分布状況

（一）の抽出・編作舉例の分析による四種類型文の分布と占有率を一覧表に示すと次のようになる。

	◇抽出文	◆抽出的編作文	☆編作文	◎無傳の經文	小計
文公　元年	1	7	1	2	11
文公　二年	2	3	2	1	8
文公　三年	2	4	2	0	8
文公　四年	3	1	1	2	7
文公　五年	2	2	0	3	7
文公　六年	0	5	2	1	8
文公　七年	3	5	1	1	10
文公　八年	0	1	4	3	8
文公　九年	2	5	1	6	14
文公　十年	2	2	0	3	7
文公十一年	1	4	1	0	6
文公十二年	1	5	2	1	9
文公十三年	3	1	3	3	10
文公十四年	3	5	4	2	14
文公十五年	5	7	1	0	13
文公十六年	2	3	2	0	7
文公十七年	1	4	1	1	7
文公十八年	1	2	4	2	9
文公期計	34	66	32	31	163
占有率	20・9％	40・5％	19・6％	19％	100％

これによると、文公期經文では、抽出系（◇抽出文と◆抽出的編作文）が61・4％、編作系（☆編作文と◎無傳の經文）が38・6％となる。

第七章

（一）宣公期全左氏經文の抽出・編作學例と宣公期全左傳文の分析

〔宣公元年〕

☆1〔經〕元年。春。王。正月。公卽位。〔左〕元年。春。王。正月。

◇2〔經〕公子遂如齊、逆女。〔左〕公子遂如齊、逆女。尊君命也。〔魯〕

◇3〔經〕三月。遂以夫人婦姜、至自齊。〔左〕三月。遂以夫人婦姜、至自齊。尊夫人也。〔魯〕

◆4〔經〕夏。季孫行父如齊。〔左〕夏。季文子如齊。納賂、以請會。〔魯〕

◆5〔經〕晉放其大夫胥甲父于衞。〔左〕晉人討不用命、放胥甲父于衞。而立胥克。先辛奔齊。〔晉〕

◆6〔經〕公會齊侯于平州。〔左〕會于平州。以定公位。〔魯〕

◆7〔經〕公子遂如齊。〔左〕東門襄仲如齊。拜成。〔魯〕

◇8〔經〕六月。齊人取濟西田。〔左〕①六月。齊人取濟西之田。爲立公故、以賂齊也。〔魯〕②宋人之弑昭公也。晉荀林父以諸侯之師、伐宋。宋及晉平。宋文公受盟于晉。又會諸侯于扈。將爲魯討齊。皆取賂而還。〔晉〕③鄭穆公曰、「晉不足與也。」遂受盟于楚。〔鄭〕④陳共公之卒、楚人不禮焉。陳靈公受盟于晉。〔晉〕

◎9〔經〕秋。邾子來朝。〔左〕なし

◆10〔經〕楚子・鄭人、侵陳。遂侵宋。晉趙盾帥師、救陳。（8③の左傳文とも對應）〔左〕秋。楚子侵陳。遂侵宋。晉趙盾帥師、救陳・宋。〔晉〕

☆11〔經〕宋公・陳侯・衞侯・曹伯、會晉師于棐林。伐鄭。〔左〕①會于棐林。以伐鄭也。〔晉〕②楚蔿賈救鄭。遇于北林。囚晉解揚。晉人乃還。〔楚〕③晉欲求成於秦。趙穿曰、「我侵崇。秦急崇、必救之。吾以求成焉。」〔晉〕

◆12〔經〕冬。晉趙穿帥師、侵崇。〔左〕冬。趙穿侵崇。秦弗與成。〔晉〕

☆13〔經〕晉人・宋人、伐鄭。〔左〕晉人伐鄭。以報北林之役。於是晉侯侈。趙宣子爲政。驟諫而不入。故不競於楚。〔晉〕

（◇抽出文3條、◆抽出的編作文6條、☆編作文3條、◎無傳の經文1條）

〔宣公二年〕

◆1〔經〕二年。春。王。二月。壬子。宋華元帥師、及鄭公子歸生帥師、戰于大棘。宋師敗績。〔左〕二年。春。鄭公子歸生受命于楚、伐宋。宋華元・樂呂、御之。二月。壬子。戰于大棘。宋師敗績。〔宋〕

◆2〔經〕獲宋華元。〔左〕①囚華元、獲樂呂、及甲車四百六十乘、俘二百五十人、馘百人。〔鄭〕②狂狡輅鄭人。鄭人入于井。倒戟而出之。獲狂狡。〔宋〕③君子曰、「失禮、違命。宜其爲禽也。戎、昭果毅、以聽之、之謂禮。殺敵爲果、致果爲毅。易之戮也。」《評》④將戰。華元殺羊、食士。其御羊斟不與。及戰、曰、「疇昔之羊、子爲政。今日之事、我爲政。」與入鄭師。故敗。〔宋〕⑤君子謂羊斟、「非人也。以其私憾、敗國、殄民。於是刑孰大焉。詩所謂『人之無良者。』其羊斟之謂乎。殘民以逞。」⑥宋人以兵車百乘、文馬百駟。以贖華元于鄭。半入。華元逃歸。立于門外。告而入。見叔牂曰、「子之馬然也。」對曰、「非馬也。其人也。」既合而來奔。〔魯〕⑦宋城。華元爲植、巡功。城者謳曰、「睅其目、皤其腹、棄甲而復。于思于思、棄甲復來。」使其驂乘謂之、曰、「牛則有皮、犀兕尚多、棄甲則那。」役人曰、「縱其有皮、丹漆若何。」華元曰、「去之。夫其口衆。而我寡。」〔宋〕

◇3〔經〕秦師伐晉。〔左〕秦師伐晉。以報崇也。遂圍焦。〔秦〕

☆4〔經〕夏。晉人・宋人・衞人・陳人、侵鄭。〔左〕夏。①晉趙盾救焦。遂自陰地、及諸侯之師侵鄭。以報大棘之役。〔晉〕②楚鬬椒救鄭、曰、「能欲諸侯而惡其難乎。」遂次于鄭。以待晉師。〔楚〕③趙盾曰、「彼宗競于楚。殆將斃矣。姑益其疾。」乃去之。〔晉〕④晉靈公不君。厚斂以彫牆、從臺上彈人而觀其避丸也。宰夫胹熊蹯不熟、殺之。寘諸畚、使婦人載以過朝。趙盾・士季見其手、問其故而患之。將諫。士季曰、「諫而不入則莫之繼也。會請先。不入則子繼之。」三進及溜。而後視之。曰、「吾知所過矣。將改之。」稽首而對曰、「人誰不過。過而能改。善莫大焉。詩曰『靡不有初。鮮克有終。』夫如是則能補過者鮮矣。君又有終、則社稷之固也。豈唯羣臣賴之。又曰『袞職有闕、惟仲山甫補之。』能補過也。君肯補過、袞不廢矣。」猶不改。宣子驟諫。公患之。使鉏麑賊之。晨往。寢門闢矣。盛服將朝、尚早。坐而假寐。麑退歎、而言曰、「不忘恭敬、民之主也。賊民之主、不忠。棄君之命、不信。有一於此、不如死也。」觸槐而死。〔晉〕

☆5〔經〕秋。九月。乙丑。晉趙盾弑其君夷皐。〔左〕秋。①九月。晉侯飮趙盾酒。伏甲將攻之。其右提彌明知之。趨登、曰、「臣侍君宴。過三爵。非禮也。」遂跣以下。公嗾夫獒焉。明搏而殺之。盾曰、「棄人用犬、雖猛何爲。」鬬且出。提彌明死之。初。宣子田於首山。舍于翳桑。見靈輒餓。問其病。曰、「不食三日矣。」食之。舍其半。問之曰、「宦三年矣。未知母之存否。今近焉。請以遺之。」使盡之而爲之簞食與肉、寘諸橐、以與之。既而與爲公介。倒戟以禦公徒、而免之。問何故。對曰、「翳桑之餓人也。」問其名居。不告而退。遂自亡也。乙丑。趙穿殺靈公於桃園。宣子未出山而復。大史書曰、「趙盾弑其君。」以示於朝。宣子曰、「不然。」對曰、「子爲正卿。亡不越竟。反不討賊。非子而誰。」宣子曰、「烏呼。詩曰『我之懷矣。自詒伊慼。』其我之謂矣。」〔晉〕②孔子曰、「董狐、古之良史也。書法不隱。趙宣子、古之良大夫也。爲法受惡。惜也、越境乃免。」《評》③宣子使趙穿逆公子黑臀于周、而立之。壬申。朝于武宮。初。麗姬之亂、詛無畜羣公子。自是晉無公族。及成公卽位、乃宦卿之嫡而爲之田、以爲公族。又宦其餘子亦爲餘子。其庶子爲公行。晉於是有公族・餘子・公行。趙盾請以

括爲公族。曰、「君姬氏之愛子也。微君姬氏、則臣狄人也。」公許之。〔晉〕

◎6〔經〕冬。十月。乙亥。天王崩。〔左〕冬。趙盾爲旄車之族。使屛季以其故族、爲公族大夫。〔晉〕

（◇抽出文1條、◆抽出的編作文2條、☆編作文2條、◎無傳の經文1條）

［宣公三年］

☆1〔經〕三年。春。王。正月。郊牛之口傷。改卜牛。牛死。乃不郊。猶三望。〔左〕春。不郊而望。皆非禮也。望、郊之屬也。不郊亦無望、可也。〔魯〕

◎2〔經〕葬匡王。〔左〕なし

◇3〔經〕楚子伐陸渾之戎。〔左〕①晉侯伐鄭、及郔。鄭及晉平。士會入盟。〔晉〕　②楚子伐陸渾之戎。遂至於雒、觀兵于周疆。定王使王孫滿勞楚子。楚子問鼎之大小輕重焉。對曰、「在德。不在鼎。昔夏之方有德也、遠方圖物、貢金九牧、鑄鼎象物、百物而爲之備、使民知神姦。故民入川澤山林、不逢不若、螭魅罔兩、莫能逢之、用能協于上下、以承天休。桀有昏德、鼎遷于商、載祀六百。商紂暴虐、鼎遷于周。德之休明、雖小、重也。其姦回昏亂、雖大、輕也。天祚明德、有所厎止。成王定鼎于郟鄏。卜世三十、卜年七百、天所命也。今周德雖衰、天命未改。鼎之輕重、未可問也。」〔周〕

◇4〔經〕夏。楚人侵鄭。〔左〕夏。①楚人侵鄭。鄭卽晉故也。〔鄭〕　②宋文公卽位三年。殺母弟須及昭公子、武氏之謀也。使戴桓之族攻武氏於司馬子伯之館。盡逐武穆之族。武穆之族以曹師伐宋。〔宋〕

◎5〔經〕秋。赤狄侵齊。〔左〕なし

◇6〔經〕宋師圍曹。〔左〕秋。宋師圍曹。報武氏之亂也。〔宋〕

☆7〔經〕冬。十月。丙戌。鄭伯蘭卒。〔左〕冬。鄭穆公卒。初。鄭文公有賤妾、曰燕姞。夢天使與己蘭、曰、「餘爲伯鯈。餘而祖也。以是爲而子。以蘭有國香、人服媚之如是。」既而文公見之。與之蘭、而御之。辭曰、「妾不才、幸而有子、將不信敢徵蘭乎。」公曰、「諾。」生穆公。名之曰蘭。文公報鄭子之妃曰陳嬀。生子華・子臧。子臧得罪而出。誘子華而殺之南里。使盜殺子臧於陳宋之閒。又娶于江、生公子士。朝于楚。楚人酖之。及葉而死。又娶于蘇。生子瑕・子俞彌。俞彌早卒。泄駕惡瑕。文公亦惡之。故不立也。公逐羣公子。公子蘭奔晉。從晉文公伐鄭。石癸曰、「吾聞、姬姞耦、其子孫必蕃。姞吉人也。后稷之元妃也。今公子蘭姞甥也。天或啓之。必將爲君。其後必蕃。先納之、可以亢寵。」與孔將鉏侯宣多納之。盟于大宮、而立之。以與晉平。穆公有疾、曰、「蘭死、吾其死乎。吾所以生也。」刈蘭而卒。〔鄭〕

◎8〔經〕葬鄭穆公。〔左〕なし

（◇抽出文3條、◆抽出的編作文0條、☆編作文2條、◎無傳の經文3條）

［宣公四年］

◇1〔經〕四年。春。王。正月。公及齊侯、平莒及郯。莒人不肯。公伐莒。取向。〔左〕四年。春。①公及齊侯、平莒及郯。莒人不肯。公伐莒。取向。非禮也。〔魯〕　②平國以禮、不以亂。伐而不治、

亂也。以亂平亂、何治之有。無治、何以行禮。《評》

◎2〔經〕秦伯稻卒。〔左〕楚人獻黿於鄭靈公。公子宋與子家將入見。子公之食指動。以示子家曰、「他日我如此。必嘗異味。」及入、宰夫將解黿。相視而咲。公問之。子家以告。及食大夫黿、召子公而弗與也。子公怒、染指於鼎、嘗之而出。公怒、欲殺子公。子公與子家謀先。子家曰、「畜老猶憚殺之。而況君乎。」反譖子家。子家懼而從之。〔鄭〕

☆3〔經〕夏。六月。乙酉。鄭公子歸生弑其君夷。〔左〕夏。①弑靈公。〔鄭〕②〈書曰「鄭公子歸生弑其君夷」、權不足也。〉③君子曰、「仁而不武。無能達也。」《評》④凡弑君、稱君、君無道也。稱臣、臣之罪也。《凡》⑤鄭人立子良。辭曰、「以賢則去疾不足。以順則公子堅長。」乃立襄公。襄公將去穆氏而舍子良。子良不可、曰、「穆氏宜存則固願也。若將亡之則亦皆亡。去疾何爲。」乃舍之。皆爲大夫。〔鄭〕⑥初。楚司馬子良生子越椒。子文曰、「必殺之。是子也、熊虎之狀而豺狼之聲。弗殺必滅若敖氏矣。諺曰『狼子野心』是乃狼也。其可畜乎。」子良不可。子文以爲大感。及將死。聚其族曰、「椒也知政、乃速行矣。無及於難。」且泣曰、「鬼猶求食。若敖氏之鬼不其餒而。」及令尹子文卒。鬭般爲令尹。子越爲司馬。蔿賈爲工正。譖子揚而殺之。子越爲令尹。己爲司馬。子越又惡之。乃以若敖氏之族圄伯嬴於轑陽而殺之。遂處烝野。將攻王。王以三王之子爲質焉。弗受。師于漳澨。〔楚〕

◎4〔經〕赤狄侵齊。〔左〕なし

◎5〔經〕秋。公如齊。〔左〕秋。①七月。戊戌。楚子與若敖氏戰于皐滸。伯棼射王。汰輈及鼓跗、著於丁寧。又射。汰輈、以貫笠轂。師懼退。王使巡師曰、「吾先君文王克息、獲三矢焉。伯棼竊其二。盡於是矣。」鼓而進之。遂滅若敖氏。〔楚〕②初。若敖娶於䢵。生鬭伯比。若敖卒。從其母、畜於䢵。淫於䢵子之女。生子文焉。䢵夫人使棄諸夢中。虎乳之。䢵子田見之。懼而歸。夫人以告。遂使收之。楚人謂乳穀、謂虎於菟。故命之曰鬭穀於菟。以其女妻伯比。實爲令尹子文。其孫箴尹克黃。使於齊。還。及宋聞亂。其人曰、「不可以入矣。」箴尹曰、「棄君之命、獨誰受之。君天也。天可逃乎。」遂歸。復命而自拘於司敗。王思子文之治楚國也、曰、「子文無後、何以勸善。」使復其所。改命曰生。〔楚〕

◎6〔經〕公至自齊。〔左〕なし

◇7〔經〕冬。楚子伐鄭。〔左〕冬。楚子伐鄭。鄭未服也。〔鄭〕

（◇抽出文2條、◆抽出的編作文0條、☆編作文1條、◎無傳の經文4條）

〔宣公五年〕

◇1〔經〕五年。春。公如齊。〔左〕五年。春。公如齊。高固使齊侯止公。請叔姬焉。〔魯〕

◇2〔經〕夏。公至自齊。〔左〕夏。①公至自齊。〔魯〕②〈書、過也。〉

◆3〔經〕秋。九月。齊高固來逆叔姬。〔左〕秋。①九月。齊高固來逆女。自爲也。〔魯〕②〈故書曰「逆叔姬」、卿自逆也。〉

◎4〔經〕叔孫得臣卒。〔左〕なし

☆5〔經〕冬。齊高固及子叔姬、來。〔左〕冬。來。反馬也。〔魯〕

◆6〔經〕楚人伐鄭。〔左〕楚子伐鄭。陳及楚平。晉荀林父救鄭、伐陳。

〔晉〕

(◇抽出文2條、◆抽出的編作文2條、☆編作文1條、◎無傳の經文1條)

[宣公六年]

☆1〔經〕春。晉趙盾、衞孫免、侵陳。〔左〕六年。春。晉、衞、侵陳。陳卽楚故也。〔晉〕

◎2〔經〕夏。四月。〔左〕夏。定王使子服求后于齊。〔周〕

◎3〔經〕秋。八月。螽。〔左〕秋。赤狄伐晉、圍懷、及邢丘。晉侯欲伐之。中行桓子曰、「使疾其民、以盈其貫。將可殪也。周書曰『殪戎殷。』此類之謂也。」〔晉〕

◎4〔經〕冬。十月。〔左〕冬。①召桓公逆王后于齊。〔周〕②楚人伐鄭、取成而還。鄭公子曼滿與王子伯廖語、欲爲卿。伯廖告人、曰、「無德而貪。其在周易、豐䷶之離䷝。弗過之矣。」閒一歲、鄭人殺之。〔鄭〕

(◇抽出文0條、◆抽出的編作文0條、☆編作文1條、◎無傳の經文3條)

[宣公七年]

◆1〔經〕七年。春。衞侯使孫良夫來、盟。〔左〕七年。春。衞孫桓子來、盟。始通。且謀會晉也。〔魯〕

◇2〔經〕夏。公會齊侯、伐萊。〔左〕夏。①公會齊侯、伐萊。不與謀也。〔魯〕②凡師出、與謀曰及、不與謀曰會。《凡》③赤狄侵晉、取向陰之禾。〔晉〕

◎3〔經〕秋。公至自伐萊。〔左〕鄭及晉平。公子宋之謀也。故相鄭伯以會。〔鄭〕

◎4〔經〕大旱。〔左〕なし

☆5〔經〕冬。公會晉侯・宋公・衞侯・鄭伯・曹伯于黑壤。〔左〕冬。①盟于黑壤。王叔桓公臨之。以謀不睦。〔晉〕②晉侯之立也。公不朝焉。又不使大夫聘。晉人止公于會。盟于黃父。公不與盟。以賂免。〔魯〕③〈故黑壤之盟、不書、諱之也。〉

(◇抽出文1條、◆抽出的編作文1條、☆編作文1條、◎無傳の經文2條)

[宣公八年]

◎1〔經〕八年。春。公至自會。〔左〕八年。春。白狄及晉、平。〔魯〕

◎2〔經〕夏。六月。公子遂如齊。至黃、乃復。〔左〕夏。會晉、伐秦。晉人獲秦諜。殺諸絳市。六日而蘇。〔晉〕

☆3〔經〕辛巳。有事于大廟。仲遂卒于垂。壬午。猶繹。萬入、去籥。〔左〕有事于大廟。襄仲卒而繹。非禮也。〔魯〕

◎4〔經〕戊子。夫人嬴氏薨。〔左〕なし

◆5〔經〕晉師・白狄、伐秦。〔左〕(1、2の左傳文と對應)

◆6〔經〕楚人滅舒・蓼。〔左〕①楚爲衆舒叛、故伐舒・蓼、滅之。楚子疆之、及滑汭。盟吳越而還。〔楚〕②晉胥克有蠱疾。郤缺爲政。〔晉〕

◎7〔經〕秋。七月。甲子。日有食之。既。〔左〕秋。廢胥克、使趙朔佐下軍。〔晉〕

☆8〔經〕冬。十月。己丑。葬我小君敬嬴。雨、不克葬。庚寅。日中而克葬。〔左〕冬。①葬敬嬴。旱無麻。始用葛茀。雨、不克葬。禮也。〔魯〕②禮、卜葬、先遠日、避不懷也。
◇9〔經〕城平陽。〔左〕①城平陽。〔魯〕②〈書、時也。〉
◇10〔經〕楚師伐陳。〔左〕陳及晉平。楚師伐陳。取成而還。〔晉〕
（◇抽出文2條、◆抽出的編作文2條、☆編作文2條、◎無傳の經文4條）

［宣公九年］

◎1〔經〕九年。春。王。正月。公如齊。〔左〕九年。春。王使來、徵聘。〔魯〕
◎2〔經〕公至自齊。〔左〕なし
◆3〔經〕夏。仲孫蔑如京師。〔左〕夏。孟獻子聘於周王。以爲有禮。厚賄之。〔魯〕
◎4〔經〕齊侯伐萊。〔左〕なし
◇5〔經〕秋。取根牟。〔左〕秋。取根牟。言易也。〔魯〕
◆6〔經〕八月。滕子卒。〔左〕滕昭公卒。〔魯〕
☆7〔經〕九月。晉侯・宋公・衞侯・鄭伯・曹伯、會于扈。〔左〕會于扈。討不睦也。陳侯不會。〔晉〕
◆8〔經〕晉荀林父帥師、伐陳。〔左〕晉荀林父以諸侯之師伐陳。〔晉〕
☆9〔經〕辛酉。晉侯黑臀卒于扈。〔左〕晉侯卒于扈。乃還。〔晉〕
◎10〔經〕冬。十月。癸酉。衞侯鄭卒。〔左〕なし
◇11〔經〕宋人圍滕。〔左〕冬。①宋人圍滕。因其喪也。〔魯〕②陳靈公與孔寧・儀行父、通於夏姬。皆衷其衵服、以戲于朝。泄冶諫曰、「公卿宣淫、民無效焉。且聞不令。君其納之。」公曰、「吾能改矣。」公告二子。二子請殺之。公弗禁。遂殺泄冶。〔陳〕③孔子曰、「詩云『民之多辟。無自立辟。』其泄冶之謂乎。」《評》
◇12〔經〕楚子伐鄭。〔左〕楚子爲厲之役、故伐鄭。〔鄭〕
◆13〔經〕晉郤缺帥師、救鄭。〔左〕晉郤缺救鄭。鄭伯敗楚師于柳棼。國人皆喜。唯子良憂曰、「是國之災也。吾死無日矣。」〔鄭〕
◆14〔經〕陳殺其大夫泄冶。〔左〕（11の左傳文と對應）
（◇抽出文3條、◆抽出的編作文5條、☆編作文2條、◎無傳の經文4條）

［宣公十年］

◇1〔經〕十年。春。公如齊。〔左〕十年。春。公如齊。〔魯〕
◎2〔經〕公至自齊。〔左〕なし
◆3〔經〕齊人歸我濟西田。〔左〕齊侯以我服、故歸濟西之田。〔魯〕
◎4〔經〕夏。四月。丙辰。日有食之。〔左〕なし
☆5〔經〕己巳。齊侯元卒。〔左〕夏。齊惠公卒。〔齊〕
◆6〔經〕齊崔氏出奔衞。〔左〕①崔杼有寵於惠公。高・國畏其偪也。公卒。而逐之。奔衞。〔齊〕②〈書曰「崔氏」、非其罪也。且告以族、不以名。〉③凡諸侯之大夫違、告於諸侯、曰、「某氏之守臣某、失守宗廟。敢告。」所有玉帛之使者則告、不然則否。《凡》
◇7〔經〕公如齊。〔左〕公如齊。奔喪。〔魯〕
◎8〔經〕五月。公至自齊。〔左〕なし
☆9〔經〕癸巳。陳夏徵舒弑其君平國。〔左〕陳靈公與孔寧・儀行父飲酒於夏氏。公謂行父曰「徵舒、似汝。」對曰「亦似君。」徵舒病之。公出。自其廏射、而殺之。二子奔楚。〔陳〕
◇10〔經〕六月。宋師伐滕。〔左〕滕人恃晉而不事宋。六月。宋師伐滕。

〔宋〕

◎11〔經〕公孫歸父如齊。葬齊惠公。〔左〕なし

☆12〔經〕晉人・宋人・衞人・曹人、伐鄭。〔左〕鄭及楚平。諸侯之師伐鄭。取成而還。〔晉〕

☆13〔經〕秋。天王使王季子來聘。〔左〕秋。劉康公來。報聘。〔魯〕

☆14〔經〕公孫歸父帥師、伐邾、取繹。〔左〕師伐邾、取繹。〔魯〕

◎15〔經〕大水。〔左〕なし

◆16〔經〕季孫行父如齊。〔左〕季文子初聘于齊。〔魯〕

◆17〔經〕冬。公孫歸父如齊。〔左〕冬。子家如齊。伐邾故也。〔魯〕

◆18〔經〕齊侯使國佐來聘。〔左〕國武子來。報聘。〔魯〕

◎19〔經〕饑。〔左〕なし

◇20〔經〕楚子伐鄭。〔左〕①楚子伐鄭。晉士會救鄭。逐楚師于潁北。諸侯之師戍鄭。〔晉〕②鄭子家卒。鄭人討幽公之亂。斲子家之棺而逐其族也。改葬幽公。謚之曰靈。〔鄭〕

（◇抽出文4條、◆抽出的編作文5條、☆編作文5條、◎無傳の經文6條）

〔宣公十一年〕

◎1〔經〕十有一年。春。王。正月。〔左〕十一年。春。楚子伐鄭。及櫟。子良曰「晉・楚不務德。而以兵爭。與其來者、可也。晉・楚無信。我焉得有信。」乃從楚。〔鄭〕

◆2〔經〕夏。楚子・陳侯・鄭伯、盟于辰陵。〔左〕夏。楚盟于辰陵。陳・鄭服也。〔楚〕

◎3〔經〕公孫歸父會齊人、伐莒。〔左〕①楚左尹子重侵宋。王待諸郔。令尹蔿艾獵城沂。使封人慮事。以授司徒、量功、命日、分財用、平板幹、稱畚築、程土物、議遠邇、略基趾、具餱糧、度有司、事三旬而成。不愆于素。〔楚〕②晉郤成子求成于衆狄。衆狄疾赤狄之役。遂服于晉。〔晉〕

◆4〔經〕秋。晉侯會狄于欑函。〔左〕秋。會于欑函。衆狄服也。是行也。諸大夫欲召狄。郤成子曰「吾聞之。非德、莫如勤。非勤、何以求人。能勤有繼。其從之也。詩曰『文王既勤止。』文王猶勤。況寡德乎。」〔晉〕

◆5〔經〕冬。十月。楚人殺陳夏徵舒。〔左〕冬。楚子爲陳夏氏亂、故伐陳。謂陳人無動。將討於少西氏。遂入陳。殺夏徵舒。轘諸栗門。因縣陳。〔陳〕

☆6〔經〕丁亥。楚子入陳。納公孫寧・儀行父于陳。〔左〕①陳侯在晉。申叔時使於齊。反。復命而退。王使讓之、曰、「夏徵舒爲不道弑其君。寡人以諸侯討而戮之。諸侯・縣公皆慶寡人。汝獨不慶寡人。何故。」對曰、「猶可辭乎。」王曰、「可哉。」曰、「夏徵舒弑其君。其罪大矣。討而戮之。君之義也。抑人亦有言、曰『牽牛以蹊人之田。而田主奪之牛。』牽牛以蹊者、信有罪矣。而奪之牛、罰已重矣。諸侯之從楚也、曰『討有罪也。』今縣陳、貪其富也。以討召諸侯、而以貪歸之、無乃不可乎。」王曰、「善哉。吾未之聞也。反之、可乎。」對曰、「可哉。吾儕小人所謂取諸其懷而與之也。」乃復封陳。鄉取一人焉、以歸。謂之夏州。〔楚〕②〈故書曰「楚子入陳。納公孫寧・儀行父于陳。」、書有禮也。〉③厲之役、鄭伯逃歸。自是楚未得志焉。鄭既受盟于辰陵。又徼事于晉。〔鄭〕

（◇抽出文0條、◆抽出的編作文3條、☆編作文1條、◎無傳の經文2條）

［宣公十二年］

◎1〔經〕十有二年。春。葬陳靈公。〔左〕十二年。春。

◇2〔經〕楚子圍鄭。〔左〕楚子圍鄭。旬有七日。鄭人卜行成。不吉。卜臨于大宮、且巷出車。吉。國人大臨、守陴者皆哭。楚子退師。鄭人脩城。進復圍之。三月克之。入自皇門、至于逵路。鄭伯肉袒牽羊以逆。曰「孤實不天。不能事君。使君懷怒以及敝邑。孤之罪也。敢不唯命是聽。其俘諸江南以實海濱、亦唯命。其翦以賜諸侯使臣妾之、亦唯命。若惠顧前好、徼福於厲・宣・桓・武、不泯其社稷、使改事君、夷於九縣、君之惠也。孤之願也。非所敢望也。敢布腹心。君實圖之。」左右曰「不可許也。得國、無赦。」王曰「其君能下人。必能信用其民矣。庸可幾乎。」退三十里、而許之平。潘尫入盟。子良出質。〔楚〕

◆3〔經〕夏。六月。乙卯。晉荀林父帥師、及楚子、戰于邲。晉師敗績。

〔左〕夏。六月。①晉師救鄭。荀林父將中軍、先縠佐之。士會將上軍、郤克佐之。趙朔將下軍、欒書佐之。趙括・趙嬰齊爲中軍大夫。鞏朔・韓穿爲上軍大夫。荀首・趙同爲下軍大夫。韓厥爲司馬。及河。聞鄭既及楚平。桓子欲還、曰、「無及於鄭。而勦其民。焉用之。楚歸而動、不後。」隨武子曰、「善。會聞、用師觀釁而動。德刑政事典禮不易、不可敵也。不爲是征。楚君討鄭。怒其貳而哀其卑。叛而伐之。服而舍之。德刑成矣。伐叛、刑也。柔服、德也。二者立矣。昔歲入陳。今茲入鄭。民不罷勞。君無怨讟。政有經矣。荊尸而擧。商農工賈不敗其業、而卒乘輯睦。事不奸矣。蔿敖爲宰、擇楚國之令典。軍行右轅、左追蓐。前茅慮無。中權、後勁。百官象物而動。軍政不戒而備。能用典矣。其君之擧也。內姓選於親。外姓選於舊。擧不失德。賞不失勞。老有加惠。旅有施舍。君子小人、物有服章、貴有常尊、賤有等威、禮不逆矣。德立刑行、政成事時、典從禮順。若之何敵之。見可而進、知難而退、軍之善政也。兼弱攻昧、武之善經也。子姑整軍而經武乎。猶有弱而昧者、何必楚。仲虺有言、曰『取亂、侮亡。』兼弱也。汋曰『於鑠王師、遵養時晦。』耆昧也。武曰『無競惟烈。』撫弱耆昧、以務烈所、可也。」彘子曰、「不可。晉所以霸。師武臣力也。今失諸侯、不可謂力。有敵而不從、不可謂武。由我失霸、不如死。且成師以出。聞敵彊而退。非夫也。命爲軍帥、而卒以非夫。唯羣子能。我弗爲也。」以中軍佐濟。知莊子曰、「此師殆哉。周易有之。在師☷☵之臨☷☱。曰『師出以律。否臧凶。』執事順成爲臧、逆爲否。衆散爲弱、川壅爲澤。有律以如已也。故曰『律否臧、且律竭也。』盈而以竭。夭且不整。所以凶也。不行之謂臨。有帥而不從、臨孰甚焉。此之謂矣。果遇必敗。彘子尸之。雖免而歸、必有大咎。」韓獻子謂桓子、曰、「彘子以偏師陷。子罪大矣。子爲元帥。師不用命。誰之罪也。失屬亡師、爲罪已重。不如進也。事之不捷、惡有所分。與其專罪、六人同之、不猶愈乎。」師遂濟。〔晉〕②楚子北師、次于郔。沈尹將中軍。子重將左。子反將右。將飮馬於河而歸。聞晉師既濟。王欲還。嬖人伍參欲戰。令尹孫叔敖弗欲、曰、「昔歲入陳。今茲入鄭。不無事矣。戰而不捷、參之肉其足食乎。」參曰、

「若事之捷、孫叔爲無謀矣。不捷、參之肉將在晉軍。可得食乎。」令尹南轅反旆。伍參言於王、曰、「晉之從政者新。未能行令。其佐先穀、剛愎不仁、未肯用命。其三帥者專行不獲。聽而無上、衆誰適從。此行也、晉師必敗。且君而逃臣、若社稷何。」王病之。告令尹。改乘轅而北之。次于管。以待之。〔楚〕③晉師在敖鄗之閒。鄭皇戌使如晉師、曰、「鄭之從楚、社稷之故也。未有貳心。楚師驟勝而驕、其師老矣。而不設備。子擊之、鄭師爲承。楚師必敗。」彘子曰、「敗楚服鄭、於此在矣。必許之。」欒武子曰、「楚自克庸以來。其君無日不討國人而訓之、于民生之不易、禍至之無日、戒懼之不可以怠。在軍、無日不討軍實而申儆之。于勝之不可保、紂之百克而卒無後。訓之以若敖・蚡冒之篳路藍縷、以啓山林。箴之曰『民生在勤。勤則不匱。』不可謂驕。先大夫子犯有言、曰『師直爲壯、曲爲老。』我則不德而徼怨于楚。我曲、楚直。不可謂老。其君之戎分爲二廣。廣有一卒。卒偏之兩。右廣初駕、數及日中。左則受之、以至于昏。內官序當其夜、以待不虞。不可謂無備。子良鄭之良也。師叔楚之崇也。師叔入盟、子良在楚。楚鄭親矣。來勸我戰。我克則來。不克遂往。以我卜也。鄭不可從。」趙括・趙同曰、「率師以來、唯敵是求。克敵得屬、又何俟。必從彘子。」知季曰、「原・屛、咎之徒也。」趙莊子曰、「欒伯善哉。實其言、必長晉國。」楚少宰如晉師、曰、「寡君少遭閔凶、不能文。聞二先君之出入此行也、將鄭是訓定。豈敢求罪于晉。二三子無淹久。」隨季對、曰、「昔平王命我先君文侯、曰『與鄭夾輔周室、毋廢王命。』今鄭不率。寡君使羣臣問諸鄭。豈敢辱候人。敢拜君命之辱。」彘子以爲謟。使趙括從而更之、曰、「行人失辭。寡君使羣臣遷大國之迹於鄭。曰『無辟敵。』羣臣無所逃命。」楚子又使求成于晉。晉人許之、盟有日矣。〔晉〕④楚許伯御樂伯、攝叔爲右、以致晉師。許伯曰、「吾聞、致師者御靡旌、摩壘而還。」樂伯曰、「吾聞、致師者左射以菆、代御執轡、御下、兩馬掉鞅而還。」攝叔曰、「吾聞、致師者右入壘折馘、執俘而還。」皆行其所聞而復。晉人逐之、左右角之。樂伯左射馬而右射人。角不能進。矢一而已。麋興於前。射麋麗龜。晉鮑癸當其後。使攝叔奉麋獻焉、曰、「以歲之非時、獻禽之未至、敢膳諸從者。」鮑癸止之、曰、「其左善射、其右有辭。君子也。」既免。〔楚〕⑤晉魏錡求公族。未得。而怒。欲敗晉師。請致師。弗許。請使。許之。遂往請戰而還。楚潘黨逐之。及熒澤、見六麋、射一麋、以顧獻、曰、「子有軍事。獸人無乃不給於鮮。敢獻於從者。」叔黨命去之。趙旃求卿、未得。且怒於失楚之致師者、請挑戰。弗許。請召盟。許之。與魏錡皆命而往。郤獻子曰、「二憾往矣。弗備必敗。」彘子曰、「鄭人勸戰、弗敢從也。楚人求成、弗能好也。師無成命。多備何爲。」士季曰、「備之善。若二子怒楚、楚人乘我、喪師無日矣。不如備之。楚之無惡、除備而盟、何損於好。若以惡來、有備不敗。且雖諸侯相見、軍衞不徹、警也。」彘子不可。士季使鞏朔・韓穿帥七覆于敖前。故上軍不敗。趙嬰齊使其徒先具舟于河。故敗而先濟。潘黨既逐魏錡。趙旃夜至於楚軍。席於軍門之外、使其徒入之。〔晉〕⑥楚子爲乘廣三十乘、分爲左右、右廣雞鳴而駕、日中而說。左則受之、日入而說。許偃御右廣、養由基爲右、彭名御左廣、屈蕩爲右。乙卯、王乘左廣、以逐趙旃。

趙旃棄車而走林。屈蕩搏之得其甲裳。晉人懼二子之怒楚師也。使軘車逆之。潘黨望其塵、使騁而告、曰、「晉師至矣。」楚人亦懼王之入晉軍也、遂出陳。孫叔曰、「進之。寧我薄人、無人薄我。詩云『元戎十乘、以啓先行。』先人也。軍志曰『先人、有奪人之心。』薄之也。」遂疾進師、車馳卒奔、乘晉軍。〔楚〕⑦桓子不知所爲。鼓於軍中曰、「先濟者、有賞。」中軍・下軍爭舟。舟中之指可掬也。〔晉〕⑧晉師右移、上軍未動。工尹齊將右拒卒、以逐下軍。楚子使唐狡與蔡鳩居、告唐惠侯、曰、「不穀不德而貪、以遇大敵、不穀之罪也。然楚不克、君之羞也。敢藉君靈、以濟楚師。」使潘黨率游闕四十乘、從唐侯、以爲左拒、以從上軍。〔楚〕⑨駒伯曰、「待諸乎。」隨季曰、「楚師方壯。若萃於我、吾師必盡。不如收而去之。分謗生民、不亦可乎。」殿其卒而退、不敗。〔晉〕⑩王見右廣、將從之乘。屈蕩戸之、曰、「君以此始、亦必以終。」自是楚之乘廣先左。〔楚〕⑪晉人或以廣隊不能進。楚人惎之脫扃。少進馬還。又惎之拔旆投衡、乃出。顧曰、「吾不如大國之數奔也。」〔楚〕⑫趙旃以其良馬二、濟其兄與叔父。以他馬反、遇敵不能去、棄車而走林。逢大夫與其二子乘。謂其二子無顧。顧曰、「趙傁在後。」怒之使下、指木、曰、「尸女於是。」授趙旃綏以免。明日以表尸之。皆重獲在木下。〔晉〕⑬楚熊負羈囚知罃。知莊子以其族反之。廚武子御。下軍之士多從之。每射、抽矢菆、納諸廚子之房。廚子怒曰、「非子之求而蒲之愛。董澤之蒲可勝既乎。」知季曰、「不以人子、吾子其可得乎。吾不可以苟射故也。」射連尹襄老、獲之。遂載其尸。射公子穀臣囚之。以二者還。〔晉〕⑭及昏、楚師軍於邲。晉之餘師不能軍。宵濟。亦終夜有聲。丙辰。楚重至於邲。遂次于衡雍。潘黨曰、「君盍築武軍、而收晉尸以爲京觀。臣聞、克敵必示子孫、以無忘武功。」楚子曰、「非爾所知也。夫文止戈爲武。武王克商、作頌曰『載戢干戈、載櫜弓矢。我求懿德、肆于時夏、允王保之。』又作武。其卒章曰『耆定爾功。』其三曰『鋪時繹思、我徂惟求定。』其六曰『綏萬邦、屢豐年。』夫武禁暴、戢兵保大、定功安民、和衆豐財者也。故使子孫無忘其章。今我使二國暴骨、暴矣。觀兵以威諸侯、兵不戢矣。暴而不戢。安能保大。猶有晉在、焉得定功。所違民欲猶多、民何安焉。無德而强爭諸侯、何以和衆。利人之幾、而安人之亂、以爲已榮、何以豐財。武有七德。我無一焉。何以示子孫。其爲先君宮、告成事而已。武非吾功也。古者明王伐不敬、取其鯨鯢而封之、以爲大戮。於是乎有京觀、以懲淫慝。今罪無所。而民皆盡忠、以死君命。又可以爲京觀乎。」祀于河、作先君宮、告成事而還。〔楚〕⑮是役也、鄭石制實入楚師。將以分鄭而立公子魚臣。辛未。鄭殺僕叔及子服。〔鄭〕⑯君子曰、「史佚所謂『毋怙亂』者、謂是類也。詩曰『亂離瘼矣、爰其適歸。』歸於怙亂者也夫。」《評》⑰鄭伯・許男如楚。〔鄭〕

◎4

〔經〕秋。七月。〔左〕秋。晉師歸。桓子請死。晉侯欲許之。士貞子諫曰、「不可。城濮之役、晉師三日穀。文公猶有憂色。左右曰『有喜而憂、如有憂而喜乎。』公曰『得臣猶在。憂未歇也。困獸猶鬪。況國相乎。』及楚殺子玉、公喜而後可知也。曰『莫餘毒也已。』是晉再克而楚再敗也。楚是以再世不競。今天或者將大警晉也。而又殺林父、以重楚勝。其無乃久不競乎。林父之事君也、進思盡忠、

退思補過。社稷之衛也。若之何殺之。夫其敗也、如日月之食焉。何損於明。」晉侯使復其位。〖晉〗

☆5〔經〕冬。十有二月。戊寅。楚子滅蕭。〔左〕冬。①楚子伐蕭。宋華椒以蔡人救蕭。蕭人囚熊相宜僚及公子丙。王曰、「勿殺。吾退。」蕭人殺之。王怒、遂圍蕭。蕭潰。申公巫臣曰、「師人多寒。」王巡三軍拊而勉之。三軍之士皆如挾纊。遂傅於蕭城。〖楚〗②還無社與司馬卯言、號申叔展。叔展曰、「有麥麴乎。」曰、「無。」「有山鞠窮乎。」曰、「無。」「河魚腹疾、奈何。」曰、「目於眢井而拯之。」「若爲茅絰。哭井則己。」明日蕭潰。申叔視其井、則茅絰存焉。號而出之。〖楚〗

◆6〔經〕晉人・宋人・衛人・曹人、同盟于清丘。〔左〕①晉原縠、宋華椒、衛孔達、曹人同盟于清丘。曰、「恤病、討貳。」〖晉〗②〈於是卿不書。不實其言也。〉

◆7〔經〕宋師伐陳。衛人救陳。〔左〕宋爲盟故、伐陳。衛人救之。孔達曰、「先君有約言焉。若大國討、我則死之。」〖衛〗

（◇抽出文1條、◆抽出的編作文3條、☆編作文1條、◎無傳の經文2條）

〔宣公十三年〕

◇1〔經〕十有三年。春。齊師伐莒。〔左〕十三年春。齊師伐莒。莒恃晉而不事齊故也。〖齊〗

◇2〔經〕夏。楚子伐宋。〔左〕夏。①楚子伐宋。以其救蕭也。〖宋〗
②君子曰、「清丘之盟、唯宋可以免焉。」《評》

◎3〔經〕秋。螽。〔左〕秋。赤狄伐晉、及清。先縠召之也。〖晉〗

◆4〔經〕冬。晉殺其大夫先縠。〔左〕冬。①晉人討邲之敗與清之師。歸罪於先縠而殺之、盡滅其族。〖晉〗②君子曰、「『惡之來也、己則取之。』其先縠之謂乎。」《評》③清丘之盟、晉以衛之救陳也、討焉。使人弗去、曰、「罪無所歸。將加而師。」孔達曰、「苟利社稷、請以我說。罪我之由。我則爲政而亢。大國之討、將以誰任。我則死之。」〖衛〗

（◇抽出文2條、◆抽出的編作文1條、☆編作文0條、◎無傳の經文1條）

〔宣公十四年〕

◆1〔經〕十有四年　春。衛殺其大夫孔達。〔左〕十四年。春。孔達縊而死。衛人以說于晉、而免。遂告于諸侯、曰、「寡君有不令之臣達。構我敝邑于大國。既伏其罪矣。敢告。」衛人以爲成勞。復室其子。使復其位。〖衛〗

◎2〔經〕夏。五月。壬申。曹伯壽卒。〔左〕なし

◇3〔經〕晉侯伐鄭。〔左〕夏。①晉侯伐鄭。爲邲故也。告於諸侯、蒐焉而還。中行桓子之謀也。曰、「示之以整。使謀而來。」鄭人懼。使子張代子良于楚。〖晉〗②鄭伯如楚。謀晉故也。鄭以子良爲有禮。故召之。〖鄭〗③楚子使申舟聘于齊、曰、「無假道于宋。」亦使公子馮聘于晉、不假道于鄭。申舟以孟諸之役惡宋、曰、「鄭昭宋聾。晉使不害、我則必死。」王曰、「殺女、我伐之。」見犀而行。及宋。宋人止之。華元曰、「過我而不假道。鄙我也。鄙我、亡也。殺其使者、必伐我。伐我亦亡也。亡一也。」乃殺之。楚子聞之。投袂而起。屨及於窒皇。劍及於寢門之外。車及於蒲胥之市。〖楚〗

◇4〔經〕秋。九月。楚子圍宋。〔左〕秋。九月。楚子圍宋。〖楚〗
◎5〔經〕葬曹文公。〔左〕なし
◇6〔經〕冬。公孫歸父會齊侯于穀。〔左〕冬。①公孫歸父會齊侯于穀。見晏桓子、與之言魯樂。晏桓子告高宣子、曰、「子家其亡乎。懷於魯矣。懷必貪。貪必謀人。謀人、人亦謀己。一國謀之、何以不亡。」〖魯〗②孟獻子言於公、曰、「臣聞小國之免於大國也、聘而獻物。於是乎、有庭實旅百。朝而獻功。於是、有容貌・采章・嘉淑。而有加貨。謀其不免也。誅而薦賄、則無及也。今楚在宋。君其圖之。」公説。〖魯〗

（◇抽出文3條、◆抽出的編作文1條、☆編作文0條、◎無傳の經文2條）

［宣公十五年］

◇1〔經〕十有五年。春。公孫歸父會楚子于宋。〔左〕十五年。春。①公孫歸父會楚子于宋。〖魯〗②宋人使樂嬰齊告急于晉。晉侯欲救之。伯宗曰、「不可。古人有言曰『雖鞭之長、不及馬腹。』天方授楚。未可與爭。雖晉之彊、能違天乎。諺曰『高下在心。』川澤納汙、山藪藏疾、瑾瑜匿瑕、國君含垢、天之道也。君其待之。」乃止。使解揚如宋、使無降楚、曰、「晉師悉起、將至矣。」鄭人囚而獻諸楚。楚子厚賂之、使反其言。不許。三而許之。登諸樓車。使呼宋人而告之。遂致其君命。〖晉〗③楚子將殺之。使與之言、曰、「爾既許不穀而反之、何故。非我無信、女則棄之、速卽爾刑。」對曰、「臣聞之、『君能制命、爲義。臣能承命、爲信。信載義而行之、爲利。謀不失利、以衛社稷、民之主也。義無二信。信無二命。』君之賂臣、不知命也。受命以出、有死無霣。又可賂乎。臣之許君、以成命也。死而成命、臣之祿也。寡君有信臣。下臣獲考、死。又何求。」楚子舍之、以歸。〖楚〗

◆2〔經〕夏。五月。宋人及楚人平。〔左〕夏。①五月。楚師將去宋。申犀稽首於王之馬前、曰、「毋畏知死、而不敢廢王命。王棄言焉。」王不能答。申叔時僕、曰、「築室反耕者、宋必聽命。」從之。〖楚〗②宋人懼、使華元夜入楚師。登子反之牀、起之、曰「寡君使元以病告、曰『敝邑易子而食、析骸以爨。雖然、城下之盟、有以國斃、不能從也。去我三十里、唯命是聽。』」〖宋〗③子反懼、與之盟。而告王。退三十里。宋及楚平。華元爲質。盟曰、「我無爾詐。爾無我虞。」〖楚〗

☆3〔經〕六月。癸卯。晉師滅赤狄潞氏。以潞子嬰兒歸。〔左〕潞子嬰兒之夫人晉景公之姊也。酆舒爲政而殺之。又傷潞子之目。晉侯將伐之。諸大夫皆曰、「不可。酆舒有三儁才。不如待後之人。」伯宗曰、「必伐之。狄有五罪。儁才雖多、何補焉。不祀、一也。耆酒、二也。棄仲章而奪黎氏地、三也。虐我伯姬、四也。傷其君目、五也。怙其儁才而不以茂德、茲益罪也。後之人或者將敬奉德義以事神人、而申固其命。若之何待之。不討有罪、曰『將待後。』後有辭而討焉。毋乃不可乎。夫恃才與衆、亡之道也。商紂由之。故滅。天反時、爲災。地反物、爲妖。民反德、爲亂。亂則妖災生。故文反正爲乏。盡在狄矣。」晉侯從之。六月。癸卯。晉荀林父敗赤狄于曲梁。辛亥。滅潞。酆舒奔衛。衛人歸諸晉。晉人殺之。〖晉〗

◆4〔經〕秦人伐晉。〔左〕（6の左傳文と對應）

☆5〔經〕王札子殺召伯・毛伯。〔左〕王孫蘇與召氏・毛氏、爭政。使王子捷殺召戴公及毛伯衛。卒立召襄。〔周〕

◎6〔經〕秋。螽。〔左〕秋。①七月。秦桓公伐晉。次于輔氏。壬午。晉侯治兵于稷、以略狄土。立黎侯而還。及雒。魏顆敗秦師于輔氏。獲杜回。秦之力人也。初。魏武子有嬖妾。無子。武子疾。命顆曰、「必嫁是。」疾病則曰、「必以爲殉。」及卒、顆嫁之、曰、「疾病則亂。吾從其治也。」及輔氏之役、顆見老人結草以亢杜回。杜回躓而顚。故獲之。夜夢之、曰、「餘而所嫁婦人之父也。爾用先人之治命。餘是以報。」〔晉〕②晉侯賞桓子狄臣千室。亦賞士伯以瓜衍之縣。曰、「吾獲狄土、子之功也。微子、吾喪伯氏。」羊舌職說是賞也、曰、「周書所謂『庸庸祗祗』者謂此物也夫。士伯庸中行伯。君信之。亦庸士伯。此之謂明德矣。文王所以造周、不是過也。故詩曰『陳錫載周。』能施也。率是道也。其何不濟。」〔晉〕③晉侯使趙同獻狄俘于周。不敬。劉康公曰、「不及十年、原叔必有大咎。天奪之魄矣。」〔周〕

◎7〔經〕仲孫蔑會齊高固于無婁。〔左〕なし

◇8〔經〕初稅畝。〔左〕初稅畝。非禮也。穀出不過藉。以豐財也。〔魯〕

◇9〔經〕冬。蝝生。饑。〔左〕冬。蝝生。饑。幸之也。〔魯〕

（◇抽出文3條、◆抽出的編作文2條、☆編作文2條、◎無傳の經文2條）

〔宣公十六年〕

◆1〔經〕十有六年。春。王。正月。晉人滅赤狄甲氏及留吁。〔左〕十六年。春。①晉士會帥師、滅赤狄甲氏及留吁・鐸辰。〔魯〕②三月。獻狄俘。晉侯請于王。戊申。以黻冕、命士會。將中軍、且爲大傅。〔晉〕③於是、晉國之盜逃奔于秦。羊舌職曰、「吾聞之、禹稱善人。不善人遠。此之謂也夫。詩曰『戰戰兢兢、如臨深淵、如履薄氷。』善人在上也。善人在上則國無幸民。諺曰『民之多幸、國之不幸也。』是無善人之謂也。」〔晉〕

◇2〔經〕夏。成周宣榭、火。〔左〕夏。①成周宣榭、火。人火之也。〔周〕②凡火、人火曰火、天火曰災。《凡》

◇3〔經〕秋。郯伯姬來歸。〔左〕秋。①郯伯姬來歸。出也。〔魯〕②爲毛召之難故、王室復亂。王孫蘇奔晉。晉人復之。〔周〕

◎4〔經〕冬。大有年。〔左〕冬。晉侯使士會平王室。定王享之。原襄公相禮。殽烝。武子私問其故。王聞之、召武子、曰、「季氏、而弗聞乎。王享有體薦。宴有折俎。公當享、卿當宴。王室之禮也。」武子歸而講求典禮、以脩晉國之法。〔晉〕

（◇抽出文2條、◆抽出的編作文1條、☆編作文0條、◎無傳の經文1條）

〔宣公十七年〕

◎1〔經〕十有七年。春。王。正月。庚子。許男錫我卒。〔左〕十七年。春。①晉侯使郤克徵會于齊。齊頃公帷婦人、使觀之。郤子登。婦人笑於房。獻子怒出而誓、曰、「所不此報、無能涉河。」獻子先歸、使欒京廬待命于齊、曰、「不得齊事、無復命矣。」郤子至。請伐齊。晉侯弗許。請以其私屬。又弗許。〔晉〕②齊侯使高固・晏弱・蔡朝・南郭偃會。及斂盂、高固逃歸。〔齊〕

◎2〔經〕丁未。蔡侯申卒。〔左〕なし
◎3〔經〕夏。葬許昭公。〔左〕なし
◎4〔經〕葬蔡文公。〔左〕なし
◎5〔經〕六月。癸卯。日有食之。〔左〕なし
☆6〔經〕己未。公會晉侯・衞侯・曹伯・邾子、同盟于斷道。〔左〕夏。會于斷道。討貳也。盟于卷楚。辭齊人。晉人執晏弱于野王、執蔡朝于原、執南郭偃于溫。苗賁皇使、見晏桓子。歸言於晉侯、曰、「夫晏子何罪。昔者諸侯事吾先君、皆如不逮。擧言羣臣不信、諸侯皆有貳志。齊君恐不得禮。故不出而使四子來。左右或沮之、曰、『君不出、必執吾使。』故高子及斂盂而逃。夫三子者曰、『若絶君好、寧歸死焉。』爲是犯難而來。吾若善逆彼、以懷來者。吾又執之、以信齊沮、吾不既過矣乎。過而不改而又久之、以成其悔。何利之有焉。使反者得辭、而害來者、以懼諸侯。將焉用之。」晉人緩之、逸。〔晉〕
◎7〔經〕秋。公至自會。〔左〕秋。八月。晉師還。范武子將老。召文子曰、「燮乎、吾聞之、喜怒以類者鮮。易者實多。詩曰『君子如怒、亂庶遄沮、君子如祉、亂庶遄已。』君子之喜怒以已亂也。弗已者必益之。郤子其或者欲已亂於齊乎。不然餘懼其益之也。餘將老。使郤子逞其志庶有豸乎。爾二三子唯敬。」乃請老。郤獻子爲政。〔晉〕
☆8〔經〕冬。十有一月。壬午。公弟叔肸卒。〔左〕冬。①公弟叔肸卒。公母弟也。〔魯〕②凡大子之母弟、公在曰公子、不在曰弟。凡稱弟、皆母弟也。《凡》

（◇抽出文0條、◆抽出的編作文0條、☆編作文2條、◎無傳の經文6條）

［宣公十八年］

◆1〔經〕十有八年。春。晉侯・衞世子臧、伐齊。〔左〕十八年。春。晉侯・衞大子臧、伐齊。至于陽穀。齊侯會晉侯、盟于繒、以公子彊爲質于晉。晉師還。蔡朝・南郭偃、逃歸。〔齊〕
◎2〔經〕公伐杞。〔左〕なし
◎3〔經〕夏。四月。〔左〕夏。公使如楚、乞師。欲以伐齊。〔魯〕
◇4〔經〕秋。七月。邾人戕鄫子于鄫。〔左〕秋。①邾人戕鄫子于鄫。〔魯〕②凡自内虐其君、曰弒。自外、曰戕。《凡》（會箋「宋本無内字。蓋傳寫脱之。」）
☆5〔經〕甲戌。楚子[redacted]卒。〔左〕楚莊王卒。楚師不出。既而用晉師。楚於是乎、有蜀之役。〔楚〕
◆6〔經〕公孫歸父如晉。〔左〕公孫歸父、以襄仲之立公也有寵、欲去三桓以張公室。與公謀而聘于晉。欲以晉人去之。〔魯〕
☆7〔經〕冬。十月。壬戌。公薨于路寢。〔左〕冬。公薨。季文子言於朝、曰、「使我殺適立庶、以失大援者、仲也夫。」臧宣叔怒、曰、「當其時、不能治也、後之人何罪。子欲去之、許請去之。」遂逐東門氏。〔魯〕
◆8〔經〕歸父還自晉、至笙。遂奔齊。〔左〕①子家還、及笙。壇帷、復命於介。既復命、袒括髮。卽位、哭、三踊而出。遂奔齊。〔魯〕
②〈書曰「歸父還自晉」、善之也。〉

（◇抽出文1條、◆抽出的編作文3條、☆編作文2條、◎無傳の經文2條）

（二）宣公期全左氏經文の四種類型文の分布状況

（一）の抽出・編作學例の分析による四種類型文の分布と占有率を一覧表に示すと次のようになる。

	◇抽出文	◆抽出的編作文	☆編作文	◎無傳の經文	小計
宣公　元年	3	6	3	1	13
宣公　二年	1	2	2	1	6
宣公　三年	3	0	2	3	8
宣公　四年	2	0	1	4	7
宣公　五年	2	2	1	1	6
宣公　六年	0	0	1	3	4
宣公　七年	1	1	1	2	5
宣公　八年	2	2	2	4	10
宣公　九年	3	5	2	4	14
宣公　十年	4	5	5	6	20
宣公十一年	0	3	1	2	6
宣公十二年	1	3	1	2	7
宣公十三年	2	1	0	1	4
宣公十四年	3	1	0	2	6
宣公十五年	3	2	2	2	9
宣公十六年	2	1	0	1	4
宣公十七年	0	0	2	6	8
宣公十八年	1	3	2	2	8
宣公期　計	33	37	28	47	145
占有率	22・8％	25・5％	19・3％	32・4％	100％

これによると、宣公期經文では、抽出系（◇抽出文と◆抽出的編作文）が48・3％、編作系（☆編作文と◎無傳の經文）が51・7％となる。

第八章

（一）成公期全左氏經文の抽出・編作學例と成公期全左傳文の分析

［成公元年］

◎1〔經〕元年。春。王。正月。公即位。〔左〕元年。春。晉侯使瑕嘉平戎于王。單襄公如晉、拜成。劉康公徼戎、將遂伐之。叔服曰、「背盟而欺大國。此必敗。背盟、不祥。欺大國、不義。神人弗助。將何以勝。」不聽。遂伐茅戎。三月。癸未。敗績于徐吾氏。〔周〕

◎2〔經〕二月。辛酉。葬我君宣公。〔左〕なし

◎3〔經〕無氷。〔左〕なし

◇4〔經〕三月。作丘甲。〔左〕爲齊難故、作丘甲。聞齊將出楚師。〔魯〕

☆5〔經〕夏。臧孫許及晉侯、盟于赤棘。〔左〕夏。盟于赤棘。〔魯〕

◆6〔經〕秋。王師敗績于茅戎。〔左〕秋。王人來告敗。〔魯〕（1の左傳文とも對應）

◎7〔經〕冬。十月。〔左〕冬。臧宣叔令脩賦、繕完、具守備、曰「齊楚結好、我新與晉盟。晉楚爭盟。齊師必至。雖晉人伐齊、楚必救之。是齊楚同我也。知難而有備、乃可以逞。」〔魯〕

（◇抽出文1條、◆抽出的編作文1條、☆編作文1條、◎無傳の經文4條）

［成公二年］

◇1〔經〕二年。春。齊侯伐我北鄙。〔左〕二年。春。①齊侯伐我北鄙、圍龍。〔魯〕②頃公之嬖人盧蒲就魁門焉。龍人囚之。齊侯曰、「勿殺。吾與而盟、無入而封。」弗聽。殺而膊諸城上。齊侯親鼓、士陵城、三日、取龍。遂南侵及巣丘。〔齊〕③衛侯使孫良夫・石稷・甯相・向禽將、侵齊。與齊師遇。石子欲還。孫子曰、「不可。以師伐人、遇其師而還。將謂君何。若知不能則如無出。今既遇矣。不如戰也。」〔衛〕

☆2〔經〕夏。四月。丙戌。衛孫良夫帥師、及齊師戰于新築。衛師敗績。〔左〕夏。①有。石成子曰、「師敗矣。子不少須、衆懼盡。子喪師徒、何以復命。」皆不對。又曰、「子國卿也。隕子辱矣。子以衆退。我此乃止。」且告車來甚衆。齊師乃止。次于鞫居。〔衛〕②新築人仲叔于奚救孫桓子。孫桓子是以免。既衛人賞之以邑。辭。請曲縣、繁纓以朝。許之。〔衛〕③仲尼聞之曰、「惜也。不如多與之邑。唯器與名、不可以假人。君之所司也。名以出信。信以守器。器以藏禮。禮以行義。義以生利。利以平民。政之大節也。若以假人、與人政也。政亡則國家從之。弗可止也已。」《評》

☆3〔經〕六月。癸酉。季孫行父・臧孫許・叔孫僑如・公孫嬰齊帥師、會晉郤克・衛孫良夫・曹公子首、及齊侯戰于鞌。齊師敗績。〔左〕

①孫桓子還於新築。不入。遂如晉、乞師。臧宣叔亦如晉、乞師。皆主郤獻子。〔魯〕②晉侯許之七百乘。郤子曰、「此城濮之賦也。有先君之明與先大夫之肅、故捷。克於先大夫無能爲役。請八百乘。」許之。郤克將中軍。士燮佐上軍。欒書將下軍。韓厥爲司馬、以救魯・衞。〔晉〕③臧宣叔逆晉師、且道之。季文子帥師、會之。〔魯〕④及衞地。韓獻子將斬人。郤獻子馳、將救之。至則既斬之矣。郤子使速以徇。告其僕曰、「吾以分謗也。」師從齊師于莘。六月。壬申。師至于靡笄之下。齊侯使請戰、曰、「子以君師辱於敝邑。不腆敝賦、詰朝請見。」對曰、「晉與魯・衞兄弟也。來告曰『大國朝夕釋憾於敝邑之地。』寡君不忍。使羣臣請於大國、無令輿師淹於君地。能進不能退。君無所辱命。」齊侯曰、「大夫之許、寡人之願也。若其不許、亦將見也。」〔晉〕⑤齊高固入晉師。桀石以投人。禽之而乘其車、繫桑本焉、以徇齊壘。曰、「欲勇者賈余餘勇。」癸酉。師陳于鞌。邴夏御齊侯。逢丑父爲右。晉解張御郤克。鄭丘緩爲右。齊侯曰、「餘姑翦滅此、而朝食。」不介馬而馳之。〔齊〕⑥郤克傷於矢。流血及屨、未絕鼓音、曰、「餘病矣。」張侯曰、「自始合而矢貫餘手及肘、餘折以御、左輪朱殷、豈敢言病。吾子忍之。」緩曰、「自始合、苟有險、餘必下推車、子豈識之。然子病矣。」張侯曰、「師之耳目在吾旗鼓。進退從之。此車一人殿之、可以集事。若之何其以病、敗君之大事也。擐甲執兵固卽死也。病未及死。吾子勉之。」左并轡右援枹而鼓、馬逸不能止、師從之。齊師敗績。遂之。三周華不注。韓厥夢子輿謂己、曰、「旦辟左右。」故中御而從齊侯。邴夏曰、「射其御者。君子也。」公曰、「謂之君子而射之、非禮也。」射其左、越于車下。射其右、斃于車中。綦母張喪車、從韓厥、曰、「請寓乘。」從左右、皆肘之、使立於後。韓厥俛、定其右。〔晉〕⑦逢丑父與公易位。將及華泉、絓於木而止。丑父寢於轏中、蛇出於其下、以肱擊之、傷而匿之。故不能推車而及。韓厥執縶、馬前。再拜稽首、奉觴加璧以進。曰、「寡君使羣臣爲魯衞請、曰『無令輿師陷入君地。』下臣不幸屬當戎行、無所逃隱。且懼奔辟而忝兩君、臣辱戎士。敢告不敏、攝官承乏。」丑父使公下如華泉取飲。鄭周父御佐車、宛茷爲右、載齊侯以免。〔齊〕⑧韓厥獻丑父。郤獻子將戮之。呼、曰、「自今無有代其君任患者。有一於此、將爲戮乎。」郤子曰、「人不難以死免其君。我戮之、不祥。赦之、以勸事君者。」乃免之。〔晉〕⑨齊侯免。求丑父三入三出。每出齊師以帥退、入于狄卒。狄卒皆抽戈楯冒之、以入于衞師、衞師免之。遂自徐關入。齊侯見保者、曰、「勉之。齊師敗矣。」辟女子。女子曰、「君免乎。」曰、「免矣。」曰、「銳司徒免乎。」曰、「免矣。」曰、「苟君與吾父免矣。可若何。」乃奔。齊侯以爲有禮。既而問之、辟司徒之妻也。豫之石窌。〔齊〕⑩晉師從齊師。入自丘輿、擊馬陘。齊侯使賓媚人賂以紀甗玉磬與地、不可、則聽客之所爲。賓媚人致賂。晉人不可、曰、「必以蕭同叔子爲質。而使齊之封內盡東其畝。」對曰、「蕭同叔子非他、寡君之母也。若以匹敵則亦晉君之母也。吾子布大命於諸侯、而曰『必質其母以爲信。』其若王命何。且是以不孝令也。詩曰『孝子不匱、永錫爾類。』若以不孝令於諸侯、其無乃非德類也乎。先王疆理天下、物土之宜而布其利。故詩曰『我疆我理、南東其畝。』今吾子

疆理諸侯而曰『盡東其畝』而已。唯吾子戎車是利。無顧土宜。其無乃非先王之命也乎。反先王則不義。何以爲盟主。其晉實有闕。四王之王也、樹德而濟同欲焉。五伯之霸也、勤而撫之、以役王命。今吾子求合諸侯、以逞無疆之欲。詩曰『布政優優、百祿是遒』子實不優而棄百祿。諸侯何害焉。不然、寡君之命使臣則有辭矣。曰『子以君師辱於敝邑、不腆敝賦以犒從者。畏君之震、師徒撓敗。吾子惠徼齊國之福、不泯其社稷、使繼舊好、唯是先君之敝器土地不敢愛。子又不許、請收合餘燼、背城借一。敝邑之幸亦云從也。況其不幸。敢不唯命是聽。』」魯・衞諫、曰、「齊疾我矣。其死亡者皆親暱也。子若不許、讎我必甚。唯子則又何求。子得其國寶。我亦得地。而紓於難。其榮多矣。齊・晉亦唯天所授。豈必晉。」晉人許之。對曰、「羣臣帥賦輿。以爲魯・衞請。若苟有以藉口而復於寡君、君之惠也。敢不唯命是聽。」〔齊〕 ⑪禽鄭自師逆公。〔魯〕

☆4 〔經〕**秋。七月。齊侯使國佐如師。己酉。及國佐盟于袁婁。**〔左〕秋。①七月。晉師及齊國佐盟于爰婁。使齊人歸我汶陽之田。公會晉師于上鄍。賜三帥先路三命之服。司馬・司空・輿帥・候正・亞旅、皆受一命之服。〔魯〕

☆5 〔經〕**八月。壬午。宋公鮑卒。**〔左〕①八月。宋文公卒。始厚葬、用蜃炭、益車馬、始用殉。重器備、椁有四阿、棺有翰檜。〔宋〕②君子謂華元・樂擧、「於是乎、不臣。臣治煩、去惑者也。是以伏死而爭。今二子者、君生則縱其惑、死又益其侈。是棄君於惡也。何臣之爲。」《評》

☆6 〔經〕**庚寅。衞侯速卒。**〔左〕九月。衞穆公卒。晉三子自役弔焉。哭於大門之外。衞人逆之。婦人哭於門內。送亦如之。遂常以葬。〔衞〕

◆7 〔經〕**九月。取汶陽田。**（4及び三年9の左傳文と對應）〔左〕①楚之討陳夏氏也、莊王欲納夏姬。申公巫臣曰、「不可。君召諸侯、以討罪也。今納夏姬、貪其色也。貪色爲淫。淫爲大罰。周書曰、『明德愼罰。』文王所以造周也。明德、務崇之、之謂也。愼罰、務去之、之謂也。若興諸侯、以取大罰、非愼之也。君其圖之。」王乃止。子反欲取之。巫臣曰、「是不祥人也。是夭子蠻、殺御叔、殺靈侯、戮夏南、出孔儀、喪陳國。何不祥如是。人生實難。其有不獲死乎。天下多美婦人。何必是。」子反乃止。王以豫連尹襄老。襄老死於邲。不獲其尸。其子黑要烝焉。巫臣使道焉、曰、「歸。吾聘女。」又使自鄭召之、曰、「尸可得也。必來逆之。」姬以告王。王問諸屈巫。對曰、「其信。知罃之父成公之嬖也、而中行伯之季弟也。新佐中軍、而善鄭皇戌、甚愛此子。其必因鄭而歸王子與襄老之尸以求之。鄭人懼於邲之役、而欲求媚於晉、其必許之。」王遣夏姬歸。將行、謂送者、曰、「不得尸、吾不反矣。」巫臣聘諸鄭。鄭伯許之。及共王卽位、將爲陽橋之役。使屈巫聘于齊、且告師期。巫臣盡室以行。申叔跪從其父將適郢、遇之。曰、「異哉。夫子有三軍之懼、而又有桑中之喜。宜將竊妻以逃者也。」及鄭。使介反幣而以夏姬行。將奔齊。齊師新敗。曰、「吾不處不勝之國。」遂奔晉而因郤至、以臣於晉。晉人使爲邢大夫。子反請以重幣錮之。王曰、「止。其自爲謀也則過矣。其爲吾先君謀也則忠。忠社稷之固也。所蓋多矣。且彼若能利國家、雖重幣、晉將可乎。若無益於晉。晉將棄之。何勞錮焉。」〔楚〕 ②晉師歸。范文子後入。武子曰、「無爲吾望爾也乎。」對曰、「師有功。國人喜以逆之。先入必屬耳目焉。是代帥受名也。故不敢。」武子曰、「吾知免矣。」郤伯見。公曰、「子之力也夫。」對曰、「君之訓也。二三子之力也。臣何力之有焉。」范叔見。勞之如郤伯。對曰、「庚所命也。克之制也。燮何力之有焉。」欒伯見公、亦如之。對曰、「燮之詔也。士用命也。書何力之有焉。」〔晉〕 ③宣公使求好于楚。莊王卒。宣公薨。不克作好。公卽位、受盟于晉。會晉伐齊。衞人不行使于楚。而亦受盟于晉、從於伐齊。〔魯〕 ④故楚令尹子重爲陽橋之役、以救齊。將起師。子重曰、「君弱。羣臣不如先大夫。師衆而後可。詩曰『濟濟多士、文王以寧』夫文王猶用衆。況吾儕乎。且先君莊王屬之、曰『無德以及遠方、莫如惠恤其民而善用之。』」乃大戶、已責、逮鰥寡、救乏、赦罪、悉師、王卒盡行。彭名御戎、蔡景公爲左、許靈公爲右。二君弱、皆强冠之。〔楚〕

☆8 〔經〕冬。楚師・鄭師侵衞。〔左〕冬。楚師侵衞。遂侵我師于蜀。使臧孫往。辭曰、「楚遠而久、固將退矣。無功而受名、臣不敢。」楚侵、及陽橋。孟孫請往賂之。以執斲・執鍼・織紝皆百人。公衡爲質。以請盟。楚人許之平。〔魯〕

☆9 〔經〕十有一月。公會楚公子嬰齊于蜀。丙申。公及楚人・秦人・宋人・陳人・衞人・鄭人・齊人・曹人・邾人・薛人・鄫人、盟于蜀。

〔左〕①十一月。公及楚公子嬰齊・蔡侯・許男・秦右大夫說・宋華元・陳公孫寧・衞孫良夫・鄭公子去疾及齊國之大夫、盟于蜀。〔魯〕 ②〈卿不書、匱盟也。於是乎、畏晉而竊與楚盟。故曰「匱盟。」〉 ③〈蔡侯・許男、不書、乘楚車也。謂之失位。〉 ④君子曰、「位其不可不愼也乎。蔡・許之君、一失其位、不得列於諸侯、況其下乎。詩曰『不解于位、民之攸塈。』其是之謂矣。」《評》 ⑤楚師及宋。公衡逃歸。臧宣叔曰、「衡父不忍數年之不宴。以棄魯國。國將若之何。誰居。後之人必有任是夫。國棄矣。」〔魯〕 ⑥是行也、晉辟楚、畏其衆也。〔魯〕 ⑦君子曰、「衆之不可以已也、大夫爲政、猶以衆克、況明君而善用其衆乎。大誓所謂『商兆民離、周十人同』者、衆也。」《評》 ⑧晉侯使鞏朔獻齊捷于周。王弗見。使單襄公辭焉、曰、「蠻夷戎狄不式王命、淫湎毀常、王命伐之、則有獻捷、王親受而勞之。所以懲不敬、勸有功也。兄弟甥舅侵敗王略。王命伐之、告事而已。不獻其功。所以敬親暱、禁淫慝也。今叔父克遂有功于齊、而不使命卿鎭撫王室。所使來撫餘一人、而鞏伯實來。未有職司於王室、又奸先王之禮。餘雖欲於鞏伯、其敢廢舊典、以忝叔父。夫齊甥舅之國也、而大師之後也。寧不亦淫從其欲以怒叔父、抑豈不可諫誨。」士莊伯不能對。王使委於三吏。禮之如侯伯克敵、使大夫告慶之禮。降於卿禮一等。王以鞏伯宴、而私賄之、使相告之、曰、「非禮也。勿籍。」〔周〕

(◇抽出文1條、◆抽出的編作文1條、☆編作文7條、◎無傳の經文0條)

[成公三年]

☆1 〔經〕三年。春。王。正月。公會晉侯・宋公・衞侯・曹伯、伐鄭。

〔左〕三年。春。①諸侯伐鄭。次于伯牛。討邲之役也。遂東、

侵鄭。〔晉〕②鄭公子偃帥師、禦之、使東鄙覆諸鄤、敗諸丘輿。皇戌如楚、獻捷。〔鄭〕

◎2〔經〕辛亥。葬衞穆公。〔左〕なし

◎3〔經〕二月。公至自伐鄭。〔左〕なし

◎4〔經〕甲子。新宮災。三日哭。〔左〕なし

◎5〔經〕乙亥。葬宋文公。〔左〕なし

◇6〔經〕夏。公如晉。〔左〕夏。公如晉。拜汶陽之田。〔魯〕

◆7〔經〕鄭公子去疾帥師、伐許。〔左〕①許恃楚而不事鄭。鄭子良伐許。〔鄭〕②晉人歸公子穀臣與連尹襄老之尸于楚、以求知罃。於是荀首佐中軍矣。故楚人許之。王送知罃、曰、「子其怨我乎。」對曰、「二國治戎、臣不才、不勝其任、以爲俘馘。執事不以釁鼓、使歸卽戮、君之惠也。臣實不才、又誰敢怨。」王曰、「然則德我乎。」對曰、「二國圖其社稷而求紓其民。各懲其忿以相宥也。兩釋纍囚以成其好。二國有好、臣不與及。其誰敢德。」王曰、「子歸何以報我。」對曰、「臣不任受怨、君亦不任受德。無怨、無德。不知所報。」王曰、「雖然、必告不穀。」對曰、「以君之靈、纍臣得歸骨於晉、寡君之以爲戮、死且不朽。若從君之惠而免之、以賜君之外臣首、首其請於寡君而以戮於宗、亦死且不朽。若不獲命、而使嗣宗職、次及於事而帥偏師、以脩封疆、雖遇執事、其弗敢違。其竭力致死、無有二心、以盡臣禮。所以報也。」王曰、「晉未可與爭。」重爲之禮而歸之。〔楚〕

◎8〔經〕公至自晉。〔左〕なし

◆9〔經〕秋。叔孫僑如帥師、圍棘。〔左〕秋。叔孫僑如圍棘。取汶陽之田。棘不服、故圍之。〔魯〕

◎10〔經〕大雩。〔左〕なし

◇11〔經〕晉郤克・衞孫良夫、伐廧咎如。〔左〕晉郤克・衞孫良夫、伐廧咎如。討赤狄之餘焉。廧咎如潰。上失民也。〔晉〕

◇12〔經〕冬。十有一月。晉侯使荀庚來聘。〔左〕冬。十一月。晉侯使荀庚來聘。且尋盟。〔魯〕

◇13〔經〕衞侯使孫良夫來聘。〔左〕衞侯使孫良夫來聘、且尋盟。公問諸臧宣叔、曰、「仲行伯之於晉也、其位在三。孫子之於衞也、位爲上卿。將誰先。」對曰、「次國之上卿當大國之中、中當其下、下當其上大夫。小國之上卿當大國之下卿、中當其上大夫、下當其下大夫。上下如是、古之制也。衞在晉不得爲次國。晉爲盟主。其將先之。」〔魯〕

◆14〔經〕丙午。及荀庚盟。丁未。及孫良夫盟。〔左〕①丙午。盟于晉。丁未。盟于衞。禮也。〔魯〕②十二月。甲戌。晉作六軍。韓厥・趙括・鞏朔・韓穿・荀騅・趙旃、皆爲卿。賞鞌之功也。〔晉〕③齊侯朝于晉。將授玉。郤克趨進、曰、「此行也、君爲婦人之笑、辱也。寡君未之敢任。」晉侯享齊侯。齊侯視韓厥。韓厥曰、「君知厥也乎。」齊侯曰、「服改矣。」韓厥登、舉爵、曰、「臣之不敢愛死、爲兩君之在此堂也。」〔晉〕③荀罃之在楚也、鄭賈人有將寘諸褚中以出。既謀之未行。而楚人歸之。賈人如晉。荀罃善視之、如實出己。賈人曰、「吾無其功。敢有其實乎。吾小人不可以厚誣君子。」遂適齊。〔晉〕

◎15〔經〕鄭伐許。〔左〕なし

(◇抽出文4條、◆抽出的編作文3條、☆編作文1條、◎無傳の經文7條)

[成公四年]

◆1〔經〕四年。春。宋公使華元來聘。〔左〕四年。春。宋華元來聘。通嗣君也。〔魯〕

◎2〔經〕三月。壬申。鄭伯堅卒。〔左〕なし

◇3〔經〕杞伯來朝。〔左〕杞伯來朝。歸叔姬故也。〔魯〕

◎4〔經〕夏。四月。甲寅。臧孫許卒。〔左〕なし

◇5〔經〕公如晉。〔左〕夏。公如晉。晉侯見公。不敬。季文子曰、「晉侯必不免。詩曰『敬之敬之、天惟顯思、命不易哉。』夫晉侯之命在諸侯矣。可不敬乎。」〔魯〕

◎6〔經〕葬鄭襄公。〔左〕なし

◇7〔經〕秋。公至自晉。〔左〕秋。公至自晉。欲求成于楚而叛晉。季文子曰、「不可。晉雖無道、未可叛也。國大臣睦而邇於我。諸侯聽焉。未可以貳。史佚之志有之、曰『非我族類、其心必異。』楚雖大、非吾族也。其肯字我乎。」公乃止。〔魯〕

◎8〔經〕冬。城鄆。〔左〕なし

◇9〔經〕鄭伯伐許。〔左〕冬。①十一月。鄭公孫申帥師、疆許田。許人敗諸展陂。鄭伯伐許。取鉏任・泠敦之田。〔鄭〕②晉欒書將中軍。荀首佐之。士燮佐上軍。以救許。伐鄭、取氾祭。〔晉〕③楚子反救鄭。鄭伯與許男訟焉。皇戌攝鄭伯之辭。子反不能決也。曰、「君若辱在寡君。寡君與其二三臣共聽兩君之所欲。成其可知也。不然、側不足以知二國之成。」〔楚〕④晉趙嬰通于趙莊姬。〔晉〕

(◇抽出文4條、◆抽出的編作文1條、☆編作文0條、◎無傳の經文4條)

[成公五年]

◎1〔經〕五年。春。王。正月。杞叔姬來歸。〔左〕五年。春。原・屏放諸齊。趙嬰曰、「我在。故欒氏不作。我亡、吾二昆其憂哉。且人各有能有不能。舍我何害。」弗聽。嬰夢天使謂己、「祭餘。餘福女。」使問士貞伯。貞伯曰、「不識也。」既而告其人。曰、「神福仁而禍淫、淫而無罰、福也。祭、其得亡乎。」祭之明日而亡。〔晉〕

(前年9④の左傳文に續く記事)

◆2〔經〕仲孫蔑如宋。〔左〕孟獻子如宋。報華元也。〔魯〕

◆3〔經〕夏。叔孫僑如會晉荀首于穀。〔左〕夏。晉荀首如齊、逆女。故宣伯餫諸穀。〔魯〕

◇4〔經〕梁山崩。〔左〕①梁山崩。晉侯以傳召伯宗。伯宗辟重、曰、「辟傳。」重人曰、「待我不如捷之速也。」問其所。曰、「絳人也。」問絳事焉。曰、「梁山崩。將召伯宗、謀之。」問、「將若之何。」曰、「山有朽壤而崩、可若何。國主山川。故山崩川竭。君爲之不擧、降服、乘縵、徹樂、出次、祝幣、史辭。以禮焉。其如此而已。雖伯宗、若之何。」伯宗請見之。不可。遂以告、而從之。〔晉〕②許靈公愬鄭伯于楚。〔許〕③六月。鄭悼公如楚、訟。不勝。楚人執皇戌及子國。故鄭伯歸、使公子偃、請成于晉。〔鄭〕

◎5〔經〕秋。大水。〔左〕秋。①八月。鄭伯及晉趙同盟于垂棘。〔鄭〕②宋公子圍龜爲質于楚而還。華元享之。請鼓譟以出鼓譟以復入。曰、「習攻華氏。」宋公殺之。〔宋〕

◇6〔經〕冬。十有一月。己酉。天王崩。〔左〕冬。①同盟于蟲牢。鄭服也。諸侯謀復會。宋公使向爲人辭以子靈之難。〔晉〕②十一月。己酉。定王崩。〔周〕

☆7〔經〕十有二月。己丑。公會晉侯・齊侯・宋公・衞侯・鄭伯・曹伯・邾子・杞伯、同盟于蟲牢。〔左〕（6①の左傳文と對應）

（◇抽出文1條、◆抽出的編作文3條、☆編作文1條、◎無傳の經文2條）

［成公六年］

◎1〔經〕六年。春。王。正月。公至自會。〔左〕六年。春。鄭伯如晉、拜成。子游相。授玉于東楹之東。士貞伯曰、「鄭伯其死乎。自棄也已。視流而行速。不安其位。宜不能久。」〔晉〕

☆2〔經〕二月。辛巳。立武宮。〔左〕二月。季文子以鞌之功、立武宮。非禮也。聽於人、以救其難、不可以立武、立武由己、非由人也。〔魯〕

◇3〔經〕取鄟。〔左〕取鄟。言易也。〔魯〕

◆4〔經〕衞孫良夫帥師、侵宋。〔左〕①三月。晉伯宗・夏陽説・衞孫良夫・甯相・鄭人・伊雒之戎・陸渾蠻氏、侵宋。以其辭會也。師于鍼。衞人不保。説欲襲衞、曰、「雖不可入、多俘而歸、有罪不及死。」伯宗曰、「不可。衞唯信晉。故師在其郊。而不設備。若襲之、是棄信也。雖多衞俘、而晉無信、何以求諸侯。」乃止。師還。衞人登陴。〔晉〕②晉人謀去故絳。諸大夫皆曰、「必居郇瑕氏之地、沃饒而近盬。國利君樂、不可失也。」韓獻子將新中軍、且爲僕大夫。公揖而入。獻子從。公立於寢庭。謂獻子曰、「何如。」對曰、「不可。郇瑕氏土薄水淺。其惡易覯。易覯則民愁。民愁則墊隘。於是乎、有沈重膇之疾。不如新田、土厚水深、居之不疾。有汾澮以流其惡、且民從教。十世之利也。夫山澤林盬、國之寶也。國饒則民驕佚。近寶、公室乃貧。不可謂樂。」公説、從之。〔晉〕

◎5〔經〕夏。六月。邾子來朝。〔左〕夏。四月。丁丑。晉遷于新田。〔晉〕

◆6〔經〕公孫嬰齊如晉。〔左〕なし

☆7〔經〕壬申。鄭伯費卒。〔左〕①六月。鄭悼公卒。〔鄭〕②子叔聲伯如晉。命伐宋。〔魯〕

◆8〔經〕秋。仲孫蔑・叔孫僑如帥師、侵宋。〔左〕秋。孟獻子・叔孫宣伯、侵宋。晉命也。〔魯〕

◆9〔經〕楚公子嬰齊帥師、伐鄭。〔左〕楚子重伐鄭。鄭從晉故也。〔楚〕

◆10〔經〕冬。季孫行父如晉。〔左〕冬。季文子如晉。賀遷也。〔魯〕

◆11〔經〕晉欒書帥師、救鄭。〔左〕晉欒書救鄭。與楚師遇於繞角。楚師還。晉師遂侵蔡。楚公子申・公子成、以申・息之師救蔡。禦諸桑隧。趙同・趙括、欲戰、請於武子。武子將許之。知莊子・范文子・韓獻子、諫曰、「不可。吾來救鄭。楚師去我。吾遂至於此。是遷戮也。戮而不已。又怒楚師。戰必不克。雖克、不令。成師以出而敗楚之二縣。何榮之有焉。若不能敗、爲辱已甚。不如還也。」乃遂還。於是軍帥之欲戰者衆。或謂欒武子、曰、「聖人與衆同欲。是以濟事。子盍從衆。子爲大政。將酌於民者也。子之佐十一人、其不欲戰者三人而已。欲戰者可謂衆矣。商書曰『三人占、從二人。』

衆故也。」武子曰、「善鈞、從衆。夫善衆之主也。三卿爲主也。可謂衆矣。從之不亦可乎。」〔晉〕

（◇抽出文1條、◆抽出的編作文6條、☆編作文2條、◎無傳の經文2條）

［成公七年］

◎1〔經〕**七年。春。王。正月。鼷鼠食郊牛角。改卜牛。鼷鼠又食其角。乃免牛。**〔左〕なし

◇2〔經〕**吳伐郯。**〔左〕七年。春。①吳伐郯。郯成。季文子曰、「中國不振旅。蠻夷入伐、而莫之或恤。無弔者也夫。詩曰『不弔昊天、亂靡有定。』其此之謂乎。有上不弔、其誰不受亂。吾亡無日矣。」〔魯〕②君子曰、「知懼如是、斯不亡矣。」《評》③鄭子良相成公、以如晉、見且拜師。〔鄭〕

◆3〔經〕**夏。**五月。**曹伯來朝。**〔左〕夏。曹宣公來朝。〔魯〕

◎4〔經〕**不郊。猶三望。**〔左〕なし

◆5〔經〕**秋。楚公子嬰齊帥師、伐鄭。**〔左〕秋。楚子重伐鄭、師于氾。〔楚〕

☆6〔經〕**公會晉侯・齊侯・宋公・衞侯・曹伯・莒子・邾子・杞伯、救鄭。**〔左〕諸侯救鄭。鄭共仲・侯羽、軍楚師。囚鄖公・鍾儀、獻諸晉。〔鄭〕

☆7〔經〕八月。**戊辰。同盟于馬陵。**〔左〕①八月。同盟于馬陵。尋蟲牢之盟、且莒服故也。晉人以鍾儀歸。囚諸軍府。〔晉〕②楚圍宋之役。師還。子重請取於申呂以爲賞田。王許之。申公巫臣曰、「不可。此申呂所以邑也。是以爲賦、以御北方、若取之、是無申呂也。晉鄭必至于漢。」王乃止。子重是以怨巫臣。子反欲取夏姬、巫臣止之、遂取以行。子反亦怨之。及共王卽位、子重・子反、殺巫臣之族・子閻・子蕩及淸尹・弗忌、及襄老之子黑要。而分其室。子重取子閻之室、使沈尹與王子罷分子蕩之室。子反取黑要與淸尹之室。巫臣自晉遺二子書、曰、「爾以讒慝貪惏事君、而多殺不辜。餘必使爾罷於奔命、以死。」〔楚〕③巫臣請使於吳。晉侯許之。吳子壽夢說之。乃通吳于晉。以兩之一卒適吳。舍偏兩之一焉。與其射御、教吳乘車、教之戰陳、教之叛楚。寘其子狐庸焉、使爲行人於吳。吳始伐楚、伐巢、伐徐。子重奔命。馬陵之會、吳入州來。子重自鄭奔命。子重・子反、於是乎、一歲七奔命。蠻夷屬於楚者、吳盡取之。是以始大。通吳於上國。〔晉〕④衞定公惡孫林父。〔衞〕

◎8〔經〕**公至自會。**〔左〕なし

◇9〔經〕**吳入州來。**〔左〕（7の③の左傳文と對應）

◎10〔經〕**冬。大雩。**〔左〕なし

◆11〔經〕**衞孫林父出奔晉。**〔左〕冬。孫林父出奔晉。衞侯如晉。晉反戚焉。〔衞〕

（◇抽出文2條、◆抽出的編作文3條、☆編作文2條、◎無傳の經文4條）

［成公八年］

◇1〔經〕**八年。春。晉侯使韓穿來、言汶陽之田、歸之于齊。**〔左〕八年。春。晉侯使韓穿來、言汶陽之田、歸之于齊。季文子餞之。私焉、曰、「大國制義以爲盟主。是以諸侯懷德畏討、無有貳心。謂

汶陽之田敝邑之舊也、而用師於齊、使歸諸敝邑。今有二命曰『歸諸齊。』信以行義、義以成命。小國所望而懷也。信不可知、義無所立、四方諸侯其誰不解體。詩曰『女也不爽、士貳其行、士也罔極、二三其德。』七年之中而一與一奪、二三孰甚焉。士之二三、猶喪妃耦。而況霸主。霸主將德是以。而二三之。其何以長有諸侯乎。詩曰『猶之未遠、是用大簡。』行父懼晉之不遠猶而失諸侯也。是以敢私言之。」〔魯〕

◆2〔經〕晉欒書帥師、侵蔡。〔左〕①晉欒書侵蔡。遂侵楚、獲申驪。楚師之還也、晉侵沈、獲沈子揖初。從知・范・韓也。〔晉〕②君子曰、「從善如流、宜哉。詩曰『愷悌君子、遐不作人。』求善也夫。作人斯有功績矣。」《評》③是行也、鄭伯將會晉師。門于許東門。大獲焉。〔鄭〕

◆3〔經〕公孫嬰齊如莒。〔左〕聲伯如莒。逆也。〔魯〕

◆4〔經〕宋公使華元來聘。〔左〕宋華元來聘。聘共姬也。〔魯〕

◆5〔經〕夏。宋公使公孫壽來納幣。〔左〕夏。宋公孫壽來納幣。禮也。〔魯〕

◆6〔經〕晉殺其大夫趙同・趙括。〔左〕晉趙莊姬爲趙嬰之亡故、譖之于晉侯。曰、「原・屏將爲亂、欒・郤爲徵。」六月。晉討趙同・趙括。趙武從姬氏、畜于公宮。以其田與祁奚。韓厥言於晉侯、曰、「成季之勳・宣孟之忠、而無後。爲善者其懼矣。三代之令王、皆數百年保天之祿。夫豈無辟王。賴前哲以免也。周書曰『不敢侮鰥寡』所以明德也。」乃立武、而反其田焉。〔晉〕

◆7〔經〕秋。七月。天子使召伯來、賜公命。〔左〕秋。①召桓公來、賜公命。〔魯〕②晉侯使申公巫臣如吳。假道于莒。與渠丘公立於池上。曰、「城已惡。」莒子曰、「辟陋在夷、其孰以我爲虞。」對曰、「夫狡焉思啓對疆以利社稷者、何國蔑有。唯然。故多大國矣。唯或思、或縱也。勇夫重閉、況國乎。」〔晉〕

☆8〔經〕冬。十月。癸卯。杞叔姬卒。〔左〕冬。①杞叔姬卒。〔魯〕②〈來歸自杞。故書。〉

◆9〔經〕晉侯使士燮來聘。〔左〕晉士燮來聘。言伐郯也。以其事吳故。公賂之。請緩師。文子不可、曰、「君命、無貳。失信、不立。禮無加貨。事無二成。君後諸侯、是寡君不得事君也。燮將復之。」〔魯〕

☆10〔經〕叔孫僑如會晉士燮・齊人・邾人、伐郯。〔左〕季孫懼。使宣伯帥師、會伐郯。〔魯〕

◇11〔經〕衞人來媵。〔左〕①衞人來媵共姬。禮也。〔魯〕②凡諸侯嫁女、同姓媵之。異姓則否。《凡》

（◇抽出文2條、◆抽出的編作文7條、☆編作文2條、◎無傳の經文0條）

［成公九年］

◆1〔經〕九年。春。王。正月。杞伯來、逆叔姬之喪、以歸。〔左〕九年。春。①杞桓公來、逆叔姬之喪。請之也。〔魯〕②「杞叔姬卒」、爲杞故也。「逆叔姬」、爲我也。〔魯〕

☆2〔經〕公會晉侯・齊侯・宋公・衞侯・鄭伯・曹伯・莒子・杞伯、同盟于蒲。〔左〕爲歸汶陽之田。故諸侯貳於晉。晉人懼、會於蒲、以尋馬陵之盟。季文子謂范文子、曰、「德則不競、尋盟何爲。」范

文子曰、「勤以撫之、寛以待之、堅彊以御之、明神以要之、柔服而伐貳、德之次也。」是行也、將始會吳。吳人不至。〘魯〙

◎3〔經〕公至自會。〔左〕なし

◇4〔經〕二月。伯姬歸于宋。〔左〕①二月。伯姬歸于宋。〘魯〙②楚人以重賂求鄭。鄭伯會楚公子成于鄧。〘鄭〙

◆5〔經〕夏。季孫行父如宋、致女。〔左〕夏。季文子如宋、致女。復命。公享之。賦韓奕之五章。穆姜出于房、再拜、曰、「大夫勤辱、不忘先君、以及嗣君、施及未亡人。先君猶有望也。敢拜大夫之重勤。」又賦綠衣之卒章而入。〘魯〙

◇6〔經〕晉人來媵。〔左〕晉人來媵。禮也。〘魯〙

◎7〔經〕秋。七月。丙子。齊侯無野卒。〔左〕なし

◆8〔經〕晉人執鄭伯。〔左〕秋。鄭伯如晉。晉人討其貳於楚也。執諸銅鞮。〘晉〙

◆9〔經〕晉欒書帥師、伐鄭。〔左〕①欒書伐鄭。鄭人使伯蠲行成。晉人殺之。非禮也。兵交使在其閒、可也。〘鄭〙②楚子重侵陳、以救鄭。晉侯觀于軍府、見鍾儀。問之、曰、「南冠而縶者誰也。」有司對、曰、「鄭人所獻、楚囚也。」使稅之。召而弔之。再拜稽首。問其族。對曰、「泠人也。」公曰、「能樂乎。」對曰、「先父之職官也。敢有二事。」使與之琴。操南音。公曰、「君王何如。」對曰、「非小人之所得知也。」固問之、對曰、「其爲大子也、師保奉之、以朝于嬰齊、而夕于側也。不知其他。」公語范文子。文子曰、「楚囚、君子也。言稱先職、不背本也。樂操土風、不忘舊也。稱大子、抑無私也。名其二卿、尊君也。不背本、仁也。不忘舊、信也。無私、忠也。尊君、敏也。仁以接事、信以守之、忠以成之、敏以行之、事雖大、必濟。君盍歸之、使合晉楚之成。」公從之。重爲之禮。使歸求成。〘晉〙

◎10〔經〕冬。十有一月。葬齊頃公。〔左〕なし

◆11〔經〕楚公子嬰齊帥師、伐莒。庚申。莒潰。〔左〕冬。十一月。楚子重自陳伐莒。圍渠丘。渠丘城惡。衆潰、奔莒。戊申。楚入渠丘。莒人囚楚公子平。楚人曰、「勿殺。吾歸而俘。」莒人殺之。楚師圍莒。莒城亦惡。庚申。莒潰。〘楚〙

◆12〔經〕楚人入鄆。〔左〕①楚遂入鄆。莒無備故也。〘楚〙②君子曰、「恃陋而不備、罪之大者也。備豫不虞、善之大者也。莒恃其陋而不脩城郭、浹辰之閒、而楚克其三都、無備也夫。詩曰『雖有絲麻、無棄菅蒯、雖有姬姜、無棄蕉萃、凡百君子莫不代匱。』言備之不可以已也。」《評》

◇13〔經〕秦人・白狄伐晉。〔左〕秦人・白狄伐晉。諸侯貳故也。〘晉〙

◇14〔經〕鄭人圍許。〔左〕鄭人圍許、示晉不急君也。是則公孫申謀之、曰、「我出師以圍許、僞將改立君者而紓晉使。晉必歸君。」〘鄭〙

◇15〔經〕城中城。〔左〕①城中城。〘魯〙②〈書、時也。〉③十二月。楚子使公子辰如晉、報鍾儀之使、請脩好結成。〘楚〙

（◇抽出文5條、◆抽出的編作文6條、☆編作文1條、◎無傳の經文3條）

［成公十年］

◆1〔經〕十年。春。衞侯之弟黑背帥師、侵鄭。〔左〕十年。春。①晉侯使糴茷如楚。報大宰子商之使也。衞子叔黑背侵鄭。晉命也。

〖晉〗②鄭公子班聞叔申之謀。三月。子如立公子繻。〖鄭〗

◎2〔經〗夏。四月。五卜郊。不從。乃不郊。〔左〕夏。①四月。鄭人殺繻。立髡頑。子如奔許。〖鄭〗②欒武子曰、「鄭人立君。我執一人焉。何益。不如伐鄭而歸其君、以求成焉。」晉侯有疾。〖晉〗

☆3〔經〗五月。公會晉侯・齊侯・宋公・衞侯・曹伯、伐鄭。〔左〕①五月。晉立大子州蒲。以爲君。而會諸侯、伐鄭。〖晉〗②鄭子罕賂以襄鐘。子然盟于脩澤。子駟爲質。辛巳。鄭伯歸。〖鄭〗

◎4〔經〗齊人來媵。〔左〕なし

☆5〔經〗丙午。晉侯獳卒。〔左〕①晉侯夢大厲被髮及地、搏膺而踊、曰、「殺餘孫、不義。餘得請於帝矣。」壞大門及寢門而入。公懼入于室。又壞戶。公覺。召桑田巫。巫言如夢。公曰、「何如。」曰、「不食新矣。」公疾病。求醫于秦。秦伯使醫緩爲之。未至。公夢。疾爲二豎子、曰、「彼良醫也。懼傷我。焉逃之。」其一曰、「居肓之上、膏之下。若我何。」醫至曰、「疾不可爲也。在肓之上、膏之下。攻之、不可。達之、不及。藥不至焉。不可爲也。」公曰、「良醫也。」厚爲之禮、而歸之。六月。丙午。晉侯欲麥。使甸人獻麥。饋人爲之。召桑田巫、示而殺之。將食。張。如厠。陷而卒。小臣有晨夢負公以登天。及日中負晉侯、出諸厠、遂以爲殉。〖晉〗②鄭伯討立君者。戊申。殺叔申・叔禽。〖鄭〗③君子曰、「忠爲令德。非其人、猶不可。況不令。」《評》

◇6〔經〗秋。七月。公如晉。〔左〕秋。公如晉、晉人止公、使送葬。於是糴茷未反。〖魯〗

◎7〔經〗冬。十月。〔左〕冬。①葬晉景公。〖晉〗②公送葬。諸侯莫在。魯人辱之。〖魯〗③〈故不書、諱之也。〉

（◇抽出文1條、◆抽出的編作文1條、☆編作文2條、◎無傳の經文3條）

［成公十一年］

◇1〔經〗十有一年。春。王。三月。公至自晉。〔左〕十一年。春。王。三月。公至自晉。晉人以公爲貳於楚。故止公。公請受盟、而後使歸。〖魯〗

☆2〔經〗晉侯使郤犨來聘。己丑。及郤犨盟。〔左〕①郤犨來聘。且涖盟。〖魯〗②聲伯之母不聘。穆姜曰、「吾不以妾爲姒。」生聲伯、而出之。嫁於齊管于奚、生二子而寡。以歸聲伯。聲伯以其外弟爲大夫。而嫁其外妹於施孝叔。郤犨來聘。求婦於聲伯。聲伯奪施氏婦以與之。婦人曰、「鳥獸猶不失儷。子將若何。」曰、「吾不能死亡。」婦人遂行。生二子於郤氏。郤氏亡。晉人歸之施氏。施氏逆諸河。沈其二子。婦人怒、曰、「已不能庇其伉儷、而亡之。又不能字人之孤、而殺之。將何以終。」遂誓施氏。〖魯〗

◆3〔經〗夏。季孫行父如晉。〔左〕夏。①季文子如晉。報聘、且涖盟也。〖魯〗②周公楚惡惠・襄之偪也。且與伯與爭政。不勝。怒而出。及陽樊。王使劉子復之。盟于鄄而入。三日、復出奔晉。〖周〗

◆4〔經〗秋。叔孫僑如如齊。〔左〕秋。①宣伯聘于齊。以脩前好。〖魯〗②晉郤至與周爭鄇田。王命劉康公・單襄公、訟諸晉。郤至曰、「溫吾故也。故不敢失。」劉子・單子曰、「昔周克商、使諸侯撫封。蘇忿生以溫爲司寇、與檀伯達封于河。蘇氏卽狄、又不能於狄、而奔衞。襄王勞文公而賜之溫。狐氏・陽氏、先處之。而後及子。若治其故則王官之邑也。子安得之。」晉侯使郤至勿敢爭。〔晉〕③宋華元善於令尹子重。又善於欒武子。聞楚人既許晉糴茷成、而使歸復命矣。〔宋〕

◎5〔經〕**冬。十月。**〔左〕冬。①華元如楚。遂如晉。合晉・楚之成。〔宋〕②秦・晉爲成。將會于令狐。晉侯先至焉。秦伯不肯涉河。次于王城。使史顆盟晉侯于河東。晉郤犨盟秦伯于河西。范文子曰、「是盟也、何益。齊盟所以質信也。會所信之始也。始之不從。其可質乎。」秦伯歸而背晉成。〔晉〕

（◇抽出文1條、◆抽出的編作文2條、☆編作文1條、◎無傳の經文1條）

〔成公十二年〕

◆1〔經〕**十有二年。春。周公出奔晉。**〔左〕十二年。春。①王使以周公之難來告。〔魯〕（前年3②の左傳文と對應）②〈書曰「周公出奔晉。」凡自周無出。周公自出故也。《凡》〉③宋華元克合晉楚之成。〔魯〕

☆2〔經〕**夏。公會晉侯・衞侯于瑣澤。**〔左〕夏。①五月。晉士燮會楚公子罷・許偃。癸亥。盟于宋西門之外。曰、「凡晉・楚無相加戎。好惡同之。同恤菑危。備救凶患。若有害楚、則晉伐之。在晉、楚亦如之。交贄往來。道路無壅。謀其不協而討不庭。有渝此盟、明神殛之。俾隊其師。無克胙國。」〔晉〕②鄭伯如晉、聽成。〔鄭〕③會于瑣澤、成故也。〔魯〕④狄人閒宋之盟、以侵晉。而不設備。〔晉〕

◇3〔經〕**秋。晉人敗狄于交剛。**〔左〕秋。①晉人敗狄于交剛。〔晉〕

②晉郤至如楚。聘且涖盟。楚子享之。子反相。爲地室而縣焉。郤至將登。金奏作於下。驚而走出。子反曰、「日云莫矣。寡君須矣。吾子其入也。」賓曰、「君不忘先君之好。施及下臣。貺之以大禮。重之以備樂。如天之福、兩君相見、何以代此。下臣不敢。」子反曰、「如天之福、兩君相見、無亦唯是一矢以相加遺。焉用樂。寡君須矣。吾子其入也。」賓曰、「若讓之以一矢、禍之大者、其何福之爲。世之治也、諸侯閒於天子之事、則相朝也。於是乎、有享宴之禮。享以訓共儉、宴以示慈惠。共儉以行禮、而慈惠以布政。政以禮成、民是以息。百官承事、朝而不夕。此公侯之所以扞城其民也。故詩曰『赳赳武夫、公侯干城。』及其亂也、諸侯貪冒、侵欲不忌、爭尋常以盡其民。略其武夫、以爲己腹心股肱爪牙。故詩曰『赳赳武夫、公侯腹心。』天下有道、則公侯能爲民干城、而制其腹心、亂則反之。今吾子之言、亂之道也。不可以爲法。然而吾子主也、至敢不從。」遂入、卒事。歸以語范文子。文子曰、「無禮必食言。吾死亡無日矣夫。」〔晉〕

◎4〔經〕**冬。十月。**〔左〕冬。楚公子罷如晉。聘、且涖盟。十二月。晉侯及楚公子罷、盟于赤棘。〔晉〕

（◇抽出文1條、◆抽出的編作文1條、☆編作文1條、◎無傳の經文1條）

〔成公十三年〕

◇1〔經〕**十有三年。春。晉侯使郤錡來、乞師。**〔左〕十三年。春。晉侯使郤錡來、乞師。將事不敬。孟獻子曰、「郤氏其亡乎。禮身之幹也、敬身之基也。郤子無基。且先君之嗣卿也。受命以求師、將

社稷是衛。而惰、棄君命也。不亡、何爲。」〔魯〕

◇2　〔經〕三月。公如京師。〔左〕①三月。公如京師。宣伯欲賜、請先使。王以行人之禮、禮焉。孟獻子從。王以爲介。而重賄之。公及諸侯朝王。遂從劉康公・成肅公、會晉侯、伐秦。〔魯〕②成子受脤于社、不敬。劉子曰、「吾聞之。民受天地之中、以生、所謂命也。是以有動作禮義威儀之則、以定命也。能者養以之福、不能者敗以取禍。是故君子勤禮、小人盡力。勤禮莫如致敬。盡力莫如敦篤。敬在養神。篤在守業。國之大事在祀與戎。祀有執膰、戎有受脤、神之大節也。今成子惰、棄其命矣。其不反乎。」〔周〕

☆3　〔經〕夏。五月。公自京師、遂會晉侯・齊侯・宋公・衞侯・鄭伯・曹伯・邾人・滕人、伐秦。〔左〕夏。①四月。戊午。晉侯使呂相絕秦。曰、「昔逮我獻公及穆公、相好。戮力同心、申之以盟誓、重之以昏姻。天禍晉國、文公如齊、惠公如秦。無祿獻公卽世。穆公不忘舊德、俾我惠公用能奉祀于晉、又不能成大勳、而爲韓之師、亦悔于厥心、用集我文公。是穆之成也。文公躬擐甲冑、跋履山川、踰越險阻、征東之諸侯。虞夏商周之胤、而朝諸秦。則亦既報舊德矣。鄭人怒君之疆場、我文公帥諸侯、及秦圍鄭。秦大夫不詢于我寡君、擅及鄭盟。諸侯疾之、將致命于秦。文公恐懼、綏靜諸侯。秦師克還無害。則是我有大造于西也。無祿文公卽世、穆爲不弔、蔑死我君、寡我襄公、迭我殽地、奸絕我好、伐我保城、殄滅我費滑、散離我兄弟、橈亂我同盟、傾覆我國家。我襄公未忘君之舊勳。而懼社稷之隕。是以有殽之師。猶願赦罪于穆公。穆公弗聽。而卽楚謀我。天誘其衷、成王隕命。穆公是以不克逞志于我。穆・襄卽世、康・靈卽位。康公我之自出。又欲闕翦我公室、傾覆我社稷。帥我蝥賊以來、蕩搖我邊疆。我是以有令狐之役。康猶不悛、入我河曲、伐我涑川、俘我王官、翦我羈馬。我是以有河曲之戰。東道之不通、則是康公絕我好也。及君之嗣也、我君景公引領西望、曰、『庶撫我乎。』君亦不惠稱盟、利吾有狄難、入我河縣、焚我箕郜、芟夷我農功、虔劉我邊垂。我是以有輔氏之聚。君亦悔禍之延、而欲徼福于先君獻・穆、使伯車來命我景公。曰、『吾與女同好棄惡、復脩舊德、以追念前勳。』言誓未就、景公卽世。我寡君是以有令狐之會。君又不祥。背棄盟誓。白狄及君同州。君之仇讎、而我昏姻也。君來賜命、曰、『吾與女伐狄。』寡君不敢顧昏姻。畏君之威、而受命于吏。君有二心於狄、曰、『晉將伐女。』狄應且憎、是用告我。楚人惡君之二三其德也。亦來告我、曰、『秦背令狐之盟、而來求盟于我、昭告昊天上帝・秦三公・楚三王、曰《餘雖與晉出入、餘唯利是視。》不穀惡其無成德、是用宣之、以懲不壹、』諸侯備聞此言、斯是用痛心疾首、暱就寡人。寡人帥以聽命、唯好是求。君若惠顧諸侯、矜哀寡人、而賜之盟、則寡人之願也。其承寧諸侯以退。豈敢徼亂。君若不施大惠、寡人不佞、其不能以諸侯退矣。敢盡布之執事、俾執事實圖利之。」秦桓公既與晉厲公、爲令狐之盟。而又召狄與楚。欲道以伐晉。諸侯是以睦於晉。晉欒書將中軍、荀庚佐之。士燮將上軍、郤錡佐之。韓厥將下軍、荀罃佐之。趙旃將新軍、郤至佐之。郤毅御戎、欒鍼爲右。〔晉〕②孟獻子曰、「晉帥乘和。師必有大功。」〔魯〕③五月。丁亥。晉師以諸侯之師、及秦師戰于麻隧。秦師敗績。獲秦成差及不更女父。〔晉〕

◆4〔經〕曹伯盧卒于師。〔左〕①曹宣公卒于師。師遂濟涇。及侯麗而還。〔晉〕②迓晉侯于新楚。成肅公卒于瑕。〔晉〕③六月。丁卯。夜。鄭公子班自訾求入于大宮、不能。殺子印・子羽。反軍于市。己巳。子駟帥國人、盟于大宮。遂從而盡焚之。殺子如・子駹・孫叔・孫知。〔鄭〕④曹人使公子負芻守、使公子欣時逆曹伯之喪。〔曹〕

◎5〔經〕秋。七月。公至自伐秦。〔左〕秋。①負芻殺其大子、而自立也。〔曹〕②諸侯乃請討之。晉人以其役之勞、請俟他年。〔晉〕

◇6〔經〕冬。葬曹宣公。〔左〕冬。葬曹宣公。既葬。子臧將亡。國人皆將從之。成公乃懼。告罪且請焉。乃反而致其邑。〔曹〕

（◇抽出文3條、◆抽出的編作文1條、☆編作文1條、◎無傳の經文1條）

〔成公十四年〕

◎1〔經〕十有四年。春。王。正月。莒子朱卒。〔左〕十四年。春。衞侯如晉。晉侯強見孫林父焉。定公不可。〔衞〕

◆2〔經〕夏。衞孫林父自晉歸于衞。〔左〕夏。衞侯既歸。晉侯使郤犫送孫林父、而見之。衞侯欲辭。定姜曰、「不可。是先君宗卿之嗣也。大國又以爲請。不許、將亡。雖惡之、不猶愈於亡乎。君其忍之。安民而宥宗卿。不亦可乎。」衞侯見而復之。衞侯饗苦成叔。甯惠子相。苦成叔傲。甯子曰、「苦成叔家其亡乎。古之爲享食也、以觀威儀、省禍福也。故詩曰、『兕觵其觩。旨酒思柔。彼交匪傲。萬福來求。』今夫子傲。取禍之道也。」〔衞〕

◆3〔經〕秋。叔孫僑如如齊、逆女。〔左〕秋。①宣伯如齊。逆女。〔魯〕②〈稱族、尊君命也。〉

◆4〔經〕鄭公子喜帥師、伐許。〔左〕八月。鄭子罕伐許。敗焉。戊戌。鄭伯復伐許。庚子。入其郛。許人平以叔申之封。〔鄭〕

◇5〔經〕九月。僑如以夫人婦姜氏、至自齊。〔左〕①九月、僑如以夫人婦姜氏、至自齊。舍族、尊夫人也。〔魯〕②故君子曰、「春秋之稱、微而顯。志而晦。婉而成章。盡而不汙。懲惡而勸善。非聖人、誰能脩之。」《評》③衞侯有疾。使孔成子・甯惠子立敬姒之子衎、以爲大子。〔衞〕

☆6〔經〕冬。十月。庚寅。衞侯臧卒。〔左〕冬。十月。衞定公卒。夫人姜氏既哭而息。見大子之不哀也。不内酌飲、歎曰、「是夫也、將不唯衞國之敗、其必始於未亡人。烏呼、天禍衞國也夫。吾不獲鱄也使主社稷。」大夫聞之無不聳懼。孫文子自是不敢舍其重器於衞。盡寘諸戚。而甚善晉大夫。〔衞〕

◎7〔經〕秦伯卒。〔左〕なし

（◇抽出文1條、◆抽出的編作文3條、☆編作文1條、◎無傳の經文2條）

〔成公十五年〕

◎1〔經〕十有五年。春。王。二月。葬衞定公。〔左〕十五年。春。

◎2〔經〕三月。乙巳。仲嬰齊卒。〔左〕なし

☆3〔經〕癸丑。公會晉侯・衞侯・鄭伯・曹伯・宋世子・成齊・國佐・邾人、同盟于戚。〔左〕會于戚。〔晉〕

◆4〔經〕晉侯執曹伯、歸于京師。〔左〕①討曹成公也。執而歸諸京師。〔晉〕②〈書曰「晉侯執曹伯」、不及其民也。〉③凡君不道於其

民。諸侯討而執之、則曰「某人執某侯。」不然、則否。《凡》④諸侯將見子臧於王而立之。子臧辭、曰「前志有之、曰『聖達節、次守節、下失節。』爲君、非吾節也。雖不能聖、敢失守乎。」遂逃、奔宋。〖曹〗

◎5〔經〕公至自會。〔左〕なし

◆6〔經〕夏。六月。宋公固卒。〔左〕夏。六月。宋共公卒。〖宋〗

◆7〔經〕楚子伐鄭。〔左〕①楚將北師。子囊曰、「新與晉盟、而背之。無乃不可乎。」子反曰、「敵利則進。何盟之有。」申叔時老矣。在申。聞之、曰、「子反必不免。信以守禮、禮以庇身。信禮之亡、欲免、得乎。」楚子侵鄭、及暴隧。遂侵衞。及首止。〖楚〗②鄭子罕侵楚。取新石。〖鄭〗③欒武子欲報楚。韓獻子曰、「無庸。使重其罪、民將叛之。無民、孰戰。」〖晉〗

☆8〔經〕秋。八月。庚辰。葬宋共公。〔左〕秋。①八月。葬宋共公。〖宋〗

◆9〔經〕宋華元出奔晉。〔左〕於是、華元爲右師。魚石爲左師。蕩澤爲司馬。華喜爲司徒。公孫師爲司城。向爲人爲大司寇。鱗朱爲少司寇。向帶爲大宰。魚府爲少宰。蕩澤弱公室、殺公子肥。華元曰、「我爲右師。君臣之訓、師所司也。今公室卑、而不能正。吾罪大矣。不能治官。敢賴寵乎。」乃出奔晉。二華、戴族也。司城、莊族也。六官者、皆桓族也。魚石將止華元。魚府曰、「右師反、必討。是無桓氏也。」魚石曰、「右師苟獲反、雖許之討、必不敢。且多大功、國人與之。不反、懼桓氏之無祀於宋也。右師討、猶有戌在。桓氏雖亡、必偏。」〖宋〗

◆10〔經〕宋華元自晉歸于宋。〔左〕魚石自止華元于河上。請討。許之。乃反。〖宋〗

◆11〔經〕宋殺其大夫山。〔左〕①使華喜・公孫師帥國人、攻蕩氏、殺子山。〖宋〗②〈書曰、「宋殺其大夫山」、言背其族也。〉③魚石・向爲人・鱗朱・向帶・魚府、出舍於睢上。華元使止之。不可。〖宋〗

◆12〔經〕宋魚石出奔楚。〔左〕冬。①十月。華元自止之。不可。乃反。魚府曰、「今不從、不得入矣。右師視速而言疾。必有異志焉。若不我納、今將馳矣。」登丘而望之、則馳。騁而從之。則決睢澨、閉門、登陴矣。左師二司寇二宰、遂出奔楚。華元使向戌爲左師、老佐爲司馬、樂裔爲司寇、以靖國人。〖宋〗②晉三郤害伯宗、譖而殺之。及欒弗忌。伯州犂奔楚。韓獻子曰、「郤子其不免乎。善人天地之紀也。而驟絶之。不亡、何待。」初。伯宗每朝其妻必戒之、曰、「盜憎主人。民惡其上。子好直言。必及於難。」〖晉〗

☆13〔經〕冬。十有一月。叔孫僑如會晉士燮・齊高無咎・宋華元・衞孫林父・鄭公子鰌・邾人、會吳于鍾離。〔左〕十一月。會吳于鍾離。始通吳也。〖晉〗

◆14〔經〕許遷于葉。〔左〕許靈公畏偪于鄭、請遷于楚。辛丑。楚公子申遷許于葉。〖楚〗

（◇抽出文0條、◆抽出的編作文8條、☆編作文3條、◎無傳の經文3條）

［成公十六年］

◎1〔經〕十有六年。春。王。正月。雨。木冰。〔左〕十六年。春。楚

子自武城使公子成以汝陰之田求成于鄭。鄭叛晉。子駟從楚子、盟于武城。〔楚〕

☆2〔經〕夏。四月。辛未。滕子卒。〔左〕夏。四月。滕文公卒。〔魯〕

◆3〔經〕鄭公子喜帥師、侵宋。〔左〕鄭子罕伐宋。宋將鉏・樂懼敗諸汋陂。退舍於夫渠。不儆。鄭人覆之。敗諸汋陵。獲將鉏・樂懼。宋恃勝也。〔鄭〕

◎4〔經〕六月。丙寅。朔。日有食之。〔左〕なし

◆5〔經〕晉侯使欒黶來、乞師。〔左〕①衛侯伐鄭、至于鳴鴈。爲晉故也。〔衛〕②晉侯將伐鄭。范文子曰、「若逞吾願、諸侯皆叛、晉可以逞。若唯鄭叛、晉國之憂可立俟也。」欒武子曰、「不可以當吾世而失諸侯。必伐鄭。」乃興師。欒書將中軍。士燮佐之。郤錡將上軍。荀偃佐之。韓厥將下軍。郤至佐新軍。荀罃居守。郤犨如衛。遂如齊。皆乞師焉。〔晉〕③欒黶來、乞師。孟獻子曰、「晉有勝矣。」〔魯〕④戊寅。晉師起。〔晉〕⑤鄭人聞有晉師。使告于楚。姚句耳與往。〔鄭〕⑥楚子救鄭。司馬將中軍。令尹將左。右尹子辛將右。過申。子反入見申叔時。曰、「師其何如。」對曰、「德刑詳義禮信、戰之器也。德以施惠、刑以正邪、詳以事神、義以建利、禮以順時、信以守物。民生厚而德正、用利而事節、時順而物成。上下和睦、周旋不逆、求無不具。各知其極。故詩曰『立我烝民、莫匪爾極。』是以神降之福。時無災害。民生敦厖。和同以聽。莫不盡力以從上命。致死以補其闕。此戰之所由克也。今楚內棄其民、而外絕其好。瀆齊盟、而食話言。奸時以動。而疲民以逞。民不知信。進退罪也。人恤所厎、其誰致死。子其勉之。吾不復見子矣。」〔楚〕⑦姚句耳先歸。子駟問焉。對曰、「其行速。過險而不整。速則失志。不整喪列。志失列喪、將何以戰。楚懼不可用也。」〔鄭〕⑧五月。晉師濟河。聞楚師將至。范文子欲反。曰、「我僞逃楚、可以紓憂。夫合諸侯、非吾所能也。以遺能者。我若退、羣臣輯睦、以事君多矣。」武子曰、「不可。」〔晉〕

◆6〔經〕甲午。晦。晉侯及楚子・鄭伯、戰于鄢陵。楚子・鄭師敗績。

〔左〕①六月。晉楚遇於鄢陵。范文子不欲戰。郤至曰、「韓之戰、惠公不振旅。箕之役、先軫不反命。邲之師、荀伯不復從。皆晉之恥也。子亦見先君之事矣。今我辟楚、又益恥也。」文子曰、「吾先君之亟戰也、有故。秦・狄・齊・楚、皆彊。不盡力、子孫將弱。今三彊服矣。敵楚而已。唯聖人能外內無患。自非聖人、外寧必有內憂。盍釋楚以爲外懼乎。」甲午。晦。楚晨壓晉軍而陳。軍吏患之。范匄趨進、曰、「塞井夷竈、陳於軍中而疏行首。晉楚唯天所授。何患焉。」文子執戈逐之、曰、「國之存亡天也。童子何知焉。」欒書曰、「楚師輕窕。固壘而待之。三日必退。退而擊之。必獲勝焉。」郤至曰、「楚有六閒。不可失也。其二卿相惡。王卒以舊。鄭陳而不整。蠻軍而不陳。陳不違晦。在陳而囂、合而加囂。各顧其後莫有鬭心。舊不必良。以犯天忌。我必克之。」〔晉〕②楚子登巢車、以望晉軍。子重使大宰伯州犂侍于王後。王曰、「騁而左右何也。」曰、「召軍吏也。」「皆聚於中軍矣。」曰、「合謀也。」「張幕矣。」曰、「虔卜於先君也。」「徹幕矣。」曰、「將發命也。」「甚囂且塵上矣。」曰、「將塞井夷竈而爲行也。」「皆乘矣。左右執兵而下矣。」曰、「聽誓也。」「戰乎。」曰、「未可知也。」「乘而左右皆下矣。」曰、「戰禱也。」

伯州犂以公卒告王。〔楚〕③苗賁皇在晉侯之側。亦以王卒告。皆曰、「國士在且厚。不可當也。」苗賁皇言於晉侯、曰、「楚之良在其中軍王族而已。請分良、以擊其左右。而三軍萃於王卒、必大敗之。」公筮之。史曰、「吉。其卦遇復☷☳。」曰、「南國蹙。射其元王。中厥目。國蹙、王傷。不敗何待。」公從之。〔晉〕④有淖於前。乃皆左右相違於淖。步毅御晉厲公。欒鍼爲右。彭名御楚共王。潘黨爲右。石首御鄭成公。唐苟爲右。欒范以其族、夾公行。陷於淖。欒書將載晉侯。鍼曰、「書退。國有大任。焉得專之。且侵官、冒也。失官、慢也。離局、姦也。有三罪焉。不可犯也。」乃掀公、以出於淖。〔晉〕⑤癸巳。潘尫之黨。與養由基蹲甲而射之、徹七札焉。以示王。曰、「君有二臣如此。何憂於戰。」王怒、曰、「大辱國。詰朝爾射、死藝。」呂錡夢射月中之。退入於泥。占之。曰、「姬姓日也。異姓月也。必楚王也。射而中之。退入於泥。亦必死矣。」及戰。射共王。中目。王召養由基、與之兩矢、使射呂錡。中項、伏弢。以一矢、復命。〔楚〕⑥郤至三遇楚子之卒。見楚子、必下、免冑而趨風。楚子使工尹襄問之以弓。曰、「方事之殷也、有韎韋之跗注。君子也。識見不穀而趨、無乃傷乎。」郤至見客、免冑承命、曰、「君之外臣至、從寡君之戎事、以君之靈、閒蒙甲冑。不敢拜命。敢告不寧。君命之辱、爲執事之故、敢肅使者。」三肅使者、而退。晉韓厥從鄭伯。其御杜溷羅曰、「速從之。其御屢顧不在馬、可及也。」韓厥曰、「不可以再辱國君。」乃止。郤至從鄭伯。其右茀翰胡曰、「諜輅之、餘從之乘而俘以下。」郤至曰、「傷國君、有刑。」亦止。〔晉〕⑦石首曰、「衞懿公唯不去其旗。是以敗於熒。」乃内旌於弢中。唐苟謂石首、曰、「子在君側、敗者壹大。我不如子。子以君免。我請止。」乃死。〔鄭〕⑧楚師薄於險。叔山冉謂養由基、曰、「雖君有命、爲國故子必射。」乃射。再發盡殪。叔山冉搏人、以投。中車折軾。晉師乃止。〔楚〕⑨囚楚公子茷。欒鍼見子重之旌。請曰、「楚人謂、夫旌子重之麾也。彼其子重也。日臣之使於楚也、子重問晉國之勇。臣對曰『好以衆整。』曰『又何如。』臣對曰『好以暇。』今兩國治戎。行人不使、不可謂整。臨事而食言、不可謂暇。請攝飮焉。」公許之。使行人執榼承飮、造于子重。曰、「寡君乏使、使鍼御持矛。是以不得犒從者、使某攝飮。」子重曰、「夫子嘗與吾言於楚。必是故也。不亦識乎。」受而飮之。免使者而復鼓。旦而戰。見星未已。〔晉〕⑩子反命軍吏、察夷傷、補卒乘、繕甲兵、展車馬。雞鳴而食。唯命是聽。晉人患之。苗賁皇徇曰、「蒐乘補卒、秣馬利兵、脩陳固列、蓐食申禱。明日復戰。」乃逸楚囚。王聞之。召子反謀。穀陽豎獻飮於子反。子反醉而不能見。王曰、「天敗楚也夫。餘不可以待。」乃宵遁。〔楚〕⑪晉入楚軍、三日穀。范文子立於戎馬之前。曰、「君幼弱。諸臣不佞。何以及此。君其戒之。周書曰『惟命不于常。』有德之謂。」〔晉〕

◆7

〔經〕**楚殺其大夫公子側。**〔左〕①楚師還及瑕。王使謂子反、曰、「先大夫之覆師徒者、君不在。子無以爲過。不穀之罪也。」子反再拜稽首、曰、「君賜臣死。死且不朽。臣之卒實奔。臣之罪也。」子重使謂子反、曰、「初隕師徒者、而亦聞之矣。子盍圖之。」對曰、「雖微先大夫有之、大夫命側。側敢不義。側亡君師。敢忘其死。」

王使止之。弗及而卒。〔楚〕②戰之明日、齊國佐・高無咎、至于師。〔齊〕③衞侯出于衞。〔衞〕④公出于壞隤。宣伯通於穆姜。欲去季・孟、而取其室。將行。穆姜送公而使逐二子。公以晉難告、曰、「請反而聽命。」姜怒。公子偃・公子鉏趨而過。指之、曰、「女不可、是皆君也。」公待於壞隤。申宮儆備、設守。而後行。是以、後。使孟獻子守于公宮。〔魯〕

☆8　〔經〕**秋。公會晉侯・齊侯・衞侯・宋華元・邾人于沙隨。不見公。**

〔左〕秋。①會于沙隨。謀伐鄭也。宣伯使告郤犫、曰、「魯侯待于壞隤、以待勝者。」郤犫將新軍。且爲公族大夫。以主東諸侯。取貨于宣伯、而訴公于晉侯。晉侯不見公。〔魯〕②曹人請于晉、曰、「自我先君宣公卽世、國人曰『若之何、』憂猶未弭。而又討我寡君。以亡曹國社稷之鎭公子。是大泯曹也。先君無乃有罪乎。若有罪、則君列諸會矣。君唯不遺德刑。以伯諸侯。豈獨遺諸敝邑。敢私布之。」〔曹〕

◎9　〔經〕**公至自會。**〔左〕なし

☆10　〔經〕**公會尹子・晉侯・齊國佐・邾人、伐鄭。**〔左〕①七月。公會尹武公及諸侯、伐鄭。將行。姜又命公。如初。公又申守而行。諸侯之師次于鄭西。我師次于督揚。不敢過鄭。子叔聲伯使叔孫豹請逆于晉師。爲食於鄭郊。師逆以至。聲伯四日不食、以待之。食使者。而後食。〔魯〕②諸侯遷于制田。知武子佐下軍。以諸侯之師侵陳。至于鳴鹿。遂侵蔡。未反。〔晉〕③諸侯遷于潁上。戊午。鄭子罕宵軍之。宋・齊・衞、皆失軍。〔鄭〕

◆11　〔經〕**曹伯歸自京師。**〔左〕曹人復請于晉。晉侯謂子臧、「反。吾歸而君。」子臧反。曹伯歸。子臧盡致其邑與卿、而不出。〔曹〕

◆12　〔經〕**九月。晉人執季孫行父、舍之于苕丘。**〔左〕宣伯使告郤犫、曰、「魯之有季・孟、猶晉之有欒・范也。政令、於是乎、成。今其謀曰『晉政多門。不可從也。寧事齊・楚、有亡而已。蔑從晉矣。』若欲得志於魯。請止行父而殺之。我斃蔑也。而事晉、蔑有貳矣。魯不貳。小國必睦。不然、歸必叛矣。」九月。晉人執季文子于苕丘。公還、待于鄆。使子叔聲伯請季孫于晉。郤犫曰、「苟去仲孫蔑而止季孫行父、吾與子國、親於公室。」對曰、「僑如之情、子必聞之矣。若去蔑與行父、是大棄魯國、而罪寡君也。若猶不棄、而惠徼周公之福、使寡君得事晉君、則夫二人者魯國社稷之臣也。若朝亡之、魯必夕亡。以魯之密邇仇讎、亡而爲讎、治之何及。」郤犫曰、「吾爲子請邑。」對曰、「嬰齊魯之常隷也。敢介大國以求厚焉、承寡君之命以請。若得所請、吾子之賜多矣。又何求。」范文子謂欒武子、曰、「季孫於魯相二君矣。妾不衣帛、馬不食粟、可不謂忠乎。信讒慝而棄忠良、若諸侯何。子叔嬰齊奉君命無私、謀國家不貳。圖其身不忘其君。若虛其請、是棄善人也。子其圖之。」乃許魯平、赦季孫。〔魯〕

☆13　〔經〕**冬。十月。乙亥。叔孫僑如出奔齊。**〔左〕冬。十月。出叔孫僑如、而盟之。僑如奔齊。〔魯〕

☆14　〔經〕**十有二月。乙丑。季孫行父及晉郤犫、盟于扈。**〔左〕十二月。季孫及郤犫、盟于扈。〔魯〕

◎15　〔經〕**公至自會。**〔左〕なし

☆16　〔經〕**乙酉。刺公子偃。**〔左〕①歸。刺公子偃。召叔孫豹于齊而立

之。〘魯〙②齊聲孟子通僑如。使立於高・國之閒。僑如曰、「不可以再罪。」奔衞。亦閒於卿。〘齊〙③晉侯使郤至獻楚捷于周。與單襄公語。驟稱其伐。單子語諸大夫、曰、「溫季其亡乎。位於七人之下。而求掩其上。怨之所聚、亂之本也。多怨而階亂。何以在位。夏書曰『怨豈在明、不見是圖。』將愼其細也。今而明之、其可乎。」〘周〙

（◇抽出文0條、◆抽出的編作文6條、☆編作文6條、◎無傳の經文4條）

［成公十七年］

◆1〔經〕十有七年。春。衞北宮括帥師、侵鄭。〔左〕十七年。春。王。①正月。鄭子駟侵晉虛・滑。〘鄭〙②衞北宮括救晉。侵鄭至于高氏。〘衞〙

☆2〔經〕夏。公會尹子・單子・晉侯・齊侯・宋公・衞侯・曹伯・邾人、伐鄭。〔左〕夏。①五月。鄭大子髡頑・侯獳爲質於楚。楚公子成・公子寅、戍鄭。〘楚〙②公會尹武公・單襄公及諸侯、伐鄭。自戲童、至于曲洧。〘魯〙③晉范文子反自鄢陵。使其祝宗祈死。曰、「君驕侈而克敵。是天益其疾也。難將作矣。愛我者、唯祝我使我速死。無及於難、范氏之福也。」六月。戊辰。士燮卒。〘晉〙

◇3〔經〕六月。乙酉。同盟于柯陵。〔左〕①乙酉。同盟于柯陵。尋戚之盟也。〘晉〙②楚子重救鄭、師于首止。諸侯還。〘楚〙③齊慶克通于聲孟子、與婦人蒙衣、乘輦而入于閎。鮑牽見之、以告國武子。武子召慶克而謂之。慶克久不出。而告夫人、曰、「國子謫我。」夫人怒。國子相靈公以會。高・鮑、處守。及還將至。閉門而索客。孟子訴之。曰、「高・鮑、將不納君而立公子角、國子知之。」〘齊〙

◎4〔經〕秋。八月。公至自會。〔左〕なし

◆5〔經〕齊高無咎出奔莒。〔左〕秋。①七月。壬寅。刖鮑牽、而逐高無咎。無咎奔莒。高弱以盧叛。〘齊〙②齊人來、召鮑國、而立之。初。鮑國去鮑氏而來。爲施孝叔臣。施氏卜宰。匡句須、吉。施氏之宰有百室之邑。與匡句須邑、使爲宰。以讓鮑國、而致邑焉。施孝叔曰、「子實吉。」對曰、「能與忠良、吉孰大焉。」鮑國相施氏、忠。故齊人取以爲鮑氏後。〘魯〙③仲尼曰、「鮑莊子之知不如葵、葵猶能衞其足。」《評》

◎6〔經〕九月。辛丑。用郊。〔左〕なし

◎7〔經〕晉侯使荀罃來、乞師。〔左〕なし

☆8〔經〕冬。公會單子・晉侯・宋公・衞侯・曹伯・齊人・邾人、伐鄭。〔左〕冬。①諸侯伐鄭。十月。庚午。圍鄭。〘晉〙②楚公子申、救鄭。師于汝上。〘楚〙

◎9〔經〕十有一月。公至自伐鄭。〔左〕十一月。諸侯還。〘晉〙

◆10〔經〕壬申。公孫嬰齊卒于貍脤。〔左〕①初。聲伯夢涉洹。或與己瓊瑰、食之。泣而爲瓊瑰、盈其懷。從而歌之、曰、「濟洹之水、贈我以瓊瑰。歸乎歸乎。瓊瑰盈吾懷乎。」懼不敢占也。還自鄭。壬申。至于貍脤。而占之。曰、「餘恐死。故不敢占也。今衆繁而從餘、三年矣。無傷也。」言之、之莫而卒。〘魯〙②齊侯使崔杼爲大夫。使慶克佐之。帥師、圍盧。國佐從諸侯、圍鄭。以難請而歸。遂如盧師、殺慶克。以穀叛。齊侯與之盟于徐關、而復之。十二月。盧降。使國勝告難于晉、待命于淸。〘齊〙

◎11〔經〕十有二月。丁巳。朔。日有食之。〔左〕なし

◎12〔經〕邾子貜且卒。〔左〕なし

◆13〔經〕**晉殺其大夫郤錡・郤犨・郤至。**〔左〕①晉厲公侈、多外嬖。反自鄢陵。欲盡去羣大夫而立其左右。胥童以胥克之廢也、怨郤氏。而嬖於厲公。郤錡奪夷陽五田、五亦嬖於厲公。郤犨與長魚矯爭田、執而梏之、與其父母妻子同一轅。既矯亦嬖於厲公。欒書怨郤至。以其不從己而敗楚師也。欲廢之。使楚公子茷告公、曰、「此戰也、郤至實召寡君。以東師之未至也、與軍帥之不具也、曰、『此必敗。吾因奉孫周以事君。』」公告欒書。書曰、「其有焉。不然、豈其死之不恤而受敵使乎。君盍嘗使諸周而察之。」郤至聘于周。欒書使孫周見之。公使覘之。信。遂怨郤至。〔晉〕②厲公田。與婦人先殺而飲酒。後使大夫殺。郤至奉豕。寺人孟張奪之。郤至射而殺之。公曰、「季子欺餘。」厲公將作難。胥童曰、「必先三郤。族大多怨。去大族、不偪。敵多怨、有庸。」公曰、「然。」郤氏聞之。郤錡欲攻公、曰、「雖死、君必危。」郤至曰、「人所以立、信知勇也。信不叛君、知不害民、勇不作亂。失茲三者、其誰與我。死而多怨、將安用之。君實有臣而殺之、其謂君何。我之有罪、吾死後矣。若殺不辜、將失其民。欲安、得乎。待命而已。受君之祿、是以聚黨、有黨而爭命。罪孰大焉。」〔晉〕③壬午。胥童・夷羊五帥甲八百、將攻郤氏。長魚矯請無用衆。公使清沸魋助之。抽戈結衽。而僞訟者。三郤將謀於榭。矯以戈殺駒伯・苦成叔於其位。溫季曰。「逃威也。」遂趨。矯及諸其車、以戈殺之。皆尸諸朝。胥童以甲劫欒書・中行偃於朝。矯曰、「不殺二子、憂必及君。」公曰、「一朝而尸三卿。餘不忍益也。」對曰、「人將忍君。臣聞、亂在外爲姦、在內爲軌。御姦以德、御軌以刑。不施而殺、不可謂德。臣偪而不討、不可謂刑。德刑不立、姦軌並至。臣請行。」遂出奔狄。〔晉〕④公使辭於二子、曰、「寡人有討於郤氏。郤氏既伏其辜矣。大夫無辱。其復職位。」皆再拜稽首、曰、「君討有罪而免臣於死。君之惠也。二臣雖死、敢忘君德。」乃皆歸。公使胥童爲卿。〔晉〕⑤公遊于匠麗氏。欒書・中行偃遂執公焉。召士匄。士匄辭。召韓厥。韓厥辭、曰、「昔吾畜於趙氏。孟姬之讒、吾能違兵。古人有言、曰『殺老牛、莫之敢尸。』而況君乎。二三子不能事君。焉用厥也。」〔晉〕

◆14〔經〕**楚人滅舒庸。**〔左〕①舒庸人以楚師之敗也、道吳人、圍巢、伐駕、圍釐虺。遂恃吳而不設備。楚公子槖師師、襲舒庸、滅之。〔楚〕②閏月。乙卯。晦。欒書・中行偃殺胥童。〔晉〕③〈民不與郤氏。胥童道君爲亂。故皆書曰「晉殺其大夫」。〉

（◇抽出文1條、◆抽出的編作文5條、☆編作文2條、◎無傳の經文6條）

［成公十八年］

◆1〔經〕十有八年。春。王。正月。**晉殺其大夫胥童。**（前年の14②の左傳文と對應）〔左〕十八年。春。王。正月。

◆2〔經〕庚申。**晉弑其君州蒲。**〔左〕庚申。晉欒書・中行偃使程滑弑厲公。葬之于翼東門之外、以車一乘。使荀罃・士魴逆周子于京師、而立之。生十四年矣。大夫逆于清原。周子曰、「孤始願不及此。雖及此、豈非天乎。抑人之求君、使出命也。立而不從、將安用君。

二三子用我今日、否亦今日。共而從君、神之所福也。」對曰、「羣臣之願也。敢不唯命是聽。」庚午。盟而入。館于伯子同氏。辛巳。朝于武宮。逐不臣者七人。周子有兄、而無慧。不能辨菽麥。故不可立。〔晉〕

◆3〔經〕齊殺其大夫國佐。〔左〕①齊爲慶氏之難。故甲申。晦。齊侯使士華免以戈殺國佐于內宮之朝。師逃于夫人之宮。〔齊〕②〈書曰「齊殺其大夫國佐」、棄命專殺以穀扳故也。〉③使淸人殺國勝。〔齊〕④國弱來奔。〔魯〕⑤王湫奔萊。慶封爲大夫。慶佐爲司寇。旣齊侯反國弱、使嗣國氏。禮也。〔齊〕

◇4〔經〕公如晉。〔左〕①二月。乙酉。朔。晉悼公卽位于朝。始命百官。施舍已責、逮鰥寡、振廢滯、匡乏困、救災患、禁淫慝、薄賦歛、宥罪戾、節器用、時用民、欲無犯時。使魏相・士魴・魏頡・趙武爲卿。荀家・荀會・欒黶・韓無忌爲公族大夫。使訓卿之子弟共儉孝弟。使士渥濁爲大傅、使脩范武子之法。右行辛爲司空、使脩士蔿之法。弁糺御戎、校正屬焉、使訓諸御知義。荀賓爲右、司士屬焉、使訓勇力之士時使。卿無共御、立軍尉以攝之。祁奚爲中軍尉、羊舌職佐之、魏絳爲司馬、張老爲候奄、鐸遏寇爲上軍尉、藉偃爲之司馬、使訓卒乘親以聽命。程鄭爲乘馬御、六騶屬焉、使訓羣騶知禮。凡六官之長、皆民譽也。舉不失職、官不易方、爵不踰德、師不陵正、旅不偪師、民無謗言。所以復霸也。〔晉〕②公如晉。朝嗣君也。〔魯〕

◆5〔經〕夏。楚子・鄭伯、伐宋。〔左〕夏。六月。鄭伯侵宋、及曹門外。遂會楚子、伐宋。取朝郟。〔鄭〕

◆6〔經〕宋魚石復入于彭城。〔左〕①楚子辛・鄭皇辰、侵城郜、取幽丘、同伐彭城。納宋魚石・向爲人・鱗朱・向帶・魚府焉。以三百乘、戍之而還。〔楚〕②〈書曰「復入」、凡去其國、國逆而立之、曰「入」。復其位、曰「復歸」。諸侯納之、曰「歸」。以惡入、曰「復入」。《凡》〉③宋人患之。西鉏吾曰、「何也。若楚人與吾同惡、以德於我、吾固事之也、不敢貳矣。大國無厭、鄙我、猶憾。不然而收吾憎、使贊其政、以閒吾釁、亦吾患也。今將崇諸侯之姦、而披其地、以塞夷庚。逞姦而攜服、毒諸侯而懼吳・晉。吾庸多矣。非吾憂也。且事晉、何爲。晉必恤之。」〔宋〕

◇7〔經〕公至自晉。〔左〕公至自晉。〔魯〕

◆8〔經〕晉侯使士匄來聘。〔左〕①晉范宣子來聘。且拜朝也。〔魯〕②君子謂晉、「於是乎、有禮。」《評》

◆9〔經〕秋。杞伯來朝。〔左〕秋。①杞桓公來朝。勞公、且問晉故。公以晉君語之。杞伯、於是、驟朝于晉、而請爲昏。〔魯〕②七月。宋老佐・華喜圍彭城。老佐卒焉。〔宋〕

◆10〔經〕八月。邾子來朝。〔左〕八月。邾宣公來朝。卽位而來見也。〔魯〕

◆11〔經〕築鹿囿。〔左〕①築鹿囿。〔魯〕②〈書、不時也。〉

◇12〔經〕己丑。公薨于路寢。〔左〕①己丑。公薨于路寢。言道也。〔魯〕

☆13〔經〕冬。楚人・鄭人、侵宋。〔左〕冬。十一月。楚子重救彭城、伐宋。宋華元如晉。告急。韓獻子爲政。曰、「欲求得人、必先勤之。成霸、安彊、自宋始矣。」晉侯師于台谷、以救宋。遇楚師于

靡角之谷。楚師還。〔晉〕

◆14〔經〕**晉侯使士魴來、乞師。**〔左〕晉士魴來、乞師。季文子問師數於臧武仲。對曰、「伐鄭之役、知伯實來。下軍之佐也。今彘季亦佐下軍。如伐鄭、可也。事大國、無失班爵、而加敬焉、禮也。」從之。〔魯〕

☆15〔經〕**十有二月。仲孫蔑會晉侯・宋公・衞侯・邾子・齊崔杼、同盟于虛朾。**〔左〕十二月。孟獻子會于虛朾。謀救宋也。宋人辭諸侯、而請師。以圍彭城。〔魯〕

◇16〔經〕**丁未。葬我君成公。**〔左〕①孟獻子請于諸侯。而先歸、會葬。丁未。葬我君成公。〔魯〕②〈書、順也。〉

（◇抽出文4條、◆抽出的編作文10條、☆編作文2條、◎無傳の經文0條）

（二）成公期全左氏經文の四種類型文の分布狀況

（一）の抽出・編作擧例の分析による四種類型文の分布と占有率を一覧表に示すと次のようになる。

	◇抽出文	◆抽出的編作文	☆編作文	◎無傳の經文	小計
成公　元年	1	1	1	4	7
成公　二年	1	1	7	0	9
成公　三年	4	3	1	7	15
成公　四年	4	1	0	4	9
成公　五年	1	3	1	2	7
成公　六年	1	6	2	2	11
成公　七年	2	3	2	4	11
成公　八年	2	7	2	0	11
成公　九年	5	6	1	3	15
成公　十年	1	1	2	3	7
成公十一年	1	2	1	1	5
成公十二年	1	1	1	1	4
成公十三年	3	1	1	1	6
成公十四年	1	3	1	2	7
成公十五年	0	8	3	3	14
成公十六年	0	6	6	4	16
成公十七年	1	5	2	6	14
成公十八年	4	10	2	0	16
成公期　計	33	68	36	47	184
占有率	17・9%	37%	19・6%	25・5%	100%

これによると、成公期經文では、抽出系（◇抽出文と◆抽出的編作文）が54・9%、編作系（☆編作文と◎無傳の經文）が45・1%となる。

第九章

（一）襄公期全左氏經文の抽出・編作擧例と襄公期全左傳文の分析

〔襄公元年〕

◎1〔經〕元年。春。王。正月。公卽位。〔左〕元年。春。

☆2〔經〕仲孫蔑會晉欒黶・宋華元・衞甯殖・曹人・莒人・邾人・滕人・薛人、圍宋彭城。〔左〕①己亥。圍宋彭城。〔魯〕②非宋地。追書也。於是、爲宋討魚石、故稱宋。且不登叛人也。謂之宋志。《評》③彭城降晉。晉人以宋五大夫在彭城者歸。寘諸瓠丘。齊人不會彭城。晉人以爲討。〔晉〕④二月。齊大子光爲質於晉。〔齊〕

◆3〔經〕夏。晉韓厥帥師、伐鄭。〔左〕夏。五月。晉韓厥・荀偃、帥諸侯之師、伐鄭。入其郛。敗其徒兵於洧上。〔晉〕

☆4〔經〕仲孫蔑會齊崔杼・曹人・邾人・杞人、次于鄫。〔左〕於是、東諸侯之師次于鄫、以待晉師。晉師自鄭以鄫之師、侵楚焦夷、及陳。晉侯・衞侯次于戚。以爲之援。〔晉〕

◆5〔經〕秋。楚公子壬夫帥師、侵宋。〔左〕秋。楚子辛救鄭。侵宋呂・留。鄭子然侵宋。取犬丘。〔鄭〕

◎6〔經〕九月。辛酉。天王崩。〔左〕なし

◇7〔經〕邾子來朝。〔左〕九月。邾子來朝。禮也。〔魯〕

◆8〔經〕冬。衞侯使公孫剽來聘。晉侯使荀罃來聘。〔左〕冬。①衞子叔、晉知武子、來聘。禮也。〔魯〕②凡諸侯卽位、小國朝之、大國聘焉。以繼好結信、謀事補闕。禮之大者也。《凡》

（◇抽出文1條、◆抽出的編作文3條、☆編作文2條、◎無傳の經文2條）

〔襄公二年〕

◎1〔經〕二年。春。王。正月。葬簡王。〔左〕二年。春。

◆2〔經〕鄭師伐宋。〔左〕①鄭師侵宋。楚令也。〔鄭〕②齊侯伐萊。萊人使正輿子賂夙沙衞、以索馬牛皆百匹。齊師乃還。〔齊〕③君子、是以知齊靈公之爲靈也。《評》

☆3〔經〕夏。五月。庚寅。夫人姜氏薨。〔左〕夏。①齊姜薨。初。穆姜使擇美檟、以自爲櫬與頌琴。季文子取以葬。〔魯〕②君子曰、「非禮也。禮無所逆。婦養姑者也。虧姑以成婦。逆莫大焉。詩曰『其惟哲人、告之話言、順德之行。』季孫、於是爲不哲矣。且姜氏君之妣也。詩曰『爲酒爲醴、烝畀祖妣、以洽百禮、降福孔偕。』」《評》③齊侯使諸姜宗婦來送葬。召萊子。萊子不會。故晏弱城東陽、以偪之。〔齊〕④鄭成公疾。子駟請息肩於晉。公曰、「楚君以鄭故、親集矢於其目。非異人任、寡人也。若背之、是棄力與言、其誰暱我。免寡人、唯二三子。」〔鄭〕

◆4〔經〕六月。庚辰。鄭伯睔卒。〔左〕秋。七月。庚辰。鄭伯睔卒。〔鄭〕

☆5〔經〕晉師・宋師・衞甯殖、侵鄭。〔左〕於是、子罕當國、子駟爲政、子國爲司馬。晉師侵鄭。諸大夫欲從晉。子駟曰、「官命未改。」〔鄭〕

☆6〔經〕秋。七月。仲孫蔑會晉荀罃・宋華元・衞孫林父・曹人・邾人、于戚。〔左〕會于戚。謀鄭故也。孟獻子曰、「請城虎牢、以偪鄭。」知武子曰、「善。鄫之會、吾子聞崔子之言。今不來矣。滕・薛・小邾之不至、皆齊故也。寡君之憂、不唯鄭。罃將復於寡君、而請於齊。得請而告、吾子之功也。若不得請、事將在齊。吾子之請、諸侯之福也。豈唯寡君賴之。」〔魯〕

◎7〔經〕己丑。葬我小君齊姜。〔左〕なし

◆8〔經〕叔孫豹如宋。〔左〕穆叔聘于宋。通嗣君也。〔魯〕

☆9〔經〕冬。仲孫蔑會晉荀罃・齊崔杼・宋華元・衞孫林父・曹人・邾人・滕人・薛人・小邾人于戚。遂城虎牢。〔左〕冬。復會于戚。齊崔武子及滕・薛・小邾之大夫皆會。知武子之言故也。遂城虎牢。鄭人乃成。〔魯〕

◆10〔經〕楚殺其大夫公子申。〔左〕①楚公子申爲右司馬。多受小國之賂、以偪子重・子辛。楚人殺之。〔楚〕②〈故書曰「楚殺其大夫公子申。」〉

〈◇抽出文0條、◆抽出的編作文4條、☆編作文4條、◎無傳の經文2條〉

〔襄公三年〕

◆1〔經〕三年。春。楚公子嬰齊帥師、伐吳。〔左〕三年。春。楚子重伐吳。爲簡之師。克鳩茲、至于衡山。使鄧廖帥組甲三百・被練三千、以侵吳。吳人要而擊之。獲鄧廖。其能免者組甲八十被練三百而已。子重歸。既飮至三日。吳人伐楚取駕。駕良邑也。鄧廖亦楚之良也。君子謂子重、「於是役也、所獲不如所亡。」楚人以是咎子重。子重病之。遂遇心疾而卒。〔楚〕

◇2〔經〕公如晉。〔左〕公如晉。始朝也。〔魯〕

☆3〔經〕夏。四月。壬戌。公及晉侯、盟于長樗。〔左〕夏。①盟于長樗。孟獻子相、公稽首。知武子曰、「天子在、而君辱稽首、寡君懼矣。」孟獻子曰、「以敝邑介在東表、密邇仇讎。寡君將君是望。敢不稽首。」〔魯〕②晉爲鄭服故、且欲脩吳好。將合諸侯。使士匄告于齊、曰、「寡君使匄以歲之不易、不虞之不戒。寡君願與一二兄弟相見、以謀不協。請君臨之、使匄乞盟。」齊侯欲勿許、而難爲不協。乃盟於耏外。〔晉〕③祁奚請老。晉侯問嗣焉。稱解狐。其讎也。將立之而卒。又問焉。對曰、「午也可。」於是、羊舌職死矣。晉侯曰、「孰可以代之。」對曰、「赤也可。」於是、使祁午爲中軍尉。羊舌赤佐之。〔晉〕④君子謂祁奚、「於是、能擧善矣。稱其讎不爲諂。立其子不爲比。擧其偏不爲黨。商書曰『無偏無黨。王道蕩蕩。』其祁奚之謂矣。解狐得擧、祁午得位、伯華得官、建一官而三物成、能擧善也夫。唯善、故能擧其類。詩云『惟其有之。是以似之。』祁奚有焉。」《評》

◎4〔經〕公至自晉。〔左〕なし

☆5〔經〕六月。公會單子・晉侯・宋公・衞侯・鄭伯・莒子・邾子・齊

世子光。己未。同盟于雞澤。〔左〕六月。公會單頃公及諸侯。己未。同盟于雞澤。晉侯使荀會逆吳子于淮上。吳子不至。〔魯〕

◆6〔經〕陳侯使袁僑如會。〔左〕楚子辛爲令尹。侵欲於小國。陳成公使袁僑如會、求成。晉侯使和組父告于諸侯。〔晉〕

☆7〔經〕戊寅。叔孫豹及諸侯之大夫、及陳袁僑盟。〔左〕秋。叔孫豹及諸侯之大夫、及陳袁僑盟。陳請服也。〔魯〕

◎8〔經〕秋。公至自會。〔左〕①晉侯之弟揚干亂行於曲梁。魏絳戮其僕。晉侯怒、謂羊舌赤曰、「合諸侯以爲榮也。揚干爲戮。何辱如之。必殺魏絳。無失也。」對曰、「絳無貳志。事君不辟難。有罪不逃刑。其將來辭。何辱命焉。」言終。魏絳至。授僕人書。將伏劍。士魴張老止之。公讀其書。曰、「日君乏使。使臣斯司馬。臣聞、師衆以順爲武。軍事有死無犯爲敬。君合諸侯。臣敢不敬。君師不武、執事不敬、罪莫大焉。臣懼其死以及揚干、無所逃罪。不能致訓、至於用鉞。臣之罪重。敢有不從以怒君心。請歸死於司寇。」公跣而出、曰、「寡人之言親愛也。吾子之討軍禮也。寡人有弟、弗能教訓、使干大命。寡人之過也。子無重寡人之過。敢以爲請。」晉侯以魏絳爲能以刑佐民矣。反役、與之禮食、使佐新軍。張老爲中軍司馬。士富爲候奄。〔晉〕②楚司馬公子何忌侵陳。陳叛故也。〔楚〕③許靈公事楚、不會于雞澤。〔魯〕

◆9〔經〕冬。晉荀罃帥師、伐許。〔左〕冬。晉知武子帥師、伐許。〔晉〕

〔◇抽出文1條、◆抽出的編作文3條、☆編作文3條、◎無傳の經文2條〕

〔襄公四年〕

☆1〔經〕四年。春。王。三月。己酉。陳侯午卒。〔左〕四年。春。①楚師爲陳叛故、猶在繁陽。韓獻子患之。言於朝、曰、「文王帥殷之叛國、以事紂。唯知時也。今我易之、難哉。」〔晉〕②三月。陳成公卒。楚人將伐陳。聞喪乃止。陳人不聽命。臧武仲聞之、曰、「陳不服於楚、必亡。大國行禮焉、而不服、在大猶有咎。而況小乎。」〔魯〕

◆2〔經〕夏。叔孫豹如晉。〔左〕夏。①楚彭名侵陳。陳無禮故也。〔楚〕②穆叔如晉。報知武子之聘也。晉侯享之。金奏肆夏之三。不拜。工歌文王之三。又不拜。歌鹿鳴之三。三拜。韓獻子使行人子員問之、曰、「子以君命辱於敝邑。先君之禮。藉之以樂、以辱吾子。吾子舍其大而重拜其細。敢問何禮也。」對曰、「三夏、天子所以享元侯也。使臣弗敢與聞。文王、兩君相見之樂也。臣不敢及。鹿鳴、君所以嘉寡君也。敢不拜嘉。四牡、君所以勞使臣也。敢不重拜。皇皇者華、君教使臣曰、『必諮於周。』臣聞之、訪問於善、爲諮。諮親、爲詢。諮禮、爲度。諮事、爲諏。諮難、爲謀。臣獲五善。敢不重拜。」〔魯〕

☆3〔經〕秋。七月。戊子。夫人姒氏薨。〔左〕秋。①定姒薨。不殯于廟。無櫬。不虞。匠慶謂季文子、曰、「子爲正卿、而小君之喪不成。不終君也。君長、誰受其咎。」初。季孫爲己樹六檟於蒲圃東門之外。匠慶請木。季孫曰、「略。」匠慶用蒲圃之檟。季孫不御。〔魯〕②君子曰、「志所謂『多行無禮、必自及也。』其是之謂乎。」

《評》

◎4〔經〕**葬陳成公。**〔左〕なし

◎5〔經〕**八月。辛亥。葬我小君定姒。**〔左〕なし

◇6〔經〕**冬。公如晉。**〔左〕冬。公如晉。聽政。晉侯享公。公請屬鄫。晉侯不許。孟獻子曰、「以寡君之密邇於仇讎、而願固事君、無失官命。鄫無賦於司馬。爲執事朝夕之命敝邑、敝邑褊小、闕而爲罪。寡君是以願借助焉。」晉侯許之。〔魯〕

◇7〔經〕**陳人圍頓。**〔左〕①楚人使頓閒陳、而侵伐之。故陳人圍頓。〔楚〕②無終子嘉父使孟樂如晉。因魏莊子納虎豹之皮、以請和諸戎。晉侯曰、「戎狄無親而貪。不如伐之。」魏絳曰、「諸侯新服、陳新來和。將觀於我。我德則睦、否則攜貳。勞師於戎、而楚伐陳、必弗能救。是棄陳也。諸華必叛。戎、禽獸也。獲戎、失華。無乃不可乎。夏訓有之曰『有窮后羿。』」公曰、「后羿何如。」對曰、「昔有夏之方衰也、后羿自鉏遷于窮石。因夏民、以代夏政。恃其射也。不脩民事、而淫于原獸。棄武羅・伯因・熊髡・尨圉、而用寒浞。寒浞伯明氏之讒子弟也。伯明后寒、棄之。夷羿收之、信而使之、以爲己相。浞行媚于內、而施賂于外。愚弄其民、而虞羿于田。樹之詐慝、以取其國家。外內咸服。羿猶不悛。將歸自田。家衆殺而亨之、以食其子。其子不忍食諸、死于窮門。靡奔有鬲氏。浞因羿室、生澆及豷。恃其讒慝詐僞、而不德于民。使澆用師、滅斟灌及斟尋氏。處澆于過、處豷于戈。靡自有鬲氏收二國之燼。以滅浞而立少康。少康滅澆于過。后杼滅豷于戈。有窮由是、遂亡。失人故也。昔周辛甲之爲大史也、命百官、官箴王闕。於虞人之箴、曰、『芒芒禹跡、畫爲九州、經啓九道。民有寢廟、獸有茂草、各有攸處。德用不擾。在帝夷羿、冒于原獸、忘其國恤、而思其麀牡。武不可重、用不恢于夏家。獸臣司原。敢告僕夫。』虞箴如是。可不懲乎。」於是、晉侯好田。故魏絳及之。公曰、「然則莫如和戎乎。」對曰、「和戎、有五利焉。戎狄荐居、貴貨易土、土可賈焉、一也。邊鄙不聳、民狎其野、穡人成功、二也。戎狄事晉、四鄰振動、諸侯威懷、三也。以德綏戎、師徒不勤、甲兵不頓、四也。鑒于后羿、而用德度、遠至邇安、五也。君其圖之。」公說。使魏絳盟諸戎。脩民事、田以時。〔晉〕③冬。十月。邾人・莒人、伐鄫。臧紇救鄫。侵邾、敗于狐駘。國人逆喪者皆髽。魯、於是乎、始髽。國人誦之、曰、「臧之狐裘、敗我於狐駘。我君小子、朱儒是使。朱儒朱儒、使我敗於邾。」〔魯〕

（◇抽出文2條、◆抽出的編作文1條、☆編作文2條、◎無傳の經文2條）

[襄公五年]

◇1〔經〕**五年。春。公至自晉。**〔左〕五年。春。①公至自晉。〔魯〕②王使王叔陳生愬戎于晉。晉人執之。士魴如京師。言王叔之貳於戎也。〔周〕

◆2〔經〕**夏。鄭伯使公子發來聘。**〔左〕夏。鄭子國來聘。通嗣君也。〔魯〕

◆3〔經〕**叔孫豹・鄫世子巫、如晉。**〔左〕①穆叔覲鄫大子于晉。以成屬鄫。〔魯〕②〈書曰「叔孫豹・鄫大子巫、如晉」、言比諸魯大夫也。〉

◆4〔經〕**仲孫蔑・衞孫林父、會吳于善道。**〔左〕吳子使壽越如晉。辭

不會于雞澤之故。且請聽諸侯之好。晉人將爲之合諸侯、使魯・衞先會吳。且告會期。故孟獻子・孫文子、會吳于善道。〔魯〕

◇5 〔經〕秋。大雩。〔左〕秋。大雩。旱也。〔魯〕

◆6 〔經〕楚殺其大夫公子壬夫。〔左〕①楚人討陳叛故。曰、「由令尹子辛實侵欲焉。」乃殺之。〔楚〕②〈書曰「楚殺其大夫公子壬夫」、貪也。〉③君子謂楚共王、「於是、不刑。詩曰『周道挺挺、我心局局、講事不令、集人來定。』己則無信、而殺人以逞、不亦難乎。夏書曰『成允成功。』」《評》

☆7 〔經〕公會晉侯・宋公・陳侯・衞侯・鄭伯・曹伯・莒子・邾子・滕子・薛伯・齊世子光・吳人・鄫人于戚。〔左〕①九月。丙午。盟于戚。會吳。且命戍陳也。穆叔以屬鄫爲不利、使鄫大夫聽命于會。〔魯〕②楚子囊爲令尹。范宣子曰、「我喪陳矣。楚人討貳、而立子囊、必改行。而疾討陳。陳近於楚。民朝夕急、能無往乎。有陳、非吾事也。無之、而後可。」〔晉〕

◎8 〔經〕公至自會。〔左〕なし

◇9 〔經〕冬。戍陳。〔左〕冬。諸侯戍陳。〔晉〕

☆10 〔經〕楚公子貞帥師、伐陳。〔左〕子囊伐陳。〔楚〕

☆11 〔經〕公會晉侯・宋公・衞侯・鄭伯・曹伯・莒子・邾子・滕子・薛伯・齊世子光、救陳。〔左〕十二月。甲午。會于城棣、以救之。〔晉〕

◎12 〔經〕十有二月。公至自救陳。〔左〕なし

☆13 〔經〕辛未。季孫行父卒。〔左〕①季文子卒。大夫入、斂。公在位。宰庀家器爲葬備。無衣帛之妾、無食粟之馬、無藏金玉、無重器備。〔魯〕②君子、是以知季文子之忠於公室也。「相三君矣。而無私積、可不謂忠乎。」《評》

（◇抽出文3條、◆抽出的編作文4條、☆編作文4條、◎無傳の經文2條）

〔襄公六年〕

☆1 〔經〕六年。春。王。三月。壬午。杞伯姑容卒。〔左〕六年。春。①杞桓公卒。〔魯〕②〈始赴以名。同盟故也。〉③宋華弱與樂轡、少相狎、長相優、又相謗也。子蕩怒、以弓梏華弱于朝。平公見之、曰、「司武而梏於朝、難以勝矣。」遂逐之。〔宋〕

◇2 〔經〕夏。宋華弱來奔。〔左〕夏。①宋華弱來奔。〔魯〕②司城子罕曰、「同罪異罰、非刑也。專戮於朝、罪孰大焉。」亦逐子蕩。子蕩射子罕之門。曰、「幾日而不我從。」子罕善之如初。〔宋〕

◎3 〔經〕秋。葬杞桓公。〔左〕秋。

◆4 〔經〕滕子來朝。〔左〕滕成公來朝。始朝公也。〔魯〕

◇5 〔經〕莒人滅鄫。〔左〕莒人滅鄫。鄫恃賂也。〔魯〕

◆6 〔經〕冬。叔孫豹如邾。〔左〕冬。①穆叔如邾。聘且脩平。〔魯〕②晉人以鄫故、來討。曰、「何故亡鄫。」〔魯〕

◆7 〔經〕季孫宿如晉。〔左〕季武子如晉。見且聽命。〔魯〕

◆8 〔經〕十有二月。齊侯滅萊。〔左〕十一月。齊侯滅萊。萊恃謀也。於鄭子國之來聘也、四月。晏弱城東陽。而遂圍萊。甲寅。堙之、環城、傅於堞。及杞桓公卒之月。乙未。王湫帥師、及正輿子・棠人、軍齊師。齊師大敗之。丁未。入萊。萊共公浮柔奔棠。正輿子・王湫、奔莒。莒人殺之。四月。陳無宇獻萊宗器于襄宮。晏弱圍棠。

十一月。丙辰。而滅之。遷萊于郳。高厚・崔杼、定其田。〔魯・齊〕

（◇抽出文2條、◆抽出的編作文4條、☆編作文1條、◎無傳の經文1條）

［襄公七年］

◇1〔經〕七年。春。郯子來朝。〔左〕七年。春。郯子來朝。始朝公也。〔魯〕

◇2〔經〕夏。四月。三卜郊。不從。乃免牲。〔左〕夏。四月。三卜郊。不從。乃免牲。孟獻子曰、「吾乃今而後知有卜筮。夫郊祀后稷、以祈農事也。是故啓蟄而郊。郊而後耕。今既耕而後卜郊。宜其不從也。」〔魯〕

◆3〔經〕小邾子來朝。〔左〕（4②の左傳文と對應）

◇4〔經〕城費。〔左〕①南遺爲費宰。叔仲昭伯爲隧正。欲善季氏而求媚於南遺。謂遺請城費、「吾多與而役。」故季氏城費。〔魯〕②小邾穆公來朝。亦始朝公也。〔魯〕

◆5〔經〕秋。孫宿如衛。〔左〕秋。季武子如衛。報子叔之聘。且辭緩報非貳也。〔魯〕

◎6〔經〕八月。螽。〔左〕なし

◆7〔經〕冬。十月。衛侯使孫林父來聘。〔左〕冬。十月。晉韓獻子告老。公族穆子有廢疾。將立之。辭曰、「詩曰『豈不夙夜。謂行多露。』又曰『弗躬弗親。庶民弗信。』無忌不才。讓其可乎。請立起也。」與田蘇游、而曰、「好仁。詩曰『靖共爾位。好是正直。神之聽之。介爾景福。』恤民爲德、正直爲正、正曲爲直、參和爲仁。如是則神聽之、介福降之、立之不亦可乎。」庚戌。使宣子朝。遂老。晉侯謂韓無忌仁、使掌公族大夫。〔晉〕

☆8〔經〕壬戌。及孫林父盟。〔左〕衛孫文子來聘。且拜武子之言。而尋孫桓子之盟。公登亦登。叔孫穆子相、趨進曰、「諸侯之會、寡君未嘗後衛君。今吾子不後寡君、寡君未知所過。吾子其少安。」孫子無辭。亦無悛容。穆叔曰、「孫子必亡。爲臣而君。過而不悛。亡之本也。詩曰『退食自公。委蛇委蛇。』謂從者也。衡而委蛇、必折。」〔魯〕

☆9〔經〕楚公子貞帥師、圍陳。〔左〕楚子囊圍陳。〔楚〕

☆10〔經〕十有二月。公會晉侯・宋公・陳侯・衛侯・曹伯・莒子・邾子于鄬。〔左〕會于鄬。以救之。〔晉〕

☆11〔經〕鄭伯髡頑如會。未見諸侯。丙戌。卒于鄵。〔左〕鄭僖公之爲大子也、於成之十六年。與子罕適晉、不禮焉。又與子豐適楚、亦不禮焉。及其元年、朝于晉、子豐欲愬諸晉而廢之。子罕止之。及將會于鄬、子駟相、又不禮焉。侍者諫、不聽。又諫、殺之。及鄵、子駟使賊夜弒僖公。而以瘧疾赴于諸侯。簡公生五年。奉而立之。〔魯・鄭〕

◇12〔經〕陳侯逃歸。〔左〕陳人患楚。慶虎・慶寅謂楚人、曰、「吾使公子黃往、而執之。」楚人從之。二慶使告陳侯于會。曰、「楚人執公子黃矣。君若不來、羣臣不忍社稷宗廟。懼有二圖。」陳侯逃歸。〔陳〕

（◇抽出文4條、◆抽出的編作文3條、☆編作文4條、◎無傳の經文1條）

［襄公八年］

◇1〔經〕八年。春。王。正月。公如晉。〔左〕八年。春。①公如晉。朝且聽朝聘之數。〖魯〗②鄭羣公子以僖公之死也、謀子駟。子駟先之。〖鄭〗

◎2〔經〕夏。葬鄭僖公。〔左〕夏。四月。庚辰。殺子狐・子熙・子侯・子丁。孫擊・孫惡、出奔衞。〖鄭〗

◆3〔經〕鄭人侵蔡。獲蔡公子燮。〔左〕庚寅。鄭子國・子耳、侵蔡。獲蔡司馬公子燮。鄭人皆喜。唯子產不順。曰、「小國無文德而有武功。禍莫大焉。楚人來討、能勿從乎。從之、晉師必至。晉・楚伐鄭、自今鄭國不四五年、弗得寧矣。」子國怒之、曰、「爾何知。國有大命而有正卿。童子言焉、將爲戮矣。」〖鄭〗

◆4〔經〕季孫宿會晉侯・鄭伯・齊人・宋人・衞人・邾人于邢丘。〔左〕①五月。甲辰。會于邢丘。以命朝聘之數。使諸侯之大夫聽命。〖晉〗②季孫宿・齊高厚・宋向戌・衞甯殖・邾大夫、會之。鄭伯獻捷于會。故親聽命。〖魯〗③〈大夫不書、尊晉侯也。〉

◎5〔經〕公至自晉。〔左〕なし

◇6〔經〕莒人伐我東鄙。〔左〕莒人伐我東鄙。以疆鄫田。〖魯〗

◇7〔經〕秋。九月。大雩。〔左〕秋。九月。大雩。旱也。〖魯〗

☆8〔經〕冬。楚公子貞帥師、伐鄭。〔左〕冬。楚子囊伐鄭。討其侵蔡也。子駟・子國・子耳、欲從楚。子孔・子蟜・子展、欲待晉。子駟曰、「周詩有之、曰『俟河之淸。人壽幾何。』兆云詢多、職競作羅。謀之多族、民之多違、事滋無成。民急矣。姑從楚、以紓吾民。晉師至、吾又從之。敬共幣帛、以待來者、小國之道也。犧牲玉帛、待於二竟。以待彊者而庇民焉。寇不爲害、民不罷病、不亦可乎。」子展曰、「小所以事大、信也。小國無信、兵亂日至、亡無日矣。五會之信、今將背之。雖楚救我、將安用之。親我無成、鄙我是欲、不可從也。不如待晉。晉君方明、四軍無闕、八卿和睦、必不棄鄭。楚師遼遠、糧食將盡、必將速歸、何患焉。舍之聞之、杖莫如信。完守以老楚、杖信以待晉、不亦可乎。」子駟曰、「詩云『謀夫孔多、是用不集。』發言盈庭、誰敢執其咎。如匪行邁謀、是用不得于道。請從楚。騑也受其咎。」乃及楚平。使王子伯駢告于晉。曰、「君命敝邑、『脩而車賦、儆而師徒、以討亂略。』蔡人不從。敝邑之人不敢寧處、悉索敝賦、以討于蔡。獲司馬燮、獻于邢丘。今楚人來討。曰『女何故稱兵于蔡。』焚我郊保、馮陵我城郭。敝邑之衆夫婦男女不皇啓處、以相救也。翦焉傾覆、無所控告。民死亡者非其父兄卽其子弟。夫人愁痛、不知所庇。民知窮困而受盟于楚。孤也、與其二三臣、不能禁止。不敢不告。」知武子使行人子員對之、曰、「君有楚命。亦不使一个行李告于寡君。而卽安于楚、君之所欲也。誰敢違君。寡君將帥諸侯、以見于城下。唯君圖之。」〖鄭〗

◆9〔經〕晉侯使士匄來聘。〔左〕①晉范宣子來聘、且拜公之辱。告將用師于鄭。公享之。宣子賦摽有梅。季武子曰、「誰敢哉。今譬於草木。寡君在君、君之臭味也。歡以承命。何時之有。」武子賦角弓。賓將出。武子賦彤弓。宣子曰、「城濮之役、我先君文公、獻功于衡雍、受彤弓于襄王。以爲子孫藏。匄也先君守官之嗣也。敢不承命。」〖魯〗②君子以爲知禮。《評》

（◇抽出文3條、◆抽出的編作文3條、☆編作文1條、◎無傳の經文2條）

〔襄公九年〕

◇1〔經〕九年。春。宋災。〔左〕九年。春。①宋災。樂喜爲司城。以爲政。使伯氏司里。火所未至、徹小屋、塗大屋。陳畚挶、具綆罐、備水器、量輕重、畜水潦、積土塗、巡丈城、繕守備、表火道。使華臣具正徒、令隧正納郊保奔火所。使華閱討右官、官庀其司。向戌討左、亦如之。使樂遄庀刑器、亦如之。使皇鄖命校正出馬、工正出車、備甲兵、庀武守。使西鉏吾庀府守。令司宮・巷伯儆宮。二師令四鄉正敬享。祝宗用馬于四墉、祀盤庚于西門之外。〔宋〕②晉侯問於士弱。曰、「吾聞之、宋災、於是乎、知有天道。何故。」對曰、「古之火正或食於心、或食於咮、以出內火。是故咮爲鶉火、心爲大火。陶唐氏之火正閼伯居商丘。祀大火、而火紀時焉。相土因之。故商主大火。商人閱其禍敗之釁、必始於火。是以日知其有天道也。」公曰、「可必乎。」對曰、「在道。國亂無象。不可知也。」〔晉〕

◆2〔經〕夏。季孫宿如晉。〔左〕夏。季武子如晉。報宣子之聘也。〔魯〕

☆3〔經〕五月。辛酉。夫人姜氏薨。〔左〕①穆姜薨於東宮。始往而筮之。遇艮之八☶☶。史曰、「是謂艮之隨☱☳。隨其出也。君必速出。」姜曰、「亡。是於周易、曰、『隨、元亨利貞、無咎。』元、體之長也。亨、嘉之會也。利、義之和也。貞、事之幹也。體仁足以長人。嘉德足以合禮。利物足以和義。貞固足以幹事。然故不可誣也。是以雖隨、無咎。』今我婦人而與於亂。固在下位。而有不仁、不可謂元。不靖國家、不可謂亨。作而害身、不可謂利。棄位而姣、不可謂貞。有四德者、雖隨而無咎。我皆無之。豈隨也哉。我則取惡。能無咎乎。必死於此。弗得出矣。」〔魯〕②秦景公使士雃乞師于楚。將以伐晉。楚子許之。子囊曰、「不可。當今、吾不能與晉爭。晉君類能而使之、擧不失選、官不易方。其卿讓於善。其大夫不失守。其士競於教。其庶人力於農穡。商工皂隷不知遷業。韓厥老矣。知罃稟焉、以爲政。范匄少於中行偃。而上之使佐中軍。韓起少於欒黶。而欒黶・士魴上之使佐上軍。魏絳多功、以趙武爲賢、而爲之佐。君明、臣忠。上讓、下競。當是時也、晉不可敵。事之而後可。君其圖之。」王曰、「吾既許之矣。雖不及晉、必將出師。」〔楚〕

◎4〔經〕秋。八月。癸未。葬我小君穆姜。〔左〕秋。楚子師于武城。以爲秦援。秦人侵晉。晉饑弗能報也。〔晉〕

☆5〔經〕冬。公會晉侯・宋公・衞侯・曹伯・莒子・邾子・滕子・薛伯・杞伯・小邾子・齊世子光、伐鄭。〔左〕冬。①十月。諸侯伐鄭。庚午。季武子・齊崔杼・宋皇鄖、從荀罃・士匄、門于鄟門。衞北宮括・曹人・邾人、從荀偃・韓起、門于師之梁。滕人・薛人、從欒黶・士魴、門于北門。杞人・郳人、從趙武・魏絳、斬行栗。甲戌。師于氾。令於諸侯、曰、「脩器備。盛餱糧。歸老幼。居疾于虎牢。肆眚圍鄭。」鄭人恐。乃行成。〔魯〕②中行獻子曰、「遂圍之、以待楚人之救也。而與之戰。不然無成。」知武子、曰、「許之盟而還師、以敝楚人。吾三分四軍、與諸侯之銳、以逆來者。於我未病、楚不能矣。猶愈於戰。暴骨以逞、不可以爭。大勞未艾。

『君子勞心。小人勞力。』先王之制也。」諸侯皆不欲戰。乃許鄭成。
〔晉〕

◆6〔經〕十有二月。己亥。同盟于戲。〔左〕①十一月。己亥。同盟于戲。鄭服也。〔晉〕②將盟。鄭六卿公子騑・公子發・公子嘉・公子輒・公孫蠆・公孫舍之及其大夫門子、皆從鄭伯。晉士莊子爲載書。曰、「自今日既盟之後、鄭國而不唯晉命是聽。而或有異志者、有如此盟。」公子騑趨進曰、「天禍鄭國、使介居二大國之閒。大國不加德音而亂以要之。使其鬼神不獲歆其禋祀、其民人不獲享其土利、夫婦辛苦墊隘無所厎告。自今日既盟之後、鄭國而不唯有禮與彊可以庇民者是從。而敢有異志者、亦如之。」荀偃曰、「改載書。」公孫舍之曰、「昭大神、要言焉。若可改也、大國亦可叛也。」知武子謂獻子曰、「我實不德而要人以盟、豈禮也哉。非禮何以主盟。姑盟而退、脩德息師而來、終必獲鄭。何必今日。我之不德民將棄我。豈唯鄭。若能休和、遠人將至。何恃於鄭。」乃盟而還。〔晉〕
③晉人不得志於鄭。以諸侯復伐之。十二月。癸亥。門其三門。閏月。戊寅。濟于陰阪。侵鄭。次于陰口、而還。子孔曰、「晉師可擊也。師老而勞。且有歸志。必大克之。」子展曰、「不可。」〔鄭〕
　④公送晉侯。晉侯以公宴于河上。問公年。季武子對曰、「會于沙隨之歲、寡君以生。」晉侯曰、「十二年矣。是謂一終。一星終也。國君十五而生子。冠而生子、禮也。君可以冠矣。大夫盍爲冠具。」武子對曰、「君冠必以祼享之禮行之、以金石之樂節之、以先君之祧處之。今寡君在行。未可具也。請及兄弟之國而假備焉。」晉侯曰、「諾。」公還及衞。冠于成公之廟。假鐘磬焉。禮也。〔魯〕

◇7〔經〕楚子伐鄭。〔左〕①楚人伐鄭。子駟將及楚平。子孔・子蟜曰、「與大國盟、口血未乾而背之、可乎。」子駟・子展曰、「吾盟固云『唯彊是從。』今楚師至。晉不我救、則楚彊矣。盟誓之言、豈敢背之。且要盟無質。神弗臨也。所臨唯信。信者言之瑞也。善之主也。是故臨之。明神不蠲要盟。背之、可也。」乃及楚平。〔鄭〕②公子罷戎入盟。同盟于中分。楚莊夫人卒。王未能定鄭、而歸。〔楚〕
　③晉侯歸。謀所以息民。魏絳請「施舍。輸積聚以貸、自公以下、苟有積者盡出之。國無滯積、亦無困人。公無禁利、亦無貪民。祈以幣更、賓以特牲、器用不作、車服從給。」行之、期年。國乃有節。三駕而楚不能與爭。〔晉〕

（◇抽出文2條、◆抽出的編作文2條、☆編作文2條、◎無傳の經文1條）

［襄公十年］

☆1〔經〕十年。春。公會晉侯・宋公・衞侯・曹伯・莒子・邾子・滕子・薛伯・杞伯・小邾子・齊世子光、會吳于柤。〔左〕十年。春。①會于柤。會吳子壽夢也。〔魯〕②三月。癸丑。齊高厚相大子光、以先會諸侯于鍾離、不敬。士莊子曰、「高子相大子、以會諸侯。將社稷是衞、而皆不敬。棄社稷也。其將不免乎。」〔晉〕

◆2〔經〕夏。五月。甲午。遂滅偪陽。〔左〕夏。①四月。戊午。會于柤。晉荀偃・士匄、請伐偪陽、而封宋向戌焉。荀罃曰、「城小而固、勝之不武。弗勝爲笑。」固請。丙寅。圍之。弗克。〔晉〕②孟氏之臣秦堇父輦重如役。偪陽人啓門。諸侯之士門焉。縣門發。郰人紇抉之、以出門者。狄虒彌建大車之輪、而蒙之以甲、以爲櫓。

左執之楯。右拔戟。以成一隊。孟獻子曰、「詩所謂『有力如虎』者也。」主人縣布。堇父登之。及堞而絕之。隊則又縣之。蘇而復上者三。主人辭焉。乃退。帶其斷、以徇於軍三日。〔魯〕③諸侯之師久於偪陽。荀偃・士匄請於荀罃、曰、「水潦將降。懼不能歸。請班師。」知伯怒。投之以机、出於其閒。曰、「女成二事而後告餘。餘恐亂命、以不女違。女既勤君而興諸侯牽帥老夫、以至于此。既無武守、而又欲易餘罪、曰『是實班師、不然克矣。』余羸老也。可重任乎。七日不克、必爾乎取之。」五月。庚寅。荀偃・士匄帥卒、攻偪陽、親受矢石。甲午。滅之。〔晉〕④〈書曰、「遂滅偪陽」、言自會也。〉⑤以與向戌。向戌辭、曰、「君若猶辱鎭撫宋國、而以偪陽光啓寡君、羣臣安矣。其何貺如之。若專賜臣、是臣興諸侯以自封也。其何罪大焉。敢以死請。」乃豫宋公。〔宋〕⑥宋公享晉侯於楚丘、請以桑林。荀罃辭。荀偃・士匄曰、「諸侯、宋・魯於是觀禮。魯有禘樂、賓・祭用之。宋以桑林享君。不亦可乎。」舞。師題以旌夏。晉侯懼而退、入于房。去旌。卒享而還。及著雍疾。卜。桑林見。荀偃・士匄欲奔請禱焉。荀罃不可、曰、「我辭、禮矣。彼則以之。猶有鬼神、於彼加之。」晉侯有閒。以偪陽子、歸、獻于武宮。謂之夷俘。偪陽、妘姓也。使周內史選其族嗣、納諸霍人。禮也。〔晉〕⑦師歸。孟獻子以秦堇父爲右。生秦丕茲。事仲尼。〔魯〕

◎3〔經〕公至自會。〔左〕なし

☆4〔經〕楚公子貞・鄭公孫輒帥師、伐宋。〔左〕六月。楚子囊・鄭子耳、伐宋師于訾毋。庚午。圍宋。門于桐門。〔楚〕

◆5〔經〕晉師伐秦。〔左〕①晉荀罃伐秦。報其侵也。〔晉〕②衞侯救宋、師于襄牛。鄭子展曰、「必伐衞。不然、是不與楚也。得罪於晉、又得罪於楚。國將若之何。」子駟曰、「國病矣。」子展曰、「得罪於二大國、必亡。病不猶愈於亡乎。」諸大夫皆以爲然。故鄭皇耳帥師、侵衞。楚令也。〔鄭〕③孫文子卜追之。獻兆於定姜。姜氏問繇。曰、「兆如山陵。有夫出征而喪其雄。」姜氏曰、「征者喪雄。禦寇之利也。大夫圖之。」衞人追之。孫蒯獲鄭皇耳于犬丘。〔衞〕

◇6〔經〕秋。莒人伐我東鄙。〔左〕秋。①七月。楚子囊・鄭子耳、侵我西鄙。還、圍蕭。八月。丙寅。克之。九月。子耳侵宋北鄙。孟獻子曰、「鄭其有災乎。師競已甚。周猶不堪競。況鄭乎。有災、其執政之三子乎。」〔魯〕②莒人閒諸侯之有事也。故伐我東鄙。〔魯〕

☆7〔經〕公會晉侯・宋公・衞侯・曹伯・莒子・邾子・齊世子光・滕子・薛伯・杞伯・小邾子、伐鄭。〔左〕①諸侯伐鄭。齊崔杼使大子光先至于師。故長於滕。己酉。師于牛首。〔魯〕②初。鄭子駟與尉止有爭。將禦諸侯之師、而黜其車。尉止獲。又與之爭。子駟抑尉止、曰、「爾車非禮也。」遂弗使獻。初。子駟爲田洫。司氏・堵氏・侯氏・子師氏、皆喪田焉。故五族聚羣不逞之人。因公子之徒、以作亂。於是、子駟當國。子國爲司馬。子耳爲司空。子孔爲司徒。〔鄭〕

◆8〔經〕冬。盜殺鄭公子騑・公子發・公孫輒。〔左〕冬。①十月。戊辰。尉止・司臣・侯晉・堵女父・子師僕、帥賊以入。晨攻執政于西宮之朝。殺子駟・子國・子耳。劫鄭伯、以如北宮。子孔知之。故不死。〔鄭〕②〈書曰「盜」、言無大夫焉。〉③子西聞盜、不儆而出。尸而追盜。盜入於北宮。乃歸授甲。臣妾多逃。器用多喪。子產聞盜。爲門者、庀羣司、閉府庫、愼閉藏、完守備。成列而後出。兵車十七乘。尸而攻盜於北宮。子蟜帥國人助之。殺尉止・子師僕。盜衆盡死。侯晉奔晉。堵女父・司臣・尉翩・司齊、奔宋。子孔當國。爲載書、以位序聽政辟。大夫諸司門子弗順。將誅之。子產止之、請爲之焚書。子孔不可、曰、「爲書以定國。衆怒而焚之、是衆爲政也。國不亦難乎。」子產曰、「衆怒難犯、專欲難成。合二難以安國、危之道也。不如焚書以安衆。子得所欲、衆亦得安。不亦可乎。專欲、無成。犯衆、興禍。子必從之。」乃焚書於倉門之外。衆而後定。〔鄭〕

◆9〔經〕**戍鄭虎牢。**〔左〕①諸侯之師城虎牢、而戍之。晉師城梧及制。士魴・魏絳戍之。〔晉〕②〈書曰「戍鄭虎牢」、非鄭地也。言將歸焉。〉

☆10〔經〕**楚公子貞帥師、救鄭。**〔左〕①鄭及晉平。楚子囊救鄭。十一月。諸侯之師還鄭而南、至於陽陵。楚師不退。知武子欲退、曰、「今我逃楚、楚必驕。驕則可與戰矣。」欒黶曰、「逃楚、晉之恥也。合諸侯以益恥、不如死。我將獨進師。」遂進。己亥。與楚師夾潁而軍。子蟜曰、「諸侯既有成行。必不戰矣。從之將退。不從亦退。退、楚必圍我。猶將退也、不如從楚亦以退之。」宵涉潁。與楚人盟。欒黶欲伐鄭師。荀罃不可、曰、「我實不能禦楚。又不能庇鄭。鄭何罪。不如致怨焉而還。今伐其師、楚必救之。戰而不克、爲諸侯笑。克不可命。不如還也。」丁未。諸侯之師還。侵鄭北鄙而歸。楚人亦還。〔晉〕②王叔陳生與伯輿爭政。王右伯輿。王叔陳生怒而出奔、及河。王復之。殺史狡以說焉。不入。遂處之。晉侯使士匃平王室。王叔與伯輿訟焉。王叔之宰與伯輿之大夫瑕禽、坐獄於王庭。士匃聽之。王叔之宰曰、「篳門閨竇之人而皆陵其上、其難爲上矣。」瑕禽曰、「昔平王東遷、吾七姓從王。牲用備具。王賴之而賜之騂旄之盟。曰『世々無失職。』若篳門閨竇、其能來東底乎。且王何賴焉。今自王叔之相也、政以賄成、而刑放於寵。官之師旅、不勝其富。吾能無篳門閨竇乎。唯大國圖之。下而無直、則何謂正矣。」范宣子曰、「天子所右、寡君亦右之。所左、亦左之。」使王叔氏與伯輿合要。王叔氏不能擧其契。王叔奔晉。〔晉〕③〈不書、不告也。〉④單靖公爲卿士、以相王室。〔周〕

◎11〔經〕**公至自伐鄭。**〔左〕なし

(◇抽出文1條、◆抽出的編作文4條、☆編作文4條、◎無傳の經文2條)

〔襄公十一年〕

◇1〔經〕**十有一年。春。王。正月。作三軍。**〔左〕十一年。春。①季武子將作三軍。告叔孫穆子、曰、「請爲三軍、各征其軍。」穆子曰、「政將及子。子必不能。」武子固請之。穆子曰、「然則盟諸。」乃盟諸僖閎。詛諸五父之衢。正月。作三軍。三分公室而各有其一。三子各毀其乘。季氏使其乘之人以其役邑入者無征。不入者倍征。孟氏使半爲臣、若子若弟。叔孫氏使盡爲臣。不然、不舍。〔魯〕②鄭人患晉楚之故。諸大夫曰、「不從晉、國幾亡。楚弱於晉。晉不

吾疾也。晉疾、楚將辟之。何爲而使晉師致死於我。楚弗敢敵。而後可固與也。」子展曰、「與宋爲惡、諸侯必至。吾從之盟、楚師至。吾又從之、則晉怒甚矣。晉能驟來、楚將不能。吾乃固與晉。」大夫說之。使疆埸之司惡於宋。宋向戌侵鄭大獲。子展曰、「師而伐宋、可矣。若我伐宋、諸侯之伐我、必疾。吾乃聽命焉。且告於楚。楚師至、吾又與之盟、而重賂晉師。乃免矣。」〔鄭〕

◎2〔經〕夏。四月。四卜郊。不從。乃不郊。〔左〕なし

◆3〔經〕鄭公孫舍之帥師、侵宋。〔左〕夏。鄭子展侵宋。〔鄭〕

☆4〔經〕公會晉侯・宋公・衞侯・曹伯・齊世子光・莒子・邾子・滕子・薛伯・杞伯・小邾子、伐鄭。〔左〕四月。諸侯伐鄭。己亥。齊大子光・宋向戌・先至于鄭。門于東門。其暮、晉荀罃至于西郊。東侵舊許。衞孫林父侵其北鄙。六月。諸侯會于北林、師于向。右還、次于瑣。圍鄭。觀兵于南門。西濟于濟隧。鄭人懼。乃行成。〔晉〕

☆5〔經〕秋。七月。己未。同盟于亳城北。〔左〕秋。七月。同盟于亳。范宣子曰、「不愼、必失諸侯。諸侯道敝而無成。能無貳乎。」乃盟。載書曰、「凡我同盟、毋蘊年。毋壅利。毋保姦。毋留慝。救災患、恤禍亂、同好惡、奬王室。或閒茲命、司愼司盟・名山名川・羣神羣祀・先王先公・七姓十二國之祖、明神殛之、俾失其民隊命亡氏踣其國家。」〔晉〕

◎6〔經〕公至自伐鄭。〔左〕なし

◇7〔經〕楚子・鄭伯伐宋。〔左〕楚子囊乞旅于秦。秦右大夫詹帥師、從楚子、將以伐鄭。鄭伯逆之。丙子。伐宋。〔鄭〕

☆8〔經〕公會晉侯・宋公・衞侯・曹伯・齊世子光・莒子・邾子・滕子・薛伯・杞伯・小邾子、伐鄭。〔左〕九月。諸侯悉師以復伐鄭。〔晉〕

◇9〔經〕會于蕭魚。〔左〕（12②の左傳文と對應）

◎10〔經〕公至自會。〔左〕なし

◆11〔經〕楚人執鄭行人良霄。〔左〕①鄭人使良霄・大宰石㚟如楚、告將服于晉。曰、「孤以社稷之故、不能懷君。君若能以玉帛綏晉、不然則武震以攝威之。孤之願也。」楚人執之。〔鄭〕②〈書曰「行人」、言使人也。〉③諸侯之師觀兵于鄭東門。鄭人使王子伯駢行成。甲戌。晉趙武入、盟鄭伯。〔晉〕

◆12〔經〕冬。秦人伐晉。〔左〕冬。①十月。丁亥。鄭子展出、盟晉侯。〔鄭〕②十二月。戊寅。會于蕭魚。庚辰。赦鄭囚。皆禮而歸之。納斥候。禁侵掠。晉侯使叔肸告于諸侯。公使臧孫紇對、曰、「凡我同盟。小國有罪、大國致討。苟有以藉手、鮮不赦宥。寡君聞命矣。」〔魯〕③鄭人賂晉侯、以師悝・師觸・師蠲、廣車・軘車・淳十五乘甲兵備、凡兵車百乘、歌鍾二肆、及其鎛磬、女樂二八。晉侯以樂之半、賜魏絳。曰、「子教寡人、和諸戎狄、以正諸華。八年之中、九合諸侯、如樂之和、無所不諧。請與子樂之。」辭曰、「夫和戎狄、國之福也。八年之中、九合諸侯、諸侯無慝、君之靈也。二三子之勞也。臣何力之有焉。抑臣願君安其樂、而思其終也。詩曰『樂旨君子、殿天子之邦。樂旨君子、福祿攸同。便蕃左右、亦是帥從。』夫樂以安德、義以處之、禮以行之、信以守之、仁以厲之。而後可以殿邦國、同福祿、來遠人。所謂樂也。書曰『居安、思危。』思則有備、有備無患。敢以此規。」公曰、「子之教敢不承

命。抑微子、寡人無以待戎、不能濟河。夫賞、國之典也。藏在盟府。不可廢也。子其受之。」魏絳、於是乎、始有金石之樂。禮也。〔晉〕④秦庶長鮑・庶長武、帥師、伐晉。以救鄭。鮑先入晉地。士魴御之。少秦師而弗設備。壬午。武濟自輔氏、與鮑交伐晉師。己丑。秦晉戰于櫟。晉師敗績。易秦故也。〔晉〕

(◇抽出文3條、◆抽出的編作文3條、☆編作文3條、◎無傳の經文3條)

〔襄公十二年〕

◇1〔經〕十有二年。春。二月。莒人伐我東鄙。圍台。〔左〕十二年。春。莒人伐我東鄙。圍台。〔魯〕

◆2〔經〕季孫宿帥師、救台。遂入鄆。〔左〕季武子救台。遂入鄆。取其鐘以爲公盤。〔魯〕

◆3〔經〕夏。晉侯使士魴來聘。〔左〕夏。晉士魴來聘。且拜師。〔魯〕

☆4〔經〕秋。九月。吳子乘卒。〔左〕秋。①吳子壽夢卒。臨於周廟。禮也。〔魯〕②凡諸侯之喪、異姓臨於外、同姓於宗廟、同宗於祖廟、同族於禰廟。是故魯爲諸姬、臨於周廟。爲邢凡蔣茅胙祭、臨於周公之廟。《凡》

☆5〔經〕冬。楚公子貞帥師、侵宋。〔左〕冬。①楚子囊・秦庶長無地、伐宋、師于楊梁。以報晉之取鄭也。〔楚〕②靈王求后于齊。齊侯問對於晏桓子。桓子對曰、「先王之禮、辭有之。天子求后於諸侯。諸侯對曰、『夫婦所生若而人。妾婦之子若而人。』無女而有姊妹及姑姊妹、則曰『先守某公之遺女若而人。』」齊侯許昏。王使陰里結之。〔齊〕

◇6〔經〕公如晉。〔左〕①公如晉。朝且拜士魴之辱。禮也。〔魯〕②秦嬴歸于楚。楚司馬子庚聘于秦。爲夫人寧。禮也。〔楚〕

(◇抽出文2條、◆抽出的編作文2條、☆編作文2條、◎無傳の經文0條)

〔襄公十三年〕

◇1〔經〕十有三年。春。公至自晉。〔左〕。十三年。春。公至自晉。孟獻子書勞于廟。禮也。〔魯〕

◆2〔經〕夏。取邿。〔左〕夏。①邿亂。分爲三。師救邿。遂取之。〔魯〕②凡書取、言易也。用大師焉、曰滅。弗地、曰入。《凡》

③荀罃・士魴卒。晉侯蒐于緜上、以治兵。使士匄將中軍。辭曰、「伯游長。昔臣習於知伯。是以佐之。非能賢也。請從伯游。」荀偃將中軍、士匄佐之。使韓起將上軍。辭以趙武。又使欒黶。辭曰、「臣不如韓起。韓起願上趙武。君其聽之。」使趙武將上軍、韓起佐之。欒黶將下軍、魏絳佐之。新軍無帥。晉侯難其人、使其什吏率其卒乘官屬、以從於下軍。禮也。晉國之民、是以大和。諸侯遂睦。〔晉〕④君子曰、「讓、禮之主也。范宣子讓、其下皆讓。欒黶爲汰、弗敢違也。晉國以平。數世賴之。刑善也夫。一人刑善、百姓休和。可不務乎。書曰『一人有慶、兆民賴之。其寧惟永。』其是之謂乎。周之興也、其詩曰『儀刑文王、萬邦作孚。』言刑善也。及其衰也、其詩曰『大夫不均。我從事獨賢。』言不讓也。世之治也、君子尚能而讓其下。小人農力、以事其上。是以上下有禮、而讒慝黜遠。由不爭也。謂之懿德。及其亂也、君子稱其功、以加小人。小人伐其技、以馮君子。是以上下無禮、亂虐並生。由爭善也。

謂之昏德。國家之敝、恆必由之。」《評》⑤楚子疾。告大夫曰、「不穀不德。少主社稷、生十年而喪先君、未及習師保之教訓、而應受多福。是以不德而亡師于鄢、以辱社稷、爲大夫憂、其弘多矣。若以大夫之靈獲保首領以沒於地、唯是春秋窀穸之事、所以從先君於禰廟者、請爲靈若厲。大夫擇焉。」莫對。及五命。乃許。〔楚〕

☆3〔經〕秋。九月。庚辰。楚子審卒。〔左〕秋。①楚共王卒。子囊謀謚。大夫曰、「君有命矣。」子囊曰、「君命以恭。若之何毀之。赫赫楚國而君臨之、撫有蠻夷、奄征南海、以屬諸夏、而知其過。可不謂共乎。請謚之共。」大夫從之。〔楚〕②吳侵楚。養由基奔命。子庚以師繼之。養叔曰、「吳乘我喪、謂我不能師也。必易我而不戒。子爲三覆以待我。我請誘之。」子庚從之。戰于庸浦。大敗吳師。獲公子黨。〔楚〕③君子、以吳爲不弔。詩曰「不弔昊天、亂靡有定。」《評》

◇4〔經〕冬。城防。〔左〕冬。①城防。〔魯〕②〈書、事時也。〉③於是將早城。臧武仲請俟畢農事。禮也。〔魯〕④鄭良霄・大宰石㚟、猶在楚。石㚟言於子囊、曰、「先王卜征五年。而歲習其祥。祥習則行。不習則增脩德而改卜。今楚實不競。行人何罪。止鄭一卿以除其偪。使睦而疾楚、以固於晉、焉用之。使歸而廢其使、怨其君以疾其大夫而相牽引也。不猶愈乎。」楚人歸之。〔鄭〕

（◇抽出文2條、◆抽出的編作文1條、☆編作文1條、◎無傳の經文0條）

［襄公十四年］

☆1〔經〕十有四年。春。王。正月。季孫宿・叔老、會晉士匄・齊人・宋人・衞人・鄭公孫蠆・曹人・莒人・邾人・滕人・薛人・杞人・小邾人。會吳于向。〔左〕十四年。春。①吳告敗于晉。會于向。爲吳謀楚故也。〔晉〕②范宣子數吳之不德也、以退吳人。執莒公子務婁。以其通楚使故也。將執戎子駒支。范宣子親數諸朝、曰、「來、姜戎氏。昔秦人迫逐乃祖吾離于瓜州。乃祖吾離被苫蓋、蒙荆棘、以來歸我先君。我先君惠公有不腆之田、與女剖分而食之。今諸侯之事我寡君、不如昔者、蓋言語漏洩、則職女之由。詰朝之事、爾無與焉。與、將執女。」對曰、「昔秦人負恃其衆、貪于土地、逐我諸戎。惠公蠲其大德、謂我諸戎是四嶽之裔胄也。曰『毋是翦棄。』賜我南鄙之田。狐狸所居、豺狼所嗥。我諸戎除翦其荆棘、驅其狐狸豺狼。以爲先君不侵不叛之臣、至于今不貳。昔文公與秦伐鄭。秦人竊與鄭盟而舍戍焉。於是乎、有殽之師。晉禦其上、戎亢其下。秦師不復、我諸戎實然。譬如捕鹿。晉人角之、諸戎掎之、與晉踣之。戎何以不免。自是以來、晉之百役與我諸戎相繼于時、以從執政、猶殽志也。豈敢離逷。今官之師旅無乃實有所闕、以攜諸侯而罪我諸戎。我諸戎飲食衣服不與華同。贄幣不通。言語不達。何惡之能爲。不與於會、亦無瞢焉。」賦青蠅、而退。宣子辭焉。使卽事於會。成愷悌也。〔晉〕③於是、子叔齊子爲季武子介、以會。自是晉人輕魯幣、而益敬其使。〔魯〕④吳子諸樊既除喪。將立季札。季札辭曰、「曹宣公之卒也、諸侯與曹人不義曹君。將立子臧。子臧去之、遂弗爲也。以成曹君。君子曰、『能守節。』君義嗣也。誰敢奸君。有國非吾節也。札雖不才、願附於子臧、以無失節。」固立之。棄其室而耕。乃舍之。〔吳〕

◎2〔經〕二月。乙未。朔。日有食之。〔左〕なし

☆3〔經〕夏。四月。叔孫豹會晉荀偃・齊人・宋人・衞北宮括・鄭公孫蠆・曹人・莒人・邾人・滕人・薛人・杞人・小邾人、伐秦。〔左〕夏。①諸侯之大夫從晉侯、伐秦。以報櫟之役也。晉侯待于竟。使六卿帥諸侯之師、以進。及涇、不濟。叔向見叔孫穆子。穆子賦匏有苦葉。叔向退而具舟。魯人・莒人先濟。鄭子蟜見衞北宮懿子、曰、「與人而不固、取惡莫甚焉。若社稷何。」懿子說。二子見諸侯之師、而勸之濟。濟涇而次。秦人毒涇上流、師人多死。鄭司馬子蟜帥鄭師、以進。師皆從之、至于棫林。不獲成焉。荀偃令、曰、「雞鳴而駕、塞井夷竈。唯余馬首是瞻。」欒黶曰、「晉國之命、未是有也。余馬首欲東。」乃歸。下軍從之。左史謂魏莊子、曰、「不待中行伯乎。」莊子曰、「夫子命從帥。欒伯吾帥也。吾將從之。從帥、所以待夫子也。」伯游曰、「吾令實過。悔之、何及。多遺秦禽。」乃命大還。晉人謂之遷延之役。欒鍼曰、「此役也、報櫟之敗也。役又無功、晉之恥也。吾有二位於戎路。敢不恥乎。」與士鞅馳秦師。死焉。士鞅反。欒黶謂士匄、曰、「余弟不欲往。而子召之。餘弟死、而子來。是而子殺餘之弟也。弗逐、餘亦將殺之。」士鞅奔秦。〔晉〕②於是、齊崔杼・宋華閱・仲江、會伐秦。〔齊〕③〈不書、惰也。向之會、亦如之。衞北宮括、不書於向、書於伐秦、攝也〉④秦伯問於士鞅、曰、「晉大夫其誰先亡。」對曰、「其欒氏乎。」秦伯曰、「以其汰乎。」對曰、「然。欒黶汰已虐甚、猶可以免。其在盈乎。」秦伯曰、「何故。」對曰、「武子之德在民、如周人之思召公焉。愛其甘棠、況其子乎。欒黶死、盈之善未能及人。武子所施沒矣。而黶之怨實章。將於是乎在。」秦伯以爲知言。爲之請於晉、而復之。〔晉〕

◆4〔經〕己未。衞侯出奔齊。〔左〕①衞獻公戒孫文子・甯惠子食。皆服而朝。日旰不召、而射鴻於囿。二子從之。不釋皮冠而與之言。二子怒。孫文子如戚。孫蒯入使。公飲之酒。使大師歌巧言之卒章。大師辭。師曹請爲之。初。公有嬖妾。使師曹誨之琴。師曹鞭之。公怒、鞭師曹三百。故師曹欲歌之以怒孫子以報公。公使歌之。遂誦之。蒯懼、告文子。文子曰、「君忌我矣。弗先、必死。」并帑於戚。而入見蘧伯玉、曰、「君之暴虐、子所知也。大懼社稷之傾覆。將若之何。」對曰、「君制其國、臣敢奸之。雖奸之、庸知愈乎。」遂行。從近關出。公使子蟜・子伯・子皮、與孫子盟于丘宮。孫子皆殺之。四月。己未。子展奔齊。公如鄄。使子行請於孫子。孫子又殺之。公出奔齊。孫子追之。敗公徒于阿澤。鄄人執之。〔衞〕②初。尹公佗學射於庾公差。庾公差學射於公孫丁。二子追公。公孫丁御公。子魚曰、「射爲背師。不射爲戮。射爲禮乎。」射兩軥而還。尹公佗曰、「子爲師。我則遠矣。」乃反之。公孫丁授公轡而射之、貫臂。子鮮從公。及境。公使祝宗告亡、且告無罪。定姜曰、「無神何告。若有、不可誣也。有罪若何告無。舍大臣而與小臣謀、一罪也。先君有冢卿以爲師保、而蔑之、二罪也。余以巾櫛事先君、而暴妾使餘、三罪也。告亡而已。無告無罪。」〔衞〕③公使厚成叔弔于衞。曰、「寡君使瘠。聞君不撫社稷而越在他境。若之何不弔。以同盟之故。使瘠敢私於執事。曰、『有君不弔。有臣不敏。君不赦宥、臣亦不帥職、增淫發洩。其若之何。』」衞人使大叔儀對、

曰、「羣臣不佞、得罪於寡君。寡君不以卽刑、而悼棄之。以爲君憂。君不忘先君之好。辱弔羣臣、又重恤之。敢拜君命之辱、重拜大貺。」厚孫歸復命、語臧武仲、曰、「衞君其必歸乎。有大叔儀以守。有母弟鱄以出。或撫其內、或營其外。能無歸乎。」齊人以郲寄衞侯。及其復也、以郲糧歸。右宰穀從而逃歸。衞人將殺之。辭曰、「余不說初矣。餘狐裘而羔袖。」乃赦之。衞人立公孫剽。孫林父・甯殖相之。以聽命於諸侯。〔魯〕④衞侯在郲。臧紇如齊、唁衞侯。衞侯與之言、虐。退而告其人、曰「衞侯其不得入矣。其言糞土也。亡而不變。何以復國。」子展・子鮮聞之、見臧紇。與之言、道。臧孫紇說、謂其人、曰、「衞君必入。夫二子者、或輓之、或推之。欲無入得乎。」〔魯〕⑤師歸自伐秦。晉侯舍新軍。禮也。成國不過半天子之軍。周爲六軍。諸侯之大者、三軍、可也。於是、知朔生盈而死。盈生六年而武子卒。彘裘亦幼、皆未可立也。新軍無帥。故舍之。〔晉〕⑥師曠侍於晉侯。晉侯曰、「衞人出其君。不亦甚乎。」對曰、「或者其君實甚。良君將賞善而刑淫、養民如子、蓋之如天、容之如地。民奉其君、愛之如父母、仰之如日月、敬之如神明、畏之如雷霆。其可出乎。夫君神之主、而民之望也。若困民之主、匱神之祀、百姓絕望、社稷無主、將安用之。弗去何爲。天生民而立之君、使司牧之、勿使失性。有君而爲之貳、使師保之、勿使過度。是故天子有公、諸侯有卿、卿置側室、大夫有貳宗、士有朋友、庶人工商皁隸牧圉皆有親暱、以相輔佐也。善則賞之、過則匡之、患則救之、失則革之。自王以下各有父兄子弟、以補察其政。史爲書、瞽爲詩、工誦箴諫、大夫規誨、士傳言、庶人謗、商旅于市、百工獻藝。故夏書曰『遒人以木鐸徇於路、官師相規、工執藝事以諫。』正月孟春、於是乎、有諫失常也。天之愛民甚矣。豈其使一人肆於民上、以從其淫而棄天地之性。必不然矣。（作經時附加）」〔晉〕

◎5〔經〕莒人侵我東鄙。〔左〕なし

☆6〔經〕秋。楚公子貞帥師、伐吳。〔左〕秋。①楚子爲庸浦之役故、子囊師于棠、以伐吳。吳不出而還。子囊殿。以吳爲不能而弗儆。吳人自皐舟之隘、要而擊之。楚人不能相救。吳人敗之。獲楚公子宜穀。〔楚〕②王使劉定公賜齊侯命。曰、「昔伯舅太公右我先王、股肱周室、師保萬民。世胙大師、以表東海。王室之不壞、繄伯舅是賴。今余命女環。茲率舅氏之典、纂乃祖考、無忝乃舊。敬之哉、無廢朕命。」〔齊〕③晉侯問衞故於中行獻子。對曰、「不如因而定之。衞有君矣。伐之未可以得志。而勤諸侯。史佚有言曰、『因重而撫之。』仲虺有言曰、『亡者侮之、亂者取之。推亡固存、國之道也。』君其定衞、以待時乎。」〔晉〕

☆7〔經〕冬。季孫宿會晉士匄・宋華閱・衞孫林父・鄭公孫蠆・莒人・邾人于戚。〔左〕冬。①會于戚。謀定衞也。〔晉〕②范宣子假羽毛於齊、而弗歸。齊人始貳。〔晉〕③楚子囊還自伐吳。卒。將死、遺言謂子庚、「必城郢。」〔楚〕④君子謂子囊、「忠。君薨、不忘增其名。將死、不忘衞社稷。可不謂忠乎。忠、民之望也。詩曰、『行歸于周、萬民所望。』忠也。」《評》

（◇抽出文0條、◆抽出的編作文1條、☆編作文4條、◎無傳の經文2條）

〔襄公十五年〕

◆1〔經〕十有五年。春。宋公使向戌來聘。〔左〕十五年。春。宋向戌來聘。且尋尋盟。見孟獻子、尤其室。曰、「子有令聞。而美其室。非所望也。」對曰、「我在晉、吾兄爲之。毀之重勞。且不敢閒。」〔魯〕

☆2〔經〕二月。己亥。及向戌盟于劉。〔左〕（1の左傳文と對應）

☆3〔經〕劉夏逆王后于齊。〔左〕①官師從單靖公、逆王后于齊。卿不行、非禮也。〔齊〕②楚公子午爲令尹。公子罷戎爲右尹、蔿子馮爲大司馬、公子橐師爲右司馬、公子成爲左司馬、屈到爲莫敖、公子追舒爲箴尹、屈蕩爲連尹、養由基爲宮廄尹、以靖國人。〔楚〕③君子謂楚、「於是乎、能官人。官人、國之急也。能官人、則民無覦心。詩云『嗟我懷人、寘彼周行。』能官人也。王及公・侯・伯・子・男・甸・采・衞大夫、各居其列。所謂周行也。」《評》④鄭尉氏・司氏之亂、其餘盜在宋。鄭人以子西・伯有・子產之故、納賂于宋。以馬四十乘與師茷・師慧。〔鄭〕⑤二月。公孫黑爲質焉。司城子罕以堵女父・尉翩・司齊、與之、良司臣而逸之。託諸季武子。武子寘諸卞。鄭人醢之三人也。〔魯〕⑥師慧過宋朝。將私焉。其相曰、「朝也。」慧曰、「無人焉。」相曰、「朝也。何故無人。」慧曰、「必無人焉。若猶有人、豈其以千乘之相易淫樂之矇。必無人焉故也。」子罕聞之、固請而歸之。〔鄭〕

◆4〔經〕夏。齊侯伐我北鄙、圍成。〔左〕夏。齊侯圍成。貳於晉故也。〔魯〕

◎5〔經〕公救成、至遇。〔左〕なし

☆6〔經〕季孫宿・叔孫豹帥師、城成郛。〔左〕於是乎、城成郛。〔魯〕

◎7〔經〕秋。八月。丁巳。日有食之。〔左〕なし

◇8〔經〕邾人伐我南鄙。〔左〕秋。邾人伐我南鄙。使告于晉。晉將爲會、以討邾・莒。晉侯有疾。乃止。〔魯〕

☆9〔經〕冬。十有一月。癸亥。晉侯周卒。〔左〕冬。①晉悼公卒。遂不克會。〔魯〕②鄭公孫夏如晉。奔喪。子蟜送葬。〔鄭〕③宋人或得玉。獻諸子罕。子罕弗受。獻玉者曰、「以示玉人。玉人以爲寶也。故敢獻之。」子罕曰、「我以不貪爲寶。爾以玉爲寶。若以與我、皆喪寶也。不若人有其寶。」稽首而告曰、「小人懷璧、不可以越鄉。納此以請死也。」子罕寘諸其里。使玉人爲之攻之。富而後使復其所。〔宋〕④十二月。鄭人奪堵狗之妻、而歸諸范氏。〔鄭〕

（◇抽出文1條、◆抽出的編作文2條、☆編作文4條、◎無傳の經文2條）

〔襄公十六年〕

◇1〔經〕十有六年。春。王。正月。葬晉悼公。〔左〕十六年。春。葬晉悼公。平公卽位、羊舌肸爲傅、張君臣爲中軍司馬、祁奚・韓襄・欒盈・士鞅爲公族大夫、虞丘書爲乘馬御。改服脩官、烝于曲沃。〔晉〕

☆2〔經〕三月。公會晉侯・宋公・衞侯・鄭伯・曹伯・莒子・邾子・薛伯・杞伯・小邾子于湨梁。〔左〕①警守而下。會于湨梁。命歸侵田。〔晉〕②以我故、執邾宣公・莒犂比公。且曰、「通齊・楚之使。」〔魯〕

☆3〔經〕戊寅。大夫盟。〔左〕①晉侯與諸侯宴于溫。使諸大夫舞。曰、

「歌詩必類。」齊高厚之詩不類。荀偃怒、且曰、「諸侯有異志矣。」使諸大夫盟高厚。高厚逃歸。〖晉〗②於是、叔孫豹・晉荀偃・宋向戌・衞甯殖・鄭公孫蠆・小邾之大夫盟。曰、「同討不庭。」〖魯〗

◆4〔經〕晉人執莒子・邾子、以歸。〔左〕（2②の左傳文と對應）

◎5〔經〕齊侯伐我北鄙。〔左〕なし

◎6〔經〕夏。公至自會。〔左〕なし

◎7〔經〕五月。甲子。地震。〔左〕なし

☆8〔經〕叔老會鄭伯・晉荀偃・衞甯殖・宋人、伐許。〔左〕①許男請遷于晉。諸侯遂遷許。許大夫不可。晉人歸諸侯。鄭子蟜聞將伐許、遂相鄭伯、以從諸侯之師。〖晉〗②穆叔從公。齊子䗶師、會晉荀偃。〖魯〗③〈書曰「會鄭伯」、爲夷故也。〉

◆9〔經〕秋。齊侯伐我北鄙、圍郕。〔左〕①夏。六月。次于棫林。庚寅。伐許。次于函氏。晉荀偃・欒黶帥師、伐楚。以報宋揚梁之役。楚公子格帥師、及晉師戰于湛阪。楚師敗績。晉師遂侵方城之外。復伐許而還。〖晉〗②秋。齊侯圍郕。孟孺子速、徼之。齊侯曰、「是好勇。去之、以爲之名。」速遂塞海陘而還。〖魯〗

◎10〔經〕大雩。〔左〕なし

◆11〔經〕冬。叔孫豹如晉。〔左〕冬。穆叔如晉。聘、且言齊故。晉人曰、「以寡人之未禘祀、與民之未息。不然、不敢忘。」穆叔曰、「以齊人之朝夕釋憾於敝邑之地、是以大請。敝邑之急、朝不及夕。引領西望、曰『庶幾乎。』比及執事之閒、恐無及也。」見中行獻子、賦圻父。獻子曰、「偃知罪矣。敢不從執事、以同恤社稷、而使魯及此。」見范宣子、賦鴻鴈之卒章。宣子曰、「匄在此。敢使魯無鳩乎。」〖魯〗

（◇抽出文1條、◆抽出的編作文3條、☆編作文3條、◎無傳の經文4條）

［襄公十七年］

◎1〔經〕十有七年。春。王。二月。庚午。邾子牼卒。〔左〕十七年。春。

◆2〔經〕宋人伐陳。〔左〕①宋莊朝伐陳。獲司徒卬。卑宋也。〖宋〗②衞孫蒯田于曹隧。飲馬于重丘、毀其瓶。重丘人閉門、而詢之。曰、「親逐而君。爾父爲厲。是之不憂。而何以田爲。」〖衞〗

◆3〔經〕夏。衞石買帥師、伐曹。〔左〕夏。①衞石買・孫蒯伐曹。取重丘。曹人愬于晉。〖衞〗②齊人以其未得志于我故。〖魯〗

◆4〔經〕秋。齊侯伐我北鄙。圍桃。高厚帥師、伐我北鄙。圍防。〔左〕秋。齊侯伐我北鄙。圍桃。高厚圍臧紇于防。師自陽關逆臧孫。至于旅松。郰叔紇・臧疇・臧賈帥甲三百、宵犯齊師、送之而復。齊師去之。齊人獲臧堅。齊侯使夙沙衞唁之、且曰、「無死。」堅稽首、曰、「拜命之辱。抑君之賜臣不終、姑又使其刑臣禮於士。」以杙抉其傷而死。〖魯〗

◎5〔經〕九月。大雩。〔左〕なし

◆6〔經〕宋華臣出奔陳。〔左〕（7②の左傳文と對應）

◇7〔經〕冬。邾人伐我南鄙。〔左〕冬。①邾人伐我南鄙。爲齊故也。〖魯〗②宋華閱卒。華臣弱皐比之室、使賊殺其宰華吳。賊六人以鈹殺諸盧門合左師之後。左師懼、曰、「老夫無罪。」賊曰「皐比私有討於吳也。」遂幽其妻。曰、「畀余而大璧。」宋公聞之、曰、

「臣也不唯其宗室是暴、大亂宋國之政。必逐之。」左師曰、「臣也亦卿也。大臣不順、國之恥也。不如蓋之。」乃舍之。左師爲己短策。苟過華臣之門、必騁。十一月。甲午。國人逐瘈狗。瘈狗入於華臣氏。國人從之。華臣懼遂奔陳。〔宋〕③宋皇國父爲大宰。爲平公築臺、妨於農牧。子罕請俟農功之畢。公弗許。築者謳曰、「澤門之晳、實興我役。邑中之黔、實慰我心。」子罕聞之。親執朴、以行築者、而抶其不勉者、曰、「吾儕小人皆有闔廬。以辟燥濕寒暑。今君爲一臺而不速成。何以爲役。」謳者乃止。或問其故。子罕曰、「宋國區區而有詛有祝。禍之本也。」〔宋〕④齊晏桓子卒。晏嬰麤縗斬。苴絰帶、杖、菅屨。食鬻、居倚廬、寢苫、枕草。其老曰、「非大夫之禮也。」曰、「唯卿爲大夫。」〔齊〕

(◇抽出文1條、◆抽出的編作文4條、☆編作文0條、◎無傳の經文2條)

[襄公十八年]

◇1〔經〕十有八年。春。白狄來。〔左〕十八年。春。白狄始來。〔魯〕

◇2〔經〕夏。晉人執衞行人石買。〔左〕夏。晉人執衞行人石買于長子。執孫蒯于純留。爲曹故也。〔晉〕

◆3〔經〕秋。齊師伐我北鄙。〔左〕秋。①齊侯伐我北鄙。〔魯〕②中行獻子將伐齊。夢與厲公訟、弗勝。公以戈擊之。首隊於前。跪而戴之、奉之以走、見梗陽之巫皐。他日見諸道。與之言。同。巫曰、「今茲主必死。若有事於東方、則可以逞。」獻子許諾。晉侯伐齊。將濟河。獻子以朱絲繫玉二瑴、而禱。曰、「齊環怙恃其險、負其衆庶、棄好背盟、陵虐神主。曾臣彪將率諸侯以討焉。其宦臣偃實先後之。苟捷有功、無作神羞。官臣偃無敢復濟。唯爾有神裁之。」沈玉、而濟。〔晉〕

☆4〔經〕冬。十月。公會晉侯・宋公・衞侯・鄭伯・曹伯・莒子・邾子・滕子・薛伯・杞伯・小邾子、同圍齊。〔左〕冬。①十月。會于魯濟。尋湨梁之言、同伐齊。〔晉〕②齊侯禦諸平陰。塹防門而守之廣里。夙沙衞曰、「不能戰。莫如守險。」弗聽。諸侯之士門焉。齊人多死。范宣子告析文子、曰、「吾知子。敢匿情乎。魯人・莒人皆請以車千乘自其鄉入。既許之矣。若入、君必失國。子盍圖之。」子家以告公。公恐。晏嬰聞之、曰、「君固無勇。而又聞是。弗能久矣。」齊侯登巫山、以望晉師。晉人使司馬斥山澤之險、雖所不至、必旆而疏陳之。使乘車者左實右僞、以旆先、輿曳柴而從之。齊侯見之、畏其衆也。乃脫歸。〔齊〕③丙寅。晦。齊師夜遁。師曠告晉侯、曰、「鳥烏之聲樂。齊師其遁。」邢伯告中行伯、曰、「有班馬之聲。齊師其遁。」叔向告晉侯、曰、「城上有烏。齊師其遁。」十一月。丁卯。朔。入平陰。遂從齊師。〔晉〕④夙沙衞連大車以塞隧而殿。殖綽・郭最、曰、「子殿國師、齊之辱也。子姑先乎。」乃代之殿。衞殺馬於隘以塞道。晉州綽及之、射殖綽中肩、兩矢夾脰。曰、「止、將爲三軍獲。不止、將取其衷。」顧曰、「爲私誓。」州綽曰、「有如日。」乃弛弓而自後縛之。其右具丙、亦舍兵而縛郭最。皆衿甲面縛。坐于中軍之鼓下。〔齊〕⑤晉人欲逐歸者。魯・衞請攻險。己卯。荀偃・士匄以中軍克京茲。乙酉。魏絳・欒盈以下軍克邿。趙武・韓起以上軍圍盧。弗克。十二月。戊戌。及秦周、伐雍門之萩。范鞅門于雍門。其御追喜以戈殺犬于門中。

孟莊子斬其槆、以爲公琴。己亥。焚雍門及西郭・南郭。劉難・士弱率諸侯之師、焚申池之竹木。壬寅。焚東郭・北郭。范鞅門于揚門。州綽門于東閭。左驂迫、還于門中、以枚數闔。〔晉〕⑥齊侯駕將走郵棠。大子與郭榮扣馬、曰、「師速而疾。略也。將退矣。君何懼焉。且社稷之主不可以輕。輕則失衆。君必待之。」將犯之。大子抽劒、斷鞅。乃止。〔齊〕⑦甲辰。東侵及濰。南及沂。〔晉〕

◎5〔經〕**曹伯負芻卒于師。**〔左〕なし

◆6〔經〕**楚公子午帥師、伐鄭。**〔左〕①鄭子孔欲去諸大夫。將叛晉而起楚師以去之。使告子庚。子庚弗許。楚子聞之。使楊豚尹宣告子庚、曰、「國人謂不穀主社稷而不出師、死不從禮。不穀卽位、於今五年。師徒不出。人其以不穀爲自逸而忘先君之業矣。大夫圖之。其若之何。」子庚歎、曰、「君王其謂午懷安乎。吾以利社稷也。」見使者稽首而對、曰、「諸侯方睦於晉。臣請嘗之。若可、君而繼之。若不可、收師而退。可以無害。君亦無辱。」子庚帥師、治兵於汾。於是、鄭子蟜・伯有・子張從鄭伯、伐齊。子孔・子展・子西守。二子知子孔之謀。完守入保。子孔不敢會楚師。楚師伐鄭。次於魚陵。右師城上棘、遂涉潁次于旃然。蔿子馮・公子格率鋭師、侵費滑・胥靡・獻于・雍梁。右回梅山、侵鄭東北。至于蟲牢而反。子庚門于純門。信于城下而還。涉於魚齒之下。甚雨及之。楚師多凍。役徒幾盡。〔楚〕②晉人聞有楚師。師曠曰、「不害。吾驟歌北風。又歌南風。南風不競。多死聲。楚必無功。」董叔曰、「天道多在西北。南師不時。必無功。」叔向曰、「在其君之德也。」〔晉〕

（◇抽出文2條、◆抽出的編作文2條、☆編作文1條、◎無傳の經文1條）

［襄公十九年］

☆1〔經〕**十有九年。春。王。正月。諸侯盟于祝柯。**〔左〕十九年。春。諸侯還自沂上、盟于督揚。曰、「大毋侵小。」〔晉〕

◆2〔經〕**晉人執邾子。**〔左〕執邾悼公。以其伐我故。〔魯〕

◎3〔經〕**公至自伐齊。**〔左〕なし

◇4〔經〕**取邾田自漷水。**〔左〕遂次于泗上。疆我田。取邾田自漷水。歸之于我。〔魯〕

◆5〔經〕**季孫宿如晉。**〔左〕①晉侯先歸。公享晉六卿于蒲圃。賜之三命之服。軍尉・司馬・司空・輿尉・候奄、皆受一命之服。賄荀偃束錦加璧乘馬。先吳壽夢之鼎。〔魯〕②荀偃癉疽、生瘍於頭。濟河。及著雍。病、目出。大夫先歸者皆反。士匄請見。弗內。請後。曰、「鄭甥可。」二月。甲寅。卒。而視、不可含。宣子盥而撫之、曰、「事吳、敢不如事主。」猶視。欒懷子曰、「其爲未卒事於齊故也乎。」乃復撫之、曰、「主苟終、所不嗣事于齊者、有如河。」乃瞑受含。宣子出、曰、「吾淺之爲丈夫也。」〔晉〕③晉欒魴帥師、從衞孫文子、伐齊。〔晉〕④季武子如晉、拜師。晉侯享之。范宣子爲政。賦黍苗。季武子興、再拜稽首、曰、「小國之仰大國也、如百穀之仰膏雨焉。若常膏之、其天下輯睦。豈唯敝邑。」賦六月。〔魯〕⑤季武子以所得於齊之兵、作林鍾而銘魯功焉。臧武仲謂季孫、曰、「非禮也。夫鐘銘、天子令德、諸侯言時計功、大夫稱伐。今稱伐、則下等也。計功、則借人也。言時、則妨民多矣。何以爲銘。且夫大伐小、取其所得、以作彝器、銘其功烈、以示子孫、

昭明德、而懲無禮也。今將借人之力、以救其死、若之何銘之。小國幸於大國、而昭所獲焉、以怒之、亡之道也。」〔魯〕 ⑥齊侯娶于魯、曰顏懿姬。無子。其姪鬷聲姬、生光。以爲大子。諸子仲子・戎子、戎子嬖、仲子生牙。屬諸戎子。戎子請以爲大子。許之。仲子曰、「不可。廢常、不祥。閒諸侯、難。光之立也、列於諸侯矣。今無故而廢之。是專黜諸侯。而以難犯不祥也。君必悔之。」公曰、「在我而已。」遂東大子光。使高厚傅、牙以爲大子、夙沙衞爲少傅。齊侯疾。崔杼微逆光。疾病而立之。光殺戎子。尸諸朝。非禮也。婦人無刑。雖有刑、不在朝市。〔齊〕

◎6 〔經〕葬曹成公。〔左〕なし

◆7 〔經〕夏。衞孫林父帥師、伐齊。〔左〕（5③の左傳文と對應）

☆8 〔經〕秋。七月。辛卯。齊侯環卒。〔左〕①夏。五月。壬辰。晦。齊靈公卒。莊公卽位。②執公子牙於句瀆之丘。以夙沙衞易己。衞奔高唐、以叛。〔齊〕

◆9 〔經〕晉士匄帥師、侵齊。至穀、聞齊侯卒、乃還。〔左〕①晉士匄侵齊、及穀、聞喪而還。禮也。〔晉〕 ②於四月丁未。鄭公孫蠆卒。赴於晉大夫。范宣子言於晉侯。以其善於伐秦也。六月。晉侯請於王。王追賜之大路、使以行。禮也。〔晉〕

◎10 〔經〕八月。丙辰。仲孫蔑卒。〔左〕なし

◆11 〔經〕齊殺其大夫高厚。〔左〕秋。①八月。齊崔杼殺高厚於灑藍。而兼其室。〔齊〕 ②〈書曰「齊殺其大夫」、從君於昏也。〉

◆12 〔經〕鄭殺其大夫公子嘉。〔左〕①鄭子孔之爲政也專。國人患之。乃討西宮之難與純門之師。子孔當罪。以其甲及子革・子良氏之甲守。甲辰。子展・子西率國人、伐之、殺子孔、而分其室。〔鄭〕 ②〈書曰「鄭殺其大夫」、專也。〉 ③子然・子孔、宋子之子也。士子孔、圭嬀之子也。圭嬀之班、亞宋子而相親也。士子孔亦相親也。僖之四年、子然卒。簡之元年、士子孔卒。司徒孔實相子革・子良之室。三室如一。故及於難。子革・子良出奔楚。子革爲右尹。鄭人使子展當國、子西聽政、立子產爲卿。〔鄭〕 ④齊慶封圍高唐、弗克。〔齊〕

◎13 〔經〕冬。葬齊靈公。〔左〕冬。十一月。齊侯圍之。見衞在城上。號之、乃下。問守備焉。以無備告。揖之。乃登。聞師將傅、食高唐人。殖綽・工僂會、夜縋、納師。醢衞于軍。〔齊〕

◇14 〔經〕城西郛。〔左〕城西郛。懼齊也。〔魯〕

◆15 〔經〕叔孫豹會晉士匄于柯。〔左〕齊及晉平、盟于大隧。故穆叔會范宣子于柯。〔魯〕

◇16 〔經〕城武城。〔左〕①穆叔見叔向、賦載馳之四章。叔向曰、「肸敢不承命。」穆叔歸。曰、「齊猶未也。不可以不懼。」乃城武城。〔魯〕 ②衞石共子卒。悼子不哀。孔成子曰、「是謂蹷其本。必不有其宗。」〔衞〕

（◇抽出文3條、◆抽出的編作文7條、☆編作文2條、◎無傳の經文4條）

［襄公二十年］

☆1 〔經〕二十年。春。王。正月。辛亥。仲孫速會莒人、盟于向。〔左〕二十年。春。及莒平。孟莊子會莒人、盟于向。督陽之盟故也。〔魯〕

☆2〔經〕夏。六月。庚申。公會晉侯・齊侯・宋公・衞侯・鄭伯・曹伯・莒子・邾子・滕子・薛伯・杞伯・小邾子、盟于澶淵。〔左〕夏。①盟于澶淵。齊成故也。〖晉〗②邾人驟至、以諸侯之事也。弗能報也。〖魯〗

◎3〔經〕秋。公至自會。〔左〕なし

◆4〔經〕仲孫速帥師、伐邾。〔左〕秋。孟莊子伐邾。以報之。〖魯〗

◆5〔經〕蔡殺其大夫公子燮。〔左〕蔡公子燮、欲以蔡之晉。蔡人殺之。公子履、其母弟也。故出奔楚。〖楚〗

◆6〔經〕蔡公子履出奔楚。〔左〕（5の左傳文と對應）

◆7〔經〕陳侯之弟黃出奔楚。〔左〕①陳慶虎・慶寅、畏公子黃之偪、愬諸楚、「與蔡司馬同謀。」楚人以爲討。公子黃出奔楚。〖楚〗②初。蔡文侯欲事晉。曰、「吾先君與於踐土盟。晉不可棄、且兄弟也。」畏楚、不能行而卒。楚人使蔡無常。公子燮求從先君以利蔡、不能而死。〖蔡〗③〈書曰「蔡殺其大夫公子燮。」、言不與民同欲也。「陳侯之弟黃出奔楚。」、言非其罪也。〉④公子黃將出奔。呼於國、「慶氏無道、求專陳國。暴蔑其君而去其親。五年不滅、是無天也。」〖楚〗

☆8〔經〕叔老如齊。〔左〕齊子初聘于齊。禮也。〖魯〗

◎9〔經〕冬。十月。丙辰。朔。日有食之。〔左〕なし

◆10〔經〕季孫宿如宋。〔左〕冬。①季武子如宋。報向戌之聘也。褚師段逆之以受享。賦常棣之七章、以卒。宋人重賄之。歸復命。公享之、賦魚麗之卒章。公賦南山有臺。武子去所、曰、「臣不堪也。」〖魯〗②衞甯惠子疾。召悼子、曰、「吾得罪於君。悔而無及也。名藏在諸侯之策。曰、『孫林父・甯殖、出其君。』君入則掩之。若能掩之、則吾子也。若不能、猶有鬼神、吾有餒而已。不來食矣。」悼子許諾。惠子遂卒。〖衞〗

（◇抽出文0條、◆抽出的編作文5條、☆編作文3條、◎無傳の經文2條）

[襄公二十一年]

◇1〔經〕二十有一年。春。王。正月。公如晉。〔左〕二十一年。春。公如晉。拜師及取邾田也。〖魯〗

◇2〔經〕邾庶其以漆・閭丘、來奔。〔左〕①邾庶其以漆・閭丘、來奔。季武子以公姑姊、妻之。皆有賜於其從者。於是、魯多盜。季孫謂臧武仲、曰、「子盍詰盜。」武仲曰、「不可詰也。紇又不能。」季孫曰、「我有四封。而詰其盜。何故不可。子爲司寇。將盜是務去。若之何不能。」武仲曰、「子召外盜、而大禮焉。何以止吾盜。子爲正卿。而來外盜。使紇去之。將何以能。庶其竊邑於邾、以來。子以姬氏妻之而與之邑。其從者皆有賜焉。若大盜禮焉以君之姑姊、與其大邑、其次皁牧輿馬。其小者衣裳劍帶。是賞盜也。賞而去之。其或難焉。紇也聞之。在上位者洒濯其心、壹以待人、軌度其信、可明徵也。而後可以治人。夫上之所爲、民之所歸也。上所不爲而民或爲之、是以加刑罰焉、而莫敢不懲。若上之所爲、而民亦爲之、乃其所也。又可禁乎。夏書曰、『念茲、在茲。釋茲、在茲。名言茲、在茲。允出茲、在茲。惟帝念功。』將謂由己壹也。信由己壹、而後功可念也。」〖魯〗②〈庶其非卿也。以地來、雖賤必書。重地也。〉③齊侯使慶佐爲大夫。復討公子牙之黨、執公子買于句瀆

之丘。〔齊〕 ④公子鉏來奔。叔孫還奔燕。〔魯〕

◎3〔經〕夏。公至自晉。〔左〕夏。①楚子庚卒。楚子使薳子馮爲令尹、訪於申叔豫。叔豫曰、「國多寵而王弱。國不可爲也。」遂以疾辭。方暑闕地、下冰而牀焉、重繭衣裘、鮮食而寢。楚子使醫視之。復曰、「瘠則甚矣。而血氣未動。」乃使子南爲令尹。〔楚〕 ②欒桓子娶於范宣子。生懷子。范鞅以其亡也、怨欒氏。故與欒盈爲公族大夫、而不相能。桓子卒。欒祁與其老州賓通。幾亡室矣。懷子患之。祁懼其討也。愬諸宣子、曰、「盈將爲亂。以范氏爲死桓主而專政矣。」曰、「吾父逐鞅也、不怒而以寵報之、又與吾同官而專之。吾父死而益富。死吾父而專於國。有死而已。吾蔑從之矣。其謀如是。懼害於主。吾不敢不言。」范鞅爲之徵。懷子好施。士多歸之。宣子畏其多士也。信之。懷子爲下卿。宣子使城著、而遂逐之。〔晉〕

◆4〔經〕秋。晉欒盈出奔楚。〔左〕秋。①欒盈出奔楚。宣子殺箕遺・黃淵・嘉父・司空靖・邴豫・董叔・邴師・申書・羊舌虎・叔羆。囚伯華・叔向・籍偃。人謂叔向、曰、「子離於罪。其爲不知乎。」叔向曰、「與其死亡若何。詩曰、『優哉游哉。聊以卒歲。』知也。」欒王鮒見叔向、曰、「吾爲子請。」叔向弗應。出不拜。其人皆咎叔向。叔向曰、「必祁大夫。」室老聞之、曰、「欒王鮒言於君、無不行。求赦吾子。吾子不許。祁大夫所不能也。而曰必由之、何也。」叔向曰、「欒王鮒從君者也。何能行。祁大夫外擧不棄讎、內擧不失親。其獨遺我乎。詩曰、『有覺德行、四國順之。』夫子覺者也。」晉侯問叔向之罪於欒王鮒。對曰、「不棄其親。其有焉。」於是祁奚老矣。聞之、乘馹而見宣子、曰、「詩曰、『惠我無疆、子孫保之。』書曰、『聖有謩勳、明徵定保。』夫謀而鮮過、惠訓不倦者、叔向有焉。社稷之固也、猶將十世宥之以勸能者、今壹不免其身、以棄社稷、不亦惑乎。鯀殛而禹興、伊尹放大甲而相之、卒無怨色。管蔡爲戮、周公右王。若之何其以虎也棄社稷。子爲善、誰敢不勉。多殺何爲。」宣子說、與之乘、以言諸公、而免之。不見叔向而歸。叔向亦不告免焉而朝。〔晉〕 ②初。叔向之母妬叔虎之母美而不使。其子皆諫其母。其母曰、「深山大澤實生龍蛇。彼美。餘懼其生龍蛇以禍女。女敝族也。國多大寵。不仁人閒之、不亦難乎。餘何愛焉。」使往視寢。生叔虎。美而有勇力。欒懷子嬖之。故羊舌氏之族及於難。〔晉〕 ③欒盈過於周。周西鄙掠之。辭於行人。曰、「天子陪臣盈、得罪於王之守臣。將逃罪。罪重於郊甸。無所伏竄。敢布其死也。昔陪臣書、能輸力於王室。王施惠焉。其子黶、不能保任其父之勞。大君若不棄書之力、亡臣猶有所逃。若棄書之力而思黶之罪、臣戮餘也。將歸死於尉氏。不敢還矣。敢布四體、唯大君命焉。」王曰、「尤而效之、其又甚焉。」使司徒禁掠欒氏者、歸所取焉。使候出諸轘轅。〔周〕

◎5〔經〕九月。庚戌。朔。日有食之。〔左〕なし

◎6〔經〕冬。十月。庚辰。朔。日有食之。〔左〕なし

◆7〔經〕曹伯來朝。〔左〕冬。曹武公來朝。始見也。〔魯〕

☆8〔經〕公會晉侯・齊侯・宋公・衞侯・鄭伯・曹伯・莒子・邾子、于商任。〔左〕①會於商任。錮欒氏也。齊侯・衞侯、不敬。叔向曰、「二君者必不免。會、朝禮之經也。禮、政之輿也。政、身之守也。怠禮、失政。失政、不立。是以亂也。」知起・中行喜・州綽・邢

蒯出奔齊。皆欒氏之黨也。樂王鮒謂范宣子、曰、「盍反州綽・邢蒯。勇士也。」宣子曰、「彼欒氏之勇也。餘何獲焉。」王鮒曰、「子爲彼欒氏乃亦子之勇也。」〔晉〕②齊莊公朝。指殖綽・郭最、曰、「是寡人之雄也。」州綽曰、「君以爲雄。誰敢不雄。然臣不敏、平陰之役、先二子鳴。」莊公爲勇爵。殖綽・郭最、欲與焉。州綽曰、「東閭之役、臣左驂迫、還於門中、識其枚數。其可以與於此乎。」公曰、「子爲晉君也。」對曰、「臣爲隷新。然二子者譬於禽獸、臣食其肉而寢處其皮矣。」〔晉〕

（◇抽出文2條、◆抽出的編作文2條、☆編作文1條、◎無傳の經文3條）

［襄公二十二年］

◎1〔經〕二十有二年。春。王。正月。公至自會。〔左〕二十二年。春。臧武仲如晉。雨過御叔。御叔在其邑。將飲酒、曰、「焉用聖人。我將飲酒、而己雨行。何以聖爲。」穆叔聞之、曰、「不可使也。而傲使人。國之蠹也。」令倍其賦。〔魯〕

◎2〔經〕夏。四月。〔左〕夏。晉人徵朝于鄭。鄭人使少正公孫僑對、曰、「昔在晉先君悼公九年、我寡君、於是卽位。卽位八月、而我先大夫子駟、從寡君以朝于執事。執事不禮於寡君。寡君懼。因是行也、我二年六月、朝于楚。晉是以有戲之役。楚人猶競、而申禮於敝邑。敝邑欲從執事、而懼爲大尤。曰、『晉其謂我不共有禮。』是以不敢攜貳於楚。我四年三月、先大夫子蟜又從寡君、以觀釁於楚。晉、於是乎、有蕭魚之役。謂我敝邑。邇在晉國、譬諸草木、吾臭味也。而何敢差池。楚亦不競。寡君盡其土實、重之以宗器、以受齊盟。遂帥羣臣、隨于執事、以會歲終。貳於楚者子侯・石盂、歸而討之。溴梁之明年、子蟜老矣。公孫夏從寡君、以朝于君、見於嘗酎、與執燔焉。閒二年、聞君將靖東夏。四月、又朝以聽事期。不朝之閒、無歲不聘、無役不從。以大國政令之無常、國家罷病、不虞荐至、無日不惕。豈敢忘職。大國若安定之、其朝夕在庭。何辱命焉。若不恤其患、而以爲口實、其無乃不堪任君命而翦爲仇讎。敝邑是懼。其敢忘君命。委諸執事。執事實重圖之。」〔鄭〕

◎3〔經〕秋。七月。辛酉。叔老卒。〔左〕秋。①欒盈自楚適齊。晏平仲言於齊侯、曰、「商任之會、受命於晉。今納欒氏、將安用之。小所以事大、信也。失信不立。君其圖之。」弗聽。退、告陳文子、曰、「君人執信、臣人執共。忠信篤敬、上下同之。天之道也。君自棄也、弗能久矣。」〔齊〕②九月。鄭公孫黑肱有疾。歸邑于公。召室老宗人、立段。而使黜官薄祭、祭以特羊、殷以少牢、足以共祀、盡歸其餘邑。曰、「吾聞之、生於亂世、貴而能貧、民無求焉、可以後亡。敬共事君與二三子。生在敬戒、不在富也。」己巳。伯張卒。〔鄭〕③君子曰、「善戒。詩曰『愼爾侯度、用戒不虞。』鄭子張、其有焉。」《評》

☆4〔經〕冬。公會晉侯・齊侯・宋公・衞侯・鄭伯・曹伯・莒子・邾子・薛伯・杞伯・小邾子于沙隨。〔左〕冬。①會于沙隨。復錮欒氏也。〔晉〕②欒盈猶在齊。晏子曰、「禍將作矣。齊將伐晉。不可以不懼。」〔齊〕

◎5〔經〕公至自會。〔左〕なし

◆6〔經〕楚殺其大夫公子追舒。〔左〕①楚觀起有寵於令尹子南。未益祿、而有馬數十乘。楚人患之。王將討焉。子南之子棄疾爲王御士。王每見之、必泣。棄疾曰、「君三泣臣矣。敢問誰之罪也。」王曰、「令尹之不能、爾所知也。國將討焉。爾其居之。」對曰、「父戮、子居。君焉用之。洩命重刑、臣亦不爲。」王遂殺子南於朝。轘觀起於四竟。子南之臣謂棄疾、請徙子尸於朝。曰、「君臣有禮。唯二三子。」三日、棄疾請尸。王許之。既葬。其徒、曰、「行乎。」曰、「吾與殺吾父。行將焉入。」曰、「然則臣王乎。」曰、「棄父事讎、吾弗忍也。」遂縊而死。復使薳子馮爲令尹、公子齮爲司馬、屈建爲莫敖。有寵於薳子者八人、皆無祿而多馬。他日朝。與申叔豫言。弗應而退。從之。入於人中。又從之。遂歸。退朝見之。曰、「子三困我於朝。吾懼。不敢不見。吾過、子姑告我。何疾我也。」對曰、「吾不免是懼。何敢告子。」曰、「何故。」對曰、「昔觀起有寵於子南。子南得罪、觀起車裂。何故不懼。」自御而歸、不能當道。至。謂八人者、曰、「吾見申叔。夫子所謂生死而肉骨也。知我者如夫子則可。不然、請止。」辭八人者。而後王安之。〔楚〕

②十二月。鄭游眅將歸晉。未出竟。遭逆妻者、奪之。以館于邑。丁巳。其夫攻子明、殺之、以其妻行。子展廢子良而立大叔。曰、「國卿、君之貳也。民之主也。不可以苟。請舍子明之類。」求亡妻者、使復其所。使游氏勿怨。曰、「無昭惡也。」〔鄭〕

（◇抽出文0條、◆抽出的編作文1條、☆編作文1條、◎無傳の經文4條）

〔襄公二十三年〕

◎1〔經〕二十有三年。春。王。二月。癸酉。朔。日有食之。〔左〕二十三年。春。

☆2〔經〕三月。己巳。杞伯匄卒。〔左〕①杞孝公卒。晉悼夫人喪之。平公不徹樂。非禮也。禮爲鄰國闕。〔晉〕②陳侯如楚。公子黃愬二慶於楚。楚人召之。使慶樂往。殺之。慶氏以陳叛。〔楚〕

◎3〔經〕夏。邾畀我來奔。〔左〕なし

◎4〔經〕葬杞孝公。〔左〕なし

◆5〔經〕陳殺其大夫慶虎及慶寅。陳侯之弟黃自楚歸于陳。〔左〕夏。①屈建從陳侯圍陳。陳人城。版隊而殺人。役人相命也、各殺其長。遂殺慶虎・慶寅。楚人納公子黃。〔楚〕②君子謂慶氏、「不義、不可肆也。故書曰『惟命不于常。』」《評》

◆6〔經〕晉欒盈復入于晉。入于曲沃。〔左〕①晉將嫁女于吳。齊侯使析歸父媵之。以藩載欒盈及其士。納諸曲沃。欒盈夜見胥午而告之。對曰、「不可。天之所廢、誰能興之。子必不免。吾非愛死也。知不集也。」盈曰、「雖然、因子而死、吾無悔矣。我實不天、子無咎焉。」許諾。伏之而觴曲沃人。樂作。午言、曰、「今也得欒孺子、何如。」對曰、「得主而爲之死、猶不死也。」皆歎。有泣者。爵行。又言、皆曰、「得主、何貳之有。」盈出。偏拜之。四月。欒盈帥曲沃之甲。因魏獻子、以晝入絳。〔晉〕②初。欒盈佐魏莊子於下軍。獻子私焉。故因之。趙氏以原屛之難怨欒氏。韓・趙方睦。中行氏以伐秦之役怨欒氏。而固與范氏和親。知悼子少而聽於中行氏。程鄭嬖於公。唯魏子及七輿大夫與之。樂王鮒侍坐於范宣子。或告曰、「欒氏至矣。」宣子懼。桓子曰、「奉君以走固宮、必無害也。且欒氏多怨。子爲政、欒氏自外。子在位。其利多矣。既有利權。又執民柄。將何懼焉。欒氏所得、其唯魏氏乎。而可強取也。夫克亂在權。子無懈矣。」公有姻喪。王鮒使宣子墨縗冒絰、二婦人輦以如公、奉公以如固宮。范鞅逆魏舒、則成列既乘、將逆欒氏矣。趨進、曰、「欒氏帥賊以入、鞅之父與二三子在君所矣。使鞅逆吾子。鞅請驂乘。」持帶、遂超乘。右撫劍、左援帶、命驅之出。僕請。鞅曰、「之公。」宣子逆諸階。執其手、賂之以曲沃。〔晉〕③初。斐豹隸也。著於丹書。欒氏之力臣曰督戎。國人懼之。斐豹謂宣子、曰、「苟焚丹書、我殺督戎。」宣子喜曰、「而殺之、所不請於君焚丹書者、有如日。」乃出豹而閉之。督戎從之。踰隱而待之。督戎踰入。豹自後擊而殺之。范氏之徒在臺後。欒氏乘公門。宣子謂鞅曰、「矢及君屋。死之。」鞅用劍以帥卒。欒氏退。攝車從之。遇欒樂。曰、「樂免之。死將訟女於天。」樂射之。不中。又注。則乘槐本而覆。或以戟鉤之。斷肘而死。欒魴傷。欒盈奔曲沃。晉人圍之。〔晉〕

◇7〔經〕秋。齊侯伐衞、遂伐晉。〔左〕秋。①齊侯伐衞。先驅穀榮、御王孫揮、召揚爲右。申驅成秩、御莒恒、申鮮虞之傅摯爲右。曹開御戎、晏父戎爲右。貳廣上之登、御邢公、盧蒲癸爲右。啓牢成、御襄罷師、狼蘧疏爲右。胠商子車、御侯朝、桓跳爲右。大殿商子游、御夏之御寇、崔如爲右。燭庸之越駟乘。自衞將遂伐晉。晏平仲曰、「君恃勇力、以伐盟主。若不濟、國之福也。不德而有功、憂必及君。」崔杼諫、曰、「不可。臣聞之、小國閒大國之敗而毀焉、必受其咎。君其圖之。」弗聽。陳文子見崔武子。曰、「將如君何。」武子曰、「吾言於君。君弗聽也。以爲盟主、而利其難。羣臣若急、君於何有。子姑止之。」文子退告其人、曰、「崔子將死乎。謂君甚而又過之。不得其死。過君以義、猶自抑也。況以惡乎。」齊侯遂伐晉。取朝歌。爲二隊、入孟門、登大行。張武軍於熒庭、戍郫邵、封少水。以報平陰之役。乃還。〔齊〕②趙勝帥東陽之師、以追之。獲晏氂。〔晉〕

◇8〔經〕八月。叔孫豹帥師、救晉。次于雍楡。〔左〕八月。叔孫豹帥師、救晉、次于雍楡。禮也。〔魯〕

◆9〔經〕己卯。仲孫速卒。〔左〕季武子無適子、公彌長、而愛悼子、欲立之。訪於申豐、曰、「彌與紇、吾皆愛之。欲擇才焉而立之。」申豐趨退歸、盡室將行。他日又訪焉、對曰、「其然將具敝車而行。」乃止。訪於臧紇。臧紇曰、「飲我酒。吾爲子立之。」季氏飲大夫酒。臧紇爲客。既獻。臧孫命北面重席、新樽絜之、召悼子。降逆之。大夫皆起。及旅而召公鉏、使與之齒。季孫失色。季氏以公鉏爲馬正。慍而不出。閔子馬見之、曰、「子無然。禍福無門。唯人所召。爲人子者患不孝、不患無所。敬共父命、何常之有。若能孝敬、富倍季氏、可也。若姦回不軌、禍倍下民、可也。」公鉏然之。敬共朝夕、恪居官次。季孫喜。使飲己酒而以具往、盡舍旃。故公鉏氏富。又出爲公左宰。孟孫惡臧孫。季孫愛之。孟氏之御騶豐點好羯也。曰、「從余言、必爲孟孫。」再三云。羯從之。孟莊子疾。豐點謂公鉏、「苟立羯、請讎臧氏。」公鉏謂季孫曰、「孺子秩、固其所也。若羯立、則季氏信有力於臧氏矣。」弗應。己卯。孟孫卒。公鉏奉羯、立于戶側。季孫至、入哭而出、曰、「秩焉在。」公鉏曰、「羯在此矣。」季孫曰、「孺子長。」公鉏曰、「何長之有。唯其才也。

且夫子之命也。」遂立羯。秩奔邾。臧孫入哭、甚哀多涕。出。其御曰、「孟孫之惡子也、而哀如是。季孫若死、其若之何。」臧孫曰、「季孫之愛我、疾疢也。孟孫之惡我、藥石也。美疢不如惡石。夫石猶生我。疢之美、其毒滋多。孟孫死。吾亡無日矣。」孟氏閉門、告於季孫、曰、「臧氏將爲亂。不使我葬。」季孫不信。臧孫聞之戒。〔魯〕

◆10 〔經〕冬。十月。乙亥。臧孫紇出奔邾。〔左〕冬。①十一月。孟氏將辟、藉除於臧氏。臧孫使正夫助之。除於東門。甲從己而視之。孟氏又告季孫。季孫怒。命攻臧氏。乙亥。臧紇斬鹿門之關、以出奔邾。〔魯〕②初。臧宣叔娶于鑄。生賈及爲而死。繼室以其姪。穆姜之姨子也。生紇。長於公宮。姜氏愛之。故立之。臧賈・臧爲出在鑄。臧武仲自邾使告臧賈、且致大蔡焉。曰、「紇不佞、失守宗祧。敢告不弔。紇之罪不及不祀。子以大蔡納請、其可。」賈曰、「是家之禍也。非子之過也。賈聞命矣。」再拜受龜、使爲以納請。遂自爲也。臧孫如防。使來告、曰、「紇非能害也。知不足也。非敢私請。苟守先祀、無廢二勳、敢不辟邑。」乃立臧爲。臧紇致防而奔齊。其人曰、「其盟我乎。」臧孫曰、「無辭。」將盟臧氏。季孫召外史掌惡臣、而問盟首焉。對曰、「盟東門氏也。曰、『毋或如東門遂不聽公命、殺適立庶。』盟叔孫氏也。曰、『毋或如叔孫僑如欲廢國常蕩覆公室。』」季孫曰、「臧孫之罪皆不及此。」孟椒曰、「盍以其犯門斬關。」季孫用之。乃盟臧氏、曰、「無或如臧孫紇干國之紀犯門斬關。」臧孫聞之、曰、「國有人焉。誰居。其孟椒乎。」〔魯〕

◆11 〔經〕晉人殺欒盈。〔左〕①晉人克欒盈于曲沃。盡殺欒氏之族黨。欒魴出奔宋。〔晉〕②〈書曰「晉人殺欒盈」、不言大夫、言自外也。〉

◇12 〔經〕齊侯襲莒。〔左〕①齊侯還自晉、不入。遂襲莒。門于且于。傷股而退。明日將復戰。期于壽舒。杞殖・華還、載甲夜入且于之隧、宿於莒郊。明日先遇莒子於蒲侯氏。莒子重賂之、使無死。曰、「請有盟。」華周對曰、「貪貨棄命、亦君所惡也。昏而受命、日未中而棄之、何以事君。」莒子親鼓之、從而伐之。獲杞梁。莒人行成。齊侯歸。遇杞梁之妻於郊。使弔之。辭曰、「殖之有罪、何辱命焉。若免於罪、猶有先人之敝廬在。下妾不得與郊弔。」齊侯歸、弔諸其室。〔齊〕②齊侯將爲臧紇田。臧孫聞之見齊侯。與之言伐晉。對曰、「多則多矣。抑君似鼠。夫鼠晝伏夜動、不穴於寢廟、畏人故也。今君聞晉之亂、而後作焉。寧、將事之。非鼠何如。」乃弗與田。〔魯〕③仲尼曰、「知之難也。有臧武仲之知、而不容於魯國。抑有由也。作不順、而施不恕也夫。夏書曰『念茲、在茲』、順事恕施也。」《評》

（◇抽出文3條、◆抽出的編作文5條、☆編作文1條、◎無傳の經文3條）

〔襄公二十四年〕

◆1 〔經〕二十有四年。春。叔孫豹如晉。〔左〕二十四年。春。穆叔如晉。范宣子逆之。問焉、曰、「古人有言、曰『死而不朽。』何謂也。」穆叔未對。宣子曰、「昔匄之祖自虞以上爲陶唐氏。在夏、爲御龍氏。在商、爲豕韋氏。在周、爲唐杜氏。晉主夏盟、爲范氏。其是之謂乎。」穆叔曰、「以豹所聞、此之謂世祿、非不朽也。魯有先大夫曰臧文仲。既沒、其言立於世。其是之謂乎。豹聞之、大上有立德、其次有立功、其次有立言。雖久、不廢。此之謂不朽。若夫保姓受氏、以守宗祊、世不絕祀、無國無之、祿之大者也。不可謂不朽。」〔魯〕

◆2〔經〕仲孫羯帥師、侵齊。〔左〕①范宣子爲政。諸侯之幣重。鄭人病之。二月。鄭伯如晉。子產寓書於子西、以告宣子、曰、「子爲晉國。四鄰諸侯不聞令德、而聞重幣。僑也惑之。僑聞、君子長國家者、非無賄之患、而無令名之難。夫諸侯之賄、聚於公室、則諸侯貳。若吾子賴之、則晉國貳。諸侯貳則晉國壞。晉國貳則子之家壞。何沒沒也。將焉用賄。夫令名德之輿也。德國家之基也。有基無壞、無亦是務乎。有德則樂、樂則能久。詩云、『樂只君子、邦家之基。』有令德也夫。『上帝臨女、無貳爾心。』有令名也夫。恕思以明德、則令名載而行之。是以遠至邇安。毋寧使人謂子、子實生我、而謂子浚我以生乎。象有齒以焚其身、賄也。」宣子說、乃輕幣。是行也、鄭伯朝晉、爲重幣故、且請伐陳也。鄭伯稽首。宣子辭。子西相、曰、「以陳國之介恃大國、而陵虐於敝邑。寡君是以請、請罪焉。敢不稽首。」〔鄭〕②孟孝伯侵齊。晉故也。〔魯〕

◇3〔經〕夏。楚子伐吳。〔左〕夏。①楚子爲舟師、以伐吳。不爲軍政。無功而還。〔楚〕②齊侯既伐晉而懼。將欲見楚子。楚子使薳啓彊如齊、聘且請期。齊人社蒐軍實、使客觀之。陳文子曰、「齊將有寇、吾聞之、兵不戢、必取其族。」〔齊〕

◎4〔經〕秋。七月。甲子。朔。日有食之。既。〔左〕なし

◇5〔經〕齊崔杼帥師、伐莒。〔左〕秋。齊侯聞將有晉師。使陳無宇從薳啓彊如楚、辭且乞師。崔杼帥師、送之。遂伐莒。侵介根。〔齊〕

◎6〔經〕大水。〔左〕なし

◎7〔經〕八月。癸巳。朔。日有食之。〔左〕なし

☆8〔經〕公會晉侯・宋公・衞侯・鄭伯・曹伯・莒子・邾子・滕子・薛伯・杞伯・小邾子、于夷儀。〔左〕會于夷儀。將以伐齊。水、不克。〔晉〕

☆9〔經〕冬。楚子・蔡侯・陳侯・許男、伐鄭。〔左〕冬。①楚子伐鄭。以救齊。門于東門。次于棘澤。諸侯還、救鄭。晉侯使張骼・輔躒致楚師、求御于鄭。鄭人卜宛射犬。吉。子大叔戒之、曰、「大國之人不可與也。」對曰、「無有衆寡、其上一也。」大叔曰、「不然。部婁無松柏。」二子在幄、坐射犬于外、既食而後食之、使御廣車而行、己皆乘乘車。將及楚師而後從之乘。皆踞轉而鼓琴。近、不告而馳之。皆取胄於橐而胄。入壘皆下。搏人以投、收禽、挾囚。弗待而出。皆超乘、抽弓而射。既免。復踞轉而鼓琴、曰、「公孫、同乘兄弟也。胡再不謀。」對曰、「曩者志入而已。今則怯也。」皆笑。曰、「公孫之亟也。」〔晉〕②楚子自棘澤還。使薳啓彊帥師送陳無宇。〔楚〕③吳人爲楚舟師之役故、召舒鳩人。舒鳩人叛楚。楚子師于荒浦。使沈尹壽與師祁犂讓之。舒鳩子敬逆二子而告無之。且請受盟。二子復命。王欲伐之。薳子曰、「不可。彼告不叛、且請受盟、而又伐之。伐無罪也。姑歸息民、以待其卒。卒而不貳、吾又何求。若猶叛我、無辭有庸。」乃還。〔楚〕

◎10〔經〕公至自會。〔左〕なし

◇11〔經〕陳鍼宜咎出奔楚。〔左〕陳人復討慶氏之黨。鍼宜咎出奔楚。

【楚】

◆12〔經〕叔孫豹如京師。〔左〕①齊人城郟。穆叔如周。聘且賀城。王嘉其有禮也。賜之大路。〔魯〕②晉侯嬖程鄭。使佐下軍。鄭行人公孫揮如晉、聘。程鄭問焉、曰、「敢問、降階何由。」子羽不能對。歸以語然明。然明曰、「是將死矣。不然、將亡。貴而知懼、懼而思降。乃得其階、下人而已。又何問焉。且夫既登而求降階者、知人也。不在程鄭。其有亡釁乎。不然、其有惑疾、將死而憂也。」

〔鄭〕

◎13〔經〕大饑。〔左〕なし

(◇抽出文3條、◆抽出的編作文3條、☆編作文2條、◎無傳の經文5條)

[襄公二十五年]

◇1〔經〕二十有五年。春。齊崔杼帥師、伐我北鄙。〔左〕二十五年。春。①齊崔杼帥師、伐我北鄙。以報孝伯之師也。公患之。使告于晉。孟公綽曰、「崔子將有大志。不在病我。必速歸。何患焉。其來也、不寇。使民、不嚴。異於他日。」齊師徒歸。〔魯〕②齊棠公之妻東郭偃之姊也。東郭偃臣崔武子。棠公死。偃御武子、以弔焉。見棠姜而美之、使偃取之。偃曰、「男女辨姓。今君出自丁。臣出自桓。不可。」武子筮之。遇困䷮之大過䷛。史皆曰、「吉。」示陳文子。文子曰、「夫從風。風隕妻。不可娶也。且其繇曰、『困于石、據于蒺梨、入于其宮、不見其妻、凶。』困于石、往不濟也。據于蒺蔾、所恃傷也。入于其宮不見其妻、凶。無所歸也。」崔子曰、「嫠也。何害。先夫當之矣。」遂取之。莊公通焉。驟如崔氏。以崔子之冠賜人。侍者曰、「不可。」公曰、「不爲崔子、其無冠乎。」崔子因是。又以其閒、伐晉也。曰、「晉必將報。」欲弑公以説于晉。而不獲閒。公鞭侍人賈擧、而又近之。乃爲崔子閒公。〔齊〕

◆2〔經〕夏。五月。乙亥。齊崔杼弑其君光。〔左〕夏。①五月。莒爲且于之役故、莒子朝于齊。甲戌。饗諸北郭。崔子稱疾、不視事。乙亥。公問崔子。遂從姜氏。姜氏入于室、與崔子自側戶出。公拊楹而歌。侍人賈擧止衆從者、而入閉門。甲興。公登臺而請。弗許。請盟。弗許。請自刃於廟。弗許。皆曰、「君之臣杼疾病、不能聽命。近於公宮。陪臣干掫、有淫者、不知二命。」公踰牆。又射之。中股、反隊。遂弑之。賈擧・州綽・邴師・公孫敖・封具・鐸父・襄伊・僂堙、皆死。〔齊〕②祝佗父祭於高唐。至、復命。不説弁而死於崔氏。申蒯侍漁者。退謂其宰、曰、「爾以帑免。我將死。」其宰曰、「免、是反子之義也。」與之皆死。崔氏殺鬷蔑于平陰。晏子立於崔氏之門外。其人曰、「死乎。」曰、「獨吾君也乎哉。吾死也。」曰、「行乎。」曰、「吾罪也乎哉。吾亡也。」曰、「歸乎。」曰、「君死。安歸。君民者豈以陵民。社稷是主。臣君者豈爲其口實。社稷是養。故君爲社稷死、則死之。爲社稷亡、則亡之。若爲己死、而爲己亡、非其私暱、誰敢任之。且人有君而弑之、吾焉得死之。而焉得亡之。將庸何歸。」門啓而入。枕尸股而哭。興三踊、而出。人謂崔子、必殺之。崔子曰、「民之望也。舍之、得民。」盧蒲癸奔晉。王何奔莒。〔齊〕③叔孫宣伯之在齊也、叔孫還納其女於靈公。嬖、生景公。丁丑。崔杼立而相之。慶封爲左相。盟國人於大宮。曰、「所不與崔・慶者。」晏子仰天、歎。曰、「嬰所不唯忠於君、利社稷者、是與。有如上帝。」乃歃。辛巳。公與大夫及莒子盟。〔齊〕④大史書曰、「崔杼弑其君。」崔子殺之。其弟嗣書。而死者二人。其弟又書。乃舍之。南史氏聞大史盡死、執簡以往。聞既書矣。乃還。〔齊〕⑤閭丘嬰以帷縛其妻、而載之。與申・鮮虞乘而出。鮮虞推而下之。曰、「君昏不能匡、危不能救、死不能死、而知匿其暱。其誰納之。」行及弇中、將舍。嬰曰、「崔・慶、其追我。」鮮虞曰、「一與一、誰能懼我。」遂舍。枕轡而寢。食馬而食、駕而行、出弇中。謂嬰曰、「速驅之。崔・慶之衆不可當也。」遂來奔。〔魯〕⑥崔氏側莊公于北郭。丁亥。葬諸士孫之里。四翣、不蹕、下車七乘、不以兵甲。〔齊〕

☆3　〔經〕**公會晉侯・宋公・衞侯・鄭伯・曹伯・莒子・邾子・滕子・薛伯・杞伯・小邾子于夷儀。**〔左〕①晉侯濟自泮、會于夷儀。伐齊以報朝歌之役。齊人以莊公說、使隰鉏請成。慶封如師。男女以班、賂晉侯以宗器・樂器。自六正・五吏・三十帥・三軍之大夫・百官之正長・師旅、及處守者、皆有賂。晉侯許之。使叔向告於諸侯。〔晉〕②公使子服惠伯對、曰、「君舍有罪、以靖小國。君之惠也。寡君聞命矣。」〔魯〕③晉侯使魏舒・宛沒逆衞侯。將使衞與之夷儀。崔子止其帑、以求五鹿。〔晉〕

☆4　〔經〕**六月。壬子。鄭公孫舍之帥師、入陳。**〔左〕初。陳侯會楚子伐鄭。當陳隧者、井堙、木刊。鄭人怨之。六月。鄭子展・子產・帥車七百乘、伐陳。宵突陳城。遂入之。陳侯扶其大子偃師、奔墓。遇司馬桓子。曰、「載余。」曰、「將巡城。」遇賈獲。載其母妻。下之而授公車。公曰、「舍而母。」辭曰、「不祥。」與其妻扶其母、以奔墓、亦免。子展命師、無入公宮。與子產親御諸門。陳侯使司馬桓子賂以宗器。陳侯免、擁社。使其衆男女別而纍、以待於朝。子展執縶而見。再拜稽首、承飲而進獻。子美入、數俘而出。祝祓社、司徒致民、司馬致節、司空致地。乃還。〔鄭〕

☆5　〔經〕**秋。八月。己巳。諸侯同盟于重丘。**〔左〕秋。①七月。己巳。同盟于重丘。齊成故也。〔晉〕②趙文子爲政。令薄諸侯之幣而重其禮。穆叔見之。謂穆叔、曰、「自今以往兵其少弭矣。齊崔・慶新得政、將求善於諸侯。武也知楚令尹。若敬行其禮、道之以文辭、以靖諸侯、兵可以弭。」〔晉〕③楚薳子馮卒。屈建爲令尹。屈蕩爲莫敖。舒鳩人卒叛。楚令尹子木伐之。及離城。吳人救之。子木遽以右師先。子彊・息桓・子捷・子駢・子盂、帥左師以退。吳人居其閒七日。子彊曰、「久將墊隘、隘乃禽也。不如速戰。請以其私卒誘之。簡師陳以待我。我克則進、奔則亦視之。乃可以免。不然、必爲吳禽。」從之。五人以其私卒先擊吳師。吳師奔。登山以望。見楚師不繼。復逐之、傳諸其軍。簡師會之。吳師大敗。遂圍舒鳩。舒鳩潰。八月。楚滅舒鳩。〔楚〕

◎6　〔經〕**公至自會。**〔左〕なし

◆7　〔經〕**衞侯入于夷儀。**〔左〕①衞獻公入于夷儀。〔齊〕②鄭子產獻捷于晉。戎服將事。晉人問陳之罪。對曰、「昔虞閼父爲周陶正、以服事我先王。我先王賴其利器用也與其神明之後也、庸以元女大姬配胡公、而封諸陳、以備三恪。則我周之自出、至于今是賴。桓公之亂、蔡人欲立其出。我先君莊公奉五父而立之。蔡人殺之。我又與蔡人奉戴厲公。至於莊・宣、皆我之自立。夏氏之亂、成公播

蕩、又我之自入。君所知也。今陳忘周之大德、蔑我大惠、棄我姻親、介恃楚衆、以馮陵我敝邑、不可億逞。我是以有往年之告。未獲成命。則又有我東門之役。當陳隧者、井堙木刊。敝邑大懼不競而恥大姬。天誘其衷、啓敝邑心。陳知其罪、授手于我。用敢獻功。」晉人曰、「何故侵小。」對曰、「先王之命、唯罪所在、各致其辟。且昔天子之地一圻、列國一同、自是以衰。今大國多數圻矣。若無侵小、何以至大焉。」晉人曰、「何故戎服。」對曰、「我先君武・莊、爲平・桓卿士。城濮之役、文公布命、曰、『各復舊職。』命我文公、戎服輔王、以授楚捷。不敢廢王命故也。」士莊伯不能詰。復於趙文子。文子曰、「其辭順。犯順不祥。」乃受之。〔鄭〕

◆8 〔經〕**楚屈建帥師、滅舒鳩。**〔左〕(5③の左傳文と對應)

◆9 〔經〕**冬。鄭公孫夏帥師、伐陳。**〔左〕冬。①十月。子展相鄭伯、如晉。拜陳之功。子西復伐陳。陳及鄭平。〔鄭〕②仲尼曰、「志有之、『言以足志、文以足言。』不言、誰知其志。言之無文、行而不遠。晉爲伯、鄭入陳。非文辭、不爲功。愼辭哉。」《評》③楚蔿掩爲司馬。子木使庀賦、數甲兵。甲午。蔿掩書土田、度山林、鳩藪澤、辨京陵、表淳鹵、數疆潦、規偃豬、町原防、牧隰皐、井衍沃、量入、脩賦。賦車、籍馬。賦車兵・徒兵・甲楯之數。既成以授子木。禮也。〔楚〕

☆10 〔經〕**十有二月。吳子遏伐楚、門于巢、卒。**〔左〕①十二月。吳子諸樊伐楚。以報舟師之役。門于巢。巢牛臣曰、「吳王勇而輕、若啓之、將親門。我獲射之、必殪。是君也死、疆其少安。」從之。吳子門焉。牛臣隱於短牆、以射之。卒。〔楚〕②楚子以滅舒鳩、賞子木。辭曰、「先大夫蔿子之功也。」以與蔿掩。〔楚〕③晉程鄭卒。子產始知然明。問爲政焉。對曰、「視民如子、見不仁者誅之、如鷹鸇之逐鳥雀也。」子產喜以語子大叔。且曰、「他日吾見蔑之面而已。今吾見其心矣。」子大叔問政於子產。子產曰、「政如農功、日夜思之、思其始而成其終、朝夕而行之。行無越思、如農之有畔。其過鮮矣。」〔鄭〕④衞獻公自夷儀使與甯喜言。甯喜許之。大叔文子聞之、曰、「烏呼詩所謂『我躬不說、遑恤我後』者也、甯子可謂不恤其後矣。將可乎哉。殆必不可。君子之行、思其終也。思其復也。書曰『愼始而敬終、終以不困』、詩曰『夙夜匪懈、以事一人』、今甯子視君不如弈棋。其何以免乎。弈者擧棋不定、不勝其耦。而況置君而弗定乎。必不免矣。九世之卿族、一擧而滅之。可哀也哉。」〔衞〕⑤會于夷儀之歲、齊人城郟。其五月、秦・晉爲成。晉韓起如秦、涖盟。秦伯車如晉、涖盟。成而不結。〔晉〕

(◇抽出文1條、◆抽出的編作文4條、☆編作文4條、◎無傳の經文1條)

[襄公二十六年]

◆1 〔經〕**二十有六年。春。王。二月。辛卯。衞甯喜弒其君剽。**〔左〕二十六年。春。①秦伯之弟鍼如晉。脩成。叔向命召行人子員。行人子朱曰、「朱也當御。」三云。叔向不應。子朱怒、曰、「班爵同。何以黜朱於朝。」撫劍從之。叔向曰、「秦・晉、不和久矣。今日之事、幸而集、晉國賴之。不集、三軍暴骨。子員道二國之言、無私。子常易之。姦以事君者、吾所能御也。」拂衣從之。人救之。平公曰、「晉其庶乎。吾臣之所爭者大。」師曠曰、「公室懼卑。臣不心競而力爭。不務德而爭善。私欲已侈、能無卑乎。」〔晉〕②衞獻公使子鮮爲復。辭。敬姒强命之。對曰、「君無信。臣懼不免。」敬姒曰、「雖然、以吾故也。」許諾。初。獻公使與甯喜言。甯喜曰、「必子鮮在。不然必敗。」故公使子鮮。子鮮不獲命於敬姒。以公命與甯喜言、曰、「苟反、政由甯氏、祭則寡人。」甯喜告蘧伯玉。伯玉曰、「瑗不得聞君之出。敢聞其入。」遂行、從近關出。告右宰穀。右宰穀曰、「不可。獲罪於兩君。天下誰畜之。」悼子曰、「吾受命於先人。不可以貳。」穀曰、「我請使焉而觀之。」遂見公於夷儀。反曰、「君淹恤在外、十二年矣。而無憂色、亦無寬言、猶夫人也。若不已、死無日矣。」悼子曰、「子鮮在。」右宰穀曰、「子鮮在、何益。多而能亡、於我何爲。」悼子曰、「雖然、弗可以已。」孫文子在戚。孫嘉聘於齊。孫襄居守。二月。庚寅。甯喜・右宰穀、伐孫氏。不克。伯國傷。甯子出。舍於郊。伯國死。孫氏夜哭。國人召甯子。甯子復攻孫氏。克之。辛卯。殺子叔及大子角。〔衞〕③〈書曰「甯喜弑其君剽」、言罪之在甯氏也。〉

◆2 〔經〕衞孫林父入于戚、以叛。〔左〕①孫林父以戚如晉。〔衞〕②〈書曰「入于戚、以叛」、罪孫氏也。臣之祿君實有之。義則進、否則奉身而退。專祿以周旋、戮也。〉

☆3 〔經〕甲午。衞侯衎復歸于衞。〔左〕①甲午。衞侯入。〔衞〕②〈書曰「復歸」、國納之也。〉③大夫逆於竟者、執其手而與之言。道逆者自車揖之、逆於門者頷之而已。公至。使讓大叔文子曰、「寡人淹恤在外。二三子皆使寡人朝夕聞衞國之言。吾子獨不在寡人。古人有言、曰『非所怨、勿怨。』寡人怨矣。」對曰、「臣知罪矣。臣不佞。不能負羈紲以從君、扞牧圉。臣之罪一也。有出者、有居者。臣不能貳通外内之言、以事君。臣之罪二也。有二罪、敢忘其死。」乃行。從近關出。公使止之。〔衞〕④衞人侵戚東鄙。孫氏愬于晉。晉戍茅氏。殖綽伐茅氏、殺晉戍三百人。孫蒯追之、弗敢擊。文子曰、「厲之不如。」遂從衞師。敗之圉。雍鉏獲殖綽。復愬于晉。〔衞〕⑤鄭伯賞入陳之功。三月。甲寅。朔。享子展、賜之先路三命之服、先八邑。賜子產次路再命之服、先六邑。子產辭邑、曰、「自上以下、降殺以兩、禮也。臣之位在四。且子展之功也。臣不敢及賞禮。請辭邑」。公固豫之。乃受三邑。公孫揮曰、「子產其將知政矣。讓不失禮。」〔鄭〕⑥晉人爲孫氏故、召諸侯、將以討衞也。〔晉〕

◆4 〔經〕夏。晉侯使荀吳來聘。〔左〕夏。①中行穆子來聘。召公也。〔魯〕②楚子・秦人、侵吳。及雩婁。聞吳有備而還。遂侵鄭。五月。至于城麇。鄭皇頡戍之。出與楚師戰、敗。穿封戌囚皇頡。公子圍與之爭之。正於伯州犁。伯州犁曰、「請問於囚。」乃立囚。伯州犁曰、「所爭君子也。其何不知。」上其手、曰、「夫子爲王子圍。寡君之貴介弟也。」下其手、曰、「此子爲穿封戌。方城外之縣尹也。誰獲子。」囚曰、「頡遇王子、弱焉。」戌怒抽戈、逐王子圍。弗及。楚人以皇頡歸。印堇父與皇頡、戍城麇。楚人囚之。以獻於秦。鄭人取貨於印氏、以請之。子大叔爲令正、以爲請。子產曰、「不獲。受楚之功而取貨於鄭、不可謂國。秦不其然。若曰『拜君之勸鄭國。微君之惠、楚師其猶在敝邑之城下。』其可。」弗從。遂行。秦人不豫。更幣、從子產、而後獲之。〔鄭〕

◆5〔經〕公會晉人・鄭良霄・宋人・曹人于澶淵。〔左〕①六月。公會晉趙武・宋向戌・鄭良霄・曹人于澶淵。以討衞、疆戚田。取衞西鄙懿氏六十。以與孫氏。〔魯〕②〈趙武不書、尊公也。向戌不書、後也。鄭先宋、不失所也。〉③於是、衞侯會之。晉人執甯喜・北宮遺、使女齊以先歸。衞侯如晉。晉人執而囚之於士弱氏。〔衞〕

◆6〔經〕秋。宋公殺其世子痤。〔左〕秋。①七月。齊侯・鄭伯爲衞侯故、如晉。晉侯兼享之。晉侯賦嘉樂。國景子相齊侯、賦蓼蕭。子展相鄭伯、賦緇衣。叔向命晉侯、拜二君、曰、「寡君敢拜齊君之安我先君之宗祧也。敢拜鄭君之不貳也。」國子使晏平仲私於叔向、曰、「晉君宣其明德於諸侯、恤其患而補其闕、正其違而治其煩、所以爲盟主也。今爲臣執君、若之何。」叔向告趙文子。文子以告晉侯。晉侯言衞侯之罪、使叔向告二君。國子賦轡之柔矣。子展賦將仲子兮。晉侯乃許歸衞侯。叔向曰、「鄭七穆、罕氏其後亡者也。子展儉而壹。」〔晉〕②初。宋芮司徒生女子。赤而毛。棄諸堤下。共姬之妾取以入。名之曰棄。長而美。平公入、夕。共姬與之食。公見棄也而視之尤。姬納諸御。嬖。生佐。惡而婉。大子痤美而很。合左師畏而惡之。寺人惠牆伊戾爲大子內師、而無寵。〔宋〕③秋。楚客聘於晉。過宋。大子知之、請野享之。公使往。伊戾請從之。公曰、「夫不惡女乎。」對曰、「小人之事君子也、惡之不敢遠、好之不敢近。敬以待命。敢有貳心乎。縱有共其外、莫共其內。臣請往也。」遣之。至、則欿用牲加書徵之。而騁告公。曰、「大子將爲亂。既與楚客盟矣。」公曰、「爲我子。又何求。」對曰、「欲速。」公使視之、則信有焉。問諸夫人與左師。則皆曰、「固聞之。」公囚大子。大子曰、「唯佐也、能免我。」召而使請曰、「日中不來、吾知死矣。」左師聞之、聒而與之語。過期。乃縊而死。佐爲大子。公徐聞其無罪也。乃亨伊戾。左師見夫人之步馬者。問之。對曰、「君夫人氏也。」左師曰、「誰爲君夫人。余胡弗知。」圉人歸以告夫人。夫人使饋之錦與馬、先之以玉。曰、「君之妾棄、使某獻。」左師改命、曰、「君夫人。」而後再拜稽首受之。〔宋〕

◆7〔經〕晉人執衞甯喜。〔左〕（5③の左傳文と對應）

☆8〔經〕八月。壬午。許男甯卒于楚。〔左〕①鄭伯歸自晉。使子西如晉、聘。辭曰、「寡君來煩執事。懼不免於戾。使夏謝不敏。」〔鄭〕

②君子曰、「善事大國。」《評》③初。楚伍參與蔡太師子朝友。其子伍擧與聲子相善也。伍擧娶於王子牟。王子牟爲申公而亡。楚人曰、「伍擧實送之。」伍擧奔鄭。將遂奔晉。聲子將如晉。遇之於鄭郊。班荊相與食、而言復故。聲子曰、「子行也、吾必復子。」及宋向戌將平晉楚。聲子通使於晉。還如楚。令尹子木與之語。問晉故焉。且曰、「晉大夫與楚孰賢。」對曰、「晉卿不如楚。其大夫則賢、皆卿材也。如杞梓・皮革自楚往也。雖楚有材、晉實用之。」子木曰、「夫獨無族姻乎。」對曰、「雖有、而用楚材、實多。歸生聞之、『善爲國者、賞不僭、而刑不濫。賞僭則懼及淫人。刑濫則懼及善人。若不幸而過、寧僭無濫。與其失善、寧其利淫。』無善人則國從之。詩曰『人之云亡、邦國殄瘁。』無善人之謂也。故夏書曰『與其殺不辜、寧失不經。』懼失善也。商頌有之曰『不僭不濫、不敢怠皇。命于下國、封建厥福。』此湯所以獲天福也。古之治民者、勸賞而畏刑、恤民不倦。賞以春夏、刑以秋冬。是以將賞、

爲之加膳、加膳則飫賜。此以知其勸賞也。將刑、爲之不擧、不擧則徹樂。此以知其畏刑也。夙興夜寐、朝夕臨政。此以知其恤民也。三者禮之大節也。有禮無敗。今楚多淫刑。其大夫逃死於四方。而爲之謀主、以害楚國、不可救療。所謂不能也。子儀之亂、析公奔晉。晉人寘諸戎車之殿、以爲謀主。繞角之役、晉將遁矣。析公曰、『楚師輕窕、易震蕩也。若多鼓鈞聲、以夜軍之、楚師必遁。』晉人從之。楚師宵潰。晉遂侵蔡、襲沈、獲其君、敗申息之師於桑隧、獲申麗而還。鄭於是不敢南面、楚失華夏、則析公之爲也。雍子之父兄譖雍子、君與大夫不善是也。雍子奔晉。晉人與之鄐。以爲謀主。彭城之役、晉楚遇於靡角之谷。晉將遁矣。雍子發命於軍、曰、「歸老幼、反孤疾、二人役歸一人、簡兵蒐乘、秣馬、蓐食、師陳、焚次。明日將戰。」行歸者而逸楚囚。楚師宵潰。晉降彭城而歸諸宋。以魚石歸。楚失東夷、子辛死之、則雍子之爲也。子反與子靈爭夏姫、而雍害其事。子靈奔晉。晉人與之邢。以爲謀主。扞禦北狄、通吳於晉、教吳叛楚、教之乘車射御驅侵、使其子狐庸爲吳行人焉。吳於是伐巢、取駕、克棘、入州來。楚罷於奔命、至今爲患、則子靈之爲也。若敖之亂、伯賁之子賁皇奔晉。晉人與之苗。以爲謀主。鄢陵之役、楚晨壓晉軍而陳。晉將遁矣。苗賁皇曰、「楚師之良、在其中軍王族而已。若塞井夷竈成陳以當之、欒・范易行、以誘之、中行二郤、必克二穆。吾乃四萃於其王族、必大敗之。」晉人從之。楚師大敗。王夷、師熸。子反死之、鄭叛、吳興、楚失諸侯。則苗賁皇之爲也。」子木曰、「是皆然矣。」聲子曰、「今又有甚於此。椒擧娶於申公子牟、子牟得戾而亡。君大夫謂椒擧、『女實遺之。』懼而奔鄭。引領、南望、曰『庶幾赦餘。』亦弗圖也。今在晉矣。晉人將與之縣、以比叔向。彼若謀害楚國、豈不爲患。」子木懼。言諸王。益其祿爵而復之。聲子使椒鳴逆之。〔楚〕④許靈公如楚。請伐鄭。曰、「師不興、孤不歸矣。」八月。卒于楚。楚子曰、「不伐鄭、何以求諸侯。」〔楚〕

☆9〔經〕冬。楚子・蔡侯・陳侯、伐鄭。〔左〕冬。十月。楚子伐鄭。鄭人將禦之。子產曰、「晉・楚將平、諸侯將和。楚王是故昧於一來。不如使逞而歸。乃易成也。夫小人之性、釁於勇、嗇於禍、以足其性、而求名焉者。非國家之利也。若何從之。」子展說。不禦寇。〔鄭〕

◇10〔經〕葬許靈公。〔左〕①十二月。乙酉。入南里。墮其城。涉於樂氏。門于師之梁。縣門發。獲九人焉。涉於氾而歸。而後葬許靈公。〔楚〕②衞人歸衞姫于晉。乃釋衞侯。〔晉〕③君子、是以知平公之失政也。《評》④晉韓宣子聘于周。王使請事。對曰、「晉士起將歸時事於宰旅。無他事矣。」王聞之、曰、「韓氏其昌阜於晉乎。辭不失舊。」〔晉〕⑤齊人城郟之歲。其夏、齊烏餘、以廩丘奔晉、襲衞羊角、取之。遂襲我高魚。有大雨、自其竇入。介于其庫、以登其城、克而取之。又取邑于宋。〔魯〕⑥於是、范宣子卒。諸侯弗能治也。及趙文子爲政。乃卒治之。文子言於晉侯、曰、「晉爲盟主。諸侯或相侵也、則討而使歸其地。今烏餘之邑、皆討類也。而貪之。是無以爲盟主也。請歸之。」公曰、「諾。孰可使也。」對曰、「胥梁帶能無用師。」晉侯使往。〔晉〕

（◇抽出文1條、◆抽出的編作文6條、☆編作文3條、◎無傳の經文0條）

［襄公二十七年］

◆1 〔經〕**二十有七年。春。齊侯使慶封來聘。**〔左〕二十七年。春。①胥梁帶使諸喪邑者具車徒以受地、必周。使烏餘具車徒以受封。烏餘以其衆出。使諸侯僞效烏餘之封者、而遂執之。盡獲之。皆取其邑而歸諸侯。諸侯是以睦於晉。〔晉〕②齊慶封來聘。其車美。孟孫謂叔孫、曰、「慶季之車、不亦美乎。」叔孫曰、「豹聞之。服美不稱、必以惡終。美車何爲。」叔孫與慶封食。不敬。爲賦相鼠。亦不知也。〔魯〕③衛甯喜專。公患之。公孫免餘請殺之。公曰、「微甯子、不及此。吾與之言矣。事未可知。祇成惡名。止也。」對曰、「臣殺之。君勿與知。」乃與公孫無地・公孫臣謀。使攻甯氏。弗克。皆死。公曰、「臣也無罪。父子死余矣。」〔衛〕

◆2 〔經〕**夏。叔孫豹會晉趙武・楚屈建・蔡公孫歸生・衛石惡・陳孔奐・鄭良霄・許人・曹人于宋。**〔左〕（3、4②④、5①の左傳文と對應）

◆3 〔經〕**衛殺其大夫甯喜。**〔左〕夏。免餘復攻甯氏。殺甯喜及右宰穀。尸諸朝。石惡將會宋之盟、受命而出。衣其尸、枕之股而哭之。欲斂以亡。懼不免。且曰、「受命矣。」乃行。〔衛〕

◆4 〔經〕**衛侯之弟鱄出奔晉。**〔左〕①子鮮曰、「逐我者出。納我者死。賞罰無章、何以沮勸。君失其信而國無刑、不亦難乎。且鱄實使之。」遂出奔晉。公使止之。不可。及河又使止之。止使者而盟於河。託於木門。不鄕衛國而坐。木門大夫勸之仕。不可。曰、「仕而廢其事、罪也。從之、昭吾所以出也。將誰愬乎。吾不可以立於人之朝矣。」終身不仕。公喪之如稅服、終身。公與免餘邑六十。辭曰、「唯卿備百邑。臣六十矣。下有上祿、亂也。臣弗敢聞命。且甯子唯多邑。故死。臣懼死之速及也。」公固與之。受其半。以爲少師。公使爲卿。辭曰、「大叔儀不貳。能贊大事。君其命之。」乃使文子爲卿。〔衛〕②宋向戌善於趙文子。又善於令尹子木。欲弭諸侯之兵以爲名。如晉、告趙孟。趙孟謀於諸大夫。韓宣子曰、「兵、民之殘也。財用之蠹。小國之大菑也。將或弭之。雖曰不可、必將許之。弗許、楚將許之。以召諸侯、則我失爲盟主矣。」晉人許之。如楚。楚亦許之。如齊。齊人難之。陳文子曰、「晉・楚許之。我焉得已。且人曰弭兵。而我弗許。則固攜吾民矣。將焉用之。」齊人許之。告於秦。秦亦許之。皆告於小國、爲會於宋。五月。甲辰。晉趙武至於宋。丙午。鄭良霄至。六月。丁未。朔。宋人享趙文子。叔向爲介。司馬置折俎。禮也。〔宋〕③仲尼、使擧是禮也、以爲多文辭。《評》④戊申。叔孫豹・齊慶封・陳須無・衛石惡至。甲寅。晉荀盈從趙武至。丙辰。邾悼公至。壬戌。楚公子黑肱先至。成言於晉。丁卯。宋向戌如陳。從子木成言於楚。戊辰。滕成公至。子木謂向戌、請晉楚之從交相見也。庚午。向戌復於趙孟。趙孟曰、「晉楚齊秦、匹也。晉之不能於齊、猶楚之不能於秦也。楚君若能使秦君辱於敝邑、寡君敢不固請於齊。」壬申。左師復言於子木。子木使馹謁諸王。王曰、「釋齊秦。他國、請相見也。」〔魯〕

◆5 〔經〕**秋。七月。辛巳。豹及諸侯之大夫盟于宋。**〔左〕秋。①七月。戊寅。左師至。是夜也、趙孟及子晳盟、以齊言。庚辰。子木至自陳。陳孔奐・蔡公孫歸生至。曹・許之大夫皆至。以藩爲軍。晉楚各處其偏。伯夙謂趙孟、曰、「楚氛甚惡。懼難。」趙孟曰、「吾左還入於宋、若我何。」辛巳。將盟於宋西門之外。楚人衷甲。伯州犂曰、「合諸侯之師、以爲不信。無乃不可乎。夫諸侯望信於楚。是以來服。若不信、是棄其所以服諸侯也。」固請釋甲。子木曰、「晉楚無信、久矣。事利而已。苟得志焉。焉用有信。」大宰退、告人、曰、「令尹將死矣。不及三年、求逞志而棄信、志將逞乎。志以發言、言以出信、信以立志、參以定之。信亡何以及三。」趙孟患楚衷甲、以告叔向。叔向曰、「何害也。匹夫一爲不信、猶不可。單斃其死。若合諸侯之卿、以爲不信、必不捷矣。食言者不病。非子之患也。夫以信召人、而以僭濟之、必莫之與也。安能害我。且吾因宋以守病、則夫能致死。與宋致死、雖倍楚、可也。子何懼焉。又不及是。曰弭兵、以召諸侯、而稱兵以害我、吾庸多矣。非所患也。」〔晉〕 ②季武子使謂叔孫、以公命、曰、「視邾・滕。」既而齊人請邾。宋人請滕。皆不與盟。叔孫曰、「邾・滕、人之私也。我列國也。何故視之。宋・衞、吾匹也。」乃盟。〔魯〕 ③〈故不書其族。言違命也。〉 ④晉楚爭先。晉人曰、「晉固爲諸侯盟主。未有先晉者也。」楚人曰、「子言、晉・楚匹也。若晉常先、是楚弱也。且晉楚狎主諸侯之盟也、久矣。豈專在晉。」叔向謂趙孟、曰、「諸侯歸晉之德。只非歸其尸盟也。子務德、無爭先。且諸侯盟、小國固必有尸盟者。楚爲晉細、不亦可乎。」乃先楚人。〔晉〕 ⑤〈書先晉、晉有信也。〉 ⑥壬午。宋公兼享晉楚之大夫。趙孟爲客。子木與之言、趙孟弗能對。使叔向侍言焉。子木亦不能對也。乙酉。宋公及諸侯之大夫盟于蒙門之外。子木問於趙孟、曰、「范武子之德、何如。」對曰、「夫子之家事治。言於晉國、無隱情。其祝史陳信於鬼神、無愧辭。」子木歸以語王。王曰、「尚矣哉。能歆神人。宜其光輔五君、以爲盟主也。」子木又語王、曰、「宜晉之伯也。有叔向以佐其卿。楚無以當之。不可與爭。」晉荀盈遂如楚、涖盟。〔楚〕 ⑦鄭伯享趙孟于垂隴。子展・伯有・子西・子產・子大叔・二子石從。趙孟曰、「七子從君、以寵武也。請皆賦以卒君貺。武亦以觀七子之志。」子展賦草蟲。趙孟曰、「善哉、民之主也。抑武也、不足以當之。」伯有賦鶉之賁賁。趙孟曰、「牀笫之言不踰閾、況在野乎。非使人之所得聞也。」子西賦黍苗之四章。趙孟曰、「寡君在。武何能焉。」子產賦隰桑。趙孟曰、「武請、受其卒章。」子大叔賦野有蔓草。趙孟曰、「吾子之惠也。」印段賦蟋蟀。趙孟曰、「善哉。保家之主也。吾有望。」公孫段賦桑扈。趙孟曰、「匪交匪敖、福將焉往。」若保是言也、欲辭福祿、得乎。」卒享。文子告叔向、曰、「伯有將爲戮矣。詩以言志。志誣其上而公怨之、以爲賓榮。其能久乎。幸而後亡。」叔向曰、「然。已侈。所謂不及五稔者、夫子之謂矣。」文子曰、「其餘皆數世之主也。子展其後亡者也。在上不志降。印氏其次也。樂而不荒。樂以安民。不淫以使之。後亡不亦可乎。」〔晉〕 ⑧宋左師請賞、曰、「請免死之邑。」公與之邑六十。以示子罕。子罕曰、「凡諸侯小國、晉楚所以兵威之。畏而後上下慈和。慈和而後能安靖其國家、以事大國。所以存也。無威則驕。驕則亂生。亂生必滅。所以亡也。天生五材。民並用之。廢一不可。誰能去兵。兵之設久矣。所以威不軌而昭文德也。聖人以興。亂人以廢。廢興存亡、昏明之術、皆兵之由也。而子求去之。不亦誣乎。以誣道蔽諸侯、罪莫大焉。縱無大討、而又求賞。無厭之甚也。」削而投之。左師辭邑。向氏欲攻司城。左師曰、「我將亡。夫子存我。德莫大焉。又可攻乎。」〖宋〗 ⑨君子曰、「『彼己之子、邦之司直。』樂喜之謂乎。『何以恤我、我其收之。』向戌之謂乎。」《評》 ⑩齊崔杼生成及彊、而寡。娶東郭姜、生明。東郭姜以孤入、曰棠無咎。與東郭偃相崔氏。崔成有疾而廢之。而立明。成請老于崔。崔子許之。偃與無咎弗豫、曰、「崔宗邑也。必在宗主。」成與彊怒。將殺之。告慶封、曰、「夫子之身亦子所知也。唯無咎與偃是從。父兄莫得進矣。大恐害夫子。敢以告。」慶封曰、「子姑退。吾圖之。」告盧蒲嫳。盧蒲嫳曰、「彼君之讎也。天或者將棄彼矣。彼實家亂。子何病焉。崔之薄、慶之厚也。」他日又告。慶封曰、「苟利夫子、必去之。難、吾助女。」九月。庚辰。崔成・崔彊、殺東郭偃・棠無咎於崔氏之朝。崔子怒而出。其衆皆逃。求人使駕。不得。使圉人駕。寺人御而出。且曰、「崔氏有福、止餘猶可。」遂見慶封。慶封曰、「崔・慶一也。是何敢然。請爲子討之。」使盧蒲嫳帥甲以攻崔氏。崔氏堞其宮而守之。弗克。使國人助之。遂滅崔氏。殺成與彊而盡俘其家。其妻縊。嫳復命於崔子。且御而歸之。至則無歸矣。乃縊。崔明夜辟諸大墓。〖齊〗 ⑪辛巳。崔明來奔。慶封當國。〖魯〗 ⑫楚薳罷如晉。涖盟。晉侯享之。將出。賦既醉。叔向曰、「薳氏之有後於楚國也、宜哉。承君命不忘敏。子蕩將知政矣。敏以事君、必能養民。政其焉往。」〖晉〗 ⑬崔氏之亂、申鮮虞來奔。僕賃於野、以喪莊公。〖魯〗

◆6 〔經〕冬。十有二月。乙亥。朔。日有食之。〔左〕冬。①楚人召之。遂如楚。爲右尹。〖魯〗 ②十一月。乙亥。朔。日有食之。辰在申。〖魯〗 ③司歷過也。再失閏矣。《評》

（◇抽出文0條、◆抽出的編作文6條、☆編作文0條、◎無傳の經文0條）

［襄公二十八年］

◇1 〔經〕二十有八年。春。無冰。〔左〕二十八年。春。①無冰。〖魯〗 ②梓愼曰、「今茲宋・鄭其饑乎。歲在星紀、而淫於玄枵。以有時菑。陰不堪陽。蛇乘龍。龍、宋・鄭之星也。宋・鄭必饑。玄枵虛中也。枵、耗名也。土虛而民耗。不饑何爲。」（作經時附加）

◇2 〔經〕夏。衞石惡出奔晉。〔左〕夏。①齊侯・陳侯・蔡侯・北燕伯・杞伯・胡子・沈子・白狄、朝于晉。宋之盟故也。齊侯將行。慶封曰、「我不與盟。何爲於晉。」陳文子曰、「先事後賄。禮也。小事大、未獲事焉。從之如志。禮也。雖不與盟、敢叛晉乎。重丘之盟、未可忘也。子其勸行。」〖齊〗 ②衞人討甯氏之黨。故石惡出奔晉。衞人立其從子圃、以守石氏之祀。禮也。〖衞〗

◆3 〔經〕邾子來朝。〔左〕邾悼公來朝。時事也。〖魯〗

◇4 〔經〕秋。八月。大雩。〔左〕秋。①八月。大雩。旱也。〖魯〗 ②蔡侯歸自晉、入于鄭。鄭伯享之。不敬。子產曰、「蔡侯其不免乎。日其過此也、君使子展迋勞於東門之外、而傲。吾曰、『猶將更之。』今還、受享而惰。乃其心也。君小國而事大國。而惰傲、以爲己心。將得死乎。若不免、必由其子。其爲君也淫而不父。僑聞之、如是者恆有子禍。」〖鄭〗

◆5 〔經〕仲孫羯如晉。〔左〕①孟孝伯如晉。告將爲宋之盟故如楚也。〖魯〗 ②蔡侯之如晉也、鄭伯使游吉如楚。及漢。楚人還之。曰。

「宋之盟『君實親辱。』今吾子來。寡君謂、吾子姑還。吾將使馹奔問諸晉而以告。」子大叔曰、「宋之盟、君命將利小國、而亦使安定其社稷、鎭撫其民人、以禮承天之休。此君之憲令而小國之望也。寡君是故使吉奉其皮幣。以歲之不易、聘於下執事。今執事有命、曰、『女何與政令之有。必使而君棄而封守、跋涉山川、蒙犯霜露、以逞君心。』小國將君是望。敢不唯命是聽。無乃非盟載之言、以闕君德、而執事有不利焉。小國是懼。不然、其何勞之敢憚。」子大叔歸、復命。告子展、曰、「楚子將死矣。不脩其政德、而貪昧於諸侯、以逞其願。欲久、得乎。周易有之。在復䷗之頤䷚、曰、『迷復、凶。』其楚子之謂乎。欲復其願而棄其本、復歸無所。是謂迷復。能無凶乎。君其往也。送葬而歸、以快楚心。楚不幾十年、未能恤諸侯也。吾乃休吾民矣。」〔鄭〕③裨竈曰、「今茲周王及楚子、皆將死。歲棄其次而旅於明年之次、以害鳥帑。周・楚惡之。」（作經時附加）④九月。鄭游吉如晉。告將朝于楚以從宋之盟。子産相鄭伯、以如楚。舍不爲壇。外僕言、曰、「昔先大夫相先君適四國。未嘗不爲壇。自是至今亦皆循之。今吾子草舍。無乃不可乎。」子産曰、「大適小則爲壇。小適大苟舍而已。焉用壇。僑聞之。大適小、有五美。宥其罪戾、赦其過失、救其菑患、賞其德刑、教其不及。小國不困。懷服如歸。是故作壇、以昭其功。宣告後人無怠於德。小適大、有五惡。說其罪戾、請其不足、行其政事、共其職貢、從其時命。不然、則重其幣帛、以賀其福而弔其凶。皆小國之禍也。焉用作壇以昭其禍。所以告子孫、無昭禍焉、可也。」〔鄭〕⑤齊慶封好田而耆酒。與慶舍政。則以其內實遷于盧蒲嫳氏。易內而飲酒。數日國遷、朝焉。使諸亡人得賊者、以告而反之。故反盧蒲癸。癸臣子之。有寵、妻之。慶舍之士謂盧蒲癸、曰、「男女辨姓。子不辟宗、何也。」曰、「宗不余辟。余獨焉辟之。賦詩斷章、余取所求焉。惡識宗乎。」癸言王何、而反之。二人皆嬖。使執寢戈而先後之。公膳日雙雞。饔人竊更之以鶩。御者知之、則去其肉而以其洎饋。子雅・子尾怒。慶封告盧蒲嫳。盧蒲嫳曰、「譬之如禽獸。吾寢處之矣。」使析歸父告晏平仲。平仲曰、「嬰之衆不足用也。知無能謀也。言弗敢出。有盟、可也。」子家曰、「子之言云、又焉用盟。」告北郭子車。子車曰、「人各有以事君。非佐之所能也。」陳文子謂桓子、曰、「禍將作矣。吾其何得。」對曰、「得慶氏之木百車於莊。」文子曰、「可愼守也已。」盧蒲癸・王何卜攻慶氏。示子之兆。曰、「或卜攻讎。敢獻其兆。」子之曰、「克。見血。」〔齊〕

◆6

〔經〕冬。**齊慶封來奔。**〔左〕冬。①十月。慶封田于萊。陳無宇從。丙辰。文子使召之。請曰、「無宇之母疾病。請歸。」慶季卜之。示之兆、曰、「死。」奉龜而泣。乃使歸。慶嗣聞之。曰、「禍將作矣。」謂子家、「速歸。禍作、必於嘗。歸猶可及也。」子家弗聽。亦無悛志。子息曰、「亡矣。幸而獲在吳越。」陳無宇濟水而戕舟發梁。盧蒲姜謂癸、曰、「有事而不告我、必不捷矣。」癸告之。姜曰、「夫子愎。莫之止、將不出。我請止之。」癸曰、「諾。」十一月。乙亥。嘗于大公之廟。慶舍涖事。盧蒲姜告之。且止之。弗聽、曰、「誰敢者。」遂出、如公也。麻嬰爲尸。慶奊爲上獻。盧蒲癸・王何執寢戈。慶氏以其甲環公宮。陳氏・鮑氏之圉人爲優。慶氏之馬善驚。士皆釋甲束馬、而飲酒、且觀優。至於魚里。欒・高・陳・鮑之徒介慶氏之甲。子尾抽桷、擊扉三。盧蒲癸自後刺子之。王何以戈擊之。解其左肩、猶援廟桷動於甍。以俎壺投、殺人而後死。遂殺慶繩・麻嬰。公懼。鮑國曰、「羣臣爲君故也。」陳須無以公歸。稅服而如內宮。慶封歸。遇告亂者。丁亥。伐西門。弗克。還、伐北門。克之。入、伐內宮。弗克。反、陳于嶽。請戰。弗許。〔齊〕②遂來奔。獻車於季武子。美澤可以鑑。展莊叔見之、曰、「車甚澤。人必瘁。宜其亡也。」叔孫穆子食慶封。慶封氾祭。穆子不說。使工爲之誦茅鴟。亦不知。既而齊人來讓。奔吳。吳句餘予之朱方。聚其族焉、而居之、富於其舊。子服惠伯謂叔孫、曰、「天殆富淫人。慶封又富矣。」穆子曰、「善人富、謂之賞。淫人富、謂之殃。天其殃之也。其將聚而殲旃。」〔魯〕③癸巳。天王崩。〔周〕④〈未來赴、亦未書。禮也。〉⑤崔氏之亂、喪群公子。故公鉏在魯。叔孫還在燕。賈在句瀆之丘。及慶氏亡、皆召之、具其器用而反其邑焉。與晏子邶殿其鄙六十。弗受。子尾曰、「富、人之所欲也。何獨弗欲。」對曰、「慶氏之邑足欲、故亡。吾邑不足欲也。益之以邶殿乃足欲。足欲、亡無日矣。在外、不得宰吾一邑。不受邶殿、非惡富也。恐失富也。且夫富如布帛之有幅焉。爲之制度、使無遷也。夫民、生厚而用利。於是乎、正德以幅之、使無黜嫚。謂之幅利。利過則爲敗。吾不敢貪多。所謂幅也。」與北郭佐邑六十。受之。與子雅邑。辭多受少。與子尾邑。受而稍致之。公以爲忠。故有寵。釋盧蒲嫳于北竟。求崔杼之尸、將戮之。不得。〔齊〕⑥叔孫穆子曰、「必得之。武王有亂臣十人。崔杼其有乎。不十人、不足以葬。」〔魯〕⑦既崔氏之臣曰、「與我其拱璧、吾獻其柩。」於是得之。〔齊〕

◆7〔經〕十有一月。公如楚。〔左〕（9②の左傳文と對應）

◆8〔經〕十有二月。甲寅。天王崩。〔左〕（6③9④の左傳文と對應）

☆9〔經〕乙未。楚子昭卒。〔左〕①十二月。乙亥。朔。齊人遷莊公。殯于大寢。以其棺、尸崔杼於市。國人猶知之。皆曰崔子也。〔齊〕

②爲宋之盟故。公及宋公・陳侯・鄭伯・許男如楚。公過鄭。鄭伯不在。伯有迋勞於黃崖。不敬。穆叔曰、「伯有無戾於鄭。鄭必有大咎。敬、民之主也、而棄之。何以承守。鄭人不討、必受其辜。濟澤之阿、行潦之蘋藻、寘諸宗室、季蘭尸之。敬也。敬、可棄乎。」及漢。楚康王卒。公欲反。叔仲昭伯曰、「我楚國之爲。豈爲一人。行也。」子服惠伯曰、「君子有遠慮。小人從邇。飢寒之不恤、誰遑恤其後。不如姑歸也。」叔孫穆子曰、「叔仲子專之矣。子服子始學者也。」榮成伯曰、「遠圖者忠也。」公遂行。宋向戌曰、「我一人之爲。非爲楚也。飢寒之不恤。誰能恤楚。姑歸而息民、待其立君而爲之備。」宋公遂反。〔魯〕③楚屈建卒。趙文子喪之、如同盟。禮也。〔晉〕④王人來告喪。問崩日。以甲寅告。〔魯〕⑤〈故書之、以徵過也。〉

（◇抽出文3條、◆抽出的編作文5條、☆編作文1條、◎無傳の經文0條）

［襄公二十九年］

◇1〔經〕二十有九年。春。王。正月。公在楚。〔左〕二十九年。春。①王。正月。公在楚。〔魯〕②〈釋不朝正于廟也。〉③楚人使公親襚。公患之。穆叔曰、「祓殯而襚、則布幣也。」乃使巫以桃茢先

祓殯。楚人弗禁。既而悔之。〔魯〕④二月。癸卯。齊人葬莊公於北郭。〔齊〕

◇2〔經〕夏。五月。公至自楚。〔左〕夏。①四月。葬楚康王。公及陳侯・鄭伯・許男、送葬、至于西門之外。諸侯之大夫皆至于墓。楚郟敖卽位。王子圍爲令尹。鄭行人子羽曰、「是謂不宜。必代之昌。松栢之下其草不殖。」〔魯〕②公還。及方城。季武子取卞。使公冶問。璽書追而與之。曰、「聞守卞者將叛、臣帥徒以討之。既得之矣。敢告。」公冶致使而退。及舍、而後聞取卞。公曰、「欲之而言叛。祇見疏也。」公謂公冶曰、「吾可以入乎。」對曰、「君實有國。誰敢違君。」公與公冶冕服固辭。强之、而後受。公欲無入。榮成伯賦式微。乃歸。五月。公至自楚。公冶致其邑於季氏。而終不入焉。曰、「欺其君。何必使余。」季孫見之、則言季氏如他日。不見、則終不言季氏。及疾。聚其臣、曰、「我死必無以冕服斂。非德賞也。且無使季氏葬我。」〔魯〕③葬靈王。鄭上卿有事。子展使印段往。伯有曰、「弱。不可。」子展曰、「與其莫往、弱不猶愈乎。詩云『王事靡盬。不遑啓處。』東西南北、誰敢寧處。堅事晉楚、以蕃王室也。王事無曠、何常之有。」遂使印段如周。〔鄭〕

◎3〔經〕庚午。衞侯衎卒。〔左〕なし

◆4〔經〕閽弑吳子餘祭。〔左〕吳人伐越。獲俘焉。以爲閽。使守舟。吳子餘祭觀舟。閽以刀弑之。〔晉〕

☆5〔經〕仲孫羯會晉荀盈・齊高止・宋華定・衞世叔儀・鄭公孫段・曹人・莒人・邾人滕人・薛人・小邾人、城杞。〔左〕①鄭子展卒。子皮卽位。於是鄭饑。而未及麥。民病。子皮以子展之命餼國人粟戶一鍾。是以得鄭國之民。故罕氏常掌國政以爲上卿。宋司城子罕聞之、曰、「鄰於善、民之望也。」宋亦饑。請於平公。出公粟以貸、使大夫皆貸。司城氏貸而不書。爲大夫之無者貸。宋無饑人。叔向聞之、曰、「鄭之罕、宋之樂、其後亡者也。二者其皆得國乎。民之歸也。施而不德、樂氏加焉。其以宋升降乎。」〔晉〕②晉平公、杞出也。故治杞。六月。知悼子合諸侯之大夫、以城杞。孟孝伯會之。〔魯〕③鄭子大叔與伯石往。子大叔見大叔文子。與之語。文子曰、「甚乎、其城杞也。」子大叔曰、「若之何哉。晉國不恤周宗之闕而夏肄是屛。其棄諸姬亦可知也已。諸姬是棄、其誰歸之。吉也聞之、棄同卽異、是謂離德。詩曰『協比其鄰、昏姻孔云。』晉不鄰矣。其誰云之。」〔鄭〕④齊高子容與宋司徒見知伯。女齊相禮。賓出。司馬侯言於知伯、曰、「二子皆將不免。子容專。司徒侈。皆亡家之主也。」知伯曰、「何如。」對曰、「專則速及。侈將以其力斃。專則人實斃之。侈將自及矣。」〔晉〕

◆6〔經〕晉侯使士鞅來聘。〔左〕范獻子來聘。拜城杞也。公享之。展莊叔執幣。射者三耦。公臣不足。取於家臣。家臣、展瑕・展王父爲一耦。公臣、公巫召伯・仲顏莊叔爲一耦。鄫鼓父・黨叔爲一耦。〔魯〕

◆7〔經〕杞子來盟。〔左〕①晉侯使司馬女叔侯來治杞田。弗盡歸也。〔魯〕②晉悼夫人慍曰、「齊也。取貨。先君若有知也、不尙取之。」公告叔侯。叔侯曰、「虞・虢・焦・滑・霍・楊・韓・魏、皆姬姓也。晉是以大。若非侵小、將何所取。武・獻以下兼國多矣。誰得治之。杞夏餘也。而卽東夷。魯周公之後也。而睦於晉。以杞封魯、猶可。而何有焉。魯之於晉也、職貢不乏。玩好時至。公卿大夫相繼於朝、史不絕書。府無虛月。如是可矣。何必瘠魯以肥杞。且先君而有知也、毋寧夫人。而焉用老臣。」〔晉〕③杞文公來盟。〔魯〕

④〈書曰「子」、賤之也。〉

◆8 〔經〕**吳子使札來聘。**〔左〕①吳公子札來聘。見叔孫穆子、說之。謂穆子、曰、「子其不得死乎。好善而不能擇人。吾聞、君子務在擇人。吾子爲魯宗卿。而任其大政。不愼擧、何以堪之。禍必及子。」請觀於周樂。使工爲之歌周南召南。曰、「美哉。始基之矣。猶未也。然勤而不怨矣。」爲之歌邶・鄘・衞。曰、「美哉。淵乎。憂而不困者也。吾聞、衞康叔・武公之德如是。是其衞風乎。」爲之歌王。曰、「美哉。思而不懼。其周之東乎。」爲之歌鄭。曰、「美哉。其細已甚。民弗堪也。是其先亡乎。」爲之歌齊。曰、「美哉。泱泱乎大風也哉。表東海者其大公乎。國未可量也。」爲之歌豳。曰、「美哉。蕩乎。樂而不淫。其周公之東乎。」爲之歌秦。曰、「此之謂夏聲。夫能夏則大。大之至也。其周之舊乎。」爲之歌魏。曰、「美哉。渢渢乎。大而婉。險而易行。以德輔此、則明主也。」爲之歌唐。曰、「思深哉。其有陶唐氏之遺民乎。不然、何憂之遠也。非令德之後、誰能若是。」爲之歌陳。曰、「國無主。其能久乎。自鄶以下無譏焉。」爲之歌小雅。曰、「美哉。思而不貳。怨而不言。其周德之衰乎。猶有先王之遺民焉。」爲之歌大雅。曰、「廣哉。熙熙乎。曲而有直體。其文王之德乎。」爲之歌頌。曰、「至矣哉。直而不倨。曲而不屈。邇而不偪。遠而不攜。遷而不淫。復而不厭。哀而不愁。樂而不荒。用而不匱。廣而不宣。施而不費。取而不貪。處而不底。行而不流。五聲和。八風平。節有度。守有序。盛德之所同也。」見舞象箾南籥者。曰、「美哉。猶有憾。」見舞大武者。曰、「美哉。周之盛也。其若此乎。」見舞韶濩者。曰、「聖人之弘也。而猶有慙德。聖人之難也。」見舞大夏者。曰、「美哉。勤而不德。非禹其誰能脩之。」見舞韶箾者。曰、「德至矣哉。大矣哉。如天之無不幬也。如地之無不載也。雖甚盛德、其蔑以加於此矣。觀止矣。若有他樂、吾不敢請已。」〔魯〕②其出聘也、通嗣君也。故遂聘于齊。說晏平仲。謂之曰、「子速納邑與政。無邑無政、乃免於難。齊國之政將有所歸。未獲所歸。難未歇也。」故晏子因陳桓子、以納政與邑。是以免於欒高之難。〔齊〕③聘於鄭。見子產。如舊相識。與之縞帶。子產獻紵衣焉。謂子產曰、「鄭之執政侈。難將至矣。政必及子。子爲政、愼之以禮。不然、鄭國將敗。」〔鄭〕

④適衞。說蘧瑗・史狗・史鰌・公子荊・公叔發・公子朝。曰、「衞多君子。未有患也。」〔衞〕⑤自衞如晉。將宿於戚。聞鍾聲焉。曰、「異哉吾聞之也、辯而不德、必加於戮。夫子獲罪於君以在此。懼猶不足。而又何樂。夫子之在此也、猶燕之巢於幕上。君又在殯。而可以樂乎。」遂去之。文子聞之。終身不聽琴瑟。〔衞〕⑥適晉。說趙文子・韓宣子・魏獻子、曰「晉國其萃於三族乎。」說叔向。將行。謂叔向、曰、「吾子勉之。君侈而多良大夫。皆富。政將在家。吾子好直。必思自免於難。」〔晉〕

◎9 〔經〕秋。九月。葬衞獻公。〔左〕なし

◆10 〔經〕**齊高止出奔北燕。**〔左〕秋。①九月。齊公孫蠆・公孫竈、放其大夫高止於北燕。乙未。出。〔齊〕②〈書曰「出奔」、罪高止

也。高止好以事自爲功、且專。故難及之。〉

◆11〔經〕冬。仲孫羯如晉。〔左〕冬。①孟孝伯如晉。報范叔也。〖魯〗②爲高氏之難故、高豎以盧叛。十月。庚寅。閭丘嬰帥師、圍盧。高豎曰、「苟使高氏有後、請致邑。」齊人立敬仲之曾孫酀。良敬仲也。十一月。乙卯。高豎致盧、而出奔晉。晉人城緜而寘旃。〖齊〗③鄭伯有使公孫黑如楚。辭曰、「楚・鄭方惡。而使餘往。是殺餘也。」伯有曰、「世行也。」子皙曰、「可則往、難則已。何世之有。」伯有將强使之。子皙怒。將伐伯有氏。大夫和之。十二月。己巳。鄭大夫盟於伯有氏。裨諶曰、「是盟也、其與幾何。詩曰『君子屢盟。亂是用長。』今是長亂之道也。禍未歇也。必三年而後能紓。」然明曰、「政將焉往。」裨諶曰、「善之代不善。天命也。其焉辟子產。擧不踰等、則位班也。擇善而擧、則世隆也。天又除之、奪伯有魄。子西卽世、將焉辟之。天禍鄭久矣。其必使子產息之、乃猶可以戾。不然、將亡矣。」〖鄭〗

（◇抽出文2條、◆抽出的編作文6條、☆編作文1條、◎無傳の經文2條）

〔襄公三十年〕

◇1〔經〕三十年。春。王。正月。楚子使薳罷來聘。〔左〕三十年。春。①王。正月。楚子使薳罷來聘。通嗣君也。穆叔問、「王子之爲政。何如。」對曰、「吾儕小人。食而聽事。猶懼不給命而不免於戾。焉與知政。」固問焉。不告。穆叔告大夫、曰、「楚令尹將有大事。子蕩將與焉。助之匿其情矣。」〖魯〗②子產相鄭伯、以如晉。叔向問鄭國之政焉。對曰、「吾得見與否、在此歲也。駟・良方爭。未知所成。若有所成、吾得見。乃可知也。」叔向曰、「不既和矣乎。」對曰、「伯有侈而愎。子皙好在人上、莫能相下也。雖其以和也、猶相積惡也。惡至無日矣。」〖鄭〗③二月。癸未。晉悼夫人食輿人之城杞者。絳縣人或年長矣。無子而往、與於食。有與疑年。使之年。曰、「臣小人也。不知紀年。臣生之歲。正月。甲子。朔。四百有四十五甲子矣。其季於今三之一也。」吏走、問諸朝。師曠曰、「魯叔仲惠伯會郤成子于承匡之歲也。是歲也、狄伐魯。叔孫莊叔於是乎敗狄于鹹。獲長狄僑如及虺也豹也。而皆以名其子。七十三年矣。」史趙曰、「亥有二首六身。下二如身、是其日數也。」士文伯曰、「然則二萬六千六百有六旬也。」趙孟問其縣大夫、則其屬也。召之而謝過焉。曰、「武不才。任君之大事、以晉國之多虞、不能由吾子。使吾子辱在泥塗、久矣。武之罪也。敢謝不才。」遂仕之、使助爲政。辭以老。與之田。使爲君復陶。以爲絳縣師。而廢其輿尉。〖晉〗④於是魯使者在晉。歸以語諸大夫。季武子曰、「晉未可媮也。有趙孟以爲大夫、有伯瑕以爲佐、有史趙・師曠而咨度焉、有叔向・女齊以師保其君。其朝多君子。其庸可媮乎。勉事之、而後可。」〖魯〗

☆2〔經〕夏。四月。蔡世子般弑其君固。〔左〕夏。①四月。己亥。鄭伯及其大夫盟。〖鄭〗②君子、是以知鄭難之不已也。《評》③蔡景侯爲大子般、娶于楚。通焉。大子弑景侯。〖蔡〗

◇3〔經〕五月。甲午。宋災。〔左〕（6①の左傳文と對應）

◇4〔經〕宋伯姬卒。〔左〕（6①の左傳文と對應）

◆5〔經〕天王殺其弟佞夫。〔左〕①初。王儋季卒。其子括將見王而歎。

單公子愆期爲靈王御士、過諸廷、聞其歎而言。曰、「烏乎、必有此夫。」入以告王。且曰、「必殺之。不慼而願大。視躁而足高。心在他矣。不殺、必害。」王曰、「童子何知。」及靈王崩、儋括欲立王子佞夫。佞夫弗知。戊子。儋括圍蔿。逐成愆。成愆奔平畤。五月。癸巳。尹言多・劉毅・單蔑・甘過・鞏成、殺佞夫。〔周〕 ②括・瑕・廖、奔晉。〔晉〕 ③〈書曰「天王殺其弟佞夫」、罪在王也。〉

◆6〔經〕**王子瑕奔晉。**〔左〕（5②の左傳文と對應） ①或叫于宋大廟。曰、「譆譆、出出。」鳥鳴于亳社、如曰譆譆。甲午。宋大災。宋伯姫卒。待姆也。〔宋〕 ②君子謂宋共姫、「女而不婦。女待人。婦義事也。」《評》 ③六月。鄭子產如陳。涖盟。歸。復命。告大夫、曰、「陳亡國也。不可與也。聚禾粟、繕城郭。恃此二者而不撫其民。其君弱植。公子侈、大子卑。大夫敖、政多門。以介於大國。能無亡乎。不過十年矣。」〔鄭〕

◇7〔經〕**秋。七月。叔弓如宋。葬宋共姫。**〔左〕秋。七月。叔弓如宋。葬共姫也。〔魯〕

◆8〔經〕**鄭良霄出奔許。自許入于鄭。**〔左〕鄭伯有耆酒、爲窟室。而夜飲酒、擊鍾焉。朝至、未已。朝者曰、「公焉在。」其人曰、「吾公在壑谷。」皆自朝布路而罷。既而朝。則又將使子晳如楚。歸而飲酒。庚子。子晳以駟氏之甲、伐而焚之。伯有奔雍梁。醒而後知之。遂奔許。大夫聚謀。子皮曰、「仲虺之志、云『亂者取之、亡者侮之。』推亡固存、國之利也。罕・駟・豐、同生。伯有汰侈。故不免。」人謂子產、就直助彊。子產曰、「豈爲我徒。國之禍難誰知所斂。或主彊直、難乃不生。姑成吾所。」辛丑。子產斂伯有氏之死者、而殯之。不及謀、而遂行。印段從之。子皮止之。衆曰、「人不我順。何止焉。」子皮曰、「夫子禮於死者。況生者乎。」遂自止之。壬寅。子產入。癸卯。子石入。皆受盟于子晳氏。乙巳。鄭伯及其大夫、盟于大宮。盟國人于師之梁之外。伯有聞鄭人之盟己也、怒。聞子皮之甲不與攻己也、喜。曰、「子皮與我矣。」癸丑。晨自墓門之瀆、入。因馬師頡、介于襄庫。以伐舊北門。〔鄭〕

◆9〔經〕**鄭人殺良霄。**〔左〕①駟帶率國人以伐之。皆召子產。子產曰、「兄弟而及此。吾從天所與。」伯有死於羊肆。子產襚之。枕之股、而哭之。斂。而殯諸伯有之臣在市側者。既而葬諸斗城。子駟氏欲攻子產。子皮怒之、曰、「禮、國之幹也。殺有禮、禍莫大焉。」乃止。於是、游吉如晉。還。聞難、不入。復命于介。八月。甲子。奔晉。駟帶追之。及酸棗、與子上盟。用兩珪質于河。使公孫肸入盟大夫。己巳。復歸。〔鄭〕 ②〈書曰「鄭人殺良霄」、不稱大夫、言自外入也。〉 ③於子蟜之卒也、將葬。公孫揮與裨竈、晨會事焉。過伯有氏。其門上生莠。子羽曰、「其莠猶在乎。」於是歲在降婁。降婁中而旦。裨竈指之曰、「其猶可以終歲。歲不及此次也已。」及其亡也歲在娵訾之口。其明年乃及降婁。僕展從伯有、與之皆死。羽頡出奔晉。爲任大夫。雞澤之會、鄭樂成奔楚。遂適晉。羽頡因之。與之比而事趙文子。言伐鄭之説焉。以宋之盟故、不可。子皮以公孫鉏爲馬師。〔鄭〕 ④楚公子圍殺大司馬蔿掩而取其室。申無宇曰、「王子必不免。善人國之主也。王子相楚國。將善是封殖。而虐之。是禍國也。且司馬、令尹之偏、而王之四體也。絶民

之主、去身之偏、艾王之體、以禍其國。無不祥大焉。何以得免。」【楚】⑤爲宋災故、諸侯之大夫會。以謀歸宋財。【魯】

◎10〔經〕冬。十月。葬蔡景公。〔左〕なし

☆11〔經〕晉人・齊人・宋人・衞人・鄭人・曹人・莒人・邾人・滕人・薛人・杞人・小邾人、會于澶淵。宋災故。〔左〕冬。①十月。叔孫豹會晉趙武・齊公孫蠆・宋向戌・衞北宮佗・鄭罕虎及小邾之大夫、會于澶淵。既而無歸於宋。【魯】②〈故不書其人。〉③君子曰、「信、其不可不愼乎。」《評》④〈澶淵之會、卿不書、不信也。夫諸侯之上卿會而不信、寵名皆棄。不信之不可也、如是。詩曰『文王陟降在帝左右。』信之謂也。又曰『淑愼爾止。無載爾僞。』不信之謂也。書曰『某人某人會于澶淵。宋災故。』尤之也。不書魯大夫、諱之也。〉⑤鄭子皮授子産政。辭曰、「國小而偪。族大寵多。不可爲也。」子皮曰、「虎帥以聽。誰敢犯子。子善相之、國無小。小能事大國、乃寛。」子産爲政。有事伯石、賂與之邑。子大叔曰、「國皆其國也。奚獨賂焉。」子産曰、「無欲實難。皆得其欲、以從其事、而要其成。非我有成。其在人乎。何愛於邑。邑將焉往。」子大叔曰、「若四國何。」子産曰、「非相違也。而相從也。四國何尤焉。鄭書有之、曰、『安定國家、必大焉先。』姑先安大、以待其所歸。」既伯石懼而歸邑。卒與之。伯有既死。使大史命伯石爲卿。辭。大史退則請命焉。復命之。又辭。如是三。乃受策。入拜。子産是以惡其爲人也。使次己位。子産使都鄙有章。上下有服。田有封洫。廬井有伍。大人之忠儉者、從而與之。泰侈者、因而斃之。豐卷將祭。請田焉。弗許。曰、「唯君用鮮。衆給而已。」子張怒。退而徵役。子産奔晉。子皮止之、而逐豐卷。豐卷奔晉。子産請其田里。三年而復之。反其田里及其人焉。從政一年。輿人誦之、曰、「取我衣冠而褚之。取我田疇而伍之。孰殺子産。吾其與之。」及三年。又誦之、「我有子弟。子産誨之。我有田疇。子産殖之。子産而死。誰其嗣之。」【鄭】

(◇抽出文4條、◆抽出的編作文4條、☆編作文2條、◎無傳の經文1條)

[襄公三十一年]

◇1〔經〕三十有一年。春。王。正月。〔左〕三十一年。春。①王。正月。穆叔至自會。見孟孝伯。語之曰、「趙孟將死矣。其語偸。不似民主。且年未盈五十。而諄諄焉、如八九十者。弗能久矣。若趙孟死、爲政者其韓子乎。吾子盍與季孫言之。可以樹善。君子也。晉君將失政矣。若不樹焉、使早備魯。既而政在大夫、韓子懦弱。大夫多貪、求欲無厭。齊楚未足與之。魯其懼哉。」孝伯曰、「人生幾何。誰能無偸。朝不及夕。將安用樹善。」穆叔出而告人、曰、「孟孫將死矣。吾語諸趙孟之偸也、而又甚焉。」又與季孫語晉故。季孫不從。及趙文子卒、晉公室卑。政在侈家。韓宣子爲政。不能圖諸侯。魯不堪晉求。讒慝弘多。是以有平丘之會。【魯】②齊子尾害閭丘嬰、欲殺之。使帥師以伐陽州。我問師故。【魯】

◇2〔經〕夏。六月。辛巳。公薨于楚宮。〔左〕夏。①五月。子尾殺閭丘嬰。以說于我師。工僂灑・渻竈・孔虺・賈寅、出奔莒。出羣公子。【魯】②公作楚宮。穆叔曰、「大誓云『民之所欲、天必從之。』君欲楚也夫。故作其宮。若不復適楚、必死是宮也。」六月。辛巳。

公薨于楚宮。〔魯〕③叔仲帶竊其拱璧、以與御人、納諸其懷、而從取之。由是得罪。〔魯〕④立胡女敬歸之子子野。次于季氏。〔魯〕

◆3〔經〕秋。九月。癸巳。子野卒。〔左〕秋。①九月。癸巳。卒。毀也。〔魯〕

◆4〔經〕己亥。仲孫羯卒。〔左〕①己亥。孟孝伯卒。〔魯〕②立敬歸之娣齊歸之子公子裯。穆叔不欲。曰、「大子死。有母弟則立之。無則立長。年鈞擇賢。義鈞則卜。古之道也。非適嗣、何必娣之子。且是人也、居喪而不哀、在慼而有嘉容。是謂不度。不度之人鮮不爲患。若果立之、必爲季氏憂。」武子不聽。卒立之。比及葬、三易衰。衰衽如故衰。於是、昭公十九年矣、猶有童心。〔魯〕③君子、是以知其不能終也。《評》

◆5〔經〕冬。十月。滕子來會葬。〔左〕冬。十月。滕成公來會葬。惰而多涕。子服惠伯曰、「滕君將死矣。怠於其位而哀已甚。兆於死所矣。能無從乎。」〔魯〕

◆6〔經〕癸酉。葬我君襄公。〔左〕①癸酉葬襄公。〔魯〕②公薨之月。子產相鄭伯以如晉。晉侯以我喪故、未之見也。〔魯〕③子產使盡壞其館之垣而納車馬焉。士文伯讓之、曰、「敝邑以政刑之不脩、寇盜充斥。無若諸侯之屬辱在寡君者何。是以、令吏人完客所館、高其閈閎、厚其牆垣、以無憂客使。今吾子壞之。雖從者能戒、其若異客何。以敝邑之爲盟主、繕完葺牆、以待賓客。若皆毀之、其何以共命。寡君使匄請命。」對曰、「以敝邑褊小介於大國、誅求無時。是以不敢寧居。悉索敝賦、以來會時事。逢執事之不閒而未得見。又不獲聞命。未知見時。不敢輸幣、亦不敢暴露。其輸之則君之府實也。非薦陳之、不敢輸也。其暴露之、則恐燥濕之不時而朽蠹以重敝邑之罪。僑聞、文公之爲盟主也、宮室卑庳、無觀臺榭。以崇大諸侯之館。館如公寢。庫廄繕脩。司空以時、平易道路。圬人以時、塓館宮室。諸侯賓至、甸設庭燎、僕人巡宮、車馬有所、賓從有代、巾車脂轄、隸人・牧圉各瞻其事、百官之屬各展其物。公不留賓而亦無廢事。憂樂同之、事則巡之、教其不知而恤其不足。賓至如歸。無寧菑患、不畏寇盜、而亦不患燥濕。今銅鞮之宮數里、而諸侯舍於隸人。門不容車、而不可踰越。盜賊公行、而天癘不戒。賓見無時、命不可知。若又勿壞、是無所藏幣、以重罪也。敢請執事將何所命之。雖君之有魯喪、亦敝邑之憂也。若獲薦幣、脩垣而行。君之惠也。敢憚勤勞。」文伯復命。趙文子曰、「信。我實不德、而以隸人之垣、以贏諸侯。是吾罪也。」使士文伯謝不敏焉。晉侯見鄭伯。有加禮。厚其宴好、而歸之。乃築諸侯之館。叔向曰、「辭之不可以已也、如是夫。子產有辭。諸侯賴之。若之何其釋辭也。詩曰『辭之輯矣。民之協矣。辭之繹矣。民之莫矣。』其知之矣。」〔鄭〕④鄭子皮使印段如楚、以適晉告。禮也。〔鄭〕⑤莒犂比公生去疾及展輿。既立展輿。又廢之。犂比公虐。國人患之。〔莒〕

☆7〔經〕十有一月。莒人弒其君密州。〈箋曰、「買爲密聲之轉。朱鉏爲州之緩聲。」〉〔左〕①十一月。展輿因國人以攻莒子、弒之。乃立。去疾奔齊。齊出也。展輿、吳出也。〔莒〕②〈書曰「莒人弒其君買朱鉏」、言罪之存也。〉③吳子使屈狐庸聘于晉。通路也。趙文子問焉曰、「延州來季子其果立乎。巢隕諸樊、閽戕戴吳、天似啓之。何如。」對曰、「不立。是二王之命也。非啓季子也。若天所啓、其在今嗣君乎。甚德而度。德不失民。度不失事。民親而事有序。其天所啓也。有吳國者、必此君之子孫實終之。季子守節者也。雖有國、不立。」〔晉〕④十二月。北宮文子相衞襄公、以如楚。宋之盟故也。過鄭。印段廷勞于棐林。如聘禮而以勞辭。文子入聘。子羽爲行人。馮簡子與子大叔逆客。事畢而出、言於衞侯、曰、「鄭有禮。其數世之福也。其無大國之討乎。詩云『誰能執熱、逝不以濯。』禮之於政、如熱之有濯也。濯以救熱、何患之有。」〔衞〕

⑤子産之從政也、擇能而使之。馮簡子能斷大事、子大叔美秀而文。公孫揮能知四國之爲、而辨於其大夫之族姓班位貴賤能否、而又善爲辭令。裨諶能謀、謀於野則獲、謀於邑則否。鄭國將有諸侯之事。子産乃問四國之爲於子羽。且使多爲辭令。與裨諶乘以適野、使謀可否。而告馮簡子使斷之。事成。乃授子大叔使行之、以應對賓客。是以鮮有敗事。北宮文子所謂有禮也。〔鄭〕⑥鄭人游于鄉校。以論執政。然明謂子産、曰、「毀鄉校如何。」子産曰、「何爲。夫人朝夕退而游焉。以議執政之善否。其所善者吾則行之。其所惡者吾則改之。是吾師也。若之何毀之。我聞忠善以損怨、不聞作威以防怨。豈不遽止。然猶防川。大決所犯、傷人必多、吾不克救也。不如小決使道。不如吾聞而藥之也。」然明曰、「蔑也今而後知吾子之信可事也。小人實不才。若果行此、其鄭國實賴之。豈唯二三臣。」〔鄭〕⑦仲尼聞是語也、曰、「以是觀之、人謂子産不仁、吾不信也。」《評》⑧子皮欲使尹何爲邑。子産曰、「少。未知可否。」子皮曰、「愿。吾愛之。不吾叛也。使夫往而學焉、夫亦愈知治矣。」子産曰、「不可。人之愛人、求利之也。今吾子愛人、則以政。猶未能操刀而使割也。其傷實多。子之愛人、傷之而已。其誰敢求愛於子。子於鄭國、棟也。棟折、榱崩。僑將厭焉。敢不盡言。子有美錦、不使人學製焉。大官大邑、身之所庇也。而使學者製焉。其爲美錦不亦多乎。僑聞學而後入政、未聞以政學者也。若果行此、必有所害。譬如田獵。射御貫則能獲禽。若未嘗登車射御、則敗績厭覆、是懼。何暇思獲。」子皮曰、「善哉。虎不敏。吾聞、君子務知大者遠者、小人務知小者近者。我小人也。衣服附在吾身、我知而愼之。大官大邑、所以庇身也、我遠而慢之。微子之言、吾不知也。他日我曰、『子爲鄭國。我爲吾家。以庇焉、其可也。』今而後知不足。自今請雖吾家、聽子而行。」子産曰、「人心之不同、如其面焉。吾豈敢謂子面如吾面乎。抑心所謂危、亦以告也。」子皮以爲忠。故委政焉。子産是以能爲鄭國。〔鄭〕⑨衞侯在楚。北宮文子見令尹子圍之威儀、言於衞侯、曰、「令尹似君矣。將有他志。雖獲其志、不能終也。詩云『靡不有初。鮮克有終。』終之實難。令尹其將不免。」公曰、「子何以知之。」對曰、「詩云『敬愼威儀。惟民之則。』令尹無威儀、民無則焉。民所不則、以在民上、不可以終。」公曰、「善哉。何謂威儀。」對曰、「有威而可畏、謂之威。有儀而可象、謂之儀。君有君之威儀。其臣畏而愛之、則而象之。故能有其國家、令聞長世。臣有臣之威儀。其下畏而愛之、故能守其官職、保族宜家。順是以下皆如是。是以上下能相固也。衞詩曰『威儀棣棣。不可選也。』言君臣上下父子兄弟內外大小皆有威儀也。

周詩曰『朋友攸攝。攝以威儀。』言朋友之道必相教訓以威儀也。周書數文王之德、曰『大國畏其力。小國懷其德。』言畏而愛之也。詩曰『不識不知、順帝之則。』言則而象之也。紂囚文王七年、諸侯皆從之囚。紂於是乎、懼而歸之。可謂愛之。文王伐崇。再駕而降、爲臣、蠻夷帥服。可謂畏之。文王之功、天下誦而歌舞之。可謂則之。文王之行、至今爲法。可謂象之。有威儀也。故君子、在位可畏、施舍可愛、進退可度、周旋可則、容止可觀、作事可法、德行可象、聲氣可樂、動作有文、言語有章、以臨其下。謂之有威儀也。」〔衞〕

（◇抽出文2條、◆抽出的編作文4條、☆編作文1條、◎無傳の經文0條）

（二）襄公期全左氏經文の四種類型文の分布状況

（一）の抽出・編作舉例の分析による四種類型文の分布と占有率を一覧表に示すと次のようになる。

	◇抽出文	◆抽出的編作文	☆編作文	◎無傳の經文	小計
襄公　元年	1	3	2	2	8
襄公　二年	0	4	4	2	10
襄公　三年	1	3	3	2	9
襄公　四年	2	1	2	2	7
襄公　五年	3	4	4	2	13
襄公　六年	2	4	1	1	8
襄公　七年	4	3	4	1	12
襄公　八年	3	3	1	2	9
襄公　九年	2	2	2	1	7
襄公　十年	1	4	4	2	11
襄公十一年	3	3	3	3	12
襄公十二年	2	2	2	0	6
襄公十三年	2	1	1	0	4
襄公十四年	0	1	4	2	7
襄公十五年	1	2	4	2	9
襄公十六年	1	3	3	4	11
襄公十七年	1	4	0	2	7
襄公十八年	2	2	1	1	6
襄公十九年	3	7	2	4	16
襄公二十年	0	5	3	2	10
襄公二十一年	2	2	1	3	8
襄公二十二年	0	1	1	4	6
襄公二十三年	3	5	1	3	12
襄公二十四年	3	3	2	5	13
襄公二十五年	1	4	4	1	10
襄公二十六年	1	6	3	0	10
襄公二十七年	0	5	1	0	6
襄公二十八年	3	5	1	0	9
襄公二十九年	2	6	1	2	11
襄公三十年	4	4	2	1	11
襄公三十一年	2	4	1	0	7
襄公期　計	55	106	68	56	285
占有率	19・3%	37・2%	23・8%	19・7%	100%

これによると、襄公期經文では、抽出系（◇抽出文と◆抽出的編作文）が56・5%、編作系（☆編作文と◎無傳の經文）が43・5%となる。

第十章

（一）昭公期全左氏經文の抽出・編作擧例と昭公期全左傳文の分析

〔昭公元年〕

◎1〔經〕元年。春。王。正月。公卽位。〔左〕元年。春。

☆2〔經〕叔孫豹會晉趙武・楚公子圍・齊國弱・宋向戌・衞齊惡・陳公子招・蔡公孫歸生・鄭罕虎・許人・曹人于虢。〔左〕①楚公子圍聘于鄭。且娶於公孫段氏。伍擧爲介。〔楚〕②將入館。鄭人惡之。使行人子羽與之言。乃館於外。旣聘。將以衆逆。子產患之。使子羽辭曰、「以敝邑褊小、不足以容從者。請墠聽命。」令尹命大宰伯州犂、對曰、「君辱貺寡大夫圍、謂圍將使豐氏撫有而室。圍布几筵、告於莊・共之廟、而來。若野賜之、是委君貺於草莽也。是寡大夫不得列於諸卿也。不寧唯是、又使圍蒙其先君。將不得爲寡君老。其蔑以復矣。唯大夫圖之」。子羽曰、「小國無罪。恃、實其罪。將恃大國之安靖己、而無乃包藏禍心以圖之。小國失恃而懲諸侯、使莫不憾者。距違君命而有所壅塞不行、是懼。不然、敝邑館人之屬也。其敢愛豐氏之祧。」伍擧知其有備也、請垂櫜而入。許之。〔鄭〕③正月。乙未。入逆而出。遂會於虢。〔楚〕④尋宋之盟也。祁午謂趙文子、曰、「宋之盟、楚人得志於晉。今令尹之不信、諸侯之所聞也。子弗戒、懼又如宋。子木之信、稱於諸侯。猶詐晉而駕焉。況不信之尤者乎。楚重得志於晉、晉之恥也。子相晉國以爲盟主。於今七年矣。再合諸侯、三合大夫、服齊・狄、寧東夏、平秦亂、城淳于、師徒不頓、國家不罷、民無謗讟、諸侯無怨、天無大災、子之力也。有令名矣。而終之以恥。午也是懼。吾子其不可以不戒。」文子曰、「武受賜矣。然宋之盟子木有禍人之心。武有仁人之心。是楚所以駕於晉也。今武猶是心也。楚又行僭。非所害也。武將信以爲本、循而行之。譬如農夫、是穮是蔉、雖有饑饉、必有豐年。且吾聞之、能信不爲人下也。吾未能也。詩曰『不僭不賊。鮮不爲則。』信也。能爲人則者、不爲人下矣。吾不能是難。楚不爲患。」楚令尹圍請用牲讀舊書加于牲上而已。」晉人許之。三月。甲辰。盟。〔晉〕⑤楚公子圍設服、離衞。叔孫穆子曰、「楚公子美矣。君哉。」鄭子皮曰、「二執戈者前矣。」蔡子家曰、「蒲宮有前。不亦可乎。」楚伯州犂曰、「此行也、辭而假之寡君。」鄭行人揮曰、「假不反矣。」伯州犂曰、「子姑憂子晳之欲背誕也。」子羽曰、「當璧猶在。假而不反。子其無憂乎。」齊國子曰、「吾代二子、愍矣。」陳公子招曰、「不憂、何成。二子樂矣。」衞齊子曰、「苟或知之、雖憂何害。」宋合左師曰、「大國令、小國共。吾知共而已。」晉樂王鮒曰、「小旻之卒章善矣。吾從之。」退會。〔魯〕⑥子羽謂子皮曰、「叔孫、絞而婉。宋左師、簡而禮。樂王鮒、字而敬。子與子家、持之。皆保世之主也。齊・衞・陳大夫、其不免乎。國子代人憂。子招樂憂。齊子雖憂弗害、夫弗及而憂。與可憂而樂、與憂而弗害、皆取憂之道也。憂必及之。大誓曰、『民之所欲、天必從之。』三大夫兆憂。憂能無至乎。言以知物。其是之謂矣。」〔鄭〕

◇3 〔經〕三月。取鄆。〔左〕①季武子伐莒、取鄆。莒人告於會。楚告於晉、曰、「尋盟未退。而魯伐莒。瀆齊盟也。請戮其使。」樂桓子相趙文子。欲求貨於叔孫而爲之請、使請帶焉。弗與。梁其踁曰、「貨以藩身。子何愛焉。」叔孫曰、「諸侯之會、衞社稷也。我以貨免、魯必受師。是禍之也。何衞之爲。人之有牆、以蔽惡也。牆之隙壞、誰之咎也。衞而惡之、吾又甚焉。雖怨季孫、魯國何罪。叔出、季處。有自來矣。吾又誰怨。然鮒也賄。弗與不已。」召使者、裂裳帛而與之。曰、「帶其編矣。」趙孟聞之、曰、「臨患不忘國、忠也。思難不越官、信也。圖國忘死、貞也。謀主三者、義也。有是四者。又可戮乎。」乃請諸楚、曰、「魯雖有罪、其執事不辟難。畏威而敬命矣。子若免之、以勸左右、可也。若子之羣吏、處不辟汚、出不逃難、其何患之有。患之所生、汚而不治、難而不守、所由來也。能是二者、又何患焉。不靖其能者、其誰從之。魯叔孫豹可謂能矣。請免之、以靖能者。子會而赦有罪、又賞其賢、諸侯其誰不欣焉、望楚而歸之視遠如邇。疆埸之邑、一彼一此。何常之有。王伯之令也、引其封疆、而樹之官、舉之表旗、而著之制令、過則有刑。猶不可壹。於是乎、虞有三苗。夏有觀・扈。商有姺・邳。周有徐・奄。自無令王、諸侯逐進、狎主齊盟。其又可壹乎。恤大舍小、足以爲盟主。又焉用之。封疆之削、何國蔑有。主齊盟者誰能辯焉。吳・濮有釁、楚之執事豈其顧盟。莒之疆事、楚勿與知、諸侯無煩、不亦可乎。莒・魯爭鄆、爲日久矣。苟無大害於其社稷、無可亢也。去煩宥善、莫不競勸。子其圖之。」固請諸楚。楚人許之。乃免叔孫。〔魯〕②令尹享趙孟、賦大明之首章。趙孟賦小宛之二章。事畢。趙孟謂叔向、曰、「令尹自以爲王矣。何如。」對曰、「王弱、令尹彊。其可哉。雖可、不終。」趙孟曰、「何故。」對曰、「彊以克弱而安之、彊不義也。不義而彊、其斃必速。詩曰『赫赫宗周、褒姒滅之。』彊不義也。令尹爲王、必求諸侯。晉少懦矣。諸侯將往。若獲諸侯、其虐滋甚。民弗堪也。將何以終。夫以彊取、不義而克、必以爲道。道以淫虐、弗可久已矣。」〔晉〕

◆4 〔經〕夏。秦伯之弟鍼出奔晉。〔左〕夏。①四月。趙孟・叔孫豹・曹大夫入于鄭。鄭伯兼享之。子皮戒趙孟。禮終。趙孟賦瓠葉。子皮遂戒穆叔、且告之。穆叔曰、「趙孟欲一獻也。子其從之。」子皮曰、「敢乎。」穆叔曰、「夫人之所欲也。又何不敢。」及享、具五獻之籩豆於其幕下、趙孟辭。私於子產、曰、「武請於冢宰矣。」乃用一獻。趙孟爲客。禮終乃宴。穆叔賦鵲巢。趙孟曰、「武不堪也。」又賦采蘩。曰、「小國爲蘩、大國省穡而用之。其何實非命。」子皮賦野有死麕之卒章。趙孟賦常棣。且曰、「吾兄弟比以安。尨也可使無吠。」穆叔・子皮及曹大夫、興拜。舉兕爵曰、「小國賴子、知免於戾矣。」飲酒、樂。趙孟出、曰、「吾不復此矣。」〔魯〕②天王使劉定公勞趙孟於潁。館於雒汭。劉子曰、「美哉禹功。明德遠矣。微禹、吾其魚乎。吾與子弁冕端委、以治民、臨諸侯、禹之力也。子盍亦遠績禹功而大庇民乎。」對曰、「老夫罪戾是懼。焉能恤遠。吾儕偸食、朝不謀夕。何其長也。」劉子歸以語王、曰、「諺所謂『老將知、而耄及之』者。其趙孟之謂乎。爲晉正卿、以主諸侯而儕於隸人、朝不謀夕。棄神人矣。神怒民叛。以能久。趙孟不復年矣。神怒不歆其祀、民叛不卽其事。祀事不從。又何以年。」〔周〕

③叔孫歸。曾夭御季孫、以勞之。旦及日中、不出。曾夭請曾阜、曰、「旦及日中。吾知罪矣。魯以相忍爲國也。忍其外、不忍其內。焉用之。」阜曰、「數月於外。一旦於是。庸何傷。賈而欲贏、而惡囂乎。」阜謂叔孫曰、「可以出矣。」叔孫指楹曰、「雖惡是、其可去乎。」乃出見之。〔魯〕 ④鄭徐吾犯之妹美。公孫楚聘之矣。公孫黑又使强委禽焉。犯懼、告子產、子產曰、「是國無政。非子之患也。唯所欲與。」犯請於二子。請使女擇焉。皆許之。子晳盛飾入、布幣而出。子南戎服入、左右射、超乘而出。女自房觀之、曰、「子晳信美矣。抑子南夫也。夫夫、婦婦、所謂順也。適子南氏。」子晳怒。既而櫜甲以見子南、欲殺之而取其妻。子南知之。執戈逐之。及衝。擊之以戈。子晳傷而歸。告大夫曰、「我好見之。不知其有異志也。故傷。」大夫皆謀之。子產曰、「直鈞、幼賤有罪。罪在楚也。」乃執子南而數之曰、「國之大節有五。女皆奸之。畏君之威、聽其政、尊其貴、事其長、養其親。五者所以爲國也。今君在國、女用兵焉、不畏威也。奸國之紀、不聽政也。子晳上大夫、女嬖大夫、而弗下之、不尊貴也。幼而不忌、不事長也。兵其從兄、不養親也。君曰、『餘不女忍殺。宥女以遠。』勉速行乎。無重而罪。」五月。庚辰。鄭放游楚於吳。將行子南。子產咨於大叔。大叔曰、「吉不能亢身。焉能亢宗。彼國政也。非私難也。子圖鄭國。利則行之。又何疑焉。周公殺管叔而蔡蔡叔。夫豈不愛。王室故也。吉若獲戾、子將行之。何有於諸游。」〔鄭〕 ⑤秦后子有寵於桓。如二君於景。其母曰、「弗去、懼選。」癸卯。鍼適晉。其車千乘。〔秦〕 ⑥〈書曰「秦伯之弟鍼出奔晉」、罪秦伯也。〉 ⑦后子享晉侯。造舟于河。十里舍車。自雍及絳。歸取酬幣。終事八反。司馬侯問焉、曰、「子之車盡於此而已乎。」對曰、「此之謂多矣。若能少此、吾何以得見。」女叔齊以告公。且曰、「秦公子必歸。臣聞、君子能知其過、必有令圖。令圖天所贊也。」后子見趙孟。趙孟曰、「吾子其曷歸。」對曰、「鍼懼選於寡君。是以在此。將待嗣君。」趙孟曰、「秦君何如。」對曰、「無道。」趙孟曰、「亡乎。」對曰、「何爲。一世無道、國未艾也。國於天地、有與立焉。不數世淫、弗能斃也。」趙孟曰、「夭乎。」對曰、「有焉。」趙孟曰、「其幾何。」對曰、「鍼聞之、國無道而年穀和熟、天贊之也。鮮不五稔。」趙孟視蔭、曰、「朝夕不相及。誰能待五。」后子出而告人、曰、「趙孟將死矣。主民、翫歲而愒日。」〔晉〕

◎5

〔經〕六月。丁巳。邾子華卒。〔左〕鄭爲游楚亂故。六月。丁巳。鄭伯及其大夫、盟于公孫段氏。罕虎・公孫僑・公孫段・印段・游吉・駟帶、私盟于閨門之外。實薰隧。公孫黑强與於盟、使大史書其名、且曰七子。子產弗討。〔鄭〕

◆6

〔經〕晉荀吳帥師、敗狄于大鹵。〔左〕①晉中行穆子敗無終及羣狄于大原。崇卒也。將戰、魏舒曰、「彼徒、我車。所遇又阨。以什共車、必克。困諸阨又克。請皆卒。自我始。」乃毀車以爲行。五乘爲三伍。荀吳之嬖人不肯卽卒。斬以徇。爲五陳以相離。兩於前、伍於後、專爲右角、參爲左角、偏爲前拒。以誘之。翟人笑之。未陳而薄之。大敗之。〔晉〕②莒展輿立。而奪羣公子秩。公子召去疾于齊。〔齊〕

◆7〔經〕秋。莒去疾自齊入于莒。〔左〕秋。齊公子鉏納去疾。〔齊〕

◆8〔經〕莒展輿出奔吳。〔左〕展輿奔吳。〔齊〕

◇9〔經〕叔弓帥師、疆鄆田。〔左〕①叔弓帥師、疆鄆田。因莒亂也。〔魯〕②於是莒務婁・瞀胡及公子滅明、以大厖與常儀靡、奔齊。〔齊〕③君子曰、「莒展之不立、棄人也夫。人可棄乎。詩曰『無競惟人。』善矣。」《評》④晉侯有疾。鄭伯使公孫僑如晉、聘且問疾。叔向問焉、曰、「寡君之疾病。卜人曰『實沈・臺駘爲祟。』史莫之知。敢問、此何神也。」子產曰、「昔高辛氏有二子。伯曰閼伯、季曰實沈。居于曠林、不相能也。日尋干戈、以相征討。后帝不臧。遷閼伯于商丘、主辰。商人是因。故辰爲商星。遷實沈于大夏、主參。唐人是因。以服事夏・商。其季世曰唐叔虞。當武王邑姜方震大叔、夢帝謂己、『餘命而子曰虞。將與之唐、屬諸參、而蕃育其子孫。』及生、有文在其手、曰虞。遂以命之。及成王滅唐、而封大叔焉。故參爲晉星。由是觀之、則實沈參神也。昔金天氏有裔子、曰昧。爲玄冥師。生允格・臺駘。臺駘能業其官。宣汾・洮、障大澤、以處大原。帝用嘉之、封諸汾川。沈・姒・蓐・黃、實守其祀。今晉主汾而滅之矣。由是觀之、則臺駘汾神也。抑此二者不及君身。山川之神、則水旱厲疫之災、於是乎、禜之。日月星辰之神、則雪霜風雨之不時、於是乎、禜之。若君身則亦出入飲食哀樂之事也。山川・星辰之神又何爲焉。僑聞之、君子有四時。朝以聽政、晝以訪問、夕以脩令、夜以安身。於是乎、節宣其氣、勿使有所壅閉湫底以露其體、茲心不爽而昏亂百度。今無乃壹之、則生疾矣。僑又聞之、內官不及同姓。其生不殖。美先盡矣、則相生疾。君子是以惡之。故志曰『買妾不知其姓則卜之。』違此二者古之所愼也。男女辨姓、禮之大司也。今君內實有四姬焉。其無乃是也乎。若由是二者、弗可爲也已。四姬有省、猶可。無則必生疾矣。」叔向曰、「善哉。肸未之聞也。此皆然矣。」叔向出。行人揮送之。叔向問鄭故焉。且問子晳。對曰、「其與幾何。無禮而好陵人、怙富而卑其上。弗能久矣。」晉侯聞子產之言、曰、「博物君子也。」重賄之。〔晉〕⑤晉侯求醫於秦。秦伯使醫和視之。曰、「疾不可爲也。是謂近女室疾如蠱。非鬼非食、惑以喪志。良臣將死、天命不祐。」公曰、「女不可近乎。」對曰、「節之。先王之樂所以節百事也。故有五節。遲速本末以相及、中聲以降之、五降之後、不容彈矣。於是有煩手淫聲、慆堙心耳、乃忘平和。君子弗聽也。物亦如之。至於煩乃舍也已。無以生疾。君子之近琴瑟、以儀節也。非以慆心也。天有六氣。降生五味。發爲五色。徵爲五聲。淫生六疾。六氣、曰陰陽風雨晦明也。分爲四時。序爲五節。過則爲菑。陰淫寒疾。陽淫熱疾。風淫末疾。雨淫腹疾。晦淫惑疾。明淫心疾。女陽物而晦時。淫則生內熱惑蠱之疾。今君不節不時、能無及此乎。」出、告趙孟。趙孟曰、「誰當良臣。」對曰、「主是謂矣。主相晉國、於今八年。晉國無亂、諸侯無闕、可謂良矣。和聞之、國之大臣榮其寵祿、任其大節、有菑禍興、而無改焉、必受其咎。今君至於淫以生疾、將不能圖恤社稷。禍孰大焉。主不能禦。吾是以云也。」趙孟曰、「何謂蠱。」對曰、「淫溺惑亂之所生也。於文、皿蟲爲蠱。穀之飛亦爲蠱。在周易、女惑男、風落山、謂之蠱。䷑。皆同物也。」趙孟曰、「良醫也。」厚其禮而歸之。〔晉〕⑥楚公子圍使公子黑肱・伯州犂、城犫・櫟・郟。鄭人懼。子產曰、「不害。令尹將行大事。而先除二子也。禍不及鄭。何患焉。」〔鄭〕

◎10〔經〕葬邾悼公。〔左〕なし

☆11〔經〕冬。十有一月。己酉。楚子麇卒。〔左〕冬。楚公子圍將聘于鄭。伍擧爲介。未出竟。聞王有疾而還。伍擧遂聘。十一月。己酉。公子圍至。入問王疾。縊而弒之。遂殺其二子幕及平夏。〔楚〕

◆12〔經〕楚公子比出奔晉。〔左〕①右尹子干出奔晉。宮廄尹子晳出奔鄭。殺大宰伯州犂于郟。葬王于郟、謂之郟敖。使赴于鄭。伍擧問應爲後之辭焉。對曰、「寡大夫圍。」伍擧更之、曰、「共王之子圍爲長。」〔楚〕②子干奔晉。從車五乘。叔向使與秦公子同食。皆百人之餼。趙文子曰、「秦公子富。」叔向曰、「底祿以德。德鈞以年。年同以尊。公子以國。不聞以富。且夫以千乘去其國。彊禦已甚。詩曰『不侮鰥寡。不畏彊禦。』秦・楚匹也。」使后子與子干齒。辭曰、「鍼懼選。楚公子不獲、是以皆來。亦唯命。且臣與羈齒、無乃不可乎。」史佚有言、曰『非羈何忌。』」〔晉〕③楚靈王卽位。薳罷爲令尹、薳啓彊爲大宰。〔楚〕④鄭游吉如楚。葬郟敖。且聘立君。歸謂子產、曰、「具行器矣。楚王汰侈而自說其事。必合諸侯。吾往無日矣。」子產曰、「不數年、未能也。」〔鄭〕⑤十二月。晉既烝。趙孟適南陽。將會孟子餘。甲辰。朔。烝于溫。庚戌。卒。鄭伯如晉、弔。及雍乃復。〔晉〕

（◇抽出文2條、◆抽出的編作文5條、☆編作文2條、◎無傳の經文3條）

［昭公二年］

◆1〔經〕二年。春。晉侯使韓起來聘。〔左〕二年。春。①晉侯使韓宣子來聘。且告爲政而來見。禮也。觀書於大史氏。見易象與魯春秋。曰、「周禮盡在魯矣。吾乃今知周公之德與周之所以王也。」公享之。季武子賦緜之卒章。韓子賦角弓。季武子拜、曰、「敢拜子之彌縫敝邑。寡君有望矣。」武子賦節之卒章。既享。宴于季氏。有嘉樹焉。宣子譽之。武子曰、「宿敢不封殖此樹以無忘角弓。」遂賦甘棠。宣子曰、「起不堪也。無以及召公。」〔魯〕②宣子遂如齊、納幣。見子雅。子雅召子旗、使見宣子。宣子曰、「非保家之主也。不臣。」見子尾。子尾見子彊。宣子謂之如謂子旗。大夫多笑之。唯晏子信之。曰、「夫子君子也。君子有信。其有以知之矣。」〔齊〕③自齊聘於衞。衞侯享之。北宮文子賦淇澳。宣子賦木瓜。〔衞〕

◆2〔經〕夏。叔弓如晉。〔左〕夏。①四月。韓須如齊。逆女。齊陳無宇送女、致少姜。少姜有寵於晉侯。晉侯謂之少齊。謂陳無宇非卿。執諸中都。少姜爲之請、曰、「送、從逆班。畏大國也、猶有所易。是以亂作。」〔齊〕②叔弓聘于晉。報宣子也。晉侯使郊勞。辭曰、「寡君使弓來、繼舊好。固曰、『女無敢爲賓。』徹命於執事、敝邑弘矣。敢辱郊使。請辭。」致館。辭曰、「寡君命下臣、來繼舊好。好合使成、臣之祿也。敢辱大館。」叔向曰、「子叔子知禮哉。吾聞之、曰『忠信、禮之器也。卑讓、禮之宗也。』辭不忘國、忠信也。先國後己、卑讓也。詩曰『敬愼威儀、以近有德。』夫子近德矣。」

〔魯〕

◆3〔經〕秋。鄭殺其大夫公孫黑。〔左〕秋。①鄭公孫黑將作亂。欲去游氏而代其位。傷疾作而不果。駟氏與諸大夫欲殺之。子產在鄙、聞之。懼弗及。乘遽而至。使吏數之、曰、「伯有之亂、以大國之事而未爾討也。爾有亂心無厭。國不女堪。專伐伯有。而罪一也。昆弟爭室。而罪二也。薰隧之盟、女矯君位。而罪三也。有死罪三。何以堪之。不速死、大刑將至。」再拜稽首、辭曰、「死在朝夕。無助天爲虐。」子產曰、「人誰不死。凶人不終命也。作凶事爲凶人。不助天、其助凶人乎。」「請以印爲褚師。」子產曰、「印也若才、君將任之。不才、將朝夕從女。女罪之不恤、而又何請焉。不速死、司寇將至。」七月。戊寅。縊。尸諸周氏之衢。加木焉。〔鄭〕②晉少姜卒。公如晉。及河。晉侯使士文伯來辭、曰、「非伉儷也。請君無辱。」公還。季孫宿遂致服焉。〔魯〕③叔向言陳無宇於晉侯、曰、「彼何罪。君使公族逆之、齊使上大夫送之。猶曰、『不共。』君求以貪。國則不共、而執其使。君刑已頗。何以爲盟主。且少姜有辭。」〔晉〕

◆4〔經〕冬。公如晉。至河、乃復。（3②の左傳文と對應）〔左〕冬。①十月。陳無宇歸。〔齊〕②十一月。鄭印段如晉、弔。〔鄭〕

◆5〔經〕季孫宿如晉。〔左〕（3②の左傳文と對應）

（◇抽出文0條、◆抽出的編作文5條、☆編作文0條、◎無傳の經文0條）

〔昭公三年〕

◇1〔經〕三年。春。王。正月。丁未。滕子原卒。〔左〕三年。春。王。正月。①鄭游吉如晉。送少姜之葬。梁丙與張趯見之。梁丙曰、「甚矣哉。子之爲此來也。」子大叔曰、「將得已乎。昔文・襄之霸也、其務不煩諸侯。令諸侯三歲而聘、五歲而朝、有事而會、不協而盟。君薨、大夫弔、卿共葬事。夫人、士弔、大夫送葬。足以昭禮、命事、謀闕而已。無加命矣。今嬖寵之喪、不敢擇位、而數於守適。唯懼獲戾。豈敢憚煩。少姜有寵而死。齊必繼室。今茲吾又將來賀。不唯此行也。」張趯曰、「善哉。吾得聞此數也。然自今、吾子其無事矣。譬如火焉。火中、寒暑乃退。此其極也、能無退乎。晉將失諸侯。諸侯求煩、不獲。」二大夫退。子大叔告人、曰、「張趯有知。其猶在君子之後乎。」〔鄭〕②丁未。滕子原卒。同盟。故書名。〔魯〕③齊侯使晏嬰請繼室於晉。曰、「寡君使嬰曰、『寡人願事君、朝夕不倦。將奉質幣、以無失時。則國家多難、是以不獲。不腆先君之適、以備內官、焜燿寡人之望、則又無祿早世隕命。寡人失望。君若不忘先君之好、惠顧齊國、辱收寡人、徼福於大公丁公、照臨敝邑、鎮撫其社稷、則猶有先君之適乃遺姑姊妹、若而人。君若不棄敝邑、而辱使董振擇之、以備嬪嬙、寡人之望也。』」韓宣子使叔向對、曰、「寡君之願也。寡君不能獨任其社稷之事、未有伉儷。在縗絰之中、是以未敢請。君有辱命。惠莫大焉。若惠顧敝邑、撫有晉國、賜之內主。豈唯寡君、擧羣臣、實受其貺。其自唐叔以下實寵嘉之。」既成昏。晏子受禮。叔向從之、宴。相與語。叔向曰、「齊其何如。」晏子曰、「此季世也。吾弗知、齊其爲陳氏矣。公棄其民而歸之陳氏。齊舊四量、豆・區・釜・鍾。四升爲豆。各自其四、以登於釜。釜十則鍾。陳氏三量皆登一焉。鍾乃大矣。以家量貸、而以公量收之。山木如市、弗加於山。魚鹽蜃蛤、弗加於海。民參其力、二入於公、而衣食其一。公聚朽蠹、而三老凍餒。國之諸市、屨賤踊貴、民人痛疾。而或燠休之、其愛之如父母、而歸之如流水。欲無獲民、將焉辟之。箕伯・直柄・虞遂・伯戲、其相胡公大姬、已在齊矣。」叔向曰、「然。雖吾公室今亦季世也。戎馬不駕。卿無軍行。公乘無人。卒列無長。庶民罷敝、而宮室滋侈。道殣相望、而女富溢尤。民聞公命、如逃寇讎。欒・郤・胥・原・狐・續・慶・伯、降在皁隸。政在家門。民無所依。君日不悛、以樂慆憂。公室之卑、其何日之有。讒鼎之銘曰『昧旦丕顯、後世猶怠。』況日不悛、其能久乎。」晏子曰、「子將若何。」叔向曰、「晉之公族盡矣。肸聞之、公室將卑、其宗族枝葉先落、則公室從之。肸之宗十一族。唯羊舌氏在而已。肸又無子。公室無度。幸而得死、豈其獲祀。」〔齊〕④初。景公欲更晏子之宅。曰、「子之宅近市、湫隘囂塵不可以居。請更諸爽塏者。」辭曰、「君之先臣容焉。臣不足以嗣之。於臣侈矣。且小人近市。朝夕得所求、小人之利也。敢煩里旅。」公笑、曰、「子近市、識貴賤乎。」對曰、「既利之。敢不識乎。」公曰、「何貴、何賤。」於是、景公繁於刑、有鬻踊者。故對曰、「踊貴、屨賤。」既已告於君。故與叔向語而稱之。景公爲是省於刑。〔齊〕⑤君子曰、「仁人之言其利博哉。晏子一言而齊侯省刑。詩曰『君子如祉。亂庶遄已。』其是之謂乎。」《評》⑥及晏子如晉。公更其宅。反則成矣。既拜。乃毀之而爲里室。皆如其舊。則使宅人反之。曰、「諺曰『非宅是卜。唯鄰是卜。』二三子先卜鄰矣。違卜不祥。君子不犯非禮。小人不犯不祥。古之制也。吾敢違諸乎。」卒復其舊宅。公弗許。因陳桓子以請。乃許之。〔齊〕

◇2

〔經〕**夏。叔弓如滕。**（3①の左傳文と對應）〔左〕夏。①四月。鄭伯如晉。公孫段相。甚敬而卑。禮無違者。晉侯嘉焉。授之以策。曰、「子豐有勞於晉國。余聞而弗忘。賜女州田、以胙乃舊勳。」伯石再拜稽首。受策以出。〔鄭〕②君子曰、「禮、其人之急也乎。伯石之汰也、一爲禮於晉、猶荷其祿。況以禮終始乎。詩曰『人而無禮、胡不遄死。』其是之謂乎。」《評》③初。州縣、欒豹之邑也。及欒氏亡、范宣子・趙文子・韓宣子、皆欲之。文子曰、「溫吾縣也。」二宣子曰、「自郤稱以別、三傳矣。晉之別縣不唯州。誰獲治之。」文子病之、乃舍之。二宣子曰、「吾不可以正議而自與也。」皆舍之。及文子爲政、趙獲曰、「可以取州矣。」文子曰、「退。二子之言義也。違義、禍也。余不能治余縣。又焉用州。其以徼禍也。君子曰、『弗知、實難。知而弗從、禍莫大焉。』有言州、必死。」豐氏故主韓氏。伯石之獲州也、韓宣子爲之請之。爲其復取之之故。〔晉〕

◇3

〔經〕**五月。葬滕成公。**〔左〕①五月。叔弓如滕。葬滕成公。子服椒爲介。及郊。遇懿伯之忌。敬子不入。惠伯曰、「公事有公利、無私忌。椒請先入。」乃先受館。敬子從之。〔魯〕②晉韓起如齊、逆女。公孫蠆爲少姜之有寵也、以其子更公女、而嫁公子。人謂宣子、「子尾欺晉。晉胡受之。」宣子曰、「我欲得齊、而遠其寵、寵將來乎。」〔晉〕

◆4

〔經〕**秋。小邾子來朝。**〔左〕秋。①七月。鄭罕虎如晉。賀夫人。且告曰、「楚人日徵敝邑、以不朝立王之故。敝邑之往、則畏執事其謂寡君而固有外心。其不往、則宋之盟云。進退罪也。寡君使虎布之。」宣子使叔向對、曰、「君若辱有寡君、在楚何害。脩宋盟也。君苟思盟、寡君乃知免於戾矣。君若不有寡君、雖朝夕辱於敝邑、寡君猜焉。君實有心。何辱命焉。君其往也。苟有寡君、在楚猶在晉也。」張趯使請子大叔、曰、「自子之歸也、小人糞除先人之敝廬、曰、『子其將來。』今子皮實來。小人失望。」大叔曰、「吉賤。不獲來。畏大國、尊夫人也。且孟曰、『而將無事。』吉庶幾焉。」〔晉〕

②小邾穆公來朝。季武子欲卑之。穆叔曰、「不可。曹・滕・二邾實不忘我好。敬以逆之、猶懼其貳。又卑一睦焉、逆羣好也。其如舊而加敬焉。志曰『能敬無災。』又曰『敬逆來者、天所福也。』」季孫從之。〔魯〕

◇5〔經〕八月。大雩。〔左〕①八月。大雩。旱也。〔魯〕②齊侯田於莒。盧蒲嫳見。泣且請、曰、「餘髮如此種種。余奚能爲。」公曰、「諾。吾告二子。」歸而告之。子尾欲復之。子雅不可。曰、「彼其髮短而心甚長。其或寢處我矣。」九月。子雅放盧蒲嫳于北燕。〔齊〕

③燕簡公多嬖寵。欲去諸大夫而立其寵人。〔燕〕

◎6〔經〕冬。大雨雹。〔左〕冬。

◆7〔經〕北燕伯款出奔齊。（十二年1の左傳文とも對應）〔左〕①燕大夫比、以殺公之外嬖。公懼。奔齊。〔燕〕②〈書曰「北燕伯款出奔齊」、罪之也。〉③十月。鄭伯如楚。子產相。楚子享之。賦吉日。既享。子產乃具田備。王以田江南之夢。〔鄭〕④齊公孫竈卒。司馬竈見晏子。曰、「又喪子雅矣。」晏子曰、「惜也、子旗不免。殆哉。姜族弱矣。而嬀將始昌。二惠競爽猶可。又弱一个焉。姜其危哉。」〔齊〕

（◇抽出文4條、◆抽出的編作文2條、☆編作文0條、◎無傳の經文1條）

〔昭公四年〕閏

◇1〔經〕四年。春。王。正月。大雨雹。〔左〕四年。春。王。正月。

①許男如楚。楚子止之。遂止鄭伯。復田江南。許男與焉。使椒舉如晉、求諸侯。二君待之。椒舉致命、曰、「寡君使舉曰、『日君有惠。賜盟于宋。曰、《晉楚之從交相見也。》以歲之不易。寡人願結驩於二三君。使舉請閒。君若苟無四方之虞、則願假寵、以請於諸侯。』」〔楚〕②晉侯欲勿許。司馬侯曰、「不可。楚王方侈。天其或者欲逞其心以厚其毒而降之罰、未可知也。其使能終、亦未可知也。晉楚唯天所相、不可與爭。君其許之、而脩德以待其歸。若歸於德、吾猶將事之。況諸侯乎。若適淫虐、楚將棄之。吾又誰與爭。」公曰、「晉有三不殆。其何敵之有。國險、而多馬、齊楚多難。有是三者。何鄉而不濟。」對曰、「恃險與馬而虞鄰國之難。是三殆也。四嶽・三塗・陽城・大室・荊山・中南、九州之險也。是不一姓。冀之北土、馬之所生、無興國焉。恃險與馬之不可以爲固也。從古以然。是以先王務脩德音、以亨神人。不聞其務險與馬也。鄰國之難不可虞也。或多難以固其國、啓其疆土。或無難以喪其國、失其守宇。若何虞難。齊有仲孫之難而獲桓公。至今賴之。晉有里丕之難而獲文公。是以爲盟主。衞・邢無難、敵亦喪之。故人之難不可虞也。恃此三者而不脩政德、亡於不暇。又何能濟。君其許之。紂作淫虐。文王惠和。殷是以隕。周是以興。夫豈爭諸侯。」乃許楚

使。使叔向對、曰、「寡君有社稷之事。是以不獲春秋時見。諸侯君實有之。何辱命焉。」椒擧遂請昏。晉侯許之。〔晉〕③楚子問於子產、曰、「晉其許我諸侯乎。」對曰、「許君。晉君少安、不在諸侯。其大夫多求、莫匡其君。在宋之盟、又曰、『如一。』若不許君、將焉用之。」王曰、「諸侯其來乎。」對曰、「必來。從宋之盟、承君之歡、不畏大國。何故不來。不來者、其魯・衞・曹・邾乎。曹畏宋、邾畏魯。魯・衞、偪於齊而親於晉。唯是不來。其餘君之所及也。誰敢不至。」王曰、「然則吾所求者、無不可乎。」對曰、「求逞於人、不可。與人同欲、盡濟。」〔鄭〕④大雨雹。季武子問於申豐。曰、「雹可禦乎。」對曰、「聖人在上、無雹。雖有、不爲災。古者、日在北陸而藏氷。西陸朝覿而出之。其藏冰也、深山窮谷、固陰沍寒。於是乎取之。其出之也、朝之祿位、賓食喪祭。於是乎、用之。其藏之也、黑牡秬黍以享司寒。其出之也、桃弧棘矢、以除其災。其出入也、時。食肉之祿、冰皆與焉。大夫命婦喪浴用冰。祭寒而藏之、獻羔而啓之。公始用之、火出而畢賦、自命夫命婦至於老疾、無不受冰。山人取之、縣人傳之、輿人納之、隸人藏之。夫冰以風壯、而以風出。其藏之也周、其用之也徧、則冬無愆陽、夏無伏陰、春無淒風、秋無苦雨。雷出不震、無菑霜雹、癘疾不降、民不夭札。今、藏川池之冰、棄而不用、風不越而殺、雷不發而震。雹之爲菑、誰能禦之。七月之卒章、藏冰之道也。」〔魯〕

☆2 〔經〕夏。楚子・蔡侯・陳侯・鄭伯・許男・徐子・滕子・頓子・胡子・沈子・小邾子・宋世子佐・淮夷、會于申。〔左〕夏。①諸侯如楚。魯・衞・曹・邾、不會。曹・邾、辭以難。公辭以時祭。衞侯辭以疾。〔魯〕②鄭伯先待于申。六月。丙午。楚子合諸侯于申。椒擧言於楚子、曰、「臣聞、諸侯無歸、禮以爲歸。今君始得諸侯。其愼禮矣。霸之濟否、在此會也。夏啓有鈞臺之享、商湯有景亳之命、周武有孟津之誓、成有岐陽之蒐、康有酆宮之朝、穆有塗山之會、齊桓有召陵之師、晉文有踐土之盟。君其何用。宋向戌・鄭公孫僑在。諸侯之良也。君其選焉。」王曰、「吾用齊桓。」王使問禮於左師與子產。左師曰、「小國習之、大國用之。敢不薦聞。」獻公合諸侯之禮六。子產曰、「小國共職。敢不薦守。」獻伯子男會公之禮六。〔楚〕③君子謂合左師、「善守先代。」〔謂〕子產、「善相小國。」《評》（箋曰、子產上省一謂字。）④王使椒擧侍於後、以規過。卒事不規。王問其故、對曰、「禮、吾所未見者有六焉。又何以規。」宋大子佐後至。王田於武城。久而弗見。椒擧請辭焉。王使往。曰、「屬有宗祧之事於武城、寡君將墮幣焉、敢謝後見。」〔楚〕

◆3 〔經〕楚人執徐子。〔左〕①徐子、吳出也。以爲貳焉。故執諸申。楚子示諸侯侈。椒擧曰、「夫六王二公之事、皆所以示諸侯禮也。諸侯所由用命也。夏桀爲仍之會、有緡叛之。商紂爲黎之蒐、東夷叛之。周幽爲大室之盟、戎狄叛之。皆所以示諸侯汏也。諸侯所由棄命也。今君以汏。無乃不濟乎。」王弗聽。〔楚〕②子產見左師、曰、「吾不患楚矣。汏而愎諫。不過十年。」左師曰、「然。不十年侈、其惡不遠。遠惡而後棄。善亦如之。德遠而後興。」〔鄭〕

☆4 〔經〕秋。七月。楚子・蔡侯・陳侯・許男・頓子・胡子・沈子・淮夷、伐吳。〔左〕秋。七月。楚子以諸侯伐吳。宋大子・鄭伯先歸。宋華費遂・鄭大夫、從。使屈申圍朱方。八月。甲申。克之。〔楚〕

◇5〔經〕**執齊慶封、殺之。**〔左〕執齊慶封、而盡滅其族。將戮慶封。椒舉曰、「臣聞、無瑕者可以戮人。慶封唯逆命。是以在此。其肯從於戮乎。播於諸侯、焉用之。」王弗聽。負之斧鉞、以徇於諸侯、使言曰、「無或如齊慶封弑其君、弱其孤、以盟其大夫。」慶封曰、「無或如楚共王之庶子圍弑其君兄之子麇而代之、以盟諸侯。」王使速殺之。〔楚〕

◇6〔經〕**遂滅賴。**〔左〕遂以諸侯滅賴。賴子面縛銜璧、士袒輿櫬、從之。造於中軍。王問諸椒舉。對曰、「成王克許。許僖公如是。王親釋其縛、受其璧、焚其櫬。」王從之。遷賴於鄢。楚子欲遷許於賴。使鬭韋龜與公子棄疾、城之而還。申無宇曰、「楚禍之首、將在於此矣。召諸侯而來、伐國而克、城竟莫校。王心不違。民其居乎。民之不處、其誰堪之。不堪王命。乃禍亂也。」〔楚〕

◇7〔經〕**九月。取鄫。**〔左〕①九月。取鄫。言易也。莒亂、著丘公立而不撫鄫。鄫叛而來。故曰取。〔魯〕②凡克邑、不用師徒、曰取。《凡》③鄭子產作丘賦。國人謗之。曰、「其父死於路、己爲蠆尾、以令於國。國將若之何。」子寬以告子產。子產曰、「何害。苟利社稷、死生以之。且吾聞、爲善者不改其度。故能有濟也。民不可逞。度不可改。詩曰『禮義不愆。何恤於人言。』吾不遷矣。」渾罕曰、「國氏其先亡乎。君子作法於涼、其敝猶貪。作法於貪、敝將若之何。姬在列者、蔡及曹・滕其先亡乎。偪而無禮。鄭先衞亡。偪而無法。政不率法而制於心。民各有心。何上之有。」〔鄭〕

◆8〔經〕冬。**十有二月。乙卯。叔孫豹卒。**〔左〕冬。①吳伐楚。入棘・櫟・麻。以報朱方之役。楚沈尹射奔命於夏汭。箴尹宜咎城鍾離。薳啓彊城巢。然丹城州來。東國水、不可以城。彭生罷賴之師。〔楚〕②初。穆子去叔孫氏。及庚宗。遇婦人。使私爲食而宿焉。問其行。告之故。哭而送之。適齊。娶於國氏。生孟丙・仲壬。夢天壓己、弗勝、顧而見、人黑而上僂、深目而豭喙、號之曰、「牛助余。」乃勝之。旦而皆召其徒。無之。且曰、「志之。」及宣伯奔齊、饋之。宣伯曰、「魯以先子之故、將存吾宗。必召女。召女、何如。」對曰、「願之久矣。」魯人召之。不告而歸。既立。所宿庚宗之婦人獻以雉。問其姓。對曰、「餘子長矣。能奉雉而從我矣。」召而見之、則所夢也。未問其名。號之曰牛。曰、「唯。」皆召其徒、使視之。遂使爲豎。有寵。長使爲政。公孫明知叔孫於齊。歸。未逆國姜。子明取之。故怒。其子長、而後使逆之。田於丘蕕。遂遇疾焉。豎牛欲亂其室而有之。强與孟盟。不可。叔孫爲孟鍾。曰、「爾未際。饗大夫以落之。」既具。使豎牛請日。牛入、弗謁。出、命之日。及賓至、聞鍾聲。牛曰、「孟有北婦人之客。」怒、將往。牛止之。賓出。使拘而殺諸外。牛又强與仲盟。不可。仲與公御萊書、觀於公。公與之環。使牛入示之。入、不示。出、命佩之。牛謂叔孫、「見仲而何。」叔孫曰、「何爲。」曰、「不見、既自見矣。公與之環、而佩之矣。」遂逐之。奔齊。疾急。命召仲。牛許而不召。杜洩見。告之飢渴。授之戈。對曰、「求之而至。又何去焉。」豎牛曰、「夫子疾病。不欲見人。」使寘饋于个而退。牛弗進、則置虛、命徹。十二月。癸丑。叔孫不食。乙卯。卒。牛立昭子而相之。公使杜洩葬叔孫。豎牛賂叔仲昭子與南遺、使惡杜洩於季孫而去之。杜洩將以路葬、且盡卿禮。南遺謂季孫、曰、「叔孫未乘路。葬焉用之。且冢卿無路、介卿以葬、不亦左乎。」季孫曰、「然。」使杜洩舍路。不可。曰、「夫子受命於朝、而聘于王。王思舊勳而賜之路。復命而致之君。君不敢逆王命、而復賜之、使三官書之。吾子爲司徒、實書名。夫子爲司馬、與工正書服。孟孫爲司空、以書勳。今死而弗以、是棄君命也。書在公府而弗以、是廢三官也。若命服、生弗敢服、死又不以、將焉用之。」乃使以葬。〔魯〕 ③季孫謀去中軍。豎牛曰、「夫子固欲去之。」〔魯〕

(◇抽出文4條、◆抽出的編作文2條、☆編作文2條、◎無傳の經文0條)

〔昭公五年〕

◇1〔經〕五年。春。王。正月。舍中軍。〔左〕五年。春。①王。正月。舍中軍。卑公室也。毀中軍于施氏、成諸臧氏。初。作中軍。三分公室、而各有其一。季氏盡征之。叔孫氏臣其子弟。孟氏取其半焉。及其舍之也、四分公室、季氏擇其二、二子各一。皆盡征之、而貢于公。〔魯〕 ②以書、使杜洩告於殯。曰、「子固欲毀中軍。既毀之矣。故敢告。」杜洩曰、「夫子唯不欲毀也。故盟諸僖閎、詛諸五父之衢。」受其書而投之、帥士而哭之。叔仲子謂季孫、曰、「帶受命於子叔孫、曰、『葬鮮者自西門。』」季孫命杜洩。杜洩曰、「卿喪自朝、魯禮也。吾子爲國政、未改禮、而又遷之。羣臣懼死、不敢自也。」既葬而行。〔魯〕 ③仲至自齊。季孫欲立之。南遺曰、「叔孫氏厚、則季氏薄。彼實家亂。子勿與知、不亦可乎。」南遺使國人助豎牛、以攻諸大庫之庭。司宮射之。中目而死。豎牛取東鄙三十邑、以與南遺。昭子卽位。朝其家衆、曰、「豎牛禍叔孫氏、使亂大從、殺適立庶。又披其邑、將以赦罪。罪莫大焉。必速殺之。」豎牛懼、奔齊。孟仲之子殺諸塞關之外。投其首於寧風之棘上。〔魯〕 ④仲尼曰、「叔孫昭子之不勞、不可能也。周任有言、曰『爲政者不賞私勞、不罰私怨。』」詩云『有覺德行、四國順之。』」

《評》 ⑤初。穆子之生也。莊叔以周易筮之。遇明夷䷣之謙䷎。以示卜楚丘。楚丘曰、「是將行。而歸爲子祀。以讒人入、其名曰牛。卒以餒死。明夷日也。日之數十。故有十時。亦當十位。自王以下、其二爲公、其三爲卿。日上其中、食日爲二、旦日爲三。明夷之謙、明而未融。其當旦乎。故曰『爲子祀。』日之謙、當鳥。故曰『明夷于飛。』明而未融、故曰『垂其翼。』象日之動、故曰『君子于行。』當三在旦。故曰『三日不食。』離火也。艮山也。離爲火、火焚山、山敗。於人爲言、敗言爲讒。故曰、『有攸往、主人有言。』言必讒也。純離爲牛。世亂讒勝。勝將適離。故曰、『其名曰牛。』謙不足、飛不翔、垂不峻、翼不廣。故曰、『其爲子後乎。』吾子亞卿也。抑少不終。」〔魯〕

◆2〔經〕楚殺其大夫屈申。〔左〕①楚子以屈申爲貳於吳、乃殺之。以屈生爲莫敖、使與令尹子蕩如晉、逆女。〔楚〕 ②過鄭。鄭伯勞子蕩于氾、勞屈生于菟氏。晉侯送女于邢丘。子產相鄭伯、會晉侯于邢丘。〔鄭〕

◇3〔經〕公如晉。〔左〕①公如晉。自郊勞、至于贈賄、無失禮。〔魯〕 ②晉侯謂女叔齊、曰、「魯侯不亦善於禮乎。」對曰、「魯侯焉知禮。」公曰、「何爲。自郊勞、至于贈賄、禮無違者。何故不知。」對曰、「是儀也。不可謂禮。禮者所以守其國、行其政令、無失其民者也。今政令在家、不能取也。有子家羈、弗能用也。奸大國之盟、陵虐小國、利人之難、不知其私。公室四分、民食於他、思莫在公、不圖其終。爲國君、難將及身、不恤其所。禮之本末、將於此乎、在。而屑屑焉習儀、以亟。言善於禮、不亦遠乎。」〔晉〕③君子謂叔侯、「於是乎、知禮。」《評》④晉韓宣子如楚、送女。叔向爲介。鄭子皮・子大叔、勞諸索氏。大叔謂叔向、曰、「楚王汏侈已甚。子其戒之。」叔向曰、「汏侈已甚、身之災也。焉能及人。若吾奉吾幣帛、愼吾威儀、守之以信、行之以禮、敬始而思終、終無不復、從而不失儀、敬而不失威、道之以訓辭、奉之以舊法、考之以先王、度之以二國。雖汏侈、若我何。」及楚。〔晉〕⑤楚子朝其大夫、曰、「晉吾仇敵也。苟得志焉、無恤其他。今其來者、上卿・上大夫也。若吾以韓起爲閽、以羊舌肸爲司宮、足以辱晉。吾亦得志矣。可乎。」大夫莫對。薳啓彊曰、「可。苟有其備、何故不可。恥匹夫、不可以無備。況恥國乎。是以聖王務行禮、不求恥人。朝聘有珪、享覜有璋。小有述職、大有巡功。設机而不倚、爵盈而不飮。宴有好貨、飧有陪鼎、入有郊勞、出有贈賄。禮之至也。國家之敗、失之道也、則禍亂興。城濮之役、晉無楚備、以敗於邲。邲之役、楚無晉備、以敗於鄢。自鄢以來、晉不失備、而加之以禮、重之以睦。是以楚弗能報、而求親焉、既獲姻親。又欲恥之、以召寇讎。備之若何。誰其重此。若有其人、恥之、可也。若其未有、君亦圖之。晉之事君、臣曰可矣。求諸侯而麇至、求昏而薦女、君親送之、上卿及上大夫致之。猶欲恥之、君其亦有備矣。不然、奈何。韓起之下、趙成・中行吳・魏舒・范鞅・知盈。羊舌肸之下、祁午・張趯・籍談・女齊・梁丙・張骼・輔躒・苗賁皇。皆諸侯之選也。韓襄爲公族大夫、韓須受命而使矣。箕襄・邢帶・叔禽・叔椒・子羽、皆大家也。韓賦七邑、皆成縣也。羊舌四族、皆彊家也。晉人若喪韓起・楊肸、五卿八大夫、輔韓須・楊石、因其十家九縣、長轂九百、其餘四十縣、遺守四千、奮其武怒、以報其大恥。伯華謀之、中行伯・魏舒帥之、其蔑不濟矣。君將以親易怨、實無禮、以速寇、而未有其備。使羣臣往遺之禽、以逞君心、何不可之有。」王曰、「不穀之過也。大夫無辱。」厚爲韓子禮。王欲敖叔向、以其所不知、而不能。亦厚其禮。〔楚〕⑥韓起反。鄭伯勞諸圉。辭不敢見。禮也。〔晉〕⑦鄭罕虎如齊、娶於子尾氏。晏子驟見之。陳桓子問其故。對曰、「能用善人、民之主也。」〔齊〕

◇4〔經〕**夏。莒牟夷以牟婁及防茲、來奔。**〔左〕夏。①莒牟夷以牟婁及防茲、來奔。〔魯〕②〈牟夷非卿而書、尊地也。〉③莒人愬于晉。晉侯欲止公。范獻子曰、「不可。人朝而執之。誘也。討不以師、而誘以成之、惰也。爲盟主而犯此二者、無乃不可乎。請歸之、閒而以師討焉。」乃歸公。〔魯〕

◇5〔經〕**秋。七月。公至自晉。**〔左〕秋。七月。公至自晉。〔魯〕

◆6〔經〕**戊辰。叔弓帥師、敗莒師于蚡泉。**〔左〕莒人來討。不設備。戊辰。叔弓敗諸蚡泉。莒未陳也。〔魯〕

◆7〔經〕秦伯卒。〔左〕（8②の左傳文と對應）

☆8〔經〕**冬。楚子・蔡侯・陳侯・許男・頓子・沈子・徐人・越人、伐吳。**〔左〕冬。①十月。楚子以諸侯及東夷、伐吳。以報棘櫟麻之役。薳射以繁揚之師、會於夏汭。越大夫常壽過帥師、會楚子于瑣。

聞吳師出。薳啓彊帥師、從之。遽不設備。吳人敗諸鵲岸。楚子以馹至於羅汭。吳子使其弟蹶由犒師。楚人執之、將以釁鼓。王使問焉、曰、「女卜來、吉乎。」對曰、「吉。寡君聞、君將治兵於敝邑、卜之以守龜。曰、『余亟使人犒師請行、以觀王怒之疾除、而爲之備、尚克知之。』龜兆告吉、曰、『克、可知也。』君若驩焉、好逆使臣、滋敝邑休怠、而忘其死、亡無日矣。今君奮焉、震電馮怒、虐執使臣、將以釁鼓、則吳知所備矣。敝邑雖羸、若早脩完、其可以息師。難易有備、可謂吉矣。且吳社稷是卜。豈爲一人。使臣獲釁軍鼓、而敝邑知備、以禦不虞、其爲吉、孰大焉。國之守龜、其何事不卜。一臧一否、其誰能常之。城濮之兆、其報在邲。今此行也、其庸有報志。」乃弗殺。楚師濟於羅汭。沈尹赤會楚子、次於萊山。薳射帥繁陽之師、先入南懷。楚師從之、及汝清。吳不可入。楚子遂觀兵於坻箕之山。是行也、吳早設備、楚無功而還。以蹶由歸。楚子懼吳。使沈尹射待命于巢。薳啓彊待命于雩婁。禮也。【楚】　②秦后子復歸於秦。景公卒故也。【秦】

（◇抽出文4條、◆抽出的編作文3條、☆編作文1條、◎無傳の經文0條）

［昭公六年］

☆1〔經〕六年。春。王。正月。杞伯益姑卒。〔左〕六年。春。王。正月。杞文公卒。弔如同盟。禮也。【魯】

◆2〔經〕葬秦景公。〔左〕①大夫如秦。葬景公。禮也。【魯】②三月。鄭人鑄刑書。叔向使詒子產書、曰、「始吾有虞於子。今則已矣。昔先王議事、以制、不爲刑辟。懼民之有爭心也。猶不可禁禦。是故、閑之以義、糾之以政、行之以禮、守之以信、奉之以仁。制爲祿位、以勸其從。嚴斷刑罰、以威其淫。懼其未也、故誨之以忠、聳之以行、敎之以務、使之以和、臨之以敬、涖之以彊、斷之以剛。猶求聖哲之上、明察之官、忠信之長、慈惠之師。民、於是乎、可任使也。而不生禍亂。民知有刑辟、則不忌於上、竝有爭心。以徵於書、而徼幸以成之。弗可爲矣。夏有亂政而作禹刑、商有亂政而作湯刑、周有亂政而作九刑。三辟之興、皆叔世也。今吾子相鄭國、作封洫、立謗政、制參辟、鑄刑書。將以靖民、不亦難乎。詩曰『儀式刑文王之德、日靖四方。』又曰『儀刑文王、萬邦作孚。』如是、何辟之有。民知爭端矣。將弃禮而徵於書。錐刀之末、將盡爭之。亂獄滋豐、賄賂並行。終子之世、鄭其敗乎。肸聞之、國將亡、必多制。其此之謂乎。」復書曰、「若吾子之言。僑不才、不能及子孫。吾以救世也。既不承命、敢忘大惠。」士文伯曰、「火見、鄭其火乎。火未出、而作火、以鑄刑器、藏爭辟焉。火如象之、不火何爲。」【晉】

◇3〔經〕夏。季孫宿如晉。〔左〕夏。季孫宿如晉。拜莒田也。晉侯享之、有加籩。武子退、使行人告之、曰、「小國之事大國也、苟免於討、不敢求貺。得貺、不過三獻。今豆有加。下臣弗堪、無乃戾也。」韓宣子曰、「寡君以爲驩也。」對曰、「寡君猶未敢。況下臣君之隸也。敢聞加貺。」固請徹加。而後卒事。晉人以爲知禮。重其好貨。【魯】

◎4〔經〕葬杞文公。（1の左傳文と關係）〔左〕なし

◆5〔經〕宋華合比出奔衞。〔左〕①宋寺人柳有寵。大子佐惡之。華合

比曰、「我殺之。」柳聞之。乃坎、用牲埋書。而告公、曰、「合比將納亡人之族。既盟于北郭矣。」公使視之、有焉。遂逐華合比。合比奔衛。於是、華亥欲代右師。乃與寺人柳比、從而爲之徵。曰、「聞之久矣。」公使代之。見於左師。左師曰、「女夫也、必亡。女喪而宗室。汝於人何有。人亦於女何有。詩曰『宗子維城。毋俾城壞。毋獨斯畏。』女其畏哉。」〔宋〕②六月。丙戌。鄭災。〔鄭〕③楚公子棄疾如晉。報韓子也。〔楚〕④過鄭。鄭罕虎・公孫僑・游吉、從鄭伯以勞諸柤。辭不敢見。固請。見之。見如見王、以其乘馬八匹私面。見子皮、如上卿、以馬六匹。見子產、以馬四匹。見子大叔、以馬二匹。禁芻牧採樵、不入田、不樵樹、不采蓺、不抽屋、不强匄。誓曰、「有犯命者、君子廢、小人降。」舍不爲暴、主不慁賓。往來如是。鄭三卿皆知其將爲王也。〔鄭〕⑤韓宣子之適楚也、楚人弗逆。公子棄疾及晉竟。晉侯將亦弗逆。叔向曰、「楚辟、我衷。若何效辟。詩曰『爾之教矣、民胥效矣。』從我而已。焉用效人之辟。書曰『聖作則。』無寧以善人爲則、而則人之辟乎。匹夫爲善、民猶則之。況國君乎。」晉侯說。乃逆之。〔晉〕

◇6〔經〕秋。九月。大雩。〔左〕秋。九月。大雩。旱也。〔魯〕

◆7〔經〕楚薳罷帥師、伐吳。〔左〕徐儀楚聘于楚。楚子執之。逃歸。懼其叛也。使薳洩伐徐。吳人救之。令尹子蕩帥師、伐吳。師于豫章而次于乾谿。吳人敗其師於房鍾。獲宮廄尹棄疾。子蕩歸罪於薳洩而殺之。〔楚〕

◇8〔經〕冬。叔弓如楚。〔左〕冬。叔弓如楚。聘且弔敗也。〔魯〕

◇9〔經〕齊侯伐北燕。〔左〕①十一月。齊侯如晉。請伐北燕也。士匄相士鞅、逆諸河。禮也。晉侯許之。〔晉〕②十二月。齊侯遂伐北燕。將納簡公。晏子曰、「不入。燕有君矣。民不貳。吾君賄、左右諂諛。作大事不以信、未嘗可也。」〔齊〕

(◇抽出文4條、◆抽出的編作文3條、☆編作文1條、◎無傳の經文1條)

〔昭公七年〕

◇1〔經〕七年。春。王。正月。暨齊平。〔左〕七年。春。①王。正月。暨齊平。齊求之也。〔魯〕②癸巳。齊侯次于虢。燕人行成、曰、「敝邑知罪。敢不聽命。先君之敝器、請以謝罪。」公孫晳曰、「受服而退、俟釁而動、可也。」二月。戊午。盟于濡上。燕人歸燕姬。賂以瑤罋・玉櫝・斝耳、不克而還。〔齊〕③楚子之爲令尹也、爲王旌以田。芋尹無宇斷之、曰、「一國兩君、其誰堪之。」及卽位、爲章華之宮、納亡人以實之。無宇之閽、入焉。無宇執之。有司弗與、曰、「執人於王宮、其罪大矣。」執而謁諸王。王將飲酒。無宇辭、曰、「天子經略、諸侯正封。古之制也。封略之內、何非君土、食土之毛、誰非君臣。故詩曰『普天之下、莫非王土。率土之濱、莫非王臣。』天有十日、人有十等。下所以事上、上所以共神也。故王臣公、公臣大夫、大夫臣士、士臣皁、皁臣輿、輿臣隸、隸臣僚、僚臣僕、僕臣臺。馬有圉、牛有牧。以待百事。今有司曰、『女胡執人於王宮。』將焉執之。周文王之法曰『有亡荒閱。』所以得天下也。吾先君文王、作僕區之法。曰『盜所隱器、與盜同罪。』所以封汝也。若從有司、是無所執逃臣也。逃而舍之、是無陪臺也。王事無乃闕乎。昔武王數紂之罪、以告諸侯、曰、『紂爲天下逋逃、主萃淵藪。』故夫人致死焉。君王始求諸侯、而則紂、無乃不可乎。若以二文之法取之、盜有所在矣。」王曰、「取而臣、以往。盜有寵、未可得也。」遂赦之。〔楚〕④楚子成章華之臺。願與諸侯落之。大宰薳啓彊曰、「臣能得魯侯。」薳啓彊來。召公。辭曰、「昔先君成公命我先大夫嬰齊、曰、『吾不忘先君之好。將使衡父照臨楚國、鎭撫其社稷、以輯寧爾民。』嬰齊受命于蜀。奉承以來。弗敢失隕、而致諸宗祧。日我先君共王引領北望、日月以冀、傳序相授、於今四王矣。嘉惠未至。唯襄公之辱臨我喪。孤與其二三臣、悼心失圖、社稷之不皇。況能懷思君德。今君若親步玉趾、辱見寡君、寵靈楚國、以信蜀之役、致君之嘉惠、是寡君既受貺矣。何蜀之敢望。其先君鬼神實嘉賴之、豈唯寡君。君若不來、使臣請問行期。寡君將承質幣而見于蜀、以請先君之貺。」公將往。夢襄公祖。梓愼曰、「君不果行。襄公之適楚也、夢周公祖、而行。今襄公實祖、君其不行。」子服惠伯曰、「行。先君未嘗適楚。故周公祖以道之。襄公適楚矣、而祖以道君。不行、何之。」〔魯〕

◇2〔經〕**三月。公如楚。**〔左〕三月。公如楚。鄭伯勞于師之梁。孟僖子爲介。不能相儀。及楚。不能荅郊勞。〔魯〕

◎3〔經〕**叔孫婼如齊、涖盟。**〔左〕なし

◇4〔經〕**夏。四月。甲辰。朔。日有食之。**〔左〕夏。①四月。甲辰。朔。日有食之。晉侯問於士文伯、曰、「誰將當日食。」對曰、「魯・衞惡之。衞大魯小。」公曰、「何故。」對曰、「去衞地如魯地。於是有災。魯實受之。其大咎、其衞君乎。魯將上卿。」公曰、「詩所謂『彼日而食。于何不臧。』者、何也。」對曰、「不善政之謂也。國無政、不用善、則自取謫于日月之災。故政不可不愼也。務三而已。一曰、擇人。二曰、因民。三曰、從時。」〔晉〕②晉人來、治杞田。季孫將以成與之。謝息爲孟孫守、不可。曰、「人有言、曰、『雖有挈缾之知、守不假器。禮也。』夫子從君、而守臣喪邑、雖吾子、亦有猜焉。」季孫曰、「君之在楚、於晉罪也。又不聽晉、魯罪重矣。晉師必至。吾無以待之。不如與之、閒晉而取諸杞。吾與子桃。成反、誰敢有之。是得二成也。魯無憂而孟孫益邑。子何病焉。」辭以無山。與之萊・柞。乃遷于桃。晉人爲杞取成。〔魯〕③楚子享公于新臺。使長鬣者相。好以大屈。既而悔之。薳啓彊聞之、見公。公語之。拜賀。公曰、「何賀。」對曰、「齊與晉・越、欲此久矣。寡君無適與也。而傳諸君。君其備禦三鄰、愼守、寶矣。敢不賀乎。」公懼。乃反之。〔魯〕④鄭子產聘于晉。晉侯有疾。韓宣子逆客。私焉。曰、「寡君寢疾、於今三月矣。並走羣望有加而無瘳。今夢黃熊入于寢門。其何厲鬼也。」對曰、「以君之明、子爲大政。其何厲之有。昔堯殛鯀于羽山。其神化爲黃熊、以入于羽淵。實夏爲郊、三代祀之。晉爲盟主。其或者未之祀也乎。」韓子祀夏郊。晉侯有閒。賜子產莒之二方鼎。〔鄭〕⑤子產爲豐施、歸州田於韓宣子、曰、「日君以夫公孫段爲能任其事、而賜之州田。今無祿早世、不獲久享德。其子弗敢有。不敢以聞於君、私致諸子。」宣子辭。子產曰、「古人有言、曰、『其父析薪、其子弗克負荷。』施將懼不能任其先人之祿。其況能任大國之賜。縱吾子爲政而可、後之人若屬有疆場之言、敝邑獲戾、而豐氏受其大討。吾子取州。是免敝邑於戾而建置豐氏也。敢以爲請。」宣子受之。以告晉侯。

晉侯以與宣子。宣子爲初言、病有之。以易原縣於樂大心。〔晉〕

⑥鄭人相驚以伯有、曰、「伯有至矣。」則皆走不知所往。鑄刑書之歲二月。或夢伯有介而行。曰、「壬子。余將殺帶也。明年。壬寅。餘又將殺段也。」及壬子、駟帶卒。國人益懼。齊・燕平之月。壬寅。公孫段卒。國人愈懼。其明月。子產立公孫洩及良止、以撫之。乃止。子大叔問其故。子產曰、「鬼有所歸、乃不爲厲。吾爲之歸也。」大叔曰「公孫洩何爲。」子產曰、「說也。爲身無義而圖說。從政、有所反之以取媚也。不媚、不信。不信、民不從也。」〔鄭〕

⑦及子產適晉、趙景子問焉。曰、「伯有猶能爲鬼乎。」子產曰、「能。人生始化、曰魄。既生魄、陽曰魂。用物精多、則魂魄强。是以有精爽、至於神明。匹夫匹婦强死、其魂魄猶能馮依於人、以爲淫厲。況良霄我先君穆公之冑、子良之孫、子耳之子。敝邑之卿、從政三世矣。鄭雖無腆、抑諺曰『蕞爾、國。』而三世、執其政柄、其用物也弘矣。其取精也多矣。其族又大、所馮厚矣。而强死、能爲鬼不亦宜乎。」〔晉〕⑧子皮之族飲酒無度。故馬師氏與子皮氏有惡。齊師還自燕之月。罕朔殺罕魋。罕朔奔晉。韓宣子問其位於子產。子產曰、「君之羈臣苟得容以逃死、何位之敢擇。卿違從大夫之位。罪人以其罪降。古之制也。朔、於敝邑亞大夫也、其官馬師也。獲戾而逃、唯執政所寘之。得免其死、爲惠大矣。又敢求位。」宣子爲子產之斂也、使從嬖大夫。〔鄭〕

☆5 〔經〕秋。八月。戊辰。衞侯惡卒。〔左〕秋。①八月。衞襄公卒。

〔衞〕②晉大夫言於范獻子、曰、「衞事晉、爲睦。晉不禮焉、庇其賊人、而取其地。故諸侯貳。詩曰『鶺鴒在原。兄弟急難。』又曰『死喪之威。兄弟孔懷。』兄弟之不睦。於是乎、不弔。況遠人誰敢歸之。今又不禮於衞之嗣。衞必叛我。是絕諸侯也。」獻子以告韓宣子。宣子說、使獻子如衞弔、且反戚田。〔晉〕③衞齊惡告喪于周。且請命。王使郕簡公如衞弔。且追命襄公。曰、「叔父陟恪、在我先王之左右。以佐事上帝。餘敢忘高圉・亞圉。」〔衞〕

◇6 〔經〕九月。公至自楚。〔左〕①九月。公至自楚。孟僖子病不能相禮。乃講學之。苟能禮者、從之。〔魯〕②及其將死也。召其大夫、曰、「禮、人之幹也。無禮、無以立。吾聞、將有達者、曰孔丘。聖人之後也。而滅於宋。其祖弗父何以有宋、而授厲公。及正考父、佐戴・武・宣、三命茲益恭。故其鼎銘云『一命而僂。再命而傴。三命而俯、循牆而走。亦莫余敢侮。饘於是。鬻於是。以餬余口。』其共也如是。臧孫紇有言、曰、『聖人有明德者。若不當世、其後必有達人。』今其將在孔丘乎。我若獲沒、必屬說與何忌於夫子、使事之、而學禮焉、以定其位。」故孟懿子與南宮敬叔、師事仲尼。〔魯〕③仲尼曰、「能補過者、君子也。詩曰『君子是則、是效。』孟僖子可則效已矣。」《評》③單獻公棄親、用羈。〔周〕

☆7 〔經〕冬。十有一月。癸未。季孫宿卒。〔左〕冬。①十月。辛酉。襄・頃之族殺獻公而立成公。〔周〕②十一月。季武子卒。〔魯〕

③晉侯謂伯瑕、曰、「吾所問日食從矣。可常乎。」對曰、「不可。六物不同。民心不壹。事序不類。官職不則。同始異終。胡可常也。詩曰『或燕燕以居息。或憔悴事國。』其異終也、如是。」公曰、「何謂六物。」對曰、「歲・時・日・月・星・辰、是謂也。」公曰、「多語寡人辰而莫同。何謂辰。」對曰、「日月之會、是謂辰。故以

配曰。」〔晉〕④衞襄公夫人姜氏無子。嬖人婤姶生孟縶。孔成子
夢。康叔謂己立元。余使羈之孫圉與史苟相之。史朝亦夢、康叔謂
己余將命而子苟與孔烝鉏之曾孫圉相元。史朝見成子、告之夢。夢
協。晉韓宣子爲政、聘于諸侯之歲。婤姶生子。名之曰元。孟縶之
足不良、能行。孔成子以周易筮之、曰、「元尚享衞國、主其社稷。」
遇屯䷂。又曰、「余尚立縶。尚克嘉之。」遇屯䷂之比䷇。以
示史朝。史朝曰、「元亨。又何疑焉。」成子曰、「非長之謂乎。」對
曰、「康叔名之。可謂長矣。孟非人也、將不列於宗。不可謂長。
且其繇曰『利建侯。』嗣吉、何建。建非嗣也。二卦皆云、『子其建
之。』康叔命之。二卦告之。筮襲於夢。武王所用也。弗從何爲。
弱足者居。侯主社稷、臨祭祀、奉民人、事鬼神、從朝會。又焉得
居。各以所利。不亦可乎。」故孔成子立靈公。〔衞〕
◇8〔經〕十有二月。癸亥。葬衞襄公。〔左〕十二月。癸亥。葬衞襄公。
〔衞〕
（◇抽出文5條、◆抽出的編作文0條、☆編作文2條、◎無傳の經文1條）

〔昭公八年〕
◆1〔經〕八年。春。陳侯之弟招殺陳世子偃師。〔左〕八年。春。①石
言于晉魏楡。晉侯問於師曠、曰、「石何故言。」對曰、「石不能言。
神或馮。不然、民聽濫。抑臣又聞之。曰、『作事不時、怨讟動于
民、則有非言之物而言。』今宮室崇侈、民力彫盡、怨讟並作、莫
保其性。石言、不亦宜乎。」於是、晉侯方築虒祁之宮。叔向曰、
「子野之言、君子哉。君子之言、信而有徵。故怨咎遠於其身。小
人之言、僭而無徵。故怨咎及之。詩曰『哀哉不能言。匪舌是出。
唯躬是瘁。』哿矣能言。巧言如流、俾躬處休。其是之謂乎。是宮
也成、諸侯必叛。君必有咎。夫子知之矣。」〔晉〕②陳哀公元妃
鄭姬生悼大子偃師。二妃生公子留。下妃生公子勝。二妃嬖、留有
寵。屬諸司徒招與公子過。哀公有廢疾。三月。甲申。公子招・公
子過殺悼大子偃師而立公子留。〔陳〕
☆2〔經〕夏。四月。辛丑。陳侯溺卒。〔左〕夏。①四月。辛亥。哀公
縊。干徵師赴于楚、且告有立君。公子勝愬之于楚。楚人執而殺之。
公子留奔鄭。〔陳〕②〈書曰「陳侯之弟招殺陳世子偃師」、罪在
招也。「楚人執陳行人干徵師、殺之」、罪不在行人也。〉
◇3〔經〕叔弓如晉。〔左〕①叔弓如晉。賀虒祁也。〔魯〕②游吉相鄭
伯、以如晉。亦賀虒祁也。史趙見子大叔、曰、「甚哉、其相蒙也。
可弔也。而又賀之。」子大叔曰、「若何弔也。其非唯我賀。將天下
實賀。」〔鄭〕
◆4〔經〕楚人執陳行人干徵師、殺之。〔左〕（2①の左傳文と對應）
◆5〔經〕陳公子留出奔鄭。〔左〕（2①の左傳文と對應）
◇6〔經〕秋。蒐于紅。〔左〕秋。①大蒐于紅。自根牟至于商・衞。革
車千乘。〔魯〕②七月。甲戌。齊子尾卒。子旗欲治其室。丁丑。
殺梁嬰。〔齊〕③八月。庚戌。逐子成・子工・子車。皆來奔。
〔魯〕④而立子良氏之宰。其臣曰、「孺子長矣。而相吾室、欲兼
我也。」授甲將攻之。陳桓子善於子尾。亦授甲、將助之。或告子
旗。子旗不信、則數人告。將往。又數人告於道。遂如陳氏。桓子
將出矣。聞之而還、游服而逆之。請命。對曰、「聞、彊氏授甲、

將攻子。子聞諸。」曰、「弗聞。」曰、「子盍亦授甲。無宇請從。」子旗曰、「子胡然。彼孺子也。吾誨之、猶懼其不濟。吾又寵秩之。其若先人何。子盍謂之。周書曰『惠不惠、茂不茂。』康叔所以服弘大也。」桓子稽顙。曰、「頃・靈福子。吾猶有望。」遂和之、如初。〔齊〕

◆7〔經〕**陳人殺其大夫公子過。**〔左〕①陳公子招、歸罪於公子過、而殺之。〔陳〕②九月。楚公子棄疾帥師、奉孫吳、圍陳。宋戴惡會之。〔楚〕

◎8〔經〕**大雩。**〔左〕なし

◆9〔經〕**冬。十月。壬午。楚師滅陳。**〔左〕冬。①十一月。壬午。滅陳。〔楚〕②輿嬖・袁克殺馬、毀玉、以葬。楚人將殺之。請寘之。既又請私。私於幄、加絰於顙、而逃。使穿封戌爲陳縣公。曰、「城麇之役、不諂。」侍飲酒於王。王曰、「城麇之役、女知寡人之及此、女其辟寡人乎。」對曰、「若知君之及此、臣必致死、禮以息楚國。」〔楚〕③晉侯問於史趙曰、「陳其遂亡乎。」對曰、「未也。」公曰、「何故。」對曰、「陳顓頊之族也。歲在鶉火。是以卒滅。陳將如之。今在析水之津。猶將復由。且陳氏得政于齊、而後陳卒亡。自幕至于瞽瞍、無違命。舜重之以明德、寘德於遂。遂世守之、及胡公、不淫。故周賜之姓。使祀虞帝。臣聞、盛德必百世祀。虞之世數、未也。繼守將在齊。其兆既存矣。」〔晉〕

◎10〔經〕**執陳公子招、放之于越。**〔左〕なし

◎11〔經〕**殺陳孔奐。**〔左〕なし

◆12〔經〕**葬陳哀公。**〔左〕（2①、9②の左傳文と對應）

（◇抽出文2條、◆抽出的編作文6條、☆編作文1條、◎無傳の經文3條）

〔昭公九年〕

◇1〔經〕**九年。春。叔弓會楚子于陳。**〔左〕九年。春。叔弓・宋華亥・鄭游吉・衞趙黶、會楚子于陳。〔魯〕

◆2〔經〕**許遷于夷。**〔左〕①二月。庚申。楚公子棄疾遷許于夷。實城父。取州來・淮北之田、以益之。伍舉授許男田。然丹遷城父人於陳、以夷濮西田、益之。遷方城外人於許。〔楚〕②周甘人與晉閻嘉、爭閻田。晉梁丙・張趯、率陰戎、伐潁。王使詹桓伯辭於晉、曰、「我自夏以后稷、魏・駘・芮・岐・畢、吾西土也。及武王克商、蒲姑・商奄、吾東土也。巴・濮・楚・鄧、吾南土也。肅愼・燕・亳、吾北土也。吾何邇封之有。文・武・成・康之建母弟、以蕃屏周、亦其廢隊是爲。豈如弁髦而因以敝之。先王居檮杌于四裔、以禦螭魅。故允姓之姦、居于瓜州。伯父惠公歸自秦而誘以來、使偪我諸姬、入我郊甸、則戎焉取之。戎有中國、誰之咎也。后稷封殖天下、今戎制之、不亦難乎。伯父圖之。我在伯父、猶衣服之有冠冕、木水之有本原、民人之有謀主也。伯父若裂冠、毀冕、拔本、塞原、專弃謀主。雖戎狄、其何有余一人。」〔周〕③叔向謂宣子、曰、「文之伯也、豈能改物。翼戴天子、而加之以共。自文以來、世有衰德、而暴滅宗周、以宣示其侈。諸侯之貳、不亦宜乎。且王辭直、子其圖之。」宣子說。王有姻喪。使趙成如周弔、且致閻田與襚、反潁俘。王亦使賓滑執甘大夫襄、以說於晉。晉人禮而歸之。〔晉〕

◇3〔經〕夏。四月。陳災。〔左〕夏。①四月。陳災。鄭裨竈曰、「五年、陳將復封。封五十二年、而遂亡。」子產問其故。對曰、「陳水屬也。火水妃也、而楚所相也。今火出而火陳、逐楚而建陳也。妃以五成、故曰五年。歲五及鶉火、而後陳卒亡。楚克有之。天之道也。故曰五十二年。」〔鄭〕②晉荀盈如齊、逆女。還。六月。卒于戲陽。殯于絳。未葬。晉侯飲酒、樂。膳宰屠蒯趨入、請佐公使尊。許之。而遂酌以飲工。曰、「女爲君耳。將司聽也。辰在子・卯、謂之疾日。君徹宴樂、學人舍業、爲疾故也。君之卿佐是謂股肱。股肱或虧、何痛如之。女弗聞而樂。是不聽也。」又飲外嬖嬖叔、曰、「女爲君目。將司明也。服以旌禮、禮以行事、事有其物、物有其容。今君之容非其物也。而女不見、是不明也。」亦自飲也。曰、「味以行氣、氣以實志、志以定言、言以出令。臣實司味。二御失官、而君弗命。臣之罪也。」公說。徹酒。初。公欲廢知氏而立其外嬖。爲是、悛而止。〔晉〕

☆4〔經〕秋。仲孫貜如齊。〔左〕秋。①八月。使荀躒佐下軍、以說焉。〔晉〕②孟僖子如齊。殷聘。禮也。〔魯〕

◇5〔經〕冬。築郎囿。〔左〕冬。①築郎囿。〔魯〕②〈書、時也。〉③季平子欲其速成也。叔孫昭子曰、「詩曰『經始勿亟。庶民子來。』焉用速成、以其勦民也。無囿、猶可。無民、其可乎。」〔魯〕

（◇抽出文3條、◆抽出的編作文1條、☆編作文1條、◎無傳の經文0條）

［昭公十年］

◇1〔經〕十年。春。王。正月。〔左〕十年。春。①王。正月。有星出於婺女。鄭裨竈言於子產、曰、「七月。戊子。晉君將死。今茲歲在顓頊之虛。姜氏・任氏實守其地。居其維首而有妖星焉、告邑姜也。邑姜、晉之妣也。天以七紀。戊子。逢公以登。星斯於是乎出。吾是以譏之。」〔鄭〕②齊惠欒・高氏、皆耆酒。信內、多怨。彊於陳・鮑氏而惡之。〔齊〕

◆2〔經〕夏。齊欒施來奔。〔左〕夏。①有告陳桓子、曰、「子旗・子良將攻陳・鮑。」亦告鮑氏。桓子授甲而如鮑氏。遭子良醉而騁。遂見文子、則亦授甲矣。使視二子。則皆將飲酒。桓子曰、「彼雖不信、聞我授甲、則必逐我。及其飲酒也、先伐諸。」陳・鮑方睦。遂伐欒・高氏。子良曰、「先得公、陳・鮑焉往。」遂伐虎門。晏平仲端委、立于虎門之外。四族召之。無所往。其徒曰、「助陳・鮑乎。」曰、「何善焉。」「助欒・高乎。」曰、「庸愈乎。」「然則歸乎。」曰、「君伐。焉歸。」公召之而後入。公卜使王黑以靈姑銔率、吉。請斷三尺焉而用之。〔齊〕②五月。庚辰。戰于稷。欒・高敗。又敗諸莊。國人追之。又敗諸鹿門。〔齊〕③欒施・高彊來奔。〔魯〕④陳・鮑分其室。晏子謂桓子、「必致諸公。讓德之主也。讓之謂懿德。凡有血氣、皆有爭心、故利不可强。思義爲愈。義利之本也。蘊利生孽、姑使無蘊乎。可以滋長。」桓子盡致諸公、而請老于莒。桓子召子山、私具幄幕器用從者之衣屨、而反棘焉。子商亦如之、而反其邑。子周亦如之、而與之夫于。反子城・子公・公孫捷、而皆益其祿。凡公子公孫之無祿者、私分之邑。國之貧約孤寡者、私與之粟。曰、「詩云『陳錫載周。』能施也。桓公是以霸。」公與桓子莒之旁邑。辭。穆孟姬爲之請高唐。陳氏始大。〔齊〕

☆3〔經〕秋。七月。季孫意如・叔弓・仲孫貜、帥師、伐莒。〔左〕秋。七月。平子伐莒、取郠。獻俘。始用人於亳社。臧武仲在齊、聞之、曰、「周公其不饗魯祭乎。周公饗義、魯無義。詩曰、『德音孔昭。視民不恌。』恌之謂甚矣。而壹用之、將誰福哉。」〔魯〕

◆4〔經〕戊子。晉侯彪卒。〔左〕①戊子。晉平公卒。〔晉〕②鄭伯如晉、及河。晉人辭之。游吉遂如晉。〔鄭〕

◆5〔經〕九月。叔孫婼如晉、葬晉平公。〔左〕①九月。叔孫婼・齊國弱・宋華定・衞北宮喜・鄭罕虎・許人・曹人・莒人・邾人・滕人・薛人・杞人・小邾人如晉。葬平公也。〔魯〕②鄭子皮將以幣行。子產曰、「喪焉用幣。用幣必百兩、百兩必千人。千人至、將不行。不行、必盡用之。幾千人而國不亡。」子皮固請、以行。〔鄭〕③既葬。諸侯之大夫欲因見新君。叔孫昭子曰、「非禮也。」弗聽。叔向辭之、曰、「大夫之事畢矣。而又命孤。孤新斬焉、在衰絰之中。其以嘉服見、則喪禮未畢。其以喪服見、是重受弔也。大夫將若之何。」皆無辭以見。〔晉〕④子皮盡用其幣、歸。謂子羽、曰、「非知之實難、將在行之。夫子知之矣。我則不足。書曰『欲敗度。縱敗禮。』我之謂矣。夫子知度與禮矣。我實縱欲而不能自克也。」〔鄭〕　昭子至自晉。大夫皆見。高彊見而退。昭子語諸大夫、曰、「爲人子、不可不愼也哉。昔慶封亡、子尾多受邑、而稍致諸君。君以爲忠、而甚寵之。將死、疾于公宮、輦而歸、君親推之。其子不能任。是以在此。忠爲令德、其子弗能任、罪猶及之。難不愼也。喪夫人之力、棄德曠宗、以及其身。不亦害乎。詩曰『不自我先、不自我後。』其是之謂乎。」〔魯〕

☆6〔經〕十有二月。甲子。宋公成卒。〔左〕冬。十二月。宋平公卒。初。元公惡寺人柳、欲殺之。及喪、柳熾炭于位、將至則去之。比及葬、又有寵。〔宋〕

（◇抽出文1條、◆抽出的編作文3條、☆編作文2條、◎無傳の經文0條）

［昭公十一年］

◆1〔經〕十有一年。春。王。二月。叔弓如宋、葬宋平公。〔左〕十一年。春。①王。二月。叔弓如宋。葬平公也。〔魯〕②景王問於萇弘、曰、「今茲、諸侯何實吉、何實凶。」對曰、「蔡凶。此蔡侯般弑其君之歲也。歲在豕韋。弗過此矣。楚將有之、然壅也。歲及大梁、蔡復、楚凶。天之道也。」〔周〕③楚子在申。召蔡靈侯。靈侯將往。蔡大夫曰、「王貪而無信。唯蔡於感。今幣重而言甘。誘我也。不如無往。」蔡侯不可。三月。丙申。楚子伏甲、而饗蔡侯於申。醉而執之。〔楚〕

☆2〔經〕夏。四月。丁巳。楚子虔誘蔡侯般、殺之于申。〔左〕夏。四月。丁巳。殺之。刑其士七十人。〔楚〕

◆3〔經〕楚公子棄疾帥師、圍蔡。〔左〕①公子棄疾帥師、圍蔡。〔楚〕

②韓宣子問於叔向、曰、「楚其克乎。」對曰、「克哉。蔡侯獲罪於其君。而不能其民。天將假手於楚、以斃之。何故不克。然肸聞之、不信以幸、不可再也。楚王奉孫吳、以討於陳、曰、『將定而國。』陳人聽命。而遂縣之。今又誘蔡、而殺其君。以圍其國。雖幸而克、必受其咎。弗能久矣。桀克有緡、以喪其國。紂克東夷、而隕其身。楚小、位下。而亟暴於二王。能無咎乎。天之假助不善、

非祚之也。厚其凶惡、而降之罰也。且譬之、如天其有五材而將用之。其力盡、而敝之。是以無拯。不可沒振。」〔晉〕

☆4〔經〕五月。甲申。夫人歸氏薨。〔左〕五月。齊歸薨。〔魯〕

◇5〔經〕大蒐于比蒲。〔左〕大蒐于比蒲。非禮也。〔魯〕

☆6〔經〕仲孫貜會邾子、盟于祲祥。〔左〕①孟僖子會邾莊公、盟于祲祥、脩好。禮也。〔魯〕②泉丘人有女。夢以其帷幕孟氏之廟。遂奔僖子。其僚從之。盟于淸丘之社、曰、「有子、無相弃也。」僖子使助薳氏之簉。反自祲祥。宿於薳氏。生懿子及南宮敬叔於泉丘人。其僚無子。使字敬叔。〔魯〕③楚師在蔡。晉荀吳謂韓宣子、曰、「不能救陳。又不能救蔡。物以無親。晉之不能、亦可知也已。爲盟主而不能恤亡國。將焉用之。」〔晉〕

☆7〔經〕秋。季孫意如會晉韓起・齊國弱・宋華亥・衞北宮佗・鄭罕虎・曹人・杞人于厥憖。〔左〕秋。①會于厥憖。謀救蔡也。〔晉〕②鄭子皮將行。子產曰、「行不遠。不能救蔡也。蔡小而不順、楚大而不德。天將棄蔡、以壅楚、盈而罰之。蔡必亡矣。且喪君而能守者鮮矣。三年、王其有咎乎。美惡周必復。王惡周矣。」〔鄭〕③晉人使狐父請蔡于楚。弗許。〔楚〕④單子會韓宣子于戚。視下而言徐。叔向曰、「單子其將死乎。朝有著定。會有表、衣有襘、帶有結。會朝之言、必聞于表著之位、所以昭事序也。視不過結襘之中、所以道容貌也。言以命之、容貌以明之。失則有闕。今單子爲王官伯、而命事於會、視不登帶、言不過步、貌不道容、而言不昭矣。不道、不共。不昭不從。無守氣矣。」〔晉〕

☆8〔經〕九月。己亥。葬我小君齊歸。〔左〕①九月。葬齊歸。公不慼。〔魯〕②晉士之送葬者、歸以語史趙。史趙曰、「必爲魯郊。」侍者曰、「何故。」曰、「歸姓也。不思親、祖不歸也。」叔向曰、「魯公室其卑乎。君有大喪、國不廢蒐。有三年之喪、而無一日之慼。國不恤喪、不忌君也。君無慼容、不顧親也。國不忌君、君不顧親。能無卑乎。殆其失國。」〔晉〕

☆9〔經〕冬。十有一月。丁酉。楚師滅蔡。執蔡世子有、以歸、用之。

〔左〕冬。①十一月。楚子滅蔡。用隱大子于岡山。申無宇曰、「不祥。五牲不相爲用。況用諸侯乎。王必悔之。」〔楚〕②十二月。單成公卒。〔周〕③楚子城陳・蔡・不羹。使棄疾爲蔡公。王問於申無宇、曰、「棄疾在蔡。何如。」對曰、「擇子莫如父。擇臣莫如君。鄭莊公城櫟、而寘子元焉、使昭公不立。齊桓公城穀、而寘管仲焉、至于今賴之。臣聞、五大不在邊、五細不在庭。親不在外、羇不在內。今棄疾在外、鄭丹在內。君其少戒。」王曰、「國有大城。何如。」對曰、「鄭京櫟實殺曼伯、宋蕭亳實殺子游、齊渠丘實殺無知、衞蒲戚實出獻公。若由是觀之、則害於國。末大、必折。尾大、不掉。君所知也。」〔楚〕

(◇抽出文1條、◆抽出的編作文2條、☆編作文6條、◎無傳の經文0條)

〔昭公十二年〕

◆1〔經〕十有二年。春。齊高偃帥師、納北燕伯于陽。〔左〕十二年。春。齊高偃納北燕伯款于唐。因其衆也。〔齊〕

☆2〔經〕三月。壬申。鄭伯嘉卒。〔左〕①三月。鄭簡公卒。將爲葬除。及游氏之廟、將毀焉。子大叔使其除徒、執用以立、而無庸毀。曰、

「子産過女、而問『何故不毀。』、乃曰『不忍毀廟也。』」諾。將毀矣。既如是。子産乃使辟之。司墓之室有當道者。毀之則朝而堋。弗毀則日中而堋。子大叔請毀之。曰、「無若諸侯之賓何。」子産曰、「諸侯之賓能來會吾喪。豈憚日中。無損於賓而民不害。何故不爲。」遂弗毀。日中而葬。〔鄭〕②君子謂子産、「於是乎、知禮。禮無毀人以自成也。」《評》

◆3〔經〕夏。宋公使華定來聘。〔左〕夏。宋華定來聘。通嗣君也。享之。爲賦蓼蕭。弗知。又不荅賦。昭子曰、「必亡。宴語之不懷。寵光之不宣。令德之不知。同福之不受。將何以在。」〔魯〕

◇4〔經〕公如晉。至河、乃復。〔左〕①齊侯・衞侯・鄭伯、如晉。朝嗣君也。公如晉。至河、乃復。取郠之役、莒人愬于晉。晉有平公之喪。未之治也。故辭公。公子憖遂如晉。〔魯〕②晉侯享諸侯。子産相鄭伯。辭於享、請免喪而後聽命。晉人許之。禮也。〔鄭〕③晉侯以齊侯宴。中行穆子相。投壷。晉侯先。穆子曰、「有酒如淮。有肉如坻。寡君中此、爲諸侯師。」中之。齊侯擧矢。曰、「有酒如澠。有肉如陵。寡人中此。與君代興。」亦中之。伯瑕謂穆子、曰、「子失辭。吾固師諸侯矣。壺何爲焉其以中儁也。齊君弱吾君、歸弗來矣。」穆子曰、「吾軍帥彊禦、卒乘競勸、今猶古也。齊將何事。」公孫傁趨進、曰、「日旰君勤。可以出矣。」以齊侯出。〔晉〕

◆5〔經〕五月。葬鄭簡公。〔左〕（6③の左傳文と對應）

☆6〔經〕楚殺其大夫成熊。（箋曰、「成熊穀梁作成虎、…則經文亦作虎字可知。」）〔左〕①楚子謂成虎、若敖之餘也。遂殺之。或譖成虎於楚子。成虎知之而不能行。〔楚〕②〈書曰「楚殺其大夫成虎」、懷寵也。〉③六月。葬鄭簡公。〔鄭〕④晉荀吳僞會齊師者、假道於鮮虞。遂入昔陽。〔晉〕

◎7〔經〕秋。七月。〔左〕秋。①八月。壬午。滅肥。以肥子緜皐、歸。〔晉〕②周原伯絞虐。其輿臣使曹逃。〔周〕

◆8〔經〕冬。十月。公子憖出奔齊。〔左〕冬。①十月。壬申。朔。原輿人逐絞、而立公子跪尋。絞奔郊。〔周〕②甘簡公無子。立其弟過。過將去成・景之族。成・景之族賂劉獻公。丙申。殺甘悼公。而立成公之孫鰌。丁酉。殺獻太子之傅庾皮之子過。殺瑕辛于市。及宮嬖綽・王孫沒・劉州鳩・陰忌・老陽子。〔周〕③季平子立而不禮於南蒯。南蒯謂子仲、「吾出季氏而歸其室於公。子更其位。我以費爲公臣。」子仲許之。南蒯語叔仲穆子、且告之故。季悼子之卒也、叔孫昭子以再命爲卿。及平子伐莒克之、更受三命。叔仲子欲構二家。謂平子、曰、「三命、踰父兄。非禮也。」平子曰、「然。」故使昭子。昭子曰、「叔孫氏有家禍。殺適立庶。故婼也及此。若因禍以斃之、則聞命矣。若不廢君命、則固有著矣。」昭子朝而命吏、曰、「婼將與季氏訟。書辭無頗。」季孫懼。而歸罪於叔仲子。故叔仲小・南蒯・公子憖謀季氏。憖告公。而遂從公如晉。南蒯懼不克、以費叛、如齊。子仲還、及衞、聞亂、逃介而先。及郊、聞費叛。遂奔齊。〔魯〕④南蒯之將叛也、其鄉人或知之。過之而歎。且言曰、「恤恤乎。湫乎。攸乎。深思而淺謀。邇身而遠志。家臣而君圖。有人矣哉。」南蒯枚筮之。遇坤☷☷之比☵☷。曰、「黄裳元吉。」以爲大吉也。示子服惠伯、曰、「卽欲有事。何如。」惠伯曰、「吾嘗學此矣。忠信之事則可。不然必敗。外彊內溫、忠也。和以率貞、信也。故曰『黃裳元、吉。』黃、中之色也。裳、下之飾也。元、善之長也。中不忠、不得其色。下不共、不得其飾。事不善、不得其極。外內倡和爲忠。率事以信爲共。供養三德爲善。非此三者、弗當。且夫易不可以占險。將何事也。且可飾乎。中美能黃。上美爲元。下美則裳。參成而可筮。猶有闕也、筮雖吉、未也。」將適費。飲鄉人酒。鄉人或歌之、曰、「我有圃。生之杞乎。從我者子乎。去我者鄙乎。倍其鄰者恥乎。已乎、已乎。非吾黨之士乎。」平子欲使昭子逐叔仲小。小聞之、不敢朝。昭子命吏、謂小待政於朝、曰、「吾不爲怨府。」〔魯〕

◆9〔經〕楚子伐徐。〔左〕①楚子狩于州來。次于潁尾。使蕩侯・潘子・司馬督・囂尹午・陵尹喜帥師、圍徐。以懼吳。楚子次于乾谿。以爲之援。雨雪。王皮冠、秦復陶、翠被、豹舄、執鞭以出。僕析父從。右尹子革夕。王見之、去冠被、舍鞭。與之語、曰、「昔我先王熊繹與呂伋・王孫牟・燮父・禽父、竝事康王。四國皆有分。我獨無有。今吾使人於周、求鼎以爲分。王其與我乎。」對曰、「與君王哉。昔我先王熊繹辟在荊山。篳路藍縷以處草莽。跋涉山林、以事天子、唯是桃弧棘矢、以共禦王事。齊王舅也。晉及魯・衞、王母弟也。楚是以無分、而彼皆有。今周與四國、服事君王、將唯命是從。豈其愛鼎。」王曰、「昔我皇祖・伯父昆吾、舊許是宅。今鄭人貪賴其田、而不我與。我若求之、其與我乎。」對曰、「與君王哉。周不愛鼎。鄭敢愛田。」王曰、「昔諸侯遠我、而畏晉。今我大城陳・蔡・不羹、賦皆千乘。子與有勞焉。諸侯其畏我乎。」對曰、「畏君王哉。是四國者專足畏也。又加之以楚。敢不畏君王哉。」工尹路請、曰、「君王命剥圭、以爲鏚柲、敢請命。」王入視之。析父謂子革、曰、「吾子楚國之望也。今與王言如響。國其若之何。」子革曰、「摩厲以須王出。吾刃將斬矣。」王出復語。左史倚相趨過。王曰、「是良史也。子善視之。是能讀三墳・五典・八索・九丘。」對曰、「臣嘗問焉。昔穆王欲肆其心、周行天下、將皆必有車轍馬跡焉。祭公謀父作祈招之詩、以止王心。王是以獲沒於祗宮。臣問其詩、而不知也。若問遠焉、其焉能知之。」王曰、「子能乎。」對曰、「能。其詩曰『祈招之愔愔。式昭德音。思我王度。式如玉式如金。形民之力而無醉飽之心。』」王揖而入。饋不食、寢不寐、數日。不能自克、以及於難。〔楚〕②仲尼曰、「古也有志。『克己復禮、仁也。』信善哉。楚靈王若能如是、豈其辱於乾谿。」《評》

◇10〔經〕晉伐鮮虞。〔左〕晉伐鮮虞。因肥之役也。〔晉〕

（◇抽出文2條、◆抽出的編作文5條、☆編作文2條、◎無傳の經文1條）

〔昭公十三年〕

◆1〔經〕十有三年。春。叔弓帥師、圍費。〔左〕十三年。春。①叔弓圍費。弗克。敗焉。平子怒。令見費人執之以爲囚俘。冶區夫曰、「非禮也。若見費人、寒者衣之、飢者食之、爲之令主、而共其乏困、費來如歸。南氏亡矣。民將叛之、誰與居邑。若憚之以威、懼之以怒、民疾而叛。爲之聚也。若諸侯皆然、費人無歸、不親南氏、將焉入矣。」平子從之。費人叛南氏。〔魯〕②楚子之爲令尹也、殺大司馬薳掩而取其室。及卽位、奪薳居田、遷許、而質許圍。蔡洧有寵於王。王之滅蔡也、其父死焉。王使與於守、而行。申之會、越大夫戮焉。王奪鬭韋龜中犨。又奪成然邑、而使爲郊尹。蔓成然、故事蔡公。故薳氏之族、及薳居・許圍・蔡洧・蔓成然、皆王所不禮也。因羣喪職之族、啓越大夫常壽過、作亂。圍固城、克息舟、城而居之。觀起之死也、其子從在蔡、事朝吳。曰、「今不封蔡、蔡不封矣。我請試之。」以蔡侯之命、召子干・子皙。及郊而告之情。彊與之盟、入襲蔡。蔡公將食。見之而逃。觀從使子干食、坎用牲、加書而速行、己徇於蔡。曰、「蔡公召二公子、將納之、與之盟而遣之矣。將師而從之。」蔡人聚、將執之。辭曰、「失賊成軍、而殺餘、何益。」乃釋之。朝吳曰、「二三子若能死亡、則如違之以待所濟。若求安定、則如與之以濟所欲。且違上、何適而可。」衆曰、「與之。」乃奉蔡公。召二公子而盟于鄧。依陳・蔡人、以國。楚公子比・公子黑肱・公子棄疾・蔓成然・蔡朝吳、帥陳・蔡・不羹・許・葉之師、因四族之徒、以入于楚。及郊、陳・蔡欲爲名。故請爲武軍。蔡公知之。曰、「欲速。且役病矣。請藩而已。」乃藩爲軍。蔡公使須務牟與史狎先入。因正僕人、殺大子祿及公子罷敵。公子比爲王、公子黑肱爲令尹、次于魚陂。公子棄疾爲司馬、先除王宮。使觀從、從師于乾谿、而遂告之。且曰、「先歸、復所。後者劓。」師及訾梁而潰。王聞羣公子之死也。自投于車下、曰、「人之愛其子也、亦如余乎。」侍者曰、「甚焉。小人老而無子。知擠于溝壑矣。」王曰、「余殺人子多矣。能無及此乎。」右尹子革曰、「請待于郊、以聽國人。」王曰、「衆怒、不可犯也。」曰、「若入於大都、而乞師於諸侯。」王曰、「皆叛矣。」曰、「若亡於諸侯、以聽大國之圖君也。」王曰、「大福不再。祇取辱焉。」然丹乃歸于楚。王沿夏、將欲入鄢。芋尹無宇之子申亥曰、「吾父再奸王命、王弗誅。惠孰大焉。君不可忍、惠不可弃。吾其從王。」乃求王、遇諸棘闈、以歸。〔楚〕

☆2 **〔經〕夏。四月。楚公子比自晉歸于楚、弑其君虔于乾谿。**（1②の左傳文とも對應）〔左〕夏。五月。癸亥。王縊于芋尹申亥氏。申亥以其二女、殉而葬之。〔楚〕

◆3 **〔經〕楚公子棄疾殺公子比。**〔左〕①觀從謂子干、曰、「不殺棄疾、雖得國、猶受禍也。」子干曰、「餘不忍也。」子玉曰、「人將忍子。吾不忍俟也。」乃行。國每夜駭。曰、「王入矣。」乙卯。夜、棄疾使周走而呼、曰、「王至矣。」國人大驚。使蔓成然走告子干・子皙、曰、「王至矣。國人殺君司馬、將來矣。君若早自圖也、可以無辱。衆怒如水火焉。不可爲謀。」又有呼而走至者、曰、「衆至矣。」二子皆自殺。丙辰。棄疾卽位。名曰熊居。葬子干于訾。實訾敖。殺囚。衣之王服、而流諸漢、乃取而葬之。以靖國人。使子旗爲令尹。〔楚〕②楚師還自徐。吳人敗諸豫章。獲其五帥。〔楚〕③平王封陳・蔡。復遷邑。致羣賂。施舍寛民、宥罪擧職。召觀從。王曰、「唯爾所欲。」對曰、「臣之先、佐開卜。」乃使爲卜尹。〔楚〕④使枝如子躬聘于鄭、且致犨櫟之田。事畢、弗致。鄭人請之、曰、「聞諸道路、將命寡君以犨櫟。敢請命。」對曰、「臣未聞命。」既復命。王問犨櫟。降服而對、曰、「臣過失命。未之致也。」王執其手、曰、「子毋勤。姑歸。不穀有事、其告子也。」〔楚〕⑤他年芋尹申亥以王柩告。乃改葬之。初。靈王卜曰、「餘尚得天下。」不吉。投龜詬天而呼、曰、「是區區者而不余畀。余必自取之。」民患王之無厭也。故從亂如歸。〔楚〕 ⑥初。共王無冢適。有寵子五人、無適立焉。乃大有事于群望。而祈曰、「請神擇於五人者、使主社稷。」乃偏以璧見於群望。曰『當璧而拜者、神所立也。誰敢違之。』」既乃與巴姫密埋璧於大室之庭。使五人齊而長入拜。康王跨之。靈王肘加焉。子干・子晳皆遠之。平王弱、抱而入、再拜皆厭紐。鬬韋龜屬成然焉。且曰、「弃禮違命。楚其危哉。」〔楚〕 ⑦子干歸、韓宣子問於叔向、曰、「子干其濟乎。」對曰、「難。」宣子曰、「同惡相求、如市賈焉。何難。」對曰、「無與同好、誰與同惡。取國有五難。有寵而無人、一也。有人而無主、二也。有主而無謀、三也。有謀而無民、四也。有民而無德、五也。子干在晉、十三年矣。晉・楚之從、不聞達者。可謂無人。族盡親叛、可謂無主。無釁而動、可謂無謀。爲羈終世、可謂無民。亡無愛徵、可謂無德。王虐而不忌。楚君子干、涉五難、以弑舊君、誰能濟之。有楚國者、其棄疾乎。君陳・蔡、城外屬焉。苛慝不作、盜賊伏隱、私欲不違、民無怨心。先神命之、國民信之。芈姓有亂、必季實立。楚之常也。獲神、一也。有民、二也。令德、三也。寵貴、四也。居常、五也。有五利、以去五難。誰能害之。子干之官則右尹也。數其貴寵則庶子也。以神所命則又遠之。其貴亡矣。其寵弃矣。民無懷焉。國無與焉。將何以立。」宣子曰、「齊桓・晉文、不亦是乎。」對曰、「齊桓衞姫之子也。有寵於僖。有鮑叔牙・賓須無・隰朋、以爲輔佐。有莒・衞、以爲外主。有國・高、以爲內主。從善如流、下善齊肅。不藏賄、不從欲、施舍不倦、求善不厭。是以有國。不亦宜乎。我先君文公狐季姫之子也。有寵於獻。好學而不貳。生十七年、有士五人。有先大夫子餘・子犯、以爲腹心。有魏犨・賈佗、以爲股肱。有齊・宋・秦・楚以爲外主。有欒・郤・狐・先以爲內主。亡十九年、守志彌篤。惠・懷弃民、民從而與之。獻無異親、民無異望。天方相晉、將何以代文。此二君者異於子干。共有寵子、國有奧主、無施於民、無援於外。去晉而不送、歸楚而不逆。何以冀國。」〔晉〕

⑧晉成虒祁、諸侯朝而歸者、皆有貳心。〔晉〕 ⑨爲取鄆故。晉將以諸侯來討。〔魯〕 ⑩叔向曰、「諸侯不可以不示威。」乃並徵會。告于吳。〔晉〕

☆4
〔經〕秋。公會劉子・晉侯・齊侯・宋公・衞侯・鄭伯・曹伯・莒子・邾子・滕子・薛伯・杞伯・小邾子于平丘。〔左〕秋。①晉侯會吳子于良。水道不可。吳子辭。乃還。七月。丙寅。治兵于邾南。甲車四千乘。羊舌鮒攝司馬。遂合諸侯于平丘。〔晉〕 ②子產・子大叔、相鄭伯、以會。子產以幄幕九張、行。子大叔以四十。既而悔之。每舍損焉。及會亦如之。〔鄭〕 ③次于衞地。叔鮒求貨於衞、淫芻蕘者。衞人使屠伯饋叔向羹與一篋錦。曰、「諸侯事晉、未敢攜貳。況衞在君之宇下。而敢有異志。芻蕘者異於他日、敢請之。」叔向受羹、反錦、曰、「晉有羊舌鮒者、瀆貨無厭。亦將及矣。爲此役也、子若以君命賜之、其已。」客從之。未退而禁之。〔晉〕 ④晉人將尋盟。齊人不可。晉侯使叔向告劉獻公。曰、「抑齊人不盟。若之何。」對曰、「盟以厎信。君苟有信、諸侯不貳。何患焉。告之以文辭、董之以武師、雖齊不許、君庸多矣。天子之老、請帥王賦、元戎十乘、以先啓行。遲速唯君。」叔向告于齊、曰、「諸侯求盟、已在此矣。今君弗利。寡君以爲請。」對曰、「諸侯討貳、則有尋盟。若皆用命、何盟之尋。」叔向曰、「國家之敗、有事而無業、事則不經。有業而無禮、經則不序。有禮而無威、序則不共。有威而不昭、共則不明。不明棄共、百事不終、所由傾覆也。是故明王之制、使諸侯歲聘以志業、閒朝以講禮、再朝而會以示威、再會以盟、以顯昭明。志業於好、講禮於等、示威於衆、昭明於神、自古以來未之或失也。存亡之道恆由是興。晉禮主盟、懼有不治、奉承齊犧、而布諸君、求終事也。君曰、『余必廢之。』何齊之有。唯君圖之。寡君聞命矣。」齊人懼。對曰、「小國言之、大國制之、敢不聽從。既聞命矣。敬共以往。遲速唯君。」叔向曰、「諸侯有閒矣。不可以不示衆。」〔晉〕

◇5〔經〕八月。甲戌。同盟于平丘。〔左〕①八月。辛未。治兵。建而不旆。壬申。復旆之。諸侯畏之。〔晉〕②邾人・莒人愬于晉、曰、「魯朝夕伐我。幾亡矣。我之不共、魯故之以。」晉侯不見公。〔魯〕

③使叔向來辭、曰、「諸侯將以甲戌盟。寡君知不得事君矣。請君無勤。」子服惠伯對、曰、「君信蠻夷之訴。以絕兄弟之國、弃周公之後。亦唯君。寡君聞命矣。」叔向曰、「寡君有甲車四千乘在。雖以無道行之、必可畏也。況其率道。其何敵之有。牛雖瘠、僨於豚上、其畏不死。南蒯子仲之憂、其庸可弃乎。若奉晉之衆、用諸侯之師、因邾・莒・杞・鄫之怒、以討魯罪、閒其二憂、何求而弗克。」魯人懼、聽命。甲戌。同盟于平丘。齊服也。〔晉〕④令諸侯。日中造于除。癸酉。退朝。子產命外僕。速張於除。子大叔止之。使待明日。及夕、子產聞其未張也。使速往。乃無所張矣。及盟、子產爭承。曰、「昔者天子班貢、輕重以列。列尊貢重、周之制也。卑而貢重者、甸服也。鄭伯男也。而使從公侯之貢、懼弗給也。敢以爲請。諸侯靖兵、好以爲事。行理之命、無月不至。貢之無藝、小國有闕、所以得罪也。諸侯脩盟、存小國也。貢獻無極、亡可待也。存亡之制、將在今矣。」自日中以爭、至于昏。晉人許之。既盟。子大叔咎之、曰、「諸侯若討、其可瀆乎。」子產曰、「晉政多門。貳偸之不暇。何暇討。國不競、亦陵。何國之爲。」〔鄭〕

◇6〔經〕公不與盟。〔左〕公不與盟。〔魯〕

◇7〔經〕晉人執季孫意如、以歸。〔左〕①晉人執季孫意如。以幕蒙之。使狄人守之。司鐸射懷錦、奉壺飲冰、以蒲伏焉。守者御之。乃與之錦而入。晉人以平子歸。子服湫從。〔魯〕②子產歸。未至。聞子皮卒。哭且曰、「吾已。無爲爲善矣。唯夫子知我。」〔鄭〕③仲尼謂子產、「於是行也、足以爲國基矣。詩曰『樂只君子。邦家之基。』子產君子之求樂者也。」且曰、「合諸侯、藝貢事。禮也。」

《評》④鮮虞人聞晉師之悉起也、而不警邊、且不脩備。晉荀吳自著雍、以上軍、侵鮮虞、及中人。驅衝競、大獲而歸。〔晉〕

◎8〔經〕公至自會。（5②③及び6の左傳文と關係）〔左〕なし

◆9〔經〕蔡侯廬歸于蔡。〔左〕①楚之滅蔡也、靈王遷許・胡・沈・道・房・申於荊焉。平王即位、既封陳・蔡、而皆復之。禮也。〔楚〕

②隱大子之子廬歸于蔡。禮也。〔蔡〕

◆10〔經〕陳侯吳歸于陳。〔左〕悼大子之子吳歸于陳。禮也。〔陳〕

◇11〔經〕冬。十月。葬蔡靈公。〔左〕冬。十月。葬蔡靈公。禮也。〔蔡〕

◆12〔經〕公如晉。至河、乃復。〔左〕公如晉。荀吳謂韓宣子曰、「諸侯相朝、講舊好也。執其卿而朝其君、有不好焉。不如辭之。」乃使士景伯辭公于河。〔魯〕

◇13〔經〕吳滅州來。〔左〕①吳滅州來。令尹子期請伐吳。王弗許。曰、「吾未撫民人。未事鬼神。未脩守備。未定國家。而用民力、敗不可悔。州來在吳、猶在楚也。子姑待之。」〔楚〕②季孫猶在晉。子服惠伯私於中行穆子。曰、「魯事晉、何以不如夷之小國。魯兄弟也。土地猶大。所命能具。若爲夷弃之、使事齊・楚、其何瘳於晉。親親與大、賞共罰否、所以爲盟主也。子其圖之。諺曰『臣一、主二。』吾豈無大國。」穆子告韓宣子、且曰、「楚滅陳・蔡、不能救。而爲夷執親。將焉用之。」乃歸季孫。惠伯曰、「寡君未知其罪。合諸侯而執其老。若猶有罪、死命可也。若曰『無罪』、而惠免之、諸侯不聞、是逃命也。何免之爲。請從君惠於會。」宣子患之。謂叔向、曰、「子能歸季孫乎。」對曰、「不能。鮒也能。」乃使叔魚。叔魚見季孫、曰、「昔鮒也、得罪於晉君。自歸於魯君、微武子之賜、不至於今。雖獲歸骨於晉、猶子則肉之。敢不盡情。歸子而不歸、鮒也聞諸吏。將爲子除館於西河。其若之何。」且泣。平子懼。先歸。惠伯待禮。〔魯〕

(◇抽出文5條、◆抽出的編作文5條、☆編作文2條、◎無傳の經文1條)

〔昭公十四年〕

◇1〔經〕十有四年。春。意如至自晉。〔左〕十四年。春。①意如至自晉。尊晉、罪己也。尊晉、罪己。禮也。〔魯〕②南蒯之將叛也、盟費人。司徒老・祁慮癸、僞癈疾、使請於南蒯、曰、「臣願受盟、而疾興。若以君靈不死、請待閒而盟。」許之。二子因民之欲叛也、請朝衆、而盟。遂劫南蒯、曰、「羣臣不忘其君。畏子以及今、三年聽命矣。子若弗圖、費人不忍其君、將不能畏子矣。子何所不逞欲。請送子。」請期五日。遂奔齊。侍飲酒於景公。公曰、「叛夫。」對曰、「臣欲張公室也。」子韓晳曰、「家臣而欲張公室。罪莫大焉。」司徒老・祁慮癸、來歸費。齊侯使鮑文子致之。〔魯〕

◎2〔經〕三月。曹伯滕卒。〔左〕なし

◎3〔經〕夏。四月。〔左〕夏。楚子使然丹簡上國之兵於宗丘、且撫其民。分貧振窮、長孤幼、養老疾、收介特、救災患、宥孤寡、赦罪戾、詰姦慝、舉淹滯、禮新敍舊、祿勳合親、任良物官。使屈罷簡東國之兵於召陵、亦如之。好於邊疆。息民五年、而後用師。禮也。〔楚〕

◎4〔經〕秋。葬曹武公。〔左〕秋。

◆5〔經〕八月。莒子去疾卒。〔左〕①八月。莒著丘公卒。郊公不慼。國人弗順。欲立著丘公之弟庚輿。蒲餘侯惡公子意恢、而善於庚輿。郊公惡公子鐸、而善於意恢。公子鐸因蒲餘侯、而與之謀、曰、「爾殺意恢。我出君而納庚輿。」許之。〔莒〕②楚令尹子旗有德於王、不知度。與養氏比、而求無厭。王患之。九月。甲午。楚子殺鬭成然、而滅養氏之族。使鬭辛居鄖、以無忘舊勳。〔楚〕

◆6〔經〕冬。莒殺其公子意恢。〔左〕冬。①十二月。蒲餘侯茲夫殺莒公子意恢。郊公奔齊。公子鐸逆庚輿於齊。齊隰黨・公子鉏送之。有賂田。〔莒〕②晉邢侯與雍子爭鄐田。久而無成。士景伯如楚。

叔魚攝理。韓宣子命斷舊獄。罪在雍子。雍子納其女於叔魚。叔魚蔽罪邢侯。邢侯怒。殺叔魚與雍子於朝。宣子問其罪於叔向。叔向曰、「三人同罪。施生、戮死、可也。雍子自知其罪而賂以買直。鮒也鬻獄。邢侯專殺。其罪一也。己悪而掠美爲昏。貪以敗官爲墨。殺人不忌爲賊。夏書曰『昏・墨・賊、殺。』皐陶之刑也。請從之。」乃施邢侯、而尸雍子與叔魚於市。〖晉〗③仲尼曰、「叔向古之遺直也。治國制刑、不隱於親。三數叔魚之悪、不爲末減。曰、義也夫。可謂直矣。平丘之會、數其賄也、以寛衞國、晉不爲暴。歸魯季孫、稱其詐也、以寛魯國、晉不爲虐。邢侯之獄、言其貪也、以正刑書、晉不爲頗。三言而除三悪、加三利。殺親益榮。猶義也夫。」

《評》

（◇抽出文1條、◆抽出的編作文2條、☆編作文0條、◎無傳の經文3條）

[昭公十五年]

◎1〔經〕十有五年。春。王。正月。吳子夷末卒。〔左〕十五年。春。將禘于武公。戒百官。梓愼曰、「禘之日、其有咎乎。吾見赤黑之祲。非祭祥也。喪氛也。其在涖事乎。」〖魯〗

◆2〔經〕二月。癸酉。有事于武宮。籥入、叔弓卒。去樂、卒事。〔左〕①二月。癸酉。禘。叔弓涖事。籥入而卒。去樂、卒事。禮也。〖魯〗②楚費無極害朝吳之在蔡也。欲去之。乃謂之、曰、「王唯信子。故處子於蔡。子亦長矣。而在下位、辱。必求之。吾助子、請。」又謂其上之人、曰、「王唯信吳。故處諸蔡。二三子莫之如也。而在其上、不亦難乎。弗圖、必及於難。」〖楚〗

◇3〔經〕夏。蔡朝吳出奔鄭。〔左〕夏。蔡人逐朝吳。朝吳出奔鄭。王怒曰、「余唯信吳。故寘諸蔡。且微吳、吾不及此。女何故去之。」無極對、曰、「臣豈不欲吳。然而前知其爲人之異也。吳在蔡、蔡必速飛。去吳、所以翦其翼也。」〖楚〗

◎4〔經〕六月。丁巳。朔。日有食之。〔左〕六月。乙丑。王大子壽卒。〖周〗

◇5〔經〕秋。晉荀吳帥師、伐鮮虞。〔左〕秋。①八月。戊寅。王穆后崩。〖周〗②晉荀吳帥師、伐鮮虞、圍鼓。鼓人或請以城叛。穆子弗許。左右曰、「師徒不勤、而可以獲城。何故不爲。」穆子曰、「吾聞諸叔向。曰『好悪不愆、民知所適、事無不濟。』或以吾城叛、吾所甚悪也。人以城來、吾獨何好焉。賞所甚悪、若所好何。若其弗賞、是失信也。何以庇民。力能則進、否則速退。量力而行。吾不可以欲城而邇姦。所喪滋多。」使鼓人殺叛人而繕守備。圍鼓三月。鼓人或請降。使其民見、曰、「猶有食色。姑脩而城。」軍吏曰、「獲城而弗取、勤民而頓兵。何以事君。」穆子曰、「吾以事君也。獲一邑而教民怠。將焉用邑。邑以賈怠、不如完舊。賈怠無卒、棄舊不祥。鼓人能事其君。我亦能事吾君。率義不爽、好悪不愆、城可獲而民知義所。有死命而無二心。不亦可乎。」鼓人告食竭力盡。而後取之。克鼓而反。不戮一人。以鼓子鳶鞮、歸。〖晉〗

◇6〔經〕冬。公如晉。〔左〕冬。①公如晉。平丘之會故也。〖魯〗②十二月。晉荀躒如周。葬穆后。籍談爲介。既葬除喪。以文伯宴。樽以魯壺。王曰、「伯氏、諸侯皆有以鎭撫王室。晉獨無有。何也。」文伯揖籍談、對曰、「諸侯之封也、皆受明器於王室、以鎭撫其社稷。故能薦彝器於王。晉居深山、戎狄之與鄰而遠於王室。王靈不及。拜戎不暇。其何以獻器。」王曰、「叔氏、而忘諸乎。叔父唐叔成王之母弟也。其反無分乎。密須之鼓與其大路、文所以大蒐也。闕鞏之甲、武所以克商也。唐叔受之、以處參虛、匡有戎狄。其後襄之二路、鏚鉞秬鬯、彤弓虎賁、文公受之、以有南陽之田。撫征東夏。非分而何。夫有勳而不廢、有績而載。奉之以土田、撫之以彝器、旌之以車服、明之以文章。子孫不忘、所謂福也。福祚之不登、叔父焉在。且昔、而高祖孫伯黶、司晉之典籍、以爲大政。故曰籍氏。及辛有之二子董之晉、於是乎、有董史。女司典之後也。何故忘之。」籍談不能對。賓出。王曰、「籍父其無後乎。數典而忘其祖。」籍談歸。以告叔向。叔向曰、「王其不終乎。吾聞之、所樂必卒焉。今王樂憂、若卒以憂、不可謂終。王一歲而有三年之喪二焉。於是乎、以喪賓宴、又求彝器。樂憂甚矣。且非禮也。彝器之來、嘉功之由。非由喪也。三年之喪、雖貴、遂服。禮也。王雖弗遂、宴樂以早。亦非禮也。禮、王之大經也。一動而失二禮。無大經矣。言以考典、典以志經。忘經而多言擧典、將焉用之。」〔晉〕

(◇抽出文3條、◆抽出的編作文1條、☆編作文0條、◎無傳の經文2條)

[昭公十六年]

◇1 〔經〕**十有六年。春。齊侯伐徐。**〔左〕十六年。春。①王。正月。公在晉。晉人止公。〔魯〕②〈不書、諱之也。〉③齊侯伐徐。〔齊〕

◇2 〔經〕**楚子誘戎蠻子、殺之。**〔左〕①楚子聞蠻氏之亂也與蠻子之無質也。使然丹誘戎蠻子嘉、殺之。遂取蠻氏。旣而復立其子焉。禮也。〔楚〕②二月。丙申。朔。齊師至于蒲隧。徐人行成。徐子及郯人・莒人會齊侯。盟于蒲隧。賂以甲父之鼎。叔孫昭子曰、「諸侯之無伯。害哉。齊君之無道也、興師而伐。遠方會之、有成而還。莫之亢也。無伯也夫。詩曰『宗周旣滅、靡所止戾。正大夫離居、莫知我肄。』其是之謂乎。」〔魯〕③三月。晉韓起聘于鄭。鄭伯享之。子產戒、曰、「苟有位於朝、無有不共恪。」孔張後至。立於客間。執政禦之。適客後。又禦之。適縣間。客從而笑之。事畢、富子諫。曰、「夫大國之人、不可不愼也。幾爲之笑而不陵我。我皆有禮、夫猶鄙我。國而無禮、何以求榮。孔張失位、吾子之恥也。」子產怒曰、「發命之不衷、出令之不信、刑之頗類、獄之放紛、會朝之不敬、使命之不聽、取陵於大國、罷民而無功、罪及而弗知、僑之恥也。孔張君之昆孫・子孔之後也。執政之嗣也。爲嗣大夫、承命以使、周於諸侯。國人所尊、諸侯所知。立於朝而祀於家。有祿於國、有賦於軍、喪祭有職、受脤歸脤。其祭在廟、已有著位。在位數世、世守其業、而忘其所。僑焉得恥之。辟邪之人而皆及執政、是先王無刑罰也。子寧以他規我。」〔鄭〕④宣子有環。其一在鄭商。宣子謁諸鄭伯。子產弗與、曰、「非官府之守器也。寡君不知。」子大叔・子羽謂子產、曰、「韓子亦無幾求。晉國亦未可以貳。晉國・韓子、不可偸也。若屬有讒人交鬭其閒、鬼神而助之、以興其凶怒、悔之何及。吾子何愛於一環、其以取憎於大國也。盍求而與之。」子產曰、「吾非偸晉而有二心。將終事之。是以弗與。忠信故也。僑聞、君子非無賄之難、立而無令名之患。僑聞、爲國非不能事大字小之難、無禮以定其位之患。夫大國之人令於小國而皆獲其求、將何以給之。一共一否、爲罪滋大。大國之求、無禮以斥之、何饜之有。吾且爲鄙邑、則失位矣。若韓子奉命以使而求玉焉、貪淫甚矣。獨非罪乎。出一玉以起二罪、吾又失位、韓子成貪。將焉用之。且吾以玉賈罪、不亦鋭乎。」韓子買諸賈人。既成賈矣。商人曰、「必告君大夫。」韓子請諸子產、曰、「日起請夫環、執政弗義。弗敢復也。今買諸商人。商人曰、『必以聞。』敢以爲請。」子產對曰、「昔我先君桓公與商人、皆出自周。庸次比耦、以艾殺此地、斬之蓬蒿藜藋而共處之、世有盟誓以相信也。曰『爾無我叛。我無強賈。毋或匄奪。爾有利市寶賄、我勿與知。』恃此質誓。故能相保、以至于今。今吾子以好來辱。而謂敝邑強奪商人、是教敝邑背盟誓也。毋乃不可乎。吾子得玉而失諸侯、必不爲也。若大國令而共、求而無藝、鄭鄙邑也、亦弗爲也。僑若獻玉、不知所成。敢私布之。」韓子辭玉。曰、「起不敏。敢求玉以徼二罪。敢辭之。」
〔鄭〕

◇3 〔經〕夏。公至自晉。〔左〕夏。①四月。鄭六卿餞宣子於郊。宣子曰、「二三君子請皆賦。起亦以知鄭志。」子齹賦野有蔓草。宣子曰、「孺子善哉。吾有望矣。」子產賦鄭之羔裘。宣子曰、「起不堪也。」子大叔賦褰裳。宣子曰、「起在此。敢勤子至於他人乎。」子大叔拜。宣子曰、「善哉。子之言是。不有是事、其能終乎。」子游賦風雨。子旗賦有女同車。子柳賦蘀兮。宣子喜曰、「鄭其庶乎。二三君子以君命貺起。賦不出鄭志。皆昵燕好也。二三君子數世之主也。可以無懼矣。」宣子皆獻馬焉、而賦我將。子產拜、使五卿皆拜、曰、「吾子靖亂。敢不拜德。」宣子私覲於子產、以玉與馬。曰、「子命起舍夫玉。是賜我玉而免吾死也。敢不藉手以拜。」〔鄭〕②公至自晉。子服昭伯語季平子。曰、「晉之公室其將遂卑矣。君幼弱。六卿彊而奢傲。將因是以習、習實爲常。能無卑乎。」平子曰、「爾幼。惡識國。」〔魯〕

☆4 〔經〕秋。八月。己亥。晉侯夷卒。〔左〕秋。八月。晉昭公卒。
〔晉〕

◇5 〔經〕九月。大雩。〔左〕①九月。大雩。旱也。〔魯〕②鄭大旱。使屠擊・祝款・豎柎、有事於桑山。斬其木。不雨。子產曰、「有事於山、藝山林也。而斬其木。其罪大矣。」奪之官邑。〔鄭〕

◆6 〔經〕季孫意如如晉。〔左〕（7の左傳文と對應）

◆7 〔經〕冬。十月。葬晉昭公。〔左〕冬。十月。季平子如晉。葬昭公。平子曰、「子服回之言、猶信。子服氏有子哉。」〔魯〕

（◇抽出文4條、◆抽出的編作文2條、☆編作文1條、◎無傳の經文0條）

〔昭公十七年〕

◆1 〔經〕十有七年。春。小邾子來朝。〔左〕十七年。春。小邾穆公來朝。公與之燕。季平子賦采叔。穆公賦菁菁者莪。昭子曰、「不有以國、其能久乎。」〔魯〕

◇2 〔經〕夏。六月。甲戌。朔。日有食之。〔左〕夏。①六月。甲戌。朔。日有食之。祝史請所用幣。昭子曰、「日有食之、天子不舉。伐鼓於社。諸侯用幣於社。伐鼓於朝。禮也。」平子禦之、曰、「止也。唯正月。朔。慝未作。日有食之、於是乎、有伐鼓、用幣。禮也。其餘則否。」〔魯〕②大史曰、「在此月也。日過分而未至。三辰有災。於是乎、百官降物、君不擧、辟移時、樂奏鼓、祝用幣、史用辭。故夏書曰『辰不集于房。瞽奏鼓、嗇夫馳、庶人走。』此月朔之謂也。當夏四月。是謂孟夏。」平子弗從。（作經時附加）③昭子退、曰、「夫子將有異志。不君君矣。」〔魯〕

◇3〔經〕秋。郯子來朝。〔左〕秋。郯子來朝。公與之宴。昭子問焉。曰、「少皥氏鳥名官。何故也。」郯子曰、「吾祖也。我知之。昔者黃帝氏以雲紀。故爲雲師、而雲名。炎帝氏以火紀。故爲火師、而火名。共工氏以水紀。故爲水師、而水名。大皡氏以龍紀。故爲龍師、而龍名。我高祖少皡摯之立也、鳳鳥適至。故紀於鳥。爲鳥師、而鳥名。鳳鳥氏歷正也。玄鳥氏司分者也。伯趙氏司至者也。青鳥氏司啓者也。丹鳥氏司閉者也。祝鳩氏司徒也。鴡鳩氏司馬也。鳲鳩氏司空也。爽鳩氏司寇也。鶻鳩氏司事也。五鳩、鳩民者也。五雉爲五工正。利器用、正度量、夷民者也。九扈爲九農正。扈民無淫者也。自顓頊氏以來、不能紀遠、乃紀於近、爲民師、而命以民事。則不能故也。」仲尼聞之。見於郯子而學之。既而告人曰、「吾聞之、『天子失官。學在四夷。』猶信。」〔魯〕

☆4〔經〕八月。晉荀吳帥師、滅陸渾之戎。〔左〕①晉侯使屠蒯如周。請有事於雒與三塗。萇弘謂劉子曰、「客容、猛。非祭也。其伐戎乎。陸渾氏甚睦於楚、必是故也。君其備之。」乃警戎備。〔周〕②九月。丁卯。晉荀吳帥師、涉自棘津。使祭史先用牲于雒。陸渾人弗知。師從之。庚午。遂滅陸渾。數之以其貳於楚也。陸渾子奔楚。其衆奔甘鹿。周大獲。宣子夢、文公攜荀吳、而授之陸渾。故使穆子帥師、獻俘于文宮。〔晉〕

◇5〔經〕冬。有星孛于大辰。〔左〕冬。①有星孛于大辰西、及漢。申須曰、「彗所以除舊布新也。天事恆象。今除於火。火出必布焉。諸侯其有火災乎。」〔魯〕②梓愼曰、「往年吾見之。是其徵也。火出而見。今茲火出而章。必火入而伏。其居火也久矣。其與不然乎。火出、於夏爲三月、於商爲四月、於周爲五月。夏數得天。（作經時附加）若火作、其四國當之。在宋・衞・陳・鄭乎。宋、大辰之虛也。陳、大皡之虛也。鄭、祝融之虛也。皆火房也。星孛及漢。漢、水祥也。衞、顓頊之虛也。故爲帝丘。其星爲大水。水、火之牡也。其以丙子若壬午作乎。水火所以合也。若火入而伏、必以壬午。不過其見之月。」〔魯〕③鄭裨竈言於子產、曰、「宋・衞・陳・鄭、將同日火。若我用瓘斝・玉瓚、鄭必不火。」子產弗與。〔鄭〕

◆6〔經〕楚人及吳戰于長岸。〔左〕①吳伐楚。陽匄爲令尹。卜戰。不吉。司馬子魚曰、「我得上流、何故不吉。且楚故司馬令龜。我請改卜。」令曰、「魴也以其屬死之、楚師繼之、尙大克之。」吉。戰于長岸。子魚先死。楚師繼之、大敗吳師。獲其乘舟餘皇。使隨人與後至者、守之。環而塹之、及泉。盈其隧炭、陳以待命。〔楚〕②吳公子光請於其衆、曰、「喪先王之乘舟、豈唯光之罪。衆亦有焉。請藉取之、以救死。」衆許之。使長鬣者三人潛伏於舟側、曰、「我呼餘皇、則對。」師夜從之。三呼。皆迭對。楚人從而殺之。楚師亂。吳人大敗之。取餘皇以歸。〔吳〕

（◇抽出文3條、◆抽出的編作文2條、☆編作文1條、◎無傳の經文0條）

〔昭公十八年〕

☆1〔經〕十有八年。春。王。三月。曹伯須卒。〔左〕十八年。春。①王。二月。乙卯。周毛得殺毛伯過。而代之。萇弘曰、「毛得必亡。是昆吾稔之日也。侈故之以。而毛得以濟侈於王都。不亡、何待。」〖周〗②三月。曹平公卒。〖魯〗

◆2〔經〕夏。五月。壬午。宋・衞・陳・鄭、災。〔左〕夏。①五月。火始昏見。丙子。風。梓愼曰、「是謂融風。火之始也。七日、其火作乎。」戊寅。風甚。壬午。大甚。宋・衞・陳・鄭、皆火。梓愼登大庭氏之庫、以望之。曰、「宋・衞・陳・鄭也。」數日皆來告火。〖魯〗②裨竈曰、「不用吾言。鄭又將火。」鄭人請用之。子產不可。子大叔曰、「寶以保民也。若有火國幾亡。可以救亡。子何愛焉。」子產曰、「天道遠。人道邇。非所及也。何以知之。竈焉知天道。是亦多言矣。豈不或信。」遂不與。亦不復火。鄭之未災也、里析告子產、曰、「將有大祥、民震動、國幾亡。吾身泯焉。弗良及也。國遷其可乎。」子產曰、「雖可、吾不足以定遷矣。」及火、里析死矣。未葬。子產使輿三十人遷其柩。〖鄭〗③火作。子產辭晉公子公孫于東門、使司寇出新客、禁舊客勿出於宮。使子寬・子上巡羣屛攝、至于大宮。使公孫登徙大龜。使祝史徙主祏於周廟、告于先君。使府人・庫人各儆其事。商成公儆司宮、出舊宮人、寘諸火所不及。司馬・司寇列居火道、行火所焮。城下之人伍列、登城。明日使野司寇各保其徵。郊人助祝史除於國北、禳火于玄冥・回祿、祈于四鄘。書焚室而寬其征、與之材。三日哭、國不市、使行人告於諸侯。〖鄭〗④宋・衞、皆如是。陳不救火。許不弔災。君子是以知、陳・許之先亡也。〖魯〗

◆3〔經〕六月。邾人入鄅。〔左〕六月。鄅人藉稻。邾人襲鄅。鄅人將閉門。邾人羊羅攝其首焉、遂入之。盡俘以歸。鄅子曰、「余無歸矣。」從帑於邾。邾莊公反鄅夫人、而舍其女。〖邾〗

◇4〔經〕秋。葬曹平公。〔左〕秋。①葬曹平公。往者見周原伯魯焉。與之語。不說學。歸以語閔子馬。閔子馬曰、「周其亂乎。夫必多有是說、而後及其大人。大人患失而惑、又曰、『可以無學。無學不害。』不害而不學、則苟而可。於是乎、下陵、上替。能無亂乎。夫學、殖也。不學、將落。原氏其亡乎。」〖魯〗②七月。鄭子產爲火故大爲社。祓禳於四方、振除火災。禮也。乃簡兵大蒐。將爲蒐除。子大叔之廟在道南。其寢在道北。其庭小。過期三日。使除徒陳於道南廟北、曰、「子產過女、而命速除。乃毀於而鄉。」子產朝。過而怒之。除者南毀。子產及衝。使從者止之、曰、「毀於北方。」〖鄭〗③火之作也、子產授兵登陴。子大叔曰、「晉無乃討乎。」子產曰、「吾聞之、『小國忘守、則危。』況有災乎。國之不可小、有備故也。」既晉之邊吏讓鄭、曰、「鄭國有災。晉大夫不敢寧居。卜筮走望、不愛牲玉。鄭之有災、寡君之憂也。今執事僩然、授兵登陴。將以誰罪。邊人恐懼不敢不告。」子產對曰、「若吾子之言。敝邑之災、君之憂也。敝邑失政、天降之災。又懼讒慝之閒謀之、以啓貪人、荐爲敝邑不利、以重君之憂。幸而不亡、猶可說也。不幸而亡、君雖憂之、亦無及也。鄭有他竟、望走在晉。既事晉矣。其敢有二心。」〖鄭〗④楚左尹王子勝言於楚子、曰、「許於鄭、仇敵也。而居楚地、以不禮於鄭。晉・鄭方睦。鄭若伐許而晉助之、楚喪地矣。君盍遷許。許不專於楚。鄭方有令政。許曰、『余舊國也。』鄭曰、『余俘邑也。』葉在楚國、方城外之蔽也。土不可易。國不可小。許不可俘。讎不可啓。君其圖之。」楚子說。〔楚〕

◆5〔經〕冬。許遷于白羽。〔左〕冬。楚子使王子勝遷許於析。實白羽。〔楚〕

（◇抽出文1條、◆抽出的編作文3條、☆編作文1條、◎無傳の經文0條）

〔昭公十九年〕

◇1〔經〕十有九年。春。宋公伐邾。〔左〕十九年。春。①楚工尹赤遷陰于下陰。令尹子瑕城郟。叔孫昭子曰、「楚不在諸侯矣。其僅自完也、以持其世而已。」〔魯〕②楚子之在蔡也、郹陽封人之女奔之、生大子建。及卽位、使伍奢爲之師。費無極爲少師。無寵焉。欲譖諸王。曰、「建可室矣。」王爲之聘於秦。無極與逆。勸王取之。正月。楚夫人嬴氏至自秦。〔楚〕③郳夫人、宋向戌之女也。故向寧請師。二月。宋公伐邾。圍蟲。三月。取之。乃盡歸郳俘。〔宋〕

☆2〔經〕夏。五月。戊辰。許世子止弑其君買。〔左〕夏。①許悼公瘧。五月。戊辰。飮大子止之藥、卒。大子奔晉。〔晉〕②〈書曰「止弑其君」、君子曰、「盡心力以事君、舍藥物、可也。」《評》〉③邾人・郳人・徐人、會宋公。乙亥。同盟于蟲。〔宋〕④楚子爲舟師以伐濮。費無極言於楚子、曰、「晉之伯也、邇於諸夏。而楚辟陋。故弗能與爭。若大城城父、而寘大子焉、以通北方、王收南方、是得天下也。」王說。從之。故大子建居于城父。〔楚〕⑤令尹子瑕聘于秦、拜夫人也。〔楚〕

◎3〔經〕己卯。地震。〔左〕なし

◇4〔經〕秋。齊高發帥師、伐莒。〔左〕秋。①齊高發帥師、伐莒。莒子奔紀鄣。使孫書伐之。初。莒有婦人。莒子殺其夫。己爲嫠婦。及老、託於紀鄣。紡焉、以度而去之。及師至、則投諸外。或獻諸子占。子占使師夜縋而登。登者六十人。縋絕。師鼓譟。城上之人亦譟。莒共公懼、啓西門而出。七月。丙子。齊師入紀。〔齊〕②是歲也、鄭駟偃卒。子游娶於晉大夫。生絲、弱。其父兄立子瑕。子產憎其爲人也。且以爲不順。弗許。亦弗止。駟氏聳。他日絲以告其舅。〔鄭〕

◎5〔經〕冬。葬許悼公。（2①の左傳文と關係）〔左〕冬。①晉人使以幣如鄭、問駟乞之立。故駟氏懼。駟乞欲逃。子產弗遣。請龜以卜。亦弗豫。大夫謀對。子產不待。而對客、曰、「鄭國不天、寡君之二三臣、札瘥夭昏。今又喪我先大夫偃、其子幼弱、其一二父兄、懼隊宗主。私族於謀、而立長親。寡君與其二三老、曰、『抑天實剝亂駟氏。是吾何知焉。』諺曰『無過亂門。』民有亂兵、猶憚過之。而況敢知天之所亂。今大夫將問其故。抑寡君實不敢知。其誰實知之。平丘之會、君尋舊盟、曰『無或失職。』若寡君之二三臣、其卽世者、晉大夫而專制其位、是晉之縣鄙也。何國之爲。」辭客幣而報其使。晉人舍之。〔鄭〕②楚人城州來。沈尹戌曰、「楚人必敗。昔吳滅州來。子旗請伐之。王曰、『吾未撫吾民。』今亦如之。而城州來、以挑吳。能無敗乎。」侍者曰、「王施舍不倦。息民五年。可謂撫之矣。」戌曰、「吾聞、撫民者、節用於內而樹德於外。民樂其性而無寇讎。今宮室無量、民人日駭、勞罷死轉、忘寢與食。非撫之也。」〔楚〕③鄭大水。龍鬬于時門之外洧淵。國人請爲禜焉。子產弗許。曰、「我鬬、龍不我覿也。龍鬬、我獨何覿焉。禳之則彼其室也。吾無求於龍。龍亦無求於我。」乃止也。〔鄭〕④令尹子瑕言蹶由於楚子。曰、「彼何罪。諺所謂『室於怒、市於色。』者、楚之謂矣。舍前之忿、可也。」乃歸蹶由。〔楚〕

（◇抽出文2條、◆抽出的編作文0條、☆編作文1條、◎無傳の經文2條）

[昭公二十年]

◎1〔經〕二十年。春。王。正月。〔左〕二十年。春。①王。二月。己丑。日南至。（作經時附加）梓愼望氛、曰、「今茲宋有亂。國幾亡。三年而後弭。蔡有大喪。」叔孫昭子曰、「然則戴・桓也。汏侈無禮已甚。亂所在也。」〔魯〕②費無極言於楚子、曰、「建與伍奢、將以方城之外叛。自以爲猶宋・鄭也。齊・晉又交輔之。將以害楚。其事集矣。」王信之。問伍奢。伍奢對、曰、「君一過多矣。何信於讒。」王執伍奢。使城父司馬奮揚殺大子。未至而使遣之。〔楚〕③三月。大子建奔宋。王召奮揚。奮揚使城父人執己以至。王曰、「言出於余口、入於爾耳。誰告建也。」對曰、「臣告之。君王命臣曰、『事建、如事余。』臣不佞。不能苟貳。奉初以還。不忍後命。故遣之。既而悔之。亦無及也已。」王曰、「而敢來、何也。」對曰、「使而失命、召而不來。是再奸也。逃無所入。」王曰、「歸從政、如他日。」無極曰、「奢之子材。若在吳、必憂楚國。盍以免其父召之。彼仁、必來。不然將爲患。」王使召之、曰、「來、吾免而父。不來、吾殺而父。」棠君尚謂其弟員、曰、「爾適吳。我將歸死。吾知不逮。我能死。爾能報。聞免父之命、不可以莫之奔也。親戚爲戮。不可以莫之報也。奔死、免父。孝也。度功而行、仁也。擇任而往、知也。知死不辟、勇也。父不可棄。名不可廢。爾其勉之。相從爲愈。」伍尚遂歸。奢聞員不來、曰、「楚君大夫其旰食乎。」楚人皆殺之。員如吳。言伐楚之利於州于。公子光曰、「是宗爲戮而欲反其讎。不可從也。」員曰、「彼將有他志。余姑爲之。求士、而鄙以待之。」乃見鱄設諸焉。而耕於鄙。〔楚〕④宋元公無信多私。而惡華・向。華定・華亥與向寧、謀。曰、「亡愈於死。先諸。」華亥僞有疾、以誘羣公子。公子問之、則執之。〔宋〕

◎2〔經〕夏。曹公孫會自鄸出奔宋。〔左〕夏。①六月。丙申。殺公子寅・公子御戎・公子朱・公子固・公孫援・公孫丁。拘向勝・向行於其廩。公如華氏、請焉。弗許。遂劫之。癸卯。取大子欒與母弟辰・公子地、以爲質。公亦取華亥之子無慼・向寧之子羅・華定之子啓、與華氏盟、以爲質。〔宋〕②衞公孟縶狎齊豹、奪之司寇與鄄。有役則反之、無役則取之。公孟惡北宮喜・褚師圃、欲去之。公子朝通于襄夫人宣姜、懼而欲以作亂。故齊豹・北宮喜・褚師圃・公子朝作亂。初。齊豹見宗魯於公孟。爲驂乘焉。將作亂、而謂之、曰、「公孟之不善、子所知也。勿與乘。吾將殺之。」對曰、「吾由子事公孟。子假吾名焉。故不吾遠也。雖其不善吾亦知之、抑以利故不能去、是吾過也。今聞難而逃。是僭子也。子行事乎。吾將死之。以周事子、而歸死於公孟。其可也。」丙辰。衞侯在平壽。公孟有事於蓋獲之門外。齊子氏帷於門外、而伏甲焉、使祝鼃寘戈於車薪以當門、使一乘從公孟以出、使華齊御公孟。宗魯驂乘及閎中。

齊氏用戈擊公孟。宗魯以背蔽之。斷肱、以中公孟之肩。皆殺之。公聞亂、乘。驅自閱門入。慶比御公。公南楚驂乘。使華寅乘貳車。及公宮。鴻騮魋、駟乘于公。公載寶以出。褚師子申遇公于馬路之衢。遂從公。過齊氏、使華寅肉袒執蓋以當其闕。齊氏射公。中南楚之肩。公遂出。寅閉郭門、踰而從公。公如死鳥。析朱鉏宵從竇出、徒行從公。〔衞〕③齊侯使公孫青聘于衞。既出。聞衞亂。使請所聘。公曰、「猶在竟內、則衞君也。」乃將事焉。」遂從諸死鳥、請將事。辭曰、「亡人不佞。失守社稷。越在草莽。吾子無所辱君命。」賓曰、「寡君命下臣於朝。曰、『阿下執事。』臣不敢貳。」主人曰、「君若惠顧先君之好、照臨敝邑、鎭撫其社稷、則有宗祧在。」乃止。衞侯固請見之。不獲命。以其良馬見。爲未致使故也。衞侯以爲乘馬。賓將掫。主人辭曰、「亡人之憂、不可以及吾子。草莽之中不足以辱從者。敢辭。」賓曰、「寡君之下臣、亦君之牧圉也。若不獲扞外役、是不有寡君也。臣懼不免於戾。請以除死。」親執鐸、終夕與於燎。〔齊〕④齊氏之宰渠子召北宮子。北宮氏之宰不與聞。謀殺渠子。遂伐齊氏。滅之。丁巳。晦。公入。與北宮喜盟于彭水之上。〔衞〕

◆3

〔經〕秋。**盜殺衞侯之兄縶。**（2②の左傳文と對應）〔左〕秋。①七月。戊午。朔。遂盟國人。八月。辛亥。公子朝・褚師圃・子玉霄・子高魴、出奔晉。閏月。戊辰。殺宣姜。衞侯賜北宮喜謚、曰貞子。賜析朱鉏謚、曰成子。而以齊氏之墓豫之。〔衞〕②衞侯告寧于齊。且言子石。齊侯將飲酒。偏賜大夫、曰、「二三子之教也。」苑何忌辭、曰、「與於青之賞、必及於其罰。在康誥、曰『父子兄弟、罪不相及。』況在羣臣。臣不敢貪君賜以干先王。」〔齊〕③琴張聞宗魯死。將往弔之。仲尼曰、「齊豹之盜、而孟縶之賊。女何弔焉。君子不食姦。不受亂。不爲利疚於回。不以回待人。不蓋不義。不犯非禮。」〔魯〕④宋華・向之亂、公子城・公孫忌・樂舍・司馬彊・向宜・向鄭・楚建・郳申、出奔鄭。其徒與華氏戰于鬼閻。敗子城。子城適晉。華亥與其妻必盥而食所質公子者、而後食。公與夫人每日必適華氏、食公子而後歸。華亥患之。欲歸公子。向寧曰、「唯不信。故質其子。若又歸之、死無日矣。」公請於華費遂、將攻華氏。對曰、「臣不敢愛死。無乃求去憂而滋長乎。臣是以懼。敢不聽命。」公曰、「子死亡有命。餘不忍其訽。」〔宋〕

◆4

〔經〕冬。十月。**宋華亥・向寧・華定、出奔陳。**（1④の左傳文とも對應）〔左〕冬。①十月。公殺華・向之質。而攻之。戊辰。華・向奔陳。華登奔吳。向寧欲殺大子。華亥曰、「干君而出。又殺其子、其誰納我。且歸之有庸。」使少司寇牼以歸。曰、「子之齒長矣。不能事人。以三公子爲質、必免。」公子既入。華牼將自門行。公遽見之、執其手、曰、「余知而無罪也。入復而所。」〔宋〕②齊侯疥。遂痁。期而不瘳。諸侯之賓問疾者多在。梁丘據與裔款言於公、曰、「吾事鬼神豐。於先君有加矣。今君疾病、爲諸侯憂。是祝史之罪也。諸侯不知。其謂我不敬。君盍誅於祝固・史嚚、以辭賓。」公說。告晏子。晏子曰、「日、宋之盟、屈建問范會之德於趙武。趙武曰、『夫子之家事治。言於晉國、竭情無私。其祝史祭祀、陳信不愧。其家事無猜、其祝史不祈。』建以語康王。康王曰、『神人無怨。宜夫子之光輔五君、以爲諸侯主也。』」公曰、「據與款謂寡人、能事鬼神。故欲誅於祝史。子稱是語、何故。」對曰、「若有德之君、外內不廢。上下無怨。動無違事。其祝史薦信、無愧心矣。是以鬼神用饗、國受其福、祝史與焉。其所以蕃祉老壽者、爲信君使也、其言忠信於鬼神。其適遇淫君、外內頗邪、上下怨疾、動作辟違、從欲厭私。高臺深池、撞鍾舞女、斬刈民力。輸掠其聚。以成其違、不恤後人。暴虐淫從、肆行非度、無所還忌。不思謗讟、不憚鬼神、神怒民痛、無悛於心。其祝史薦信、是言罪也。其蓋失數美、是矯誣也。進退無辭、則虛以求媚。是以鬼神不饗、其國以禍之、祝史與焉。所以夭昏孤疾者、爲暴君使也、其言僭嫚於鬼神。」公曰、「然則若之何。」對曰、「不可爲也。山林之木、衡鹿守之。澤之萑蒲、舟鮫守之。藪之薪蒸、虞候守之。海之鹽蜃、祈望守之。縣鄙之人、入從其政。偪介之關、暴征其私。承嗣大夫、強易其賄、布常無藝、徵斂無度。宮室日更、淫樂不違。內寵之妾、肆奪於市。外寵之臣、僭令於鄙。私欲養求、不給則應。民人苦病、夫婦皆詛。祝有益也、詛亦有損。聊攝以東、姑尤以西、其爲人也多矣。雖其善祝、豈能勝億兆人之詛。君若欲誅於祝史、脩德、而後可。」公說。使有司寬政、毀關、去禁、薄斂、已責。〔齊〕

◎5〔經〕十有一月。辛卯。蔡侯廬卒。〔左〕①十二月。齊侯田于沛。招虞人以弓。不進。公使執之。辭曰、「昔我先君之田也、旃以招大夫、弓以招士、皮冠以招虞人。臣不見皮冠。故不敢進。」乃舍之。〔齊〕②仲尼曰、「守道、不如守官。」《評》③君子韙之。《評》④齊侯至自田。晏子侍于遄臺。子猶馳而造焉。公曰、「唯據與我、和夫。」晏子對曰、「據亦同也。焉得爲和。」公曰、「和與同、異乎。」對曰、「異。和如羹焉。水火醯醢鹽梅、以烹魚肉、燀之以薪。宰夫和之、齊之以味。濟其不及以洩其過。君子食之、以平其心。君臣亦然。君所謂可而有否焉、臣獻其否、以成其可。君所謂否而有可焉、臣獻其可、以去其否。是以政平而不干。民無爭心。故詩曰『亦有和羹、既戒且平。鬷嘏無言、時靡有爭。』先王之濟五味、和五聲也、以平其心、成其政也。聲亦如味。一氣、二體、三類、四物、五聲、六律、七音、八風、九歌、以相成也。清濁・小大・短長・疾徐・哀樂・剛柔・遲速・高下・出入・周疏、以相濟也。君子聽之、以平其心。心平德和。故詩曰『德音不瑕。』今據不然。君所謂可、據亦曰可。君所謂否、據亦曰否。若以水濟水、誰能食之。若琴瑟之專壹、誰能聽之。同之不可也、如是。」飲酒樂。公曰、「古而無死、其樂若何。」晏子對曰、「古而無死、則古之樂也。君何得焉。昔爽鳩氏始居此地。季萴因之。有逢伯陵因之。蒲姑氏因之。而後大公因之。古者無死、爽鳩氏之樂、非君所願也。」〔齊〕⑤鄭子產有疾。謂子大叔曰、「我死、子必爲政。唯有德者能以寬服民。其次莫如猛。夫火烈、民望而畏之。故鮮死焉。水懦弱、民狎而翫之。則多死焉。故寬難。」疾數月而卒。大叔爲政。不忍猛而寬。鄭國多盜。取人於萑苻之澤。大叔悔之曰、「吾早從夫子、不及此。」興徒兵以攻萑苻之盜。盡殺之。盜少止。〔鄭〕⑥仲尼曰、「善哉。政寬則民慢。慢則糾之以猛。猛則民殘。殘則施之以寬。寬以濟猛、猛以濟寬。政是以和。詩曰『民亦勞止、汔可小康。惠此中國、以綏四方。』施之以寬也。『毋從詭隨、以謹無良、式遏寇虐、慘不畏明。』糾之以猛也。『柔遠能邇、以定我王。』

平之以和也。又曰『不競不絿、不剛不柔。布政優優、百祿是遒。』和之至也。」《評》⑦及子產卒、仲尼聞之、出涕曰、「古之遺愛也。」

〔魯〕

（◇抽出文0條、◆抽出的編作文2條、☆編作文0條、◎無傳の經文3條）

［昭公二十一年］

◆1〔經〕二十有一年。春。王。三月。葬蔡平公。〔左〕二十一年。春。①天王將鑄無射。泠州鳩曰、「王其以心疾死乎。夫樂、天子之職也。夫音、樂之輿也。而鍾、音之器也。天子省風以作樂、器以鍾之、輿以行之。小者不窕、大者不槬。則和於物。物和則嘉成。故和聲入於耳、而藏於心。心億則樂、窕則不咸、槬則不容。心是以感、感實生疾。今鍾槬矣。王心弗堪。其能久乎。」〔周〕②三月。葬蔡平公。蔡大子朱失位、位在卑。大夫送葬者、歸、見昭子。昭子問蔡故。以告。昭子歎曰、「蔡其亡乎。若不亡、是君也、必不終。詩曰『不解于位、民之攸塈。』今蔡侯始卽位、而適卑。身將從之。」〔魯〕

◆2〔經〕夏。晉侯使士鞅來聘。〔左〕夏。晉士鞅來聘。叔孫爲政。季孫欲惡諸晉。使有司以齊鮑國歸費之禮爲士鞅。士鞅怒。曰、「鮑國之位下。其國小。而使鞅從其牢禮。是卑敝邑也。將復諸寡君。」魯人恐、加四牢焉、爲十一牢。〔魯〕

◆3〔經〕宋華亥・向寧・華定、自陳入于宋南里、以叛。（前年1④・4①及び本年6①の左傳文と對應）〔左〕宋華費遂生華貙・華多僚・華登。貙爲少司馬。多僚爲御士。與貙相惡。乃譖諸公、曰、「貙將納亡人。」亟言之。公曰、「司馬以吾故、亡其良子。死亡有命。吾不可以再亡之。」對曰、「君若愛司馬、則如亡。死如可逃、何遠之有。」公懼。使侍人召司馬之侍人宜僚、飲之酒而使告司馬。司馬歎曰、「必多僚也。吾有讒子而弗能殺。吾又不死。抑君有命。可若何。」乃與公謀、逐華貙。將使田孟諸而遣之。公飲之酒、厚酬之、賜及之從者。司馬亦如之。張匄尤之。曰、「必有故。」使子皮承宜僚以劍而訊之。宜僚盡以告。張匄欲殺多僚。子皮曰、「司馬老矣。登之謂甚。吾又重之。不如亡也。」五月。丙申。子皮將見司馬而行。則遇多僚御司馬而朝。張匄不勝其怒。遂與子皮・臼任・鄭翩、殺多僚。劫司馬、以叛。而召亡人。壬寅。華・向入。樂大心・豐愆・華牼、禦諸橫。華氏居盧門、以南里叛。六月。庚午。宋城舊鄘。及桑林之門而守之。〔宋〕

◇4〔經〕秋。七月。壬午。朔。日有食之。〔左〕秋。①七月。壬午。朔。日有食之。〔魯〕②公問於梓愼、曰、「是何物也。禍福何爲。」對曰、「二至二分、日有食之、不爲災。日月之行也、分、同道也。至、相過也。其他月、則爲災。陽不克也。故常爲水。」（作經時附加）③於是叔輒哭日食。昭子曰、「子叔將死。非所哭也。」〔魯〕

☆5〔經〕八月。乙亥。叔輒卒。〔左〕八月。叔輒卒。〔魯〕

◇6〔經〕冬。蔡侯朱出奔楚。〔左〕冬。①十月。宋華登以吳師、救華氏。齊烏枝鳴戍宋。廚人濮曰、「軍志有之。先人、有奪人之心。後人、有待其衰。盍及其勞且未有定也伐諸。若入而固、則華氏衆矣。悔無及也。」從之。丙寅。齊師・宋師、敗吳師于鴻口、獲其二帥公苦雒・偃州員。華登帥其餘、以敗宋師。公欲出。廚人濮曰、

「吾小人可藉死。而不能送亡。君請待之。」乃徇曰、「揚徽者公徒也。」衆從之。公自揚門見之。下而巡之。曰、「國亡君死、二三子之恥也。豈專孤之罪也。」齊烏枝鳴曰、「用少、莫如齊致死。齊致死、莫如去備。彼多兵矣。請皆用劒。」從之。華氏北。復卽之。廚人濮以裳裹首、而荷以走。曰、「得華登矣。」遂敗華氏于新里。翟僂新居于新里。既戰。說甲于公而歸。華妵居于公里。亦如之。十一月。癸未。公子城以晉師至。曹翰胡會晉荀吳・齊苑何忌・衞公子朝、救宋。丙戌。與華氏戰于赭丘。鄭翩願爲鸛、其御願爲鵞。子祿御公子城、莊堇爲右。干犨御呂封人華豹、張匄爲右。相遇城還。華豹曰、「城也。」城怒而反之。將注。豹則關矣。曰、「平公之靈、尚輔相余。」豹射。出其閒。將注、豹則又關矣。曰、「不狎、鄙。」抽矢。城射之、殪。張匄抽殳而下。射之、折股。扶伏而擊之、折軫。又射之、死。干犨請一矢。城曰、「余言女於君。」對曰、「不死伍乘、軍之大刑也。干刑而從子、君焉用之。子速諸。」乃射之。殪。大敗華氏。圍諸南里。華亥搏膺而呼。見華貙曰、「吾爲欒氏矣。」貙曰、「子無我迋。不幸而後亡。」使華登如楚、乞師。華貙以車十五乘徒七十人、犯師而出、食於睢上、哭而送之。乃復入。〔宋〕②楚薳越帥師、將逆華氏。大宰子犯諫、曰、「諸侯唯宋事其君。今又爭國。釋君而臣是助。無乃不可乎。」王曰、「而告我也、後。既許之矣。」〔楚〕③蔡侯朱出奔楚。費無極取貨於東國、而謂蔡人、曰、「朱不用命於楚。君王將立東國。若不先從王欲、楚必圍蔡。」蔡人懼。出朱而立東國。朱愬于楚。楚子將討蔡。無極曰、「平侯與楚有盟。故封。其子有二心。故廢之。靈王殺隱大子、其子與君同惡。德君必甚。又使立之、不亦可乎。且廢置在君。蔡無他矣。」〔楚〕

◆7〔經〕公如晉。至河、乃復。〔左〕公如晉。及河。鼓叛晉。晉將伐鮮虞。故辭公。〔魯〕

（◇抽出文2條、◆抽出的編作文4條、☆編作文1條、◎無傳の經文0條）

〔昭公二十二年〕

◇1〔經〕二十有二年。春。齊侯伐莒。〔左〕二十二年。春。王。二月。甲子。齊北郭啓帥師、伐莒。莒子將戰。苑羊牧之諫、曰、「齊帥賤。其求不多。不如下之。大國不可怒也。」弗聽。敗齊師于壽餘。齊侯伐莒。莒子行成。司馬竈如莒、涖盟。莒子如齊、涖盟。盟于稷門之外。莒、於是乎大惡其君。〔齊〕

◆2〔經〕宋華亥・向寧・華定、自宋南里、出奔楚。（前年6①の左傳文とも對應）〔左〕①楚薳越使告于宋。曰、「寡君聞、君有不令之臣爲君憂。無寧以爲宗羞。寡君請受而戮之。」對曰、「孤不佞。不能媚於父兄。以爲君憂。拜命之辱。抑君臣日戰。君曰、『余必臣是助。』亦唯命。人有言、曰、『唯亂門之無過。』君若惠保敝邑、無亢不衷以獎亂人、孤之望也。唯君圖之。」楚人患之。諸侯之戍謀、曰、「若華氏知困而致死、楚恥無功而疾戰、非吾利也。不如出之、以爲楚功。其亦無能爲也已。救宋而除其害、又何求。」乃固請出之。宋人從之。己巳。宋華亥・向寧・華定・華貙・華登・皇奄・傷省・臧士平、出奔楚。宋公使公孫忌爲大司馬、邊卬爲大司徒、樂祁爲司城、仲幾爲左師、樂大心爲右師、樂輓爲大司寇、以靖國人。〔宋〕　②王子朝・賓起、有寵於景王。王與賓孟説之。欲立之。劉獻公之庶子伯蚠事單穆公。悪賓孟之爲人也、願殺之。又悪王子朝之言、以爲亂、願去之。賓孟適郊、見雄雞自斷其尾。問之侍者、曰、「自憚其犧也。」遽歸告王。且曰、「雞其憚爲人用乎。人異於是。犧者實用人、人犧實難。己犧何害。」王弗應。〔周〕

◎3〔經〕**大蒐于昌閒。**〔左〕なし

◆4〔經〕**夏。四月。乙丑。天王崩。**〔左〕夏。①四月。王田北山、使公卿皆從、將殺單子・劉子。王有心疾。乙丑。崩于榮錡氏。戊辰。劉子摯卒。無子。單子立劉蚠。五月。庚辰。見王。遂攻賓起、殺之。盟羣王子于單氏。〔周〕　②晉之取鼓也。既獻而反鼓子焉。又叛於鮮虞。〔晉〕

☆5〔經〕**六月。叔鞅如京師。**（7②の左傳文と對應）〔左〕六月。荀吳略東陽。使師僞糴者、負甲以息於昔陽之門外。遂襲鼓、滅之。以鼓子鳶鞮、歸。使渉佗守之。〔晉〕

◇6〔經〕**葬景王。**〔左〕丁巳。葬景王。〔周〕

◇7〔經〕**王室亂。**〔左〕①王子朝、因舊官百工之喪職秩者與靈・景之族、以作亂。帥郊・要・餞之甲、以逐劉子。壬戌。劉子奔揚。單子逆悼王于莊宮、以歸。王子還夜取王、以如莊宮。癸亥。單子出。王子還與召莊公謀。曰、「不殺單旗、不捷。與之重盟、必來。背盟而能克者多矣。」從之。樊頃子曰、「非言也。必不克。」遂奉王以追單子。及領、大盟而復。殺摯荒、以説。劉子如劉、單子亡。乙丑。奔于平時。羣王子追之。單子殺還・姑・發・弱・鬷・延・定・稠。子朝奔京。丙寅。伐之。京人奔山。劉子入于王城。辛未。鞏簡公敗績于京。乙亥。甘平公亦敗焉。〔周〕　②叔鞅至自京師。言王室之亂。閔馬父曰、「子朝必不克。其所與者天所廢也。」〔魯〕　③單子欲告急於晉。〔周〕

◆8〔經〕**劉子・單子、以王猛、居于皇。**〔左〕（7①、9の左傳文と對應）

◆9〔經〕**秋。劉子・單子、以王猛、入于王城。**（7①、10①の左傳文とも對應）〔左〕秋。七月。戊寅。以王如平時。遂如圃車、次于皇。劉子如劉。單子使王子處守于王城、盟百工于平宮。辛卯。鄩肸伐皇、大敗。獲鄩肸。壬辰。焚諸王城之市。八月。辛酉。司徒醜以王師、敗績于前城。百工叛。己巳。伐單氏之宮。敗焉。庚午。反伐之。辛未。伐東圉。〔周〕

◆10〔經〕**冬。十月。王子猛卒。**〔左〕冬。①十月。丁巳。晉籍談・荀躒帥九州之戎及焦・瑕・溫・原之師、以納王于王城。〔晉〕　②庚申。單子・劉蚠、以王師、敗績于郊。前城人敗陸渾于社。〔周〕　③十一月。乙酉。王子猛卒。不成喪也。己丑。敬王即位。館于子旅氏。〔周〕

◎11〔經〕**十有二月。癸酉。朔。日有食之。**〔左〕十二月。庚戌。晉籍談・荀躒・賈辛・司馬督、帥師軍于陰、于侯氏、于谿泉。次于社。王師軍于氾、于解。次于任人。閏月。晉箕遺・樂徵・右行詭、濟師取前城、軍其東南。王師軍于京楚。辛丑。伐京。毀其西南。〔周〕

（◇抽出文3條、◆抽出的編作文5條、☆編作文1條、◎無傳の經文2條）

〔昭公二十三年〕

◇1〔經〕二十有三年。春。王。正月。叔孫婼如晉。〔左〕二十三年。春。①王。正月。壬寅。朔。二師圍郊。癸卯。郊・鄩潰。丁未。晉師在乎平陰。王師在澤邑。王使告閒。庚戌。還。〔周〕②邾人城翼。還、將自離姑。公孫鉏曰、「魯將御我。」欲自武城還、循山而南。徐鉏・丘弱・茅地、曰、「道下。遇雨、將不出。是不歸也。」遂自離姑。武城人塞其前、斷其後木而弗殊。邾師過之。乃推而蹶。遂取邾師、獲鉏・弱・地。邾人愬于晉。晉人來討。叔孫婼如晉。晉人執之。〔魯〕③〈書曰「晉人執我行人叔孫婼」、言使人也。〉

④晉人使與邾大夫坐。叔孫曰、「列國之卿、當小國之君、固周制也。邾又夷也。寡君之命介子服回在。請使當之。不敢廢周制故也。」乃不果坐。〔魯〕⑤韓宣子使邾人聚其衆、將以叔孫與之。叔孫聞之、去衆與兵而朝。士彌牟謂韓宣子、曰、「子弗良圖、而以叔孫與其讐、叔孫必死之。魯亡叔孫、必亡邾。邾君亡國、將焉歸。子雖悔之、何及。所謂盟主、討違盟也。若皆相執、焉用盟主。」乃弗與。使各居一館。〔晉〕⑥士伯聽其亂、而愬諸宣子。乃皆執之。士伯御叔孫。從者四人。過邾館、以如吏。先歸邾子。士伯曰、「以芻蕘之難、從者之病、將館子於都。」叔孫旦而立、期焉。乃館諸箕。舍子服昭伯於他邑。〔晉〕⑦范獻子求貨於叔孫、使請冠焉。取其冠法而與之兩冠、曰、「盡矣。」爲叔孫故、申豐以貨如晉。叔孫曰、「見我。吾告女所行貨。」見。而不出。吏人之與叔孫居於箕者、請其吠狗。弗與。及將歸、殺而與之食之。叔孫所館者、雖一日、必葺其牆屋。去之、如始至。〔魯〕

◎2〔經〕癸丑。叔鞅卒。〔左〕なし

◆3〔經〕晉人執我行人叔孫婼。〔左〕（1②の左傳文と對應）

◆4〔經〕晉人圍郊。〔左〕（1①の左傳文と對應）

◎5〔經〕夏。六月。蔡侯東國卒于楚。〔左〕夏四月。乙酉。單子取訾。劉子取牆人・直人。六月。壬午。王子朝入于尹氏。癸未。尹圉誘劉佗、殺之。丙戌。單子從阪道、劉子從尹道、伐尹。單子先至而敗。劉子還。己丑。召伯奐・南宮極、以成周人戍尹。庚寅。單子・劉子・樊齊、以王、如劉。甲午。王子朝入于王城。次于左巷。〔周〕

◇6〔經〕秋。七月。莒子庚輿來奔。〔左〕秋。①七月。戊申。鄩羅納諸莊宮。尹辛敗劉師于唐。丙辰。又敗諸鄩。甲子。尹辛取西闈。丙寅。攻蒯。蒯潰。〔周〕②莒子庚輿虐而好劒。苟鑄劒、必試諸人。國人患之。又將叛齊。烏存帥國人、以逐之。庚與將出。聞烏存執殳、而立於道左。懼將止死。苑羊牧之曰、「君過之。烏存以力聞、可矣。何必以弑君成名。」遂來奔。齊人納郊公。〔魯〕

◆7〔經〕戊辰。吳敗頓・胡・沈・蔡・陳・許之師于雞父。胡子髡・沈子逞、滅。獲陳夏齧。〔左〕①吳人伐州來。楚薳越帥師、及諸侯之師奔命、救州來。吳人禦諸鍾離。子瑕卒。楚師熸。吳公子光曰、「諸侯之從於楚者衆。而皆小國也。畏楚而不獲已、是以來。吾聞之曰、『作事、威克其愛、雖小必濟。』胡・沈之君幼而狂。陳大夫齧壯而頑。頓與許・蔡、疾楚政。楚令尹死、其師熸。帥賤、多寵。政令不壹。七國同役而不同心。帥賤而不能整、無大威命。楚可敗也。若分師先以犯胡・沈與陳、必先奔。三國敗、諸侯之師乃搖心矣。諸侯乖亂、楚必大奔。請先者去備薄威。後者敦陳整旅。」吴子從之。戊辰。晦。戰于雞父。吴子以罪人三千、先犯胡・沈與陳。三國爭之。吴爲三軍、以繫於其後。中軍從王、光帥右、掩餘帥左。吴之罪人或奔、或止。三國亂。吴師擊之。三國敗。獲胡・沈之君及陳大夫。舍胡・沈之囚、使奔許與蔡・頓、曰、「吾君死矣。」師譟而從之、三國奔。楚師大奔。〔吴〕②〈書曰「胡子髡・沈子逞、滅。獲陳夏齧。」、君臣之辭也。不言戰、楚未陳也。〉

◆8〔經〕天王居于狄泉。〔左〕(5及び三十二年5の左傳文と對應)

◆9〔經〕尹子立王子朝。〔左〕(5及び10①の左傳文と對應)

☆10〔經〕八月。乙未。地震。〔左〕①八月。丁酉。南宮極震。萇弘謂劉文公曰、「君其勉之。先君之力可濟也。周之亡也、其三川震。今西王之大臣亦震。天弃之矣。東王必大克。」〔周〕②楚太子建之母在郹。召吴人而啓之。〔楚〕

◆11〔經〕冬。公如晉。至河、有疾。乃復。〔左〕冬。①十月。甲申。吴大子諸樊入郹。取楚夫人與其寶器以歸。楚司馬薳越追之。不及。將死。其衆曰、「請遂伐吴、以徼之。」薳越曰、「再敗君師、死且有罪。亡君夫人、不可以莫之死也。」乃縊於薳澨。〔楚〕②公爲叔孫婼故、如晉。及河、有疾。而復。〔魯〕③楚囊瓦爲令尹。城郢。沈尹戌曰、「子常必亡郢。苟不能衞、城無益也。古者天子守、在四夷。天子卑、守在諸侯。諸侯守、在四隣。諸侯卑、守在四竟。愼其四竟、結其四援、民狎其野、三務成功、民無内憂、而又無外懼、國焉用城。今吴是懼、而城於郢。守己、小矣。卑之不獲。能無亡乎。昔梁伯溝其公宮、而民潰。民弃其上、不亡何待。夫正其疆埸、脩其土田、險其走集、親其民人、明其伍候、信其隣國、愼其官守、守其交禮、不僭不貪、不懦不耆、完其守備、以待不虞、又何畏矣。詩曰『無念爾祖。聿脩厥德。』無亦監乎。若敖・蚡冒至于武・文、土不過同、愼其四竟、猶不城郢。今土數圻、而郢是城。不亦難乎。」〔楚〕

(◇抽出文2條、◆抽出的編作文6條、☆編作文1條、◎無傳の經文2條)

[昭公二十四年]

◎1〔經〕二十有四年。春。王。二月。丙戌。仲孫貜卒。〔左〕春。王。正月。辛丑。召簡公・南宮嚚、以甘桓公、見王子朝。劉子謂萇弘曰、「甘氏又往矣。」對曰、「何害。同德、度義。大誓曰『紂有億兆夷人、亦有離德。余有亂臣十人、同心同德。』此周所以興也。君其務德。無患無人。」戊午。王子朝入于鄔。〔周〕

◇2〔經〕婼至自晉。〔左〕①晉士彌牟逆叔孫于箕。叔孫使梁其踁待于門内。曰、「余左顧而欬、乃殺之。右顧而笑、乃止。」叔孫見士伯。士伯曰、「寡君以爲盟主之故、是以久子。不腆敝邑之禮、將致諸從者。使彌牟逆吾子。」叔孫受禮而歸。二月。婼至自晉。尊晉也。〔魯〕②三月。庚戌。晉侯使士景伯涖、問周故。士伯立于乾祭、而問於介衆。晉人乃辭王子朝、不納其使。〔晉〕

◇3〔經〕夏。五月。乙未。朔。日有食之。〔左〕夏。①五月。乙未。朔。日有食之。梓愼曰、「將水。」昭子曰、「旱也。日過分而陽猶不克。克必甚。能無旱乎。陽不克、莫。將積聚也。」〔魯〕②六月。壬申。王子朝之師攻瑕及杏。皆潰。〔周〕③鄭伯如晉。子大叔相。見范獻子。范獻子曰、「若王室何。」對曰、「老夫其國家是不能恤之。敢及王室。抑人亦有言曰、『嫠不恤其緯、而憂宗周之隕。爲將及焉。』今王室實蠢蠢焉。吾小國懼矣。然大國之憂也。吾儕何知焉。吾子其早圖之。詩曰『缾之罄矣。惟罍之恥也。』王室之不寧、晉之恥也。」獻子懼。而與宣子圖之。乃徵會於諸侯。期以明年。〔晉〕

◇4〔經〕**秋。八月。大雩。**〔左〕秋。八月。大雩。旱也。〔魯〕

◎5〔經〕**丁酉。杞伯郁釐卒。**〔左〕なし

◇6〔經〕**冬。呉滅巣。**〔左〕冬。①十月。癸酉。王子朝用成周之寶珪沈于河。甲戌。津人得諸河上。陰不佞以溫人南侵。拘得玉者、取其玉、將賣之、則爲石。王定而獻之。與之東訾。〔周〕②楚子爲舟師以略呉疆。沈尹戌曰、「此行也、楚必亡邑。不撫民而勞之。呉不動而速之。而疆埸無備。邑能無亡乎。」越大夫胥犴勞王於豫章之汭。越公子倉歸王乘舟。倉及壽夢帥師、從王。王及圉陽而還。呉人踵楚、而邊人不備。遂滅巣及鍾離、而還。沈尹戌曰、「亡郢之始、於此在矣。王一動而亡二姓之帥。幾如是而不及郢。詩曰『誰生厲階、至今爲梗。』其王之謂乎。」〔楚〕

◎7〔經〕**葬杞平公。**〔左〕なし

（◇抽出文4條、◆抽出的編作文0條、☆編作文0條、◎無傳の經文3條）

〔昭公二十五年〕

◆1〔經〕**二十有五年。春。叔孫婼如宋。**〔左〕二十五年。春。①叔孫婼聘于宋。桐門右師見之。語、卑宋大夫而賤司城氏。昭子告其人、曰、「右師其亡乎。君子貴其身、而後能及人。是以有禮。今夫子卑其大夫、而賤其宗。是賤其身也。能有禮乎。無禮、必亡。」〔魯〕

②宋公享昭子、賦新宮。昭子賦車轄。明日宴。飲酒、樂。宋公使昭子右坐。語、相泣也。樂祁佐、退而告人、曰、「今茲、君與叔孫、其皆死乎。吾聞之。哀樂而樂哀、皆喪心也。心之精爽、是謂魂魄。魂魄去之。何以能久。」〔宋〕③季公若之姊爲小邾夫人。生宋元夫人。生子。以妻季平子。昭子如宋、聘且逆之。公若從、謂曹氏、「勿與。魯將逐之。」曹氏告公。公告樂祁。樂祁曰、「與之。如是、魯君必出。政在季氏、三世矣。魯君喪政、四公矣。無民而能逞其志者、未之有也。國君是以鎭撫其民。詩曰『人之云亡、心之憂矣。』魯君失民矣。焉得逞其志也。靖以待命、猶可。動必憂。」〔魯〕

☆2〔經〕**夏。叔詣會晉趙鞅・宋樂大心・衞北宮喜・鄭游吉・曹人・邾人・滕人・薛人・小邾人于黄父。**〔左〕夏。①會于黄父。謀王室也。趙簡子令諸侯之大夫、輸王粟、具戍人。曰、「明年將納王。」〔晉〕②子大叔見趙簡子。簡子問揖讓周旋之禮焉。對曰、「是儀也。非禮也。」簡子曰、「敢問何謂禮。」對曰、「吉也聞諸先大夫子產。曰、『夫禮、天之經也。地之義也。民之行也。天地之經、而民實則之。則天之明、因地之性、生其六氣、用其五行。氣爲五味、發爲五色、章爲五聲。淫則昏亂、民失其性。是故、爲禮以奉之。爲六畜・五牲・三犧、以奉五味。爲九文・六采・五章、以奉五色。爲九歌・八風・七音・六律、以奉五聲。爲君臣・上下、以則地義。爲夫婦・外內、以經二物。爲父子・兄弟・姑姊・甥舅・昏媾・姻

亞、以象天明。爲政・事・庸・力・行・務、以從四時。爲刑罰・威獄、使民畏忌、以類其震曜殺戮。爲溫慈惠和、以效天之生殖長育。民有好惡喜怒哀樂、生于六氣。是故審則宜類。以制六志。哀有哭泣、樂有歌舞、喜有施舍、怒有戰鬪。喜生於好、怒生於惡。是故、審行信令、禍福賞罰、以制死生。生好物也、死惡物也。好物、樂也。惡物、哀也。哀樂不失、乃能協于天地之性。是以長久。』」簡子曰、「甚哉、禮之大也。」對曰、「禮上下之紀、天地之經緯也、民之所以生也。是以先王尙之。故人之能自曲直以赴禮者、謂之成人。大不亦宜乎。」簡子曰、「鞅也、請終身守此言也。」〔晉〕③宋樂大心曰、「我不輸粟。我於周爲客。若之何使客。」晉士伯曰、「自踐土以來、宋何役之不會、而何盟之不同。曰、『同恤王室。』子焉得辟之。子奉君命、以會大事。而宋背盟、無乃不可乎。」右師不敢對。受牒而退。士伯告簡子、曰、「宋右師必亡。奉君命以使、而欲背盟、以干盟主。無不祥大焉。」〔晉〕

◇3〔經〕有鸜鵒來巢。〔左〕①有鸜鵒來巢。〔魯〕②〈書、所無也。〉

③師己曰、「異哉。吾聞、文・成之世、童謠有之。曰、『鸜之鵒之、公出辱之。鸜鵒之羽、公在外野、往饋之馬。鸜鵒跦跦、公在乾侯、徵褰與襦。鸜鵒來巢、遠哉遙遙、裯父喪勞、宋父以驕。鸜鵒鸜鵒、往歌來哭。』童謠有是。今鸜鵒來巢。其將及乎。」〔魯〕

☆4〔經〕秋。七月。上辛。大雩。季辛。又雩。〔左〕秋。①〈書、再雩。旱甚也。〉②初。季公鳥娶妻於齊鮑文子、生甲。公鳥死。季公亥與公思展、與公鳥之臣申夜姑、相其室。及季姒與饔人檀通、而懼。乃使其妾扶己、以示秦遄之妻也。曰、「公若欲使余。余不可、而扶余。」又訴於公甫。曰、「展與夜姑、將要余。」秦姬以告公之。公之與公甫告平子。平子拘展於卞。而執夜姑、將殺之。公若泣而哀之、曰、「殺是、是殺余也。」將爲之請。平子使豎勿內。日中不得請。有司逆命。公之使速殺之。故公若怨平子。〔魯〕③季・郈之雞鬪、季氏介其雞、郈氏爲之金距。平子怒。益宮於郈氏。且讓之。故郈昭伯亦怨平子。臧昭伯之從弟會、爲讒於臧氏、而逃於季氏。臧氏執旃。平子怒、拘臧氏老。將禘於襄公。萬者二人。其衆萬於季氏。臧孫曰、「此之謂不能庸先君之廟。」大夫遂怨平子。〔魯〕④公若獻弓於公爲。且與之出、射於外、而謀去季氏。公爲告公果・公賁。公果・公賁使侍人僚柤告公。公寢。將以戈擊之。乃走。公曰、「執之。」亦無命也。懼而不出。數月不見。公不怒。又使言。公執戈以懼之。乃走。又使言。公曰、「非小人之所及也。」公果自言。公以告臧孫。臧孫以難。告郈孫。郈孫以可、勸。告子家懿伯。懿伯曰、「讒人以君徼幸。事若不克、君受其名。不可爲也。舍民數世、以求克事、不可必也。且政在焉。其難圖也。」公退之。辭曰、「臣與聞命矣。言若洩、臣不獲死。」乃館於公宮。叔孫昭子如闞。公居於長府。〔魯〕

◇5〔經〕九月。己亥。公孫于齊。次于陽州。〔左〕九月。戊戌。伐季氏。殺公之于門。遂入之。平子登臺而請。曰、「君不察臣之罪、使有司討臣以干戈。臣請待於沂上、以察罪。」弗許。請囚于費。弗許。請以五乘亡。弗許。子家子曰、「君其許之。政自之出久矣。隱民多取食焉、爲之徒者衆矣。日入慝作、弗可知也。衆怒不可畜也。蓄而弗治、將蘊。蘊蓄、民將生心。生心、同求將合。君必悔之。」弗聽。郈孫曰、「必殺之。」公使郈孫逆孟懿子。叔孫氏之司馬鬷戾言於其衆、曰、「若之何。」莫對。又曰、「我家臣也。不敢知國。凡有季氏與無、於我孰利。」皆曰、「無季氏、是無叔孫氏也。」鬷戾曰、「然則救諸。」帥徒以往、陷西北隅以入。公徒釋甲、執冰而踞。遂逐之。孟氏使登西北隅、以望季氏。見叔孫氏之旌、以告。孟氏執郈昭伯、殺之于南門之西。遂伐公徒。子家子曰、「諸臣僞劫君者、而負罪以出。君止。意如之事君也、不敢不改。」公曰、「余不忍也。」與臧孫如墓、謀。遂行。己亥。公孫于齊、次于陽州。〔魯〕

◇6〔經〕齊公唁公于野井。〔左〕①齊侯將唁公于平陰。公先至于野井。齊侯曰、「寡人之罪也。使有司待公于平陰。爲近故也。」〔魯〕②〈書曰「公孫于齊。次于陽州。齊侯唁公于野井。」、禮也。將求於人、則先下之、禮之善物也。〉③齊侯曰、「自莒疆以西、請致千社、以待君命。寡人將帥敝賦以從執事。唯命是聽。君之憂、寡人之憂也。」公喜。子家子曰、「天祿不再。天若胙君、不過周公、以魯足矣。失魯而以千社爲臣、誰與之立。且齊君無信。不如早之晉。」弗從。臧昭伯率從者、將盟。載書曰、「戮力壹心、好惡同之、信罪之有無。繾綣從公、無通外內。」以公命示子家子。子家子曰、「如此、吾不可以盟。且羈也不佞。不能與二三子同心。而以爲皆有罪也。或欲通外內而且欲去君。二三子好亡而惡定。焉可同也。陷君於難、罪孰大焉。通內外而去君、君將速入。弗通何爲。而何守焉。」乃不與盟。〔魯〕④昭子自闞歸、見平子。平子稽顙、曰、「子若我何。」昭子曰、「人誰不死。子以逐君成名、子孫不忘。不亦傷乎。將若子何。」平子曰、「苟使意如得改事君。所謂生死而骨肉也。」昭子曰、「從公于齊、而與公言。」子家子命適公館者執之。公與昭子言於幄內、曰、「將安衆而納公。」公徒將殺昭子。而伏諸道。左師展告公。公使昭子自鑄歸。平子有異志。〔魯〕

☆7〔經〕冬。十月。戊辰。晦。叔孫婼卒。〔左〕冬。①十月。辛酉。昭子齊於其寢。使祝宗祈死。戊辰。卒。左師展將以公、乘馬而歸。公徒執之。〔魯〕②壬申。尹文公涉于鞏。焚東訾。弗克。〔周〕

☆8〔經〕十有一月。己亥。宋公佐、卒于曲棘。〔左〕①十一月。宋元公將爲公故、如晉。〔魯〕②夢大子欒卽位於廟。己與平公服而相之。旦召六卿。公曰、「寡人不佞。不能事父兄、以爲二三子憂。寡人之罪也。若以群子之靈、獲保首領以歿。唯是楄柎所以藉幹者、請無及先君。」仲幾對曰、「君若以社稷之故、私降昵宴、群臣弗敢知。若夫宋國之法、死生之度、先君有命矣。群臣以死守之、弗敢失隊。臣之失職、常刑不赦。臣不忍其死。君命祇辱。」宋公遂行。己亥。卒于曲棘。〔宋〕

◇9〔經〕十有二月。齊侯取鄆。（二十六年1①の左傳文とも對應）〔左〕①十二月。庚辰。齊侯圍鄆。〔齊〕②初。臧昭伯如晉。臧會竊其寶龜僂句、以卜爲信與僭。僭吉。臧氏老將如晉問。會請往。昭伯問其家故。盡對。及內子與母弟叔孫、則不對。再三問。不對。歸。及郊。會逆。問。又如初。至。次於外、而察之。皆無之。執而戮之。逸奔郈。郈魴假使爲賈正焉。大送計於季氏。臧氏使五人以戈楯伏諸桐汝之閭。會出。逐之。反奔。執諸季氏中門之外。平子怒。曰、「何故以兵入吾門。」拘臧氏老。季・臧有惡。及昭伯從公、平子立臧會。會曰、「僂句不余欺也。」〔魯〕③楚子使薳射城州屈、復茄人焉、城丘皇、遷訾人焉。使熊相禖郭巢、季然郭卷。子大叔聞之、曰、「楚王將死矣。使民不安其土、民必憂。憂將及王。弗能久矣。」〔楚〕

（◇抽出文4條、◆抽出的編作文1條、☆編作文4條、◎無傳の經文0條）

［昭公二十六年］

◇1〔經〕二十有六年。春。王。正月。葬宋元公。〔左〕二十六年。春。①王。正月。庚申。齊侯取鄆。〔齊〕②葬宋元公。〔宋〕

◆2〔經〕三月。公至自齊。居于鄆。〔左〕三月。公至自齊。處于鄆。言魯地也。〔魯〕

◆3〔經〕夏。公圍成。〔左〕夏。①齊侯將納公。命無受魯貨。申豐從女賈、以幣錦二兩、縛一如瑱、而適齊師。謂子猶之人高齮、「能貨子猶、爲高氏後。粟五千庾。」高齮以錦示子猶。子猶欲之。齮曰、「魯人買之、百兩一布。以道之不通、先入幣財。」子猶受之、言於齊侯、曰、「群臣不盡力于魯君者、非不能事君也。然據有異焉。宋元公爲魯君如晉、卒於曲棘。叔孫昭子求納其君、無疾而死。不知天之弃魯邪。抑魯君有罪於鬼神、故及此也。君若待于曲棘、使群臣從魯君以卜焉。若可、師有濟也。君而繼之、兹無敗矣。若其無成、君無辱焉。」齊侯從之。使公子鉏帥師、從公。〔魯〕②成大夫公孫朝謂平子、曰、「有都、以衞國也。請我受師。」許之。請納質。弗許。曰、「信女、足矣。」告於齊師、曰、「孟氏魯之敝室也。用成已甚。弗能忍也。請息肩于齊。」齊師圍成。成人伐齊師之飲馬于淄者。曰、「將以厭衆。」魯成備、而後告。曰、「不勝衆。」師及齊師戰于炊鼻。齊子淵捷從洩聲子、射之、中楯瓦。繇朐汰輈、匕入者三寸。聲子射其馬、斬鞅。殪。改駕。人以爲鬷戾也、而助之。子車曰、「齊人也。」將擊子車。子車射之。殪。其御曰、「又之。」子車曰、「衆可懼也。而不可怒也。」〔魯〕③子囊帶從野洩、叱之。洩曰、「軍無私怒。報、乃私也。將亢子。」又叱之。亦叱之。〔魯〕④冉豎射陳武子、中手。失弓而罵。以告平子。曰、「有君子。白皙鬒鬚眉。甚口。」平子曰、「必子彊也。無乃亢諸。」對曰、「謂之君子。何敢亢之。」〔魯〕⑤林雍羞爲顏鳴右。下。苑何忌取其耳。顏鳴去之。苑子之御曰、「視下顧。」苑子刜林雍、斷其足。鑿而乘於他車、以歸。顏鳴三入齊師、呼曰、「林雍乘。」〔魯〕⑥四月。單子如晉、告急。五月。戊午。劉人敗王城之師于尸氏。戊辰。王城人、劉人戰于施谷。劉師敗績。〔周〕

☆4〔經〕秋。公會齊侯・莒子・邾子・杞伯、盟于鄟陵。〔左〕秋。①盟于鄟陵。謀納公也。〔魯〕②七月。己巳。劉子以王出。庚午。次于渠。王城人焚劉。丙子。王宿于褚氏。丁丑。王次于萑谷。庚辰。王入于胥靡。辛巳。王次于滑。〔周〕③晉知躒・趙鞅、帥師、納王、使女寛守闕塞。〔晉〕

◎5〔經〕公至自會。居于鄆。〔左〕なし

☆6〔經〕九月。庚申。楚子居卒。〔左〕九月。楚平王卒。令尹子常欲立子西。曰、「大子壬弱。其母非適也。王子建實聘之。子西長而好善。立長則順、建善則治。王順國治、可不務乎。」子西怒。曰、「是亂國而惡君王也。國有外援、不可瀆也。王有適嗣。不可亂也。

敗親速讎。亂嗣不祥。我受其名。賂吾以天下、吾滋不從也。楚國何爲。必殺令尹。」令尹懼。乃立昭王。〔楚〕

◆7
〔經〕冬。十月。天王入于成周。〔左〕冬。①十月。丙申。王起師于滑。辛丑。在郊。遂次于尸。十一月。辛酉。晉師克鞏。召伯盈逐王子朝。王子朝及召氏之族・毛伯得・尹氏固・南宮嚚、奉周之典籍、以奔楚。陰忌奔莒、以叛。召伯逆王于尸、及劉子・單子盟。遂軍圉澤、次于隄上。癸酉。王入于成周。甲戌。盟于襄宮。晉師使成公般戍周而還。十二月。癸未。王入于莊宮。王子朝使告于諸侯。曰、「昔武王克殷。成王靖四方。康王息民。並建母弟、以蕃屏周。」亦曰、「吾無專享文武之功。且爲後人之迷敗傾覆而溺入于難、則振救之。至于夷王、夷王愆于厥身。諸侯莫不並走其望以祈王身。至于厲王、王心戾虐、萬民弗忍。居王于彘。諸侯釋位、以閒王政。宣王有志、而後效官。至于幽王、天不弔周。王昏不若、用愆厥位。攜王奸命、諸侯替之、而建王嗣、用遷郟鄏、則是兄弟之能用力於王室也。至于惠王、天不靖周、生頽禍心、施于叔帶、惠・襄辟難、越去王都、則有晉・鄭、咸黜不端、以綏定王室。則是兄弟之能率先王之命也。在定王六年、秦人降妖、曰、『周其有頿王。亦克能脩其職、諸侯服享、二世共職、王室其有閒王位。諸侯不圖、而受其亂災。』至於靈王、生而有頿。王甚神聖、無惡於諸侯。靈王・景王克終其世。今王室亂。單旗・劉狄、剝亂天下、壹行不若。謂先王何常之有、唯余心所命、其誰敢討之。帥群不弔之人、以行亂于王室、侵欲無厭、規求無度、貫瀆鬼神、慢弃刑法、倍奸齊盟、傲很威義、矯誣先王。晉爲不道、是攝是贊、思肆其罔極。茲不穀震盪播越、竄在荊蠻、未有攸底。若我一二兄弟甥舅、奬順天法、無助狡猾、以從先王之命、毋速天罰、赦圖不穀、則所願也。敢盡布其腹心、及先王之經。而諸侯實深圖之。昔先王之命曰、『王后無適、則擇立長。年鈞以德、德鈞則以卜。』王不立愛、公卿無私、古之制也。穆后及大子壽、早夭卽世。單・劉、贊私立少、以閒先王。亦唯伯仲叔季圖之。」〔周〕②閔馬父聞子朝之辭曰、「文辭以行禮也。子朝干景之命、遠晉之大、以專其志。無禮、甚矣。文辭何爲。」〔魯〕③齊有彗星。齊侯使禳之。晏子曰、「無益也。祇取誣焉。天道不謟。不貳其命。若之何禳之。且天之有彗也、以除穢也。君無穢德、又何禳焉。若德之穢、禳之何損。詩曰『惟此文王、小心翼翼、昭事上帝、聿懷多福、厥德不回、以受方國。』君無違德、方國將至。何患於彗。詩曰『我無所監、夏后及商、用亂之故、民卒流亡。』若德回亂、民將流亡。祝史之爲、無能補也。」公說。乃止。〔齊〕④齊侯與晏子坐于路寢。公歎曰、「吾以爲美哉室。其誰有此乎。」晏子曰、「敢問何謂也。」公曰、「吾以爲在德。」對曰、「如君之言、其陳氏乎。陳氏雖無大德、而有施於民。豆區釜鍾之數、其取之公也薄、其施之民也厚。公厚斂焉、陳氏厚施焉。民歸之矣。詩曰『雖無德與女、式歌且舞。』陳公之施、民歌舞之矣。後世若少惰、陳氏而不亡、則國其國也已。」公曰、「善哉。是可若何。」對曰、「唯禮、可以已之。在禮、家施不及國、民不遷、農不移。工・賈不變、士不濫、官不滔、大夫不收公利。」公曰、「善哉。我不能矣。吾今而後知禮之可以爲國也。」對曰、「禮之可以爲國也、久矣。與天地並。君令臣共、父慈子孝、兄愛弟敬、夫和妻柔、姑慈婦聽、禮也。君令而不違、臣共而不貳。父慈而教、子孝而箴。兄愛而友、弟敬而順。夫和而義、妻從而正。姑慈而從、婦聽而婉。禮之善物也。」公曰、「善哉。寡人今而後聞此禮之上也。」對曰、「先王所稟於天地、以爲其民也。是以先王上之。」〔齊〕

◆8〔經〕**尹氏・召伯・毛伯以王子朝、奔楚。**〔左〕（7①の左傳文と對應）

（◇抽出文1條、◆抽出的編作文4條、☆編作文2條、◎無傳の經文1條）

［昭公二十七年］

◇1〔經〕**二十有七年。春。公如齊。**〔左〕二十七年。春。公如齊。〔魯〕

◆2〔經〕**公至自齊。居于鄆。**〔左〕①公至自齊。處于鄆。言在外也。〔魯〕②吳子欲因楚喪而伐之。使公子掩余・公子燭庸帥師、圍潛。使延州來季子聘于上國。遂聘于晉、以觀諸侯。楚莠尹然・工尹麇帥師、救潛。左司馬沈尹戌帥都君子與王馬之屬、以濟師。與吳師遇于窮谷。令尹子常以舟師及沙汭、而還。左尹郤宛・工尹壽帥師、至于潛。吳師不能退。吳公子光曰、「此時也弗可失也。」告鱄設諸、曰、「上國有言、曰『不索何獲。』我王嗣也。吾欲求之。事若克、季子雖至、不吾廢也。」鱄設諸曰、「王可殺也。母老、子弱、是無若我何。」光曰、「我爾身也。」〔吳〕

☆3〔經〕**夏。四月。吳弑其君僚。**〔左〕夏。四月。光伏甲於堀室而享王。王使甲坐於道、及其門。門階戶席皆王親也。夾之以鈹。羞者獻體、改服門外。執羞者坐行而入。執鈹者夾承之、及體以相授也。光僞足疾、入掘室。鱄設諸寘劍於魚中。以進。抽劍刺王。鈹交於胷。遂弑王。闔廬以其子爲卿。季子至、曰、「苟先君無廢祀、民人無廢主、社稷有奉、國家無傾、乃吾君也。吾誰敢怨。哀死事生、以待天命。非我生亂、立者、從之。先人之道也。」復命哭墓、復位而待。吳公子掩余奔徐。公子燭庸奔鍾吾。〔吳〕

◆4〔經〕**楚殺其大夫郤宛。**〔左〕楚師聞吳亂而還。郤宛直而和。國人說之。鄢將師爲右領、與費無極、比而惡之。令尹子常賄而信讒。無極譖郤宛焉。謂子常曰、「子惡欲飮子酒。」又謂子惡。「令尹欲飮酒於子氏。」子惡曰、「我賤人也。不足以辱令尹。令尹將必來辱、爲惠已甚。吾無以酬之。若何。」無極曰、「令尹好甲兵。子出之。吾擇焉。」取五甲五兵。曰、「寘諸門。令尹至、必觀之。而從以酬之。」及饗日、帷諸門左。無極謂令尹、曰、「吾幾禍子。子惡將爲子不利。甲在門矣。子必無往。且此役也、吳可以得志。子惡取賂焉、而還。又誤群帥、使退其師。曰、『乘亂不祥。』吳乘我喪。我乘其亂、不亦可乎。」令尹使視郤氏、則有甲焉。不往。召鄢將師而告之。將師退、遂令、「攻郤氏且爇之。」子惡聞之、遂自殺也。國人弗爇。令曰、「不爇郤氏、與之同罪。」或取一編菅焉、或取一秉秆焉。國人投之、遂弗爇也。令尹炮之。盡滅郤氏之族黨。殺陽令終與其弟完及佗、與晉陳及其子弟。晉陳之族呼於國、曰、「鄢氏・費氏自以爲王、專禍楚國、弱寡王室、蒙王與令尹、以自利也。令尹盡信之矣。國將如何。」令尹病之。〔楚〕

☆5〔經〕**秋。晉士鞅・宋樂祁犂・衞北宮喜・曹人・邾人・滕人、會于**

扈。〔左〕秋。①會于扈。令戍周、且謀納公也。宋・衞、皆利納公、固請之。〔魯〕②范獻子取貨於季孫。謂司城子梁與北宮貞子、曰、「季孫未知其罪、而君伐之。請囚請亡。於是乎、不得。君又弗克、而自出也。夫豈無備而能出君乎。季氏之復、天救之也。休公徒之怒、而啓叔孫之心。不然、豈其伐人而說甲執冰以游。叔孫氏懼禍之濫、而自同於季氏、天之道也。魯君守齊三年而無成。季氏甚得其民、淮夷與之、有十年之備、有齊・楚之援、有天之贊、有民之助、有堅守之心、有列國之權、而弗敢宣也。事君如在國。故鞅以爲難。二子皆圖國者也。而欲納魯君、鞅之願也。請從二子而以圍魯。無成、死之。」二子懼皆辭。乃辭小國、而以難復。〔晉〕

③孟懿子・陽虎、伐鄆。鄆人將戰。子家子曰、「天命不慆久矣。使君亡者必此衆也。天既禍之、而自福也、不亦難乎。猶有鬼神、此必敗也。烏呼爲無望也夫。其死於此乎。」公使子家子如晉。公徒敗于且知。〔魯〕④楚郤宛之難、國言未已。進胙莫不謗令尹。沈尹戌言於子常。曰、「夫左尹與仲廏尹、莫知其罪。而子殺之、以興謗讟、至于今、不已。戌也惑之。仁者殺人以掩謗、猶弗爲也。今吾子殺人以興謗而弗圖、不亦異乎。夫無極楚之讒人也。民莫不知。去朝吳、出蔡侯朱、喪大子建、殺連尹奢。屛王之耳目、使不聰明。不然、平王之溫惠共儉、有過成・莊、無不及焉。所以不獲諸侯、邇無極也。今又殺三不辜、以興大謗、幾及子矣。子而不圖、將焉用之。夫鄢將師矯子之明、以滅三族。三族國之良也。而不愆位。吳有新君、疆場日駭。楚國若有大事、子其危哉。知者除讒以自安也。今子愛讒、以自危也。甚矣其惑也。」子常曰、「是瓦之罪也。敢不良圖。」九月。己未。子常殺費無極與鄢將師。盡滅其族。以說于國。謗言乃止。〔楚〕

◎6〔經〕冬。十月。曹伯午卒。〔左〕冬。①公如齊。齊侯請饗之。子家子曰、「朝夕立於其朝。又何饗焉。其飮酒也。」乃飮酒、使宰獻、而請安。子仲之子、曰重。爲齊侯夫人。曰、「請使重見。」子家子乃以君出。〔魯〕②十二月。晉籍秦致諸侯之戍于周。魯人辭以難。〔晉〕

◎7〔經〕邾快來奔。〔左〕なし

◇8〔經〕公如齊。〔左〕（6①の左傳文と對應）

◎9〔經〕公至自齊。居于鄆。（6①の左傳文と關係）〔左〕なし

（◇抽出文2條、◆抽出的編作文2條、☆編作文2條、◎無傳の經文3條）

［昭公二十八年］

◎1〔經〕二十有八年。春。王。三月。葬曹悼公。〔左〕二十八年。春。

◆2〔經〕公如晉。次于乾侯。〔左〕①公如晉。將如乾侯。子家子曰、「有求於人而卽其安、人孰矜之。其造於竟。」弗聽。使請逆於晉。晉人曰、「天禍魯國、君淹恤在外。君亦不使一个辱在寡人、而卽安於甥舅。其亦使逆君。」使公復于竟。而後逆之。〔魯〕②晉祁勝與鄔臧通室。祁盈將執之。訪於司馬叔游。叔游曰、「鄭書有之、『惡直醜正、實蕃有徒。』無道立矣。子懼不免。詩曰『民之多辟。無自立辟。』姑已若何。」盈曰、「祁氏私有討。國何有焉。」遂執之。祁勝賂荀躒。荀躒爲之、言於晉侯。晉侯執祁盈。祁盈之臣曰、「鈞將皆死。憖使吾君聞勝與臧之死也以爲快。」乃殺。〔晉〕

◎3〔經〕夏。四月。丙戌。鄭伯寧卒。〔左〕夏。六月。晉殺祁盈及楊食我。食我祁盈之黨也。而助亂。故殺之。遂滅祁氏・羊舌氏。初。叔向欲娶於申公巫臣氏。其母欲娶其黨。叔向曰、「吾母多而庶鮮。吾懲舅氏矣。」其母曰、「子靈之妻殺三夫・一君・一子、而亡一國兩卿矣。可無懲乎。吾聞之、甚美必有甚惡。是鄭穆少妃姚子之子、子貉之妹也。子貉早死無後、而天鐘美於是。將必以是大有敗也。昔者有仍氏生女、黰黑而甚美、光可以鑑、名曰玄妻。樂正后夔取之。生伯封。實有豕心、貪惏無饜、忿纇無期、謂之封豕。有窮后羿滅之。夔是以不祀。且三代之亡、共子之廢、皆是物也。女何以爲哉。夫有尤物、足以移人。苟非德義、則必有禍。」叔向懼、不敢取。平公强使取之。生伯石。伯石始生、子容之母走、謁諸姑。曰、「長叔姒生男。」姑視之、及堂而聞其聲、而還。曰、「是豺狼之聲也。狼子野心、非是、莫喪羊舌氏矣。」遂弗視。〔晉〕

◎4〔經〕六月。葬鄭定公。〔左〕なし

◎5〔經〕秋。七月。癸巳。滕子寧卒。〔左〕秋。①晉韓宣子卒。魏獻子爲政。分祁氏之田、以爲七縣。分羊舌氏之田、以爲三縣。司馬彌牟爲鄔大夫、賈辛爲祁大夫、司馬烏爲平陵大夫、魏戊爲梗陽大夫、知徐吾爲塗水大夫、韓固爲馬首大夫、孟丙爲盂大夫、樂霄爲銅鞮大夫、趙朝爲平陽大夫、僚安爲楊氏大夫。謂賈辛・司馬烏爲有力於王室。故擧之。謂知除吾・趙朝・韓固・魏戊、餘子之不失職、能守業者也。其四人者皆受縣。而後見於魏子。以賢擧也。魏子謂成鱄、「吾與戊也縣。人其以我爲黨乎。」對曰、「何也。戊之爲人也、遠不忘君、近不偪同、居利思義、在約思純、有守心矣、而無淫行。雖與之縣、不亦可乎。昔武王克商、光有天下、其兄弟之國者十有五人、姬姓之國者四十人、皆擧親也。夫擧無他。唯善所在、親疏一也。詩曰『惟此文王、帝度其心、莫其德音。其德克明、克明克類、克長克君。王此大國、克順克比。比于文王、其德靡悔。既受帝祉、施于孫子。』心能制義、曰度。德正應和、曰莫。照臨四方、曰明。勤施無私、曰類。教誨不倦、曰長。賞慶刑威、曰君。慈和徧服、曰順。擇善而從之、曰比。經緯天地、曰文。九德不愆。作事無悔。故襲天祿、子孫賴之。主之擧也、近文德矣。所及、其遠哉。」（作經時附加）〔晉〕②賈辛將適其縣。見於魏子。魏子曰、「辛來。昔叔向適鄭。鬷蔑惡。欲觀叔向、從使之收器者、而往立於堂下、一言而善。叔向將飲酒。聞之、曰、『必鬷明也。』下執其手、以上。曰、『昔賈大夫惡。娶妻而美。三年不言、不笑。御以如皐、射雉獲之。其妻始笑而言。賈大夫曰、《才之不可以已。我不能射、女遂不言、不笑夫》今子少不颺。子若無言、吾幾失子矣。言之不可以已也、如是。』遂如故知。今女有力於王室。吾是以擧女。行乎、敬之哉。毋墮乃力。」〔晉〕③仲尼聞魏子之擧也、以爲義。曰、「近不失親、遠不失擧。可謂義矣。」又聞其命賈辛也、以爲忠。「詩曰『永言配命、自求多福。』忠也。魏子之擧也、義。其命也、忠。其長有後於晉國乎。」（作經時附加）《評》

◎6〔經〕冬。葬滕悼公。〔左〕冬。梗陽人有獄。魏戊不能斷。以獄上。其大宗賂以女樂。魏子將受之。魏戊謂閻沒・女寬、曰、「主以不賄聞於諸侯。若受梗陽人、賄莫甚焉。吾子必諫。」皆許諾。退朝待於庭。饋入召之。比置三歎。既食、使坐。魏子曰、「吾聞諸伯叔、諺曰『唯食忘憂。』吾子置食之閒三歎、何也。」同辭而對、曰、「或賜二小人酒、不夕食、饋之始至、恐其不足。是以歎。中置、自咎曰、『豈將軍食之而有不足。』是以再歎。及饋之畢、願以小人之腹爲君子之心、屬厭而已。」獻子辭梗陽人。〔晉〕

（◇抽出文0條、◆抽出的編作文1條、☆編作文0條、◎無傳の經文5條）

［昭公二十九年］

◆1〔經〕二十有九年。春。公至自乾侯。居于鄆。〔左〕二十九年。春。①公至自乾侯。處于鄆。齊侯使高張來、唁公。稱「主君。」子家子曰、「齊卑君矣。君祇辱焉。」公如乾侯。〔魯〕②三月。己卯。京師殺召伯盈・尹氏固及原伯魯之子。尹固之復也、有婦人遇之周郊、尤之。曰、「處則勸人爲禍、行則數日而反。是夫也、其過三歲乎。」〔周〕

◇2〔經〕齊侯使高張來、唁公。〔左〕（1①の左傳文と對應）

◆3〔經〕公如晉。次于乾侯。〔左〕（1①、4②の左傳文と對應）

◎4〔經〕夏。四月。庚子。叔詣卒。〔左〕夏。①五月。庚寅。王子趙車入于鄻、以叛。陰不佞敗之。〔周〕②平子每歲賈馬。具從者之衣屨而歸之于乾侯。公執歸馬者、賣之。乃不歸馬。衞侯來、獻其乘馬、曰啓服。塹而死。公將爲之櫝。子家子曰、「從者病矣。請以食之」。乃以帷裹之。〔魯〕③公賜公衍羔裘、使獻龍輔於齊侯。遂入羔裘。齊侯喜、與之陽穀。公衍・公爲之生也、其母皆出。公衍先生。公爲之母曰、「相與偕出。請相與偕告。」三日公爲生。其母先以告。公爲爲兄。公私喜於陽穀、而思於魯。曰、「務人爲此禍也。且後生而爲兄。其誣也久矣。」乃黜之、而以公衍爲大子。〔魯〕

◎5〔經〕秋。七月。〔左〕秋。龍見于絳郊。魏獻子問於蔡墨。曰、「吾聞之、蟲莫知於龍。以其不生得也、謂之知。信乎。」對曰、「人實不知。非龍實知。古者畜龍。故國有豢龍氏、有御龍氏。」獻子曰、「是二氏者、吾亦聞之。而不知其故。是何謂也。」對曰、「昔有飂叔安、有裔子曰董父。實甚好龍、能求其耆欲、以飲食之。龍多歸之。乃擾畜龍、以服事帝舜。帝賜之姓、曰董、氏曰豢龍。封諸鬷川。鬷夷氏其後也。故帝舜氏世有畜龍。及有夏孔甲、擾于有帝。帝賜之乘龍。河漢各二、各有雌雄。孔甲不能食。而未獲豢龍氏。有陶唐氏既衰、其後有劉累。學擾龍于豢龍氏、以事孔甲、能飲食龍之。夏后嘉之、賜氏曰御龍氏。以更豕韋之後。龍一雌死。潛醢以食夏后。夏后饗之。既而使求之。懼而遷于魯縣。范氏其後也。」（漢代附加）獻子曰、「今何故無之。」對曰、「夫物、物有官。官脩其方、朝夕思之。一日失職、則死及之。失官不食。官宿其業、其物乃至。若泯弃之、物乃坻伏、鬱湮不育。故有五行之官。是謂五官。實列受氏姓、封爲上公、祀爲貴神、社稷五祀、是尊是奉。木正曰句芒、火正曰祝融、金正曰蓐收、水正曰玄冥、土正曰后土。龍水物也。水官弃矣。故龍不生得。不然周易有之。在乾䷀之姤䷫、曰『潛龍勿用。』其同人䷌、曰『見龍在田。』其大有䷍、曰『飛龍在天。』其夬䷪、曰『亢龍有悔。』其坤䷁、曰『見羣龍無首、吉。』坤之剝䷖、曰『龍戰于野。』若不朝夕見、誰能物之。」獻子曰、「社稷五祀、誰氏之五官也。」對曰、「少皞氏有四叔。

曰重、曰該、曰脩、曰熙。實能金木及水。使重爲句芒、該爲蓐收、脩及熙爲玄冥。世不失職。遂濟窮桑。此其三祀也。顓頊氏有子、曰犂。爲祝融。共工氏有子、曰句龍。爲后土。此其二祀也。后土爲社、稷田正也。有列山氏之子曰柱。爲稷。自夏以上祀之。周弃亦爲稷。自商以來祀之。」〔晉〕

◎6〔經〕冬。十月。鄆潰。〔左〕冬。①晉趙鞅・荀寅帥師、城汝濱。遂賦晉國一鼓鐵、以鑄刑鼎。著范宣子所爲刑書焉。〔晉〕②仲尼曰、「晉其亡乎。失其度矣。夫晉國將守唐叔之所受法度、以經緯其民。卿大夫以序守之。民是以能尊其貴、貴是以能守其業、貴賤不愆。所謂度也。文公是以作執秩之官、爲被廬之法、以爲盟主。今弃是度也。而爲刑鼎。民在鼎矣。何以尊貴。貴何業之有。貴賤無序、何以爲國。且夫宣子之刑、夷之蒐也。晉國之亂制也。若之何、以爲法。」《評》③蔡史墨曰、「范氏・中行氏其亡乎。中行寅爲下卿、而干上令、擅作刑器、以爲國法。是法姦也。又加范氏焉、易之亡也。其及趙氏。趙孟與焉。然、不得已。若德、可以免。」〔晉〕

（◇抽出文1條、◆抽出的編作文2條、☆編作文0條、◎無傳の經文3條）

［昭公三十年］

◇1〔經〕三十年。春。王。正月。公在乾侯。〔左〕三十年。春。①王。正月。公在乾侯。〔魯〕②〈不先書鄆與乾侯、非公且徵過也。〉

☆2〔經〕夏。六月。庚辰。晉侯去疾卒。〔左〕夏。六月。晉頃公卒。〔晉〕

◆3〔經〕秋。八月。葬晉頃公。（2の左傳文とも對應）〔左〕秋。①八月。葬。〔晉〕②鄭游吉弔。且送葬。魏獻子使士景伯詰之、曰、「悼公之喪、子西弔、子蟜送葬。今吾子無貳。何故。」對曰、「諸侯所以歸晉君、禮也。禮也者、小事大、大字小之謂。事大在共其時命。字小在恤其所無。以敝邑居大國之閒、共其職貢與其備御不虞之患、豈忘共命。先王之制、諸侯之喪、士弔、大夫送葬。唯嘉好聘享三軍之事、於是乎、使卿。晉之喪事、敝邑之閒、先君有所助執紼矣。若其不閒、雖士大夫、有所不獲數矣。大國之惠、亦慶其加、而不討其乏、明厎其情、取備而已。以爲禮也。靈王之喪、我先君簡公在楚。我先大夫印段實往、敝邑之少卿也。王吏不討、恤所無也。今大夫曰、『女盍從舊。』舊有豐有省、不知所從。從其豐、則寡君幼弱、是以不共。從其省、則吉在此矣。唯大夫圖之。」晉人不能詰。〔鄭〕③吳子使徐人執掩餘、使鍾吾人執燭庸。二公子奔楚。〔吳〕④楚子大封而定其徙。使監馬尹樂大心逆吳公子、使居養。莠尹然・左司馬沈尹戌、城之、取於城父與胡田、以與之。將以害吳也。子西諫、曰、「吳光新得國、而親其民、視民如子、辛苦同之。將用之也。若好吳邊疆、使柔服焉、猶懼其至。吾又彊其讎、以重怒之、無乃不可乎。吳、周之冑裔也。而棄在海濱、不與姬通。今而始大、比于諸華。光又甚文、將自同於先王。不知天將以爲虐乎。使翦喪吳國而封大異姓乎。其抑亦將卒以祚吳乎。其終不遠矣。吾盍姑億吾鬼神、而寧吾族姓、以待其歸。將焉用自播揚焉。」王弗聽。〔楚〕

◇4〔經〕冬。十有二月。吳滅徐。徐子章羽奔楚。〔左〕冬。①十二月。

呉子執鍾吾子。遂伐徐。防山以水之。己卯。滅徐。徐子章羽斷其髪。攜其夫人以逆呉子。呉子唁而送之、使其邇臣從之。遂奔楚。〔呉〕②楚沈尹戌帥師、救除。弗及。遂城夷。使徐子處之。〔楚〕

③呉子問於伍員。曰、「初。而言伐楚。余知其可也、而恐其使余往也。又惡人之有余之功也。今余將自有之矣。伐楚何如。」對曰、「楚執政者衆而乖、莫適任患。若爲三師以肄焉。一師至、彼必皆出。彼出則歸、彼歸則出、楚必道敝。亟肄以罷之、多方以誤之。既罷、而後以三軍繼之。必大克之。」闔廬從之。〔呉〕④楚於是乎、始病。〔楚〕

（◇抽出文2條、◆抽出的編作文1條、☆編作文1條、◎無傳の經文0條）

［昭公三十一年］

◇1〔經〕三十有一年。春。王。正月。公在乾侯。〔左〕三十一年。春。①王。正月。公在乾侯。言不能外内也。〔魯〕②晉侯將以師納公。范獻子曰、「若召季孫而不來、則信不臣矣。然後伐之。若何。」晉人召季孫。獻子使私焉、曰、「子必來。我受其無咎。」〔晉〕

◇2〔經〕季孫意如會晉荀躒于適歷。〔左〕季孫意如會晉荀躒于適歷。荀躒曰、「寡君使躒謂吾子。何故出君。有君、不事。周有常刑。子其圖之。」季孫練冠麻衣跣行、伏而對曰、「事君、臣之所不得也。敢逃刑命。君若以臣爲有罪、請囚于費、以待君之察已也。亦唯君命。若以先臣之故、不絶季氏、而賜之死。若弗殺弗亡、君之惠也。死且不朽。若得從君而歸、則固臣之願也。敢有異心。」〔魯〕

☆3〔經〕夏。四月。丁巳。薛伯穀卒。〔左〕夏。①四月。季孫從知伯、如乾侯。子家子曰、「君與之歸。一慙之不忍、而終身慙乎。」公曰、「諾。」衆曰、「在一言矣。君必逐之。」荀躒以晉侯之命唁公。且曰、「寡君使躒以君命討於意如。意如不敢逃死。君其入也。」公曰、「君惠顧先君之好、施及亡人、將使歸糞除宗祧以事君。則不能見夫人。己所能見夫人者、有如河。」荀躒掩耳而走。曰、「寡君其罪之恐。敢與知魯國之難。臣請復於寡君。」退而謂季孫、「君怒未怠。子姑歸祭。」子家子曰、「君以一乘入于魯師、季孫必與君歸。」公欲從之。衆從者脅公不得歸。〔魯〕②薛伯穀卒。同盟故書。〔魯〕

◆4〔經〕晉侯使荀躒唁公于乾侯。〔左〕（3①の左傳文と對應）

◎5〔經〕秋。葬薛獻公。（3②の左傳文と關係）〔左〕秋。呉人侵楚。伐夷。侵潛・六。楚沈尹戌帥師、救潛。呉師還。楚師遷潛於南岡、而還。呉師圍弦。左司馬戌・右司馬稽帥師、救弦。及豫章。呉師還。始用子胥之謀也。〔呉〕

◇6〔經〕冬。黑肱以濫、來奔。〔左〕冬。①邾黑肱以濫、來奔。〔魯〕

②〈賤而書名、重地故也。君子曰、「名之不可不愼也、如是。夫有所有名而不如其已。以地叛、雖賤必書地、以名其人。終爲不義、弗可滅已。是故、君子動則思禮、行則思義。不爲利回、不爲義疚。或求名而不得、或欲蓋而名章、懲不義也。齊豹爲衞司寇、守嗣大夫。作而不義、其書爲『盜』。邾庶其、莒牟夷、邾黑肱、以土地出、求食而已。不求其名、賤而必書。此二物者所以懲肆而去貪也。若艱難其身、以險危大人、而有名章徹、攻難之士將奔走之。若竊邑、叛君、以徼大利而無名、貪冒之民將寘力焉。是以春秋、書齊豹曰『盜』、三叛人名以懲不義、數惡逆無禮。其善志也。

故曰、『春秋之稱、微而顯、婉而辨。上之人能使昭明、善人勸焉。淫人懼焉。』是以君子貴之。」《評》

◇7〔經〕十有二月。辛亥。朔。日有食之。〔左〕十二月。辛亥。朔。日有食之。是夜也趙簡子夢、童子臝而轉以歌。旦占諸史墨、曰、「吾夢如是。今而日食、何也。」對曰、「六年及此月也、吳其入郢乎。終亦弗克。入郢必以庚辰。日月在辰尾。庚午之日。日始有謫。火勝金。故弗克。」〔晉〕

(◇抽出文4條、◆抽出的編作文1條、☆編作文1條、◎無傳の經文1條)

[昭公三十二年]

◇1〔經〕三十有二年。春。王。正月。公在乾侯。〔左〕三十二年。春。王。正月。公在乾侯。言不能內外、又不能用其人也。〔魯〕

◎2〔經〕取闞。〔左〕なし。

◇3〔經〕夏。吳伐越。〔左〕夏。①吳伐越。始用師於越也。〔吳〕②史墨曰、「不及四十年、越其有吳乎。越得歲而吳伐之、必受其凶。」〔晉〕

◎4〔經〕秋。七月。〔左〕秋。八月。王使富辛與石張如晉、請城成周。天子曰、「天降禍于周。俾我兄弟並有亂心、以爲伯父憂。我一二親昵甥舅、不遑啓處、於今十年。勤戍五年。余一人無日忘之。閔閔焉如農夫之望歲。懼以待時。伯父若肆大惠、復二文之業、弛周室之憂、徼文武之福、以固盟主、宣昭令名、則余一人有大願矣。昔成王合諸侯、城成周、以爲東都、崇文德焉。今我欲徼福、假靈于成王、脩成周之城、俾戍人無勤。諸侯用寧、蝥賊遠屛、晉之力也。其委諸伯父、使伯父實重圖之。俾我一人無徵怨于百姓、而伯父有榮施、先王庸之。」范獻子謂魏獻子、曰、「與其戍周、不如城之。天子實云。雖有後事、晉勿與知、可也。從王命、以紓諸侯、晉國無憂。是之不務而又焉從事。」魏獻子曰、「善。」使伯音對、曰、「天子有命。敢不奉承、奔告於諸侯。遲速衰序、於是焉在。」〔晉〕

☆5〔經〕冬。仲孫何忌會晉韓不信・齊高張・宋仲幾・衞世叔申・鄭國參・曹人・莒人・薛人・杞人・小邾人。〔左〕冬。①十一月。晉魏舒・韓不信、如京師。合諸侯之大夫于狄泉、尋盟。且令城成周。魏子南面。衞彪傒曰、「魏子必有大咎。干位以令大事。非其任也。詩曰『敬天之怒、不敢戲豫。敬天之渝、不敢馳驅。』況敢干位、以作大事乎。」〔晉〕②己丑。士彌牟營成周。計丈數、揣高卑、度厚薄、仞溝洫、物土方、議遠邇、量事期、計徒庸、慮材用、書餱糧、以令役於諸侯、屬役賦丈、書以授帥、而效諸劉子。韓簡子臨之、以爲成命。〔晉〕

◇6〔經〕城成周。〔左〕(5①の左傳文と對應)

◆7〔經〕十有二月。己未。公薨于乾侯。(1①の左傳文とも對應。)〔左〕①十二月。公疾。徧賜大夫。大夫不受。賜子家子雙琥・一環・一璧・輕服。受之。大夫皆受其賜。己未。公薨。子家子反賜於府人。曰、「吾不敢逆君命也。」大夫皆反其賜。〔魯〕②〈書曰「公薨于乾侯」、言失其所也。〉③趙簡子問於史墨、曰、「季氏出其君、而民服焉、諸侯與之。君死於外、而莫之或罪、何也。」對曰、「物生有兩、有三、有五、有陪貳。故天有三辰、地有五行、體有左右。

各有妃耦。王有公、諸侯有卿、皆其貳也。天生季氏以貳魯侯。爲日久矣。民之服焉、不亦宜乎。魯君世從其失、季氏世脩其勤。民忘君矣。雖死於外、其誰矜之。社稷無常奉、君臣無常位。自古以然。故詩曰『高岸爲谷、深谷爲陵。』三后之姓、於今爲庶。主所知也。在易卦、雷乘乾、曰大壯☳☰、天之道也。昔成季友、桓之季也。文姜之愛子也。始震而卜。卜人謁之、曰、『生有嘉聞。其名曰友、爲公室輔。』及生而如卜人之言。有文在其手、曰友。遂以名之、既而有大功於魯、受費以爲上卿。至文子・武子、世增其業、不廢舊績。魯文公薨、而東門遂殺適立庶。魯君、於是乎、失國。政在季氏、於此君也、四公矣。民不知君。何以得國。是以、爲君愼器與名、不可以假人。」〔晉〕

（◇抽出文3條、◆抽出的編作文1條、☆編作文1條、◎無傳の經文2條）

（二）昭公期全左氏經文の四種類型文の分布状況

（一）の抽出・編作擧例の分析による四種類型文の分布と占有率を一覧表に示すと次のようになる。

	◇抽出文	◆抽出的編作文	☆編作文	◎無傳の經文	小計
昭公　元年	2	5	2	3	12
昭公　二年	0	5	0	0	5
昭公　三年	4	2	0	1	7
昭公　四年	4	2	2	0	8
昭公　五年	4	3	1	0	8
昭公　六年	4	3	1	1	9
昭公　七年	5	0	2	1	8
昭公　八年	2	6	1	3	12
昭公　九年	3	1	1	0	5
昭公　十年	1	3	2	0	6
昭公　十一年	1	2	6	0	9
昭公　十二年	2	5	2	1	10
昭公　十三年	5	5	2	1	13
昭公　十四年	1	2	0	3	6
昭公　十五年	3	1	0	2	6
昭公　十六年	4	2	1	0	7
昭公　十七年	3	2	1	0	6
昭公　十八年	1	3	1	0	5
昭公　十九年	2	0	1	2	5
昭公　二十年	0	2	0	3	5
昭公二十一年	2	4	1	0	7
昭公二十二年	3	5	1	2	11
昭公二十三年	2	6	1	2	11
昭公二十四年	4	0	0	3	7
昭公二十五年	4	1	4	0	9
昭公二十六年	1	4	2	1	8
昭公二十七年	2	2	2	3	9
昭公二十八年	0	1	0	5	6
昭公二十九年	1	2	0	3	6
昭公　三十年	2	1	1	0	4
昭公三十一年	4	1	1	1	7
昭公三十二年	3	1	1	2	7
昭公期計	79	82	40	43	244
占有率	32・4%	33・6%	16・4%	17・6%	100%

これによると、昭公期經文では、抽出系（◇抽出文と◆抽出的編作文）が66%、編作系（☆編作文と◎無傳の經文）が34%となる。

昭公期經文においてはその抽出系の占める比率が極めて高いことが注目されよう。

なお、この昭公二十九年及び先の文公十三年の（漢代附加）の二文は相俟って劉氏の出自の由緒を説くもので、これらは漢初に河閒獻王の宮廷に「左氏春秋の博士」が立てられる（漢書五十三・河閒獻王德傳）に至る段階に於いて作爲・附加されたものと推測される。

第十一章

（一）定公期全左氏經文の抽出・編作擧例と定公期全左傳文の分析

［定公元年］

◇1〔經〕元年。春。王。〔左〕元年。春。①王。正月。辛巳。晉魏舒合諸侯之大夫于狄泉。將以城成周。魏子涖政。衞彪傒曰、「將建天子。而易位以令。非義也。大事奸義、必有大咎。晉不失諸侯、魏子其不免乎。」是行也、魏獻子屬役於韓簡子及原壽過。而田於大陸、焚焉。還卒於甯。范獻子去其柏椁。以其未復命而田也。〔晉〕②孟懿子會城成周。庚寅。栽。〔魯〕

◆2〔經〕三月。**晉人執宋仲幾于京師**。〔左〕①宋仲幾不受功。曰、「滕・薛・郳、吾役也。」薛宰曰、「宋爲無道。絶我小國於周。以我適楚。故我常從宋。晉文公爲踐土之盟、曰、『凡我同盟、各復舊職。』若從踐土、若從宋、亦唯命。」仲幾曰、「踐土固然。」薛宰曰、「薛之皇祖奚仲居薛、以爲夏車正。奚仲遷于邳。仲虺居薛、以爲湯左相。若復舊職、將承王官。何故以役諸侯。」仲幾曰、「三代各異物。薛焉得有舊。爲宋役亦其職也。」士彌牟曰、「晉之從政者新。子姑受功、歸、吾視諸故府。」仲幾曰、「縱子忘之。山川鬼神其忘諸乎。」士伯怒、謂韓簡子、曰、「薛徵於人、宋徵於鬼。宋罪大矣。且己無辭而抑我以神、誣我也。啓寵納侮、其此之謂矣。必以仲幾爲戮。」乃執仲幾、以歸。三月歸諸京師。〔晉〕②城三旬而畢。乃歸諸侯之戍。齊高張後、不從諸侯。晉女叔寬曰、「周萇弘・齊高張、皆將不免。萇叔違天、高子違人。天之所壞、不可支也。衆之所爲、不可奸也。」〔晉〕

◇3〔經〕夏。六月。癸亥。公之喪至自乾侯。〔左〕夏。①叔孫成子逆公之喪于乾侯。季孫曰、「子家子亟言於我。未嘗不中吾志也。吾欲與之從政。子必止之。且聽命焉。」子家子不見叔孫。易幾而哭。叔孫請見子家子。子家子辭、曰、「羈未得見、而從君以出。君不命而薨。羈不敢見。」叔孫使告之、曰、「公衍・公爲、實使羣臣不得事君。若公子宋主社稷、則羣臣之願也。凡從君出而可以入者、將唯子是聽。子家氏未有後。季孫願與子從政。此皆季孫之願也。使不敢以告。」對曰、「若立君、則有卿士大夫與守龜在。羈弗敢知。若從君者、則貌而出者、入可也。寇而出者、行可也。若羈也、則君知其出也。而未知其入也。羈將逃也。」〔魯〕②喪及壞隤。公子宋先入。從公者皆自壞隤反。六月。癸亥。公之喪至自乾侯。〔魯〕

◇4〔經〕**戊辰。公卽位**。〔左〕戊辰。公卽位。季孫使役如闞公氏、將溝焉。榮駕鵞曰、「生不能事、死又離之。以自旌也。縱子忍之。後必或恥之。」乃止。季孫問於榮駕鵞、曰、「吾欲爲君諡、使子孫

知之。」對曰、「生弗能事、死又惡之。以自信也。將焉用之。」乃止。〔魯〕

◆5〔經〕秋。七月。癸巳。葬我君昭公。〔左〕秋。①七月。癸巳。葬昭公於墓道南。〔魯〕②孔子之爲司寇也、溝而合諸墓。〔魯〕

◎6〔經〕九月。大雩。〔左〕なし

◇7〔經〕立煬宮。〔左〕①昭公出。故季平子禱于煬公。九月。立煬宮。〔魯〕②周鞏簡公棄其子弟。而好用遠人。〔周〕

◎8〔經〕冬。十月。隕霜殺菽。〔左〕なし

(◇抽出文4條、◆抽出的編作文2條、☆編作文0條、◎無傳の經文2條)

[定公二年]

◎1〔經〕二年。春。王。正月。〔左〕二年。

◎2〔經〕夏。五月。壬辰。雉門及兩觀、災。〔左〕夏。①四月。辛酉。鞏氏之羣子弟賊簡公。〔周〕②桐叛楚。〔楚〕③吳子使舒鳩氏誘楚人。曰、「以師臨我。我伐桐。爲我使之無忌。」〔吳〕

◆3〔經〕秋。楚人伐吳。〔左〕秋。①楚囊瓦伐吳、師于豫章。〔楚〕②吳人見舟于豫章。而潛師于巢。〔吳〕

◎4〔經〕冬。十月。新作雉門及兩觀。〔左〕冬。①十月。吳軍楚師于豫章、敗之。遂圍巢。克之。獲楚公子繁。〔吳〕②邾莊公與夷射姑、飲酒。私出。閽乞肉焉。奪之杖、以敲之。〔邾〕

(◇抽出文0條、◆抽出的編作文1條、☆編作文0條、◎無傳の經文3條)

[定公三年]

◎1〔經〕三年。春。王。正月。公如晉。至河、乃復。〔左〕三年。春。

☆2〔經〕二月。辛卯。邾子穿卒。〔左〕①二月。辛卯。邾子在門臺。臨廷、閽以缾水沃廷。邾子望見之、怒。閽、曰「夷射姑旋焉。」命執之。弗得。滋怒。自投于牀。廢于鑪炭。爛。遂卒。〔邾〕②先葬以車五乘・殉五人。莊公卞急而好潔。故及是。〔邾〕

◎3〔經〕夏。四月。〔左〕なし

◆4〔經〕秋。葬邾莊公。(2②の左傳文と對應)〔左〕秋。九月。鮮虞人敗晉師于平中。獲晉觀虎。恃其勇也。〔晉〕

☆5〔經〕冬。仲孫何忌及邾子、盟于拔。〔左〕冬。①盟于郯。脩邾好也。〔魯〕②蔡昭侯爲兩佩與兩裘。以如楚、獻一佩一裘於昭王。昭王服之。以享蔡侯。蔡侯亦服其一。子常欲之。弗與。三年止之。唐成公如楚。有兩肅爽馬。子常欲之。弗與。亦三年止之。唐人或相與謀、請代先從者。許之。飲先從者酒、醉之。竊馬而獻之子常。子常歸唐侯。自拘於司敗。曰、「君以弄馬之故、隱君身、棄國家。羣臣請相夫人以償馬必如之。」唐侯曰、「寡人之過也。二三子無辱。」皆賞之。蔡人聞之、固請而獻佩于子常。子常朝、見蔡侯之徒。命有司、曰、「蔡君之久也、官不共也。明日禮不畢、將死。」蔡侯歸、及漢。執玉而沈、曰、「余所有濟漢而南者、有若大川。」蔡侯如晉、以其子元與其大夫之子爲質焉、而請伐楚。〔蔡〕

(◇抽出文0條、◆抽出的編作文1條、☆編作文2條、◎無傳の經文2條)

[定公四年]

◎1〔經〕四年。春。王。二月。癸巳。陳侯吳卒。〔左〕四年。春。

☆2〔經〕三月。公會劉子・晉侯・宋公・蔡侯・衞侯・陳子・鄭伯・許男・曹伯・莒子・邾子・頓子・胡子・滕子・薛伯・杞伯・小邾子・齊國夏于召陵、侵楚。〔左〕①三月。劉文公合諸侯于召陵。謀伐楚也。〔周〕②晉荀寅求貨於蔡侯。弗得。言於范獻子、曰、「國家方危、諸侯方貳。將以襲敵、不亦難乎。水潦方降、疾瘧方起。中山不服、弃盟取怨。無損於楚、而失中山。不如辭蔡侯。吾自方城以來。楚未可以得志。祇取勤焉。」乃辭蔡侯。〔晉〕③晉人假羽旄於鄭。鄭人與之。明日、或旆以會。晉、於是乎、失諸侯。〔鄭〕④將會。衞子行敬子言於靈公、曰、「會同難。嘖有煩言。莫之治也。其使祝佗從。」公曰、「善。」乃使子魚。子魚辭、曰、「臣展四體、以率舊職。猶懼不給而煩刑書。若又共二、徼大罪也。且夫祝社稷之常隸也。社稷不動、祝不出竟。官之制也。君以軍行、祓社釁鼓、祝奉以從。於是乎出竟。若嘉好之事、君行師從、卿行旅從。臣無事焉。」公曰、「行也。」及皐鼬。將長蔡於衞。衞侯使祝佗私於萇弘、曰、「聞諸道路。不知信否。若聞蔡將先衞、信乎。」萇弘曰、「信。蔡叔、康叔之兄也。先衞、不亦可乎。」子魚曰、「以先王觀之、則尚德也。昔武王克商、成王定之。選建明德、以蕃屛周。故周公相王室、以尹天下。於周爲睦。分魯公以大路大旂・夏后氏之璜・封父之繁弱・殷民六族・條氏徐氏蕭氏索氏長勺氏尾勺氏。使帥其宗氏、輯其分族、將其類醜。以法則周公。用卽命于周。是以使之職事于魯。以昭周公之明德。分之土田陪敦・祝宗卜史・備物典策・官司彝器。因商奄之民、命以伯禽。而封於少皞之虛。分康叔、以大路少帛・綪茷旃旌・大呂・殷民七族・陶氏施氏繁氏錡氏樊氏饑氏終葵氏。封畛土略。自武父以南、及圃田之北竟。取於有閻之土、以共王職。取於相土之東都、以會王之東蒐。聃季授土、陶叔授民。命以康誥、而封於殷虛。皆啓以商政。疆以周索。分唐叔、以大路・密須之鼓・闕鞏・沽洗・懷姓九宗・職官五正。命以唐誥、而封於夏虛。啓以夏政。疆以戎索。三者皆叔也。而有令德。故昭之以分物。不然、文・武・成・康之伯、猶多。而不獲是分也、唯不尚年也。管・蔡、啓商、惎間王室。王、於是乎、殺管叔而蔡蔡叔、以車七乘・徒七十人。其子蔡仲、改行、帥德。周公擧之、以爲己卿士。見諸王而命之以蔡。其命書云、『王曰、《胡、無若爾考之違王命也。》』若之何其使蔡先衞也。武王之母弟八人。周公爲大宰。康叔爲司寇。聃季爲司空。五叔無官。豈尚年哉。曹、文之昭也。晉、武之穆也。曹爲伯甸。非尚年也。今將尚之。是反先王也。晉文公爲踐土之盟。衞成公不在、夷叔其母弟也、猶先蔡。其載書云、『王若曰、《晉重、魯申、衞武、蔡甲午、鄭捷、齊潘、宋王臣、莒期。》』藏在周府。可覆視也。吾子欲復文武之略、而不正其德。將如之何。」萇弘說。告劉子。與范獻子謀之。乃長衞侯於盟。〔衞〕⑤反自召陵。鄭子大叔未至而卒。晉趙簡子爲之臨。甚哀。曰、「黄父之會。夫子語我九言、曰、『無始亂。無怙富。無恃寵。無違同。無敖禮。無驕能。無復怒。無謀非德。無犯非義。』」

〔鄭〕⑥沈人不會于召陵。晉人使蔡伐之。〔晉〕

☆3〔經〕夏。四月。庚辰。蔡公孫姓帥師、滅沈。以沈子嘉、歸、殺之。

〔左〕夏。蔡滅沈。〔蔡〕

◎4〔經〕五月。公及諸侯、盟于皐鼬。〔左〕なし

◎5〔經〕杞伯成卒于會。〔左〕なし

◎6〔經〕六月。葬陳惠公。〔左〕なし

◎7〔經〕許遷于容城。〔左〕なし

◎8〔經〕秋。七月。公至自會。〔左〕秋。①楚爲沈故、圍蔡。〔楚〕

②伍員爲呉行人。以謀楚。楚之殺郤宛也、伯氏之族出。伯州犂之孫嚭爲呉大宰。以謀楚。楚自昭王卽位、無歳不有呉師。〔呉〕③蔡侯因之、以其子乾與其大夫之子、爲質於呉。〔蔡〕

◎9〔經〕劉卷卒。〔左〕なし

◎10〔經〕葬杞悼公。〔左〕なし

◆11〔經〕楚人圍蔡。〔左〕（8①の左傳文と對應）

◎12〔經〕晉士鞅・衞孔圉、帥師、伐鮮虞。〔左〕なし

◎13〔經〕葬劉文公。〔左〕なし

◆14〔經〕冬。十有一月。庚午。蔡侯以呉子、及楚人戰于柏擧。楚師敗績。〔左〕冬。①蔡侯・呉子・唐侯、伐楚。舍舟于淮汭。自豫章與楚夾漢。〔呉〕②左司馬戌謂子常、曰、「子沿漢而與之上下。我悉方城外、以毀其舟。還塞大隧・直轅・冥阨。子濟漢而伐之。我自後擊之。必大敗之。」既謀而行。武城黑謂子常、曰、「呉用木也。我用革也。不可久也。不如速戰。」史皇謂子常、「楚人惡子而好司馬。若司馬毀呉舟于淮、塞城口而入。是獨克呉也。子必速戰。不然不免。」乃濟漢而陳。自小別至于大別。三戰。子常知不可、欲奔。史皇曰、「安求其事、難而逃之。將何所入。子必死之。初罪必盡說。」〔楚〕③十一月。庚午。二師陳于柏擧。闔廬之弟夫槩王、晨請於闔廬、曰、「楚瓦不仁。其臣莫有死志。先伐之、其卒必奔。而後大師繼之、必克。」弗許。夫槩王曰、「所謂『臣義而行、不待命』者、其此之謂也。今日我死。楚可入也。」以其屬五千、先擊子常之卒。子常之卒奔。楚師亂。呉師大敗之。〔呉〕

◆15〔經〕楚囊瓦出奔鄭。（昭公二十三年11③の左傳文參照）〔左〕①子常奔鄭。史皇以其乘廣死。〔楚〕②呉從楚師。及淸發。將擊之。夫槩王曰、「困獸猶鬬。況人乎。若知不免而致死、必敗我。若使先濟者知免、後者慕之、蔑有鬬心矣。半濟而後可擊也。」從之。又敗之。楚人爲食。呉人及之。奔。食而從之。敗諸雍澨。五戰及郢。〔呉〕③己卯。楚子取其妹季羋畀我、以出、涉睢。鍼尹固與王同舟。王使執燧象以奔呉師。〔楚〕

◇16〔經〕庚辰。呉入郢。〔左〕①庚辰。呉入郢。以班處宮。子山處令尹之宮。夫槩王欲攻之。懼而去之。夫槩王入之。〔呉〕②左司馬戌及息而還。敗呉師于雍澨、傷。初。司馬臣闔廬。故恥爲禽焉。謂其臣曰、「誰能免吾首。」呉句卑曰、「臣賤。可乎。」司馬曰、「吾實失子。可哉。」三戰皆傷。曰、「吾不可用也已。」句卑布裳、剄而裹之。藏其身而以其首免。〔楚〕③楚子涉睢。濟江。入于雲中。王寢。盜攻之、以戈擊王。王孫由于以背受之、中肩。王奔鄖。鍾建負季羋、以從。由于徐蘇、而從。鄖公辛之弟懷將弑王。曰、「平王殺吾父。我殺其子、不亦可乎。」辛曰、「君討臣。誰敢讎之。君命天也。若死天命。將誰讎。詩曰『柔亦不茹、剛亦不吐。不侮矜寡、不畏彊禦。』唯仁者能之。違彊陵弱、非勇也。乘人之約、非仁也。滅宗廢祀、非孝也。動無令名、非知也。必犯是、余將殺

女。」鬭辛與其弟巢、以王奔隨。〔楚〕④吳人從之。謂隨人、曰、「周之子孫在漢川者、楚實盡之。天誘其衷、致罰於楚。而君又竄之。周室何罪。君若顧報周室、施及寡人、以獎天衷。君之惠也。漢陽之田、君實有之。」〔吳〕⑤楚子在公宮之北。吳人在其南。子期似王。逃王、而已爲王、曰、「以我與之、王必免。」隨人卜與之。不吉。乃辭吳。曰、「以隨之辟小而密邇於楚。楚實存之。世有盟誓。至于今、未改。若難而弃之。何以事君。執事之患、不唯一人。若鳩楚竟、敢不聽命。」吳人乃退。鑪金、初官於子期氏。實與隨人要言。王使見。辭曰、「不敢以約爲利。」王割子期之心、以與隨人盟。〔楚〕⑥初。伍員與申包胥友。其亡也、謂申包胥、曰、「我必復楚國。」申包胥曰、「勉之。子能復之。我必能興之。」及昭王在隨。申包胥如秦、乞師。曰、「吳爲封豕長蛇、以荐食上國。虐始於楚。寡君失守社稷、越在草莽。使下臣告急、曰『夷德無厭。若鄰於君、疆場之患也。逮吳之未定。君其取分焉。若楚之遂亡、君之土也。若以君靈撫之、世以事君。』」秦伯使辭焉、曰、「寡人聞命矣。子姑就館。將圖而告。」對曰、「寡君越在草莽。未獲所伏。下臣何敢卽安。」立依於庭牆、而哭。日夜不絶聲。勺飲不入口、七日。秦哀公爲之賦無衣。九頓首而坐。秦師乃出。〔楚〕

（◇抽出文1條、◆抽出的編作文3條、☆編作文2條、◎無傳の經文10條）

［定公五年］

◎1〔經〕五年。春。王。三月。辛亥。朔。日有食之。〔左〕五年。春。王人殺子朝于楚。〔周〕

◇2〔經〕夏。歸粟于蔡。〔左〕夏。歸粟于蔡。以周亟、矜無資。〔魯〕

◆3〔經〕於越入吳。〔左〕越入吳。吳在楚也。〔越〕

◆4〔經〕六月。丙申。季孫意如卒。（昭公二十五年6④の左傳文參照）

〔左〕①六月。季平子行東野。還未至。丙申。卒于房。陽虎將以璵璠斂。仲梁懷弗與。曰、「改步、改玉。」陽虎欲逐之。告公山不狃。不狃曰、「彼爲君也。子何怨焉。」既葬。桓子行東野、及費。子洩爲費宰。逆勞於郊。桓子敬之。勞仲梁懷。仲梁懷弗敬。子洩怒。謂陽虎。「子行之乎。」〔魯〕②申包胥以秦師、至。秦子蒲・子虎、帥車五百乘、以救楚。子蒲曰、「吾未知吳道。」使楚人先與吳人戰。而自稷會之、大敗夫槩王于沂。吳人獲薳射於柏舉。其子帥奔徒。以從子西、敗吳師於軍祥。〔楚〕

◎5〔經〕秋。七月。壬子。叔孫不敢卒。〔左〕秋。①七月。子期・子蒲、滅唐。〔楚〕②九月。夫槩王歸、自立也。以與王戰而敗。奔楚、爲堂谿氏。〔吳〕③吳師敗楚師于雍澨。秦師又敗吳師。吳師居麇。子期將焚之。子西曰、「父兄親暴骨焉、不能收。又焚之、不可。」子期曰、「國亡矣。死者若有知也、可以歆舊祀。豈憚焚之。」焚之。而又戰。吳師敗。又戰于公壻之谿。吳師大敗。吳子乃歸。囚闉輿罷。闉輿罷請先。遂逃歸。〔楚〕④葉公諸梁之弟后臧從其母於吳。不待而歸。葉公終不正視。〔楚〕⑤乙亥。陽虎囚季桓子及公父文伯、而逐仲梁懷。〔魯〕

◆6〔經〕冬。晉士鞅帥師、圍鮮虞。〔左〕冬。①十月。丁亥。殺公何藐。己丑。盟桓子于稷門之內。庚寅。大詛。逐公父歜及秦遄。皆奔齊。〔魯〕②楚子入于郢。初。鬭辛聞吳人之爭宮也、曰、「吾聞之。不讓則不和。不和、不可以遠征。吳爭於楚。必有亂。有亂、則必歸。焉能定楚。」〔楚〕③王之奔隨也、將涉於成臼。藍尹亹涉其帑、不與王舟。及寧、王欲殺之。子西曰、「子常唯思舊怨、以敗。君何效焉。」王曰、「善。」使復其所。「吾以志前惡。」〔楚〕

④王賞鬬辛・王孫由于・王孫圉・鍾建・鬬巢・申包胥・王孫賈・宋木・鬬懷。子西曰、「請舍懷也。」王曰、「大德滅小怨。道也。」申包胥曰、「吾爲君也。非爲身也。君既定矣。又何求。且吾尤子旗。其又爲諸。」遂逃賞。〔楚〕⑤王將嫁季芈。季芈辭曰、「所以爲女子、遠丈夫也。鍾建負我矣。」以妻鍾建、以爲樂尹。〔楚〕

⑥王之在隨也。子西爲王輿服、以保路、國于脾洩。聞王所在。而後從王。王使由于城麇。復命。子西問高厚大小焉。弗知。子西曰、「不能、如辭。城不知高厚。小大何知。」對曰、「固辭不能。子使余也。人各有能、有不能。王遇盜於雲中。余受其戈。其所猶在。」袒而視之背。曰、「此余所能也。脾洩之事余亦弗能也。」〔楚〕⑦晉士鞅圍鮮虞。報觀虎之敗也。〔晉〕

（◇抽出文1條、◆抽出的編作文3條、☆編作文0條、◎無傳の經文2條）

［定公六年］

☆1〔經〕六年。春。王。正月。癸亥。鄭游速帥師、滅許。以許男斯、歸。〔左〕六年。春。鄭滅許。因楚敗也。〔鄭〕

◇2〔經〕二月。公侵鄭。〔左〕①二月。公侵鄭。取匡。爲晉、討鄭之伐胥靡也。往不假道於衞。及還、陽虎使季・孟自南門入、出自東門、舍於豚澤。〔魯〕②衞侯怒。使彌子瑕追之。公叔文子老矣。輦而如公。曰、「尤人而效之。非禮也。昭公之難、君將以文之舒鼎・成之昭兆・定之鞶鑑、苟可以納之、擇用一焉。公子與二三臣之子、諸侯苟憂之、將以爲之質。此羣臣之所聞也。今將以小忿蒙舊德。無乃不可乎。大姒之子、唯周公・康叔爲相睦也。而效小人以弃之、不亦誣乎。天將多陽虎之罪、以斃之。君姑待之、若何。」乃止。〔衞〕

◎3〔經〕公至自侵鄭。（2①の左傳文と關係）〔左〕なし

☆4〔經〕夏。季孫斯・仲孫何忌、如晉。〔左〕夏。①季桓子如晉。獻鄭俘也。陽虎强使孟懿子往報夫人之幣。晉人兼享之。〔魯〕②孟孫立于房外。謂范獻子曰、「陽虎若不能居魯、而息肩於晉、所不以爲中軍司馬者、有如先君。」獻子曰、「寡君有官、將使其人。鞅何知焉。」獻子謂簡子曰、「魯人患陽虎矣。孟孫知其釁。以爲必適晉。故强爲之請、以取入焉。」〔晉〕③四月。己丑。吳大子終纍敗楚舟師。獲潘子臣・小惟子及大夫七人。楚國大惕、懼亡。子期又以陵師、敗于繁揚。令尹子西喜、曰、「乃今可爲矣。」於是乎、遷郢於鄀。而改紀其政、以定楚國。〔楚〕④周儋翩率王子朝之徒、因鄭人、將以作亂于周。鄭、於是乎、伐馮・滑・胥靡・負黍・狐人・闕外。〔周〕⑤六月。晉閻沒戍周。且城胥靡。〔晉〕

☆5〔經〕秋。晉人執宋行人樂祁犂。〔左〕秋。①八月。宋樂祁言於景公、曰、「諸侯唯我事晉。今使不往、晉其憾矣。」樂祁告其宰陳寅。陳寅曰、「必使子往。」他日公謂樂祁、曰、「唯寡人說子之言。子必往。」陳寅曰「子立後而行、吾室亦不亡。唯君亦以我爲知難而行也。」見溷而行。趙簡子逆而飲之酒於緜上。獻楊楯六十於簡子。

陳寅曰、「昔吾主范氏。今子主趙氏。又有納焉。以楊楯賈禍。弗可爲也已。然子死晉國、子孫必得志於宋。」范獻子言於晉侯、曰、「以君命越疆而使。未致使而私飲酒。不敬二君。不可不討也。」乃執樂祁。〔宋〕②陽虎又盟公及三桓於周社。盟國人于亳社。詛于五父之衢。〔魯〕

◎6〔經〕冬。城中城。〔左〕冬。十二月。天王處于姑蕕。辟儋翩之亂也。〔周〕

◎7〔經〕季孫斯・仲孫忌、帥師、圍鄆。〔左〕なし

（◇抽出文1條、◆抽出的編作文0條、☆編作文3條、◎無傳の經文3條）

[定公七年]

◎1〔經〕七年。春。王。正月。〔左〕七年。春。①二月。周儋翩入于儀栗。以叛。〔周〕②齊人歸鄆・陽關。陽虎居之。以爲政。〔魯〕

◇2〔經〕夏。四月。〔左〕夏。四月。單武公・劉桓公、敗尹氏于窮谷。〔周〕

◇3〔經〕秋。齊侯・鄭伯、盟于鹹。〔左〕秋。①齊侯・鄭伯、盟于鹹。徵會于衞。〔齊〕②衞侯欲叛晉。諸大夫不可。使北宮結如齊、而私於齊侯、曰、「執結、以侵我。」齊侯從之。乃盟于瑣。〔衞〕

◆4〔經〕齊人執衞行人北宮結、以侵衞。〔左〕（3②の左傳文と對應）

◆5〔經〕齊侯・衞侯、盟于沙。〔左〕（3②の左傳文と對應）

◎6〔經〕大雩。〔左〕なし

◆7〔經〕齊國夏帥師、伐我西鄙。〔左〕齊國夏伐我。陽虎御季桓子。公斂處父御孟懿子。將宵軍齊師。齊師聞之、墮伏而待之。處父曰、「虎不圖禍。而必死。」苫夷曰、「虎陷二子於難。不待有司。余必殺女。」虎懼。乃還。不敗。〔魯〕

◎8〔經〕九月。大雩。〔左〕なし

◎9〔經〕冬。十月。〔左〕冬。十一月。戊午。單子・劉子、逆王于慶氏。晉籍秦送王。己巳。王入于王城。館于公族黨氏。而後朝于莊宮。〔周〕

（◇抽出文2條、◆抽出的編作文3條、☆編作文0條、◎無傳の經文4條）

[定公八年]

◇1〔經〕八年。春。王。正月。公侵齊。〔左〕八年。春。王。正月。公侵齊。門于陽州。士皆坐列。曰、「顏高之弓六鈞。」皆取而傳觀之。陽州人出。顏高奪人弱弓。籍丘子鉏擊之。與一人俱斃。偃且射子鉏、中頰殪。顏息射人中眉、退曰、「我無勇。吾志其目也。」師退。冉猛僞傷足、而先。其兄會、乃呼曰、「猛也殿。」〔魯〕

◎2〔經〕公至自侵齊。（1の左傳文と關係）〔左〕なし

◇3〔經〕二月。公侵齊。〔左〕①二月。己丑。單子伐穀城。劉子伐儀栗。辛卯。單子伐簡城。劉氏伐盂。以定王室。〔周〕②趙鞅言於晉侯、曰、「諸侯唯宋事晉。好逆其使、猶懼不至。今又執之。是絕諸侯也。」將歸樂祁。士鞅曰、「三年止之。無故而歸之、宋必叛晉。」獻子私謂子梁、曰、「寡君懼不得事宋君。是以止子。子姑使溷代子。」子梁以告陳寅。陳寅曰、「宋將叛晉、是棄溷也。不如待之。」樂祁歸。卒于大行。士鞅曰、「宋必叛。不如止其尸、以求成焉。」乃止諸州。〔晉〕③公侵齊。攻廩丘之郛。主人焚衝。或濡

馬褐以救之。遂毀之。主人出。師奔。陽虎僞不見冉猛者、曰、「猛在此者、必敗。」猛逐之、顧而無繼。僞顚。虎曰、「盡客氣也。」〔魯〕④苫越生子。將待事而名之。陽州之役、獲焉。名之、曰陽州。〔魯〕

☆4〔經〕三月。公至自侵齊。〔左〕（3③の左傳文と對應）

◎5〔經〕曹伯露卒。〔左〕なし

◆6〔經〕夏。齊國夏帥師、伐我西鄙。〔左〕夏。四月。齊國夏・高張、伐我西鄙。晉士鞅・趙鞅・荀寅、救我。〔魯〕

◇7〔經〕公會晉師于瓦。〔左〕①公會晉師于瓦。范獻子執羔。趙簡子・中行文子、皆執鴈。魯、於是始尚羔。〔魯〕②晉師將盟衞侯于鄟澤。趙簡子曰、「羣臣誰敢盟衞君者。」涉佗・成何曰、「我能盟之。」衞人請執牛耳。成何曰、「衞、吾溫・原也。焉得視諸侯。」將歃。涉佗捘衞侯之手、及捥。衞侯怒。王孫賈趨進、曰、「盟、以信禮也。有如衞君、其敢不唯禮是事而受此盟也。」〔晉〕③衞侯欲叛晉。而患諸大夫。王孫賈使次于郊。大夫問故。公以晉詬、語之。且曰、「寡人辱社稷。其改卜嗣。寡人從焉。」大夫曰、「是衞之禍。豈君之過也。」公曰、「又有患焉。謂寡人、『必以而子與大夫之子爲質。』」大夫曰、「苟有益也、公子則往。羣臣之子敢不皆負羈紲以從。」將行。王孫賈曰、「苟衞國有難。工商未嘗不爲患。使皆行、而後可。」公以告大夫。乃皆將行之。行有日。公朝國人。使賈問焉。曰、「若衞叛晉、晉五伐我。病何如矣。」皆曰、「五伐我、猶可以能戰。」賈曰、「然則如叛之、病而後質焉。何遲之有。」乃叛晉。晉人請改盟。弗許。〔衞〕

◎8〔經〕公至自瓦。（7①の左傳文と關係）〔左〕なし

◎9〔經〕秋。七月。戊辰。陳侯柳卒。〔左〕秋。晉士鞅會成桓公、侵鄭、圍蟲牢。報伊闕也。遂侵衞。〔晉〕

◆10〔經〕晉士鞅帥師、侵鄭。遂侵衞。〔左〕（9の左傳文と對應）

◎11〔經〕葬曹靖公。〔左〕なし

◎12〔經〕九月。葬陳懷公。〔左〕なし

☆13〔經〕季孫斯・仲孫何忌、帥師、侵衞。〔左〕①九月。師侵衞。晉故也。〔魯〕②季寤・公鉏極・公山不狃、皆不得志於季氏。叔孫輒無寵於叔孫氏。叔仲志不得志於魯。故五人因陽虎。陽虎欲去三桓、以季寤更季氏、以叔孫輒更叔孫氏、己更孟氏。〔魯〕

◎14〔經〕冬。衞侯・鄭伯、盟于曲濮。〔左〕冬。十月。順祀先公、而祈焉。辛卯。禘于僖公。壬辰。將享季氏于蒲圃、而殺之。戒都車、曰、「癸巳至。」成宰公・斂處父告孟孫、曰、「季氏戒都車。何故。」孟孫曰、「吾弗聞。」處父曰、「然則亂也。必及於子。先備諸。」與孟孫以壬辰爲期。〔魯〕

◆15〔經〕從祀先公。〔左〕（14の左傳文と對應）

◆16〔經〕盜竊寶玉・大弓。〔左〕①陽虎前驅。林楚御桓子。虞人以鈹盾夾之。陽越殿。將如蒲圃。桓子咋謂林楚、曰、「而先、皆季氏之良也。爾以是繼之。」對曰、「臣聞命、後。陽虎爲政、魯國服焉。違之徵死。死無益於主。」桓子曰、「何後之有。而能以我適孟氏乎。」對曰、「不敢愛死。懼不免主。」桓子曰、「往也。」孟氏選圉人之壯者三百人。以爲公期、築室於門外。林楚怒馬、及衢而騁。陽越射之。不中。築者闔門。有自門前射陽越、殺之。陽虎劫公與武叔、

以伐孟氏。公斂處父帥成人、自上東門入。與陽氏戰于南門之內。弗勝。又戰于棘下。陽氏敗。陽虎說甲、如公宮、取寶玉・大弓、以出。舍于五父之衢。寢而爲食。其徒曰、「追其將至。」虎曰、「魯人聞余出、喜於徵死。何暇追余。」從者曰、「嘻、速駕。公斂陽在。」公斂陽請追之。孟孫弗許。陽欲殺桓子。孟孫懼而歸之。子言辨舍爵於季氏之廟、而出。陽虎入于讙・陽關。以叛。〔魯〕②鄭駟歂嗣子大叔爲政。〔鄭〕

(◇抽出文3條、◆抽出的編作文4條、☆編作文2條、◎無傳の經文7條)

[定公九年]

◎1〔經〕九年。春。王。正月。〔左〕九年。春。①宋公使樂大心盟于晉、且逆樂祁之尸。辭、僞有疾。乃使向巢如晉、盟、且逆子梁之尸。子明謂桐門右師出。曰、「吾猶衰絰。而子擊鍾、何也。」右師曰、「喪不在此故也。」既而告人、曰、「己衰絰而生子。余何故舍鍾。」子明聞之、怒。言於公、曰、「右師將不利戴氏。不肯適晉。將作亂也。不然、無疾。」乃逐桐門右師。〔宋〕②鄭駟歂殺鄧析。而用其竹刑。〔鄭〕③君子謂子然、「於是、不忠。苟有可以加於國家者、弃其邪、可也。靜女之三章取彤管焉、竿旄何以告之、取其忠也。故用其道、不弃其人。詩云『蔽芾甘棠、勿翦勿伐、召伯所茇。』思其人、猶愛其樹。況用其道、而不恤其人乎。子然無以勸能矣。」《評》

◎2〔經〕夏。四月。戊申。鄭伯蠆卒。〔左〕夏。

◆3〔經〕得寶玉・大弓。〔左〕①陽虎歸寶玉・大弓。〔魯〕②〈書曰「得」、器用也。凡獲器用、曰得。得用焉、曰獲。《凡》

◎4〔經〕六月。葬鄭獻公。〔左〕①六月。伐陽關。陽虎使焚萊門。師驚。犯之而出、奔齊。〔魯〕②請師以伐魯、曰、「三加、必取之。」齊侯將許之。鮑文子諫、曰、「臣嘗爲隸於施氏矣。魯未可取也。上下猶和。衆庶猶睦。能事大國。而無天菑。若之何取之。陽虎欲勤齊師也。齊師罷、大臣必多死亡。已於是乎、奮其詐謀。夫陽虎有寵於季氏。而將殺季孫、以不利魯國。而求容焉。親富、不親仁。君焉用之。君富於季氏、而大於魯國。茲陽虎所欲傾覆也。魯免其疾、而君又收之。無乃害乎。」齊侯執陽虎、將東之。陽虎願東。乃囚諸西鄙。盡借邑人之車。鍥其軸、麻約而歸之。載葱靈、寢於其中而逃。追而得之、囚於齊。又以葱靈逃、奔宋。遂奔晉、適趙氏。〔齊〕③仲尼曰、「趙氏其世有亂乎。」《評》

◆5〔經〕秋。齊侯・衞侯、次于五氏。〔左〕秋。①齊侯伐晉夷儀。敝無存之父將室之。辭、以與其弟。曰、「此役也、不死、反必娶於高・國。」先登。求自門出、死於霤下。東郭書讓、登。犂彌從之、曰、「子讓而左、我讓而右。」使登者絕、而後下。書左、彌先下。書與王猛、息。猛曰、「我先登。」書斂甲、曰、「曩者之難。今又難焉。」猛笑、曰、「吾從子、如驂之有靳。」〔齊〕②晉車千乘在中牟。衞侯將如五氏。卜過之、龜焦。衞侯曰、「可也。衞車當其半。寡人當其半、敵矣。」乃過中牟。中牟人欲伐之。衞褚師圃亡在中牟。曰、「衞雖小、其君在焉。未可勝也。齊師克城而驕、其帥又賤。遇、必敗之。不如從齊。」乃伐齊師、敗之。〔衞〕③齊侯致禚・媚・杏於衞。齊侯賞犂彌。犂彌辭曰、「有先登者。臣從之。皙幘而衣貍製。」公使視東郭書。曰、「乃夫子也。吾貺子。」公賞東郭書。辭曰、「彼賓旅也。」乃賞犂彌。〔齊〕④齊師之在夷儀也。齊侯謂夷儀人、曰、「得敝無存者、以五家免。」乃得其尸。公三襚之。與之犀軒與直蓋。而先歸之。坐引者。以師哭之。親推之三。〔齊〕

◎6〔經〕秦伯卒。〔左〕なし

◎7〔經〕冬。葬秦哀公。〔左〕なし

(◇抽出文0條、◆抽出的編作文2條、☆編作文0條、◎無傳の經文5條)

［定公十年］

◆1〔經〕十年。春。王。三月。及齊平。〔左〕十年。春。及齊平。

◇2〔經〕夏。公會齊侯于夾谷。〔左〕夏。①公會齊侯于祝其。實夾谷。孔丘相。犂彌言於齊侯、曰、「孔丘知禮而無勇。若使萊人以兵劫魯侯、必得志焉。」齊侯從之。孔丘以公退、曰、「士兵之。兩君合好。而裔夷之俘、以兵亂之。非齊君所以命諸侯也。裔不謀夏。夷不亂華。俘不干盟。兵不偪好。於神爲不祥。於德爲愆義。於人爲失禮。君必不然。」齊侯聞之、遽避之。將盟。齊人加於載書、曰、「齊師出竟、而不以甲車三百乘從我者、有如此盟。」孔丘使茲無還揖對、曰、「而不反我汶陽之田、吾以共命者、亦如之。」齊侯將享公。孔丘謂梁丘據、曰、「齊魯之故、吾子何不聞焉。事既成矣。而又享之、是勤執事也。且犧象不出門、嘉樂不野合。饗而既具、是弃禮也。若其不具、是用秕稗也。用秕稗、君辱。弃禮、名惡。子盍圖之。夫享所以昭德也。不昭、不如其已也。」乃不果享。〔魯〕

②齊人來、歸鄆・讙・龜陰之田。〔魯〕

◎3〔經〕公至自夾谷。(2①の左傳文と關係)〔左〕なし

◆4〔經〕晉趙鞅帥師、圍衞。〔左〕①晉趙鞅圍衞。報夷儀也。初。衞侯伐邯鄲午於寒氏、城其西北隅而守之。宵熸。及晉圍衞、午以徒七十人、門於衞西門、殺人於門中。曰、「請報寒氏之役。」涉佗曰、「夫子則勇矣。然我往、必不敢啓門。」亦以徒七十人、旦門焉。步左右、皆至而立、如植。日中不啓門。乃退。反役。晉人討衞之叛故。曰、「由涉佗・成何。」於是乎、執涉佗。以求成於衞。衞人不許。晉人遂殺涉佗。成何奔燕。〔晉〕②君子曰、「此之謂弃禮。必不鈞。詩曰『人而無禮。胡不遄死。』涉佗亦遄矣哉。」《評》

◇5〔經〕齊人來、歸鄆・讙・龜陰田。〔左〕(2②の左傳文と對應)

☆6〔經〕叔孫州仇・仲孫何忌、帥師、圍郈。〔左〕初。叔孫成子欲立武叔。公若藐固諫、曰、「不可。」成子立之、而卒。公南使賊射之。不能殺。公南爲馬正。使公若爲郈宰。武叔既定。使郈馬正侯犯殺公若。弗能。其圉人曰、「吾以劍過朝、公若必曰、『誰之劍也。』吾稱子以告、必觀之。吾僞固而授之末、則可殺也。」使如之。公若曰、「爾欲吳王我乎。」遂殺公若。侯犯以郈叛。武叔、懿子圍郈。弗克。〔魯〕

☆7〔經〕秋。叔孫州仇・仲孫何忌、帥師、圍郈。〔左〕秋。二子及齊師、復圍郈。弗克。叔孫謂郈工師駟赤、曰、「郈非唯叔孫氏之憂、社稷之患也。將若之何。」對曰、「臣之業、在揚水卒章之四言矣。」叔孫稽首。駟赤謂侯犯曰、「居齊魯之際、而無事。必不可矣。子盍求事於齊以臨民。不然、將叛。」侯犯從之。齊使至。駟赤與郈

人爲之宣言於郈中。曰、「侯犯將以郈易于齊。齊人將遷郈民。」衆兇懼。駟赤謂侯犯、曰、「衆言異矣。子不如易於齊、與其死也。猶是郈也。而得紓焉。何必此。齊人欲以此偪魯。必倍與子地。且盍多舍甲於子之門。以備不虞。」侯犯曰、「諾。」乃多舍甲焉。侯犯請易於齊。齊有司觀郈。將至。駟赤使周走呼、曰、「齊師至矣。」郈人大駭。介侯犯之門甲、以圍侯犯。駟赤將射之。侯犯止之。曰、「謀免我。」侯犯請行。許之。駟赤先如宿。侯犯殿。每出一門。郈人閉之。及郭門、止之。曰、「子以叔孫氏之甲、出。有司若誅之、羣臣懼死。」駟赤曰、「叔孫氏之甲有物。吾未敢以出。」侯犯謂駟赤曰、「子止而與之數。」駟赤止而納魯人。侯犯奔齊。齊人乃致郈。〔魯〕

☆8〔經〕宋樂大心出奔曹。〔左〕（前年1①の左傳文と對應）

◇9〔經〕宋公子地出奔陳。〔左〕宋公子地嬖蘧富獵。十一分其室而以其五與之。公子地有白馬四。公嬖向魋。魋欲之。公取而朱其尾鬣、以與之。地怒、使其徒扶魋而奪之。魋懼、將走。公閉門而泣之。目盡腫。母弟辰曰、「子分室以與獵也。而獨卑魋。亦有頗焉。子爲君禮。不過出竟。君必止子。」公子地出奔陳。公弗止。辰爲之請。弗聽。辰曰、「是我迋吾兄也。吾以國人出。君誰與處。」〔宋〕

◎10〔經〕冬。齊侯・衞侯・鄭游速、會于安甫。〔左〕冬。

☆11〔經〕叔孫州仇如齊。〔左〕（12②の左傳文と對應）

◆12〔經〕宋公之弟辰暨宋仲佗・石彄、出奔陳。〔左〕①母弟辰暨仲佗・石彄、出奔陳。〔宋〕②武叔聘于齊。齊侯享之、曰、「子叔孫、若使郈在君之他竟、寡人何知焉。屬與敝邑際。故敢助君、憂之。」對曰、「非寡君之望也。所以事君、封疆社稷是以。敢以家隸勤君之執事。夫不令之臣、天下之所惡也。君豈以爲寡君賜。」〔魯〕

（◇抽出文3條、◆抽出的編作文3條、☆編作文4條、◎無傳の經文2條）

［定公十一年］

◆1〔經〕十有一年。春。宋公之弟辰及仲佗・石彄・公子地、自陳入于蕭、以叛。（前年12の左傳文とも對應）〔左〕十一年。春。宋公母弟辰暨仲佗・石彄・公子地、入于蕭、以叛。〔宋〕

◎2〔經〕夏。四月。〔左〕なし

☆3〔經〕秋。宋樂大心自曹入于蕭。〔左〕秋。樂大心從之。大爲宋患。寵向魋故也。〔宋〕

◇4〔經〕冬。及鄭平。〔左〕冬。及鄭平。始叛晉也。〔魯〕

◎5〔經〕叔還如鄭、涖盟。〔左〕なし

（◇抽出文1條、◆抽出的編作文1條、☆編作文1條、◎無傳の經文2條）

［定公十二年］

◎1〔經〕十有二年。春。薛伯定卒。〔左〕十二年。

◎2〔經〕夏。葬薛襄公。〔左〕夏。衞公孟彄、伐曹。克郊。還。滑羅殿。未出。不退於列。其御曰、「殿而在列。其爲無勇乎。」羅曰、「與其素厲、寧爲無勇。」〔衞〕

☆3〔經〕叔孫州仇帥師、墮郈。〔左〕（5の左傳文と對應）

◆4〔經〕衞公孟彄帥師、伐曹。〔左〕（2の左傳文と對應）

☆5〔經〕季孫斯・仲孫何忌、帥師、墮費。〔左〕仲由爲季氏宰。將墮三都。於是、叔孫氏墮郈。季氏將墮費。公山不狃・叔孫輒、帥費人、以襲魯。公與三子、入于季氏之宮、登武子之臺。費人攻之。弗克。入及公側。仲尼命申句須・樂頎、下伐之。費人北。國人追之。敗諸姑蔑。二子奔齊。遂墮費。將墮成。公斂處父謂孟孫、「墮成、齊人必至于北門。且成、孟氏之保障也。無成、是無孟氏也。子僞不知。我將不墮。」〔魯〕

◎6〔經〕秋。大雩。〔左〕なし

◎7〔經〕冬。十月。癸亥。公會齊侯、盟于黃。〔左〕冬。

◎8〔經〕十有一月。丙寅。朔。日有食之。〔左〕なし

◎9〔經〕公至自黃。〔左〕なし

◇10〔經〕十有二月。公圍成。〔左〕十二月。公圍成。弗克。〔魯〕

◎11〔經〕公至自圍成。（10の左傳文と關係）〔左〕なし

（◇抽出文1條、◆抽出的編作文1條、☆編作文2條、◎無傳の經文7條）

〔定公十三年〕

◇1〔經〕十有三年。春。齊侯・衞侯、次于垂葭。〔左〕十三年。春。

①齊侯・衞侯、次于垂葭。實郹氏。使師伐晉、將濟河。諸大夫皆曰、「不可。」邴意茲曰、「可。銳師伐河內、傳必數日而後及絳。絳不三月、不能出河、則我既濟水矣。」乃伐河內。齊侯皆斂諸大夫之軒。唯邴意茲乘軒。齊侯欲與衞侯乘。與之宴而駕乘廣。預載甲焉。使告曰、「晉師至矣。」齊侯曰、「比君之駕也、寡人請攝。」乃介而與之乘。驅之。或告曰、「無晉師。」乃止。〔齊〕②晉趙鞅謂邯鄲午、曰、「歸我衞貢五百家。吾舍諸晉陽。」午許諾。歸、告其父兄。父兄皆曰、「不可。衞是之以爲邯鄲。而寘諸晉陽、絕衞之道也。不如侵齊而謀之。」乃如之而歸之于晉陽。趙孟怒、召午而囚諸晉陽。使其從者說劍而入。涉賓不可。乃使告邯鄲人、曰、「吾私有討於午也。二三子唯所欲立。」遂殺午。趙稷・涉賓、以邯鄲叛。〔晉〕

◎2〔經〕夏。築蛇淵囿。〔左〕夏。六月。上軍司馬籍秦圍邯鄲。邯鄲午、荀寅之甥也。荀寅、范吉射之姻也。而相與睦。故不與圍邯鄲。將作亂。董安于聞之。告趙孟、曰、「先備諸。」趙孟曰、「晉國有命。始禍者死。爲後、可也。」安于曰、「與其害於民、寧我獨死。請以我說。」趙孟不可。〔晉〕

◎3〔經〕大蒐于比蒲。〔左〕なし

◎4〔經〕衞公孟彄帥師、伐曹。〔左〕なし

◆5〔經〕秋。晉趙鞅入于晉陽、以叛。〔左〕秋。七月。范氏・中行氏、伐趙氏之宮。趙鞅奔晉陽。晉人圍之。范皐夷、無寵於范吉射。而欲爲亂於范氏。梁嬰父、嬖於知文子。文子欲以爲卿。韓簡子與中行文子相惡。魏襄子亦與范昭子相惡。故五子謀。將逐荀寅而以梁嬰父代之、逐范吉射而以范皐夷代之。荀躒言於晉侯、曰、「君命大臣。始禍者死。載書在河。今三臣始禍而獨逐鞅。刑已不鈞矣。請皆逐之。」〔晉〕

◆6〔經〕冬。晉荀寅・士吉射、入于朝歌、以叛。〔左〕冬。十一月。荀躒・韓不信・魏曼多、奉公、以伐范氏・中行氏。弗克。二子將伐公。齊高彊曰、「三折肱、知爲良醫。唯伐君爲不可。民弗與也。我以伐君、在此矣。三家未睦。可盡克也。克之、君將誰與。若先

伐君、是使睦也。」弗聽。遂伐公。國人助公、二子敗。從而伐之。丁未。荀寅・士吉射、奔朝歌。韓・魏以趙氏爲請。〔晉〕

◆7〔經〕晉趙鞅歸于晉。〔左〕①十二月。辛未。趙鞅入于絳。盟于公宮。〔晉〕②初。衞公叔文子朝而請享靈公。退見史鰌而告之。史鰌曰、「子必禍矣。子富而君貪。罪其及子乎。」文子曰、「然。吾不先告子、是吾罪也。君既許我矣。其若之何。」史鰌曰、「無害也。子臣、可以免。富而能臣、必免於難。上下同之。戍也驕。其亡乎。富而不驕者、鮮。吾唯子之見。驕而不亡者、未之有也。戍必與焉。」及文子卒、衞侯始惡於公叔戍。以其富也。公叔戍又將去夫人之黨。夫人愬之、曰、「戍將爲亂。」〔衞〕

◎8〔經〕薛弑其君比。〔左〕なし

（◇抽出文1條、◆抽出的編作文3條、☆編作文0條、◎無傳の經文4條）

［定公十四年］

◇1〔經〕十有四年。春。衞公叔戍來奔。〔左〕十四年。春。衞侯逐公叔戍與其黨。故趙陽奔宋、戍來奔。〔魯〕

◆2〔經〕衞趙陽出奔宋。〔左〕（1の左傳文と對應）

☆3〔經〕二月。辛巳。楚公子結・陳公孫佗人、帥師、滅頓。以頓子牂、歸。〔左〕①梁嬰父惡董安于。謂知文子、曰、「不殺安于、使終爲政於趙氏、趙氏必得晉國。盍以其先發難也、討於趙氏。」文子使告於趙孟。曰、「范・中行氏、雖信爲亂、安于則發之。是安于與謀亂也。晉國有命。始禍者死。二子既伏其罪矣。敢以告。」趙孟患之。安于曰、「我死而晉國寧、趙氏定、將焉用生。人誰不死。吾死莫矣。」乃縊而死。趙孟尸諸市、而告於知氏。曰、「主命戮罪人安于。既伏其罪矣。敢以告。」知伯從趙孟盟。而後趙氏定。祀安于於廟。〔晉〕②頓子牂欲事晉。背楚而絶陳好。二月。楚滅頓。〔楚〕

◇4〔經〕夏。衞北宮結來奔。〔左〕夏。衞北宮結來奔。公叔戍之故也。〔魯〕

◆5〔經〕五月。於越敗吳于檇李。〔左〕吳伐越。越子勾踐禦之。陳于檇李。勾踐患吳之整也。使死士再禽焉、不動。使罪人三行、屬劍於頸、而辭。曰、「二君有治。臣奸旗鼓、不敏於君之行前。不敢逃刑。敢歸死。」遂自剄也。師屬之目。越子因而伐之。大敗之。靈姑浮以戈擊闔廬。闔廬傷將指、取其一屨。〔越〕

☆6〔經〕吳子光卒。〔左〕還卒於陘。去檇李七里。夫差使人立於庭。苟出入、必謂己、曰、「夫差、而忘越王之殺而父乎。」則對曰、「唯。不敢忘。」三年、乃報越。〔吳〕

◆7〔經〕公會齊侯・衞侯于牽。〔左〕①晉人圍朝歌。公會齊侯・衞侯于脾・上梁之閒。謀救范・中行氏。〔魯〕②析成鮒・小王桃甲、率狄師、以襲晉。戰于絳中。不克而還。士鮒奔周。小王桃甲入于朝歌。〔晉〕

◎8〔經〕公至自會。（7①の左傳文と關係）〔左〕なし

◇9〔經〕秋。齊侯・宋公、會于洮。〔左〕秋。①齊侯・宋公、會于洮。范氏故也。〔齊〕②衞侯爲夫人南子、召宋朝。會于洮。大子蒯聵獻盂于齊。過宋野。野人歌之、曰、「既定爾婁豬。盍歸吾艾豭。」大子羞之。謂戲陽速、曰、「從我而朝少君。少君見我。我顧、乃

殺之。」速曰、「諾。」乃朝夫人。夫人見大子。大子三顧。速不進。夫人見其色、啼而走。曰、「蒯聵將殺余。」公執其手、以登臺。大子奔宋。盡逐其黨。故公孟彄出奔鄭。自鄭奔齊。大子告人、曰、「戲陽速禍余。」戲陽速告人、曰、「大子則禍余。大子無道。使余殺其母。余不許。將戕於余。若殺夫人、將以余說。余是故許而弗爲、以紓余死。諺曰、『民保於信。』吾以信義也。」〔衞〕

◎10〔經〕天王使石尙來、歸脤。〔左〕なし

◆11〔經〕衞世子蒯聵出奔宋。〔左〕（9②の左傳文と對應）

◇12〔經〕衞公孟彄出奔鄭。〔左〕（9②の左傳文と對應）

◎13〔經〕宋公之弟辰、自蕭來奔。〔左〕なし

◎14〔經〕大蒐于比蒲。〔左〕なし

◎15〔經〕邾子來、會公。〔左〕なし

◎16〔經〕城莒父及霄。〔左〕冬。十二月。晉人敗范・中行氏之師於潞。獲籍秦・高彊。又敗鄭師及范氏之師于百泉。〔晉〕

（◇抽出文4條、◆抽出的編作文4條、☆編作文2條、◎無傳の經文6條）

〔定公十五年〕

◆1〔經〕十有五年。春。王。正月。邾子來朝。〔左〕十五年。春。邾隱公來朝。子貢觀焉。邾子執玉、高。其容仰。公受玉、卑。其容俯。子貢曰、「以禮觀之、二君者皆有死亡焉。夫禮、死生存亡之體也。將左右周旋進退俯仰、於是乎取之、朝祀喪戎、於是乎觀之。今正月相朝而皆不度。心已亡矣。嘉事不體、何以能久。高仰、驕也。卑俯、替也。驕近亂、替近疾。君爲主、其先亡乎。」〔魯〕

◎2〔經〕鼷鼠食郊牛。牛死。改卜牛。〔左〕なし

☆3〔經〕二月。辛丑。楚子滅胡。以胡子豹、歸。〔左〕吳之入楚也。胡子盡俘楚邑之近胡者。楚旣定。胡子豹又不事楚。曰、「存亡有命。事楚何爲。多取費焉。」二月。楚滅胡。〔楚〕

◎4〔經〕夏。五月。辛亥。郊。〔左〕夏。

☆5〔經〕壬申。公薨于高寢。〔左〕①五月。壬申。公薨。〔魯〕②仲尼曰、「賜不幸言而中。是使賜多言者也。」《許》

◆6〔經〕鄭罕達帥師、伐宋。〔左〕鄭罕達敗宋師于老丘。〔鄭〕

◆7〔經〕齊侯・衞侯、次于渠蒢。〔左〕齊侯・衞侯、次于蘧挐、謀救宋也。〔齊〕

◎8〔經〕邾子來、奔喪。〔左〕なし

◇9〔經〕秋。七月。壬申。姒氏卒。〔左〕秋。①七月。壬申。姒氏卒。
②〈不稱夫人、不赴且不祔也。〉

◎10〔經〕八月。庚辰。朔。日有食之。〔左〕なし

◎11〔經〕九月。滕子來、會葬。〔左〕なし

☆12〔經〕丁巳。葬我君定公。雨。不克葬。〔左〕葬定公。雨。不克襄事。禮也。〔魯〕

◎13〔經〕戊午。日下昃。乃克葬。〔左〕なし

☆14〔經〕辛巳。葬定姒。〔左〕①葬定姒。②〈不稱小君、不成喪也。〉

◇15〔經〕冬。城漆。〔左〕冬。①城漆。〔魯〕②〈書、不時告也。〉

（◇抽出文2條、◆抽出的編作文3條、☆編作文4條、◎無傳の經文6條）

（二）　定公期全左氏經文の四種類型文の分布状況

（一）の抽出・編作擧例の分析による四種類型文の分布と占有率を一覧表に示すと次のようになる。

	◇抽出文	◆抽出的編作文	☆編作文	◎無傳の經文	小計
定公　元年	4	2	0	2	8
定公　二年	0	1	0	3	4
定公　三年	0	1	2	2	5
定公　四年	1	3	2	10	16
定公　五年	1	3	0	2	6
定公　六年	1	0	3	3	7
定公　七年	2	3	0	4	9
定公　八年	3	4	2	7	16
定公　九年	0	2	0	5	7
定公　十年	3	3	4	2	12
定公十一年	1	1	1	2	5
定公十二年	1	1	2	7	11
定公十三年	1	3	0	4	8
定公十四年	4	4	2	6	16
定公十五年	2	3	4	6	15
定公期計	24	34	22	65	145
占有率	16・6%	23・4%	15・2%	44・8%	100%

これによると、定公期經文では、抽出系（◇抽出文と◆抽出的編作文）が40%、編作系（☆編作文と◎無傳の經文）が60%となる。

第十二章

（一）哀公期全左氏經文の抽出・編作舉例と哀公期全左傳文の分析

［哀公元年］

◎1〔經〕元年。春。王。正月。公卽位。〔左〕元年。春。

☆2〔經〕楚子・陳侯・隨侯・許男、圍蔡。〔左〕①楚子圍蔡。報柏擧也。里而栽、廣丈高倍。夫屯晝夜九日。如子西之素。蔡人男女以辨。使疆于江・汝之閒而還。〔楚〕②蔡、於是乎、請遷于吳。〔蔡〕③吳王夫差敗越于夫椒。報檇李也。遂入越。越子甲楯五千、保于會稽、使大夫種因吳大宰嚭、以行成。吳子將許之。伍員曰、「不可。臣聞之、樹德莫如滋、去疾莫如盡。昔有過澆殺斟灌、以伐斟鄩、滅夏后相。后緡方娠、逃出自竇、歸于有仍、生少康焉。爲仍牧正。惎澆、能戒之。澆使椒求之。逃奔有虞。爲之庖正、以除其害。虞思於是妻之以二姚。而邑諸綸、有田一成、有衆一旅。能布其德、而兆其謀、以收夏衆、撫其官職。使女艾諜澆、使季杼誘豷。遂滅過戈、復禹之績、祀夏配天、不失舊物。今吳不如過、而越大於少康。或將豐之、不亦難乎。句踐能親而務施、施不失人、親不弃勞。與我同壤、而世爲仇讎。於是乎、克而弗取、將又存之、違天而長寇讎。後雖悔之、不可食已。姬之衰也、日可俟也。介在蠻夷、而長寇讎、以是求伯。必不行矣。」弗聽。退而告人、曰、「越十年生聚、而十年教訓。二十年之外、吳其爲沼乎。」〔吳〕④三月。越及吳平。吳入越。〔吳〕⑤〈不書、吳不告慶、越不告敗也。〉

◎3〔經〕鼷鼠食郊牛。改卜牛。〔左〕なし

◎4〔經〕夏。四月。辛巳。郊。〔左〕夏。①四月。齊侯・衞侯、救邯鄲、圍五鹿。〔晉〕②吳之入楚也、使召陳懷公。懷公朝國人而問焉。曰、「欲與楚者右、欲與吳者左。」陳人從田、無田從黨。逢滑當公而進。曰、「臣聞、國之興也以福、其亡也以禍。今吳未有福、楚未有禍。楚未可弃、吳未可從。而晉盟主也。若以晉辭吳、若何。」公曰、「國勝君亡。非禍而何。」對曰、「國之有是多矣。何必不復。小國猶復、況大國乎。臣聞、國之興也、視民如傷、是其福也。其亡也、以民爲土芥、是其禍也。楚雖無德、亦不艾殺其民。吳日敝於兵、暴骨如莽。而未見德焉。天其或者正訓楚也。禍之適吳、其何日之有。」陳侯從之。〔陳〕③及夫差克越。乃脩先君之怨。〔吳〕

◇5〔經〕秋。齊侯・衞侯、伐晉。〔左〕秋。①八月。吳侵陳。脩舊怨。〔吳〕②齊侯・衞侯、會于乾侯。救范氏也。師及齊師・衞孔圉・鮮虞人、伐晉、取棘蒲。〔魯〕③吳師在陳。楚大夫皆懼。曰、「闔廬唯能用其民、以敗我於柏擧。今聞其嗣又甚焉。將若之何。」子西曰、「二三子恤不相睦。無患吳矣。昔闔廬食不二味、居不重

席、室不崇壇、器不彤鏤、宮室不觀、舟車不飾、衣服財用擇不取費。在國、天有菑癘、親巡孤寡而共其乏困。在軍、熟食者分而後敢食、其所嘗者卒乘與焉。勤恤其民而與之勞逸。是以民不罷勞、死知不曠。吾先大夫子常易之、所以敗我也。今聞、夫差次有臺榭陂池焉。宿有妃嬙嬪御焉。一日之行、所欲必成、玩好必從、珍異是聚、觀樂是務、視民如讎、而用之日新。夫先自敗也已。安能敗我。」〔楚〕

◎6〔經〕冬。仲孫何忌帥師、伐邾。〔左〕冬。十二月。晉趙鞅伐朝歌。〔晉〕

（◇抽出文1條、◆抽出的編作文0條、☆編作文1條、◎無傳の經文4條）

［哀公二年］

☆1〔經〕二年。春。王。二月。季孫斯・叔孫州仇・仲孫何忌、帥師、伐邾。取漷東田及沂西田。〔左〕二年。春。伐邾、將伐絞。邾人愛其土。故賂以漷沂之田、而受盟。〔魯〕

☆2〔經〕癸巳。叔孫州仇・仲孫何忌、及邾子盟句繹。（1の左傳文と對應）〔左〕初。衞侯遊于郊。子南僕。公曰、「余無子。將立女。」不對。他日又謂之。對曰、「郢也、不足以辱社稷。君其改圖。君夫人在堂。三揖在下。君命祇辱。」〔衞〕

☆3〔經〕夏。四月。丙子。衞侯元卒。〔左〕夏。衞靈公卒。夫人曰、「命公子郢爲大子。君命也。」對曰、「郢異於他子。且君沒於吾手。若有之。郢必聞之。且亡人之子輒在。」乃立輒。〔衞〕

◎4〔經〕滕子來朝。〔左〕なし

◆5〔經〕晉趙鞅帥師、納衞世子蒯聵于戚。〔左〕六月。乙酉。晉趙鞅帥師、納衞大子于戚。宵迷。陽虎曰、「右河而南、必至焉。」使大子絻。八人衰絰、僞自衞逆者、告於門、哭而入。遂居之。〔衞〕

◆6〔經〕秋。八月。庚戌。晉趙鞅帥師、及鄭罕達帥師、戰于鐵。鄭師敗績。〔左〕秋。①八月。齊人輸范氏粟。鄭子姚・子般送之、士吉射逆之。趙鞅禦之、遇於戚。陽虎曰、「吾車少。以兵車之旆、與罕・駟兵車先陳、罕・駟自後而從之。彼見吾貌、必有懼心。於是乎會之、必大敗之。」從之。卜戰。龜焦。樂丁曰、「詩曰『爰始爰謀、爰契我龜。』謀協。以故兆詢可也。」簡子誓、曰、「范子・中行氏、反易天明、斬艾百姓、欲擅晉國而滅其君。寡君恃鄭而保焉。今鄭爲不道、弃君助臣。二三子順天明、從君命、經德義、除詬耻。在此行也、克敵者、上大夫受縣、下大夫受郡、士田十萬、庶人工商遂、人臣隸圉免。志父無罪、君實圖之。若有罪、絞縊以戮。桐棺三寸、不設屬辟、素車樸馬、無入于兆。下卿之罰也。」〔晉〕②甲戌。將戰。郵無恤御簡子、衞大子爲右、登鐵上、望見鄭師衆。大子懼、自投于車下。子良授大子綏而乘之、曰、「婦人也。」簡子巡列、曰、「畢萬匹夫也。七戰皆獲、有馬百乘、死於牖下。羣子勉之。死不在寇。」繁羽御趙羅。宋勇爲右。羅無勇。麇之。吏詰之。御對曰、「痁作而伏。」衞大子禱、曰、「曾孫蒯聵敢昭告皇祖文王、烈祖康叔、文祖襄公、鄭勝亂從、晉午在難、不能治亂。使鞅討之、蒯聵不敢自佚、備持矛焉。敢告無絶筋、無折骨、無面傷、以集大事、無作三祖羞。大命不敢請、佩玉不敢愛。」鄭人擊簡子、中肩。斃于車中。獲其蠭旗大子救之以戈。鄭師北。

獲溫大夫趙羅。大子復伐之。鄭師大敗。獲齊粟千車。趙孟喜、曰、「可矣。」傅傁曰、「雖克鄭、猶有知在。憂未艾也。」〔晉〕③初。周人與范氏田。公孫尨稅焉。趙氏得而獻之。吏請殺之。趙孟曰、「爲其主也。何罪。」止而與之田。及鐵之戰、以徒五百人、宵攻鄭師、取蠭旗於子姚之幕下。獻。曰、「請報主德。」追鄭師。姚・般・公孫林、殿而射。前列多死。趙孟曰、「國無小。」既戰。簡子曰、「吾伏弢嘔血、鼓音不衰。今日我上也。」大子曰、「吾救主於車、退敵於下。我右之上也。」郵良曰、「我兩靷將絕。吾能止之。我御之上也。」駕而乘材、兩靷皆絕。〔晉〕④吳洩庸如蔡、納聘。而稍納師。師畢入。衆知之。蔡侯告大夫、殺公子駟、以說。哭而遷墓。〔蔡〕

◎7〔經〕冬。十月。葬衛靈公。（3の左傳文と關係）〔左〕冬。

◆8〔經〕十有一月。蔡遷于州來。〔左〕蔡遷于州來。〔蔡〕

◆9〔經〕蔡殺其大夫孔子駟。〔左〕（6の左傳文と對應）

（◇抽出文0條、◆抽出的編作文4條、☆編作文3條、◎無傳の經文2條）

［哀公三年］

☆1〔經〕三年。春。齊國夏・衛石曼姑、帥師、圍戚。〔左〕三年。春。齊・衛、圍戚。求援于中山。〔晉〕

◎2〔經〕夏。四月。甲午。地震。〔左〕夏。

◆3〔經〕五月。辛卯。桓宮・僖宮、災。〔左〕①五月。辛卯。司鐸火。火踰公宮。桓・僖、災。救火者皆曰、「顧府。」南宮敬叔至。命周人、出御書、俟於宮。曰、「庀女而不在、死。」子服景伯至。命宰人出禮書、以待命。「命不共、有常刑。」校人乘馬、巾車脂轄、百官官備。府庫愼守、官人肅給、濟濡帷幕、鬱攸從之、蒙葺公屋、自大廟始、外内以俊、助所不給。有不用命、則有常刑、無赦。」公父文伯至。命校人駕乘車。季桓子至。御公立于象魏之外、命救火者、「傷人則止、財可爲也。」命藏象魏、曰、「舊章不可亡也。」富父槐至、曰、「無備而官辨者、猶拾瀋也。」於是乎、去表之槀、道還公宮。〔魯〕②孔子在陳、聞火。曰、「其桓・僖乎。」〔魯〕③劉氏・范氏、世爲昏姻。萇弘事劉文公。故周與范氏。趙鞅以爲討。〔晉〕④六月。癸卯。周人殺萇弘。〔周〕

◎4〔經〕季孫斯・叔孫州仇、帥師、城啓陽。〔左〕なし

◎5〔經〕宋樂髡帥師、伐曹。〔左〕なし

☆6〔經〕秋。七月。丙子。季孫斯卒。〔左〕秋。季孫有疾。命正常、曰、「無死。南孺子之子、男也、則以告而立之。女也、則肥也可。」季孫卒。康子卽位。既葬。康子在朝。南氏生男。正常載以如朝、告曰、「夫子有遺言、命其圉臣。曰『南氏生男、則以告於君與大夫而立之。』今生矣。男也。敢告。」遂奔衛。康子請退。公使共劉視之、則或殺之矣。乃討之。召正常。正常不反。〔魯〕

◎7〔經〕蔡人放其大夫公孫獵于吳。〔左〕なし

◎8〔經〕冬。十月。癸卯。秦伯卒。〔左〕冬。①十月。晉趙鞅圍朝歌、師于其南。荀寅伐其郛。使其徒自北門入、己犯師而出。癸丑。奔邯鄲。〔晉〕②十一月。趙鞅殺士皐夷。惡范氏也。〔晉〕

◎9〔經〕叔孫州仇・仲孫何忌、帥師、圍邾。〔左〕なし

（◇抽出文0條、◆抽出的編作文1條、☆編作文2條、◎無傳の經文6條）

〔哀公四年〕

☆1〔經〕四年。春。王。二月。庚戌。盜殺蔡侯申。〔左〕四年。春。蔡昭侯將如吳。諸大夫恐其又遷也、承公孫翩、逐而射之。入於人家而卒。〔蔡〕

☆2〔經〕蔡公孫辰出奔吳。〔左〕以兩矢門之。衆莫敢進。文之鍇後至、曰、「如牆而進、多而殺二人。」鍇執弓而先。翩射之、中肘。鍇遂殺之。故逐公孫辰而殺公孫姓・公孫盱。〔蔡〕

◎3〔經〕葬秦惠公。〔左〕なし

◎4〔經〕宋人執小邾子。〔左〕なし

◆5〔經〕夏。蔡殺其大夫公孫姓・公孫霍。（2の左傳文と對應）〔左〕夏。楚人既克夷虎、乃謀北方。左司馬眅・申公壽余・葉公諸梁、致蔡於負函、致方城之外於繒關。曰、「吳將泝江入郢。將奔命焉。」爲一昔之期、襲梁及霍。單浮余圍蠻氏。蠻氏潰。〔楚〕

◆6〔經〕晉人執戎蠻子赤、歸于楚。〔左〕蠻子赤奔晉陰地。司馬起豐・析與狄戎、以臨上雒。左師軍于菟和、右師軍于倉野。使謂陰地之命大夫士蔑、曰、「晉・楚有盟。好惡同之。若將不廢、寡君之願也。不然、將通於少習以聽命。」士蔑請諸趙孟。趙孟曰、「晉國未寧。安能惡於楚。必速與之。」士蔑乃致九州之戎。將裂田以與蠻子而城之。且將爲之卜。蠻子聽卜。遂執之。與其五大夫、以畀楚師于三戶。司馬致邑立宗焉、以誘其遺民、而盡俘、以歸。〔楚〕

◎7〔經〕城西郛。〔左〕なし

◎8〔經〕六月。辛丑。亳社災。〔左〕なし

◎9〔經〕秋。八月。甲寅。滕子結卒。〔左〕秋。①七月。齊陳乞・弦施・衛甯跪、救范氏。庚午。圍五鹿。〔齊〕②九月。趙鞅圍邯鄲。〔晉〕

◎10〔經〕冬。十有二月。葬蔡昭公。〔左〕冬。①十一月。邯鄲降。荀寅奔鮮虞。趙稷奔臨。〔晉〕②十二月。弦施逆之。遂墮臨。國夏伐晉、取邢・任・欒・鄗・逆時・陰人・盂・壺口。會鮮虞、納荀寅于柏人。〔齊〕

◎11〔經〕葬滕頃公。〔左〕なし

（◇抽出文0條、◆抽出的編作文2條、☆編作文2條、◎無傳の經文7條）

〔哀公五年〕

◎1〔經〕五年。春。城毗。〔左〕五年。春。晉圍柏人。荀寅・士吉射、奔齊。初。范氏之臣王生惡張柳朔、言諸昭子。使爲柏人。昭子曰、「夫非而讎乎。」對曰、「私讎不及公。好不廢過、惡不去善。義之經也。臣敢違之。」及范氏出、張柳朔謂其子、「爾從主勉之。我將止死。王生授我矣。吾不可以僭之。」遂死於柏人。〔晉〕

◎2〔經〕夏。齊伐宋。〔左〕夏。

◆3〔經〕晉趙鞅帥師、伐衛。〔左〕①趙鞅伐衛。范氏之故也。遂圍中牟。〔晉〕②齊燕姬生子、不成而死。諸子鬻姒之子荼嬖。諸大夫恐其爲大子也。言於公、曰、「君之齒長矣。未有大子。若之何。」公曰、「二三子、閒於憂虞、則有疾疢、亦姑謀樂。何憂於無君。」公疾。使國惠子・高昭子立荼。寘羣公子於萊。〔齊〕

☆4〔經〕秋。九月。癸酉。齊侯杵臼卒。〔左〕秋。齊景公卒。〔齊〕

◎5〔經〕冬。叔還如齊。〔左〕冬。①十月。公子嘉・公子駒・公子黔、奔衞。〔齊〕②公子鉏・公子陽生、來奔。萊人歌之、曰、「景公死乎、不與埋。三軍之事乎、不與謀。師乎師乎、何黨之乎。」〔魯〕

③鄭駟秦富而侈。嬖大夫也。而常陳卿之車服於其庭。鄭人惡而殺之。子思曰、「詩曰『不解于位、民之攸塈。』不守其位而能久者鮮矣。商頌曰『不僭不濫。不敢怠皇。命以多福。』」〔鄭〕

◎6〔經〕閏月。葬齊景公。（4の左傳文と關係）〔左〕なし

（◇抽出文0條、◆抽出的編作文1條、☆編作文1條、◎無傳の經文4條）

［哀公六年］

◎1〔經〕六年。春。城邾瑕。〔左〕六年。春。

☆2〔經〕晉趙鞅帥師、伐鮮虞。〔左〕晉伐鮮虞。治范氏之亂也。〔晉〕

◇3〔經〕吳伐陳。〔左〕①吳伐陳。復脩舊怨也。〔吳〕②楚子曰、「吾先君與陳、有盟。不可以不救。」乃救陳、師于城父。〔楚〕③齊陳乞僞事高・國者。每朝、必驂乘焉。所從、必言諸大夫。曰、「彼皆偃蹇、將弃子之命。皆曰『高・國得君。必偪我。盍去諸。』固將謀子。子早圖之。圖之、莫如盡滅。需、事之下也。」及朝、則曰、「彼虎狼也。見我在子之側、殺我無日矣。請就之位。」又謂諸大夫、曰、「二子者禍矣。恃得君而欲謀二三子。曰『國之多難、貴寵之由。』盡去之而後君定。旣成謀矣。盍及其未作也先諸。作而悔後、亦無及也。」大夫從之。〔齊〕

◆4〔經〕夏。齊國夏及高張、來奔。〔左〕夏。①六月。戊辰。陳乞・鮑牧、及諸大夫、以甲入于公宮。昭子聞之、與惠子乘如公。戰于莊。敗。國人逐之。〔齊〕②國夏奔莒。遂及高張・晏圉・弦施、來奔。〔魯〕

◎5〔經〕叔還會吳于柤。〔左〕なし

☆6〔經〕秋。七月。庚寅。楚子軫卒。〔左〕秋。①七月。楚子在城父。將救陳。卜戰。不吉。卜退。不吉。王曰、「然則死也。再敗楚師、不如死。弃盟逃讎、亦不如死。死一也。其死讎乎。」命公子申爲王。不可。則命公子結。亦不可。則命公子啓。五辭而後許。將戰。王有疾。庚寅。昭王攻大冥、卒于城父。子閭退、曰、「君王舍其子而讓。羣臣敢忘君乎。從君之命、順也。立君之子、亦順也。二順不可失也。」與子西・子期謀、潛師、閉塗。逆越女之子章、立之。而後還。〔楚〕②是歲也、有雲如衆赤鳥、夾日以飛三日。楚子使諸周大史。周大史曰、「其當王身乎。若禜之、可移於令尹司馬。」王曰、除腹心之疾而寘諸股肱、何益。不穀不有大過、天其夭諸。有罪受罰、又焉移之。」遂弗禜。〔楚〕③初。昭王有疾。卜。曰、「河爲祟。」王弗祭。大夫請祭諸郊。王曰、「三代命祀、祭不越望。江・漢・睢・漳、楚之望也。禍福之至、不是過也。不穀雖不德、河非所獲罪也。」遂弗祭。〔楚〕④孔子曰、「楚昭王知大道矣。其不失國也、宜哉。夏書曰『惟彼陶唐、帥彼天常、有此冀方。今失其行、亂其紀綱、乃滅而亡。』又曰『允出茲在茲、由己率常可矣。』」《評》

◆7〔經〕齊陽生入于齊。〔左〕①八月。齊邴意茲來奔。〔魯〕②陳僖子使召公子陽生。陽生駕而見南郭且于。曰、「嘗獻馬於季孫、不入於上乘。故又獻此。請與子乘之。」出萊門而告之故。闞止知之。

先待諸外。公子曰、「事未可知。反與壬也處。」戒之。遂行。逮夜、至於齊。國人知之。僖子使子士之母養之。與饋者偕入。〔齊〕

◆8〔經〕齊陳乞弑其君荼。〔左〕（9の左傳文と對應、又3③及び前年3②參照）

◎9〔經〕冬。仲孫何忌帥師、伐邾。〔左〕冬。十月。丁卯。立之。將盟。鮑子醉而往。其臣差車鮑點曰、「此誰之命也。」陳子曰、「受命于鮑子。」遂誣鮑子、曰、「子之命也。」鮑子曰、「女忘君之爲孺子牛、而折其齒乎。而背之也。」悼公稽首、曰、「吾子奉義而行者也。若我可。不必亡一大夫。若我不可、不必亡一公子。義則進、否則退。敢不唯子是從。廢興無以亂、則所願也。」鮑子曰、「誰非君之子。」乃受盟。使胡姬以安孺子如賴。去鬻姒、殺王甲、拘江說、囚王豹于句竇之丘。公使朱毛告於陳子。曰、「微子則不及此。然君異於器、不可以二。器二不匱、君二多難。敢布諸大夫。」僖子不對而泣。曰、「君擧不信群臣乎。以齊國之困、困又有憂、少君不可以訪、是以求長君。庶亦能容群臣乎。不然、夫孺子何罪。」毛復命。公悔之。毛曰、「君、大訪於陳子。而圖其小、可也。」使毛遷孺子於駘。不至。殺諸野幕之下。葬諸殳冒淳。〔齊〕

◎10〔經〕宋向巢帥師、伐曹。〔左〕なし

（◇抽出文1條、◆抽出的編作文3條、☆編作文2條、◎無傳の經文4條）

［哀公七年］

☆1〔經〕春。宋皇瑗帥師、侵鄭。〔左〕春。宋師侵鄭、鄭叛晉故也。〔宋〕

☆2〔經〕晉魏曼多帥師、侵衞。〔左〕晉師侵衞。衞不服也。〔晉〕

◇3〔經〕夏。公會吳于鄫。〔左〕夏。①公會吳于鄫。吳來徵百牢。子服景伯對曰、「先王未之有也。」吳人曰、「宋百牢我。魯不可以後宋。且魯牢晉大夫過十。吳王百牢不亦可乎。」景伯對曰、「晉范鞅貪而弃禮、以大國懼敝邑。故敝邑十一牢之。君若以禮命於諸侯、則有數矣。若亦弃禮則有淫者矣。周之王也、制禮、上物不過十二、以爲天之大數也。今弃周禮而曰必百牢、亦唯執事。」吳人弗聽。景伯曰、「吳將亡矣。弃天而背本。不與、必弃疾於我。」乃與之。〔魯〕　②大宰嚭召季康子。康子使子貢辭。大宰嚭曰、「國君道長、而大夫不出門。此何禮也。」對曰、「豈以爲禮。畏大國也。大國不以禮命於諸侯。苟不以禮、豈可量也。寡君既共命焉。其老豈敢棄其國。太伯端委以治周禮、仲雍嗣之、斷髮文身、臝以爲飾、豈禮也哉。有由然也。」反自鄫、以吳爲無能爲也。〔魯〕　③季康子欲伐邾。乃饗大夫、以謀之。子服景伯曰、「小所以事大、信也。大所以保小、仁也。背大國、不信。伐小國、不仁。民保於城、城保於德。失二德者危。將焉保。」孟孫曰、「二三子以爲何如。惡賢而逆之。」對曰、「禹合諸侯於塗山。執玉帛者萬國。今其存者無數十焉。唯大不字小、小不事大也。知必危、何故不言。魯德如邾、而以衆加之、可乎。」不樂而出。〔魯〕

◆4〔經〕秋。公伐邾。〔左〕秋。伐邾。及范門。猶聞鐘聲。大夫諫不聽。茅成子請告於吳。不許。曰、「魯擊柝、聞於邾。吳二千里、不三月、不至。何及於我。且國內豈不足。」成子以茅叛。〔魯〕

☆5〔經〕八月。己酉。入邾。以邾子益、來。〔左〕①師遂入邾。處其

公宮。衆師晝掠。邾衆保于繹。師宵掠。以邾子益、來。獻于亳社。囚諸負瑕。負瑕故有繹。〘魯〙　②邾茅夷鴻以束帛乘韋、自請救於吳。曰、「魯弱晉、而遠吳、馮恃其衆、而背君之盟。辟君之執事、以陵我小國。邾非敢自愛也。懼君威之不立。君威之不立、小國之憂也。若夏盟於鄫衍、秋而背之、成求而不違。四方諸侯、其何以事君。且魯賦八百乘、君之貳也。邾賦六百乘、君之私也。以私奉貳、唯君圖之。」吳子從之。〘吳〙

◇6〔經〕宋人圍曹。〔左〕宋人圍曹。鄭桓子思曰、「宋人有曹、鄭之患也。不可以不救。」〘鄭〙

☆7〔經〕冬。鄭駟弘帥師、救曹。〔左〕冬。①鄭師救曹、侵宋。〘鄭〙

②初。曹人或夢、衆君子立于社宮、而謀亡曹、曹叔振鐸請待公孫彊、許之。旦而求之。曹無之。戒其子、曰、「我死、爾聞公孫彊爲政、必去之。」及曹伯陽卽位、好田弋。曹鄙人公孫彊好弋。獲白鴈。獻之。且言田弋之說。說之。因訪政事、大說之。有寵。使爲司城以聽政。夢者之子乃行。彊言覇說於曹伯。曹伯從之。乃背晉而奸宋。宋人伐之。晉人不救。築五邑於其郊。曰「黍丘・揖丘・大城・鐘・邘。」〘曹〙

（◇抽出文2條、◆抽出的編作文1條、☆編作文4條、◎無傳の經文0條）

［哀公八年］

◆1〔經〕八年。春。王。正月。宋公入曹。以曹伯陽、歸。〔左〕八年。春。宋公伐曹。將還。褚師子肥殿。曹人詬之。不行。公聞之、怒。命反之。遂滅曹。執曹伯陽及司城彊、以歸、殺之。〘宋〙

◇2〔經〕吳伐我。〔左〕①吳爲邾故、將伐魯。問於叔孫輒。叔孫輒對曰、「魯有名而無情。伐之必得志焉。」退而告公山不狃、曰、「非禮也。君子違、不適讎國。未臣而有伐之、奔命焉、死之、可也。所託也則隱。且夫人之行也、不以所惡廢鄕。今子以小惡而欲覆宗國、不亦難乎。若使子率、子必辭。王將使我。」子張病之。王問於子泄。對曰、「魯雖無與立、必有與斃。諸侯將救之。未可以得志焉。晉與齊・楚、輔之、是四讎也。夫魯、齊・晉之脣、脣亡齒寒。君所知也。不救、何爲。」三月。吳伐我。子泄率。故道險、從武城。〘魯〙　②初。武城人或有因於吳境田焉。拘鄫人之漚菅者、曰、「何故使吾水滋。」及吳師至、拘者道之、以伐武城、克之。王犯嘗爲之宰。澹臺子羽之父好焉。國人懼。懿子謂景伯、「若之何。」對曰、「吳師來、斯與之戰。何患焉。且召之而至。又何求焉。」吳師克東陽而進。舍於五梧、明日舍於蠶室。公賓庚・公甲叔子與戰于夷。獲叔子與析朱鉏。獻於王。王曰、「此同車必使能。國未可望也。」明日舍于庚宗。遂次於泗上。微虎欲宵攻王舍。私屬徒七百人。三踊於幕庭、卒三百人。有若與焉。及稷門之內、或謂季孫、曰、「不足以害吳、而多殺國士。不如已也。」乃止之。吳子聞之、一夕三遷。吳人行成。將盟。景伯曰、「楚人圍宋、易子而食、析骸而爨。猶無城下之盟。我未及虧、而有城下之盟。是弃國也。吳輕而遠、不能久、將歸矣。請少待之。」弗從。景伯負載造於萊門。乃請釋子服何於吳。吳人許之。以王子姑曹當之、而後止。吳人盟而還。〘魯〙　③齊悼公之來也、季康子以其妹、妻之。卽位而逆之。季魴侯通焉。女言其情。弗敢與也。齊侯怒。〘魯〙

◆3〔經〕夏。齊人取讙及闡。〔左〕夏。①五月。齊鮑牧帥師、伐我。取讙及闡。〖魯〗②或譖胡姬於齊侯。曰、「安孺子之黨也。」六月。齊侯殺胡姬。〖齊〗

◆4〔經〕歸邾子益于邾。（前年5①の左傳文參照）〔左〕①齊侯使如吳、請師。將以伐我。乃歸邾子。〖魯〗②邾子又無道。吳子使大宰子余討之。囚諸樓臺、栫之以棘。使諸大夫奉大子革以爲政。〖吳〗

◎5〔經〕秋。七月。〔左〕秋。①及齊平。九月。臧賓如、如齊、涖盟。齊閭丘明來、涖盟。且逆季姬以歸。嬖。〖魯〗②鮑牧又謂羣公子、曰、「使女有馬千乘乎。」公子愬之。公謂鮑子。「或譖子。子姑居於潞、以察之。若有之、則分室以行。若無之、則反子之所。」出門。使以三分之一行。半道使以二乘。及潞。麇之以入。遂殺之。〖齊〗

◎6〔經〕冬。十有二月。癸亥。杞伯過卒。〔左〕なし

◇7〔經〕齊人歸讙及闡。〔左〕冬。十二月。齊人歸讙及闡。季姬嬖也。〖魯〗

（◇抽出文2條、◆抽出的編作文3條、☆編作文0條、◎無傳の經文2條）

［哀公九年］

◎1〔經〕春。王。二月。葬杞僖公。（前年6の左傳文と對應）〔左〕九年。春。齊侯使公孟綽辭師于吳。吳子曰、「昔歲寡人聞命。今又革之。不知所從。將進受命於君。」〖齊〗

◆2〔經〕宋皇瑗帥師、取鄭師于雍丘。〔左〕①鄭武子賸之嬖許瑕、求邑。無以與之。請外取。許之。故圍宋雍丘。宋皇瑗圍鄭師。每日遷舍。壘合。鄭師哭。子姚救之、大敗。〖鄭〗②二月。甲戌。宋取鄭師于雍丘。使有能者無死。以郟張與鄭羅、歸。〖宋〗

◇3〔經〕夏。楚人伐陳。〔左〕夏。①楚人伐陳。陳卽吳故也。〖楚〗②宋公伐鄭。〖宋〗

◇4〔經〕秋。宋公伐鄭。（3②の左傳文と對應）〔左〕秋。①吳城邗。溝通江・淮。〖吳〗②晉趙鞅卜救鄭。遇水適火。占諸史趙・史墨・史龜。史龜曰、「是謂沈陽。可以興兵。利以伐姜、不利子商。伐齊則可。敵宋不吉。」史墨曰、「盈水名也。子水位也。名位敵。不可干也。炎帝爲火師、姜姓其後也。水勝火。伐姜則可。」史趙曰、「是謂如川之滿不可游也。鄭方有罪、不可救也。救鄭則不吉。不知其他。」陽虎以周易筮之。遇泰☷☰之需☵☰。曰、「宋方吉。不可與也。微子啓、帝乙之元子也。宋鄭甥舅也。祉祿也。若帝乙之元子歸妹而有吉祿、我安得吉焉。」乃止。〖晉〗

◎5〔經〕冬。十月。〔左〕冬。吳子使來儆師伐齊。〖魯〗

（◇抽出文2條、◆抽出的編作文1條、☆編作文0條、◎無傳の經文2條）

［哀公十年］

◆1〔經〕十年。春。王。二月。邾子益來奔。〔左〕春。邾隱公來奔。齊甥也。故遂奔齊。〖魯〗

◇2〔經〕公會吳、伐齊。〔左〕公會吳子・邾子・郯子、伐齊南鄙。師于鄎。〖魯〗

☆3〔經〕三月。戊戌。齊公陽生卒。〔左〕①齊人弑悼公。赴于師。〖魯〗②吳子三日哭于軍門之外。徐承帥舟師、將自海入齊。齊

人敗之。吳師乃還。〔吳〕

◎4〔經〕夏。宋人伐鄭。〔左〕なし

◆5〔經〕晉趙鞅帥師、侵齊。〔左〕夏。趙鞅帥師、伐齊。大夫請卜之。趙孟曰、「吾卜。於此起兵。事不再令。卜不襲吉。行也。」於是乎、取犂及轅、毀高唐之郭、侵及賴而還。〔晉〕

◎6〔經〕五月。公至自伐齊。（2の左傳文と關係）〔左〕なし

◎7〔經〕葬齊悼公。（3の左傳文と關係）〔左〕なし

◎8〔經〕衞公孟彄自齊歸于衞。〔左〕なし

◎9〔經〕薛伯夷卒。〔左〕なし

◎10〔經〕秋。葬薛惠公。〔左〕秋。吳子使來復儆師。〔魯〕

◆11〔經〕冬。楚公子結帥師、伐陳。（六年6の左傳文參照）〔左〕冬。楚子期伐陳。〔楚〕

◇12〔經〕吳救陳。〔左〕吳延州來季子救陳。謂子期、曰、「二君不務德、而力爭諸侯。民何罪焉。我請退以爲子名。務德而安民。」乃還。〔吳〕

（◇抽出文2條、◆抽出的編作文3條、☆編作文1條、◎無傳の經文6條）

〔哀公十一年〕

◇1〔經〕十有一年。春。齊國書帥師、伐我。〔左〕十一年。春。①齊爲鄎故、國書・高無丕、帥師、伐我。及淸。季孫謂其宰冉求、曰、「齊師在淸。必魯故也。若之何。」冉求曰、「一子守、二子從公、禦諸境。」季孫曰、「不能。」求曰、「居封疆之閒。」二子不可。求曰、「若不可、則君無出。一子帥師、背城而戰。不屬者非魯人也。魯之羣室、衆於齊之兵車。一室敵車優矣。子何患焉。二子之不欲戰也、宜。政在季氏。當子之身、齊人伐魯而不能戰、子之恥也、大。不列於諸侯。」季孫使從於朝、俟黨氏之溝。武叔呼而問戰焉。對曰、「君子有遠慮。小人何知。」懿子强問之。對曰、「小人慮材而言、量力而共者也。」武叔曰、「是謂我不成丈夫也。」退而蒐乘。孟孺子泄帥右師、顏羽御、邴泄爲右。冉求帥左師、管周父御、樊遲爲右。季孫曰、「須也弱。」有子曰、「就用命焉。」季氏之甲七千。冉有以武城人三百爲己徒卒。老幼守宮、次于雩門之外。五日右師從之。公叔務人見保者而泣。曰、「事充、政重。上不能謀、士不能死、何以治民。吾旣言之矣。敢不勉乎。」師及齊師戰于郊。齊師自稷曲。師不踰溝。樊遲曰、「非不能也。不信子也。請三刻而踰之。」如之。衆從之。師入齊軍。右師奔。齊人從之。陳瓘・陳莊、涉泗。孟之側後入、以爲殿。抽矢策其馬、曰、「馬不進也。」林不狃之伍曰、「走乎。」不狃曰、「誰不如。」曰、「然則止乎。」不狃曰、「惡賢。」徐步而死。師獲甲首八十。齊人不能師。宵諜曰、「齊人遁。」冉有請從之。三。季孫弗許。孟孺子語人、曰、「我不如顏羽、而賢於邴泄。子羽銳敏、我不欲戰而能默。泄曰『驅之。』」〔魯〕②公爲與其嬖僮汪錡乘、皆死。皆殯。孔子曰、「能執干戈、以衞社稷、可無殤也。」〔魯〕③冉有用矛於齊師。故能入其軍。孔子曰、「義也。」〔魯〕

◇2〔經〕夏。陳轅頗出奔鄭。〔左〕夏。陳轅頗出奔鄭。初。轅頗爲司徒。賦封田、以嫁公女。有余。以爲己大器。國人逐之。故出。道渴。其族陳咺進稻醴粱糗腶脯焉。喜曰、「何其給也。」對曰、「器

成而具。」曰、「何不吾諫。」對曰、「懼先行。」〔陳〕

◇3〔經〕五月。公會吳、伐齊。〔左〕①爲郊戰故。公會吳子、伐齊。五月。克博。壬申。至于嬴。〔魯〕②中軍從王。胥門巢將上軍、王子姑曹將下軍、展如將右軍。〔吳〕③齊國書將中軍、高無丕將上軍、宗樓將下軍、陳僖子謂其弟書曰、「爾死。我必得志。」宗子陽與閭丘明相厲也。桑掩胥御國子。公孫夏曰、「二子必死。」將戰。公孫夏命其徒、歌虞殯。陳子行命其徒、具含玉。公孫揮命其徒、曰、「人尋約。吳髮短。」東郭書曰、「三戰必死。於此三矣。」使問弦多以琴。曰、「吾不復見子矣。」陳書曰、「此行也、吾聞鼓而已、不聞金矣。」〔齊〕

◆4〔經〕甲戌。齊國書帥師、及吳戰于艾陵。（3②③の左傳文とも對應）

〔左〕甲戌。戰于艾陵。〔齊〕

◆5〔經〕齊師敗績。獲齊國書。〔左〕①展如敗高子。國子敗胥門巢。王卒助之。大敗齊師。獲國書・公孫夏・閭丘明・陳書・東郭書・革車八百乘・甲首三千。以獻于公。〔魯〕②將戰。吳子呼叔孫。曰、「而事何也。」對曰、「從司馬。」王賜之甲劔鈹、曰、「奉爾君事、敬無廢命。」叔孫未能對。衛賜進。對曰、「州仇奉甲、從君。」而拜。〔魯〕③公使大史固歸國子之元。寘之新篋、襃之以玄纁。加組帶焉。寘書于其上、曰、「天若不識不衷、何以使下國。」〔魯〕

④吳將伐齊。越子率其衆、以朝焉。王及列士、皆有饋賂。吳人皆喜。唯子胥懼。曰、「是豢吳也夫。」諫曰、「越在我、心腹之疾也。壤地同而有欲於我。夫其柔服、求濟其欲也。不如早從事焉。得志於齊。猶獲石田也。無所用之。越不爲沼、吳其泯矣。使醫除疾而曰『必遺類焉』者、未之有也。盤庚之誥曰『其有顚越不共、則劓殄無遺育、無俾易種于茲邑。』是商所以興也。今君易之。將以求大、不亦難乎。」弗聽。使於齊、屬其子於鮑氏。爲王孫氏。反役。王聞之。使賜之屬鏤、以死。將死、曰、「樹吾墓檟。檟可材也。吳其亡乎。三年其始弱矣。盈必毀、天之道也。」〔吳〕

◎6〔經〕秋。七月。辛酉。滕子虞毋卒。〔左〕秋。季孫命脩守備。曰、「小勝大、禍也。齊至、無日矣。」〔魯〕

◎7〔經〕冬。十有一月。葬滕隱公。〔左〕冬。

◆8〔經〕衛世叔齊出奔宋。〔左〕①衛大叔疾出奔宋。初。疾娶于宋子朝。其娣嬖。子朝出。孔文子使疾出其妻而妻之。疾使侍人誘其初妻之娣、寘於犁。而爲之一宮。如二妻。文子怒、欲攻之。仲尼止之。遂奪其妻。或淫于外州。外州人奪之軒、以獻。耻是二者。故出。衛人立遺。使室孔姞。疾臣向魋。納美珠焉。與之城鉏。宋公求珠。魋弗授。由是得罪。及桓氏出。城鉏人攻大叔疾。衛莊公復之。使處巢。死焉。殯於鄖。葬於少禘。〔衛〕②初。晉悼公子慭亡在衛。使其女僕、而田。大叔懿子止而飲之酒。遂聘之、生悼子。悼子卽位。故夏戊爲大夫。悼子亡。衛人翦夏戊。〔衛〕③孔文子之將攻大叔也、訪於仲尼。仲尼曰、「胡簋之事、則嘗學之矣。甲兵之事、未之聞。」退、命駕而行。曰、「鳥則擇木、木豈能擇鳥。」文子遽止之。曰、「圉豈敢度其私。訪衛國之難也。」將止。魯人以幣召之。乃歸。〔衛〕④季孫欲以田賦。使冉有訪諸仲尼。仲尼曰、「丘不識也。」三發。卒曰、「子爲國老。待子而行。若之何、子之不言也。」仲尼不對。而私於冉有、曰、「君子之行也、度於禮、施取其厚、事擧其中、斂從其薄。如是、則以丘亦足矣。若不度於禮、而貪冒無厭、則雖以田賦、將又不足。且子季孫若欲行而法、則有周公之典在。若欲苟而行之、又何訪焉。」弗聽。〔魯〕

（◇抽出文3條、◆抽出的編作文3條、☆編作文0條、◎無傳の經文2條）

〔哀公十二年〕

◇1〔經〕十有二年。春。用田賦。〔左〕十二年。春。王。正月。用田賦。〔魯〕

☆2〔經〕夏。五月。甲辰。孟子卒。〔左〕夏。①五月。昭夫人孟子卒。〔魯〕②〈昭公娶于吳、故不書姓。死不赴、故不稱夫人。不反哭、故不言葬小君。〉③孔子與弔。適季氏。季氏不絻、放絰而拜。〔魯〕

◇3〔經〕公會吳于橐皐。〔左〕①公會吳于橐皐。吳子使大宰嚭請尋盟。公不欲。使子貢對曰、「盟所以周信也。故心以制之、玉帛以奉之、言以結之、明神以要之。寡君以爲苟有盟、弗可改也已。若猶可改也、日盟何益。今吾子曰『必尋盟。』若可尋也、亦可寒也。」乃不尋盟。〔魯〕②吳徵會于衛。初。衛人殺吳行人且姚、而懼謀於行人子羽。子羽曰、「吳方無道。無乃辱吾君、不如止也。」子木曰、「吳方無道。國無道必弃疾於人。吳雖無道、猶足以患衛。往也。長木之斃、無不摽也。國狗之瘈、無不噬也。而況大國乎。」〔衛〕

◆4〔經〕秋。公會衛侯・宋皇瑗于鄖。〔左〕秋。①衛侯會吳于鄖。〔衛〕②公及衛侯・宋皇瑗、盟。而卒辭吳盟。吳人藩衛侯之舍。子服景伯謂子貢、曰、「夫諸侯之會、事既畢矣。侯伯致禮。地主歸餼、以相辭也。今吳不行禮於衛、而藩其君舍、以難之。子盍見大宰。」乃請束錦以行。語及衛故。大宰嚭曰、「寡君願事衛君。衛君之來也緩。寡君懼。故將止之。」子貢曰、「衛君之來、必謀於其衆。其衆或欲或否。是以緩來。其欲來者、子之黨也。其不欲來者、子之讎也。若執衛君、是墮黨而崇讎也。夫墮子者得志矣。且合諸侯而執衛君。誰敢不懼。墮黨崇讎而懼諸侯、或者難以霸乎。」大宰嚭說。乃舍衛侯。〔魯〕③衛侯歸、效夷言。子之尚幼。曰、「君必不免。其死於夷乎。執焉而又說其言、從之固矣。」〔魯〕

◆5〔經〕宋向巢帥師、伐鄭。〔左〕（6の左傳文と對應）

◇6〔經〕冬。十有二月。螽。〔左〕冬。①十二月。螽。〔魯〕季孫問諸仲尼。仲尼曰、「丘聞之。火伏而後蟄者畢。今火猶西流。司歷過也。」（作經時附加）②宋・鄭之閒有隙地焉。曰彌作・頃丘・玉暢・嵒・戈・鍚。子產與宋人爲成、曰、「勿有是。」及宋平元之族自蕭奔鄭、鄭人爲之城嵒・戈・鍚。九月。宋向巢伐鄭、取鍚。殺元公之孫。遂圍嵒。十二月。鄭罕達救嵒。丙申。圍宋師。〔鄭〕

（◇抽出文3條、◆抽出的編作文2條、☆編作文1條、◎無傳の經文0條）

〔哀公十三年〕

◆1〔經〕十有三年。春。鄭罕達帥師、取宋師于嵒。（前年6②の左傳文とも對應）〔左〕十三年。春。宋向魋救其師。鄭子賸使徇、曰、「得桓魋者、有賞。」魋也逃歸。遂取宋師于嵒。獲成讙・郜延。〔鄭〕

◎2〔經〕夏。許男成卒。〔左〕夏。

◆3〔經〕**公會晉侯及吳子于黃池。**〔左〕公會單平公・晉定公・吳夫差于黃池。〔魯〕

◎4〔經〕**楚公子申帥師、伐陳。**〔左〕なし

◆5〔經〕**於越入吳。**〔左〕①六月。丙子。越子伐吳。爲二隧。疇無余・謳陽、自南方、先及郊。〔越〕②吳太子友・王子地・王孫彌庸・壽於姚、自泓上觀之。彌庸見姑蔑之旗。曰、「吾父之旗也。不可以見讎而弗殺也。」太子友曰、「戰而不克。將亡國。請待之。」彌庸曰、「不可。」屬徒五千。王子地助之。乙酉。戰。彌庸獲疇無余。地獲謳陽。〔吳〕③越子至。王子地守。丙戌。復戰。大敗吳師。獲太子友・王孫彌庸・壽於姚。丁亥。入吳。〔越〕④吳人告敗于王。王惡其聞也。自剄七人於幕下。〔吳〕

◎6〔經〕**秋。公至自會。**（3の左傳文と關係）〔左〕秋。①七月。辛丑。盟。吳・晉、爭先。吳人曰、「於周室、我爲長。」晉人曰、「於姬姓、我爲伯。」趙鞅呼司馬寅。曰、「日旰矣。大事未成。二臣之罪也。建鼓整列、二臣死之、長幼必可知也。」對曰、「請姑視之。」反曰、「肉食者無墨。今吳王有墨。國勝乎。大子死乎。且夷德輕。不忍久。請少待之。」乃先晉人。〔晉〕②吳人將以公見晉侯。子服景伯對使者、曰、「王合諸侯、則伯帥侯牧以見於王、伯合諸侯、則侯帥子男以見於伯。自王以下、朝聘玉帛不同。故敝邑之職貢於吳、有豐於晉、無不及焉。以爲伯也。今諸侯會、而君將以寡君見晉君、則晉成爲伯矣。敝邑將改職貢。魯賦於吳、八百乘。若爲子男則將半邾以屬於吳、而如邾以事晉。且執事以伯召諸侯、而以侯終之、何利之有焉。」吳人乃止。既而悔之。將囚景伯。景伯曰、「何也、立後於魯矣。將以二乘與六人從。遲速唯命。」遂囚以還。及戶牖。謂大宰嚭。曰、「魯將以十月上辛有事於上帝先公、季辛而畢。何也世有職焉。自襄以來、未之改也。若不會、祝宗將曰、『吳實然。』且謂魯不共而執其賤者七人。何損焉。」大宰嚭言於王。曰、「無損於魯、而祇爲名。不如歸之。」乃歸景伯。〔魯〕③吳申叔儀乞糧於公孫有山氏。曰、「佩玉繠兮。余無所繫之。旨酒一盛兮。余與褐之父睨之。」對曰、「粱則無矣。麤則有之。若登首山以呼曰『庚癸』乎、則諾。」〔魯〕④王欲伐宋、殺其丈夫而囚其婦人。大宰嚭曰、「可勝也。而弗能居也。」乃歸。〔吳〕

◎7〔經〕**晉魏曼多帥師、侵衞。**〔左〕なし

◎8〔經〕**葬許元公。**〔左〕なし

◎9〔經〕**九月。螽。**〔左〕なし

◎10〔經〕**冬。十有一月。有星孛于東方。**〔左〕冬。吳及越平。

◎11〔經〕**盜殺陳夏區夫。**〔左〕なし

◎12〔經〕**十有二月。螽。**〔左〕なし

（◇抽出文0條、◆抽出的編作文3條、☆編作文0條、◎無傳の經文9條）

［哀公十四年］

◇1〔經〕**十有四年。春。西狩、獲麟。**〔左〕十四年。春。西狩於大野。叔孫氏之車子鉏商獲麟。以爲不祥、以賜虞人。仲尼觀之、曰、「麟也。」然後取之。〔魯〕

◇2〔經〕**小邾射以句繹、來奔。**〔左〕①小邾射以句繹、來奔。曰、「使季路要我、吾無盟矣。」使子路。子路辭。季庚子使冉有謂之。

曰、「千乘之國、不信其盟、而信子之言。子何辱焉。」對曰、「魯有事于小邾。不敢問故。死其城下、可也。彼不臣而濟其言、是義之也。由弗能。」〔魯〕②齊簡公之在魯也、闞止有寵焉。及卽位、使爲政。陳成子憚之。驟顧諸朝。諸御鞅言於公、曰、「陳・闞、不可並也。君其擇焉。」弗聽。子我夕。陳逆殺人。逢之。遂執以入。陳氏方睦。使疾、而遺之潘沐、備酒肉焉、饗守囚者、醉而殺之而逃。子我盟諸陳於陳宗。〔齊〕③初。陳豹欲爲子我臣。使公孫言己。已有喪而止。旣而言之。曰、「有陳豹者、長而上僂、望視。事君子必得志。欲爲子臣。吾憚其爲人也、故緩以告。」子我曰、「何害。是其在我也。」使爲臣。他日與之言政、說。遂有寵。謂之曰、「我盡逐陳氏而立女、若何。」對曰、「我遠於陳氏矣。且其違者不過數人。何盡逐焉。」遂告陳氏。子行曰、「彼得君。弗先必禍子。」子行舍於公宮。〔齊〕

☆3 〔經〕**夏。四月。齊陳恒執其君、寘于舒州。**〔左〕夏。①五月。壬申。成子兄弟四乘、如公。子我在幄。出逆之。遂入、閉門。侍人禦之。子行殺侍人。公與婦人飮酒于檀臺。成子遷諸寢。公執戈將擊之。大史子余曰、「非不利也。將除害也。」成子出舍于庫。聞公猶怒、將出。曰、「何所無君。」子行抽劍、曰、「需、事之賊也。誰非陳宗。所不殺子者、有如陳宗。」乃止。子我歸、屬徒、攻闈與大門。皆不勝。乃出。陳氏追之。失道於弇中。適豐丘。豐丘人執之以告。殺諸郭關。〔齊〕②成子將殺大陸子方。陳逆請而免之。以公命取車於道。及耏。衆知而東之。出雍門。陳豹與之車。弗受。曰、「逆爲余請。豹與余車。余有私焉。事子我而有私於其讎。何以見魯・衛之士。」東郭賈奔衛。〔齊〕③庚辰。陳恒執公于舒州。公曰、「吾早從鞅之言。不及此。」〔齊〕

◎4 〔經〕**庚戌。叔還卒。**〔左〕なし

◎5 〔經〕**五月。庚申。朔。日有食之。**〔左〕なし

◎6 〔經〕**陳宗豎出奔楚。**〔左〕なし

◇7 〔經〕**宋向魋入于曹、以叛。**〔左〕宋桓魋之寵、害於公。公使夫人驟請享焉、而將討之。未及。魋先謀公。請以鞌易薄。公曰、「不可。薄宗邑也。」乃益鞌七邑。而請享公焉。以日中爲期。家備盡往。公知之。告皇野、曰、「余長魋也。今將禍余。請卽救。」司馬子仲曰、「有臣不順、神之所惡也。而況人乎。敢不承命。不得左師、不可。請以君命召之。」左師每食擊鐘。聞鐘聲。公曰、「夫子將食。」既食又奏。公曰、「可矣。」以乘車往。曰、「迹人來告。曰、『逢澤有介麇焉。』公曰、『雖魋未來、得左師、吾與之田。若何。』君憚告子。野曰、『嘗私焉。』君欲速。故以乘車逆子。」與之乘至。公告之故。拜不能起。司馬曰、「君與之言。」公曰、「所難子者、上有天、下有先君。」對曰、「魋之不共、宋之禍也。敢不唯命是聽。」司馬請瑞焉。以命其徒攻桓氏。其父兄故臣曰、「不可。」其新臣曰、「從吾君之命。」遂攻之。子頎騁而告桓司馬。司馬欲入。子車止之。曰、「不能事君、而又伐國。民不與也。祇取死焉。」向魋遂入于曹、以叛。〔宋〕

◎8 〔經〕**莒子狂卒。**〔左〕なし

◆9 〔經〕**六月。宋向魋自曹出奔衛。**〔左〕六月。使左師巢伐之。欲質大夫以入焉。不能。亦入于曹、取質。魋曰、「不可。既不能事君、

又得罪于民。將若之何。」乃舍之。民遂叛之。向魋奔衞。〔宋〕

◆10〔經〕宋向巢來奔。〔左〕①向巢來奔。〔魯〕②宋公使止之、曰、「寡人與子有言矣。不可以絕向氏之祀。」辭曰、「臣之罪大。盡滅桓氏、可也。若以先臣之故、而使有後、君之惠也。若臣則不可以入矣。」〔宋〕③司馬牛致其邑與珪焉。而適齊。向魋出於衞地、公文氏攻之、求夏后氏之璜焉。與之他玉、而奔齊。陳成子使爲次卿。司馬牛又致其邑焉、而適吳。吳人惡之、而反。趙簡子召之、陳成子亦召之、卒於魯郭門之外。阬氏葬諸丘輿。〔魯〕

◆11〔經〕齊人弑其君壬于舒州。〔左〕①甲午。齊陳恒弑其君壬于舒州。〔齊〕②孔丘三日齊。而請伐齊。三。公曰、「魯爲齊弱久矣。子之伐之、將若之何。」對曰、「陳恒弑其君。民之不與者半。以魯之衆、加齊之半、可克也。」公曰、「子告季孫。」孔子辭。退而告人。曰、「吾以從大夫之後也。故不敢不言。」〔魯〕③初。孟孺子洩將圉馬於成。成宰公孫宿不受。曰、「孟孫爲成之病。不圉馬焉。」孺子怒襲成。從者不得入。乃反。成有司使。孺子鞭之。〔魯〕

◎12〔經〕秋。晉趙鞅帥師、伐衞。〔左〕秋。

☆13〔經〕八月。辛丑。仲孫何忌卒。〔左〕八月。辛丑。孟懿子卒。成人奔葬。弗內。袒免、哭于衢。聽共。弗許。懼不歸。〔魯〕

◎14〔經〕冬。陳宗豎自楚復入于陳。陳人殺之。〔左〕なし

◎15〔經〕陳轅買出奔楚。〔左〕なし

◎16〔經〕有星孛。〔左〕なし

◎17〔經〕饑。〔左〕なし

〔◇抽出文3條、◆抽出的編作文3條、☆編作文2條、◎無傳の經文9條〕

〔哀公十五年〕

◇1〔經〕十有五年。春。王。正月。成叛。〔左〕十五年。春。成叛于齊。武伯伐成。不克。遂城輸。〔魯〕

◎2〔經〕夏。五月。齊高無丕出奔北燕。〔左〕夏。①楚子西・子期、伐吳、及桐汭。〔楚〕②陳侯使公孫貞子弔焉。及良而卒。將以尸入。吳子使大宰嚭勞。且辭曰、「以水潦之不時、無乃廩然隕大夫之尸、以重寡君之憂。寡君敢辭。」上介芋尹蓋對曰、「寡君聞楚爲不道、荐伐吳國、滅厥民人。寡君使蓋備使、弔君之下吏。無祿使人逢天之慼、大命隕隊、絕世于良。廢日共積、一日遷次。今君命逆使人曰『無以尸造于門。』是我寡君之命、委于草莽也。且臣聞之、曰『事死如事生、禮也。』於是乎、有朝聘而終、以尸將事之禮。又有朝聘而遭喪之禮。若不以尸將命、是遭喪而還也。無乃不可乎。以禮防民、猶或踰之。今大夫曰『死而弃之。』是弃禮也。其何以爲諸侯主。先民有言、曰『無穢虐士。』備使奉尸將命、苟我寡君之命達于君所、雖隕于深淵、則天命也。非君與涉人之過。」吳人內之。〔吳〕

◎3〔經〕鄭伯伐宋。〔左〕なし

◎4〔經〕秋。八月。大雩。〔左〕秋。齊陳瓘如楚。過衞。仲由見之。曰、「天或者以陳氏爲斧斤、既斲喪公室、而他人有之、不可知也。其使終饗之、亦不可知也。若善魯以待時、不亦可乎。何必惡焉。」子玉曰、「然。吾受命矣。子使告我弟。」〔齊〕

◎5〔經〕晉趙鞅帥師、伐衞。〔左〕なし

◎6〔經〕冬。晉侯伐鄭。〔左〕冬。

◇7〔經〕及齊平。〔左〕①及齊平。子服景伯如齊。子贛爲介。見公孫成、曰、「人皆臣人、而有背人之心。況齊人雖爲子役、其有不貳乎。子周公之孫也。多饗大利、猶思不義。利不可得、而喪宗國。將焉用之。」成曰、「善哉。吾不早聞命。」陳成子館客、曰、「寡君使恆告曰『寡人願事君如事衞君。』」景伯揖子贛而進之、對曰、「寡君之願也。昔晉人伐衞、齊爲衞故、伐晉冠氏、喪車五百、因與衞地。自齊以西、禚・媚・杏以南、書社五百。吳人加敝邑以亂。齊因其病、取讙與闡。寡君是以寒心。若得視衞君之事君也、則固所願也。」成子病之。乃歸成。〔魯〕②公孫宿以其兵甲、入于嬴。〔魯〕

◆8〔經〕衞公孟彄出奔齊。(定公十四年9②の左傳文と對應)〔左〕①衞孔圉取大子蒯聵之姊、生悝。孔氏之豎渾良夫、長而美。孔文子卒。通於內。大子在戚。孔姬使之焉。大子與之言、曰、「苟使我入獲國、服冕乘軒、三死無與。」與之盟。爲請於伯姬。閏月。良夫與大子入。舍孔氏之外圃。昏二人蒙衣而乘。寺人羅御、如孔氏。孔氏之老欒寧問之。稱姻妾以告。遂入適伯姬氏。既食。孔伯姬杖戈而先。大子與五人介。輿豭從之。迫孔悝於厠、強盟之。遂劫以登臺。〔衞〕②欒寧將飲酒。炙未熟。聞亂、使告季子。召獲駕乘車、行爵食炙。奉衞侯輒、來奔。〔魯〕③季子將入。遇子羔將出。曰、「門已閉矣。」季子曰、「吾姑至焉。」子羔曰、「弗及。不踐其難。」季子曰、「食焉。不辟其難。」子羔遂出。子路入及門。公孫敢門焉。曰、「無入爲也。」季子曰、「是公孫也。求利焉而逃其難、由不然。利其祿、必救其患。」有使者出、乃入。曰、「大子焉用孔悝。雖殺之、必或繼之。」且曰、「大子無勇。若燔臺半、必舍孔叔。」大子聞之、懼。下石乞・盂黶、敵子路。以戈擊之、斷纓。子路曰、「君子死、冠不免。」結纓而死。〔衞〕④孔子聞衞亂、曰、「柴也其來。由也死矣。」〔魯〕⑤孔悝立莊公。莊公害故政。欲盡去之。先謂司徒瞞成、曰、「寡人離病於外、久矣。子請亦嘗之。」歸告褚師比。欲與之伐公。不果。〔衞〕

(◇抽出文2條、◆抽出的編作文1條、☆編作文0條、◎無傳の經文5條)

[哀公十六年]

☆1〔經〕十有六年。春。王。正月。己卯。衞世子蒯聵自戚入于衞。(十五年8①⑤の左傳文と對應)〔左〕十六年。春。

◇2〔經〕衞侯輒、來奔。〔左〕(十五年8②の左傳文と對應)

◆3〔經〕二月。衞子還成出奔宋。〔左〕①瞞成・褚師比、出奔宋。〔衞〕②衞侯使鄢武子告于周。曰、「蒯聵得罪于君父君母。逋竄于晉。晉以王室之故不棄兄弟。寘諸河上。天誘其衷、獲嗣守封焉。使下臣肸敢告執事。」王使單平公對、曰、「肸以嘉命來告余一人。往謂叔父、余嘉乃成世、復爾祿次。敬之哉。方天之休、弗敬弗休、悔其可追。」〔衞〕

◇4〔經〕夏。四月。己丑。孔丘卒。〔左〕夏。①四月。己丑。孔丘卒。公誄之。曰、「旻天不弔。不慭遺一老、俾屏余一人以在位。煢煢余在疚。嗚呼哀哉、尼父。無所自律。」子贛曰、「君其不沒於魯乎。夫子之言曰、『禮失則昏、名失則愆。』失志爲昏、失所爲愆。生不能用、死而誅之、非禮也。稱一人、非名也。君兩失之。」〔魯〕②六月。衛侯飮孔悝酒於平陽。重酬之。大夫皆有納焉。醉而送之。夜半而遣之。載伯姬於平陽而行。及西門。使貳車反祏於西圃。子伯季子、初爲孔氏臣、新登于公。請追之。遇載祏者、殺而乘其車。許公爲反祏。遇之、曰、「與不仁人爭。明無不勝。必使先射。」射三發、皆遠許爲。許爲射之。殪。或以其車從。得祏於槖中。孔悝出奔宋。〔衛〕③楚大子建之遇讒也、自城父奔宋。又辟華氏之亂於鄭。鄭人甚善之。又適晉。與晉人謀襲鄭。乃求復焉。鄭人復之如初。晉人使諜於子木、請行而期焉。子木暴虐於其私邑。邑人訴之。鄭人省之、得晉諜焉。遂殺子木。其子曰勝、在吳。子西欲召之。葉公曰、「吾聞勝也、詐而亂。無乃害乎。」子西曰、「吾聞、勝也信而勇。不爲不利。」舍諸邊竟、使衛藩焉。葉公曰、「周仁之謂信。率義之謂勇。吾聞、勝也好復言而求死士。殆有私乎。復言非信也。期死非勇也。子必悔之。」弗從。召之。使處吳竟。爲白公。請伐鄭。子西曰、「楚未節也。不然、吾不忘也。」他日又請。許之。未起師。晉人伐鄭。楚救之。與之盟。勝怒。曰、「鄭人在此。讎不遠矣。」勝自厲劍。子期之子平見之、曰、「王孫何自厲也。」曰、「勝以直聞。不告女、庸爲直乎。將以殺爾父。」平以告子西。子西曰、「勝如卵。余翼而長之。楚國第、我死、令尹司馬非勝而誰。」勝聞之、曰、「令尹之狂也。得死乃非我。」子西不悛。勝謂石乞曰、「王與二卿士、皆以五百人當之、則可矣。」乞曰、「不可得也。」曰、「市南有熊宜僚者。若得之、可以當五百人矣。」乃從白公而見之。與之言。說。告之故。辭。承之以劍。不動。勝曰、「不爲利諂。不爲威惕。不洩人言以求媚者。」去之。吳人伐愼。白公敗之。請以戰備獻。許之。遂作亂。〔楚〕

5 〔經〕なし　〔左〕秋。①七月。殺子西・子期于朝。而劫惠王。子西以袂掩面而死。子期曰、「昔者吾以力事君。不可以弗終。」抉豫章、以殺人而後死。石乞曰、「焚庫弑王。不然不濟。」白公曰、「不可。弑王不祥。焚庫無聚。將何以守矣。」乞曰、「有楚國而治其民、以敬事神、可以得祥。且有聚矣。何患。」弗從。葉公在蔡。方城之外皆曰、「可以入矣。」子高曰、「吾聞之、以險徼幸者、其求無饜。偏重必離。」聞其殺齊管脩也、而後入。白公欲以子閭爲王。子閭不可。遂劫以兵。子閭曰、「王孫若安靖楚國、匡正王室、而後庇焉、啓之願也。敢不聽從。若將專利以傾王室、不顧楚國、有死不能。」遂殺之。而以王如高府。石乞尹門。圉公陽穴宮、負王以如昭夫人之宮。葉公亦至。及北門。或遇之、曰、「君胡不冑。國人望君如望慈父母焉。盜賊之矢若傷君、是絕民望也。若之何、不冑。」乃冑而進。又遇一人、曰、「君胡冑。國人望君、如望歲焉。日々以幾。若見君面、是得艾。民知不死、其亦夫有奮心。猶將旌君以徇於國。而又掩面以絕民望、不亦甚乎。」乃免冑而進。遇箴尹固帥其屬、將與白公。子高曰、「微二子者、楚不國矣。弃德從賊、其可保乎。」乃從葉公。使與國人以攻白公。白公奔山而縊。其徒微之。生拘石乞、而問白公之死焉。對曰、「余知其死所。而長者使余勿言。」曰、「不言、將烹。」乞曰、「此事克則爲卿。不克則烹。固其所也。何害。」乃烹石乞。王孫燕奔頯黃氏。〔楚〕②陳諸梁兼二事。國寧。乃使寧爲令尹。使寬爲司馬。而老於葉。

〔楚〕③衞侯占夢。嬖人求酒於大叔僖子。不得。與卜人比而告公。曰、「君有大臣在西南隅。弗去、懼害。」乃逐大叔遺。遺奔晉。〔衞〕④衞侯謂渾良夫、曰、「吾繼先君、而不得其器。若之何。」良夫代執火者而言、曰、「疾與亡君、皆君之子也。召之而擇材焉、可也。若不材、器可得也。」豎告大子。大子使五人輿豭從己、劫公而强盟之。且請殺良夫。公曰、「其盟、免三死。」曰、「請三之後有罪、殺之。」公曰、「諾哉。」〔衞〕

（◇抽出文2條、◆抽出的編作文1條、☆編作文1條、◎無傳の經文0條）

［哀公十七年］

1 〔左〕春。①衞侯爲虎幄於藉圃。成。求令名者而與之始食焉。大子請使良夫。良夫乘衷甸兩牡、紫衣狐裘、至。袒裘、不釋劒而食。大子使牽以退、數之以三罪而殺之。〔衞〕②三月。越子伐吳。吳子禦之笠澤。夾水而陳。越子爲左右句卒。使夜或左或右、鼓譟而進。吳師分以御之。越子以三軍、潛涉、當吳中軍、而鼓之。吳師大亂。遂敗之。〔越〕③晉趙鞅使告于衞。曰、「君之在晉也、志父爲主。請君若大子來、以免志父。不然、寡君其曰、『志父之爲也。』」衞侯辭以難。大子又使椓之。〔衞〕

2 〔左〕夏。①六月。趙鞅圍衞。齊國觀・陳瓘救衞。得晉人之致師者、子玉使服而見之。曰、「國子實執齊柄、而命瓘、曰、『無辟晉師。』豈敢廢命。子又何辱。」簡子曰、「我卜伐衞。未卜與齊戰。」乃還。〔晉〕②楚白公之亂、陳人恃其聚而侵楚。楚既寧。將取陳麥。楚子問帥於大師子穀與葉公諸梁。子穀曰、「右領差車與左史老、皆相令尹司馬、以伐陳。其可使也。」子高曰、「率賤、民慢之。懼不用命焉。」子穀曰、「觀丁父、鄀俘也。武王以爲軍率。是以克州蓼、服隨唐、大啓群蠻。彭仲爽、申俘也。文王以爲令尹。實縣申息、朝陳蔡、封畛於汝。唯其任也。何賤之有。」子高曰、「天命不諂。令尹有憾於陳。天若亡之、其必令尹之子是與。君盍舍焉。臣懼右領與左史、有二俘之賤、而無其令德也。」王卜之。武城尹、吉。使帥師取陳麥。陳人御之、敗。遂圍陳。〔楚〕

3 〔左〕秋。①七月。己卯。楚公孫朝帥師、滅陳。王與葉公、枚卜子良、以爲令尹。沈尹朱曰、「吉。過於其志。」葉公曰、「王子而相國。過將何爲。」他日改卜子國、而使爲令尹。〔楚〕②衞侯夢于北宮、見人登昆吾之觀、被髮北面而譟、曰、「登此昆吾之虛、緜緜生之瓜、余爲渾良夫、叫天無辜。」公親筮之。胥彌赦占之。曰、「不害。」與之邑。寘之而逃奔宋。衞侯貞卜。其繇曰、「如魚竀尾、衡流而方羊。裔焉大國、滅之將亡。闔門塞竇、乃自後踰。」〔衞〕

4 〔左〕冬。①十月。晉復伐衞。入其郛。將入城。簡子曰、「止。叔向有言、曰、『怙亂滅國者無後。』」衞人出莊公、而與晉平。晉立襄公之孫般師、而還。〔晉〕②十一月。衞侯自鄄入。般師出。初。公登城、以望見戎州。問之。以告。公曰、「我姬姓也。何戎之有焉。」翦之。公使匠久。公欲逐石圃。未及而難作。辛巳。石圃因匠氏、攻公。公閉門而請。弗許。踰于北方、而隊、折股。戎州人攻之。大子疾・公子青、踰從公。戎州人殺之。公入于戎州己氏。初。公自城上見己氏之妻髮美。使髡之、以爲呂姜髢。既入焉。而示之璧。曰、「活我、吾與女璧。」己氏曰、「殺女、璧其焉往。」遂

殺之。而取其璧。衞人復公孫般師、而立之。〔衞〕

5〔左〕冬。①十二月。齊人伐衞。衞人請平。立公子起、執般師、以歸。舍諸潞。〔齊〕②公會齊侯、盟于蒙。孟武伯相。齊侯稽首。公拜。齊人怒。武伯曰、「非天子、寡君無所稽首。」武伯問於高柴、曰、「諸侯盟、誰執牛耳。」季羔曰、「鄫衍之役、吳公子姑曹。發陽之役、衞石魋。」武伯曰、「然則彘也。」〔魯〕③宋皇瑗之子麇、有友、曰田丙、而奪其兄酁般邑、以與之。酁般慍而行。告桓司馬之臣子儀克。子儀克適宋、告夫人、「麇將納桓氏。」公問諸子仲。初。子仲將以杞姒之子非我爲子。麇曰、「必立伯也。是良材。」子仲怒弗從。故對曰、「右師則老矣。不識麇也。」公執之。皇瑗奔晉。宋公召之。〔宋〕

〔哀公十八年〕

1〔左〕十八年。春。①宋殺皇瑗。公聞其情、復皇氏之族、使皇緩爲右師。〔宋〕②巴人伐楚、圍鄾。初。右司馬子國之卜也、觀瞻曰、「如志。」故命之。及巴師至、將卜帥。王曰、「寧、如志。何卜焉。」使帥師而行。請承。王曰、「寢尹・工尹、勤先君者也。」三月。楚公孫寧・吳由于・薳固敗巴師于鄾。故封子國於析。〔楚〕③君子曰、「惠王知志。夏書曰『官占唯能蔽志、昆命于元龜。』其是之謂乎。志曰『聖人不煩卜筮。』惠王其有焉。」《評》

2〔左〕夏。衞石圃逐其君起。起奔齊。衞侯輒自齊復歸。逐石圃而復石魋與大叔遺。〔衞〕

〔哀公十九年〕

1〔左〕十九年。春。越人侵楚。以誤吳也。〔越〕

2〔左〕夏。楚公子慶・公孫寛、追越師。至冥。不及。乃還。〔楚〕

3〔左〕秋。楚沈諸梁伐東夷。三夷男女、及楚師盟于敖。〔楚〕

4〔左〕冬。叔青如京師。敬王崩故也。〔魯〕

〔哀公二十年〕

1〔左〕春。齊人來、徵會。〔魯〕

2〔左〕夏。會于廩丘。爲鄭故、謀伐晉。鄭人辭諸侯。〔魯〕

3〔左〕秋。①師還。〔魯〕②吳公子慶忌驟諫吳子。曰、「不改、必亡。」弗聽。出居于艾。遂適楚。聞越將伐吳。〔吳〕

4〔左〕冬。①請歸平越。遂歸。欲除不忠者以說于越。吳人殺之。〔吳〕②十一月。越圍吳。〔越〕③趙孟降於喪食。楚隆曰、「三年之喪、親暱之極也。主又降之。無乃有故乎。」趙孟曰、「黃池之役。先主與吳王有質、曰『好惡同之。』今越圍吳。嗣子不廢舊業、而敵之、非晉之所能及也。吾是以爲降。」楚隆曰、「若使吳王知之、若何。」趙孟曰、「可乎。」隆曰、「請嘗之。」乃往。先造于越軍。曰、「吳犯閒上國、多矣。聞君親討焉。諸夏之人莫不欣喜。唯恐君志之不從。請入視之。」許之。告于吳王。曰、「寡君老無恤使陪臣隆敢展謝其不共。黃池之役、君之先臣志父得承齊盟、曰『好惡同之。』今君在難。無恤不敢憚勞、非晉國之所能及、使陪臣敢展布之。」王拜稽首、曰、「寡人不佞、不能事越、以爲大夫憂。拜命之辱。」與之一簞珠、使問趙孟、曰、「勾踐將生憂寡人。寡人死之

不得矣。」王曰、「溺人必笑。吾將有問也。史黯何以得爲君子。」對曰、「黯也、進不見惡、退無謗言。」王曰、「宜哉。」〔晉〕

［哀公二十一年］

1〔左〕二十一年。夏。五月。越人始來。〔魯〕

2〔左〕秋。八月。公及齊侯・邾子、盟于顧。齊人責稽首。因歌之、曰、「魯人之皐、數年不覺、使我高蹈。唯其儒書、以爲二國憂。」是行也、公先至于陽穀。齊閭丘息曰、「君辱擧玉趾、以在寡君之軍。群臣將傳遽以告寡君、比其復也、君無乃勤。爲僕人之未次也。請除館於舟道。」辭曰、「敢勤僕人。」〔魯〕

［哀公二十二年］

1〔左〕夏。四月。邾隱公自齊奔越。曰、「吳爲無道、執父立子。」越人歸之。大子革奔越。〔越〕

2〔左〕冬。十一月。丁卯。越滅吳。請使吳王居甬東。辭曰、「孤老矣。焉能事君。」乃縊。越人以歸。〔越〕

［哀公二十三年］

1〔左〕春。宋景曹卒。季康子使冉有弔且送葬。曰、「敝邑有社稷之事。使肥與有職競焉。是以不得助執紼、使求從輿人。」曰、「以肥之得備彌甥也、有不腆先人之產馬。使求薦諸夫人之宰。其可以稱旌繁乎。」〔魯〕

2〔左〕夏。六月。晉荀瑤伐齊。高無丕帥師、御之。知伯視齊師、馬駭。遂驅之。曰、「齊人知余旗。其謂余畏而反也。」及壘而還。將戰。長武子請卜。知伯曰、「君告于天子、而卜之以守龜於宗祧、吉矣。吾又何卜焉。且齊人取我英丘。君命瑤。瑤非敢耀武也。治英丘也、以辭伐罪足矣。何必卜。」壬辰。戰于犁丘。齊師敗績。知伯親禽顏庚。〔晉〕

3〔左〕秋。八月。叔青如越。始使越也。越諸鞅來聘。報叔青也。〔魯〕

［哀公二十四年］

1〔左〕二十四年。夏。①四月。晉侯將伐齊。使來乞師。曰、「昔臧文仲以楚師、伐齊。取穀。宣叔以晉師、伐齊、取汶陽。寡君欲徼福於周公。願乞靈於臧氏。」臧石帥師、會之。取廩丘。軍吏令。「繕將進。」萊章曰、「君卑政暴。往歲克敵。今又勝都。天奉多矣。又焉能進。是躗言也。役將班矣。」晉師乃還。餼臧石牛。大史謝之、曰、「以寡君之在行、牢禮不度。敢展謝之。」〔魯〕②邾子又無道。越人執之、以歸。而立公子何。何亦無道。〔越〕③公子荊之母嬖。將以爲夫人。使宗人釁夏獻其禮。對曰、「無之。」公怒。曰、「女爲宗司。立夫人、國之大禮也。何故無之。」對曰、「周公及武公娶於薛。孝・惠娶於商。自桓以下娶於齊。此禮也、則有。若以妾爲夫人、則固無其禮也。」公卒立之。而以荊爲大子。國人始惡之。〔魯〕

2〔左〕閏月。公如越。得大子適郢。將妻公而多與之地。公孫有山使告于季孫。季孫懼、使因大宰嚭而納賂焉。乃止。〔魯〕

［哀公二十五年］

1 〔左〕二十五年。夏。①五月。庚辰。衞侯出奔宋。衞侯爲靈臺于藉圃。與諸大夫飲酒焉。褚師聲子韤而登席。公怒。辭曰、「臣有疾異於人。若見之君將㱿之。是以不敢。」公愈怒。大夫辭之。不可。褚師出。公戟其手。曰、「必斷而足。」聞之、褚師與司寇亥乘。曰、「今日幸而後亡。」公之入也、奪南氏邑、而奪司寇亥政。公使侍人納公文懿子之車于池。初。衞人翦夏丁氏。以其帑、賜彭封彌子。彌子飲公酒、納夏戊之女。嬖。以爲夫人。其弟期、大叔疾之從孫甥也。少畜於公宮。以爲司徒。夫人寵衰、期得罪。公使三匠久。公使優狡盟拳彌、而甚近信之。故褚師比・公孫彌牟・公文要・司寇亥・司徒期、因三匠與拳彌、以作亂。皆執利兵、無者執斤。使拳彌入于公宮、而自大子疾之宮、譟以攻公。鄄子士請禦之。彌援其手、曰、「子則勇矣。將若君何。不見先君乎。君何所不逞欲。且君嘗在外矣。豈必不反。當今不可。衆怒難犯。休而易閒也。」乃出。將適蒲。彌曰、「晉無信。不可。」將適鄄。彌曰、「齊・晉爭我。不可。」將適泠。彌曰、「魯不足與。請適城鉏、以鉤越。越有君。」乃適城鉏。彌曰、「衞盜不可知也。請速。自我始。」乃載寶以歸。〔衞〕②公爲支離之卒。因祝史揮、以侵衞。衞人病之。懿子知之。見子之。請逐揮。文子曰、「無罪。」懿子曰、「彼好專利而妄。夫見君之入也、將先道焉。若逐之、必出於南門而適君所。夫越新得諸侯。將必請師焉。」揮在朝、使吏遣諸其室。揮出。信弗內。五日乃館諸外里。遂有寵。使如越請師。〔衞〕③六月。公至自越。季康子・孟武伯、逆於五梧。郭重僕。見二子。曰、「惡言多矣。君請盡之。」公宴於五梧。武伯爲祝。惡郭重、曰、「何肥也。」季孫曰、「請飲彘也。」「以魯國之密邇仇讎、臣是以不獲從君。克免於大行、又謂重也肥。」公曰、「是食言多矣。能無肥乎。」飲酒不樂。公與大夫始有惡。〔魯〕

［哀公二十六年］

1 〔左〕夏。①五月。叔孫舒帥師、會越皐如・舌庸、宋樂茷、納衞侯。〔魯〕②文子欲納之。懿子曰、「君愎而虐。少待之。必毒於民。乃睦於子矣。」師侵外州、大獲。出禦之、大敗。掘褚師定子之墓。焚之于平莊之上。文子使王孫齊私於皐如。曰、「子將大滅衞乎。抑納君而已乎。」皐如曰、「寡君之命無他。納衞君而已。」文子致衆而問焉。曰、「君以蠻夷伐國。國幾亡矣。請納之。」衆曰、「勿納。」曰、「彌牟亡而有益。請自北門出。」衆曰、「勿出。」重賂越人。申開、守陴而納公。公不敢入。師還。〔衞〕③立悼公。南氏相之。以城鉏與越人。公曰、「期則爲此。」令苟有怨於夫人者報之。司徒期聘於越。公攻而奪之幣。期告王。王命取之。期以衆取之。公怒。殺期之甥之爲大子者。遂卒于越。〔衞〕④宋景公無子。取公孫周之子得與啓、畜諸公宮。未有立焉。於是、皇緩爲右師。皇非我爲大司馬。皇懷爲司徒。靈不緩爲左師。樂茷爲司城。樂朱鉏爲大司寇。六卿三族降聽政。因大尹以達。大尹常不告。而以其欲稱君命以令。國人惡之。司城欲去大尹。左師曰、「縱之、使盈其罪。重而無基、其能無敝乎。」〔宋〕

2〔左〕冬。①十月。公游于空澤。辛巳。卒于連中。大尹興空澤之士千甲。奉公自空洞入、如沃宮。使召六子。曰、「聞下有師。君請六子畫。」六子至。以甲劫之。曰、「君有疾病。請二三子盟。」乃盟于少寢之庭。曰、「無爲公室不利。」大尹立啓。奉喪殯于大宮。三日、而後國人知之。司城茷使宣言于國、曰、「大尹惑蠱其君、而專其利。今君無疾而死。死又匿之。是無他矣。大尹之罪也。」得夢、啓北首而寢於盧門之外、已爲烏、而集於其上。咮加於南門、尾加於桐門。曰、「余夢美。必立。」大尹謀曰、「我不在盟。無乃逐我。復盟之乎。」使祝爲載書、六子在唐盂、將盟之。祝襄以載書、告皇非我。皇非我因子潞・門尹得・左師、謀。曰、「民與我。逐之乎。」皆歸授甲、使徇于國。曰、「大尹惑蠱其君、以陵虐公室。與我者救君者也。」衆曰、「與之。」大尹徇、曰、「戴氏・皇氏將不利公室。與我者無憂不富。」衆曰、「無別。」戴氏・皇氏、欲伐公。樂得曰、「不可。彼以陵公有罪。我伐公則甚焉。」使國人施于大尹。大尹奉啓以奔楚。乃立得。司城爲上卿。盟曰、「三族共政。無相害也。」〔宋〕②衞出公自城鉏使以弓問子贛。且曰、「吾其入乎。」子贛稽首、受弓。對曰、「昔成公孫於陳。甯武子・孫莊子、爲宛濮之盟、而君入。獻公孫於齊、子鮮・子展、爲夷儀之盟、而君入。今君再在孫。內不聞獻之親、外不聞成之卿、則賜不識所由入也。詩曰、『無競惟人。四方其順之。』若得其人、四方以爲主。而國於何有。」〔衞〕

1〔左〕二十七年。春。越子使舌庸來聘、且言邾田封于駘上。二月。盟于平陽。三子皆從。康子病之、言及子贛。曰、「若在此、吾不及此夫。」武伯曰、「然。何不召。」曰、「固將召之。」文子曰、「他日請念。」〔魯〕

2〔左〕夏。①四月。己亥。季康子卒。公弔焉。降禮。〔魯〕②晉荀瑤帥師、伐鄭。次于桐丘。〔晉〕③鄭駟弘請救于齊。齊師將興。陳成子屬孤子、三日朝。設乘車兩馬、繫五邑焉。召顏涿聚之子晉。曰、「隰之役、而父死焉。以國之多難、未女恤也。今君命女以是邑也。服車而朝、毋廢前勞。」乃救鄭。及留舒。違穀七里。穀人不知。及濮。雨。不涉。子思曰、「大國在敝邑之宇下。是以告急。今師不行、恐無及也。」成子衣製、杖戈、立於阪上。馬不出者、助之、鞭之。知伯聞之、乃還。曰、「我卜伐鄭。不卜敵齊。」使謂成子、曰、「大夫陳子、陳之自出。陳之不祀、鄭之罪也。故寡君使瑤察陳衷焉。謂大夫其恤陳乎。若利本之顚、瑤何有焉。」成子怒曰、「多陵人者、皆不在。知伯其能久乎。」中行文子告成子、曰、「有自晉師告寅者。將爲輕車千乘、以厭齊師之門。則可盡也。」成子曰、「寡君命恆、曰『無及寡、無畏衆。』雖過千乘、敢辟之乎。將以子之命告寡君。」文子曰、「吾乃今知所以亡。君子之謀也、始・衷・終、皆擧之、而後入焉。今我三不知而入之、不亦難乎。」〔齊〕

④公患三桓之侈也。欲以諸侯去之。三桓亦患公之妄也。故君臣多間。公游于陵阪。遇孟武伯於孟氏之衢。曰、「請有問於子。余及死乎。」對曰、「臣無由知之。」三問。卒辭不對。公欲以越伐魯而去三桓。〔魯〕

3〔左〕秋。八月。甲戌。公如公孫有陘氏、因孫于邾。乃遂如越。國人施公孫有山氏。〖魯〗

［悼公四年］

1〔左〕悼之四年。晉荀瑤帥師、圍鄭。未至。鄭駟弘曰、「知伯愎而好勝。早下之、則可行也。」乃先保南里、以待之。知伯入南里。門于桔柣之門。鄭人俘酁魁壘。賂之以知政。閉其口而死。將門。知伯謂趙孟、「入之。」對曰、「主在此。」知伯曰、「惡而無勇。何以爲子。」對曰、「以能忍恥。庶無害趙宗乎。」知伯不悛。〖晉〗

［悼公十四年］

1〔左〕①趙襄子由是惎知伯。遂喪之。〖晉（趙）〗②知伯貪而愎。故韓・魏反而喪之。〖晉（韓）〗

（二）哀公期全左氏經文の四種類型文の分布状況

（一）の抽出・編作擧例の分析による四種類型文の分布と占有率を一覧表に示すと次のようになる。

	◇抽出文	◆抽出的編作文	☆編作文	◎無傳の經文	小計
哀公　元年	1	0	1	4	6
哀公　二年	0	4	3	2	9
哀公　三年	0	1	2	6	9
哀公　四年	0	2	2	7	11
哀公　五年	0	1	1	4	6
哀公　六年	1	3	2	4	10
哀公　七年	2	1	4	0	7
哀公　八年	2	3	0	2	7
哀公　九年	2	1	0	2	5
哀公　十年	2	3	1	6	12
哀公十一年	3	3	0	2	8
哀公十二年	3	2	1	0	6
哀公十三年	0	3	0	9	12
哀公十四年	3	3	2	9	17
哀公十五年	2	1	0	5	8
哀公十六年	2	1	1	0	4
哀公期計	23	32	20	62	137
占有率	16・8%	23・4%	14・6%	45・2%	100%

これによると、哀公期經文では、抽出系（◇抽出文と◆抽出的編作文）が40・2%、編作系（☆編作文と◎無傳の經文）が59・8%となる。

第十三章　春秋二百四十四年全左氏經文における四種類型文の分布狀況

本書第二部において分析・考察を加えてきた春秋二百四十四年の『春秋左氏經』全文における四種類型文への分類による抽出・編作の狀況が、ここに明らかとなった。今、それを一覽にすると上記のようになる。

	◇抽出文	◆抽出的編作文	☆編作文	◎無傳の經	各期計
隱公期計	27	22	11	16	76
同占有率	35・5％	28・9％	14・5％	21・1％	
桓公期計	24	27	26	40	117
同占有率	20・5％	23・1％	22・2％	34・2％	
莊公期計	39	25	22	99	185
同占有率	21・1％	13・5％	11・9％	53・5％	
閔公期計	5	4	2	3	14
同占有率	35・7％	28・6％	14・3％	21・4％	
僖公期計	49	71	49	70	239
同占有率	20・5％	29・7％	20・5％	29・3％	
文公期計	34	66	32	31	163
同占有率	20・9％	40・5％	19・6％	19％	
宣公期計	33	37	28	47	145
同占有率	22・8％	25・5％	19・3％	32・4％	
成公期計	33	68	36	47	184
同占有率	17・9％	37％	19・6％	25・5％	
襄公期計	55	106	68	56	285
同占有率	19・3％	37・2％	23・8％	19・7％	
昭公期計	79	82	40	43	244
同占有率	32・4％	33・6％	16・4％	17・6％	
定公期計	24	34	22	65	145
同占有率	16・6％	23・4％	15・2％	44・8％	
哀公期計	23	32	20	62	137
同占有率	16・8％	23・4％	14・6％	45・2％	
十二公計	425	574	356	579	1934
同占有率	22％	29・7％	18・4％	29・9％	100％

これにより、春秋二百四十四年間の一九三四條の全經文の四種類型文の分類による分布狀況は、抽出系（◇抽出文22％と◆抽出的編作文29・7％）が51・7％、編作系（☆編作文18・4％と◎無傳の經文29・9％）が48・3％となる（舊稿の分析結果の數字との出入は本書の數字を以て改める）。

左氏經文の半數をややこえるものが抽出系（抽出文及び抽出的編作文）の手法によって説明されることは、偶然の結果とは決して判斷し得ない數字であり、これは意圖的にこのような手法が用いられたと推定される有意な結果を示すものである。したがって、この結果は、本書の「原左氏傳から左氏經が抽出・編作の手法により制作された」との假說を、傍證するに足る客觀的論據を、ここに提示するものと言えよう。

また、以上の分析と集計結果によって、本書の假說の方法的有效性が論證されたと言えよう。卽ち從來のように『左傳』を一方的に「春秋經」の注釋書とする經學的觀點からこれを研究することには、實證的研究としては明かな限界があり、本書の提起する「原左氏傳から左氏經が抽出・編作の手法により制作された」という、いわば視點のコペルニクス的轉換によって、『左傳』や「春秋經」テキストを考察することの方法的有效性が、ここに實證されたと言えよう。

なお、右の分布状況一覧において、抽出系の經文が過半數を占めるのは、隱公期64・4％、閔公期64・3％、僖公期50・2％、文公期61・4％、成公期54・9％、襄公期56・5％、昭公期66％、である。このうち60％を超えるのが隱公、閔公、文公、昭公期であり、『原左氏傳』→『春秋左氏經』制作、の範型（モデル）をこれらの年代記テキストにおいて檢討することが出來よう。一方、無傳の經が40％以上を占める、莊公、定公、哀公期には第一部の考察に於いても觸れたように、『原左氏傳』文の削除された可能性が留保される所である。

著者略歴

吉永　慎二郎（よしなが　しんじろう）

昭和24年（1949）１月、京都市生まれ。大阪大学文学部卒業。同大学院文学研究科博士課程哲学・哲学史（中国哲学）専攻単位取得満期退学。平成３年（1991）秋田大学教育学部（後に教育文化学部に改組）助教授。平成10年（1998）「儒墨の思想史的交渉と孟子思想の構造についての研究」により大阪大学博士（文学）（第13990号）。平成11年（1999）山東大学客員教授。平成14年（2002）秋田大学教育文化学部教授。平成26年（2014）定年により退職、秋田大学名誉教授。現在に至る。

主要著書

『戰國思想史研究―儒家と墨家の思想史的交渉―』朋友書店、平成16年（2004）５月。

「春秋」新研究
―「原左氏傳」からの「春秋經」「左氏傳」の成立と全左氏經・傳文の分析―

令和元年（二〇一九）五月二十四日　発行

著　者　吉永慎二郎
発行者　三井久人
印　刷　富士リプロ㈱

発行所　汲古書院
〒102-0072　東京都千代田区飯田橋二-五-四
電　話　〇三（三二六五）九七六四
FAX　〇三（三二二二）一八四五

ISBN978-4-7629-6625-5　C3010

A new study on the formation of《Chun qiu Jing（春秋經）》《Zuo shi Zhuan（左氏傳）》from《The original text of Zuo shi Zhuan（原左氏傳）》and Analysis of all sentences of《Chun qiu Zuo shi Jing（春秋左氏經）》and《Zuo shi Zhuan（左氏傳）》

Summary

《Zuo shi Zhuan》is Generally regarded as the text of explication for《Chun qiu Zuo shi Jing》. But, if we could exclude the sentences of〈note on Chun qiu Zuo shi Jing（解經文）〉and〈added Zhuan wen（附加傳文）〉from the text of《Zuo shi Zhuan》, the rest of the text can be regarded as《The original text of Zuo shi Zhuan》. Therefore, I have presented a hypothesis that《Chun qiu Zuo shi Jing》was edited from《The original text of Zuo shi Zhuan》by the method of extraction and production, at the same time the editor put the sentences of〈note on Chun qiu Zuo shi Jing〉and〈added Zhuan Wen〉in《The original text of Zuo shi Zhuan》, here had became the text of《Zuo shi Zhuan》that can be regarded as an original form of the present text of《Zuo shi Zhuan》.

That can be shown by a diagram as follows.

《The original text of Zuo shi Zhuan（原左氏傳）》→《Chun qiu Zuo shi Jing（春秋左氏經）》and《Zuo shi Zhuan（左氏傳）》

This point of view stands on the standpoint where is an about turn like as Copernicus from that of common view. Analyzing from this point of view the sentences of《Chun qiu Zuo shi Jing》called〈Jing Wen（經文）〉makes them to be divided into four kinds of type as follows.

（1）Jing Wen as extracted sentences：these Jing Wen are composed of the news stories extracted from the construction of a news story and its commentary in《The original text of Zuo shi Zhuan》.

（2）Jing Wen as extractive reformed sentences: these Jing Wen are composed of the news stories extracted and reformed from the construction of a news story and its commentary in《The original text of Zuo shi Zhuan》.

（3）Jing Wen as produced sentences：these Jing Wen are composed of the news stories produced from the other materials except《The original text of Zuo shi Zhuan》.

（4）Jing Wen as sentences without Zhuan Wen: these Jing Wen are composed of the news stories having no relation of Zhuan Wen of《The original text of Zuo shi Zhuan》.

In this book it has been accomplished to analyze all Jing Wen and all Zhuan Wen, and especially to classify all Jing Wen into four kinds of type of sentences above mentioned [Cf. the

second part of this book: Analysis of all sentences of《Chun qiu Zuo shi Jing》and《Zuo shi Zhuan》].

As the result, in 1934 articles of all sentences of Jing Wen for 244 years from Yin gong the first year (隱公元年：BC722) to Ai gong the sixteenth year (哀公十六年：BC479), classified into〈Jing Wen as extracted sentences〉are 425 articles [22%],〈Jing Wen as extractive reformed sentences〉are 574 articles [29,7%],〈Jing Wen as produced sentences〉are 356 articles [18,4 %],〈Jing Wen as sentences without Zhuan Wen〉are 579 articles [29,9%]. Consequently, it is cleared that extracted sentences and extractive reformed sentences occupy 51,7% in all sentences of《Chun qiu Zuo shi Jing》. This result presents an objective ground that becomes the supporting evidence for my hypothesis above mentioned.

Depending on the proposition that《Chun qiu Zuo shi Jing》had been made of《The original text of Zuo shi Zhuan》, we can estimate that《Chun qiu Jing (春秋經)》of the formation in《Gong yang Zhuan (公羊傳)》and《Gu liang Zhuan (穀梁傳)》were made up through deleting the sentences written after Ai gong the fourteenth year (哀公十四年) saying「春。西狩獲麟。」.

The development of the text of〈Chun qiu (春秋)〉, according to the reason above mentioned and depending on the descriptions of《Guo yu (國語)》《Meng zi (孟子)》《Mo zi (墨子)》《Xun zi (荀子)》《Han fei zi (韓非子)》《Shi ji (史記)》, are able to comprehend at the six steps as follows.

1.〈Chun qiu〉of the nations under the sun called Tian xia (天下) → 2.《The original text of Zuo shi Zhuan》→ 3.《Chun qiu Zuo shi Jing》and《Zuo shi Zhuan》→ 4.《Chun qiu Jing (春秋經)》→ 5.《The original text of Gu liang Zhuan (原穀梁傳)》and《The original text of Gong yang Zhuan (原公羊傳)》→ 6.《Gong yang Zhuan (公羊傳)》and《Gu liang Zhuan (穀梁傳)》

This《The original text of Zuo shi Zhuan》were composed by the way of description depending on the four seasons and the way of the account of years based on the periodicity of the Jupiter. And the way of description depending on the four seasons was based on observation of the winter solstice that was established at about BC400. The way of the account of years based on the periodicity of the Jupiter was due to real observation of the movement of the Jupiter at about BC365. Therefore, it is reasonably estimated that《The original text of Zuo shi Zhuan》had been edited at about BC365. But, after BC361 there had made a discrepancy between the movement of the Jupiter and the progression of calendar year. It was necessary for the editor to revise the calendar to correct the discrepancy. After that, marquis Wei (魏侯) started to call himself Xia Wang (夏王) at BC351.

According to the research of this book [the second chapter of the first part in this book], the system of calendar in《The original text of Zuo shi Zhuan》was mostly regarded as Yin Zheng

(殷正) setting the new year in the month of winter solstice, the system of calendar in《Chun qiu Zuo shi Jing》was mostly regarded as Zhou Zheng (周正) setting the new year in the month of before winter solstice, and the system of calendar in《Zuo shi Zhuan》was mostly regarded as Xia Zheng (夏正) setting the new year in the month of after winter solstice. Xia Wang naturally enough had to use Xia Zheng (夏正).

Therefore, it is reasonably estimated that the school of Chun qiu (春秋學派) provided the marquis Wei (魏侯) with the logic to be able to call Xia Wang (夏王).《Chun qiu Zuo shi Jing》together with《Zuo shi Zhuan》presented the theory of change from Chou Zheng to Xia Zheng, and the way of description《Chun qiu Zuo shi Jing》revealed the logic to be able to call Xia Wang. Consequently,《Chun qiu Zuo shi Jing》and《Zuo shi Zhuan》are considered to be edited at about BC351.

It is able to be considered that《The original text of Zuo shi Zhuan》was composed of《Jin zhi Sheng (晉之乘)》,《Ch u zhi Tao wu (楚之檮杌)》,《Lu zhi Chun qiu (魯之春秋)》, Shi ji (史記) of Zheng (鄭) that had gone to ruin at BC375, Shi ji (史記) of Wu (吳) that had gone to ruin at BC473, and the other literature.

The third chapter of the first part in this book has made research on the intention of writing《The original text of Zuo shi Zhuan》from the viewpoints of Lu shi (魯史), Jin shi (晉史), Chu shi (楚史), Qi shi (齊史) edited in that text. Through the study we can chiefly point out four articles about the intention of writing that text as follows.

1. It is the first intention of writing《The original text of Zuo shi Zhuan》that the Central Country (中國), which is the ancient name of China that was composed of states of feudal lords, ideally restored her good name and reputation against the Barbarians (夷狄). In the period of Chun qiu at the first half of that period the victors (霸者) of the Central Country who were Qi Huan gong (齊桓公) and Jin Wen gong (晉文公) had gained control of Barbarians. But at the middle and the second half of that period the Barbarian's victors, who were Chu Zhuang Wang (楚莊王), Wu Wang He lü (吳王闔閭) and Yue Wang Gou jian (越王勾踐), called themselves〈Wang (王)〉or〈Tian Wang (天王)〉, and became the leader of the feudal lords of states in the Central Country. Namely, power balance between the Central Country and the Barbarians had changed. From the last years of Chun qiu period to the beginning of the Warring States period, Mo jia (墨家) offered the idea of〈Under the sun [Tian xia (天下)]〉in which the Central Country and the Barbarians were all equally included. The school of Chun qiu who were going to write《The original text of Zuo shi Zhuan》at the real side accepted this outlook on the world of the idea of Under the sun, and at the ideal side according to the traditional order of Li (禮) of the Central Country put Barbarians under the position of the Central Country. For example,

in《The original text of Zuo shi Zhuan》Chu Wang (楚王), Wu Wang (呉王), and Yue Wang (越王) were written as Chu zi (楚子), Wu zi (呉子), and Yue zi (越子), that means a Barbarian King was regarded as a viscount of the Central Country. Here we can see the school of Chun qiu stood in the position of the successors from victors of the Central Country, who were Zhao (趙), Han (韓), Wei (魏) family of Jin (晉), and Chen (陳) family of Qi (齊). From the point of view in the position of the successors of victors of the Central Country, it was necessary to edit《The original text of Zuo shi Zhuan》for the sake of restoring the good name and reputation of the Central Country.

2. The successors of victors of the Central Country that became new lords of states of Zhao, Han, Wei, and Chen[Qi] wanted to justify them and make them legitimate. Therefore, the school of Chun qiu, who stood on the position of the successors, edited the virtues, achievements and the statements by the ancestors of the new lords [namely successors] into《The original text of Zuo shi Zhuan》to justify and make legitimate. Consequently in《The original text of Zuo shi Zhuan》it was very important for them to use the idea of Li (禮) to evaluate the matters and human affairs.

3. Because of the successors [the lords of Zhao, Han, Wei, Qi] had grasped their powers trough the usurpation of the thrones of their states. They could not justify and make their position legitimate by their own history. Therefore, there was no use except to depend on the history of the old state of Lu (魯) as the same family of Zhou Wang. Consequently the school of Chun qiu edited《The original text of Zuo shi Zhuan》in cooperation with the successors and Ji family (季氏) of the administrator of Lu. It is cleared that the school of Chun qiu was working in cooperation with the school of Kong zi (孔子) having a close relationship with Ji family. Therefore, we can naturally regard the editor of《The original text of Zuo shi Zhuan》as the school of Chun qiu belonging with the disciples of Kong zi (孔門). The editor of this text had intention to reflect the standing point of the successors above mentioned, besides firmly had the intention to enhance Kong zi.

4. Although Tian zi (天子) of《The original text of Zuo shi Zhuan》was ideally in the noblest position at the top of Li order under the sun [Tian xia], but really depended on the support of the lords of Zhao, Han, Wei, Chen [Qi], and the administrators of states, for example Ji family in Lu who were politically the winners or powerful men at that period. Therefore, the description of《The original text of Zuo shi Zhuan》reflects this delicate situation. From the view point of the successors and administrator, it was enough naturally that in the new text of history according to Li order of the noblest Tian zi who was really supported by the successors and administrators, they would like to edit the new history under the sun where they were immunized against sins of murders and usurpations, but also their virtues

and achievements were justified and were made legitimate. And their desire was realized by the hand of the school of Chun qiu as the edition of《The original text of Zuo shi Zhuan》.

This book at the fifth chapter of the first part has studied on (1) the principle of formation of《Chun qiu Zuo shi Jing》, (2) the sentences to interpret the sentences and words of《Chun qiu Zuo shi Jing》in《Zuo shi Zhuan》, (3) from the thought of Li (禮) in《The original text of Zuo shi Zhuan》to the thought of Ming (名) in《Chun qiu Zuo shi Jing》, and systematically comprehended the intention of formation of《Chun qiu Zuo shi Jing》. It can be chiefly pointed out the seven articles as follows.

1. It is the first intention to make up the text on the rule of Tian Wang (天王) as order of name (名): Although Meng zi (孟子) said "Chun qiu is the rule of Tian zi (天子)." But we should say "Chun qiu Jing is the rule of Tian Wang." Because of, while there is only 1 example of Tian zi in《Chun qiu Zuo shi Jing》Cheng gong the eighth year (成公八年), but there are 26 examples of Tian Wang. Especially, the death of Zhou Wang without exception was written "Tian Wang has dead (天王崩)." Contrary to this fact, in《The original text of Zuo shi Zhuan》there are 7 examples of Tian Wang, but there are 55 examples of Tian zi. Therefore, the name of Tian Wang had taken the place of Tian zi, but also became the formal name of Zhou Wang at the entrance of《Chun qiu Zuo shi Jing》. There Tian Wang was regarded as Wang under the sun (天下之王) who ruled both the Central Country and the barbarians. And there were strictly formed the order of name composed of Wang's order (王命) and Wang's title (王爵). According to the way of description based on this order of name [Ming：名] in《Chun qiu Zuo shi Jing》, the writer had written articles, for example, a meeting, a pledge, a visitation, a marriage, a funeral, a ritual, a subjugation, a battle, a march, a public engineering work, a murder of monarch, a defection to other states, and a disaster. This 〈the order of name under Tian Wang〉 is common to the meaning of "Ming jiao (名教)" in《Guan zi (管子)》Qing Zhong chapter (輕重篇) saying the idea of Ming jiao as「昔者周人有天下、諸侯賓服、名教通於天下。」.
2. It is the second intention to make up Zhou Zheng (周正) as the public order of time (時)：According to ideal Zhou Zheng, the writer of《Chun qiu Zuo shi Jing》made the leap months and the sexagenary cycle of days to put in it, the four seasons strictly correspond to the twelve months. Of course, this order of time is naturally enough included in the order of name.
3. It is the third intention to erase or produce an article of history by the way of description or no description: Depending on putting an article of Jing Wen (經文) that had no Zhuan Wen (傳文) into《Chun qiu Zuo shi Jing》, and in《Chun qiu Zuo shi Jing》paying no attention to an article of《The original text of Zuo shi Zhuan》, therefore that article of

《The original text of Zuo shi Zhuan》 was erased from history. Also depending on putting an article of Jing Wen that didn't exist in 《The original text of Zuo shi Zhuan》 into 《Chun qiu Zuo shi Jing》 by the way of the sentences of interpretation to Jing Wen [Cf. the second chapter of the first part of this book]. An example for the former is the way of description as「春。正月。」「夏。四月。」「秋。七月。」「冬。十月。」, that wrote only a season and a month, and ignored the other articles of history described in 《The original text of Zuo shi Zhuan》. An example for the latter is the way of description as「正月。公卽位。」that didn't exist in 《The original text of Zuo shi Zhuan》, depending on the several sentences of interpretation to Jing Wen that had no description in Jing, produced the name (名) that was the way of enthronement in January of the new year after the death of his former monarch (正月卽位).

4. It is the fourth intention to evaluate everything according to the way of description as 1 to 3. According to the way of description above mentioned, the writer of 《Chun qiu Zuo shi Jing》 did evaluation to everything under the sun. It is especially important that in this way of description Tian Wang is not an exceptional object of the evaluation. In the rule of Tian Wang as the order of name, if real Tian Wang did not conform to the name of Tian Wang, real Tian Wang had to be criticized. According to this logic of 《Chun qiu Zuo shi Jing》, not only the mechanism that made a feudal lord to be a new Tian Wang could be established, but also the logic that Wei hou (魏侯) started to call himself Xia Wang (夏王) could be established at the step of the entrance of this text.
5. I t is fifth intention to enhance Kong zi (孔子) : In 《Chun qiu Zuo shi Jing》 the way of description of the article of Kong zi's death was on a par with Ji family (季氏) who seized power of Lu (魯), as 《Chun qiu Zuo shi Jing》 Ai gong sixteenth year saying「夏。四月。己丑。孔丘卒。」. Besides 《Chun qiu Zuo shi Jing》 is closed by this article. This affair shows that the historical world of 《Chun qiu Zuo shi Jing》 was closed by the death of Kong zi (孔子), therefore it is cleared that the writer of this text had intention to enhance Kong zi. We can clearly recognize that the writer of 《Chun qiu Zuo shi Jing》 had a very close relationship with the school of the disciples of Kong zi (孔門學派) .
6. It is the sixth intention to provide the logic that immunize Chen family (陳氏) against their sin of usurpation: On the logic that immunize Chen family against their sin of usurpation, 《Chun qiu Zuo shi Jing》 was more through-going than 《The original text of Zuo shi Zhuan》. For example, Ai gong the fourteenth year (哀公十四年) of 《The original text of Zuo shi Zhuan》 says「甲午。齊陳恒弑其君壬於舒州。」. That way of description of 《The original text of Zuo shi Zhuan》, according to the notes of Xuen gong the fourth year (宣公四年) of 《Zuo shi Zhuan》 says「凡弑君、稱君、君無道也。稱臣、臣之罪也。」, both Chen

huang（陳恒）and Qi jun（齊君） had to be criticized for their sins. But in Ai gong the fourteenth year（哀公十四年）of《Chun qiu Zuo shi Jing》says「齊人弑其君壬于舒州。」, here Qi jun（齊君）was just written by his name, though Chen huang wasn't written by his name, but also was only written as Qi ren（齊人）. This is the way of description to immunize Chen huang（陳恒）against his sin, but to criticize QI jun for his sin strictly.

7. It is the seventh intention to provide the logic that made Wei hou（魏侯）call Xia Wang（夏王）under the pretext of enhancing Jin Wen gong（晉文公）: In Xi gong the twenty-eighth year（僖公二十八年）of《Chun qiu Zuo shi Jing》says「天王狩于河陽。」, in the same year of《Zuo shi Zhuan》says「是會也、晉侯召王、以諸侯見、且使王狩。仲尼曰『以臣召君、不可以訓。故書曰《天王狩于河陽。》言非其地也。且明德也。』」. This Zhong ni（仲尼）, who can be regarded as the person unified to the writer of《Chun qiu Zuo shi Jing》, enhanced the virtue of Jin Wen gong（晉文公）that led many lords interview Zhou Wang [周王：the King of Zhou Dynasty] who was invited there by Jin Wen gong [the victor at that time]. Jin Wen gong had become a victor and went ahead did the immorality to invite Zhou Wang as his subject, besides went ahead did the virtue to lead many lords interview Zhou Wang. The writer of《Chun qiu Zuo shi Jing》according to this article of Jin Wen gong, for the sake of a new victor made a new method that as a subject invite Zhou Wang and lead many lords interview Zhou Wang. Therefore Wei hou [魏侯：the marquis Wei], who recognized himself as the successor of a victor Jin Wen gong, depended on this new method started to call himself Xia Wang（夏王）. He led many lords interview Zhou Wang as his subject at the same time he called himself Xia Wang.《Zhan guo Ce（戰國策）》the third volume Qin Ce（卷三・秦策）says「魏伐邯鄲、因退爲逢澤之遇、乘夏車、稱夏王、朝爲天子、天下皆從。」. Therefore, it is cleared that Wei hou had the intention to take place of Zhou Wang peacefully by calling himself Xia Wang. In《Zuo shi Zhuan》, which was at the same time of《Chun qiu Zuo shi Jing》, provided Xia Zheng（夏正）that was regarded as the calendar to conform astronomical movement at that time. Besides《The original text of Zuo shi Zhuan》had provided Yin Zheng（殷正）and《Chun qiu Zuo shi Jing》had provided Zhou Zheng（周正）. Consequently these three textbooks provided the logic of transition as [Xia Zheng（夏正）] → Zhou Yin Zheng（殷正）→ Zheng（周正）→ Xia Zheng（夏正）, that meant the circulation of dynasties as Xia（夏）→ Yin（殷）→Zhou（周）→ Xia（夏）. Therefore,《Chun qiu Zuo shi Jing》and《Zuo shi Zhuan》together provided the logic for Wei hou to be able to call Xia Wang to take the place of Zhou Wang. Also《Chun qiu Zuo shi Jing》provided the logic that Wei hou through doing the matter of Tian Wang was able to become a new Tian Wang according to the order of name above mentioned. I think this is the most important intention for the writer to write《Chun qiu Zuo shi Jing》.

The study above mentioned is enough to change completely the traditional way of thinking to look upon《Chun qiu Jing》as "the unchangeable scripture that was edited by Kong zi from Lu Chun qiu", and enough to let it be able to be regarded as a historical literature in the early Warring States period.

Depending on the study of this book, in《The original text of Zuo shi Zhuan》the criterion of the way of criticism was on the idea of Li（禮）that means the manners of feudal society and according to the order of time in heaven. But at the step of《Chun qiu Zuo shi Jing》the crite rion of the way of criticism was on the idea of name（名）.

We can call the thought and logic of name（名）in《Chun qiu Zuo shi Jing》as the mechanism of Ming jiao（名教）that means enlightenment by the order of the name. For example in Huang gong the second year（桓公二年）of《Zuo shi Zhuan》Shi hu（師服）says「夫名以制義、義以出禮、禮以體政、政以正民、是以政成而民聽。」, that means a name rule a justice, a justice makes manners, manners realize politics, politics correct people, therefore, politics attain their purpose and people follow them. Here it is cleared that name is the most important and above manners. This mechanism can be called Ming jiao（名教）as enlightenment by the principle of name.

This mechanism of Ming jiao has three steps as follows.

（1）Stand a name.　（2）Judge a matter by the name.　（3）A name makes the real affair.

Therefore, we can say《Chun qiu Zuo shi Jing》is the text located in the starting point of Ming jiao, that means enlighten by the order of name.

So, the development of views of Ming jiao is recognized that it started at the entrance of《Chun qiu Zuo shi Jing》, and was succeeded by《Guan zi（管子）》jing yan（經言）,《Meng zi（孟子）》,《Mo zi（墨子）》,《Xun zi（荀子）》,《Zhuang zi（莊子）》,《Lun yu（論語）》,《Guan zi（管子）》wai yan,nei yan, duanyü ,za pian（外言・內言・短語・雜篇）, furthermore《Xiao jing（孝經）》,《Lü shi Chun qiu（呂氏春秋）》,《Guan zi（管子）》Qing zhong（輕重）, and at the period of Liu chao（六朝）, Ming jiao（名教）was not only regarded as another name of Ru jiao（儒教）, but also recognized that it had a meaning of the religion of name（名）.

From the view point of Chinese civilization, the idea of history has been composed of this mechanism of Ming jiao that means enlighten by the order of name but also means a religion of name.

In the study of Chinese Philosophy, history, and history of thought, the problem of formation of《Chun qiu Jing》has been a mystery for long years. Although the common view, that Kong zi himself Produced《Chun qiu Jing》, has been already bygone. But there are still no end of the theories and doctrines that regard all sentences of《Chun qiu Jing》as the true historical description from〈Lu Chun qiu〉in the Chun qiu period. This is by reason that the traditional way of studying on《Chun qiu Jing》has never been able to stand on the viewpoint to relativize

《Chun qiu Jing》 itself.

The study in This book has systematically provided the theory, evidence, and view that the school of Chun qiu according to the histories of the nations under the sun had composed a book of《The original text of Zuo shi Zhuan》, and after that made《Chun qiu Zuo shi Jing》and《Zuo shi Zhuan》in the early Warring States period. And then《Chun qiu Jing》as the formation of《Gu liang Zhuan》and《Gong yang Zhuan》was edited through deletion of the final part of《Chun qiu Zuo shi Jing》. After that through the step of《The original text of Gu liang Zhuan（原穀梁傳）》and《The original text of Gong yang Zhuan（原公羊傳）》in the second half period of Warring States,《Gong yang Zhuan（公羊傳）》and《Gu liang Zhuan（穀梁傳）》was edited in the early period of Han（漢）dynasty.

Therefore, the study in this book through an about turn of the point of view like as Copernicus, has made us to be able to relativize《Chun qiu Jing》as a historical literature, but also to be able to study the text by the method of historical positivism. Here is the original and epoch-making meaning of the study in this book.

［Translated by Shinjirou YOSHINAGA］

《「春秋」新研究—從「原左氏傳」的「春秋經」「左氏傳」成立和對全左氏經文・全左氏傳文的分析—》

要　旨

一般來說《左氏傳》被認爲是對于《春秋左氏經》注釋書、然而除了對經文的解經文和部分附加傳文以外都是可以叫爲《原左氏傳》。筆者提出過來一箇假說、這就是從《原左氏傳》起用抽出和編作的方法編纂《春秋左氏經》、當其時通過把解經文和附加傳文布置在《原左氏傳》里而當做對經的注釋書以被編輯的文本是《左氏傳》(這就是今本左傳的祖型文本)。以圖示之、是如下的。

《原左氏傳》 → 《春秋左氏經》和《左氏傳》

這樣的觀點就站在把從來定論的觀點一百八十度地轉換的立場。從這箇觀點來分析《春秋左氏經》的話、我們可以把經文分別爲如下的四種類型文（本書第一部第一章（二）參照)。

（一）　抽出文：是從《原左氏傳》的「記事文＋解說文」起抽出「記事文」而作爲經文的。

（二）　抽出性編作文：是把先抽出的「記事文」據編者筆法編作而作爲經文的。

（三）　編作文：是依據別的史料包含着《原左氏傳》里沒有的情報或者通過創造而編作爲經文的。

（四）　無傳之經文：是在《原左氏傳》里沒有對應傳文的經文。這箇經文有三種、一是從《原左氏傳》起抽出而在它里沒有了的經文、二是據別的史料編作爲經文、三是通過創造作爲經文的。

在本書第二部「對全左氏經文・全左氏傳文的分析」進行了分析《春秋左氏經》、把全經文分類爲四種類型文。其結果、從隱公元年到哀公十六年的二百二十四年閒的全經文有一九三四條中、四二五條是當做抽出文的（22%)、五七四條是當做抽出性編作文的（29,7%)、三五六條是當做編作文的（18,4%)、五七九條是無傳之經文的（29,9%)。因此、於是明白了在全經文中當做抽出和抽出性編作文的經文占有51,7%的事實。這箇結果就提供客觀的根據足以傍證筆者上述的假說。

按照這箇從《原左氏傳》起成立《春秋左氏經》的命題、我們可以推導公羊傳和穀梁傳型《春秋經》是通過把《春秋左氏經》哀公十四年「春。西狩獲麟。」以后的記事刪除而成立的。所以〈春秋〉文本展開的情況、根據加于上述的事情以《國語》《孟子》《墨子》《韓非子》《史記》等有關文本的言說、可以了解如下六箇階段的構圖。

Ⅰ		Ⅱ		Ⅲ		Ⅳ		Ⅴ		Ⅵ
列國的〈春秋〉	→	《原左氏傳》	→	《春秋左氏經》	→	《春秋經》	→	《原穀梁傳》	→	《穀梁傳》
				《左氏傳》				《原公羊傳》	→	《公羊傳》

這本《原左氏傳》由于四時記載法和歲星紀年法而組成記事。四時記載法是依據公元前四〇〇年左右確立的冬至觀測法以及據它的冬至正月曆而被形成的歷史記述法。歲星紀年法是依據觀測木星運行而公元前三六五年左右確立的紀年法。所以《原左氏傳》成書的時期合理地被推定是公元前三六五年左右的。然而在公元前三六一年以后歲星（木星）天上運行與曆面進行有出了偏差、所以爲糾正其偏差逼伯改正曆法。然后在公元前三五一年魏侯稱夏王。根據本書的考察（第一部第二章)、

《原左氏傳》的暦法以冬至正月暦（殷正）爲主、《春秋左氏經》的暦法以冬至前月正月暦（周正）爲主、而《左氏傳》的暦法以冬至後月（孟春）正月暦爲主。「夏王」是當然採用「夏正」的、所以筆者以爲當稱夏王時、春秋學派給魏侯提供稱夏王的邏輯。這是因爲《春秋左氏經》和《左氏傳》合作地提示從周正到夏正變遷的邏輯、而且《春秋左氏經》的筆法啓示稱夏王的邏輯。因此、《春秋左氏經》以及《左氏傳》的成書時期被推定是在公元前三五一年左右的。

《原左氏傳》被認爲是在三晉（尤其在趙國）由于〈晉之乘〉〈楚之檮杌〉〈魯之春秋〉和包括公元前三七五年滅亡的鄭國史記・公元前四七三年滅亡的吳國史記等在内的天下列國史記（春秋）組成而編纂的。在本書第一部第三章、關于 (1) 對《原左氏傳》所載魯史來看的其著作意圖、(2) 對《原左氏傳》所載晉史來看的其著作意圖、(3) 對《原左氏傳》所載楚史來看的其著作意圖、(4) 對《原左氏傳》所載齊史來看的其著作意圖、進行了考察。然后綜合地掌握《原左氏傳》的著作意圖、這就是可以主要地指出如下四點的。

一、編纂《原左氏傳》有意義在理念上（其文上）中國回復面目有對于夷狄的權威。在春秋時代其前期中國霸者（齊桓公・晉文公）制壓夷狄、反而中・後期夷狄霸者（楚莊王・吳王闔閭・越王勾踐）僭稱「王」（楚・越）或者「天王」（吳）而成爲對于中國諸侯的盟主、這就是中國與夷狄的實際上力學關系已逆轉的。在春秋末期以及戰國初期墨家提起把中國和夷狄平等地包括在內的「天下」的概念。編纂《原左氏傳》的春秋學派、在現實上接受這箇天下的世界觀、然而在理念上把夷狄列國由于傳統性中國的〈禮〉秩序而布置在從屬于中國的地位。比如把楚王・吳王和越王都叫爲楚子・吳子和越子以位于五等爵的第四等。在這里可以看出站在中國霸者的接班人（晉趙氏・韓氏・魏氏、齊陳氏）的立場的春秋學派（這就是《原左氏傳》編纂者）編纂《原左氏傳》的第一義性意圖。

二、自己認爲中國霸者的接班人的三晉諸侯和陳氏（田齊）就要根據在理念上以中國爲主的天下之〈禮〉秩序、把自己新興諸侯和接霸者班的立場正當化而正統化。所以跟他們聯系的春秋學派爲了正當化和正統化趙・韓・魏和陳氏以及其國家的權威、把三晉和陳氏的祖先「立德・立功・立言」的言説編在《原左氏傳》文本里。所以在《原左氏傳》做裁判和褒貶是以這箇擁有理念性和傳統性的〈禮〉爲基准。

三、因爲三晉和陳氏通過篡奪當爲諸侯、所以不能依據自己歷史組成自己正當化而正統化的故事以及邏輯。因此、站在他們立場的春秋學派只好以與周同姓的舊國魯的史記〈魯之春秋〉的紀年爲基軸、又聯系魯國的權臣季氏而編纂《原左氏傳》。這就是反映三晉・陳氏和季氏意圖的《原左氏傳》文本是被編纂的。所以這箇文本的編纂者就是跟三晉・陳氏和魯季氏有聯系的孔門春秋學派。他們一方面擁有反映三晉・陳氏和魯季氏等利害的上述表面意圖、一方面懷有宣揚孔子的裏面意圖。

四、《原左氏傳》里的天子（天王）雖然是理念上位于天下的禮秩序頂點的至尊存在、但是實際上依靠中國的政治上勝者而實力者的三晉・陳氏和季氏等的擁護被撑住的存在。所以《原左氏傳》的記事反映了這箇微妙的情況。換言之、對于中國的政治上勝者而實力者的他們來看、在他們撑住的天子之天下的〈禮〉秩序下當做〈天下之春秋〉的《原左氏傳》里、當然爲他們案

排好要占有相應的霸權性地位的布石。因此、擁有把他們的弑君以及簒奪的污名巧妙地回避和免罪而更進一步地正當化和正統化的機構的歷史於是組成來了。

根據本書考察、在晉國趙盾公元前六二〇年（魯文公七年）擁立幼君靈公而開始專權、然后經過九卿執政期、三晉掌握權力、終于在公元前三七六年晉國滅亡。這箇二四五年閒是可以叫爲列國執政時代。這箇時期在魯國季氏專權而在齊國陳氏簒奪姜氏政權。因此、筆者認爲春秋・戰國時代（從公元前七七〇年到公元前二二一年的五五〇年閒）可以分別爲如下三箇階段。

（一）　第一期：從公元前七七〇年到公元前六二一年的一五〇年閒、是諸侯尤其是齊桓・晉文的霸者時代（可以叫爲「諸侯的時代」）。

（二）　第二期：從公元前六二〇年到公元前三七六年的二四五年閒、是列國執政時代（列國執政在《原左氏傳》里寫爲「民之主」、所以可以叫爲「民之主的時代」）。

（三）　第三期：從公元前三七五年到公元前二二一年的一五五年閒、是戰國時代（可以叫爲「七雄爭霸的時代」）

上述的〈春秋〉文本的展開來說、〈列國春秋〉是在第一期和第二期由于列國史官被編纂的、在第三期初由于這些列國春秋文本組成而編纂一箇文本就是《原左氏傳》、然后從《原左氏傳》起通過抽出・編作手法著作《春秋左氏經》、而且當其時跟它聯系地編輯《左氏傳》。

在本書第一部第五章、關于　(1)《春秋左氏經》的作經原則與〈凡例〉、(2)《春秋左氏經》的〈解經文〉、(3)從《原左氏傳》的〈禮〉思想到《春秋左氏經》的〈名〉思想、進行了考察。然后綜合地掌握《春秋左氏經》的著作意圖、這就是主要可以指出如下七點的。

一、著作當做〈名之秩序〉的「天王之事」的文本：

雖然孟子說「春秋、天子之事也」但是實際上應該說「春秋經是天王之事也」。因爲在《春秋左氏經》里「天子」只有一箇例子（成公八年「天子使召伯錫公命」）、反而「天王」有二十六箇例子、尤其是把周王之死無例外地寫「天王崩」。所以這些事情就表示「天王」是在《春秋左氏經》正式的周王稱號。然而在《原左氏傳》一方面用「天王」的有七箇例子、一方面用「天子」有五十五箇例子。這就是至于《春秋左氏經》「天王」替「天子」才成爲正式的周王稱號。因此、《春秋左氏經》的著作者把「天王」當做兼中國與夷狄的天下之王而其王命和王爵的秩序以〈名〉嚴格地形成。這就是著作《春秋左氏經》的第一義性意圖。比方說、「天王之下的名秩序」的筆法可以看見以五等爵寫諸侯的記事、以會盟・朝聘・婚姻・喪葬・祭祀・征伐・戰役・軍行・土功・弑逆・出奔・災異等的記事、以「國・爵・名」寫諸侯卒的記事等々。這箇「天王之下的名秩序」是跟《管子》輕重篇所云「昔者周人有天下、諸侯賓服、名教通於天下」的「名教（以名教化）」的概念基本上相通的。

二、定立當做〈時之秩序〉的周正：

《春秋左氏經》按照理念性周正（上述的冬至前月曆）的曆元調整閏月・日干支、而且把春夏秋冬四時與十二月的對應嚴格化。加于《原左氏傳》繼承來的魯侯踰年稱元法以正月卽位法。這就是定立〈時之秩序〉。比方說、「元年。春。王。正月。公卽位。」的筆法依照這箇〈時之秩序〉。當然、這箇〈時之秩序〉也是爲〈名之秩序〉所包括在內的。

三、根據于書還是不書的手法把歷史記事消除或者造作：

由于把有箇「無傳之經文」布置在《春秋左氏經》、而且把《原左氏傳》的有箇記事在經上無言及之、所以它從歷史上被消除去。或者以「無經的解經文」（第一部第二章（二）參照）的手法把在《原左氏傳》里沒有的記事布置在《春秋左氏經》造作來。前者的淺而易懂的例子是「春。正月。」「夏。四月。」「秋。七月。」「冬。十月。」等只有寫時和月的無傳之經文。替它把《原左氏傳》里的有箇記事在《春秋左氏經》上無言及之而從歷史上被消除去。後者的例子是由于《左傳》里記載的「無經的解經文」把在經上有箇記事沒寫「正月。卽位。」的理由解說來、而且在《春秋左氏經》上寫幾箇「正月。卽位。」的記事、以把「正月卽位」的〈名〉（一箇原則）定立在經上來。

四、按照從上述一到三的春秋筆法做褒貶：

依照擁有上述的從一到三的機構的筆法、對于人事萬般做褒貶、《春秋左氏經》的本領就在這里。尤其重要的是這箇筆法對于連「天王」也不例外地適用而做褒貶。比方說、襄公三十年《春秋左氏經》云「天王殺其弟佞夫」、同年《左氏傳》的解經文云「書曰『天王殺其弟佞夫』、罪在王也」。在「天王之事」的〈名〉秩序里、依據合乎「天王」的名否、連對于天王也做褒貶。因此、要是當代王不合乎「天王」的名、替他合乎名的新「天王」登場的事情也是被肯定的。換言之、根據《春秋左氏經》的邏輯而「夏王」或者「新天王」能登場的機構就是在這里確立的。

五、以春秋筆法宣揚孔子：

在《春秋左氏經》把「孔子卒」的記事以跟權臣季氏并肩的筆法被記載。這就是哀公十六年云「夏。四月。己丑。孔丘卒」、而且《春秋左氏經》到這箇記事爲止。這箇事情表示《春秋左氏經》的歷史世界以孔子死亡爲完結的。因此、《春秋左氏經》著作者懷有宣揚孔子的意圖是很明白的、而且這箇著作者（不必限一箇人）與孔門（孔子之後學）有密接的關系也是很明白的。所以我們可以認爲當著作《春秋左氏經》和編輯《左氏傳》的時候、編纂《原左氏傳》的孔門春秋學派還是繼續發揮主要作用的。換言之、他們就是《春秋左氏經》和《左氏傳》的著作和編輯者。

六、提出把陳氏（田齊）簒奪免罪的邏輯：

爲陳氏免簒奪罪的邏輯、《春秋左氏經》比《原左氏傳》徹底得多。宣公四年《左傳》的凡例云「凡弑君稱君、君無道也。稱臣、臣之罪也」。而哀公十四年《原左氏傳》云「甲午。齊陳恆弑其君壬於舒州」。按照這箇凡例的原則、是加于陳恆和齊君壬兩者以筆誅的。然而對此、同年《春秋左氏經》云「齊人弑其君壬于舒州」、齊君壬被寫其名這就是當做以無道被弑的筆法、反而弑君的陳恆本人只寫「齊人」這就是完全免罪的筆法。所以我們可以認爲是《春秋左氏經》著作者把免陳氏簒奪罪的邏輯徹底地開展的。

七、託于宣揚晉文公提出魏侯稱夏王的邏輯：

《春秋左氏經》僖公二十八年云「天王狩于河陽」。《左傳》同年云「是會也、晉侯召王、以諸侯見、且使王狩。仲尼曰『以臣召君、不可以訓。故書曰《天王狩于河陽》、言非其地也。且

明德也』」。這箇「仲尼」（本書的考察明白了評言者「仲尼」和經著作者是一體的）宣揚率諸侯而見王的晉文公的德。晉文公當了霸者、一方面敢做以臣召王的不德、一方面敢做率諸侯而見王的德。《春秋左氏經》著作者依據這箇晉文公的記事、定立以臣召王而率諸侯見王的新霸者登場的方式。自己以爲接晉文公班的魏侯、是按照這箇方式當新霸者而進一步地開始稱夏王的。在公元前三五一年魏侯在逢澤由于「以臣召王而率諸侯見王」的方式、開始稱夏王。《戰國策》卷三・秦策云「魏伐邯鄲、因退爲逢澤之遇、乘夏車、稱夏王、朝爲天子。天下皆從」。魏侯稱夏王的意圖是要替周王把王權掌握的。與《春秋左氏經》聯系地被編輯的《左氏傳》（特別其「夏書」等的新附加部分）提出合乎天行的夏正。這兩箇文本互相協力地提出了按照天之曆數變遷以交代王權的邏輯、這就是夏正→殷正→周正、然后循環回到夏正、所以夏王順照天行替周王可以當王的邏輯在這里成立了（本書第一部第二章參照）。因此、《春秋左氏經》和《左氏傳》合作提供的邏輯使魏侯能稱夏王。而且通過按照《春秋左氏經》的〈名〉秩序做「天王之事」能當新的「天王」的邏輯也是在這里提出來的。這就是被認爲著作《春秋左氏經》的最重要的意圖。

上述的本書考察就充分足爲一變把春秋經當做〈不磨之經典〉的從來經學的看法、而且實現能把春秋經當做歷史上的文本而定其位置。

據本書考察《原左氏傳》的評價人事以〈禮〉爲基軸、但是到《春秋左氏經》其評價萬般以〈名〉爲基軸。在本書解明的《春秋左氏經》據〈名〉的邏輯和思想、是可以叫爲〈名教〉之機構的。比方說、《左氏傳》桓公二年晉國師服曰、「夫名以制義、義以出禮、禮以體政、政以正民、是以政成而民聽」。在這里把〈名〉比〈禮〉位于上級而最高概念。這很合適叫爲名教（以名教化）。通過本書考察我們認爲這箇〈名教〉之機構有如下的三個階段。

（一）　立名　　（二）　以名裁事（做褒貶）　　（三）　以名生實

（一）「立名」是天王（天子）或者聖人的事。由于立當做秩序第一原理的〈名〉、義才制定、以義定禮、以禮構成政、以政正民、然后民順之。

（二）「以名裁事（做褒貶）」是名的實際上的作用、這就是使亂臣賊子懼的筆法。〈名〉擁有制裁力不但對于這箇現世而且對于死後的後世、所以被認爲是比法律的制裁更厲害的。

（三）「以名生實」是根據被立的〈名〉在現實秩序（義、禮、政等々）和利害都發生相應的結果的意思。然而這箇影響不但對于現世而且後世。

因此、可以說《春秋左氏經》是位于〈名教（以名教化）〉論的原點的文本。然后這箇〈名教〉論的展開過程是被認爲經過《管子（經言）》《孟子》《墨子》《荀子》《莊子》《論語》《管子（外言・內言・短語・雜篇）》展開到《孝經》《呂氏春秋》以及《管子（輕重）》等々。然而在六朝時代以后〈名教〉這箇詞被看成了儒教的別名而且到了擁有「名的宗教」的意思。這箇〈名教〉論的出發點就是在《春秋左氏經》的成立。

對于中國文明的「歷史」的概念來說、〈名教〉就是爲構成歷史的核心概念。換言之、在中國文明「歷史」是爲〈名教之機構〉所構成的。

對于中國哲學・哲學史研究・思想史研究以及歷史研究來說、春秋經成書問題就久爲千古之謎。

雖然孔子本人制作春秋經的經學上定論到底已經是過去的、但是把春秋經以爲都客觀性魯國春秋期的歷史記述而根據它被構成的理論和學說還是絕不迹的。這是因爲從來的春秋研究的看法不能發生把春秋經相對化的視點。本書有系統地提起來了、由于天下列國史記組成一本當做〈天下之春秋〉的《原左氏傳》、然而從《原左氏傳》起成立《春秋左氏經》和《左氏傳》、而從《春秋左氏經》起成立穀梁傳型・公羊傳型《春秋經》、然后成立《公羊傳》和《穀梁傳》的見解和邏輯。這就是像Copernicus 那様做地把從來的春秋研究的視點和看法一百八十度地轉換、而使我們能把〈春秋經〉文本在歷史上相對化而且對歷史實證性看法來研究的。在這里存在着本書研究的獨創性和畫時代的意義。

（吉永慎二郎 譯）

事項・人名索引

（漢籍本文は對象としない）

一〜二三頁、平成二十九年（二〇一七）六月）

このうち、⑨は、平成二十二年度〜二十四年度にわたる科学研究費助成事業（助成金二百十万円）・基盤研究（C）22520040「春秋左氏経文の原春秋左氏伝からの抽出・編作とその作経メカニズムの研究」の成果である。

また、⑩・⑪は、平成二十五年度〜三十年度にわたる科学研究費助成事業（助成金四百九十四万円）・基盤研究（C）25370041「原左氏伝の翌年称元法から春秋左氏経の翌年称元・正月即位法への展開と春秋学派の研究」の成果である。

この二つの科研費研究は一連のもので、その体系的な成果は本書において結実を見ている。

ここに、本研究の長期の遂行に助成を頂いた日本学術振興会科学研究費助成事業に厚く御礼を申し上げる次第である。

本書の刊行に当たっては、㈱汲古書院の取締役社長三井久人氏、同編集部の柴田聡子氏に種々のお世話を頂いた。ここに記して甚深の謝意を表する次第である。

平成三十年四月二十日

吉永　慎二郎

（二〇〇五）三月）
③「「春秋左氏経」の「原左氏伝」からの抽出・編作とその成立過程について——隠公期「春秋左氏経」抽出編作挙例及び「卒」の記事を中心に——」（『秋田大学教育文化学部研究紀要 人文・社会科学』第六十四集、一～十二頁、平成二十一年（二〇〇九）三月）
④「春秋左氏経・伝の「卒」記事の「名」と「諡」について——作経原則としての「名」——」（『中国研究集刊』玉号(総六十号)、六八～八三頁、平成二十二年（二〇一〇）一月）
⑤「「春秋左氏経」の作経メカニズムについての考察（一）——哀公期「左氏経」の「原左氏伝」からの抽出・編作挙例とその分析を中心に——」（『秋田大学教育文化学部研究紀要 人文・社会科学』第六十六集、一～十一頁、平成二十三年（二〇一一）三月）
⑥「春秋経（左氏経）の作経メカニズムについての考察（二）——昭公期「左氏経」の「原左氏伝」からの抽出・編作挙例とその分析より——」（『秋田大学教育文化学部研究紀要 人文・社会科学』第六十七集、平成二十四年（二〇一二）三月）
⑦「対于春秋経（左氏経）的作経機構考察（三）——在定公期「左氏経」従「原左氏伝」抽出・編作的挙例和其分析——」（国立台湾大学『経学與文学国際学術研討会　会議論文集』一〇一～一三三頁、平成二十四年（二〇一二）三月）
⑧「春秋経（左氏経）の作経メカニズムについての考察（四）——文公期「左氏経」の「原左氏伝」からの抽出・編作挙例とその分析より——」（『秋田大学教育文化学部研究紀要 人文・社会科学』第六十八集、一～十五頁、平成二十五年（二〇一三）三月）
⑨科研成果報告「春秋左氏経文の原春秋左氏伝からの抽出・編作とその作経メカニズムの研究——春秋二百四十四年全左氏経文の抽出・編作挙例と左伝文（上）」（Ａ４版全一〇四頁、秋田活版印刷㈱印行、秋田大学教育文化学部吉永研究室発行、平成二十五年（二〇一三）三月）
⑩科研成果報告「春秋左氏経文の原春秋左氏伝からの抽出・編作とその作経メカニズムの研究—春秋二百四十四年全左氏経文の抽出・編作挙例と全左伝文（中）」（Ａ４版全一三〇頁、秋田活版印刷㈱印行、吉永自宅研究室発行、平成二十六年（二〇一四）九月）
⑪科研成果報告「春秋左氏経文の原春秋左氏伝からの抽出・編作とその作経メカニズムの研究—春秋二百四十四年全左氏経文の抽出・編作挙例と全左伝文（下）」（Ａ４版全一九二頁、秋田活版印刷㈱印行、吉永自宅研究室発行、平成二十七年（二〇一五）十月）
⑫「「原左氏伝」と清華簡「繫年」における卽世と卽位——「春秋経」の正月卽位法の再検討に及ぶ——」（『集刊東洋学』一一七号、

淹の『范文正公集』「近名論」の趣意を紹介して「わが先王は名を以て教えとし、名によって道徳を奨励した。周の文王は戦死者の骨を厚く葬ったが、天下の諸侯はその評判を聞いて、みな文王に帰した。…。孔子は『春秋』をあらわしたが、これは名教の書である。善なるものはほめ、悪なるものはけなし、これによって後世の人間に、令名を愛して善行に励み、悪名を恐れて慎ましめようとしたのである。」（同九七〜九八頁）と記されている。但し、同書では「名教」の「名」の思想について主に『論語』『孟子』『孝経』によって説いて、『春秋』と「名教」の関係については、この二人と胡適の言の引用にとどまっている。同書は「名教」を儒教の別名とする六朝期の概念を踏まえて、「名教」の「名」の概念として「名声」「名実」「名分」の三種を挙げながらも、「名分」は『莊子』天下篇の「『春秋』は以て名分をいう」に由来する道家の語として、「名分」を「名教」の概念から除いて「名声」「名実」を以てその「名」の義を解している。同書の読者であった若年の筆者は三者を統合する「名」の視点の不在を漠然とした問題として感じていた。爾来幾星霜、このたび図らずも、本書の『春秋左氏経』の制作過程に展開された「名」の思想と論理の解明を通して明らかとなったその春秋学の「名」のメカニズムは、この「名声」「名実」「名分」の「名」の概念を包摂し統合するものとなっている。故に、『春秋左氏経』は「名教」論の原点に位置づけ得るもので、『管子』經言篇や『孟子』『墨子』『荀子』『莊子』『論語』『管子』外言・内言・短語・雜篇の議論を経て『孝経』『呂氏春秋』および『管子』軽重篇へとその展開過程を想定し得るのである。なお、『管子』輕重篇の「名教」は『春秋左氏經』の「名」の概念を踏まえれば「名による教化」の意と解されるが、六朝期には「名教」は「避諱」の風習の隆盛と共に胡適の云う「名の宗教」としての傾向を顕著にしてくることになる。

以上、本書を書き終えた時点での展望的所見として、ここに記す次第である。

さて、本書は、主として平成二十五年より平成三十年に至る科研費研究・基盤研究（C）２５３７００４１の研究成果を集大成したものであるが、本書中に注記するようにそれに先行する諸論考や科研成果報告もこの期間の科研成果報告や論考の成果に加えて織り込まれている。それらの論考を一覧にして提示すると次のようになる。

①「孟子所説春秋と『左傳』—その経傳の先後をめぐって—」（『中国研究集刊』陽号（第三十四号）、一〜二〇頁、平成十五年（二〇〇三）十二月）

②「春秋經及び左氏傳における「天王」について」（『秋田大学教育文化学部研究紀要 人文・社会科学』第六十集、一〜十二頁、平成十七年

し、また一章多し、凡そ二十二章なり、と」（括弧内吉永）としている。この今文を主として古文をまじえた唐の玄宗の御注『孝経』が今本孝経であり、古文テキストの孔伝本は日本に伝来して保存されている（『武内義雄全集第二巻』「孝経・曾子」、昭和五十三年、角川書店、参照）。その今本『孝経』の三才章第七の「夫孝、天之経也、地之義也、民之行也。天地之経、而民是則之。」は、左伝・昭公二十五年の「夫礼、天之経也、地之義也、民之行也。天地之経、而民実則之。」の「礼」を「孝」、「是」を「実」に置き換えた文と一致する。そして左伝・文公二年には「孝は礼の始めなり」と述べている。したがって『孝経』の作者が『左氏伝』に相当するテキストに習熟していたことが窺えるのである。また、開宗明義章第一には「立身行道、揚名於後世、以顕父母、孝之終也。」と孝の完成として名を後世に揚げて父母を顕章せよと説き、広揚名章第十四には「君子之事親、孝。故忠可移於君、……是以行成於内、而名立於後世。」と孝・忠により後世に名を立てよと説いている。これは『春秋左氏経』の「名」による褒貶の思想を援用し更に「名」を現世のみならず後世にまで継続する救済の理念として明確に位置づけるに至っている。かように、孝を説きまた忠を説いて「名」を顕すことを勧めるのは、『呂氏春秋』十二紀の勧学篇の「先王之教、莫栄於孝、莫顕於忠、……、若此則名号顕、徳行彰矣。」の論に相通じる。しかも、『呂氏春秋』八覧・先識覧の察微篇には「孝経曰」として諸侯章の一文が引用され、同審分覧の審分篇には「正名審分」「名分」の語も見える。したがって、『孝経』と『呂氏春秋』は近接するテキストであり、ともに春秋左氏学派の系統の作者の手になるかその関与の可能性が想定される。なお、所謂避諱の風習は古来の忌諱の風が『孝経』を権威として推進されたと見られるのである。

六つには、本書は、『春秋左氏経』の制作における「名」の思想と論理のメカニズムを明らかにすることによって、春秋経が「名教」の書であることを明らかにしている。周知のように「名教」の語は『管子』軽重篇・山至数第七十六の斉の桓公に管子が答えたとされる「昔は周人天下を有し、諸侯賓服し、名教天下に通ず」が初出であるが、この「名教」は、「春秋」テキストとりわけ『春秋左氏経』及び『春秋経』を念頭に置いた語であるとの見解を本書は提示している。かつて森三樹三郎先生（筆者はその最後の学部受講生であった）は、その名著『名と恥の文化』（昭和四十六年、講談社）において、ルース・ベネディクトの『菊と刀』を念頭に、M・ウェーバーの研究を援用して「名教」論即ち中国文明論を展開された。筆者も多大の啓発と学恩を蒙った一人である。その中で北宋の司馬光の『資治通鑑』の最初の論の趣意として「孔子の『春秋』は、周の王室が衰微しているにもかかわらず、いつも王室の使者の名を諸侯の上においた。それは『春秋』が王室を尊び、諸侯をおさえるという、分を重んじたためである。」（森前掲書三八頁）と記し、また北宋の范仲

名（諱）」（例：宋公和）の書法を以てし、卿・大夫は「卒」記事に限らず「氏（族）・名（諱）」（例：季孫行父）の書法を以て書するのが正格の書法として一般化される。そして『史記』になると、この『原左氏伝』型と『春秋經』型の書法を踏まえて、「姓（氏・族）・名（諱）・字」を以て書することを正格とし、更に「字」を加えるという書法（例：陳勝、陽城人也、字渉）が用いられ、記事に於いては「姓（氏・族）・名（諱）」の人物呼称（例：陳勝）の書法が一般化される。一方で先秦の記事に於いては『原左氏伝』型の書法も踏襲している。この『史記』の時代を継いで編まれた『漢書』に至ると封建制の終焉により漢の「天子（皇帝）」の下の一君万民の単一の君臣秩序の原則を反映して、「天子（皇帝）」と「王」以外には「姓（氏・族）・名（諱）・字」の人物呼称の書法が更に一般化を徹底して用いられ（例：張良字子房）ており、また王（天子のもとの諸王）については『原左氏伝』型の「謚・王」と『春秋經』の「国・爵・名（諱）」の書法を踏まえた上で「字」を付して書せられ（例：楚元王交、字游）ている。そして『三国志』になると、『史記』の「姓（氏・族）・名（諱）・字」の書法は更に一般化を徹底して天子（皇帝）においても例外なく適用されて書する（例：太祖武皇帝、姓曹、諱操、字孟徳）に至り、『後漢書』もほぼこの書法を以て書し（例：世祖光武皇帝諱秀、字文叔、南陽蔡陽人、高祖九世之孫也）ており、『晋書』も同様の書法（宣皇帝諱懿、字仲達、河内温縣孝敬里人、姓司馬氏）を用いる。したがって、史書における人物呼称の正格的書法は、『原左氏伝』の諸侯の「国・謚・爵」や卿・大夫の「氏（族）・謚（字）」の書法に始まり、ついで『春秋左氏経』の「天王（天子）」の礼秩序において臣たる諸侯の「卒」記事の正格の書法として一般化された「国・爵・名（諱）」や卿・大夫の記事の正格の書法とされた「氏（族）・名（諱）」を踏まえて、この『春秋左氏経』の卿・大夫の書法を更に一般化しかつ旧来の『原左氏伝』型と統合したことによる『史記』の「姓（氏・族）・名（諱）・字」の書法の定立と『漢書』『三國志』におけるその一般化に由来するものと知られるのである。以後の『南史』、『隋書』『唐書』、『宋史』、『遼史』、『元史』、『明史』等の史書の初代皇帝の記載はみなこの書法に準拠する。なお、『北史』の北魏以外もこの書法によるが、北魏の初代皇帝には「姓」の明記が無いのは、北魏はその先を黄帝軒轅氏に出ずと託古しつつも、夷狄（鮮卑）の出自の故に「姓」を称し得なかった為と見られる。

五つには、春秋左氏学派と『孝経』の関係である。周知のように、『孝経』は漢代に古文と今文の両テキストが行われ、漢書芸文志には「孝経、古孔氏一篇。（原注）二十二章なり」とあるのが古文、「孝経一篇、（原注）十八篇、長孫氏、江氏、后氏、翼氏の四家なり」とあるのが今文で、古文の顔師古注に「劉向云へらく、古文字や、庶人章は分かちて二と為し、曾子敢問章（今本の聖治章）は三と為

系テキストを継承している。一方で、『淮南子』が意識する『春秋』は、「春秋二百四十二年」（淮南子・主術訓）と言い、「春秋に曰はく」として公羊伝文を引用する（同説林訓）ように、漢初に世に出ている公羊伝・経のテキストを指しており、その『春秋』を『詩』とともに「皆衰世の造なり」（同氾論訓）と道の全きものではないと批判している。その否定的継承者である武帝は、「一統を大とする」（公羊伝・隠公元年）との公羊春秋学に拠る董仲舒の「『春秋』一統を大とするは、天地の常経、古今の通誼なり。…、諸の六藝の科・孔子の術に在らざる者は皆其の道を絶ち、並び進ましむる勿かれ。邪辟の説滅息し、然る後統紀一なるべし」（漢書・董仲舒伝）との見解を採用し、ここに公羊春秋学の正統化と権威化の道が開かれることになる。その公羊春秋学の鼓吹者の董仲舒は「春秋の道を序《の》ぶるや、質を先にして文を後にし、志を右にして物を左にす」（春秋繁露・玉杯第二）、「春秋十二世の事を論じて、人道浹《あまね》くして王道備はる」（同上）と、『春秋』とは「事」を言いかつ「道」を言うものであるとし、かつ「道」における「質」と「志」を重視してその意義を標榜し、また天人相関説と陰陽五行説の連関に拠る災異・天譴説を展開して、天子の下の郡国制型統治に適応する「道」と「事」を説き（『春秋繁露』諸侯第三十七の断筆はこれと関連する）、天下の郡・国から推挙した賢士を儒術一尊の太学にて養成することを勧めている（漢書・董仲舒伝）。これは、同じく「事」と「道」を説く『淮南子』の封建制型統治モデル（統治の権柄が諸侯・大夫に握られている）への批判と超克を意図するものと言えよう。一方で、漢初以来踏襲してきた秦正を始めて改めた太初改暦では、『呂氏春秋』十二紀型即ち『淮南子』時則訓型の孟春正月の夏正を採用し、したがって左氏系の『春秋』テキストの時令説は期せずして踏襲されている。太初改暦以前の六つの元号が六年ごとの改元であるのに対して、太初改暦以後の四つの元号が四年ごとの改元となっているのは、秦正では六を貴ぶのに対して太初改暦では四を貴んでいることになる。『漢書』武帝紀は太初改暦では「数は五を用ふ」と云うが、それとは別にこの四を貴ぶのは、天地の經緯が春夏秋冬の四時に則るとの『春秋』の趣旨を踏まえるものと考えられるのである。

四つには、史書における人物呼称の書法の展開過程と定立の問題である。『原左氏伝』においては、当該史伝文の時代の封建制即ち重層的君臣関係（天子—諸侯、諸侯—卿・大夫、卿・大夫—士）を反映して、天子（周王）は「謚・王」（例：恵王）を以て称し、諸侯は「国・謚・爵」（例：宋穆公）を以て称し、卿・大夫は「氏（族）・謚（字）」（例：季文子）を以て称するのが一般的書法であり、魯に服属する滕や薛の君主の「卒」記事においては例外的に「国・爵・名（諱）」（例：薛伯穀）の書法を以て書せられている。これが『春秋左氏経』になると、「天王（天子）」の下の礼秩序の「名」の原則として、「天王（天子）」と魯公以外の諸侯の「卒」記事は「国・爵・

たのはこの第二期においてであり、これらの「春秋」テキストの主なものを「一」にするものとして、第三期の初めに『原左氏伝』が編纂され、ついでこれから『春秋左氏経』が抽出・編作の手法に拠り制作され、また同時に『左氏伝』が編集され、これらにより周王に代わる「夏王を称する」論理が提起された。これにより、諸侯称王の時代が幕を開け、戦国七雄争覇の時代に入るのである。なお、この時期に墨家もまたその「非命」と「尚賢」の思想によって諸侯称王の論理を提起していたことは、拙著『戦国思想史研究――儒家と墨家の思想史的交渉――』（平成十六年、朋友書店）の指摘する所である。

二つには、『原左氏伝』から『春秋左氏経』が成立しその際に編集された『左氏伝』の夏正と時令思想の思想的継承者は、『管子』経言を経て戦国末の『呂氏春秋』に見ることが出来るということである。章学誠も「八覧六論未だ嘗て序次に入らず」（『文史通義』内篇一詩教下）と指摘する如く、『呂氏春秋』はその序意篇の文に拠れば十二紀が先ず宰相・呂不韋（BC二三五年没）の下で成立しており、『呂氏春秋』の本領はその十二紀に在る。十二紀は夏正による時令思想を「天子」の下の封建制モデルの天地に則る年間の統治の時令として体系化し、かつ尚賢・禅譲・本生・順民の思想に拠る新たな「天子」を想定する政治理念が語られている。この『呂氏春秋』の封建制型統治論の否定的継承者は呂不韋を自殺せしめた秦の始皇帝である。彼は尚賢・禅譲を否定して万世に亙る世襲の皇帝の始めに自らを位置づけ、封建制を廃して郡県制モデルによる天下の治者として吏による法治を徹底する。その一方で、十二紀の天の暦数における孟冬十月を正月とし、数は六、色は黒を貴ぶ等の礼を、実は『呂氏春秋』十二紀に拠りつつ新たな礼として制定している。即ち、孟春正月暦（夏正）、季冬正月暦（殷正）、仲冬正月暦（周正）に対して、これを超えるものとして孟冬正月暦の秦正を制定したのである。この経緯は、「春秋」テキストの『呂氏春秋』を介しての展開の一環として了解されるのである。

三つには、秦滅亡後の漢において、『呂氏春秋』を継承的に発展させるのが淮南王劉安の『淮南子』で、その否定的継承者が武帝であると了解される。漢における『淮南子』と武帝の関係は、秦における『呂氏春秋』と始皇帝の関係に比定し得る。「道を言ひて事を言はざれば、則ち以て世と浮沈する無し。事を言ひて道を言はざれば、則ち化と游息する無し。故に二十篇を著す」（『淮南子』要略）という『淮南子』は、『春秋』が「事を言ふ」のに対して、「事」を言いかつ「道」を言う立場を採るもので、明らかに『春秋』を意識し、「事」のみならず「道」を言う点において『春秋』を超克する意図を示している。その『淮南子』時則訓は『呂氏春秋』十二紀をほぼ踏襲しており、時令説による〈天子―諸侯―大夫〉を基軸とする封建制の統治モデルであり、それは前述のように『春秋』の左氏

後　記

中国哲学・哲学史研究・思想史研究及び歴史研究において、春秋経テキストの成書問題は千古の難問である。孔子制作説などの経学的通説はさすがに相対化されているが、春秋経は客観的な春秋時代の魯国の歴史記述であるとしてその基軸の上に構築される理論や学説は後を絶たない。それは従来の春秋及び左伝研究では春秋経テキストそのものを相対化する視点が生まれてこなかったからである。本書の、『原左氏伝』からの『春秋左氏経』と『左氏伝』の成立、さらに『春秋左氏経』からの『春秋経』の成立という、従来の視点のコペルニクス的転換による見地と論理が初めて春秋経テキストの相対化、即ち歴史実証的な位置づけ、の橋頭堡を提起したことになる。ここに本書の研究の独創性と意義があると言えよう。

そこで、本書を書き終えて新たに開けてきた或は改めて確認される思想史的展望の一端について、聊か記し置くこととしたい。

一つには、春秋・戦国期の三段階区分という観点である。所謂春秋・戦国時代はBC七七〇年からBC二二一年の五五〇年間であるが、本書の考察する如く『原左氏伝』が編纂・制作されるのは、晉における「民の主」即ち執政の専権に見られるように、列国の執政の活躍時代を背景に彼らとその後継者の意図を反映して為されている。晉では趙盾の専権は幼君霊公の擁立（魯の文公七年、BC六二〇年）に始まり、九卿の執政期を経て趙・韓・魏の三晉の台頭に至り、晉は滅びる（BC三七六年）。この二四五年間を列国執政時代（「民の主」の時代）と称し得よう。この時代は、魯では季氏が専権し、斉では陳氏が台頭して簒奪するに至る（BC三七九年姜斉亡ぶ）。したがって、春秋・戦国時代は、次の三段階区分を以て此の時代を把握することが出来よう。

第一期は、諸侯とりわけ斉桓・晉文の覇者の時代で、BC七七〇年～BC六二一年までの一五〇年間（諸侯の時代）

第二期は、この列国執政時代で、BC六二〇年～BC三七六年の二四五年間（民の主の時代）

第三期は、戦国時代で、BC三七五年（鄭の滅亡の年）～BC二二一年（斉の滅亡、秦の称皇帝）の一五五年間（七雄争覇の時代）

従来の『春秋』と『戦国策』に拠る概略の二分法を以てこの五五〇年間を理解するには、この時代の権力変遷過程のアクチュアルな把握には難があり、このような三区分法によってより実態に即した把握が可能となろう。列国の「春秋」（史記）テキストが制作され